FIDELIDADE PARTIDÁRIA

EFETIVIDADE E APLICABILIDADE

AUGUSTO ARAS

FIDELIDADE PARTIDÁRIA

EFETIVIDADE E APLICABILIDADE

Rio de Janeiro
2016

1ª edição – 2016

© *Copyright*
Augusto Aras

CIP – Brasil. Catalogação-na-fonte.
Sindicato Nacional dos Editores de Livros, RJ.

A685f
   Aras, Augusto
      Fidelidade partidária: efetividade e aplicabilidade / Augusto Aras. - 1. ed. - Rio de Janeiro: LMJ Mundo Jurídico, 2016.
      706 p.; 24 cm.

      Inclui bibliografia e índice
      ISBN 978-85-62027-89-5

      1. Partidos políticos - Brasil - História. 2. Disciplina partidária - Brasil. 3. Partidos políticos - Legislação - Brasil. I. Título.

16-32676
          CDU: 329(81)

     O titular cuja obra seja fraudulentamente reproduzida, divulgada ou de qualquer forma utilizada poderá requerer a apreensão dos exemplares reproduzidos ou a suspensão da divulgação, sem prejuízo da indenização cabível (art. 102 da Lei nº 9.610, de 19.02.1998).

     Quem vender, expuser à venda, ocultar, adquirir, distribuir, tiver em depósito ou utilizar obra ou fonograma reproduzidos com fraude, com a finalidade de vender, obter ganho, vantagem, proveito, lucro direto ou indireto, para si ou para outrem, será solidariamente responsável com o contrafator, nos termos dos artigos precedentes, respondendo como contrafatores o importador e o distribuidor em caso de reprodução no exterior (art. 104 da Lei nº 9.610/1998).

     As reclamações devem ser feitas até noventa dias a partir da compra e venda com nota fiscal (interpretação do art. 26 da Lei nº 8.078, de 11.09.1990).

Reservados os direitos de propriedade desta edição pela
GZ EDITORA

e-mail: contato@editoragz.com.br
www.editoragz.com.br
Av. Erasmo Braga, 299 – sala 202 – 2º andar – Centro – Rio de Janeiro – RJ – CEP 20010-170
Tels.: (0XX21) 2240-1406 / 2240-1416 – Fax: (0XX21) 2240-1511

Impresso no Brasil
Printed in Brazil

AGRADECIMENTOS

> *Nas coisas essenciais a unidade, nas acidentais, liberdade, em tudo, carinho. (Dom Murilo Krieger, Arcebispo Primaz do Brasil, Bahia Notícias, em 05.07.2015).*

Agradeço ao Professor J. J. Calmon de Passos (*in memoriam*) pelas observações, em suas múltiplas dimensões humanísticas, lançadas no prefácio da obra Fidelidade Partidária: A Perda do Mandato Parlamentar[1], relevantes para minha maior reflexão acerca do tema;

Ao Professor Pedro Manso Cabral (*in memoriam*) pelo estímulo para que as ideias pudessem deixar de ser meras conjecturas e passassem a integrar os campos disciplinares do Direito e da Política.

Ao Ministro Celso de Mello, do Supremo Tribunal Federal, pela generosidade com que me honrou com sua recomendação de leitura daquela obra de minha autoria, com o acolhimento e a transcrição, no seu voto condutor do julgado no Mandado de Segurança 26.603-DF, de 04 de outubro de 2007, das doutrinas do *mandato representativo partidário e da perda do mandato por ato de infidelidade partidária* que, desde então, integram a jurisprudência dos nossos Tribunais e, mais recentemente, foi positivada na Lei nº 13.165/2015 e na Emenda Constitucional 91/2016, influindo na atividade política nacional;

Agradeço a todos que participaram deste empreendimento acadêmico destinado a contribuir ao aprimoramento das nossas Instituições político-jurídicas que induzem a estabilidade econômica, a harmonia e a paz sociais dos brasileiros.

---

1 ARAS, Augusto. Rio de Janeiro: Lumens Juris. 2006, 429p.

Dedico este estudo a Roque Aras, mentor intelectual do pensamento político-jurídico que me orientou a escrevê-lo, ensinando-me a cultuar a liberdade com justiça social. A Mariana Brandão Aras que me educou nos valores cristãos e no respeito à dignidade da pessoa humana. E a todos que, sem fronteiras, perseveram em galgar a outra margem do rio, participando, a fim de que a vida seja plena.

PREFÁCIO

Augusto Aras é jurista de reconhecido prestígio nacional, como se depreende de suas marcantes contribuições doutrinárias que têm lastreado votos vencedores de juízes dos tribunais superiores, inclusive da Suprema Corte, conduzindo a importantes decisões jurisprudenciais no campo do Direito Eleitoral.

Neste livro que o leitor tem em mãos, *Fidelidade Partidária – Efetividade Aplicabilidade,* Aras excele na produção de um texto destinado a marcar época, pela profundidade e extensão na abordagem do tema proposto, bem como por sua superior qualidade literária, de um modo que preserva e, em grande parte, restaura o tradicional prestígio dos cultores do Direito como guardiães da língua de Camões. O resultado é um tratado definitivo sobre a questão que aborda, de relevante significado para a vida política brasileira, nestes tempos de agitação sem precedentes de nossa história, em que tem sido posta à prova a higidez de nosso aparato institucional.

Para ser inteiramente fiel ao seu vasto conteúdo, o título deste livro deveria ser algo quilométrico, como: *Fundamentos histórico-geográfico-filosófico-sociológico-político-jurídicos da Fidelidade Partidária,* identidade entre título e conteúdo que poderia afugentar o leitor moderno, condicionado pela premência de tempo e pragmatismo operacional. Tudo isso vazado numa linguagem a um só tempo elegante, acessível e didática, envolvendo o leitor de um modo que o leva a supor que lê um romance em que o cidadão e a liberdade são os personagens centrais da saga humana, como de fato o são.

Nessa plurívoca fundamentação reside um dos grandes méritos do enciclopédico tratado, na medida em que oferece resposta plena a cada uma das dimensões em que se desdobra o polêmico e atualíssimo tema da fidelidade partidária. Nele, encontrarão amparo tanto o advogado pressionado pelos apertados prazos recursais, compreensivelmente interessado na oportuna e pronta evocação do dispositivo salvador, quanto o jurista que busca as raízes dogmáticas da matéria para abroquelar o seu parecer ou, ainda, o juiz zeloso de sua imagem de aplicador da lei. Igualmente atendidos estarão cientistas sociais dos mais diferentes naipes epistemológicos, a exemplo do professor de História, de Sociologia, de Ciência Política, de Direito Constitucional, desejosos de enriquecer sua exposição em sala de aula, haurindo neste inesgotável vade mécum da fidelidade partidária. É dispensável encarecer o quanto os políticos militantes têm a ganhar com a leitura deste grande livro e sua regular consulta, como fonte de aprimoramento de suas condutas e compreensão da nobreza inerente a uma profissão tão desnaturada nos tempos temerários em que vivemos.

A destinação deste tratado, porém, alcança um público muito mais amplo, composto por quem queira conhecer as vertentes históricas da cidadania e da liberdade, no tempo e no espaço. Em síntese: é livro que não pode faltar nas estantes do leitor culto.

Com esta grande obra, Augusto Aras inscreve, definitivamente, o seu nome na galeria dos grandes juristas brasileiros da atualidade.

Joaci Goes

APRESENTAÇÃO

A política é a mais elevada forma de caridade, porque trata do bem comum. (Papa Francisco I).

Os partidos políticos brasileiros jamais funcionaram como embriões da democracia representativa a fim de intermediar, com correção, as relações entre o Estado e a sociedade, entre os governantes e os governados, mesmo depois da sua constitucionalização dirigida à despersonalização do Poder para institucionalizá-lo, como antídoto para todos os tipos de totalitarismos que têm como germes a mitificação de pessoas.

A partir da Constituição Federal de 1988, com a inclusão dos Partidos Políticos no Título II – Dos Direitos e Garantias Fundamentais, que essas agremiações vêm sendo mantidas como instrumentos cartoriais para a preservação do Poder conquistado, como se fossem feudos e tivessem suseranos.

A legitimidade do Poder provocada por sua republicana alternância tem sido prejudicada pela densa muralha do sistema eleitoral caracterizada pela eleição proporcional por lista aberta que foi, na origem, desfigurada pela coligação proporcional, e o pleito majoritário que dependem de vultosos financiamentos obtidos, em muito, pela via da corrupção e do uso da máquina administrativa; por um sistema partidário destituído de cláusula de barreira, da deturpada aplicação do princípio da Fidelidade e da prática da ditadura intrapartidária que dão azo a um disfuncional sistema de governo presidencialista de coalização decorrente das distorções verificadas na formação e na coleta da vontade popular.

A reforma política se tornou uma utopia e quando o sistema está em vias de exaustão vêm os paliativos denominados minirreformas eleitorais que promovem pequenas correções, mas não alteram substancialmente a velha formula clientelista e fisiologista que implica no aparelhamento das instituições, inclusive pelo uso indevido dos meios de comunicação social, daí surgindo os modernos feudos com suas funestas consequências, em prejuízo da democracia participativa.

Tem sido comum transferir os males da democracia brasileira para os Partidos Políticos, tidos como fracos. Mas nada se faz para o seu fortalecimento democrático, sabido que existem instrumentos para tanto, dentre eles, o instituto da Fidelidade Partidária, cuja violação já levou à perda do mandato de milhares de edis, mas somente alcançou um deputado federal, isto desde 04 de outubro de 2007, data em que o Supremo Tribunal Federal julgou o Mandado de Segurança 26.603-DF (*leading case*).

Dizem não haver partido político forte e que, por isso, não poderia viger o instituto da Fidelidade Partidária com a perda do mandato ou cargo eletivo, de forma a corrigir a distorções do sistema representativo. Mas os partidos, no Brasil, são fortes apenas para dar poder às oligarquias que os dominam!

Olvida-se que sem a efetividade do instituto da Fidelidade Partidária e da democracia interna, aplicáveis aos filiados e eleitos por ambos os sistemas, proporcional e majoritário, jamais se terá partido forte! Eis aí o círculo vicioso! O aprimoramento do sistema partidário também demanda cláusula de barreira ou de desempenho.

No Brasil, a estabilidade política influi decisivamente na economia com graves repercussões em toda a sociedade. Daí por que, a crise da autenticidade do sistema representativo por que passa o País é o resultado de muitos vícios políticos e da nociva cultura patrimonialista em que os fins justificariam os meios!

Para o fortalecimento dos Partidos Políticos, este título "Fidelidade Partidária, Efetividade e Aplicabilidade" - concomitantemente com a democracia interna - é o resultado dos estudos, aulas, palestras e escritos apresentados nos últimos 15 anos, esperando-se que possa contribuir para mitigar a crise de autenticidade do sistema representativo, pondo termo final à ditadura intrapartidária, ora instaurada pelos "donos" das agremiações, cuja vontade imposta de cima para baixo subverte a soberania popular que tem por dinâmica a formação do consenso social de baixo para cima, como base do regime democrático.

Brasília-DF, 26 de abril de 2016.

Augusto Aras

SUMÁRIO

Agradecimentos	V
Prefácio	IX
Apresentação	XI
Introdução	1

Capítulo I
A Democracia Participativa

1. Introdução	5
2. Da Grécia à Democracia Participativa	10
2.1. Democracia na Grécia	10
2.2. Democracia em Roma	11
2.3. Democracia Moderna	12
2.4. Democracia Participativa	16
3. Graus de "Participação"	17
4. Participação: Democracia Direta, Democracia Representativa e Democracia Semidireta	18
5. Democracia Participativa e a Constituição Federal de 1988	21
6. O Papel da Mídia na Democracia Participativa	24
7. A Democracia e a Proteção aos Direitos Humanos à Luz da Constituição Federal de 1988	28
8. Democracia Participativa, Cidadania e Educação	31
9. Crítica: Democracia Participativa como Mecanismo de Reação ao Neoliberalismo	34
10. Vanguarda da Democracia: Orçamento Participativo	35
11. Realidade da Democracia Representativa no Brasil	37
12. Legitimidade Material e Formal (Legalidade)	39

Capítulo II
Representação Política

1. A Inviabilidade da Democracia Direta e o Surgimento do Regime Representativo	47
2. Representação Política	49
2.1. Origem e Conceito	49
2.2. O Ancien Régime e o Mandato Imperativo	53
2.3. O Estado Liberal e o Mandato Representativo	58
3. A Representação Política no Pós-Liberalismo: Mandato Imperativo Partidário	65

4. A Natureza da Representação e o Mandato Eleitoral 68
5. A Responsabilidade Política Decorrente do Mandato 71
6. Representação e Partidos Políticos 74
7. Representação Realista. Mandato Representativo Partidário. Um novo Modelo Adequado à Pós-Modernidade 76

Capítulo III
Sistemas Eleitorais e Partidários

1. Considerações iniciais 91
2. Direitos Políticos Positivos 93
3. Direito de Sufrágio 95
    3.1. O Sufrágio 96
    3.2. O Voto e o Escrutínio 97
4. Eleição 99
5. Sistemas Eleitorais 100
6. O Sistema Majoritário 103
7. Sistema Proporcional 108
8. O Sistema Misto 116
9. Sistemas Eleitorais: Perspectivas 119
10. A Fidelidade Partidária como Instituto Capaz de Amenizar as Distorções dos Sistemas Eleitorais 122
11. Sistemas Partidários 123

Capítulo IV
Partidos Políticos

1. Conceito 127
2. Função 133
3. Classificação 133
4. Garantias Constitucionais dos Direitos de Reunião e de Associação 135
5. Os Vínculos Psicológico, Sociológico e a Unidade dos Partidos Políticos 138
6. A Filiação Partidária 140
7. A Autonomia dos Partidos Políticos 142
    7.1. Autonomia Partidária e Matéria *Interna Corporis* 149
    7.2. Autonomia, Fidelidade, Disciplina e Aplicação de Sanções Partidárias 153
    7.3. Autonomia Partidária e Processo Disciplinar 155
8. O Controle Jurisdicional dos Atos Partidários 157
    8.1. A Motivação das Decisões Partidárias 161

Capítulo V
Aspectos Gerais da Fidelidade Partidária

1. Introdução 166
2. Cidadania, Verdade Eleitoral e Fidelidade Partidária 167

2.1. Cidadania: Quem Pode ser Eleitor e Quem Pode ser Candidato?	167
2.2. Verdade Eleitoral	171
3. FidelidadePartidária	176
3.1. Abandono do Partido e Descumprimento de Diretrizes Partidárias	176
3.2. Descumprimento das Diretrizes Estabelecidas pelos Órgãos Partidários	179
3.3. A Infidelidade Partidária no Brasil	181
4. Breve Histórico sobre os Partidos Políticos no Brasil	192
4.1. Caráter Abstrato da Representação no Brasil	195
4.2. Distorções do Sistema Representativo	203
4.3. Alianças Partidárias e Verticalização das Coligações	206
5. A Fidelidade nos Estatutos Partidários	218
5.1. Partidos Políticos Registrados no Tribunal Superior Eleitoral	220
5.1.1. Partido do Movimento Democrático Brasileiro – PMDB	222
5.1.2. Partido Trabalhista Brasileiro – PTB	223
5.1.3. Partido Democrático Trabalhista – PDT	225
5.1.4. Partido dos Trabalhadores – PT	225
5.1.5. DEMOCRATAS – DEM (ex-PFL)	226
5.1.6. Partido Comunista do Brasil – PCdoB	228
5.1.7. Partido Socialista Brasileiro – PSB	229
5.1.8. Partido da Social Democracia Brasileira – PSDB	230
5.1.9. Partido Trabalhista Cristão – PTC	231
5.1.10. Partido Social Cristão – PSC	231
5.1.11. Partido da Mobilização Nacional- PMN	231
5.1.12. Partido Republicano Progressista – PRP	232
5.1.13. Partido Popular Socialista – PPS	233
5.1.14. Partido Verde – PV	233
5.1.15. Partido Trabalhista do Brasil – PT do B	234
5.1.16. Partido Progressista – PP	235
5.1.17. Partido Socialista dos Trabalhadores Unificado – PSTU	235
5.1.18. Partido Comunista Brasileiro – PCB	237
5.1.19. Partido Renovador Trabalhista Brasileiro – PRTB	237
5.1.20. Partido Humanista da Solidariedade – PHS	238
5.1.21. Partido Social Democrata Cristão – PSDC	238
5.1.22. Partido da Causa Operária – PCO	239
5.1.23. Partido Trabalhista Nacional – PTN	239
5.1.24. Partido Social Liberal – PSL	240
5.1.25. Partido Republicano Brasileiro – PRB	241
5.1.26. Partido Socialismo e Liberdade – PSOL	242
5.1.27. Partido da República – PR	243
5.1.28. Partido Social Democrático – PSD	244

    5.1.29. Partido Pátria Livre – PPL 244
    5.1.30. Partido Ecológico Nacional – PEN 245
    5.1.31. Partido Republicano da Ordem Social – PROS 246
    5.1.32. Solidariedade – SD 247
    5.1.33. Partido Novo – NOVO 248
    5.1.34. Rede Sustentabilidade – REDE 250
    5.1.35. Partido da Mulher Brasileira – PMB 251
6. A Fidelidade Partidária no Brasil e em Outros Países 252
  6.1. Estados Unidos e Inglaterra 253
  6.2. Alemanha e França 256
  6.3. Brasil 257
7. Outras Considerações 261

Capítulo VI
Fidelidade Partidária e Perda do Mandato no Brasil

1. Apresentação 267
2. Migração Partidária e Distorção do Sistema Representativo 271
3. Sistema de Proteção Partidária 277
  3.1. Fidelidade Partidária e o Princípio Republicano 277
  3.2. Fidelidade Partidária e o Princípio Federativo 285
4. Eficácia e Aplicabilidade das Normas Constitucional e Estatutária 296
5. Fidelidade Partidária: Perda do Mandato 306
  5.1. Quem é o titular do Mandato ou Cargo Eletivos? O Parlamentar, o Chefe do Executivo ou o Partido Político? 306
    5.1.1. Evolução do Mandato Político 306
    5.1.2. O Estado de Partidos Parcial e a Superação do Mandato Representativo .. 308
    5.1.3. Um Novo Modelo Adequado à Pós-modernidade. O Mandato Representativo Partidário 311
    5.1.4. Realidade Constitucional Brasileira, Estado de Partidos Parcial, Mandato Representativo Partidário e Fidelidade Partidária 321
    5.1.5. Inaplicabilidade da art. 15 da CF à Fidelidade Partidária 331
    5.1.6. Inaplicabilidade dos arts. 45 e 46 da CF à Fidelidade Partidária ... 333
    5.1.7. Inaplicabilidade do art. 55 da CF à Fidelidade Partidária 335
      5.1.7.1. Sistemas de Proteção ou de Controle Institucionais 338
        5.1.7.1.1. Distinção entre Atividade Partidária e Atividade Parlamentar 339
    5.1.8. Da filiação: condição/requisito de elegibilidade 343
    5.1.9. Interpretação Constitucional da Fidelidade Partidária: A norma do art. 17, § 1º (institui a Fidelidade Partidária), ante as normas dos arts. 12, caput e par. único; 14, § 32, V; 15, incisos; 55, caput e incisos e §§ da Constituição Federal 349

5.1.10. Da Validade da Norma Estatutária: da Perda do Mandato Parlamentar por Ato de Infidelidade Partidária 356

Capítulo VII
Da efetividade do princípio da fidelidade partidária

1. Da Efetividade do Princípio da Fidelidade Partidária: Da Perda do Mandato 367
2. Da Adoção do Mandato Representativo Partidário 371
3. Eleições Proporcionais: Aspectos Relevantes dos Julgados nos Writs 372
4. Eleições Majoritárias, Fidelidade Partidária e a Perda de Cargo Eletivo ... 376
5. Vacância de Mandato e Substituição: Suplente do Partido ou da Coligação? 381
   5.1. Eleições Proporcionais 381
   5.2. Eleições Majoritárias 393
6. Extensão da Perda do Mandato por Ato de Infidelidade Partidária 397

Capítulo VIII
Da ditadura intrapartidária

1. Ditadura Intrapartidária 401
   1.1. Institucionalização dos conflitos 401
   1.2. Importância dos partidos políticos 404
   1.3. O Brasil é um Estado parcial de partidos 405
2. Fidelidade partidária 405
   2.1. A efetividade do princípio da fidelidade partidária 405
   2.2. O novel mandato representativo partidário 406
3. Ditadura intrapartidária e meios de superação 408
   3.1. Imunização contra a ditadura (intra) partidária (partidocracia) 408
      3.1.1. O fenômeno da ditadura intrapartidária no Brasil 411
   3.2. Da necessidade de superação da ditadura intrapartidária 412
      3.2.1. Meios jurídicos de superação da ditadura intrapartidária 414
         3.2.1.1. Matérias de legalidade passíveis de apreciação judicial 415
         3.2.1.2. Dos princípios democráticos 416
            3.2.1.2.1. Práticas partidárias ditatoriais: formais e materiais 417
         3.2.1.3. Do princípio republicano 422
            3.2.1.3.1. Práticas antirrepublicanas 423
         3.2.1.4. Dos princípios federativo, da autonomia e da não intervenção 425
            3.2.1.4.1. Práticas que violam o modelo federativo, a autonomia das instâncias partidárias e o princípio da não intervenção 426
         3.2.1.5. Do princípio da legalidade estrita e da justa causa 430
         3.2.1.6. Das garantias constitucionais processuais 435
      3.2.2. Dos meios políticos de superação da ditadura intrapartidária ... 437

4. Da aplicabilidade e limites da fidelidade partidária 446
    4.1. Sistemas institucionais de proteção ou de controles políticos 447
    4.2. Atos partidários e atos legislativos: distinção 447
    4.3. Atos legislativos imunes à fidelidade partidária 448
5. Da necessidade de um processo eleitoral específico para a perda do mandato ou cargo eletivo por ato de infidelidade partidária 450

Capítulo IX
Das ações da fidelidade partidária

1. Legislação de regência 453
2. Conceito e natureza da ação 457
    2.1. Jurisdição e Competência 458
    2.2. Do sistema e processo eleitorais 460
    2.3. Da Competência da Justiça Eleitoral 464
        2.3.1. Fases do processo eleitoral 466
3. Das ações da fidelidade partidária 469
    3.1. Da ação de decretação da perda do mandato ou cargo por ato de infidelidade partidária 469
        3.1.1. Da Competência (Resolução TSE nº 22.610/2007) 469
        3.1.2. Pressupostos processuais: subjetivos e objetivos 475
        3.1.3. Condições da Ação 477
            3.1.3.1. Legitimidade das partes 478
                3.1.3.1.1. Legitimidade ativa sucessiva e concorrente 478
                3.1.3.1.2. Legitimidade passiva e litisconsórcio 485
            3.1.3.2. Interesse processual 490
            3.1.3.3. Possibilidade jurídica do pedido 492
        3.1.4. Das Justas Causas para o desligamento partidário 494
            3.1.4.1. Incorporação ou fusão de partido 497
            3.1.4.2. Criação de partido 498
            3.1.4.3. Mudança substancial ou desvio reiterado do programa partidário ... 502
                3.1.4.3.1. Mudança substancial 502
                3.1.4.3.2. Do Desvio Reiterado do Programa Partidário 507
            3.1.4.4. Grave discriminação política pessoal 513
            3.1.4.5. Da Janela Partidária 517
        3.1.5. Decadência 518
        3.1.6. Da Sentença e sua eficácia 524
        3.1.7. Dos Recursos 525
    3.2. Da Ação de Justificação de desligamento (desfiliação) partidário 528
        3.2.1. Da Natureza jurídica 529
        3.2.2. Da Legitimidade ativa 532
        3.2.3. Da Legitimidade passiva e litisconsórcio 532

3.2.4. Do Interesse de agir	533
3.2.5. Da Decadência	534
4. Do Mandado de Segurança para apreciar atos partidários	535
4.1. Da Competência da Justiça Eleitoral	535
4.2. Do Cabimento do Mandado de Segurança	539

Capítulo X
Conclusões

.... 541

Referências Bibliográficas... 557

Anexo

Constituição da República Federativa de 1988	575
Emenda constitucional nº 91, de 18 de fevereiro de 2016.	588
Lei nº 9.096, de 19 de setembro de 1995	589
Lei nº 9.504, de 30 de setembro de 1997...	613

INTRODUÇÃO

> *"A democracia é a pior de todas as formas imagináveis de governo, com exceção de todas as demais que já se experimentaram"* (Churchill).

O objeto deste estudo é a fidelidade partidária tendo em vista a efetividade e aplicabilidade das normas constitucionais e das estatutárias que prevêem a perda do mandato parlamentar, seja como conseqüência ou sanção, para a hipótese de migração sem justa causa ou expulsão, com o desligamento do filiado ao partido político pelo qual se elegeu, ante a natureza relativa complementável de caráter institutivo, emanada da norma do § 1º do art. 17 da Constituição Federal.

Para situar os conceitos em distintos contextos, buscou-se traçar um quadro evolutivo da democracia, da Grécia antiga aos dias atuais, destacando ser imperiosa a preservação da legitimidade material do Poder político que se funda na soberania popular ou vontade popular e, a partir dessas premissas, aprofundou-se o estudo da representação política como instrumento daquela manifestação, inicialmente dos grupos de interesses, no *Ancien Régime*, do qual se originou o mandato imperativo, surgindo, depois, com a Revolução Francesa, a figura do mandato representativo baseado no ideal libertário em que o cidadão era livre para escolher o seu representante e este era livre para exprimir a sua convicção pessoal, através de opiniões, palavras e votos.

À consideração de ser inviável a adoção da democracia direta, evoluiu a sociedade ocidental para a democracia representativa, cujo funcionamento exige a intermediação dos partidos políticos que se prestam à institucionalização do Poder, evitando o surgimento dos totalitarismos resultantes da sua personalização (Mussolini, Hitler, Stalin e, no Brasil, Vargas). Após a 2ª Grande Guerra, os partidos políticos foram constitucionalizados, enfeixando um pensamento político-ideológico ao qual o filiado e candidato se encontram vinculados, política e juridicamente, por ser a filiação um requisito ou condição de elegibilidade, sem o qual não é possível participar de certame eleitoral com vista à obtenção de mandato político.

A fidelidade partidária é o amálgama e a garantia de observância do ideario político, razão pela qual sua interseção com o sistema eleitoral e o regramento dos partidos políticos é analisado nos diversos estatutos registrados no Tribunal Superior Eleitoral.

Cuidou-se de demonstrar que a interpretação conferida pelo Supremo Tribunal Federal, antes de 2007, não se coadunava com a realidade constitucional, porque, o afastamento da validade das normas estatutárias que previam a perda do mandato por ato de infidelidade, ante a suposta falta de previsão constitucional, retirava a efetividade ou eficácia social das normas dos art. 14, parágrafo 3º, inciso V e art. 17, *caput*, § 1º da CF, bem como o caráter preventivo e retributivo de sanção para as infrações, a ensejar a desmedida migração partidária que alterava a representação política nas Casas Legislativas, influindo na governabilidade e deturpando a autenticidade do sistema representativo.

Passa-se à discussão da titularidade do mandato político do eleito, isto a partir da Constituição Federal e da legislação eleitoral brasileira, buscando-se subsídios na doutrina estrangeira que reconhece ser preciso uma releitura da figura do mandato representativo, de matriz francesa (1789), à luz da realidade vigente na sociedade contemporânea.

As razões técnico-científicas legitimam o novo modelo denominado *mandato representativo partidário*[1], em que o titular do mandato é o partido político, e não o eleito, bem assim que a aplicabilidade, seja como conseqüência ou sanção, da perda do mandato parlamentar por ato de infidelidade ou por desligamento voluntário, porque autorizada no § 1º do art. 17 da CF/88, e nos princípios federativo, republicano e dos freios e contrapesos destinados à desconcentração do Poder político e fortalecimento do Estado Democrático de Direito.

Em 04 de outubro de 2007, no julgamento do Mandado de Segurança 26.603 (leading case), o Supremo Tribunal Federal mudou o paradigma bicentenário do mandato representativo que garantia a ampla liberdade do eleito no exercício do mandato, para acolher a doutrina do autor em defesa da adoção do *mandato representativo partidário e da perda do mandato por ato de fidelidade partidária em que o titular do mandato é o partido político*, colhendo-se do áudio da respectiva sessão, do voto do relator, Ministro Celso de Mello, o seguinte excerto:

> *Bastante significativo no ponto, também, Senhor Presidente, é o entendimento de Augusto Aras, Professor e Procurador Regional da República, expressa em preciosa monografia sobre o tema ora em exame, cuja leitura é altamente recomendável e na qual, rememorando, registra com especial ênfase que no presente sistema de partidos revela-se essencial o reconhecimento do dever de respeito pelos representantes eleitos aos compromissos programáticos da representação partidária, observando-se que ele registra a aprovação de um novo modelo de representação em cujo âmbito se harmoniza as relações entre o partido político, o candidato eleito e o próprio eleitor.*

---

1   ARAS, Augusto. Fidelidade Partidária: A Perda do Mandato Parlamentar. Rio de Janeiro: Lumens Juris, 2006.

Direito eleitoral, democracia, representação política, sistemas eleitorais e partidos políticos são abordados em suas interações e imbricamentos com o princípio constitucional da fidelidade partidária, enfatizando as repercussões da sua efetividade, com a decretação das perdas de mandatos de milhares de vereadores em todo o País, bem assim da ocorrência do fenômeno da ditadura interna imposta pelos órgãos de cúpula (donos dos partidos) e a apresentação dos meios de superação de vícios que contribuem para a crise da autenticidade do sistema representativo brasileiro.

No campo da aplicabilidade, são abordados os sistemas políticos de proteção ou de controle institucionais, sua extensão às eleições proporcional e majoritária, e limites circunscritos às atividades partidárias, simples e qualificada, afastando-se a perda do mandato por ato de infidelidade partidária das *atividades típicas* do Legislativo (elaborar leis e fiscalizar) e do Executivo (governar ou administrar), envoltas no manto da imunidade material. Conclui o autor analisando as ações da decretação da perda do mandato eletivo por ato de infidelidade e da ação de justificação de desligamento partidário à luz do Novo Código de Processo Civil e da Emenda Constitucional n. 91, de 18 de fevereiro de 2016.

CAPÍTULO I

A DEMOCRACIA PARTICIPATIVA

> *"A solidariedade internacional pode tomar formas novas e mais construtivas à medida que a grande maioria dos povos do mundo começam a compreender que seus interesses são os mesmos e que podem avançar ao trabalhar conjuntamente. Não há mais motivo agora para se acreditar que somos coagidos por leis sociais misteriosas e desconhecidas, e não por decisões simplesmente tomadas dentro de instituições sujeitas ao desejo humano – instituições humanas que têm de enfrentar o teste da legitimidade e, se elas não satisfazem, podem ser substituídas por outras, mais livres e mais justas, como frequentemente ocorreu no passado".* Noam Chomsky[1]

SUMÁRIO: 1. Introdução; **2.** Da Grécia à Democracia Participativa; **2.1.** Democracia na Grécia; **2.2.** Democracia em Roma; **2.3.** Democracia Moderna; **2.4.** Democracia Participativa; **3.** Graus de "Participação"; **4.** Participação: Democracia Direta, Democracia Representativa e Democracia Semidireta; **5.** Democracia Participativa e a Constituição Federal de 1988; **6.** O Papel da Mídia na Democracia Participativa; **7.** A Democracia e a Proteção aos Direitos Humanos à Luz da Constituição Federal de 1988; **8.** Democracia Participativa, Cidadania e Educação; **9.** Crítica: Democracia Participativa como Mecanismo de Reação ao Neoliberalismo; **10.** Vanguarda da Democracia: Orçamento Participativo; **11.** Realidade da Democracia Participativa no Brasil; **12.** Legitimidade material e formal (legalidade).

1. INTRODUÇÃO

A preocupação pela escolha de um regime político que pudesse regular a vida do homem em sociedade remonta aos primórdios da nossa civilização, encontrando-se por volta dos séculos VI a IV, antes de Cristo, os alicerces da moderna democracia.

---

1 Consentimento sem Consentimento\; a teoria e a prática da democracia. Estudos Avançados 11 (29), 1997.

Segundo Aristóteles[2], os regimes políticos guardam forte relação com os sentimentos de seus governantes, podendo ser assim classificados: *monarquia* (gosto pela ordem, pela hierarquia e tradição), *oligarquia* (tendência de pertencer a um grupo e a ele favorecer), *timocracia* (egoísmo, exclusivismo, gosto pela riqueza), *democracia* (fraternidade, igualdade, solidariedade) e *tirania* (cólera, raiva, fúria).

Etimologicamente, democracia é uma palavra de origem grega formada por *demos* (povo) e *kratein* (governar), ou seja, governo do povo.

Segundo o Aurélio[3], democracia é o governo do povo, cuja doutrina ou regime político se baseia nos princípios da soberania popular e na distribuição equitativa do poder.

Houaiss[4] apresenta as seguintes definições acerca de democracia: governo do povo; governo em que o povo exerce a soberania; sistema político cujas ações atendem aos interesses populares; *governo no qual o povo toma as decisões importantes a respeito das políticas públicas, não de forma ocasional ou circunstancial, mas segundo princípios permanentes de legalidade*; sistema político comprometido com a igualdade ou com a distribuição equitativa de poder entre todos os cidadãos; governo que acata a vontade da maioria da população, embora respeitando os direitos e a livre expressão das minorias; país em que prevalece um governo democrático; força política comprometida com os ideais democráticos; pensamento que preconiza a soberania popular; democracia direta – forma de organização política em que o povo controla diretamente a gestão da sociedade, sem delegar poderes significativos ou conceder autonomia de ação a representantes ou exercentes de mandato (tende a se encontrar apenas em grupos sociais de pequenas dimensões, tais como algumas cidades-estados da antiguidade grega); democracia econômica – conjunto de teorias de inspiração socialista, social-democrata, anarquista ou cooperativista, que propugnam a extensão das práticas políticas democratizantes das sociedades liberais para o âmbito econômico, abarcando ideias heterogêneas como socialização dos meios de produção, gerenciamento participativo, autogestão, cogestão etc.; democracia liberal – regime político inspirado nos ideais iluministas que guiaram a Revolução Francesa, baseado nas ideias de soberania popular, separação de

---

2   Conclui Aristóteles que, como o sentimento era a base dos regimes políticos, tendo ao longo da história demonstrado ser instável, volátil e inconstante, houve vários momentos políticos imperfeitos, geradores de turbulência e de guerras civis. Era preciso alcançar-se um tipo de regime onde o calor dos sentimentos fosse embasado na Inteligência. Um regime onde houvesse uma estabilidade perene, constituída ou modelada exclusivamente pela Razão (logos). Este novo sistema, por ele idealizado, seria sustentado, segundo Platão, por dois pilares: a Educação (paidéia) e a Justiça (dikê).

3   **Novo Dicionário AURÉLIO**, Rio de Janeiro: Ed. Nova Fronteira, 1986, p. 534.

4   **Dicionário Houaiss da Língua Portuguesa**. Instituto Antonio Houaiss, Rio de Janeiro: Ed. Objetiva, 2001, p. 935.

poderes, representatividade política, liberdade individual, impondo limites ao Poder Público e multipartidarismo; democracia política – sistema de governo comprometido com a preservação de direitos políticos semelhantes para todos os cidadãos, tais como a liberdade de expressão e opinião, de organização política ou de eleição dos governantes; democracia popular – cada um dos regimes políticos que se constituíram inspirados no modelo de Estado socialista da antiga União Soviética (monopartidário ou não), tendo como programa a construção da sociedade comunista; democracia representativa – organização social em que o povo, através de eleições, outorga mandatos a representantes que passarão a exercer autoridade em seu nome.

Dentre as grandes discussões acerca da governabilidade de um povo, registram os historiadores célebre diálogo travado entre Sócrates e Protágoras, reproduzido por Platão, no qual se duvidava ser a política uma atividade ao alcance de todos:

> *"O homem, ao participar das qualidades divinas (a sabedoria das artes úteis e o domínio do fogo), foi primeiramente o único animal que honrou os deuses e se dedicou a construir altares e imagens das deidades: teve, além disso, a arte de emitir sons e palavras articuladas, inventou as habitações, os vestidos, o calçado, os meios de abrigar-se e os alimentos que nascem da terra. Apetrechados dessa maneira para a vida, os seres humanos viviam dispersos, sem que existisse nenhuma cidade; assim, pois, eram destruídos pelos animais, que sempre, em todas as partes, eram mais fortes do que eles, e seu engenho, suficiente para alimentá-los, seguia sendo impotente para a guerra contra os animais; a causa disso residia em que não possuíam a arte da política (Politike techne), da qual a arte da guerra é uma parte. Buscaram, pois, uma maneira de reunir-se e de fundar cidades para defender-se. Mas, uma vez reunidos, feriam-se mutuamente, por carecer da arte da política, de forma que começaram de novo a dispersar-se e a morrer"*[5].

Zeus lhes envia o pudor e a justiça.

Celso Bastos[6] define democracia como a mobilização da vontade popular, mas feita com respeito aos direitos individuais, inferindo-se de suas

---

5 Então Zeus, preocupado ao ver nossa espécie ameaçada de desaparecimento, mandou Hermes trazer para os homens o pudor e a justiça (*aidós* e *dikê*), para que nas cidades houvesse harmonia e laços criadores de amizade. Hermes, pois, perguntou a Zeus de que maneira deveria dar aos humanos o pudor e a justiça: "Deverei distribuí-los corno as demais artes? Estas se encontram distribuídas da seguinte forma: um só médico é suficiente para muitos profanos, o mesmo ocorre com os demais artesãos. Será essa a maneira pela qual deverei implantar a justiça e o pudor entre os humanos ou deverei distribuí-los entre todos?" "Entre todos", disse Zeus, que cada um tenha a sua parte nessas virtudes, já que se somente alguns as tivessem, as cidades não poderiam subsistir, pois neste caso não ocorre corno nas demais artes; além disso, estabelecerás em meu nome esta lei, a saber: que todo homem incapaz de ter parte na justiça e no pudor deve ser condenado à morte, como urna praga da cidade" (PLATÃO. **"Protágoras ou os Sofistas"**. Obras Completas. Madri: Aguilar, 1974, p. 168-9).

6 BASTOS, Celso. **Dicionário de Direito Constitucional**. São Paulo: Saraiva, 1994. p. 38-39.

lições que a ideia de democracia é eminentemente evolutiva e hoje abre muito espaço não só a procura de fazer valer a vontade popular, como de não buscar a sua representação apenas nos legisladores eleitos, mas também nas organizações civis da sociedade, tais como: sindicatos, associações de classe, partidos políticos, enfim, em diversos setores organizados da sociedade nos quais se procura um contrapeso para o próprio Estado.

É uma democracia calcada não somente na divisão clássica, mas fundamentalmente na divisão do poder em três órgãos diferentes: Legislativo, Executivo e Judiciário, inclusive com reconhecimento de diversos outros poderes dentro da sociedade: os poderes locais, regionais, municipais, dos Estados Membros, das províncias, aqueles existentes dentro da organização econômica da indústria, assim como das igrejas, das manifestações de defesa do consumidor, enfim, tudo aquilo que possa representar a expressão dos diversos segmentos da vontade popular. São esses interesses setorizados que, no seu conjunto, acabam por traduzir a predominância de uma vontade única – a vontade popular.

Merece destaque o conceito de *Soberania*, calcado onde a vontade popular é preponderante. Etimologicamente, o termo provém do latim *super omnia*, *supremitas*, daí o francês *souveraineté*, encontrando-se prevista expressamente em nossa Carta Magna, no art. 1º *caput* e parágrafo único. Trata-se de um dos elementos formais do Estado, podendo ser definida como a qualidade do poder do Estado que o situa acima de qualquer outro no âmbito interno e que o coloca no mesmo plano do poder de outros Estados estrangeiros. O poder do Estado é supremo e soberano. Se o governo é uma das causas formais do Estado, a soberania é a diferença específica do governo, é seu traço identificador.

A propósito, destaque-se a Teoria de Montesquieu, imortalizada na tão conhecida obra *De J'esprit des lois*, peça fundamental à organização política liberal.

Discorre tal teoria acerca do *Princípio da Separação dos Poderes* e pressupõe a tripartição das funções do Estado, distinguindo-as em legislativa, executiva (ou administrativa) e jurisdicional.

Por ser o Poder Estatal uno, indivisível e passível de concentrações indesejadas, a repartição de seu exercício buscou dinamizá-lo e lhe impor limites e fiscalização aos seus detentores para fins de impedir o cometimento de abusos ou improbidades. O excesso de poder concentrado nas mãos de apenas um representante embasava um governo do tipo *absolutista*, modelo de governo este que vinha sendo combatido.

A primeira conclusão a que se chega é de que Montesquieu defendeu a tripartição das funções estatais de um Poder Político único.

Neste diapasão, entra em cena o *sistema de freios e contrapesos* para reger as relações entre os três órgãos distintos e interdependentes: Legislativo, Executivo e Judiciário. Seu objetivo era manter a harmonia e independência dos poderes. O Princípio da Harmonia dos Poderes não significa o domínio de um sobre o outro nem a usurpação de suas atribuições, mas apenas a verificação de que, entre eles, existirá colaboração e controle recíprocos.

Fica claro que os poderes estatais não possuem atividades estanques ou separadas. Existem terrenos em que os três poderes exercem ingerências nas atribuições uns dos outros, devendo o princípio da harmonia e o bom senso de seus representantes preservar as respectivas competências, impedindo distorções e desmandos.

Exemplo fatídico desta ingerência é a edição das chamadas Medidas Provisórias pelo Presidente da República (ato legislativo praticado pelo Poder Executivo), permitida pelo art. 62, incisos e parágrafos, da Constituição Federal de 1988 (redação alterada pela Emenda Constitucional nº 32, de 11.09.2001)[7].

As palavras de Ruy Barbosa[8] traduzem os desmandos ocasionados pelas medidas provisórias em nosso sistema constitucional:

> "... os nossos Presidentes carimbaram as suas loucuras com o nome de leis, e o Congresso Nacional, em vez de lhes mandar lavrar os passaportes para um hospício de orates, se associa ao despropósito do tresvairado, concordando no delírio, que devia reprimir".

A interpretação histórica e teleológica de nossas Constituições insiste em demonstrar o caráter excepcional das medidas provisórias e a não vulgarização da medida. Contudo, esta não é a praxe governamental.

---

7 Segundo ROBERTO AMARAL, as medidas provisórias são "indicadores da crise constituinte brasileira" e acrescenta narrando que por deter aquele ato legislativo índole parlamentarista, sua inclusão num sistema constitucional presidencialista fere de morte a Carta Magna e seus princípios. Robustece tal posicionamento o fato de que desde a promulgação da Constituição de 1988 até o dia 11/02/2000 foram editadas mais de 4.600 medidas provisórias (3.830 nos cinco primeiros anos do Governo Fernando Henrique Cardoso). As reeditadas somavam 4.079. Neste mesmo período na Câmara de Deputados tramitaram apenas 2.264 projetos, demonstrando o quanto o Legislativo encontra-se acomodado.

Fato é que toda a problemática da edição de medidas provisórias reside em sua própria previsão legal. Veja-se o quanto dispõe o art. 62, caput, da Constituição: "Em caso de *relevância* e *urgência*, o Presidente da República poderá adotar medidas provisórias, com *força* de *lei*, devendo submetê-las de imediato ao Congresso Nacional." Ora, o que seria considerado relevante e urgente? Tal análise tática cabe exclusivamente ao Presidente? A conveniência de edição de uma Medida Provisória pode vir a transparecer apenas uma solução rápida para assuntos legislativos de competência da Câmara de Deputados?

8 BARBOSA, Ruy. **Ruínas de um Governo**. Rio, 1931, p. 92-96.

2. DA GRÉCIA À DEMOCRACIA PARTICIPATIVA

2.1. Democracia na Grécia[9]

"Vivemos sob a forma de governo que não se baseia nas instituições de nossos vizinhos; ao contrário, servimos de modelo a alguns ao invés de imitar os outros. Seu nome como tudo que depende não de poucos mas da maioria, é democracia".[10]

Os historiadores situam o albor da democracia no século VI, antes de Cristo, estabelecida por um alcmeônida, Clístenes (508 a.C.), surgida após um longo período de tirania e de disputas violentas pelo poder. Caracterizava-se pelo exercício direto do poder pelo povo.

Nessa época, a democracia era contemporânea à guerra do Peloponeso, travada entre as cidades gregas de Esparta e Atenas, e esteve em vias de soçobrar, pois a soberania exercida pelo povo não era por todos compreendida.

Costuma-se falar da democracia praticada em Atenas, não porque as demais Cidades-Estado helênicas não a conhecessem, mas porque aquela metrópole da antiguidade se destacou em várias áreas do conhecimento, v; g., na filosofia, nas artes, na arquitetura, na engenharia, na matemática, etc., coincidindo o seu apogeu político, com um dos grandes líderes – Péricles.

Nos séculos V e IV a. C. é que os atenienses passaram a fortalecer a incipiente democracia, levando-a ao resplendor. Mesmo assim, os indivíduos somente eram qualificados como cidadãos (aproximadamente 13% da população) pelo critério do *jus sanguinis*, porquanto não bastava ter pai ateniense, mas era preciso que sua genitora fosse filha de um ateniense, embora, excepcionalmente, fosse admitido que pessoas importantes pudessem receber o título de cidadão.

Em maior número, os integrantes do povo eram os excluídos, formados pelas mulheres, escravos e estrangeiros, os quais não participavam das decisões das assembleias.

Apesar de deliberar nas discussões democráticas que traduziam a soberania, o povo seguia algumas regras necessárias para que a democracia se desenvolvesse em um ambiente de equilíbrio social.

O desenvolvimento da democracia grega se iniciou ao se tornarem todos os cidadãos iguais perante a lei e que essa lei os reconheceria como iguais também seria a expressão da vontade desse povo que ela igualava.

Em razão da extensão territorial de Atenas, era possível ao povo esculpir a democracia grega por meio de decisões diretas. A aprovação das medidas tomadas pelo governo, através do voto direto e a participação efetiva dos cidadãos, na busca de soluções para os problemas públicos geravam a tomada de consciência da sua importância no processo decisório político.

---

9   SOARES, Estther Bueno. **Democracia Hoje**: um modelo político para o Brasil. Democracia. Da Grécia à unidade européia, p. 11-15.
10 Péricles, "Oração Fúnebre", *in* Tucídides: *A Guerra do Peloponeso*, Livro II, 37.

A participação popular, um dever do cidadão, tornava-o responsável pelo destino da cidade e de si próprio, pois havia sanções punitivas e premiais: aos ricos que faltassem às assembleias aplicavam-se multas e, os pobres, receberiam *jetons* para ali comparecerem.

O que atualmente é conhecido por cidadania, inata ao cidadão, na Grécia, era conquistada através da atuação do indivíduo perante o Estado, na sua participação ativa ao votar e atuar nas deliberações que eram dirigidas a todos os demais.

No sentido clássico, *polis* significava um estado que se governava a si mesmo. Atenas e Esparta foram as principais "cidades-estado" da Grécia antiga.

A chave da democracia ateniense foi a atuação direta, cuja assembleia soberana funcionava como autoridade máxima e qualquer cidadão tinha direito de intervir, debater, propor emendas, votar todo tipo de proposta, inclusive sobre guerra e paz, impostos, cultos, obras públicas e outras questões de maior ou menor importância.

Em Atenas, saber ler, escrever e aritmética eram atributos comuns a todos os cidadãos. As eleições para cargos públicos eram por sorteio, possibilitando igualdade de oportunidade, pois tanto os ricos como os pobres tinham lugares nos conselhos e tribunais. Assim, os cidadãos adquiriam experiência política e administrativa, interferindo, de certa forma, na estrutura de poder e classes.

Para os gregos, a cidade exerce um duplo e importante papel: ela libertava o cidadão, mas por outro lado, exige uma obediência em relação às obrigações desse mesmo cidadão.

Fustel de Coulanges[11] apresenta uma visão realista da democracia grega, aludindo à participação do cidadão no processo político muito mais como um dever que um direito. O Estado intervinha em tudo, até mesmo nos trajes do homem ou da mulher, de forma que não é difícil chegar-se à desagradável conclusão de que o ideal totalitário se amalgamava com a própria democracia grega, não sendo raras as tiradas organicistas de Platão e de Aristóteles, nas respectivas obras.

Após a morte de Péricles, a democracia foi se extinguindo até que, com a vitória de Felipe II, da Macedônia, em Queronéia, em 338 a.C., a democracia se reduziu e, aos poucos, foi substituída, em 332 a.C., por uma oligarquia censitária.

2.2. Democracia em Roma[12]

Pode-se datar em 509 a.C. a reação patrícia em Roma, que fez com que logo após surgisse a democracia, instalada dentro de um governo totalmente

---

11 *In* **A Cidade Antiga**, capítulo XVIII.
12 SOARES, Estther Bueno. **Democracia Hoje**: um modelo político para o Brasil. Democracia. Da Grécia à unidade européia, p. 17-18.

aristocrático, sem causar qualquer movimento contrário. Seu início foi moderado e sem grandes contestações.

Diferenciava-se, em muito, da democracia de Atenas e demais cidades gregas, onde era discutida e vivida por cidadãos que a desempenhavam com grande zelo, dando mostras de sua cidadania.

Em Roma, os aristocratas eram os que tinham os cargos elevados, cargos esses distribuídos conforme a situação dos seus membros, mais ou menos ricos. O próprio Senado também se pautava pela continuidade no cargo, de pai para filho, sem que houvesse renovação, enquanto nas cidades democráticas gregas havia renovação anual para o Senado.

A democracia romana conservou, democraticamente, a aristocracia e todos os seus apanágios, pois a classe inferior do povo tinha indiferença pelo poder. Nessa época, as leis eram tidas por democráticas, realizadas pelos aristocratas, sem a participação efetiva e atuante da população. No tocante à política empregada por Roma, nas suas relações externas, a participação popular era totalmente nula.

Sem se preocuparem com o perigo da sujeição, as cidades gregas aristocratas faziam questão, a partir de 199 a. C., ano em que Roma dominou a Grécia, de abrirem suas portas para serem tuteladas pelo conquistador, embora, tenham Atenas, Nábis e outras mais, no início da ofensiva, declarado guerra e resistido, visando salvaguardar a democracia mais que as próprias cidades.

Tais fatos provam suficientemente como Roma, sem grandes esforços, constituiu o seu império. O espírito municipal desaparecera pouco a pouco, o amor pela independência tornou-se sentimento muito raro e os corações estavam entregues aos interesses e paixões dos partidos. Só se viam dois grupos de homens: de um lado, a classe aristocrática, de outro, o partido popular; a primeira pedia o domínio de Roma, o segundo, rejeitava-o.

2.3. Democracia Moderna[13]

Durante muito tempo, a ideia grega de democracia ficou praticamente abandonada. Não interessava aos reis, imperadores e nobres um governo que representasse a vontade do povo, distribuindo o poder e a riqueza com os pobres, os escravos, os analfabetos, as camadas da população consideradas inferiores.

A luta por melhores condições de vida e o fim das desigualdades sociais, econômicas e culturais, levou à progressiva ampliação das discussões, gerando maior interesse da população de participar da tomada das decisões políticas.

A democracia moderna inaugurou-se a partir da consagrada frase de Montesquieu, segundo a qual o povo era excelente para escolher, mas pés-

---

13 SOARES, Estther Bueno. **Democracía Hoje**: um modelo político para o Brasil. Democracia. Da Grécia à unidade européia, p. 22-24.

simo para governar. A frase, de sentido hermético, restou sem ser decifrada, mas a moderna democracia instalou-se, mesmo que não traduza, por impossível, e até mesmo inconveniente, a ancestral democracia grega.

Na modernidade, a democracia surgiu nos séculos XVII e XVIII, com as revoluções na Inglaterra, em 1648 e 1688, e, em 1776, com a independência dos Estados Unidos, culminando com a Revolução Francesa, em 1789, pautadas nos princípios de liberdade e igualdade e que serviram de exemplo para outros países.

A Revolução Francesa se constituiu em marco histórico de retorno à democracia, uma vez que após essa época é que o nacionalismo surge como força conscientizadora da sociedade, refletindo a preocupação na busca e preservação de uma identidade nacional que começara a brotar no solo europeu.

Com suas raízes eivadas por sentimentos e ideais da Revolução Francesa, o sentimento nacionalista nasce num momento histórico peculiar, em que a burguesia se volta contra a nobreza e o clero, e proclama que o poder não emana de Deus nem do soberano, mas do povo e da nação. Logo a antiga lealdade ao monarca é substituída pela lealdade à pátria.

No final do século XVIII e no decorrer do XIX, a ascensão do sentimento nacionalista coincide com a Revolução Industrial, que promove o desenvolvimento da economia nacional, o crescimento da classe média, a exigência popular de um governo representativo e o desejo imperialista.

O Nacionalismo materializa-se numa ideologia segundo a qual um indivíduo deve lealdade e devoção a um Estado nacional, compreendido como um conjunto de pessoas unidas num mesmo território por tradições, língua, cultura, religião ou interesses comuns, que constituem uma individualidade política com direito de se autodeterminar.

Pode assumir inúmeras formas: uma comunidade étnica, religiosa ou cultural, sob dominação, que objetiva tornar-se independente; um grupo ou comunidade que impõe sua nacionalidade e se transforma em soberano no Estado; ou um próprio Estado-Nação que impõe seus ideais aos cidadãos como forma de sobreviver como unidade.

Pode-se concluir que um Estado só exercita a democracia quando o povo é, ao mesmo tempo, governante e governado, ou, pelo menos, que a maior parcela possível de indivíduos participe diretamente do poder.

Deve-se observar que é difícil conceituar a democracia, uma vez que tal regime político mostra-se em constante mutação. Sua definição há de ser buscada dentro do contexto histórico, por variar a sua configuração no tempo e no espaço.

> *"A democracia não é uma doutrina imobilizada, petrificada em um dogma eterno, nem tampouco uma forma histórica imutável, porém, um sistema de ideias e uma instituição que se retificam constantemente com o progresso ético e científico da humanidade"* (Pinto Ferreira).

A partir daí, pode-se classificar a democracia segundo a posição do Estado ante as questões social e econômica, bem assim, segundo a forma de participação dos cidadãos nas decisões políticas da nação, de modo que, para se ter como existente a democracia, é preciso tê-la fundada nos ideais de liberdade e igualdade. No primeiro caso, a democracia é intitulada liberal e, no segundo, encontram-se as denominadas social e popular.

A democracia liberal, também chamada de clássica, é fundamentada nos ideais da revolução francesa, tendo como características básicas uma visão essencialmente política destinada a possibilitar a participação efetiva dos indivíduos na formação e atuação do governo, deixando de lado as preocupações de ordem econômica e social.

A democracia social surgiu em face do malogro da democracia liberal, onde o Estado ausentava-se dos domínios econômico e social, provocando a exploração exacerbada do homem pelo homem. Essa situação forçou o abandono da democracia burguesa, surgindo uma versão humanística que é a também chamada social-democracia, onde o Estado passa a intervir nos domínios social e econômico, sendo possível a libertação do homem de todos os flagelos a que se expunha, máxime da miséria, da fome e da exploração em todos os sentidos. A propósito da democracia social, critica Manoel Gonçalves Ferreira Filho:

> "Contrariando todas as lições da ciência econômica, o resultado de sua atuação, como aponta a experiência, é sempre desastroso. Exige uma máquina estatal imensa, bem paga e ineficiente, provoca inflação galopante, conduz a economia ao caos. Mas guarda boa consciência: o culpado de seus fracassos são sempre os outros...".

A democracia marxista ou democracia popular tem como característica básica a participação das classes trabalhadoras e intelectuais na cúpula do poder estatal, ocupando os principais cargos do Estado, a exemplo do regime constitucional de 1946, na Iugoslávia, onde o Poder Executivo era formado pelo Presidente da República e um Conselho Executivo.

Manifesta-se como democracia direta, ideal ou autêntica aquela em que o povo exerce diretamente o poder através de assembleias públicas, sem intermediação de prepostos ou representantes. Trata-se de modelo de elaboração das leis e de aplicação da justiça por meio de atos públicos que podem decidir diretamente pela paz ou pela guerra.

A democracia indireta ou representativa surgiu em face da impossibilidade de se ter a presença de todos os indivíduos na elaboração e execução das leis necessárias ao bom andamento do Estado. Nela o poder é exercido através de representantes do povo.

Quanto à representatividade, a democracia voltou à ordem do dia na Revolução Francesa, pois, no Estado Moderno, não era possível convocar todos os cidadãos para resolver cada problema da gestão pública. Por isso, criou-se a democracia representativa ou indireta, em que há representação

dos interesses de muitos nas tomadas de decisões. As principais características da democracia moderna são:
- liberdade individual, que proporciona aos cidadãos o direito de decidir e a responsabilidade de determinar suas próprias trajetórias e dirigir seus próprios assuntos;
- igualdade perante a lei;
- sufrágio universal e educação universal;
- o princípio da maioria.

As principais características da democracia indireta, ao afirmar que a soberania popular tem seu papel imprescindível de formadora da legitimidade da vontade geral e, ao mencioná-la, defende ser esta vontade coletiva indestrutível, desde que voltada em uníssono ao bem estar geral. Se assim o for, não existirão interesses confusos ou contraditórios que impeçam a consecução do bem comum, e, em tal situação, o Estado será vigoroso.

Dentre os principais diplomas editados para a preservação dos ideais democráticos, tem-se como exemplos:

a) Declaração de Independência dos Estados Unidos, que afirma o direito à vida, à liberdade e à busca da felicidade;

b) Declaração dos Direitos do Homem e do Cidadão (França);

c) Declaração Universal dos Direitos Humanos aprovada pela Assembleia Geral das Nações Unidas (ONU), em dezembro de 1948.

No que toca à democracia semidireta ou mista, que se caracteriza por ser um meio termo entre a direta da Grécia antiga e a indireta ou representativa, admite-se a possibilidade de, em determinados assuntos, ser consultado o povo, diretamente, através de plebiscito, referendo e até propor-se criação de lei por iniciativa popular.

Como resultado da união entre democracia direta e democracia representativa, a democracia semidireta teve o seu esplendor no início das três primeiras décadas do século XX, surgindo na Suíça, onde, até os dias atuais, é aplicada em alguns cantões.

O Brasil, tardiamente, veio a abandonar o modelo da democracia meramente representativa, para adotar um modelo de democracia mista ou semidireta com a promulgação da Constituição Federal de 1988, que, em seu artigo 1°, parágrafo único, dispõe: "*todo poder emana do povo que o exerce por meio de representantes eleitos* ou *diretamente, nos termos desta constituição*", inaugurando, com a edição da norma do art. 14, incisos I, II e III, nova fase da vida pública nacional, ao prever instrumentos de participação direta do povo nas tomadas de decisões.

A participação popular, de forma direta, é efetivada através dos institutos do plebiscito, *referendum*, da iniciativa popular, da ação popular, dentre outros previstos constitucionalmente, instrumentos pelos quais o cidadão, por si, sem intermediários ou representantes, toma decisões, sem prejuízo da adoção dos *writs* constitucionais. Diz-se, pois, que a Constituição de 1988 adotou a democracia participativa.

2.4. Democracia Participativa

Considerando a dificuldade de conceituar a democracia, sobretudo porque sua configuração varia de acordo com as transformações políticas e valores de cada sociedade, pode-se concluir que se trata de uma filosofia, um ideal, uma crença ou um processo.

Como filosofia, a democracia é vista como um modo de vida, no qual deve existir o respeito e a tolerância pelas opiniões divergentes, no relacionamento social. Como ideal, porque é um nível a atingir, uma vez que se modifica e se ajusta conforme a época e o desenvolvimento social, científico-tecnológico, político e jurídico. Como crença, porque existe a convicção de que a segurança do mundo depende dela. Como processo, porque através dela se realiza a participação do povo na organização e exercício do Poder Político[14].

A essência da democracia é o fato de o poder residir no povo, ou, como diz Norberto Bobbio, é o povo o titular do poder. Toda democracia, para assim ser considerada, há de repousar na vontade popular, no que tange à fonte e exercício do poder; em oposição, nos regimes autocráticos, o poder emana do chefe, do caudilho, do ditador[15].

A democracia se centra em dois princípios fundamentais ou primários que lhe dão a essência conceitual: o da soberania popular, segundo o qual o povo é a única fonte de poder, que se exprime pela regra de que todo poder emana do povo; e da participação direta ou indireta do povo no poder, para que este seja efetiva expressão da vontade popular, surgindo, nos casos em que a participação é indireta, um princípio derivado ou secundário: o da representação.

As técnicas utilizadas pela democracia para concretizar esses princípios variam, e certamente continuarão seguindo assim, ante a evolução do processo histórico, de modo a predominar as técnicas eleitorais com suas instituições e o sistema de partidos políticos como instrumentos de expressão e coordenação da vontade popular[16].

Poder-se-ia sintetizar o conceito de democracia participativa, na frase de Gomes Canotilho: *democratizar a democracia através da participação*, signi-

---

[14] SOARES, Estther Bueno. **Democracia Hoje**: um modelo político para o Brasil. Democracia. Da Grécia à unidade européia, p. 213.

[15] SILVA, José Afonso da. **Curso de Direito Constitucional Positivo**. Malheiros: São Paulo, 1997, p. 133.

[16] SILVA, José Afonso da. **Curso de Direito Constitucional Positivo**. Malheiros: São Paulo, 1997, p. 132.

ficando intensificar a otimização da participação dos homens no processo de decisão[17].

Enquanto na democracia representativa clássica, a escolha de representantes constitui a base que sustenta a soberania popular, a concepção moderna de democracia exige, além do voto e da delegação da vontade popular, a participação direta do indivíduo nas decisões e no controle do poder do Estado, como forma de garantir a vigência e eficácia dos seus direitos fundamentais[18].

3. GRAUS DE "PARTICIPAÇÃO"

Dir-se-ia que, a princípio, a denominada "democracia participativa" seria um pleonasmo. É que a democracia pressupõe a efetiva participação do povo na discussão e escolha, mediante tomadas de decisões, do seu destino; do contrário, o regime político em que a tomada de decisão é de outra instituição que não o povo, ter-se-á, *verbi gratia*, a autocracia (*autokrateia* = poder absoluto, poder excessivo, ditadura) e a teocracia (*te(o)-+-cracia* = poder político fundamentado no poder religioso), e jamais a democracia (*demos*+ *kratein* = governo do povo).

O título "democracia participativa" diz respeito à forma como se desenvolve o seu exercício, seja de forma direta pelo povo ou através do plebiscito, do referendo, da iniciativa popular e dos *writs* constitucionais, seja através de representantes eleitos, periodicamente, para cumprirem mandatos, ou ainda pela interferência do cidadão na gestão e no controle da coisa pública.

Segundo Canotilho[19], quando se fala em participação não há, em regra, grande cuidado na delimitação, quer dos domínios em que ela é particularmente indicada, quer da intensidade conferida à dimensão participativa. Neste último aspecto, assinalam-se três graus de participação:

1) *participação não-vinculante*: a que se dá nos processos de decisão, mas apenas através de informações, propostas, exposições, protestos, etc.;

2) *participação vinculante*: participação na própria tomada de decisão e, consequentemente, limitação do poder de direção tradicional (participação, por exemplo, em conselhos de gestão);

3) *participação vinculante e autônoma (autogestão)*: quando se trata de uma substituição pura *e* simples no poder de direção tradicional para outros poderes dentro do respectivo sistema (administração autônoma).

---

17 CANOTILHO, J. J. Gomes. **Direito Constitucional**. Coimbra: Almedina, 1993. p. 426.

18 SOARES, Estther Bueno. **Democracia Hoje**: um modelo político para o Brasil. Democracia. Da Grécia à unidade européia, p. 221.

19 CANOTILHO, J. J. Gomes. **Direito Constitucional**. Coimbra: Almedina, 1993, p. 426-429.

De outra parte, a democratização procedida através da participação pode conduzir a uma mutação de poder, do domínio (o que só se concebe no domínio da participação vinculante autônoma) ou do estilo de direção.

Entende-se por participação vinculativa com mudança das relações de poder e de domínio quando o setor social autogerido é a forma mais expressiva de participação, ou seja, aquela em que se verifica uma verdadeira mudança das relações de poder e de domínio, enquanto a participação vinculativa com influência no estilo e na forma de direção é o modo mais vulgar de participação, que não questiona a transferência de poder e de domínio apresentada nas linhas anteriores. É o caso de participação na elaboração dos planos econômico-sociais e o respectivo controle, nas estruturas administrativas, da segurança social e da definição, execução e controle das principais medidas econômicas e sociais.

Como concepção global da sociedade, a democracia implica a transferência do princípio democrático (com as adaptações e limitações impostas pelo condicionalismo dos setores) para os vários subsistemas sociais. Daí que o processo de democratização move-se dentro dos chamados sistemas primários de socialização, como jardins de infância, educação pré-escolar (participação de pais, encarregados de educação, moradores) até as próprias organizações internacionais, passando pelos sistemas de educação e cultura (escolas, universidades), meios de comunicação social (jornais, rádio, televisão), administração pública (administração central, administração comunal e regional), instituições de previdência (segurança social, hospitais, casas para terceira idade) e setores econômicos (empresas, organizações de plano).

4. PARTICIPAÇÃO: DEMOCRACIA DIRETA, DEMOCRACIA REPRESENTATIVA E DEMOCRACIA SEMIDIRETA

Há três formas de democracia: direta, indireta ou representativa e semidireta[20].

Na realização da democracia direta é que se encontra a expressão máxima da participação, visto que se trata da realização da velha máxima do *governo do povo, pelo povo* e *para o povo*.

Na forma direta, a expressão da vontade do cidadão e do próprio Estado decorre da totalidade (o povo) daqueles que, segundo os costumes ou a lei, são considerados cidadãos e, por isso, dotados de direitos. Isto se dá tanto na atividade legislativa, como na executiva e na judiciária, podendo ser exercida pelo cidadão, em assembleias populares[21].

---

20 SILVA. José Afonso da. **Curso de Direito Constitucional Positivo**. Malheiros: São Paulo, 1997, p. 136.

21 SOARES, Estther Bueno. **Democracia Hoje**: um modelo político para o Brasil. Democracia. Da Grécia à unidade européia, p. 215.

A democracia indireta ou representativa é aquela em que o povo, não podendo dirigir os negócios do Estado diretamente, em face da sua extensão territorial, da densidade demográfica e da complexidade dos problemas sociais, outorga funções de governo aos seus representantes, eleitos periodicamente. É aquele regime em que o conjunto da Nação, a totalidade do povo, mediante sufrágio universal, participa da designação dos governantes que o representam[22].

Nação do latim *natione*, nascimento, raça, espécie, não se confunde com o *Estado*. Aquela tem caráter tipicamente sociológico, enquanto este tem uma conceituação predominantemente jurídica. O Estado pode surgir rapidamente, mantendo-se ao longo do tempo graças à coação sobre cidadãos ou súditos, mas a Nação somente se forma mediante demorada gestação, até que se sedimente o espírito nacional, oriundo das tradições e costumes comuns.

Há diferenças entre povo e nação. Para Hans Kelsen "*a noção de povo não se refere às qualidades físicas ou psíquicas dos homens*".

A democracia não é um lugar ou estágio a que se chega. A democracia é o caminho e não a chegada. É um processo e não um objetivo ou resultado. Por isso, nesses tempos de transformações contínuas, no qual se visualiza a crise da democracia liberal, da democracia social e a insuficiência da democracia representativa, desenvolve-se o conceito da democracia participativa e dialógica.

A democracia participativa buscou desenvolver mecanismos de proteção da democracia representativa, vítima do *marketing*, da concentração econômica, da opinião pública e da manipulação da mídia[23].

Através do referendo, o povo adquire o poder de sancionar os projetos de lei, isto é, após a aprovação pelo legislativo, o projeto é submetido à apro-

---

[22] SOARES, Estther Bueno. **Democracia Hoje**: um modelo político para o Brasil. Democracia. Da Grécia à unidade européia, p. 217.

[23] Exemplos de comprometimento com a adaptação da democracia representativa são os momentos de graves conflitos de interesses que marcaram a História Contemporânea, como, por exemplo, a 2ª Guerra do Golfo. Busca-se redemocratizar a democracia.
Neste contexto, esclarece-se que o povo, na democracia semidireta, não se satisfaz apenas em eleger representantes, mas, observando formas prescritas pela ordem jurídica, realiza atos cuja validade fica dependente de sua participação. Conforme Barthélemy e Duez, o povo passa a ser não apenas colaborador político, como acontece na democracia indireta, mas colaborador jurídico.
São exemplos de mecanismos da democracia semidireta, consistindo nas primeiras manifestações da democracia participativa, combinando instituições de participação direta com instituições de participação indireta: o *referendum*, o plebiscito, a iniciativa popular, o direito de revogação *e* a ação popular (SOARES, Esther Bueno. **Democracia Hoje**: um modelo político para o Brasil. Democracia. Da Grécia à unidade européia, p. 221).

vação popular através do sufrágio dos cidadãos, e só mediante sua aceitação é que a lei se faz juridicamente perfeita e apta a obrigar todos[24].

O plebiscito (consulta prévia que se faz aos cidadãos no gozo de seus direitos políticos, sobre se determinada matéria poder ser, posteriormente, discutida pelo Congresso Nacional)[25], ao contrário do referendo, é circunscrito sempre ao projeto de lei, podendo ter por objeto, tudo que se refere à estrutura essencial do Estado e seu governo, consistindo em uma consulta direta ao povo.

Por meio da iniciativa popular, representando a forma de participação que, na democracia semidireta, mais atende às exigências populares de participação positiva nos atos legislativos, proporciona-se ao corpo de cidadãos a deflagração do processo legislativo ordinário que, no seu entender, mais atenda aos interesses públicos[26].

O plebiscito, o *referendum* e a iniciativa popular estão previstos na Constituição Federal de 1988, nos arts. 14, I, II e III, 49, XV, e 61, § 2º. Além da previsão constitucional, são regulados pela lei nº 9.709, de 18 de novembro de 1998.

A participação popular pode se realizar através do voto, conforme os processos e formas da democracia representativa, e, em sentido estrito, quando se encontra a participação dos cidadãos na tomada de decisões, de forma direta e, às vezes, até não convencional[27].

Consagrado constitucionalmente, o princípio democrático é mais que um método ou técnica para a escolha de representantes: em razão dos aspectos econômicos, políticos, sociais e culturais, toma-se uma direção a seguir, um objetivo a realizar, através da democracia-participação, pois hoje o problema fundamental da democracia é instituir meios que ofereçam aos cidadãos oportunidades para aprender o que é a realização do ideal democrático, através da participação efetiva nos processos de decisão, como instrumento de consolidação desse regime político.

A descentralização das atribuições para os entes locais vem sendo apontada como um dado essencial para a democracia, pois é maior a proximidade entre a administração e o particular, tendo o administrado maior poder de influenciar as decisões governamentais[28].

---

24   SOARES, Estther Bueno. **Democracia Hoje**: um modelo político para o Brasil. Democracia. Da Grécia à unidade européia, p. 221.

25   MORAES, Alexandre de. **Direito Constitucional**. Atlas: São Paulo, 2002, p. 237.

26   SOARES, Estther Bueno. **Democracia Hoje**: um modelo político para o Brasil. Democracia. Da Grécia à unidade européia, p. 221.

27   SOARES, Estther Bueno. **Democracia Hoje**: um modelo político para o Brasil. Democracia. Da Grécia à unidade européia, p. 222.

28   SOARES, Estther Bueno. **Democracia Hoje**: um modelo político para o Brasil. Democracia. Da Grécia à unidade européia, p. 223.

Conclui Roberto Amaral[29] que a democracia participativa não é uma democracia direta remontando a *ágora*, mesmo a uma *ágora* tele-eletrônica; trata-se de democracia semidireta marchando no sentido da democracia direta, de modo a manter por muito tempo ainda alguns dos mecanismos da democracia representativa, apesar de sua porção representativa na democracia semidireta ser mínima e a presença dos instrumentos da democracia direta ser máxima.

5. DEMOCRACIA PARTICIPATIVA E A CONSTITUIÇÃO FEDERAL DE 1988

No Direito Constitucional brasileiro já existe um fragmento normativo de democracia participativa; um núcleo de sua irradiação, um germe com que fazê-la frutificar se os executores e operadores da Constituição forem fiéis aos mandamentos e princípios previstos na Carta Magna[30].

Em fase de formulação teórica e em um País em desenvolvimento como o nosso, essa democracia é a única saída para a crise constituinte do ordenamento jurídico, porquanto já se encontra parcialmente positivada no art. 1º e seu parágrafo único, referente ao exercício direto da vontade popular, bem como no art. 14 que trata de técnicas participativas estatuídas pela Constituição. E para concretizar essa vontade são enunciados o plebiscito, o *referendum* e a iniciativa popular[31], sendo os dois primeiros institutos regulamentados pela lei n° 9.709/98.

Em relação à utilização do plebiscito e do referendo, a aplicabilidade destas técnicas tem sido bloqueada e negada ao povo, à nação, à soberania, por falta de vontade política daqueles que integram o *poder*, como se a democracia, como quer uma determinada corrente do pensamento político, fosse o regime da maioria restrita aos que integram as elites e não de todos os indivíduos que formam a Sociedade[32].

Esclarece a doutrina que há de existir participação e aproximação dos serviços públicos da população composta pelos interessados na gestão efetiva

---

29 GRAU, Eros Roberto e outro: organizadores. **Direito Constitucional**: estudos em homenagem a Paulo Bonavides. Malheiros: São Paulo, 2001, p. 49-50.

30 BONAVIDES, Paulo. **Teoria da democracia participativa**. Malheiros: São Paulo, 2001, p. 40.

31 BONAVIDES, Paulo. **Teoria da democracia participativa**. Malheiros: São Paulo, 2001, p. 40.

32 A Reforma Administrativa realizada pela Emenda Constitucional n° 19/98, embora tenha ocorrido sob a influência da política neoliberal, alterou algumas normas (arts. 3°, 5°, 12, 22, 24 e 27), inspirada na observância do princípio da gestão participativa, com o fito de aproximar os serviços públicos da população e esta de interferir, de forma mais efetiva, na tomada de decisões políticas.

dos serviços administrativos, de acordo com o princípio da gestão participativa, como verdadeiro desmembramento do princípio da soberania popular e da democracia representativa, previstos no parágrafo único do art. 1° da Constituição Federal. Como salientam Canotilho e Moreira, esse requisito assume um claro e concreto valor jurídico-constitucional, que se traduz fundamentalmente na intervenção nos órgãos de gestão dos serviços não apenas de profissionais burocratas, mas também de representantes das comunidades em que os serviços estão inseridos (cogestão de serviços administrativos)[33], tudo isso a partir do disposto no § 3°, art. 37, da Constituição Federal[34].

O texto constitucional, além das formas de participação previstas no *caput* do art. 1° e seu parágrafo único e no art. 14, incisos I a III, trata de outras modalidades de democratização da administração, através da ingerência do cidadão; não de uma participação autônoma (autogestão), mas uma gestão compartilhada, em que a participação dos administrados se dá por intermédio de organizações populares de base e de outras formas de representação, na gestão administrativa.

A Constituição de 1988 consagrou outras formas de democracia participativa nos arts. 10, 11, 31, § 3°, 74, § 2°, 194, VII, 206, VI, 216, § 1°. A par dessas formas de democracia participativa, acolhidas pelo ordenamento jurídico brasileiro, existem outras que não mereceram consideração pelo constituinte brasileiro, tais como o direito de revogação do mandato *(recall)* e o veto popular[35].

---

33 MORAES, Alexandre de. **Reforma Administrativa**. Atlas: São Paulo, 1999, p. 34.

34 Art. 37 [...]
   § 3° A lei disciplinará as formas de participação do usuário na administração pública direta e indireta, regulando especialmente:
   I – as reclamações relativas à prestação dos serviços públicos em geral, asseguradas a manutenção de serviços de atendimento ao usuário e a avaliação periódica, externa e interna, da qualidade dos serviços;
   II – o acesso dos usuários a registros administrativos e a informações sobre atos de governo, observado o disposto no art. 52, X e XXIII;
   III – a disciplina da representação contra o exercício negligente ou abusivo de cargo, emprego ou função na administração pública.

35 O direito de revogação permite ao povo – o eleitorado – pôr fim (antes do prazo legal) ao mandato de autoridades, funcionário ou parlamentar. O *recall*, espécie do gênero revogação, é a capacidade de o eleitor, isto é, de uma parcela do eleitorado, destituir o funcionário ou o representante do mandato. É o que ocorre com os deputados e os magistrados que estão obrigados a prestar contas periódicas de seu labor, podendo, em determinados casos, ter os mandatos revogados.
   O *recall* também é conhecido como revogação individual, para distingui-lo do *Abberunfungsrecht*, forma de revogação coletiva: o corpo eleitoral, i. e., determinada parcela de seus integrantes pode requerer a dissolução de sua respectiva Assembleia. O veto é a faculdade de que é titular o eleitorado de se manifestar coletivamente contrário

Conquanto a ordem jurídica pátria disponha de mecanismos próprios e adequados para o exercício da democracia participativa, na realidade os brasileiros pouco vivenciam uma democracia semidireta, pois, apesar de estabelecer o parágrafo único do art. 1° da Constituição Federal, a democracia representativa com alguns institutos de participação direta do povo (art. 14, I a III), as funções de governo e institutos que integram a democracia participativa não são, de fato, acessíveis a todas as camadas da população, mormente através de critérios objetivos.

O que se nota na democracia brasileira é que a participação popular se resume ao exercício do direito de sufrágio (voto), de dois em dois anos, percebendo-se as tímidas tentativas da sociedade civil de fazer valer outros mecanismos, a exemplo do que ocorreu com a edição da lei n° 9.840/99 e a lei complementar nº 135/2010 (lei da ficha limpa), a primeira e a última de iniciativa popular, sob os auspícios da Confederação Nacional dos Bispos do Brasil (CNBB) e da Ordem dos Advogados do Brasil (OAB).

Para alguns doutrinadores, a chave constitucional do futuro para o terceiro Mundo reside na adoção, vivência e defesa da democracia participativa, que faz soberano o cidadão-povo, o cidadão-governante, o cidadão-nação, no cidadão titular efetivo de um poder invariavelmente superior e, não raro, supremo e decisivo.

O cidadão haverá de romper a sequência histórica da evolução do regime representativo, promover a queda dos modelos anteriores e preparar a passagem a uma democracia direta, de natureza legitimamente soberana e popular.

Logo, utopicamente, pode-se dizer que, a vingar, em toda a sua plenitude, os ideais da democracia participativa poder-se-ia chegar – não fosse o pluralismo do pensamento humano – a um sistema em que houvesse o respeito aos direitos e garantias individuais, condutor da felicidade geral, restando, nos seus objetivos, confundida com outra ideologia – a de Marx, para quem, no final do processo histórico vingaria o socialismo!

O Neoliberalismo é uma versão radicalizada do antigo Liberalismo econômico, materializando-se num conjunto de práticas e ideias voltadas para a construção de uma sociedade absolutamente livre das interferências estatais, especialmente na área econômica, mas com alcance de toda a sua extensão. Trata-se de uma crítica ao ponderadíssimo Keynesianismo que se embasa na intervenção estatal na economia, em épocas de crise, e montagem de mecanismos de segurança estatal, em épocas de calmaria.

---

a determinada medida governamental ou à lei já devidamente aprovada, ou em vias de ser posta em execução (GRAU, Eros Roberto e outro: organizadores. **Direito Constitucional**: estudos em homenagem a Paulo Bonavides. Malheiros: São Paulo, 2001, p. 51).

As ideias Neoliberais foram implantadas nos governos dos países ditos desenvolvidos, tendo corno seus maiores nomes a Primeira-Ministra Margaret Thatcher e o presidente norte-americano Ronald Reagan (EUA).

Para o neoliberalismo e a globalização, que propõem a quebra da soberania e geram a crise do constitucionalismo, a permanência do valor "soberania", ínsito aos Estados, representa um entrave à sua adoção, na medida em que dificulta o predomínio dos países mais poderosos economicamente sobre os do Terceiro Mundo.

O Neoliberalismo acarretou aparente melhoria na economia mundial.

Contudo, inevitáveis foram os problemas causados por tanto tempo de neoliberalismo. A inflação foi contida e a taxa de lucro das empresas subiu. Em contrapartida, nenhuma melhora social significativa é avistada quanto ao emprego e ao salário, sendo certo que as práticas neoliberais instalaram no mundo um verdadeiro canibalismo financeiro, onde a ideia de dinheiro foi utilizada como meio de se aumentar o lucro e não a produção.

A democracia participativa, por importar instrumento de reforço da soberania, pode representar uma reação ao neoliberalismo e à globalização capaz de por fim à crise do constitucionalismo decorrente da criação dos grandes blocos políticos e econômicos, como o da União Europeia e da ALCA.

6. O PAPEL DA MÍDIA NA DEMOCRACIA PARTICIPATIVA

Ao dissertar acerca da crise da democracia participativa, Roberto Amaral[36] afirma que o poder representante do cidadão, limitado à escolha do mandatário, e a liberdade deste mandatário que age sem vinculação aos termos da representação acarretam a falência da democracia representativa.

A situação se agrava quando outros órgãos, organismos, instituições e entidades sem raízes na vontade do povo, destituídas da soberania popular e de legitimidade material se apropriam do poder constituinte para criar direitos e relações de poder em flagrante usurpação do mandato e, por consequência, em flagrante violação à democracia e à representação política.

Quando se aponta a interferência da mídia, significa dizer que há "manipulação da informação", com vista a alterar a vontade espontânea e original do cidadão, livre de quaisquer influências, a subtrair a vontade popular e macular a soberania do voto, mediante processo criativo de situações artificiais no espírito de ouvintes e telespectadores, fraudando-se, com isso, as

---

36 GRAU, Eros Roberto e outro: organizadores. **Direito Constitucional**: estudos em homenagem a Paulo Bonavides. Malheiros: São Paulo, 2001, p. 20-21.

mais genuínas manifestações populares e os supremos ideais democráticos – o povo como titular do poder, a vontade popular, a soberania... [37]

Os meios de comunicação de massa, politizados e partidarizados, construtores do discurso único, do discurso unilateral, do discurso monocórdio do sistema, têm interferido, lesivamente, na formação da consciência popular, seja para sustentar o mercado financeiro com notícias alarmistas sobre a economia nacional e favorecer os especuladores, seja para influir e dirigir a tomada de decisão de meros telespectadores de programas que seguem o modelo *reality show*[38].

---

[37] Neste contexto, nota-se a importância da Educação, como antídoto e vacina contra as práticas antidemocráticas. A sociedade brasileira detém nível de ignorância e abstinência cultural proporcional à disparidade de distribuição de renda na população, predominando o interesse da classe dominante e dos detentores dos meios de comunicação na manutenção da antiga teoria do "pão e circo", utilizada em Roma para distrair a atenção do povo para que não enxergassem as misérias e injustiças sociais.

[38] Merece destaque o comentário de Loewenstein a respeito da influência dos meios de comunicação de massa no processo de formação da vontade política, destacando que os principais meios de transmissão de uma determinada ideologia evoluíram dos intelectuais aos partidos políticos, pois somente *estes puderam mobilizar* as *massas e integrá-las no processo político*. Tal desiderato era cumprido através da propaganda política, inicialmente, por intermédio da imprensa escrita, sobretudo no século XIX, sofrendo uma imensa evolução a partir da utilização dos meios eletrônicos de comunicação de massa no século XX.

Loewestein afirma que a propaganda política existe desde o princípio da sociedade estatal organizada. Sua influência na formação da vontade individual, núcleo da alma da massa, tornou-se efetiva quando se apropriou dos meios de comunicação. Com a propaganda se dá a utilização correta de pessoas, palavras. objetos, símbolos ou outras técnicas de representação para conduzir à concretização dos objetivos daqueles que a manejam, determinando a maneira de pensar e agir daqueles a que é dirigida. Considerada de uma maneira menos abstrata, a propaganda não é nada além de uma manifestação do poder ou urna faceta do processo do poder; é uma intenção de influir na livre vontade do destinatário para que este se sinta induzido a atuar segundo as diretrizes dos que controlam o aparato da propaganda, variando o grau de coação psicológica segundo a personalidade dos destinatários.

Para cumprir a sua missão, a propaganda política objetiva persuadir a massa através da emoção, pois a persuasão racional de nada adianta, na medida em que não interessa aos especialistas nos meios de comunicação de massa informar e educar os destinatários do poder, mas sim despertar a sua emoção para que a mensagem superficialmente apresentada, e às vezes, deturpada, seja assimilada e aceita pelo, no caso, eleitor.

Dessa forma, para Loewenstein, passou-se a vender um candidato da mesma maneira que uma pasta de dentes ou sabão. Segundo seu entendimento, o que o especialista de propaganda faz – ou ao menos quer conseguir – é trabalhar o material de informação para fazê-lo receptível e consumível; de certa maneira o mastiga antes. Venderá uma opinião política como uma mercadoria; e estimulará ou desestimulará, segundo o caso, o apetite do consumidor através de incentivos emocionais. Tentará colocar e excluir a razão individual e superar a resistência oposta à opinião oferecida, até que o consumidor,

Os meios de comunicação de massa, no domínio de grandes grupos econômicos e abertos ao capital estrangeiro há muito abandonaram o clássico papel de intermediação social, passando à condição de atores sociais que desvirtuam a relevância do cidadão que deveria se encontrar acima da informação, sendo ao mesmo tempo móvel e destinatário dela.

Os meios de comunicação não têm se limitado a noticiar, mas avançam para interferir nos fatos, criando-os ou atribuindo-lhes valores ao sabor dos seus interesses particulares, independentemente do interesse público ou mesmo dos direitos da personalidade – a honra, a intimidade, a imagem e a privacidade.

Diante dos fatos, pergunta-se: democracia e opinião pública são conceitos complementares? Esse questionamento renderia uma tese em separado, haja vista a complexidade de seus elementos. Contudo, numa visão mais restrita, pode-se entender que o atendimento da opinião pública não é sinal de democracia nem se confunde com ela. A opinião pública possui força de influência, podendo ser usada contra ou a favor da democracia.

A construção de uma democracia dialógica exige uma análise profunda da sociedade, das instituições, da cultura, da história, de seu povo, etc. não é uma mera escolha e aplicação prática. Para florescer, a democracia deve possuir terreno fértil, sob pena de desaparecer antes mesmo de crescer.

No campo midiático, o fato, a realidade, o acontecimento, o evento, não é o fato acontecido, a ocorrência em si, mas o fato que logrou ser narrado e, principalmente, como foi divulgado. Mais que nunca, a realidade não é o fato objetivo, mas a versão que lhe emprestam os meios de comunicação de massa. Ou seja, real não é o fato, mas a notícia do fato; real não é o que ocorre, mas o que é noticiado! Isso tudo contribui para manipular a opinião pública e comprometer tanto o processo quanto o ideal democrático[39].

---

finalmente, decida-se pela fórmula política em tela, persuadido de que a escolhe por um ato livre de sua vontade.
Loewenstein conclui o seu comentário com uma indagação: que as possibilidades de autodeterminação restam ao indivíduo sob a influência maciça da propaganda política? Respondendo logo em seguida que uma alternativa seria, ao começo de cada ano eleitoral, os partidos políticos teriam que acordar com base em dispositivos legais, sobre a quantidade máxima que se poderia empregar nas emissões de rádio e de televisão; as estações de rádio não poderiam vender mais horas de programação aos partidos políticos que ultrapassassem o limite assinado pelo acordo (LOEWESTEIN, Karl. **Teoria de la Constitucion**. Barcelona: Editorial Ariel, 1976, p. 412-421).

39 O consagrado escritor José Saramago, ao ser entrevistado por Paulo Markum, em 13.10.2003, no programa Roda Viva, da TV Cultura, questionado acerca de como se sentia enquanto nativo de um País colonialista, respondeu que toda a influência de Portugal ficara no passado e que a preocupação dos brasileiros deveria estar voltada para a mídia eletrônica que massacra os telespectadores com maciça propaganda em favor de

Paulo Bonavides[40] afirma que a mídia, nas mãos da classe dominante, é a mais irresistível força de sustentação do *status quo* e de seus governos conservadores, impopulares, injustos e reacionários, concluindo que se não for resolvido referido problema, também não será resolvida a questão da democracia neste País. Todo regime constitucional que se estabelecer sem a efetiva participação do povo, em grau de soberania, será tão somente formalismo, simbolismo, nominalismo; nunca realidade, fato, substância.

A forte influência da mídia no processo eleitoral desequilibra o resultado das urnas, tendo em vista que os seus detentores são grandes grupos econômicos e políticos que, cotidianamente, manipulam os fatos em prol de candidaturas e agremiações. Esse cenário revela afronta à vontade livre e soberana do cidadão e compromete a legitimidade material do Poder. Ressalte-se que a ordem jurídica pune a utilização indevida dos veículos e meios de comunicação social (art. 14, § 9º da CF c.c. o art. 22. da Lei Complementar nº 64/90), criminalizando certas práticas da propaganda eleitoral, inclusive a divulgação de fatos sabidamente verídicos.

A notícia mentirosa, ainda que não lese o patrimônio individual de quem quer que seja, compromete as instituições democráticas, dentre elas, a liberdade de expressão e o lídimo exercício profissional do jornalismo, malferindo, pois, um bem coletivo que é a indispensável verdade da informação (direito-dever de ser informado e informar) assegurada constitucionalmente no art. 5º, XIV c.c. o art. 220, *caput*, da Constituição Federal, fidúcia incrustada na consciência do *bonus pater familiae* que forma a base das sociedades livres, justas e solidárias.

Certos grupos de interesses podem patrocinar golpes e alcançar a vitória não por méritos próprios, mas por acomodação do povo induzido por processos artificiais midiáticos que alteram o estado emocional do povo, levando-o

---

exagerado consumo imposto pelo Primeiro Mundo e que só a estes aproveita. Registrou, ainda, na oportunidade, o grande literato luso, a respeito do livro de George Orwell, "1984", que o "Big Brother" atua através de um monitor de vídeo, capaz de controlar a vida de todos os membros de uma sociedade e mais, de manipulá-la, conduzindo-os a pensar e a agir em conformidade com os seus interesses particulares. Ainda segundo Saramago, Orwell queria então, criticar a sociedade estruturada no Estado, que teria uma administração tão forte que seria onipresente, porquanto, cada vez mais, há menos privacidade em relação aos nossos dados pessoais que residem nos grandes bancos de dados das instituições financeiras, da Receita Federal, de uma loja comercial, possibilitando serem levadas a cabo manobras psicossociais de toda natureza.

---

40 BONAVIDES, Paulo. **Teoria da democracia participativa**. Malheiros: São Paulo, 2001, p. 47-49.

a desprezar a participação na vida da *polis* e da tomada das decisões políticas, a pretexto de que "a política não presta".

A ausência dessa participação política implica em que o cidadão se despe da sua capacidade pessoal de escolher seu próprio destino, a partir das políticas públicas e dos políticos eleitos para cumprirem a vontade soberana do conjunto da sociedade (povo), restando violado o estado de Verdade ínsito ao Estado de Direito que se contrapõe ao estado de arbítrio passível de ser combatido pela via do cotidiano exercício da cidadania em suas múltiplas dimensões.

A democracia vive em permanente tensão entre forças distintas que pretendem conquistar e manter o poder para satisfação de interesses que deveriam ser sempre públicos, mas que muitas vezes se centram na satisfação de interesses privados, até mesmo caprichosos, pertencentes a um grupo específico e privilegiado de pessoas.

A tensão permanente entre forças políticas asseguram a higidez da Democracia e a alternância no Poder, como conteúdo da República, garantindo o pluralismo inerente ao grupamento humano que compartilha do mesmo meio ambiente, da sociedade planetária.

7. A DEMOCRACIA E A PROTEÇÃO AOS DIREITOS HUMANOS À LUZ DA CONSTITUIÇÃO FEDERAL DE 1988

A democracia invoca um conceito dinâmico, em constante transformação. Na acepção formal, a democracia compreende o respeito à legalidade e constitui o chamado Governo das Leis, em que prepondera a subordinação de todos a um Direito posto. Nesta concepção enfatiza-se a legitimidade e o exercício do poder político, avaliando-se quem governa, como se governa e quem é governado.

Por outro lado, a acepção material da democracia não se restringe à legalidade, mas pressupõe o respeito aos direitos humanos. Não basta a instauração do Estado de Direito e instituições democráticas. É preciso democratizar o cotidiano e efetivar os direitos humanos através do exercício da democracia.

Não tem sentido democracia sem o exercício dos direitos e liberdades fundamentais; igualdade no exercício dos direitos civis, sociais, econômicos, políticos e culturais.

Historicamente, os direitos humanos traduziram-se em utopia, numa plataforma reacionária em repúdio às formas de opressão, exclusão, injustiça, desigualdades e violência. Os direitos humanos sempre foram encarados como um Direito à Esperança decorrente da capacidade de indignação das pessoas.

A Declaração Universal dos Direitos Humanos de 1948, reiterada pela Declaração de Direitos Humanos de Viena de 1993, aponta para uma concepção contemporânea de direitos humanos. Surgida após os anos de tortura e mortes geradas pelo Nazismo, esta Declaração emerge como uma luz no horizonte moral da humanidade e materializa um código de princípios e valores universais a serem respeitados pelos Estados. Tem-se, pois, o marco para a "internacionalização" dos direitos humanos.

Após o amadurecimento evolutivo, os direitos humanos transcenderam os interesses exclusivos dos Estados para garantir, internamente, a proteção dos interesses de seres humanos.

A partir de então, os indivíduos passaram à posição de *sujeitos titulares* de *direito internacional*, sendo uma preocupação de interesse comum dos Estados de todo o mundo a preservação e cumprimento dos direitos internacionalmente protegidos.

Além do alcance universal dos direitos humanos, a Declaração também inovou ao consagrar que os direitos humanos compõem uma unidade indivisível, interdependente e inter-relacionada, na qual os direitos civis e políticos são conjugados aos econômicos, sociais e culturais, rompendo com as concepções anteriores que ressaltavam o discurso Liberal de cidadania (Declaração francesa e americana do final do séc. XVIII) e com o discurso social (Declaração do povo trabalhador e explorado da então República Soviética Russa do início do séc. XX). Eis a íntegra do disposto no parágrafo 5º da Declaração e Programa de Ação de Viena, de 1993:

> "Todos os direitos humanos são universais, indivisíveis, interdependentes e inter-relacionados. A comunidade internacional deve tratar os direitos humanos de forma global, justa e equitativa, em pé de igualdade e com a mesma ênfase. Embora particularidades nacionais e regionais devam ser levadas em consideração, assim como diversos contextos históricos, culturais e religiosos, é dever dos Estados promover e proteger todos os direitos humanos e liberdades fundamentais, sejam quais forem seus sistemas políticos, econômicos e culturais. "

No entanto, o problema mais discutido dizia respeito à eficácia das normas da Declaração Universal de 1948, uma vez que ela, por si só, não dispunha de aparato próprio que a fizesse valer. À vista disso é que, sob o patrocínio da ONU, foram firmados vários pactos e convenções internacionais, a fim de assegurar a efetividade da proteção aos direitos humanos nela consagrados.

A Constituição brasileira de 1988 foi o marco fundamental da abertura do Estado ao regime democrático e a normatividade internacional de proteção dos direitos humanos. Logo em seu artigo 1º, inciso III, instituiu, alçando ao nível de *princípio*, um valor axiológico basilar a todo sistema jurídico e que deve ser de grande relevância quando da interpretação das normas no ordenamento jurídico: a Dignidade da Pessoa Humana.

Seguindo uma tendência do Constitucionalismo contemporâneo, nossa Carta Maior abriu o sistema jurídico brasileiro ao sistema internacional de proteção de direitos, como expresso em seu artigo 5º, parágrafo 2º: *"os direitos e garantias expressos nesta Constituição não excluem outros decorrentes do regime e dos princípios por ela adotados, ou dos tratados internacionais em que a República Federativa do Brasil seja parte."*

Nesta etapa, afastou-se o velho e ultrapassado conceito de soberania estatal absoluta, passando a reconhecer os Estados como os únicos sujeitos de direito internacional público capazes de proteger e amparar os direitos fundamentais de todos os cidadãos. A Constituição de 1988 passou a assegurar, explicitamente, no tocante aos direitos e garantias, uma *dupla fonte normativa*: a primeira advinda do direito interno (direitos expressos e implícitos na Constituição) e, a segunda, do direito internacional (decorrente de tratados internacionais em que a República for parte).

Ainda sobre os tratados, registra-se outra evolução extraordinária: os tratados internacionais de proteção dos direitos humanos ratificados pelo Estado brasileiro passam a incorporar-se automaticamente ao nosso ordenamento, conforme artigo 5º, § 1º: "*As normas definidoras dos direitos e garantias fundamentais têm aplicação imediata.*" Com a edição da Emenda Constitucional nº 45/04, os tratados aprovados passaram a ter o *status* de norma constitucional (art. 52, § 3º da CF).

A construção democrática brasileira envolveu, num primeiro momento, a ruptura com regimes militares, o que deflagrou um período de transição democrática, com o gradativo resgate da cidadania e das instituições representativas. Nesta transição, todavia, surgiu o maior desafio: consolidar a democracia. Essa assertiva não poderia ser possível apenas com o pleno exercício de direitos e liberdades fundamentais e a garantia de eleições livres. Para se alcançar uma sociedade justa e igualitária foi necessário um processo lento e gradual de consolidação da democracia num mundo globalizado economicamente.

Inserir-se na economia mundial e globalizada importava a mitigação do pleno exercício da soberania e do cumprimento inquestionável dos direitos humanos, haja vista a existência da competitividade internacional e do capitalismo desenfreado.

Para a consolidação da democracia, a que chamamos de Redemocratização da Democracia, é preciso a construção de um novo paradigma, baseado especialmente na inclusão social, desenvolvimento sustentável, justiça social, igualdade étnica, religiosa e de raça, bem como no fortalecimento dos partidos políticos, sob o qual fica comprometido o avanço da nossa democracia participativa.

Como ocorreu a globalização da economia, das informações e dos mercados, é necessária a globalização da democracia e dos direitos humanos para que no próximo milênio possamos ter dias melhores.

A democracia moderna tem como pilar o princípio da dignidade da pessoa humana e envolve a liberdade de consciência, de expressão e de sua manifestação nas urnas, livre das espúrias influências do poder político e/ou econômico, uma vez que, neste regime político, a legitimidade material do Poder decorre do consenso dos cidadãos que optam por certa e determinada ideologia como forma de encontrar o fim último da sua existência e, quiçá, da sua felicidade.

8. DEMOCRACIA PARTICIPATIVA, CIDADANIA E EDUCAÇÃO

Historicamente, a *cidadania* teve sua origem com o reconhecimento dos direitos civis, por volta do século XVIII (o Século das Luzes), sob a forma dos direitos à liberdade de ir e vir, de pensamento, de religião, de reunião, afastando o feudalismo medieval e abrindo portas ao anseio da sociedade em participar de sua formação.

O conceito de cidadania, no entanto, ainda é impreciso. Uns identificam-na com a perda ou aquisição da nacionalidade; outros, com os direitos políticos de votar e ser votado. É comum encontrar nas obras relacionadas com o *Direito Constitucional*, sua associação aos preceitos da nacionalidade e dos direitos políticos. Em contrapartida, na Teoria Geral do Estado, a cidadania aparece ligada ao conceito de povo, elemento integrante do Estado.

Percebe-se que a cidadania não apresenta um arcabouço próprio, estando relacionada com três elementos básicos e que geram sua indefinição: nacionalidade, direitos políticos e povo.

Na antiguidade clássica associava-se a ideia de cidadão àquele habitante da cidade, o citadino. Com o triunfo do Liberalismo, a ideia de democracia foi abafada pelos interesses da burguesia. Àquela época, o cidadão era o indivíduo dotado do direito de votar e ser votado, ou seja, firmava-se a cidadania em atributos relativos a direitos políticos. Cidadão era aquele que integrava o corpo eleitoral.

Tinha-se a chamada *cidadania censitária* que era associada àqueles que possuíam bens e rendas. Segundo José Afonso da Silva[41], era uma "cidadania amorfa", alheia à realidade sociológica e política da época. O Homem e o Cidadão tinham significados diferentes. O cidadão teria algo a mais que um simples homem, posto que titular de direitos de ordem política, participante da vida da sociedade e detentor das riquezas. Formava-se a conhecida dualidade entre a *casta* e a massa popular.

Em 1789, sob a influência do discurso burguês, surgiu a *Dèclaration des Droits de l'Homme et du Citoyen*, que apresentou os Direitos dos Homens (direitos individuais, baseada na subserviência) e os Direitos do Cidadão (conjunto de direitos políticos, de votar e ser votado).

---

41   SILVA, José Afonso da. **Curso de Direito Constitucional Positivo**. 13. ed. São Paulo: Malheiros, 1997, p. 336.

Esta ideia foi sendo aos poucos modificada e em 1948, com a *Declaração Universal dos Direitos Humanos*, passou-se a considerar *cidadãos* não só aqueles detentores de direitos civis e políticos, mas também *todos* aqueles que habitavam um Estado soberano e deste recebia uma carga de deveres e direitos dos mais variados. Esse entendimento foi reiterado pela Conferência da Viena, datada de 1993.

Mais especificamente no Brasil, a Constituição Federal de 1988 abandonou o conceito de cidadania ativa e passiva existente à época do Império, pois, conforme se vê dos seus arts. 1º, II; 14 e 68, § 1º, II, transcendeu as prerrogativas de direitos políticos ou de nacionalidade para alcançar os direitos fundamentais.

O cidadão tornou-se aquele indivíduo a quem a Constituição Federal confere direitos e garantias, fornecendo-lhe as ferramentas necessárias ao seu efetivo exercício, além de meios processuais eficientes contra sua violação e gozo ou fruição. Firmou-se um núcleo mínimo de direitos e deveres fundamentais.

Para fins de entendimento e compreensão da extensão de seus direitos e deveres e dos meios processuais cabíveis em caso de seu descumprimento, o cidadão deve ser submetido a um processo de solidificação dos direitos humanos e da cidadania, sobretudo por meio de um procedimento de *Educação*.

A Declaração Universal de 1948 deixa claro no seu artigo XXVI, 2ª alínea:

> "A instrução [leia-se educação] será orientada no sentido do pleno desenvolvimento da personalidade humana e do fortalecimento e do respeito pelos direitos humanos e pelas liberdades fundamentais. A instrução promoverá a compreensão, a tolerância e a amizade entre todas as nações e grupos raciais ou religiosos, e coadjuvará as atividades das Nações Unidas em prol da manutenção da paz."

Ao observar esta premissa, a Carta Maior de 1988 trouxe, em seu art. 205, o seguinte conteúdo: *"a educação, direito de todos e dever do Estado e da família, será promovida e incentivada com a colaboração da sociedade, visando ao pleno desenvolvimento da pessoa, seu preparo para o exercício da cidadania e sua qualificação para o trabalho."*

Está expressa na Constituição Federal a intenção de interligar os conceitos de direitos humanos, cidadania e educação, revelando que não há direitos humanos sem o exercício pleno da cidadania, e que não há cidadania sem uma adequada educação para o seu exercício. Portanto, sem educação para todos não há cidadania.

Foi com certo ar de exagero, para a época (1947), que Anísio Teixeira[42] movido pela paixão democratizante do País, discursava:

---

42 BENEVIDES, Maria Victoria. **Educação, Democracia e Direitos Humanos**. *Disponível em:* http://www.dhnet.org.br. Acesso em: 15 mar. 2012.

"Democracia é, literalmente, educação" (...) "Educação é a base, o fundamento, a condição mesma para a democracia. A justiça social, por excelência, da democracia, consiste nessa conquista da igualdade de oportunidades pela educação. Nascemos desiguais, nascemos ignorantes e, portanto, nascemos escravos. É a educação que pode mudar."

"A pátria não subsiste sem liberdade, nem a liberdade sem a virtude, nem a virtude sem os cidadãos (...) Ora, formar cidadãos não é questão de dias; e para tê-los adultos é preciso educá-los desde crianças" (Rousseau).

A educação consiste basicamente na mudança de mentalidade, através do desenvolvimento de virtudes, tanto republicanas quanto democráticas. As virtudes republicanas calcam-se nos respeito às leis acima da vontade dos homens, o respeito ao bem público acima do interesse privado e a responsabilidade no exercício do poder, inclusive o poder implícito na ação dos educadores.

Já as virtudes democráticas entendem-se pelo amor à igualdade e consequente combate aos privilégios; à aceitação da vontade da maioria com respeito aos direitos das minorias, além do respeito integral aos Direitos Humanos e do reconhecimento da dignidade intrínseca de cada ser humano.

A construção de instituições democráticas exige participação efetiva e consciente do eleitorado, sobretudo por meio do acesso às informações e do desenvolvimento de uma educação cidadã. Para um conceito de cidadania, Marcelo Serrano Souza[43] registra que:

> "A cidadania é um direito fundamental que se realiza por meio da transparência e divulgação de informações de interesse público/coletivo (verdade), da adesão consensual e solidária dos cidadãos em prol de um bem maior (consenso) e da interação dos cidadãos na construção e aperfeiçoamento das instituições democráticas (participação)".

Para fins de alcance de uma educação para a cidadania, baseada nos Direitos Humanos, necessário é que se supere todos os dogmas da antiga visão liberal e da visão neoliberal contemporânea, optando-se pelos valores republicanos e democráticos que informam a nossa ordem jurídica e propugnam pela preservação da autenticidade do sistema representativo, a partir do esclarecimento do povo a respeito dos seus reais interesses na busca de uma sociedade livre, justa e solidária (art. 3º, I da CF).

---

[43] SOUZA, Marcelo Serrano. **O acesso à informação como pressuposto da cidadania no Estado Democrático de Direito**. Aracaju, PPGD-UFS, 2015.

9. CRÍTICA: DEMOCRACIA PARTICIPATIVA COMO MECANISMO DE REAÇÃO AO NEOLIBERALISMO

A democracia não é apenas um sistema de governo, uma modalidade de Estado, um regime político, uma forma de vida. É um direito da Humanidade (dos povos e dos cidadãos). Democracia e participação são exigências recíprocas, de modo que democracia participativa constitui uma tautologia virtuosa. Não há democracia sem participação, mas povo sujeito ativo e passivo do processo político, no pleno exercício da cidadania, povo nas ruas, povo na militância partidária, povo na militância social. Povo-nação, participando da construção da vontade governativa.

O regime será tanto mais democrático quanto tenha desobstruído canais, obstáculos, óbices, à livre e direta manifestação da vontade do cidadão. Se a mediação implica distorção da vontade e, por conseguinte, alteração da verdade, resultante de ruído na comunicação cidadania-Estado/representado-representante, esse fenômeno pode se revelar como mecanismo de manipulação nas modernas sociedades que exigem a intermediação dos meios de comunicação de massa[44], bem assim de partidos políticos fortes e atuantes no seio da democracia representativa.

A doutrina constitucionalista moderna costuma situar a democracia participativa como um direito de quarta geração ou dimensão, na medida em que se busca, por seu intermédio, suprir a intermediação existente na democracia indireta e, paralela e sequencialmente, substituir a "representação" (que implica alienação) do voto direto no computador, arquivando-o na urna, embora não se possa desconhecer que os direitos políticos são considerados como de primeira geração.

Consiste a democracia participativa em um processo de construção gradual que não compreende o banimento de todas as formas de representação, mas a sua substituição por aqueles instrumentos de participação popular que implicam maior intervenção do governado na governança e seu controle sobre os governantes[45], através de atuação direta e pessoal do cidadão.

Há quem entenda que a democracia participativa é o meio de salvar, preservar e consolidar o conceito de soberania contra a onda reacionária do neoliberalismo contemporâneo, que tenta fazer submergir nas inconstitucionalidades do Poder as garantias dos cidadãos conquistadas a duras penas, especialmente ao longo do século XX. Já outros entendem a democracia par-

---

44 BONAVIDES, Paulo. **Teoria da democracia participativa**. Malheiros: São Paulo, 2001, p. 25-49.

45 GRAU, Eros Roberto *et al*: organizadores. **Direito Constitucional**: estudos em homenagem a Paulo Bonavides. Malheiros: São Paulo. 2001, p. 48-49.

ticipativa como direito progressivo e de vanguarda. É direito que repolitiza a legitimidade e a reconduz às suas nascentes históricas, ou seja, àquele período em que foi bandeira de liberdade dos povos.

A democracia participativa seria a saída moderna para desestruturar o esquema preconizado pelo neoliberalismo, formando uma nova corrente de ideias empenhada na organização popular e construção de uma barreira contra a sanha neocolonialista calcada na submissão e no fatalismo, através da manutenção do conceito de soberania, fincado na *nação* e no *povo*.

Enfim, nas palavras de Pierre Lévy[46]:

> "O ideal da democracia não é a eleição de representantes, mas a maior participação do povo na vida da cidade. O voto clássico é apenas um meio. Por que não conceber outros, com base no uso de tecnologias contemporâneas que permitiriam uma maior participação dos cidadãos qualitativamente superior à que confere a contagem de cédulas depositadas nas urnas?".

10. VANGUARDA DA DEMOCRACIA: ORÇAMENTO PARTICIPATIVO

Alguns instrumentos de colheita da vontade popular já se encontram previstos no texto constitucional (eleição, plebiscito, referendo, ação popular, etc.). Talvez a forma mais efetiva de atuação do povo seja o orçamento participativo, cuja expressão inicial se deu em Porto Alegre, e que consiste em uma forma de administração pública que procura romper com a tradição autoritária e patrimonialista das políticas públicas, recorrendo à participação direta da população em diferentes fases da preparação e da implementação orçamentária, com uma preocupação especial pela definição de prioridades para a distribuição dos recursos de investimento, tudo isso mediante a opção popular.

Boaventura de Sousa Santos[47] diz que a instituição de participações encontradas no orçamento participativo, ao qual simplesmente denomina de OP, é uma estrutura e um processo de participação comunitária baseado em três grandes princípios e em um conjunto de instituições que funcionam como mecanismos ou canais de participação popular sustentada no processo de tomada das decisões do governo municipal. São os seguintes princípios:

a) todos os cidadãos têm o direito de participar, sendo que as organizações comunitárias não detêm, a este respeito, pelo menos formalmente, *status* ou prerrogativas especiais;

---

46 *Apud* Vasconcelos Neto, José Ramos de. **Democracia no Terceiro Milênio**. São Paulo: Nobel, 2002. p. 124.

47 SANTOS, Boaventura de Sousa (organizador). **Democratizar a democracia**: os caminhos da democracia participativa. Rio de Janeiro, Civilização Brasileira, 2002, p. 466.

b) a participação é dirigida por uma combinação de regras de democracia direta e de democracia representativa, e realiza-se através de instituições de funcionamento regular cujo regimento interno é determinado pelos participantes;

c) os recursos de investimentos são distribuídos de acordo com um método objetivo baseado em uma combinação de "critérios gerais" – critérios substantivos, estabelecidos pelas instituições participativas com vista a definir prioridades – e de "critérios técnicos" – critérios de viabilidade técnica ou econômica, definidos pelo Executivo, e normas jurídicas federais, estaduais ou da própria cidade, cuja implementação cabe ao Executivo[48].

O processo participativo tem como estimular uma dinâmica e estabelecer um mecanismo sustentado de gestão conjunta dos recursos públicos, através de decisões partilhadas sobre a distribuição dos fundos orçamentários e de responsabilização administrativa no que diz respeito à efetiva implementação dessas decisões[49].

As assembleias e reuniões têm uma tripla finalidade: definir e escalonar as exigências e as prioridades regionais ou temáticas; eleger os delegados para os fóruns de delegados e os conselheiros do COP; avaliar o desempenho do executivo. Os delegados funcionam como intermediários entre o COP e os cidadãos, individualmente ou como participantes das organizações comunitárias e temáticas. Também supervisionam a implementação do orçamento. Os conselheiros definem os critérios gerais que presidem ao escalonamento das exigências e a distribuição dos fundos e votam as propostas do fundo de investimento apresentado pelo executivo[50].

Contudo, não se vislumbra, a curto ou médio prazo, a supressão ou a substituição do mecanismo da representação popular, dado a complexidade da gestão da coisa pública, em múltiplas esferas, não somente diante dos Poderes constituídos, mas também em razão da infinidade dos fatos da vida, impossíveis de previsão e que demandam decisões rápidas, sob pena, inclusive, de consequências catastróficas para a coletividade, a serem adotadas pelos legítimos mandatários do povo.

O orçamento participativo nada mais é do que a escolha, pela comunidade, das benfeitorias que deseja realizar ou implementar em sua região ou bairro. É um exemplo real de como a participação popular pode influenciar

---

48 *In* ob. cit., p. 458-471.

49 Assim, no caso de Porto Alegre, o processo participativo é articulado em torno das assembleias plenárias regionais e temáticas, dos fóruns de delegados e de um Conselho, havendo dois ciclos (chamados de "rodadas") de assembleias plenárias em cada uma das dezesseis regiões e em cada uma das seis áreas temáticas. Entre as duas rodadas são realizadas reuniões preparatórias nas microrregiões e nas áreas temáticas.

50 SANTOS, Boaventura de Sousa, *in* ob. cit., p. 471.

e melhorar a gestão governamental, até porque se preserva, nesta relação de democracia direta, a autenticidade da vontade popular, suprimindo as distorções havidas em decorrência da deturpada atuação de alguns parlamentares.

Enquanto não avançamos para a adoção do orçamento participativo, eis que, em 27 de dezembro de 2013, foi publicado no diário oficial da União a lei 12.919 dispondo no art. 52 sobre o caráter impositivo das emendas parlamentares ao orçamento, contribuindo, em tese, para que os parlamentares possam dirigir vultosos recursos públicos para suas comunidades e bases eleitorais, com o fito de custear obras e serviços públicos, cujas verbas se submetem ao controle e a à fiscalização dos órgãos competentes.

11. REALIDADE DA DEMOCRACIA REPRESENTATIVA NO BRASIL

O modelo democrático fundamentado na representatividade, ou seja, na escolha daqueles que exercerão o poder vem se revelando falho e, segundo André Ramos Tavares[51], tornou-se meramente formalista, uma vez que se dirige ao cumprimento de ritos eleitorais justificadores apenas do acesso aos cargos de representação política, deixando a massa de cidadãos fora do processo decisório ou de qualquer forma de exercício do poder político após aquele momento inicial[52].

---

51 BASTOS, Celso Ribeiro; TAVARES, André Ramos. **As tendências do Direito Público**; no limiar de um novo milênio. São Paulo: Saraiva, 2000, p. 414.

52 Acresça-se a isso as práticas espúrias do clientelismo, do fisiologismo, dos abusos do poder econômico e político, da interferência da mídia eletrônica na formação da vontade popular, através das quais as elites têm se perpetuado no poder, manipulando o processo eleitoral, maculando, assim, os ideais democráticos, tudo fazendo para manter uma ditadura de fato sob a fantasia de uma democracia de direito, conforme já registrava o Deputado Roque Aras, nos idos de 1982, da tribuna da Câmara dos Deputados (Democracia *de Direito, Ditadura de Fato, discursos*. Ed. Congresso Nacional, 1982).

A esse distanciamento entre o Estado e a Sociedade some-se o elevado número de denúncias de corrupção nos Poderes que compõem o Estado, gerando uma insatisfação crescente na população e um total descrédito na política, e muitas vezes até mesmo na democracia, como revela pesquisa realizada em 2001, conduzida pelo instituto chileno *Latinobarometro*, que pesquisa o assunto desde 1995, em entrevista com 18 mil habitantes de 17 países do continente, indicando uma generalizada diminuição dos que acreditam na democracia representativa. O desespero do povo é tão grande que diante de perguntas mal formuladas muitos têm defendido superadas formas de governo como autocracia, despotismo (VASCONCELOS NETO, José Ramos de. **Democracia no terceiro milênio**. São Paulo: Nobel, 2002, p.123-124), com alusões atabalhoadas como, por exemplo, na ditadura a vida era melhor ... !!!

O desalento do povo em relação à classe política que o representa está certificado em inúmeras pesquisas de opinião divulgadas pela imprensa latino-americana, sendo certo que importantes políticos e juristas apontam soluções diversas para os problemas, dentre os quais se encontra o da corrupção, em todos os níveis da vida pública.

Na palestra intitulada "Literatura e Poder. Luzes e Sombras", José Saramago[53] concitou a assistência a "voltar à filosofia e à reflexão" para corrigir uma situação na qual a democracia é "uma comédia" e na qual nossa maior tragédia é "não saber o que fazer com a vida".

Diz o literato português que "todos os dias uma comédia vergonhosa que se chama democracia é encenada", onde "pode-se debater de tudo, menos a democracia" e cuja falsidade está em que "o poder econômico é o mesmo que o poder político". O único antídoto para o mau funcionamento da democracia é, para o escritor, "uma sociedade crítica que não se limite a aceitar as coisas pelo que elas parecem ser e depois não são, mas se faça perguntas e diga não sempre que for preciso dizer não".

A corrupção no setor público é indissociável de qualquer Estado ou regime político e não constitui privilégio de tiranias ou de democracias. Não é fato próprio de países do terceiro mundo ou em estágio de desenvolvimento menos avançado; a corrupção tem sido detectada em toda e qualquer sociedade organizada e sua causa determinante pode estar no estabelecimento de sistemas políticos que privilegiam o personalismo, a fragilidade do sistema eleitoral, a ausência de compromisso ético dos partidos, a propiciar que os corruptos encontrem na permissividade de suas agremiações ambiente propício para atingir seus escusos intentos, prontos para defender qualquer tese, inclusive a da sua própria irresponsabilidade.

Como bem ressalta J. Vasconcelos[54], a postura de desesperança da sociedade se dá em virtude da confusão que normalmente é feita entre democracia e representação política. Por estar tão arraigado na mente da população que a democracia implica a escolha de representantes é que passa despercebida a verdadeira pretensão desse regime político que é proporcionar a crescente participação do povo na vida da *polis*. A representação política é apenas um meio de essa participação se revelar.

A democracia participativa atua como um mecanismo destinado a salvar os ideais democráticos, e, no entender de alguns doutrinadores, também salvar o Direito Constitucional, pois o neoliberalismo findaria por destruir a soberania dos Estados terceiro mundistas, na medida em que geraria uma nova forma de colonização ou recolonização.

André Ramos Tavares[55] propõe a superação do simples ato de escolha dos sujeitos aos quais será atribuído o exercício do poder, para ensejar o pró-

---

53 Proferida no dia 19 de janeiro de 2004, na Universidade Carlos III, em Madri, Espanha.
54 VASCONCELOS NETO, José Ramos de. **Democracia no terceiro milênio**. São Paulo: Nobel, 2002, p. 122.
55 BASTOS, Celso Ribeiro e TAVARES, André Ramos. **As tendências do Direito Público**: no limiar de um novo milênio. São Paulo: Saraiva, 2000, p. 415.

prio desempenho desse poder para atuar na formação da própria decisão política, ou mesmo controlá-la, quando já tomada.

No estágio em que se encontra o País, em que a democracia participativa ainda é incipiente, não se pode prescindir da figura de partidos políticos fortes e, talvez, nunca seja possível dispensá-los totalmente, porque legítimos veículos da representação democrática, pouco importando a nomenclatura que se lhes atribua. Graças ao fortalecimento dos partidos políticos é que pôde vingar o parlamentarismo europeu e o presidencialismo americano.

Mister se faz que sejam envidados esforços para que a nossa democracia representativa seja fortalecida a partir da preservação da autonomia dos partidos políticos, sem o que estará aberta a porta da mitificação, do endeusamento de uns poucos, mormente dos criados, artificialmente, pela mídia eletrônica, a fomentar o surgimento de tiranos e ditadores, a exemplo do que ocorreu na Alemanha de Hitler, na Itália de Mussolini, na Rússia de Stalin e no Brasil de Getúlio Vargas.

Ainda vívida, vigente e atual é a célebre frase de Churchill, para quem *"a democracia é a pior de todas as formas imagináveis de governo, com exceção de todas as demais que já se experimentaram"*, a demonstrar a necessidade de manter a crença em dias melhores, a partir do aprimoramento das nossas instituições democráticas, especialmente, no âmbito da representação política que deve espelhar a legitimidade emergente dos anseios da sociedade e materializada nos votos depositados nas urnas, nas eleições.

No caso brasileiro, exige-se o imediato fortalecimento dos partidos políticos com a imposição da perda de mandato para os parlamentares que cometerem atos de infidelidade e/ou indisciplina partidária, ou, voluntariamente mudem de sigla, no curso do mandato, de modo a preservar a legitimidade do poder que, na democracia, tem por titular o povo.

12. LEGITIMIDADE MATERIAL E FORMAL (LEGALIDADE)

Em uma democracia representativa, a questão da legitimidade material está intimamente ligada à definição, à titularidade e à ideia de Poder político, enquanto a legitimidade formal ou legalidade é decorrente da observância do conjunto de normas estabelecidas, ou ao menos aceitas na sociedade.

No dizer de Celso Ribeiro Bastos[56], o poder é tido como um dos três incentivos fundamentais que dominam a vida do homem em sociedade e rege quase a totalidade das relações humanas, ao lado da fé e do amor, unidos e entrelaçados, segundo Lowestein. O poder social é um fenômeno presente nas mais diversas modalidades do relacionamento humano e consiste na

---

56   BASTOS, Celso Ribeiro. **Curso de Direito Constitucional**. São Paulo. Celso Bastos Editor, 2002.

faculdade de alguém impor a sua vontade a outrem. O poder não se confunde com a mera força física, porque esta suprime no seu destinatário a própria vontade, o que não significa dizer que no exercido do poder não exista coercitividade. Pelo contrário, ela está sempre presente, embora sejam diferentes as sanções em que pode incidir aquele que enfrenta o poder.

O povo, um dos elementos que precede o Estado, ante a necessidade, ainda que inconsciente, de criação desse ente social, regulador e ordenador da vida em coletividade, fê-lo surgir com arestas a aparar, dotado de tal grandeza e força que, se não limitado, acabaria por sufocar seu próprio criador.

Daí surgirem as leis materialmente constitucionais, que se dirigem a corporificar o Estado, conferindo-lhe estrutura e poderes necessários para a manutenção da coesão social, a propiciar o desenvolvimento das nações, sem deixar de lado a imposição de limites ao próprio ente, para que, na realização prática da missão que o povo, consciente ou inconscientemente lhe confiou, não acabe por violar direitos fundamentais que se relacionam com a própria natureza humana dos seus integrantes, os indivíduos, os cidadãos.

Acerca do poder de constituir o Estado e delimitar suas estruturas, bem como enunciar os direitos fundamentais dos indivíduos, ou seja, o poder de configurar o poder por intermédio da Constituição, calha à espécie a doutrina de Vanossi[57], para quem:

> "A interrogação sobre a titularidade, o sujeito do Poder Constituinte, aponta sobretudo o plano das crenças. É uma questão cuja resposta é dada pela filosofia política. Quem detém o Poder Constituinte? A quem pertence? A quem corresponde? Quem é o titular? Isto só pode ser respondido nos termos de crença, que são os termos da legitimidade. A legitimidade, como bem dizia Weber, é a crença numa certa legalidade. Portanto, ao problema da titularidade do Poder Constituinte correspondem tantas respostas quantas posturas filosófico-políticas possam ser imaginadas. Antigamente, na época do apogeu das crenças teocráticas, em que se afirmava que todo o poder provinha de Deus, obviamente que também o Poder Constituinte provinha de Deus. Nas épocas monárquico-aristocráticas, o Poder Constituinte provinha do rei, da nobreza; ou seja, dos estamentos privilegiados; ao passo que, nas concepções democráticas, o Poder Constituinte pertence ao povo, entendendo por povo a cidadania que se expressa de forma direta ou representativa através do sufrágio universal.
> No século atual, com a aparição dos fenômenos totalitários, o tema da titularidade do Poder Constituinte cobra nova atualidade, devendo ser encarado atendendo às novas posturas que têm aparecido; por isso, hoje, pode-se dizer que há duas respostas ao tema da titularidade do Poder Constituinte: a resposta autocrática e a resposta democrática. A resposta autocrática fará fundar a titularidade do Poder Constituinte no princípio minoritário. Ao passo que a resposta democrática situará a titularidade do Poder Constituinte no princípio majoritário. O que significa

---

57 VANOSSI, Jorge Reinaldo. **Revista de Direito Constitucional**, Teoria constitucional. Buenos Aires. Depalma, 1975, t. 1, p. 16-17.

isto? É que para as novas tendências autocráticas o Poder Constituinte sempre vai estar protagonizado como sujeito por uma minoria, bem seja, por uma minoria de raças, de religião, de classe econômica. Já para a concepção democrática, o Poder Constituinte residirá sempre na soberania do povo, que se expressa através de um princípio precisamente majoritário, que é a metade mais um e que requer uma verificação do processo através do único mecanismo possível, que é o das eleições. Enquanto as tendências autocráticas falam do assentimento popular, as tendências democráticas só podem falar do consentimento popular. Assentimento é assentir, tolerar, aceitar resignadamente. Com isto, os autocratas invocam a presença do povo, mas não indicam o seu consenso. Ao passo que na democracia, requer-se uma verificação concreta, objetiva, matemática, do consenso que só se pode realizar através de eleições livres, como meio de absoluta liberdade."

À consideração de que o povo é o titular da faculdade de estabelecer os limites e objetivos do Estado, por intermédio de representantes livremente eleitos em sufrágio universal, o constituinte de 1988 elevou como regime político dos brasileiros a democracia, cuja norma do parágrafo único, do art. 1º, da Lei Fundamental da República do Brasil é esclarecedora ao dispor que *"todo o poder emana do povo"*, reconhecendo a titularidade do poder político emergente da vontade dos cidadãos, impondo permanente busca na colheita e preservação da sua autenticidade (verdade eleitoral/soberania popular) e do próprio sistema representativo em que se baseia seu funcionamento.

Esse Poder, entretanto, não se esvazia com a elaboração da Constituição e com a formação do Estado, nem mesmo após a eleição dos representantes do povo, eis que, nas palavras de Dalmo de Abreu Dallari[58], verifica-se que o povo, elemento essencial do Estado, continua a ser componente ativo, mesmo depois da constituição do Estado.

A vontade do Estado corporifica-se na lei, como determinação geral e abstrata de ordenamento da vida coletiva, de observância compulsória e presumivelmente conhecida por todos, oriunda do Poder constitucionalmente imbuído de sua elaboração, não necessariamente o Legislativo, dadas as funções atípicas conferidas ao Executivo e Judiciário.

A lei, isoladamente, limita-se a um mandamento formal dotado de coercibilidade que, conquanto encontre gênese no poder de titularidade do povo, não significa, necessariamente, consenso de seus destinatários. Seu fundamento de validade se concentra apenas na observância dos requisitos constitucionais de sua formação.

Segundo Wolkmer[59], cumpre ressaltar que a legalidade reflete fundamentalmente o acatamento a uma estrutura normativa posta, vigente e po-

---

58 DALLARI, Dalmo de Abreu. **Elementos de Teoria Geral do Estado**. São Paulo: Saraiva, 2003, p. 99.
59 WOLKMER, Antonio Carlos. **"Uma Nova Conceituação Crítica de Legitimidade"**, *RT*, Cadernos e Direito Constitucional *e* Ciência Política 05, p. 25.

sitiva. Compreende a existência de leis, formal e tecnicamente impostas, que serão obedecidas por condutas sociais presentes em determinada situação institucional. Como afirma Angel S. de la Torre, a legalidade projeta-se concretamente como a esfera normativa contida em expressões ou signos expressivos dos deveres e direitos dos sujeitos de atividade social, *subjetivamente* como *fidelidade dos sujeitos sociais ao cumprimento de suas atividades dentro da ordem estabelecida necessariamente no grupo humano* a *que pertencem*.

A legalidade não se esgota em si mesma, eis que, se de um lado haure sua validade da estrita observância de parâmetros para sua elaboração, de outro, não prescinde de respaldo social do titular do poder que é, a um só tempo, criador e destinatário do Direito, para conseguir aceitabilidade.

Como bem acentua Maria Garcia[60], a ideia de legalidade, na experiência contemporânea, assumiu uma conotação formal, figurando a lei no seu aspecto de regra geral e abstrata e, na ordem jurídico-política, uma norma da qual o aspecto mais destacado ficou sendo a forma. Diante desse enfoque meramente formal da ideia de legalidade coloca-se a noção de legitimidade, que em certos casos completa a própria legalidade – e seria a pretensão do estado legalista do Direito enquanto, em outros casos, mostra-se insuficiente e, então, a legitimidade será exigida mediante elementos não formais: valores, realidades, consenso.

Ainda conforme doutrina de Maria Garcia[61], a legitimidade no exercício do Poder se aproxima ao sentido de justiça ou de racionalidade, algo justificado pelo entendimento (legitimidade de uma decisão, uma atitude, por exemplo) e é no contexto político que aparece seu significado específico: legitimidade representa um atributo do Estado, consistindo *na verificação de um grau de consenso capaz de assegurar a obediência sem necessidade de imposição*, exceto em casos esporádicos.

Por esse motivo, os Estados Democráticos hão de buscar, no consenso popular, o alicerce sobre o qual há de ser erigida a estrutura, a organização e o funcionamento do poder político, a fim de que a sua legitimidade seja reconhecida, convolando o dever de obediência em adesão.

Nos Estados totalitários há consenso da minoria e assentimento da maioria. Nas estruturas estatais amparadas em juízo democrático, é na manifestação da vontade da maioria que deve residir o consenso e é justamente neste elemento volitivo que se constitui a base sólida a sustentar a participação do povo no regime e a permitir que se crie um mecanismo de interação, em que os governantes encontram no consentimento popular a legitimação para

---

60 GARCIA, Maria. **Desobediência Civil**: Direito Fundamental. 2. ed. São Paulo: RT, 2004, p. 93.

61 In ob. Cit., p. 94.

suas atitudes e o povo enxerga nos governantes a lídima representação de seus interesses.

Como o Estado Democrático surge de um *consenso* e, para manter sua *legitimidade* necessita-se da sua manutenção, tornando-se imprescindível que haja sintonia entre as realizações do Estado, das ações de quem diretamente o controla e os anseios do povo que sustenta todo o poder político.

Sobre a carência de legitimidade do Estado, pode-se asseverar, na esteira de Paulo Bonavides, que a crise constitucional da legitimidade se instaura exatamente quando ocorre uma perda ou 'deficit' de capacidade do Estado para responder às demandas e expectativas econômicas, políticas e sociais dos governados e para promover reformas profundas na Sociedade, ou seja, quando o Estado corre o risco de descumprir o mandato que recebeu do povo para fazer acelerar a evolução social.

O critério para se aferir a legitimidade no exercício do poder é, precisamente, a *existência do consenso entre quem o exerce e quem é seu titular inato*, uma vez que a legitimidade não deve ser aquilatada pela mera eleição do representante, mas por sua atuação, que deve guardar sintonia com as aspirações do representado.

Dalmo de Abreu Dallari[62] traça o perfil do verdadeiro conceito de legitimidade no exercício do Poder, que tem ligação direta com o consentimento dos governados. Diz ele:

> "Uma vez que não se confundem poder e direito, é evidente que a legitimidade do poder também não coincide com a legalidade. Qual seria, então, o critério para a aferição da legitimidade? MAX WEBER indica três hipóteses de poder legítimo, que são: a) o poder tradicional, característico das monarquias, que independe da legalidade formal; b) o poder carismático, que é aquele exercido pelos líderes autênticos, que interpretam os sentimentos e aspirações do povo, muitas vezes contra o direito vigente; e) o poder racional, que é exercido pelas autoridades investidas pela lei, havendo coincidência necessária, apenas neste caso, entre legitimidade e legalidade (MAX WEBER, *Economia y Sociedade*, vol. 4, pp. 21 e s.).
> Esse critério, puramente formalista, baseia-se apenas na origem do poder, conduzindo, por isso, à hipótese absurda de se considerar legítimo, tão-só por causa da origem, mesmo o poder exercido contra a sociedade. Mais recentemente, inúmeros autores, entre os quais avulta a figura de GEORGES BURDEAU (L 'Étet, pp. 26 a 31), vêm sustentando que, muito mais do que a origem, interessa verificar a atuação do poder, para se aquilatar de sua legitimidade. Rejeitando a colocação feita por MAX WEBER, diz BURDEAU que o poder não é uma força providencial surgida no meio do grupo, mas é uma encarnação do próprio grupo, pois resume suas aspirações. A coletividade deve reconhecer seus liames com o poder, manifestando o seu consentimento. É indispensável, para que se

---

62 DALLARI, Dalmo de Abreu. **Elementos da Teoria Geral do Estado**. São Paulo: Saraiva, 2003, p. 43-45.

reconheça e se mantenha a legitimidade, que haja convergência de aspirações do grupo e dos objetivos do poder. Em conclusão: poder legítimo é o poder consentido. O governante, que utiliza a força a serviço do poder, deve estar sempre atento a essa necessidade de permanente consentimento, pois, se assim não for, o governo se torna totalitário, substituindo a vontade dos governados pela dos próprios governantes".

Antônio Carlos Wolkmer[63], ao dissertar sobre a questão da legitimidade, conclui que numa cultura jurídica pluralista, democrática e participativa, a legitimidade não se funda na legalidade positiva, mas resulta da consensualidade das práticas sociais instituintes e das necessidades reconhecidas como "reais", "justas" e "éticas".

A legitimidade formal (legalidade), que se limita à observância de determinados parâmetros legais para se galgar postos de representação, não é suficiente para explicar a complexa estrutura que mantém acesa a chama da democracia. Apenas quando o Poder é exercido em benefício, pelo interesse, e em sintonia com a vontade de seu titular, é que se pode afirmar a existência de um ambiente verdadeiramente democrático, cuja legitimidade material no exercício do Poder suplanta a própria legitimidade formal e se transforma em lídimo instrumento de pacificação social e de desenvolvimento do País.

Legalidade (legitimidade formal) e *legitimidade* (legitimidade material) são conceitos distintos, porquanto, na primeira se concentram as regras de conquista e prática do exercício do Poder, enquanto na segunda está seu fundamento político e social, indispensável para que possa ser exercido em plenitude e em atendimento aos objetivos traçados por seu titular, o povo[64].

---

63 WOLKMER, Antônio Carlos. "**Urna Nova Conceituação Crítica de Legitimidade**", São Paulo: RT. Cadernos de Direito Constitucional e Ciência Política 05. p. 31.

64 O Deputado RICARDO FIÚZA, em discurso proferido da tribuna da Câmara Federal, na sessão de instalação da Comissão Especial do Código Civil, traça elucidativo parâmetro entre a legitimidade formal e a material: "É uma ingenuidade supormos que, pela origem de nossa investidura, calcada no voto, tenhamos mais legitimidade. mais credibilidade, mais popularidade e mais confiabilidade da opinião pública que os demais poderes do Estado. O voto legitima o sistema político, mas essa legitimidade não se transmite automática e necessariamente ao Poder a que pertencemos. A legitimidade formal, que para muitos se confunde com a legitimidade material, obedece, como lembrou Niklas Luhmann, a regras explícitas do procedimento das instituições do poder, aquilo que os especialistas chamam de "imagem social do poder". E a sua regra básica é a de que as instituições serão tão mais legítimas, quanto mais próximas estiverem das expectativas e da percepção que tem a opinião pública, da sua atuação e isto diz respeito à eficácia de seu funcionamento. É por isso que, à sua obra clássica, ele deu exatamente o título de "Legitimação pelo procedimento". Logo, a legitimidade formal, tantas vezes confundida com a legalidade da investidura, difere e se distingue da de cunho material, que se mede pelo desempenho.

Luhmann[65] entende que a noção de legitimidade passa, necessariamente, pela ideia de consenso, mas, ao final, questiona:

> "Hoje, ele [o conceito de legitimidade] significa a convicção, realmente, da legitimidade do direito, da obrigatoriedade de determinadas normas ou decisões, ou do valor dos princípios que as justificam. Mas apesar de tudo isso só se conseguiu chegar a uma pergunta: como é possível a convicção da legalidade ou da força compulsiva desta decisão quando só alguns é que decidem?"

Pode-se concluir, em resposta à indagação de Luhmann, que a legitimidade material sustenta todo o edifício do Poder político, operando fechado através do código governo/oposição e recebendo informações (cognição aberta) dos demais subsistemas, dos quais extrai o consenso popular emergente da maioria dos que integram o ambiente social.

O que se exige dos representantes/eleitos para a preservação da legitimidade e da autenticidade do sistema representativo é a manutenção da fidelidade aos ideais políticos que tiveram a força de aglutinar, por meio dos partidos políticos, parcelas heterogêneas da população, em torno de um pensamento comum capaz de conciliar e conformar os interesses sociais contingentes e conflituosos, concretizando a institucionalização do Poder político, de molde a prevenir a sociedade do risco sempre presente do surgimento das autocracias (ditaduras) geradas por sua personalização, mitificação e endeusamento de simples mortais, iguais a qualquer do povo.

---

65 LUHMANN, Niklas. **Legitimação pelo Procedimento**. Brasília: Editora UNE, p. 29.

CAPÍTULO II

REPRESENTAÇÃO POLÍTICA

> *O mecanismo do qual brota a representação é um enorme processo de competição entre as organizações partidárias pela conquista ou pela conservação das posições parlamentares e governamentais, uma competição regulamentada e que se desenvolve frente a um público com funções de juiz. (...) No processo representativo podemos ver na práticas duas sequências-tipo: 1) eleitores-partidos-representantes individuais; 2) eleitores-representantes individuais-partidos. Na primeira sequência, hoje a mais importante, a relação primária corre entre os partidos e o eleitorado; é diretamente a 'imagem partidária' que é apresentada ao juízo eleitoral e é sobre ela que se exerce o controle. Os representantes individuais têm um papel quase só executivo. Na segunda sequência, menos importante, mas não insignificante, são estes que constituem o canal representativo entre o eleitorado (sobretudo em nível local) e os partidos (ou seja, seus órgãos centrais de elaboração de imagem partidária. (Celso de Mello).*

SUMÁRIO: 1. A inviabilidade da democracia direta e o surgimento do regime representativo. **2.** Representação política. **2.1.** Origem e conceito. **2.2.** O *ancien régime* e o mandato imperativo. **2.3.** O Estado liberal e o mandato representativo. **3.** A representação política no pós-liberalismo: Mandato imperativo partidário. **4.** A natureza da representação e do mandato eleitoral. **5.** A responsabilidade política decorrente do mandato. **6.** Representação e partidos políticos. **7.** Representação realista. Mandato representativo partidário. Um novo modelo Adequado à pós-modernidade.

1. A INVIABILIDADE DA DEMOCRACIA DIRETA E O SURGIMENTO DO REGIME REPRESENTATIVO

A democracia e a república possuem como principal característica a participação do povo na administração da coisa pública. Considerando o grau de participação popular no governo, a democracia, historicamente, tem se manifestado sob diversas modalidades, sendo identificada ora como democracia direta, ora como democracia indireta e ora como democracia semidireta, que é uma forma híbrida resultante daqueloutras.

Na democracia direta, o governo é exercido diretamente pelo povo; é o povo, *per se*, quem delibera sobre as decisões políticas e decide os caminhos a serem tomados na administração da coisa pública, i. e., o povo se autogoverna.

O exemplo histórico desta forma de democracia remonta à Grécia antiga, particularmente a Atenas, em que os cidadãos se reuniam em praça pública (Ágora) para discutir as questões políticas fundamentais e decidir os rumos da *polis*.

A democracia direta grega comporta algumas pontuações críticas, ensejando o questionamento acerca daquele regime político ser ou não enquadrado como democracia, pelo menos na concepção que se tem deste regime político contemporaneamente.

Em Atenas, as mulheres não tinham direitos políticos, não eram consideradas cidadãs. Igualmente ocorria em relação aos escravos. Da mesma forma se procedia com os estrangeiros que habitavam a *polis* e que também não podiam votar.

Na "democracia" ateniense, apenas aproximadamente 5% da população era formada de cidadãos, o que significa que, naquele "governo do povo" numericamente poucos participavam ativamente das assembleias "populares" realizadas na ágora, com direito a opinar e votar. Apesar disso, a doutrina clássica reconhece Atenas como exemplo histórico de concretização da democracia direta.

É possível apontar alguns fatores que propiciaram a democracia direta grega:

a) a pequena extensão dos Estados gregos;
b) o reduzido número de cidadãos;
c) a disponibilidade de tempo que os cidadãos tinham para se reunir, discutir as questões políticas e deliberar as medidas a serem adotadas para o futuro da *polis*;
d) a reduzida complexidade das relações sociais daquela época.

Os Estados gregos eram verdadeiras cidades, de pequena extensão, o que facilitava a reunião dos cidadãos que constituíam reduzidíssima parcela da população e que dispunham de todo o tempo livre para participarem das assembleias políticas, pois viviam do trabalho dos escravos. As decisões políticas não eram muitas, dada a reduzida complexidade das relações sociais daquela época.

Ocorre que, paulatinamente, as relações sociais foram se modificando, a sociedade foi evoluindo e as comunidades politicamente organizadas foram aumentando sensivelmente de tamanho e de complexidade. E esta gradativa remodelagem do panorama social modificou o cenário político, levando mesmo à impossibilidade de subsistência do modelo de democracia direta.

A parcela da população formada por cidadãos aumentou em função da ampliação da titularidade dos direitos políticos. Aliado a isso, a complexidade das relações sociais passou a exigir um número cada vez maior de decisões políticas, a serem tomadas quase que diariamente. Mas a necessidade de dedicação ao trabalho retirou dos cidadãos a disponibilidade completa de tempo para se reunir, discutir e deliberar acerca das questões políticas fundamentais.

O homem político grego tornou-se o *homo aeconomicus* da sociedade moderna e não haveria como reunir os cidadãos, em uma simples praça pública, com a frequência necessária para decidir os rumos políticos do Estado, não só pela quantidade de eleitores, como também pela falta de tempo destes e pela enorme quantidade de assuntos a serem discutidos e deliberados.

A necessidade de escolher alguns cidadãos para governar, para discutir e deliberar sobre as questões políticas fundamentais, tornou-se uma imposição da própria modificação das relações sociais e da evolução da sociedade, dando origem ao regime representativo e à democracia indireta.

É, pois, de fácil percepção a impossibilidade de retomar o exemplo da democracia direta grega, sendo verdadeiro que a democracia tem se apresentado historicamente sob a forma representativa e que o Estado, desde o seu surgimento como resultado do fenômeno político organizado, tem sido estudado como "Estado representativo", o que levou Carl Schmitt[1] a afirmar que *"não há Estado sem representação"*.

2. REPRESENTAÇÃO POLÍTICA

2.1. Origem e Conceito

A etimologia da representação é encontrada no latim *representatio, representationis*, que, segundo Laudelino Freire,[2] significa a "ação ou efeito de representar", "ser mandatário ou procurador", "fazer vezes de", "suprir falta de", "apresentar-se no lugar de". O termo representação, no âmbito contratual, associa-se à figura da substituição na manifestação da vontade.

Já no Direito romano tinha-se a possibilidade de manifestação da vontade num ato jurídico por intermédio de outra pessoa. O intermediário era chamado de *nuntius*, aquele que apenas transmitia a vontade de outrem, por isso era preciso que o manifestante tivesse capacidade de agir, enquanto o núncio podia ser até uma pessoa incapaz, como uma criança. Fato era que o núncio não manifestava vontade própria, sendo apenas um mensageiro da vontade

---

1 BONAVIDES, Paulo. **Ciência Política**, 10ª ed. 13. tir. São Paulo: Malheiros, 2004, p. 201.

2 FREIRE, Laudelino. **Grande e novíssimo dicionário da língua portuguesa**. Volume IV, p. 4.371, Rio de Janeiro, 1958.

do manifestante e, desde então, os efeitos dos atos praticados recairiam na pessoa do manifestante e não na do núncio.

Era natural que os romanos tivessem a necessidade de ter um instituto que possibilitasse a substituição de uma pessoa por outra, quando da prática de atos jurídicos. A própria organização familiar romana já atendia praticamente a essa finalidade, uma vez que os filhos e os escravos não podiam assumir obrigações por si próprios, manifestando-se pela via do *pater familias*. No período pós-clássico, essas regras foram estendidas aos prepostos estranhos à família. Mesmo assim, as responsabilidades do representante e do representado coexistiam.

Apesar de semelhante, o artifício utilizado na era romana não se tratava do instituto da representação. O Direito germânico também não conhecia a representação. A admissibilidade de referido instituto naquele ordenamento jurídico é datada do século XVIII, sendo prevista sua exclusão em alguns negócios jurídicos.

Tem-se no Direito Canônico o principal propulsor da representação, tornando-o elemento essencial ao exercício de um contrato de mandato. Consagraram-se neste momento os antigos princípios do Direito Romano como *quit facit per alium facit per se* (pode-se fazer por outrem aquilo que se pode fazer para si); *potest quis per alium quod potest lacere per ipsum* (pode-se querer por outrem o que se pode fazer por si mesmo), *quit facit per alium est perínde ac si facitat per ipsum* (quem faz por outrem é como se fizesse por si mesmo).

Materializa-se a representação quando uma pessoa, o representante, manifesta sua própria vontade com a finalidade de substituir outra, a do representado; mas visando que as consequências da sua manifestação redundem em favor da pessoa representada e não da do representante.

Tem-se que a ideia chave da representação está no fato de que o representante age, em determinada situação, por conta e em nome de outrem. Essa é a chamada representação direta ou perfeita, estranha ao Direito Romano. O Direito Romano conhecia a representação direta apenas no âmbito da aquisição da posse (tanto o procurador, pessoa que cuidava de negócios alheios, normalmente sem representação, como o tutor, podiam adquirir a posse e, consequentemente, a propriedade de certo bem como representantes diretos).

Os romanos apenas conheciam a modalidade de representação indireta ou imperfeita, na qual o representante agia em seu próprio nome, mas na defesa dos interesses do representado.

Cada modalidade e classificação de representação operam efeitos diferentes para o representante. Quando a representação for direta ou perfeita, os atos praticados pelo representante não o atingem, produzindo efeitos com relação apenas ao representado, posto que aquele agiu em nome deste. No caso da representação indireta ou imperfeita, o ato praticado pelo representante produz efeitos na esfera jurídica do mesmo, que, por sua vez, tem a obrigação de transferi-los ao representado, com base na relação jurídica entre eles existente.

Somente o Direito Moderno elaborou o princípio geral da representação direta, tendo como pilares as regras excepcionais romanas esclarecidas acima. O instituto da representação, em geral, do tipo direta ou indireta, pode instituir-se com base: 1) na regra jurídica; 2) na vontade das partes; ou 3) na vontade unilateral do representante.

Com base na regra jurídica, o instituto da representação decorre de lei, na qual os representantes têm a incumbência legal de tratar de interesses alheios. É o caso dos tutores, curadores, o *syndicus* de uma pessoa jurídica.

A representação também pode decorrer de um acordo firmado entre as partes. Tem-se a figura do procurador, aquele incumbido de tratar dos interesses da outra parte.

Pode alguém, ainda, informalmente, encarregar-se espontaneamente de tratar de negócios ou interesses alheios. É o que se chama de gestão de negócios.

À luz da doutrina de Caio Mário da Silva Pereira[3], são caracteres jurídicos do mandato:

a) Consensual: espécie contratual que se forma pelo acordo de vontades, seja verbal ou escrita, por instrumento público ou particular;

b) Gratuito por natureza: "*considera-se gratuito quando não se estipula remuneração, salvo nos casos de ser o seu objeto daqueles que o mandatário trata por ofício ou profissão lucrativa*";

c) *Intuitu personae*: o seu pressuposto fundamental é a confiança ou fidúcia depositada especialmente na pessoa do mandatário;

d) Bilateral: no direito brasileiro, o mandato cria obrigações tanto para o mandante (art. 675 do Código Civil) quanto para o mandatário (art. 667 do Código Civil). Enquanto o mandato oneroso é sempre bilateral, o mandato gratuito é "*normalmente unilateral, uma vez que os deveres de ressarcimento de danos e reembolso de despesas são eventuais e subsequentes à formação do contrato*";

e) Preparatório: o mandato não esgota a intenção das partes e habilita o mandatário para a "*prática de atos subsequentes que nele não estão compreendidos*";

f) Revogável: salvo exceções previstas nos arts. 683 a 686 do Código Civil, pois se afigura lícito às partes "*pôr termo ao contrato pela manifestação de sua vontade unilateral* (ad nutum)".

---

3   PEREIRA, Caio Mário da Silva. **Instituições de Direito Civil**: Contratos. vol. III. 15ª ed. rev. e atual. por Regis Fichtner. Rio de Janeiro: Forense, 2011, p. 364-365.

Para Orlando Gomes[4], a teoria geral da representação tenta explicar sistematicamente os vários aspectos com que se apresenta essa interessante *figura iuris*, subordinando às mesmas regras seu mecanismo, não obstante a diversidade de instrumentos com os quais se alcança sua finalidade característica. A essência da representação reside na atuação em nome de outro, por necessidade ou conveniência.

Há a representação, segundo Orlando Gomes[5], se o interessado na realização de um negócio jurídico não pode, ou não quer, praticá-lo; tem a possibilidade de efetuá-lo por intermédio de outra pessoa, concluindo que em sua forma direta ou própria, a representação importa outorga de poderes a alguém para concluir atos jurídicos cujos efeitos correspondem à pessoa em nome da qual foram praticados. A representação consiste na atuação jurídica em nome de outrem, com poderes para isso, se genuína. Esses poderes derivam da lei ou do negócio jurídico. Na primeira hipótese, diz-se que há representação legal. Na segunda, representação voluntária ou negocial.

O Direito Privado e o Direito Público assimilaram de maneira distinta o fenômeno da representação, porém fundamentados naquilo que Orlando Gomes definiu como essencial, ou seja, *a atuação em nome de outrem*.

As normas de Direito Privado que dispõem acerca do fenômeno representativo estão dirigidas ao negócio jurídico que se convencionou denominar contrato de mandato. Para Washington de Barros Monteiro[6], a própria denominação desse contrato procede dos romanos: *mandatum*, isto é, *manu datum*; efetivamente, ao ser convencionado, segundo o formalismo primitivo, as partes estendiam as mãos e em seguida se apresavam, como viva manifestação de dar e de aceitar o encargo. O mesmo gesto ainda hoje se executa, simbolizando a conclusão de muitos contratos verbais.

Entende-se por mandato, para o Direito Privado, o contrato pelo qual alguém (mandatário ou procurador) recebe de outrem (mandante) poderes para, em seu nome, praticar atos ou administrar interesses, estabelecendo-se um liame obrigacional entre representado e terceira pessoa, por meio do representante[7].

Diversamente do que possa parecer, o contrato de mandato não é a única fonte da representação voluntária. Há certos contratos de prestação de

---

4   GOMES, Orlando. **Introdução ao Direito Civil**. 13ª ed. Rio de Janeiro: Forense, 1999, p. 435.

5   GOMES, Orlando. **Contratos**. 1ª ed. Atualização e notas de Humberto Theodoro Júnior. Rio de Janeiro: Forense, 1997, p. 346.

6   MONTEIRO, Washington de Barros. **Curso de direito civil: direito das obrigações** – 2ª parte – 29ª ed. rev. e atual. São Paulo: Saraiva, 1997, p. 244.

7   DINIZ, Maria Helena. **Curso de Direito Civil Brasileiro**. vol. 3. 6ª ed. São Paulo: Saraiva, 1989. p. 256-262.

serviços que têm a mesma função. A representação também pode ter fonte em ato jurídico sem natureza contratual (gestão de negócios).

Já no campo do Direito Público a representação está ligada à democracia indireta, também chamada de representativa, originada de governos que as revoluções liberais começaram a implantar pelo mundo no século XVIII.

Manoel Gonçalves Ferreira Filho[8] define a representação como o vínculo entre os governados e os governantes pelo qual estes agem em nome daqueles e devem trabalhar pelo bem dos representantes e não pelo próprio.

A ideia clássica de representação política é ínsita à de participação popular no governo, por intermédio de representantes eleitos e através do sufrágio universal. Representação está atrelada à ideia de democracia, de governo do povo. Entretanto, historicamente, nem sempre ocorreu dessa forma, pois, até se consolidar esta noção, a representação política atravessou um complexo devenir.

Na acepção política defendida por Carré de Malberg[9], a expressão regime representativo designa o sistema constitucional no qual o povo se governa por intermédio dos seus eleitos.

Partindo-se da etimologia italiana, registra Norberto Bobbio[10] que o vocábulo "representar" possui dois significados: *"agir em nome e por conta de outrem"*, correspondendo a *rappresentanza* e, o segundo, é reproduzir, espelhar ou refletir, *rappresentazione*.

2.2. O *Ancien Régime* e o Mandato Imperativo

Primitivamente, as formas de representação se deram através de sacerdotes magnos, patriarcas, sábios, anciãos e chefes de família que, isoladamente ou reunidos em conselhos, deliberavam e atuavam com força de obrigação sobre as comunidades que lhes eram subordinadas.

Na Grécia também havia o princípio da representação, nas eleições por *demos* e na votação das *polis*, apesar de predominar a democracia direta, sob a ressalva de que apenas os considerados cidadãos, parcela ínfima da sociedade, tinham participação política.

O Direito clássico não conhecia o instituto da representação, nem o da representação política, pois a célula de Poder da época, assim como ainda é hoje, é a família, e as relações de poder eram exercidas pela via da democracia direta ou por dinastia de origem divina.

---

8   *In* ob. cit., p, 79.
9   MALBERG, Carré de. **Teoria General Del Estado**, México, Facultad de Derechof UNAM, Fondo Cultura Económica, 2001, p. 914 e ss.
10 BOBBIO, Norberto. **A teoria das Formas de Governo**. Traduzido por Sérgio Bath. 10ª ed. Brasília: Unb, 2000.

O *pater famílias* era o detentor de todo o poder dentro da família e só se admitia a Representação dentro do respectivo grupo familiar, ou seja, *intraneam personam*. Isto correspondia à possibilidade de as pessoas submetidas ao poder do *pater familias* o representarem, tais como os escravos e os *filiis famílias*.

Entre os tratadistas, é consenso, atribuir à Inglaterra a verdadeira gênese do sistema representativo, já que esta nação sempre se encontrou na vanguarda quanto à limitação de excessiva concentração de poderes e competências na figura do monarca.

Data de 1215 a promulgação da "Magna Carta", em que o rei João Sem Terra se comprometeu a respeitar os pressupostos nela contidos, que concretizavam direitos e garantias às liberdades individuais dos cidadãos, além da maior participação do Parlamento como órgão representativo e deliberativo.

No cenário político inglês, destaca-se a solidez das instituições representativas que foram criadas, respectivamente, no século XIII (1265), a Câmara dos Lords, e no século XVII (1640), a Câmara dos Comuns. A primeira composta por nobres e a segunda por burgueses, aos quais incumbia a defesa enérgica do princípio da soberania nacional, opondo tenaz resistência às pretensões absolutistas.

Anota Manoel Gonçalves Ferreira Filho[11] que o governo representativo era um sistema imaginado para institucionalizar a forma aristocrática de governo, a fim de conferir efetivo exercício do poder à minoria dos mais capazes, eleitos pelo povo em geral. Esta era a intenção de Montesquieu ao lançar, em seu *Espírito das Leis*, as bases da representação e, mais tarde, de Siéyes, ao fixar definitivamente os seus traços, em plena Revolução Francesa.

O Abade Siéyes[12] apresentou a contraposição entre o governo representativo que propugnava e o governo democrático que lhe repugnava. A base fundamental da representação é a ideia exposta por Montesquieu de que os homens em geral não têm a necessária capacidade para bem apreciar e consequentemente bem decidir os problemas políticos. No interesse de todos, essas decisões devem ser confiadas aos mais capazes, aos representantes do povo.

Para o estudo da representação política, um dos aspectos da origem do Estado Constitucional, as experiências pós-medieval e moderna constituem referências obrigatórias, sem as quais dificilmente se pode entender o caráter representativo do Estado contemporâneo[13].

---

11 FERREIRA FILHO, Manoel Gonçalves. **Curso de Direito Constitucional**. 23ª ed. atual. São Paulo: Saraiva, 1996, p. 71-72.

12 SIEYES, Emmanuel Joseph. **A Constituinte Burguesa**. Rio de Janeiro: Lumen Juris, 2001.

13 ROYO, Javier Pérez. **Curso de Derecho Constitucional**. Madrid: Marcial Pons, 2010, p. 61-64.

Por ser um paradigma para o estudo da moderna representação política, deve-se levar em conta o período do *Ancien Régime* que caracterizou o modo de ser do Estado e da sociedade francesa, até o seu termo final em 1789-1791. Registra Ettore Rotelli[14] que alguns historiadores estabelecem para o seu termo final, precisamente a data de 1848 (Behrens, 1969).

Todavia, o termo inicial do *Ancien Régime* é incerto ou pouco definido, aventando alguns a hipótese de ter surgido na Idade Média ou mesmo de retroceder à Carta dos Barões ingleses de 1215. Para a sua melhor compreensão, afigura-se útil a sua análise entre a guerra dos Cem Anos e a Guerra das Religiões.

A representação do antigo regime não era uma representação política, pois não havia instrumento de expressão da sociedade pelo qual se determinava o conteúdo da vontade do Estado Absoluto, mas sim um mecanismo de representação jurídica, politicamente contaminado, e do qual o monarca absoluto participava movido por suas próprias necessidades ou exigências.

As figuras das Cortes, Parlamentos ou dos Estados Gerais na França funcionavam ao livre arbítrio do monarca e detinham funções extremamente reduzidas. Esse mecanismo arcaico de representação não era um instrumento de direção política do reino, pois se tratava de instituições utilizadas pelas classes sociais da época para limitar o poder do monarca. Por meio de barganhas, sua majestade atendia determinados compromissos, a fim de satisfazer as necessidades econômicas e financeiras da Coroa. Esta era a razão da convocação de Cortes, Parlamentos ou Estados Gerais nos diversos países europeus, sempre no interesse do monarca.

Naquele período, os representantes não tinham nenhuma ingerência no direcionamento da vida política, na medida em que as diretrizes políticas do Estado eram tomadas exclusivamente pelo monarca, que reinava absoluto e com poderes ilimitados.

O Parlamento era um órgão de atuação limitada e se restringia a conseguir determinadas regalias junto à Coroa em troca de benefícios econômicos. Na tentativa de limitar o poder real, os representantes se valiam das necessidades econômicas e financeiras da Coroa para atender compromissos do monarca.

A representação do Antigo Regime foi um mecanismo de defesa e não de direção política, pois não permitia aos representantes serem portadores de nenhuma iniciativa de governo, donde se diz que o mandato parlamentar foi, a princípio, um mandato imperativo, de interesse do grupo "mandante", ou seja, daqueles que

---

14 ROTELLI, Ettore. **Dicionário de Política**. 2ª ed. Brasília: Universitária de Brasília, 1983, p. 29.

delegavam poderes expressos ao mandatário para agir em conformidade com as respectivas orientações prévias.

Resume o tema a doutrina italiana[15]:

> *"Per indicam tale specie di rappresentanza si è usata l'espressione rappresentanza di interessi. Ouesta figura comporta, pertanto, che il rappresentante è tenuto ad agire nell'interesse del soggetto rappresentato, com cui corre um rapporto basato su um mandato imperativo (che puó essere piú o meno dettagliato)."*[16]

A figura típica da representação que vigorou durante o Antigo Regime foi o *mandato imperativo*, uma espécie de mandato dotado de características similares às do mandato privado, tendo como traço essencial sua revogabilidade por descumprimento das instruções previamente fornecidas pelos mandantes.

O representante político atuava apenas em benefício daqueles que o elegeram e não da nação como um todo. Investido no mandato imperativo, o político teria que seguir fidedignamente as instruções dos seus eleitores acerca das questões que lhe fossem submetidas à deliberação.

Surgindo alguma questão para a qual não tivesse instruções, o representante teria que consultar o grupo de interesses representado, antes de deliberar. Caso se desviasse das orientações, os mandantes revogariam o mandato conferido, destituindo o seu representante da função exercida.

Nos primeiros parlamentos ingleses e nos Estados Gerais da França, até 1614, vigorou o *mandato imperativo*, o que, historicamente, se justificava, porquanto os representantes realmente não representavam a nação, mas apenas grupos determinados de certas circunscrições territoriais, cujos cidadãos os elegiam.

Na França pós-feudal, a unidade política sob a soberania absoluta do monarca demorou longos anos para se consolidar, isto ocorrendo na medida em que os territórios (antigos feudos) eram incorporados ao reino, o que se deu em épocas diferentes e sob condições variadas. Alguns territórios, mesmo após serem incorporados, conservavam certas prerrogativas.

---

15   BIN, Roberto. **Diritto Costituzionale**, p. 63

16   Tradução livre do autor: Para indicar tal espécie de representação, usou-se a expressão representação de interesses. Esta figura significa, portanto, que o representante tinha de agir no interesse do sujeito representado, com o qual tinha uma relação assentada sobre um mandato imperativo (que poderia ser mais ou menos detalhado).

Quando o rei convocava os Estados Gerais, não compareciam os representantes do povo nem os representantes da nação francesa, mas sim representantes de cada burgo e de cada território, que eram por estes pagos para comparecerem perante o rei e responder-lhe as solicitações, segundo as orientações previamente passadas, contidas em instruções escritas denominadas de *cahiers*. Na eventualidade de serem feitas novas indagações pelo monarca, o representante enviado retornava ao seu burgo para receber novas orientações.

Podem ser apontadas as seguintes características do sistema representativo, lastreado no *mandato imperativo*, figura típica do *Ancien Régime*[17]:

> 1. "As Cortes ou Parlamentos não eram órgãos permanentes na organização política do reino, mas, sim, órgãos ocasionais, cuja convocação não tinha que se produzir de maneira obrigatória, com uma periodicidade preestabelecida. As Cortes ou Parlamentos eram convocados pelo monarca quando as necessidades da Coroa assim exigiam;
> 2. O mecanismo representativo não era instrumento de legitimação do poder. Ao contrário, a legitimidade do poder do monarca se dá como algo evidente. Era o monarca quem convocava as Cortes ou Parlamentos, que não podiam se constituir legitimamente se não fosse mediante a iniciativa real;
> 3. Era uma representação estamental e não individual. Quem estava representado nas Cortes não eram os indivíduos, mas sim os três Estados: a nobreza, o clero *e* o terceiro estado, existindo regras muito restritas acerca da convocação destes estamentos e do procedimento através do qual deliberavam e adotavam decisões;
> 4. Tratava-se de uma representação basicamente patrimonial ou econômica dos estamentos do reino. A função principal das reuniões das Cortes era a de votar subsídios para fazer frente aos gastos da Coroa, e as decisões dos representantes possuíam repercussão imediata sobre o patrimônio dos representados;
> 5. Esta é a razão pela qual a representação era revogável a todo o momento pelos representados. Da mesma maneira que o cidadão que outorga um poder notarial, a fim de que outro cidadão execute em seu nome determinadas operações jurídicas, pode revogá-lo quando julgar oportuno, assim também ocorria com o mandato parlamentar no Antigo Regime".

Foi uma decisão do Rei Luís XVI o ponto de partida para a formação da Assembleia Constituinte na França de 1789.

---

17   ROYO, Javier Pérez. **Curso de Derecho Constitucional**. Madrid: Marcial Pons, 2010, p. 61-64.

Luís XVI havia convocado os *Etats Généraux*, as tradicionais Cortes Francesas. Só que os estamentos sociais (nobreza, clero e burguesia), no momento de enviar os seus representantes prescreveram instruções precisas e poderes limitados; com isso contrariaram a orientação do Rei que determinava que os poderes dos deputados deveriam ser *"gerais e suficientes para propor, advertir, aconselhar e consentir"*, com o fito de viabilizar a celebração de barganhas.

O Rei francês, citado por Royo[18], com o objetivo de anular as restrições de poder assim dispôs: *"Sua Majestade declara que nas próximas sessões dos Etats généraux não tolerará, jamais, que os mandatos possam ser considerados como imperativos. Não devem ser mais que simples instruções confiadas à consciência e opiniões livres dos deputados que tenham sido eleitos".*

A Assembleia Constituinte Francesa de 08 de julho de 1789 depois veio a declarar: *"A Nação francesa, estando inteiramente representada legitimamente pela pluralidade de seus deputados, não pode ver-se detida em sua atividade, nem alterada a sua liberdade, nem atenuada a força de suas decisões, nem recortados os limites dos assuntos submetidos a seu poder legislativo, que se estende sobre toda a Nação e possessões francesas, pelos mandatos imperativos, pela ausência voluntária de alguns membros, nem pelos protestos da minoria".*

Daí se passará à Declaração dos Direitos do Homem e do Cidadão e à Constituição de 1791, na qual se afirma que a soberania reside essencialmente na nação e se proibiria expressamente o mandato imperativo: *"Os representantes nomeados pelos estados não serão representantes de um estado particular, mas sim da nação inteira, e não lhes será dado nenhum mandato".*

A Revolução Francesa delineou o quadro terminal do mandato imperativo e fixou as características da representação política baseada na figura do *mandato representativo*, que seria o contrário daquilo que antes vigorava no Antigo Regime.

A experiência francesa lançou, nesses termos, as bases do regime representativo liberal, que foi seguido por todo o Direito Constitucional moderno.

2.3. O Estado Liberal e o Mandato Representativo

O regime representativo é fruto da luta contra o absolutismo monárquico que se instaurou após o período medieval e imperou durante o Antigo Regime. Naquela época, o monarca era o titu-

---

18 *In* ob. cit., p. 61-64.

lar da soberania e tinha poderes absolutos e ilimitados. O povo era considerado mero objeto e não tinha nenhuma participação no governo.

A formação do regime representativo expressa o movimento histórico pela transferência da titularidade da soberania da pessoa do monarca para o povo ou para a nação e pela participação popular no governo, um movimento que culminou na queda do Estado absoluto e na formação do Estado liberal.

O regime representativo formou-se, originariamente, na Inglaterra, durante as batalhas travadas entre o Parlamento e o Rei que resultaram na transformação da monarquia inglesa de absoluta e ilimitada em um regime constitucional e limitado, propiciando – ao menos no plano da teoria – a participação do povo no governo.

A Revolução Inglesa foi o estopim para se atingir a substituição do princípio da soberania do monarca pelo princípio da soberania da nação, representada no Parlamento inglês.

A doutrina registra que o processo de transformação para se atingir a representação parlamentar inglesa, passando de um órgão de limitação da atuação do monarca para ser um órgão de direção política do país e de legitimação do poder, modelo inicial da moderna representação política, deu-se através de processos revolucionários.

A ideia de Parlamento que se formou na Inglaterra pode ser resumida, segundo Blackstone[19]: Cada membro, mesmo que eleito por um distrito particular, serve a todo o Reino. Pois, o fim pelo qual é enviado não é particular, mas geral: não é somente o interesse dos seus comitentes, mas sim o da comunidade. Em consequência, não está obrigado, como Deputado das Províncias Unidas, a consultar seus eleitores ou a considerar as suas instruções sobre um ponto particular.

Como consequência dessa nova ordem de fatos, merece ser ressaltada a constatação de que o Parlamento passou a ser o portador de um programa de governo destinado a direcionar a vida política do país, abandonando uma postura negativa, presente no "modelo parlamentar" do Antigo Regime, para adotar uma função positiva, ou seja, de participação direta na tomada de decisões políticas.

Dessa experiência surge o *mandato representativo*, que será um dos centros de atenção da teoria política e constitucional do século XVIII, vigorando, formalmente, até os nossos dias, no Brasil e em países do continente europeu.

---

19   *Apud* Javier Pérez. Ob. cit., p. 641.

Com esta mudança de paradigma, na qualidade de representante do povo, o Parlamento inglês legitimou-se a direcionar a vida política do país e "inseriu" a participação popular no governo, abandonando a feição negativa e limitada vigente durante o Antigo Regime para assumir, ativamente, a tomada de decisões políticas.

A teorização dos princípios do regime representativo foi esboçada primeiramente na França, durante a Revolução de 1789, fruto das ideias iluministas que elevaram a burguesia ao controle do poder político em nome da nação francesa.

Os revolucionários franceses, avessos ao absolutismo monárquico, lançaram as bases constitucionais do regime representativo e os alicerces legitimadores do Estado Liberal, palco onde aquele regime se desenvolveu.

Na luta da burguesia para derrubar o poder do monarca surgiu, das ideias iluministas, a teoria de que a *nação*, a totalidade dos indivíduos que integra a sociedade, os nacionais, era soberana.

A nação e o povo são conceitos distintos, pois o primeiro tem uma concepção moral e cultural, ao passo que o segundo traduz um aspecto jurídico. O povo é o elemento humano, a população juridicamente subordinada ao poder do Estado; já a nação é um conjunto de pessoas ligadas por vínculos morais, culturais, por ideais comuns.

O que verdadeiramente caracteriza a nação é o vinculo subjetivo entre os seus componentes, resultante das ideias comuns e da consciência nacional. Os seus fundamentos, segundo a doutrina de Mancini[20], residem em fatores naturais, históricos e psicológicos.

Hauriou[21] definiu nação como um grupo humano no qual os indivíduos se sentem mutuamente unidos por laços materiais e espirituais, bem como é formada de indivíduos conscientes daquilo que os distingue dos componentes de outros grupos nacionais.

Pela teoria do mandato oriunda do pensamento de Siéyes, entre o eleitor e eleito haveria uma relação similar à existente no Direito Privado entre mandante e mandatário.

Na doutrina sustentada pelos pensadores iluministas, sendo a nação soberana, a sua vontade seria a lei suprema e somente ela deveria escolher aqueles que iriam governar. Vale lembrar as palavras do Abade Emmanuel Joseph Siyes[22]:

---

20 BONAVIDES, Paulo. Ob. cit., p. 80.
21 Ob. cit.. p. 78.
22 SIEYES, Emmanuel Joseph. **A Constituinte Burguesa**. Rio de Janeiro: Lumen Juris, 2001, p. 51.

"Devemos conceber as nações sobre a terra com indivíduos fora do pacto social, ou, como se diz, no estado de natureza. O exercício de sua vontade é livre e independe de todas as formas civis. Como existe somente na ordem natural, sua vontade, para surtir todo o seu efeito, não tem necessidade de levar os caracteres naturais de uma vontade. Qualquer que seja a forma que a nação quiser, basta que ela queira; todas as formas são boas, e sua vontade é sempre a lei suprema."

Caberia à nação francesa escolher seus representantes políticos, por eleição, ou seja, aqueles que em nome dela (nação) exerceriam a soberania e controlariam o poder político do Estado.

O artigo terceiro da Declaração dos Direitos do Homem e do Cidadão de 1789 consigna que: *"O princípio de toda soberania reside essencialmente na Nação. Nenhuma corporação, nenhum indivíduo pode exercer autoridade que dela não emane expressamente"*.

Pouco tempo depois, no artigo segundo, do Preâmbulo do Título III, da Constituição francesa de 1791, a Assembleia Nacional estatuiu que: *"A nação, de onde exclusivamente emanam todos os poderes, não os pode exercer senão por delegação. A Constituição francesa é representativa: os representantes são o corpo legislativo e o rei"*.

A partir daí fixou-se um novo modelo de representação política realizado através da figura do *mandato representativo*, cujas características apontadas por Javier Perez Royo[23] são totalmente diferentes daquela representação vigente à época do Antigo Regime, pois:

1. "O Parlamento, instituição representativa por excelência, converte-se no órgão central do governo;
2. A representação política é o mecanismo de legitimação do poder. O poder do Estado é legítimo porque se manifesta, no Parlamento, pela maioria que compõe a sociedade, escolhida através das eleições;
3. A representação é realizada por indivíduos, cidadãos;
4. A representação política não representa os cidadãos em nenhum caso e por nenhuma razão no plano das relações jurídicas com os outros sujeitos, mas, sim, os representa no nível das relações jurídicas gerais, em relação com o ente político geral, com o Estado. Por isso, os atos dos representantes políticos não têm nenhuma eficácia direta, nem positiva nem negativa, na esfera jurídica dos representados;
5. Justamente por isso, a eleição dos parlamentares era irrevogável até a finalização do mandato;
6. O Parlamento tem que render contas de sua gestão, mas tem que render contas politicamente, isto é, de forma geral sem precisões contábeis de nenhum tipo".

---

23 ROYO, Javier Pérez. **Curso de Derecho Constitucional**. Madrid: Marcial Pons, 2010, p. 637.

Esse modelo de representação (mandato representativo) buscava legitimar a ascensão da burguesia ao poder. A nação era soberana e o poder político baseado na sua vontade, que seria imposta por intermédio dos seus representantes eleitos.

Com este pensamento, a burguesia revolucionária assentou o seu poder político na vontade da nação, isto é, no consentimento presumido do povo que, por intermédio de "seus" representantes eleitos, governaria o Estado.

O alicerce doutrinário do sistema representativo, na época do liberalismo, residia na *doutrina da duplicidade,* segundo a qual os representantes exerciam a soberania em nome da nação, mas sem a preocupação de saber se seus atos correspondiam à vontade dos representados.

Apesar de eleitos pela vontade da nação, os representantes, no exercício da representação, atuavam livremente segundo sua consciência, de modo que haveria, em última análise, duas vontades: a vontade da nação ao eleger o representante e a vontade deste, no exercício do mandato, em nome da nação. A lição de Bonavides[24] é esclarecedora:

> "Está claro que pela doutrina da "duplicidade", conforme expusemos, duas vontades legítimas e distintas atuavam no sistema representativo e lhe emprestavam o matiz característico. E assim aconteceu desde que esse sistema pôde na idade moderna identificar-se por forma de todo nova e genuína de organização do poder político: a vontade menor e fugaz do eleitor, restrita à operação eleitoral, e a vontade autônoma e politicamente criadora do eleito ou representante, oriunda aliás daquela operação."

Apesar de representar a nação, o representante é uma pessoa que com ela não se identifica plenamente. Mesmo sendo depositário da soberania da nação, o representante é uma pessoa independente e, por conseguinte, possuidor de uma vontade própria. Daí decorre que o representante, legitimado pela escolha eleitoral, é senhor de sua capacidade decisória e livre para atuar segundo sua consciência.

Esses princípios foram encampados pela Constituição revolucionária de 1791 e a burguesia francesa teve todo campo para comandar livremente o cenário político no Estado liberal, agindo segundo suas convicções, sem perder a legitimidade no plano do discurso constitucional.

---

24 BONAVIDES, Paulo. **Ciência Política**. 10ª ed. 13. tir. São Paulo: Malheiros, 2004, p. 207.

O triunfo do modelo francês espalhou-se pelas Constituições de outros países, o que levou à consolidação do modelo liberal de representação política.

Entretanto, analisado criticamente, o modelo liberal de representação política não engendrou verdadeiramente a participação do povo no governo. O objetivo da burguesia era se apropriar de todo o poder político, pois já detinha o poder econômico, jamais pretendendo partilhá-lo com o povo.

Poder-se-ia pensar que o Estado estaria devidamente representado por toda a sociedade e que o princípio democrático poderia ser plenamente aplicado. Ledo engano.

O que ocorreu nessa fase inicial do Estado liberal foi uma verdadeira manipulação da Teoria da Representação Política. Ao longo do século XIX, o Estado foi o produto de uma sociedade de proprietários, da qual estava excluída a imensa maioria da população. O Estado do século XIX era um Estado representativo apenas de uma parcela da sociedade, mas não de sua integralidade.

Bryce[25], na sua obra *Constituciones Rígidas y Flexibles*, afirma que o Estado do século XIX (finais do século XIX e primeiros anos do século XX) era um Estado oligárquico, em que apenas uma pequena parcela da população participava, sozinha, do processo político.

No processo político, a burguesia utilizou o povo para alcançar o poder na França, no entanto, desde o início, não pretendia compartilhar com ele o poder – agora, econômico e político. O seu objetivo[26] era o de consolidar em suas mãos o poder político, uma vez que já possuía o poder econômico. Para tanto, valeu-se a burguesia do sistema representativo adotado pelo Estado liberal, apontando Garrodena Morales[27] alguns dos argumentos utilizados para justificar a ascensão ao poder político:

> a) O argumento dos constituintes de 1791 ou da representação como condição de existência da soberania nacional, segundo o qual se pretende que a soberania seja assumida pela Nação, mas esta só pode existir através de seus representantes; daí se conclui que somente a representação pode realizar esse dogma fundamental para o pensamento liberal-burguês que é a soberania nacional;
> b) O argumento de Constant ou da adequação da representação à liberdade, isto é, a representação é a única técnica de participação política que convém

---

25 *Apud* ROYO. Ob. cit., p. 644.
26 ANTONIO, José Antonio Alonso de e outro. **Derecho Parlamentario**. J. M. Bosch Editor: Barcelona, 2000, p. 13.
27 *Apud* ANTONIO, José Antonio Alonso de e outro. **Derecho Parlamentario**. Barcelona: J. M. Bosch Editor, 2000, p 13.

> à liberdade, pois jamais seria cerceada a vida privada, em razão de uma maior intervenção nos assuntos públicos, porque é no interesse privado que se encontra a liberdade;
> c) O argumento de Siéyes ou da representação como forma da divisão especializada do trabalho, justificando na conveniência comum a nomeação pelos cidadãos de representantes mais capazes que eles para a gestão dos assuntos públicos."

A doutrina do regime representativo, associada ao fenômeno do constitucionalismo, criou o mito da participação popular no governo, mas não propiciou verdadeiramente um governo democrático.

Durante o período liberal do Estado houve o Estado Constitucional, mas não o Estado Democrático, em que o povo efetivamente participaria do governo. No Estado liberal, a representação política era uma representação oligárquica – constituída pela elite burguesa -, que excluía da vida política grande parcela da sociedade.

Essas críticas não desmerecem de todo o modelo liberal de representação política, que tem valor histórico e deve ter sua importância prestigiada dentro do contexto daquela época.

Tão verdadeiro quanto o fato de que, no Estado liberal, o povo não participava do governo, é que a doutrina liberal da representação política foi de grande relevo na derrocada do poder soberano e ilimitado do monarca.

Para se chegar à concepção política vigente, de que a soberania reside no povo e de que todo o poder político está limitado aos termos da Constituição, há de se reconhecer o importante papel desempenhado pela classe burguesa que, no curso da história, foi aquela que teve força para combater o poder ilimitado do monarca soberano e derrubar o Estado absolutista.

Ante a imperiosa necessidade da escolha de alguém para o exercício da Chefia do Governo e do Estado, revela-se necessário transpor para o plano material a construção teórica da participação popular. A participação do povo no governo não pode mais se resumir ao plano formal, repousando em um consenso presumido de uma sociedade adormecida.

A materialização da representação política do povo, a sua efetiva participação no governo e a realização do ideal de democracia eram metas a serem alcançadas, com o passar dos anos, com a sucessão de acontecimentos políticos e com a evolução do Estado.

Embora tenha sido o resultado de mobilizações políticas e teorizações formuladas no século XIX, foram essas as bases iniciais do mandato representativo e que correspondem à estrutura da representação política que contemporaneamente se mantém.

As instituições representativas experimentaram mudanças importantes e, hoje, exigem uma mudança de paradigma para o atendimento da realidade constitucional. Juridicamente, o esquema de representação política se expressa na figura do *mandato representativo*, que continua a ser o esquema vigente no Estado pós-moderno, ao menos formalmente.

3. A REPRESENTAÇÃO POLÍTICA NO PÓS-LIBERALISMO: MANDATO IMPERATIVO PARTIDÁRIO

A adesão, por parte de diversas Constituições, ao modelo liberal de representação política centrada no mandato representativo, com autonomia plena do representante e vedação ao mandato imperativo, demonstra o prestígio que aquela doutrina sempre gozou na Ciência Política.

O Estado liberal burguês, ao mesmo tempo em que propiciava o desenvolvimento do capitalismo, fomentava as bases que levaram ao seu declínio e consecutiva transição para o Estado do bem-estar social.

O modelo liberal de Estado não foi capaz de realizar a democracia; muito pelo contrário, demonstrou-se um Estado organizado em benefício exclusivo de oligarquias. A representação política da nação era uma representação essencialmente oligárquica.

A expansão desmesurada e desordenada do capital gerou inúmeras crises econômicas, dentre as quais, destaca-se a de 1929 (EUA), culminando com altos índices de desemprego e excesso de concentração de renda em poder de uma pequena parcela da sociedade.

Acentuou-se demasiadamente a crise na relação entre capital e trabalho e abriu-se um enorme abismo social entre as classes, deixando transparecer as inúmeras desigualdades existentes no seio da sociedade.

Diversos setores da nação começaram a se manifestar contra o modelo liberal de governo, clamando pelo reconhecimento de direitos sociais e por modificações no direcionamento político do Estado, do qual se passou a exigir uma atuação positiva no sentido de concretizar aqueles direitos.

O palco político do Estado, que tinha como ator principal uma pequena oligarquia, foi gradativamente convolando-se para dar lugar a um Estado de massa, em cujo cenário atuam um pluralismo de partidos políticos e de grupos de pressão jamais visto anteriormente.

O movimento de expansão das ideias socialistas e a ascensão da classe obreira modificam o panorama político do Estado e ameaçam o modo de ser capitalista. Segmentos da nação passam a reivindicar participação ativa na esfera do governo.

O Estado liberal não suporta a pressão e sucumbe, surgindo o Estado social[28] –, ou Estado da democracia social, em oposição ao Estado da democracia liberal –, um Estado cuja principal característica é o reconhecimento de direitos sociais e a preocupação com a redução das desigualdades geradas pelo capitalismo desenfreado e pelo mercado livre, vigente durante o Estado-Gendarme.

A partir do final do século XIX, com o aparecimento dos partidos socialistas na Alemanha (1875), na Itália (1892), na Inglaterra (1900) e na França (1905), os partidos políticos assumem conotações absolutamente novas: um séquito de massa, uma organização difusa e estável com um corpo de funcionários pagos especialmente para desenvolver uma atividade política e um programa político sistemático[29].

As pressões sociais desses grupos organizados, através dos partidos socialistas, deflagraram os movimentos constitucionais que culminaram com a promulgação da Constituição do México (1917) e da Constituição de Weimar (1919). Desde então vem sendo acolhido o modelo liberal de representação, o mandato representativo, assentado na duplicidade de vontades.

A doutrina da titularidade da soberania sofre profunda modificação. As novas teorias transferiram sua titularidade, outrora localizada na nação para o povo que, por sua vez, passou a reivindicar verdadeira participação no governo e a exigir dos seus representantes uma identidade de vontade.

A representação política no Estado pós-liberal se assenta nos princípios de que o povo – e não a nação – é o único soberano e de que deve haver uma harmonia da vontade dos governantes com a vontade dos governados.

Desmorona a velha ideia de que os representantes, assentados na vontade da nação, poderiam atuar livremente. A oligarquia

---

[28] Não há de se confundir Estado social com Estado socialista. O Estado social é um gênero do qual o Estado socialista pode ser considerado uma espécie. A característica do Estado socialista é, além da preocupação com a implementação de direitos sociais (direitos positivos), a planificação da economia e abolição da propriedade privada, o que não se verifica, por exemplo, no Estado do bem-estar social, de instalação a partir do final da 1ª grande guerra.

[29] OPPO Ana. **Dicionário de Política**. Brasília: Ed. Universidade de Brasília, 1983, p. 900.

política foi forçada a adaptar-se, sob pena de seu poder implodir definitivamente.

Eis que aparece, na Ciência Política, um novo modelo de representação, encapada sob a doutrina da *identidade,* assentada na ideia de haver somente uma vontade entre governantes e governados e que vai, no Estado Socialista, caracterizar o mandato imperativo partidário.

Com a ascensão da classe operária formam-se os partidos socialistas, dentre os quais se sobressai o Partido Socialista Alemão, que exercia um forte controle sobre a atuação dos parlamentares a ele filiados e cujas características vão servir de padrão geral aos demais *partidos de massa* europeus, trazendo à tona a discussão acerca da natureza do mandato.

Antes do Partido Socialista Alemão, não existiam partidos de massa concebidos como corpos organizados, permanentes, estruturados e estáveis, com uma disciplina interna e uma organização institucional própria.

Em consequência da social democracia alemã, os demais partidos trabalhistas europeus se abeberam das mais peculiares notas definidoras do partido político moderno. Entre outras, e como mais fundamentais, apontam-se as seguintes:

a) A rígida distinção entre membros do partido (militantes e adeptos) e eleitores daquele;

b) A disciplina interna como elemento fundamental de funcionamento do partido feita nas relações intrapartidárias, bem como nas relações do partido com o exterior;

c) A natureza individual da adesão ao partido, do qual são membros os particulares assim considerados e não como partes de outras organizações;

d) A existência de um aparato organizativo (material e humano), estável, formado por funcionários do partido e dotado de uma estrutura de meios materiais.

Tudo isso gerou um novo contexto político constitucional, produzindo profundas mudanças em relação ao sistema herdado do século XIX, reaparecendo a figura do mandato imperativo com toda força na antiga URSS, cuja Constituição previa, no art. 107, a possibilidade de revogação, pelos eleitores, dos mandatos dos representantes eleitos.

Uma lei russa de 30.10.1959 efetivou o direito dos eleitores de revogar o mandato de um deputado, afirmando, no preâmbulo, que:

"O direito de revogar o mandato de um deputado, que é uma das bases da democracia socialista estabelecida no Estado soviético em consequência da Grande Revolução Socialista de outubro, é uma manifestação do poder dos trabalhadores e uma garantia da responsabilidade real dos deputados perante os eleitores."

O parlamentar soviético podia ter revogado seu mandato caso não cumprisse suas obrigações ou se tivesse um comportamento indigno ou incompatível com o cargo.

Eram os eleitores quem resolviam a questão da revogação, em reuniões realizadas nos distritos eleitorais. Considerava-se revogado o mandato do parlamentar se 50% (cinquenta por cento) dos eleitores votassem nesse sentido. No período compreendido entre os anos de 1965 e 1973, foram revogados mais de quatro mil mandatos de deputados aos sovietes locais.

Os partidos políticos desempenham papel relevante não só pelo fato de serem agremiações com linha política de atuação previamente conhecida pela sociedade e coincidente com a vontade dos governados, mas também por serem instrumentos de fiscalização da atuação dos representantes eleitos, que hão de agir em conformidade com o compromisso assumido quando da filiação a partido político que defende certo e determinado ideário político.

Daí decorre a nova roupagem do mandato imperativo do *Ancien Régime,* jungindo o representante não aos ditames de alguns cidadãos, mas aos ditames do partido político único, fazendo brotar uma nova figura, o *mandato imperativo partidário,* fruto de um Estado totalitário, unipartidarista, em que a representação política assume as peculiaridades de um Estado Socialista planificador e não de um Estado Democrático representativo.

4. A NATUREZA DA REPRESENTAÇÃO E O MANDATO ELEITORAL

O regime representativo pressupõe que o povo delegue a alguns o exercício do poder político, mediante escolha por intermédio de eleições disciplinadas por normas especiais que conferem higidez ao certame e o mandato aos seus vencedores, habilitando-os a exercer o poder político e a atuarem na qualidade de seus representantes.

A definição da natureza da representação eleitoral e do mandato eleitoral é alvo de antigas discussões doutrinárias. Houve época em que a representação eleitoral foi identificada como uma representação jurídica, tendo sido o mandato eleitoral, por conseguinte, equiparado a um mandato jurídico, figura típica do Direito Civil.

Paradoxalmente, como se verá adiante, a representação havida entre o eleito e o eleitor ou a nação é totalmente distinta da relação travada entre o mandante e o mandatário do Direito Privado.

Cabe ponderar que, no mandato do Direito Privado, há uma pessoa (outorgante) que confere poderes à outra (outorgado ou procurador), que os recebe para executar, passando a representá-la; o representante eleitoral é eleito por uma parcela do povo – os cidadãos, titulares de direitos políticos-, mas representa toda a nação, e não apenas o colégio que o elegeu. Equiparar o mandato eleitoral ao mandato civil significa ter um procurador representando pessoas que não lhe conferiram poderes para tanto.

Outra característica essencial ao mandato civil e ausente no mandato eleitoral é a revogabilidade. No Direito Privado, o outorgante pode, a qualquer tempo, revogar a procuração conferida ao seu representante, o que é inconcebível no mandato eleitoral, ao menos entre nós. Os eleitores não podem, por mais que desejem, simplesmente revogar o mandato dos seus representantes eleitos. Uma vez eleito e empossado, o representante político só pode perder o mandato nas hipóteses previstas na Constituição, jamais por iniciativa do eleitorado, salvo nos países em que se admite o *recall*.

Há outra diferença elementar entre o mandato eleitoral e o mandato de Direito Privado, consistente na amplitude dos poderes inerentes ao mandato. No mandato civil, o mandatário tem poderes limitados, restritos aos termos do instrumento público ou particular, de modo que todo e qualquer ato que ultrapasse os limites dos poderes conferidos no mandato são nulos e não obrigam o mandante. Diferentemente, no mandato eleitoral, o eleito não fica limitado à vontade dos eleitores e dispõe de poderes, inclusive, para agir contrariamente à vontade do eleitor, sem que isso implique a nulidade do ato praticado.

Conclui-se que o mandato eleitoral não se confunde com o mandato civil, mas são figuras inconciliáveis, uma típica do Direito Público e outra do Direito Privado.

A fim de enquadrar a representação eleitoral como uma representação jurídica, parte da doutrina revolucionária francesa enxergava que o mandato eleitoral não seria conferido pelo eleitor ao representante, e, sim, pela nação ao Parlamento, verdadeiro representante constituído em corpo político organizado.

A teoria é igualmente equivocada, podendo ser resumida nas seguintes críticas: uma consiste no fato de que quem elege o Parlamento não é a nação, mas apenas parte dela, os cidadãos titulares de direitos políticos, não se podendo falar que é a nação quem confere o mandato; outra reside no fato de que não pode haver mandato da nação ao Parlamento pela singela verificação de que este não existe antes da eleição.

As teorias que procuraram definir como jurídica a representação eleitoral não vingaram. Uma passagem da obra de Bigne de

Villeneuve, trazida por Darcy Azambuja[30] ilustra o caos doutrinário que se instalou:

> "Estranho sistema esse, em verdade: parece que os seus autores tiveram o maligno prazer de exprimir todas as suas ideias por palavras que normalmente significam o contrário delas e reunir intimamente as concepções mais inconciliáveis entre si. Os representantes não representam nada; os mandatários não têm mandato; os representados veem fazer em seu nome o contrário do que eles querem; retêm e abandonam ao mesmo tempo os poderes em uma delegação sem sentido; os governantes devem obedecer e os governados são os senhores; tenta-se em vão determinar com a maior fidelidade a vontade de uma pessoa jurídica incapaz de querer e fixar as nuanças efêmeras de opiniões que por sua natureza variam a cada momento. É de se perguntar se não se sonha, ou se toda essa teoria foi elaborada por sociólogos atacados de alienação mental."

Fracassadas as teorias jurídicas acerca da representação eleitoral, advieram as teorias políticas sobre o regime representativo a partir das ideias de Montesquieu, que definem o mandato eleitoral como um mandato de natureza política.

Na opinião de Montesquieu, a eleição não tem por fim eleger os representantes da soberania nacional, mas sim a escolha daqueles mais capazes para governar. O autor do Espírito das Leis reconhece a inaptidão do povo para decidir sobre os assuntos de governo e identifica a eleição como um processo de seleção dos mais aptos ao exercício do *munus*.

A partir dessa inferência é que parte da doutrina afirma que não há relação jurídica entre os governantes eleitos e os eleitores, bem assim que aqueles são agentes do Estado, designados por uma eleição e desempenham suas funções de acordo com a Constituição, absolutamente independentes em relação ao eleitorado. Nessa perspectiva, a representação eleitoral é política e o mandato conferido aos representantes do povo é, consequentemente, um mandato político.

A representação eleitoral, de natureza política, é exercida por titulares de mandatos dessa índole, eleitos pelos cidadãos para desempenharem as funções previstas na Carta Magna.

A princípio, poder-se-ia afirmar que os representantes eleitorais não estão adstritos à vontade dos eleitores, mas tão somente aos imperativos da Constituição, podendo agir contra a vontade

---

30 AZAMBUJA, Darcy. **Teoria Geral do Estado**. 4ª ed. Rio de Janeiro: Globo, 2003, p. 273.

daqueles e só perdendo o mandato nas hipóteses expressamente previstas na Carta Magna. Este tem sido o posicionamento majoritário dos nossos constitucionalistas e da jurisprudência do Supremo Tribunal Federal e do Tribunal Superior Eleitoral.

Bonavides[31] aponta como traços característicos do mandato representativo a *generalidade,* a *liberdade,* a *irrevogabilidade* e a *independência.* A primeira – o caráter geral do mandato – decorre do fato de que o parlamentar representa a nação em seu conjunto e não apenas parte dela; a segunda consiste na autonomia de vontade que tem o parlamentar, no exercício do mandato, não se sujeitando a qualquer pressão externa; a terceira é a impossibilidade de revogação do mandato por parte dos eleitores[32] e a última, a independência, significa que os atos do representante não estão sujeitos à ratificação por parte do mandante.

A apontada autonomia de vontade do parlamentar no exercício do mandato, tão aclamada no modelo liberal de representação política, vem sendo mitigada na representação política contemporânea, ante as profundas distorções existentes que implicam a quebra da legitimidade material do Poder, exigindo cada vez mais a manutenção da identidade entre a vontade do eleito e a do eleitor, com forte tendência a enquadrar a atuação do parlamentar na moldura do ideário programático do partido pelo qual concorreu e foi eleito.

5. A RESPONSABILIDADE POLÍTICA DECORRENTE DO MANDATO

O sistema representativo implica a denominada responsabilidade política, que pode ser analisada sob dois aspectos: o primeiro estritamente político e o segundo voltado para o campo penal.

Sob o aspecto político, pode-se afirmar que a responsabilidade é espécie em virtude da qual um sujeito é dotado de poder político, mas deverá responder a outro sujeito pelo modo como o exerce e, no caso de juízo de valor negativo, sofrerá uma sanção correspondente à sua falta.

O sujeito politicamente responsável, exercente de parcela do poder político, é juridicamente autônomo em relação ao outro sujeito – o eleitor – que tem a faculdade de valorar como o repre-

---

31 BONAVIDES, Paulo. **Ciência Política**. 10ª ed. 13. tir. São Paulo: Malheiros, 2004, p. 280.

32 O mandato só pode ser destituído nos casos previstos na Constituição e mediante o procedimento por ela estabelecido.

sentante agiu para efeito de confirmá-lo no cargo ou sancioná-lo com a perda do poder. A responsabilidade política assume o centro do funcionamento do Estado liberal e do Estado em que prevalece a democracia pluralista[33], sendo de observância obrigatória na República (res publica).

A sanção política a ser aplicada ao representante eleito que exerceu, de maneira incorreta, os poderes que lhes foram repassados pela sociedade poderá ser aplicada diretamente pelo corpo eleitoral, considerando que, em novas eleições, poderá não mais obter êxito. Esse é um dos mecanismos de sanção mais rudimentares para os representantes políticos.

Roberto Bin[34], citando Marshall (o Federalista), doutrina:

> "È chiaro, comunque, il principio secando cui il rappresentante deve cercare di tradure nella sua azione i bisogni e gli interessi dei suai elettori (i politologi dicono che il parlamentare deve essere responsivo nei confronti degli elettori). Di conseguenza, secando questa prospettiva, il parlamentare è politicamente responsabile per il modo in cui opera nell'esercizio delle sue funzioni e quindi per il modo in cui ha saputo dare risposta ai bisogni degli elettori. Ouesti potranno far valere la sua responsabilità politice nella successiva tornata elettorale non eleggendolo più."

Atualmente, existem outros mecanismos para aplicar a sanção de perda do poder político ao representante eleito que age de maneira ilegal, no exercício do mandato. O ordenamento jurídico brasileiro, por exemplo, através da lei nº 8.429/92 (Lei de Improbidade Administrativa), regulamentou a norma do art. 37, § 4º, da Constituição Federal:

> "§ 4º Os atos de improbidade administrativa importarão a suspensão dos direitos políticos, a perda da função pública, a indisponibilidade de bens e o ressarcimento ao erário, na forma e gradação previstas em lei, sem prejuízo da ação penal cabível".

---

33   BIN, Roberto. **Diritto Costituzionale**, p. 65.
34   BIN, Roberto. **Diritto Costituzionale**, p. 65 – Tradução livre do autor: Está claro o princípio segundo o qual o representante deve traduzir nas suas ações as necessidades e os interesses dos seus eleitores. Em consequência, segundo esta perspectiva, o parlamentar é politicamente responsável pelo modo que trabalha no exercício de suas funções e também pelo modo em que soube ou não dar solução às necessidades dos eleitores. Estes poderão fazer valer a sua responsabilidade política na eleição posterior não mais o elegendo.

O representante político que, no trato da coisa pública, incorrer em algum ato de improbidade sofrerá como uma das consequências a perda da função pública. Com a evolução do Estado democrático, outros instrumentos vêm sendo criados para se evitar que somente após o fim do mandato eleitoral possa ser afastado do cargo aquele que estiver agindo de forma a contrariar o interesse público, ou melhor, o interesse da sociedade que o elegeu.

Ao lado da ação civil de improbidade, a Constituição Federal criou também a ação de impugnação de mandato eletivo (art. 14, § 10 da CF), prevendo que o seu ajuizamento poderá ocorrer ante a Justiça Eleitoral, no prazo de quinze dias contados da diplomação, instruída a ação com provas de abuso do poder econômico ou político, corrupção ou fraude.

E para a execução dessa fiscalização do exercício da atividade dos representantes políticos, a sociedade possui um braço institucional e outro não institucional.

No plano não institucional, identificam-se as organizações da sociedade civil, geralmente formadas para a defesa de interesses específicos, como os direitos dos aposentados e pensionistas, do meio ambiente, etc. São elas que, na sua área de atuação, fornecem o material necessário para que o braço institucional do Estado democrático possa agir e fazer valer a sanção aplicável ao representante político que contraria os interesses dos seus representados.

No âmbito institucional, encontram-se o Ministério Público e o Poder Judiciário, órgãos de grande expressão. É o Ministério Público o principal responsável por impulsionar a máquina, levando ao Judiciário o conhecimento do agir do mandatário político, a fim de que lhe seja aplicada a sanção de perda da função pública.

O segundo aspecto da responsabilidade política está voltado para a área penal. Tem-se os denominados crimes de responsabilidade, bem como os crimes cometidos contra a Administração Pública que, além da aplicação de pena privativa de liberdade, em algumas hipóteses, acarretará a perda da função pública.

Como se pode perceber, a representação política não implica irresponsabilidade política, em um agir da maneira que convier ao titular do mandato. A máxima de que o representante não está vinculado aos interesses imediatos dos representados, não estando obrigado a agir segundo as prescrições desses, não lhe confere "carta branca" para agir, pois as suas ações são fiscalizadas, seja pela sociedade civil organizada, seja pelos órgãos estatais, seja pelo próprio cidadão que o elegeu.

6. REPRESENTAÇÃO E PARTIDOS POLÍTICOS

Os estudos efetuados no âmbito da Ciência Política demonstram a complexidade da operação de mediação que se concretiza no sistema representativo e a própria dificuldade de tornar efetiva a vontade popular manifestada nas urnas, quando da votação das decisões políticas do Estado.

O elo entre o representante eleito e o eleitorado é formado pelos partidos políticos, donde se extrai que qualquer leitura atual que se faça do sistema representativo passa, inexoravelmente, pelo estudo dos partidos políticos, órgãos embrionários da representação política ou corpos intermediários da democracia representativa, na dicção adotada pelo Supremo Tribunal Federal.

A filiação a um partido político é o marco inicial da formação do Parlamento, da participação popular no governo e do próprio regime representativo.

O vínculo político-jurídico estabelecido entre o cidadão e o partido – que nasce como as demais pessoas jurídicas de direito privado-, por força da filiação, tem assento constitucional no direito de associação que assegura a todos o direito de não ser compelido a se associar ou a permanecer associado (art. 5º, XX). Se o cidadão se filia a partido político deve se submeter às normas estatutárias e à legislação aplicável àquela relação jurídica, sob pena de sofrer as sanções cabíveis.

O cidadão que pretenda participar, ativa e passivamente, da vida política tem, na atividade partidária, a oportunidade de influir em todo o processo constitutivo do Estado democrático, desde a menor instância – as zonas – até a mais elevada – o diretório nacional.

A militância partidária, em todas as fases do processo democrático, há de se iniciar no âmbito interno das agremiações e se projetar, externamente, nas esferas federal, distrital, estaduais e municipais, de modo a conscientizar o povo – o titular do Poder político – sobre sua potencialidade para escolher o seu próprio destino, por meio de políticas públicas e de representantes fiéis ao ideário programático adotado por seu partido.

A participação popular nas decisões políticas, desde as instâncias partidárias até a eleição presidencial, com submissão aos critérios de fidelidade e disciplina, ao fortalecer o ideal democrático, contribui para a promoção do desenvolvimento social e econômico e proporciona a todos os cidadãos o desejável sentimento de segurança jurídica.

O Parlamento é o órgão onde o sistema representativo é visualizado em funcionamento, podendo-se afirmar que a representação política se forma no âmbito interno dos partidos políticos, após convenções e deliberações sobre os filiados, escolhidos candidatos, que concorrerão no certame e que, se eleitos, exercerão o Poder político.

Os partidos políticos compõem uma instituição imprescindível ao funcionamento da democracia representativa e o Estado democrático não pode funcionar sem eles. A existência do próprio Estado está atrelada, contemporaneamente, à existência de partidos políticos na sociedade.

Se os partidos forem extintos desaparece o sistema representativo e, consequentemente, suprime-se a democracia, a menos que se consiga fantasiar uma democracia exclusivamente direta, algo impensável nos tempos atuais. Se apenas um partido subsiste, desaparecem as diferentes correntes ideológicas e esmagam-se as minorias, igualmente desaparecendo a democracia.

O Estado representativo moderno, mais que em qualquer outro Estado na história, apresenta-se como um Estado de Partidos. Não há mais como dissociar democracia, regime representativo e partidos políticos.

Essa constatação possibilita afirmar que o regime representativo se efetiva mediante os partidos políticos, ou que sem a sua existência não haveria representação política, nem alternância pacífica no Poder. Sem partidos, a substituição de governantes ou de políticas somente seria possível mediante golpes ou revoluções.

Por isso, Hans Kelsen[35] diz que:

> *"la democracia moderna descansa, puede decirse, sobre los partidos políticos, significación crece con el fortalecimiento progresivo del principio democrático (...). Sólo por ofuscasión o dolo puede sostenerse la posibilidad de la democracia sin partidos políticos. La democracia, necesaria e inevitablemente, requiete un Estado de partidos".*

No Brasil, em que a filiação é aposta como condição/requisito de elegibilidade, o sistema representativo tem efetividade através dos partidos políticos, significando dizer que não se admite candidaturas avulsas; exige-se que tal ocorra por intermédio de uma agremiação.

Apenas para ilustrar, em um Município que tenha 15.000 (quinze mil) eleitores, o cidadão que goze de tanto prestígio perante a comu-

---

35   *Apud* VALDÉS. Roberto L. Bianca. **Los partidos politicos**. 1ª ed. Tecnos: Madrid, 1997, p. 49.

nidade e que obtenha o apoio de 8.000 (oito mil) eleitores jamais poderá se candidatar à representação política se não for filiado a um partido político.

Conclui-se que o aperfeiçoamento do sistema representativo e o devenir da nossa democracia passam, obrigatoriamente, pelo fortalecimento dos partidos políticos, o que depende da admissão da perda do mandato do parlamentar como consequência da prática de atos de infidelidade, caracterizada não só pela mudança de agremiação durante o mandato para o qual foi eleito, mas também pela inobservância de normas previstas nos estatutos dos partidos políticos. Tudo o quanto enfraquece os partidos políticos também corrói a democracia e os alicerces da República Federativa do Brasil (art. 1º, caput da CF).

7. REPRESENTAÇÃO REALISTA. MANDATO REPRESENTATIVO PARTIDÁRIO. UM NOVO MODELO ADEQUADO À PÓS-MODERNIDADE

Evolução Histórica da Representação Política

A representação eleitoral é uma representação de natureza política; os representantes eleitos pelo povo são detentores de um mandato político e, uma vez eleitos e empossados, só perdem o mandato nas hipóteses "admitidas" nos arts. 15, 17, § 1º, e 55 da Constituição Federal c.c. as normas dos estatutos partidários, consoante será discutido no Capítulo VI desta obra.

No texto da maioria das Constituições europeias, o Estado liberal burguês imprimiu a vedação explícita ao mandato imperativo, entendendo que essa proibição seria elemento indispensável para a caracterização de uma democracia representativa.

A partir daí, passou-se do mandato vinculado (*Ancien Régime* – mandato imperativo) para o mandato livre (Estado liberal – mandato representativo), pois não se tratava mais de uma representação de interesses (*Ancien Régime*) e sim de uma autêntica representação política.

Norberto Bobbio[36] justifica a adoção do princípio da representação política como a representação sem o vínculo da subordinação que caracterizava o mandato imperativo, sendo o parlamentar livre para decidir as questões políticas da maneira que lhe aprouver,

---

36   BOBBIO, Noberto. **Teoria Geral da Política**: a filosofia política e as lições dos clássicos. Rio de Janeiro: Editora Campus, 2000, p. 463.

apontando aquilo que entende ser uma razão substancial, qual seja, o problema de quem detém o poder último ou soberano em um determinado grupo social organizado.

Com o objetivo de evitar qualquer resquício do Antigo Regime, a Constituição francesa de 1791 foi categórica ao afirmar que *"os representantes eleitos nos departamentos não são representantes de um departamento particular, mas da inteira nação, e não poderá ser dado a eles nenhum mandato"* (art. 7º, Tit. III, Cap. II, Sec. 3), afastando-se o mandato imperativo que submetia o eleito às diretrizes fixadas diretamente pelo eleitor (grupo de interesses), sob pena de revogação do mandato.

Surge o mandato representativo que busca manter a relação direta entre eleitores e eleito, mas liberta-o do vínculo de subordinação e de intermediários, acreditando-se que o representante atua visando à satisfação dos interesses gerais.

Assentado na doutrina da *duplicidade* de vontade[37], durante o período do Estado liberal vigorou o princípio segundo o qual os representantes não estariam adstritos à vontade do eleitorado. Esta característica da representação política concedia ao parlamentar uma liberdade de atuação quase absoluta em relação ao eleitorado.

O representante político deliberava nas questões que lhe eram submetidas à apreciação, de acordo com a sua ideologia política, não se jungindo a opinião de quem quer que fosse. Por outro lado, esse posicionamento liberal sempre deu ensejo ao cometimento de abusos e excessos, muitas vezes para satisfazer interesses escusos, nocivos ao próprio povo.

À medida em que o Estado evoluiu, o sufrágio foi ampliado e o Parlamento se firmou como instituição representativa, inclusive com a consolidação dos partidos políticos como elementos imprescindíveis à democracia.

A doutrina da *duplicidade* foi mitigada e o modelo liberal de representação política se modificou, registrando Norberto Bobbio[38] que o pensamento liberal democrático nunca quis renunciar à representação política e defendeu-a com maior ou menor convicção até os nossos dias.

---

37 Uma vontade é a do eleitorado que livremente escolhe o seu representante e, a outra, é a vontade do próprio representante que, uma vez eleito e empossado, fica livre para deliberar em conformidade com suas próprias convicções.

38 BOBBIO, Norberto. **Teoria Gorai da Política**: A Filosofia Política e as lições dos Clássicos. Rio de Janeiro: Ed. Campus, 2000, p. 468.

No Estado social, a representação política se transforma sensivelmente. Regida pela ideia de *identidade* de vontades entre governantes e governados, a representação política, mais que em qualquer época, é uma representação de partidos.

A Representação e o Mandato Político no Estado Contemporâneo

Com base na realidade do Estado contemporâneo e no modelo liberal, importantes políticos e juristas em todo o mundo vêm discutindo a necessidade de que se *reinterprete* ou se faça uma releitura do instituto da representação política, de modo que se obtenha um novo modelo centrado na representação partidária.

Calha à espécie a doutrina de José Antônio Alonso de Antônio[39]:

> "A evolução para o Estado democrático tem variado os argumentos em defesa da representação política, porém esta segue sendo a chave para os modernos sistemas de governo. É preciso reconhecer que a ampliação do sufrágio até torná-lo universal democratizou o Parlamento como instituição representativa, despojando-a de seu pretérito caráter oligárquico e mais depositário de interesses concretos que da vontade geral; nem por isso houve uma alteração profunda no tema, isto é, a representação segue sendo essencial para os cidadãos participarem da vida política. A reta interpretação do conceito de representação tem hoje perfis diferenciados desse primeiro momento liberal, em razão do surgimento e desenvolvimento do fenômeno dos partidos políticos. Estes são, sem dúvida, elemento imprescindível do sistema político democrático atual e peça básica nas eleições que dão lugar à formação das Câmaras".

A doutrina clássica, com fundamento na teoria do mandato representativo, entende que o eleito/representante é o titular do mandato e não o partido político por meio do qual se elegeu, adotando um dos pilares do Estado liberal, que é o princípio da liberdade.

No caso do mandato representativo, o eleito teria toda a liberdade para votar no Parlamento, de acordo com suas convicções acerca do que seria melhor para a coletividade, presumindo-se que os compromissos políticos assumidos e a hombridade moral iriam assegurar a autenticidade do sistema representativo vigente.

---

39 ANTONIO, José Antonio Alonso de. **Derecho Parlamentario**. Barcelona: J. M. Bosch Editor, 2000, p. 13.

No novo modelo de representação aqui proposto para a sociedade pós-moderna, denominado *mandato representativo partidário*, abre-se espaço para questionar a relação entre o partido político e o eleito e indagar se o titular do mandato ainda seria este ou a agremiação em que se encontra filiado e sem a qual não poderia participar das eleições e sagrar-se vitorioso na peleja.

A análise da relação entre o partido político e o eleito é bastante delicada, pois desafia responder se há uma proeminência da agremiação sobre o seu filiado ou se o parlamentar pode, no exercício do mandato, atuar livremente, segundo sua consciência e conveniência, inclusive para deliberar contra os interesses partidários que viabilizaram sua eleição.

Roberto Valdés[40], ao dissertar a respeito da autonomia de ação do parlamentar eleito, prefere incitar a busca da compreensão do tema e solução da *quaestio* a partir de uma releitura do *mandato representativo* em cotejo com a vedação do *mandato imperativo* constante na maioria das constituições modernas, ao que aqui se acrescenta a necessidade de se declarar a obsolescência do *mandato representativo*, bem assim a adoção de um *tertium genus*, uma concepção moderna e adequada aos tempos atuais, que se pode denominar *mandato representativo partidário*.

Reproduzindo o pensamento de Valdés, tem predominado o entendimento de que o parlamentar é livre para decidir os assuntos submetidos ao órgão legislativo de que faz parte, observando critérios meramente pessoais, sem que eventual contrariedade às diretrizes partidárias e ao ideário programático possa resultar em sanções eficazes e aptas a coibir e reprimir a infração. É que estaria protegido pelo fato do seu mandato, de natureza meramente representativa, ser oriundo do conjunto nacional e não do grupo de eleitores que apoiaram a candidatura levada a cabo pelo partido.

A perdurar a total liberdade do exercício do mandato parlamentar estar-se-á desconhecendo a realidade do contemporâneo Estado democrático, em que a concepção do mandato representativo lucubrado pelo Estado Liberal perdeu sua utilidade, necessidade e importância para a estabilidade e segurança da nossa democracia.

Na grande maioria das vezes, a liberdade irrestrita no exercício do mandato contribui para a disseminação de abusos e excessos, porquanto o representante passa a exercer o mandato como se fora detentor absoluto dele, sua propriedade privada, não prestando contas a ninguém, exceto ao Judiciário, isto quando o caso vira escândalo nacional.

---

40 VALDÉS, Roberto L. Blanco. **Los partidos politicos**. 1ª ed. Tecnos: Madrid, 1997, p. 95-98.

Da Democracia de Partidos

Há de se reconhecer ponderado o argumento de que a supressão total da autonomia do parlamentar traria em si o risco da imposição de uma "ditadura do partido", a gerar uma nova organização em que os partidos direcionem totalmente a conduta dos seus filiados nas deliberações políticas.

Entre a possibilidade de uma "ditadura partidária", passível de fiscalização, controle e correção, inclusive pela via judicial, e a realidade política vivida e experimentada, há de se buscar alternativas para preservar a democracia participativa e a autenticidade do sistema representativo.

Após a 2ª Guerra Mundial, com a vitória dos aliados sobre o Eixo, e com a exaltação do ideal democrático, os partidos políticos ocuparam lugar de destaque na Europa, inclusive por meio de sua constitucionalização nas Constituições da República Federal Alemã de 1949 (art. 21) e na da França de 1958 (art. 4º). Esse cenário revela o fortalecimento da noção de Estado de Partidos que, para Antonio Negri[41], pode ser definido como a forma democrática de Estado em que a relação com a sociedade civil, isto é, a moderna relação de representação é determinada e garantida materialmente através de um sistema de partidos.

À luz da ordem democrática brasileira, pode-se dizer que o regime político adotado pelo Constituinte de 88 prestigiou a democracia representativa, ou indireta, somente passível de realização através dos partidos políticos, admitindo a direta participação popular em casos pontuais e específicos (art. 1º, parágrafo único, c.c. art. 14, *caput*, incisos I, II e III da CF).

Daí poder-se dizer que o Brasil é um Estado de Partidos parcial – diferentemente do Estado de Partido, de partido único, da antiga União Soviética – que constitucionaliza tais instrumentos da realidade técnica político-jurídica, elevando-os, no art. 17, incisos e §§, à categoria de Direitos e Garantias Fundamentais (Título II, Capítulo V).

Possíveis Deturpações da Democracia de Partidos

Eventuais deturpações que podem ocorrer nos Estados de Partidos mereceram a crítica de Gerhard Leibholz[42], ao dizer que

---

41 *Apud* VALDÉS. Ob. cit., p. 77.
42 *Apud* VALDÉS, Roberto L. Blanco. **Los partidos políticos**. 1ª ed. Madrid: Tecnos, 1997, p. 85-86.

a penetração dos partidos no Estado moderno é incompatível com os princípios da democracia liberal representativa (Estado Liberal), por serem estruturalmente diferentes:

> "[...] em nossos dias já não são os parlamentos legisladores aquelas instituições representativas em que os deputados, sem outra coação que a de sua consciência e o prestígio próprio, seguro da confiança de seus eleitores, tomavam suas decisões políticas e acordavam suas leis com os olhos postos no interesse geral do povo; na realidade política, e apesar de que na Lei Fundamental se proclame a devoção à democracia representativa parlamentar, converteu-se, porém, em centros nos quais os deputados submetem-se à coação do partido..., chegam a se sentir em um labirinto de compromissos que se refletem de modo decisivo em seus discursos e votações, de sorte que seu efetivo papel se reduza a de meros delegados de partido, assistentes dos dirigentes parlamentares para obterem nele a aprovação de acordos adotados fora dali. Esta radical modificação na estrutura do parlamento atual é uma consequência do fato de que, no transcurso do século passado vinha sendo substituída paulatinamente a clássica democracia representativa parlamentar pelo moderno Estado de partidos, assentado na democracia de massas"[43].

As democracias pluralistas tratam de maneira diversa da disciplina legal da relação entre partidos políticos e filiados. Na Grã Bretanha, por exemplo, os partidos políticos têm o poder de fiscalizar a atuação do seu parlamentar, aplicando a sanção de perda do cargo em determinadas situações, especialmente quando contrariar as diretivas partidárias.

Registra Roberto Bin[44] que, na Grã Bretanha, existem alguns parlamentares que têm a missão de controlar os outros membros do mesmo partido com assento no Parlamento, obedecendo à diretiva partidária e tal é a intensidade com que cumprem este dever que ganharam a denominação de "censores" (em italiano, *truste*; em inglês *whips*); seriam autênticos corregedores.

Já na Itália, a Corte Constitucional decidiu que os partidos políticos não poderiam criar normas para destituir o parlamentar de seu mandato. Nos anos 60, difundiu-se, na Itália, forte crítica ao sistema bretão, sob o argumento de que se instauraria uma *partidocrazia* atentatória ao sistema constitucional vigente. Ao enfrentar a matéria, a Corte Constitucional italiana entendeu que:

---

43 Tradução livre do autor.
44 BIN, Roberto e outro. **Dirito Costituzionale**. Torino: G. Giappichelli Editore, 2000, p. 67.

> "a proibição do mandato imperativo importa que o parlamentar seja livre para votar segundo as determinações de seu partido, mas é também livre para se subtrair; nenhuma norma poderia legitimamente dispor que traga consequência ao cargo de parlamentar pelo fato de ter votado contra as diretivas do partido."

Decidiu a Corte italiana que a disciplina do partido não contrasta com a disciplina constitucional, porém diz que o texto constitucional assegura ao parlamentar a possibilidade de subtrair-se à disciplina ditada pelo partido. Dessa interpretação resultou a possibilidade ao parlamentar de mudança de partido político durante a legislatura.

Bastante elucidativa é a resposta de Bobbio[45] à critica referente à possível formação de uma "partidocracia", um governo de partidos:

> "O termo 'partidocracia' reflete esse estado de coisas, gostemos ou não, vale dizer, uma situação na qual quem toma as decisões em última instância não são os representantes como mandatários livres dos eleitores, mas os partidos como mandantes imperativos dos chamados representantes, aos quais dão 'instruções' no sentido pejorativo que a palavra sempre teve na boca dos autores da representação política em oposição à representação dos interesses. Falo de 'partidocracia' sem qualquer malícia, dado que nesta palavra, não obstante a habitual conotação fortemente negativa, está contida uma realidade de fato incontrovertível. A soberania dos partidos é o produto da democracia de massa, onde 'de massa' significa simplesmente com sufrágio universal. A democracia de massa não é propriamente a 'cracia' da massa, mas é a 'cracia' dos grupos mais ou menos organizados nos quais a massa, por sua natureza informe, articula-se, e, articulando-se, expressa interesses particulares."

Em uma época em que os partidos políticos constituem o elo entre a sociedade e os representantes eleitos e em que a ideologia política defendida por cada partido é de conhecimento prévio da sociedade, afigura-se cristalino que na eleição, mais que definir as pessoas que irão governar, o eleitorado define qual a ideologia política que deve conduzir os rumos políticos do Estado e qual o programa político que deve ser assumido pelo futuro governo. Ao escolher seus representantes, a sociedade identifica a vontade política que almeja ter no governo e que serve de base para legitimar os poderes constituídos.

---

45 Ob. cit., p. 470-471.

E não se alegue que a "partidocracia" poderia conduzir a uma "ditadura de partidos", à consideração de que cada liderança nacional tem o comando de um ou de alguns deles.

Basta que se preserve e garanta o exercício do pluralismo político, um dos fundamentos da República Federativa do Brasil (art. 1º, V, c.c. art. 17, *caput* da CF), não somente por meio dos partidos políticos, mas também dos sindicatos, associações e ONGs. Deve se incentivar a democracia intrapartidária, para que o seu natural funcionamento atue como um sistema de freios e contrapesos (situação x oposição), regulando e equilibrando a balança do Poder, em todas as esferas, como será demonstrado no Capítulo VI desta obra.

É mais fácil realizar o controle político dos partidos a cada eleição e o controle de legalidade de seus atos, até porque existem agremiações em número menor que o de parlamentares, sem embargo de que, no Brasil, as agremiações estarão ainda mais limitadas no seu funcionamento com a eficácia da norma que institui a cláusula de barreira, a partir de 2006.

É evidente que, a pretexto de impor a coesão e a unidade no atuar da agremiação, não pode o partido direcionar a conduta dos seus filiados, nas deliberações políticas, contra os seus estatutos, o seu ideário programático e a ordem jurídica estabelecida, sob pena de comprometer o fortalecimento da democracia intrapartidária e nacional. Se isso ocorrer, caberá a devida reparação e controle de legalidade intrínseca e aferição da razoabilidade e proporcionalidade (*due process of law*).

As diversas ideologias políticas debatidas na sociedade encontram-se representadas nos partidos políticos – alguns apenas aparentam tê-la-, cuja linha de atuação em relação aos programas de governo é publicamente identificada, sendo de conhecimento prévio de todos. A sociedade conhece a linha política de atuação defendida por cada agremiação, à qual está vinculado, política e juridicamente, o candidato filiado.

Ao votar, o eleitor deve escolher, primeiramente, um partido sustentado pela ideologia política que adota e que conduz o eleitorado a acreditar ser ela a melhor opção para orientar as políticas públicas de governo e que melhor atenda aos anseios da maioria da comunidade; só depois é que vota na pessoa do candidato, porquanto não se admite candidatura avulsa, já que a filiação é uma condição/requisito de elegibilidade (art. 14, § 3º, V da CF).

As deturpações do sistema representativo têm levado parte do eleitorado brasileiro a prestigiar a pessoa do candidato em detrimento da agremiação que integra, olvidando que a democracia se sustenta na vontade do povo (soberania popular), titular do Poder político, que há de ser institucionalizado pela via dos partidos e de seus representantes escolhidos, periodicamente, nas eleições.

A representação política deve cada vez mais deixar de ser a representação de uma pessoa eleita pelos cidadãos para se firmar como a representação de uma ideologia professada por parcela da sociedade institucionalizada na constituição formal de um grupo político dotado de capacidade eleitoral, passando a ser uma representação partidária.

É certo que a concepção originária de democracia desconhecia a figura dos partidos políticos. Contudo, a necessidade de avanço da democracia representativa, com o crescimento da participação popular, gerou a necessidade da formação de algo/alguém que fosse capaz de exprimir a existência dos interesses heterogêneos existentes na sociedade. Surgiram os partidos políticos como realidade da técnica político-jurídica.

Da Imprescindibilidade da Democracia de Partidos

Considerando a existência dos partidos políticos com um dado relevante a ser inserido na concepção da representação política, eis a doutrina de Bobbio[46]:

> "A formação e o contínuo crescimento dos partidos políticos que se interpuseram por exigência das situações, e não por má vontade deste ou daquele grupo ávido de poder, entre o corpo eleitoral e o parlamento, ou, mais em geral, entre o titular da soberania e quem deve de fato exercer essa soberania, acabaram por despedaçar a relação entre eleitores e eleitos, dando origem a duas relações distintas, uma entre eleitores e partido, outra entre partido e eleitos, que tornam cada vez mais evanescente a relação originária e característica do Estado representativo entre mandante e mandatário, ou, hobbesianamente, entre o autor e o ator. A presença dessas duas relações, das quais o partido é o termo médio, o termo comum a ambos, passivo no primeiro, ativo no segundo, tem a seguinte consequência: eleitor é apenas autor, o eleito é apenas ator, enquanto o partido é ator em relação ao eleitor, autor em relação ao eleito. Nada melhor do que essa dupla função que serve para fazer entender o lugar central que os partidos foram assumindo nos sistemas representativos, da maneira como foram se configurando depois do sufrágio universal que, multiplicando o número dos eleitores sem poder multiplicar de modo correspondente o número dos eleitos, tornou necessária a formação daqueles grupos intermediários agregadores e simplificadores que são exatamente os partidos. Contrariamente ao que se pode imaginar e às habituais críticas sem fundamento à situação

---

46   Ob. cit., p. 469-470.

dos partidos, a intermediação do partido entre eleitores e eleitos, com o consequente nascimento de duas relações no lugar de uma, não complicou o sistema da representação, mas o simplificou, e, simplificando-o, tornou-o novamente possível. (...).

Das duas relações que devem ser levadas em consideração, a segunda, entre partidos e eleitos, é cada vez menos caracterizada pelo mandato livre, à medida que foi se reforçando a disciplina de partido e foi se afirmando a exigência da abolição do voto secreto, considerado como último refúgio da liberdade do representante. Na primeira relação, entre partidos e eleitores, o mandato livre perdeu muito da sua eficácia devido à irrupção dos interesses particulares dos quais qualquer partido, em um sistema de mercado político concorrencial cada vez mais fragmentado, é obrigado a levar em conta para conservar e eventualmente aumentar seu poder, que depende do maior ou menor número de votos".

A velha relação bilateral cidadão/eleitor-eleito/parlamentar, característica do modelo liberal e do seu mandato representativo foi substituída por uma relação tripartite, eleitor-partido-parlamentar que, segundo Garcia Eloy[47], define-se pelas seguintes notas:

"a) o partido é quem designa o candidato que formalmente receberá os votos dos eleitores; é quem avaliza o seu programa e quem cobre com seus fundos os custos financeiros da campanha eleitoral.

b) consequentemente haverá eleição formal de uma pessoa, um indivíduo, um candidato, o parlamentar, e materialmente, de direito, um partido, que, necessariamente e por coerência consigo mesmo, ver-se-á impelido a atuar como representante do setor social que lhe outorgou sua confiança, e não como porta voz dos interesses do conjunto da comunidade nacional.

c) o parlamentar se converte de fato em um ator, agente, do representante de seu partido em uma área concreta e determinada da vida política, que se desenvolve no âmbito parlamentar, na qual não poderá se comportar como sujeito individual, mas, sim, como elemento integrante de uma coletividade partidária, à qual se conhece como grupo parlamentar".

Como reconhece expressamente a quase totalidade dos regramentos parlamentares dos países democráticos, o representante individual cede por completo o papel de protagonista na vida parlamentar em favor do partido político e, mais concretamente, em favor da instância que o representa no plano assemblear: o grupo parlamentar.

---

47 GARCÍA, Eloy. **Imnunidad Parlamentaria y Estado de Partidos**. 1ª ed. Madrid: Tecnos, 1989, p. 112.

Uma Representação Política Realista

Em relação ao modelo liberal tradicional, a grande mudança ocorrida na atualidade se opera em relação ao destinatário da representação, uma vez que o partido se sub-roga na posição que antanho correspondia ao parlamentar (indivíduo). Surge o que se pode denominar representação partidária baseada no *mandato representativo partidário*, em que a vontade do filiado/eleito fica adstrita à vontade da agremiação em toda a atividade partidária, permanecendo livre apenas para as atividades tipicamente legislativas (elaborar leis e fiscalizar), inserida na atividade parlamentar *stricto sensu*.

Essa percepção se coaduna com o pensamento de Norberto Bobbio[48] de que a evolução da sociedade e do processo eleitoral conduziu a um novo modelo de representação política, distinto dos antigos modelos do Antigo Regime e do Liberalismo.

Bobbio leciona que um modelo mais realista de representação política é alicerçado sob a estrutura das agremiações partidárias que, de fato, são os grandes personagens do cenário político e da disputa eleitoral. Veja-se:

> "Mas sobretudo o que se deve ter em conta é a importância que no processo eleitoral assumiram os partidos tanto no aspecto de elaboradores e de apresentadores de programas políticos como no de organizações de gestão política. Partindo deste dado essencial, conclui-se que um modelo realista da representação, no caso de conter alguns elementos dos modelos já examinados, deverá colocar-se num plano completamente diverso. Hoje, o fenômeno da Representação política deve ser olhado como um fato global mais do que como uma série de relações de representação, reciprocamente independentes, estabelecidas entre os representantes e as circunscrições eleitorais. O mecanismo do qual brota a representação é um enorme processo de competição entre as organizações partidárias pela conquista ou pela conservação das posições parlamentares e governamentais, uma competição regulamentada e que se desenvolve frente a um público com funções de juiz. Neste quadro, o papel do representante individual não é definido de maneira absolutamente unívoca, mas é suscetível de assumir formas diferentes, de acordo com a disciplina partidária, das características da competição eleitoral, e da cultura política. No processo representativo podemos ver na prática duas sequências-tipo: 1) eleitores-partidos-representantes individuais; 2) eleitores-representantes individuais-partidos. Na primeira sequência, hoje a mais importante, a relação primária corre entre os partidos e o eleitorado; é diretamente a "imagem partidária" que é apresentada ao juízo eleitoral e é sobre ela que se exerce o controle. Os representantes individuais têm um papel quase

---

48 BOBBIO, Norberto. Dicionário *de Política*, verbete "Representação Política".

só executivo. Na segunda sequência, menos importante, mas não insignificante, são estes que constituem o canal representativo entre o eleitorado (sobretudo a nível local) e os partidos (ou seja, seus órgãos centrais de elaboração de imagem partidária). Em ambos os casos, o papel do representante está diretamente ligado ao dos partidos".

Pode-se afirmar que o Parlamento é composto menos por políticos *per si* que por partidos, bem como que os interesses partidários devem sobrepor-se aos interesses individualizados de seus filiados.

É oportuno mencionar parte da doutrina de Lelio Basso[49]:

> "[...] A passagem do regime parlamentar para o regime de partidos significa propriamente que a função do povo soberano não se limita somente à eleição de parlamentares, mas, sim, que consiste também na eleição de uma direção política e no controle permanente dos eleitos, o que traz como consequência que os parlamentares, chamados a aplicar aquela determinada direção política eleita pelos eleitores, não podem em nenhum caso exercitar o próprio mandato segundo sua própria e exclusiva vontade, mas, sim, que estão obrigados a uniformizar a vontade popular que se expressa constitucionalmente através dos partidos"[50].

Como o fortalecimento da democracia representativa passa pelo fortalecimento dos partidos políticos, há de se concluir que no Estado de Partidos parcial o titular do mandato já é o partido político – e não o filiado eleito por sua legenda -, na perspectiva de um novo modelo denominado *mandato representativo partidário*, que se apresenta como o resultado da evolução dos *mandatos imperativo* e *representativo* oriundos, respectivamente, do *Ancien Régime* e do Estado liberal.

Um Novo Modelo de Representação Política Adequado à Pós-Modernidade

O *mandato representativo partidário* proposto pelo autor deste estudo opera a partir da conjugação de elementos comuns aos modelos precedentes (*mandatos imperativo* e *representativo*) para fazer brotar uma nova concepção de mandato político em que este tem por titular o partido e está baseado:

---

49 *Apud* VALDÉS, Roberto L. Bianca. **Los partidos politicos**. 1ª ed. Madrid: Tecnos, 1997. p. 99.

50 Tradução livre do autor.

a) Na subordinação do eleito ao estatuto e ao ideário programático do seu partido por meio do qual se elegeu, a espelhar a confiança do povo na agremiação, como única realidade da técnica jurídico-política hábil a representar aqueles valores em torno dos quais se opera o consenso social pelo voto da maioria;
b) Na representação que o partido político recebe dos eleitores para agir em seu nome (autorização), cujo exercício há de se dar por meio de seus filiados ante a sua qualidade de pessoa jurídica (realidade da técnica político-jurídica) que não dispõe de corpo físico para tanto. É o que acontece, por exemplo, no sistema distrital em que o partido estabelece, em uma lista fechada, ou em uma lista aberta e em outra fechada (distrital misto), os nomes dos candidatos que entende melhor representar o grupamento político;
c) Na liberdade de manifestar opiniões, palavras e votos, nos atos tipicamente legislativos (elaborar leis e fiscalizar), acobertados que se encontram pela inviolabilidade ou imunidade material.

As consequências práticas dessas ponderações podem ser visualizadas na hipótese em que um parlamentar, durante o exercício do mandato, decide se desligar do partido sem motivo legítimo, o que enfraquece a força política da agremiação na casa legislativa e no governo.

A mudança imotivada de partido se afigura como ato abusivo que não se coaduna com a ordem democrática, tendo em vista que *além* de a filiação ser condição/requisito prévio de elegibilidade, poucos são os concorrentes nas eleições proporcionais que conseguem obter votos suficientes para atender ao quociente eleitoral e se elegerem.

É evidente que a manutenção do programa político escolhido pelo eleitorado para governar o Estado passa, necessariamente, pela manutenção da força dos partidos políticos na composição parlamentar.

O político que durante o exercício do mandato sai do partido pelo qual foi eleito enfraquece a agremiação e, consequentemente, diminui a capacidade de sustentação do governo e da ideologia política escolhida pelo eleitorado para conduzir os rumos do Estado.

Para manter-se fiel ao resultado da eleição, a legitimidade do poder e a atuação do governo, é preciso que os partidos mantenham-se fortes, de modo a conseguir impor sua forma de governar, a partir de sua ideologia política.

E para que isso ocorra, é fundamental que o partido político mantenha o mesmo número de mandatos que lhe foram atribuídos pelos eleitores e que seus filiados observem o estatuto e o compromisso assumido no que tange ao ideário programático. Essa é a leitura contemporânea que se exige para a representação política, nos Estados de Partidos, como é o Brasil, em que o funcionamento do regime democrático depende de uma realidade da técnica político-

-jurídica (as agremiações) situada entre o titular do Poder, o povo/mandante e o eleito.

Pode-se chamar de *mandato representativo partidário* este novo modelo de representação política resultante da evolução do sistema representativo e da necessidade de sua adequação à realidade constitucional. A finalidade é sanar as deturpações decorrentes do mandato meramente representativo oriundo do Estado Liberal e que possibilita ao parlamentar enfeixar liberdade absoluta para exercê-lo, como bem lhe aprouver e segundo suas próprias conveniências, redundando, muitas vezes, em atuação parlamentar espúria, em que se aliena irresponsavelmente o Poder político, do qual o povo é seu titular e que somente pode outorgá-lo pela via dos partidos políticos.

No *mandato representativo partidário* reconhece-se a existência de duas relações: uma de natureza eminentemente política estabelecida entre os eleitores e o partido e outra de índole político-jurídica firmada entre partidos e eleitos, diferentemente do que ocorria no *mandato representativo* liberal e no *mandato imperativo* do antigo regime.

A solução do *mandato representativo partidário* propicia uma representação política realista, coerente com o atual estágio das comunidades ocidentais que adotam o regime democrático, apresentando-se como posição que se afigura plausível na ordem jurídica brasileira e que relaciona os partidos entre os Direitos e Garantias Fundamentais (Título II, Capítulo V, art. 17, incisos e parágrafos da Constituição Federal).

Para o fortalecimento dos partidos, manutenção da autenticidade do sistema representativo, preservação da legitimidade material do Poder político e da democracia, urge seja mantida a validade da perda do mandato parlamentar por ato de infidelidade ou de indisciplina partidárias, já reconhecida pelo STF[51], a partir do entendimento de que:

> a) no Estado de Partidos parcial (Título II, Capítulo V, art. 17, CF), o titular do mandato não é o eleito e sim o partido político por meio do qual seu filiado se elege; e
>
> b) que a norma constitucional do art. 17, § 1º, referente à autonomia partidária, outorgou competência às agremiações para dispor, com exclusividade, sobre normas de fidelidade e disciplina partidárias, descrevendo

---

51 Mandados de Segurança 26.602, 26.603 e 26.604-DF.

os tipos de infração e as respectivas penas, inclusive a perda do mandato parlamentar[52].

Em matéria de fidelidade e disciplina partidárias, a competência legislativa dos partidos políticos deflui diretamente do texto constitucional, não podendo sofrer restrição por parte de lei ou ato normativo de hierarquia inferior, consoante reiterada jurisprudência do Excelso Pretório e do Tribunal Superior Eleitoral.

No ponto, aplica-se o princípio constitucional dos poderes implícitos, oriundo da doutrina norte-americana (McCulloch x Maryland), segundo a qual, *quem quer os fins deve proporcionar os meios,* mesmo porque, como será demonstrado no Capítulo VI deste estudo, não existe norma constitucional incompatível com a aplicação da pena da perda do mandato parlamentar, desde que prevista no estatuto partidário[53].

A fidelidade e a disciplina partidárias devem ser observadas para efeito de conferir efetividade às normas estatutárias que dispõem sobre a sanção ou consequência da perda do mandato ou do cargo eletivos. Se houver desligamento sem justa causa ou expulsão legítima do filiado no curso da representação política, caberá ao suplente filiado à mesma agremiação recompor o tecido partidário e a respectiva legitimidade material violada pelo ato de infidelidade.

---

52 Como previsto nos estatutos de inúmeros partidos políticos, conforme será demonstrado no Capítulo V desta obra.

53 BASTOS, Celso Ribeiro. **Hermenêutica e Interpretação Constitucional**. São Paulo: Celso Bastos Editor, 1999, p. 131.

CAPÍTULO III

SISTEMAS ELEITORAIS E PARTIDÁRIOS

> *Será democrático considerando a democracia não somente como uma estrutura jurídica e um regime político, senão como um sistema de vida fundado no constante aperfeiçoamento econômico, social e cultural do povo. (Enrique Sanchez Bringas).*[1]

SUMÁRIO: **1.** Considerações iniciais. **2.** Direitos políticos positivos. **3.** Direito de sufrágio. **3.1.** O sufrágio. **3.2.** O voto e o escrutínio. **4.** Eleição. **5.** Sistemas eleitorais. **6.** O sistema majoritário. **7.** O sistema proporcional. **8.** O sistema misto. **9.** Sistemas eleitorais: perspectivas. **10.** A fidelidade partidária como instituto capaz de amenizar as distorções dos sistemas eleitorais. **11.** Sistemas partidários.

1. CONSIDERAÇÕES INICIAIS

O estudo dos sistemas eleitorais e partidários é importantíssimo para que se possa compreender como a democracia participativa funciona em uma de suas vertentes, auscultando a sociedade e provendo a colheita da manifestação da vontade popular com a preservação da verdade eleitoral emergente das urnas, protegendo a legitimidade e prevenindo, ainda, a autenticidade do sistema representativo contra os abusos e excessos do poder econômico e/ou político.

Trata-se de tema de relevo, pois a consecução e o fortalecimento da democracia perpassam pelos sistemas eleitorais, que desempenham papel fundamental na formação da vontade política do Estado e na própria contextualização do regime democrático.

O ser humano é gregário por natureza, de modo que tende a se aglutinar, passando a travar relações com os demais. As relações sociais são múltiplas e complexas, sendo remotas as possibilidades de a coletividade se autogovernar,[2] como demonstra o processo his-

---

1 **Derecho Constitucional.** 7ª ed. México: Editorial Porrúa, 2002.
2 Exemplo típico de autogoverno ocorria na Grécia antiga, onde os cidadãos se reuniam no *Ágora* para decidir os rumos da *polis*. Todavia, mesmo esse

tórico. É de difícil configuração uma vontade social, havendo, sim, vontades particulares, individualizadas, que podem se aproximar ou se antagonizar, inviabilizando o convívio social em harmonia.

Para possibilitar um convívio social harmônico, os homens se organizam politicamente e, através de representantes a quem incumbe a missão de governo e operacionalização da vida em sociedade, constitui-se em Estado.

Historicamente, houve formas diversas de escolha dos representantes políticos[3]. O fortalecimento do ideal democrático culminou em que a escolha dos representantes se desse através de um procedimento no qual se assegurasse a participação do povo, o que passou a ocorrer com a adoção das eleições.

Nos regimes democráticos é por meio de eleições que são escolhidos aqueles que irão exercer a representação política, havendo um elo entre o representante e o cidadão, que é figurado pelos partidos políticos.

Decerto os partidos políticos, como elo entre cidadãos e representantes se desvelam como elementos intrínsecos da estrutura da democracia representativa, sendo de grande valia registrar a lição de Enrique Sanchez Bringas[4] acerca do tema:

> "[...] los partidos políticos, como instituciones inerentes a la dinámica del Estado contemporáneo, forman parte fundamental de la democracia representativa, de tal manera que, junto con la ciudadanía, los derechos políticos, los procedimientos y los sistemas electorales, constituyen una institución que define el perfil de la democracia representativa".

---

exemplo deve ser visto com ressalva do ponto de vista crítico. Na Roma antiga o conceito de cidadão era restrito, excluindo-se as mulheres e os escravos, denotando uma democracia diversa da que se exige hoje, com relações sociais menos complexas que as hodiernas.

---

3   Tupinamba Miguel Castro do Nascimento aponta outras formas da ascensão do homem ao poder político, dentre as quais: *hereditária*, quando a ascensão ocorre por hereditariedade, tal como nas monarquias; *por cooptação*, quando a escolha de um novo titular do órgão se dá pelos integrantes do próprio órgão, sem a participação de demais; *por nomeação*, quando a escolha do titular de um órgão se dá pela vontade de um titular de outro órgão, tal como ocorre com nomeação de Ministros dos Tribunais Superiores no Brasil, em que a escolha final é feita por membro de órgão integrante de outro Poder; *por inerência*, quando a ascensão ao poder ocorre reflexamente, pelo exercício de um cargo que tem outro cargo como inerente (**Lineamentos de Direito Eleitoral**. Porto Alegre: Síntese: 1996, p. 19).

4   **Derecho Constitucional**. 7. ed. México: Editorial Porrúa, 2002, p. 374.

Todavia, a simples existência de partidos políticos não é suficiente para operacionalizar a representação política, como lembra Javier Perez Royo[5]:

> "Pero el partido político no basta. Es condicione necesaria pero no suficiente para conseguir la operatividad del Estado representativo. Además del partido y como segundo instrumento de racionalización de la anarquia social es necesario un buen sistema electoral".

O sistema eleitoral compreende um conjunto de técnicas que se prestam a organizar o eleitorado e designar a forma como serão eleitos os representantes políticos dos cidadãos, explicitando o modo com que os votos dos eleitores se materializarão em mandatos eletivos.

Daí extrai-se que um maduro enfrentamento do tema remete a uma análise do instituto do sufrágio e do seu corolário, o *voto*, como matéria afeta aos direitos políticos positivos.

2. DIREITOS POLÍTICOS POSITIVOS

José Afonso da Silva[6] conceitua os Direitos Políticos como *um conjunto de normas que regulam a soberania popular*, afigurando-se como direitos subjetivos decorrentes do princípio democrático, íntima e teleologicamente correlacionado com o princípio da soberania popular, consagrado no parágrafo único do art. 1º da Carta Magna, que dispõe: *"Todo o poder emana do povo, que o exerce por meio de representantes eleitos ou diretamente, nos termos desta Constituição"*.

O Estado Democrático de Direito, regime político adotado pelo constituinte de 88, impõe a participação do povo na estrutura governamental, principalmente através do voto, mediante a escolha dos seus representantes e de suas políticas.

Os Direitos Políticos, segundo Antonio Carlos Mendes[7], consistem no direito à interferência na condução dos negócios públicos, seja votando ou sendo votado, seja investindo-se em cargos públi-

---

5 ROYO, Javier Perez. **Curso de Derecho Constitucional**. 7ª ed. Madri: Marcial Pons Ediciones Jurídica y Sociales, 2000, p. 666.

6 SILVA, Afonso José da. **Curso de Direito Constitucional positivo**. 14ª ed. São Paulo: Malheiros, 1997, p. 329.

7 MENDES, Antonio Carlos. *Apud* autor cit. **Introdução à Teoria das Inelegibilidades**, p. 73.

cos ou fiscalizando os atos do Poder Público, com vistas ao controle da legalidade e da moralidade administrativa.

Pietro Virga[8] classifica os direitos políticos em direito de votar, direito de ser votado e ser eleito e direito de ser investido e permanecer em cargo público.

O conteúdo dos Direitos Políticos varia de Estado para Estado, uma vez que depende da ordem jurídica positiva, a qual ordena a sua forma de manifestação, podendo-se afirmar que dentre os Direitos Políticos *stricto sensu* se encontram o direito de sufrágio político – o de eleger os representantes do governo – e o direito de elegibilidade – o de ser eleito para as funções políticas.

Enrique Sanchez Bringas[9] doutrina que direitos políticos "*consisten en las prerrogativas que las normas outorgan a los ciudadanos para participar directa e indirectamente em las decisiones políticas del Estado*".

Os direitos políticos positivos têm no sufrágio e no voto o seu núcleo principal, podendo ser definido como o conjunto de direitos que disciplinam a atuação da soberania popular, estabelecendo a forma com que os cidadãos interferem na formação e atuação do governo, participando do processo político e dos órgãos governamentais.

Os direitos políticos negativos são o conjunto de direitos que disciplinam as restrições à participação popular na formação da vontade política e nos órgãos governamentais.

Direitos políticos positivos e negativos não se confundem com *direitos políticos ativos* e *direitos políticos passivos,* pois estes são modalidades daqueloutros. *Direitos políticos ativos* são os direitos atinentes à capacidade eleitoral ativa, à capacidade de votar. *Direitos políticos passivos* correspondem aos direitos referentes à capacidade eleitoral passiva, isto é, à capacidade de ser votado e de ser eleito. São direitos políticos positivos o direito de sufrágio, de alistamento, da elegibilidade, da iniciativa popular de lei, da ação popular.

A disciplina da estrutura, organização e funcionamento, incluídas as atividades das agremiações políticas integra o Direito Partidário, integrante do Direito Eleitoral, ramo do Direito Público, imprescindíveis às investiduras temporárias nos mandatos e ao provimento dos cargos eletivos do Poder Legislativo e do Poder Executivo. Diversamente, os membros do Poder Judiciário (togados) são investidos em função vitalícia.

O Direito Eleitoral é definido como o conjunto de normas reguladoras do dever-direito do cidadão de influir nos destinos próprios e

---

8   *In* ob. cit., p. 73.
9   Ob. cit., p. 374.

do País, mediante a escolha de políticas e de seus representantes, ao dispor sobre o processo de seleção dos membros de dois dos poderes imanentes e estruturais do Estado – o Executivo e o Legislativo – exercentes de mandato temporário.

A existência de um Direito Partidário dotado de autonomia didática e científica, apartado do Direito Eleitoral resulta da evolução da doutrina e jurisprudência especializadas a respeito da formação do conceito de processo eleitoral e que suscita discussão, mitigada entre a promulgação da Carta de 1988 e a adoção da Fidelidade Partidária em 04 de outubro de 2007.

As agremiações políticas são informadas pelos princípios constitucionais da liberdade e da autonomia partidárias, suficientes para conferir, material e formalmente, ao Direito Partidário, autonomia didática e científica, corroborando sua autonomia formal a Lei dos Partidos Políticos[10].

O Direito Eleitoral tem autonomia didática e científica reconhecida formalmente no art. 22, I da Constituição e, materialmente, nos seus princípios informativos e características peculiares do sistema eleitoral que serve de instrumento de realização da soberania popular, através do sufrágio universal, pertinentes à democracia participativa.

Do cotejo entre os sistemas, pode-se concluir que, no Brasil, o Direito Partidário é espécie do gênero Direito Eleitoral, por manter uma conexão intrínseca e necessária, teleologicamente voltada ao atendimento do pluripartidarismo como corolário do pluralismo – e da representação política -, um dos objetivos da República Federativa do Brasil constituída em Estado Democrático de Direito[11].

3. DIREITO DE SUFRÁGIO

O direito de sufrágio é um instrumento de fundamental importância na democracia, sendo o seu exercício um dos mais robustos atos de cidadania que o indivíduo pode praticar.

Sua importância, no regime democrático, é realçada por J. J. Gomes Canotilho[12], ao doutrinar que o sufrágio é um instrumento fundamental de realização do princípio democrático: através dele,

---

10   Lei 9.096/95.

11   Avulta ser o Brasil um Estado parcial de partidos ante a constitucionalização dessas agremiações políticas. *Mutatis mutandis*, é o que ocorre em relação ao Direito Financeiro do qual o Direito Tributário é tido na doutrina clássica como sub-ramo ou espécie daqueloutro. (Baleeiro, Aliomar. **Iniciação da Ciência das Finanças**. 14ª ed. rev. e atual. Rio de Janeiro: Forense, 1984, p. 33).

12   CANOTILHO, J. J. Gomes. **Direito Constitucional**. 6ª ed. Coimbra: Almedina, 1993, p. 432.

legitima-se democraticamente a conversão da vontade política em posição de poder e domínio, estabelece-se a organização legitimamente de distribuição dos poderes, procede-se à criação do "pessoal político" e marca-se o ritmo da vida política de um país.

No mesmo esteio é a lição de José Afonso da Silva[13], para quem é um direito que decorre diretamente do princípio de que todo poder emana do povo, que o exerce por meio de representantes eleitos ou diretamente. Constitui a instituição fundamental da democracia representativa e é pelo seu exercício que o eleitorado, instrumento técnico do povo, outorga legitimidade aos governantes.

Costuma-se empregar os vocábulos *sufrágio, voto* e *escrutínio* no mesmo sentido. Entretanto, cada um deles possui significado técnico diferente, designando atos distintos. A Constituição reconhece expressamente a diferença entre tais institutos, em seu art. 14, na medida em que estabelece que o *sufrágio* é universal e o *voto* é direto, secreto e possui valor igual para todos.

José Afonso da Silva[14] salienta que a confusão se justifica, eis que os três se inserem no processo de participação do povo no governo, expressando: um, o direito-função (sufrágio); outro, o seu exercício (voto) e o outro, o modo de exercício (escrutínio).

3.1. O Sufrágio

Sufrágio é o direito político positivo que tem o cidadão de participar da organização do Estado e da atividade estatal, votando e sendo votado. Engloba, como se vê, a capacidade eleitoral ativa e a capacidade eleitoral passiva.

José Afonso da Silva[15] identifica no direito de sufrágio as funções de selecionar e nomear os governantes, bem como lhes outorgar legitimidade. Considerada a sua *extensão*, o direito de sufrágio pode ser *universal* ou *restritivo*, este último podendo ser *censitário* ou *capacitário*.

Por sufrágio universal não se deve compreender que todas as pessoas façam *jus* ao seu exercício. É lícito que se façam restrições quanto à titularidade do direito de sufrágio, desde que sejam todas restrições admitidas pelo regime democrático, como, *verbi gratia*, o impedimento de votar imposto aos incapazes, o que se justifica pelo

---

13   SILVA, José Afonso da. **Curso de Direito Constitucional Positivo**. 16ª ed. São Paulo: Malheiros, 1999, p. 350.

14   *Ibidem.*

15   *Ibidem.*

fato de estes não possuírem condições de exprimir genuinamente a sua vontade.

Diz-se *universal* o sufrágio que não estabelece nenhuma discriminação antidemocrática em relação ao eleitorado, sendo precisa a lição de Canotilho[16] quando afirma que o princípio da universalidade do sufrágio atua como proibição de discriminação.

O *sufrágio restritivo* é aquele que limita antidemocraticamente o universo de eleitores, em virtude da sua capacidade financeira ou formação intelectual[17]. No primeiro caso, tem-se o sufrágio *censitário*, em que se leva em consideração a fortuna do cidadão. No segundo caso, tem-se o sufrágio *capacitário*, em que é considerada a formação intelectual do cidadão para a sua qualificação como eleitor.

3.2. O Voto e o Escrutínio

O voto, no dizer de Alexandre de Moraes[18], é o instrumento do exercício do direito de sufrágio, por meio do qual são escolhidos os representantes políticos.

Mais que o mero exercício do direito de sufrágio, o ato de votar representa também um direito e, ao mesmo tempo, uma função e um dever.

Para José Afonso da Silva[19] o voto é um direito, é o ato político que materializa, na prática, o direito público subjetivo de sufrágio. É o seu exercício. Mas, sendo ato político, porque contém decisão de poder, nem por isso se lhe há de negar natureza jurídica. É também ato jurídico. Portanto, a ação de emiti-lo é também um direito, e direito subjetivo. Não fosse assim, o direito de sufrágio, que se aplica na prática pelo voto, seria puramente abstrato, sem sentido prático.

Sendo um ato político, o voto representa uma função política. Porém, além dessa função, o voto representa uma função social, que é a de expressar a soberania popular na democracia representativa.

Quanto à identificação do voto como um dever (sufrágio-função), este resulta da obrigatoriedade que tem o eleitor de votar, cuja

---

16 Ob. cit., p. 432.

17 A doutrina contemporânea refere-se somente a estas duas formas de restrição. Entretanto, há situações dentro do processo histórico em que se restringiu o sufrágio em virtude de etnia ou de sexo, quando não se permitiam os votos aos negros ou às mulheres.

18 MORAES, Alexandre de. **Direito Constitucional**. 9ª ed. São Paulo: Atlas, 2001, p. 114.

19 Ob. cit., p. 358.

obrigação tem conteúdo não somente jurídico como também político e social. Aliás, a escolha de representantes para governar resultou de uma contingência natural do ser humano.

Além de um dever jurídico, o ato de votar expressa a obrigação social e política que têm os cidadãos de escolher os políticos que irão influenciar seus destinos e os seus representantes políticos que irão implementá-los.

Alexandre de Moraes[20] elucida a natureza jurídica plural do voto como um direito público subjetivo, sem, contudo, deixar de ser uma função política e social de soberania popular na democracia representativa. Aos maiores de 18 e menores de 70 anos é um dever, portanto, é obrigatório o exercício do sufrágio.

José Afonso da Silva[21] aponta como atributos dos sistemas eleitorais democráticos conferir ao voto *eficácia, sinceridade* e *autenticidade*, que hão de ser garantidos pela *personalidade* e pela *liberdade*.

Por *eficácia* compreende-se que o voto deve repercutir na formação dos poderes e dos órgãos governamentais, ainda que potencialmente.[22] O voto deve, também, expressar a vontade do eleitor manifestada por ele próprio, de modo que seja revestido de *sinceridade* e *autenticidade*. Estes atributos são viabilizados pela *personalidade do voto*, que impõe sua emissão pelo próprio eleitor, não se admitindo voto por procuração, e pela *liberdade* que garante ao eleitor o direito de votar no candidato da sua preferência.

O voto pode, ainda, ser classificado quanto à sua *obrigatoriedade*, ao seu *sistema*, ao seu *valor*, ao *número de destinatários* e à sua *forma*.

O voto pode ser obrigatório ou facultativo. No Brasil, o voto é *obrigatório* para os eleitores de 18 a 70 anos e *facultativo* aos analfabetos e aos maiores de 16 e menores de 18 e maiores de 70 anos.

O *sistema* de votação é *direto*, quando os próprios eleitores escolhem seus representantes (Brasil), ou indireto quando os representantes são escolhidos por delegados eleitos pelos cidadãos (EUA).

No que toca ao *valor*, pode o voto ser *igual* ou *desigual*. É *igual* quando cada eleitor possui o mesmo número de votos que os demais e quando ao voto de cada eleitor é atribuído o mesmo peso.

---

20 Ob. cit., p. 225.
21 Ob. cit., p. 360.
22 O voto nulo, por exemplo, conquanto não seja contabilizado na apuração eleitoral, é potencialmente apto a interferir no resultado da eleição, pois poderia ter o eleitor optado por votar em algum candidato. O voto, que ó potencialmente eficaz, deixou de produzir efeitos no resultado eleitoral somente no momento em que foi anulado pelo eleitor.

É *desigual*, quando alguns eleitores têm direitos a mais votos que os demais *(voto múltiplo)* ou quando o voto de alguns eleitores tem mais peso que o de outros *(voto qualificado)*[23].

Em relação ao número de destinatários, o voto pode ser *uninominal*, quando o voto do eleitor destina-se a um único candidato, ou *plurinominal* ou *pluripessoal*, quando o candidato vota não em um candidato específico, mas sim em uma lista de candidatos apresentada por um partido político.

Quanto à forma, o voto pode ser *secreto*, havendo sigilo sobre o voto do eleitor, ou a *descoberto*, quando o voto é emitido publicamente, não seres guardando a opção feita pelo cidadão. Aqui, em verdade, trata-se não propriamente do voto, mas sim do *escrutínio*, que é o modo como se exercita o voto[24].

4. ELEIÇÃO

Segundo os léxicos, eleger significa escolher, expressar preferência. No sentido jurídico, eleição é o conjunto de atos, técnicas e procedimentos por meio do qual o eleitorado escolhe seus representantes políticos.

A eleição é uma das formas mais concretas de expressão da democracia. É por meio dela que o povo participa da formação política do Estado, escolhendo seus governantes e concretizando em mandatos eletivos a manifestação da sua vontade em relação às políticas públicas que esperam ser implantadas em cada quatriênio, em harmonia com o ideário programático do partido político que escolheu.

Nos Estados modernos, como observa Celso Ribeiro Bastos[25], não se pode pensar em regime democrático onde não houver eleições nas quais se garanta generalidade, paridade, liberdade e voto direto e secreto.

A realização de uma eleição é estruturada segundo uma verdadeira plêiade jurídica. A disciplina legal do processo de escolha

---

23 É o caso, por exemplo, da eleição para reitores das Universidades Públicas, em que o voto do corpo discente vale 15%, enquanto o voto do corpo docente vale 70%.

24 Vale repetir a advertência de José Afonso da Silva acerca da confusão do emprego dos vocábulos sufrágio, voto e escrutínio que se justifica, porque os três se inserem no processo de participação do povo no governo, expressando: um, o direito-função (sufrágio); outro, o seu exercício (voto) e o outro, o modo de exercício (escrutínio). *In* Curso de Direito Constitucional Positivo. 16ª ed., São Paulo: Malheiros. 1999, p. 350.

25 BASTOS, Celso Ribeiro; MARTINS, Ives Gandra. **Comentários à Constituição do Brasil**, vol. I. São Paulo: Saraiva, 1988, p. 234.

dos representantes políticos do eleitorado envolve um conjunto de normas que tratam de técnicas, atos e procedimentos interligados, formando um todo coeso.

Institutos jurídicos distintos concorrem para a conjuntura legal da eleição, como os direitos políticos, a regulamentação dos partidos políticos, a propaganda eleitoral e, principalmente, o sistema eleitoral.

O sistema eleitoral é fundamental ao funcionamento da conjuntura política, pois disciplina a organização do eleitorado e a maneira como os mandatos são preenchidos.

Costuma-se organizar o eleitorado dividindo-o em *circunscrições* ou em *distritos*. *Circunscrições* são unidades geográficas destinadas a organizar o eleitorado no território. Com a criação de circunscrições, fraciona-se o território com base no domicílio do eleitor, de forma que nas eleições municipais cada município corresponda a uma circunscrição; nas eleições estaduais, cada Estado corresponda a uma circunscrição e nas eleições nacionais haja uma circunscrição única, que é o País (art. 90 do Código Eleitoral). *Distritos* são reduções de parte das circunscrições. Ao se organizar o eleitorado em distritos, fraciona-se a base territorial da própria circunscrição e se estabelece o voto distrital.

Ari Ferreira de Queiroz[26] registra que há sistemas em que o eleitorado é organizado de forma mista, tanto em circunscrições como em distritos, de modo que uma parte dos candidatos seja eleita pela circunscrição, com base na legenda partidária, e outra pelos distritos, com base na votação obtida pelo próprio candidato (Sistema Distrital Misto).

Presta-se o sistema eleitoral não somente a organizar o eleitorado como também a determinar a maneira de preenchimento dos mandatos, de acordo com a votação obtida. A combinação de técnicas e procedimentos na distribuição do eleitorado e na relação *votos x mandatos* origina sistemas eleitorais distintos, sendo os principais expoentes o *sistema majoritário* e o *sistema proporcional*.

5. SISTEMAS ELEITORAIS

Existem 70 (setenta) sistemas eleitorais vigentes em 27 países, consoante constatado na pesquisa realizada por Arend Lijphart, realizada entre 1945 e 1990[27].

---

26 QUEIROZ, Ari Ferreira de. **Direito Eleitoral**. 4ª ed. Goiânia: Editora Jurídica IEPC, 1998, p. 46.

27 LIJPHART, Arend. **Sistemas Electorales Y Sistemas de Partidos**. Madrid: Centro de Estudios Constitucionales, 1995, p. 43.

Contudo, não existe um sistema eleitoral apropriado a todo e qualquer país, pois o modelo a ser adotado depende do desenvolvimento cultural de cada povo, a partir da sua formação histórica, política, econômica e social, daí por que não se pode, *a priori*, dizer que tal ou qual sistema eleitoral seria bom ou ruim por si mesmo. Não existe um padrão[28].

A expressão *sistema eleitoral* designa um complexo de técnicas e procedimentos utilizados nas eleições, determinantes da maneira como se organiza o eleitorado e de como são escolhidos os representantes políticos.

O sistema eleitoral compreende as regras, procedimentos e práticas, com a sua coerência e a sua lógica interna, a que está sujeita a eleição em qualquer país e que, portanto, condiciona (juntamente com elementos de ordem cultural, econômica e política) o exercício do direito de sufrágio e, em sentido estrito, a forma de expressão da vontade eleitoral, o modo como a vontade dos eleitores de escolher este ou aquele candidato, esta ou aquela lista, se traduz num resultado global final, o modo como a vontade (psicológica) de cada eleitor ou do conjunto dos eleitores é interpretada ou transformada na vontade eleitoral (vontade jurídica que se traduz, nomeadamente, na distribuição dos mandatos ou lugares no Parlamento).[29]

Temistocle Martines[30] diz que a locução *sistema eleitoral* "*sta ad indicare ogni complesso di norme che regola e determina la ripartizione dei seggi per la rappresentanza di um determinato corpo elettorale*".

Na lição de Roberto Bin e Giovanni Pitruzella[31], "*è il meccanismo atravessrso cui i voti espressi dagli elettori si transformano in seggi*".

---

28   Enquanto os partidos políticos brasileiros mantiveram as práticas ditatoriais intrapartidárias caracterizadas pelas imotivadas dissoluções e intervenções, bem assim destituindo, sem justa causa, os dirigentes das instâncias de menor abrangência territorial (circunscrição municipal em relação à circunscrição estadual e desta em relação à nacional), sem garantir-lhes o devido processo legal, com direito ao contraditório e à ampla defesa, melhor manter o vigente sistema de lista aberta para as eleições proporcionais que permitir aos "donos dos partidos", encastelados nos órgãos de cúpula, lançarem nos primeiros lugares das listas os seus próprios nomes, dos cônjuges, filhos, genros e noras, etc., suprimindo os legítimos direitos dos filiados que participarem da vida da agremiação (Capítulo VIII).

29   MIRANDA, Jorge. **Ciência Política**: Formas de Governo. Lisboa: Pedro Ferreira Editor, 1996, p. 203.

30   MARTINES, Temistocle. **Diritto Costituzionale**, 10ª ed. Milano: Giuffre Editore, 2000, p. 220.

31   BIN, Rioberto; PITRUZELLA, Giovanni. **Diritto Costituzionale**. Torino: G. Giappichelli Editore, 2000, p. 159.

De igual forma, José Alonso de Antonio e Angel Alonso de Antonio[32] asseveram que sistema eleitoral é *"el procedimiento por media del cual – a efectos de la designacion de órganos representativos – los electores expresan su voluntad en votos e los votos, a su vez, se convierten en escaños"*.

Mais que uma simples maneira de escolher representantes políticos, o sistema eleitoral conjuga também uma questão de poder[33], havendo uma relação de reciprocidade entre poder político e sistema eleitoral, pois a composição do poder político renovada em cada eleição resulta do sistema eleitoral adotado, que, por sua vez, é escolhido justamente por fatores políticos.

O sistema eleitoral adotado reflete na formação da vontade política do Estado, pois, a cada nova eleição se forma uma nova composição política da sociedade, emergindo uma nova vontade política. Elucidativa, neste particular, é a lição de Javier Perez Royo: *El sistema electoral és algo más. És el instrumento a través del cual la sociedade se constituye politicamente, a través del cual se crea una autentica voluntad que solo puede ser una voluntad política.*[34]

Na abalizada opinião de Perez Royo[35], o objetivo do sistema eleitoral é garantir que o Estado seja a expressão política adequada da sociedade, sendo mais do que um simples reflexo ou urna mera caricatura, de modo a propiciar a governabilidade.

O sistema eleitoral está também intimamente ligado ao princípio democrático. Canotilho[36] sustenta que a escolha do sistema eleitoral muitas vezes traz em si, subjacente, a opção por diferentes concepções de democracia.

O fortalecimento das democracias passa pela redução das imperfeições dos sistemas eleitorais, pela redução das distorções por estes apresentadas e pela ampliação progressiva da participação democrática do povo na formação política do Estado.

---

32 ANTONIO, José Alonso de; ANTONIO, Angel Alonso de. **Derecno Parlamontario**. Barcelona: J. M. Bosch Editor, 2000, p. 53.

33 Canotilho ressalva que a análise da questão da escolha do sistema eleitoral a ser adotado passa por fatores étnicos, por fatores sociais ou por motivos ideológicos (Ob. Cit., p. 438).

34 Ob. cit., p. 665

35 Ob. cit., p. 667. Sustenta que sendo o Estado um simples reflexo da sociedade, haverá um excesso de complexidade que prejudicará a governabilidade e que, sendo uma mera caricatura da sociedade, haverá falta de legitimidade do governo.

36 Ob. cit., p. 437.

Anota Pinto Ferreira[37] que o simples fortalecimento do sistema eleitoral adotado no Estado não é suficiente para assegurar a integralidade de um regime democrático.

Não se podendo dissociar a ideia de democracia da noção de poder político e do exercício de cidadania, a pujança de um regime democrático passa pela conjugação de outros fatores, tais como o nível cultural e os costumes da sociedade, a organização econômica do Estado e o seu grau de desenvolvimento.

Ante a possibilidade de resultarem sistemas eleitorais diversos da combinação de técnicas e procedimentos na distribuição do eleitorado e na relação *votos x mandatos*, doravante este estudo estará centrado nos principais sistemas, que são o *sistema majoritário* e o *sistema proporcional*.

6. O SISTEMA MAJORITÁRIO

Pelo sistema majoritário considera-se eleito o candidato que obtiver o maior contingente de votos. Esmein[38], seu grande expoente, sustentava que a lei da maioria é uma ideia simples, que se faz aceita de conjunto sem favorecer ninguém previamente e que o governo representativo deve pertencer às maiorias, pois, tendo maior expressão política, devem ter o direito de se impor politicamente.

O sistema apresenta-se em duas variáveis, que são o sistema da maioria *relativa* ou da maioria simples e o sistema da maioria *absoluta*.

José Afonso da Silva[39] ressalva que o sistema majoritário conjuga-se com o sistema de eleições distritais, quer seja com distritos *uninominais*, onde o eleitor escolhe entre candidatos únicos dos partidos, quer seja com distritos *plurinominais*, onde o eleitor vota em uma lista de candidatos apresentada pelo partido.

Pelo sistema da maioria simples ou relativa, reputa-se eleito o candidato que obtiver o maior número de votos, independentemente do percentual de votação por ele alcançado, realizando-se a eleição sempre em um turno único. Por este sistema basta que a um candidato sejam atribuídos mais votos que aos seus concorrentes para que ele se eleja. O sistema eleitoral da maioria simples,

---

37 FERREIRA, Pinto. **Curso de Direito Constitucional**. 5ª ed. São Paulo: Saraiva. 1991, p. 252.

38 ESMEIN, Adhemar. **Elements de Droit: Constitutionnel Français et Comparé**. 8ª ed. Paris: Recuei! Sirey, 1927.

39 Ob. cit., p. 371.

em distritos uninominais, é utilizado para a eleição do Parlamento do Reino Unido, Canadá, Estados Unidos, Nova Zelândia, Bangladesh, Índia, Nepal, Paquistão e Zâmbia[40].

Via de regra, o procedimento adotado pelos países que utilizam o sistema uninominal consiste na divisão do território em distritos, cada qual com a capacidade de eleger um representante dentre os candidatos indicados pelos partidos políticos, sendo que para cada distrito os partidos indicam um único candidato. Nesse sistema é relevante para o partido político ter bases eleitorais bem definidas, pois o que garante uma ampla representação parlamentar é a votação significativa nos distritos e não uma votação dispersa em diversos distritos do país.

Segundo Jairo Marconi Nicolau[41], a adoção do sistema de distritos eleitorais uninominais garante uma maior capacidade de controle dos representantes sobre os representados, pois além de representante do seu partido, o parlamentar é considerado um representante do distrito pelo qual foi eleito. Por esta razão, os defensores do sistema de representação majoritária alegam que este assegura que as diversas unidades territoriais de um país sejam representadas no Parlamento.

O sistema de maioria simples pode também ser conjugado com o sistema de eleições distritais *plurinominais* ou do *voto em bloco partidário*. A conjugação destes sistemas opera-se através da apresentação de listas partidárias contendo o número de candidatos equivalente à quantidade de vagas que o distrito disponha. Os eleitores destinam os seus votos à lista partidária da sua preferência, elegendo todos os candidatos ali constantes como representantes do distrito.

Jairo Marconi[42] Nicolau destaca duas outras modalidades do sistema de maioria simples em distritos plurinominais: o sistema do *voto em bloco* e o sistema de *voto único não transferível*.

Utilizando-se o sistema do *voto em bloco*, os eleitores podem votar em tantos candidatos quantas forem as vagas disputadas, podendo, inclusive, destinar os seus votos a candidatos de partidos políticos distintos. Este sistema, aplicável nas eleições legislativas da Tailândia e das Filipinas, foi utilizado nas eleições de 1994 no Brasil para o preenchimento das duas vagas no Senado Federal. Já

---

40 NICOLAU, Jairo Marconi. **Sistemas eleitorais**: uma *introdução*. Rio de Janeiro: Editora Getúlio Vargas, 1999, p. 15.
41 Ob. cit., p. 19.
42 *Idem*, p.

no sistema de *voto único não transferível*, os partidos podem indicar a quantidade de candidatos equivalente ao número de vagas disputadas, todavia, os eleitores somente podem votar em um candidato, de modo que sejam eleitos os candidatos com o maior contingente de votos.

No sistema da maioria absoluta, a eleição do candidato é condicionada à obtenção de número de votos equivalente ao primeiro número inteiro acima da metade dos votos (cinquenta por cento mais um). Não sendo alcançado tal percentual de votação, realiza-se um segundo turno eleitoral, convocando-se a concorrer os dois candidatos mais votados no primeiro turno, considerando-se eleito aquele que tiver maioria simples de votos. Este é adotado na França e no Mali nas eleições parlamentares, e é atualmente o sistema mais utilizado nas eleições presidenciais dos países democráticos, como Áustria, Bulgária, Chile, Colômbia, Equador, França, Finlândia, Madagascar, Mali, Moçambique, Peru, Polônia, Portugal, Rússia e Ucrânia.

Ney Moura Teles[43] chama a atenção para a distinção entre maioria absoluta de votos e maioria absoluta do eleitorado.

Para se obter a maioria absoluta de votos é preciso que a um candidato seja atribuída uma votação correspondente ao primeiro número inteiro acima da metade dos votos, enquanto, para se obter a maioria absoluta do eleitorado, é preciso que o candidato obtenha uma votação correspondente ao primeiro número inteiro acima da metade do número de eleitores.

O sistema de maioria absoluta é considerado vantajoso por conferir uma maior representatividade dos eleitos, em razão de exigir que os candidatos concorrentes do segundo turno obtenham pelo menos 50% (cinquenta por cento) dos votos para serem eleitos.

A Constituição Federal brasileira de 1988, em seu art. 77, § 2º, preceitua que será considerado eleito Presidente da República o candidato que obtiver maioria absoluta de votos, não computados os votos brancos e nulos, o mesmo se aplicando à eleição dos Governadores de Estado e do Distrito Federal e dos Prefeitos de municípios com mais de duzentos mil eleitores (os prefeitos de cidades com menos de duzentos mil eleitores são eleitos pelo sistema da maioria simples).

Embora o processo eleitoral se destine a recepcionar a vontade popular livremente manifestada nas urnas e materializada no voto, escoimada de vícios, para a escolha dos representantes políticos,

---

43 TELES, Ney Moura. **Novo Direito Eleitoral**: Teoria e prática. Brasília: LGE, 2002, p. 20.

sabe-se que o modelo vigente não assegura a legitimidade dos eleitos para a chefia do Poder Executivo em pequenos municípios e para o Senado.

É que, computando-se no conceito de maioria simples somente os votos atribuídos a alguns dos candidatos, despreza-se a opinião de boa parte do eleitorado e se propicia a eleição de candidatos com grau reduzido de legitimidade[44].

Javier Perez Royo[45] aponta o sistema majoritário, ainda mais no sistema de maioria simples, como o sistema de maior redução política da complexidade social. ressalvando que o partido que não tiver uma presença forte na sociedade não obterá representação política.

Certamente, havendo um número reduzido de partidos políticos com expressão na sociedade, haverá um menor confronto entre correntes políticas, o que confere uma maior estabilidade ao governo, reduzindo, por conseguinte, o nível de complexidade social.

Mas, se por um lado, o sistema majoritário proporciona uma maior estabilidade governamental, por outro, enfraquece a dialética democrática, pois, ao desconsiderar a opinião das minorias, reduz o canal de discussão entre as diferentes ideologias que concorrem para a formação da vontade política do Estado. Adentrando no âmago da questão, Fávila Ribeiro[46] aponta que o sistema majoritário, indiscutivelmente, tem a vantagem de oferecer maior margem de estabilidade ao governo, mas, em compensação retira a condição necessária para que se estabeleça o permanente clima de diálogo inerente à mecânica democrática.

No sistema majoritário, o favorecimento dos grandes partidos se dá em detrimento das minorias, deixando ao desamparo cidadãos que também integram a comunidade política do Estado e que não

---

[44] Veja-se o seguinte exemplo. Em um município que possui 1.200.000 (um milhão e duzentos mil) eleitores, realizado o segundo turno eleitoral das eleições para prefeito, obteve-se o seguinte resultado:
Candidato A .... 400.000 votos
Candidato B .... 350.000 votos
Votos em branco .... 250.000 votos
Votos nulos .... 200.000 votos
Nesse quadro eleitoral, o candidato A foi eleito por tão somente 33% (trinta e três por cento) do eleitorado, sendo evidente o reduzido grau de legitimidade do governo, fato que pode afetar a estabilidade governamental proporcionada pelo sistema majoritário.

[45] Ob. cit., p. 669.

[46] RIBEIRO, Fávila. **Direito Eleitoral**. 4ª ed. Rio do Janeiro: Forense, p. 87.

podem ter sua opinião política desprezada pelo simples fato de possuírem uma menor representatividade.

Em um regime de democracia plena, toda representatividade deve ser considerada. O fato de possuírem uma menor representatividade não autoriza que se despreze a opinião das minorias na formação da vontade política do Estado. O próprio processo histórico, inclusive, registra que, não raras vezes, grandes ideias e ações políticas que reverteram em prol do Estado Democrático surgiram das correntes minoritárias.

Rememorando a doutrina de Javier Perez Royo, quando afirma que o Estado deve ser a expressão política adequada da sociedade, concorda-se com Celso Ribeiro Bastos, quando aponta a necessidade de superar os inconvenientes do sistema majoritário, pois é preciso obviar esses inconvenientes, fazendo com que o órgão legislativo seja, o mais possível, um espelho das diversas variantes da opinião pública. Para tanto, forçoso que as minorias também se representassem. Isto só foi possível pela instituição do voto proporcional[47].

Por defender que *"as raízes do princípio majoritário reconduzem-se aos princípios da igualdade democrática e da liberdade e autodeterminação"*, Canotilho[48] salienta haver uma conexão intrínseca entre o princípio democrático e o princípio majoritário. Ao estabelecer o princípio majoritário como suporte ineliminável da democracia, o jurista relembra a alteridade do conceito de Direito da maioria:

> "A democracia tem como suporte ineliminável o princípio majoritário, mas isso não significa qualquer "absolutismo da maioria" e, muito menos, o domínio da maioria. O direito de maioria é sempre um direito em concorrência com o direito das minorias com o consequente reconhecimento de estas se poderem tornar maiorias. A maioria não pode dispor de toda a "legalidade", ou seja, não lhe está facultado, pelo simples facto de ser maioria, tornar disponível o que é indisponível, como acontece, por. ex., com os direitos, liberdades e garantias, em geral, com toda a disciplina constitucionalmente fixada."

Justamente em decorrência da ora apontada necessidade de salvaguardar os interesses da minoria, aliada às distorções do sistema majoritário, criou-se o contexto para o surgimento do sistema proporcional.

---

47 Ob. cit., p. 237.
48 Ob. cit., p. 456.

7. SISTEMA PROPORCIONAL

A construção do sistema proporcional resultou da premente necessidade de se proteger, politicamente, os interesses de minorias, no intuito de fortalecer o regime democrático e assegurar aos partidos políticos uma representação correspondente à força partidária[49]. Observa Fávila Ribeiro[50] que a eleição proporcional é uma conquista que vem completar o sufrágio universal para elevar as bases democráticas do processo político.

O jurista cearense aponta que na tentativa de se mitigar as distorções do sistema majoritário, diversas soluções foram cogitadas, até se chegar ao modelo de sistema eleitoral proporcional.[51] Assim, pela *técnica do voto limitado* era estabelecido, previamente em lei, um número de vagas a serem ocupadas pelas minorias, impossibilitando os eleitores de votar em todos os lugares a serem preenchidos, de forma que, por exemplo, se houvesse 20 vagas, os eleitores só poderiam votar em 18.

Pela *técnica do sufrágio cumulativo*, o eleitor votava tantas vezes quantas fossem os números de vagas a serem preenchidas, de forma que, se houvesse 10 vagas, o eleitor votaria 10 vezes. Com isto, as correntes minoritárias podiam concentrar seus votos em poucos candidatos, aumentando a chance de elegê-los.

O *Sistema proporcional* é aquele pelo qual a relação votos x mandatos é feita com base em fórmulas aritméticas sucessivas, de modo que as vagas são preenchidas proporcionalmente à votação partidária, sendo os candidatos eleitos não somente em função da votação obtida por si, mas, principalmente, em função do número de votos recebidos pelo partido, abrindo-se, assim, espaço para que as minorias organizadas consigam obter representação política.

No dizer de Pinto Ferreira[52], a representação proporcional é um sistema através do qual se assegura aos diferentes Partidos políticos no parlamento uma representação correspondente à força numérica de cada um. Ela objetiva, assim, fazer do Parlamento um espelho tão fiel quanto possível do colorido partidário nacional.

---

49   PINTO FERREIRA. Ob. cit., p. 357
50   Ob. cit., p. 88.
51   Ob. cit., p. 87.
52   FERREIRA, Pinto. **Código Eleitoral Comentado**. 4ª ed. São Paulo: Saraiva, 1997, p. 169.

Ao reproduzir matematicamente as diferenças e preferências da sociedade no Parlamento, a representação proporcional tem como pilar, portanto, a garantia da preservação dos interesses da minoria[53].

Com variações, esse sistema eleitoral é adotado na Europa (Áustria, Bélgica, Bulgária, Dinamarca, Espanha, Finlândia, Grécia, Irlanda, Noruega, Polônia, Portugal, República Tcheca, Suécia, Suíça e Turquia); na América Latina (Argentina, Brasil, Chile, Colômbia, Costa Rica, Paraguai, Peru e Uruguai) e nas novas democracias africanas (África do Sul, Madagascar e Moçambique).

Premissa básica para que se possa adotar o sistema proporcional é a existência de mais de dois cargos a serem preenchidos, pois só se pode falar em proporcionalidade quando há pluralidade de eleitos. Havendo somente um ou dois cargos a serem preenchidos, não há que se falar em repartição proporcional de vagas, sendo adotado o sistema majoritário, por derivação da própria realidade dos fatos[54].

Dois são os modelos clássicos de sistema proporcional: *Sistema de Número Uniforme* e *Sistema de Quociente Eleitoral* (tecnicamente conhecido como quociente Hare). Pelo primeiro sistema é fixado, previamente, o número de votos que deve ser obtido para se ter direito a uma vaga, de forma que o partido terá tantos eleitos quantas vezes obtiver o número uniforme estabelecido. Exemplificativamente, se o número uniforme de uma eleição para Deputado Estadual num Estado X for de 50.000 e o partido Y obtiver 725.842 votos, fará jus a 14 vagas.

Pelo sistema de quociente eleitoral, o preenchimento das vagas resulta de sucessivas operações aritméticas, realizadas a partir do quociente eleitoral e do quociente partidário.

Quociente eleitoral é o resultado da divisão do número de votos válidos pelo número de vagas a serem preenchidas em cada circunscrição eleitoral.

Havendo fração, esta será desprezada se igual ou inferior a meio (0,5) e equivalente a um (1), se superior.

---

53 Para Jairo Marconi Nicolau, o inspirador do sistema proporcional foi o líder político francês Marquês de Mirabeau, que durante a Constituinte de Provença, ocorrida em 1789, defendeu o posicionamento de que a função do Parlamento era refletir o mais fielmente possível as feições do eleitorado, tal como um mapa reproduz em miniatura os diferentes traços geográficos de um território (**Sistemas Eleitorais**. 1ª ed. Rio do Janeiro: Fundação Getúlio Vargas, 1999, p. 31).

54 No Brasil, não há como se adotar o sistema proporcional nas eleições para o Poder Executivo e para o Senado. Nesse último, não obstante sejam 3 vagas, são eleitos, alternadamente, dois senadores e um senador.

Para se obter o número de *votos válidos* subtrai-se o número de eleitores que votaram nulo e em branco, valendo salientar que, no Brasil[55], tal procedimento foi introduzido pela norma do art. 107, da lei n° 9.504/97, que revogou o parágrafo único, do art. 106 do Código Eleitoral, que determinava a contagem dos votos em branco como válidos para obtenção do quociente eleitoral.

Obtido o quociente eleitoral passa-se à obtenção do *quociente partidário*, isto é, do número de cadeiras que cada partido ocupará no Parlamento. O *quociente partidário* resulta da divisão do número de votos válidos recebidos pelo partido pelo quociente eleitoral, desprezada a fração.

Visando melhor fixar os conceitos, ilustrativamente se visualize as hipotéticas eleições realizadas para preenchimento de 10 vagas, em que tenham votado 3.210 eleitores:

Votos nulos	210	Quociente partidário	Votos Restantes
Votos em branco	450		
Votos do partido A	930	3	165
Votos do partido B	670	2	220
Votos do partido C	535	2	25
Votos do partido D	415	1	160
Votos válidos	2.550		
Quociente Eleitoral	255		

No exemplo acima, das 10 vagas, 3 ficariam com o partido A; 2 com o partido B; 2 com o partido C e 1 com o partido D, sobrando ainda 2 vagas a serem preenchidas.

---

55 Código Eleitoral (lei 4.737/1965):
Art. 106. Determina-se o quociente eleitoral dividindo-se o número de votos válidos apurados pelo de lugares a preencher em cada circunscrição eleitoral, desprezada a fração se igual ou inferior a meio, equivalente a um, se superior.
Art. 107 – Determina-se para cada Partido ou coligação o quociente partidário, dividindo-se pelo quociente eleitoral o número de votos válidos dados sob a mesma legenda ou coligação de legendas, desprezada a fração. (Redação dada pela Lei nº 7.454, de 30.12.1985)
Art. 108. Estarão eleitos, entre os candidatos registrados por um partido ou coligação que tenham obtido votos em número igual ou superior a 10% (dez por cento) do quociente eleitoral, tantos quantos o respectivo quociente partidário indicar, na ordem da votação nominal que cada um tenha recebido. (Redação dada pela Lei nº 13.165, de 2015).
Parágrafo único. Os lugares não preenchidos em razão da exigência de votação nominal mínima a que se refere o **caput** serão distribuídos de acordo com as regras do art. 109. (Incluído pela Lei nº 13.165, de 2015).

Do preenchimento dessas vagas, cuidam as técnicas de distribuição de restos, que possuem como expoentes o *sistema de resto maior* e *os sistemas de média maior*.

Pelo sistema de resto maior, as vagas são distribuídas de acordo com os votos restantes de cada partido. No exemplo acima, a primeira vaga ficaria com o partido B, a segunda com o partido A.

Pelos sistemas de média maior, as vagas são distribuídas pelos partidos que obtiverem as maiores médias eleitorais, que podem ser calculadas utilizando-se dois métodos distintos, o HAGENBACH-BISHOT e o D' HONDT ou do divisor eleitoral.

Pelo método HAGENBACH-BISHOT, as médias eleitorais são alcançadas dividindo-se o número de votos válidos colhidos pelo partido pelo número de vagas obtidas mais um, cabendo ao partido que apresentar a maior média um dos lugares a preencher. A operação é repetida a cada vaga a ser preenchida, sempre acrescentando um (1) ao número de vagas atribuídas a cada partido.

No exemplo supramencionado, o resultado seria o seguinte:

1ª VAGA

Votos do Partido	Vagas	Média Eleitoral
A 930	3	930/(3+1) = 232,5
B 670	2	670/(2+1) = 223,33
C 535	2	535/(2+1) = 178,33
D 415	1	415/(1+1) = 207,5

2ª VAGA

Votos do Partido	Vagas	Média Eleitoral
A 930	5 (3+1+1)	930/(3+1+1) = 186
B 670	3 (2+1)	670/(2+1) = 223,33
C 535	3 (2+1)	535/(2+1) = 178,33
D 415	2 (1+1)	415/(1+1) = 207,5

A 1ª vaga a ser preenchida ficaria, por conseguinte, com o partido A, que no cálculo para preenchimento da segunda vaga teria como média eleitoral 186 (930/5). A 2ª vaga ficaria para o partido B, que passaria a ter média eleitoral de 223,33(670/3), restando a 3ª vaga para o partido B.

Pelo método D' HONDT, que, de acordo com Jairo Marconi Nicolau é empregado na maioria dos países que utilizam o sistema de representação proporcional de listas, as médias eleitorais são obtidas dividindo-se o número de votos obtidos pelo partido por 1, 2, 3 e assim sucessivamente.[56]

---

56 Ob. cit., p. 37.

No mesmo exemplo, o resultado seria o seguinte:

DIVISORES	1	2
PARTIDO A (930 votos)	930 (1ª vaga)	465
PARTIDO B (670 votos)	670 (2ª vaga)	335
PARTIDO C (535 votos)	535	267,5
PATIDO D (415 votos)	415	207,5

Portanto, através deste sistema, a 1ª vaga seria preenchida pelo partido A e a 2ª vaga pelo partido B, resultado que demonstra que este método favorece os partidos políticos que obtiveram as maiores votações.

No Brasil, foi editada a lei 13.165/2015 (minirreforma eleitoral) alterando a redação do art. 108 do Código Eleitoral e incluindo o parágrafo único:

> Art. 108. Estarão eleitos, entre os candidatos registrados por um partido ou coligação que tenham obtido votos em número igual ou superior a 10% (dez por cento) do quociente eleitoral, tantos quantos o respectivo quociente partidário indicar, na ordem da votação nominal que cada um tenha recebido. (Redação dada pela Lei nº 13.165, de 2015)
>
> Parágrafo único. Os lugares não preenchidos em razão da exigência de votação nominal mínima a que se refere o **caput** serão distribuídos de acordo com as regras do art. 109. (Incluído pela Lei nº 13.165, de 2015)

Com isso houve mudança significativa na disciplina estabelecida na lei 4.737/1965 (Código Eleitoral) para o cálculo das sobras eleitorais com vista ao preenchimento das vagas, em prejuízo das pequenas agremiações políticas, cuja norma do art. 108 tinha o seguinte teor:

> Art. 108. Estarão eleitos tantos candidatos registrados por um partido ou coligação quantos o respectivo quociente partidário indicar, na ordem da votação nominal que cada um tenha recebido.

O Supremo Tribunal Federal, na ADI 5.420, em decisão do Ministro Dias Toffoli, datada de 03.12.2015, deferiu, parcialmente, liminar para suspender a eficácia da expressão número de lugares definido para o partido pelo cálculo do quociente partidário do art. 107 constante do inciso I do art. 109 do Código Eleitoral, mantendo, nesta parte, o critério de cálculo vigente em data anterior, até o julgamento do mérito daquela ação que impugna a validade do art. 108, parágrafo único do Código Eleitoral alterado pela lei 13.165, de 29.9.2015.

Segundo o Relator Dias Toffoli, com a mudança na legislação, o partido ou coligação que primeiro obtiver a maior média e, consequentemente, obtiver a primeira vaga remanescente, acabará por obter todas as vagas seguintes, enquanto tiver candidato que atenda à exigência de votação nominal mínima (pelo menos 10% do quociente eleitoral). Com efeito, uma alteração sutil realizada na redação do inciso I do art. 109 do Código Eleitoral acabou por acarretar conseqüência que praticamente desnatura o sistema proporcional no cálculo das sobras eleitorais.[57]

O sistema proporcional de listas possui diferentes critérios de distribuição das vagas conquistadas pelos partidos políticos dentre os seus candidatos, cujas características revelam uma maior ou menor influência do partido político na definição das eleições.

No sistema de lista fechada ou sistema distrital puro, adotado, por exemplo, na Espanha, em Portugal e na Bulgária, o eleitor transfere o seu voto a um partido político e não a um candidato, eis que vota em uma lista de candidatos pré-ordenada pelo partido, de modo que as vagas recebidas pelo partido serão ocupadas pelos primeiros candidatos da lista.

Neste sistema em que o eleitor vota somente na legenda do partido da sua preferência, é possível ao partido político controlar o perfil dos seus filiados que exercerão mandato parlamentar, o que fortalece a estrutura partidária. Todavia, possibilita também que determinados setores de um partido sejam privilegiados em detrimento de outros. A sua principal desvantagem, segundo Jairo Marconi Nicolau[58], está no fato de o eleitor não poder escolher, individualmente, o seu representante no Parlamento, podendo ser obrigado a colaborar na eleição de candidatos pelos quais não tem preferência, por terem sido escolhidos pelo partido para encabeçar a lista eleitoral.

No sistema de lista aberta são os eleitores e não os partidos políticos que definem quais os candidatos que ocuparão as vagas do partido no Parlamento. O partido elabora previamente uma lista de candidatos não ordenada, a fim de que o eleitor vote no candidato da sua preferência, sendo eleitos os candidatos com a maior quantidade de votos individuais. O total de votos recebido pelo partido é utilizado para definir a quantidade de representantes a que terá direito[59].

---

57 Disponível em: <http://www.stf.jus.br/portal/cms/verNoticiaDetalhe.asp?idConteudo =305583>. Acesso em: 22 jan. 2016.

58 Ob. cit., p. 50.

59 Esse sistema é empregado no Brasil, no Chile, na Finlândia, no Peru e na Polônia e contribui para o enfraquecimento dos partidos políticos, na medida em que implica uma disputa por votos entre candidatos de uma mesma agremiação, especialmente por não se ter como se avaliar previamente o número de cadeiras parlamentares que caberá a cada partido. *In casu*, o poder do partido político limita-se à indicação, em convenção, dos candidatos que disputarão o pleito eleitoral.
No Brasil, o sistema de lista aberta, que é utilizado nas eleições para a Câmara dos Deputados, Assembleias Legislativas e Câmaras Municipais desde as eleições de 1945, passou a apresentar duas peculiaridades a partir das eleições de 1986. A primeira reside na possibilidade o eleitor conferir o seu voto ao candidato da sua preferência ou somente à legenda do partido, pelo qual participa do pleito, o que resulta na contabilização dos votos de legenda para efeito da distribuição das vagas no Parlamento. A segunda, diz

O sistema de lista flexível possui características dos dois sistemas anteriores, razão pela qual é considerado um sistema híbrido, pois o partido apresenta uma lista de candidatos pré-ordenada, podendo o eleitor ratificar a ordem definida pelo partido, votando, tão somente, na legenda, ou optar pelos candidatos da sua preferência. A escolha é feita apontando-se determinados candidatos constantes da lista, como ocorre na Bélgica, Dinamarca, Grécia e Holanda, ou alterando-se a ordem dos candidatos na lista, como é feito na Áustria, Noruega e Suécia.

A distribuição das vagas conquistadas pelo partido é feita mediante o cálculo de uma cota eleitoral que diverge de país para país. Na Bélgica, leciona Jairo Marconi Nicolau[60], a cota de votos é obtida dividindo-se o número de votos auferido pelo partido pelo número de vagas conquistadas por ele mais um. Os candidatos que receberem um número de votos superior à cota serão eleitos independentemente da ordem estabelecida pelo partido. Caso, todavia, nenhum candidato alcance a cota, os votos de legenda recebidos pelo partido são transferidos ao primeiro candidato da lista, a fim de que ele venha a superar a cota e se eleja. Os demais votos de legenda são transferidos sucessivamente aos candidatos mais bem posicionados na lista até que sejam preenchidas todas as vagas conquistadas pelo partido.

Nos diversos países que aplicam o sistema de representação proporcional de listas há a possibilidade de formação de coligações nas eleições parlamentares. Nessas coligações, os partidos apresentam listas próprias de candidatos, mas têm os votos que lhes forem destinados somados para efeito do cálculo das vagas no Parlamento. Nas legislações mais avançadas, as vagas obtidas pela coligação são distribuídas entre os partidos coligados de acordo com a votação de cada um, isto é, a cada partido são destinadas as vagas proporcionais à sua contribuição para a votação total da coligação.

O mesmo não ocorre no Brasil, onde os candidatos são eleitos desde que adquiram votos suficientes para figurar entre os primeiros da lista conjunta apresentada pelos partidos coligados. Quando o eleitor vota na legenda do partido da sua preferência, dentre os partidos coligados, o seu voto é contabilizado para definir a quantidade de vagas que a coligação terá, mas não se dirige à eleição, especificamente, de nenhum candidato constante daquela lista.

Se por um lado, o sistema proporcional possui a vantagem de abrir espaço para a representação das minorias, por outro revela a desvantagem de originar uma tendência à proliferação de partidos, que pode resultar em um

---

respeito à formação de uma lista única para partidos coligados. Neste caso, a coligação opera como se fosse um único partido, de modo que os candidatos mais votados ocupem as vagas obtidas pela coligação.

---

60 Ob. cit., p. 54.

órgão de representação política extremamente fracionada, constituído de inúmeros grupos, com correntes ideológicas distintas, o que pode acarretar uma maior dificuldade de se governar e gerar uma certa instabilidade nas relações de poder. Estas dificuldades impulsionam os partidos a firmarem acordos pós-eleitorais para a formação de bases de sustentação parlamentar que tendem a se distanciar das reais preferências dos eleitores.

Outra desvantagem do sistema proporcional, apontada por Celso Ribeiro Bastos[61], é que ele enfraquece a pessoa do candidato, uma vez que para o preenchimento das vagas, é atribuído peso muito maior aos votos partidários que aos votos obtidos individualmente pelo candidato.

Roberto Bin e Giovanni Pitruzella[62] apontam o efeito de cada sistema eleitoral: o sistema majoritário, ao atribuir a vaga a ser preenchida ao candidato mais votado, possui um efeito seletivo; já o sistema proporcional, ao possibilitar a representação política das minorias, apresenta um efeito protetivo.

Os mesmos autores destacam que existem meios de se atribuir efeito seletivo ao sistema proporcional, dificultando-se o acesso dos pequenos partidos ao Legislativo, o que é possível através da *cláusula de exclusão* e do *prêmio de maioria* (No Brasil, tem-se a cláusula de barreira). No primeiro caso, é estabelecido que o partido deva obter um percentual mínimo de votação para que possa exercer representação política, como ocorre na Alemanha, onde se estabeleceu um mínimo de 5% (cinco por cento) de votos nacionais para os partidos garantirem representação no *Bundestag*. No segundo, é estabelecida uma premiação em vagas para o partido que obtiver um determinado número de votos.

A Carta Magna brasileira adota o sistema proporcional nas eleições para Deputados Federais, Estaduais e Distritais[63], extensivo, pelo princípio da simetria, aos vereadores, mas silencia quanto ao tipo de sistema proporcional adotado. Coube à legislação infraconstitucional disciplinar a matéria, nos arts. 107 *usque* 110 do Código Eleitoral[64], que introduzem no ordenamento jurídico-eleitoral brasileiro o sistema de quociente eleitoral, com o sistema de média maior *HAGENBACH-BISHOT* quanto à distribuição dos restos.

O sistema eleitoral brasileiro, ao adotar o sistema proporcional de lista aberta nas eleições para Deputados Federais, Estaduais, Distritais e Vereadores, privilegia o candidato em detrimento do partido político, na medida em que se elege o candidato que obtiver o maior contingente de votos individualmente. Consequentemente, no anseio de se elegerem, candidatos do

---

61   Ob. cit., p.238.
62   BIN, Roberto; PITRUZELLA, Giovanni. **Diritto Costituzionale**. Torino: G. Giappichelli editore, 2000, p. 162.
63   Arts. 45, 27, § 1° e 32, § 3°.
64   Lei n° 4.737/65.

mesmo partido tendem a disputar votos entre si, sendo compelidos a buscar votos indiscriminadamente, inclusive nas bases dos seus correligionários, o que enfraquece a unidade partidária e, via de consequência, os próprios partidos políticos, ocasionando o fenômeno da autofagia partidária.

Israel Pinheiro Filho[65] destaca que esta situação consistia numa preocupação de Milton Campos, que assim a ressaltou ao justificar projeto da sua autoria em 1960:

> "No regime eleitoral vigente, vem-se tornando insuportável a emulação entre os candidatos do mesmo partido. Os pleitos são espetáculo de desarmonia entre correligionários, comprometendo a coesão partidária."

Ney Moura Teles[66] alerta que no sistema proporcional, as cadeiras nas casas legislativas são destinadas aos partidos políticos e coligações, e não aos candidatos. No sistema do quociente eleitoral, diversos candidatos são eleitos em virtude do quociente partidário alcançado, havendo casos em que, por força da filiação partidária, alguns candidatos são eleitos com menos votos que outros que sequer conseguem se eleger[67]. Nestas hipóteses, pode-se afirmar que o mandato eletivo fora adquirido muito mais em função da credibilidade do partido que do candidato.

Esta constatação é de fundamental relevo, pois, conquanto o candidato somente possa se eleger se satisfizer à condição prévia de elegibilidade, consistente na sua filiação partidária, nada obsta que durante o exercício do seu mandato haja troca de partido, retirando-se da agremiação a que pertencia uma vaga que poderia ter sido preenchida por outro candidato, fiel ao estatuto e ao programa adotado, enfraquecendo-o e diminuindo a sua expressão no cenário político partidário.

8. O SISTEMA MISTO

> *O sistema distrital misto fortalece os partidos e as regiões, torna as eleições mais representativas e reduz a influência do poder econômico.* (Franco Montoro).

À consideração de que ambos os sistemas demonstram deter aspectos positivos, bem assim distorções que repercutem diretamente na composição política do Estado e na forma de atuação do governo, buscou-se um sistema

---

65 PINHEIRO FILHO, Israel. **Voto distrital misto: proporcional personalizado**. Brasília: Câmara dos Deputados, 1992, p. 15.

66 TELES, Ney Moura. **Novo Direito Eleitoral**: toaria e prática. Brasília: LGE, 2002, p. 28

67 Caso há também em que ocorre o inverso, ou seja, o candidato obtém expressiva votação, mas não consegue se eleger em razão da fraqueza da legenda.

eleitoral intermediário, no qual se pudesse aproveitar o que há de melhor em cada um deles.

O *Sistema Distrital Misto* é um sistema eleitoral em que uma parcela das vagas é preenchida por eleições majoritárias e a outra parcela é preenchida por eleições proporcionais, concedendo-se ao eleitor um voto duplo.

Entretanto, o uso da expressão Distrital Misto revela uma impropriedade técnica, sendo incorreto falar-se, pois, em sistema distrital, eis que distrital não é o sistema, mas, sim, o voto. Conforme anteriormente explanado, os distritos representam uma forma de organização do eleitorado, consistente no fracionamento da circunscrição, ou seja, distritos eleitorais são unidades territoriais criadas para efeitos da contabilidade dos votos nas eleições, dentro das quais a representação política é eleita.

O sistema eleitoral misto ou voto distrital misto tem por base o sistema eleitoral *proporcional personalizado*, consoante adotado na Alemanha desde o ano de 1949. Neste sistema, o eleitor é chamado a votar duas vezes através de técnicas eleitorais diversas: primeiramente, o eleitor vota no candidato da sua preferência no distrito onde está inscrito eleitoralmente; em seguida vota em uma lista partidária pré-ordenada escolhida dentre as apresentadas por cada um dos partidos políticos concorrentes. Desta forma, 50% (cinquenta por cento) das vagas é preenchida por candidatos eleitos por voto personalizado em distritos uninominais, ao passo que a outra metade se preenche com candidatos eleitos em listas partidárias estaduais pré-ordenadas, através do voto de legenda.

O sistema distrital misto abriga, portanto, elementos do sistema majoritário por maioria simples, na medida em que se elege o candidato que obtiver o maior número de votos no distrito, conjuntamente com elementos do sistema proporcional, eis que o total dos votos efetuados na legenda partidária define o número de vagas a serem preenchidas por cada partido.

No sistema proporcional personalizado alemão, os votos de legenda determinam o número de vagas que o partido ocupará no Parlamento, calculando-se os quocientes eleitorais e partidários através da fórmula eleitoral conhecida como *Hare-Niemeyer*. Definido o número de vagas destinadas a cada partido, elas são preenchidas primeiramente com os candidatos eleitos pela via do voto distrital e as restantes com os candidatos constantes da lista partidária, segundo a ordem de precedência definida pelo partido político.

Os votos de legenda proporcionam às minorias, isto é, aos pequenos partidos, a possibilidade de alcançar vagas no Parlamento, uma vez que, mesmo que eles não elejam nenhum candidato nos distritos, podem eleger os representantes pré-definidos nas suas listas partidárias.

Se por um lado o sistema distrital misto assegura a representação das minorias, estimulando o multipartidarismo, por outro há de estabelecer uma cláusula de barreira, qualidade ou de exclusão, a fim de evitar que o multipartidarismo extremo impossibilite o Parlamento de exercer as suas funções institucionais, causando uma descontrolada instabilidade governamental. O sistema eleitoral alemão exige que o partido obtenha, no mínimo, 5% (cinco por cento) dos votos nacionais, ou três vagas nos distritos uninominais.

Israel Pinheiro Filho[68] defende o instituto da cláusula de barreira, ressaltando a sua importância para o fortalecimento da democracia, na medida em que é vista como condição necessária para que o sistema democrático se torne operante, capaz não apenas de representar infinitas gradações de interesses, pela multiplicação dos partidos políticos, mas também de amalgamá-los, pela busca de denominadores comuns, em propostas mais gerais capazes de obter a aprovação da maioria parlamentar. O que se procura, nas modernas democracias estáveis, é promover um equilíbrio entre a necessidade de reproduzir no Parlamento, as diversas correntes de opinião – assim permitindo a representação das características e interesses que diferenciam e separam os eleitores uns dos outros – e a exigência prática de constituir maiorias que possam respaldar um programa de governo.

Os defensores do sistema eleitoral Distrital Misto, ora em comento, destacam dentre as suas vantagens para o regime democrático, o fortalecimento dos partidos políticos. O voto personalizado, conferido pelo eleitor, no distrito, em que é inscrito, dá a oportunidade de fiscalizar, de forma eficaz, o seu representante no Parlamento, em razão de estreitar o vínculo entre o representante e os seus representados. Todavia, este não deixa de ser um voto partidário, uma vez que cada partido somente indica um candidato por distrito, o que dirime possíveis lutas internas e reforça a unidade partidária. O segundo voto do eleitor é eminentemente partidário, eis que se vota nos candidatos previamente selecionados pelo partido político, o que fortalece ainda mais a agremiação que busca conquistar vagas no Parlamento, de modo uníssono.

A adoção do sistema distrital misto se apresenta como apta a corrigir, parcialmente, as distorções decorrentes do sistema exclusivamente proporcional nas eleições para deputados estaduais e federais e que enfraquecem os partidos políticos.

Em verdade, o sistema proporcional propicia uma batalha por votos travada entre candidatos de um mesmo partido. Desse modo, os candidatos de um partido, além de concorrerem com os candidatos de outras agremiações, estarão concorrendo também com os seus correligionários.

Pode-se resumir esta esdrúxula situação na seguinte frase: *trata-se de uma guerra de um contra todos*, ou, como dizia o folclórico vereador soteropolitano: *Osório e o povo contra o resto!* Nessa disputa, em regra, sagrar-se-á vencedor aquele que detém maiores recursos financeiros para custear a campanha eleitoral com potencialidade de penetração na mídia.

---

68 Ob. cit., p. 20

Consequência imediata desse estado de coisas será a quebra da unidade que deve resultar da *affectio societatis*, imprescindível para a manutenção do equilíbrio de qualquer relação associativa, na medida em que os filiados a determinado partido não estarão agindo em conjunto para a consecução de um fim comum, no caso, em regra, alcançar o Poder mediante observância de certo ideário programático, mas, agindo individualmente para sagrar-se vitorioso, gerando um sentimento espúrio de autossuficiência política, de molde a ensejar a personalização do Poder, ainda que em parcelas, indo de encontro, portanto, à sua institucionalização preconizada pelo regime democrático.

Tal descalabro importa em se sentir o eleito "legitimado" para atuar como proprietário do mandato de que se ache investido, buscando a satisfação precípua de interesses pessoais e, somente secundariamente, os do povo que o escolheu, afetando, assim, negativamente, o sistema representativo pelo evidente enfraquecimento dos partidos políticos.

O voto distrital misto, então, pode ser apontado como mais um instrumento destinado ao fortalecimento dos partidos políticos e, consequentemente, do Estado democrático, sem prejuízo de outros mecanismos, a exemplo da perda do mandato por ato de infidelidade partidária[69].

A adoção do voto distrital misto exige fortes partidos políticos, evidenciando a necessidade de se estabelecer a perda do mandato como consequência e sanção para a infidelidade e indisciplina partidárias, preservando-se o ambiente democrático interno contra o totalitarismo imposto pelos pretensos "donos" das agremiações, sem o quê a norma constitucional do art. 17, parágrafo 1°, *in fine* da CF, afigura-se letra morta, de molde a comprometer a democracia representativa brasileira.

9. SISTEMAS ELEITORAIS: PERSPECTIVAS

> *Os mandatos representativos estão fortemente impregnados de caráter partidário. É uma realidade político-jurídica que não pode ser recusada (Ministro Celso de Mello (Revista Forense, vol. 131/61).*

As eleições, informada pelo princípio da maioria, dado a sua natureza instrumental, desempenham função essencial na democracia, propiciando aferir-se a legitimação dos representantes políticos resultante da observância da soberania popular.

No contexto eleitoral sobreleva o papel dos sistemas eleitorais, por serem responsáveis pela organização do eleitorado e por determinar a forma

---

69 Na Câmara dos Deputados tramitaram Projetos de Leis que visavam instituir o voto distrital misto, a exemplo dos de n°s. 04/95 e 1.306/95.

como os mandatos serão preenchidos. Em outras palavras, o sistema eleitoral é responsável pela composição do quadro político que será formado após a eleição, interferindo diretamente na governabilidade do Estado.

Ambos os sistemas, majoritário e proporcional, apresentam defeitos que podem propiciar graves distorções na autenticidade do sistema representativo. O sistema majoritário praticamente impossibilita a expressividade das minorias, enfraquece os partidos de pouca representatividade e tende ao bipartidarismo, possibilitando o fortalecimento de oligarquias encasteladas no poder e distanciando-se da ideia plural que é subjacente à noção de democracia.

A possibilidade de proliferação partidária, no sistema proporcional pode enfraquecer partidos políticos já consolidados, pois em qualquer discussão interna, a busca da coesão de ideias (com o consequente fortalecimento do partido) pode ser substituída pela saída dos dissidentes do partido ante a possibilidade de formação de um novo partido.

A tendência pluripartidarista do sistema proporcional pode se demonstrar excessiva, de tal modo que a representação política de muitas correntes ideológicas diferentes torne inviável a governabilidade do Estado.

Pode-se dizer que para governar se exige certo engenho, uma arte, cujo exercício nas complexas estruturas sociais não se faz sozinho, sendo certo ser necessário haver coesão administrativa, sem perda da coerência. Na prática, o que se tem verificado é que, em busca da coesão governamental, a coerência partidária vem sendo posta de lado, refletindo uma tentativa de amenizar as distorções apresentadas pelos sistemas eleitorais.

Às vezes, as dificuldades de governar são tamanhas que o partido governista tem que se curvar a determinadas imposições de outras legendas, sendo praticamente obrigado a contrariar as posições ideológicas partidárias, sob pena de desencadear crise de governabilidade de consequências imprevisíveis.

O grande objetivo a ser alcançado é a busca da redução das distorções apresentadas pelos sistemas eleitorais, de forma que seja possível aos representantes políticos governar o Estado de maneira coesa e coerente, garantindo-se, ainda, que a representação política expresse cada vez mais uma identidade efetiva com a sociedade e que reflita as verdadeiras ideias e aspirações sociais, mantendo a unidade (soberania popular) para o fortalecimento da democracia representativa.

A consecução desse objetivo passa por um processo de reforma política que modifique as regras eleitorais, inovando técnicas nos sistemas eleitorais vigentes, a exemplo da implantação do voto distrital misto para as eleições parlamentares, isto após a superação da ditadura intrapartidária ora vigente (Capítulo VIII).

Em obra em que aborda a necessidade de reforma política como condição essencial para o fortalecimento da democracia e o exercício da cidadania, Jairo Marconi Nicolau[70] apresenta propostas de modificação dos sistemas eleitorais que vêm sendo pensadas pela classe política e por alguns publicistas.

As propostas de reforma nos sistemas proporcionais podem ser sintetizadas em quatro vertentes: na primeira, estão as propostas que têm por objetivo reduzir o número de partidos com representação política; na segunda, estão as propostas que visam aumentar a proporcionalidade e corrigir as distorções; na terceira, estão as propostas cujo objetivo seria aumentar o controle do partido na definição dos nomes dos candidatos a serem eleitos; na quarta vertente estão as propostas de vincular o representante a determinadas áreas geográficas (sistema distrital).

A redução do número de partidos implicaria na proibição das coligações nas eleições proporcionais e na adoção de uma cláusula de barreira, de qualidade ou de exclusão.

As propostas de aumentar a proporcionalidade e corrigir as distorções têm por escopo proibir as coligações nas eleições proporcionais ou, então, permiti-las, de modo que cada partido coligado obtenha cadeiras proporcionais ao número de votos com que contribuiu para a votação da coligação.

As de aumento do controle do partido acerca dos candidatos a serem eleitos se dirigem a estabelecer um sistema de lista fechada ou de lista flexível. No sistema de lista aberta adotado no Brasil, compete única e exclusivamente ao eleitor determinar qual o candidato que será eleito, o que contribui para o enfraquecimento dos partidos.

No sistema de lista fechada, a *contrario sensu*, o partido apresenta uma lista prévia e ordenada de seus candidatos, cabendo ao eleitor votar somente na legenda. O sistema de lista flexível, por sua vez, é um sistema híbrido, em que o partido apresenta uma lista pré-ordenada e o eleitor pode votar no candidato escolhido ou na legenda, corroborando com a ordem de precedência previamente fixada pelo partido.

As propostas de vinculação do representante a determinada área geográfica perpassam pela constatação de que algumas circunscrições conseguem eleger diversos parlamentares, enquanto outras não conseguem eleger sequer um representante. A proposta básica para garantir que todas as áreas tenham representação política é adotar o voto distrital, com sistema majoritário, recortando o País em diversos distritos, cada qual elegendo um parlamentar.

Além dessa proposta há outra no sentido de adotar um sistema misto, em que parte dos representantes seja eleita pelo voto distrital, com eleições majoritárias, e parte seja eleita pelo voto em listas partidárias previamente estabelecidas, com eleições proporcionais, utilizando-se o sistema eleitoral proporcional personalizado alemão como modelo.

---

70 "A Reforma da Representação Proporcional no Brasil" *in* Reforma Política e Cidadania. São Paulo: Fundação Perseu Abramo, 2003.

10. A FIDELIDADE PARTIDÁRIA COMO INSTITUTO CAPAZ DE AMENIZAR AS DISTORÇÕES DOS SISTEMAS ELEITORAIS

Reconhece-se o valor das soluções pensadas e o esforço de juristas e políticos na busca de aperfeiçoamento dos sistemas eleitorais e partidários, a fim de preservar a autenticidade da representação e a própria legitimidade do poder político. Outra solução existente é a decretação da perda do mandato parlamentar por infidelidade e indisciplina partidárias, como meio de fortalecer as legendas que devem estar lastreadas em compromissos que podem ser meramente ideológicos, de simples propostas de governo ou de projetos de políticas sustentáveis para o país e até mesmo para a comunidade planetária.

Na atual conjuntura das democracias representativas, o desafio a ser superado pelos sistemas eleitorais, de propiciar um governo coeso e coerente que reflita corretamente os anseios da sociedade, só pode ser alcançado com o fortalecimento dos partidos políticos.

Fávila Ribeiro[71] apresenta o ponto central da problemática:

> Não se pode pensar em fórmula eleitoral miraculosa que isoladamente possa se revelar apta a garantir a autenticidade representativa, a qual tem declinado a preocupantes níveis no Brasil, afetada pelo crescimento ganglionar do abuso de poder que por todos os flancos vem comprometendo a lisura do processo eleitoral e pelas deformações estruturais nos partidos.
>
> [...] A remodelação do sistema eleitoral, em qualquer direção, somente pode ser exequível depois de ser alcançado o fortalecimento democrático dos partidos, superando a tendência oligárquica a que se expõem, revertendo o seu incoerente dualismo existencial.
>
> [...] As mudanças que afetam o sistema eleitoral não se podem dissociar de medidas correlacionadas aos partidos políticos, sob pena de serem improfícuos os resultados, perdendo-se no terreno da normatividade, divorciadas da normalidade social.
>
> Há necessidade, acima de tudo, de que prevaleça uma visão de conjunto, articulando o sistema eleitoral em sua compreensão global com o sistema partidário, unificando-se com os seus valores e finalidades interligados, mantendo-se depois a sua unidade interpretativa pelo mesmo espírito que deve animar a codificação legal.

É necessário repensar as estruturas políticas ante a necessidade de se remodelar os sistemas eleitorais num contexto maior. Acredita-se que não há como se fortalecer a democracia sem refletir acerca de uma reforma política que venha a fortalecer os partidos, o grande elo entre representados e representantes.

O grande desafio a ser enfrentado não consiste simplesmente em mudar as regras de proporcionalidade no preenchimento dos mandatos, mas, sim, em buscar maneiras de se fortalecer os partidos, de modo a garantir a coerên-

---

71 Ob. cit., p. 75

cia e a coesão partidárias e, ao final, a unidade – sem prejuízo do pluralismo político – traduzida na governabilidade administrativa.

O enfraquecimento dos partidos tem colocado a questão da coerência partidária em segundo plano, pois, quando não detêm força para governar, as agremiações realizam coalizões e, na busca de vencer o certame, celebram coligações que não apresentam nenhuma harmonia com seu ideário e programa.

Sem se importar com as fortes contradições ideológicas existentes entre alguns partidos, certas agremiações têm se aliado a outras com o fito apenas de se fortalecerem nas eleições ou para adquirir maior representatividade no Congresso Nacional.

Também por isso um dos pontos nevrálgicos para o fortalecimento dos partidos reside na questão da fidelidade partidária e na sua projeção em extensão e profundidade, sem que, com isso, seja suprimida a liberdade de expressão inerente à natureza das associações, compatível com o regime democrático, observando-se a natural busca do consenso social que se obtem pelos amplos debates acerca de temas comunitários.

No sistema proporcional, sendo o candidato eleito em função principalmente da votação da legenda, não se justifica que lhe seja facultado trocar de partido durante o exercício do mandato. Cada candidato eleito pelo partido é um fator de soma na coesão partidária e da estabilidade que o partido necessita para governar. O candidato eleito que troca de partido, ao contrário, representa uma subtração em prejuízo ao partido pelo qual foi eleito, o que diminui a coesão necessária para se ter estabilidade no governo.

Ao ser reconhecida a validade da perda do mandato parlamentar por infidelidade partidária restaram fortalecidos os partidos e, consequentemente, reduzidas as distorções originadas das migrações imotivadas que malferiam o sistema eleitoral, embora nova deturpação tenha daí decorrido com a prática da ditadura interna, ainda por ser superada.

Com partidos fortes e representativos, aumenta-se a possibilidade de estabilidade no governo e reduz-se a possibilidade da formação de coligações incoerentes e prejudiciais ao titular do poder político, o povo; igualmente, reduz-se o risco de coalizão que fatiam o Poder público constituindo feudos dos partidos que integram a base aliada, viabilizando e estimulando os vícios do clientelismo, do fisiologismo e da corrupção que destroem o ambiente democrático e republicano.

Daí o presidencialismo de coalizão como grave distorção do Estado Democrático de Direito e a crise de autenticidade do sistema representativo por que passa o Brasil nestes difíceis tempos.

11. SISTEMAS PARTIDÁRIOS

Com a constitucionalização dos partidos políticos, o *poder constituinte originário* incorporou a função de organizar o sistema partidário, estruturando as relações de conflito e de cooperação existentes entre as agremiações que atuam em uma determinada sociedade[72], mediante a outorga de autonomia a tais corpos intermediários para definir sua estrutura interna, organização, funcionamento e, ainda, dispor sobre normas de fidelidade e disciplina.

Para o desenvolvimento de tal atividade, os constituintes de 1988 tiveram que optar entre os diversos mecanismos de organização partidária, que a doutrina sistematizou da seguinte forma:

> 1. Partido único – por este sistema um único partido domina o cenário político do país. Daniel – Louis Selier e Maurice Duverger aduzem que a própria expressão *partido único* já denota uma contradição, eis que, etimologicamente, a palavra partido significa *parte* ou *divisão* de uma totalidade política. Logo, havendo um único partido, este deixa de ser parte de um universo, confundindo-se com o todo.[73] Ademais, vigorando o unipartidarismo não há como se falar em sistema partidário, pois um sistema pressupõe um conjunto organizado de partes relacionadas entre si e postas em mútua dependência[74];
> 2. Bipartidarismo – fundamenta-se na alternância de *poder*, mais ou menos regular de dois partidos políticos independentemente do número de partidos representados no Parlamento. Ao contrário do que se possa pensar, no bipartidarismo podem existir mais de dois partidos políticos, porém, apenas dois deles têm chances reais de alcançar o poder. Hodiernarnente, o bipartidarismo é adotado como sistema na Inglaterra (conservadores X trabalhistas), nos EUA (democratas X republicanos) e na Nova Zelândia (nacionais X trabalhistas);
> 3. Pluripartidarismo – baseia-se na existência de mais de dois partidos políticos com chances verdadeiras de atingir o *poder*. Por esse sistema, que pressupõe a disputa de ao menos três partidos, há uma natural inclinação à formação de alianças e coligações para sustentar a governabilidade. Há quem diferencie o pluripartidarismo do multipartidarismo,[75] definindo-se este último pela existência de uma multiplicidade de partidos muito pequenos, capazes de induzir à instabilidade política, pois poderia pulverizar o Parlamento numa multiplicidade de grupos políticos incapazes de dar sustentação a qualquer programa de governo e levando a perigosa paralisia[76].

---

72 SEILER, Daniel-Louis. **Os Partidos Políticos**. Brasília: Editora Universidade de Brasília, 2000, p. 137.

73 Ob. cit., p. 138. Neste sentido, Daniel-Louis Selier ressalta o exemplo de Florença citado por Max Weber: quando os Guelfos eliminaram os seus rivais Gibelinos eles se confundiram totalmente com o governo da República e, por conseguinte, deixaram de ser um partido

74 BONAVIDES, Paulo. **Curso de Direito Constitucional**. 11ª ed. São Paulo: Malheiros Editores. 2001, p. 89

75 VELLOSO, Carlos Mário da Silva e ROCHA, Cármen Lúcia Antunes: coordenadores. **Direito Eleitoral**. Belo Horizonte: Dei Rey, 1996, p. 101-102.

76 PINHEIRO FILHO, Israel. **Voto distrital misto**: proporcional personalizado. Brasília: Câmara dos Deputados, 1992, p. 20.

Há uma relação de reciprocidade entre *poder político* e *sistema eleitoral*.

É que o sistema eleitoral e o sistema partidário compõem um todo coeso de fundamental importância na formação da democracia e na legitimação da representação política, salientando Javier Perez Royo[77] que:

> El partido político es el instrumento a través del cual se racionaliza y hace manejable la oferta electoral, a través del cual se decide quienes van a competir. El sistema electoral es el instrumento a través del cual se racionaliza y hace manejable la decisión del corpo electoral, a través del cual se decide quienes van a gobernar. El primeiro expresa la exigencia de libertad de la sociedad. Por ello su creación debe ser completamente libre, no debiendo aceptarse en principio ninguna limitación a la oferta electoral. El segundo debe expresar la exigencia de gobernabilidad de la sociedad. De la combinación correcta de ambos es de onde depende al mismo tiempo la legitimidad y la eficácia del Estado representativo.

Da análise até aqui empreendida transparece a influência que os sistemas eleitorais exercem sobre os sistemas partidários. Não há como se olvidar a forte influência que o sistema eleitoral adotado exerce em relação à força dos partidos e nas próprias estruturas partidárias.

Das correlações que podem ocorrer entre sistemas eleitorais e sistemas partidários, extraem-se três consequências básicas: a primeira, expressa que o sistema majoritário de um turno só tende ao bipartidarismo, por tornar inócuos os partidos de pouca expressão eleitoral; a segunda, que o sistema proporcional tende ao pluripartidarismo e a dificultar as alianças partidárias, pois permite que partidos de pouca expressão consigam obter representatividade política e, a terceira, que o sistema majoritário de maioria absoluta tende a um pluripartidarismo somente no primeiro turno eleitoral e ao fortalecimento de coligações partidárias no segundo turno.[78]

Ao abordar o sistema majoritário de um turno só, Duverger esclarece que o bipartidarismo decorre de fatores de ordem mecânica e de ordem psicológica. Sustenta que haveria uma impossibilidade mecânica de coexistência de mais que dois partidos fortes no sistema majoritário, pois o fortalecimento de um terceiro partido sempre acarretará o enfraquecimento de um dos outros dois partidos, retomando, mecanicamente, ao bipartidarismo na disputa eleitoral. No plano psicológico, defende-se que o eleitor traz em si incutida a idéia do "voto útil" de que não estaria aproveitando seu sufrágio se votasse em um partido sem condições de ganhar as eleições.

Em relação ao sistema majoritário de dois turnos, reconhece o jurista francês haver urna possibilidade de fracionamento de correntes políticas, das

---

77 Ob. cit., p. 667.

78 DUVERGER, Maurice. **L'Intluenoe des Systemes Electoraus sur la Vie Politique**. Paris: Libraire Armand Colie, 1950.

quais, todavia, somente duas subsistem num segundo turno, retomando ao bipartidarisrno, agora com coligações partidárias.

No que toca ao sistema proporcional, leciona que a tendência é haver a proliferação de partidos e até mesmo o fracionamento dos partidos existentes, com a possibilidade de dissidentes organizarem novos partidos.

Pelo visto, não se pode abordar a questão da fidelidade partidária com a possibilidade de perda do mandato parlamentar sem que se trate, previamente, de relevantes temas como democracia, representação política, sistemas eleitorais e partidários, os próprios partidos políticos e seus vínculos político-jurídicos com seus eleitores, filiados e eleitos.

CAPÍTULO **IV**

PARTIDOS POLÍTICOS

A essencialidade dos partidos políticos, no Estado de Direito, tanto mais se acentua quando se tem em consideração que representam eles um instrumento decisivo na concretização do princípio democrático e exprimem, na perspectiva do contexto histórico que conduziu à sua formação e institucionalização, um dos meios fundamentais no processo de legitimação do poder estatal, na exata medida em que o Povo – fonte de que emana a soberania nacional – tem, nessas agremiações, o veículo necessário ao desempenho das funções de regência política do Estado. (Celso de Mello)[1].

SUMÁRIO: **1.** Conceito. **2.** Função. **3.** Classificação. **4.** Garantias Constitucionais do direito de reunião e de associação. **5.** Os vínculos psicológico, sociológico e a unidade dos partidos políticos. **6.** Filiação partidária. **7.** Autonomia dos partidos políticos. **7.1.** Autonomia partidária e matéria *interna corporis*. **7.2.** Autonomia, fidelidade, disciplina e aplicação de sanções partidárias. **7.3.** Autonomia partidária e processo disciplinar. **8.** O controle jurisdicional dos atos partidários. **8.1.** A motivação das decisões partidárias.

1. CONCEITO

Maurice Duverger doutrina que, na origem, os partidos políticos eram identificados como facções que dividiam as repúblicas antigas, em clãs que se agrupavam ao redor de um líder na Itália do Renascimento, nos clubes onde se reuniam os deputados das assembleias revolucionárias, nos comitês que preparavam as eleições censitárias das monarquias constitucionais, assim como as vastas organizações populares que formam a opinião pública nas democracias modernas.[2]

---

1   Min. Celso de Mello, relator do Mandado de Segurança nº 26.603-DF.
2   *Las facciones que dividían a las repúblicas antiguas, a los clanes que agrupabanse alrededor de un condotiero en la Italia dei Renacimiento, a los clubes donde se reunían los diputados de las asambleas revolucionarias, a los comités que preparaban las elecciones censatarias de las monarquias constitucionales, así como a las vastas organizaciones populares que enmarcan a la opinión pública en las democracias modernas.* DUVERGER, Maurice. **Los partidos políticos**. 18ª ed. México: Fondo de Cultura Económica, 2002, p. 15.

Em função desse conceito primitivo os partidos políticos eram vistos como óbices ao regime democrático, pois, em razão de sua etimologia significar "divisão", "controvérsia", acreditava-se que eles enfraqueciam a administração pública, os governos constituídos, além de representarem uma barreira posta entre governantes e governados.

Quanto mais as assembleias políticas viam crescer suas funções e sua independência, mais sentiam seus membros a necessidade de agrupar-se por afinidades, a fim de atuar em conjunto; quanto mais se estendia e se multiplicava o direito ao voto, mais necessário se fazia organizar os eleitores através de partidos capazes de darem a conhecer os candidatos e de canalizar os sufrágios em sua direção[3].

Por esta razão, entende Benjamin Alves Rabello Filho[4] que George Washington, no seu testamento político de 1796, repudiou os partidos políticos sob a alegação de que estes representavam uma ameaça ao Estado. Da mesma forma, Rousseau[5] na sua proeminente obra *Do Contrato Social*, os condenou por considerar que eles priorizavam os interesses particulares em detrimento da vontade coletiva.

Esclarece Duverger que aquelas facções, clãs e clubes não se confundem com os partidos políticos. Estes surgiram originariamente da criação de grupos parlamentares, depois da aparição dos comitês eleitorais e, finalmente, da inter-relação permanente entre estes dois elementos, tendo se firmado como instituições fundamentais a partir do desenvolvimento da democracia, da extensão do sufrágio universal e das prerrogativas parlamentares.

Anna Oppo[6] assevera que, neste contexto, o surgimento e o desenvolvimento dos partidos políticos estão intrinsecamente relacionados à crescente demanda de participação de setores amplos da sociedade civil no sistema político, isto é, no processo de formação das decisões políticas. Os partidos políticos desenvolveram-se, portanto, lado a lado com a democracia, constituindo-se em elemento indispensável ao funcionamento do sistema representativo.

A primeira conceituação de partido político fora formulada em 1770, por Edmund Burke,[7] que afirmou ser este um conjunto de pessoas unidas com

---

3   DUVERGER, Maurice. Ob. cit., p. 15.
4   RABELLO FILHO. Benjamin Alves. **Partidos políticos no Brasil**: doutrina e legislação. Dei Rey: Belo Horizonte, 2001, p. 28. *Apud* BURKE, Edmund. *The Works of Edmund Burke*. New York: Mac Millan, 1860, v. I, p. 24
5   ROUSSEAU, Jean-Jacques. **O Contrato Social**: princípios de direito político. 19ª ed. Rio de Janeiro: Ediouro, p. 113-114.
6   OPPO, Anna *apud* BOBBIO, Norberto; MATTELUCI, Nicola e PASQUINO, Gianfranco. Trad, João Ferreira, Carmon C. Vorrialc e outros. **Dicionário de política**. 2ª ed. Brasília: Editora Universidade do Brasília, 1986, p. 898-905.
7   *Apud* RABELO FILHO, Benjamim Alves. Ob. cit., p. 189

o objetivo de fomentar o interesse nacional, com base em princípios sustentados por todos.

Giovanni Sartori[8] acredita que os partidos políticos não correspondem às facções, nem visam aos mesmos objetivos degenerativos que estas, constituindo-se de grupos políticos que pretendem alcançar o poder e nele se manter.

A conceituação apresentada por Daniel-Louis Seiler[9] compreende o partido político como organização visando mobilizar indivíduos numa ação coletiva conduzida contra outros, paralelamente mobilizados, a fim de alcançar, sozinhos ou em coalizão, o exercício das funções de governo.

Lapalombara e Myrin Weiner[10] oferecem as condições que um grupo deve conter, a fim de ser considerado um partido político. São elas: a continuidade na organização, independentemente dos seus líderes e dirigentes; a estabilidade da organização partidária, que deve possuir vínculos de comunicação entre as suas instâncias locais, estaduais e nacionais; uma determinação dos dirigentes em alcançar e manter sozinhos o poder de decisão ou agregados a outros, tanto na instância local, como nacional, e não apenas influenciar o exercício do poder e uma preocupação da organização partidária em arregimentar adeptos e o apoio popular.

José Afonso da Silva[11] assevera ser o partido político uma forma de agremiação de um grupo social que se propõe organizar, coordenar e instrumentalizar a vontade popular com o fim de assumir o poder para realizar seu programa de governo.

O partido político é definido por Fávila Ribeiro[12] a partir da reunião dos seus principais elementos identificadores, tendo-o como um grupo social de relevante amplitude destinado à arregimentação coletiva, em torno de ideias e de interesses, para levar seus membros a compartilharem do poder decisório nas instâncias governamentais.

São, portanto, elementos que imprimem características existenciais aos partidos políticos: o grupo social; a relação de solidariedade entre seus membros e a disposição competitiva com os grupos diferentes; o programa político e a organização estável[13].

---

8 *Apud* RABELO FILHO, Benjamim Alves. Ob. cit., p. 29 (SARTORI, Giovanni. **Partidos e sistemas partidários**). Brasília: Zahar, 1982.

9 SEILER. Daniel-Louis. **Os partidos políticos**. Brasília: Editora Universidade de Brasília: 2000, p. 25.

10 *Idem*, p. 24.

11 SILVA, José Afonso da. **Curso de direito constitucional positivo**. 22ª ed. rev. e atual. São Paulo: Malheiros, 2002, p. 393.

12 RIBEIRO, Fávila. **Direito eleitoral**. 4ª ed. rev. e ampl. Rio de Janeiro: Forense, 1996, p. 267.

13 *Ibidem*, p. 291.

O grupo social que compõe o partido político e o sustenta compreende os seus dirigentes, líderes, filiados e até mesmo os adeptos (art. 241 do Código Eleitoral). A relação de solidariedade ou afinidade entre estes consiste no laço psicológico que os une com vistas a alcançar o objetivo comum que é, primordialmente, a conquista do poder político.

O programa político da agremiação enuncia as teses e ideologias, as propostas e as diretrizes que devem direcionar a ação partidária na busca pela conquista do poder e o seu exercício há de ser amalgamado para manter a coerência, a coesão e a unidade partidária resultante da *affectio societatis*, geradora da aglutinação de indivíduos diferentes e integrantes de classes sociais heterogêneas.

Em decorrência do seu caráter de instituição permanente e imprescindível ao funcionamento do sistema representativo, é imperioso que o partido político mantenha uma organização estável, que variará em função da natureza do partido e de seu ideário programático. Sua estabilidade somente pode ser preservada a partir de sistemas de controle interno e externo, dentre os quais o mais importante é o da fidelidade partidária.

O mesmo jurista salienta existir uma distinção entre partidos *diretos e partidos indiretos* em face da sua constituição, pois, os primeiros, são compostos exclusivamente por filiações individuais, ou seja, pelo recrutamento avulso de adeptos, ao passo que os segundos, os indiretos, compõem-se de grupos sociais de base, tais como sindicatos, cooperativas e organizações profissionais.

Extrai-se daí que os partidos políticos são grupos sociais que se unem com o intuito de disputar, conquistar, exercer e conservar o poder, nas suas diversas instâncias, apresentando como atrativo para os seus filiados e adeptos a ideologia e programa que os convença de poderem satisfazer, por meio deles, seus anseios sociais e até mesmo pessoais.

O estudo dos partidos políticos, ente aglutinador de cidadãos, envolve diferentes enfoques epistemológicos, notadamente da Filosofia, da Sociologia, da Psicologia, da Ciência Política e do Direito.

Em uma perspectiva sociológica, o partido político assume relevante interesse, pela inter-relação do grupo humano que o compõe, internamente e com o povo, notadamente os integrantes das demais agremiações, dando ensejo à concretização de um número sem-fim de relações interpessoais. E é justamente em razão da forma como ocorrem essas relações interpessoais e entre as diferentes agremiações que se irá determinar as características específicas de cada grupo, propiciando que cada indivíduo opte por um deles.

Sob o aspecto psicológico, os componentes dos partidos se atêm ao instinto de sociabilidade do homem, no sentido de acoplar-se aos indivíduos que tenham características que lhes são assemelhadas. Nesse sentido, a existência de pessoas e grupos distintos assume uma posição de impulsionar a reestruturação de ideias e conceitos comuns visando à perpetuação do grupo, sentimento este, aliás, imanente aos seres vivos em geral, notadamente no que tange ao sentido maior da perpetuação da espécie. O homem, sentindo-se impotente para enfrentar as vicissitudes, conjuga suas forças às de outros homens para lutarem em prol dos objetivos e, igualmente, contra os inimigos comuns.

A Ciência Política, por seu turno, ocupa-se do estudo da agremiação partidária ante sua relevância frente à dinâmica do poder político, mormente nos sistemas democráticos representativos, em que serve de elemento de interação entre os governantes e os governados.

Revestem-se os partidos políticos, da *vis* necessária para a conquista e manutenção do poder nas mãos de determinado grupo, que tendem a se revezar, de modo a refletir a pluralidade de opiniões da sociedade.

Admite-se a existência de agremiações que não tenham por objeto alcançar o Poder político, sobretudo para ocupar cargos de cúpula do Executivo. Basta a possibilidade de influenciar os exercentes de mandatos e ocupantes de cargos eletivos com criticas, manifestações e movimentos cidadãos, fazendo a política de controle e fiscalização da moralidade administrativa, de proteção ao meio ambiente, da defesa de políticas inclusivas das minorias, dentre outras, a propósito, como ocorre na Índia[14].

A dimensão jurídica dos partidos políticos é, hodiernamente, estudada sob o prisma da sua institucionalização, sendo cada vez mais difícil encontrar exemplos de Estado que não os contemple.

No Brasil, os partidos políticos ingressaram no mundo jurídico, adquirindo dimensão nacional através do Decreto n° 21.076/32 que instituiu o primeiro Código Eleitoral, tendo sido reconhecidos, no plano constitucional, pela Carta Magna de 1934.

Com a implantação de governos autoritários no País, os partidos políticos foram, por duas vezes, extintos do sistema político brasileiro: uma, pela Carta de 1937 e a outra pelo Ato Institucional n° 2 de 1965.

A Constituição Federal de 1988 dispôs sobre os partidos políticos no Capítulo V, do Título II, que trata dos Direitos e Garantias Fundamentais, reconhecendo sua natureza de pessoa jurídica de direito privado (art. 17, §

---

14 Em um planeta em que se tornou hegemônica a economia neoliberal, orientada pela ideologia do consumo, mesmo na Índia que parece dotada de certa imunidade para o "ter", sendo a maior democracia – nas eleições de 2009, o colégio eleitoral era composto por setecentos e quatorze milhões de eleitoral e votaram mais de 400 milhões, em um milhão e trezentas mil urnas eletrônicas – não há grandes diferenças ideológicas entre os partidos. O que distingue o principal partido de oposição, BJP, do Partido do Congresso, é que este reza pela cartilha do secularismo, enquanto o primeiro é visto como aliado de organizações nacionalistas hindus radicais. A única exceção é o partido comunista da Índia, com uma visão tradicional de esquerda, contra a abertura da economia e as privatizações. (COSTA, Florência. **Os Indianos**. São Paulo: Contexto, 2012, p. 205-206).

2°), inovando, assim, o sistema anterior que lhe impunha a índole de pessoa jurídica de direito público interno (lei n° 5.682/71, denominada Lei Orgânica dos Partidos Políticos).

Levou em conta o constituinte de 1988 que os partidos políticos se constituem da associação voluntária de pessoas com vista a alcançar fins políticos comuns, devendo estar protegidos da influência do Estado, desde sua criação até sua extinção, de forma precípua pelos princípios da liberdade e da autonomia partidárias.

É que o funcionamento do governo depende, *a priori*, da ação partidária estabelecida pela agremiação, com base no ideário e programa, dos quais devem decorrer suas plataformas e projetos políticos, submetidos à apreciação pública, periodicamente, quando das eleições, a serem concretizadas pelos vitoriosos do certame, havendo de corresponder à confiança do povo materializada nos votos depositados nas urnas.

Em um primeiro momento, o partido político se constitui como qualquer pessoa jurídica de direito privado, podendo, como tal, funcionar, inclusive atuar em defesa de direitos humanos, da cidadania e do erário, desde que atenda aos requisitos necessários para se legitimar à propositura de ação civil pública, do mandado de segurança coletivo, dentre outros instrumentos de defesa da ordem democrática.

Porém, somente com o registro do Tribunal Superior Eleitoral é que o partido político adquire a capacidade eleitoral para participar das eleições, do horário eleitoral gratuito, perceber cotas do fundo partidário e defender seus símbolos.

Os partidos políticos, como entidade aglutinadora de seres humanos, regem-se (ou devem reger-se) por princípios e normas basilares, que têm como finalidade o seu fortalecimento perante o poder político.

Vigora como princípio norteador atinente aos partidos políticos, a liberdade de estruturação, organização e funcionamento partidários, na criação, fusão, incorporação e extinção, regalia esta, entretanto, que se subordina ao atendimento dos valores do regime democrático, da soberania nacional, do pluripartidarismo e os direitos da pessoa humana, que constituem autêntico sistema de *controle qualitativo externo* passível de verificação por parte do Tribunal Superior Eleitoral, quando do pedido de registro, a par da existência de um sistema de *controle qualitativo interno* realizado pelas próprias agremiações, através da aplicação do instituto da fidelidade partidária aparelha do com mecanismo eficiente de sanção, somente encontrável com a validação das normas estatutárias que preveem a perda do mandato parlamentar.

Usufruem os partidos políticos da liberdade e autonomia constitucional que lhes são asseguradas pela norma do art. 17, *caput*, § 1° da Constituição Federal de 1988.

2. FUNÇÃO

Com base no conceito de partidos políticos é possível delinear-se a sua função na sociedade. A doutrina, de um modo geral, admite que a função primordial dos partidos políticos reside na organização da vontade popular, que deverá resultar na conquista do poder e no seu exercício, com fulcro no programa de governo estruturado com base na ideologia definida e em programa de ação destinado a atender aos anseios da sociedade.

Reside, portanto, a função dos partidos na representação dos anseios e interesses da sociedade, assegurando a alternância de ideias e homens no poder, aglutinados por uma força viva que é a do ideário que os une, a ser alcançado pela coletividade e, individualmente, por cada cidadão.

Pela via partidária, cumpre-se a função de institucionalizar o poder, servindo de anteparo contra a personalização que dá ensejo ao surgimento das ditaduras, cumprindo-se, destarte, sua função representativa da soberania popular.

A ordem jurídica brasileira impõe aos partidos políticos a função (dever, direito) de resguardar a soberania nacional, o regime democrático, o pluripartidarismo e os direitos fundamentais dos seres humanos, assegurando a autenticidade do sistema representativo (art. 17 da Constituição Federal e art. 2° da lei n° 9.096/95).

3. CLASSIFICAÇÃO

É possível proceder-se à classificação dos partidos políticos em função de critérios distintos. Fávila Ribeiro[15] destaca a classificação segundo os seguintes aspectos diferenciadores:

> a) com fulcro nas questões de fundo, ante sua posição estatal, pode-se qualificá--los em partidos individualistas e socialistas;
> b) levando-se em conta questão de forma, na organização do Estado, classificá--los em republicanos, monárquicos e parlamentares;
> c) considerando-se questões de modo no cumprimento dos fins do Estado, pode--se dividi-los em conservadores, reformistas e radicais.

Max Weber[16] adota a classificação teleológica que distingue o partido do patronato, que visa à obtenção do poder para o seu chefe e à distribuição de funções entre os seus adeptos; o partido de classe que visa à consecução de objetivos sociais e os partidos ideológicos que sustentam uma visão de mundo baseada em princípios abstratos ou objetivos concretos.

---

15 Ob. cit., p. 292
16 RIBEIRO, Fávila. Ob. cit., p. 293

Burdeau[17], diversamente, defende a classificação dos partidos políticos tendo em vista a influência capaz de ser exercida sobre os seus adeptos, que resulta em partidos de opinião que buscam incentivar a capacidade individual de cada um dos seus componentes alternando comportamentos em função das várias alternativas possíveis, e partidos de massas que se sustentam em severa disciplina interna que os tornam conhecidos pela intolerância doutrinária.

Duverger[18] firma a divisão em partidos de quadros e partidos de massas. Os partidos de quadros seriam aqueles mantidos pela imagem e pelo poder aquisitivo de pessoas influentes, de prestígio, que se constituam a partir de grupos parlamentares formados no interior das assembleias representativas, os quais seriam frutos da oligarquia censitária do século XIX. Anna Oppo[19] explica que estes "notáveis" agrupavam-se quase exclusivamente durante o período eleitoral para prover a escolha dos candidatos e financiar as suas campanhas eleitorais, inexistindo um caráter organizativo entre os mesmos.

Os partidos de massas surgiram concomitantemente com os partidos socialistas europeus, que deram uma nova conotação às agremiações partidárias, em face das transformações econômicas e sociais introduzidas pela industrialização. Estes partidos tinham por fim abarcar as massas populares e deveriam educá-las, tornando-as politicamente ativas e conscientes do seu papel político e, para tanto, precisavam desenvolver uma organização estável de atuação contínua. Estes, que não dispunham de "notáveis" para prover o financiamento das suas campanhas, criaram o sistema de quotas, isto é, contribuições periódicas que cada filiado deveria pagar ao partido, a fim de repartir os custos inerentes ao pleito eleitoral.

Em função dos sistemas políticos que patrocinam, salienta Fávila Ribeiro[20] que os partidos podem ser divididos em monopolistas e competitivos. Os primeiros têm por objetivo alcançar o poder e nele se manter, rechaçando o princípio da alternância no poder, considerando-se predestinados à dominação política, não aceitando a coexistência com outras organizações correlatas. As legendas competitivas defendem a concorrência eleitoral, com a consequente alternância ou transmissibilidade do poder político, por meio de eleições periódicas, e admitem que o controle das atividades governamentais seja repartido com as correntes minoritárias, respeitando o sistema político no qual estão inseridos.

Concluiu Fávila Ribeiro que os tipos de partidos variam em razão das concepções por eles adotadas sobre o sistema partidário e não pela natureza

---

17 *Idem*, p. 293.
18 *Ibidem*, p. 293.
19 Ob. cit., p. 899.
20 Ob. cit., p. 294.

dos sistemas que tenham sido admitidos a participar, com os quais pode estar apenas formal ou conjunturalmente vinculados[21].

Eis a classificação moderna dos partidos políticos, segundo José Afonso da Silva[22], que os divide em partidos de esquerda, partidos de *centro* e partidos de *direita*, admitindo a possibilidade de combinações destes em partidos de *centro-esquerda* e partidos de *centro-direita*. Esta classificação encontra guarida na categorização de Lawrence Lowell, que entende que os homens podem ser divididos em contentes e descontentes, pró ou contra as transformações da ordem estabelecida. De acordo com tal entendimento, os homens podem ser divididos em:

> "(a) contentes com a ordem estabelecida e contrários a qualquer mudança, que são os conservadores;
> (b) contentes, mas predispostos a aceitar certas alterações na ordem vigente, que são os liberais, ditos também de centro;
> (c) descontentes com a ordem vigente, postulando transformações, que são os socialistas, os esquerdistas em geral entre moderados e radicais;
> (d) descontentes com a ordem vigente, não porque desejem mudanças, mas porque acham que já se avançou demais, que já se ultrapassaram os limites razoáveis, que são os reacionários de todos os matizes, os direitistas em geral: integralistas, fascistas, nazistas e outras espécies."[23]

No que toca à referida classificação, deve-se aduzir que Duverger defende que o dualismo direita-esquerda nem sempre representa um dualismo de partidos políticos, mas, sim, um dualismo de tendências, eis que as decisões políticas giram em torno de dois polos opostos, que implicam um necessário posicionamento em favor de uma ou de outra. Diante de uma questão polêmica, de um conflito social, os partidos políticos de direita, de esquerda e de centro devem assumir uma posição que fatalmente será bipolar, ou à esquerda ou à direita. Por esta razão, conclui que o partido de centro é necessariamente composto de um agrupamento artificial de parte da direita e parte da esquerda[24].

4. GARANTIAS CONSTITUCIONAIS DOS DIREITOS DE REUNIÃO E DE ASSOCIAÇÃO

A Constituição Federal de 1988 assegurou aos cidadãos o direito de reunir-se, pacificamente, sem armas, em locais abertos ao público, indepen-

---

21 *Idem*, p. 294.
22 Ob. cit., p. 397.
23 Ob. cit., p. 397.
24 SEILER, Daniel-Louis. Ob. cit., p. 42.

dentemente de autorização, desde que não frustre outra reunião anteriormente convocada para o mesmo local, exigindo-se o prévio aviso à autoridade competente; garantiu-se, também, a plena liberdade de associação para fins lícitos, sendo vedada apenas a de caráter paramilitar (art. 5ª, incisos XVI a XXI da CF).

Seria incompreensível que um país que adote a democracia participativa como regime político não assegurasse aos seus cidadãos o direito de reunir-se e de associar-se, porque direitos individuais, exercidos coletivamente, e imprescindíveis ao pleno exercício democrático.

Para José Afonso da Silva[25], reunião é qualquer agrupamento formado em certo momento com o objetivo comum de trocar ideias ou de receber manifestação de pensamento político, filosófico, religioso, científico ou artístico. Não é propriamente um agrupamento organizado, como, às vezes, se diz, porque organização pressupõe acerto entre os componentes, estruturação interna, o que não se verifica na reunião. Nesta, o agrupamento, a aproximação, dá-se pela simples atração do objetivo comum, que sequer precisa ser definido. A mera curiosidade em face de acontecimentos não é suficiente para dar ao agrupamento o seu sentido de reunião. É que esta, se não pressupõe acordo prévio entre os seus componentes, funda-se, ao menos, numa avocação prévia sob a direção de alguém ou de uma comissão. Destarte, as passeatas e os comícios podem ser considerados manifestações características do direito de reunião.

O direito de associação vem sendo entendido pela doutrina como direito de exercício coletivo que, dotado de caráter permanente, envolve duas ou mais pessoas, com vistas à realização de objetivo comum, sob direção unificante[26], ou, ainda, como um direito complexo, com múltiplas dimensões – individual e institucional, positiva e negativa, interna e externa – cada qual com sua lógica própria, complementares umas das outras e que um sistema jurídico-constitucional coerente com princípios de liberdade deve desenvolver e harmonizar[27]. Assim brotam as associações sindicais, os partidos políticos, as associações culturais, sociais, tenham ou não finalidade lucrativa.

É relevante por em destaque a precisa observação realizada por José Afonso da Silva, quando da análise da relação entre o direito de associação e os partidos políticos, afirmando que a norma constitucional, relativa à associação compreende as bases gerais e os fundamentos primeiros dos partidos

---

25 SILVA, José Afonso da. **Curso da Direto Constitucional Positivo**. 22ª ed. São Paulo: Malheiros Editores, 2003, p. 263.

26 NUNES JÚNIOR, Vidal Serrano; ARAUJO, Luiz Alberto David. **Curso de Direito Constitucional**. 6ª ed. São Paulo: Saraiva, 2002, p. 125.

27 MIRANDA, Jorge apud MORAES, Alexandre de. **Direto Constitucional**. 11ª ed. São Paulo: Atlas, 2002, p. 101.

políticos, que são espécies de associações com disciplina constitucional específica no art. 17[28].

Os constitucionalistas costumam sintetizar o direito de reunião e o direito de associação, apontando algumas de suas características principais. Para a caracterização da reunião é imperiosa a pluralidade de participantes, o caráter temporário e o desiderato de se tratar de um encontro lícito, pacífico e sem armas.

No processo de caracterização da associação é preciso que se constate a existência de uma pluralidade de participantes, unidos pela vontade de aderir a um objetivo lícito específico, com caráter permanente[29]. Sobressai dessa definição a necessidade de uma *affectio* política fixada em torno de ideais comuns e que mantém a unidade do grupo, bem assim o seu caráter duradouro e indispensável para estabilidade de todos, pela escolha do regime democrático instituído com o fito de realizar a paz social.

Merecem ser sublinhados alguns aspectos característicos dos direitos individuais de reunião e associação, intimamente vinculados aos partidos políticos.

No direito de associação encontra-se o fundamento da constituição dos partidos políticos. É que, a partir do momento em que o ordenamento jurídico-constitucional assegura ao cidadão o direito de associar-se, a formar um grupo, de caráter permanente, para atingir uma finalidade lícita, no campo da política, garantida se encontra a possibilidade de constituição de um partido, instrumento indispensável para o funcionamento da democracia representativa.

Essa associação que gera o partido político, uma vez constituído e em funcionamento, necessita ter a garantia de que poderá reunir-se, seja em locais públicos ou privados, sem qualquer espécie de controle prévio por parte do Estado e sem qualquer modalidade de patrulhamento ideológico, pois seus comícios e passeatas constituem-se nos veículos necessários à divulgação de seu ideário programático, das suas plataformas políticas e de governo, seus modos de atuação e, consequentemente, importantes para o seu fortalecimento. Bem por isso o direito de realizar comício, que envolve o direito de reunião e o seu consectário lógico, o de associação, não encontra restrições, salvo as de respeito à ordem de precedência quanto ao local designado

---

28   Ob. cit., p. 266

29   Quanto ao caráter permanente das associações, é preciso ressaltar que o texto constitucional não obriga ninguém a se associar, nem tampouco permanecer associado, garantindo aos cidadãos o direito de dissolver a associação quando assim quiserem, ou por decisão judicial, na hipótese de se constituir uma associação com finalidade ilícita. Portanto, o caráter permanente da associação visa simplesmente ressaltar o aspecto contínuo das associações quando comparadas com as reuniões.

para tanto e a comunicação à polícia para, tão somente, preservar a ordem pública (lei n° 1207/50 e art. 39 e §§ da lei n° 9.504/97).

São os partidos políticos, portanto, o resultado do grupamento humano reunido em torno de um ideal comum, de natureza política, em busca de atingir o Poder, embora este objetivo não seja imprescindível ao seu funcionamento.

5. OS VÍNCULOS PSICOLÓGICO, SOCIOLÓGICO E A UNIDADE DOS PARTIDOS POLÍTICOS

> *Se és capaz de te indignares com alguma injustiça no mundo, então, somos companheiros (Ernesto Guevara).*

Em toda comunidade organizada existem regras universais: regras que vigoram "para todos". Os estatutos falam, pois, a linguagem do universal; por sua vez, o princípio da *affectio societatis* introduz um elemento suplementar indicativo de que algo falta neste nível universal.

Elucidativo acerca do vínculo psicológico que aglutina indivíduos integrantes de um mesmo grupo social em torno de uma agremiação partidária são as palavras de Vitória Ottoni[30]:

> Pode-se dizer que o mundo jurídico percebe que o universal não consegue apreender o que se passa no vínculo social. É por este motivo que Freud recorre a Eros; ele entendia que aquilo que se passa num grupo deve ser pensado não apenas no plano do discurso, mas também no plano da pulsão. Daí ter estabelecido o fator coesivo do grupo fundado na noção de identificação. A partir dela, alguém pode dizer "sou afiliado a tal partido", ou ""somos correligionários", significantes norteadores importantes, sem dúvida; entretanto, ao que tudo indica o mecanismo da identificação não consegue apreender totalmente o que se passa neles. É preciso introduzir o fator pulsional, indicado por Freud com o termo Eros[31], bem como o que se designa como *affectio societatis*, em termos lacanianos, o objeto causa-do-desejo[32], que talvez se localize num vínculo ou numa relação no plano

---

30 *Notas para Pensar a Fidelidade Partidária*, de Vitória Eugênia Ottoni Carvalho, Módica Psiquiatra e Psicanalista. Professora da UFBA e Doutora pela Universidade de Paris VII, *in* correspondência dirigida ao autor, em 10.02.2005.

31 Eros não é apenas o deus do amor, para a psicanálise Eros ó, sobretudo, a tendência à promoção de laços, a tendência a estabelecer ligações. O que Freud chamou de *libido*, energia de Eros, cobra incansáveis investimentos, especialmente no amor e na sexualidade, e arrasta cm seu rastro a outra face da mesma moeda: o ódio.

32 Para Lacan, este objeto, que não ó um objeto do mundo e, portanto, não representável enquanto tal, é nomeado "pequeno a", elo só podo ser identificado cm certos momentos do lampejo; em outras palavras, o desejo humano se ancora a uma Coisa que supostamente nos faria plenos, sem falta. Esta Coisa se traduz por um objeto que de fato nunca existiu. O qual foi perdido na inscrição mesma da humanidade, mas que funciona

do entendimento, isto é, ao menos compartilhamos uma certa significação, para além de um sentido".

O vínculo psicológico (*affectio societatis*) é constituído pela associação do eleito e do eleitor à ideologia e aos programas da agremiação que mantém o grupo unido em torno de um ideal comum, de modo a contribuir para a formação do consenso social, através de manifestações da majoritária vontade popular, com respeito às correntes minoritárias de opinião.

Isto é um dado da realidade: cada vez que se instala a *affectio societatis* num grupo, os seus componentes acabam por compartilhar de um mesmo código, animados por uma linguagem estereotipada que às vezes dá a impressão se tratar de uma facção ou uma seita. Há, portanto, esse efeito que se pode e deve combater, mas que nasce do acordo mesmo dos significantes, ultrapassando os sujeitos e que está presente na expressão: "eles se entendem entre si". Tudo isso fará do partido, tal como dizemos em nossa linguagem forte, um objeto de investimento libidinal, com fortes laços afetivos entre os seus pares.

Alienados ao Outro – disso ninguém escapa – nos safamos em parte do nosso desamparo ao nos aglutinarmos em torno de uma causa, assim ancoramos e nos aferramos a alguma significação "significante" que nos toca, porém como nenhuma significação pode dar conta ou resumir a complexidade da existência humana, resta sempre um ponto de vacilação do sentido, uma fissura através da qual erigimos o nosso desejo que nos funda como sujeitos, e é, paradoxalmente, a partir da brecha de uma "causa perdida"[33] que podemos reanimar, relançar e revigorar o desejo.

Retornando à ideia de conversação, colocada na abertura deste texto, e trazendo-a para o contexto das organizações político-partidárias, é lícito tomá-la como um possível caminho para se manter a direção orientada ao âmago dos valores da comunidade partidária. Como dissemos anteriormente, conversação não se confunde com comunicação. A comunicação almeja uma língua universal, ela é utilitária e visa suprir as necessidades, pretende ser objetiva nas suas informações fazendo circular notícias rápidas e inequívocas. A conversação, em contrapartida, é uma arte, a sua promoção se dá com o

---

para nós como o bem precioso escondido que perseguimos, uma vez que na nossa fantasia ele nos resgataria da condição de carentes *e* de eternos devedores em relação ao Outro. Lacan propõe chamar este objeto de "objeto a", ou "objeto causa do desejo".

---

33 Cf. LACAN, J., **Seminaire XI, Les quatro concopts fondamontaux de la psychanalyse**, Paris : Seuil, 1973, p 117. Aí, ele afirma: "... a causa do inconsciente – *e* vós bem veem que aqui o termo causa deve ser tomado em sua ambiguidade, causa a ser sustentada, mas também função da causa no nível do inconsciente – essa causa deve ser fundamentalmente concebida como a causa perdida. E é esta a única chance que temos de ganhá-la."

diálogo, exercício do espírito animado por Sócrates na praça, o espaço público ateniense. Da multiplicidade dos interlocutores, de suas divergências e de suas dissensões, o espírito de Sócrates consegue fazer desabrochar "alguma coisa da unidade inacessível do verdadeiro... e nela, uma felicidade de uma qualidade que nenhum gozo ou possessão mundana saberiam igualar"[34].

Existem agrupamentos com um líder "carismático" e a massa ignara que o segue, e agrupamentos compostos pelos participantes de uma conversação que podem ser nomeados e citados um a um, distintos da massa amorfa; no primeiro caso, domina o comandante "feroz e obsceno", no outro, floresce um líder que conduz o partido através da conversação, estimulando e permitindo aos seus correligionários o franqueamento do plano da identificação.

O risco da conversação ocorre quando, em lugar de Sócrates, são os sofistas, diríamos hoje, os "mercadores de ilusões", que conduzem o jogo: aí se tem "disponibilidade bastante para o jogo e a 'felicidade' (eu acrescentaria, a infidelidade) e não suficiente maturidade espiritual para saber o preço das instituições duráveis"[35].

Soma-se a isso que a unidade dos partidos políticos também pode ser demonstrada por meio do vínculo sociológico entre o filiado e um grupo organizado sob uma ideologia ou uma causa de natureza coletiva. O sentimento ou sensação de pertencimento a determinado grupo exterioriza o que se denomina de vínculo sociológico, sobretudo porque permite ao filiado o exercício de direitos de participação em uma sociedade política plural.

A aquiescência interna do filiado a certos ideais (vínculo psicológico) e a inequívoca vontade de pertencer a determinado grupo social (vínculo sociológico) repercutem na unidade dos partidos políticos e, ao final, para o fortalecimento da democracia.

6. A FILIAÇÃO PARTIDÁRIA

O cidadão que se identifica com o ideário programático de certo partido, se pretender exercer mandato ou ocupar cargo eletivo, ou somente participar da vida político-partidária, poderá se filiar à agremiação que lhe convier – desde que esteja no pleno gozo dos seus direitos políticos[36] – estabelecendo com a instituição um vínculo político-jurídico gerador de deveres e direitos fixados no estatuto e no programa, bem assim na respectiva legislação de regência.

O filiado não poderá ser compelido a se associar nem a se manter associado (art. 5º, XX da CF), mas, se conserva o vínculo político-jurídico, deve se submeter às normas de fidelidade e disciplina partidárias, sob pena de

---

34 FUMAROLI. M. **Trois instituitons litéraires**, *op.cit.*, p. 115.
35 *In* ob. cit., p. 118
36 Art. 16 da LPP.

sofrer as sanções previstas no estatuto; outrossim, o filiado é titular de direitos, *v. g.* de participar das reuniões, assembleias e convenções, votando e sendo votado no âmbito intrapartidário, inclusive podendo eleger os dirigentes da agremiação, ou aos seus cargos se habilitar. A democracia deve começar dentro de casa!

A Constituição Federal de 1988 impõe como requisito ou condição de elegibilidade a filiação partidária. Esta disposição, regulamentada pelo art. 18 da Lei nº 9.096/65 – conhecida como a Lei dos Partidos Políticos-, introduziu no ordenamento jurídico brasileiro a exigência de que o cidadão, em pleno gozo dos seus direitos políticos, filiado a uma agremiação partidária há pelo menos 6 (seis) meses da data fixada para a realização das eleições possa concorrer a um cargo eletivo[37].

Não obstante, a Lei nº 9.096/95, no seu art. 20, *caput* e parágrafo único, faculta aos partidos políticos impor, por meio dos seus estatutos, prazos mais extensos de filiação *como* condição para a candidatura a cargos eletivos, determinando que estes não podem ser alterados em ano de eleição.

A ordem jurídica brasileira não admite candidatura avulsa, pois a filiação partidária tem matriz constitucional (art. 14, § 3º, inciso V da CF) e, tendo sido alçada a condição/requisito de elegibilidade, o seu inadimplemento obsta que o cidadão, portador de capacidade apenas ativa (votar) possa se candidatar a cargo eletivo (ser votado).

O processo de filiação partidária é regulamentado pelos estatutos dos partidos políticos, que têm autonomia para definir sua estrutura, organização e funcionamento, devendo suas regras estatutárias estabelecer normas de fidelidade e disciplina partidárias (art. 17, § 1º da CF).

A filiação partidária independe de controle judicial prévio, cabendo aos partidos políticos, através dos seus diretórios municipais, regionais, distritais e nacionais, enviar, duas vezes por ano (segunda semana dos meses de abril e outubro), à Justiça Eleitoral, a relação com o nome de todos os seus filiados, para efeito de verificação do prazo de filiação indispensável à candidatura a cargos eletivos, conforme dispõe o art. 19, *caput*, da Lei nº 9.096/95, alterado pelo art. 103 da Lei nº 9.504/97.

Não sendo encaminhada a relação de filiados, no prazo legal, a Justiça Eleitoral presumirá que não ocorreram novas filiações ou desligamentos no período, prevalecendo a relação anteriormente remetida àquela Justiça Especializada. Todavia, qualquer filiado prejudicado com a ausência de remessa da nova relação à Justiça Eleitoral, poderá fazê-lo suprindo, diretamente, a omissão do partido político[38].

---

37   A Lei nº 13.165/2015 alterou a Lei nº 9.096/95 (LPP) para reduzir o prazo mínimo de filiação de um ano para seis meses.

38   Lei nº 9.096/95, art. 19, §§ 1º e 2º.

Assim como a filiação, o desligamento de um partido político é ato pessoal e voluntário do eleitor, podendo, quando e se o desejar, fazer comunicação escrita ao diretório municipal e outra ao juiz eleitoral da zona eleitoral da respectiva zona na qual é inscrito, a fim de formalizar o seu afastamento definitivo do partido, operando-se seus efeitos decorridos dois dias da entrega da mencionada comunicação.[39]

O desligamento não se confunde com o cancelamento da filiação partidária, eis que, o primeiro decorre de um ato voluntário ou consensual, produzindo efeitos 02 (dois) dias depois da sua realização, enquanto o segundo é automático e compulsório, resultando de morte, perda dos direitos políticos, ou de expulsão, ou de outras causas previstas no estatuto partidário e, nesta última hipótese, determina a Lei que o prejudicado (filiado) deva ser comunicado, no prazo de 48 (quarenta e oito horas), da decisão do cancelamento da sua filiação.[40]

O cancelamento do vínculo partidário decorre, ainda, da filiação a outra agremiação, desde que o cidadão comunique o fato ao juiz da respectiva zona eleitoral.[41]

A existência de duplicidade de filiações partidárias não mais implica no cancelamento de ambas, pois, em caso de coexistência, prevalecerá o vínculo mais recente, devendo a Justiça Eleitoral cancelar os anteriores.[42]

Na redação originária do art. 22, parágrafo único da LPP[43], ora revogada, quando o eleitor se filiava a outro partido, sem comunicar o seu desligamento à agremiação à qual estava anteriormente vinculado, omitindo-se, também, quanto à comunicação ao juiz da sua zona eleitoral, no dia imediato ao da nova filiação estava configurada a dupla filiação, sendo ambas declaradas nulas para todos os efeitos, cuja conduta estava tipificada como crime no art. 320 do Código Eleitoral.

7. A AUTONOMIA DOS PARTIDOS POLÍTICOS

A autonomia dos partidos políticos está assegurada no art. 17, § 1º, da Constituição Federal, tendo sido repetida no art. 3º da Lei nº 9.096/95 (LPP). Estabelece a Constituição Federal:

---

39 Art. 21, *caput* e parágrafo único da LPP.
40 Art. 22 da Lei nº 9.096/95.
41 Art. 22, V da LPP, incluído pela Lei nº 12.891/2013.
42 Art. 22, parágrafo único da LPP, incluído pela Lei nº 12.891/2013.
43 A redação originária do art. 22, parágrafo único, da Lei nº 9.096/95, foi revogada pela Lei nº 12.891/2013.

Art. 17. É livre a criação, fusão, incorporação e extinção de partidos políticos, resguardados a soberania nacional, o regime democrático, o pluripartidarismo, os direitos fundamentais da pessoa humana e observados os seguintes preceitos:
I – caráter nacional;
II – proibição de recebimento de recursos financeiros de entidade ou governo estrangeiros ou de subordinação a estes;
III – prestação de contas à Justiça Eleitoral;
IV – funcionamento parlamentar de acordo com a lei.
§ 1º É assegurada aos partidos políticos autonomia para definir sua estrutura interna, organização e funcionamento e para adotar os critérios de escolha e o regime de suas coligações eleitorais, sem obrigatoriedade de vinculação entre as candidaturas em âmbito nacional, estadual, distrital ou municipal, devendo seus estatutos estabelecer normas de disciplina e fidelidade partidária. (Redação dada pela Emenda Constitucional nº 52, de 2006)
§ 2º Os partidos políticos, após adquirirem personalidade jurídica, na forma da lei civil, registrarão seus estatutos no Tribunal Superior Eleitoral.
§ 3º Os partidos políticos têm direito a recursos do fundo partidário e acesso gratuito ao rádio e à televisão, na forma da lei.
§ 4º É vedada a utilização pelos partidos políticos de organização paramilitar.

A regra da autonomia partidária, que se soma à liberdade de criação dos partidos políticos, tem o sentido teleológico do fortalecimento da democracia, repelindo a interferência estatal na atuação, criação e extinção dos partidos políticos, com exceção daqueles de caráter paramilitar, expressamente vedado pela Carta Magna.[44]

A própria modificação da personalidade jurídica dos partidos políticos, que, de direito público passou para a de direito privado, advinda com a Carta de 88, vem ao encontro do ideal não intervencionista do Estado, sendo certo que a autonomia partidária afigura-se como garantia necessária ao fortalecimento das agremiações e, com ela, do regime representativo.

O termo *autonomia* envolve um conceito polifacetado com múltiplos significados, todos de acordo com a posição do seu emissor. Fala-se em autonomia política, administrativa, da junção das duas; da autonomia especial ou ordinária (caso da constituição italiana de 1948); da autonomia ao nível filosófico e psicológico[45].

O político, o economista, o historiador, contudo, veem o fenômeno da autonomia por diferentes prismas, intencional e invariavelmente, reducionista. Para a historiografia, o conceito adquire vários matizes, conforme o contexto a que se orienta a respectiva análise: o antigo regime tem contornos jurídico-institucionais distintos daqueles surgidos com o advento do movimento liberal e, em fins do século XIX o conceito ganha a necessária consistência jurídica, o *home rule* para ingleses e americanos.

---

44   Art. 17, § 4º da CF.
45   VIEIRA, Alberto. **Região Autônoma da Madeira**: A Autonomia. XX Aniversário. Governo Regional de Ilha Madeira: Breves Notas Históricas, p. 1-4.

A autonomia fundamenta-se na História, afirma-se pela conscientização política e cultural dos seus intervenientes e projeta-se no pleno exercício dos órgãos de governo próprio.

O conceito, na sua expressão atual, é uma conquista do século dezenove, mas não será anacronismo identificar o seu uso em momentos anteriores, desde que lhe seja atribuído um significado adequado. Anacrônica, isto, sim, é a projeção do seu atual significado às conjunturas passadas. A primeira preocupação do historiador está em questionar a documentação para extrair a definição que mais se coaduna com o ambiente da época.

A autonomia, do grego, *nomos*, pode significar região, província, usos e costumes, tendo surgido na Grécia antiga por oposição à alteronomia e anomia, como o direito de uma região de governar-se por leis próprias. Filipo foi o primeiro exemplo disso.

De acordo com S. Tomás de Aquino, a sociedade assemelhava-se a um organismo cujo bem-estar resultava do exercício autônomo das suas funções. Esta visão antropomórfica da sociedade tinha implicações na organização política da autonomia funcional, significando *jurisdictio*, isto é, o poder de fazer leis e posturas, julgar e emitir ordens. É a partir daí que se extrai a ideia cooperativa de sociedade, que marcou a evolução das nossas instituições. Por isso mesmo, ao longo do processo histórico variam apenas as formas da sua expressão institucional.

Surge, então, o princípio da autonomia privada, tradução jurídica da liberdade de iniciativa econômica. Ao sujeito é atribuída a possibilidade de criar situações de direito subjetivo, pessoais ou reais, tanto que a autonomia privada é vista como um poder que lhe é reconhecido, de regulamentar os próprios interesses, dentro de determinados parâmetros legais. Tal autorregulamentação manifesta-se, principalmente, no campo do direito contratual, como instrumento da iniciativa privada.

A ideia de contrato como categoria genérica e expressão da liberdade individual remete às doutrinas dos Séculos XVIII e XIX, tendo sido incorporada ao Código Civil francês de 1804. Os homens não só criavam o Estado para proteger seus direitos naturais – em cuja esfera não era dado ao Estado intervir – mas, também, suas relações interindividuais. Consagrou-se, aí, em toda a sua plenitude, o dogma da autonomia privada. Qualquer contrato formado pela vontade individual – que adquiriu *status* de soberana – seria dotado de ação a garanti-lo, tendo força de lei entre as partes contratantes.

Constantini Morati[46] define *autonomia* como a liberdade de determinação consentida a um sujeito, resultando no poder de dar a si mesmo a lei reguladora

---

46 MORATI, Constantini. Istituzioni di diritto publico. 7ª ed. Padova: Cedam, 1968, v. 2, p. 694 apud REIS, *Élcio* Fonseca. **Federalismo fiscal**: competência concorrente e normas gerais de direito tributário. Belo Horizonte: Mandamentos, 2000, p. 41.

da própria conduta, ou, mais compreensivamente, o poder de prover o atendimento dos próprios interesses e, portanto, de gozar e de dispor de meios necessários para obter uma satisfação harmônica e coordenada dos referidos interesses.

Para Kant[47], autonomia é o fundamento da dignidade da natureza humana e de toda a natureza racional que caracteriza o ser humano e o distingue de todos os outros seres, uma vez que ela designa o específico do ser humano: a capacidade de se autodeterminar, de construir a si mesmo a partir dos critérios de sua própria razão. O ser humano só é humano aí onde é autônomo, ou seja, a conquista da humanidade se faz enquanto processo de emancipação.

O substantivo autonomia comumente é acompanhado por diversos adjetivos. Fala-se em autonomia pública, autonomia privada, autonomia legislativa, autonomia administrativa, autonomia judiciária, autonomia estadual, autonomia municipal, autonomia distrital, autonomia institucional, autonomia orgânica, autonomia funcional, autonomia pessoal, autonomia individual, autonomia didática, autonomia científica, autonomia financeira, etc.

Todas essas adjetivações da autonomia, contudo, têm em comum algo substancialmente idêntico, que é a ideia de uma esfera de organização e de atuação exclusivas, livres de quaisquer interferências externas[48].

---

47 BRITO, José Henrique S. **Introdução à Fundamentação da Metafísica dos Costumes**. Cidade do Porto: Contraponto, 1994, p. 07.

48 HOUAISS define: Autonomia s.f. (1836 cf. SC) 1. capacidade de se autogovernar 1.1. JUR direito reconhecido a um país de se dirigir segundo suas próprias leis; soberania 1.2. faculdade que possui determinada instituição de traçar as normas de sua conduta, sem que sinta imposições restritivas de ordem estranha 1.3. ADM direito de se administrar livremente, dentro de uma organização mais vasta, regida por um poder central 1.4. direito de um indivíduo tomar decisões livremente; liberdade, independência moral ou intelectual 2. FIL segundo Kant (1724-1804), capacidade apresentada pela vontade humana de se autodeterminar segundo uma legislação moral por ela mesma estabelecida, livre do qualquer fator estranho ou exógeno com uma influência subjugante, tal como uma paixão ou uma inclinação afetiva incoercível – p.opos. a heteronomia 3 PSIC preservação da integridade do ou 4. distância máxima percorrível por um veículo, som que haja necessidade de reabastecimento de combustível 1.1. AER espaço de tempo em que uma aeronave permanece no ar, cm dada velocidade, até consumir quase todo o combustível [Uma parte pequena é deixada por segurança, para algum imprevisto.] 4.2. MAR período em que um navio de guerra pode permanecer no mar. som necessidade do ser abastecido (São levados em conta alguns fatores, como raio de ação, capacidade do transporte de suprimentos e água da capacidade das câmaras frigoríficas). 5. TEC período de tempo cm que um equipamento ou sistema pode manter suas características de funcionamento, sem a ação de agentes externos – a. da vontade JUR princípio segundo o qual a vontade expressa livremente por pessoa capaz, e dentro das normas legais, deve ser considerada soberana – a. necessária JUR poder que os herdeiros têm do derrogar as normas relativas à partilha judicial que não sejam de ordem pública – ETIM gr. Autonomia 'direito de reger-se segundo leis próprias'; prov. sob infl. do fr. Autonomia 'id.': ver aut(o}- e- nomia – ANT dependência, servidão. (**Dicionário HOUAISS da Língua Portuguesa**. 1. edição. Rio de Janeiro: Ed. Objetiva, 2001, p. 351).

Em relação aos partidos políticos, ao comentar o § 1º do art. 17 da Constituição Federal, José Afonso da Silva[49] diz que se há de destacar o princípio da Autonomia Partidária, que é uma conquista sem precedente, de tal sorte que a lei tem muito pouco a fazer em matéria de estrutura interna, organização e funcionamento dos partidos, estes podem estabelecer os órgãos internos que lhes aprouverem. Podem estabelecer as regras que quiserem sobre seu funcionamento. Podem escolher o sistema que melhor lhes parecer para designação de seus candidatos: convenção mediante delegados eleitos apenas para o ato, ou com mandatos, escolha de candidatos mediante votação da militância. Podem estabelecer os requisitos que entenderem sobre filiação e militância. Podem disciplinar do melhor modo, a seu juízo, seus órgãos dirigentes. Pode-se determinar o tempo que julgar mais apropriado para duração do mandato de seus dirigentes.

A Carta Magna determina que os partidos organizem-se e funcionem em harmonia com o regime democrático, devendo suas estruturas internas sujeitarem-se aos mesmos princípios, pois não é compreensível que uma instituição resguarde o regime democrático se internamente não observa o mesmo regime.[50]

Bulos[51] faz os seguintes comentários ao § 1º, do art. 17, da Constituição Federal:

> O comando estatuído no parágrafo é muito importante, porque trouxe princípio da autonomia partidária.
> Nesse diapasão, os partidos políticos, baseados no preceptivo em tela, poderão estabelecer as normas que desejarem sobre o seu funcionamento, incluindo-se aí o sistema de escolha de seus candidatos, os critérios relativos à filiação e militância, bem como o tempo que acharem devido para a duração do mandato de seus respectivos dirigentes.
> Certamente, afigura-se inconstitucional submeter o regime estatutário do partido político aos dispositivos de leis orgânicas partidárias, porque a Constituição de 1988 lhes assegurou a total liberdade de estruturação. Significa que a legislação infraconstitucional não poderá interferir na estrutura interna, organização e funcionamento dos partidos. Estes, por seu turno, podem prescrever em seus respectivos estatutos as normas que lhes aprouver, observadas as prescrições constitucionais e o bom senso. A justificativa para tal realidade é a seguinte: presume-se que o processo de elaboração dos estatutos político-partidários segue os ditames do regime democrático, com todas as consequências que daí decorrem. Desse modo, seria sobremodo ilógico e aviltante uma dada agremiação partidária

---

49   SILVA, José Afonso. **Curso do Direito Constitucional Positivo**. 10ª ed. São Paulo: Editora Malheiros, 1995, p. 386.

50   *Ibidem*, p. 386.

51   BULOS, Uadi Lâmmego. **Constituição Federal Anotada**. 2ª ed. São Paulo: Saraiva, 2001, p. 445.

erigir seus estatutos sem lastro no pórtico da democracia, desatendo-lhe nas suas atividades internas.

Note-se que os partidos políticos, ao erigir em seus estatutos os dispositivos necessários para reger sua organização interna, deverão prescrever pautas de comportamentos aptos a coibir a indisciplina e a infidelidade às diretrizes partidárias. Portanto, o regime estatutário dos partidos tem a obrigação, constitucionalmente imposta, de prever sanções para os atos de indisciplina e de infidelidade, os quais podem desvalar para o vasto e tormentoso campo da improbidade. A consequência da providência sancionatória vai da simples advertência até a exclusão do filiado-militante dos quadros do partido.

Conclui Uadi Bulos, na esteira de outros entendimentos doutrinários, que a Constituição de 1988 não permitiria a perda do mandato por infidelidade partidária, supostamente por não haver, para tanto, expressa previsão no texto constitucional.

Diversamente, o Autor desta obra apresentou a doutrina do *mandato representativo partidário* nos idos de 2005, publicada em março de 2006, demonstrando *a constitucionalidade da perda do mandato por ato de infidelidade e a necessidade de se conferir efetividade ou eficácia social ao respectivo instituto da Fidelidade*[52], consoante será abordado no Capítulo VI, e corroborados nos julgados no STF[53], e, mais recentemente, com a edição do art. 22-A acrescido pela lei 13.165/2015 à lei 9.096/95 (LPP) e da emenda constitucional nº 91/2016.

Os partidos políticos gozam de autonomia para definir sua estrutura interna, organização e funcionamento, devendo seus estatutos prever regras de fidelidade e disciplina partidárias, inclusive no que tange à aplicação de sanções a seus filiados, parlamentares ou não.

O Pretório Excelso já assentou posicionamento no sentido de que a autonomia partidária é o postulado constitucional que garante aos partidos políticos, no que concerne à sua estrutura, organização e disciplina, total liberdade de atuação, tratando-se de reserva estatutária absolutamente indevassável pela ação normativa do Poder Público[54].

A Suprema Corte Constitucional[55] e o colendo Tribunal Superior Eleitoral há muito reconheceram a autonomia partidária e a competência

---

52　Fidelidade Partidária: A Perda do Mandato Parlamentar. Rio de Janeiro: Lumen Juris, 2006.

53　Mandados de segurança 26.602, 26.603 e 26.604-DF, julgados em 04.10.2007.

54　ADIMC 1407.

55　AUTONOMIA PARTIDÁRIA – RESERVA CONSTITUCIONAL DE DISCIPLINAÇÃO ESTATUTÁRIA (CF, ART. 17, § 1º) – O postulado constitucional da autonomia partidária criou, em favor dos Partidos Políticos – sempre que se tratar da definição de sua estrutura, de sua organização ou de seu interno funcionamento – uma área do reserva estatutária absolutamente indevassável pela ação normativa do Poder Público. Há, portanto, um domínio constitucionalmente delimitado, que pré-exclui –

exclusiva das agremiações para definir, nos estatutos, sua estrutura interna, organização, funcionamento e disporem sobre normas de fidelidade e disciplina partidárias.

> por efeito de expressa cláusula constitucional (CF, art. 17, § 1º) – qualquer possibilidade de intervenção legislativa em tudo o que disser respeito à intimidade estrutural, organizacional e operacional dos Partidos Políticos. Precedente: ADI nº 1.063-DF, Rel. Min. Celso do Mello. (BRASIL. Supremo Tribunal Federal. ADIMC 1407 – Rel. Min. Celso do Mello – DJU 21.11.2000 – p. 00086).
> (...) Coligação. Indicação dos candidatos. Autonomia dos partidos. Os partidos gozam de autonomia, no âmbito da coligação, para indicar candidatos. Uma vez assim procedendo, descabe o retrocesso, já que os interesses individuais e momentâneos, deste ou daquele partido político, não se sobrepõem aos gerais, revelados pela própria existência da coligação (Ac. nº 12.343, de 25.10.94, rel. Min. Pádua Ribeiro, rel. designado Marco Aurélio.)
> Convenção. Coligação ou candidatura própria. Se a convenção deliberou, pela ampla maioria de seus convencionais, por apoiar candidato de outro partido, não pode a Justiça Eleitoral, sem quebra do princípio da autonomia partidária, autorizar alternativamente a candidatura própria. (...)" (Ac. nº 11.525, de 13.9.90, rel. Min. Vilas Boas).
> Consulta. Senador da República. Diante da autonomia partidária, consagrada no art. 17, § 1º, da Constituição Federal, o partido político que dispuser, em seu estatuto, acerca de normas que conflitem com as disposições da Lei nº 5.682/71 (LOPP), como, por exemplo, número exigido de filiações para constituições de diretórios municipais, quórum para deliberação, prazos e requisitos das convenções e composição das comissões executivas, organizar-se-á com base nos preceitos estatutários ou legais. Quando a matéria tratada nos respectivos estatutos partidários conflitar com disposições da Lei nº 5.682/71 (LOPP), devem prevalecer as normas estatutárias, face o princípio da autonomia consagrada aos partidos políticos, na forma do art. 17, § 1º, da CF. (Res. nº 13.966, de 16.12.93, rel. Min. José Cândido).
> "(...) 1. A autonomia dos partidos políticos quanto à sua estrutura interna, organização e funcionamento flui diretamente da Constituição Federal para os estatutos, como se estes fossem uma lei complementar. A lei ordinária portanto não pode se sobrepor ao que estiver nos estatutos em se tratando de estrutura interna, organização e funcionamento. 2. Não sendo mais tutelados pela Justiça Eleitoral, como ocorria no regime constitucional anterior, os partidos políticos é que podem atestar, pela autoridade competente dos seus órgãos de direção, a filiação do eleitor aos seus quadros. A obrigação de remessa da lista de filiados ao cartório eleitoral é salvaguarda do próprio filiado contra eventual manobra da cúpula partidária visando alijá-lo. 3. Havendo, como neste caso, contradição entre o que certifica o cartório eleitoral e o que comprova o partido, inclusive através de publicação, à época, no *Diário Oficial*, a prova que predomina é a fornecida pelo partido. A hipótese não é de simples reexame de prova mas de valoração de prova. (...)" (Ac. nº 15.384, de 4.9.98, rel. Min. Néri da Silveira, rel. designado Min. Edson Vidigal.)
> "(...) A garantia constitucional de autonomia dos partidos restringe-se à definição de sua estrutura interna, organização o funcionamento. Possibilidade de a lei dispor sobre questões que se inserem no processo eleitoral, estabelecendo critérios para a admissão de candidaturas, tema que não diz com a matéria *interna corporis* a que se refere a Constituição e que constitui campo defeso ao legislador" (Ac. nº 97, de 25.8.98, rel. Min. Eduardo Ribeiro).

7.1. Autonomia Partidária e Matéria *Interna Corporis*

Quanto à reserva estatutária assentou-se o posicionamento de que as questões intrínsecas à organização, funcionamento e estruturação dos

---

"Autonomia partidária. Preceito constitucional. Dissolução de órgão partidário procedida sem respeito ao devido processo e sem garantia do contraditório e da defesa. Garantias constitucionais. Situação fática que afasta a aplicação da autonomia partidária, cujo objetivo é dignificar os partidos. Recurso não conhecido" (Ac. nº 14.713, de 4.11.96, rel. Min. Diniz de Andrada).
"Autonomia partidária. Constituição, art. 17, § 1º. A autonomia assegurada aos partidos políticos não significa estejam imunes ao cumprimento das leis, devendo a Justiça Eleitoral por isso zelar quando proceder ao registro de candidaturas" (Ac. nº 12.990, do 23.9.96, rel. Min. Eduardo Ribeiro).
"(...) 2. Convenção partidária. Coligação para os cargos majoritários e proporcionais. Renúncia do candidato escolhido cm convenção. Substituição. 2.1. A comissão executiva, tendo cm vista os termos da ata da convenção partidária, tem legitimidade para substituir candidato que houver manifestado desistência à candidatura, podendo a escolha recair em qualquer outro de partido integrante da coligação. (...) 4. Comissão executiva. Decisão proferida em face das diretrizes fixadas pela convenção partidária. Matéria *interna corporis*. (...)" (Ac. nº 278, de 17.9.98, rel. Min. Maurício Corrêa).
"(...) Não existe violação ao Código Eleitoral pelo fato de admitir-se que, autorizado pelo estatuto, pode o secretário do partido requerer o registro das candidaturas" (Ac. nº 13.771, do 5.11.96, rel. Min. Eduardo Ribeiro).
"(...) Resoluções partidárias legítimas na órbita em que foram editadas. Autonomia dos partidos políticos – art. 17, § 1º. Conhecimento e provimento." NE: É legítima decisão da comissão executiva regional que, assegurando direito de defesa, afastou temporariamente membros da comissão executiva municipal por descumprimento de resolução que proibia coligações com partidos que dessem sustentação ao governo estadual (Ac. nº 13.688, do 30.9.96, rel. Min. Diniz de Andrada; no mesmo sentido os acórdãos nºs 13.738 e 13.893, do 30.9.96, do mesmo relator).
"(...) Hipótese na qual o diretório regional do partido editou resolução, estabelecendo diretrizes no sentido de excluir, das eleições 2000, filiados incluídos na CPI do Fundef. Decisão do TRE que: I – Reconheceu a legitimidade da resolução do partido; II – Valorou a autonomia partidária: III – Reconheceu que a matéria é *interna corporis*; IV – Indeferiu registro de candidatura. Decisão do TRE que se ajusta à jurisprudência do TSE (Ac. nºs 13.688 e 13.738). (...)" (Ac. nº 853, de 29.9.2000, rel. Min. Nelson Jobim).
"(...) Ilegitimidade de convenção. Registro de candidato. Não pode prevalecer o resultado de convenção partidária, que escolheu candidato para compor coligação, de interesse de diretório municipal, quando previamente advertido pelo regional contra esse procedimento. Hipótese em que não houve recurso para o diretório nacional (art. 71, § 2º, da LOPP). Aplicação da norma contida no art. 17, § lº, da Constituição Federal. (...)" (Ac. nº 12.666, de 20.9.92, rel. Min. José Cândido).
"(...) Registro de candidatura. Cabe ao Judiciário apreciar a legalidade de norma estatutária, sem interferir na autonomia partidária. Legalidade dos atos praticados pelo diretório estadual, uma vez que o representante do diretório municipal não tinha legitimidade, nos termos do estatuto.(...)" NE: O juiz eleitoral indeferiu pedido do diretório municipal que sofreu intervenção, em face de sua ilegitimidade para promover coligação ou requerer registro do candidatos (Ac. nº 16.873, de 27.9.2000, rel. Min. Costa Porto).

partidos políticos constituiriam questões *interna corporis,* infensas à intervenção do Estado-Legislador e do Estado-Juiz, tendo o Supremo Tribunal

> "(...) Ata de convenção formalizada sem a correta aplicação das normas estatutárias. Recurso interposto por candidatos. Exame pela Justiça Eleitoral quanto à legalidade dos atos praticados pelos partidos políticos, inclusive no que se refere às normas estatutárias. Ausência de violação ao art. 17, § 1º, da Constituição Federal. (...)" (Ac. nº 320, de 30.9.98, rel. Min. Eduardo Alckmin).
>
> "(...) Normas internas dos partidos. Inexistindo violação de direito individual e não estando em jogo interesse público, a Justiça Eleitoral não haverá de negar registro a candidatura, a pretexto de que não observada norma interna do partido que só a ele interessa." NE: O juiz eleitoral indeferiu o registro por entender não demonstrado que na convenção que escolheu os candidatos houvesse sido obedecido o regimento interno, destinado a reger tais reuniões. O TRE reformou a decisão considerando que tal matéria não poderia ser conhecida de ofício. No TSE, consta do voto: "Não se me afigura possa a Justiça Eleitoral imiscuir-se na intimidade da vida partidária para pesquisar se observadas regras pertinentes a temas que só aos partidos interessam" (Ac. nº 14.055, de 4.11.96, rel. Min. Eduardo Ribeiro).
>
> "(...) Autonomia partidária. Dissolução do diretório municipal pelo regional. Necessidade da existência de diretrizes estabelecidas pela convenção nacional do partido (Lei nº 9.501/97, art. 7º, § 2°). 1. Diante da inexistência de diretrizes estabelecidas pela convenção nacional do partido para as eleições de 2000, é ilegal o ato do diretório regional que dissolveu o municipal, devido à formação de coligação partidária para as eleições/2000. (...)" NE: Não viola a autonomia partidária o exame, pela Justiça Eleitoral, do cumprimento da lei nº processo de registro de candidato (Ac. nº 16.784, do 26.9.2000, rel. Min. Waldemar Zveiter).
>
> "(...) Autonomia partidária não exime a observância das regras que regem o processo eleitoral. (...)" NE: Mandado do segurança contra sentença que deferiu registro de candidatos por coligação, alegando a dissolução do diretório municipal e a consequente anulação de todos os atos decorrentes da convenção que contrariou diretriz estabelecida pelos órgãos partidários superiores (Ac. nº 50, do 12.11.96, rel. Min. Eduardo Alckmin).
>
> "(...) Coligação para o pleito proporcional e majoritário. Intervenção da executiva estadual na municipal. Legitimidade. 1. Nos termos do disposto no art. 6º da Lei nº 9.504/97, não é permitida a formação de mais do uma coligação para o pleito majoritário. 2. Intervenção da executiva estadual na municipal. Irregularidades formais no procedimento. Ilegitimidade. Recurso especial não conhecido." NE: Registrados os candidatos da coligação aprovada pelo órgão dissolvido com irregularidades, consistentes na inobservância do devido processo legal, do contraditório e da ampla defesa; e excluídos os candidatos da coligação firmada pelo órgão interventor (Ac. nº 16.452, de 5.9.2000, rel. Min. Maurício Corrêa; no mesmo sentido o Ac. nº 569, de 10.8.2000, do mesmo relator).
>
> "Intervenção de diretório regional de partido político em diretório municipal, com designação de comissão provisória. Alegada afronta aos princípios da ampla defesa e do contraditório. Incompetência da Justiça Eleitoral para dirimir conflito instaurado entre órgãos do mesmo partido político. Legitimidade da escolha de candidatos efetuada por convenção partidária convocada por comissão provisória cuja nomeação decorreu do ato interventivo não impugnado perante os órgãos competentes da própria agremiação política. Recurso conhecido e provido" (Ac. nº 13.212, de 4.11.97, rel. Min. Ilmar Galvão).

se manifestado contra qualquer controle ideológico por parte do Estado nas agremiações[56].

As questões que digam respeito à intimidade dos partidos políticos, inclusive as relações com seus filiados estão imunes a qualquer intervenção estatal, salvo quando envolverem matéria de legalidade, em razão do prin-

---

"Registro de candidato. Recurso interposto por parte ilegítima e que não impugnou o pedido de registro. Alegação de irregularidade na convenção do partido. Matéria *interna corporis*. Impossibilidade de apreciação pela Justiça Eleitoral em sede de impugnação a registro de candidatura. (...)" (Ac. nº 13.020, de 17.9.96, rel. Min. Eduardo Alckmin).
"(...) 2. A regra do art. 36 da Lei nº 9.504/97, não interfere nas atividades partidárias, nem ofende a autonomia que a Constituição Federal dá aos partidos políticos (...)" (Ac. nº 33, de 25.8.98, rel. Min. Fernando Neves).
"Partido político. Autonomia partidária. Princípio da inafastabilidade do controle jurisdicional. Os atos partidários que importem lesão a direito subjetivo não estão excluídos da apreciação pelo Judiciário, não importando a prestação jurisdicional violação da autonomia constitucional conferida aos partidos." (Ac. nº 13.750, de 12.11.96, rel. Min. Eduardo Alckmin).

56 "Intervenção de diretório regional de partido político em diretório municipal, com designação de comissão provisória. Alegada afronta aos princípios da ampla defesa e do contraditório. Incompetência da Justiça Eleitoral para dirimir conflito instaurado entre órgãos do mesmo partido político. Legitimidade da escolha de candidatos efetuada por convenção partidária convocada por comissão provisória cuja nomeação decorreu do ato interventivo não impugnado perante os órgãos competentes da própria agremiação política. Recurso conhecido e provido" (Ac. nº 13.212, de 4.11.97, rel. Min. Ilmar Galvão).
"Registro de candidato. Recurso interposto por parte ilegítima e que não impugnou o pedido de registro. Alegação de irregularidade na convenção do partido. Matéria *interna corporis*. Impossibilidade de apreciação pela Justiça Eleitoral em sede de impugnação a registro de candidatura. (...)" (Ac. nº 13.020, de 17.9.96, rel. Min. Eduardo Alckmin).
"(...) 2. A regra do art. 36 da Lei nº 9.504/97, não interfere nas atividades partidárias, nem ofende a autonomia que a Constituição Federal dá aos partidos políticos (...)" (Ac. nº 33, de 25.8.98, rei. Min. Fernando Neves).
"Partido político. Autonomia partidária. Princípio da inafastabilidade do controle jurisdicional. Os atos partidários que importem lesão a direito subjetivo não estão excluídos da apreciação pelo Judiciário, não importando a prestação jurisdicional violação da autonomia constitucional conferida aos partidos." (Ac. nº 13.750, de 12.11.96, rel. Min. Eduardo Alckmin).
O princípio constitucional da autonomia partidária – além de repelir qualquer possibilidade de controle ideológico do estado sobre os partidos políticos – cria, em favor desses corpos intermediários, sempre que se tratar da definição de sua estrutura, de sua organização ou de seu interno funcionamento, uma área de reserva estatutária absolutamente indevassável pela ação normativa do Poder Público, vedando, nesse domínio jurídico, qualquer ensaio de ingerência legislativa do aparelho estatal. Ofende o principio consagrado pelo art. 17, § 1º, da Constituição a regra legal que, interferindo na esfera de autonomia partidária, estabelece, mediante específica designação, o órgão do Partido Político competente para recusar as candidaturas parlamentares natas" (ADIMC 1.063, de 18.5.94).

cípio da inafastabilidade do controle jurisdicional (art. 5º, XXXV da CF), consoante a jurisprudência do Tribunal Superior Eleitoral[57].

---

57 "Partido político, Convenção. *Quorum* para deliberar sobre coligação. Matéria *interna corporis.* (...)" (Ac. nº 11.194, de 21.8.90, rel. Min. Octávio Gallotti).
(...) Suposta violação de norma estatutária na escolha de candidato. A observância de normas estatutárias no processo de indicação de candidato constitui matéria *interna corporis* de cada partido político. (...)" (Ac. nº 14.277, de 21.11.96, rel. Min. Costa Leite).
"Consulta. Deputado federal. 1. Na hipótese de determinado partido ter encaminhado essas normas em questão à Imprensa Nacional, para publicação, em 30 de março último, mas não tendo circulado o Diário Oficial nos dias 31, 1º, 2 e 3 de abril do corrente ano, em função do feriado da Páscoa, só ocorrendo no dia 4, ou seja, no primeiro dia útil após o feriado, tem-se como cumprido eficazmente o disposto no supracitado parágrafo único? 2. Seria o caso de aplicação subsidiária do § 1º do art. 184 do Código de Processo Civil, prorrogando-se o prazo fatal em questão até o dia 4 de abril, quando circulou o Diário Oficial? O entendimento firmado por esta Corte é no sentido de que quando a matéria tratada nos respectivos estatutos partidários conflitarem com as disposições da Lei nº 5.682/71 (LOPP), devem prevalecer as normas estatutárias, face o princípio da autonomia consagrada aos partidos políticos, na forma do art. 17, § 1º, da CF. sendo de interesse exclusivo dos partidos, assunto *interna corporis*, sobre o qual não deve haver interferência da Justiça Eleitoral. Respondida afirmativamente." NE: Lei nº 9.504/97, art. 7º, § 1º; prazo de até 180 (cento e oitenta) dias antes das eleições para publicação, no Diário Oficial da União, das normas para escolha e substituição do candidatos e deliberação sobre coligações editadas pelo órgão de direção nacional do partido em caso de omissão do estatuto (Res. nº 14.258, de 14.4.94, rel. Min. Walter Medeiros).
"Mandado de segurança. Partido político. Expulsão de filiado. Admissível a segurança contra a sanção disciplinar, se suprimida a possibilidade do o filiado disputar o pleito, por não mais haver tempo de filiar-se a outro partido político. Não há vício no ato que culminou com a expulsão quando, intimado de todas as fases do processo disciplinar, o filiado apresentou ampla defesa. As razões que moveram o partido a aplicar a sanção disciplinar constituem matéria *interna corporis*, que não se expõe a exame pela Justiça Eleitoral. Segurança denegada" (Ac. nº. 2.821, de 15.8.2000, rel. Min. Garcia Vieira).
"Filiação partidária. Matéria *interna corporis*. Autonomia dos partidos políticos (art. 17, § 1º, da Constituição). Recurso a que se nega provimento" (Ac. nº 5, de 21.3.96, rel. Min. Diniz de Andrada.).
"Consulta. Rejeição de contas pelo TCU. Inelegibilidade. (...) O questionamento sobre a possibilidade do haver filiação partidária quando as decisões do TCU não foram contestadas em juízo constitui matéria *interna corporis*: (...)" (Res. nº 21.563, de 18.11.2003, rel. Min. Ellen Gracie).
"Constitucional. Eleitoral. Filiação partidária. Falta do atendimento desse requisito certificada pelo cartório. Comprovação pelo partido da condição de filiado. Recurso especial. Valoração da prova. Conhecimento. 1. A autonomia dos partidos políticos quanto a sua estrutura interna, organização e funcionamento flui diretamente de Constituição Federal para os estatutos, como se estes fossem urna lei complementar. A lei ordinária, portanto, não pode se sobrepor ao que estiver nos estatutos em se tratando de estrutura interna, organização e funcionamento. 2. Não sendo mais tutelados pala Justiça Eleitoral, como ocorria no regime constitucional anterior, os partidos políticos é

7.2. Autonomia, Fidelidade, Disciplina e Aplicação de Sanções Partidárias

Para fins de assegurar a autonomia partidária, a Constituição reservou aos estatutos a descrição das infrações (fidelidade e disciplina) e das correspondentes sanções, decorrentes de práticas contrárias aos ideais programáticos dos partidos políticos e das normas estatutárias.

O ordenamento jurídico distingue *fidelidade* de *disciplina* partidárias, pois, assegura aos partidos políticos autonomia para definir sua estrutura interna, organização e funcionamento, devendo seus estatutos estabelecer normas de fidelidade e disciplina partidárias (art. 17, § 1º da CF).

Reafirma a Lei dos Partidos Políticos que o estatuto do partido deve conter, entre outras, normas sobre fidelidade e disciplina partidárias, processo para apuração das infrações e aplicação das penalidades, assegurado amplo direito de defesa (art. 15, V).

Pelo visto, disciplina e fidelidade são, por força de lei, figuras distintas e autônomas:

Segundo Houaiss[58], disciplina significa firmeza: aplicação, concentração, constância, determinação, regularidade; enquanto fidelidade traduz

---

que podem atestar, pela autoridade competente dos seus órgãos do direção, a filiação do eleitor aos seus quadros. A obrigação de remessa da lista do filiados ao cartório eleitoral é salvaguarda do próprio filiado contra eventual manobra da cúpula partidária visando alijá-lo. 3. Havendo, como neste caso, contradição entre o que certifica o cartório eleitoral e o que comprova o partido, inclusive através de publicação, à época, no Diário Oficial, a prova que predomina é a fornecida pelo partido. A hipótese não é de simples reexame do prova mas de valoração de prova. Recurso especial conhecido e provido para deferir o registro do candidatos do partido recorrente a senador e suplentes" (Ac. nº 15.384, do 4.9.98, rel. Min. Néri da Silveira, rel. designado Min. Edson Vidigal).

Alegação de que a autonomia partidária deveria prevalecer nas querelas envolvendo filiação partidária. "(...) É firme, no entanto, a orientação do TSE no sentido de que a autonomia constitucional dos partidos tem a ver com a sua organização e funcionamento internos (art. 17, § 1º); não, porém, com as suas relações com a Justiça Eleitoral e os demais partidos, como sujeito do processo eleitoral, que são regidas por lei federal (CF, arts. 16 e 22, inc. I). (...) "Ementa não transcrita por não reproduzir a decisão quanto ao tema (Ac. nº 20.034, de 25.9.2002, rel. Min. Sepúlveda Pertence).

"Filiação partidária: prova. A autonomia dos partidos assegura-lhes regular os pressupostos e a forma de filiação aos seus quadros, mas a prova dessa filiação, para os fins constitutivos, é a prevista em lei (Lei nº 9.096/95, art. 19), que, admite-se, pode ser suprida por prova documental pré-constituída e inequívoca, não, porém, por simples declaração de dirigente partidário, posterior ao pedido de registro" (Ac. nº 19.998, de 19.9.2002, rel. Min. Sepúlveda Pertence).

---

58 Ob. cit., p. 1051-1052.

constância, lealdade, dedicação, exatidão, acatamento, apreço, consideração, deferência, estima, respeito, acatamento, cumprimento, obediência;

Designa *fidelidade*[59]:

> "s.f. 1. característica, atributo do que é fiel, do que demonstra zelo, respeito quase venerável por alguém ou algo, lealdade. 1.1. observância da fé jurada ou devida. 2. constância nos compromissos assumidos com outrem. 2.1. compromisso que pressupõe dedicação amorosa à pessoa com quem se estabeleceu um vínculo afetivo de alguma natureza. 3. característica de um sentimento que não esmorece com o decorrer do tempo. 4. constância de hábitos, de atitudes. 5. compromisso rigoroso com o conhecimento, exatidão, sinceridade. 6. característica de um sistema de reprodução acústica, relacionada com a capacidade deste em reproduzir, com maior ou menor exatidão, as componentes de frequência de um sinal acústico, mantendo as intensidades relativas destas componentes. 7. em uma balança. propriedade que esta tem de assumir uma única posição, ou fornecer a mesma leitura, quando submetidas repetidas vezes às mesmas forças."

No campo deste estudo, a fidelidade partidária pode ser definida como: 1. lealdade a um partido político. 2. observância do programa partidário e das decisões tomadas em suas instâncias deliberativas (convenção, diretórios, executivas, etc.) pelos filiados em geral e, sobretudo, por seus membros com assento no Parlamento ou na Chefia do Executivo, consoante se vê do glossário de termos parlamentares da Assembleia Legislativa do Estado de Minas Gerais.

A fidelidade partidária, portanto, representa o dever, genericamente considerado, de observância das normas estatutárias, das diretrizes e do ideário programático do partido político.

A disciplina partidária tem conteúdo mais amplo, envolvendo os atos de infidelidade, pois, enquanto esta última situação diz respeito à inobservância de decisões políticas emergentes do ideário programático adotado pelo partido, o ato de indisciplina propriamente dito pode surgir da transgressão de uma norma estatutária, ou, ainda, de decisões tomadas pelos órgãos de direção ou pela maioria, no exame de caso concreto.

Nem todo ato de indisciplina corresponde a um ato de infidelidade. Mas, todo ato de infidelidade atentará contra a disciplina partidária. Tome-se, por exemplo, que o presidente de um diretório, ao dirigir uma reunião, poderá, no exercício do poder de polícia, cassar a palavra de um filiado. Este, além de desobedecer injustamente a ordem do presidente, também provoca tumulto, gerando o término do evento. Tal situação, em tese, encontrando-se descrita no estatuto como infração implicará em sanção, mas não poderá ser considerada infidelidade partidária.

---

59 HOUAISS. **Dicionário Houaiss da língua portuguesa**. 1ª ed. Rio do Janeiro: Editora Objetiva, 2001, p. 1337.

José Afonso da Silva[60] também entende que fidelidade e disciplina partidárias são institutos distintos. Posiciona-se, contudo, em que a infidelidade partidária constitui espécie de indisciplina, ao doutrinar que este é mais sério que o da infidelidade partidária, manifestando-se de dois modos: a) oposição, por atitude ou pelo voto, às diretrizes legitimamente estabelecidas pelo partido; b) apoio ostensivo ou disfarçado a candidatos de outra agremiação.

No que tange à disciplina, a autonomia partidária assegura sua soberana regulamentação, no bojo dos estatutos dos partidos políticos, tanto em relação às condutas que considere como infrações, como no que toca aos tipos de sanções tidas como adequadas para reprimi-las, dentre as quais se encontram aquelas previstas exemplificativamente nos arts. 23 a 26 da Lei nº 9.096, de 19.09.1995 (LPP)[61].

Segundo Pinto Ferreira[62], os partidos políticos só podem sobreviver mediante a disciplina mantida pelos seus membros com um comportamento plausível frente à sua ideologia.

O filiado que não cumprir os deveres partidários pode submeter-se a procedimento disciplinar e ser sancionado de acordo com a gravidade do ato praticado. Necessária, para tanto, é estar a infração prevista, expressamente, no estatuto, e, de igual forma, a sanção correspondente, de maneira que nenhuma penalidade pode ser imposta sem que a conduta esteja tipificada na norma estatutária, em atenção ao princípio do *nullum crime, nulla poena sine legem* (art. 5º, XXXIX da CF).

No que se refere aos atos de infidelidade partidária e à aplicação da sanção da perda do mandato daí decorrente, tal tema será abordado nos capítulos seguintes (V e VI).

7.3. Autonomia Partidária e Processo Disciplinar

A imposição de sanção por ato de infidelidade e de indisciplina partidárias exige a apuração da falta mediante processo administrativo que constitui o meio de apuração e punição de condutas contrárias ao estatuto.

Há que se assegurar ao filiado a observância dos princípios constitucionais da legalidade, do juízo natural, do devido processo legal, do contraditório e da ampla defesa, da motivação, da publicidade, da impessoalidade, da proporcionalidade e da razoabilidade, estejam ou não previstos expressamente no estatuto partidário, sob pena de malferimento dos postulados do Estado

---

60   Ob.cit., p. 405.
61   REIS, Palhares Moreira. **Fidelidade o Disciplina Partidárias**. *In* RJ 228, OITT./96, p. 15.
62   FERREIRA, Pinto. **Manual Prático de Direito Eleitoral**. São Paulo: Saraiva, 1973, p. 98 52 Art. 23, § 1º, da Lei nº 9.096/95.

Democrático de Direito, do Pacto Federativo e da República que sustentam toda a ordem jurídica pátria.

Na preservação da fidelidade e disciplina, a atuação dos partidos políticos deve ocorrer nos lindes do *due process of law*, cabendo-lhes dispor, em seus respectivos estatutos, sobre as regras pertinentes ao processo para apuração de infrações e aplicação de penalidades.[63]

Trata-se, como se vê, de genuíno processo de natureza punitiva, e como tal, a aplicação de qualquer sanção de natureza disciplinar deverá ter como pressuposto sua subsunção ao tipo expressamente previsto no estatuto do partido político.

A Lei dos Partidos Políticos[64] estabelece que filiado algum poderá sofrer medida disciplinar ou punição por conduta que não esteja tipificada no estatuto do partido político. Portanto, a conduta punível haverá de estar expressamente tipificada no estatuto do partido.

A doutrina distingue as figuras do tipo e da tipicidade.

Para Noronha, tipo é a descrição da conduta humana feita pela lei e correspondente ao crime. Para ser crime, exige-se a tipicidade da ação, isto é, deve a atuação do sujeito ativo do delito ter tipicidade. Atuar tipicamente é agir de acordo com o tipo. Este é a descrição da conduta humana feita pela lei e correspondente ao crime. Na sua integralidade, compõe-se do núcleo, designado por um verbo (matar, subtrair, seduzir etc.); de referências ao sujeito ativo, isto é, condições ou qualidades que se devem encontrar no agente (militar, funcionário público, pai, médico etc.), ao sujeito passivo (estado, mãe, filho menor etc.), ao objeto material (coisa móvel, documento, selo etc.), que frequentemente se confunde com o sujeito passivo, *v. g.*, no homicídio, em que o homem é sujeito passivo e objeto material; referências não raras encontramos, ainda, ao tempo, lugar, ocasião e meios empregados[65].

Damásio de Jesus[66] diz que inúmeros são os fatos da vida social que, por lesar ou colocar em perigo interesses jurídicos relevantes, ensejam a aplicação da sanção penal. Para isso, o legislador descreve as condutas consideradas nocivas à ordem jurídica. Essa definição legal da conduta proibida pela ordem jurídico-penal, sem qualquer elemento valorativo, é a tipicidade. Portanto, o tipo legal é a descrição abstrata que expressa os elementos da conduta lesiva. Todavia, o tipo legal não se confunde com o fato concreto. Este é praticado pelo sujeito a par de várias circunstâncias, de natureza subjetiva ou objetiva, ocasionais ou preparadas, variáveis segundo as condições determinadoras do

---

63 Arts. 15 e 23, § 1º, da LPP.
64 Art. 23, § 1º, da LPP.
65 NORONHA, Magalhães. **Direito Penal**: volume I. São Paulo: Editora Saraiva, 1991, p. 96.
66 JESUS, Damásio Evangelista de. **Direito Penal**: 1º Volume – Parte Geral. 16ª ed. São Paulo: Editora Saraiva, 1992, p. 230-231.

comportamento. Assim, o tipo legal não pode descrever todos os elementos e circunstâncias do fato concreto, traduzindo-se numa definição incompleta, pois o legislador não pode prever todos os detalhes da conduta, que variam de um para outro. Em face disso, o tipo legal fundamental deve conter apenas os elementos necessários para individualizar a conduta considerada nociva, postergando a um plano secundário as outras circunstâncias que, ou servem para exacerbar ou diminuir a pena, ou são subsídios de sua dosagem (circunstâncias legais ou judiciais).

E continua Damásio de Jesus[67]: Denominações. *Tatbestand* é a palavra alemã que designa a tipicidade. A seu lado, há outras, como *Deliktistypus, Typizitat, Tatbestandsmassigkeit, algemeiner Vebbrechenstatbestand*. Todas são traduzidas, geralmente, por tipicidade. Traduzindo o vocábulo *Tatbestand*, os italianos falam em espécie de fato *(fattispecie)*. Antolisei fala em 'figura abstrata de um delito'; Petrocelli, em *fatto*. Ricardo Nunez, na Argentina, emprega o termo *fato*, ao passo que Juan P. Ramos emprega a expressão *caso penal*. Marcelo Finzi traduziu o termo *Tatbestand* para 'delito-tipo". Asúa prefere a expressão 'tipicidade'. Entre nós, a expressão *Tatbestand* foi traduzida para tipo ou tipicidade.

Pode concluir que será tida como infração disciplinar, isto é, o tipo, a descrição da conduta antijurídica prevista no estatuto do partido político, enquanto a tipicidade corresponde à conduta que transgride a norma.

A previsão de indicação expressa da conduta antijurídica, como pressuposto de aplicação de qualquer penalidade constitui garantia ao filiado, já que descreve os comportamentos proibidos, tudo isso em atenção ao princípio da legalidade, prevalecendo, neste campo, a regra geral de que o que não está proibido é permitido.

8. O CONTROLE JURISDICIONAL DOS ATOS PARTIDÁRIOS

A autonomia dos partidos políticos, além de projetar efeitos internos, no que se relaciona com as próprias atividades partidárias, também repercute externamente, a exemplo do que ocorre no processo eleitoral em sentido estrito, no qual o registro de candidaturas depende da filiação e da escolha em convenção.

Os atos da agremiação e de seus filiados, salvo as questões de natureza *interna corporis*, submetem-se ao controle da legalidade intrínseca afeta ao Poder Judiciário, por força da cláusula da inafastabilidade da jurisdição.

No que toca ao juízo natural, há de levar em conta o dever de observar as instâncias administrativas, que, em homenagem ao princípio federativo, a princípio, deve seguir o respectivo modelo, organizando em diretórios nacio-

---

67   *In* ob. e p. cits.

nal, estaduais, distritais e municipais, podendo constituir, esta menor unidade, os zonais, como ocorre nos grandes municípios.

Caso o ato inquinado de ilegal ou abusivo interfira no processo eleitoral, desde o alistamento eleitoral até a diplomação, mormente se envolver candidaturas e a participação no certame eleitoral, inclusive alcançando a ação constitucional de impugnação de mandato eletivo (art. 14, § 10 da CF), a competência será da Justiça Eleitoral, ramo da Justiça Federal especializada, que tem competência para dele conhecer, nos termos do art. 121 da CF, c.c. arts. 22 e ss. do Código Eleitoral.

Os litígios partidários que não interfiram no processo eleitoral serão dirimidos pela Justiça Estadual comum, no âmbito da jurisdição a que se encontra submetido o respectivo diretório.

A identificação da instância partidária em que se trava o litígio é relevante, porque o filiado que entenda ter havido o cometimento de alguma ilicitude ou abuso de poder emanado de dirigente partidário poderá ajuizar mandado de segurança[68] (Capítulo IX) perante o juízo ou tribunal com competência para conhecer e decidir a lide, levando em consideração a natureza da "autoridade" e o lugar onde tem "sede".

A garantia constitucional da ampla defesa é repetida na norma do § 2º do art. 23 da Lei 9.096/95, estabelecendo que ao acusado é assegurado amplo direito de defesa. Aqui, há de se registrar que no âmbito partidário também há de se assegurar o duplo grau de jurisdição, ressalvado o processo disciplinar iniciado no diretório nacional, que atua como instância única, como de resto acontece com os feitos originários da competência dos tribunais superiores.

Questão de relevante importância diz respeito à aplicação do devido processo legal no âmbito dos procedimentos disciplinares levados a cabo pelos partidos políticos, para fins de aplicação de penalidades a seus filiados, dentre aquelas previstas no respectivo estatuto, na medida em que sua observância assegura a proteção dos direitos e das liberdades dos filiados contra qualquer modalidade de ato de conteúdo arbitrário.

O *due process of law* deve ser entendido, na abrangência de sua noção conceitual, não só sob o aspecto meramente formal, que impõe restrições de caráter ritual à atuação dos partidos políticos, mas, igualmente, em sua

---

68 O mandado de segurança é cabível contra ato ilegal ou abusivo emanado de dirigente partidário, consoante jurisprudência do TSE ("Mandado de segurança. Partido político. Expulsão de filiado. Admissível a segurança contra a sanção disciplinar, se suprimida a possibilidade de o filiado disputar o pleito, por não mais haver tempo de filiar-se a outro partido político. Não há vício no ato que culminou com a expulsão quando, intimado de todas as fases do processo disciplinar, o filiado apresentou ampla defesa. As razões que moveram o partido a aplicar a sanção disciplinar constituem matéria *interna corporis*, que não se expõe a exame pela Justiça Eleitoral. Segurança denegada". (Ac. nº 2.821, de 15.B.2000, rel. Min. Garcia Vieira).

dimensão material, que atua como decisivo obstáculo à prática de atos jurídicos arbitrários, tudo isso numa perspectiva de extensão da teoria do desvio de poder no plano das atividades desenvolvidas pelos partidos políticos, considerando-se a função institucional e democrática a eles inerentes.

Os atos jurídicos de conteúdos disciplinares praticados pelos partidos políticos devem se submeter ao controle de legalidade (art. 5º, II da CF) afeto à função jurisdicional do Estado, em consonância com o princípio da inafastabilidade.

O controle jurisdicional abrange tanto a apreciação da formalidade do procedimento, quanto da legalidade intrínseca, no que tange à conformação dos elementos internos do ato ou fatos motivadores da penalidade imposta ao filiado. Ou seja, tanto os aspectos formais do processo – inclusive no que se refere à observância das garantias dos filiados pelos partidos políticos: chamamento para a defesa, intimação dos atos, instrução probatória, motivação, dentre outros -, quanto à averiguação da legalidade da sanção aplicada à luz da materialidade objetiva do ato, isto é, a existência de um motivo que dê ensejo à instauração do processo disciplinar, assim como a correspondência entre a conduta praticada pelo filiado e o tipo previamente estabelecido no estatuto.

Ante a identidade existente são aplicáveis aos processos disciplinares partidários os princípios informativos do processo administrativo disciplinar e, subsidiariamente, por se tratar de processo punitivo, das normas gerais de direito penal (a exemplo das doutrinas do crime, do concurso de agentes, do tipo, etc.) e do processo penal.

Calha à espécie a doutrina de Hely Lopes Meireles[69], segundo o qual, permitido é ao Poder Judiciário examinar o processo administrativo disciplinar para verificar se a sanção imposta é legítima e se a apuração da infração atendeu ao devido procedimento legal. Essa verificação importa conhecer os motivos da punição e saber se foram atendidas as formalidades procedimentais essenciais, notadamente a oportunidade de defesa ao acusado e a contenção da comissão processante e da autoridade julgadora nos limites de sua competência funcional, isto sem tolher a discricionariedade da Administração quanto à escolha da pena aplicável dentre as consignadas na lei ou regulamento do serviço, à graduação quantitativa da sanção e à conveniência ou oportunidade de sua imposição. O que se nega ao Judiciário é o poder de substituir ou modificar penalidade disciplinar a pretexto de fazer justiça, pois, ou a punição é legal, e deve ser confirmada, ou é ilegal, e há que ser anulada; inadmissível é a substituição da discricionariedade legítima do administrador por arbítrio ilegítimo do juiz.

---

69 MEIRELES, Hely Lopes. **Direito Administrativo Brasileiro**. 27ª ed. São Paulo: Malheiros, 2002, p. 664.

O princípio da autonomia partidária não pode ser invocado para excluir os atos dos Partidos Políticos – como se fossem entidades intensas e imunes à ação jurisdicional do Estado – da situação de necessária observância das regras legais que disciplinam o devido processo legal, em todas as suas vertentes, tudo isso com vista a inibir eventuais abusos decorrentes do monopólio dos partidos políticos e de práticas reprováveis que caracterizam os dirigentes de algumas agremiações.

Embora a autonomia partidária seja assegurada pela Carta Magna, tal princípio não é absoluto, devendo ser interpretado conforme a Constituição e com as demais normas ali insertas, reservando-se, sempre, ao Poder Judiciário, o controle da legalidade.

Para Torquato Jardim[70], o controle judicial dos partidos políticos tornou-se mais restrito e apenas para o que defluir dos princípios postos na Constituição. Julgou o Tribunal Superior Eleitoral que ao expulsar o recorrido em apenas seis dias, sem assegurar-lhe a oportunidade de se defender nos moldes fixados em seu próprio estatuto, o Partido do Movimento Democrático Brasileiro – PMDB ofendeu a garantia constitucional da ampla defesa, dando ensejo a que fosse o ato levado ao crivo do Poder Judiciário pelo filiado apenado. Não há assim, falar em ofensa à autonomia constitucional dos partidos políticos.

Alguns princípios constitucionais integram a própria natureza do Estado Democrático de Direito. Por isso, o partido político, veículo da representação popular, no seu labor de realizar, também, a democracia interna, submete-se, em uma escala quantitativa relativamente menor, às diretrizes fundamentais do ideal democrático, incluindo-se aí os princípios constitucionais que lhe são inerentes.

Os princípios do contraditório e da ampla defesa, decorrentes da aplicação do princípio do devido processo legal associados ao princípio do controle jurisdicional, estabelecem os limites de ingerência e do controle do Poder Judiciário em relação aos partidos políticos, já que são apostos não para res-

---

70 JARDIM, Torquato Jardim. **Direito Eleitoral Positivo**. Na questão partidária/eleitoral emergem dois princípios constitucionais que ganham especial destaque, não apenas pela importância de seus enunciados para o Ordenamento Jurídico, mas também pela frequência com que afloram no discurso político partidário. São eles os abordados princípios do Contraditório o da Ampla Defesa. Extensamente difundida encontra-se a máxima de que questões de natureza *interna corporis* estariam excluídas do âmbito de apreciação do Poder Judiciário. 'O controle jurisdicional relativo à constitucionalidade ou legalidade dos atos praticados pelos partidos políticos não significa interferência indevida na autoridade das agremiações partidárias, que têm independência apenas para definir sua estrutura interna, organização e funcionamento'. Tal controle se funda no art. 5º, inciso XXXV, da própria Carta Magna, que estabelece ser impossível excluir da apreciação do Poder Judiciário lesão ou ameaça a direito' (TSE, Acórdão nº 12.817, de 07.08.1996).

tringir a autonomia partidária, mas, para reafirmá-la e mantê-la, coerente e harmônica, com todo o sistema de garantias estabelecidas em favor dos cidadãos/filiados e da útil e necessária atuação dos mecanismos instituídos com o fito de alcançar o ideal democrático.

Na perspectiva da doutrina dos Poderes Implícitos, da índole constitucionalista de Marshall (McCulloch x Maryland), de que quem quer os fins (democracia) deve proporcionar os meios (partidos políticos fortes), há de se concluir ser o Judiciário a última trincheira da República Federativa do Brasil constituída em Estado Democrático de Direito.

A autonomia dos partidos políticos, assegurada pela Constituição Federal (art. 17, § 1º), não pode sobrepor-se ao princípio da inafastabilidade da jurisdição, também com sede constitucional (art. 5º, inciso XXXV), segundo o qual nem a lei poderá excluir da apreciação do Poder Judiciário qualquer lesão ou ameaça de direito.

O aparente choque de princípios (inafastabilidade *versus* autonomia partidária) se resolve pela aplicação dos princípios de hermenêutica constitucional (unidade da constituição, supremacia da norma constitucional, da máxima efetividade da norma constitucional e no da harmonização), por meio dos quais se busca conformar os valores, mediante cedência recíproca[71] ou, na observância da supremacia dos interesses públicos, políticos e sociais[72], tudo de forma a propiciar a aferição do preponderante interesse a ser protegido.

8.1. A Motivação das Decisões Partidárias

Os partidos políticos têm o dever de motivar as suas decisões, principalmente a que puna um seu filiado pela prática de ato de infidelidade partidária, expulsando-o da agremiação.

Esse dever de fundamentação é ínsito ao Estado Democrático de Direito e ao comando constitucional implícito no art. 1º inciso II e no parágrafo único da CF, bem como do art. 5º, XXXV da CF, que asseguram o direito da apreciação judicial nas hipóteses de ameaça ou lesão de direito.

O princípio da motivação é reclamado quer como afirmação do direito político do cidadão ao esclarecimento do "porquê" das ações de quem gere negócios que lhe dizem respeito por serem titulares últimos do poder, quer como direito individual a não se sujeitarem a decisões arbitrárias, pois só têm que se conformar às que forem ajustadas às leis[73].

---

71 BASTOS, Celso Ribeiro. **Hermenêutica e Interpretação Constitucional**. 2ª ed. São Paulo: Celso Bastos Editor, p. 106.

72 TSE, Rec. 12.990, Rel. *Min.* Eduardo Ribeiro, *DJU* do 23.09.1996.

73 MELLO, Celso Antônio Bandeira do. **Curso do Direito Administrativo**. 18ª ed. São Paulo: Malheiros, 2005, p. 102-103.

Acrescenta-se aos apontados dispositivos constitucionais o art. 93, IX e X da CF, que expressamente declara o dever de motivar os atos jurídicos judiciais e administrativos, praticados pelo Poder Judiciário.

Cumpre ainda ressaltar que a motivação dos atos jurídicos constitui garantia necessária para a incidência, na sua completude, da garantia inserta no art. 5º, LV da CF, na medida em que o conhecimento pleno das razões que conduziram à aplicação de determinada regra de direito sancionadora configura real possibilidade de acesso à ampla defesa.

O procedimento técnico-jurídico para motivar os atos decisórios em geral, e que há de ser observado pelas entidades partidárias é apontado pela doutrina, podendo ser resumido da seguinte forma[74]:

identificação da regra de direito habilitante;

os fatos em que o partido político se estribou para decidir;

a enunciação da relação de pertinência lógica entre os fatos ocorridos e o ato praticado.

Pode-se, portanto, concluir com a citação de Celso Antônio Bandeira de Mello[75]:

> "Assim, em primeiro lugar, é preciso que a motivação indique as premissas de direito e do fato em que se apoia o ato motivado, com a menção das normas legais aplicadas, sua interpretação e, eventualmente, a razão da não-aplicação de outras; e com referência aos fatos, inclusive a avaliação das provas examinadas pelo agente público, a seu respeito. Em segundo lugar, o agente público deve justificar as regras de inferência através das quais passou das premissas à conclusão, se houver necessidade (...)"

Essa atividade é importante para o controle do ato praticado pelas agremiações partidárias, a ser realizada tanto por aquele que sofrerá a sanção, quanto pelo Poder Judiciário quando provocado a decidir alguma causa que lhe for apresentada, propiciando-se, destarte, avaliar se a sanção aplicada é a adequada à infração cometida, verificando a incidência não só da norma legal ao fato, como também dos princípios da razoabilidade e da proporcionalidade.

A motivação consiste em um requisito imprescindível à perda do mandato parlamentar por ato de infidelidade partidária, a tal ponto de se poder afirmar que a sua ausência significará a hipótese de ocorrência de nulidade absoluta.

---

74 In Ob., cit., p. 370-371.

75 MELLO, Celso Antônio Bandeira do. **Discricionariedade e Controle Jurisdicional**. São Paulo: Malheiros, 1992, p. 100.

Celso Antônio Bandeira de Mello[76] assim justifica a necessidade da aplicação da motivação aos atos jurídicos:

> "... não haveria como saber-se se o comportamento que tomou atendeu ou não ao princípio da legalidade, se foi deferente com a finalidade normativa, se obedeceu à razoabilidade e à proporcionalidade, a menos que enuncie as razões em que se embasou para agir como agiu. São elas que permitirão avaliar a consonância ou dissonância com tais princípios."

No Estado Democrático de Direito, a motivação dos atos praticados, sejam públicos ou privados, pode ser considerada uma garantia do cidadão, na medida em que é posta como um instrumento colocado à sua disposição com o fito de dar a conhecer das razões que teriam conduzido à sua prolação, de molde a viabilizar o exercício da defesa, evitando a concretização de uma lesão ou ameaça a direito.

Para fins de aplicação de penalidades pelos partidos políticos aos seus filiados, assume relevante significado a motivação expressa, congruente e contemporânea dos atos jurídicos por eles praticados – entendida, a motivação, como elemento intrínseco ao princípio do devido processo legal -, de maneira a tornar-se indispensável a exposição das razões de fato e de direito (com base no estatuto) que levaram à aplicação da sanção pela agremiação ao seu associado.

Se o conteúdo ideológico dos partidos políticos, no que inclui a previsão de sanções decorrentes de faltas disciplinares, está afeto a critérios subjetivos a serem inseridos nos respectivos estatutos – observados os limites estabelecidos pela norma, dentre os quais a imposição de caráter nacional e a proibição de submissão a governos estrangeiros e caráter paramilitar -, a imposição de qualquer sanção deve ser revestida da indicação clara, precisa e contemporânea dos fatos e circunstâncias que levaram à aplicação da sanção ao filiado, a fim de viabilizar a aferição, pelo Poder Judiciário, da congruência entre a falta e a sanção correspondente, observados os princípios da razoabilidade e da proporcionalidade (art. 5º, LIV e § 2º, da CF).

---

[76] *In* Ob. cit., p. 70-71.

Constatada a contrariedade a tais normas, impõe-se a invalidação do ato partidário pelo Poder Judiciário, reabrindo-se ao partido político a oportunidade para corrigir os vícios reconhecidos judicialmente, podendo, então, aplicar a punição que entender justa e em conformidade com os ditames estatutários, legais e constitucionais[77].

---

77 "Mandado de segurança. Partido político. Expulsão de filiado. Admissível a segurança contra a sanção disciplinar, se suprimida a possibilidade de o filiado disputar o pleito, por não mais haver tempo de filiar-se a outro partido político. Não há vicio no ato que culminou com a expulsão quando, intimado de todas as fases do processo disciplinar, o filiado apresentou ampla defesa. As razões que moveram o partido a aplicar a sanção disciplinar constituem matéria *interna corporis*, que não se expõe a exame pela Justiça Eleitoral. Segurança denegada" (Ac. nº 2.821, do 15.8.2000, rel. Min. Garcia Vieira).
"Coligação para o pleito proporcional e majoritário. Intervenção da executiva estadual na municipal. Legitimidade. 1. Nos termos do disposto no art. 6º da Lei nº 9.504/97, não é permitida a formação de mais de uma coligação para o pleito majoritário. 2. Intervenção da executiva estadual na municipal. Irregularidades formais no procedimento. Ilegitimidade. Recurso especial não conhecido." NE: Registrados os candidatos da coligação aprovada pelo órgão dissolvido com irregularidades, consistentes na inobservância do devido processo legal, do contraditório e da ampla defesa; e excluídos os candidatos da coligação firmada pelo órgão interventor" (Ac. nº 16.452, de 5.9.2000, rel. Min. Maurício Correa; no mesmo sentido o Ac. nº 569, de 10.8.2000, do mesmo relator).

CAPÍTULO V

ASPECTOS GERAIS DA FIDELIDADE PARTIDÁRIA

> *Entram no partido agora e saem mais à frente, como se estivessem pegando um táxi. (Senador José Sarney, jornal A Tarde, de 12.02.2005, Política, p. 12).*

SUMÁRIO: 1. Introdução. **2.** Cidadania, verdade eleitoral e fidelidade partidária. **2.1.** Cidadania: quem pode ser eleitor e quem pode ser candidato?. **2.2.** Verdade eleitoral; **3.** Fidelidade partidária. **3.1.** Abandono do partido o descumprimento das diretrizes partidárias. **3.2.** Descumprimento das diretrizes estabelecidas polos órgãos partidários. **3.3.** A infidelidade partidária no Brasil. **4.** Breve histórico sobre os partidos políticos no Brasil. **4.1.** Caráter abstrato da representação no Brasil. **4.2.** Distorções do sistema representativo. **4.3.** Alianças partidárias e verticalização das coligações. **5.** A fidelidade nos estatutos partidários. **5.1.** Partidos políticos registrados no TSE. **5.1.1.** Partido do Movimento Democrático Brasileiro – PMDB. **5.1.2.** Partido Trabalhista Brasileiro-PTB. **5.1.3.** Partido Democrático Trabalhista-PDT. **5.1.4.** Partido dos Trabalhadores – PT. **5.1.5.** Partido Democratas – DEM. **5.1.6.** Partido Comunista do Brasil – PCdoB. **5.1.7.** Partido Socialista Brasileiro – PSB. **5.1.8.** Partido da Social Democracia Brasileira – PSDB. **5.1.9.** Partido Trabalhista Cristão – PTC. **5.1.10.** Partido Social Cristão – PSC. **5.1.11.** Partido da Mobilização Nacional- PMN. **5.1.12.** Partido Republicano Progressista – PRP. **5.1.13.** Partido Popular Socialista – PPS. **5.1.14.** Partido Verde – PV. **5.1.15.** Partido Trabalhista do Brasil – PT do B. **5.1.16.** Partido progressista – PP. **5.1.17.** Partido Socialista dos Trabalhadores Unificado – PSTU. **5.1.18.** Partido Comunista Brasileiro-PCB. **5.1.19.** Partido Renovador Trabalhista Brasileiro-PRTB. **5.1.20.** Partido Humanista da Solidariedade – PHS; **5.1.21.** Partido Social Democrata Cristão – PSDC. **5.1.22.** Partido da Causa Operária – PCO. **5.1.23.** Partido Trabalhista Nacional – PTN. **5.1.24.** Partido Social Liberal – PSL. **5.1.25.** Partido Republicano Brasileiro – PRB. **5.1.26.** Partido Socialismo e Liberdade – PSOL. **5.1.27.** Partido da República – PR. **5.1.28.** Partido Social Democrático – PSD. **5.1.29.** Partido Pátria Livre – PPL. **5.1.30.** Partido Ecológico Nacional – PEN. **5.1.31.** Partido Republicano da Ordem Social – PROS. **5.1.32.** Solidariedade – SD. **5.1.33.** Partido Novo – NOVO. **5.1.34.** Rede Sustentabilidade – REDE. **5.1.35.** Partido da Mulher Brasileira – PMB. **6.** A fidelidade partidária no Brasil e em outros países. **6.1.** Estados Unidos e Inglaterra. **6.2.** Alemanha e França. **6.3.** Brasil. **7.** Outras Considerações.

1. INTRODUÇÃO

O Direito Eleitoral está presente desde a Constituição Imperial de 1824, inserido em disposições fundamentais, como as eleições indiretas de deputados e senadores para Assembleia Geral e Conselhos Gerais de Província, direito de voto e elegibilidade. Na Constituição republicana de 1891, foram regulamentadas as eleições por voto direto, observado o princípio da maioria absoluta.

A Justiça Eleitoral como órgão do Poder Judiciário somente foi criada pelo Código Eleitoral de 1932 (Decreto nº 21.076, de 24.2.1932), expressa no texto da Constituição Federal de 1934. E o Tribunal Superior Eleitoral (TSE), pelo mesmo Decreto, recebeu a denominação de Tribunal Superior da Justiça Eleitoral, tendo como primeiro presidente o ministro Hermenegildo Rodrigues de Barros.

A Carta do Estado Novo (1937) extinguiu a Justiça Eleitoral; entretanto dispôs sobre assuntos do Direito Eleitoral, e ainda em sua vigência, o Decreto-Lei nº 7.586, de 28.5.45, recriou a Justiça Eleitoral como órgão autônomo do Poder Judiciário.

As Constituições de 1946, de 1967 e de 1988 mantiveram a Justiça Eleitoral e ampliaram suas competências para as regulamentações no seu âmbito. Desde então, as instituições eleitorais vêm se aperfeiçoando como instrumento do Estado Democrático de Direito afirmado no processo da busca de legitimidade material das relações de Poder, da lisura e normalidade das eleições, para assegurar a soberania popular – o fiel cumprimento da vontade do povo.

Muito se tem discutido a respeito do Poder Judiciário como uma instituição de viés político e, à luz das mudanças propostas e reiteradamente ventiladas, mas a Justiça Eleitoral vem sendo chamada a cumprir a função de controlar e fiscalizar o processo eleitoral, somando-se à sua atuação típica de reguladora dos certames e soluções das questões eleitorais brasileiras, expedindo instruções por meio de resoluções de conteúdo normativo.

A história eleitoral do Brasil registra seis décadas de eleições legislativas sem interrupção (a contar da segunda fase da Justiça Eleitoral, quando foi reinstalada em 1945), além de várias eleições para cargos do Executivo, sendo rica de informações jurídicas e administrativas.

Pesquisadores e estudiosos dos temas eleitorais têm procurado chamar a atenção para o problema da dispersão e desorganização desses dados. Vários estudos têm surgido após a década de 1990 e no princípio deste século, em torno de questões eleitorais e partidárias em suas especificidades, ou na interface de temas correlatos, tais como democracia, liberdade de expressão, sistema político-eleitoral, no contexto da ciência política e, de forma delimitada, na esfera do Direito Constitucional-Eleitoral.

Informações doutrinárias, legislativas, jurisprudenciais, históricas e administrativas sobre essa área especializada do Direito brasileiro estão sendo cada vez mais requisitadas e têm sido indispensáveis para o esclarecimento e entendimento da temática.

Daí a importância de minuciosos apontamentos sobre tópicos específicos do Direito Eleitoral, destacando-se a *fidelidade partidária* como um assunto que reclama elucidações para o seu satisfatório entendimento, de forma especial, ante a realidade político-partidária brasileira.

2. CIDADANIA, VERDADE ELEITORAL E FIDELIDADE PARTIDÁRIA

Ao contextualizar a questão do processo eleitoral brasileiro, Nelson Jobim[1] apresenta três grandes problemas que representam o fulcro dessa temática:

> "o primeiro deles, refere-se à definição de *cidadania*, ou seja, quem pode ser eleitor e quem pode ser candidato. Em outras palavras, quem pode votar e quem pode ser votado;
> o segundo aspecto trata da *verdade eleitoral*. No seu entendimento, a verdade eleitoral revela que "o voto votado seja o voto apurado" e
> o terceiro problema a ser abordado relaciona-se à complexa questão da *fidelidade partidária*, já que o sistema eleitoral brasileiro "induz a fidelidade ao eleitorado e não ao partido."

2.1. Cidadania: Quem Pode ser Eleitor e Quem Pode ser Candidato?

A Constituição Federal de 1988 assegura a cidadania brasileira pelo nascimento ou pela naturalização, mas o título de cidadão só se completa e se aperfeiçoa no ato do alistamento do indivíduo como eleitor, a partir do momento em que as pessoas atingem a idade legal para tanto, aos 18 anos obrigatoriamente e, facultativamente, aos 16 anos.

O vocábulo *cidadania* pode ser entendido em três acepções distintas, embora relacionadas entre si: expressa a qualidade ou estado de ser cidadão; contempla, coletivamente, todos os cidadãos; e trata do conjunto de direitos e deveres civis e políticos inerentes ao homem como membro de um Estado ou comunidade nacional.

Dentre os direitos e deveres políticos, pode-se afirmar que uma das principais formas de exercício da cidadania manifesta-se por intermédio do voto direto e secreto, com igualdade absoluta de valor, conforme preceituado na

---

[1] Palestra proferida no Senado, em sessão especial do dia 1º de junho de 2005, comemorativa do 60º aniversário de criação do Tribunal Superior Eleitoral. O Ministro Nelson Jobim era Presidente do Supremo Tribunal Federal, e durante a sua gestão na presidência do Tribunal Superior Eleitoral, comandou as eleições municipais de 2002. Ex-Deputado Federal. Ex-Ministro da Justiça.

Constituição Federal, art. 14, *caput*: *A soberania popular será exercida pelo sufrágio universal e pelo voto direto e secreto, com valor igual para todos* (...).

Observa-se no preceito constitucional uma evolução no processo democrático brasileiro, uma vez que nem sempre o voto foi secreto e direto e muito menos concedido como direito a todos os indivíduos indistintamente, ressalvados os critérios definidos em lei.

O Ministro Edson Vidigal[2], do Superior Tribunal de Justiça e do Tribunal Superior Eleitoral, concedeu entrevista publicada no periódico *Justiça & Cidadania*, em que declara:

> "Numa democracia ninguém chega a cargo eletivo sem ter sido antes candidato. Essa palavra candidato é de origem latina. Na Roma antiga, as pessoas que pleiteavam cargo público, mediante eleição, saíam às ruas vestindo uma túnica branca e brilhante, chamada de toga cândida. Era a forma de se mostrarem que eram limpas para o exercício do cargo. Quantos poderíamos ver hoje, saídos desses partidos políticos, quase todos marcas de fantasia, vestindo a toga cândida e, assim, se diferenciando dos outros concorrentes?"

É um questionamento que se reúne à preocupação do Ministro Nelson Jobim sobre quem pode votar e ser votado, revestida de patente atualidade. Para a compreensão do tema há de se recorrer a uma retrospectiva histórica dos contextos sociais e políticos que marcaram os principais acontecimentos do País e que lhe determinaram as conjunturas por que atravessamos até os presentes dias.

Em 1821, antes mesmo da Proclamação da Independência, o Decreto de D. João VI, que regulamentava as eleições dos deputados brasileiros às Cortes de Portugal, definia quem podia votar e ser votado. Os candidatos, aqueles cidadãos autorizados por lei a receberem votos e a participarem das eleições como postulantes a cargos eletivos, foram contemplados pelo referido Decreto imperial, considerado, desde aquela época, um privilégio dos detentores de bens (posses) materiais e poder de autoridade.

A Constituição de 1824 só autorizava a votar os maiores de 18 anos que tivessem renda mínima anual de 100.000,00 (cem mil reis), considerados cidadãos ativos. Portanto, foi instituída a figura do voto censitário – voto garantido apenas aos detentores de recursos materiais, mesmo que analfabetos. Historicamente, há razões que explicam a instituição do voto censitário no Brasil que nas palavras do Ministro Jobim[3]:

---

2   Ministro Edson Vidigal assume a presidência do STJ: "A Trajetória do um Vencedor". *In* **Revista Justiça e Cidadania**. Edição de Fevereiro de 2004. Foi Corregedor-Geral do Tribunal Superior Eleitoral.

3   *In* ob. cit. 2004, p. 183-184.

> "(...) O Parlamento nasceu na Inglaterra, nas disputas de João sem Terra com os barões, que exigiram sua criação. Os barões eram representados no Parlamento, que negociaria o financiamento da Coroa. Ou seja, os parlamentos foram criados para serem representantes dos contribuintes, aqueles que financiavam o Estado e financiavam a Coroa. Ora, se eram os contribuintes, e se a função do Parlamento era discutir impostos e orçamentos, na leitura do século XIX, quem tinha que votar eram exatamente aqueles que contribuíam, que pagavam impostos. Seus representantes acertariam com a Coroa o *quantum* da sociedade a ser tirado pela Coroa para o financiamento do Estado. Por isso é que, na Constituição de 1824, havia o voto censitário."

No Brasil colonial, além da residência e domicílio na circunscrição, as únicas condições exigidas ao eleitor eram a idade-limite de 25 anos e, no Império (1822-1889), apenas os casados e oficiais militares podiam votar aos 21 anos. Todos os demais só com 25 anos poderiam exercer o direito do sufrágio.

Todavia, a Lei Saraiva de 1881 representou um golpe na cidadania ao excluir os analfabetos do rol de eleitores. A participação eleitoral reduziu-se drasticamente, caindo ao patamar de apenas 3% da população nacional.[4] Dois veementes retrocessos são deflagrados, a pretexto de imposição do processo democrático: foi instituído o "censo literário" que exclui os analfabetos do direito de votar e estabelecia o "voto censitário", pelo qual apenas os detentores de expressivas rendas tinham o direito do voto.

Religiosos e quaisquer outros que vivessem em comunidade claustral, além de libertos, criados de servir, praças de pré e serventes das repartições e estabelecimentos públicos também foram excluídos de votar.

Os movimentos de insurreição e a criação de partidos políticos com maior participação social no final do Século XIX ampliaram os debates sobre questões eleitorais, atraindo o interesse do povo acerca dos assuntos perti-

---

[4] Não obstante variegada e quantitativa existência de percalços na legislação eleitoral há que se reconhecer a paulatina evolução no processo democrático do País. O eleitorado brasileiro vem crescendo progressivamente. Os números da tabela a seguir, extraídos do sítio do TSE, demonstram essa evolução nos últimos quatro anos.
Região CENTRO-OESTE EXTERIOR NORDESTE NORTE. SUDESTE SUL.
Consulta Evolução do eleitorado
Pesquisa por região Outubro / 2000 – Julho / 2004

	Outubro/ 2000	Julho / 2004	%
CENTRO-OESTE	7.418.597	8.450.186	13,905
EXTERIOR	43,390	69.352	36,787
NORDESTE	29.561.610	32.981,462	11.569
NORTE	7.073.019	8.365.795	18,278
SUDESTE	48.486.490	53.087.493	9,489
SUL	17.243,157	18.447.343	6,984
BRASIL	109.826.263	121.391.631	10,531

nentes à sociedade e ao Estado, aumentando, gradativamente, o eleitorado que, no final do Império alcançou o percentual de 12% da população.

No período da República Velha (1889-1930), o voto censitário foi abolido e a idade mínima para se votar foi reduzida para 21 anos.

O histórico Código Eleitoral de 1932, além de ter criado a Justiça Eleitoral e o então Tribunal Superior da Justiça Eleitoral, estendeu a cidadania eleitoral às mulheres, instituindo, assim, o voto feminino[5].

A idade mínima obrigatória de 18 anos para o exercício do voto foi estabelecida pela Constituição de 1934.

Há de se admitir que a expressiva participação eleitoral dos brasileiros é resultante da imposição constitucional quanto à obrigatoriedade do voto. Academicamente, fundamentando-se em pressupostos jurídicos e filosóficos, a discussão referente à obrigatoriedade ou facultatividade do voto é válida e legítima. Argumenta-se que se o voto é um direito, ele não deveria ser obrigatório.

Entretanto, das palavras de Nelson Jobim[6] depreende-se que a questão é complexa e profunda:

> "Mas, vamos admitir que o voto, no Brasil, não fosse obrigatório: quem votaria? No momento em que uma maioria diz que o voto não deve ser obrigatório, está dizendo que mesmo assim votaria. Para estes, votar se torna uma obrigação moral, não jurídica ou política. Se é a maioria, então alguém está sendo excluído. Se o voto não fosse obrigatório, o Estado não teria obrigação de viabilizar o cumprimento do ato de votar. Se é obrigatório, é absolutamente necessário que o Estado, através das organizações eleitorais, no caso a Justiça Eleitoral, viabilize condições para aqueles que exercem o direito de votar. Por isso temos no Brasil hoje exatamente 350 mil seções eleitorais: para que o cidadão possa exercer a obrigação de votar."

No caso da obrigatoriedade do voto, há também que se considerar a necessidade de recursos e condições que possibilitem o exercício desse direito/ dever do cidadão de votar.

Decorre daí a necessidade de se estabelecer os ordenamentos indispensáveis para o bom cumprimento das diligências, coibindo abusos, evitando fraudes e punindo os responsáveis pelas transgressões à legislação eleitoral vigente.

Na prática, a obrigatoriedade do voto evidencia um avanço no processo eleitoral, assegurando um direito igualitário a todos os cidadãos, in-

---

5   A potiguar Celina Guimarães Vianna, da cidade do Mossoró (RN), foi a primeira eleitora do Brasil.

6   JOBIM, Nelson. "Direito e processo eleitoral no Brasil". In: MENDONÇA, Jacy do Souza et al. **Inovações do novo código civil**. São Paulo: Quartier Latin, 2004, p. 185.

dependentemente de preconceitos e desigualdades econômicas e sociais, bem como das diferenças de sexo, raça e religião.

A democracia tem como um de seus pressupostos básicos a participação política do povo, sendo que o voto é a principal forma de expressão política. Embora excludente em diferentes períodos da história brasileira, o direito ao sufrágio e ao seu exercício (do voto) alterou gradativamente o perfil do eleitorado.

O regime militar, iniciado em 1964, não promoveu qualquer progresso na legislação eleitoral quanto ao direito de voto. O analfabeto reconquistou o direito de votar, em caráter facultativo, pela Emenda Constitucional nº 25/85, perdurando esta situação sob a égide da Constituição de 1988, em que o alistamento eleitoral e o voto são obrigatórios para os maiores de 18 anos e facultativos para os maiores de 70 anos e para os jovens entre 16 e 18 anos[7].

2.2. Verdade Eleitoral

O segundo aspecto importante a ser considerado no processo eleitoral brasileiro, segundo o Ministro Nelson Jobim[8], é o atinente à *verdade eleitoral*: que o voto votado seja o voto apurado. A temática principal nessa questão é o esforço realizado ao longo do tempo para se evitar a fraude eleitoral, não obstante as leis que se sucederam pudessem significar a tentativa de legalizar distorções ocorridas na aplicação de leis anteriores.

Há exemplos históricos curiosos sobre a existência de tipos de votos, cédulas eleitorais e procedimentos fraudulentos que ocorreram sucessiva e reincidentemente até que o processo pudesse chegar ao *status* de segurança que hoje ostenta a Justiça Eleitoral.

Valter Costa Porto[9] relaciona, em seu *Dicionário do Voto*, inúmeras tipologias de fraude, das quais são relacionadas, ilustrativamente, algumas delas:
DEGOLA:

> "(...) A degola, no Parlamento, representava a etapa final do processo de aniquilamento das oposições. Começava-se pela fraude na eleição, pelos arranjos do alistamento, pela pressão oficial sobre os votantes; depois, pelos arranjos na apuração, com as atas falsificadas; e, afinal, o simulacro da verificação dos poderes, o que se chamou, também, de "terceiro escrutínio".

---

7   Renata Cristina Rabelo Gomes foi alistada como o primeiro eleitor maior de 16 e menor de 18 anos.

8   Palestra proferida no dia 1º de junho de 2005, na sessão especial do Senado, comemorativa do 60º aniversário de criação do Tribunal Superior Eleitoral.

9   PORTO, Valter Costa. **Dicionário do Voto**. Brasília: Universidade de Brasília, 2000, p. 13, 157, 210, 211, 410.

Um depoimento de Frederico Mindello dá notícia desse processo:

"O reconhecimento de 1915 foi o último que, no Senado, Pinheiro Machado dirigiu. Dois degolamentos execrandos o assinaram. A 4 de junho, em votação nominal que Rui Barbosa requereu, José Bezerra, eleito e diplomado Senador por Pernambuco, foi degolado e reconhecido Rosa e Silva. Na sessão de 7 de junho, ainda sob o protesto de Rui Barbosa, um esbulho maior se consumava, pois Ubaldino Amaral havia sido eleito e diplomado Senador pelo Parná (sic), com 14.507 votos, e seu competidor, Xavier da Silva, conseguiu apenas 4.559 votos... Ubaldino foi degolado e Xavier reconhecido".[10]

FOLHA INDIVIDUAL DE VOTAÇÃO:

"(...) Conta Edgard Costa que a inovação da Folha Individual de Votação se deveu a sua sugestão, como Presidente do Tribunal Superior Eleitoral, à Câmara de Deputados, em 1954. Seu objetivo era o de corrigir 'as inúmeras fraudes praticadas com o uso do título eleitoral.' Uma vez que passava a fixar o eleitor na mesma secção eleitoral, somente nela podendo ele votar, e sendo conservada em cartório, a Folha 'aboliu, entre outras fraudes, a do uso de título falso ou de 2ª via dolosamente obtida, que permitiam a duplicidade de votos em secções diferentes e a retenção do título por terceiros – os chamados 'cabos eleitorais' – como modo de obstar o exercício do voto de adversários'".[11]

FÓSFORO:

"Alguns dicionários apontam o *fósforo* como um indivíduo 'metediço', 'intruso', ou como 'homem sem mérito'. E nenhuma referência fazem ao significado que lhe deram a crônica política e o debate parlamentar do Império e da 1ª. República: o do falso eleitor, que vota por outro. (...)
O livro de Francisco Belisário Soares de Souza, *Sistema eleitoral no Império*, de 1872, (Brasília: Senado Federal, 1979) mostra o quanto o *fósforo* ou o *invisível* representava um papel notável nas eleições de então. No Senado e na Câmara do 2º Reinado, muita vez se aludiu às 'influências fosfóricas'.
Na 1ª República, em áreas mais propícias aos vícios eleitorais, como Rio Grande do Sul, os *fósforos* se multiplicaram. Urna disposição da Lei nº 58, editada em janeiro de 1897, por Júlio de Castilhos, determinava não caber às mesas eleitorais "entrar na apreciação da identidade da pessoa do eleitor, qualquer que seja o caso". Isso permitia, segundo o comentário de Mem de Sá, 'a qualquer preto retinto votar com o título de um teuto chamado Hans Bernstein' (Sá, Mem de. *A politização do Rio Grande*, Porto Alegre, Tabajara, 1973, p. 27) Ou que, segundo

---

10 PORTO, Valter Costa. 2000, p. 158, *apud* Semana Comemorativa da Revolução de 1930. *Anais*. Brasília: Câmara dos Deputados, 1984, p. 260.

11 PORTO, Valter Costa. 2000, p. 211 *apud* Costa, Edgard. *A Legislação Eleitoral Brasileira*. Rio de Janeiro; Deptº de Imprensa Nacional, 1964, p. 309.

Rubens Maciel, os mortos participassem involuntariamente da fraude; e 'duplamente não só porque votavam, mas porque reincidiam no voto'.[12]

E continua Valter Costa Porto acerca do registro de AFONSO ARINOS DE MELO FRANCO:

"(...) Em outro livro, afirmou, que "havia uma sorte de Congresso de notáveis, eleitos não pelos eleitores primários, mas pelos 'coronéis' dos municípios e das Comissões Executivas Partidárias, Estes chefes municipais e estaduais surgiam, por sua vez, como produtores de um *consensus* histórico e emergiam materialmente do jogo sutil das forças e interesses locais e regionais. Os membros do Congresso vinham, pois, escolhidos por um colégio eleitoral censitário, numa eleição de segundo grau não escrito, mas que funcionava e permitia aquela representação, tanto quanto possível, homogênea".[13]

Acerca da LEI SARAIVA:

"Em discurso de outubro de 1880, o Senador José Bonifácio Andrada – mais conhecido por José Bonifácio, o Moço, filho do primeiro Martim Francisco – apontava 'as cinco abundantíssimas fontes de vícios, fraudes e abusos' que a eleição indireta oferecia: a infidelidade das qualificações, a soberania das mesas eleitorais, a fraqueza dos votantes, a dependência do eleitor e a intervenção do governo".[14]

Da VERIFICAÇÃO E RECONHECIMENTO DOS PODERES:

"Em muitas ocasiões, foram levantadas suspeitas quanto à correção do julgamento pelas comissões, e muito se deplorou os critérios políticos então empregados. Lembrando, por exemplo, os trabalhos de verificação com respeito às eleições de 1840, afirmava Antônio Carlos {v. Silva, Antônio Carlos Ribeiro de Andrada E):"... lançando os olhos sobre as eleições do Ceará, pareceu-me que tal voto popular não existia, tudo quanto havia não era opinião do povo; era, pelo contrário, uma opinião fictícia, forjada pelo embuste, e que a cada passo se descobria nela o dedo flexível da fraude, ou o punho cerrado da violência." (Sessão de 21 de janeiro de 1845, *in Anais do Senado do Império do Brasil.* Brasília, Senado) (...)
O reconhecimento, diria Assis Brasil, "substituiu-se à eleição. E que reconhecimentos! As crônicas autênticas da época, as próprias atas dos corpos legislativos exibem casos de se fazer um representante da nação por simples emenda, mandando trocar um nome por outro. E não simplesmente isso, mas

---

12   PORTO, Valter Costa. 2000, p. 211 *apud* SIMPÓSIO sobre a Revolução de 30. Porto Alegre: Ufrgs, 1983, p. 148.

13   PORTO, Valter Costa. 2000, p. 218 *apud* FRANCO, Afonso Arinos de Melo. *A escalada.* Rio de Janeiro: José Olympio, 1965, p. 50-51.

14   PORTO, Valter Costa. 2000, p. 265 *apud* PERFIS parlamentares, v. 13. *José Bonifácio, o moço.* Brasília: Câmara dos Deputados, 1978, p. 100.

um nome que aparecia virtualmente sem votos por outro que os ostentava nos papéis eleitorais. A única atenuante era – não se tratar verdadeiramente de averiguar quem era mais votado, porque ninguém o era: as eleições figuravam na consciência pública como simples fantasmagoria".[15]

Assis Brasil chegou a elaborar, com relação a todo esse quadro desanimador de fraude na Primeira República, o Manifesto dos Libertadores Rio-Grandenses, datado de Montevidéu, em 21 de abril de 1925, com sorites "análogo ao que, com igual propriedade, em relação ao despotismo monárquico", emitira, no Império, o Senador Nabuco de Araújo:

> "Ninguém tem certeza de ser alistado eleitor; ninguém tem certeza de votar, se porventura for alistado; ninguém tem certeza de que lhe contem o voto, se porventura votou; ninguém tem certeza de que esse voto, mesmo depois de contado, seja respeitado na apuração da apuração, no chamado terceiro escrutínio, que é arbitrária e descaradamente exercido pelo déspota substantivo, ou pelos déspotas adjetivos, conforme o caso for da representação nacional ou das locais".[16]

ELEIÇÃO A BICO DE PENA:

> "Dizia-se das eleições que, no Brasil, do Império e, sobretudo, da 1ª República (1889-1930), formalmente corretas, em vista da documentação apresentada, eram, em verdade, inteiramente falseadas. (...)
> Mas, no período, foi completa a simulação nessas disputas eleitorais, tornando-se os pleitos, como diria o Deputado Érico Coelho, "uma briga entre papéis falsos".[17]

Comenta Francisco de Assis Barbosa que à violência das eleições do Império, à ata falsa na República, acrescentar-se-ia o cinismo:

> "As eleições se faziam mais nas atas que nas urnas. Havia especialistas na matéria. Enchiam laudas e laudas de almaço num paciente exercício de caligrafia, com a caneta enfiada sucessivamente entre cada um dos vãos dos dedos da mão direita, para repetir em seguida os mesmos golpes de habilidade com a mão esquerda. A pena Mallat 12, a mais comum, era também a mais indicada para semelhante prestidigitação – corria sobre o papel, ora com força, ora com suavidade, o bico virado, para cima ou para baixo, em posições as mais diversas, a fim de que o

---

15   BRASIL, J. F. de Assis. Democracia representativa – Do *voto e do modo de votar*, nota à 4ª ed. In: *Itiéies políticas de Assis Brasil*. Brasília: Senado Federal. Rio de Janeiro: Fundação Casa de Rui Barbosa. V. 3, 1990, p. 140.

16   PORTO, Valter Costa. 2000. p. 412, 414-415 *apud* BRASIL, J. F. de Assis, *ob. cit.*, v. 3, p. 277.

17   In: Sales, Joaquim, *Se não me falha a memória*, cit. Por Carone, Edgard, *A República Velha (Instituições e classes sociais)* São Paulo: Difel, 1972, p. 301).

traço não saísse igual – frouxo, firme, tremido, grosso, fino, bordado, caprichado, mas sempre diferente".[18]

Em livro de memórias, conta o ex-deputado por Pernambuco, Ulysses Lins:

"Em 1899, tinha 10 anos, o Coronel Ingá me fazia treinar nas tricas políticas locais... e, pegando-me pelo braço, delicadamente, disse: "Você vai me ajudar na eleição... "Espantei-me, sem saber o que aquilo significava, e ele levou-me para uma mesa, na sala de jantar, em redor da qual tomava assento, bem assim os mesários... Passou a ler umas "instruções eleitorais... "e a ditar a ata da instalação que o secretário ia lavrando num livro, enquanto outras pessoas escreviam ao mesmo tempo, em folhas de papel almaço, as cópias daquela ata... Lavrada a ata, teve lugar a votação, numa lista em que, realmente, assinaram apenas os membros da mesa, porque as demais assinaturas, de quase uma centena de eleitores, foram rabiscadas por mim e alguns dos mesários, bem por diversos curiosos que ali apareceram... Vi como eram eleitos senadores e deputados com a maior facilidade deste mundo... Terminada a votação simbólica, a mesa eleitoral extraia logo os boletins, que eram por todos assinados (inclusive os fiscais!!!), para serem enviados a alguns candidatos, amigos de meu pai, que assim desejavam documentá-los para defenderem seus direitos perante as juntas apuradoras".[19]

Outros tipos de fraudes que ocorreram ao longo da história político-partidária brasileira relacionam-se: ao voto, à cédula eleitoral; abastecimento da mesa eleitoral por cédulas emitidas pelos partidos políticos; voto por envelope e impressão de cédulas coloridas (para se evitar ou reduzir manipulação, lei estabelecendo a necessidade de adotar-se padrão de cédula, como tipo de papel, peso, tamanho que os partidos deveriam emitir); e os diversos casuísmos da legislação para atender interesses pessoais ou de determinadas agremiações.

A evolução do tipo de urna, desde a máquina de votar, inventada por Sócrates Ricardo Puntel, passando pela urna de lona, cujo principal benefício foi a facilidade de transporte, até chegar à revolucionária urna eletrônica, com a temporária e necessária impressão do voto pelo Módulo Impressor Externo (MIE) em 2002, gradativamente registraram o voto com a garantia de segurança nos processos eleitorais posteriores a 1996, embora suprimida a partir de 2003, restando a esperança de que em 2018 a indevassável caixa coletora de votos seja restabelecida de modo a possibilitar a recontagem, na hipótese de suspeita de fraude na votação.

---

18   Barbosa, Francisco de Assis, in: Franco, Afonso Arinos de Melo, *História do povo brasileiro*, São Paulo: J. Quadros Ed., 1967, V. 5, p. 180.
19   Porto, Valter Costa. 2000, p. 13-14 *apud* Lins, Ulysses, *Um sertanejo e o sertão*, p. 46-47, cit. por Carone, Edgard, *ob. cit.*, p. 300.

3. FIDELIDADE PARTIDÁRIA

O terceiro ponto quanto ao processo eleitoral brasileiro, e o mais importante para o desenvolvimento deste estudo, é o que se relaciona com a *fidelidade partidária*, definida no respectivo verbete do glossário de termos parlamentares da Assembleia Legislativa do Estado de Minas Gerais como: 1. lealdade a um partido político; 2. observância do programa partidário e das decisões tomadas em suas instâncias deliberativas (convenção, diretórios, executivas, etc.) pelos filiados em geral e, sobretudo, por seus membros com assento no Parlamento ou na Chefia do Executivo.

3.1. Abandono do Partido e Descumprimento de Diretrizes Partidárias

Ao fazer breves anotações sobre os partidos políticos, Tito Costa[20] tratou, à época, da questão fidelidade partidária, esclarecendo que o tema era motivo de dúvidas ainda não totalmente esclarecidas e de dificuldades não resolvidas, quer no âmbito interno dos partidos políticos, quer no relacionamento com a própria Justiça Eleitoral.

A infidelidade partidária ainda se manifesta, fundamentalmente, sob dois aspectos distintos, porém relacionados entre si: o abandono do partido pelo qual foi eleito e o descumprimento pelo agente político ou filiado do programa, do ideário e das diretrizes legitimamente estabelecidas pelos órgãos de direção partidária. Nestes dois aspectos, a infidelidade revela a rebeldia do filiado e a fragilidade das agremiações partidárias, mesmo dispondo em seus estatutos das penas de multa e de expulsão.

No quadro normativo vigente[21], o mandato é antes de tudo do partido. Feita primeiramente a distribuição das vagas do Poder Legislativo (Câmaras Federal, Distrital e de Vereadores e Assembleias Estaduais) aos partidos políticos, só posteriormente são distribuídas aos candidatos mais votados dos partidos que as conquistaram.

Distribuem-se primeiramente as vagas aos partidos políticos porque raras vezes a votação de um único candidato alcança o quociente eleitoral e este compreende os votos de todos os seus candidatos, além dos votos destinados à legenda.

Pode-se dizer, então, que a vaga foi conquistada pelo esforço de todos os candidatos – pelos votos nominais e da própria agremiação partidária – voto

---

20 COSTA, Tito. Breves anotações sobre partidos políticos. **Revista do Advogado**, ano 24, nº 79, p. 115· 120, out. 2004.

21 Código Eleitoral, arts. 106 a 109, c.c. art. 17, § 1º da Carta Magna de 1988.

de legenda. Todos, com a sua respectiva votação, contribuíram para que o partido obtivesse um ou mais mandatos, nas eleições proporcionais.

A despeito disso, a doutrina e a jurisprudência do Supremo Tribunal Federal reconhecia, na prática, como titular do mandato, não o partido, mas o candidato, até os julgamentos dos mandados de segurança 26.602, 26.603 e 26.604-DF, em 04/10.2007 quando foi conferida interpretação constitucional para o acolhimento do novo mandato representativo partidário e a conseqüente perda do mandato ou cargo eletivo por ato de infidelidade partidária.

O posicionamento do STF, anterior a 2007, enfraquecia o partido frente ao exercente ou detentor do mandato, pois, embora todos tivessem contribuído para a eleição de um determinado candidato, depois de empossado cabia tão somente a ele determinar como desempenharia (o conteúdo) o mandato – repita-se, conquistado por todos.

Ficava difícil ao partido impor-se aos seus filiados em geral e, em particular, aos filiados eleitos para o exercício de mandatos eletivos. Abandonar o partido era e ainda é atitude que traz graves prejuízos ao ente político.

Ao candidato, ponderando sobre perdas e ganhos em abandonar a agremiação, caso assim decidisse fazê-lo, nenhum ônus lhe adviria dessa decisão, ou se algum prejuízo lhe adviesse, seria mínimo se comparado com a lesão causada ao partido político, à autenticidade do sistema representativo e à democracia. Após o STF ter dado efetividade ao instituto da Fidelidade Partidária, o desligamento injustificado passou a acarretar a perda do mandato ou cargo eletivo, por configurar ato de infidelidade.

Para maiores esclarecimentos a respeito das causas de infidelidade partidária, cabe, ainda, indagar: quais são as razões que levam o candidato eleito a abandonar o partido político que lhe foi instrumento para a satisfação dos requisitos legais para a postulação do cargo eletivo?

Cristiane Schwanka[22] aponta dois momentos distintos em que a troca de partidos se manifesta. Estes momentos servirão de fio condutor para a resposta à indagação anteriormente formulada. Afirma que os exercentes de mandato abandonam seus partidos logo após os resultados das eleições e no final de governo, quando estão à procura de partidos com maior potencial de elegibilidade.

Aduz que a força motriz do primeiro momento é fortalecer-se aderindo aos partidos vitoriosos nas eleições, em busca de verbas para suas bases e cargos estratégicos. A motivação, em um segundo momento, é o interesse em sagrar-se vencedor em nova eleição, aderindo aos partidos com maior potencial de elegibilidade.

---

22 SCHWANKA, Cristiane. Fidelidade partidária: uma questão de ideologia ou dever de imposição pelo poder público?. **Paraná Eleitoral**, Curitiba, PR, nº 50, p. 62, out./dez. 2003.

Completa Schwanka entendendo que nos dois momentos em que os políticos abandonam suas agremiações e as razões que provocam esse desligamento apontam para uma resposta mais fundamental e conclusiva: sofrem mais o fenômeno da migração os partidos com menor densidade eleitoral, com menor poder econômico e com pouco ou nenhum perfil ideológico na sua constituição. São pequenos partidos que mais se aproximam de associações privadas, com proeminência de interesses particulares se comparados com certas comunidades religiosas, em que o credo único é o fator de integração dos indivíduos em uma unidade social, cujos valores são menos do próprio indivíduo e mais os da comunidade em que está inserido.

É óbvio que todos os partidos são, segundo a lei partidária em vigor, pessoas jurídicas de direito privado, uma associação de pessoas com objetivos particulares, interessados em disputar o poder e defender teses que, por mais próximas que estejam do interesse público, atendem, imediatamente, os indivíduos que compõem a agremiação, exercendo, ainda, parcela de poder, em razão de sua peculiar importância e situação político-jurídica no Estado Democrático de Direito, sem os quais o sistema representativo não funcionaria.

Ao se concluir que sofrem mais o efeito da migração os partidos, genericamente menores, não se está afirmando tangencialmente que os grandes partidos são partidos ideológicos que propugnam valores coletivos.

Tão somente reconhece-se o que está implícito no fenômeno da migração, porque sendo os partidos a origem e o destino dos políticos, a motivação do "infiel" é apenas quantitativa, na medida em que as legendas são instituições de mesma natureza jurídica de direito privado e, quando registradas no TSE, gozam de capacidade eleitoral que as habilitam para o exercício de atividades essenciais ao Estado brasileiro.

O cidadão quer adentrar, fazer parte, participar da agremiação que tenha maior força para, futuramente, atender às suas expectativas na busca do bem comum, e, em tese, no atendimento de interesses pessoais.

O que se mostra óbvio também é que tal favorecimento desvincula-se inteiramente da natureza de seu mandato, isto é, os frutos dessa migração beneficiam somente o político, como pessoa, não o político como representante de uma coletividade que a ele deveria se vincular apenas por laços ideológicos, únicos capazes de manter a unidade da instituição, por meio da figura da *affectio societatis*. A coletividade que por ele é representada nada ganha com essa "infidelidade".

Ultimando a resposta àquela indagação, entende-se que o fenômeno da migração partidária é provocado pelo casuísmo político, o interesse inteiramente particular, as vantagens e ganhos do diplomado para o exercício do mandato que é, na atualidade, *representativo partidário*.

No passado não havia qualquer preocupação com o que realmente deveria importar em termos de fidelidade do eleito ao titular do poder, o povo, o eleitor, que votou acreditando no atendimento de suas expectativas políticas, orientadas por uma corrente ideológica, ainda que pudesse – e assim muitas vezes ocorre – se equivocar quanto à idoneidade e exequibilidade dos respectivos projetos, plataformas e programas.

Na contemporaneidade, a natureza do *mandato representativo partidário* impõe ao exercente ou detentor do mandato ou cargo eletivo certos cuidados para não perdê-lo por ato caracterizador da infidelidade.

3.2. Descumprimento das Diretrizes Estabelecidas pelos Órgãos Partidários

Os motivos que conduzem o político a desrespeitar as diretrizes legitimamente estabelecidas pelos órgãos de direção partidária também levarão à conclusão anteriormente inferida, tendo em conta que raros são os casos em que o político abandona as diretrizes partidárias por motivos sociais, ideológicos ou por interesse público. São comuns os casos em que os políticos, em defesa de seus interesses, privatizam o exercício do mandato e o Poder Público dele decorrente, violando a ordem jurídica e as orientações partidárias.

Marco Maciel[23] elucida que a filiação partidária exigida pela Constituição Federal é fator determinante da fidelidade partidária. O filiado à agremiação partidária deve obediência às diretrizes emanadas dos órgãos diretivos do partido, assim como às normas doutrinárias definidas em seus programas, manifestos e estatutos. A filiação é, por certo, *conditio sine qua non* para a fidelidade partidária.

A exigência de que os filiados sejam fiéis aos seus partidos não está na Constituição Federal, não está na legislação complementar ou ordinária, está nos estatutos partidários, por força da autonomia e competência ali outorgadas às agremiações para definirem sua *estrutura interna, organização e funcionamento,* (...) *devendo estabelecer normas de fidelidade* e *disciplina partidárias*.

A Constituição de 1988 reconhece a importância dos partidos políticos como corpos intermediários e indispensáveis ao funcionamento da democracia representativa, dando-lhes tratamento compatível ao conferido às unidades federativas e a outros entes públicos relevantes, outorgando-lhe autonomia e competência para, nos seus estatutos, dispor normas sobre fidelidade e disciplina partidárias, em observância, inclusive, do princípio da liberdade que orienta a respectiva atividade política, alçada a Direitos e Garantias Fundamentais (Título II, Capítulo V. art. 17).

Não se descarta a hipótese de que alguns partidos ainda não compreenderam sua importância ou não quiseram dispor sobre normas de fidelidade,

---

23 MACIEL, Marco. **Direito Eleitoral** (Coordenadores Min. Carlos Mário Veloso e Carmen Lúcia Antunes Rocha). Belo Horizonte, Del Rey, 1996, p. 87-89.

fixando a pena da perda do mandato, a única que, realmente, funciona como sistema de proteção ou controle da atividade partidária, preferindo, muitas vezes, converter esta exigência num valor corporativo a ser negociado, e não em um valor de toda a sociedade.

Na ordem jurídica vigente, que faz da fidelidade partidária um valor social a ser preservado, obrigando o partido a fazer constar, no seu estatuto, normas que a regulamentem, sob pena de não obter o seu registro no TSE, obstando, assim, a aquisição da capacidade eleitoral, não poderia a legislação infra impor certa e determinada pena por infração ética-disciplinar, sob pena de violação dos princípios da autonomia e da liberdade partidárias.

Mas nada impede que, como conseqüência da prática de ato de infidelidade haja a perda do mandato, ainda que não tenha a natureza de sanção pela prática de ato ilícito, pois, na órbita jurídica há muitas hipóteses em que, mesmo sendo lícito existe o dever para quem o pratica, a exemplo do Poder público que indeniza o proprietário na expropriação de bens particulares.

A fidelidade partidária constitui um valor que deve ser defendido pela sociedade como um todo, inclusive por meio do Ministério Público Eleitoral, não somente quando do exame dos autos do pedido de registro de partido político, mas, também, para fiscalizar a existência ou não de normas punitivas dotadas de aptidão para conferir aplicabilidade e efetividade ao instituto, que decorre de imposição constitucional[24].

Clève[25] pondera que o instituto da fidelidade partidária não poderia chegar ao ponto de transformar o mandato representativo em mandato imperativo, e o parlamentar em autômato guiado pelas cúpulas partidárias.

O receio de Clève pode ser vislumbrado da prática do "caciquismo" por parte dos "donos" dos partidos que se encontram entrincheirados nos órgãos de cúpula e que se aproveitariam dos mandatos concedidos a outros candidatos eleitos para aumentar sua própria força política, em vez de diminuí-la, de modo a caracterizar a nefasta ditadura intrapartidária.

Da afirmação de que o mandato deve ser representativo e não imperativo, infere-se a intenção de impugnar eventual subordinação do eleito ao partido; não uma subordinação ao ente partidário, mas aos interesses particulares que o comandam e que teriam os dirigentes como usuários do mandato, valendo-se de que as próprias regras do estatuto são autoritárias. Nesse caso, nada obriga o cidadão filiar-se a um partido, filiar-se a uma agremiação autoritária, ou a continuar a ela filiado[26].

---

24   A norma do § 1º, do art. 17 da CF.
25   CLÈVE, Clemerson Merlin. **Fidelidade partidária**. Curitiba, PR: Juruá, 1998, p. 78.
26   Art. 5º, XX da CF.

Supor que o eleito se submete às regras de seu partido e não ao estatuto e às suas doutrinas, programas e diretrizes, mas, sim, à cúpula dirigente, é confirmar a tese da fragilidade das agremiações partidárias, porque, na prática, o que tem prevalecido não são as ideias, mas a vontade de um ou alguns indivíduos.

O respeitável entendimento do jurista paranaense longe de contrariar, reafirma toda a argumentação desenvolvida neste estudo, pois a sua ideia é a da ampla liberdade no exercício do mandato, ao que se soma a alegação de que os partidos são frágeis e, por isso, não poderia haver a perda do mandato por ato de infidelidade, formando um circulo vicioso obstativo da constituição de partido forte sem fidelidade partidária.

A solução para os obstáculos apresentados para negar efetividade ao instituto da Fidelidade Partidária está exposta no Capítulo VI, no qual o Autor desta obra, nos idos de 2005, defendeu, doutrinariamente, a adoção de um novo modelo de mandato político ao qual denominou de *mandato representativo partidário* que, ponderando a tipologia conhecida nas experiências anteriores, inclusive em outros países, procurou amoldá-lo à realidade constitucional brasileira, atraindo, como *conseqüência e sanção da perda do mandato eletivo*. Com esse instrumental, visa-se contribuir para o fortalecimento da democracia representativa.

3.3. A Infidelidade Partidária no Brasil

No Brasil, a infidelidade não era percebida pelo eleitorado em geral como algo escandaloso, abominável, grave, vergonhoso ou repreensível, porque, durante muito tempo, o eleitorado brasileiro, em sua maioria, votou no candidato e não no partido.

A questão ideológica não era considerada no momento da escolha pelo eleitor de seu candidato. A sociedade, frente a este fenômeno, não adota uma postura crítica; ao contrário, vê no voto do eleitor dado ao candidato e não ao partido, uma demonstração de maturidade, de pragmatismo sócio-político-econômico[27].

---

27   No Brasil, a ideologia nunca esteve presente nas eleições. Quando esteve, a partir de 1982 com o PT, pôde polarizar, em muitos momentos, as campanhas eleitorais, especialmente em 1989 na disputa presidencial com Collor de Mello, mas jamais ameaçou temerariamente os detentores do poder neste país. Para alcançar o poder central, o Partido dos Trabalhadores teve de abandonar suas próprias diretrizes partidárias e seu posicionamento ideológico. Isto revela a natureza política de nosso eleitorado, natureza caracterizada pelo relacionamento pessoal, entre pessoas é óbvio, e não ideológico, a partir de valores a respeito de que tipo de sociedade e de instituições devem ser criadas pela atividade política.

Porém, o que este comportamento revela é um alto grau de marginalização política do eleitorado. Sua participação nas atividades políticas de seu município, de seu Estado e de seu País se limita ao comparecimento a cada dois anos nas votações para escolha dos exercentes de mandatos, tendo para com o seu candidato (se eleito) mais um sentimento e comportamento de idolatria que propriamente de ser ele seu representante. Ninguém ignora que lideranças políticas regionais são quase "estrelas" neste País, capazes de influenciar até no trajar das pessoas![28]

Mudar este comportamento do eleitorado exige, antes de qualquer outra ação, uma mudança de atitude dos formadores de opinião deste País. São eles os promotores deste comportamento, que é menos pragmatismo e mais alienação capaz de distorcer a opinião pública, em todos os aspectos que interessem à doutrina neoliberal fundada na ideologia do consumo.

É preciso fortalecer, na cultura brasileira, o respeito às instituições, o valor dos comportamentos institucionais e a exigência de que os políticos estejam a serviço de programas, propostas, diretrizes e ideias, sejam elas filosóficas, religiosas, doutrinárias, ideológicas.

A não ser assim, dizer que o Brasil seja um país de democracia forte contraria todas as formulações teóricas sobre este regime que ora se desenvolve como extensão do projeto capitalista burguês implantado a partir de 1789 e que está a exigir a imprescindível atuação dos *checks and balances* para proteger o mercado e seus instrumentos, em especial, a liberdade de iniciativa, a livre concorrência e a proteção ao consumidor, dentre outros princípios constitucionais da ordem econômica.

Em dissertação de mestrado apresentada no Departamento de Ciências Políticas da Universidade de Brasília, Pucci, citando Montesquieu, afirma que a natureza do governo democrático consiste em a soberania residir nas mãos do povo e principalmente na noção de que os homens, para serem livres, devem temer as *instituições* e não os *homens* que fazem parte da mesma, além de seguirem – os homens – as leis de seu Estado[29], porque é preferível um homem a serviço de uma ideia coletiva, mesmo que equivocada, a um indivíduo a serviço exclusivo de si mesmo.

Este quadro pareceu alterar-se consideravelmente, haja vista os resultados das eleições municipais de 2004, em que os maiores derrotados foram

---

28 Antônio Carlos Magalhães. Fernando Henrique Cardoso, José Sarney, Heloisa Helena, Jáder Barbalho, Leonel Brizola, Paulo Maluf, e o presidente da República, Luís Inácio Lula da Silva, entre outros.

29 PUCCI, Valdir Alexandre. **A fidelidade partidária no Brasil**: Teoria x Prática. Dissertação de mestrado. Universidade de Brasília. Instituto de Ciência Política e Relações Internacionais. Departamento de Ciência Política. Brasília, 2002, p. 5.

exatamente aqueles que representavam o estilo antigo de liderar, caracterizado pelos coronéis, caudilhos e famílias poderosas.

Gaudêncio Torquato[30] defendeu, no encerramento do primeiro turno das eleições municipais de 2004, a vitória do voto racional. Informou que as últimas eleições tornaram-se as mais racionais do ciclo de redemocratização do Brasil, o que poderia se comprovar pelo perceptível aumento de interesse do eleitor pelo processo eleitoral. Em 1998, o índice de abstenção do eleitorado foi de 21,4%. Atualmente, este índice foi reduzido para 17,8%, diminuindo-se expressivamente o número de votos nulos e brancos. A queda foi de 18,7% para 10,3%.

Estes dados, na opinião do mencionado analista político, evidenciavam a vontade do eleitor em imprimir uma decisão mais autônoma no processo político, a partir da esfera dos números e a radiografia da racionalidade indicavam a expressão o amadurecimento do eleitor[31].

A mesma linha de raciocínio é seguida por Gaudêncio Torquato quanto ao plano da campanha presidencial, no qual o perfil e a história de vida do candidato definem os méritos e deméritos, os possíveis fracassos e êxitos alcançados.

O que se observou no pleito de 2004, segundo o jornalista, foi uma acentuada rejeição ao continuísmo, a identificação com a mudança equilibrada. O preparo, a experiência, o carisma e a tecnocracia, a jovialidade e o *fairplay;* o destempero verbal e a arrogância foram alguns dos vetores que influenciaram a decisão do eleitor", concluindo que não fora o *marketing* que definira os resultados das eleições, mas, sim, os perfis dos candidatos[32].

As eleições de 2002 teriam acentuado a tendência indicativa do voto de indignação ou rejeição ao *status quo* eleitoral; o voto do eleitor fortalecera as

---

30   TORQUATO Gaudêncio. "A Vitória do Voto Racional". In **O Estado do São Paulo**, de 14.10.2002.

31   Uma das indicações de que o eleitor está amadurecendo, politicamente, refere-se ao fato de que a mídia não necessariamente elege candidato, como algumas tendências poderiam apontar. Embora se reconheça o enorme poder formador de opinião que a mídia exerce no povo, principalmente a televisão, ao se acompanhar a descrição de Gaudêncio Torquato, A *vitória do voto racional*, parece que ele está com a razão, ao menos sob o enfoque pelo qual aborda a temática. "*O maior tempo de rádio e televisão do toda a história dos pleitos no país, em todos os níveis, foi usado pelo candidato Orestes Quércia, em São Paulo. Como candidato ao Senado, usou, além do seu tempo, o espaço destinado aos candidatos a governador, deputado federal o deputado estadual. Fossam medidos os espaços em termos de GRP (Gross Rating Point), que dimensiona o tamanho do uma campanha e a equivalência em termos de audiência, bateria as campanhas anuais dos campeões brasileiros do propaganda, que pagam dezenas do milhões do reais para vender seus produtos. O eleitor não 'comprou' a mercadoria quercista, na demonstração inequívoca do que mídia não elege candidato. Vitória do voto racional.*"

32   Os tempos indicam novos rumos na política brasileira, a julgar pelos resultados das últimas eleições municipais. Na opinião de Gaudêncio Torquato: A *onda do voto consciente baniu um grupo de políticos da velha guarda, a partir do Paulo Maluf.*

oposições resultando na ampliação de bancadas de partidos que se opunham ao então Governo. O eleitorado foi mais crítico diante da "salada eleitoral" de candidatos que compuseram o "cardápio" da campanha, em especial do horário gratuito no rádio e na televisão.

Propostas inconsistentes e milagrosas, salvadores da pátria e representantes do poder estabelecido não conseguiram lograr êxito em seus empreendimentos, embora tenham desfrutado do espaço conferido pela mídia. O eleitor foi, assim, mais crítico e seletivo, escolhendo, ou pelo menos tentando escolher, os melhores de todos os partidos[33].

Com os escândalos e as colaborações premiadas que vieram à tona entre os anos de 2011 e 2016 no âmbito de investigações policiais federais, com prisões e condenações de políticos, de grandes empresários e profissionais do marketing eleitoral, soube-se que naqueles certames foram utilizados os "aparatos de *marketing*" responsáveis pela eleição dos candidatos, associados aos abusos do poder econômico e do poder político.

A decisão do eleitor parecia não ter sido influenciada no mencionado lapso temporal pelas significações dos programas e propostas e da percepção dos benefícios que poderiam proporcionar. O eleitor parecia não ter sido induzido a votar nesse ou naquele candidato em decorrência de um trabalho de "maquiagem" produzido pelo *marketing* ou pela "engenharia da embalagem". Ledo engano!

O pluralismo partidário, sem peias, e a ausência de instrumentos eficientes de controle das doações e gastos de campanha, a falta do engajamen-

---

[33] Evidentemente nesse processo há exceções. O voto de protesto, que culminou com a expressiva e inédita eleição do candidato Enéas Carneiro, do PRONA, que recebeu 1.566.739 votos, é exemplo disso. Todavia, não deixa de apontar a insatisfação do eleitor com as próprias opções oferecidas pelos partidos políticos. Esta grande quantidade de eleitores dispersos encontrou um ícone de indignação social na figura de Enéas e nele depositou seu voto. Não em seu partido – pequeno, inexpressivo e desconhecido, – mas sim na figura de seu expoente, um médico e professor de medicina, "careca e barbudo", postura de um nacionalismo ufanista e de plataforma messiânica, com linguajar fulminante e de intelectualizada rebeldia, que acabou convergindo os interesses de boa parte dos eleitores paulistas e concentrando a vitória do candidato do PRONA.
Em eleições anteriores ocorridas no Brasil, outros fatos curiosos também foram registrados que servem de exemplo para ilustração dessa tendência do eleitorado, guardadas as proporções e especificidades de cada caso. Em 1959, o candidato a vereador "cacareco", um rinoceronte, foi eleito com 100 mil votos dos paulistanos.
Em 1988, o famoso "macaco tião" recebeu 400 mil votos como candidato a prefeito do Rio de Janeiro. Tais personagens ficaram conhecidas na história política, mesmo corno fenômenos passageiros e inusitados. Não se sabe por quais partidos políticos esses candidatos concorreram. Para o eleitor brasileiro, tal informação ainda é pouco relevante, uma vez que, salvo raras exceções, ele vota no candidato, independentemente do partido a que esteja filiado.

to da sociedade na fiscalização permanente do processo eleitoral – que, de fato, não se resume ao período da escolha dos candidatos em convenção até a diplomação dos eleitos -, tem provocado a diluição de confiança dos cidadãos no sistema eleitoral e do eleitor nos partidos políticos, não havendo estímulo ou interesse em se conhecer os programas, o ideario e as diretrizes partidárias, restando as agremiações em uma vala comum que malfere a democracia, gerando a crise da autenticidade do sistema representativo.

Vota-se no candidato que apresenta propostas afins com seus pensamentos, filosofia de vida e, sobretudo, que atenda aos interesses privados. Com tão elevado número de partidos existentes no Brasil, é pouco provável que todos eles possam se distinguir no campo ideológico-programático. Por isso, Pucci[34] afirma que sendo os partidos:

> "(...) teses-meios, vinculados a compromissos publicamente assumidos, é imprescindível que apresentem um mínimo de nitidez entre si. A realidade partidária no país, todavia (...) é totalmente outra, eis que a todo tempo constata-se o surgimento de siglas que não representam coisa alguma, senão veículos de satisfação pessoal ou moeda de troca durante as eleições".[35]

Muitos partidos sem características próprias que os distingam de outros que com eles compartilham os mesmos propósitos e candidatos criam vínculos afetivos "familiares" com seus eleitores, levando-os a preferirem votar

---

34 In ob. cit., p. 56.

35 Não que haja no candidato esta afinidade com o eleitor. Mas o eleitor é emotivo e de memória curta. Poucos meses depois, ou dias após as eleições, já se esqueceu do candidato em quem votou, se for do Poder Legislativo. Cobra muito dos políticos cm geral e abstratamente. Nada cobra do político em quem votou e que ajudou a eleger. Faz uso daquela matemática falaciosa que diz; "foi eleito com tantos mil votos; o meu voto, é claro, não fez qualquer diferença para o candidato. Que autoridade eu tenho sobre este mandato conquistado com o meu voto?" Concede assim ao político poderes plenos sobre o mandato, cuja natureza é representativa. É mandato, ou seja, está a mando de alguém e é representativo, isto é, suas decisões não podem veicular seus interesses, mas os daqueles de quem é mandatário. Embora Reiner, no seu Parecer intitulado "Comparecimento Anual do Presidente da República ao Congresso Nacional: A prática dos Estados Unidos", elaborado para a Consultoria Legislativa da Câmara dos Deputados, em fevereiro de 2001, problematize a questão da representatividade, concluindo que a vontade do eleitorado não pode ser representada pelo eleito, já que o parlamentar não é um procurador no sentido jurídico do termo, nem tampouco tem conhecimento absoluto da vontade de seus eleitores e, considerando ainda que nem todos os eleitores votam no candidato, mas na legenda partidária, o mandato tem natureza representativa, revelando a necessidade de que o eleito subordine-se à vontade do eleitorado (2001).
Fica, assim, o eleitorado órfão de representatividade. Orfandade oriunda de seu próprio comportamento. Primeiramente porque vota no candidato e não no partido, depois se esquece de quem foi o beneficiário de seu voto. Quando se lembra, não valoriza o seu voto, ante o número de votos necessários a eleger um candidato.

no candidato ao invés de dar seu voto àqueles que apresentam propostas, programas e projetos partidários.

O fortalecimento do indivíduo favorecia a desobediência às normas estatutárias e às diretrizes partidárias e se sua permanência no partido lhe fosse prejudicial, simplesmente se fazia o desligamento de quadro de filiados, sem conseqüência ou sanção. Com o acolhimento da doutrina do *mandato representativo partidário e da perda do mandato eletivo por ato de infidelidade* houve sensível redução às migrações imotivadas, embora novas distorções tenham surgido, a exemplo da ditadura interna.

É histórica a falta de cunho ideológico e programático dos partidos políticos no Brasil. Desde o Império quando porque aqui surgiram os primeiros movimentos com características partidárias já havia indivíduos que em nada se identificavam com as "pretensões programáticas" das agremiações.

O Partido Liberal e o Partido Conservador, na época, funcionavam independentemente de sua ideologia e não eram orientados por princípios. Lutavam apenas pela tomada do poder. Integrava o Partido Liberal pessoas conservadoras em suas ideias e no Partido Conservador havia aqueles que apresentavam projetos de reformas progressistas. Tudo dependia das conveniências.[36]

Essa situação provoca em Zeno Veloso[37] a reflexão de que não há, verdadeiramente, partidos políticos em nosso País e ainda no Brasil temos tantos partidos, tantas siglas, que parecem uma sopa de letras. Uma sopa de letras de gosto horrível, sobretudo para o nosso futuro, para o desenvolvimento e progresso de nossas instituições.

Um partido deve ter por causa e ao mesmo tempo ser consequência da democracia, representando legitimamente os anseios do povo por meio de processo eleitoral íntegro e transparente. Salvo raras exceções, as agremiações partidárias não apresentam convicção ideológica ou filosófica que atendam às justas expectativas do povo, mantendo-se um esquema político marcado pelo domínio da opinião pública manipulada pelos veículos e meios de comunicação social constituída pela via do nefasto clientelismo que impregna a nossa sociedade.

Os eleitores ainda votam considerando o candidato em si, que é apresentado como o salvador da pátria, e não no partido ao qual é filiado e que deveria servir como instrumento da despersonalização do poder político; é

---

36   FREIRE, Maria Célia P. V. F.; ORDENEZ, Marlene. História do Brasil. 2ª ed. São Paulo: Ática, 1966, 147p.

37   VELOSO, Zeno. Legitimidade dos partidos políticos nas constituições. In: **Conferência Nacional dos Advogados**, 18, Salvador, 11 a 15 de nov. 2002. *Anais*. Brasília: OAB, Conselho Federal, 2003. v. 2, p. 1033-1041.

comprovado que a grande maioria nem sabe a qual partido integra seu candidato, mormente os concorrentes às câmaras de vereadores.

A força do candidato decorre de ser visível, de estar presente, fazendo questão de aparecer para ser conhecido e reconhecido pelo eleitor e de conquistar a simpatia e o voto, isto antes mesmo do início da campanha eleitoral.

O pré-candidato geralmente não deixa transparecer a contrariedade ao seu dever de observância à estrutura jurídica de uma entidade privada, os partidos, com vocação estritamente política, envolvendo múnus público, na qualidade de veículo da democracia representativa, que possibilita a participação no pleito eleitoral.

Raramente percebe-se que a agremiação se tornou apenas um instrumento ou receptáculo para a constituição dos vínculos institucionais, afetivos e de satisfação de interesses particulares, em detrimento da sua vocação de servir ao interesse público.

O partido político não aparece, não é tão visível quanto aquele que deveria ser o representante. Se, por um lado, o candidato se beneficia das condições oferecidas pelo partido ao qual está filiado, a correspondência de favorecimento à agremiação nem sempre é clara e às vezes é inexistente. Eis aqui outro motivo a facilitar o desligamento dos filiados que enfraquecem o partido e fortalecem o candidato, rompendo com a ideia de despersonalização e institucionalização do Poder.

O relacionamento entre os candidatos e o eleitorado é pessoal e, os partidos, ao perderem seus parlamentares, perdem mais que um filiado infiel, pois sofrem desfalque em importante parcela do seu patrimônio político[38].

---

38 Exemplo prático da recente história política do Brasil foi a eleição de Fernando Collor de Melo, que usou como legenda o "nanico" Partido da Reconstrução Nacional (PRN). Este partido, o PRN, em sua breve existência serviu como "legenda do aluguel" às pretensões do candidato "caçador dos marajás". Fundado cm 1989, o PRN chegou até a viver seus dias de grande partido, exatamente quando Fernando Collor foi eleito Presidente da República em 1989.
No final de 1992, quando Collor renunciou ao mandato e acabou condenado no Senado, o PRN voltou a ser um partido nanico, sem nenhuma expressão eleitoral, e em pouco tempo foi extinto.
Em contrapartida, o PMDB de ampla extensão nacional distribuída em quase todo o território brasileiro (diretórios regionais e municipais), com alta representatividade no Senado e na Câmara e, além disso, com um "candidato legendário", na figura de Ulysses Guimarães (falar de Ulysses era tratar do PMDB, e principalmente resgatar os valoras éticos e a imagem do antigo MDB), não conseguiu chegar ao segundo turno das eleições no pleito de 1989. O desempenho do Partido ficou, inclusive, abaixo de outros partidos menores e mais recentes, como o PSDB e o PT. Isso pode ser indicativo de que outras forças políticas e sociais também definem os resultados eleitorais.

Na tentativa de fortalecer os partidos políticos, a Justiça Eleitoral regulamenta a veiculação de programas nos meios de comunicação de massa, como o rádio, a televisão e o *outdoor*, para que se processe a propaganda partidária. É uma forma de facilitar a aproximação, ou minimizar o distanciamento, entre os partidos políticos e o eleitor, inclusive estabelecendo políticas de cotas para candidaturas femininas.

Mesmo com os esforços midiáticos, os resultados não têm correspondido ao êxito esperado, por uma série de razões, sobretudo, as afetas às dificuldades de ordem financeira da maioria dos partidos, desprovida de recursos para a realização de trabalho mais direcionado à divulgação de ideologias, propostas, programas e diretrizes que norteiam o que fazem ou pretendem fazer em benefício da sociedade.

O fato de haver legislação que procura promover a aproximação do partido e do eleitor, ao mesmo tempo em que se constata a não-existência de partidos fortes, apontam o baixo nível de politização do eleitorado. Constituem fontes do fundo partidário, entre outras, as doações voluntárias dos filiados e adeptos. Se os partidos se encontram desprovidos de recursos, isto é outro indício do baixo nível de politização existente no País e do desinteresse da elite socioeconômica em alterar tal situação.

É certo que a renda do trabalhador é baixa e o impede de contribuir regular e significativamente para os partidos políticos aos quais estejam filiados. Fosse o povo politizado e saberia ser esta conduta – filiação que implique efetiva participação nos seus partidos – uma das maneiras mais eficazes de corrigir as desigualdades sociais no Brasil, com a melhoria do poder aquisitivo, por meio da critica cidadã e da mobilização popular instando os parlamentares e chefes do Executivo a implementarem as necessárias e devidas políticas publicas, objeto de programas e compromissos de governo.

Não se logrou o êxito esperado com a legislação partidária assegurando aos partidos políticos espaços para a sua publicidade institucional. Não se elevou o nível, quantitativa e qualitativamente, de participação da população na atividade política. O engajamento do eleitorado nas atividades partidárias tem sido mercenário, ocorrendo mediante remuneração, nos períodos eleitorais. Há pouco envolvimento ideológico nestas atividades.

Tudo isto aponta para um distanciamento dos eleitores da esfera político-partidária, consequência do fato de os partidos políticos ainda não terem se fortalecido, colocando como força motriz norteadora de sua conduta, os programas e diretrizes que constam de seus estatutos.

A brevidade da existência da legenda partidária que elegeu um presidente da República (1989) pode ter sido consequência do desenrolar de fatos que culminaram no seu impedimento *(impeachment)*, apenas três anos depois, levando a crer que o destino da legenda partidária está estreitamente vinculado ao destino dos seus expoentes políticos.

A maioria destas agremiações ainda está sujeita ao caciquismo, ao coronelismo, contemporaneamente aos "donos" das legendas, vale dizer, algumas personalidades célebres é que comandam estas instituições, segundo os seus interesses políticos eleitorais.

Essa situação, ainda que haja legislação que promova a integração entre partidos e eleitor, corrói a maior parte das agremiações partidárias, já que nenhum cidadão tem interesse em vincular-se a uma sigla para submeter-se ao jugo de indivíduos que integram os órgãos de cúpula e apenas se interessam pela defesa de suas propostas e de seus pontos de vista políticos, ou mesmo e muitas vezes, pessoais[39].

A percepção equivocada do eleitorado era a de que estes partidos funcionavam de forma pragmática, empenhados na defesa do interesse político de seus filiados eleitos e das respectivas comunidades que compõem a sua circunscrição.

Poucas vezes o País se voltou para discussões acerca de decisões que favorecessem o interesse nacional ou social. A profusão de partidos não é consequência da diversidade ideológica e a multiplicidade de partidos políticos não decorre da existência do pluralismo político defendido por nossa Carta Magna. É evidente que os partidos são ainda reféns de interesses dotados de conteúdos preponderantemente particulares e casuísticos.

Tal situação é decorrente de um processo histórico na formação dos partidos políticos em nosso País, dado que, desde o início, os partidos políticos serviram de escudo para veiculação de interesses particulares de expoentes da elite socioeconômica brasileira.

Independentemente de sua dimensão estrutural, são poucos os partidos que têm condições de apresentar propostas e projetos prolíficos e que exponham uma corrente ideológica compatível com o ambiente democrático e que também permaneçam coerentes com os seus princípios.

O eleitor surpreende-se negativamente quando constata que o partido que prega uma ideia quando se encontra na oposição proceda de forma oposta quando assume o poder passando à situação, ou, ainda, quando o candidato, sem qualquer motivo plausível, deixa a agremiação pela qual se elegeu. A infidelidade partidária gera um círculo vicioso de retroalimentação constante e permanente.

---

39 São poucos os partidos poderosos e conhecidos do público, do cidadão-eleitor. Dentre os 35 partidos registrados, uma minoria é conhecida do eleitorado. São partidos nacionalmente conhecidos o PMDB, o PSDB, o PT, o DEM, um pouco menos o PTB, o PPS e o PDT. Entre estes partidos o que até 2002 tinha um perfil claramente ideológico era o PT; o PDT um pouco menos, mas era reconhecido, por causa de Leonel Brizola, como um partido de esquerda e nacionalista. Os demais eram, genericamente, enquadrados como de centro-esquerda.

Como fenômeno endêmico ocorre com maior intensidade logo após as eleições e no final do governo, quando os seus praticantes estão em busca de união com os mais fortes, com aqueles que representam seus interesses ou satisfaçam suas necessidades.

O princípio da coerência resta prejudicado pelos atos de infidelidade, pois não há em tais procedimentos o respeito às causas sociais a que se obrigou, principalmente com programas, ideários e projetos de governo, isto quando existem e são claras estas regras e compromissos de campanha.

Há que se reconhecer a fragilidade das estruturas partidárias, desprovidas em grande parte, de definições ideológicas transparentes aos filiados, postulantes ou não a cargos eletivos. Os partidos políticos carecem de princípios doutrinários consistentes que possam embasar suas ações e fidelizar os simpatizantes.

A raiz da infidelidade partidária está na falta de solidificação das instituições partidárias e de observância dos instrumentos aptos a preservar o ideário e a própria legitimidade material emanada da soberania popular, no particular, centrados nas normas de fidelidade e disciplina partidárias.

A migração injustificada entre os partidos caracteriza a infidelidade partidária e corrompe o princípio republicano da igualdade, entendida como o espaço público comum a todos, enquanto a desigualdade vincula-se à sociedade civil privada.

Neste contexto, menciona-se a existência de "legendas de aluguel" e de "partidos nanicos", que apenas estariam à mercê de partidos maiores e mais poderosos, trabalhando para seus interesses, de forma clandestina ou oculta, às escondidas. É um problema crônico, cujas explicações históricas podem propiciar o entendimento parcial da questão, apontando rumos para a sua solução definitiva[40].

---

[40] O povo brasileiro vem se conscientizando de que o seu destino depende das escolhas que faz nas urnas, votando em certo e determinado partido que tem em seus quadros candidatos dotados de alguma idoneidade, emergindo, das pesquisas eleitorais realizadas a partir de 1999, a tendência de mudança de perfil do eleitorado, que passa a se manifestar em prol da agremiação que institucionaliza o poder e não em indivíduos que o personalizam.
Pesquisa realizada pelo IBOPE (Opinião Pública, Campinas, Vol. IX, nº 2, Outubro, 2003, Encarte Tendências. p. 119-167), no que diz respeito ao instituto da fidelidade partidária apurou que 60,9% dos eleitores mostraram-se a favor da sua exigência, entendendo que os políticos eleitos por um partido não poderiam trocar de agremiação durante o exercício de seu mandato, devendo, inclusive ser punidos no Parlamento, caso não vote em conformidade com o entendimento do seu partido (apenas 25,4% foram contra e 13,7% não opinaram ou não sabiam). Quanto à problemática da cláusula barreira, esta foi aceita por 54,7% dos eleitores contra 21,5%, sendo que 23,8% não opinaram ou não sabiam.
É visível o clamor público pela fidelidade partidária e a garantia de vinculação do partido político aos mandatos dos seus candidatos eleitos. Cada vez mais se constata

Daí os escândalos que aluem a política e o seu exercício cidadão, a economia, o erário, enfim, a Nação, cuja gênese está ligada à crise da represen-

> a evolução do eleitor brasileiro, no sentido de identificar-se com algum partido e votar em candidatos filiados àquela agremiação que obedeçam ao respectivo conteúdo programático.
> BRASMARKET: "Segundo o diretor da Brasmarket, Ronald Kuntz, pesquisa sobre o mesmo tema" (fidelidade partidária), "realizada entre 2000 e 2001, mostrou que 65,7% do eleitorado brasileiro apoiava as mudanças das regras, com a cassação dos políticos que não obedecessem à orientação de seu partido nas votações ou que mudassem de legenda após eleitos. Neste levantamento, 20,2% eram contrários a mudanças nas regras da fidelidade partidária e 14,1% da população não tinham opinião sobre o assunto. De acordo com Kuntz, naquela ocasião, o dissidente partidário era visto como um oportunista propenso a trocar seu voto e sua legenda por vantagens pessoais" (jornal *TODO DIA*, São Paulo, edição de 7.03.2003, caderno Editorial).
> DATA FOLHA: O primeiro turno evidenciou a influência provocada pela eleição presidencial na definição de voto para governo. Diversos candidatos do PT tiveram suas votações vitaminadas pelo desempenho de Lula na disputa presidencial. Em São Paulo, José Genoino atropelou Paulo Maluf nas últimas semanas de campanha e conquistou a vaga no segundo turno obtendo mais de 2 milhões de votos de vantagem. O inverso também aconteceu: nos Estados em que o candidato do PSDB ao governo liderava, casos de SP o MG, Serra melhorou seu desempenho nos últimos dias. *E agora no segundo turno, como o eleitor paulista está combinando seu voto? As pesquisas realizadas na última sexta-feira pelo Datafolha revelam que a maioria do eleitorado (67%) demonstra fidelidade partidária e pretende digitar duas vezes o mesmo número no próximo domingo. A dupla do PT, Lula e Genoino, é a opção de 35% dos eleitores paulistas. A dobradinha do 45 é a opção de 32%, isto é, votarão em Serra para presidente e em Alckmin para governador. Isso mostra que há uma divisão equilibrada entre oposição o situação na maioria do eleitorado do Estado. Dentre os 33% que sobram, 17% optam pala dupla Lula/Alckmin, e ainda 3% preferem Serra e Genoino. Para entender melhor essas combinações valo a pena observar alguns cruzamentos. A dupla petista, por exemplo, é citada muito mais pelos homens (41%) do que pelas mulheres (30%). Já, ao contrário, a combinação de candidatos tucanos agrada mais às mulheres (36%) do que aos homens (29%). Os simpatizantes do PSDB optam mais pela dupla tucana (82%) do que os do PT pela dupla petista (76%). Entre os que aprovam o governo Fernando Henrique Cardoso, a maioria (56%) forma a chapa Serra/Alckmin. Por outro lado, ao destacar os eleitores da cidade de São Paulo, apenas metade (49%) dos que aprovam a administração de Marta Suplicy optam pela dupla Lula/Genoino. A coerência pára por aí. Entro os que têm mais simpatia pelo PT, 17% escolhem Lula para presidente, mas preferem Alckmin para governador. Essa mesma combinação é feita por 10% dos simpatizantes do PSDB. Já a dupla Serra/Genoino atinge apenas 1% entre os simpatizantes de cada partido. Entre os que avaliam o governo Fernando Henrique como ótimo ou bom, cerca de um em cada cinco eleitores paulistas (19%) escolhe Lula para presidente e Genoino para governador. Mas a aparente incoerência joga nos dois times: na cidade de São Paulo, entre os que aprovam a gestão Marta Suplicy, 22% optam por votar em Serra para presidente e em Alckmin para governador. Nestes últimos dias de* campanha será interessante acompanhar essa parcela de cerca de um quinto do eleitorado paulista que demonstra infidelidade na formação das chapas e que podem definir a eleição. Nesse estrato, a dupla Lula/Alckmin está em vantagem, e isso é o que proporciona a liderança do peessedebista. Caso parte desses eleitores decidam-se

tação política que pode ser encontrada na formação histórica e cultural que fundiu o interesse público com o interesse privado, chegando aos nossos dias com os mesmos vícios instalados para garantir o patrimonialismo que tem se valido dos partidos políticos para conquistarem e se manterem no Poder, muitas vezes, com o uso dos vícios do clientelismo, do fisiologismo, da corrupção, fraudes e abusos do poder.

A superação da crise de autenticidade do sistema representativo há de se fazer pela via de partidos políticos fortes, dotados de posicionamento sério e ideologicamente compatível com o regime democrático, sustentado por normas estatutárias que disponham sobre fidelidade e disciplina que tenham efetividade ou eficácia social.

4. BREVE HISTÓRICO DOS PARTIDOS POLÍTICOS NO BRASIL

Os Partidos Políticos são agremiações ou grupos sociais protagonistas das disputas, confrontos e decisões que envolvem as relações do Poder. Propõe-se a organizar, coordenar e instrumentalizar a vontade popular com a finalidade de realizar seu programa de governo. Nas sociedades democráticas seria o testemunho da liberdade de opinião e manifestação dos cidadãos associados em busca de alcançar um objetivo em prol da coletividade, o bem comum.

A ordem constitucional, desde a Independência em 1822 até a Constituição de 1967, excluiu do seu corpo a realidade partidária, abstraindo-se do que sobre isso dispôs a Constituição de 1946. Apenas em 1967, em pleno regime militar, é que a realidade constitucional se abriu ao universo partidário, embora, antes disso, não fossem tais veículos desconhecidos da vida política nacional.

Os partidos políticos têm raízes no Império, pois, após a declaração de independência do Brasil, grupos se organizaram em torno de D. Pedro I, uns a favor, outros contra e havia, ainda, os que defendiam o regresso do Brasil à situação de Colônia. Este caldo cultural pode ter contribuído para a inexistência de perfis ideológicos dos partidos políticos.

O fato de os partidos políticos serem objeto de regramento no texto constitucional em 1967 – e, juntamente com a 'normatização' dos partidos, positiva-se a fidelidade partidária – indica um desapreço significativo, por parte de nossa cultura, com relação às questões cívicas e políticas. Um pro-

---

pela fidelidade tucana, deixando de votar em Lula para votar em Serra, a opção não terá peso significativo na disputa presidencial, mas garantirá a vitória do Alckmin. Se a fidelidade pender para o lado petista poderá ser o suficiente para que Genoino reverta a desvantagem. A observação dessas combinações de voto na próxima pesquisa poderá revelar se a fidelidade partidária dessa parcela do eleitorado paulista irá pender para algum lado ou se irá prevalecer a infidelidade. (Mauro Francisco Paulino, "13 e/ou 45", *Folha de São Paulo*, 22.10.2002).

blema maior decorrente desse fato veio a emergir logo depois, de alguma forma comprometendo o desenvolvimento da democracia no Brasil. É que se vislumbrou, à época, e posteriormente, que as normas sobre fidelidade partidária foram confeccionadas com o intuito de submeter os parlamentares à orientação dos interesses daqueles que integravam o regime militar e daqueles que desse poder se beneficiavam.

Ao analisar a estrutura da Constituição Federal de 1988, cotejando-a com as estruturas das constituições anteriores, salta aos olhos o trauma por que passou a política brasileira durante o período chamado de "governo militar".

As Constituições anteriores não começavam com os dois primeiros títulos que iniciam a atual: Dos Princípios Fundamentais (Título I) e Dos Direitos e Garantias Fundamentais (Título II).

A atual Constituição dedicou o Capítulo V, do Título II, justamente o que trata *Dos Direitos e Garantias Fundamentais* para constitucionalizar os partidos políticos, cujo *caput* do art. 17 assim foi redigido:

> É livre a criação, fusão, incorporação e extinção de partidos políticos, resguardados a soberania nacional, o regime democrático, o pluripartidarismo, os direitos fundamentais da pessoa humana (...).

Inicia a Carta Magna com a declaração: *a República Federativa do Brasil, formada pela união indissolúvel dos Estados, dos Municípios e do Distrito Federal, constitui-se em Estado Democrático de Direito...* e que *todo poder emana do povo que o exerce por meio de representantes eleitos* ou *diretamente nos termos desta Constituição*.

A história dos partidos políticos no Brasil pode ser objeto de consulta no sítio eletrônico do Tribunal Superior Eleitoral, assim resumida:

> "Os partidos políticos no Brasil têm suas origens nas disputas entre duas famílias paulistas, a dos Pires e a dos Camargos. Verdadeiros bandos, com o uso da força e da violência, eles formaram os primeiros grupos políticos rivais.
> A expressão 'partido político' só passou a constar nos textos legais a partir da Segunda República. Até então, só se falava em 'grupos'.
> Admitiram-se durante muito tempo candidaturas avulsas, porque os partidos não detinham a exclusividade da indicação daqueles que iriam concorrer às eleições, o que só ocorreu após a edição do Decreto Lei nº 7.586, que deu aos partidos o monopólio da indicação dos candidatos.
> [...] O Brasil teve sete fases partidárias. A primeira foi a monárquica, que começou em 1837.
> As rebeliões provinciais da regência possibilitaram a formação de dois grandes partidos – o Conservador e o Liberal -, que dominaram a vida política até o final do Império. O aparecimento de um Partido Progressista e a fundação, em 1870, do Partido Republicano, completaram o quadro partidário do Império.
> A segunda fase partidária, na Primeira República, de 1889 a 1930, conheceu partidos estaduais. Foram frustradas as tentativas de organização de partidos nacionais, entre estas a de Francisco Glicério, com o partido Republicano Federal, e a de Pinheiro Machado, com o Partido Republicano Conservador

Partidos ideológicos
A terceira formação partidária se deu na Segunda República, com agremiações nacionais de profunda conotação ideológica: a Aliança Nacional Libertadora e o Integralismo. A legislação eleitoral, pela primeira vez, fez referência à possibilidade de apresentação de candidatos por partidos ou por alianças de partidos. Com o golpe de 1937 e a instalação da Terceira República, houve o único hiato em nossa trajetória partidária. Com a Quarta República, a redemocratização trouxe, em 1945, a exclusividade da apresentação dos candidatos pelos partidos políticos. Nessa, que seria a quarta formação partidária do País, ocorreu a explosão de um multipartidarismo com 13 legendas.

Bipartidarismo
O golpe militar de 1964 iniciou a quinta fase partidária, com o bipartidarismo, que segundo alguns teria sido "uma admiração ingênua do presidente Castelo Branco pelo modelo britânico" e segundo outros teria sido uma "mexicanização". A Arena seria, assim, o projeto brasileiro de um futuro PRI (Partido Revolucionário Institucional). As sublegendas – mecanismo utilizado para acomodar as diferenças internas nos dois partidos de então, Arena e MDB – foram copiadas do modelo uruguaio.

Imitação do sistema alemão
A sexta formação partidária se deu pela Reforma de 1979. Buscou-se imitar o sistema alemão de condicionar a atuação dos partidos ao alcance de um mínimo de base eleitoral.
A sétima e atual fase começou em 1985, com a Emenda Constitucional nº 25, com o alargamento do pluripartidarismo. 'Pode-se acrescentar que a EC 25/85 revogou a norma do art. 152, parágrafo 5º/CF, que previa a perda do mandato do parlamentar que deixasse o partido ou que não se submetesse às diretrizes partidárias'."

Os aspectos gerais da fidelidade partidária merecem uma análise comparativa dos textos constitucionais com vista a demonstrar que a inexistência de regras rígidas, no ordenamento jurídico, após o regime militar, decorreu do temor existente entre os políticos de que o instituto poderia servir para por "cabresto" nos parlamentares de nosso País.

Pucci[41] diz que a fidelidade partidária existia como mecanismo do regime militar para que seus interesses no parlamento fossem atingidos mais facilmente e que se até então não existia uma legislação regulando o instituto, quando surgiu foi utilizada não como mecanismo de garantias democráticas, mas, sim, como instrumento do regime militar para a manutenção da ordem política de força instituída em 1964.

---

41 PUCCI, Valdir Alexandre. **A fidelidade partidária no Brasil**: teoria x prática. Dissertação de mestrado. Universidade de Brasília, Instituto de Ciência Política e Relações Internacionais. Departamento de Ciência Política. Brasília, 2002, p. 22.

A Carta de 1967, emendada em 1969, dispunha que perderá o mandato no Senado Federal, na Câmara dos Deputados, nas Assembleias Legislativas e nas Câmaras Municipais quem, *por atitudes ou pelo voto*, se opuser às diretrizes legitimamente estabelecidas pelos *órgãos de direção partidária* ou deixar o partido sob cuja legenda foi eleito.

A perda do mandato era decretada pela Justiça Eleitoral, mediante representação do partido, assegurado o direito de ampla defesa (EC nº 01/69). Parece, no texto, não haver qualquer tentativa de subordinação de parlamentares ao regime militar.

Contudo, uma vez instaurado o novo regime foram extintos todos os partidos até então existentes e, em seu lugar foram criados tão somente dois partidos: a Aliança Renovadora Nacional (ARENA) e o Movimento Democrático Brasileiro (MDB), com a pretensão de se estabelecer o bipartidarismo e facilitar a manutenção do poder.

É verdade que o Brasil silenciou sobre a questão da fidelidade partidária até a Carta de 1967, mas disso não se pode depreender que a Constituição de 1988 tenha retornado à situação anterior em consequência de os constituintes de então enxergarem virtudes inafastáveis do processo político.

Não havia no texto constitucional anterior a 1988 a determinação de que os estatutos veiculassem normas sobre fidelidade partidária, em respeito à autonomia constitucional conferida aos partidos políticos, como corpos intermediários da democracia representativa.

Em 1995, na Lei nº 9.096, o Legislativo repetiu aquilo que já constava da Constituição de 1988[42], reafirmando a importância do tema para a evolução do processo político brasileiro.

É provável que o receio apresentado pela grande maioria dos partidos políticos com registro no TSE, ao regulamentar a fidelidade e disciplina partidárias, seja consequência do mau uso deste instituto durante o período do regime militar, em que vigoraram normas sobre a matéria.

4.1. Caráter Abstrato da Representação no Brasil

É conveniente para o estudo do instituto da fidelidade partidária incursionar na etimologia para averiguar o significado da palavra *representação* e dos termos que lhe são correlatos – *representar* e *representante*.

Orides Mezzaroba[43] informa que a *representação* está enraizada no substantivo latino *repraesentatio*. Sua acepção original era "*o de tornar presente*

---

42 Art. 17, §§ 1º a 4º.
43 MEZZAROBA, Orides. **Introdução ao direito partidário brasileiro**. Rio de Janeiro: Lumen Juris, 2003, cap. 4, p. 273-281.

algo que, na verdade, encontra-se mediatizado, comportando também o sentido de reprodução de um objeto dado".

Dado as suas múltiplas repercussões semânticas adquiridas em seu percurso histórico, restringir-se-á este estudo à norma do art. 1º, parágrafo único da Constituição Federal de 1988, que prescreve: todo o poder emana do povo, que o exerce por meio de *representantes* eleitos ou diretamente, nos termos desta Constituição.

Uma observação necessária: o poder emana do povo; o povo exerce o poder de dois modos: *diretamente* ou por meio *de representantes eleitos*. É pouco provável haver legitimidade e racionalidade em seu exercício ante a constatação de que o povo não o tem exercido e de que este exercício tem sido contra o povo!

Constata-se que muitas vezes há abuso e outras vezes mau uso do Poder e que este tem sido exercido contrariamente aos interesses da sociedade gerando a necessidade de estudos sobre a atividade dos partidos políticos, da fidelidade partidária e da ideologia na contemporaneidade, de modo a provocar o aprimoramento da legislação, da doutrina e da jurisprudência úteis e necessárias para restringir a livre migração dos parlamentares e ocupantes de cargos eletivos, de uma legenda para outra, sem que haja, para isso, motivos defensáveis.

No Brasil, o conceito de representação, senão abstratamente, jamais foi elemento constitutivo de sua cultura. Desde os primórdios coloniais, as terras brasileiras foram governadas sem que o povo estivesse entre as preocupações de quem ocupava o Poder. A colônia era espaço territorial de exploração de riquezas a serem "desfrutadas" pela metrópole portuguesa.

Com a independência e a fase do Império, geriram-se o Poder e sua representação segundo as necessidades da Coroa brasileira. Nas Repúblicas (1ª, 2ª, 3ª e 4ª), Poder e Representação foram assaltados por interesses regionais burgueses, defensores de um estado formalmente republicano, mas não de um estado democrático de direito prenhe de liberdade e igualdade material.

Traduzem este espírito de época o 'coronelismo' e o 'caudilhismo' dos políticos, respectivamente, nortistas, nestes incluídos os nordestinos, e sulistas. No regime militar, o fortalecimento da Nação e o crescimento econômico estavam em pauta, mas não o povo como titular do Poder político. Sob o comando da Constituição Cidadã, o povo não tem sido beneficiário do que o poder "que dele emana e que em seu nome é exercido", produz e constrói.

Na onda neoliberal disseminada, especialmente após o Consenso de Washington, na década de 1980, a ideologia do consumo vem se sobrepondo aos ideais políticos que inspiraram os movimentos sociais dos Séculos passados, em prol de liberdade, igualdade e dignidade da pessoa humana.

Desde então, filósofos e psicanalistas registram que a nossa civilização deu um giro paradigmático passando dos cultuados valores clássicos do *ser* (bom, belo e verdadeiro) para o *ter* bens materiais e imateriais que são escassos e jamais satisfazem o indivíduo portador de necessidades infinitas!

Dessa nova forma de estar no mundo retroalimenta-se a violência, especialmente urbana, e o uso das drogas que sobrecarregam a saúde pública, afetando significativamente o erário ante a necessidade de se satisfazer demandas sociais cada vez maiores, a cargo da classe política dirigente estadual.

Das Constituições brasileiras constam,⁴⁴ sobre representação, o seguinte:

A Constituição Imperial de 25 de março de 1824:

> "O Império do Brasil é a associação *política de todos os cidadãos brasileiros* (art. 1º)", "o seu Governo é monárquico hereditário, *constitucional* e *representativo*. (art. 3º)", "os *representantes* da Nação brasileira são o Imperador e a Assembleia Geral (art. 11) e "todos estes poderes do Império do Brasil são *delegações* da Nação".

A Constituição republicana de 24 de fevereiro de 1891:

> "Nós, os *representantes* do povo brasileiro, reunidos em Congresso Constituinte, para organizar um regime *livre* e democrático ... (preâmbulo)" e "A Nação brasileira adota como forma de Governo, sob o regime *representativo*, a República Federativa ... (art. 1º)".

A Constituição democrática de 16 de julho de 1934:

> "Nós, os *representantes* do povo brasileiro (...) para organizar um regime democrático, que assegure à Nação a unidade, a liberdade, a justiça e o bem-estar social e econômico ... (preâmbulo)", "A Nação brasileira (...) mantém como forma de governo, sob o *regime representativo*, a República federativa ... (art. 1º)" e "Todos os poderes *emanam do povo e em nome dele* são exercidos (art. 2º)".

A Constituição outorgada pelo civil Getúlio Vargas em 10 de novembro de 1937:

> "O Brasil é uma República. O poder político *emana do povo* e é exercido *em nome dele* e no interesse do seu bem-estar, da sua honra, da sua independência e da sua prosperidade. (art. 1º)".

A Constituição da democracia representativa de 18 de setembro de 1946:

> "Nós, os *representantes do povo* brasileiro (...) para organizar um regime democrático... (preâmbulo)" e "Os Estados Unidos do Brasil mantêm, sob o *regime representativo*, a Federação e a República. Todo poder emana *do povo e em seu nome* será exercido (art. 1º)".

---

44 O que abaixo se reproduz não é exaustivo nesses textos constitucionais. Bem pode haver, em outros artigos, referências à representatividade, mas seria irrelevante uma citação que esgotasse todas as referências a isto.

A Constituição imposta pelo regime militar em 24 de janeiro de 1967:

> "O Brasil é uma República Federativa, constituída sob o *regime representativo*... (art. 1º) e "Todo poder *emana do povo* e *em seu nome* é exercido. (art. 1º § 1º)".

E, por último, a vigente Constituição cidadã de 5 de outubro de 1988:

> "Nós, *representantes do povo* brasileiro (...) para instituir um Estado democrático... (preâmbulo)" e "Todo o poder *emana do povo*, que o *exerce* por meio de *representantes eleitos* ou diretamente, nos termos desta Constituição (art. 1º, parágrafo único)." (grifo nosso).

Dos extratos constitucionais transcritos, vê-se que desde sua independência, a Nação brasileira constituiu o seu Estado em um sistema representativo. De início, o Imperador e sua Assembleia Geral eram os *representantes* da Nação brasileira, em 1824. Não era, então, o Estado brasileiro uma República, mas o seu poder já se constituía, na figura do Imperador e da Assembleia Geral, a partir de uma *delegação* da Nação.

Em 1891, a Nação fez do Brasil uma República Federativa sob o regime representativo. Desde então, percorre a história promulgando ou outorgando novas Constituições, mas em todas elas o regime é representativo e em todas se reconhece o povo como o *locus* de onde emana o poder e em nome de quem ele deve ser exercido.

O povo brasileiro conheceu, em todo este período, o Império (1822-1889) e a República (1891-2005), com regimes de exceção de 1930 a 1945 (Era Vargas) e de 1964 a 1984 (Regime Militar).

Todas as suas Constituições, contudo, legitimaram-se reconhecendo no povo a origem do poder estatal. Na Era Vargas, segundo suas duas Constituições (1934 e 1937), governou-se em nome do povo. Não foi diferente no Regime Militar. Também eles – os militares – governaram em nome do povo.

A despeito disso, está o Brasil entre os países de maior concentração de renda no mundo e seu Índice de Desenvolvimento Humano (IDH) não é o aconselhável pela ONU. A qualidade da educação que é oferecida ao seu povo não é de qualidade. A saúde pública no Brasil é vergonhosa. A renda média do trabalhador é baixa, salvo no período situado entre 2002 e 2010 quando o salário mínimo mensal superou valor equivalente a mais de duzentos e cinqüenta dólares, quando antes montava em aproximadamente oitenta dólares. O déficit habitacional é alarmante. A infraestrutura brasileira (rodovias, ferrovias, hidrovias, portos, energia, etc.) também é insuficiente para sustentar o crescimento econômico necessário ao atendimento das demandas sociais.

A causa disso é que o poder, embora emanando do povo e sendo em seu nome exercido, jamais foi utilizado em seu favor, porque, no Império, "o partido Liberal representava e representou sempre os interesses da burguesia urbana, do capitalismo comercial"[45].

Enquanto isso, o Partido Conservador, formado por grandes proprietários exportadores rurais e comerciantes urbanos, esteve sempre em defesa dos interesses agrários, dos grandes cafeicultores, da propriedade territorial, portanto, da manutenção do *status quo*. Ilustrativo desse período é o que Afonso Arinos (1974) reproduz de Holanda Cavalcanti, que dissera: "não havia nada mais parecido com um 'saquarema' (conservador) do que um 'luzia' (liberal) no poder."

Nada de diferente ocorre na República dos Séculos XX e XXI. Pouca abertura foi dada aos interesses populares na fase republicana. Bem elucida esta afirmação a política conduzida por muitos anos no País, por paulistas e por mineiros: a política do "café com leite". O poder, durante a primeira república, foi alternado entre Minas Gerais e São Paulo. Seu exercício foi em defesa da produção agrícola, mais precisamente do café, "que dominava sem concorrência a economia brasileira e se concentrava predominantemente nos dois Estados", como anota Afonso Arinos, em 1974.

Sem delongas históricas exemplificativas, o fato é que, no Brasil. a representação integra a cultura nacional de forma inteiramente abstrata e destituída do autêntico sentido da *repraesentatio*.

O verdadeiro significado do vocábulo *representação* não se manifestou na prática política brasileira. Agrava esta situação o fato de a República Federativa do Brasil ter nascido com uma mentalidade antipartidária,[46] sendo pouco provável, diante da ausência de legitimidade da representação, de partidos políticos fortes e confiáveis e de um nível satisfatório de educação de massa, que houvesse no País força política suficiente, nos meios populares, para pôr termo ao exercício 'ilegítimo' de seu poder.

O afastamento da elite política e econômica brasileira dos reais interesses populares é a causa primeira da crise de autenticidade do sistema representativo provocada pelo baixo nível de legitimidade material alcançado por essas agremiações.

---

45 FRANCO. Afonso Arinos de Melo. **História da teoria dos partidos políticos no Brasil**. São Paulo: Alfa-omega, 1974.

46 "A chamada primeira República que inicia na sua proclamação em 1889 e se estende até 1930, além de não proporcionar a criação de qualquer sistema político-partidário definido e estável, extinguiu todas as organizações políticas herdadas do Império. A única exceção foi a agremiação dos *republicanos*, que em 1893 veio a se constituir em *Partido Republicano*. A partir daí este último passou a controlar a máquina administrativa federal e dos Estados, mediante coalizões políticas envolvendo as mais diferentes oligarquias locais" (Mezzaroba, 2003) e "A mentalidade republicana era federal em primeiro lugar; em segundo, antipartidária, no sentido nacional" (Franco, Afonso Arinos, 1974).

A crise de legitimidade se apresenta conexa com a institucionalizacão do Poder político que há de ser realizado pelos partidos e vem se desnaturando pelo personalismo das lideranças carismáticas que faz brotar o coronelismo, o caudilhismo, o caciquismo, os modernos "donos" dos partidos, e outras manifestações despóticas inconciliáveis com o ideal democrático.

Essas figuras principescas, verdadeiros mitos, não passam de indivíduos que dominam seus partidos segundo interesses puramente pessoais, explicando 'o afastamento da elite política e econômica brasileira dos reais interesses populares no Brasil'.

Eis aí mais um círculo vicioso que se supõe poder ser rompido com uma Reforma Política que coíba o personalismo na relação entre os políticos e os eleitores e mais institucionalização nas relações de poder, bem assim controle e fiscalize o fluxo financeiro na arrecadação e gastos de campanha, com o combate à corrupção e aos abusos do poder econômico e do poder político.

Não é por acaso que a nação mais rica e poderosa do mundo, os Estados Unidos da América, tenha a sua história profundamente vinculada à prática político-representativa[47]. Desde os seus primórdios, sob o Pacto do Mayflower, ainda como colônia inglesa, o sistema político norte-americano já se encontrava comprometido com a noção de representação política.

Nos Estados Unidos da América, embora os partidos fossem vistos com alguma desconfiança, prestaram-se, desde o início, de base à sua democracia. A realidade sócio-político-econômica dessa Nação faz o mundo volver-lhe os olhos, tomando-lhe, em muitos aspectos, como exemplo a ser seguido. Certamente não é casual o seu poder e riqueza. Muito provável que seu destino esteja sedimentado em práticas políticas democráticas e institucionais.

O Brasil não fez o mesmo percurso que seu vizinho do Norte, embora tenha seguido seus passos, nominalmente, no federalismo, mas com distintas práticas, em si contraditórias, que estão a exigir maior reflexão, neste aspecto, sobre o caso brasileiro, dado a preponderância de um governo central, não descentralizado, nem desconcentrado, desde que por aqui chegou o navegante luso Pedro Álvares Cabral.

Em razão desse nominalismo pertinente a instituições políticas operantes em outros países, sem que funcional de fato, tem-se formalmente o reconhecimento constitucional de ser o povo o legítimo titular do Poder Público, mas, na prática, encontram-se os cidadãos alijados do seu exercício e dos benefícios que com tal poder poderiam conquistar.

Antes do julgamento do mandado de segurança 26.603-DF, em 04.10/2007, o Supremo Tribunal Federal conferia interpretação que impedia o partido de reivindicar o mandato do parlamentar infiel, invocando-se as

---

47 MEZZAROBA, Orides. **Introdução ao direito partidário brasileiro**. Rio de Janeiro: Lumen Juris, 2003, cap. 4, p. 273-281.

normas do parágrafo único do artigo 1º, do artigo 15, dos artigos 45 e 46 e no artigo 55 da Constituição Federal,[48] para se concluir pela suposta inexistência de permissivo constitucional para tal hipótese.

Até então, a proteção ao mandato, independentemente de estar ele sendo exercido segundo a concepção de que o *poder emana do povo que o exerce por meio de representantes eleitos*, era constituir espaço político e jurídico para a veiculação e prática de interesses particulares no âmbito do Poder Público (patrimonialismo). E é isto que tem feito do Brasil um país ainda em desenvolvimento, com a maioria de seus indicadores econômicos e sociais apresentando, em 2015, índices reprováveis.

Há que se ter um mecanismo de verificação e controle do exercício do mandato, tendo em vista que, uma vez diplomado e empossado, não cabe ao eleito considerar-se o titular daquele múnus público. Por ser do povo, por ser por ele exercido pela via da representação, e em favor do bem comum, não pode o representante dispor do mandato e do poder que lhe é correlato, arbitrariamente, segundo o que melhor lhe aprouver.

O mecanismo da representação para o exercício popular do Poder deve ser acompanhado de instrumental adequado à conservação, pelo povo, deste poder, caso o seu representante não corresponda às suas expectativas.

A ordem jurídica prevê um sistema normativo composto de mecanismo de proteção ou de controle partidário, consistente no dever da agremiação de dispor, no seu estatuto, de normas sobre fidelidade, a fim de garantir as expectativas do colégio eleitoral, sem o qual não será admitido o seu registro no TSE.[49]

A Constituição Federal estabelece como condição de elegibilidade a filiação partidária. Para que não ocorra com esse requisito o que ocorreu com

---

[48] "Todo poder emana do povo, que o exerce por meio de representantes eleitos ou diretamente, nos termos desta Constituição (Parágrafo único, do art, 1º; É vedada a cassação de direitos políticos, cuja perda ou suspensão só se dará nos casos de: 1 – cancelamento da naturalização por sentença transitada em julgado; II – incapacidade civil absoluta; III – condenação criminal transitada em julgado, enquanto durarem seus efeitos; IV – recusa de cumprir obrigação a todos imposta ou prestação alternativa, nos termos do art. 5º VIII; V – improbidade administrativa, nos termos do art. 37, § 4º (art. 15); A Câmara dos Deputados compõe-se de representantes do povo, eleitos, pelo sistema proporcional... (art. 45); O Senado Federal compõe-se de representantes dos Estados e do Distrito Federal, eleitos segundo o princípio majoritário (art. 46); Perderá o mandato o Deputado ou Senador: I – que infringir qualquer das proibições estabelecidas no artigo anterior; II – cujo procedimento for declarado incompatível com o decoro parlamentar; III – que deixar de comparecer, em cada sessão legislativa, à terça parte das sessões ordinárias da Casa a que pertencer... ; IV – que perder ou tiver suspensos os direitos políticos; V – quando o decretar a Justiça Eleitoral, nos casos previstos nesta Constituição; VI – que sofrer condenação criminal em sentença transitada em julgado.

[49] Art. 17, § 1º da CF, c.c. norma estatutária.

a representação, convertida em mera formalidade na cultura política, e não uma realidade efetiva, prática, é preciso ungir os partidos à situação de co-representantes populares no exercício de seu poder, na medida em que sem eles não há como funcionar a democracia representativa.

Para não haver desvios e corrupções com a introdução desta co-representação partidária, é necessário o fortalecimento dos partidos e a sua consolidação junto ao eleitorado, a fim de que não fiquem sob o jugo de alguns 'caciques' da política, fato tão comum na vida política nacional.

Os historiadores registram que no Império, tanto o 'partido' quanto a 'facção' eram palavras "malvistas"[50], porque, desde sua origem, o Brasil esteve sob o poder de poucos[51], de regra dotados de múltiplos interesses particulares, afastados dos interesses públicos e sociais que não eram, de fato, interesses nacionais.

Com semelhante sina, as agremiações foram em muito prejudicadas no período republicano, em que um quadro de instituições políticas não perfeitamente equalizadas com as demandas de uma democracia representativa somava-se ao preconceito em relação à existência e às funções dos *Partidos Políticos*.

A experiência republicana brasileira revelou, desde cedo, sua tendência em formar uma cultura política antipartidária[52], pois o povo tinha como pouco confiáveis essas agremiações, por ser superficial o relacionamento que mantêm com o eleitorado e, mesmo, com a massa. Dizer PMDB, PFL, PTB, PDT, PT, PPS, PP, PSC, PRONA, PSTU, etc. não é o mesmo que dizer para o povo, por exemplo, igreja católica, Confederação Nacional dos Bispos do Brasil, Ministério Público, Ordem dos Advogados do Brasil e Associação Brasileira de Imprensa, instituições que gozam de muito mais credibilidade que aqueloutras.

Vigora, ainda, entre os brasileiros, o sentimento de desconfiança e marginalização dos partidos políticos, haja vista não ter sido alcançado o nível de representação adequado para a veiculação dos interesses populares. Tem preferido o povo, quanto ao atendimento de suas necessidades, recorrer a outras instituições nacionais a utilizar-se das atividades político-partidárias como forma de solução de seus problemas e de criação de um ambiente favorável à satisfação de suas necessidades.

---

50   CHACON, Vamireh. Os partidos no império (1831-1889). *In* **História dos partidos brasileiros**. Brasília: Ed. Universidade de Brasília, 1981, p. 23.

51   "É verdade que não há quase partidos tradicionais entre nós. Mas a verdade também é que eles eram até aqui (...) quase impossíveis, pela falta de garantias eleitorais, pelo empolgante despotismo, pelo exclusivo poder eleitoral dos governantes" (Professor João Cabral *in* FRANCO, Afonso Arinos. **História e teoria dos partidos políticos no Brasil**. São Paulo: Alfa-Omega, 1974).

52   *In* ob. cit., p. 273-281.

Urge reverter este quadro. O Brasil carece de uma situação política estável. Obstar ou dificultar a desfundamentada migração partidária dos eleitos é uma das medidas necessárias ao fortalecimento dos partidos, sua institucionalização e, por consequência, sua legitimidade representativa (tanto a do partido, quanto a do candidato eleito), no Legislativo e no Executivo.

Reconheceu a ordem constitucional, desde sua primeira Carta, o caráter representativo dos detentores, tidos, então, e até 2007, como mandatários no Poder Público. A vigente Constituição de 1988 reproduz com clareza o que suas antecessoras, sem exceção, também explicitaram em seu corpo: de onde se origina e em nome de quem é exercido o poder, o "povo".

O caráter representativo dos mandatos é, pois, o fundamento legítimo para a supressão do poder absoluto que sobre eles tinham os candidatos eleitos e que ora estão enfeixados nas mãos dos "donos" dos partidos. Cuida-se de representação para o exercício do poder popular – e não de delegação – não significando sua transferência incondicional ao representante para utilizar-se do mandato, segundo os interesses que mais lhe favoreça.

Em outras nações, há o mecanismo denominado *Recall*, sem tradução adequada e aplicável ao seu significado para o português, embora, por aqui tenha sido denominado de "voto destituinte". Por meio dele, os 'mandantes' podem 'anular' os mandatos concedidos a quem não lhes correspondeu às expectativas. Ao Brasil falta instrumento processual semelhante, mas tramita no Congresso Nacional projetos de leis para a sua adoção.

4.2. Distorções do Sistema Representativo

Para exata percepção da atual situação do País a respeito das distorções do sistema representativo no Brasil, colhe-se a doutrina de Mônica Herman Salen Caggiano[53]:

> "Um dos pontos de maior inquietação em termos de engenharia partidária é a ausência total de regras cogentes em matéria de fidelidade. Pretendeu, de fato, o constituinte de 1988 assegurar robustez ao sistema de partidos, criando esta ligadura insuperável com as candidaturas e, portanto, garantindo aos partidos domínio absoluto sobre toda a operação eleitoral. Muito distante da regulação mais adequada a lapidar tal sistema, capacitando-o para servir de base sólida ao desenvolvimento da democracia, o legislador da atual Carta não teve qualquer preocupação com determinadas facetas extremamente sensíveis da questão partidária. Não foram abordados temas relevantes para o fortalecimento dos partidos, a exemplo da vinculação dos filiados, candidatos, ideologia, programa, enfim, propostas e projetos políticos das agremiações.

---

53 CAGGIANO, Monica Herman Salen. **Direito parlamentar e direito eleitoral**. Barueri, SP; Manole, 2004, p. 111-115.

> É desse quadro, identificado pela carência de um disciplinamento constitucional adequado e, essencialmente, pela fragilidade e plasticidade dos partidos brasileiros, que emerge o movimento de turismo interpartidário ou dança das cadeiras, como passou a ser conhecido na mídia.
> Forçoso convir que a ideia Estado de Partidos, que permeia a construção de um tipo especial de democracia – a operacionalizada por partidos políticos -, causa impacto no cenário eleitoral, compelindo o eleitor a uma legítima eleição entre as opções de programas e plataformas governamentais oferecidas pelas agremiações. Como reflexo, ao candidato vitorioso impõe-se o dever de respeitar e atender das coordenadas partidárias, sob pena de ser destituído por infidelidade. Assim, assegurar-se-á a necessária credibilidade das propostas de campanha, possibilitando que, assumindo o suplente, as ideias defendidas no momento pré-eleitoral e que serviram de base à vitória da chapa sejam sustentadas.
> A tônica da fidelidade partidária é a possibilidade de perda do mandato por desrespeito às diretrizes e propostas que serviram de superfície à opção promovida pelo eleitor; ganham, neste ambiente, terreno fértil. O modelo acolhido pelo atual Estatuto Fundamental, todavia, não autoriza laços sensíveis entre o eleito e o partido sob cuja legenda concorreu. Desenha o perfil do congressista desvinculado de interesses parciais, de regiões ou circunscrições – redutos eleitorais. O artigo 45 da Constituição Federal parece-nos inequívoco nesse sentido, ao contemplar o deputado federal com uma verdadeira missão – missão constitucional – a de representar os interesses do povo, ou seja, da coletividade política do Estado, *in verbis:* 'A Câmara dos Deputados compõe-se de representantes do povo, eleitos, pelo sistema proporcional (...)'."

O eleitorado comparece com o seu perfil de eleitorado-função e, daí ter sido difícil a introdução de regras punitivas da infidelidade, inclusive com a perda do mandato parlamentar, apesar do esforço legislativo que vinha sendo empreendido em linha de moralização e dos significativos projetos de reforma apresentados nessa linha.

Conquanto avulte a obrigatoriedade de filiação, erigida a requisito ou condição de elegibilidade[54] para as candidaturas, sem a efetividade do instituto da fidelidade assegurada pelo constituinte, ficariam os exercentes ou detentores de mandatos livres da ligadura com a agremiação, abrindo a brecha para a continuidade do esquema de turismo interpartidário que retira o equilíbrio ao quadro de partidos e ao sistema que ele mesmo pretendia engendrar para fortalecer o regime democrático.

O tema demanda a atenção dos exercentes de mandatos, cientistas políticos e da ciência jurídica em razão da paradoxal disciplina constitucional que, de uma parte, cometeu à figura do partido o monopólio das candidaturas e, de outra, contemplou o representante eleito com a tarefa de representar o povo, atribuindo à agremiação natureza privada de associação, capacidade eleitoral, autorizando-lhe a dispor soberanamente, nos estatutos, sobre fidelidade.

---

54   Art. 14, § 3º, V da CF.

A diversidade de tratamentos para a fidelidade e disciplina conferidos nos estatutos deu ensejo a um quadro de instabilidade a dominar o território doméstico, apreendido a partir de peculiar cenário descortinador de um espetáculo ambulatorial decorrente de mudanças de partidos, como conseqüência da "dança das cadeiras".

Não há respeito à opção partidária manifestada pelo eleitor e expressa por via do voto, a começar do quociente partidário e do cálculo das sobras nas eleições proporcionais[55]. O eleitor parece encontrar-se plenamente consciente da fragilidade dos partidos e, em geral, sufraga o nome do candidato e não da agremiação a que está vinculado. Realiza a sua apreciação quanto ao desempenho do seu candidato individualmente, qualquer que seja a postura do partido.

O eleitor acompanha seu candidato para qualquer partido que porventura passe a integrar, e não o surpreende a hipótese de que o representante fique sem partido, numa atuação independente, por um tempo, que pode corresponder a toda uma legislatura. Esta situação não mais se admite, sob pena de perda do mandato, como consequência da falta de filiação por mais de 30 (trinta) dias, consoante julgado do STF, no mandado de segurança 26.604-DF, da relatoria da Ministra Carmen Lúcia, e a jurisprudência do TSE.

Prevalece a ideia almejada pelo constituinte de reorganizar o sistema de partidos, assegurando às agremiações os meios de bem cumprir a função que lhes foram atribuídas no ambiente democrático, de institucionalizar as relações de Poder.

Reflexo do descompasso na representação política é a série de proposituras legislativas direcionadas à revalorização da agremiação partidária, a exemplo dos Projetos de Emenda Constitucional nºs 41/96, 50/96, 137/95, 90/95, 60/95, 51/95, 42/95, 85/95, 166/95, 283/95, cada um deles, por intermédio de técnicas diferentes, buscando sancionar a conduta infiel com a perda do mandato parlamentar ou enquadrando o abandono do partido em uma das hipóteses de inelegibilidade, obstativa da candidatura por um período de dois anos (PEC nºs 41/96 e 166/95).

Caso perdurasse o posicionamento do STF, anterior ao julgamento do mandado de segurança 26.603-DF, de 04.10.2007, poder-se-ia afirmar a inutilidade dos partidos políticos, uma vez que serviriam apenas para viabilizar candidaturas e participações nas eleições, ante a exigência de norma constitucional para que se admitisse a perda do mandato parlamentar por ato de infidelidade,![56]

---

55   Arts. 106 a 109 do CE.

56   As eleições gerais de 2002 evidenciaram distorções no sistema eleitoral ao revelarem que candidatos com enorme quantitativo de votos não conseguiram se eleger, ao passo que outros, com irrisória votação conseguiram um mandato em decorrência do quociente eleitoral.

No momento existem 35 partidos com registro definitivo no TSE, no sistema pluripartidarista brasileiro. Para se entender a distorção apontada nas eleições proporcionais, faz-se necessário explicar os conceitos de quociente eleitoral e quociente partidário. A Coordenadoria de Eleições da Secretaria de Informática do Tribunal Regional Eleitoral de Santa Catarina[57], didaticamente, explica:

O quociente eleitoral define os partidos e/ou coligações que têm direito a ocupar as vagas em disputa nas eleições proporcionais, quais sejam: eleições para deputado federal, deputado estadual e vereador.

"Determina-se o quociente eleitoral dividindo-se o número de votos válidos apurados pelo de lugares a preencher em cada circunscrição eleitoral, desprezada a fração se igual ou inferior a meio, equivalente a um, se superior" (Código Eleitoral, art. 106).

"Nas eleições proporcionais, contam-se como válidos apenas os votos dados a candidatos regularmente inscritos e às legendas partidárias" (Lei nº 9.504/97, art. 5º).

Obs.: anteriormente à Lei nº 9.504/97, além dos votos nominais e dos votos de legenda, os votos em branco também eram computados no cálculo dos votos válidos.

Fórmula:
Quociente eleitoral (QE) = número de votos válidos
 número de vagas
Exemplo: Partido/coligação Votos nominais + votos de legenda
Partido A 1.900
Partido B 1.350
Partido C 550
Coligação D 2.250
Votos em branco 300
Votos nulos 250

Foi o que ocorreu cm São Paulo, pois um dos candidatos ao cargo de deputado federal pelo Partido de Reedificação da Ordem Nacional (PRONA), Enéas Carneiro, obteve a expressiva votação de mais de um milhão e meio de votos. Conseguiu arrastar consigo cinco colegas de partido para a Câmara dos Deputados. Esses candidatos obtiveram inexpressiva quantidade de votos, variando entre apenas 280 a 500 votos! Esse fato só foi possível porque as eleições proporcionais para deputados federais e estaduais, e vereador, são informadas pelo sistema representativo. O mais curioso é observar que dos cinco parlamentares que assumiram o mandato graças à votação obtida pelo deputado federal Enéas Carneiro, apenas um (!) permaneceu no PRONA. Os outros quatro mudaram de partido; Amauri Guangues, eleito com pouco mais de 18 mil votos, foi para o Partido Liberal; Vanderley Assis, que obteve menos de 280 votos e outros dois colegas, Irapuan Teixeira e Ildeu Araújo, ambos eleitos com menos de 400 votos cada, migraram para o Partido Progressista e, no mês de janeiro de 2005, a imprensa noticiou que Avanir Nirnitz mudou-se para o PSDB.

57 www.tre-sc.gov.br.

Vagas a preencher 9
Total de votos válidos
(conforme a Lei nº 9.504/97) 6.050
QE = 6.050 = 672,222222...
         9
QE = 672
Exemplo:

Partido/coligação	Votos nominais + votos de legenda
Partido A	1900
Partido B	1350
Partido C	550
Coligação D	2250
Votos em branco	300
Votos nulos	250
Vagas a preencher	9
Total de votos válidos (conforme a Lei nº 9.504/97)	6050

QE = 6.050 = 672,222222 ...
         9
QE = 672

Logo, apenas os partidos A e B e a coligação D conseguiram atingir o quociente eleitoral e terão direito a preencher as vagas disponíveis.

O quociente partidário define o número inicial de vagas que caberá a cada partido ou coligação que tenham alcançado o quociente eleitoral.

"Determina-se para cada partido ou coligação o quociente partidário, dividindo-se pelo quociente eleitoral o número de votos válidos dados sob a mesma legenda ou coligação de legendas, desprezada a fração" (Código Eleitoral, art. 107).
"Estarão eleitos tantos candidatos registrados por um partido ou coligação quantos o respectivo quociente partidário indicar, na ordem da votação nominal que cada um tenha recebido" (Código Eleitoral, art. 108).

Fórmula:
Quociente partidário (QP) = número de votos válidos do partido ou coligação
                                        quociente eleitoral

Exemplo:

Partido/coligação	Cálculo	Quociente partidário
Partido A	QPA = 1.900 / 672 = 2,8273809	2
Partido B	QPB = 1.350 / 672 = 2,0089285	2
Coligação D	QPD = 2.250 / 672 = 3,3482142	3
Total de vagas preenchidas por quociente partidário (QP)		7

As trocas interpartidárias acontecem principalmente pelas vantagens políticas que os parlamentares buscam em cada legenda, não somente no âmbito da agremiação, como também no interior dos Parlamentos, em que a mudança de legenda por parte de alguns deputados ocorre até para presidirem comissões dentro das Casas Legislativas.

O Executivo tem poder de pressão sobre parlamentares, uma vez que administra o orçamento e detém autonomia para liberar ou não verbas. Nesse jogo político entre o Executivo e o Legislativo, a relação que impera é o "toma lá, dá cá", o que também decorre da fragilidade dos partidos políticos, que não detêm ideologia própria, ou que modificam posições e posturas de acordo com interesses casuísticos, ou, ainda, porque não dispõem de um efetivo sistema de proteção partidário versando normas de fidelidade e disciplina, como determina o parágrafo 1º do art. 17 da CF.

Dessas movimentações constatou-se que as alianças partidárias federais nem sempre tinham – menos ainda têm na atualidade – correspondências com as alianças nos Estados e vice-versa, ensejando a denominada "verticalização das coligações", em razão da necessidade de observância do princípio da coerência adotado em Resolução do TSE, expedida nos autos da Consulta 715.

Logo depois foi promulgada a emenda constitucional nº 52/2006 alterando a redação do parágrafo 1º do art. 17 da CF para liberar as coligações eleitorais, sem obrigatoriedade de vinculação entre as candidaturas de âmbito nacional, estadual, distrital ou municipal.

4.3. Alianças Partidárias e Verticalização das Coligações

Alguns juristas brasileiros, preocupados com a ausência de efetividade do princípio constitucional da Fidelidade Partidária, têm tentado torná-lo socialmente eficaz a partir da adoção de certos e determinados mecanismos que, se por um lado não resolve o problema do constante "troca-troca de cadeiras", por certo mitiga suas consequências nocivas para a autenticidade do sistema representativo e, em última análise, para a própria democracia.

Assim é que um grupo formado por juristas e parlamentares formulou ao Tribunal Superior Eleitoral a Consulta nº 715[58], cuja resposta provocou discussão acalorada, especialmente no meio político, a respeito da formação das coligações partidárias, vindo à lume a respectiva Resolução baixada pelo TSE. Ei-la:

> A consulta:
> "Pode um determinado partido político (partido A), celebrar coligação para eleição de Presidente da República, com alguns outros partidos (partidos B, C e D) e, ao mesmo tempo, celebrar coligação com terceiros partidos (partidos F, E e G, que também possuem candidato à Presidência da República) visando à eleição de Governador de Estado da Federação?"
>
> A resposta:
> "Consulta. Coligações.
> Os partidos políticos que ajustarem coligação para eleição de presidente da República não poderão formar coligações para a eleição de governador de estado

---

58 Subscreveram a Consulta nº 715 os Deputados Federais Miro Teixeira, José Roberto Batocchio, Fernando Coruja e Pompeo do Mattos.

ou do Distrito Federal, senador, deputado federal e deputado estadual ou distrital com outros partidos que tenham, isoladamente ou em aliança diversa, lançado candidato à eleição presidencial. (Consulta respondida negativamente)."[59]

Grupos contrários à verticalização das coligações desafiaram a Resolução do TSE postulando perante o STF a declaração de sua inconstitucionalidade e, com o apoio dos partidos PT, PC do B, PSB, PPS, PL e de um Senador por Alagoas[60] "editou-se um inusitado, para não dizer casuístico, Projeto de Decreto Legislativo (nº 6, de 2002)"[61].

O voto do Ministro Sepúlveda Pertence foi contrário à verticalização das coligações, divergindo do posicionamento adotado pela maioria dos seus pares no Tribunal Superior Eleitoral[62], quando do julgamento da Consulta 715. Tem-se, no ponto, que o Judiciário (TSE), com ativismo, usurpou a competência do Legislativo.

Com o intuito de 'moralizar' o processo eleitoral, a atuação da Justiça Eleitoral acabou por produzir lei em esfera incompetente para tanto, pois se tornou um "legislador positivo" em matéria reservada ao Congresso Nacional.

Buscar fidelidade partidária dos diretórios regionais ante seus diretórios nacionais, por meio de decisão do TSE, de natureza administrativa (Consulta), sem que a ordem jurídica assim tenha permitido ou sobre isso se manifestado em tempo oportuno e por seu Poder competente, evidencia plausível excesso na prestação jurisdicional.

Utilizou-se do permissivo legal expresso no Código Eleitoral (art. 23, IX) de que: *Compete, privativamente, ao Tribunal Superior Eleitoral expedir as instruções que julgar convenientes à execução deste Código* para, através da Resolução TSE nº 21.002/02, subordinar os diretórios regionais aos nacionais, adentrando-se, indevidamente, no universo normativo com o intuito de fortalecer os partidos.

Em razão do caráter nacional dos partidos políticos e o fato de as eleições gerais (presidente da República, senadores, deputados) terem como circunscrição o território nacional, decidiu o TSE que as agremiações deveriam cumprir o princípio da coerência ao celebrarem coligações de âmbitos nacional e estaduais. O fenômeno da "Verticalização das Coligações" foi, tecnicamente, denominado "princípio da coerência"[63].

---

59   Resolução TSE nº 21.002/02.

60   Renan Calheiros.

61   SILVA, José Nepomuceno da. **As alianças e coligações partidárias**. Belo Horizonte: Del Rey, 2003.

62   José Nepomuceno da Silva manifesta sua posição favorável ao inteiro teor daquela resposta do TSE, no artigo "As Alianças e Coligações Partidárias", *in* ob. cit.

63   Não se procura com o que se redige neste tópico negar as pretensões político-culturais da Nação quanto a que os partidos sejam menos "politiqueiros" e mais "políticos", isto

A legitimidade da verticalização das coligações estaria em que a celebração de espúrias coligações aluía a coerência necessária à organização e ao funcionamento dos partidos, embora o debate girasse em torno do veículo e a forma pela qual se alcançou a vedação a certas práticas eleitorais delas emergentes e que poderiam configurar infidelidade partidária.

A ordem jurídica vigente conferiu aos partidos políticos a competência para dispor nos seus estatutos sobre normas de fidelidade e disciplina de seus filiados, não sendo admissível que o TSE se convertesse em "legislador positivo" para responder à Consulta impondo a verticalização, por ser tema afeto à autonomia constitucional daquelas agremiações.[64]

A Constituição Federal remete o tema diretamente aos estatutos, obstando que tais assuntos sejam levados ao plenário dos tribunais, salvo para dirimir conflitos que envolvam questões de legalidade, em homenagem ao princípio da inafastabilidade da jurisdição que garante a todos a apreciação pelo Poder Judiciário de lesão ou ameaça a direito[65].

Difundiu-se entre nós a ideia de que as leis poderiam alterar a realidade, independentemente de o *espírito do tempo*[66] estar para isto preparado. Somos um País em que algumas leis "não pegam", sem embargo do cipoal de Leis contribuir para a formação de um dos maiores universos jurídicos do mundo[67].

é, sejam menos voltados para a defesa de interesses particulares dos seus expoentes e "caciques" – interesses muitas vezes escusos, – e sejam mais institucionais, em defesa de diretrizes e programas que conduzam o País ao que, no passado, foi o sonho de gerações: "Brasil, país do futuro", obra de Stefan Zweig, na qual o cidadão de nacionalidade alemã expressava todo o ufanismo brasileiro, a respeito da boa fortuna com que fora agraciada a nossa pátria.

É de senso comum que tanto os políticos quanto os partidos gozam de pouca credibilidade no território nacional. E é o bom senso deste senso comum que afasta a confiança das pessoas nestes personagens, porquanto percebiam e ainda percebem o "troca-troca" partidário como manifestação prática da defesa apenas de seus interesses.

---

64 Constituição Federal, art. 17, § 1º.

65 Constituição Federal, arts. 2º e 5º, XXXV.

66 Expressão aqui livremente utilizada para, deslocando-se do centro semântico da expressão utilizada por Hegel (1770-1831), indicar as concepções fundamentais de cultura que fertilizam as produções, em todos os campos, de um povo, dando-lhes uma unidade histórica, além de nacional e cultural.

67 VELOSO, Zeno. **Conferência Nacional dos Advogados**: Cidadania, Ética e Estado, 18. Anais ... v. 2. p. 1038-1039, explica "(...) *Maior número de regras; edição de novas leis? Não, com certeza, não! Já estamos soterrados, afogados numa enxurrada de leis, com volume proporcional ao das águas amazônicas. Somos um dos campeões mundiais de produção legislativa, e, ao mesmo tempo, para aumentar a confusão e o paradoxo, um dos campeões mundiais de descumprimento das tantas leis que produzimos* (...)."

Esta realidade social é percebida entre os que pensam a Nação e as conseqüências de certos atos e fatos que permeiam a vida pública brasileira. Nesse ambiente é que brotou a Resolução TSE nº 21.002/02 com a intenção de robustecer os partidos, sem se atentar para o casuísmo que retira a legitimidade e a validade das normas jurídicas produtoras de graves repercussões na política e no direito eleitoral.

São os fundamentos e a clareza do voto do Ministro Pertence os indícios de que foi o clamor da sociedade por partidos sérios e confiáveis o que levou o TSE a criar "lei", sob a justificativa de interpretar a norma constitucional para atender à demanda popular, pois não se vêem políticos cortando uma libra da própria carne.

A verticalização das coligações foi medida do Poder Judiciário, de natureza intencionalmente preventiva, ante a possível falta de iniciativa dos parlamentares, que, na matéria, têm legislado costumeiramente "em causa própria".

No voto divergente, o Ministro Sepúlveda Pertence inicia delimitando a *esfera de ação* do Poder Judiciário e esclarecendo que a competência normativa do Tribunal Superior Eleitoral é delegada pelo Poder Legislativo, por meio do Código Eleitoral, no artigo 23, inciso IX, sendo, pois, de natureza infralegal.

Segundo Pertence, "o juízo de *conveniência*, confiado ao TSE, tem por objeto a expedição ou não de instrução, não o seu conteúdo". Analisa a legitimidade do conteúdo a ser veiculado pela Resolução, argüindo que uma decisão da Corte Superior, da qual não cabe recurso, faz lei para os que a ela estão subordinados e, no caso, de índole *erga omnes*. E assim o foi.

Para o Ministro Pertence o conteúdo ventilado no acórdão não era legítimo, porque originado de Poder para isto não constituído, porquanto o que nela se vazava transcendia o conteúdo legal a que ela devia se subordinar a tão somente esclarecer, de forma que o TSE teria extrapolado o limite da lei, pois agiu fora da esfera de sua competência. Eis aí o porquê da ilegitimidade e invalidade da Resolução. Pontua o alto Julgador que a competência para expedir instruções para a fiel execução do Código Eleitoral e da legislação eleitoral e partidária[68] submete-se inteiramente às leis e à Constituição Federal.

E continua Sepúlveda Pertence no seu voto doutrinando que as instruções do TSE, postas pela via das resoluções, servem para "explicitar o que repute implícito na legislação eleitoral" e também para preencher as "lacunas técnicas" a que está sujeito todo ordenamento jurídico positivo. O agir do Judiciário a isto se restringe não podendo aventurar-se a corrigir o que parece ser as incoerências da lei ou a incoerência das leis. Eventuais incoerências das leis são frutos da natureza humana do legislador, esteja ele como legislador ordinário (função derivada) ou como legislador constituinte (função originá-

---

68 As Instruções eleitorais expedidas para a fiel execução da lei partidária (Lei nº 9.096/95) têm sua legitimidade sustentada pelo art. 61, da referida lei.

ria), não podendo servir de pretexto para avocar-se para o Judiciário a função legislativa, restrita ao Poder que lhe é próprio: o Legislativo.

Demarcado o campo de atuação da Corte eleitoral, o Ministro Pertence dirige-se à argumentação que evidencia a permissibilidade das coligações vedadas pela Resolução – até que foi promulgada a EC nº 52/2006 -, aludindo seu voto ao "único dispositivo legal pertinente à questão", o artigo 6º da Lei nº 9.504/97, assim redigido:

> "Art. 6º É facultado aos partidos políticos, dentro da mesma circunscrição, celebrar coligações para eleição majoritária, proporcional, ou para ambas, podendo, neste último caso, formar-se mais de uma coligação para a eleição proporcional dentre os partidos que integram a coligação para o pleito majoritário".

Além dos fundamentos acima expostos, fez-se a explicitação de alguns dispositivos de outras Leis sobre a realização de coligações partidárias, cabendo também a análise da norma do § 2º do art. 7º da Lei nº 9.504/97, para esclarecimento de certas passagens encontradas em outros votos favoráveis ao impedimento de coligações diversas da estabelecida na circunscrição-país[69], para a eleição de presidente da República.

Estabelece o Código Eleitoral que *"nas eleições presidenciais a circunscrição será o país; nas eleições federais e estaduais, o Estado; e, nas municipais, o respectivo município"*.[70]

Para as eleições municipais de 1992, a Lei nº 8.214/91, no art. 6º, esclarece que "é facultado aos partidos políticos celebrar coligações para o registro de candidatos à eleição majoritária, à eleição proporcional ou a ambas". E seu § 1º diz que "é vedado ao partido político celebrar coligações diferentes para a eleição majoritária e para a eleição proporcional".

É relevante explicitar o conteúdo normativo desta lei sobre coligação partidária, ante a omissão da palavra *circunscrição* e a *exigência de coerência* das coligações majoritária e proporcional.

Em 1993, para as eleições gerais, excluídas as de prefeito e vereador que ocorreram no ano anterior ao de sua publicação, a Lei nº 8. 713/93 dispôs, também em um art. 6º, ser facultado aos partidos políticos celebrar coligações para eleição majoritária, eleição proporcional ou ambas, desde que elas não sejam diferentes na mesma circunscrição".

O relevante aqui, além do conteúdo que, à exceção da forma, em tudo se identifica com o que se vazou na Lei nº 9.504/97, é a eleição que esta Lei

---

69 Preferiu-se, em consonância com a redação do texto legal (Código Eleitoral, art. 86), cunhar-se a expressão "circunscrição-país" a utilizar circunscrição nacional, que igualmente poderia representar a ideia proposta.

70 Art. 86 do CE.

regulamentou para presidente, governadores, senadores, deputados federais e estaduais, em 1994.

A Lei nº 9.100/95 foi o ordenamento para as eleições municipais de 1996 (prefeitos e vereadores) e seu artigo 6º novamente dispõe que serão admitidas coligações se celebradas conjuntamente para as eleições majoritárias e proporcional, e integradas pelos mesmos partidos, ou se celebradas apenas para as eleições majoritárias.

Aqui, o que se procura trazer a lume é, também, a ausência da palavra *circunscrição*.

O § 2º, do artigo 7º, da Lei nº 9.504/97 preceitua:

> "Se a convenção partidária de nível inferior se opuser, na deliberação sobre coligações, às diretrizes legitimamente estabelecidas pela convenção nacional, *os órgãos superiores do partido* poderão, nos termos do respectivo estatuto, *anular* a deliberação e os atos dela decorrentes".

Oportuna também é a menção ao que estabelece a Constituição Federal a respeito dos partidos políticos, dispondo no art. 17, § 1º, que *"é assegurada aos partidos políticos autonomia para definir sua estrutura interna, organização e funcionamento, (...) devendo [os] seus estatutos estabelecer normas de fidelidade e disciplina partidárias"*.

Igual teor consta do art. 3º da Lei nº 9.096/95 designada, diferentemente das anteriores, Lei dos Partidos Políticos[71]. As anteriores recebiam a denominação de Lei *Orgânica* dos Partidos Políticos. A diferença básica entre elas é o cumprimento da exigência constitucional de que os partidos sejam autônomos. As leis anteriores, emanadas do regime militar, adentravam os partidos políticos, em esferas atualmente vedadas pela Constituição.

É relevante para a compreensão do estudo da fidelidade partidária atentar-se para a localização do art. 17 no Título II (*Dos Direitos e Garantias Fundamentais*), do Capítulo V (*Dos Partidos Políticos*) da Constituição Federal. Sua importância é tamanha para a ordem democrática e jurídica que precede as normas sobre a Organização do Estado e sobre a Organização dos Poderes, integrando o rol de cláusulas pétreas[72].

No ordenamento constitucional de 1967, os partidos políticos sucederam o Título I – *Da Organização Nacional,* no qual se dispunha sobre o

---

71 MEZZAROBA, Orides. **Introdução ao direito partidário brasileiro**. Rio de Janeiro: Lumen Juris, 2003, p. 270: "*Com a promulgação da Lei dos Partidos Políticos (Lei nº 9.096, de 19 de setembro de 1995), não há mais que se falar em lei ou dispor sobre a sua organização. Toda essa tarefa passou a ficar, a partir da Constituição da República Federativa do Brasil de 1988, sob a responsabilidade única e exclusiva de cada Partido. Esse, naturalmente, foi o sentido do art. 17, § 1º do texto constitucional*".

72 Art. 60, parágrafo 4º da CF.

que – na atual Constituição – se denominou Da *Organização do Estado* e Da *organização dos Poderes*.

Esses apontamentos aqui se introduzem para fazer-se conhecer as pretensões dos constituintes de 1988, porquanto queriam suprimir da história futura o risco da ameaça de governos não democráticos e de partidos oligárquicos a serviço de "caciques" e "coronéis"[73].

Depois de explicitados o conteúdo de alguns dispositivos legais, volta-se ao voto do Ministro Pertence ao relembrar aos seus pares o disposto no art. 6º da Lei nº 9.504/97, evidenciando o *locus* obscuro onde se apoiou a decisão exorbitante: o termo *circunscrição*. Porque, se não perfeitamente esclarecido o conteúdo desta palavra, "*a lei não permite, da coligação entre determinadas agremiações, para a eleição presidencial, a vedação de que qualquer delas venha a se coligar com partidos diferentes para as eleições estaduais, a se realizarem simultaneamente*".

Para Sepúlveda Pertence, circunscrição – no art. 6º da lei eleitoral – não é uma entidade geográfica e sim jurídica e aduz que "a *cada esfera de eleição, e só para o efeito dela, corresponde uma circunscrição*". Noutro momento, traz à lume uma informação fundamental para a solidez e força de sua argumentação:

> "em cada território municipal há, na expressão tecnicamente imprópria, (...) jurisdição, a um tempo, da União, do Estado e do Município respectivos. Portanto, o território do Município, (...) está sim, *data venia*, no território da jurisdição do Governador. No mesmo território, em consequência – no território do Município – três ordens federativas exercem o seu poder: a União, o Estado e o Município"[74], concluindo que "*nem por isso deixam de ser ordens distintas e, só por isso, se tem uma federação*".

Ao mesmo tempo em que ilumina o território semântico da palavra circunscrição, os esclarecimentos prestados pelo Ministro Pertence permitem

---

73 MEZZAROBA, Orides. *Op. cit.*, p. 270: "*Logo após a aprovação do texto do art. 17 da Constituição da República Federativa do Brasil de 1988, alguns constituintes saudaram eufóricos a nova fase que aguardava os Partidos Políticos brasileiros. Dentre os mais otimistas incluía-se o constituinte Florestan Fernandes. Para ele, na nova Constituição, 'nenhum partido poderia mais sobreviver com caciques, [cada partido] teria de diferenciar sua organização para enfrentar sua própria natureza.'. Para o constituinte Aldo Arantes, com a nova Carta, 'cada agremiação poderia [tanto interna, como externamente] praticar seus métodos, respeitando fundamentalmente a democracia e a vontade de suas bases políticas.*'" Deve-se lembrar a origem sociopolítica destes deputados: Florestan Fernandes, sociólogo paulista de esquerda de reputação ilibada; Aldo Arantes, comunista goiano ao qual jamais se poderia imputar a pecha de cacique ou coronel.

74 O Ministro Sepúlveda Pertence repete aqui o que disse, em outro momento, o eminente Ministro Carlos Velloso.

inferir que as eleições estaduais ocorrem na circunscrição eleitoral da eleição presidencial, porquanto Estados e Municípios integram a circunscrição da eleição presidencial. Os argumentos a obstarem o movimento de inferência são o de que "a *cada esfera de eleição, e só para o efeito dela, corresponde uma circunscrição*" e são "*ordens distintas e, só por isso, se tem uma federação*".

As leis editadas para os certames municipais de 1992 e 1996 silenciaram-se, eloquentemente, a respeito da circunscrição, por ser evidente a desnecessidade de se introduzir a expressão "*dentro da mesma circunscrição eleitoral*" em eleições de âmbito local (art. 6º).

A despeito de se realizarem milhares de eleições municipais nesses anos, a sabedoria do legislador omitiu a expressão "*dentro da mesma circunscrição eleitoral*", ante o reconhecimento da autonomia dos partidos conferida constitucionalmente para a defesa de seus interesses em cada município, segundo os interesses de seus filiados (peculiar interesse local).

Disso emergem as seguintes indagações: não é necessária a coerência de ação dos partidos políticos, quando disputam eleições municipais? Nestas, estão livres para coligar-se segundo o seu livre arbítrio? Subordinam-se os partidos à exigência de coerência apenas na mesma circunscrição? A dissociação temporal das eleições municipais e presidencial acaba com a subordinação das legendas naquelas circunscrições à circunscrição nacional?

Tudo faz crer ter o legislador percebido a *irrelevância* semântica da inclusão da expressão "dentro da mesma circunscrição" no que se refere às eleições municipais. Não havendo, em um mesmo território, senão uma circunscrição seria de má técnica legislativa a introdução dessa expressão. Isoladamente realizadas, no que diz respeito às circunscrições, as eleições municipais ocorrem simultaneamente em todo o território nacional.

O fato de ocorrer outro certame em momento distinto das eleições realizadas para presidente da República não os excluem da circunscrição nacional. É, contudo, permissível legalmente que haja infindáveis números de coligações diferentes nas eleições municipais, uma vez que existem mais de 5.500 (cinco mil e quinhentos) municípios e 35 partidos registrados junto ao TSE com condições de lançarem candidatos.

O fato de não ocorrerem eleições municipais conjuntamente com as eleições gerais (nesta inserido o pleito presidencial) permite – segundo a concepção que estabeleceu a verticalização das coligações –, o bizarro espetáculo de coligações de um partido em determinado município com outra agremiação que noutro município lhe é adversária.

Nesse contexto, a situação puramente temporal das eleições municipais (o "descasamento" dessas eleições – eleições solteiras) dá aos diretórios municipais autonomia para deliberar sobre assuntos de interesse local, não se admitindo a dissolução, intervenção e a destituição dos respectivos dirigentes, dês que, nesta esfera e temática, não há prevalência dos diretórios regionais e nacionais, sob pena de violação do princípio federativo que também orienta a estrutura interna, a organização e o funcionamento dos partidos, salvo se houver justa causa para essas gravosas medidas.

Nas eleições de 1994 e 1998, o legislador introduziu na Lei as expressões *"desde que não sejam diferentes na mesma circunscrição"* (Lei nº 8.713/93) e *"dentro da mesma circunscrição"* (Lei nº 9.504/97). Postas em contraste com o "silêncio eloquente" do legislador nas duas outras leis mencionadas, estas expressões ganham significado no seguinte contexto conceitual: "a cada esfera de eleição, e *só para o efeito dela*, corresponde uma circunscrição" e são "ordens distintas e, só por isso, se tem uma *federação*." Incorporando, para os efeitos da eleição, as circunscrições dos Estados à *circunscrição-país*, esta eleição presidencial assemelhar-se-ia com a do município, circunscrição para a qual, observou-se, o legislador reputou sem sentido a inclusão dessa(s) expressão(ões).

O que contém de significado na(s) expressão(ões) supramencionadas emerge da opção do legislador ante cada eleição realizada: nas eleições municipais – embora milhares estivessem sendo realizadas ao mesmo tempo -, omitiu a expressão por julgar imediatamente compreensível não haver mais de uma circunscrição em cada município; nas eleições gerais, introduziu a expressão a despeito de a circunscrição para eleição presidencial incluir as circunscrições estaduais.

Se fosse intenção do legislador, esse "abarcamento" anularia/suprimiria a "soberania" das circunscrições estaduais, adotando postura semelhante à que adotou nas eleições municipais, isto é, manteria para tais eleições o "silêncio eloquente" prenhe de "comando normativo".

Há, ainda, outro aspecto a se considerar a respeito dessa opção legislativa e diz respeito à competência da Corte Eleitoral para a matéria. Doutrina Mezzaroba[75] que:

> "Ao reconhecer os Partidos Políticos como instituições de Direito Privado, dotados de autonomia *interna corporis*, a Constituição da República Federativa do Brasil de 1988, mesmo que lhes tenha delegado a incumbência da representação política, passou a garantir a insubsistência de qualquer ato que se caracterize como intervenção à organização partidária. Posto isso, pode-se concluir que a Justiça Eleitoral carece de competência para analisar e julgar questões que envolvam estruturação, organização e funcionamento dos Partidos Políticos, pois essas matérias não são mais de natureza eleitoral, mas, fundamentalmente, objeto *interna corporis* de cada organização partidária.
> Tal autonomia, no entanto, não garante ao Partido imunidade jurídica no caso de ofensa a qualquer princípio constitucional. Neste caso, conforme decisão do Tribunal Superior Eleitoral, 'a competência para julgá-la não é da Justiça Eleitoral, e sim da Justiça Comum.' A garantia constitucional da autonomia par-

---

75   MEZZAROBA. Orides. *Op. cit.*, p. 274.

tidária evidentemente não exclui o Partido de seus direitos e deveres no mundo jurídico."

Repetindo Mezzaroba, a garantia constitucional *da autonomia partidária* evidentemente não exclui o Partido de gozar de direitos e de cumprir deveres no mundo jurídico. Contudo, tal apreciação tem sido da competência da Justiça Comum, na medida em que a Justiça Eleitoral se reserva a competência para dirimir eventuais conflitos ocorridos nas fases do alistamento, do registro de candidatos até quinze dias após a diplomação dos eleitos, enfeixadas sob a denominação de *processo eleitoral*.

O processo eleitoral supõe a preexistência das pessoas, físicas ou jurídicas; do pré-candidato e do candidato; dos partidos políticos. a Justiça Eleitoral adstringe-se à verificação da satisfação plena das condições de elegibilidade, da ausência de causas de inelegibilidade e de inabilitação para as funções públicas. Se for questionável qualquer delas[76].

Comportamento equivalente se espera da Justiça Eleitoral a respeito das pessoas jurídicas, especialmente no caso das doações de campanha. Se qualquer irregularidade houver que supere os lindes do processo eleitoral, deve declinar de sua competência, enviando o caso à apreciação da Justiça Comum.

É conhecido o fato de não haver correspondência entre o que espera o povo brasileiro de seus políticos e partidos e o que têm feito na prática. É defensável, legítimo e urgente o pleito popular: representação legítima, partidos fortes e institucionais. Não se compactua com o "troca-troca" partidário, com as legendas de aluguel, com a inexistência de partidos políticos ideologicamente bem definidos, etc.

É necessária a adoção de medidas destinadas a coibir a infidelidade partidária que já se tornou rotina e perdura, mesmo depois do julgamento do mandado do segurança 26.603-DF, em 04.10.2007. Com a correção de todas estas distorções, inclusive da ditadura intrapartidária que ora viceja (Capítulo VIII), espera-se que o espaço institucional mereça os ajustes necessários para gáudio da Nação.

O Tribunal Superior Eleitoral, como afirmado pelo Ministro Sepúlveda Pertence, tem a sua ação limitada ao *"juízo de conveniência, quanto à expedição ou não de instrução, não ao seu conteúdo"*.

Tornar coerente a ação dos partidos, em âmbito nacional, certamente insere a atução do TSE no âmbito próprio ao Legislativo que tem a fun-

---

76 São condições de elegibilidade: a nacionalidade brasileira, o pleno exercício dos direitos políticos, o alistamento eleitoral, o domicílio eleitoral na circunscrição, a filiação partidária e idade mínima. (CF, art. 14, § 3º).

ção constitucional de editar normas, por meio de legislação pertinente, com conteúdos normativos originais.

Para pôr termo ao ativismo judiciário, o Poder Legislativo, por motivo meramente político-partidário, com vista a facilitar a renovação dos mandatos, editou a Emenda Constitucional nº 52/2006, estabelecendo o fim da verticalização das coligações, contribuindo, assim, para enfraquecer as frágeis agremiações e a própria democracia representativa.

Instado a se pronunciar, o Supremo Tribunal Federal, na ADI 3685, julgada em 22 de março de 2006, por nove votos declarou a inconstitucionalidade da norma que pôs fim à verticalização para as eleições de 2006, isto com fundamento no princípio da anualidade[77], admitindo a projeção dos seus efeitos para o certame de 2010, nada sendo tratado acerca do princípio da coerência acolhido no julgado do TSE que respondeu à Consulta 715, restando ali vencidos os Ministros Sepúlveda Pertence e Marco Aurélio.

5. A FIDELIDADE NOS ESTATUTOS PARTIDÁRIOS

Ao compulsar a Constituição da República Federativa do Brasil, o cidadão brasileiro informa-se, logo no limiar do texto constitucional, em seu artigo primeiro, *caput* e inciso V de que o País *"constitui-se em Estado democrático de direito"* e tem como um de seus fundamentos o pluralismo político.

E, no parágrafo único da norma capitular, registra-se que *todo o poder emana do povo, que o exerce por meio de representantes eleitos* ou *diretamente, nos termos desta Constituição*, assegurando ao cidadão o princípio fundamental do direito de escolha de seus representantes políticos.

No texto constitucional se encontram, dentre outras condições de elegibilidade, a filiação partidária como requisito indispensável para que qualquer cidadão possa participar de eleições visando exercer mandato ou ocupar cargo eletivo.[78]

Por um lado, o *"poder emana do povo"*; por outro, o *"seu exercício"* só se pode efetivar se o representante lograr êxito no processo eleitoral, obrigatoriamente filiado a um partido político. Está implícito ser defeso candidatura avulsa no País, não se admitindo que cidadão possa registrar-se candidato prescindindo de um partido político, devidamente registrado na Justiça Eleitoral.

Há que se reconhecer, mesmo que sob a crítica de eminentes estudiosos do assunto (pensadores, juristas, doutrinadores, cientistas políticos, sociólogos, historiadores, filósofos e intelectuais de variegadas formações acadêmico-culturais), a gradativa evolução da legislação eleitoral.

---

77   Art. 16 da CF.
78   Art. 14, § 3º, inc. V.

Muitos defendem a proibição da candidatura avulsa e a exigência de que a participação no processo eleitoral ocorra somente àqueles sufragados em convenção partidária,[79] além da suspensão do § 1º do art. 8º da Lei nº 9.504/97, por meio do qual se garantia a candidatura nata (registro assegurado aos detentores de mandato e àqueles que o tenham exercido provisoriamente na legislatura em curso no período eleitoral). Outros, advogam a pretensa maturidade do eleitorado que ensejaria o fim da obrigatoriedade do voto e permitiria candidatura avulsa.

Defendendo-se a tese de que os partidos são veículos de realização da vontade do eleitorado no poder público, uma vez que *"todo o poder emana do povo, que o exerce por meio de representantes eleitos"*; argumenta-se também que o processo eleitoral é constituído de duas eleições: a primeira e mais relevante, a dos programas e diretrizes partidárias para o país e, a segunda, a de quem defenderá (representará) no poder público, a execução desses programas e diretrizes.

A ampla liberdade do candidato eleito, necessariamente filiado a algum partido político, evidenciava uma contradição no sistema eleitoral brasileiro, uma vez que, abandonando injustificadamente a legenda originária e migrando para outra agremiação ou contrariando seu programa, ideário e diretrizes, punha-se em defesa de posições, per se, caracterizadores de ato de infidelidade. Porque não alcançados pela natural representatividade legitimada pelo processo eleitoral, essa situação malfere, outrossim, a soberania popular, porque a eleição se deu em razão de certos pressupostos detidos pelo anterior partido ao qual estava vinculado política e juridicamente.

Na culminância do Título II da Carta Magna é dedicado capítulo específico para tratar exclusivamente da questão dos partidos políticos (art. 17, *caput*, incisos e parágrafos da CF), tendo sido assegurado: "*É livre a criação, fusão, incorporação e extinção de partidos políticos, resguardados a soberania nacional, o regime democrático, o pluripartidarismo, os direitos fundamentais da pessoa humana (...)*".

A garantia constitucional do pluripartidarismo, a inexistência de unidade ideológica no País e de projetos nacionais claramente definidos, além da obrigatoriedade dos partidos políticos registrarem seus estatutos no Tribunal Superior Eleitoral (TSE) - após adquirirem personalidade jurídica em obediência à legislação civil -, podem explicar por que atualmente 35 (trinta e cinco) partidos políticos têm registro definitivo no Tribunal Superior Eleitoral.

No Brasil, sem cláusula de barreira, de qualidade ou de desempenho, todos os partidos políticos gozam de direitos iguais, mormente à percepção de

---

[79] No Brasil, as convenções partidárias para escolhas de seus candidatos aos pleitos eleitorais ocorrem, segundo a Lei nº. 9.504/97, art. 8º, alterado pela Lei nº 13.165/2015, entre os dias 20 de julho e 05 de agosto do ano em que se realizarem as eleições.

milionárias verbas do fundo partidário e de se manifestar no rádio e na TV, nos programas da propaganda partidária e eleitoral gratuitas para as agremiações, mas que oneram o contribuinte, anualmente, com despesas que chegam a dois bilhões de reais. Pequenos partidos, por enquanto, grandes negócios!

5.1. Partidos Políticos Registrados no Tribunal Superior Eleitoral[80]

No Brasil encontram-se registrados e, portanto, dotados de capacidade eleitoral, 35 (trinta e cinco) partidos políticos, cujos dados adiante comentados foram obtidos nos arquivos do Tribunal Superior Eleitoral.

O legislador deixou nítido também que para execução do § 1º do art. 17 da Constituição Federal, os partidos políticos têm autonomia para *"definir sua estrutura interna, organização e funcionamento, devendo seus estatutos estabelecer normas de fidelidade e disciplina partidárias".*

A Lei dos Partidos Políticos reproduz no artigo 3º o texto constitucional do § 1º do artigo 17. Ao tratar do programa e do estatuto dos partidos, a Lei nº 9.096, no art. 15, determina que o estatuto deva conter normas sobre *"fidelidade e disciplina partidárias, processo para apuração das infrações e aplicação das penalidades, assegurado amplo direito de defesa".*

Esta Lei apresenta capítulo próprio sobre fidelidade e disciplina partidárias e reafirma que o estatuto disporá sobre normas e punições aos infratores, inclusive com a perda do mandato ou cargo eletivo:

> Art. 22-A[81]. Perderá o mandato o detentor de cargo eletivo que se desfiliar, sem justa causa, do partido pelo qual foi eleito.
> Parágrafo único. Consideram-se justa causa para a desfiliação partidária somente as seguintes hipóteses:
> I – mudança substancial ou desvio reiterado do programa partidário;
> II – grave discriminação política pessoal; e
> III – mudança de partido efetuada durante o período de trinta dias que antecede o prazo de filiação exigido em lei para concorrer à eleição, majoritária ou proporcional, ao término do mandato vigente.
> Art. 23. A responsabilidade por violação dos deveres partidários deve ser apurada e punida pelo competente órgão, na conformidade do que disponha o estatuto de cada partido.
> § 1º. Filiado algum pode sofrer medida disciplinar ou punição por conduta que não esteja tipificada no estatuto do partido político.
> § 2º Ao acusado é assegurado amplo direito de defesa.

---

80 No que se refere ao regramento da fidelidade e disciplina partidárias constantes dos estatutos, com exceção dos novos partidos (PSD, PSOL, PR, PRB, PPL, PEN, PROS, SD, NOVO, REDE e PMB), a incorporação do PAN ao PTB e a fusão de PL e PRONA para formar o PR, os demais foram analisados em conformidade com os registro do TSE, até o ano de 2006.

81 O art. 22-A foi acrescentado à LPP pela Lei nº 13.165, de 2015.

Art. 24. Na Casa Legislativa, o integrante da bancada de partido deve subordinar sua ação parlamentar aos princípios doutrinários e programáticos e às diretrizes estabelecidas pelos órgãos de direção partidários, na forma do estatuto.
Art. 25. O estatuto do partido poderá estabelecer, além das medidas disciplinares básicas de caráter partidário, normas sobre penalidades, inclusive com desligamento temporário da bancada, suspensão do direito de voto nas reuniões internas ou perda de todas as prerrogativas, cargos e funções que exerça em decorrência da representação e da proporção partidária, na respectiva Casa Legislativa, ao parlamentar que se opuser, pela atitude ou pelo voto, às diretrizes legitimamente estabelecidas pelos órgãos partidários.
Art. 26. Perde automaticamente a função ou cargo que exerça, na respectiva Casa Legislativa, em virtude da proporção partidária, o parlamentar que deixar o partido sob cuja legenda tenha sido eleito.

No dia 18.02.2016, as Mesas da Câmara dos Deputados e do Senado Federal promulgaram a emenda constitucional nº 91, abrindo a possibilidade excepcional e em período determinado, de desligamento partidário (*janela partidária*), sem prejuízo do mandato por ato imotivado de desligamento, caracterizador de infidelidade, ratificando similares normas da lei 13.165/2015, aplicáveis aos eleitos por ambos os sistemas, proporcional e majoritário[82], ao acrescentar à LPP o art. 22-A:

Art. 1º É facultado ao detentor de mandato eletivo desligar-se do partido pelo qual foi eleito nos trinta dias seguintes à promulgação desta Emenda Constitucional, sem prejuízo do mandato, não sendo essa desfiliação considerada para fins de distribuição dos recursos do Fundo Partidário e de acesso gratuito ao tempo de rádio e televisão. Art. 2º Esta Emenda Constitucional entra em vigor na data de sua publicação.

Para situações posteriores a 19.03.2016, com viés de continuidade e permanência, faz o constituinte derivado, na PEC 113/2015, antes aprovada na Câmara Federal sob n° 182/2007, remissão ao disposto em lei ordinária (art. 22-A, parágrafo único, inciso III da LPP) que admite a migração 30 (trinta) dias antes do prazo para a filiação prevista para 06 (seis) meses antes das eleições, aplicáveis às eleições majoritárias e proporcionais.

É constitucional, formal e materialmente, a norma do art. 22-A da LPP, acrescida pela lei 13.165/2015, disciplinando o instituto da Fidelidade Partidária nos moldes postos pelo Supremo Intérprete das Leis brasileiras, nos

---

82 E tanto isto é verdade que a PEC 113/2015, no Senado, sofreu o *destaque* da matéria pertinente à janela partidária, recebendo o n° 113-A/2015, convertido na EC 91, de 18.2.2016. Depois disso, houve a migração de senadores, prefeitos, deputados federais, estaduais, distritais, vereadores, com termo final previsto para 19.03.2016. Demais, o conteúdo da EC 91 atende ao novo prazo de 6 (seis) meses aposto para a filiação partidária pela lei 13.165/2015.

julgamentos dos históricos mandados de segurança em 04.10.2007, e objeto da Resolução TSE 22.610/2007, conciliando, pois, as normas constitucionais que asseguram a filiação, como requisito ou condição de elegibilidade, com a autonomia partidária para dispor sobre as respectivas normas.

Como a Constituição e a LPP conferem competência e responsabilidade às agremiações partidárias para disporem sobre normas de fidelidade e disciplina, vale conferir como cada partido tratou do tema em seus estatutos.

5.1.1. Partido do Movimento Democrático Brasileiro – PMDB

O Partido do Movimento Democrático Brasileiro (PMDB) inclui em seu estatuto capítulo específico que versa direitos, deveres e a disciplina partidária. Prevê penalidades aos infratores das normas partidárias, tais como: advertência reservada; advertência pública; suspensão por três a doze meses; destituição de cargo ou função em órgão partidário; negativa de legenda para disputa de cargo eletivo; desligamento da bancada por até doze meses, na hipótese de parlamentar; e expulsão, com cancelamento da filiação partidária.

A expulsão do filiado ao PMDB ocorrerá nos seguintes casos:

1. Violação reiterada de qualquer dos deveres partidários;
2. Improbidade administrativa praticada na gestão da coisa pública;
3. Reincidência reiterada de conduta pessoal indecorosa;
4. Ostensiva hostilidade à legenda e atitudes desrespeitosas a dirigentes e lideranças partidárias;
5. Incompatibilidade manifesta com os postulados e a orientação política do Partido;
6. Reincidência em promover filiações em bloco que objetivem o predomínio de pessoas ou grupos estranhos ou sem afinidade com o Partido;
7. Desobediência às deliberações regularmente tomadas em questões consideradas fundamentais, inclusive pela bancada a que pertencer o ocupante de cargo legislativo;
8. Improbidade no exercício de mandato parlamentar ou executivo, bem como no desempenho de cargo público de confiança ou em órgão partidário;
9. Atividade política contrária ao regime democrático ou aos interesses do Partido;
10. Inobservância dos princípios programáticos;
11. Ação do eleito pelo Partido para cargo executivo ou legislativo, contra as deliberações, o Estatuto e o Programa do PMDB;
12. Ofensas graves e reiteradas contra dirigentes e detentores de mandatos eletivos do Partido, ou contra a própria legenda;
13. Dirigente partidário atuar contra candidatura partidária e em apoio a candidatos de outro partido.

Nota-se extensivo elenco de sanções, previstas doutrinariamente, para o filiado que desrespeitar as diretrizes estatutárias. Alguns tópicos são direcionados especificamente para o candidato eleito pela legenda partidária, como são os casos dos textos concernentes aos incisos VII, VIII e XIII.

Em sua documentação constitutiva, o PMDB apresenta um código de ética que dispõe sobre as Comissões de Ética e Disciplina, previstas estatutariamente, e define os deveres éticos dos filiados e dos órgãos do Partido e as penalidades a que estão sujeitos e estabelece as normas do respectivo processo.

5.1.2. Partido Trabalhista Brasileiro – PTB

O Partido Trabalhista Brasileiro (PTB)[83] faz constar nas suas diretrizes programáticas a questão da fidelidade partidária. A temática é amplamente exposta nas versões estatutárias de 1999, 2001 e 2002. Nesta última, ao tratar das diretrizes no aspecto político, os dirigentes do PTB registraram como intenção: *"Luta pela adoção de um sistema em que os mandatos pertençam aos partidos; considera essencial o princípio da fidelidade partidária, que deve ser aprimorado como instrumento adequado de disciplina".*

---

83   O PTB incorporou o PAN.
O Partido dos Aposentados da Nação (PAN) contemplava no art. 13 de seu estatuto os deveres de fidelidade dos filiados, orientando que todos devem:
– Participar, obrigatoriamente, das reuniões do Partido se membro de órgão de direção ou se filiado, quando convocado;
– Respeitar as decisões aprovadas pelos respectivos órgãos, mantendo atitude fraterna e respeitosa, evitando comentários desairosos e ou ocultando fato verdadeiro, de seu conhecimento, quando interpelado, que possa induzir o Partido a decisões equivocadas;
– Apoiar exclusivamente os candidatos do Partido nos pleitos eleitorais;
– Reconhecer (se candidato, a qualquer cargo eletivo), por escrito, antes do registro de sua candidatura que o seu mandato, se eleito for, pertence ao PAN, a ele devendo lealdade, disciplina e fidelidade e se dele vier a desfiliar-se, por qualquer motivo, importará em violação à ética, a quebra do sistema representativo, em razão do que se compromete a devolver ao PAN o mandato que o Partido lhe possibilitou ocupar;
– Contribuir, semestralmente, com o mínimo de R$ 12,00 (doze reais) para manutenção financeira do Partido;
Quanto à aplicação de penalidades, o estatuto também previa medida disciplinar, isolada ou cumulativamente, segundo a gravidade do ato e sempre a critério da Comissão de Ética, ou pelas direções partidárias respectivas:
– advertência verbal ou escrita;
– cassação do direito de voto;
– suspensão das atividades partidárias de quatro a doze meses;
– perda de função se membro de diretório;
– desligamento por tempo determinado da bancada com a substituição pelo seu suplente;
– destituição do cargo para o qual fora comissionado;
– perda de mandato por infração a dispositivos estatutários;
– expulsão, com cancelamento da filiação partidária.

Fundamentado nesta diretriz, o programa destaca a fidelidade partidária como primeiro dever dos filiados ao Partido e acrescenta aos mandatários de cargos políticos, no inciso II, do artigo 13, a obrigação de *"agir com diligência e interesse no desempenho de suas atribuições, fazendo-se presente e atuante nos trabalhos de sua competência e responsabilidade, cumprindo com fidelidade o programa e as diretrizes partidárias e honrando os compromissos assumidos na campanha eleitoral"*.

O Estatuto do PTB prevê como medidas disciplinares o cancelamento da filiação partidária em caso de expulsão do filiado e explica que ocorrerá vacância de cargo eletivo quando da destituição do cargo, renúncia, desfiliação, expulsão do partido e morte. Em tais situações, o suplente substituirá automática e definitivamente os titulares dos cargos vagos.

Título específico do estatuto é dedicado à fidelidade e à disciplina partidárias. Dentre as medidas disciplinares, incluem-se: advertência; suspensão; expulsão com cancelamento de filiação; destituição de cargo partidário; e desligamento temporário da bancada. Vinculado a estas medidas, o parágrafo único é ainda mais rigoroso ao prever que o candidato a cargo eletivo reincidente nas infrações poderá sofrer penalidade cumulativa das sanções disciplinares, podendo chegar-se ao cancelamento do registro de sua candidatura junto à Justiça Eleitoral.

Os casos mais graves de expulsão com cancelamento de filiação são decorrentes de reincidências a infrações descritas no conteúdo programático do PTB e quando o filiado:

– Agir com improbidade no exercício de mandato político, de cargo ou função pública, bem como de órgão partidário:

– Agir com desídia ou má-fé no cumprimento das obrigações decorrentes da atividade parlamentar e partidária;

– Empregar meios fraudulentos para desviar ou obter, em proveito próprio ou alheio, apoio eleitoral:

– Aceitar incumbência de qualquer natureza promanada de outra agremiação partidária, salvo com expressa autorização da direção do PTB:

– Solicitar ou receber, para si ou para outrem, direta ou indiretamente, vantagem indevida, em razão do exercício de função político-partidária;

– Recusar o cumprimento da orientação política definida pelo partido ou faltar-lhe com a colaboração solicitada;

– Deixar de votar, em deliberação parlamentar, de acordo com a determinação do partido;

– Fazer propaganda eleitoral de candidato de outro partido ou apoiar sua candidatura, salvo por deliberação do PTB;

– Fazer alianças políticas sem a aprovação do PTB.

Recursos entre os Diretórios Municipais, Zonais e Estaduais estão previstos apenas para os casos mais graves, quando a medida disciplinar for a de expulsão do filiado ao partido.

5.1.3. *Partido Democrático Trabalhista – PDT*

O Partido Democrático Trabalhista (PDT) evidencia em seu estatuto a seguinte mensagem:

> "O candidato a qualquer cargo eletivo reconhecerá, por escrito e publicamente, antes do registro de sua candidatura, que ao PDT pertence o mandato que vier a exercer como titular originário da representação parlamentar que deve ao partido lealdade, fidelidade e disciplina, se dele vier a desfiliar-se, por qualquer forma ou razão, tipificando violação à ética e viciando o sistema representativo, em razão do que se comprometerá a devolver ao PDT o mandato que o Partido lhe ensejou" (Título I, art. 10).

Quando trata da composição de seu Conselho Político (art. 59), esclarece que dez membros do Partido serão eleitos pelo Diretório Nacional. Entretanto, o perfil dos escolhidos deverá contemplar obrigatoriamente notória fidelidade aos ideais partidários e experiência política.

O estatuto do PDT ainda faz constar título específico sobre a fidelidade e a disciplina partidárias, enumerando penalidades aplicáveis aos transgressores. Acentua que o respeito e o cumprimento do Programa, dos Estatutos, das diretrizes e das deliberações legitimamente adotadas pelo Partido integram norma fundamental de fidelidade e disciplina partidárias, obrigatória a todos os filiados.

O desligamento de filiado que abandonar o partido sem renunciar ao mandato legislativo obtido sob a legenda do PDT equipara-se à violação da norma de fidelidade partidária. E acrescenta, ademais, que são aplicáveis a qualquer filiado a pena de *"expulsão, no caso de violação da lei, do Estatuto, da Ética e do Programa partidários, bem como desrespeito à legítima deliberação* ou *diretriz adotada pelo Partido"*. A expulsão acarreta o cancelamento da filiação partidária.

5.1.4. *Partido dos Trabalhadores – PT*

O Partido dos Trabalhadores (PT) trata amplamente do assunto em seu estatuto, no qual está exarado (art. 14 e §§):

> Art. 14. O Partido concebe os mandatos executivos ou parlamentares como mandatos partidários.
> § 1º O mandato de parlamentares eleitos pela legenda do Partido deve estar a serviço do programa do Partido.
> § 2º As instâncias partidárias e as bancadas respectivas procurarão sempre praticar o exercício coletivo das decisões e dos mandatos, assegurando a todos os parlamentares o acesso ao processo decisório e obrigando todos ao cumprimento das decisões coletivas.
> § 3º As bancadas parlamentares estão subordinadas às deliberações das instâncias de direção partidárias. Em caso do titular abandonar a legenda ou dela for desligado, perderá seu mandato, que será automaticamente assumido pelo suplente.

§ 4º Os candidatos a cargos eletivos do PT, considerando o caráter partidário do seu mandato, reconhecem ao Partido dos Trabalhadores o direito de tomar todas as medidas necessárias para manter esse mandato contra eventuais decisões dos eleitos que, fraudando a vontade do eleitorado, por qualquer razão, rompam com o programa pelo qual foram eleitos e decidam não permanecer no Partido.
§ 5º O parlamentar que desobedecer às deliberações ou diretrizes legitimamente estabelecidas pelas instâncias dirigentes do Partido poderá perder o mandato, por deliberação do Encontro respectivo, cabendo recurso às instâncias superiores.

Os dirigentes do PT foram incisivos ao utilizarem a expressão "fraudando a vontade do eleitorado", por entenderem que a infidelidade é uma afronta do candidato eleito ao eleitor que o escolheu como representante e do qual exigirá ações concretas e resultados efetivos, embasados nos princípios apregoados em campanha eleitoral e partidária.

Para ser candidato do Partido, alguns pré-requisitos são necessários. Além da filiação tempestiva, da adimplência com as obrigações financeiras, o *"candidato a candidato" deve assinar* um *documento denominado "Compromisso Partidário do Candidato Petista"*. A assinatura deste documento indicará que o candidato está ciente e previamente de acordo com as normas e resoluções do Partido, sejam quanto à campanha, ao exercício do mandato e ao conteúdo do Regimento Interno, do Programa e do Estatuto do Partido.

Para o descumprimento de qualquer cláusula do documento estão reservadas sanções disciplinares, podendo-se atingir, inclusive, a expulsão do candidato eleito e a cassação de seu registro de candidato perante a Justiça Eleitoral, sem desprezar o amplo direito de defesa do suposto infrator. Detalhes procedimentais são apresentados quanto às providências cabíveis, caso se configure algum problema de infidelidade do filiado ao Partido.

Comissões de ética e de disciplina são previstas no Estatuto do PT, para apuração das infrações e emissão de parecer que subsidie decisão do Diretório correspondente. A infidelidade partidária é uma das variáveis arroladas como infração ética e disciplinar.

5.1.5. Democratas – DEM (ex- PFL)

Em convenção nacional realizada em 28.03.2007, o Partido da Frente Liberal (PFL) recebeu nova denominação, passando a Democratas, sob a sigla DEM. Antes disso, o estatuto do PFL estabelecia[84] que, dentre seus filiados, a convenção nacional e as convenções regionais deveriam eleger um Conselho de Ética Partidária, cuja composição seria fixada no Código de Ética. O parágrafo único do art. 89 foi assim redigido:

---

84 Arts. 88 e 89 do Estatuto.

Parágrafo único. O Conselho de Ética Partidária tem por finalidade apurar, opinar e emitir pareceres conclusivos nas reclamações ou representações de qualquer filiado ou órgão, nos assuntos de sua competência, especialmente quanto:
a) Ao comportamento individual dos filiados;
b) Aos procedimentos coletivos dos órgãos partidários;
c) À quebra, pelos membros dos órgãos partidários, dos princípios políticos e d)
d) Programáticos do PFL e dos deveres éticos;
e) À prática de infidelidade partidária; e
f) Às infrações disciplinares em todas as suas modalidades.

Segundo o estatuto, a infidelidade partidária caracteriza-se pela *"desobediência aos princípios doutrinários e programáticos, às normas estatutárias e às diretrizes estabelecidas pelos órgãos competentes"*.

Foram estabelecidas as infrações atrativas de medidas disciplinares para a desobediência às deliberações e às diretrizes regularmente tomadas em questões de interesse partidário, inclusive pela Bancada a que pertencer o Senador, o Deputado Federal, o Deputado Estadual ou o Vereador e, infidelidade partidária, nos termos da legislação pertinente e deste Estatuto; além de fazer campanha eleitoral para candidatos ou partidos adversários.

Era expressa a menção de que cometeria ato de infidelidade partidária o filiado eleito pela legenda do PFL que se desligasse do Partido durante o exercício do mandato e as medidas sancionatórias[85] eram as seguintes: a) advertência; b) suspensão das atividades partidárias por tempo determinado; c) destituição de função em órgão partidário; e d) expulsão com cancelamento de filiação partidária.

O candidato do PFL que fizesse campanha eleitoral para candidato ou partido adversário, enquadrado como ato de infidelidade partidária, estaria submetido, na condição de infrator das normas e diretrizes partidárias, à aplicação sumária da pena de cancelamento do registro da candidatura na Justiça Eleitoral e expulsão simultânea do Partido.

Já a atual sigla DEM trata da fidelidade partidária nos artigos 96, 97 e 98 de seu estatuto[86]. Em síntese, considera ato de infidelidade partidária a

---

85 Art. 100 do Estatuto.
86 Art. 96. Os filiados, especialmente os membros de órgãos partidários, mediante a apuração em processo regular em que lhes seja garantida ampla defesa, ficarão sujeitos às medidas disciplinares, quando ficar provado que são responsáveis por:
a) infração de dispositivos do Programa, do Estatuto, do Código de Ética, ou desobediência à orientação política fixada pelo órgão competente;
b) desobediência às deliberações e às diretrizes regularmente tomadas em questões de interesse partidário, inclusive pela Bancada a que pertencer o Senador, o Deputado Federal, o Deputado Estadual ou o Vereador;
c) atentado contra a normalidade das eleições;
d) improbidade no exercício de cargos ou funções públicas, de mandato parlamentar ou de órgão partidário;

"*desobediência aos princípios doutrinários e programáticos, às normas estatutárias e às diretrizes estabelecidas pelos órgãos competentes*". Ainda, disciplina a hipótese de retorno do trânsfuga às suas hostes antes de decorrido o prazo de 5 (cinco) anos do desligamento, submetida a apreciação à respectiva comissão executiva.

5.1.6. Partido Comunista do Brasil – PC do B

O Partido Comunista do Brasil (PC do B) trata da disciplina partidária no capítulo 4 de seu estatuto. O *caput* do artigo 11 traz o seguinte texto: "O

---

e) atividade política contrária ao Estado de Direito, ao Regime Democrático e aos interesses partidários;
f) falta de exação no cumprimento dos deveres atinentes às funções públicas e partidárias;
g) abandono, sem motivo justificado por escrito, dos cargos e funções partidárias;
h) infidelidade partidária, nos termos da legislação pertinente e deste Estatuto;
i) fazer Campanha Eleitoral para candidatos ou partido adversários;
j) desacato às autoridades partidárias ou às ordens superiores;
Parágrafo único
O filiado que, eleito pela legenda do Democratas, vier a se desligar do Partido durante o exercício do mandato, cometerá ato de infidelidade partidária e ficará sujeito ao pagamento de multa em valor que será fixado mediante Resolução da Comissão Executiva Nacional.
Art. 97. São as seguintes, as medidas disciplinares:
a) advertência;
b) suspensão das atividades partidárias por tempo determinado;
c) destituição de função em órgão partidário;
d) expulsão com cancelamento de filiação partidária
e) intervenção ou dissolução dos órgãos partidários
§ 1º. Aplica-se a penalidade de destituição de função, conforme a gravidade da infração, a critério da maioria dos membros do órgão competente.
§ 2º. Ocorrerá a expulsão, com cancelamento de filiação, nos casos de extrema gravidade e de infidelidade partidária, apurado em processo regular no qual seja assegurado ao acusado ampla defesa.
§ 3º. A infidelidade partidária se caracteriza pela desobediência aos princípios doutrinários e programáticos, às normas estatutárias e às diretrizes estabelecidas pelos órgãos competentes.
§ 4º. Considera-se ato de infidelidade partidária, sujeitando o infrator à aplicação sumária da pena de cancelamento do registro da candidatura na Justiça Eleitoral e expulsão simultânea do Partido, ao candidato do Democratas que, contrariando as deliberações de Convenção e os interesses partidários, fizer campanha eleitoral para candidato ou partido adversários.
Art. 98. O filiado que, eleito pela legenda, venha a se desligar do Partido no curso do mandato ou punido com cancelamento de filiação partidária, perderá automaticamente o mandato para o qual foi eleito.
Parágrafo único. Na hipótese de pedido de re-filiação, em período anterior a cinco anos do desligamento, este deverá ser submetido à respectiva Comissão Executiva, de acordo com a natureza do mandato: federal, estadual ou municipal.

partido defende sua unidade política e de ação através da disciplina consciente, livremente aceita e obrigatória para todos os seus membros, não permitindo atividade desagregadora em seu seio".

Trata-se, portanto, de uma *"disciplina consciente, livremente aceita e obrigatória para todos (...)"*. Deduz-se do trecho destacado que a liberdade ocorre no momento de escolha ou de aceitação do filiado às regras estabelecidas pelo partido. Após essa aceitação, há obrigatoriedade de aplicação do acordado. A liberdade é, desta forma, relativa. Talvez o que tenha sido denominado "disciplina consciente" seria algo assim: aceite se quiser; mas para ser filiado há que se aceitar; uma vez que concordou com as diretrizes partidárias, o filiado obriga-se ao cumprimento do definido no estatuto. A liberdade deixa, então, de existir, a não ser que as regras sejam alteradas.

Embora se ressalte que as medidas disciplinares têm caráter educativo de preservação da unidade e integridade partidária, há previsão de sanções que variam de simples advertência ao afastamento e expulsão do partido, a depender da gravidade da falta cometida.

5.1.7. Partido Socialista Brasileiro – PSB

O Partido Socialista Brasileiro (PSB) prevê a pena máxima de expulsão quando do cancelamento de filiação partidária. No capítulo reservado à fidelidade e disciplina partidárias, informa-se no art. 9º:

> "O filiado que infringir os princípios programáticos e estatutários, ferir a ética partidária ou descumprir as decisões tomadas democraticamente nos congressos do partido, estará sujeito a uma das seguintes [medidas] disciplinares:
> 1. Advertência escrita interna;
> 2. Suspensão do direito de voto nas reuniões internas;
> 3. Censura pública;
> 4. Suspensão por até 12 (doze) meses;
> 5. Destituição de função em cargo partidário;
> 6. Cancelamento de filiação;
> 7. Expulsão."

Em parágrafo único do referido artigo, informa-se que as penalidades serão aplicadas de acordo com a gravidade da falta cometida pelo filiado, conforme termos do Código de Ética e Fidelidade Partidária do PSB, assegurado sempre o direito de ampla defesa ao filiado.

O estatuto inclui, dentre os órgãos partidários, um Conselho de Ética e Fidelidade Partidária, que será ouvido pelo diretório respectivo (distrital, zonal, municipal, estadual e nacional) antes de qualquer deliberação quanto à aplicação de penalidades estatutárias aos infratores sujeitos a medidas de disciplina partidária.

5.1.8. Partido da Social Democracia Brasileira – PSDB

O Partido da Social Democracia Brasileira (PSDB), no cap. 2 de seu estatuto, insere como um dos objetivos e dos princípios programáticos do partido a disciplina e fidelidade partidárias, aplicável a todos os filiados, bem como aos que exerçam funções públicas, eletivas ou não.

Ao tratar da readmissão de quem se desligou do partido, deixa transparecer que não será readmitido quem foi expulso por questões de infidelidade partidária, de violação do estatuto, da ética e dos princípios partidários.

Há Conselhos de Ética e Disciplina, municipais e zonais, estaduais e nacionais, como órgãos do partido responsáveis pela disciplina e fidelidade partidárias. A estes conselhos, cujos integrantes são eleitos em convenções, compete, no âmbito de sua jurisdição, "apurar as infrações e violações à disciplina, à ética, à fidelidade e aos deveres partidários, emitindo parecer para decisão do Diretório correspondente".

O estatuto prevê, ainda, um código de ética partidário que será aprovado pela convenção nacional. Este documento disporá sobre o processo de julgamento das infrações e violações à disciplina e fidelidade partidárias.

Em capítulo próprio sobre a disciplina e fidelidade partidárias, estabelece o estatuto do PSDB em seu artigo 131, que a base de ação do partido está na disciplina interna e na fidelidade partidária. Estas serão asseguradas pelas seguintes medidas: intervenção de órgão superior em órgão inferior, conforme previsão legal e estatutária; sanções disciplinares; e manifestação dos órgãos do partido.

Garantida a ampla defesa na apuração dos fatos, a aplicação de medidas disciplinares atingirá os que forem considerados responsáveis por:

> 1. Infração às diretrizes programáticas, à ética, à fidelidade, à disciplina e aos deveres partidários ou aos dispositivos do Programa, do Código de Ética e do Estatuto;
> 2. Desrespeito à orientação política ou qualquer deliberação regularmente tomada pelos órgãos competentes do Partido;
> 3. Desobediência às deliberações regularmente tomadas em questões consideradas fundamentais, inclusive pela Bancada a que pertencer o ocupante de cargo legislativo e também os titulares de cargos executivos;
> 4. Atentado contra o livre exercício do direito de voto, a normalidade das eleições, ou o direito de filiação partidária;
> 5. Improbidade no exercício de mandato parlamentar ou executivo, bem como no de órgão partidário ou de função administrativa;
> 6. Atividade política contrária ao regime democrático ou aos interesses do Partido;
> 7. Falta, sem motivo justificado por escrito, a mais de 3 (três) reuniões sucessivas do órgão partidário de que fizer parte;
> 8. Falta de exação no cumprimento dos deveres atinentes aos cargos e funções partidárias.

O assunto fidelidade partidária também integra o capítulo referente às eleições prévias e convenções para escolha de candidatos a cargos eletivos. Neste caso, o filiado incidirá em ato de infidelidade quando apoiar ou fizer propaganda de candidato a cargo eletivo inscrito por outro partido não escolhido em coligação com o PSDB, ou mesmo recomendando o seu nome a qualquer eleitor.

5.1.9. Partido Trabalhista Cristão – PTC

O Partido Trabalhista Cristão (PTC) relaciona os órgãos de direção e ação, os membros de órgãos partidários, os parlamentares e os filiados como sujeitos a medidas disciplinares na forma da lei e de seu estatuto. Os infratores estarão sujeitos a sanções definidas no Código de Ética e nas disposições estatutárias, tais como: advertência; suspensão; destituição de função em órgão partidário; e expulsão.

5.1.10. Partido Social Cristão – PSC

O Partido Social Cristão (PSC) define que a responsabilidade por violação dos deveres partidários, dentre eles os vinculados à disciplina e fidelidade, será apurada e punida por órgão partidário competente, em concordância com os princípios exarados em seu estatuto. A punição para os casos de infidelidade poderá atingir a cassação do registro de candidato.

5.1.11. Partido da Mobilização Nacional – PMN

O Partido da Mobilização Nacional (PMN) dedica capítulo exclusivo, em seu estatuto, para a disciplina e fidelidade partidária. O art. 6º destaca que o eleitor, ao se filiar ao PMN:

> I. Aprova e subordina-se ao manifesto, programa, estatutos, diretrizes e regimentos do partido, bem como às decisões, deliberações e resoluções de suas instâncias partidárias, subordinação essa que permanece, ainda que eleito parlamentar ou chefe do poder executivo, vice, ou, no executivo de cargo comissionado de agente político;
> II. Reconhece, expressamente, que todo mandato eletivo e o exercício de cargo comissionado de agente político, de nomeação e demissão *ad nutum*, inclusive os cargos criados pelo parlamento para assessorar as bancadas, que vier exercer, pertencem ao PMN e é exercido em seu nome;
> III. Reconhece que todos os cargos comissionados serão preenchidos por filiados do PMN, salvo deliberação em caráter excepcional, de sua executiva nacional. À exceção dos cargos de gabinetes individuais dos parlamentares, a indicação dos nomes será feita pela direção executiva do nível correspondente ao cargo a ser ocupado;
> IV. Obriga-se a exercer com probidade, lisura, decoro, transparência e respeito ao dinheiro público, todos os cargos e mandatos para os quais for nomeado ou eleito;

V. Reconhece a necessidade de incrementar o crescimento do PMN, participando ativamente das campanhas de seus candidatos e neles votando ou na legenda;
VI. Outorga ao PMN o direito/dever de fazer cumprir estes dispositivos, buscando, se necessário, medidas judiciais cabíveis, reconhecendo, ainda, expressamente, que o descumprimento de qualquer dos deveres manifestados neste capítulo, tais como a atitude, manifestação ou voto contrário às normas e deliberações partidárias, caracterizam infidelidade partidária.

O conteúdo exposto é extremamente rigoroso em suas exigências, algumas excessivas, outras descabidas, despertando-se a importância da recomendação de Clève[87] quanto ao cuidado de não se *"transformar o mandato representativo em mandato imperativo, e o parlamentar em autômato guiado pelas cúpulas partidárias"*.

5.1.12. Partido Republicano Progressista – PRP

O Partido Republicano Progressista (PRP) trata da questão *fidelidade partidária* em seu art. 63 e §§ quando discorre sobre a organização e composição dos Conselhos de Ética, Disciplina e Fidelidade Partidária, cuja estruturação ocorrerá nos âmbitos municipais, regionais e nacionais. Estes conselhos conduzirão os processos de apuração das violações disciplinares e da ética e fidelidade partidária.

Contemplados pelos arts. 82 a 88, dois capítulos específicos do referido estatuto diligenciam sobre os processos de apuração da fidelidade, disciplina e ética partidária, além de relacionarem as penalidades cabíveis aos casos de infidelidade e transgressão às normas estatutárias.

Sujeitam-se a medidas disciplinares: os órgãos de direção partidária e de cooperação (advertência, intervenção e dissolução); os filiados do partido; os parlamentares e os chefes dos executivos municipais, estatuais e nacional (advertência, suspensão por um a doze meses, suspensão do direito de votar e ser votado nas eleições partidárias, destituição de função em órgão partidário, e expulsão).

A norma do art. 88 é enfática ao registrar que:

> "Perderá o Mandato no Senado, na Câmara Federal, nas Assembleias Legislativas e Distritais, nas Câmaras Municipais, nos Executivos Municipais, Estaduais e Federal, quem, por atitude ou pelo voto, se opuser às diretrizes legitimamente estabelecidas pelos ÓRGÃOS DE DIREÇÃO PARTIDÁRIA, e que após Processo Disciplinar transitado em julgado, vier a ser expulso do PRP, assim como, aquele que deixar o PARTIDO sob cuja legenda foi eleito, salvo se para participar, como fundador, ou da constituição de novo PARTIDO."

---

87 CLEVE, Clèmerson Merlin. **Fidelidade partidária**. Curitiba, PR: Juruá, 1998, p. 78.

5.1.13. Partido Popular Socialista – PPS

O Partido Popular Socialista (PPS) dedica sete artigos (arts. 34 a 40) à fidelidade e disciplina partidárias. A questão é considerada da seguinte forma:

> "Art. 34. As decisões referentes às questões de ética e disciplina partidária, particularmente quando implicarem sanções, serão sempre adotadas pelas instâncias partidárias após processo que se iniciará com denúncia escrita, sendo obrigatório o parecer da Comissão de Ética Partidária já existente ou especialmente criada para o caso, assegurando-se sempre amplo direito de defesa ao(s) acusado(s).
> Art. 35. O filiado que infringir os princípios éticos, o Programa, o Estatuto ou deixar de cumprir decisões democraticamente adotadas pelas instâncias partidárias, estará sujeito a uma das seguintes medidas disciplinares, dependendo da gravidade da infração: a) advertência verbal em reunião partidária; b) suspensão do direito de voto nas reuniões internas; c) advertência escrita interna; d) censura pública; e) suspensão por até doze meses; f) destituição de função ou cargo partidário; g) expulsão.
> Art. 36. As infrações éticas e disciplinares cometidas por parlamentares filiados ao PPS acarretarão aos seus autores, além do disposto no artigo anterior, as seguintes sanções: a) desligamento temporário da bancada; b) perda das prerrogativas, cargos e funções exercidas em virtude da proporção partidária na respectiva Casa Legislativa."

Os órgãos partidários que também descumprirem os princípios éticos do estatuto ou das resoluções partidárias estarão sujeitos à advertência escrita, intervenção ou dissolução. Tais sanções, imputadas a órgãos partidários, e outras cabíveis a filiados, serão adotadas pela *maioria absoluta de membros do órgão responsável, assegurado recurso* à *instância mais abrangente*".

5.1.14. Partido Verde – PV

O Partido Verde (PV) evoca no art. 13 de seu estatuto, a obrigatoriedade da fidelidade, disciplina partidária, cumprimento do Programa, dos Estatutos, das diretrizes e deliberações legalmente instituídas a todos os filiados. Nos três parágrafos deste artigo, informa que, além dos filiados, são também passíveis de punição por indisciplina e infidelidade os órgãos partidários que estarão sujeitos às seguintes penas:

> a) advertência, por indisciplina, negligência ou omissão;
> b) intervenção, com prazo determinado, nos casos de desobediência às direções superiores;
> c) dissolução, nos casos de divergências graves e insanáveis com as direções superiores; no caso de violações da lei, do Estatuto, do Programa e da Ética, bem como o desrespeito a deliberação de órgão superior e descumprimento de suas finalidades, com prejuízo para o Partido; e ainda, no caso de obtenção de resultados eleitorais incompatíveis com as metas do Projeto Político do Partido.

Os filiados, conforme definido no estatuto, estarão sujeitos às penas de: a) advertência, em caso de infração primária aos deveres de disciplina ou por negligência ou omissão dos deveres partidários; b) suspensão, nos casos de reincidência de infrações primárias ou de conduta desrespeitosa e prejudicial ao Partido; c) expulsão, no caso de violação da Lei, do Estatuto, da Ética e do Programa partidários, bem como desrespeito a legítima deliberação ou diretriz adotada pelo Partido.

O texto do art. 18 é especialmente destinado aos candidatos a cargos eletivos que cometerem alguma violação às normas estatutárias e diretrizes partidárias durante o processo da campanha eleitoral.

Não obstante assegurar-se o direito de apresentação de defesa, "assumir compromissos, tomar posições ou fazer alianças ou acordos contrários às decisões partidárias ou conflitantes com o Programa e Estatutos do PV", poderão resultar na substituição do candidato pelas Comissões Executivas *ad referendum* dos respectivos Conselhos.

5.1.15. Partido Trabalhista do Brasil – PT do B

O Partido Trabalhista do Brasil (PT do B) destaca, na alínea "d" do art. 7º de seu estatuto, que, dentre os deveres dos filiados, cabem-lhes "seguir as diretrizes legitimamente estabelecidas pela Convenção ou Diretórios Partidários". Em caso de infração dos princípios estatutários e programáticos, as seguintes medidas disciplinares poderão ser aplicadas ao filiado:

> a) advertência verbal ou escrita;
> b) suspensão do direito do voto nas reuniões internas, de três a seis meses;
> c) destituição de função no órgão partidário;
> desligamento temporário, por até seis meses, de bancada;
> perda de função ou prerrogativas, na liderança, vice-liderança, ou Comissão Técnica na respectiva Casa Legislativa, no Parlamento, ou Assessoria por ele indicada, ao parlamentar que se opuser por atitude ou voto, às diretrizes legitimamente estabelecidas pelos órgãos partidários;
> f) expulsão com cancelamento da filiação (art. 5º, do Estatuto);
> g) dissolução ou intervenção em órgão partidário hierarquicamente inferior.

Para os dirigentes partidários e parlamentares, são consideradas infrações disciplinares e éticas a desobediência às diretrizes legitimamente estabelecidas pelos órgãos partidários; a desídia ou má-fé no encaminhamento à Justiça Eleitoral, das relações de filiados; e a improbidade ou má execução no exercício de função pública ou partidária.

Resguarda-se ao acusado amplo direito de defesa, e a expulsão, pena de máxima gravidade, só será determinada por maioria absoluta de votos dos membros do órgão competente.

5.1.16. Partido Progressista – PP

O Partido Progressista (PP) possui um conselho de ética e fidelidade partidária responsável pelo tratamento do assunto. Em capítulo específico do estatuto, são relacionados os órgãos de direção, de ação e de cooperação, os membros do Partido, em geral, os parlamentares e os filiados como sujeitos a medidas disciplinares.

As sanções, além de outras punições estabelecidas no Código Nacional de Ética e Disciplina Partidária, a serem aplicadas aos filiados e membros de órgãos partidários que faltarem com o cumprimento de seus deveres partidários e contrariarem as diretrizes estabelecidas na forma do estatuto, são as seguintes: a) advertência; b) suspensão por 3 (três) a 12 (doze) meses; c) suspensão do direito de votar e ser votado nas eleições partidárias; d) destituição de função em órgão partidário; e) expulsão.

Os parágrafos do art. 65 detalham a aplicação das sanções conforme as infrações cometidas, assegurando ampla defesa do acusado:

> § 1º Aplicam-se a advertência e a suspensão, mediante aprovação da respectiva Comissão Executiva, às infrações primárias de falta ao dever de disciplina.
> § 2º Aplica-se a suspensão do direito de votar e ser votado nas eleições partidárias aos casos de falta de pagamento da contribuição mensal durante um semestre, se o filiado não quitar até o término do prazo fixado pela Comissão Executiva a que estiver jurisdicionado.
> § 3º Incorre na destituição de função em órgão partidário o filiado responsável por improbidade ou má exação no exercício de cargo ou função pública ou partidária ou de conduta pessoal reprovável.
> § 4º Ocorre a expulsão, com o consequente cancelamento da filiação, nos casos de extrema gravidade, por inobservância dos princípios programáticos, infração grave às disposições de lei e do Estatuto, e descumprimento das deliberações do Partido.
> § 5º As medidas disciplinares de suspensão e destituição implicam a perda de qualquer delegação que o membro do Partido haja recebido, e também na interdição do exercício político-partidário e, bem assim, na exclusão do nome do filiado em chapas do Partido para disputas eleitorais e partidárias.
> § 6º As medidas disciplinares, à exceção das referidas no 1º deste artigo, serão tomadas por 2/3 (dois terços) dos membros do respectivo Diretório.
> § 7º Nenhuma pena será proposta sem parecer prévio e por escrito do Conselho de Ética e Fidelidade Partidária.
> § 8º É garantida ampla defesa em todas as hipóteses deste artigo.

5.1.17. Partido Socialista dos Trabalhadores Unificado – PSTU

O Partido Socialista dos Trabalhadores Unificado (PSTU) dedica dois capítulos de seu estatuto para tratar, respectivamente, da disciplina partidária e da fidelidade partidária dos parlamentares.

No art. 12, define-se com clareza o escopo da disciplina partidária, afirmando-se que ela *"constitui uma das formas pela qual o Partido assegura in-*

ternamente a mais ampla democracia e preserva a sua atuação unitária, nos termos de seu Programa e fidelidade que todo filiado deve ter ao Partido ao qual livremente propôs filiar-se e foi aceito como tal".

Independentemente do cargo ocupado pelo filiado ou do órgão a que se encontre vinculado, a violação de dever estatutário o sujeita à aplicação das seguintes sanções: advertência; censura interna; censura externa; destituição de cargos; afastamento do Partido; expulsão do partido.

As penalidades aplicáveis aos órgãos partidários que descumprirem diretrizes do estatuto incluem advertência, suspensão do funcionamento e dissolução do órgão. A aplicação de tais sanções compete exclusivamente ao Diretório Nacional, diante de cada caso concreto. Quaisquer decisões em desacordo com as diretrizes partidárias serão consideradas nulas, para todos os efeitos legais e políticos.

A questão da fidelidade partidária dos parlamentares é aventada no cap. 9, arts. 27 a 30, cujo texto disserta:

> Artigo 27. Caberá ao Diretório Nacional apreciar e decidir acerca dos casos e situações de infidelidade partidária de parlamentares do PSTU, em qualquer casa legislativa, assegurando sempre o direito de defesa do acusado.
> Artigo 28. Será, para fins deste Estatuto, considerada infidelidade partidária as seguintes práticas ou omissões: a) desrespeitar qualquer norma estatutária, programática ou diretriz decidida pelo Diretório Nacional ou Regional; b) votar, na condição de parlamentar, contra decisão ou linha programática do Partido; c) apoiar, ainda que indiretamente, por palavras ou textos, pronunciamentos ou projetos de outros parlamentares que atentem, direta ou indiretamente, contra as diretrizes partidárias; d) deixar de encaminhar projeto, pronunciamento ou qualquer iniciativa votada pelo Diretório Nacional; e) deixar de contribuir com o Partido na forma e valor previstos neste Estatuto, regimento interno ou decisão do Diretório Nacional; f) descumprir qualquer dos deveres previstos no artigo 11 deste Estatuto.
> Artigo 29 – Em caso de cometimento de infidelidade partidária, serão aplicadas as seguintes medidas, sem prejuízo das punições previstas no artigo 13 deste Estatuto: a) suspensão imediata das atividades do parlamentar na Casa Legislativa ao qual pertença e em qualquer outro órgão ou lugar, que também pertença, tudo, até decisão definitiva do Diretório Nacional, Convenção Nacional e Congresso Nacional; b) suspensão imediata do direito de participar de quaisquer atividades partidárias, bem assim, suspensão imediata do direito de representar o partido, e, ainda, suspensão imediata de participar de quaisquer aparições públicas do Partido; c) perda do direito a voto em qualquer instância partidária; d) aplicação das penas de advertência, suspensão ou expulsão conforme as circunstâncias do caso e deliberação do Diretório Nacional, Convenção Nacional e Congresso Nacional.
> Artigo 30. Os recursos ou pedidos de reconsiderações deverão ser interpostos no prazo de três dias e endereçados ao órgão partidário superior hierarquicamente, sendo que, o órgão que aplicará a sanção terá um prazo de três dias para contra-arrazoar o mesmo recurso.
> Parágrafo Único. Os recursos interpostos pelo parlamentar que fora punido não serão, em quaisquer hipóteses, recebidos no efeito suspensivo até decisão final.

5.1.18. Partido Comunista Brasileiro – PCB

O Partido Comunista Brasileiro (PCB) prevê no capítulo 4 de seu estatuto a aplicação de medidas disciplinares ao filiado que infringir princípios programáticos ou estatutários, ou transgredir a ética partidária. Tais medidas são as seguintes:

    a) Advertência interna;
    b) Censura pública;
    c) Desligamento temporário de bancada;
    d) Perda de prerrogativas, cargos e funções de representação ou direção partidária;
    e) Suspensão temporária da filiação;
    f) Expulsão.

Apesar das sanções previstas, o art. 12 do referido estatuto também registra o preceito constitucional de se assegurar amplo direito de defesa no processo que vise à medida disciplinar. Este será conduzido com cautela, para não ferir *"a dignidade de qualquer filiado e impedir que sejam criadas condições de hostilidade incompatíveis com a ética partidária"*.

5.1.19. Partido Renovador Trabalhista Brasileiro – PRTB

O Partido Renovador Trabalhista brasileiro (PRTB) detalha em vários artigos as medidas disciplinares aplicáveis aos filiados que violarem os deveres partidários. Os órgãos de direção, de ação e de cooperação, os dirigentes e os filiados do Partido, os parlamentares detentores de mandato eletivo e os ocupantes de cargo ou função pública por indicação do PRTB estão sujeitos a essas medidas.

Advertência reservada ou pública e intervenção com dissolução é o que espera órgãos diretivos do partido em todos os seus níveis, municipal, regional e nacional que infringirem as normas estatutárias.

Aos dirigentes do partido, aos parlamentares detentores de mandato eletivo, aos ocupantes de cargo ou função pública, por indicação do Partido e aos filiados em geral, aplicam-se as seguintes medidas disciplinares:

    a) Advertência reservada ou pública.
    b) Suspensão por 3 (três) a 12 (doze) meses.
    c) Impedimento ou cancelamento de registro de candidatura, caso seja candidato a cargo eletivo.
    c) Destituição de função em Órgão Partidário.
    d) Expulsão do Partido.

Ao finalizar as referências à aplicação de sanções disciplinares, consta do § 6º do art. 67 que no caso de absolvição do membro infrator, após o devido processo legal *interna corporis*, "o mesmo será reconduzido ao cargo ou posição dentro do Partido ou no parlamento, reintegrando-se, na plenitude dos seus direitos e deveres", conforme definido nos arts. 11 e 12 do Estatuto do PRTB.

5.1.20. *Partido Humanista da Solidariedade – PHS*

O Partido Humanista da Solidariedade (PHS) dedica o art. 82 de seu estatuto para tratar das penalidades aos filiados que descumprirem normas partidárias, cujo registro assim está exarado:

> Artigo 82 – Os filiados ao PHS estão sujeitos a penalidades por descumprimento do Estatuto, do Programa ou de diretrizes legitimamente adotadas pelos órgãos de direção e de controle partidários.
> § 1º As penalidades, definidas pelo Código de Ética do PHS para cada infração, escalonam-se da advertência verbal à expulsão.
> § 2º As transgressões são julgadas, e impostas as penas, pela Comissão Executiva de âmbito correspondente ao da ocorrência.
> § 3º O PHS assegura amplo direito de defesa a seus filiados.
> § 4º Determinada a penalidade, cabe ao filiado direito de requerer o pronunciamento do Conselho de Ética de mesmo nível da Comissão Executiva que determinou a penalidade, o qual deve julgar a causa no prazo de quarenta e cinco dias, assegurado direito às partes de apresentar as suas razões e defesas.
> § 5º Caso a decisão do Conselho de Ética do mesmo nível não for adotada pela unanimidade dos Conselheiros presentes à sessão, cabe recurso final ao Conselho de Ética de nível imediatamente superior, o qual delibera em igual prazo máximo de quarenta e cinco dias, assegurado o direito às partes interessadas de apresentação, por escrito, de argumentação complementar.
> § 6º- Não cabem recursos quanto às decisões do Conselho Nacional de Ética.
> § 7º Os recursos não têm efeito suspensivo.
> § 8º O Código de Ética do PHS é elaborado e colocado em vigor pelo Conselho Nacional de Ética *ad referendum* da Convenção Nacional, devendo as atualizações e alterações seguirem idêntico roteiro, prevalecendo o Código em vigor até a data do registro indelével do novo texto de responsabilidade do Conselho Nacional de Ética que respeite as determinações deste Estatuto ou, em caso de retificação, da data da deliberação da Convenção Nacional.
> § 9º Somente após pronunciado o julgamento final de uma causa pelas instâncias partidárias previstas pelo Estatuto, sem possibilidade adicional de recurso, é admitido o acionamento da Justiça Comum ou Eleitoral pelo filiado, sendo o desrespeito a essa norma razão de expulsão sumária do PHS.
> § 10. Os casos omissos são decididos pela Comissão Executiva Nacional, cabendo recurso diante do Conselho Nacional de Ética.

5.1.21. *Partido Social Democrata Cristão – PSDC*

O Partido Social Democrata Cristão (PSDC) aplica as seguintes sanções aos filiados que faltarem com o cumprimento de seus deveres partidários e contrariarem as diretrizes estabelecidas em seu estatuto: advertência; suspensão por 2 (dois) a 12 (doze) meses; suspensão do direito de votar e ser votado nas eleições partidárias; destituição de função em órgão partidário: e expulsão.

O conteúdo do art. 72 do estatuto do PSDC institui uma penalidade *sui generis*. Trata-se da indenização compensatória:

> Art. 72. O filiado que, concorrendo em eleições pelo PSDC – Partido Social Democrata Cristão, for eleito para mandato no Poder Executivo ou Legislativo, e antes da posse ou depois dela no exercício do respectivo mandato, desfiliar-se do Partido, pagará ao PSDC – Partido Social Democrata Cristão, a título de INDENIZAÇÃO COMPENSATÓRIA, mensalmente e até o final do mandato para o qual foi eleito, a importância correspondente a 50% (cinquenta por cento) da remuneração bruta que receber em decorrência do exercício desse mesmo mandato.
> § 1º Esta Indenização Compensatória constitui dívida líquida e certa, e quando devida, será paga ao Diretório do Partido através do qual ocorreu o registro na Justiça Eleitoral, do candidato ao qual se aplicar.
> § 2º A filiação ao PSDC – Partido Social Democrata Cristão implica, também, na autorização expressa por parte do filiado, ao qual vier a se aplicar a Indenização Compensatória de que trata este Artigo, para que o valor dela decorrente seja descontado da remuneração pertinente ao mandato para o qual foi eleito, na medida em que ela for paga, e transferida diretamente pelo responsável do pagamento dessa remuneração, ao Diretório do Partido ao qual for devida a Indenização Compensatória nos termos desse Estatuto.
> § 3º Ao filiado que sendo suplente de mandato de Vereador, Deputado Estadual, Deputado Federal ou Senador, vier assumir o mandato do qual é suplente, aplicam-se todas as normas contidas nesse Artigo, mesmo que a assunção a esse mandato ocorra em data posterior a sua desfiliação.

5.1.22. Partido da Causa Operária – PCO

O Partido da Causa Operária (PCO) refere-se laconicamente ao assunto, mesmo porque seu estatuto é consideravelmente conciso em comparação com os dos demais partidos. Em seu art. 5º informa que as sanções disciplinares serão: a) Advertência; b) suspensão: c) destituição de cargos; d) expulsão.

5.1.23. Partido Trabalhista Nacional – PTN

O Partido Trabalhista Nacional (PTN) dedica seção específica de seu estatuto para tratar da fidelidade e da disciplina partidária. Todos os filiados ao partido estão obrigados à fidelidade, disciplina partidária, cumprimento do programa, dos estatutos, das diretrizes e deliberações legalmente instituídas.

Filiados e os órgãos partidários são passíveis de punição por indisciplina e infidelidade partidária, cuja aplicação será realizada pelo órgão competente, ouvida a Comissão de Ética, e garantido o amplo direito à defesa do acusado.

No art. 14, consta que os órgãos partidários estão sujeitos às seguintes penas:

a) advertência, por indisciplina, negligência ou omissão;
b) intervenção, com prazo determinado, nos casos de desobediência às direções superiores;
c) dissolução, nos casos de divergências graves e insanáveis com as direções superiores; no caso de violações da lei, do Estatuto, do Programa e da Ética, bem como o desrespeito à deliberação de órgão superior e descumprimento de suas finalidades, com prejuízo para o Partido; e ainda, no caso de obtenção de resultados eleitorais incompatíveis com as metas do Projeto Político do Partido.

Aos filiados infiéis são aplicáveis as penas de advertência, suspensão e expulsão. Segundo o art. 15 do referido estatuto:

a) advertência, em caso de infração primária aos deveres de disciplina ou por negligência ou omissão dos deveres partidários;
b) suspensão, nos casos de reincidência de infrações primárias ou de conduta desrespeitosa e prejudicial ao Partido;
c) expulsão, no caso de violação da Lei, do Estatuto, da Ética e do Programa partidários, bem como desrespeito à legítima deliberação ou diretriz adotada pelo Partido;

Qualquer punição ao filiado só será aplicada após se ouvir a Comissão de Ética. Reserva-se exceção para os casos de gravíssima e notória violação da lei, do estatuto, da ética, do programa, das diretrizes do partido ou ainda de desrespeito às instâncias partidárias. Quando dessa ocorrência, "a *Comissão Executiva poderá dispensar a manifestação da Comissão de Ética, assegurando-se, no entanto, o amplo direito* à *defesa ao filiado*".

5.1.24. Partido Social Liberal – PSL

O Partido Social Liberal (PSL) define no art. 72 de seu estatuto a constituição estadual e federal de um conselho de ética, fidelidade e disciplina partidária com mandato de três anos. Em seu art. 73, apresenta as competências do referido conselho:

I – eleger seu corpo diretivo, constituído pelo Presidente, VicePresidente, Secretário e um Relator;
II – elaborar o Código de Ética, Fidelidade e Disciplina Partidária, que será aprovado pelo Diretório Nacional, através do seu Presidente, ouvida a Comissão Executiva Nacional;
III – velar pela observância e cuidar da aplicabilidade do Código de Ética, Fidelidade e Disciplina Partidária;
IV – conhecer, de ofício, casos concretos que firam as regras da ética, de fidelidade e disciplina político-partidária;
V – receber e processar as representações de conduta político-partidária;
VI – propor a Comissão Executiva competente, os processos que configurem casos de aplicação de pena disciplinar;
VII – manifestar-se nos casos que lhes forem submetidos pela Comissão Executiva competente.

O capítulo 2 do estatuto do PSL é dedicado inteiramente à ética, disciplina e fidelidade partidária. Confere, no art. 83, a obrigação a qualquer filiado ao partido que tomar conhecimento de infração disciplinar definida no estatuto de comunicar o órgão onde a mesma ocorreu.

As medidas disciplinares serão aplicadas, quando cabíveis, aos órgãos de ação, direção e cooperação (advertência e intervenção com dissolução do órgão partidário), membros do Partido em geral, parlamentares e aos filiados.

A advertência aplica-se às infrações primárias de falta ao dever de disciplina e negligência dos interesses do Partido. A intervenção ocorrerá nos casos de: violação do Estatuto do Programa, da Ética, Fidelidade e Disciplina, bem como desrespeito a deliberação regularmente tomada pelos órgãos superiores do Partido; impossibilidade de resolver-se grave divergência entre seus membros; má gestão financeira; descumprimento das finalidades do órgão, com prejuízo para o Partido.

Quanto às medidas disciplinares previstas para os membros e para os filiados do Partido, estão previstas:

> I – advertência;
> II – suspensão por 3 (três) dias a 12 (doze) meses;
> III – suspensão do direito de votar e ser votado nas eleições partidárias;
> IV – destituição de função em órgão partidário;
> V – expulsão.

O estatuto é rigoroso, embora conceda direito a recurso ao prever, nos §§ 3º e 4º do art. 88, que *"ocorre a expulsão por inobservância dos princípios programáticos, infração grave às disposições de lei e do Estatuto, ou qualquer outra em que se reconheça extrema gravidade"*, e ainda, que as *"medidas disciplinares de suspensão e destituição implicam a perda de qualquer delegação que o membro do Partido haja recebido"*.

5.1.25. *Partido Republicano Brasileiro – PRB (ex-PMR)*[88]

O Partido Municipalista Renovador – PMR adotou a denominação de Partido Republicano Brasileiro – PRB, estabelecendo normas de fidelidade e disciplina partidárias e respectivas sanções (art. 56).

---

88   Art. 50 [...]
    § 8º. A inadimplência das contribuições estabelecidas nos parágrafos anteriores autoriza a Comissão Executiva Nacional à instauração de processo disciplinar por infidelidade partidária, bem como à cobrança judicial e extrajudicial dos valores vencidos.
    [...] Art. 56 – Os eleitos pelo Partido poderão ser punidos com advertência, suspensão ou expulsão, sem prejuízo de ações criminais e civis, nos seguintes casos:

Há previsão expressa de caracterizar ato de infidelidade partidária a inadimplência das contribuições devidas pelos filiados à agremiação (art. 50, §8º), o que viola o regime democrático por constituir condição censitária e por violar o devido processo legal.

Ali também se encontram descritos como infrações os atos que se enquadrem como maus costumes, atos de improbidade administrativa, abuso do poder econômico e abuso do poder político e a condenação por crimes contra a vida.

5.1.26. Partido Socialismo e Liberdade – PSOL[89]

Mesmo se apresentando como alternativa eleitoral de um partido ideológico, fincado em valores expressos na própria denominação, o estatuto do PSOL, na parte que dispõe sobre normas de fidelidade e disciplina partidárias contraria o regime da democracia participativa brasileira.

---

a) não cumprirem o Programa e/ou o Estatuto do Partido;
b) votarem contra as determinações legalmente adotadas pela liderança da bancada ou da Executiva do Partido;
c) manifestarem, formal ou informalmente, apoio político a candidato, a governo ou qualquer outra personalidade pública que, notoriamente, contrarie os interesses do Partido;
d) ficar comprovada a conduta ilegal, ou ainda a participação em atividades irregulares que comprometam a ética política e os bons costumes;
e) forem condenados por improbidade administrativa, abuso do poder econômico ou político, ou ainda, sejam condenados por crimes contra a vida;
f) quando eleito pelo PRB, se desfiliar da agremiação.
[...] § 3º – No caso específico da letra "f", o candidato eleito responderá civilmente pelos prejuízos causados ao Partido, em função da Lei 9.096/95, em função da utilização da legenda em benefício próprio e por infidelidade partidária nos termos da Resolução TSE 22.610/2007 ou norma equivalente, cabendo à Comissão Executiva Nacional ajuizar a respectiva Ação Judicial de indenização, sem prejuízo das demais previstas na legislação eleitoral.
§ 4º – A desobediência contínua contumaz às diretrizes legalmente estabelecidas pela direção nacional do partido será compreendida como ato de infidelidade partidária, nos termos do art. 17 da Constituição Federal e autorizará ao partido reivindicar o mandato na Justiça, nos termos da Resolução TSE 22.610/2007 ou norma equivalente.

---

89 Art. 19 – Será, para fins deste Estatuto, considerada infidelidade partidária as seguintes práticas ou omissões por parte dos parlamentares do Partido SOCIALISMO E LIBERDADE:
a) votar, na condição de parlamentar, contra decisão do Congresso e ou Convenção, ou linha programática do Partido;
b) deixar de encaminhar projeto, pronunciamento ou qualquer iniciativa votada pelo Diretório Nacional, por maioria de 2/3 de seus membros, e sempre de acordo com o parágrafo único do Art. 25.
c) deixar de contribuir com o Partido na forma e valor previsto neste Estatuto, ou decisão de Congresso ou Convenção partidária
d) descumprir qualquer dos deveres previstos neste Estatuto.

Quando o Partido tipifica como ato de infidelidade partidária a inadimplência das contribuições e interfere decisivamente no exercício do mandato político para impor ao parlamentar suas deliberações, viola a proibição de condição censitária, a cláusula do devido processo legal, bem como a garantia da imunidade material[90], como peculiar sistema de proteção institucional do Poder Legislativo, em afronta à liberdade de manifestação por opiniões, palavras e votos.

5.1.27. Partido da República – PR[91]

O estatuto do Partido da República não dispõe especificamente sobre fidelidade, referindo-se apenas à disciplina partidária, como se ambos os institutos pudessem se confundir, o que não se afigura admissível.

Art. 20 – Em caso de cometimento de infidelidade partidária, serão aplicadas as seguintes medidas, sem prejuízo das punições previstas no Art. 14 deste Estatuto:
a) suspensão imediata do direito de representar o Partido, e, ainda, suspensão imediata de participar de quaisquer aparições públicas em nome do Partido;
b) perda do direito a voto em qualquer instância partidária;
c) aplicação das penas de advertência, suspensão ou expulsão conforme as circunstâncias do caso e deliberação do Diretório Nacional, Convenção Nacional e Congresso Nacional.

90　Arts. 53 a 56 da CF.
91　O PR se originou da fusão entre PL e PRONA.
O PARTIDO LIBERAL (PL) define em seu estatuto medidas disciplinares aplicáveis aos órgãos de direção, de ação e de cooperação, aos dirigentes e filiados do partido em geral e aos detentores de mandato eletivo ou ocupantes de cargo ou função pública, por indicação do partido.
As medidas disciplinares são classificadas em advertência e intervenção com dissolução do órgão partidário. A advertência será aplicada quando da ocorrência de infrações primárias de falta aos deveres de disciplina, ou de negligência para com os interesses partidários.
A intervenção com dissolução de órgão partidário poderá ocorrer em cinco situações: violação do programa, estatuto ou da ética partidária, bem como desrespeito à deliberação regularmente tomada pelos órgãos superiores do partido; impossibilidade de se resolver grave divergência entre seus membros; má gestão financeira; descumprimento das finalidades do órgão, com prejuízo para o partido; e ineficiência flagrante ou indisciplina.
Advertência reservada, advertência pública, suspensão por três a doze meses, cancelamento do respectivo registro de candidatura, para os candidatos a cargo eletivo, destituição da função em órgão partidário e expulsão do partido são medidas disciplinares previstas para os infratores, sejam dirigentes e filiados do partido em geral, ou detentores de mandato eletivo ou ocupantes de cargo ou função pública, por indicação do partido.
Já o PARTIDO DE REEDIFICAÇÃO DA ORDEM NACIONAL (PRONA) incluía capítulo sobre a infidelidade partidária. Segundo o art. 68 de seu estatuto, quem se opusesse às diretrizes legitimamente estabelecidas pelos órgãos cometia ato de infidelidade partidária.

A cláusula pétrea que envolve a norma constitucional que assegura a autonomia partidária para dispor sobre fidelidade[92] não pode ser olvidada, especialmente em caso que possa caracterizar essa grave infração aos estatutos, ao programa, ao ideário e às diretrizes legitimamente estabelecidas.

Portanto, nada impede que a agremiação, mesmo não dispondo sobre fidelidade partidária em seus estatutos, venha a se valer dos remédios processuais para preservar a autenticidade do sistema representativo que se manifesta, também, pela observância das normas constitucionais e de natureza intrapartidária.

5.1.28. Partido Social Democrático – PSD[93]

É dever dos filiados cumprir as orientações políticas, disciplinares e diretrizes gerais fixadas pelos órgãos superiores e a alinhar-se às determinações político-eleitorais estabelecidas pela Direção Nacional (art. 77, alíneas "e" e "f").

Os infratores se submetem às medidas disciplinares se descumprirem tais deveres e desobedecerem as deliberações e diretrizes anotadas como "questões fechadas" pela Convenção ou Comissão Executiva (art. 78, "a" e "b").

A infidelidade partidária é prevista de forma expressa e genérica como infração disciplinar (art. 78, "g") e as ações de decretação de perda de mandato eletivo serão objeto de deliberação pela respectiva Comissão Executiva (art. 78, § 1º), sendo possível, mesmo sem o ajuizamento da ação perante a Justiça federal especializada eleitoral, o ajuizamento de demanda perante a Justiça Comum com o fim de imputar ao trânsfuga o dever de pagar perdas e danos a título de indenização de até vinte salários mínimos (art. 78, § 2º).

5.1.29. Partido Pátria Livre – PPL[94]

Contém previsão expressa de que os mandatos executivo e legislativo pertencem ao partido, cabendo seu exercício ao candidato enquanto observar as regras sobre fidelidade e disciplina partidárias (art. 12).

---

92 Art. 17, § 1º da CF.

93 Art. 78 – Ficarão sujeitos às medidas disciplinares os filiados responsáveis por: (...) g) infidelidade partidária.
Parágrafo único – O pedido de re-filiação daqueles que se desfiliarem injustificadamente do PSD, deverá ser submetido à respectiva Comissão Executiva".

94 Art. 12. Os mandatos executivos e legislativos obtidos pelo Partido Pátria Livre – PPL, através dos votos atribuídos aos candidatos inscritos sob sua legenda, pertencem ao PPL, em decorrência dos princípios constitucionais e legais vigentes que regem o instituto da representação político-partidária. Ao candidato eleito pelo PPL cabe o exercício do mandato enquanto observar as regras sobre fidelidade e disciplina partidárias estabelecidas pelo Partido.

Consta entre as faltas punidas com medidas disciplinares o ato de desrespeitar orientação política fixada pelo organismo dirigente competente ou deliberações coletivas tomadas em questões consideradas fundamentais (art. 13).

Pune-se com expulsão a ação do eleito para cargo executivo ou legislativo contra as deliberações do partido (art. 14, § 4º, III).

Na hipótese de desfiliação ou expulsão de filiado no exercício de mandato executivo e legislativo é prevista a *perda automática de seu exercício* (art. 17), a ser requerida à Justiça Eleitoral na conclusão do procedimento administrativo.

5.1.30. *Partido Ecológico Nacional – PEN*[95]

É previsto como dever de todo filiado participar das campanhas eleitorais, apoiando e votando nos candidatos indicados pelas instâncias partidárias (art. 10, III), passível de expulsão qualquer parlamentar que represente o partido e que se oponha, por ação ou omissão, às diretrizes estabelecidas

---

Art. 15. A representação contra um filiado por infração disciplinar deverá ser motivada e circunstanciada, acompanhada das provas em que se fundar, e será dirigida à Executiva do Diretório a que está ligado o filiado.

§ 1º. Qualquer filiado ao Partido poderá representar à Executiva do Diretório competente contra outro filiado por práticas de infidelidade ou contrárias à disciplina partidárias.

Art. 18. A Executiva competente poderá, durante o processo, suspender preventivamente o filiado por um prazo de 60 (sessenta) dias, prorrogáveis por até 30 (trinta) dias, dentro do qual deverá estar concluído o julgamento, nos casos em que houver fortes indícios de violação de dispositivos pertinentes à disciplina e à fidelidade partidárias, passíveis de repercussão prejudicial ao Partido.

95   CAPÍTULO II – Da Infidelidade Partidária.

Art. 72. Será expulso do Partido o senador, deputado federal, deputado estadual, deputado distrital ou vereador, bem como qualquer cidadão eleito para cargos executivos que, por atitude ou pelo voto, se opuser às diretrizes legitimamente estabelecidas pelos órgãos de direção partidária, com direito de defesa.

Parágrafo Único – Quando for examinada, em qualquer nível de direção do Partido, a aplicação da penalidade prevista no *caput* deste artigo, não será permitido, em hipótese alguma, o voto secreto, devendo, portanto, a votação ser sempre aberta.

Art. 73. O filiado eleito para exercer mandato no Poder Executivo ou Legislativo, que venha a desfiliar-se do partido, antes ou depois da posse, pagará mensalmente ao PEN – Partido Ecológico Nacional, a título de "Indenização Compensatória", a importância correspondente a 30% (trinta por cento) da remuneração bruta que receber até o final do mandato, sendo que no prazo de 30 (trinta) dias, efetuará o pagamento do montante devido em virtude da remuneração recebida desde a posse até a data da desfiliação, considerando como base de cálculo o percentual de 30% (trinta por cento) sobre o total bruto da remuneração.

pelo partido por meio de sua liderança na respectiva Casa Legislativa (art. 70, § 2º).

Poderá ser expulso do Partido qualquer detentor de mandato eletivo, ou filiado ao partido, que por atitude ou pelo voto se opuser às diretrizes legitimamente estabelecidas pelo órgão de Direção Executiva Partidária Nacional (art. 72) e, ocorrendo a expulsão ou a desfiliação de filiado detentor de mandato eletivo do PEN, não poderá o infrator levar a proporcionalidade dos valores do Fundo Partido e do tempo de televisão e rádio devidos ao partido.

Aquele que se desligar do partido, em período anterior ou posterior à sua posse, obrigatoriamente deverá contribuir, a título de indenização compensatória, com a importância correspondente ao montante de 30% (trinta por cento) da remuneração bruta que vier a receber até o final do exercício do mandato eletivo pelo qual fora eleito pelo PEN, a ser paga no prazo de até 30 (trinta) dias de sua desfiliação (art. 73).

5.1.31. Partido Republicano da Ordem Social – PROS

O PROS descreve as faltas disciplinares e respectivas sanções aplicáveis às pessoas físicas dos seus filiados e dirigentes de órgãos partidários, bem como àqueles que exerçam cargos ou funções públicas por sua indicação:

> CAPÍTULO II – DA FIDELIDADE PARTIDÁRIA
> Art. 60 – Compreende ato de infidelidade partidária, sujeito às sanções disciplinares e legais:
> I – deixar de mencionar a sigla, o número e o nome do partido em propaganda eleitoral;
> II – apoiar candidato de outro partido ou de outra coligação em eleições que o partido participe, sem autorização expressa da Executiva Nacional;
> III – utilizar cargos ou função política para auferir vantagens ilegais em seu benefício ou de terceiros;
> IV – nomear, para cargos ou funções públicas, pessoas que não tenham notória competência e compromisso com o partido;
> V – se parlamentar, votar em matérias controvertidas, contra os interesses ou determinação da direção do partido;
> VI – negociar a legenda com autoridades políticas em evidente prejuízo do partido ou para auferir vantagens financeiras pessoais;

---

§ 1º – A filiação ao partido PEN, implica conhecimento das normas pertinentes, e expressa, para que no caso do enquadramento deste artigo, o valor devido, seja descontado em folha de pagamento, e repassada pela instituição pagadora ao Diretório correspondente.

§ 2º – O valor devido por força deste artigo constitui dívida líquida e certa, a ser paga para o Diretório do Partido onde ocorreu o registro da candidatura.

§ 3º – As normas contidas neste artigo aplicam-se a todos os suplentes de mandato.

VII – quando detentor de mandato eletivo no legislativo, migrar para outra legenda.
§ 1º – a infração disciplinar prevista no inciso I importará em advertência pública e, persistindo o vício, no cancelamento do registro de candidatura e multa, que será arbitrada pela executiva nacional;
§ 2º – as infrações disciplinares previstas incisos II, V e VI sujeitarão o infrator à suspensão da filiação partidária por três meses; se candidato a cargo eletivo, ao cancelamento do registro de candidatura; se líder do partido, ao afastamento da liderança; se dirigente, à destituição imediata da função e multa, que será arbitrada pela executiva nacional;
§ 3º – as infrações disciplinares previstas nos incisos III e IV importarão na retirada da indicação política do partido e na substituição do indicado e multa, que será arbitrada pela executiva nacional;
§ 4º – a infração prevista no inciso VII importará no ajuizamento da competente ação judicial para cassação do mandato eletivo e multa, que será arbitrada pela executiva nacional.
Art. 61 – Estão sujeitos às medidas disciplinares, na forma da lei e deste estatuto, e deverão ser aplicadas pela Comissão Executiva Nacional e compreenderão:
I – aos órgãos de direção partidária: advertência e dissolução;
II – aos filiados: advertência, suspensão, multa e expulsão;
III – aos candidatos: cancelamento da candidatura;
IV – aos dirigentes partidários: advertência pública, multa e destituição da função;
V – aos detentores de mandato eletivo e os ocupantes de função pública por indicação do partido: advertência pública, multa e expulsão.
§º único – toda medida disciplinar importará na garantia do amplo direito de defesa e contraditório.

O art. 241 do Código Eleitoral responsabiliza o partido por atos ilícitos danosos a terceiros, cometidos por seus adeptos. Nos seus estatutos, o PROS vai além para punir seus indicados para cargos e funções públicas, presumindo-se, para tanto, ser eles filiados à agremiação.

5.1.32. Solidariedade – SD

Dispõe o art. 96 do estatuto que: *Estarão sujeitos às medidas disciplinares os filiados que: (...) VI) tenha praticado qualquer ato tipificado como de infidelidade partidária*, por infringirem quaisquer dos deveres que lhes são imputados, dentre outros, que impliquem na:

a) Desobediência das deliberações e diretrizes adotadas como questões fechadas pela Convenção ou Comissão Executiva;
b) Prática de qualquer atividade política contrária ao Programa do Partido ou aos princípios defendidos no estatuto;
c) Prática de qualquer ato tipificado como de infidelidade partidária (art. 92).

Fixa o dever de obediência às diretrizes legitimamente estabelecidas deliberadas pela Convenção, Diretório Nacional ou Comissão Executiva

Nacional, convocados na forma deste Estatuto e com observância do quórum de maioria absoluta e relaciona como infração:

> a) deixar ou abster-se, propositadamente, de votar em deliberações parlamentares de interesse do partido;
> b) criticar, fora das reuniões reservadas do Partido, o Programa ou as Diretrizes Partidárias;
> c) fazer propaganda de candidato a cargo eletivo inscrito por outro partido ou recomendar seu nome ao sufrágio do eleitorado, sem que haja coligação ou aliança partidária;
> d) fazer alianças ou acordos partidários desautorizados ou proibidos pelos órgãos superiores;
> f) descumprir a unicidade partidária, defendendo posições contrárias às tomadas por deliberação do Partido.

A pena de expulsão[96] deve ser aplicada quando o filiado desobedecer aos princípios programáticos, contrariar os preceitos da Legislação Eleitoral vigente ou cometer qualquer infração reconhecida de extrema gravidade ou ainda pela prática reiterada de falta disciplinar.

5.1.33. Partido Novo – NOVO[97]

Há previsão expressa de o Partido NOVO, por seus Diretórios Nacional, Estaduais, Distritais ou Municipais, em decisão tomada por votação aberta, realizada em conjunto com os mandatários eleitos para a mesma instância federativa, definir a opção partidária a ser defendida, que será considerada obrigatória e vinculativa em todos os votos individuais, na amplitude terri-

---

96 Art. 93.

97 "SEÇÃO III – FIDELIDADE PARTIDÁRIA
Art. 14. O NOVO poderá, pelos seus Diretórios Nacional, Estaduais, Distrital ou Municipais, em decisão tomada por votação aberta, realizada em conjunto com os mandatários do NOVO eleitos para a mesma instância federativa, definir a opção partidária a ser defendida, que será considerada obrigatória e vinculativa em todos os votos individuais.
Parágrafo Único – A definição da opção partidária obrigatória e vinculativa será válida na amplitude territorial da repercussão ou interesse do tema, e exclusivamente nos assuntos de natureza institucional, ou de interesse difuso, que transcendam interesses ou julgamentos pessoais.
Art. 15. Constitui violação ao dever de fidelidade partidária a votação, ou atuação em qualquer esfera de Poder, que contrarie a opção partidária feita em caráter obrigatório e vinculativo, a respeito de temas determinados.
§1º. É facultado ao mandatário que esteja agindo ou votando por fidelidade partidária contrariamente à sua opinião, que tenha ficado vencida nas instâncias deliberatórias do NOVO, revelar e ressalvar a sua posição pessoal, sem prejuízo da validade de seu voto na forma determinada pelo NOVO.

torial da repercussão ou interesse do tema, e exclusivamente nos assuntos de natureza institucional, ou de interesse difuso, que transcendam interesses ou julgamentos pessoais (art. 14).

Trata-se de importante reconhecimento do princípio da autonomia partidária no âmbito da respectiva instância territorial e do seu peculiar interesse, indispensável para suprimir a ditadura intrapartidária que procede à dissolução, à intervenção e à destituição de altivos dirigentes, por parte dos órgãos de cúpula, sem justa causa para tanto, e sem o respeito às garantias constitucionais processuais.

A violação do princípio da autonomia da instância partidária caracteriza ato de infidelidade e atrai as respectivas sanções a serem aplicadas ao infrator da norma estatutária (art. 15).

O NOVO faculta o amplo debate a ser suscitado pelos filiados e eleitos por sua sigla em relação aos temas de que divirja da deliberação partidária, mas mantém o dever do detentor de votar em conformidade com a agremiação, olvidando a independência do exercente de mandato e a respectiva imunidade material.

Aos filiados é vedado, e especialmente aos candidatos, sob pena de se configurar infidelidade partidária, fazer, por ação ou omissão, campanhas eleitorais em favor de candidatos de outros partidos, ou em conjunto com candidatos de outros partidos, com os quais não se tenha definido e formalizado, nos termos da lei e deste Estatuto, coligação ou aliança (art. 16).

---

§2º. Os mandatários eleitos pelo NOVO e os membros do Diretório que ficarem vencidos nas votações de definição da opção partidária obrigatória e vinculativa, e que representem mais de 30% (trinta por cento) dos votos válidos, poderão requerer ao presidente do Diretório que convoque Convenção Partidária da mesma instância federativa para debate e votação da opção partidária quanto ao mesmo tema.

§3º. A Convenção Partidária requerida para essa finalidade será obrigatoriamente realizada no prazo de 60 (sessenta) dias, sem prejuízo da necessidade de observância da opção partidária obrigatória e vinculativa, enquanto a Convenção não se realizar.

Art. 16. É vedado aos filiados, e especialmente aos candidatos do NOVO, sob pena de se configurar infidelidade partidária, fazer, por ação ou omissão, campanhas eleitorais em favor de candidatos de outros partidos, ou em conjunto com candidatos de outros partidos, com os quais o NOVO não tenha definido e formalizado, nos termos da lei e deste Estatuto, coligação ou aliança.

Parágrafo Único – Nas situações equívocas de campanha, em que possa parecer existir aliança ou atuação conjunta com candidato de outro partido fora das hipóteses de coligação oficial, o candidato do NOVO deverá pronunciar-se clara e abertamente contra a existência de aliança.

5.1.34. Rede Sustentabilidade – REDE[98]

Admite o REDE que os cidadãos mantenham com o partido dois regimes de vinculação, um para os seus naturais filiados, de natureza político-jurídica; outro, de duvidosa validade, a fim de veicular candidaturas avulsas. Ambas, com disciplinas e consequências distintas para atos que possam caracterizar infidelidade partidária.

Na primeira hipótese, o Estatuto consigna que, desde o pedido de indicação como pré-candidato ou pré-candidata a cargo legislativo, o filiado ou filiada, compromete-se rigorosamente a reconhecer de modo expresso que todo mandato eletivo pertence ao REDE e que suas instâncias de direção poderão adotar todas as medidas necessárias para preservar esse mandato se deixar a legenda ou dela for desligado, excetuado os casos das candidaturas cívicas independentes (art. 50).

Na segunda hipótese, prevê o REDE que oferecerá até 30% (trinta por cento) do total de vagas nas eleições proporcionais para "candidaturas cívicas independentes", que serão oferecidas à sociedade para cidadãos *não filiados* e que não pretendam exercer vínculos orgânicos com nenhum partido político, dispostos exclusivamente a disputar as eleições e exercer mandato parlamentar para defender e representar movimentos, redes e causas sociais legítimas e relevantes para a sociedade, o Programa, o Estatuto e o Manifesto do REDE (art. 88).

Desse cidadão, destituído de *affectio societatis*, espera o REDE um manifesto público, no prazo definido por resolução do Diretório Nacional, que

---

[98] Art. 141. A disciplina interna e a fidelidade partidária serão asseguradas, na forma estabelecida neste Estatuto, pelas seguintes medidas:
I – intervenção de instância superior em inferior;
II – aplicação de medidas disciplinares, na forma deste Estatuto;
III – manifestação das instâncias da REDE.
[...] Art. 144. Constituem infrações éticas e disciplinares:
I – a violação às diretrizes programáticas, à ética, à fidelidade, à disciplina e aos deveres partidários ou a outros dispositivos previstos neste Estatuto;
[...] VII – a infidelidade partidária, nos termos da lei e deste Estatuto;
[...] Art. 146. A infidelidade partidária se caracteriza pela desobediência aos princípios doutrinários e programáticos, às normas estatutárias e às diretrizes estabelecidas pelos órgãos competentes.
§1º Considera-se ato de infidelidade partidária, sujeitando o infrator ou infratora aplicação sumária da pena de cancelamento do registro da candidatura na Justiça Eleitoral e à expulsão simultânea da REDE, o candidato ou candidata que, contrariando as deliberações de Convenção e os interesses partidários, fizer campanha eleitoral para candidato ou candidata ou partido adversário.
[...] Art. 148. Dar-se-á a expulsão nos casos em que ocorrer:
III – infidelidade partidária;

contenha as justificativas, os objetivos, as propostas e metas que o levam a candidatar-se (art. 89).

O mandato ou a pretensão de concorrer do candidato ou parlamentar cívico independente somente será objeto de impugnação se ele mantiver conduta incompatível com o decoro e suas atitudes ferirem frontalmente o manifesto público firmado por ocasião do seu pedido de candidatura (art. 91).

A infidelidade partidária se caracteriza pela desobediência aos princípios doutrinários e programáticos, às normas estatutárias e às diretrizes estabelecidas pelos órgãos competentes, sujeitando o infrator ou infratora à aplicação sumária da pena de cancelamento do registro da candidatura na Justiça Eleitoral e à expulsão simultânea do REDE, o candidato ou candidata que, contrariando as deliberações de Convenção e os interesses partidários, fizer campanha eleitoral para candidato ou candidata ou partido adversário (art. 146).

O parlamentar que, fora das exceções previstas neste Estatuto, deixar a legenda, desobedecer ou se opuser às deliberações ou resoluções estabelecidas pelas instâncias dirigentes da REDE perderá o mandato, assumindo, nesse caso, o suplente do REDE, pela ordem de classificação (art. 147).

O modelo lucubrado pelo REDE é passível de questionamentos constitucionais e legais, pois empresta-se a sigla para candidaturas avulsas repelidas pela ordem jurídica, de molde a encerrar tentativa de burla ao sistema eleitoral brasileiro, centrado em partidos e no qual a filiação partidária constitui condição de elegibilidade de cariz fundamental.

Na transição para o *mandato representativo partidário*, mormente no contexto do sistema em lista, o voto do eleitor, destinado à agremiação, favorece também indivíduos previamente dispensados de qualquer vinculação ideológica com a agremiação, mas que encontra um biombo disponível com mera figura de retórica – um manifesto – propiciando disfuncionalidades que podem agravar a crise da representação política no Brasil.

5.1.35. Partido da Mulher Brasileira – PMB[99]

Estabelece o estatuto que são deveres do filiado acatar as orientações e decisões tomadas democrática e legalmente pelas instâncias partidárias,

---

99 Art. 10. A Infidelidade e/ou a indisciplina Partidária(s) implicará nas seguintes medidas disciplinares:
a) advertência verbal ou escrita;
b) suspensão do direito de voto nas reuniões internas, por um período de 3 (três) a 12 (doze) meses;
c) destituição de função no órgão partidário;
d) desligamento temporário, por até 12(doze) meses, de bancada;
e) cancelamento dos registros de candidatura;

seguir as diretrizes estabelecidas pela convenção ou diretórios partidários, participar das campanhas eleitorais e votar nos candidatos homologados nas convenções partidárias (art. 9º).

São tipificadas como infrações disciplinares à fidelidade e à ética partidárias, dentre outras, participar de campanha eleitoral ou manifestar-se em favor de candidato de outro partido, desobedecer às diretrizes legitimamente estabelecidas pelos órgãos partidários, denegrir a imagem do partido ou de seus dirigentes e as diretrizes e os dispositivos do programa, do código de ética ou do estatuto estabelecidas pelos órgãos partidários.

6. A FIDELIDADE PARTIDÁRIA NO BRASIL E EM OUTROS PAÍSES

Democracia e fidelidade partidária são dois conceitos intimamente relacionados, entendendo-se igualmente que os partidos políticos são de capital importância para consolidação e extensão do regime democrático.

Conhecer e estudar outras realidades democráticas e saber como tratam do assunto fidelidade partidária pode trazer elementos fundamentais para o entendimento da questão brasileira e, até mesmo, apontar o que pode ser sugerido como alternativas para o aprimoramento do sistema atualmente vigente, uma vez que é passível de críticas e já vem sendo motivo de muita discussão no Congresso Nacional brasileiro.

Cidadãos e parlamentares interessam-se, cada vez mais, em aprofundar o debate sobre a questão da fidelidade partidária, objetivando encon-

---

f) perda de função ou prerrogativas, na liderança, vice-liderança ou Comissão Técnica na respectiva Casa Legislativa, no Parlamento ou Assessoria por ele indicado; ao parlamentar que se opuser por atitude ou voto, às diretrizes legitimamente estabelecidas pelos órgãos Partidários, responderá na forma deste estatuto;
g) expulsão com cancelamento da filiação;
h) dissolução ou intervenção em órgão partidário hierarquicamente inferior.
[...] Art. 12 – São infrações disciplinares à fidelidade e à ética partidárias:
a) Participar de Campanha Eleitoral ou manifestar-se em favor de candidato de outro partido;
b) Desobedecer as diretrizes legitimamente estabelecidas pelos órgãos partidários;
c) Denegrir a imagem do partido ou de seus dirigentes;
d) Nas reuniões partidárias desrespeitar os dirigentes filiados ou funcionários do partido;
e) Não pagar as contribuições financeiras;
f) Desobedecer as diretrizes e os dispositivos do programa, do Código de Ética ou do Estatuto estabelecidas pelos órgãos partidários;
g) Atentar contra o livre exercício do direito de voto, a normalidade das eleições ou o direito de filiação partidário;
h) A improbidade no exercício de mandato parlamentar ou executivo, bem como no de órgão partidária ou de função administrativa.

trar soluções adequadas e satisfatórias para os problemas enfrentados na contemporaneidade. Daí a importância de se ampliar a visão para realidades semelhantes e distintas, cujo estudo indubitavelmente contribuirá para significativos avanços na área.

6.1. Estados Unidos e Inglaterra

O estudo da realidade norte-americana é de grande interesse para o nosso País por representar regime consolidado há mais de duzentos anos e que não sofreu solução de continuidade em todo esse tempo de história. Há entre os EUA e o Brasil algumas semelhanças físicas e institucionais: ambos são países de dimensões continentais; os dois adotam sistema político presidencialista e a organização do Estado constitui-se em uma federação.

Todavia, as peculiaridades de cada país são notadamente diferenciadas, em particular no que se refere às características da prática política. O sistema político americano é caracterizado pela atuação preponderante de dois partidos, – bipartidário[100], enquanto no Brasil o pluripartidarismo enseja um sistema muito mais fragmentado, dificultando a composição da base de apoio ao governo, máxime sem a existência de fidelidade partidária e de legendas consolidadas.

Reiner[101] acentua que a realidade político-partidária estadunidense foi formada ao longo de sua história de forma diferenciada da do Brasil:

> De há muito o poder político está dividido entre dois partidos, o democrata e o republicano, com grande importância das bancadas regionais (os democratas do Sul tendem a votar em certas matérias sobre organização social junto com os re-

---

100 John H. Aldrich, especialista em política americana e comportamento, explica que "as eleições que são decididas pela regra da pluralidade, especialmente por distritos de representante único, resultam quase sempre em um sistema com dois principais partidos políticos. Isso ocorre porque o candidato de um terceiro partido tem pouca possibilidade do vencer. Os eleitores preferem não "desperdiçar" (voto-útil) seus votos em campanhas consideradas sem chances, e os candidatos que querem vencer as eleições, portanto, evitam se afiliar a um partido dessa espécie. Já que não há "representação periférica", as vozes da minoria tendem a ser representadas dentro de um dos dois grandes partidos, e não por grupos dissidentes de opiniões menos populares. No decorrer de sua história, os Estados Unidos nunca tiveram mais de dois partidos principais e, na atualidade, mesmo no auge de eleições reconhecidamente centradas em candidatos, partidos e candidatos nanicos podem muitas vezes tentar, mas muito raramente ganham eleições. Após as eleições de 2002, apenas dois dos 135 deputados da Câmara de Deputados dos EUA eram independentes, e havia somente um senador independente entre os 100 titulares. Todas as outras cadeiras das duas Casas foram ocupadas por representantes do Partido Republicano ou do Partido Democrata, os dois partidos predominantes dos Estados Unidos desde 1860".

101 REINER. **Fidelidade partidária**. Parecer da Consultoria Legislativa da Câmara dos Deputados, em junho de 2001.

publicanos; a bancada destes, por vezes, vota junto com os democratas em temas econômicos, como o recente tratado do NAFTA). Esse comportamento faz com que os políticos praticamente não mudem de partido no decorrer de sua vida política. As únicas exceções [são a de] dissidentes democratas e republicanos que têm concorrido por efêmeros ou reduzidos partidos independentes, mas não se encontraram registros de mudanças entre os dois grandes partidos de forma sistemática ou consistente.

A longa e sólida tradição dos dois partidos majoritários (o republicano e o democrata) nos Estados Unidos mantém implícita a fidelidade partidária. E, nesse contexto político, seria considerado pouco confiável o parlamentar que mudasse de partido. A elevada taxa de reeleição dos políticos norte-americanos (entre 60% e 80%), que deve ser cotejada com a consistente rejeição do eleitorado brasileiro (40% em média), é consequência dessa situação de "estabilidade política" norte-americana.

As altas taxas de reeleição seriam uma espécie de "recompensa" aos parlamentares, decorrentes de duas principais razões: a consolidação dos partidos políticos; e a identificação dos eleitores com estes partidos, que provocaram um alto nível de fidelidade partidária.

Dentre as principais diferenças dos dois sistemas democráticos, cabe ressaltar ainda que a obrigatoriedade do voto não existe no caso norte-americano. Esta falta de exigência afeta diretamente os altos índices de abstenção naquele País, principalmente para as eleições federais, uma vez que os poderes locais desfrutam de maior comprometimento do eleitorado.

No Brasil o voto é obrigatório aos maiores de dezoito anos e menores de 70 anos. O voto é facultativo para os jovens de idade superior a 16 anos e inferior a 18 anos, para os cidadãos maiores de 70 anos e para os analfabetos. Os índices de abstenção nos pleitos eleitorais são relativamente baixos em decorrência dessa obrigatoriedade do voto que pode ser traduzida no dever de comparecer à seção eleitoral local, ainda que seja para proceder à justificativa de ausência do eleitor ou da impossibilidade de votar na seção em que se encontra inscrito.

Ao tratar da questão da organização partidária, o Deputado Estadual do PPS-RS, Bernardo de Souza, em Aparte na 57ª sessão ordinária da Assembleia Legislativa do Rio Grande do Sul, em 7 de agosto de 2001, defendeu a existência de pequenas agremiações políticas e a importância de sua participação no processo democrático, dissertando brevemente sobre a fidelidade partidária e assuntos que lhe são tangenciais nos EUA e na Inglaterra:

> "Nas democracias do mundo, somente o povo tem o poder para dizer qual partido estará no cenário político eleitoral e partidário. Muitas vezes escapa à percepção de quem trata do assunto que nas democracias mais consolidadas do planeta existe uma grande pluralidade partidária, como, por exemplo, nos Estados Unidos da América do Norte, onde não há um bipartidarismo forçado, embora a imprensa registre apenas, ou quase que apenas, os nomes dos candidatos mais notórios.

> Na Inglaterra, matriz do processo eleitoral moderno e democrático, cerca de 500 partidos disputam os processos eleitorais, embora dois ou três – Partidos Trabalhista, Conservador e, em menor grau, Liberal – estejam, de fato, disputando a possibilidade de conquistar o governo, até porque o sistema distrital puro, tanto na Inglaterra quanto nos Estados Unidos, inviabiliza a vitória das pequenas agremiações.
>
> O importante é registrar que elas não são vedadas, não são proibidas. Não se proíbe por lei que uma organização partidária exista. É o povo, com seu voto, que vai fazer a organização partidária que bem lhe apraz. Isso é uma lição muito importante para nós, em momentos em que as grandes agremiações partidárias, de todo o espectro político-ideológico – à direita ou se dizente [sic] à esquerda –, estão buscando ações para reduzir a viabilidade dos pequenos partidos.
>
> Inclusive, um tema muito importante, que circula com o desembaraço das palavras lançadas ao vento, é o da chamada fidelidade partidária, que ninguém contraria. O que se quer é que o programa partidário, que o conjunto dos princípios, que o conjunto das idéias, seja realmente atendido e respeitado. O que se quer é criar um prazo ainda maior para concorrer à eleição, o que não acontece em nenhuma das grandes democracias do mundo.
>
> Na Inglaterra não há prazo prévio para filiação partidária, como não há também nos Estados Unidos da América do Norte. Agora, sob o nome de fidelidade partidária, o que se está pretendendo (...) é a obediência às maiorias partidárias ocasionais. Isso é centralismo democrático – que de democrático não tem nada –, é a concepção leninista de partido. Obediência a uma direção partidária, quando a verdadeira fidelidade está em exigir que a direção obedeça ao programa partidário" (Revisado pelo Orador).

A Inglaterra tem uma importância especial para este estudo, pois, historicamente, os partidos políticos surgiram naquele País, no século XVI, como centros de polarização de forças, definindo-se precisamente no século XVII. O surgimento dos partidos políticos decorreu da incessante busca de aprimoramento da democracia representativa, principalmente do aumento do grau de democracia no sistema.

Na edição de maio de 2003, o Editorial do jornal *Política Voz*, em artigo intitulado "A Democracia pelos partidos", publicou:

> Com o desenvolvimento das técnicas de representação proporcional, houve uma tendência à pulverização dos partidos políticos que mais se apresentavam sólidos e consistentes, naqueles países que aceitavam as bases do sistema majoritário, à maneira e exemplo da Inglaterra (onde havia dois grandes partidos: o Partido Conservador e o Partido Liberal, mais tarde, Partido Trabalhista). Surgiram então, simultaneamente com essa pulverização da vida partidária, inúmeros nomes representativos das novas forças de opinião nacional.

Com esta visão de instrumento de democratização surgiu a denominada "democracia pelos partidos", por meio da qual os eleitores não só escolheriam os seus governantes, mas também elegeriam as linhas mestras para atuação desses governantes.

Neste modelo, os eleitores exerceriam maior influência sobre o governo e, mais que isso, fortaleceriam um tipo de partido político fundamentado em um programa de governo realizável, não utópico, "ao *qual disciplinadamente adeririam os seus militantes e candidatos, de tal sorte que, uma vez eleitos, o poriam em prática. Tal partido seria um agente 'constitucional de formação da vontade do Estado'.*"

Devido à pertinência ao assunto, vale a transcrição parcial do conteúdo publicado no Editorial de *Política Voz*:

> A disputa eleitoral se feriria entre partidos, de modo que o eleitor escolheria entre os programas destes e daria o voto ao que mais lhe agradasse. A vitória de um partido significaria então, em primeiro lugar, a definição do programa do governo, e, apenas secundariamente, a escolha dos governantes. Com isso, o povo se governaria porque elegeria os governantes e igualmente a orientação deles, a política de governo.
>
> Essa proposta inverte o sinal que a doutrina democrática, desde Rousseau, conferia aos partidos. Era esse papel negativo, vistos os partidos como fatores de divisão, como servidores de interesses particulares em conflito com o interesse geral, como instrumentos de corrupção; passa a positivo, encarados os partidos como elementos imprescindíveis à democracia.
>
> Desde então aceitou-se pacificamente a doutrina da oposição na política, isto é, a doutrina clássica da democracia, segundo a qual os inimigos do governo não são rebeldes ou inimigos do Estado, porém simples oposicionistas, cujos direitos devem ser respeitados.

6.2. Alemanha e França

O caso alemão é diferente dos Estados Unidos e Inglaterra, antes brevemente analisados. A Alemanha é uma República Federal, cujo sistema de governo é parlamentarista, além de ser uma democracia surgida após a II Guerra Mundial.

Segundo Reiner, em Parecer intitulado "Fidelidade partidária", oferecido à Consultoria Legislativa da Câmara dos Deputados, em junho de 2001:

> A Lei dos Partidos Políticos da República Federal da Alemanha especifica o conceito de partido político, sua organização, apresentação de candidatos, financiamento e prestação de contas. Remete explicitamente a fidelidade partidária ao Estatuto dos partidos políticos. Na prática, observa-se um profundo comprometimento dos políticos para com sua agremiação. Na Alemanha, dois grandes partidos (o social-democracia e a democracia cristã) têm governado alternadamente mediante coalizões com partidos menores como o liberal ou os verdes. Os políticos das duas principais legendas não trocam de partido, pois as opções políticas que representam são pouco compatíveis e, em consequência, torna-se difícil explicar ao eleitor a reviravolta ocorrida. O sistema eleitoral institui o voto distrital misto que possibilita maior contato do parlamentar com as suas bases e permite, também, representação dos candidatos com projeção nacional; ademais, restringe a representação parlamentar de partidos pequenos (mínimo

de 5% dos votos nacionais para ser representado) facilitando as coligações que garantem estabilidade ao governo. Tal sistema encontra-se hoje em discussão no Brasil, acreditando-se que sua adoção seria passo importante na recuperação da imagem do Poder Legislativo que em apenas oito anos encontra-se seriamente desacreditado perante a população. Na Alemanha, portanto, partidos sólidos e sistema eleitoral favorecem a estabilidade e travam a infidelidade partidária.

Na França, há um sistema parlamentarista híbrido, pois compete ao Presidente da República atribuições importantes como a condução da política externa, sendo eleito em eleições majoritárias diretas em até dois turnos para um longo mandato (era de 7 anos, tendo sido reduzido para 5 anos em 2000):

> A lei francesa tampouco estipula fidelidade partidária, deixando-a a cargo dos partidos políticos. São estes de existência mais tumultuada do que nos países até agora abordados, refletindo os conflitos da política francesa. O atual regime francês data de 1958 e os partidos conservadores têm mudado diversas vezes de nomenclatura, com a consequente mudança de membros. Todavia esta mudança está restrita ao âmbito da direita; na esquerda, observam-se algumas dissidências malsucedidas do Partido Socialista e do Partido Comunista, este praticamente varrido eleitoralmente após o fim do regime soviético. Na direita, temos os tradicionalistas católicos hoje reagrupados com os liberais da União pela Democracia Francesa (UDF) e os conservadores e defensores de um estado forte, herdados do General de Gaulle, sob a sigla da União pela República (RPR). Estes agrupamentos atuais têm-se mantido estáveis desde o final dos anos 70. Os políticos franceses não mudam de legenda a não ser em caso de fusão, incorporação ou criação de novo partido e não há registros de mudanças de espectro político, ou seja, do partido socialista para o RPR, por exemplo. Assim, existe uma fidelidade partidária ligada a princípios e programas de governo, os partidos franceses são marcados ideologicamente, o que compromete os eleitos. Torna-se particularmente difícil, nesse contexto, explicar mudanças de legenda aos eleitores.[102]

Dessa breve incursão do instituto da fidelidade em distintos países, considerados do 1º Mundo, pode-se dizer que todos eles, por reconhecerem a importância dos partidos políticos como corpos intermediários, sem os quais a democracia representativa não funciona, remetem aos seus estatutos a regulamentação da matéria, como igualmente faz o Brasil, na Constituição Federal de 1988.

6.3. Brasil

A existência de normas constitucionais e estatutárias sobre a fidelidade e disciplina partidárias, conforme se observa na descrição dos tópicos de

---

102 REINER. **Fidelidade partidária**. Parecer da Consultoria Legislativa da Câmara dos Deputados, em junho de 2001.

cada estatuto, a aplicação de penalidades aos filiados exercentes de mandato, sobretudo, aos postulantes a cargos eletivos ou aos já ocupantes de tais cargos, ocorriam, antes de 04 de outubro de 2007, apenas em casos de violação extrema, mesmo assim, sem a consequência ou a sanção da perda do múnus público.

Isto implica reconhecer que mesmo quando havia normas específicas sobre a matéria e, em alguns casos, rigorosas, se o comportamento dos filiados caracterizava infração aos deveres de fidelidade e disciplina, as instituições partidárias não eram fortes o suficiente para se fazerem valer frente aos seus filiados infiéis[103].

À legislação vigente sobre o instituto da Fidelidade, o Judiciário não tinha assegurado sua efetividade ou eficácia social, de modo a coibir o político de migrar, impunemente, de um partido para outro em atendimento a interesses meramente pessoais em detrimento dos partidários[104].

---

103 Nota do autor: sem adentrar no mérito, registrou-se na cena política nacional casos ocorridos com o Partido dos Trabalhadores, cm que a senadora Heloísa Helena, e os deputados federais João Fontes de Faria Fernandes, Luciana Krebs Genro e João Batista Oliveira de Araújo (Babá), foram expulsos do partido, embora não tenham perdido seus mandatos, contrariando dispositivo estatutário (art. 14, §§ 3º e 4º, c.c. art. 17, § 1º da CF), posto que, à época, ainda não estava resolvida definitivamente no Brasil, a questão da fidelidade partidária. O *Diário de Pernambuco*, por exemplo, destaca em seu caderno da Política que o deputado Inocêncio de Oliveira poderia ter trocado o PFL pelo PMDB. Embora não tenha admitido oficialmente sua filiação ao PMDB, Inocêncio já teria confessado que as chances de deixar o PFL "são de 99,9%", segundo a matéria jornalística. Líderes do PFL mobilizaram-se na tentativa de convencer o parlamentar a permanecer no partido. O motivo da saída seria a decisão partidária de não negociar o seu nome para a Secretaria-geral da Mesa da Câmara e, assim, viabilizar sua candidatura ao governo estadual de Pernambuco. Um dos fundadores do PFL há 20 anos, Inocêncio era o pefelista de maior visibilidade, ao lado do senador Marco Maciel, no Estado pernambucano. O *Diário Vermelho* destacava a saída de Inocêncio do PFL, afirmando que: 'Ao fazer o anúncio, o dissidente disse que, tendo sido o deputado mais votado do seu Estado *em* 2002, pleiteia o direito de disputar o governo de Pernambuco. Como entende que isso não será possível pela legenda pefelista, ingressa agora no PMDB. Aliado ao governador Jarbas Vasconcelos, pretende trabalhar sua candidatura a governador em 2006'. Esta é urna situação concreta cm que a vontade do parlamentar prevalece ante a do partido. Como este não atende aos seus interesses de concorrer ao governo estadual e, considerando-se com o direito do postular tal candidatura, o político "troca" de partido, por meio do qual pretende conseguir seu desiderato. O partido de origem nada pode fazer, a não ser tentar dissuadir o parlamentar do sua intenção, o que aliás tentou fazer, não obstante sem lograr êxito algum. *In* Diário do Pernambuco, do 2.2.2005. A5, Diário Vermelho, de 6.2.2005. ed. 264, fev./2005.

104 Nota do autor: exemplo de cobrança da fidelidade, que destoou dos anteriormente apresentados, foi a decisão do PPS de afastar o ministro da Integração Nacional, Ciro Gomes, das atividades partidárias. Ele era o vice-presidente nacional do partido, do qual não pretendia se afastar. Por meio de um colega deputado, Ciro teria informado

Outro foi o posicionamento das agremiações após os julgamentos dos mandados de segurança 26.602, 26.603 e 26.604-DF, em 04.10.2007, quando o STF acolheu as doutrinas do *mandato representativo partidário* e da *perda do mandato por ato de infidelidade*, ambas propostas pelo Autor[105] desta obra, e que conferem efetividade às normas dos arts. 14, § 3º, V, 17, § 1º da CF, c.c. as normas estatutárias.

Há de se levar em consideração o aspecto cultural por determinar boa parte dos comportamentos humanos. Disso decorre a elaboração de leis e,

---

que tenciona permanecer na legenda partidária. Quanto à decisão do PPS de retirá-lo da vice-presidência, Ciro disse que isso não o incomodava, pois nunca se sentiu "vice de nada" (*in* Diário do Pernambuco, de 2.2.2005, A5). Na mesma reportagem assegurou o ministro: "Continuo no PPS, partido que ajudei a se transformar na força que é hoje, com dois governadores, dois senadores, 22 deputados federais e mais de 330 prefeitos." Roberto Freire, que estava cm viagem ao Chile, quando da expedição da nota punitiva, havia deixado o conselho a Ciro Gomes de recorrer à justiça em defesa de seus direitos partidários. A decisão quanto a Ciro Gomes não foi exclusiva. Comunicada por meio de uma nota do PPS, assinada pelo secretário-geral do partido, Rubens Bueno, incluiu diversos outros nomes. A punição estendeu-se a todos os que não deixaram os cargos do então Governo Lula, contemplando também a ex-senadora Patrícia Saboya (CE), ex-mulher do Ciro, que não deixou o cargo de vice-líder do Governo, nem se licenciou do partido. Outros políticos do partido, embora tenham pedido licença do PPS, foram igualmente desligados das funções partidárias. Dentre eles: Mércio Gomes, presidente da Funai; Crescêncio Antunes, secretário de Gestão Participativa do Ministério da Saúde; José Zenóbio, diretor-geral da Adene (ex-Sudene); e Clementino Coelho, diretor de engenharia da Codevasf. À época, o caso de maior estrépito de infidelidade partidária envolveu a eleição do Presidente da Câmara dos Deputados (14.02.2005), em que os deputados federais Luiz Eduardo Greenhalgh e Virgílio Guimarães, ambos do Partido dos Trabalhadores (PT), previamente e praticando autêntica e desejável democracia intrapartidária exauriram as instâncias partidárias, sagrando-se vitorioso o primeiro, com 87 votos dos convencionais contra 3 deles. No entanto, o deputado Virgílio Guimarães lançou sua candidatura "avulsa", com apoio da oposição, contrariando, assim, a deliberação majoritária da agremiação à qual se encontrava filiado, contribuindo, certamente, para a *débâcle* da candidatura governista que, no segundo turno, na madrugada de 15.02.2005, perdeu para o deputado Severino Cavalcanti. Indagou-se: e agora, como fica? Será o infiel expulso do PT? E o sou mandato? Afinal de contas, o prejuízo para a agremiação e para seus eleitores era evidente! Nada aconteceu porque se desconfiava que o Deputado Virgílio Guimarães tinha o apoio não declarado do presidente Lula. Outros casos também poderiam ser citados, como exemplos da não-aplicabilidade das sanções previstas nos estatutos partidários. Se tais normas fossem rigorosamente cumpridas pelos seus mandatários, é certo que os abusos de infidelidade e o alto índice de migração partidária seriam, senão eliminados, pelo menos reduzidos em grande parte.

---

105 ARAS, Augusto. **Fidelidade Partidária:** A Perda do Mandato Parlamentar. Rio de Janeiro: Lumens Juris, 2006.

sobretudo, a sua aplicação no cotidiano, inclusive a impunidade como prática omissiva do Estado.

Continuam em voga os efeitos preventivo e retributivo da pena, somando-se a isto o seu caráter pedagógico que induz a aquisição do hábito, mesmo que os indivíduos se tornem, no início do processo, reacionários às mudanças necessárias.

Igualmente há de ocorrer, como conseqüência ou sanção partidárias, para os atos caracterizadores da violação ao dever de fidelidade partidária, mediante a utilização dos mecanismos que coibam a repetição de tantas migrações, como as ocorridas antes de 04.10.2007, e que contribuíram para a grave crise de autenticidade do sistema representativo, visto que o "troca troca" de legendas partidárias é decorrência de uma conjuntura estruturada culturalmente ao longo da história política brasileira.

Pela organização político-partidária do Brasil, sem o partido político o candidato sequer conseguiria participar do pleito eleitoral. É obrigatória a sua filiação partidária e, mais que isso, sua indicação ou eleição *interna corporis* em convenção, a fim de que esteja habilitado a participar do processo eleitoral na condição de candidato, e de integrar o órgão executivo de diretórios.

E o que ocorria após a eleição do postulante a cargo eletivo nas eleições majoritárias e, principalmente, nas proporcionais, era preocupante em termos de migração partidária. Essa situação grave exigia ser revista em termos de legislação eleitoral-partidária, da doutrina e da jurisprudência, a fim de minimizar as acentuadas distorções existentes antes de 2007, em prejuízo da autenticidade do sistema representativo, comprometendo o processo de continuidade e de estabilidade política do Brasil, embora, depois disso, estejamos engolfados na ditadura intrapartidária.

Com a efetividade do instituto da Fidelidade resultante da adoção das doutrinas do *mandato representativo partidário e da perda do mandato* decorrente da interpretação conferida pelo STF às normas constitucionais no julgamento dos mandados de segurança 26.602, 26.603 e 26.604-DF, pela Resolução TSE 22.610/2007, pela edição da lei 13.165/2015 e pela promulgação da EC 91/2016 que acrescentou o art. 22-A à LPP, não há mais como se questionar ter o mandato político por titular o partido e não o exercente ou detentor eleito, como será abordado no Capítulo VI.

Mesmo com esse avanço, desde então o Brasil passou a sofrer o fenômeno da ditadura intrapartidária que será objeto de análise no Capítulo VIII, mercê, na atualidade, da necessária superação, ante o seu conteúdo nocivo às instituições democráticas e republicanas.

Quase uma dezena de partidos foi criada nos últimos 10 (dez) anos (PSD, PSOL, PR, PPL, PEN, PROS, SD, NOVO, REDE e PMB), tendo havido a incorporação do PAN ao PTB e a fusão de PL e PRONA para formar o PR.

Nos estatutos das novas agremiações verifica-se que uns não disciplinam o instituto da fidelidade partidária, outros impõem normas draconianas de disciplina restringindo opiniões divergentes, inclusive estabelecendo alternativa de candidatura avulsa que em nada contribui para a autenticidade do sistema representativo, revelando eivas de constitucionalidade não detectadas em sede de controle qualitativo externo do TSE.

Em 31 de dezembro de 2015, o Brasil contava 35 (trinta e cinco) partidos políticos registrados no Tribunal Superior Eleitoral, dotados de capacidade eleitoral para participar de certame e gozar dos respectivos direitos.

Com tantas agremiações, entretanto, não se encontra positivada a cláusula de barreira, de qualidade ou de desempenho obstativa da atuação das agremiações tidas por "barrigas de aluguel" e que têm submetido governantes a uma esdrúxula forma de governo denominada "presidencialismo de coalizão", condutor dos grandes vícios que maculam a política e a economia, em sacrifício da sociedade e do Estado, em razão de práticas feudais que remontam à idade média.

No momento em que o País enfrenta grave crise institucional, há que ser envidados esforços pelo Poder Legislativo e pelo Poder Executivo para que a Reforma Política seja o primeiro sinal da esperança da nossa vida republicana!

7. OUTRAS CONSIDERAÇÕES

Pode-se constatar que o instituto da *fidelidade partidária* foi alçado a princípio constitucional na Carta de 1988, no artigo 17, § 1º na Lei nº 9.096/95 e nos estatutos partidários acima examinados, ainda que superficialmente, além de decorrer do postulado universal da *pacta sunt servanda*.

Como princípio, a fidelidade partidária é impositiva de ordem moral e de convivência humana baseada na verdade e na coerência, que, do contrário, implicaria em desarmonia e inviabilizaria a paz social.

Embora tenha se tornado uma anedota falar em fidelidade no Brasil[106], trata-se de um fenômeno humano (e até mesmo de alguns animais irracionais), existindo em consequência da postura do indivíduo integrante de certa comunidade, com relação a determinados traços culturais. É uma atitude voluntária e pode até mesmo ser incutida artificialmente pela indústria cultural.

A imposição normativa que restringe a movimentação do filiado entre os partidos que integram o sistema político-eleitoral do qual participa, apesar de toda a normatização constitucional e estatutária, não fora tornada efetiva pela classe política e, principalmente, pelo Poder Judiciário.

---

106 Há quem diga que os brasileiros trocam de tudo, de partido, de cônjuge, de profissão e até mesmo de sexo; aqui só não se muda de time de futebol, isto se o torcedor tiver mais de 12 anos.

Isso mudou a partir do julgamento (*leading case*) do mandado de segurança 26.603-DF, em 04.10.2007, pelo STF, coibindo a infidelidade partidária que se situa tanto na esfera político-jurídica quanto na moral.

Conquanto haja questionamentos acerca da aplicação da moral à política[107], até porque o *moralismo* e a *legalidade* podem ser encontrados nos regimes

---

[107] A ética é um dos ramos da filosofia e pode ser definida, num conceito simplificado, como a reflexão sobre a conduta humana. É através da ética que podemos chegar ao conceito de virtude, sua expressão máxima. Na ética se insere a conceituação do bem e do mal. O ético tem o seu contrário no aético ou, como preferem os filólogos, no anético, Uma zona cinzenta e perigosa da conduta. O ser humano somente se elevou da esfera da animalidade para a da racionalidade quando adquiriu consciência ética. Esta foi a sua atitude fundamental perante a vida, porque, através dela, tomou-se capaz de elaborar uma escala de valores. Assim, aprendeu a distinguir o bem do mal, o próprio do impróprio, o digno do indigno. Pôde, em suma, melhor mensurar a categoria da virtude, que é o apanágio da visão da vida. Os gregos tinham uma palavra específica para designar a virtude suprema, que era *arete*. A ética religiosa atingiu o ápice no Ocidente com o cristianismo. Cristo, divino ou não, pai do mundo, judeu revolucionário, legou-nos o mais perfeito sistema ético da humanidade. A ética nasce na consciência do indivíduo, mas é provocada pelas suas responsabilidades na vida social. Kant falava de uma "lei moral" que rege a convivência na sociedade, ao lado do Direito. Para o filósofo Hume, a prática de moral assume o caráter de uma ação utilitária, pois se destina a promover «felicidade e satisfação" no âmbito social. Kant considerava que somente após ter-se colocado sob a égide da lei moral é que o homem, acima dos seus impulsos primitivos, veio a ter condições de separar o bem do mal e conviver socialmente. Que relação podemos estabelecer entre ética e política? A resposta é simples: uma relação fundamental. Se a ética contagia todas as relações do homem em sociedade, vivendo na interioridade mais profunda da sua consciência e até nas relações amorosas (a exigência mútua de fidelidade entre os amantes é uma exigência ética), mais imperiosa se torna na ação política, essencialmente gregária, ou seja, social. Não pode haver política sem ética, porque, despojada da segunda, aquela denega o conteúdo moral que lhe confere razão de ser, constituído aquilo que os filósofos chamam de "essência ontológica" Algo, pois que lhe é inerente e indivisível. Tudo isto não significa desconhecermos que a política, hoje mais do que nunca, mas certamente desde quando Aristóteles identificou o homem como "animal político': tem-se desvinculado do seu conteúdo ético. O povo traduz muito bem a consciência desse fato, quando, repetidas vezes, diz que "todo político é mentiroso': que "não acredita mais em político': que eles "não merecem a menor confiança" ou são apenas "espertalhões e aproveitadores" Sabemos que tais conceitos são hoje genéricos. Mas representam o quê, afinal? Ora, precisamente a mais cabal prova de que o povo repudia os políticos que desertaram dos seus deveres éticos. É a cobrança social da transgressão. A estigmatização moral dos infratores. O inquestionável clima de decepção da sociedade para com os políticos e o anseio geral de renovação que os pleitos mostram, comprovam que as práticas dos homens públicos tradicionais já estão desmoralizadas, sobretudo o apego exagerado ao poder. São considerados enganadores, por terem, curvados à ambição do domínio permanente e despótico, negligenciado suas responsabilidades morais. Não há como fugir dessa dicotomia. O tribunal popular se exercita implacavelmente na rejeição à "politicagem' e aos "politiqueiros", justamente porque o povo passa a ser juiz soberano da fratura entre ética e política. Em síntese, os

totalitários, mormente do Século XX (fascismo, nazismo, stalinismo), trata-se de ideal a ser buscado, inclusive no plano da moralidade e da probidade administrativas, constituindo objetivo dos contribuintes que pagam tributos.

Por isso, o eleitorado espera que haja práticas políticas consentâneas com a moral, mantendo-se esta conexão de forma coerente, sob pena do militante ter suas pretensões eleitorais dificultadas e, se eleito, perder o mandato, sem embargo de a ordem jurídica ter positivado a fidelidade partidária e assegurado autonomia, para estabelecer sistema de proteção ou de controle qualitativo interno (Capítulo VI).

A ausência de moralidade nas práticas políticas e no exercício do mandato influencia decisivamente a crise de autenticidade no sistema representativo, por violar, expressa ou implicitamente, o conteúdo imanente daquele valor inerente às normas jurídicas, pois, enquanto o dever emerge da ordem da natureza, os direitos brotam da ordem social.

Defende Zygmunt Bauman[108] que o desafio da sociedade complexa está na permanente abertura das instituições para superar seus modernos dilemas, dentre os quais, liberdade e segurança, de modo que, povos com muita liberdade não têm segurança; e com muita segurança, os povos deixam de ter liberdade. Assim, a sociedade ideal será aquela que melhor ponderar esses valores, assim também ocorre entre moral e política.

À falta de estudos mais aprofundados sobre o caso brasileiro, percebia-se, antes de 2007, a necessidade de que fossem realizados estudos no sentido de convencer o Supremo Tribunal Federal a tornar efetivo, no País, a fidelidade partidária, bem assim o Poder Legislativo a regulamentar o instituto, restringindo a livre movimentação (migração) dos filiados entre os diversos partidos que constituem o sistema político-eleitoral brasileiro.

Quando da elaboração da obra intitulada Fidelidade Partidária: A Perda do Mandato Eletivo tinha o Autor a convicção de que, no Brasil, a realidade

---

enganadores têm vida provisória, embora possam até constituir carreiras de sucesso. No final, serão sempre repudiados e lembrados como políticos que prometem e não cumprem, que mudam quando assumem o poder, que adotam programas de governo que antes combatiam tenazmente, afrontando a sua trajetória histórica e a própria identidade partidária, ou como aqueles capazes de chantagear os eleitores com ameaças de que, fora do seu grupo e dos seus interesses, toda administração fracassará. Numa só palavra: a rejeição que provocam consolida a verdade de que os laços entre ética e política são indestrutíveis, não importa que seja grande e ativa a legião dos oportunistas. João Carlos Teixeira Gomes. **Ética e Política.** *Jornal A Tarde*, 20.10.2004.

108 Zygmunt Bauman, filósofo polonês, analisa o que considera a dicotomia da liberdade, com base no psicanalista Sigmund Freud: a civilização é sempre uma troca – ao escolher a liberdade, é preciso abrir mão de certa segurança; ao escolher a segurança, é preciso abrir mão de certa liberdade. Disponível em < *https://www.youtube.com/watch?v=Q3TdhIjBW5Q* > Acesso em: 16 de março de 2016.

política era a causa e não efeito da realidade econômica e que, sob o signo constitucional-eleitoral, seria possível avançar na Democracia Participativa. Mais ainda se fortaleceu este convencimento a partir dos grandes escândalos (*cases*) Mensalão, Petrolão e todos os que lhes antecederam, embora com a pecha da impunidade.

O grau de concentração de renda existente no Brasil demonstra que não basta o crescimento econômico para provocar o surgimento de interesses antagônicos capazes de forjar uma sociedade efetivamente democrática e um estado de direito efetivo. A consciência política não cresce com o desenvolvimento econômico. Bem mais provável é que haja crescimento econômico onde a consciência política seja desenvolvida.

Alusões podem ser feitas ao período em que, no Brasil, houve crescimento econômico de 9%, 10% e 11 % ao ano – o chamado milagre brasileiro. Pode-se trazer à lume o que ainda ocorre na China e seu "milagre econômico", cujas referências servem poderiam desqualificar a tese de que o "desenvolvimento político é causa do desenvolvimento econômico".

Ao enfrentar a realidade dos fatos que constituem essas Nações, depara-se com eventos e índices que vêm comprovar o que se queria refutar. Os índices sociais e eventos socioeconômicos dessas Nações revelam o seu subdesenvolvimento, mesmo que sejam reconhecidos como países em desenvolvimento.

A riqueza na China não é dos chineses e nem para os chineses; o mesmo se pode dizer do que acontece no Brasil enquanto for mero prestador de *commodities*, pois não revela o desenvolvimento dos interesses econômicos dos brasileiros. Tem-se a impressão de que estas duas Nações – como as demais ditas subdesenvolvidas, – recebem o resultado da expansão econômica daquelas Nações que têm o seu sistema político desenvolvido.

Brasil e China passaram a integrar o BRICS, grupo econômico formado também pela Rússia, Índia e África do Sul, e importantes estudos vêm sendo realizados em derredor da importância da classe média que sustenta a economia, através do consumo e circulação de riquezas, e da política, formando a opinião pública e os quadros dirigentes.

Mas cada País tem suas peculiaridades e, no Brasil, a estabilidade política tem determinado o sucesso ou insucesso da sua economia e da qualidade de vida dos brasileiros, a partir da compreensão das suas raízes históricas e culturais.

No Brasil, a política econômica vigente nas últimas duas décadas evidencia a sua dependência, para o crescimento econômico, das Nações politicamente desenvolvidas. O interesse de atrair capitais estrangeiros, de Nações desenvolvidas política e economicamente, revela a incapacidade de gerá-los internamente.

Isto pode ser o resultado de não se ter um sistema político dotado de mecanismos avançados e aptos à imunização, ainda que parcial, da nossa democracia participativa, para combater os vícios que maculam a representação política, dentre os quais se encontra o *patrimonialismo* que mistura o público e o privado, propiciando desvio de dinheiro público, corrupção, fraudes e abusos de poder nos processos eleitorais.

A precedência da política que influi na economia brasileira pode ser constatada da grave crise de 2015, emergente de escândalos em que ambos os fatores foram associados por grupos que pretendiam se alçar ao Poder e nele permanecer, causando a perda de 25% do PIB em dólares, além de desacreditar internacionalmente o País e rebaixar o seu anterior grau de investimento, passando, com isso, a ser a nona economia do planeta.

Muito antes do "mensalão e do petrolão, as condutas ilícitas apuradas até o presente momento e que levaram o País *à débâcle* política e econômica em 2015 integravam o que pejorativamente se denomina "risco Brasil", que desde sempre prejudicou a credibilidade e a boa imagem do País no cenário internacional.

A negligência com que o *mercado* – bem imaterial protegido pela Constituição Federal de 1988[109], cujo desenvolvimento e estabilidade dependem da política e da economia – vem sendo tratado no Brasil, em todas as esferas, demonstram a carência do senso de bem comum inerente à república, em defesa dos sagrados interesses do povo, ante o desprezo às experiências recentes de outras grandes nações que ao enfrentarem fenômenos similares reagiram criando e fortalecendo os instrumentos de proteção e controle de suas instituições, punindo os agentes dos ilícitos[110].

A ocupação com o aprimoramento do sistema político brasileiro é condição *sine qua non* para o desenvolvimento socioeconômico do Brasil, cujos objetivos sejam o de construir uma "sociedade livre, justa e solidária", "erradicar a pobreza e a marginalização", dentre outras iniciativas sociais e humanitárias indispensáveis, considerando-se a importância e necessidade de participação da vontade popular na idealização de um mundo melhor.

Ao tratar especificamente do tema "fidelidade partidária no Brasil", há que se destacar que a instituição de tal princípio se vincula a várias condições. Aplicar a Constituição Federal apenas neste quesito é passo importante, mas isoladamente não é suficiente para a solução do problema, pois será também imprescindível coarctar a ditadura intrapartidária para a abertura do ambiente democrático em prol de todos os segmentos sociais e correntes de opinião, especialmente dos mais jovens, com vista à simbiose ideal entre política, economia e direito, com vista à paz social.

---

109   Art. 219 da CF da 88.
110   Bolha imobiliária americana de 2008 e o escândalo inglês, em 1997-2007, envolvendo grandes petrolíferas, no governo do trabalhista Tony Blair.

O mais importante a se fazer é promover o fortalecimento dos partidos políticos, garantindo-se a sua estruturação e estabilidade, seja assegurando efetividade à fidelidade partidária, impondo como consequência ou punindo o infrator com a perda do mandato, seja com o aumento do prazo de filiação partidária para três (3) anos, seja, enfim, com o término das coligações proporcionais, a adoção de o *recall* e, quiçá, de um novo sistema eleitoral que, em tese, pode ser o distrital misto, acolhido com sucesso na Alemanha desde 1949.

Conjugando-se ao pensamento de Reiner[111], é provável que a instituição da fidelidade force os políticos a um *"interesse redobrado em consolidar os partidos, gerando-se, assim, uma sinergia positiva que conduzirá à recuperação da imagem do Poder Legislativo e ao consequente fortalecimento da democracia no País, aspiração comum à maioria do povo brasileiro"*.

Mirian Leitão prevê que o Brasil tem evoluído, mas o passado carrega avisos que não podemos ignorar. No primeiro século da República, houve 41 anos de governo oligárquico, 29 anos de dois regimes ditatoriais, vários levantes militares e ameaças de golpe. O curioso é que o voto quase sempre esteve presente na vida política brasileira. Há quase 200 anos se vota no Brasil. Desde o Império, os cidadãos são chamados para escolher representantes, com a única exceção da Carta de 1937, de Getúlio Vargas, que eliminou esse direito. (...) Nos próximos anos, o Brasil vai cumprir sua lista de tarefas para aprimorar a democracia. Como em outros avanços, não haverá uma reforma moralizadora da política que seja única e definitiva. Haverá um processo constante para fortalecer a hoje abalada confiança do cidadão no sistema político conforme ele foi constituído na atual fase da República. Uma das tendências será a incorporação das novas tecnologias no sistema de consulta à vontade do eleitor.[112]

A formulação de um sistema partidário forte, estruturado e estável, com garantia da democracia intrapartidária, não é tarefa que se concretize em curto prazo. Como o eleitorado brasileiro reclama medidas imediatas, o exercício da fidelidade partidária, como obrigação dos políticos, pode ser tornado efetivo para ancorar e estimular o sistema partidário brasileiro, desde que o Judiciário lhe dê aplicabilidade também no que toca aos altos escalões da República, e não apenas para decretar a perda do mandato de mais de três mil vereadores e de apenas um deputado federal.

---

111 REINER. **Fidelidade partidária**. Parecer da Consultoria Legislativa da Câmara dos Deputados, em junho de 2001.

112 LEITÃO, Míriam. **Historia do Futuro**: O Horizonte do Brasil no Século XXI. 1ª ed. Rio de Janeiro: Intrinseca. 2015, p. 257-260.

CAPÍTULO VI

FIDELIDADE PARTIDÁRIA E PERDA DO MANDATO NO BRASIL

UM DESACATO À DEMOCRACIA

> *Ganhe quem puder, perca quem merecer, tanto faz: seja qual for o resultado da eleição de amanhã na Câmara dos Deputados, quando for anunciado o nome de seu próximo presidente, já terá sido concluído o atestado de falência da democracia representativa tal como é exercida entre nós.*
> *O espetáculo de licenciosidade partidária exibido nos últimos dias era o que faltava para a decretação do óbito oficial do sistema em curso.*
> (Dora Kramer, Jornal do Brasil, 13/02/2005).

SUMÁRIO: **1.** Apresentação: **2.** Migração partidária e distorção do sistema representativo; **3.** Sistema de proteção Partidária; **3.1.** Fidelidade partidária e o princípio republicano, **3.2.** Fidelidade partidária e o princípio federativo; **4.** Eficácia e aplicabilidade das normas constitucional e estatutária; **5.** Fidelidade partidária: perda do mandato: **5.1.** Quem é o titular do mandato ou cargo eletivos? O parlamentar, o Chefe do Executivo ou o partido político? **5.1.1.** Evolução do mandato político. **5.1.2.** O Estado de partidos parcial e a superação do mandato representativo: **5.1.3.** Um novo modelo adequado à pós-modernidade. O mandato representativo partidário; **5.1.4.** Realidade constitucional brasileira, estado de partidos parcial, mandato representativo partidário o fidelidade partidária; **5.1.5.** Inaplicabilidade do art. 15 da CF à fidelidade partidária; **5.1.6.** Inaplicabilidade dos arts. 45 e 46/CF à fidelidade partidária: **5.1.7.** Inaplicabilidade do art. 55 da CF à fidelidade partidária; **5.1.7.1.** Sistemas de proteção ou de controle institucionais; **5.1.7.1.1.** Distinção entre atividade partidária e atividade parlamentar; **5.1.8.** Da filiação: condição/requisito de elegibilidade; **5.1.9.** Interpretação constitucional da fidelidade partidária: A norma do art. 17, § 1º (institui a fidelidade partidária) ante as normas dos arts. 1º caput e par. único: 14, § 3º, V: 15, incisos; 55, *caput* e incisos e §§ da Constituição Federal; **5.1.10.** Da validade da norma estatutária: da perda do mandato parlamentar por ato de infidelidade partidária; **6.** Anexo.

1. APRESENTAÇÃO

Dispõe a Constituição Federal:

"Art. 1º (...)
Parágrafo único. Todo o poder emana do povo, que o exerce por meio de representantes eleitos ou diretamente, nos termos desta Constituição.

Art. 17. (...)
§ 1º É assegurada aos partidos políticos autonomia para definir sua estrutura interna, organização e funcionamento, devendo seus estatutos estabelecer normas de fidelidade disciplina partidárias."

O Constituinte de 1988 optou pelo regime político da democracia participativa, em que o povo é o titular do Poder, fixando como mecanismos para o seu exercício o sistema representativo, coadjuvado pela participação direta do cidadão, específica e de forma pontuada, através do plebiscito, do referendo, da iniciativa popular e dos *writs* constitucionais (art. 14, *caput*, incisos I, II e III, arts. 5º, LXVIII, LXIX, LXX, LXXI, LXXII, LXXIII).

O sistema representativo exige um processo eleitoral previamente estabelecido, um ano antes das eleições (art. 16 da CF), que, segundo Fávila Ribeiro[1], envolve um conjunto de atos que compreende desde a organização e distribuição das mesas receptoras de votos, a realização e apuração de eleições até o reconhecimento e diplomação dos eleitos.

Pode-se acrescentar que o processo eleitoral se destina à auscultação e recepção da vontade popular, escoimada de vícios, principalmente de abusos do poder político e do poder econômico, anteriores e contemporâneos à realização do certame, daí por que tem início com o alistamento e se desenvolve nas fases seguintes do registro de candidaturas, propaganda, votação e apuração, diplomação, estendendo-se, após a Carta Magna de 1988, à ação de impugnação de mandato eletivo (art. 14, §§ 10 e 11 da CF).

A democracia direta, conhecida pelos gregos, ainda hoje é uma utopia, tendo em vista a densidade demográfica, mormente em países de dimensões continentais como o Brasil, e o pluralismo de grupos sociais detentores de diferentes pensamentos, culturas e posturas em relação à própria vida e aos interesses da comunidade.

Na nossa democracia, embora se admita a participação direta do povo em temas específicos, exige-se a manutenção e aprimoramento do sistema representativo, que, segundo Fávila Ribeiro[2], se afirma pela ideia de eletividade, por períodos certos de revezamentos, como a natureza da investidura de determinados cargos públicos, mediante sufrágio do corpo eleitoral.

Consiste o sistema representativo em uma técnica em que o titular do Poder elege seus representantes que irão compor, no Brasil, dois dos Poderes imanentes e estruturais do Estado, o Executivo e o Legislativo, já que os cargos do Judiciário são providos, em regra, por concurso público.

É indispensável, no sistema representativo, a existência de uma intermediação entre o eleitor e o eleito, aparecendo, então, a figura dos *partidos*

---

1   RIBEIRO, Fávila. **Direito Eleitoral**. 4ª ed. Rio de Janeiro, Forense, 1996, p. 14.
2   *In* ob. cit., p. 11.

políticos, hodiernamente pessoas jurídicas de direito privado, criados pela realidade da técnica político-jurídica, com capacidade para aglutinar, sob uma única legenda, interesses aparentemente contrapostos, mas que objetivem alcançar o bem comum, a justiça social ou o fim último da existência humana, pela via ideológica da qual comungam,[3] servindo, também, para institucionalizar o Poder do qual é titular o povo, despersonalizando-o, com o fito de preservar o "governo do povo" contra a mitificação de indivíduos, o germe das ditaduras.

Os partidos políticos, ao aglutinarem pessoas e grupos de diferentes matizes sociais, tornam-se depositários da confiança dos seus filiados e adeptos na solução dos problemas pessoais (emprego, educação, lazer), da comunidade (saneamento básico, saúde e segurança públicas) e da realização de suas expectativas (justiça, paz, bem comum).

É obvio que qualquer grupamento humano, para manter a unidade, a coesão e sua própria existência, a fim de alcançar o objetivo comum, precisa adotar um sistema de controle interno que reduza complexidades, estabilizando e institucionalizando expectativas.

Por conta disso, a própria Constituição Federal estabelece controles administrativos e judiciais, internos e externos, capazes de manter a higidez de todo o sistema sob o qual o Estado se estrutura, se organiza e funciona, distribuindo competências para tanto, como sói ocorrer com o Sistema Tributário, com os Tribunais de Contas, com os Conselhos Nacionais da Magistratura e do Ministério Público, dentre outros, tendo, no particular, outorgado, aos Partidos Políticos autonomia e competência para dispor, obrigatoriamente, nos seus estatutos, sobre normas de fidelidade e disciplina partidárias. Veja-se:

> "Art. 17.
> § 1º É assegurada aos partidos políticos autonomia para definir sua estrutura interna, organização e funcionamento, devendo seus estatutos estabelecer normas de fidelidade e disciplina partidárias."

Repare-se que o Constituinte de 1988 institui o *dever* de constar do estatuto normas de fidelidade e disciplina partidárias, instituindo, pois, uma condição, sem a qual o Tribunal Superior Eleitoral não admitirá o seu registro (art. 32, *caput* e inciso V, da Resolução 19.406/95), negando, por conseguinte, a *capacidade eleitoral* ao partido político, necessária para participar de eleições e da propaganda partidária e eleitoral gratuitas no rádio e na TV, receber cotas do fundo partidário e defender seus símbolos.

---

[3] BOBBIO, Norberto. **O Filósofo e a Política**. Antologia. Rio de Janeiro: Ed. Contraponto, p. 216.

O Tribunal Superior Eleitoral deferiu e registrou (art. 17, §§ 1º e 22 da CF, c.c. Resolução 19.406/95/TSE) os estatutos do Partido Trabalhista Brasileiro (PTB), do Partido Democrático Trabalhista (PDT), do Partido dos Trabalhadores (PT), do Partido da Mobilização Nacional (PMN) e o Partido Republicano Progressista (PRP), que ali estabelecem e descrevem infrações (tipos) e sanções, *inclusive* a *perda do mandato por ato de infidelidade.*

O Tribunal Superior Eleitoral já declarou, na esteira do posicionamento da Suprema Corte,[4] que norma inferior não pode invadir o campo da definição, organização, funcionamento, fidelidade e disciplina partidárias, *reservado* ao regramento estatutário, emanado da competência constitucional diretamente outorgada aos partidos políticos pela norma do art. 17, § 1º da CF, pois naquelas matérias têm autonomia constitucional, salvo se envolver questão de legalidade, quando então se submetem ao princípio da inafastabilidade da jurisdição (art. 5º, XXXV da CF), como ocorre em relação aos regimentos internos dos Tribunais Superiores, Regionais Federais e Estaduais.

A autonomia constitucional dos partidos políticos para definir sua estrutura, organização, funcionamento *e para dispor sobre fidelidade e disciplina partidárias* integra o rol de matérias insuscetíveis de alteração constitucional, consubstanciando cláusula pétrea[5] (art. 60, § 4º, Ia IV da CF), tendo em vista que a indispensabilidade do sistema representativo pressupõe a existência de atividade partidária com prévia filiação (art. 14, § 3º, V da CF) e precedência quanto ao cometimento de atos tipicamente eleitorais (voto direto, secreto, universal e periódico), envolvendo, pois, cidadania e direitos políticos inalienáveis, tanto que sua disciplina, no art. 17, situa-se no Capítulo V, do Título II, que trata dos Direitos e Garantias Fundamentais.

Por tudo isso é que a Constituição Federal de 1988 alçou à categoria de normas autoaplicáveis aquelas que definem direitos e garantias fundamentais, dentre as quais se encontram as que dispõem sobre *fidelidade* e *disciplina* partidárias. Ei-la:

> "Art. 52 (...)
> § 1º "As normas definidoras de direitos e garantias fundamentais têm aplicação imediata."

A *fidelidade* e *a disciplina* partidárias são figuras que integram o elenco de Direitos e Garantias Fundamentais, de aplicação imediata, cabendo

---

4   ADI 1063-DF.
5   ADI 939-07/DF.

aos partidos políticos estabelecer, nos seus estatutos, as regras descritivas das infrações e respectivas penalidades, dentre as quais se pode incluir a *perda do mandato,* sem confrontar nenhuma outra norma da mesma índole constitucional.

A imediata aplicação da pena de perda do mandato parlamentar por ato de infidelidade ou indisciplina partidárias, desde que prevista no estatuto da agremiação e seja adequada ao tipo infracional, encontra amparo nos arts. 1º, *caput* e parágrafo único; 5º, *caput*, §§ 1º e 2º; 14, *caput* e incisos I, II e III, e 17, *caput* e o §§ 1º e 2º, todos da Constituição Federal.

A necessidade e a utilidade do reconhecimento doutrinário e jurisprudencial da vigência e efetividade das normas constitucionais *retro,* que impõem o dever de *fidelidade e disciplina* partidárias, com a possibilidade de perda do mandato parlamentar prevista nos estatutos, resultam da constatação diuturna da nociva prática levada a cabo por parcela considerável dos detentores de mandato político.

É que muitos políticos, a pretexto de terem ampla liberdade no exercício do mandato, mudam, ao seu bel prazer e constantemente, de agremiação, movidos por interesses meramente pessoais e muitas vezes escusos.

Deixam de levar em conta os compromissos que assumiram de cumprir o ideário programático do partido ao qual se filiou, olvidando, ainda, que o eleitorado confiara na consecução daquelas diretrizes políticas por meio da agremiação na qual votou.

Com a malsinada prática da migração partidária, também conhecida por "dança das cadeiras" ou "troca-troca", parte considerável da classe política presta grave desserviço ao sistema representativo, até porque a quase totalidade dos parlamentares – mais de 95% – somente se elege pelo voto de legenda, restando, assim, enfraquecidas a legitimidade material do Poder e, consequentemente, a nossa democracia.

2. MIGRAÇÃO PARTIDÁRIA E DISTORÇÃO DO SISTEMA REPRESENTATIVO

Os mandatos representativos estão fortemente impregnados de caráter partidário. É uma realidade político-jurídica que não pode ser recusada (Min. Celso de Mello, MS 20.927-5/DF-STF, em 11.10.1989).

Após a aprovação da Emenda Constitucional nº 25, em maio de 1985, que aboliu a perda do mandato decorrente da infidelidade partidária, instituto inserido na ordem jurídica posta em vigência pela Carta de 1967, muitos parlamentares passaram a mudar de partidos, sem peias e sem sofrerem quaisquer penalidades, o que contribuiu para reforçar o caráter híbrido da democracia brasileira e acirrar a cruel competição estabelecida no interior das agremiações, gerando uma política peculiar que alguns denominaram autofagismo, pelos métodos e consequências daí decorrentes, que solapam os sistemas partidário e representativo[6].

Em 1985, 79 deputados abandonaram o Partido Democrático Social (PDS) e fundaram o Partido da Frente Liberal (PFL). Até 1987, houve um aumento de migrações que chegou aos 69,6% dos deputados eleitos e até o ano de 2001 alcançou-se o total de 135 migrações.

Registrou-se maior número no quadro de mudança de partido em 1988, ao final da Constituinte, com a desestabilização do Partido do Movimento Democrático Brasileiro (PMDB), pois, entre 1987 e 1991, abandonaram esta sigla 110 deputados, tendo 44% deles fundado o Partido da Social Democracia Brasileira (PSDB) e o restante diluiu-se entre outros partidos de esquerda.

Durante os anos em que se reuniu a Assembleia Nacional Constituinte, por volta de 1988, grande movimentação partidária é verificada, em especial nos partidos tidos como de centro, com 36,5%; já nos de esquerda, com 16, 1%, e nos de direita, com 17,2%, estes se mantiveram quase que no mesmo patamar.

A "Nova República" despertou um intenso movimento migratório, no particular, dentro do PMDB (dos 154 deputados migrantes no período, 110 eram do PMDB). A partir daí, a mudança de partidos tornou-se, na opinião de Carlos Ranulfo F. Melo[7], endêmica e rotineira, materializando-se numa lógica disputa política e em um instrumento do modificação da correlação de forças no Congresso Nacional.

As pesquisas demonstram que entre os anos de 1985 e 1998 cerca de 686 deputados mudaram de partido e, em uma mesma legislatura, mais de uma vez; destes, 95 mudaram de legenda pelo menos duas vezes; 19, pelo menos três vezes; e 4, quatro vezes ou mais; totalizando 812 migrações.

A partir de 1991, nota-se que a migração partidária é associada ao sentimento de competição partidária-eleitoral ou a conteúdos ideológicos, sendo visível que as migrações ganham força no primeiro ano de legislatura, refluem no segundo ano e voltam a crescer no terceiro ano.

A praxe da migração chegava a ocorrer até pouco tempo antes do pleito.

No certame de 1994 admitiu-se, pela última vez, a filiação partidária com apenas 06 (seis) meses de antecedência das eleições, pois, a partir da

---

6 Nota do autor; os dados estatísticos abaixo informados foram colhidos nos arquivos do Tribunal Superior Eleitoral, da Câmara dos Deputados e do Senado e no Artigo de Carlos Ranulfo Félix Mola, intitulado "Partidos e Migração Partidária na Câmara dos Deputados". Dados. vol. 43, nº 2.

7 Migração Partidária na Câmara dos Deputados: Causas, consequências e possíveis soluções. in Direito Eleitoral (coordenadores Ministro Carlos Mário Veloso e Carmen Lúcia Antunes Rocha). Belo Horizonte: Del Rey Editora, 1996. p. 321-343.

edição da Lei 9.096/95 (art. 18), tal prazo passou a ser de, no mínimo, 1 (um) ano antes.

Fato certo é que, desde 1982, a cada legislatura, em média, 30% dos deputados federais eleitos mudaram de partido, pelo menos uma vez ao longo de seu mandato. Para ser mais exato, as migrações ocorridas durante a década de 90 ocorreram na seguinte proporção: 40,3% dos congressistas eram de partidos da direita; 19,5%, de esquerda e 20,6%, do centro.

Aceitando-se como verdadeiros tais dados estatísticos obtidos na Câmara dos Deputados e Senado e analisando a formação do Congresso Nacional, especialmente sob o ângulo da ideologia, pode-se concluir que os deputados eleitos por partidos de direita tendem a migrar em maior proporção que os de esquerda; no entanto, aquele migrante procura se filiar a outro partido com afinidades ideológicas mais próximas possíveis da sua anterior agremiação.

Das 686 migrações partidárias ocorridas entre maio de 1985 e janeiro de 1999, pode-se identificar que 413 parlamentares migraram para partidos situados no seu mesmo campo ideológico (60,2%: 324 congressistas de direita, 76 de centro e 13 de esquerda); 36 deles cruzaram de um extremo ao outro dentre as ideologias adotadas por outros partidos (5,2%: 23 de esquerda e 13 de direita) e 237 circularam entre campos contíguos (34,5%).

Após várias análises gráficas e dados estatísticos, pode-se constatar que os congressistas de esquerda migram menos de partido, por força do seu ideário programático; mas quando mudam procedem incoerentemente, pois, enquanto apenas 3,1% dos deputados de direita cruzam o espectro ideológico, os de esquerda atingem o percentual de 36,5%.

Em contrapartida, os congressistas de direita migram muito mais e com maior coerência. Quanto aos de centro, as migrações são realizadas com mais frequência para os partidos de direita (43,3%) que aos de esquerda (20,11%).

Atribui-se o maior vínculo dos congressistas de esquerda aos seus partidos ao fato de que o migrante perde o apoio e força dos militantes partidários, importante diferencial no resultado do processo eleitoral, já que a eleição do parlamentar depende, na quase totalidade das vezes, do voto de legenda.

Ao longo dos anos e da nossa jovem democracia, nota-se que a migração partidária é um evento que corrói a democracia interna das agremiações, a coesão dos partidos em relação aos seus parlamentares e a sua força no jogo do poder ante a heterogeneidade das bancadas e a perda de influência no processo de mudanças sociais e participação democrática.

O índice de evasão de deputados (saída do congressista do partido, por desligamento ou ameaça de expulsão) e a disciplina em plenário (capacidade dos partidos de controlar os votos de seus membros no parlamento) são situações distintas a serem observadas.

Os inócuos meios de punições, inclusive as sanções exemplificativamente apresentadas no art. 25 da Lei 9.096/95, ante a fácil e impune mudança de legenda e a troca de favores no interior do Legislativo, incentivam a indisciplina e a infidelidade partidárias, além do trânsito livre entre as bancadas, posto que o mesmo fator que deveria se prestar à manutenção, em plenário, da disciplina, ao final acaba por incentivar a instabilidade partidária.

É necessário que se encontre uma solução político-jurídica dentro do próprio sistema partidário, de modo a estabelecer uma correspondência de comportamentos entre a fidelidade/disciplina o a migração, de modo a evitar-se a malsinada evasão que alui todo o instituto da representação política.

Para Carlos Ranulfo[8], a ideia de coesão partidária remete a própria existência do partido como instituição indispensável à manutenção do sistema representativo. Se para um número expressivo de deputados, eleitos em uma determinada legislatura, o partido significa apenas e tão somente um instrumento utilizado para a obtenção da cadeira, não possuindo mais qualquer importância a partir de então, provavelmente estaremos diante de uma bancada pouco coesa.

Para fins de análise de coesão partidária e da verificação da higidez do sistema partidário, é necessário analisar o vínculo entre seus membros e os ideais do partido; caso contrário, ter-se-ão meros grupamentos de políticos e não, propriamente, uma instituição partidária destinada à institucionalização do Poder.

Destaca-se, ainda, a existência dos partidos de baldeação, ou "barrigas de aluguel", utilizados no percurso político de parlamentares na busca de um partido que melhor atenda a suas demandas pessoais e "eleitoreiras".

O cenário do Congresso Nacional leva à visualização, como também observa Carlos Ranulfo, da existência de relevantes aspectos capazes de influenciar o processo eleitoral brasileiro e o papel dos partidos políticos na vida democrática, a saber: 1) a princípio, a maioria dos partidos políticos não possui uma norma de recrutamento, estando sempre de "portas abertas" a candidatos interessados em se filiar; 2) a maioria dos candidatos escolhe seus partidos com base na densidade eleitoral e nas perspectivas de voto de cada sigla, não levando em conta os projetos ou seu ideário programático; 3) como as campanhas, nas eleições proporcionais, são conduzidas individualmente, os candidatos entendem ser titulares, os donos do mandato, e não seu partido, ou mesmo o seu colégio eleitoral; 4) ao se desligar e se filiar à agremiação que bem entender, durante a legislatura para o qual foi eleito, demonstram descaso, despreocupação e quebra do compromisso político firmado com seus eleitores, cujo vínculo político-jurídico se materializa no programa adotado pela agremiação, em torno do qual se aglutinam, psicologicamente, os cidadãos, na busca de influenciar nos seus próprios destinos mediante a esco-

---

8 *In Dados*, ob. cit., p. 1-3.

lha das políticas públicas e seus representantes que entendam melhor para a comunidade.

Contribui para as distorções do sistema representativo o fato de que os parlamentares podem, a qualquer momento, a depender exclusivamente de sua vontade, reposicionar-se em outro partido, não sofrendo qualquer sanção, alegando que a Constituição Federal de 1988 não admitiria a perda do mandato por infidelidade ou indisciplina partidárias.

A migração partidária é a maior agravante na deformação da coesão de um partido ou de uma bancada, consistindo, no mais das vezes, na prevalência dos interesses pessoais em detrimento da soberania popular e do postulado ético universal que afirma o dever de cumprimento dos compromissos, até porque, enquanto os direitos advêm do quadro normativo, as obrigações exsurgem da própria natureza[9].

A migração partidária tem criado, no Congresso Nacional, uma formação política diferente daquela oriunda da manifestação popular materializada nas urnas, introduzindo um elemento de instabilidade no interior do Legislativo que obstaculiza a consolidação do sistema representativo partidário, com desgaste da imagem dos partidos e dos políticos com enfraquecimento da nossa democracia participativa.

Pertencer a uma sigla partidária tornou-se algo a ser negociado na primeira oportunidade, o que comprova a fragilidade dos partidos como veículos da democracia representativa[10].

Entre 1978 e 1985, a Constituição brasileira, então vigente, previa a perda do mandato para quem se opusesse às diretrizes estabelecidas pelos órgãos de direção partidária ou mudasse de partido, salvo se a migração fosse motivada pelo ingresso e fundação em novo partido.

No Brasil da Constituição cidadã (1988), pode-se afirmar não existir qualquer efetividade da norma constitucional (art. 17, § 1º) que impõe fidelidade e disciplina partidárias, pois o posicionamento de alguns constitucionalistas e da Suprema Corte é no sentido de não se poder aplicar a pena da perda do mandato, em caso de mudança de agremiação, porque, supostamente, não haveria previsão para tanto, além de que sua adoção confrontaria as normas dos artigos 15 e 55 da Lei Maior, negando, com isso, efetividade às normas constitucional e estatutária que preveem aquela punição[11].

---

9   FAZZIO JUNIOR, Waldo. **Lei de Falência o do Recuperação do Empresas**. São Paulo: Atlas, 2005, p. 58.

10 Foi o que ocorreu durante o primeiro mandato do então Presidente Fernando Henrique Cardoso, quando o PFL e o PSDB foram responsáveis pelo acréscimo de 62 deputados à base governista.

11 É o que consta dos estatutos do PT, PDT e PMN.

Com tal entendimento, tornam-se letra morta a garantia da autonomia partidária e o dever de dispor sobre normas de *fidelidade e disciplina* que fortaleçam os partidos políticos, preservem a autenticidade do sistema representativo e, consequentemente, assegure o regime político adotado pelos brasileiros (art. 1º, *caput* e parágrafo único da CF) das deturpações já conhecidas e denunciadas pela imprensa nacional.

O descalabro da mudança de partido chegou ao cúmulo, nas eleições estaduais e federal de 2002, quando, entre a data da diplomação e antes mesmo da posse, em 1º de janeiro de 2003, dezenas de parlamentares migraram, impunemente, chocando a sociedade brasileira com a já famosa "dança das cadeiras", cujo objetivo foi o aumento de tempo na propaganda eleitoral no certame de 2004, sem embargo da satisfação de interesses pessoais.

Tudo isso ocasiona flagrante distorção do sistema representativo, ante a infidelidade dos representantes eleitos que, *ex abrupto*, desconsideraram a vontade popular que os elegeu em decorrência de compromissos com a bandeira ideológica do partido, alterando, com isso, a soberania popular e a legitimidade do Poder centrada na vontade da maioria dos cidadãos.

Os dados estatísticos da migração partidária, na Câmara dos Deputados, demonstram a nociva permissividade da mudança de partidos, não contempladas com qualquer sanção eficaz[12].

A migração partidária evidencia o equivocado sentimento de propriedade do mandato ostentado pela grande maioria dos parlamentares, a partir da concepção do mandato representativo e da liberdade reconhecida ao seu titular, para votar em conformidade com a sua convicção ideológica, ensejando, com isso, as deturpações que malferem a autenticidade do sistema representativo.

É que o mandato e o seu exercício são percebidos por seus titulares como de sua "propriedade", sem se atentar que o titular do Poder político é o povo e que tem deveres para com o partido político pelo qual se elegeu, em razão do vínculo político-jurídico da filiação[13].

Reconhecido que a imotivada e injusta migração partidária atenta contra a autenticidade do sistema representativo e considerando que a Constituição Federal outorgou autonomia e competência aos partidos políticos para disporem, nos seus estatutos, sobre regras de fidelidade e

---

12   *Vide* Anexo.

13   Olvidam os parlamentares que apenas 1,5% dos deputados estaduais (em todo o Brasil, apenas 16 dos 1059 eleitos) e 6% dos deputados federais alcançaram o quociente eleitoral, pois, dos 513 deputados federais eleitos em 2002, 480 dependeram do voto de legenda para sagrarem-se vitoriosos, sendo que tal índice percentual vem se repetindo nas últimas três eleições, como se pode constatar dos arquivos do Tribunal Superior Eleitoral.

disciplina partidárias, urge que se confira efetividade à norma do art. 17, § 1º, interpretando-a em todo o seu significado e aplicando-a em toda a sua extensão ante o reconhecimento da validade da norma estatutária que pune com a perda do mandato o parlamentar que for infiel ou indisciplinado, preservando-se, com isso, a representação política, afastando os riscos de distorções ou deturpações que malferem a legitimidade do exercício do Poder oriunda da soberania popular manifestada, periodicamente, nas urnas.

O acolhimento das posições jurídicas do Autor desta obra, de que é possível a perda do mandato ou do cargo eletivos por ato de infidelidade ou indisciplina partidária, sem necessidade de emenda do texto constitucional, parte da consideração de ser preciso dar efetividade às normas dos arts. 14, § 3º, V e 17, § 1º da CF e dos estatutos que a preveem, como fez o STF ao conferir interpretação constitucional adequada, levando em conta a realidade política nacional ante o quadro normativo constitucional.

A promulgação da EC 91/2016 acresce o arcabouço constitucional legitimador da efetividade do instituto da Fidelidade Partidária, ao estabelecer a *janela partidária*, ou seja, o sistema somente impõe lapso temporal para a migração porque existe o dever de observância daquele princípio.

3. SISTEMA DE PROTEÇÃO PARTIDÁRIA

A norma impõe o entendimento de que os estatutos não podem dispensar a fidelidade partidária, sob pena de se inviabilizar a representação de partidos. Se os estatutos não podem dispensá-la, é porque ela é inarredável no sistema (Min. Sidney Sanches, MS 20.927/STF, de 11.10.1989).

A existência de sistemas de proteção é inerente a todo e qualquer sistema biológico (leucócitos e anticorpos, no sangue; raios ultravioletas, na pele; alimentos, estômago etc) e social ante a necessidade da coexistência das partes que compõem o organismo e a manutenção da sua unidade, sem o qual fatalmente se extingue o corpo.

É certo que o *controle* partidário sobre a atuação dos seus filiados e, mais ainda, sobre os parlamentares eleitos sob sua sigla é impositivo de ordem constitucional (art. 17, § 1º da CF), destinado a preservar a unidade da instituição ante a natural existência de conflitos e divergências entre seus integrantes e, em última análise, preservar a paz social a ser alcançada pela via do Estado Democrático de Direito.

3.1. Fidelidade Partidária e o Princípio Republicano

A ideia de sistemas de proteção ou de *controle* é de vital importância para a *República* Federativa do Brasil (art. 1º caput da CF), que adota uma peculiar *forma de governo*, centrada na alternância do poder, através de processo eletivo periódico; na igualdade formal dos cidadãos que repele discriminações e privilégios e na responsabilidade pela coisa pública (*res publica*).

A República é forma de governo que, segundo José Afonso da Silva[14], refere-se à maneira como se dá a instituição do poder na sociedade e como se dá a relação entre governantes e governados respondendo à questão de quem deve exercer o poder e como este se exerce.

A amplitude da aplicação do princípio republicano pode ser obtida da seguinte doutrina de José Afonso da Silva:

> "O princípio republicano não deve ser encarado do ponto de vista puramente formal, como algo que vale por sua oposição à forma monárquica. Ruy Barbosa já dizia que o que discrimina a forma republicana não é apenas a coexistência dos três poderes, indispensáveis em todos os governos constitucionais, mas, sim, a condição de que, sobre existirem os Poderes Legislativo, Executivo e Judiciário, os dois primeiros derivem, realmente, de eleições populares. Isso significa que a forma republicana implica a necessidade de legitimidade popular do Presidente da República, Governadores de Estado e Prefeitos Municipais (arts. 28, 29, I e II, e 77), a existência de assembleias e câmaras populares nas três órbitas de governo da República Federativa (arts. 27, 29, I, 44, 45 e 46), eleições periódicas por tempo limitado que se traduz na temporariedade dos mandatos eletivos (arts. cits.) e, consequentemente, não-vitaliciedade dos cargos políticos, prestação de contas da administração pública (arts. 30, III, 31, 34, VII, *d*, 35, II, e 70 a 75)."

Roque Antonio Carrazza[15] conceitua República como tipo de governo, fundado na igualdade formal das pessoas, em que os detentores do poder política exercem-no em caráter eletivo, representativo (de regra), transitório e com responsabilidade.

Pode-se dizer que a República se caracteriza pela eletividade que investe os governantes no Poder político, assegurando à comunidade sua alternância periódica – em contraposição à monarquia que é vitalícia-; pela adoção do sistema representativo; a igualdade formal de todos e a responsabilidade com a coisa pública.

Como o princípio republicano impõe igualdade de tratamento e, por conseguinte, a responsabilidade de todos pela coisa pública, colhe-se de Geraldo Ataliba[16] que:

> "Não teria sentido que os cidadãos se reunissem em república, erigissem um estado, outorgassem a si mesmos uma constituição, em termos republicanos, para consagrar instituições que tolerassem ou permitissem seja de modo direto, seja

---

14   *In* ob. cit., p, 102.
15   CARRAZZA, Roque Antonio. **Curso de Direito Constitucional Tributário**. 9ª ed. São Paulo: Malheiros Editores, 1997, p. 44.
16   *Apud* Roque Antonio Carrazza, *in* ob. cit., p. 45.

indireto, a violação da igualdade fundamental que foi o próprio postulado básico, condicional, da ereção do regime. Que dessem ao estado – que criaram em rigorosa isonomia cidadã – poderes para serem usados criando privilégios, engendrando desigualações, favorecendo grupos ou pessoas, ou atuando em detrimento de quem quer que seja. *Ares publica* é de todos e para todos. Os poderes que de todos recebe devem traduzir-se em benefícios e encargos iguais para todos os cidadãos. De nada valeria a legalidade se não fosse marcada pela igualdade."

No sentir de Celso Antônio Bandeira de Mello[17], o Poder político decorre da soberania popular e deve ser exercido com responsabilidade, pois a sociedade não se organiza sem a observância e cumprimento dos deveres a todos impostos:

"Portanto, o regramento jurídico não tem mais o caráter de preceitos impostos pelo 'Príncipe', por uma autoridade externa ou estranha aos destinatários das regras e por isso estabelecida como instrumento de seus próprios desígnios. Passa a se ver, reversamente, uma disciplina produzida em atenção, no interesse, e com vistas a produzir vantagens para os administrados, já agora concebidos como senhores últimos da coisa pública, *res publica*. Em suma: o título competencial para a produção do Direito muda fundamentalmente, pois seus produtores agem por 'representação'."

A democracia indireta é exercida pela via do sistema representativo, atraindo toda a simbologia que envolve o princípio republicano, cuja forma de governo exige investidura dos agentes políticos, em regra, pela via eletiva periódica, sendo certo que, na atualidade, não existe representação política sem a intermediação dos partidos entre o eleitor, titular do poder (o povo) e o eleito.

O princípio republicano e o sistema representativo estão vinculados por uma conexão necessária, registrando Thomas Cooley[18] que:

"Toda a corporação legislativa deve legislar tendo em vista o bem público, e não o proveito individual de quem quer que seja, e o ato deve ser inspirado pela luz dos princípios gerais que constituem o fundamento natural das instituições representativas. Aqui, entretanto, atingimos a esfera da discrição legislativa. O que for para o bem público, e é o que exigem os princípios em que se apoia o governo representativo, compete à legislatura o decidir, sob a responsabilidade dos seus membros para com os eleitores."

---

17 MELLO, Celso Antônio Bandeira de. **Controle Judicial dos Atos Administrativos**. São Paulo: Revista do Direito Público, 65/28.

18 COOLEY, Thomas. **Princípios Gerais do Direito Constitucional dos Estados Unidos da América do Norte**. 2ª ed. trad. Alcides Cruz. São Paulo: Revista dos Tribunais, 1982. p. 117.

No dizer de Roque Antonio Carrazza[19]:

> "Falar em República, pois, é falar em responsabilidade. A noção de República caminha de braços dados com a ideia de que todas as autoridades, por não estarem nem acima nem fora do Direito, são responsáveis pelos danos a que derem causa, podendo, por conseguinte, ser compelidas a ressarci-los. A irresponsabilidade atrita abertamente com o regime republicano."

A ideia da responsabilidade com a coisa pública, ínsita à *res publica*, impõe diferentes formas de *controle*, de natureza interna e externa, administrativa e judicial, figurando dentre as mais conhecidas o *impeachment* a que estão submetidos os Chefes do Poder Executivo e os integrantes do Poder Legislativo, alcançando o Poder Judiciário e o Ministério Público pela via dos respectivos Conselhos Nacionais (EC 45/2004), sem embargos de outros meios específicos dirigidos aos agentes públicos em geral.

Como visto no Capítulo II, 3ª parte, embora os partidos políticos sejam criados como as pessoas jurídicas de direito privado e tenham esta natureza, ao se registrarem no Tribunal Superior Eleitoral adquirem *capacidade eleitoral* para participar das eleições, receber fundo partidário, fazer propaganda partidária e eleitoral e defender seus símbolos, tudo com vista a alcançar o Poder político, compondo os órgãos do Estado.

Destarte, apresentam-se os partidos políticos como realidades de técnica político-jurídica, veículos indispensáveis ao funcionamento do sistema representativo e que exercem importante parcela de poder, praticando *atos de autoridade* passíveis de impugnação pela via do mandado de segurança, na medida em que podem atingir direito público subjetivo, direitos políticos de cidadania passiva (ser votado) e participação democrática, como ocorre com a *filiação partidária*, uma das condições de elegibilidade (art. 14, § 3º, V da CF).

É que a parcela de poder público inerente aos partidos políticos resulta do exercício das suas competências constitucionais e legais, mormente no curso do processo eleitoral, constituindo-se elemento indispensável ao funcionamento do sistema representativo e do Estado Democrático de Direito.

A Carta Magna de 1988, a teor do art. 17, § 2º superando o entendimento anterior, contido no artigo 2º da Lei 5.682/71 (antiga Lei Orgânica dos Partidos Políticos), que reconhecia aos partidos políticos a natureza de pessoa jurídica de direito público interno, introduz uma mudança no ordenamento jurídico-político brasileiro ao passar a considerá-lo pessoa jurídica de direito privado, que adquire personalidade jurídica na forma da lei civil após o registro no Cartório do Registro Civil das Pessoas Jurídicas (art. 1º, II, c.c. art. 114, III, da Lei nº 6.015/73).

---

19   *In* ob. cit., p. 56.

Com o registro civil, os partidos políticos podem funcionar nos moldes de uma associação e desde que haja previsão estatutária podem desenvolver atividades de proteção ao meio ambiente, ao consumidor, à ordem econômica, à livre-concorrência, ou ao patrimônio artístico, estético, histórico, turístico e paisagístico. Se forem constituídos há pelo menos um ano, os partidos políticos tornam-se legitimados concorrentes à proposição de ação civil pública, conforme previsão do art. 5º, *caput* e incisos I e II, da Lei 7.347/85.

Todavia, a capacidade eleitoral dos partidos políticos somente emerge a partir do registro dos seus estatutos no Tribunal Superior Eleitoral, conforme exigido por norma constitucional, que é condição *sine qua non* para que seus candidatos concorram a cargos eletivos nas eleições municipais, estaduais, federais e presidencial, na busca pelo objetivo maior, que é alcançar o poder político.

A alteração da natureza jurídica dos partidos políticos pela Carta Magna vigente fora aplaudida por doutrinadores como José Afonso da Silva[20], que assevera que o enquadramento dos partidos como pessoas jurídicas de direito público interno revelava-se artificial, eis que não são criados por lei, não se exige o registro dos seus instrumentos constitutivos, pois lhes falta o elemento essencial para tal caracterização, que é a finalidade pública, isto é, a defesa de interesses públicos, entendendo, ainda, que, quando os partidos se encontram no exercício de funções governamentais, são instrumentos da prestação de serviços de natureza pública, cuja titularidade é do Estado, dos órgãos governamentais, que não se confundem com os partidos políticos. Aduz que não há que se confundir a exigência do registro dos estatutos dos partidos políticos na Justiça Eleitoral, órgão público, com a sua natureza jurídica, pois tal registro visa tão somente assegurar o controle público dos partidos políticos.

Há de se reconhecer que os partidos políticos exercem parcela de poder público quando no exercício de determinadas competências legais, em regra relativas ao processo eleitoral, seus atos disputarem a respeito do exercício de um direito público subjetivo do cidadão de se filiar a uma agremiação para pleitear o exercício de um cargo público, podendo, em tal hipótese, se verificada a prática de atos de infidelidade e indisciplina partidárias, trazer como consequência imediata o seu desligamento (impropriamente nominado pela imprensa de desfiliação) do partido.

O Tribunal Superior Eleitoral tem iterativa jurisprudência reconhecendo que os partidos políticos mantêm atividade de caráter público que lhes confere legitimidade para integrar o polo passivo, em sede de mandados de segurança, e ativo, no pedido de suspensão de segurança, ou de liminar, não obstante a Lei nº 9.259/96 tenha excluído os representantes ou órgãos dos

---

20 SILVA, José Afonso da. **Curso do Direito Constitucional Positivo**. 14ª ed. São Paulo: Malheiros Editores, 1997, p. 383-384.

partidos políticos do rol das autoridades para efeito de cabimento do *writ*, quando alterou o § 1º do art. 1º da Lei nº 1.533/51.

Admite a Corte Superior Eleitoral que os dirigentes de partidos políticos pratiquem atos de autoridade, tal como ocorre em relação às autoridades públicas ou agentes de pessoas jurídicas de direito privado no exercício de atribuições de Poder Público, em determinadas situações.

O Ministro José Neri da Silveira, do Supremo Tribunal Federal e do Tribunal Superior Eleitoral, externou tal entendimento no Acórdão nº 79[21], quando admitiu o cabimento de mandado de segurança contra ato abusivo de órgão de direção partidária, no que se refere a desligamento ou expulsão de filiados detentores de mandatos eletivos dos seus quadros, considerando-o, *in casu*, como autoridade pública coatora, sob os seguintes fundamentos:

> "[...] há atos de partidos políticos que estão intimamente ligados à própria mecânica dos poderes, ao próprio dinamismo do sistema democrático: ninguém pode ser candidato senão por decisão de partido político. Sendo alguém detentor de mandato legislativo por decisão de partido político, se dele excluído, poderá não ter mais condições de disputar o mandato assegurado pela lei."

Conclui o eminente Ministro do Excelso Pretório afirmando que, tendo o partido político competência ou o poder de expulsar um filiado, detentor de mandato eletivo, obstando-o do direito de tentar a reeleição, então a agremiação exerce excepcionalmente uma função de autoridade pública, se a expulsão se dá menos que um ano antes da eleição.

O Ministro Maurício Correia, também do Supremo Tribunal Federal e do Tribunal Superior Eleitoral, corrobora este entendimento ao aduzir, em voto proferido no mesmo julgado, que o partido político integra o Estado Democrático de Direito, tanto assim que para ter capacidade de concorrer a cargos eletivos em nível municipal, estadual ou federal, o candidato deve ser filiado a uma agremiação partidária[22].

O então Ministro Ilmar Galvão, do Supremo Tribunal Federal e do Tribunal Superior Eleitoral, foi mais além, para considerar que os partidos políticos não perderam o caráter de exercentes de *função pública*, mesmo tendo sido declarados pessoas jurídicas de direito privado, pela Constituição Federal de 1988, eis que os fins a que se destinam não sofreram quaisquer alterações, explicitando que o ato do órgão de direção partidária que impede parlamentares filiados de concorrerem à reeleição consiste em "*ato partidá-*

---

21 Recurso Ordinário cm Mandado de Segurança- SC. Acórdão nº 79 de 07/08/98, Relator Eduardo Andrade Ribeiro de Oliveira, publicado no DJ cm 07/08/98. p. B-10.

22 *Idem*, p. 11.

rio revestido de evidente conotação eleitoral", donde se vislumbra o seu caráter público[23].

Em decisão monocrática proferida na Suspensão de Segurança nº 34, de 26/10/02, o Ministro Nelson Jobim, do Supremo Tribunal Federal e do Tribunal Superior Eleitoral, dissertando acerca da legitimidade ativa de partido político para requerer suspensão de segurança ou suspensão de liminar, trouxe à baila decisão do Tribunal Superior Eleitoral, na Medida Cautelar nº 59, de 09/09/96,[24] em que reconhece o exercício de parcela de poder público por parte dos partidos políticos:

> "[...] 2. Os precedentes desta Corte são no sentido da admissibilidade de os partidos políticos requererem a suspensão da eficácia de liminar ou sentença proferida em mandado de segurança, com base no art. 4º da Lei 4.348/64, isso considerando o grande todo que é o processo eleitoral (Mandados de Segurança nºs 2.000 e 2.216). Por outro lado, também há precedentes sobre a adoção do instituto excepcional de suspensão em se tratando de liminar ou sentença ligadas à demanda cautelar (Mandado de Segurança nº 1.931). [...]
> E assim o é, tendo em conta estar a atividade dos partidos políticos voltada à realização das próprias eleições, exsurgindo potencializado, a mais não poder, o interesse público [...]."

Acolhe, portanto, o Tribunal Superior Eleitoral, o posicionamento de que os partidos políticos exercem, ainda que excepcionalmente, função pública ou função delegada do Poder Público, o que não afronta o nosso ordenamento jurídico, até porque as empresas públicas e sociedades de economia mista (pessoas jurídicas de direito privado) detêm parcela de poder público.

Apenas para ilustrar, algumas pessoas jurídicas de direito privado, concessionárias de serviços públicos, detêm competência para promover a mais grave forma de intervenção do Estado na propriedade privada, que é a desapropriação[25].

Investem-se, assim, os partidos políticos de peculiar parcela de poder, a ensejar a prática de atos de autoridade por assemelhação, em virtude da

---

23 *Ibidem*, p. 15-18.

24 Suspensão do Liminar *nº* 34 – Boa Vista – HH de 26/10/2002. Relator Nelson Azevedo Jobim, publicado no DJ em 30/10/2002, p. 178-179.

25 Essa atribuição poderá derivar de lei específica ou de contrato celebrado entre as partos envolvidas, no qual o estado, expressamente, outorga à concessionária a atribuição do promover o processo expropriatório, *vida* Decreto nº.4.382, de 19 de setembro de 2002, que regulamenta a tributação, fiscalização, arrecadação e administração do Imposto sobre a Propriedade Territorial Rural – ITR; Decreto-Lei nº 3.365, do 21 do junho do 1911, que dispõe sobre desapropriações por utilidade pública, e Lei nº 2001, de 03 do outubro de 1953, que dispõe sobre a política nacional do petróleo *e* define as atribuições do conselho nacional do petróleo, institui a sociedade anônima, *e* dá outras providências.

natureza e fins da atividade que desenvolvem em prol do funcionamento do sistema representativo, sustentáculo da democracia representativa.

À semelhança das autoridades administrativas, podem os partidos políticos ter seus atos impugnados pela via do mandado de segurança (ato de autoridade), além de estarem legitimados ativamente para a propositura da suspensão de segurança (TSE), da ação civil pública, da ação direta de inconstitucionalidade e de constitucionalidade, da ação de arguição de descumprimento de preceito constitucional, dentre outros remédios processuais, da mesma forma que a União, os Estados, o Distrito Federal, os Municípios e o Ministério Público, que é órgão cuja função constitucional é velar pela ordem jurídica e pelo regime democrático (art. 127, *caput* da CF).

A relevância dos Partidos Políticos para o funcionamento da democracia representativa, com o reconhecimento de que sua atividade política se reveste da indispensabilidade institucional, é tamanha que o Supremo Tribunal Federal tem reconhecido a sua amplíssima legitimação extraordinária, sem exigência de pertinência temática, salvo posição isolada do então Ministro Presidente, Carlos Mário Velloso, em decisão monocrática proferida no mandado de segurança (SS 1740/BA).

Por isso não se pode admitir, em respeito à autenticidade do sistema representativo e ao princípio republicano que submete a todos o controle e responsabilização pelares *publica*, que o parlamentar, no exercício do mandato político, cometa atos de infidelidade e/ou de indisciplina, e, mesmo assim, fique impune em decorrência da livre mudança de agremiação, ao fundamento de que a sua perda não se encontra prevista na Lei Maior.

A permissibilidade, ampla e irrestrita, da migração partidária, bem como a falta de efetividade da norma estatutária que, em razão da autonomia constitucional outorgada aos partidos, constante da parte final do § 1º do art. 17 da CF, prevê a perda do mandato para o parlamentar infiel ou indisciplinado, implicam dotar os parlamentares de indenidade não prevista expressa ou implicitamente na Carta Magna, conferindo-lhes odioso privilégio, que vulnera o princípio republicano.

É o que vem ocorrendo com a migração, que, a par de ofender o princípio republicano, faz letra morta da norma constitucional do § 1º do art. 17, que outorga competência aos partidos políticos para dispor sobre fidelidade e disciplina partidárias, bem assim da regra estatutária que estabelece a sanção da perda de mandato, ainda carente de efetivação.

O princípio republicano, ao lado dos princípios federativo e o da separação de poderes, além de outros decorrentes do regime político, integra o rol dos princípios estruturantes do Estado brasileiro[26].

---

26   Canotilho classifica os princípios fundamentais (Título I. da Constituição Federal de 1988) como princípios constitucionalmente estruturantes, tendo em vista que designam

3.2. Fidelidade Partidária e o Princípio Federativo

Federação é a forma de Estado adotada pelos brasileiros, tendo sido erigida a cláusula pétrea pelo Constituinte de 1988, recepcionada que foi em decorrência da sua evolução histórica iniciada com a Constituição de 1891 – a primeira Carta republicana – que, na esteira do federalismo americano, constatara que a concentração do poder enfeixado nas mãos de um ente político poderia conduzir à tirania.

Registra Paulo Fernando Silva[27] que Thomas Jefferson defendia, como característica vital de um bom governo, a gradação da autoridade, com divisão específica das atribuições, de modo que se colocasse sob cada um o que seus próprios olhos podem dirigir, evitando-se, com a fiscalização direta, a malversação do dinheiro público, a corrupção e a tirania. Disse Jefferson:

> "Deixe o governo nacional ser incumbido da defesa da nação e suas relações estrangeiras e federais. Os governos estaduais com os direitos civis, leis, polícia e administração do que concerne ao Estado genericamente; aos Municípios com o que se refere aos interesses locais (...). É pela divisão e subdivisão dessa grande república nacional que se obtém a subordinação de uma a outra, até que torne uma administração de cada proprietário. É colocando sob os olhos de cada um aquilo que pode supervisionar é que se fará o melhor."

Surge a federação da união de coletividades públicas que renunciam à soberania, reservando-se autonomia político-constitucional, autonomia federativa,[28] tendo por pilares: a) a desconcentração de poder entre os entes políticos; b) a intervenção mínima e excepcional do governo central (poderes

---

os princípios constitutivos do núcleo essencial da Constituição, garantindo-lhe uma determinada identidade e estrutura, identificando duas dimensões: uma constitutiva, dado que os princípios, eles mesmos, na sua fundamentalidade principal exprimem, indiciam, denotam ou constituem uma compreensão global da ordem constitucional o uma declarativa, pois estes princípios assumem muitas vezes, a natureza de superconceitos dos vocábulos designantes, utilizados para exprimir a soma de outros subprincípios o do concretizações normativamente plasmadas. A concepção dogmática compreende os princípios constitucionais estruturantes (princípios fundamentais) corno princípios concretos, consagrados numa ordem jurídico-constitucional cm determinada situação histórica. Nega-se, com isso, a possibilidade de um direito metafísico, fundado em uma ordem jurídica abstrata, sem supedâneo nas convenções positivas dos homens; rejeita-se um direito reconduzível a uma ordem de valores suprapositiva. Para Canotilho, os princípios fundamentais, nas suas múltiplas dimensões e desenvolvimentos, formam o cerne da constituição e consubstanciam a sua identidade intrínseca.

27 SILVA, Paulo Fernando. **Freios e Contrapesos, Checks and Balances**. Bolo Horizonte. Del Rey: 1999, p. 56.

28 José Afonso da Silva, in ob. cit., p. 99.

restritos enunciados), competindo ao Estado-membro todos os demais restantes (poderes amplos remanescentes); c) o equilíbrio de poderes entre o ente central e os periféricos[29].

A repartição de competências para partilha de Poder entre as unidades federativas decorre da existência de dois níveis de estatalidade, de dois centros de poder, um central e outros periféricos, que devem funcionar autônoma e concomitantemente.

Para José Afonso da Silva[30], a autonomia federativa assenta-se em dois elementos básicos: (a) na existência de órgãos governamentais próprios, isto é, que não dependam dos órgãos federais quanto à forma de seleção e investidura; (b) na posse de competências exclusivas, um mínimo, ao menos, que não seja ridiculamente reduzido. (...) A repartição de competências entre a União e os Estados-membros constitui o fulcro do Estado Federal e dá origem a uma estrutura estatal complexa, que apresenta, um só tempo, aspectos unitários e federativos.

Alexandre de Moraes[31] diz que a adoção da espécie federal de Estado gravita em torno do princípio da autonomia e da participação política e pressupõe a consagração de certas regras constitucionais, tendentes não somente à sua configuração, mas também à sua manutenção e indissolubilidade.

Geraldo Ataliba[32] registra que a federação exsurge como associação de Estados (*foedus, foederis*) para formação de novo Estado (o federal) com repartição rígida de atributos da soberania entre eles.

Conclui-se que a Constituição de 1988 buscou resgatar o princípio federalista e estruturou um sistema de repartição de competências que tenta equilibrar as relações entre o poder central e os poderes estaduais e municipais.

Autonomia é termo de origem grega (*autos* = próprio + *nomos* = norma) que significa ter alguém poder para editar normas próprias. Na Federação brasileira, pode-se dizer que as autonomias conferem às respectivas unidades federativas a capacidade de outorgarem as respectivas constituições e leis, o mesmo valendo para os partidos políticos, exercentes de parcela de poder político, na qualidade de corpos intermediários indispensáveis à democracia representativa e à formação dos órgãos, em dois dos Poderes estruturais e imanentes do Estado, o Legislativo e o Executivo.

---

29 Paulo Fernando Silveira, *in* ob. cit., p. 57.
30 *In* ob. cit., p. 100-101.
31 MORAES, Alexandre de. **Direito Constitucional**. 11ª ed. São Paulo: Atlas, 2002, p. 266.
32 ATALIBA, Geraldo. **República e constituição**. São Paulo: Revista dos Tribunais. 1985, p. 10. 33 *In* ob, cit., p. 102.

Registre-se que a Constituição Federal de 1988 faz menção, no seu bojo, ao termo *autonomia* por 11 vezes[33].

A Constituição outorga autonomia aos órgãos que exercem parcela de poder e sustentam o Estado Democrático de Direito, exceto no art. 217, I, em que reconhece serem as entidades desportivas titulares de "autonomia"!

Competência é termo de origem latina (*competentia*) que significa estar no gozo ou ser capaz, resultando do princípio da divisão do trabalho e da necessidade de sua otimização das múltiplas funções do Estado, a serem exercidas de forma desconcentrada e em áreas de atuação previamente delimitadas, evitando-se eventuais choques entre os diversos órgãos estatais. Ou seja, a competência é a medida das autonomias ou, como preferem dizer alguns, em sentido lato, o limite das jurisdições.

O termo *competência* e seus derivados (*competente* e *compete*) podem ser encontrados no bojo da Constituição de 1988, em diversos dispositivos[34].

Raul Machado Horta[35] assevera que seria destituído de utilidade prática o reconhecimento da capacidade de auto-organização e de autolegislação sem que houvesse uma definição do objeto passível de normatização pelos Estados, apontando que:

> "a) a autonomia do Estado-Membro pressupõe a repartição constitucional de competências pra o exercício e o desenvolvimento de sua atividade normativa;

---

33 Arts. 17, § 1º; 34, VII, e: 37, s 8º.; 99, *caput*; 103-B, § 4º. I; 127, § 2º; 130-A, § 2º, I; 134, § 2º, 207, *caput*; 217, I; 219, *caput*.

34 COMPETENTE: art. 5º, XVI XXV, LIII, LXI, LXII; art. 8º, I; art. 31, § 2º; art. 71, XI ; art. 98, I; art, 100, § 6º; art. 102 § 2º; art. 103-B, XI; art, 103, § 7º; art, 125, § 4º; art. 128, § 5º, I, *b*; art, 130, § 5º; art. 136, § 3º, I; art. 181; art. 208, § 2º; art, 225, § 2º; ADCT, art. 49 e art, 78, § 4º; COMPETE: art. 21, 22, 24; art. 27, § 3º; art. 30; art. 51, 52, 71, 84, 87, § único; art. 90, 91, § 1º; art. 96; art. 98, I; art. 99, § 2º: art. 102; art. 103, § 4º; art. 105; art. 108; art. 109; art. 114; art. 124; art. 125, § 4º, 5º; art. 130-A, § 2º; art. 143, § 1º; art. 147, art. 149, art. 153, art. 155, § lº, I o II, art. 156, § 2º, III; art. 184; art. 194, Par. Único; art. 200, *caput*; art. 208, § 3º, art. 220, § 3º, art. 223; ADCT, art. 27, § 10; EC/19, art, 25. COMPETÊNCIA: Art. 5º, XXXVIII; art. 22, XXII; arts. 23, 24, § 1º, 2º e 3º; art. 25, §1º; art. 30, III; art. 32, § 1º; art. 33, §3º; art. 37, XVIII; art. 48, *caput*; art. 49, *caput*, IX; art. 58, § 2º, I; art. 68, § lº; art. 87, I; art. 93, XI; art. 96, I, a; art. 96, III; art. 98, II; art. 102, I, l, m, o, § lº; art. 103-B, § 4º, I, II e III; art. 105, I, c, d, f, h; art, 108, I, a, o, II; art. 109, IV, VII, VIII, IX, § 5º; art. 111-A, § 1º; art. 113, *caput*; art, 114; art. 121, *caput*; Art. 124, § único; art. 125, § 1º, § 4º; art. 126, *caput*; art. 129, VI; art. 130-A, § 2º, I, III; art. 144, § 1º, II, § 4º; art. 146, I; art. 146-A, *caput*; art. 151, UI; art. 154, II; art. 155, § 1º, III; art. 155, IX, *b*; art. 157, II; art. 164, *caput*; ADCT, art. 16, § 1º; art. 21, *caput*; art. 25, *caput*; art. 27, §1º, § 7º, § 10; art. 29, § 5º; art: 70; EC nº 02/92, EC nº 03/93, art. 1º, § 3º; art. 4º, EC nº 45/04, art. 4º, parágrafo único.

35 HORTA, Raul Machado. **Autonomia do Estado-membro no Direito Constitucional brasileiro**. Belo Horizonte, 1964, p, 49.

b) o Estado federal não autoriza que se desvinculem esses dois aspectos fundamentais de sua fisionomia;
c) a técnica de repartição é elemento específico e essencial ao sistema federativo;
d) e sob o ângulo da autonomia, a distribuição constitucional de competência entre o governo central e os governos estaduais irá conduzir ao conteúdo da atividade autonômica."

Fernanda Dias Menezes de Almeida[36] afirma que a Federação é um grande sistema de repartição de competências e completa:

"O que se disse em relação aos Estados-membros vale também para a União. É que, tanto quanto aqueles, a União exerce atividade legiferante autônoma, cujo objeto, pelas mesmas razões, pressupõe definição constitucional.
Sob outro viso, a partilha de competências afigura-se um imperativo do federalismo para a preservação do relacionamento harmônico entre União e Estados-membros. Sim, porque a não-delimitação das atribuições do conjunto e das partes, que devem coexistir e atuar simultaneamente, tornaria inevitavelmente conflituosa sua convivência, pondo em risco o equilíbrio mútuo que há do presidir a delicada parceria a que corresponde, em última análise, a Federação."

O Estado Federal, portanto, baseia-se na repartição de competências entre as unidades que o compõem, dotadas de autonomia político-constitucional, que substanciam a argamassa que as mantêm unidas (unidade-indissolubilidade) em torno de um território, de uma população e sob uma mesma ordem jurídica.

Esta repartição de competências se faz em função das *autonomias* das unidades da Federação e se opera, além das esferas políticas e, em especial, nas fiscais, alcançando os órgãos administrativos (art. 34, VII, c, e art. 37, § 8º da CF), jurisdicionais (art. 99, *caput* e art. 103-B, § 4º, I), essenciais à justiça (127, § 2º, 130-A, § 2º, I, e 134, § 2º); educacional superior (art. 207, *caput* da CF), tecnológico (art. 219, *caput* da CF).

Em síntese, a Constituição de 1988, para manter hígida a Federação, reparte competências, atribuindo-as em razão das autonomias das suas unidades e das instituições que exercem significativa parcela de poder, indispensáveis à preservação do Estado Democrático de Direito, como sói ocorrer com os partidos políticos no que toca à autonomia que lhe é conferida para definir sua estrutura, organização, funcionamento e instituir sistema de proteção ou controle que atue de forma eficaz e efetiva, pela via da fidelidade e disciplina partidárias.

Resta, assim, positivada a intenção do Constituinte de 1988 de outorgar aos partidos políticos (art. 17, § 1º da CF) autonomia e consequentemente competência para dispor sobre sua estrutura, organização, funcionamento, fidelidade

---

36 ALMEIDA, Fernanda Dias Menezes de. **Competências na Constituição de 1988**. São Paulo: Atlas, 1991, p. 32-33.

e disciplina, levando em conta o principio da predominância do interesse, por ser assunto pertinente aos corpos intermediários da democracia representativa.

Mas o federalismo americano, no qual se abeberaram os brasileiros que elaboraram a Carta republicana de 1891, exigia outros mecanismos para viabilizar a desconcentração do poder.

Surge daí o princípio da separação de poderes, oriundo das formulações aristotélicas desenvolvidas por John Locke e Rousseau, restando a doutrina de tripartição dos Poderes Legislativo, Executivo e Judiciário consagrada por Montesquieu, no seu O *Espírito das Leis,* o definitivamente positivada nas Constituições americana de 1787 e francesa de 1791, constando do art. 16 da Declaração dos Direitos do Homem e do Cidadão, de 1789, *que não teria constituição a sociedade que não assegurasse a separação de poderes.*

A adoção da forma federativa de Estado associada à doutrina da separação dos Poderes Legislativo, Executivo e Judiciário, completa toda uma estratégia política formulada desde a antiguidade até os federalistas americanos de 1787, visando instituir uma forma de contenção do poder para a eliminação de tiranias, concretizada em um *mecanismo de controle* que engendra um sistema denominado "freios e contrapesos" ou *"checks and balances",* mediante a submissão dos Poderes do Estado à fiscalização recíproca capaz de propiciar o equilíbrio, prevenindo abusos, excessos e o arbítrio ante a possibilidade de comprometimento da paz social pela prevalência da vontade de quem detém maior "força", no palco da vida, em que se dá o eterno conflito entre poder estatal *x* liberdade individual.

Consoante detecta Jean-Willian Lapierre[37]:

> "O poder é um fenômeno sócio-cultural. Quer isso dizer que é fato da vida social. Pertencer a um grupo social é reconhecer que ele pode exigir certos atos, uma conduta conforme com os fins perseguidos; é admitir que pode nos impor certos esforços custosos, certos sacrifícios; que pode fixar, aos nossos desejos, certos limites e prescrever, às nossas atividades, certas formas."

Acerca do poder inerente à vida em sociedade, pensa José Afonso da Silva[38] que se pode defini-lo como uma *energia capaz de coordenar e impor decisões visando à realização de determinados fins.* O Estado, como grupo social máximo e total, tem também o seu poder, que é o *poder político* ou *poder estatal.* Daí se vê que o poder político é superior a todos os outros poderes sociais, os quais reconhece, rege e domina, visando a ordenar as relações entre esses grupos e os indivíduos entre si e reciprocamente, de maneira a manter um mínimo de ordem e estimular um máximo de progresso à vista do bem comum.

---

37 *Apud* José Afonso as Silva, *in* ob. cit., p, 106-107.

38 José Afonso da Silva. *in* ob. cit., p.106-107.

Para a *efetividade* dos *Direitos Fundamentais* é que a Constituição oferece um sistema de *Garantias* (Título II), dentre os quais se encontra a regulação dos Direitos Políticos (Capítulo IV) e do seu veículo mais importante, os Partidos Políticos (Capítulo V), imprescindíveis para a democracia representativa.

A propósito das *Garantias* constitucionais, é elucidativa a doutrina de José Afonso da Silva[39]:

> "Usá-la-emos para exprimir os meios, instrumentos, procedimentos e instituições destinados a assegurar o respeito à efetividade do gozo e a exigibilidade dos direitos individuais.
> Finalmente, a garantia das garantias consiste na eficácia e aplicabilidade imediata das normas constitucionais. Os direitos, liberdades e prerrogativas consubstanciadas no título II, caracterizados como direitos fundamentais, só cumprem sua finalidade se as normas que os expressem tiverem efetividade. A Constituição se preocupou com a questão em vários momentos. O primeiro, em uma norma--síntese em que determina que as normas definidoras dos direitos e garantias fundamentais têm aplicação imediata. Não é, pois, só a garantia dos direitos políticos, mas de todos os direitos fundamentais: individuais, coletivos, sociais, de nacionalidade e políticos. Essa declaração pura e simplesmente, por si, não bastaria se outros mecanismos não fossem previstos para torná-la eficiente.
> Sua existência só por si, contudo, estabelece uma ordem aos aplicadores da Constituição, no sentido de que o princípio é o da eficácia plena e a aplicação imediata das normas definidoras dos direitos fundamentais: individuais, coletivos, sociais, de nacionalidade e políticos, de tal sorte que só em situação de absoluta impossibilidade se há de decidir pela necessidade ulterior de normatividade ulterior de aplicação.
> Por isso, revela-se, por seu alto sentido político, como eminente garantia política de defesa da eficácia jurídica e social da Constituição."

Dentre os sistemas de proteção dos *Direitos Fundamentais*, distingue Maria Garcia[40] entre sistema político e sistema administrativo como técnicas de resguardar as liberdades públicas, invocando Manoel Gonçalves Ferreira Filho, quem enfatiza a insuficiência da proclamação das liberdades e as possibilidades da sua violação, com a consequente necessidade de assegurá-los, mediante o estabelecimento das garantias: *em sentido amplo*, os instrumentos ou meios que protegem os direitos e sua efetiva existência; *em sentido estrito*, as prescrições que vedam determinadas ações ao Poder Público.

Colhe-se da doutrina de Maria Garcia[41] que:

> "Os sistemas de proteção vêm referidos ao Direito interno e internacional. Com referência ao Direito interno, são apresentados o sistema político, o sistema ad-

---

39   *In* ob. cit., p. 418 e 465.
40   In ob. cit., p. 202
41   *In* ob. cit., p. 202.

ministrativo, o sistema jurisdicional e o sistema misto. Dentre eles, o sistema político apresenta dois aspectos: proteção pela lei (em que os instrumentos utilizados são a elaboração da lei, o controle de constitucionalidade, a intervenção federal, as comissões parlamentares de inquérito).
Na proteção contra a lei, os autores enumeram, na fase de elaboração da lei: o *referendum,* o veto popular *(mandatory referendum,* do Direito norte-americano). Após elaborada a lei: veto popular, controle da constitucionalidade (o *judicial review* do Direito norte-americano), objeção de consciência, prevista em lei; greve, recusa de obediência à lei injusta, resistência à opressão e a revolução."

E conclui a respeitada jurista:

"A regra da aplicabilidade imediata dos Direitos e Garantias Fundamentais (art. 5º, § 1º). O dispositivo não expressa como fazem as Constituições espanhola (art. 53.1) e portuguesa (art. 18) que os direitos e garantias 'vinculam a todos los poderes públicos', ou ' as entidades públicas e privadas'; evidentemente, tal cláusula encontra-se contida no preceito, vinculando a todos, com força normativa, no território nacional."

O Brasil adota a forma de governo republicana e a federação como forma de Estado, por ser composto de Estados-Membros, Distrito Federal e Municípios, todos dotados de participação na formação dos órgãos federais e autonomias em relação à União, que, também, no plano externo, representa o Estado Federal, detendo a soberania nacional.

Todas as entidades federativas são autônomas, possuindo órgãos próprios e competências exclusivas, as quais desenvolvem importante papel na manutenção da República Federativa do Brasil. Assim, são as competências implicações da autonomia dos entes federativos.

Na doutrina de José Afonso da Silva[42], a competência é a faculdade juridicamente atribuída a uma entidade ou a um órgão ou agente público para emitir decisões, podendo ser classificadas em competências materiais ou administrativas e legislativas.

O que caracteriza a essência da Federação é a inexistência de hierarquia entre os entes federados (União, Estados, Distrito Federal e Municípios, no caso da República brasileira), pois cada uma das esferas de poder, nos três níveis, participa da soberania, ou seja, detém parcelas de soberania expressas na sua competência legislativa constitucional, no exercício do poder constituinte derivado, além das repartições de competências legislativas ordinárias, administrativas e jurisdicionais.

A Constituição Federal é a manifestação integral da soberania do Estado Federal, por meio do qual mantém a unidade dos sistemas político e jurídico, cabendo ao Poder Judiciário exercer, por último, o controle de legalidade e

---

42 *In* ob. cit., p. 477.

de constitucionalidade dos atos emanados dos seus próprios membros, dos Poderes Legislativo e Executivo, bem assim daqueles praticados por pessoas físicas ou jurídicas integrantes da sociedade civil.

A divisão e a atribuição de poderes são imprescindíveis para a definição da estrutura, da organização e do funcionamento do Estado, assim como de qualquer ente aglutinador de interesses, exigindo que se confira autonomia a determinados órgãos, em razão da especialização funcional para certas funções e sua independência orgânica, sem subordinação aos demais.

É que o princípio da separação de poderes assegura o funcionamento independente e harmônico entre todos eles (Legislativo, Executivo e Judiciário), sem descurar da necessidade de manutenção de um sistema de controle recíproco capaz de coibir a concentração do poder e seus consequentes abusos, sendo, portanto, indispensável a fixação das denominadas competências, de modo a evitar conflitos decorrentes de invasão de áreas de atuação territoriais, materiais e funcionais, administrativas ou judiciais.

A Constituição Federal de 1988 dispõe, no art. 2º, que *"São Poderes da União, independentes e harmônicos entre si, o Legislativo, o Executivo e o Judiciário"*. Esta cláusula retrata o princípio estruturante da separação de poderes, consagrada desde a Constituição republicana de 1891 até a de 1988.

A *independência* significa, para José Afonso da Silva[43], que a investidura e a permanência das pessoas num dos órgãos do governo não dependem da confiança nem da vontade dos outros; que no exercício das atribuições que lhes sejam próprias não precisam os titulares consultar os outros nem necessitam de sua autorização: que na organização dos respectivos serviços cada um é livre, observadas apenas as disposições constitucionais e legais.

Mas a Constituição Federal não só reparte competências tributárias como manifestação da *potestade*. Também outorga competência para instituir órgãos de controle interno e externo, administrativos e judiciais, a exemplo do que ocorre com os Tribunais Superiores, Regionais e Estaduais, para disciplinar seu funcionamento, seja pela via dos respectivos regimentos internos, seja por Conselhos Nacionais (EC 45/2004), o mesmo ocorrendo em relação ao Ministério Público, bem assim aos Tribunais de Contas que integram o Poder Legislativo e a outros órgãos do Executivo, a exemplo das Corregedorias (CGU) e Auditorias Gerais, tudo funcionando independente e harmonicamente, respeitando-se autonomias e competências, com reserva ao Poder Judiciário do monopólio jurisdicional do Estado, em prol da manutenção do Estado Democrático de Direito.

A formulação teórica do federalismo objetiva a desconcentração do poder para evitar as ditaduras, valendo-se do reconhecimento da *especialização funcional* e da *independência harmônica* executada pela "separação de poderes"

---

[43] *In* ob. cit., p. 110.

– que tem a ver com o princípio da divisão do trabalho – e operacionalizada por um sistema de controle recíproco denominado freios e contrapesos (*checks and balances*) capaz de harmonizar a atuação dos múltiplos órgãos que compõem o Estado, prevenindo e reprimindo eventuais abusos.

Os princípios estruturantes do Estado brasileiro, especialmente as formas republicana e federativa, em razão do princípio da simetria, devem ser observados tanto pelos órgãos estatais como por toda a sociedade civil organizada que deve observar o modelo federal (União, Estados/Distrito Federal e Municípios), como ocorre, *verbi gratia,* com os conselhos de classe (OAB/Cremeb) e sindicatos.

Em razão disso, as eleições são organizadas por circunscrições (arts. 89 e 90 do Código Eleitoral), a serem realizadas periodicamente, nas esferas presidencial (presidente e vice-presidente da República); federal (senador e deputados federais); estaduais (governador e deputados estaduais/distrital) e municipais (prefeito, vice-prefeito e vereadores).

Os partidos políticos, por sua vez, se estruturam, se organizam e funcionam através dos seus diretórios municipais (municípios), estaduais ou regionais (estados-membros e distrito federal) e nacional, cujos cargos partidários são providos periodicamente, por meio de eleições, seguindo, portanto, o modelo federal, republicano e federativo.

O sistema de proteção partidário decorre dos princípios republicano e federativo: o primeiro, porque se estabelece na eletividade periódica e na atuação responsável do poder de que se ache dele investido, sem abusos e privilégios e, o segundo, por impor uma especial forma de estrutura, organização e funcionamento com vista à desconcentração do poder, dotado de sistema de controle contra os eventuais excessos que os homens tendem a cometer quando concentram forças, gerando desarmonia social e indesejável individualismo que pode levar ao despotismo capaz de afetar a democracia intrapartidária e a própria ordem democrática coma um todo.

A autonomia dos partidos políticas para definir sua estrutura, organização e funcionamento resulta não somente de observância do princípio federativo, mas, também, do reconhecimento da Constituinte de 1988 acerca da importância daqueles veículos indispensáveis ao funcionamento do sistema representativo e manutenção da ordem democrática e da necessidade de preservar sua *especialidade funcional e independência harmônica* ante o Estado, da qual participa na composição dos seus quadros, havendo, por isso mesmo, de atuar, neste campo, com liberdade e sem interferência de qualquer órgão estatal (primeira parte da § 1º do art. 17 da CF).

Coerente com o modela federal adotado, tratou o Constituinte de 1988 de estabelecer um peculiar sistema de proteção que só poderia ser de natureza intrapartidária, ante os princípios da autonomia e da liberdade, conferindo competência constitucional aos partidos políticas, *devendo seus estatutos estabelecer normas de fidelidade e disciplina partidárias* (segunda parte do § 1º do art. 17 da CF), ressalvada a apreciação judicial em matéria de legalidade (art. 5º, XXXV da CF).

Aliás, a Lei 9.096/95, no seu art. 3º, dispõe, especifica e exclusivamente, acerca da autonomia dos partidos políticos para definir sua estrutura, organização e funcionamento. Somente nos arts. 15, *caput*, II e V, c.c. 23, *caput* e 25, é que a Lei dos Partidas Políticos vai tratar das normas de fidelidade e disciplina partidárias, impondo que seus estatutos disponham sobre a matéria.

Percebe-se que a autonomia e a consequente competência partidárias previstas no art. 17, § 1º da CF. foram regulamentadas pelos arts. 3º e 15, *caput*, II e V, c.c. 23, *caput*, e 25 da Lei 9.096/95, defluindo da técnica legislativa empregada a disposição de lhes conferir tratamento em normas distintas.

Apesar de tudo isso, o parlamentar tem circulado livremente entre as diversas agremiações dotadas de capacidade eleitoral, e o que é pior, quando se sentem ameaçados por conta de envolvimento em algum escândalo nacional, isto quando não vislumbram a satisfação de um interesse pessoal imediato, simplesmente negociam sua migração, a fim de não ter que se submeter ao respectivo processo disciplinar ou, simplesmente, para obter a respectiva vantagem a que se propôs perceber em troca da mudança.

A "dança das cadeiras" em profusão, de um partido para o outro, sem qualquer legitimidade ou apoio no interesse público, por falta de um eficiente sistema de proteção partidário, é causa do estado caótico registrado em dados estatísticos facilmente obtidos nos sítios de Internet do Senado e da Câmara Federal, de modo a comprometer a autenticidade do sistema representativo, com a desestabilização do regime democrático.

O ato desagregador do filiado, eleito parlamentar sob a legenda de um partido político e que migra para outro, ocorre impunemente e sem qualquer possibilidade de a agremiação se valer do sistema de proteção imposto pela segunda parte da norma do § 1º, do art. 17 da CF, tendo em vista que o Supremo Tribunal Federal não reconhece validado à sanção estatutária que prevê a perda do mandato por ato de infidelidade ou de indisciplina partidárias, negando, assim, *efetividade* às normas legais e constitucionais acima invocadas.

As sanções exemplificativamente mencionadas no art. 25 da LPP (desligamento temporário da bancada, suspensão do direito de voto nas reuniões internas ou perda de todas as prerrogativas, cargos e funções que exerça em decorrência da representação e da proporção partidária na respectiva casa legislativa) são inócuas e desprovidas de eficácia para reprimir a infração partidária, prestando-se muito mais a estimular a "dança das cadeiras" e outras ilicitudes noticiadas rotineiramente pela imprensa, que, propriamente, dotar a norma primária do indispensável conteúdo punitivo (norma secundária).

Ainda que a Constituição Federal não tivesse outorgado, expressamente, no § 1º, art. 17 da CF, autonomia aos partidos políticos para estabelecerem normas de fidelidade e disciplina partidárias, mesmo assim não se poderia fazer *tabula rasa* da necessidade de um mecanismo de controle eficiente para coibir os abusos, excessos e ilicitudes praticados por filiados, eleitos parlamentares pela legenda partidária, porque os *checks and balances* seguem na mesma direção dos princípios federativo e republicano, mantendo com aquele um vínculo necessário.

Se houvesse omissão do Constituinte de 1988, isto apenas para argumentar, mesmo assim não se poderia olvidar a autoridade da norma do § 1º, do art. 17 da CF, posta em vigência pela Assembleia Nacional Constituinte, bem assim porque o sistema partidário de controle da fidelidade e disciplina partidárias decorre dos princípios republicano e federativo, de natureza estruturante do Estado brasileiro, que, *per se*, devem orientar a vida política nacional, corno diretriz a ser seguida intransigentemente, mormente porque, *in casu*, trata se de Direitos e Garantias Fundamentais (Título II, Capítulo V).

Calha à espécie a Teoria dos Poderes Implícitos, de inspiração americana (McCulloch x Maryland), em que Marshall nos legou o aforismo, segundo o qual *quem quer os fins deve proporcionar os meios*[44].

Celso Bastos[45] menciona que para o *Justice* seria de se admitir, com toda razão, que "um governo ao qual se cometeram tão amplos poderes (como o dos Estados Unidos), para cuja execução a felicidade e a prosperidade da nação dependem de modo tão vital, deve dispor de largos meios para sua execução. Jamais poderá ser de seu interesse, nem tampouco se presume haja sido sua intenção, paralisar e dificultar-lhe a execução, negando para tanto os mais adequados meios".

Story[46] chega a ser mais enfático, anotando que:

> "nenhum axioma no direito ou na razão se acha mais claramente estabelecido que aquele, segundo o qual onde se pretende o fim se autorizam os meios. Toda vez que se outorga um poder geral, aí se inclui todo o poder particular necessário a efetivá-lo."

Maria Garcia[47], com peculiar acuidade, esclarece:

> "Também na Constituição não devem ser tidas normas por não jurídicas: todas têm de produzir algum efeito, alcançar alguma eficácia. Ademais disso, os preceitos constitucionais serão interpretados 'segundo não só o que explicitamente postulam, mas também de acordo com o que implicitamente encerram'. Os

---

44 BASTOS, Celso. **Hermenêutica e Interpretação Constitucional**. 2ª ed. São Paulo: Celso Bastos Editor, 1999, p. 150.
45 *In* ob. cit., p. 150.
46 *Apud* CELSO BASTOS, *in* ob. cit., p. 151.
47 *In* ob. cit., p. 218, 223 e 225.

conceitos exógenos que contenham deverão ser interpretados "no sentido que adquirem por força desta nova inserção sistemática"(...).

Regra de interpretação, dizem os juristas americanos, que 'o que está implícito numa norma legislativa, dela tão realmente é parte, quanto o que na sua letra está expresso'(...).

Um outro aspecto, já no sistema da Constituição de 1988, vem abordado por Ruy Barbosa Nogueira, quando expõe, com muita pertinência, 'que a lei e, mais ainda, a Constituição, não comanda somente por disposições textuais isoladas, mas pelo contexto ou conjugação de seus dispositivos e ainda pelas disposições implícitas, decorrentes dos princípios'."

Paulo Bonavides[48] conclui *"que pode este mandamento (poderes implícitos), com a máxima eficácia, se constituir num instrumento interpretativo de toda Constituição"*.

Daí por que a doutrina, de há muito, cunhou o aforismo de que *na lei não existem palavras inúteis*.

Por conseguinte, tem-se negado *efetividade* às normas dos arts. 17, § 1º da CF, c.c. arts. 15, *caput*, II e V, c.c. 23, *caput*, e 25 da Lei 9.096/95, bem assim às regras estatutárias que preveem para os atos de infidelidade (inclusive migração) ou de indisciplina partidárias a perda do mandato parlamentar, contrariando-se, ainda, os princípios republicano e federativo (estruturantes), constantes do art. 1º, *caput* e, até mesmo, do preâmbulo da Carta Magna de 1988.

Legem habemus. Resta aplicar as normas referidas e lhes conferir a devida efetividade!

4. EFICÁCIA E APLICABILIDADE DAS NORMAS CONSTITUCIONAL E ESTATUTÁRIA

A questão de fundo é a falta de efetividade das normas do art. 17, § 1º, da Constituição Federal, dos arts. 3º, 15, *caput*, II e V, c.c. 23, *caput*, e 25 da Lei 9.096/95 (a Lei dos Partidos Políticos) e a regra estatutária que prevê a pena de expulsão do partido ou seu desligamento com a perda do mandato por ato de infidelidade, especialmente pela mudança de agremiação ou de indisciplina partidárias.

A aplicação das normas constitucionais passa pela identificação do seu nível de eficácia jurídica. O recurso para o exercício dessa tarefa é fornecido pela doutrina, utilizando para esse mister uma classificação que tem por conta o critério da consistência e amplitude dos direitos imediatamente resultantes[49] da norma jurídica constitucional.

---

48   BONAVIDES, Paulo. **Curso de Direito Constitucional**. 4ª ed. São Paulo: Malheiros, 1993, p. 391.

49   BONAVIDES, Paulo. **Curso de Direito Constitucional**. 4ª ed. São Paulo: Malheiros, 1993, p. 391.

A doutrina norte-americana, acompanhando Thomas M. Cooley, que no Brasil foi seguida por Ruy Barbosa, classifica as normas constitucionais quanto à eficácia em normas auto-executáveis (*self executing*) e não-auto-executáveis (*not self-executing*).

O primeiro grupo seria composto por preceitos constitucionais completos, que não requerem nenhuma complementação por lei infraconstitucional. São disposições onde o direito instituído já contém em si os meios de execução, por serem exequíveis *proprio vigore*, tendo aplicação imediata aos casos a que se referem. Ao segundo grupo pertenceriam as normas indicadoras de princípios, sem, contudo, estabelecerem normas que lhes deem eficácia. Requerem, portanto, ação legislativa ulterior para sua efetivação; dependem de lei que complementem, pois só depois dessa complementação legislativa podem ser executadas[50].

A classificação do italiano Vezio Crisafulli, que no Brasil serviu de inspiração para o constitucionalista José Afonso da Silva, propõe a eficácia das normas constitucionais nos seguintes termos: normas constitucionais de *eficácia plena* e com imediata aplicação; normas constitucionais de *eficácia limitada*, que podem ser de legislação e programáticas. As de legislação, insuscetíveis de aplicação imediata por razões técnicas, são alusivas a uma disciplina futura, regulamentadora de seus limites. As programáticas, verdadeiras normas jurídicas, são preceptivas, se bem que se dirijam diretamente aos órgãos estatais, principalmente ao Legislativo, conferindo direitos subjetivos[51].

José Afonso da Silva aponta a existência de uma classificação acolhida pela doutrina pátria em três categorias: *normas constitucionais de eficácia plena, normas constitucionais de eficácia contida e normas constitucionais de eficácia limitada* ou *reduzida*. O primeiro grupo seria composto pelas normas que produzem efeitos desde a edição da Constituição, alcançando todos os objetivos visados pelo legislador, regulando diretamente a matéria sobre a qual versam. Na segunda categoria, as normas constitucionais também regulariam diretamente a conduta descrita, incidindo imediatamente, contudo preveem meios ou conceitos que permitem paralisar a sua eficácia em determinadas situações. Ao terceiro grupo pertencem as normas que para adquirirem eficácia dependem da competência normativa dos órgãos com a tarefa de elaborarem normas infraconstitucionais[52].

Maria Helena Diniz[53] apresenta síntese das classificações doutrinárias, adotando, por critério, a questão da intangibilidade e a produção dos efeitos

---

50 Ob. cit., p. 92-93.
51 Ob. cit, p. 94.
52 PIMENTA, Paulo Roberto Lyrio. **Eficácia e Aplicabilidade das normas constitucionais programáticas**. São Paulo: Max Limonad, 1997, p. 108-109.
53 Ob. cit., p. 98, 100-102.

concretos, distinguindo as normas constitucionais em *normas com eficácia absoluta* – são as inatingíveis, contra elas nem mesmo há o poder de emendar; *normas com eficácia plena* – são plenamente eficazes, as normas constitucionais que forem idôneas, desde sua entrada em vigor, para disciplinarem as relações jurídicas ou o processo de sua efetivação, por conterem todos os elementos imprescindíveis para que haja a possibilidade da produção imediata dos efeitos previstos; *normas com eficácia relativa restringível* – são de aplicabilidade imediata ou plena, embora sua eficácia possa ser reduzida, restringida nos casos e na forma que a lei estabelecer; e *normas com eficácia relativa complementável ou dependentes de complementação* (de princípio institutivo e de princípio programático) – são as normas constitucionais que dependem de norma posterior, ou seja, de lei complementar ou ordinária, que lhes desenvolva a eficácia, permitindo o exercício do direito ou o benefício consagrado.

Em relação à categoria de normas com eficácia relativa complementável ou dependentes de complementação, de princípio institutivo, Maria Garcia[54] as entende como normas constitucionais que *têm por objeto organizar o exercício do poder político, normas constitucionais de organização, também referidas como "normas de estrutura ou de competência"*, destinadas à ordenação dos poderes estatais, à criação e estruturação de entidades e órgãos públicos, à distribuição de suas atribuições, *bem como à identificação* e *aplicação de outros atos normativos*.

Para o deslinde da questão posta neste estudo, no que tange à autonomia outorgada pela Constituição Federal de 1988 aos partidos políticos para definir sua estrutura, organização, funcionamento, devendo dispor sobre normas de fidelidade e disciplina, resta transcrever a doutrina de Canotilho[55] acerca da aplicabilidade direta de certas e determinadas normas:

> "**Aplicabilidade directa de normas organizatórias**
> Embora o texto constitucional não o diga expressamente, como faz para os direitos, liberdades e garantias, há um outro complexo normativo constitucional que sempre se entendeu ter eficácia directa: a parte organizatória da Constituição (cfr. *supra*, normas organizatórias) (...).
> As normas de criação de órgãos são também (ou são acompanhadas) de normas de competência. Logicamente, a constituição cria de forma directa certos órgãos com certas competências. O exercício das competências constitucionalmente normadas deriva directamente da constituição, afirmando-se contra quaisquer leis concretizadoras dessas competências, de forma incompatível com o disposto nas normas organizatórias constitucional (cf. *infra*, Parte IV, Padrão III) (...).

---

54 Ob. cit., p. 231-232.
55 CANOTILHO, J. J. Gomes. **Direito Constitucional**. Coimbra: Almedina, 1993, p. 176 e 186-187.

Normas constitucionais de competência são aquelas nas quais se reconhecem certas atribuições (autonomias[56]) a determinados órgãos constitucionais ou são estabelecidas esferas de competência entre os vários órgãos constitucionais."

Luis Roberto Barroso[57] apresenta classificação das normas constitucionais, situando, dentre elas, as de caráter organizatório, que traçam a estrutura do Estado, cuidando, essencialmente, da repartição do poder político e da definição da competência dos órgãos públicos. Na Carta em vigor, são exemplos de normas dessa natureza as que instituem as competências do Executivo, Legislativo e Judiciário, bem como da União, Estados e Municípios. Embora não seja sua finalidade precípua, tais normas podem eventualmente gerar situações jurídicas individuais sob a forma de direito subjetivo.

Do ponto de vista topológico, a norma do§ 1º, art. 17 da CF, está localizada no Título II (Dos Direitos e Garantias Fundamentais) e no Capítulo V (Dos Partidos Políticos), que trata dos *corpos intermediários* indispensáveis à democracia representativa, a indicar que a questão da sua estrutura, organização e funcionamento, com o estabelecimento do um sistema de proteção partidário ou de controle da fidelidade e disciplina se encontram inseridos dentre as regras de composição dos organismos necessários à concretização do próprio Estado Democrático de Direito, tendo, portanto, aplicação plena e imediata, nos termos do art. 5º, § 1º:

> "§ 1º As normas definidoras dos direitos e garantias fundamentais têm aplicação imediata."

A eficácia jurídica das normas constitucionais *dependentes de complementação, de princípio institutivo,* é referida por Maria Helena Diniz[58] como produtoras dos seguintes efeitos:

> "a) impedem que o legislador comum edite normas em sentido oposto ao direito assegurado pelo constituinte, antes mesmo da possível legislação integrativa que lhes dá plena aplicabilidade, condicionando, assim, a futura legislação com a consequência de ser inconstitucional:
> b) impõe um dever político ao órgão com competência normativa;
> c) informam a concepção estatal ao indicar suas finalidades sociais e os valores objetivados pela sociedade;
> d) condicionam a atividade discricionária da administração e do Judiciário;
> e) servem de diretrizes teleológicas para a interpretação e aplicação jurídica (subsunção, integração e correção);

---

56 Nota do autor.
57 BARROSO, Luis Roberto. **Interpretação e Aplicação da Constituição**. 3ª ed. São Paulo: Saraiva, 1999. p. 244.
58 In ob. cit., p. 104-105.

f) estabelecem direitos subjetivos por impedirem comportamentos antagônicos a elas."

As normas estatutárias que descrevem as infrações partidárias e estabelecem as respectivas sanções, relacionando, dentre as penalidades, a expulsão e a consequente perda do mandato parlamentar, também no caso de desligamento ou migração, têm caráter *integrativo ante a categoria da norma de eficácia relativa complementável* ou *dependente de complementação, de princípio institutivo*, aqui consubstanciada no § 1º do art. 17 da CF, que impõe à agremiação o dever de dispor sobre normas de fidelidade e disciplina partidárias.

A norma constitucional do § 1º, art. 17 da CF, ao assegurar aos partidos políticos *autonomia* e *competência exclusiva* para definir sua estrutura interna, organização e funcionamento, devendo *seus estatutos estabelecer* normas de *fidelidade* e *disciplina partidárias,* conferiu aos estatutos, nessas matérias, autêntica *reserva legal*, insuscetível de invasão por parte do legislador infraconstitucional, tanto que o rol de sanções constantes do art. 25 da Lei 9.096/95 é meramente exemplificativo, consoante iterativa jurisprudência colacionada no Capítulo II, 3ª parte, deste estudo.

A propósito, conclui Maria Helena Diniz:

> "Celso Bastos e Carlos Ayres de Britto afirmam: 'em suma, é a partir da vocação das normas constitucionais, para atuarem com ou sem o concurso de outra vontade modeladora dos seus comandos, que podemos classificá-las em normas de mera aplicação e normas de integração. Aplicação, atinente à atuação pura e simples da vontade constitucional que, sobre ser de plena eficacidade, não se acasala com nenhum outro querer legislativo de menor hierarquia. Integração, no sentido de íntima composição de duas vontades legislativas vocacionadas para a coalescência, uma de escalão constitucional e outra de graduação ordinária, ainda que a primeira seja de eficácia plena. Com o que a palavra integração assume um significado ambivalente, mas amplo que o consagrado pela teoria geral do direito (a propósito das lacunas jurídicas), pois ora toma o sentido de complemento, colmatação ou preenchimento de um vazio regratório preexistente, ora tem acepção de encurtamento, redução ou contração de um campo regulatório de maior abrangência. Daí as espécies complementáveis e restringíveis em que o gênero das normas de integração se desdobra."

E não poderia ser diferente, na medida em que a autonomia dos partidos políticos tem matriz constitucional, resultante de importante parcela de poder político que detém, na qualidade de embriões da democracia representativa, razão pela qual, para a higidez da Federação, mister se faz o respeito à reserva legal estabelecida no § 1º, do art. 17 da CF. quanto às matérias ali especificamente discriminadas, repartidas e atribuídas àquelas agremiações.

O Constituinte de 1988 inseriu a regra do § 1º, do art. 17, dentre as normas constitucionais com eficácia relativa complementável, de princípio institutivo, pois não recebeu normatividade suficiente para sua efetividade, dependendo, para que tenha plena aplicabilidade, de regramento estatutário posterior, a ser editada pelos partidos políticos, com o objetivo de estabelecer esquemas gerais de estruturação e atribuições de órgãos.[59]

Quanto à natureza jurídica dos estatutos dos partidos políticos, a doutrina se apresenta divergente.[60] À semelhança dos regimentos internos das Casas Legislativas e dos Tribunais de Justiça, que visam disciplinar a organização e funcionamento de um determinado órgão ou entidade, os estatutos se dirigem a dispor sobre a organização, estrutura e funcionamento da agremiação política.

Tanto as normas dos regimentos internos como as dos estatutos dos partidos políticos ultrapassam o âmbito *interna corporis* para obrigar terceiros, estranhos à estrutura partidária, para que observem suas regras, como ocorre na hipótese de representação oferecida contra um filiado, cujo rito deve atender às respectivas normas ali previstas, inclusive quanto aos requisitos intrínsecos da petição inicial.

O estatuto da agremiação detém a natureza jurídica de lei em sentido material, integrando e complementando a norma do § 1º, do art. 17 da CF, extraída do veio constitucional de onde brota o princípio da fidelidade partidária.

Mas não basta a norma constitucional ter eficácia jurídica, como ocorre, *per se*, com a do § 1º, do art. 17/CF, que assegura autonomia aos partidos políticos para disporem sobre fidelidade e disciplina, seja porque as agremia-

---

59 DINIZ, Maria Helena. Ob. cit., p. 104.

60 Para Hatsher e o Santi Romano, o Regimento Interno é um conjunto de meras regras convencionais que não podem ser consideradas verdadeiras normas jurídicas e cujos valores são menores que outras fontes normativas, como o costume. Para outras tratadistas, como Laband, tem uma natureza estatutária de direito corporativo para reger exclusivamente a vida interior do Parlamento e obrigar apenas os seus membros. Outros professores, como Coducci-Pisanelli, consideram híbrida a natureza jurídica, pois, por um lado, são verdadeiras normas jurídicas, leis cm sentido material o, por outro, não são leis formais, visto que não são sancionadas pelo Chefe do Executivo e, geralmente, não são publicadas no Diário Oficial. Duguit, Hauriou e Barthelemy sustentam que a natureza jurídica varia de acordo com as resoluções de cada Casa Legislativa e seus efeitos somente influem no interior da Casa que os elaborou. Outros mais modernos pensam que existam normas regimentais para o âmbito interior da Casa legislativa e outras para o âmbito exterior. Serrano e Santaolla defendem o ponto de vista de que os regimentos são constituídos por normas autônomas que servem para salvaguardar a independência da Casa Legislativa *e* que nenhum órgão pode intervir na sua vida interna, pois seria ir contra a liberdade que lhe é intrínseca (Fernando Santaolalla, Dernoho *parlamentario cspaiiol*, Madrid: Espasa-Calpe. 1990, pp. 35-46). O saudoso Rui Barbosa considera que o Regimento Interno é a lei de cada Casa Legislativa, não existindo diferença substancial entre a lei sob a sua expressão de regimento parlamentar e a lei sob a sua expressão de ato legislativo (Comentários à *Constituição Federal Brasileira*. São Paulo: Saraiva, 1933, v. 2, pp. 32-33). Notas extraídas do artigo de Edvaldo Nilo de Almeida, publicado na coluna "Judiciárias" do Jornal "A Tarde", de 27 de agosto de 2004.

ções registradas no Tribunal Superior Eleitoral se estruturam, se organizam e estabelecem a forma de funcionamento, seja porque também dispõem, nos seus estatutos, sobre normas de fidelidade e disciplina partidárias e preveem a perda do mandato parlamentar em razão de tais infrações, como se vê no Capítulo III.

É necessária, também, que a norma constitucional tenha *efetividade*, ou seja, *eficácia social*, pois no plano da realidade dependerá de integração por parte das normas estatutárias que regulamentarem aquela matéria reservada à agremiação, sem o que se estará negando a vontade do constituinte originário.

Convém trazer à colação os escólios de Luis Roberto Barroso[61]:

> "A efetividade significa, portanto, a realização do Direito, o desempenho concreto de sua função social. Ela representa a materialização, no mundo dos fatos, dos preceitos legais e simboliza a aproximação, tão íntima quanto possível, entre o dever-ser normativo e o ser da realidade social.
> Partindo da premissa da estatalidade do direito, é intuitivo que a efetividade das normas depende, em primeiro lugar, da sua eficácia jurídica, isto é, da aptidão formal para incidir e reger as situações da vida, operando os efeitos que lhe são próprios. Não se quer referir, aqui, apenas a vigência da regra, mas também, e sobretudo, à 'capacidade de o relato de uma norma dar-lhe condições de atuação', isoladamente ou conjugada com outras normas. Se o efeito pretendido pela norma for irrealizável, não há efetividade possível. Mas esta seria uma situação anômala em que o direito, como criação racional e lógica, usualmente não incorreria."

Desde a edição da Carta Magna de 1988 que a norma do § 1º, do art. 17 /CF, e as normas estatutárias que a complementam, dispondo sobre fidelidade e disciplina partidárias – infrações e respectivas sanções, dentre elas a pena máxima de expulsão, bem assim que estipula implicar ato de infidelidade o desligamento voluntário (migração), com a perda do mandato parlamentar -, encontram-se desprovidas da indispensável efetividade ou eficácia social, na medida em que o parlamentar entra e sai, impunemente, das agremiações partidárias, seja para a satisfação de interesses pessoais, muitas vezes escusos, seja para simplesmente se evadir e, assim, não sofrer a respectiva pena de expulsão.

A obstinada recusa de acolhimento da perda do mandato parlamentar pela prática de infração caracterizada como infidelidade partidária implica tornar absolutamente inócuo o sistema de proteção partidária estabelecido pelo Constituinte de 1988, no § 1º, do art. 17 da CF, pela via do instituto da fidelidade partidária, malferindo a democracia representativa, sendo certo que para tornar efetivo o sistema de proteção parlamentar previsto nos arts. 53 a 56 da CF, o Constituinte derivado editou a Emenda Constitucional de Revisão nº 06/94, tendo acrescendo ao art. 55, § 4º, que dispõe:

---

61 BARROSO, Luis Roberto. **Interpretação e Aplicação da Constituição**. 3ª ed. São Paulo: Saraiva, 1999, p. 236.

"§ 4º. A renúncia de parlamentar submetido a processo que vise ou possa levar à perda do mandato, nos termos deste artigo, terá seus efeitos suspensos até as deliberações finais de que tratam os parágrafos 2º e 3º."

Justamente para evitar a impunidade que caracterizava o sistema de proteção parlamentar, que, anteriormente, permitiu a muitos deputados se furtarem das respectivas punições, como ocorreu com os anões do orçamento, é que foi editada a Emenda Constitucional de Revisão de nº 06/94, corrigindo, ainda que parcialmente, a evidente distorção até então apresentada nas Casas Legislativas. Resta, agora, portanto, dotar-se o sistema de proteção partidário também de mecanismo eficiente.

A perdurar a ausência de sanção dotada de caráter retributivo e preventivo para os atos de infidelidade e indisciplina partidárias, ter-se-á que concluir, ao menos em relação aos partidos políticos, a ruptura das estruturas da secular doutrina que versa sobre a *pena* e que modernamente tem a sua consagração na teoria mista.

Magalhães Noronha[62], ao tratar do tema, doutrina que a pena tem índole retributiva, porém objetiva os fins de reeducação do criminoso e de intimidação geral. Soler define a pena como um mal, que primeiramente ameaçado e depois imposto ao violador de um preceito legal; como retribuição, consistente na diminuição de um bem jurídico e cujo fim é evitar os delitos. Vê-se, nessa definição, que o autor conjuga o fundamento da sanção com sua finalidade.

E Damásio de Jesus[63] anota que a pena é a sanção aflitiva imposta pelo Estado... como retribuição de um ato ilícito, consistente na diminuição de um bem jurídico, e cujo fim é evitar novos delitos.

A prevalecer o entendimento ora adotado no Excelso Pretório, acerca da suposta invalidade da perda do mandato parlamentar por ato de infidelidade partidária, ter-se-á que as demais sanções estatutárias, mesmo a mais grave, que é a de expulsão, não detêm caráter intimidativo, deixando de existir a finalidade do próprio instituto da Fidelidade Partidária prevista pelo Constituinte de 1988, no § 1º do art. 17 da CF.

Sem a perda do mandato parlamentar, as sanções previstas nos estatutos são inócuas e na prática inexistentes, servindo, *contrario sensu*, como estímulo para que o "troca-troca" de partidos tenha continuidade e sirva a todo tipo de interesse, menos aos do povo e à representação política.

Pode-se dizer que a norma constitucional do art. 17, § 1º da CF, e as estatutárias que a integram, na atualidade, são equiparáveis às Leis

---

62 NORONHA, Magalhães. **Direito Penal**. 28ª ed. vol. 1. São Paulo: Saraiva, 1991, p. 217-218.

63 JESUS, Damásio de. **Direito Penal**. 10ª ed. Vol. 1. São Paulo: Saraiva. 1992, p. 455.

Imperfeitas, desprovidas de sanção, ou, como dizia Del Vecchio, norma sem sanção é um fogo que não queima, uma luz que não ilumina.

A propósito da força intimidativa que deve ter a *pena*, assim se manifestou Beccaria[64], há mais de 200 anos:

> "Os meios de que se utiliza a legislação para obstar os crimes devem, portanto, ser mais fortes à proporção que o crime é mais contrário ao bem público e pode tornar-se mais frequente. Deve, portanto, haver proporção entre os crimes e os castigos.
> Se o prazer e o sofrimento são os dois grandes motores dos seres sensíveis; se, entre as razões que guiam os homens em todas as suas atitudes, o supremo legislador pôs como os mais poderosos as recompensas e os castigos; se dois crimes que afetam de modo desigual a sociedade recebem idêntico castigo, o homem voltado ao crime, não tendo a receber, uma pena maior para o crime mais hediondo, resolver-se-á com mais facilidade pelo crime que lhe traga mais vantagens; e a distribuição desigual das penalidades fará nascer a contradição, tão evidente quanto frequente, de que as leis terão de castigar os delitos que fizeram nascer. (...) a exata medida dos crimes é o prejuízo causado à sociedade."

O Constituinte de 1988, ao prever a aplicação do instituto da Fidelidade Partidária e ao atribuir aos partidos políticos poder para dispor sobre tal tema, com exclusividade e reserva legal, impôs, implicitamente – quem quer os fins deve prover os meios –, como de resto sói ocorrer com todo e qualquer sistema de proteção e controle, que lhe seja conferida eficácia e efetividade através de penalidade dotada de força retributiva e preventiva capaz de coibir a prática daquela infração, somente encontrada, no caso sob exame, com a perda do mandato parlamentar, sob pena de violar-se o princípio da razoabilidade (art. 5º, LIV e § 2º, CF).

Pretende-se demonstrar que o instituto da Fidelidade Partidária se encontra positivado na Constituição Federal, em Capítulo próprio e específico (V), do Título II, que trata dos Direitos o Garantias Fundamentais, impondo-se, para a preservação da autenticidade do sistema representativo, estabilidade e fortalecimento da nossa democracia, que se lhe dê aplicação e efetividade, o que só ocorrerá se for admitida, como consequência, a perda do mandato parlamentar.

A efetividade social da norma do § 1º do art. 17 da CF exige o reconhecimento de que a perda do mandato parlamentar é efeito natural do desligamento voluntário (migração) da agremiação ou da pena de expulsão decorrente de atos de infidelidade ou indisciplina partidárias que fazem desaparecer a condição/requisito de elegibilidade do vínculo político-jurídico da filiação ao partido pelo qual se deu a eleição, ou que seja conferida validade à regra estatutária que, integrando aqueloutra, estabelece a pena de

---

64 BECCARIA, Cesare. **Dos Delitos e das Penas**. Editora Hemus, 1983, p. 61-63.

perda do mandato do parlamentar que faltar com o dever de fidelidade e dela for expulso ou se desfiliar, ensejando ao suplente a substituição, já que no Estado de Partidos parcial o único modelo compatível com a democracia representativa é o do mandato representativo partidário, cujo titular é a agremiação e não o eleito, completando-se, assim, o ciclo indispensável à sua concretude e a necessária eficácia social.

É de se ressaltar que não pretende o autor incluir entre as hipóteses que podem conduzir à perda do mandato parlamentar, por ato de infidelidade ou indisciplina partidária, as *opiniões, palavras e votos dos exercentes de mandato eletivo, na prática de atos tipicamente legislativos*, uma vez que tais manifestações se encontram protegidas pelo instituto da inviolabilidade ou imunidade material assegurada no art. 53 da CF, conquista dos povos civilizados e que tem a ver com a separação e independência dos Poderes, declarada e reconhecida no art. 2º da CF, da mesma forma que o juiz é livre para, fundamentadamente, decidir, e os chefes do Executivo para escolher, segundo critério de conveniência e oportunidade, as ações de governo que queira desenvolver na sua administração.

Por isso, as críticas apresentadas, na atualidade, acerca da suposta impossibilidade da perda do mandato parlamentar por ato de infidelidade partidária, consoante doutrina e jurisprudência do Supremo Tribunal Federal, centram-se em negar-lhe aplicação ao fundamento de não haver autorização constitucional para tanto, seja no art. 15, seja no art. 55, tidos como exaustivos no elenco das hipóteses ali apresentadas; alguns ainda argumentam com as normas dos arts. 45 e 46, que dispõem acerca da composição da Câmara dos Deputados e do Senado, respectivamente, por representantes do povo e dos Estados e Distrito Federal.

É verdade que o Excelso Pretório ainda não enfrentou a *quaestio* da aplicação e efetividade da norma do § 1º do art. 17 da CF, integrada pela norma estatutária que prevê a pena de expulsão ou o desligamento voluntário, com a perda do mandato por ato de infidelidade partidária, ora objeto deste estudo, em confronto com a regra do art. 55 da CF'.

Dessa forma, a tese defendida pelo autor se circunscreve à perda do mandato do parlamentar que comete ato de infidelidade e/ou de indisciplina partidárias – e não de natureza estritamente parlamentar -, seja pelo desligamento voluntário, seja por sua expulsão do partido, a exemplo do que ocorre quando o mandatário muda de partido, durante o quatriênio para o qual foi eleito, ou age contrariamente às diretrizes legitimamente estabelecidas pelo órgão de direção, ou se posta contra os interesses da própria agremiação, em suma, transgredindo o ideário programático, as normas estatutárias ou agindo com deslealdade e desrespeito às diretrizes políticas a que se comprometeu a observar, quando subscreveu a ficha de filiação.

5. FIDELIDADE PARTIDÁRIA: PERDA DO MANDATO
5.1. Quem é o Titular do Mandato? O Parlamentar, o Chefe do Executivo ou o Partido?
5.1.1. Evolução do Mandato Político

A Constituição de 1988 estabelece um sistema normativo adequado para impor a aplicação do instituto da fidelidade partidária e torná-lo efetivo, com a perda do mandato do parlamentar infrator.

O aprofundamento do tema impele o pesquisador a buscar uma resposta teórica, seja na dimensão da ciência do direito, seja na averiguação da realidade social e política dos brasileiros.

O início da resposta à indagação acerca da titularidade do mandato eletivo pode ser encontrada, indutivamente, da leitura da 1ª parte, do Capítulo II, desta obra, quando foi abordado o instituto da representação política. Por motivo metodológico, convém, *en passant*, reavivar alguns pontos, para a exata compreensão da controvérsia acerca da titularidade do mandato parlamentar.

No *Ancien Régime* vigorou o *mandato imperativo* caracterizado pela subordinação do representante às prescrições do grupo de interesses ao qual estava vinculado, de modo que o eventual descumprimento das ordens e orientações poderia gerar a revogação do mandato. Neste período havia uma relação direta entre eleitor e eleito, em que o titular do mandato era o representado que o outorgava para a defesa dos seus respectivos interesses (representação de interesses).

A figura do mandato imperativo, conforme se viu, desaparece na França, por ordem de Luis XVI, que pretendia estabelecer negociação direta com os representantes convocados para a Assembleia de 1789, sem respeitar as Cartas de Recomendação dos representados.

Então, surge o *mandato representativo* com a feição ainda hoje conhecida, contemporânea à instalação do Estado liberal, informado pelos ideais da revolução francesa que atribuíam ampla liberdade aos representantes, só adstritos às razões de sua consciência.

Deixa o eleito de ser representante de interesses de grupos para sê-lo da nação. Embora tenha sido mantida a relação direta entre eleitor e eleito, o representante passa a ser titular do mandato que não pode ser revogado até o seu término. O representante representa os representados no nível das relações jurídicas gerais, na relação com o ente político geral, com o Estado.

Ocorre que ao longo do século XIX o Estado foi o produto de uma sociedade de proprietários, da qual estava excluída a imensa maioria da população. O Estado do século XIX era um Estado representativo, mas representativo de uma sua privilegiada parcela, não de todo o corpo social.

A burguesia utilizou-se do povo para alcançar o Poder, na França; porém, desde o início não pretendia compartilhá-lo, pois o que objetivava era consolidar em suas mãos o poder político, uma vez que já detinha o econômico.

Para legitimar o Poder que enfeixava em suas mãos, valeu-se a burguesia de alguns mecanismos, dentro os quais o da representação política, centrada no mandato representativo, que, a partir do princípio da liberdade para decidir de acordo com a sua consciência, possibilitava atingir sua meta de manutenção do Poder.

Cabe, aqui, observar que a tradição constitucional americana estava imune à ideia de relação entre eleitor e eleito, pois, nos confrontos, a representação política estava ligada às eleições e à sensibilidade do eleito ante as necessidades e o interesse do eleitor. Sublinha-se a importância do controle sobre os eleitos, por meio de frequentes eleições.

Antes de 1914, na Europa existia o Estado Constitucional, mas não o Estado Democrático. Bryce afirma que o Estado do século XIX era um Estado oligárquico, em que apenas uma parcela da população participava, sozinha, do processo político.

O fim da Primeira Guerra Mundial foi um marco para a evolução da organização dos Estados, pois o modelo anterior, liberal e oligárquico, oriundo da revolução francesa, teve que ceder espaço para outra forma de organização estatal, na qual interviriam, decisivamente, setores sociais que até aquele momento haviam estado excluídos do processo político e que, inicialmente, através dos partidos políticos dos trabalhadores e do sufrágio universal, logo depois passaram a ter um papel de destaque na organização do Estado. É o início do Estado Social, já abordado no Capítulo II, 1ª parte.

Após a Segunda Grande Guerra, em meados do século XX, presenciou-se o nascimento dos *Estados de Partidos*. A doutrina apresenta duas formas: a primeira, denominada Estado de Partido, é caracterizada pela existência de uma só agremiação, tendo expressão nos países totalitários (ex-União Soviética) e, o segundo, chamado de Estado de Partidos parcial, resultou da constitucionalização daquelas agremiações, consideradas indispensáveis ao funcionamento da democracia representativa.

É que o funcionamento do sistema representativo exige a participação dos partidos políticos, corpos intermediários situados entre o eleitor e o eleito, destinados a institucionalizar o Poder que, pouco tempo antes, estivera personalizado nas figuras de Hitler, Mussolini e Stalin, ensejando as ditaduras que dominaram a primeira metade do século XX.

A divisão política do planeta em dois blocos, de um lado o mundo capitalista e, do outro, o socialista, orientou o primeiro a manter mecanismos econômicos inspirados no liberalismo, centrando seu funcionamento político, no mandato representativo que vigora, com algumas variações, até os nossos dias, inclusive em países do primeiro mundo, que, a pretexto de preservar a vontade do povo, em última análise assegura a liberdade do representante para votar como bem lhe aprouver, independentemente de valoração acerca dos interesses coletivos.

Como visto acima, nos Capítulos precedentes, ao longo do século XX até os nossos dias, a figura do *mandato representativo* – inclusive no Brasil, exceto no período que medeia a Carta de 1969 o a EC 25/85 – tem sido utilizada nos moldes liberais concebidos no fim do século XVIII, em que se reconhece em favor dos parlamentares ampla liberdade no exercício do mandato, o que tem gerado graves distorções capazes de comprometer a autenticidade do sistema representativo, a legitimidade material do Poder político pela substituição, sem eleições, da vontade do povo (soberania popular), atentando contra a própria democracia representativa.

A figura do *mandato representativo*, na sua tradicional concepção, não atende, na atualidade, à realidade constitucional da sociedade brasileira, na medida em que a Lei Maior vigente reconheceu a existência dos partidos políticos (art. 17) como corpos intermediários indispensáveis ao funcionamento da democracia representativa, tendo também assegurado autonomia para definir sua estrutura, organização, funcionamento e, obrigatoriamente, instituir sistema de proteção partidário, ou de controle, do qual constem normas de fidelidade e disciplina partidárias, o que implica previsão de normas secundárias dotadas de caráter preventivo e retributivo pelas infrações cometidas.

A movimentação política, com migração partidária despudorada, dilui a coesão dos partidos e desfalca a representação que têm as agremiações no Congresso Nacional, valendo o mandato político apenas como "moeda de troca" na partilha de cargos na Mesa Diretora, no próprio órgão do Poder Legislativo e nos demais que integram a Administração pública federal, em todo o País, fomentando nocivas práticas políticas que desservem à democracia e estimulam a corrupção, a exemplo do clientelismo que mantém o povo em conveniente estado de letargia e ignorância e no fisiologismo que assegura a adesão parasitária dos correligionários que satisfazem seus interesses pessoais em detrimento da comunidade, *da res publica*[65].

5.1.2. O Estado de Partidos Parcial e a Superação do Mandato Representativo

O essencial no sistema de partidos é o respeito aos seus compromissos. (Min. Paulo Brossard, MS 20.927-5/STF, de 11.10.1989).

---

[65] Somente para exemplificar com os fatos políticos dos últimos dias do janeiro e início de fevereiro de 2005, envolvendo a eleição do Presidente do Congresso Nacional, convém lembrar que na busca desenfreada de eleger seus candidatos, um governista e outro "avulso", em tempo recorde o PMDB saltou de 77 deputados para 94 deles, superando o Partido dos Trabalhadores que tinha 90 e logrou obter apenas uma adesão, chegando a 91 parlamentares. Logo após a eleição da Mesa Diretora da Câmara Federal, no dia 15.02.2005, o PMDB voltou a ter a segunda maior bancada, com 90 deputados!

Pode-se afirmar que o Partido Social Democrata alemão, cujas características do modelo servem de padrão geral aos demais *partidos de massa* europeus, aparece historicamente como o marco inicial, pois, antes dele, não existiam verdadeiros partidos de massa, concebidos como corpos organizados, permanentes, estruturados e estáveis, com uma disciplina interna e uma organização institucional própria.

Em consequência, os partidos trabalhistas europeus foram buscar na experiência da social democracia alemã as notas definidoras do partido político moderno. Dentre outras, as fundamentais são as seguintes:

> "a) a rígida distinção entre membros do partido (militantes e adeptos) e eleitores daquele;
> b) a disciplina interna como elemento fundamental de funcionamento do partido feita nas relações intrapartidárias, bem como nas relações do partido com o exterior;
> c) a natureza individual da adesão ao partido, do qual são membros os particulares assim considerados e não como partes de outras organizações;
> d) a existência de um aparato organizativo (material e humano), estável, formado por funcionários do partido e dotado de uma estrutura de meios materiais."

Tudo isso gerou um novo contexto político-constitucional, no qual se produziram profundas mudanças em relação ao sistema herdado dos séculos XVIII e XIX, uma nova situação designada com um conceito novo: o de *Estado de Partidos*. Se bem que os plenos efeitos deste na estrutura e dinâmica de funcionamento do Estado não se deixaram sentir em toda a sua extensão até depois da Segunda Guerra Mundial, momento em que o constitucionalismo racionalizado e democrático adquire a nota das mudanças operadas pela consolidação do novo modelo de partidos, será somente no primeiro terço do século XX quando se alcunhará a expressão referida acima (*Estado de partidos*). De fato, foi na conjuntura histórica central da Constituição de Weimar quando se produziu o vislumbre dessa nova expressão destinada a representar um conceito, igualmente novo, com que se pretendia caracterizar a realidade política baseada na democracia de partidos, realidade da qual, de pronto, determinados setores doutrinários sustentaram que deveria ser formalmente reconhecida pelo Direito Constitucional[66].

Anota Reiner[67] que, no último estágio, teríamos o que os teóricos do Direito chamaram de "Estado de Partidos" (*Partcienstaat* dos alemães ou *partitocrazia* dos italianos). Nosso entendimento é que esse pode assumir a for-

---

66 VALDÉS, Roberto L, Bianca. **Los Partidos políticos**. Madrid: Tecnos, 1997, p. 41-43. (Tradução livre do autor).

67 REINER, Lúcio. Fidelidade Partidária. *In* Parecer da Consultoria Legislativa da Câmara dos Deputados, Junho de 2001.

ma de *Estado de Partidos parcial* ou de *Estado de Partidos total*. A realização culminante da última opção encontra-se nos Estados totalitários, nos quais seria mais acertado usar o singular "Estado de Partido", pois neles é o Partido único ou única coligação partidária que impera como a mola mestra da sociedade e de sua organização política. O risco do um Estado de Partidos é degenerar conforme alertou Marcel Waline: "Tudo se passa, com efeito, como se cada Partido constituísse uma potência, e a vida política do *Parteienstaat* se tornasse comparável às relações de potência a potência. Equivale a dizer que cada Partido constitui um Estado dentro do Estado".

O Estado de Partidos parcial poderia ser definido com apego aos três seguintes elementos constitutivos: em primeiro lugar, o da pluralidade, elemento que vem incorporado no conceito de partido, cuja existência pressupõe a de uma pluralidade de organizações destinadas à representação de interesses individuais ou de grupo; em segundo lugar, o da processualidade da mediação, na medida em que o sistema de partidos opera a articulação dos diferentes interesses sociais de uma forma contínua, de modo sempre dinâmico, e, por último, em terceiro lugar, o da concorrência na formação da vontade estatal[68].

Daí poder-se dizer que o Brasil é um Estado de Partidos parcial – diferentemente do Estado de Partido, de partido único, da antiga União Soviética – que constitucionaliza tais instrumentos da realidade técnica político-jurídica, elevando-os, no art. 17, incisos e§§, à categoria de Direitos e Garantias Fundamentais (Título II, Capítulo V).

Argumenta-se que o mandato imperativo, nas suas origens, submetia o eleito ao eleitor, e que, na pós-modernidade, haveria uma mudança de foco para submeter o eleito aos partidos políticos, manipulados pelos respectivos dirigentes que, de igual modo, macularia a soberania popular alterando a legitimidade material situada na vontade do seu titular, o povo.

Em que pese a possibilidade da instalação de uma *partidocracia* no Estado de Partidos parcial, Gianfranco Pasquino[69] assinala alguns remédios para o seu combate, ressaltando que seus aspectos mais visíveis e suas degenerações mais graves se evidenciarão onde a sociedade civil for mais débil e as instituições menos autônomas, ressaltando, ainda, que para a aplicação das medidas a seguir arroladas depende-se, quase sempre, de que os mesmos partidos estejam de acordo em levá-las a efeito, em colocá-los em prática:

> "1. Uma casual e afortunada coincidência de fortes pressões provenientes da sociedade civil e de movimentos de autonomia oriundos das instituições colo-

---

68 VALDÉS, Roberto L. Blanco. **Los Partidos políticos**. Madrid: Tecnos, 1997, p. 79. Tradução livre do autor.

69 PASQUINO, Gianfranco. **Dicionário de Política**. Brasília: Editora Universidade de Brasília, 1983, p. 907-908.

nizadas pelos partidos (órgãos públicos da economia, bancos, ministérios, parlamento, meios de comunicação de massa) podem criar uma situação onde a intervenção dos partidos seja censurada, severamente regulamentada e drasticamente limitada, e os responsáveis por violações paguem política (com a derrota nas urnas) e penalmente;
2. Mudança das regras de jogo político, isto é, cm reformas institucionais que provoquem situações de incerteza e de competição incessante entre os partidos. Ex.: normas rigorosas sobre a incompatibilidade dos cargos, sua renovação e rotatividade, pois a circulação do pessoal político, a ruptura de esquemas ossificados e a criação de situações em que seja impossível ter uma carreira por tempo ilimitado na esfera política poderão desestimular virtuais membros da Partidocracia e tornar, por isso, menos amplo o círculo dos dependentes da política."

É a indispensável intermediação e participação das agremiações políticas para o funcionamento da moderna democracia representativa que caracteriza o Estado de Partidos parcial assecuratória da institucionalização do poder, e que inspirou alguns democratas a cunharem o lema do movimento progressista, segundo o qual *os males da democracia se curam com mais democracia*, de forma que, com mobilização intrapartidária, pratica-se a democracia interna que se projetará externamente.

5.1.3. Um Novo Modelo Adequado à Pós-modernidade. O Mandato Representativo Partidário

No novo modelo de representação aqui proposto, denominado *mandato representativo partidário*, abre-se espaço para questionar a relação entre o partido político e o eleito e a indagar se o titular do mandato ainda seria este ou a agremiação à qual está filiado e sem a qual não poderia participar das eleições e sagrar-se vitorioso na peleja.

A análise da relação entre o partido político e o eleito é bastante delicada, pois desafia responder se há uma proeminência da agremiação sobre o seu filiado ou se, de outra forma, o parlamentar pode, no exercício do mandato, atuar livremente, segundo sua consciência e conveniência, inclusive para deliberar contra os interesses partidários que viabilizaram sua eleição.

O jurista espanhol Roberto Valdés[70], dissertando a respeito da autonomia de ação do parlamentar eleito, leciona que para a compreensão do tema e solução da *quaestio* é preciso uma releitura da vedação do *mandato imperativo* constante da maioria das constituições modernas, ao que aqui se acrescenta a necessidade de se declarar a obsolescência do *mandato representativo*, bem assim da adoção de um *tertium genus*, uma concepção moderna e adequada aos tempos atuais, que se pode denominar *mandato representativo partidário*.

---

70 VALDÉS, Roberto L. Blanco. **Los partidos políticos**. 1ª ed. Tecnos: Madrid, 1997, p. 95-98.

Comenta Valdés que predomina o entendimento de que o parlamentar é livre para decidir os assuntos submetidos ao órgão legislativo de que faz parte, observando critérios meramente pessoais, sem que eventual contrariedade às diretrizes partidárias e ao ideário programático possa resultar em sanções eficazes e aptas a coibir e reprimir a infração, tendo em conta que estaria protegido pelo fato de o seu mandato, de natureza meramente representativa, ser oriundo do conjunto nacional, e não do grupo de eleitores que apoiou a candidatura levada a cabo pelo partido.

A perdurar a total liberdade do exercício do mandato parlamentar, estar-se-á desconhecendo a realidade do contemporâneo Estado democrático, em que a concepção do mandato representativo lucubrado pelo Estado Liberal perdeu sua utilidade, necessidade e importância para a estabilidade e segurança da democracia, contribuindo, na grande maioria das vezes, para a disseminação de abusos e excessos, porquanto o representante passa a exercer o mandato como se fosse detentor absoluto dele, sua propriedade privada, não prestando contas a ninguém, exceto ao Judiciário quando o caso vira escândalo nacional e o corporativismo "lava as mãos", como a repetir, "não dá mais pra segurar" (...).

Contudo, há de se reconhecer a razoabilidade do argumento, segundo o qual a supressão total da autonomia do parlamentar traz em si o risco da imposição de uma "ditadura do partido", a gerar uma nova organização em que os partidos direcionem totalmente a conduta dos seus filiados nas deliberações políticas.

Porém, entre a mera possibilidade de uma "ditadura partidária", passível de fiscalização, controle e correção, inclusive pela via judicial, e a realidade política vivida, experimentada, no particular, pelos brasileiros, há de se buscar alternativas para preservar a democracia participativa e a autenticidade do sistema representativo.

Após a 2ª Guerra Mundial, com a vitória dos aliados sobre o Eixo, e com a exaltação do ideal democrático, ganhou importância, na Europa, concretizando-se, inicialmente nas Constituições da República Federal Alemã de 1949 (art. 21) e na França de 1958 (art. 4º), a constitucionalização dos partidos políticos, fortalecendo, assim, a noção do Estado de Partidos, que, para Antonio Negri[71], pode ser definido como aquela forma democrática do Estado, em que a relação com a sociedade civil, isto é, a moderna relação de representação é determinada e garantida materialmente através de um sistema de partidos.

À luz da ordem democrática brasileira, pode-se dizer que o regime político adotado pelo Constituinte de 88 prestigiou a democracia representativa, ou indireta, somente passível de realização através dos partidos políticos, ad-

---

71   *Apud* VALDÉS. *in* ob. cit., p. 77.

mitindo a direta participação popular, em casos pontuais e específicos (art. 1º, parágrafo único, c.c. art. 14, *caput,* incisos I, II e III da CF).

A constitucionalização dos partidos políticos, com sua previsão no art. 17, incisos e §§, alçou-os à categoria de Direitos e Garantias Fundamentais (Título II, Capítulo V), restando caracterizado o Brasil como um Estado de Partidos parcial.

Eventuais deturpações que podem ocorrer nos Estados de Partidos mereceram a crítica de Gerhard Leibholz[72], ao dizer que a penetração dos partidos no Estado moderno é incompatível com os princípios da democracia liberal representativa (Estado Liberal), por serem estruturalmente diferentes:

> "[...] em nossos dias já não são os parlamentos legisladores aquelas instituições representativas em que os deputados, sem outra coação que a de sua consciência e o prestígio próprio, seguro da confiança de seus eleitores, tomavam suas decisões políticas e acordavam suas leis com os olhos postos no interesse geral do povo; na realidade política, e apesar de que na Lei Fundamental se proclame a devoção à democracia representativa parlamentar, converteu-se, porém, em centros nos quais os deputados submetem-se à coação do partido ... , chegam a se sentir em um labirinto de compromissos que se refletem de modo decisivo em seus discursos e votações, de sorte que seu efetivo papel se reduza a de meros delegados de partido, assistentes dos dirigentes parlamentares para obterem nele a aprovação de acordos adotados fora dali. Esta radical modificação na estrutura do parlamento atual é uma consequência do fato de que, no transcurso do século passado, vinha sendo substituída paulatinamente a clássica democracia representativa parlamentar pelo moderno Estado de partidos, assentado na democracia de massas."[73]

É evidente que, a pretexto de impor a coesão e a unidade no atuar da agremiação, não pode o partido direcionar a conduta dos seus filiados, nas deliberações políticas, contra os seus estatutos, o seu ideário programático e a ordem jurídica estabelecida, sob pena de comprometer o fortalecimento da democracia intrapartidária e nacional, a exigir a devida reparação e controle de legalidade intrínseca e aferição da razoabilidade e proporcionalidade (*due process of law*).

As diversas ideologias políticas debatidas na sociedade encontram-se representadas nos partidos políticos – alguns apenas aparentam tê-la -, cuja linha de atuação em relação aos programas de governo é publicamente identificada, sendo de conhecimento prévio de todos. A sociedade conhece a linha política de atuação defendida por cada agremiação à qual está vinculado, política e juridicamente, o candidato filiado.

---

72 *Apud* VALDÉS, Roberto L. Blanco, **Los partidos políticos**. 1ª ed. Tecnos: Madrid, 1997, p. 85-86.

73 Tradução livre do autor.

O eleitor, ao votar, deve escolher, primeiramente, um partido sustentado pela ideologia política que adota e que conduza o eleitorado a acreditar ser ela a melhor opção para orientar as políticas públicas de governo e que melhor atenda aos anseios da maioria da comunidade; só ao depois é que vota na pessoa do candidato, porquanto não se admite candidatura avulsa, já que a filiação é uma condição/requisito de elegibilidade (art. 14, § 3º, V da CF).

Não obstante, as deturpações do sistema representativo têm levado parte do eleitorado brasileiro a prestigiar a pessoa do candidato em detrimento da agremiação que integra, olvidando que a democracia se sustenta na vontade do povo (soberania popular), titular do Poder político, que há de ser institucionalizado pela via dos partidos e de seus representantes escolhidos, periodicamente, nas eleições.

A representação política deve cada vez mais deixar de ser a representação de uma pessoa eleita pelo cidadão para se firmar como a representação de uma ideologia professada por parcela da sociedade institucionalizada na constituição formal de um grupo político dotado de capacidade eleitoral, passando a ser uma representação partidária.

É certo que a concepção originária de democracia desconhecia a figura dos partidos políticos. Contudo, a necessidade do avanço da democracia representativa, com o crescimento da participação popular, gerou a necessidade da formação de algo/alguém que fosse capaz de exprimir a existência dos interesses heterogêneos existentes na sociedade. Surgiram, então, os partidos políticos como realidades da técnica político-jurídica.

Desse modo, considerando a existência dos partidos políticos com um dado relevante a ser inserido na concepção da representação política, Bobbio[74] ensina que:

> "A formação e o contínuo crescimento dos partidos políticos que se interpuseram por exigência das situações, e não por má vontade deste ou daquele grupo ávido de poder, entre o corpo eleitoral e o parlamento, ou, mais em geral, entre o titular da soberania e quem deve de fato exercer essa soberania, acabaram por despedaçar a relação entre eleitores e eleitos, dando origem a duas relações distintas, uma entre eleitores e partido, outra entre partido e eleitos, que tornam cada vez mais evanescente a relação originária e característica do Estado representativo entre mandante e mandatário, ou, hobbesianamente, entre o autor e o ator. A presença dessas duas relações, das quais o partido é o termo médio, o termo comum a ambos, passivo no primeiro, ativo no segundo, tem a seguinte consequência: eleitor é apenas autor, o eleito é apenas ator, enquanto o partido é ator em relação ao eleitor, autor em relação ao eleito. Nada melhor do que essa dupla função que serve para fazer entender o lugar central que o partido foi assumindo nos sistemas representativos, da maneira como foram se configurando depois do sufrágio universal que, multiplicando o número dos eleitores sem poder

---

74 Ob. cit., p. 469-470.

multiplicar de modo correspondente o número dos eleitos. tornou necessária a formação daqueles grupos intermediários agregadores e simplificadores que são exatamente os partidos. Contrariamente ao que se pode imaginar e às habituais críticas sem fundamento à situação dos partidos, a intermediação do partido entre eleitores e eleitos, com o consequente nascimento de duas relações no lugar de uma, não complicou o sistema da representação, mas o simplificou, e, simplificando-o, tornou-o novamente possível (...).
Das duas relações que devem ser levadas em consideração, a segunda, entre partidos e eleitos, <u>é cada vez menos caracterizada pelo mandato livre, à medida que foi se reforçando a disciplina de partido e foi se afirmando a exigência da abolição do voto secreto, considerado como último refúgio da liberdade do representante.</u> Na primeira relação, entre partidos e eleitores, o mandato livre perdeu muito da sua eficácia devido à irrupção dos interesses particulares dos quais qualquer partido, em um sistema de mercado político concorrencial cada vez mais fragmentado, é obrigado a levar em conta para conservar e eventualmente aumentar seu poder, que depende do maior ou menor número de votos (os grifos não constam do original)."

A velha relação bilateral (cidadão/eleitor-eleito/parlamentar) característica do modelo liberal e do seu mandato representativo, portanto, tem sido substituída por uma relação tripartite (eleitor-partido-parlamentar), que, segundo Garcia Eloy[75], define-se, dentre outras, pelas seguintes notas:

"a. o partido é quem designa o candidato que formalmente receberá os votos dos eleitores; é quem avalia o seu programa e quem cobre com seus fundos os custos financeiros da campanha eleitoral.
b. consequentemente haverá eleição formal de uma pessoa, um indivíduo, um candidato, o parlamentar, e materialmente, de direito, um partido, que, necessariamente o por coerência consigo mesmo, ver-se-á impelido a atuar como representante do setor social que lhe outorgou sua confiança, e não como porta-voz dos interesses do conjunto da comunidade nacional.
c. o parlamentar se converte do fato em um agente, do representante de seu partido em uma área concreta e determinada da vida política, que se desenvolve no âmbito parlamentar, na qual não poderá se comportar como sujeito individual, mas, sim, como elemento integrante de uma coletividade partidária, à qual se conhece como grupo parlamentar."

Disso resulta, como reconhece expressamente a quase totalidade dos regramentos parlamentares dos países democráticos, que o representante individual cede por completo o papel de protagonista na vida parlamentar em favor do partido político e, mais concretamente, em favor da instância que o representa no plano assemblear: o grupo parlamentar.

---

75 GARCÍA, Eloy. **Inmunidad Parlamontaria y Estado de Partidos**. 1ª ed. Tecnos: Madrid, 1989, p. 112.

A grande mudança ocorrida na atualidade, em relação ao modelo liberal tradicional, opera-se no que se refere ao destinatário da representação, uma vez que o partido se sub-roga na posição que antanho correspondia ao par lamentar (indivíduo), surgindo daí o que se pode denominar representação partidária baseada no *mandato representativo partidário*.

Essa percepção se coaduna com o pensamento de Norberto Bobbio[76], que, no seu *Dicionário de Política,* sustenta que a evolução da sociedade e a dinâmica do processo eleitoral conduziram a um novo modelo de representação política, distinto dos antigos modelos do antigo regime e do liberalismo.

O consagrado e saudoso mestre italiano leciona que um modelo mais realista de representação política é alicerçado, hodiernamente, sob a estrutura das agremiações partidárias, que, de fato, são os grandes personagens do cenário político e da disputa eleitoral. Veja-se:

> "Mas sobretudo o que se deve ter cm conta é a importância que no processo eleitoral assumiram os partidos tanto no aspecto de elaboradores e de apresentadores de programas políticos como no de organizações de gestão política. Partindo deste dado essencial, conclui-se que um modelo realista da representação, no caso de conter alguns elementos dos modelos já examinados, deverá colocar-se num plano completamente diverso. Hoje, o fenômeno da Representação política deve ser olhado como um fato global mais do que como uma série de relações de representação, reciprocamente independentes, estabelecidas entre os representantes e as circunscrições eleitorais. O mecanismo do qual brota a representação é um enorme processo de competição entre as organizações partidárias pela conquista ou pela conservação das posições parlamentares e governamentais, uma competição regulamentada e que se desenvolve frente a um público com funções de juiz. Neste quadro, o papel do representante individual não é definido de maneira absolutamente unívoca, mas é suscetível de assumir formas diferentes, <u>de acordo com a disciplina partidária</u>, das características da competição eleitoral e da cultura política. No processo representativo podemos ver na prática duas sequências-tipo: 1) eleitores-partidos-representantes individuais; 2) eleitores-representantes individuais-partidos. Na primeira sequência, hoje a mais importante, a relação primária corre entre os partidos e o eleitorado; é diretamente a 'imagem partidária' que é apresentada ao juízo eleitoral e é sobre ela que se exerce o controle. Os representantes individuais têm um papel quase só executivo. Na segunda sequência, menos importante, mas não insignificante, são estes que constituem o canal representativo entre o eleitorado (sobretudo em nível local) e os partidos (ou seja, seus órgãos centrais de elaboração de imagem partidária). <u>Em ambos os casos, o papel do representante está diretamente ligado ao dos partidos</u> (os grifos não constam do original)."

Partindo dessa premissa, é legítimo afirmar que o Parlamento é composto menos por políticos *per se* que por partidos, bem como que os interesses partidários devem sobrepor-se aos interesses individualizados de seus filiados.

---

76 Verbete *Representação Política*.

É oportuno mencionar parte da doutrina de Lelio Basso[77]:

> "[...] A passagem do regime parlamentar para o regime de partidos significa propriamente que a função do povo soberano não se limita somente à eleição de parlamentares, mas, sim, que consiste também na eleição de uma direção política e no controle permanente dos eleitos, o que traz como consequência que os parlamentares, chamados a aplicar aquela determinada direção política eleita pelos eleitores, não podem em nenhum caso exercitar o próprio mandato segundo sua própria e exclusiva vontade, mas, sim, que estão obrigados a uniformizar a vontade popular que se expressa constitucionalmente através dos partidos."[78]

Como o fortalecimento da democracia representativa passa pelo fortalecimento dos partidos políticos, há de se concluir que nos Estados de Partidos parcial o titular do mandato já é o partido político – e não o seu filiado eleito por sua legenda –, na perspectiva de um novo modelo denominado *mandato representativo partidário*, que se apresenta como o resultado da evolução dos *mandatos imperativo* e *representativo* oriundos, respectivamente, do Ancien Régime e do Estado liberal.

O *mandato representativo partidário* opera a partir da conjugação de elementos comuns aos modelos precedentes (*mandatos imperativo* e *representativo*) para fazer brotar uma nova concepção de mandato político em que este tem por titular o partido e está baseado:

a) na subordinação do eleito ao estatuto e ao ideário programático do seu partido por meio do qual o obteve, a espelhar a confiança do povo na agremiação, como única realidade da técnica político-jurídica hábil a representar aqueles valores em torno dos quais se opera o *consenso social* pelo voto da maioria;

b) na representação que o partido político recebe dos eleitores para agir em seu nome (autorização), cujo exercício há de se dar por meio dos seus filiados ante a sua qualidade de pessoa jurídica (realidade da técnica político-jurídica) que não dispõe de corpo físico para tanto. É o que acontece, por exemplo, no sistema distrital, em que o partido estabelece, em uma lista fechada, ou cm uma lista aberta e em outra fechada (distrital misto), os nomes dos candidatos que entende melhor representar o grupamento político; e

c) na liberdade de manifestar opiniões, palavras e votos, nos atos tipicamente legislativos por se encontrar acobertado pela inviolabilidade ou imunidade material (art. 53 da CF).

As consequências práticas dessas ponderações podem ser visualizadas na hipótese em que um parlamentar, durante o exercício do mandato, decide

---

77 *Apud* VALDÉS, Roberto L. Blanco. **Los partidos políticos**. 1ª ed. Tecnos: Madrid, 1997, p. 99.

78 Tradução livre do autor.

sair do partido, sem motivo legítimo, enfraquecendo, com isso, a força política da agremiação na casa legislativa e no governo.

A mudança imotivada de partido se afigura como ato abusivo que não se coaduna com a ordem democrática, tendo em vista que, além da filiação ser requisito prévio de elegibilidade, poucos são os concorrentes nas eleições proporcionais que conseguem obter votos suficientes para atender ao quociente eleitoral e se elegerem[79].

As democracias pluralistas tratam de maneira diversa da disciplina legal da relação entre partidos políticos e filiados. Na Grã-Bretanha, por exemplo, os partidos políticos têm o poder de fiscalizar a atuação do seu parlamentar, aplicando a sanção de perda do cargo em determinadas situações, especialmente quando contrariar as diretivas partidárias.

Registra Roberto Bin[80] que, na Grã-Bretanha, existem alguns parlamentares que têm a missão de controlar os outros membros do mesmo partido que têm assento no Parlamento, acerca da obediência à diretiva partidária, e tal é a intensidade com que cumprem este dever que ganharam a denominação de "censores" (em italiano, *truste*; em inglês *whips*); seriam autênticos corregedores partidários das bancadas.

Nos anos 60, difundiu-se, na Itália, forte crítica ao sistema bretão, sob o argumento de que se instauraria uma *partidocrazia* atentatória do sistema constitucional vigente. A Corte Constitucional italiana decidiu que os partidos políticos não poderão criar normas para destituir o parlamentar de seu mandato, na hipótese de se subtrair de votar contra diretriz partidária:

> "a proibição do mandato imperativo importa que o parlamentar seja livre para votar segundo as determinações de seu partido, mas é também livre para se subtrair; nenhuma norma poderia legitimamente dispor que traga consequência ao cargo de parlamentar pelo fato de ter votado contra as diretivas do partido."

Desse entendimento, resultou na interpretação da possibilidade do parlamentar italiano mudar de partido político durante a legislatura.

Bastante elucidativa é a resposta do Bobbio[81] à critica referente à possível formação de uma *partidocracia*, um governo de partidos:

> "O termo 'partidocracia' reflete esse estado de coisas, gostemos ou não, vale dizer, uma situação na qual quem toma as decisões em última instância não são os repre-

---

79 Apenas 1,5% dos Deputados Estaduais o 5% dos Deputados Federais se elegem sem os votos de legenda. Dos 513 Deputados Federais Eleitos em 2002, 480 deles dependem do voto do legenda. No entanto, entre 2003 e 2005, mudaram de partidos 116 Deputados Federais.

80 BIN, Roberto. **Diritto Costituzionale**. Torino: G. Giappichelli Editore, 2000, p. 67.

81 Ob. cit., p. 470-471.

sentantes como mandatários livres dos eleitores, mas os partidos como mandantes imperativos dos chamados representantes, aos quais dão 'instruções' no sentido pejorativo que a palavra sempre teve na boca dos fautores da representação política em oposição à representação dos interesses. Falo do 'partidocracia' sem qualquer malícia, dado que nesta palavra, não obstante a habitual conotação fortemente negativa, está contida uma realidade de fato incontrovertível. A soberania dos partidos é o produto da democracia de massa, onde 'de massa' significa simplesmente com sufrágio universal. A democracia de massa não é propriamente a 'cracia' da massa, mas é a 'cracia' dos grupos mais ou menos organizados nos quais a massa, por sua natureza informe, articula-se, e, articulando-se, expressa interesses particulares."

Em uma época em que os partidos políticos constituem o elo entre a sociedade e os representantes eleitos o em que a ideologia política defendida por cada partido é de conhecimento prévio da sociedade, afigura-se cristalino que na eleição, mais que definir as pessoas que irão governar, o eleitorado define qual a ideologia política que deve conduzir os rumos políticos do Estado e qual o programa político que devo ser assumido pelo futuro governo, ou seja, ao escolher seus representantes, a sociedade identifica a vontade política que almeja ter no governo e que sorve de base para legitimar os poderes constituídos.

E não se alegue que a *partidocracia* poderia conduzir a uma "ditadura de partidos", à consideração de que, no Brasil, cada liderança nacional tem o comando de um ou de alguns deles.

Basta que se preserve e garanta o exercício do pluralismo político, um dos fundamentos da República Federativa do Brasil (art. 1º, V, c.c. art. 17, *caput* da CF), não somente por meio dos partidos políticos, mas, também, dos sindicatos, associações, ONGs etc., bem assim a democracia intrapartidária, para que o seu natural funcionamento atue como um sistema de freios e contrapesos (situação x oposição), regulando e equilibrando a balança do Poder, em todas as esferas, como será demonstrado adiante.

É mais fácil realizar o controle político dos partidos, a cada eleição, e, mesmo, o da legalidade de seus atos, já que existem em número menor que o de parlamentares, sem embargo de que, no Brasil, as agremiações estarão ainda mais limitadas no seu funcionamento com a eficácia da norma que institui a cláusula de barreira, a partir de 2006.

É evidente que a manutenção do programa político escolhido pelo eleitorado para governar o Estado passa, necessariamente, pela manutenção da força dos partidos políticos na composição parlamentar.

O político que durante o exercício do mandato sai do partido pelo qual foi eleito enfraquece a agremiação e, consequentemente, diminui a capacidade de sustentação do governo e da ideologia política escolhida pelo eleitorado para conduzir os rumos do Estado.

Para manter-se fiel ao resultado da eleição, à legitimidade do poder e à atuação do governo, é preciso que os partidos se mantenham fortes, de modo a conseguir impor sua forma de governar, a partir de sua ideologia política.

E, para que isso ocorra, é preciso que o partido político mantenha o mesmo número de mandatos que lhe foram atribuídos pelos eleitores e que seus filiados, eleitos, observem o estatuto e o compromisso assumido no que tange ao ideário programático.

Essa é leitura contemporânea que se há de ter da representação política, nos Estados de Partidos parciais, como é o Brasil, em que o funcionamento do regime democrático depende de uma realidade da técnica político-jurídica (as agremiações) situada entre o titular do Poder, o povo/representado e o eleito.

Por conseguinte, pode-se chamar de *mandato representativo partidário* a este novo modelo de mandato político, resultante da evolução do sistema representativo e da necessidade de sua adequação à realidade constitucional, a fim de sanar as deturpações decorrentes do mandato meramente representativo oriundo do Estado Liberal e ainda hoje vigente, que possibilita ao parlamentar enfeixar liberdade absoluta para exercê-lo como bem lhe aprouver e segundo suas próprias conveniências, redundando, muitas vezes, em atuação parlamentar espúria, em que se aliena irresponsavelmente o Poder político, do qual o povo é seu titular e que somente pode outorgá-lo pela via dos partidos políticos.

Neste contexto, reconhece-se no *mandato representativo partidário* a existência de duas relações: uma de natureza eminentemente política, estabelecida entre os eleitores e o partido, e outra de índole político-jurídica, firmada entre partidos e eleitos, estabelecida pela filiação, diferentemente do que ocorria no *mandato representativo* liberal e no *mandato imperativo* do antigo regime.

A adoção do *mandato representativo partidário* como solução para as distorções apontadas propicia uma representação política realista, coerente com o atual estádio das comunidades ocidentais que adotam o regime democrático, apresentando-se como posição que se afigura plausível na ordem jurídica brasileira e que relaciona os partidos entre os Direitos e Garantias Fundamentais (Título II, Capítulo V, art. 17, incisos e parágrafos da Constituição Federal).

Para o fortalecimento dos nossos partidos, manutenção da autenticidade do sistema representativo, preservação da legitimidade material do Poder político e da democracia, urge seja reconhecida a validade da perda do mandato parlamentar por ato de infidelidade ou de indisciplina partidárias, a partir do entendimento de que:

a) no Estado de Partidos parcial (Título II, Capítulo V, art. 17 da CF), o titular do mandato não é o eleito e, sim, o partido político por meio do qual um seu filiado se elege; e

b) que a norma constitucional do art. 17, § 1º, garante da autonomia partidária, tem como seu corolário a outorga de competência às agremiações para dispor, com exclusividade, sobre normas de fidelidade e disciplina partidárias, descrevendo os tipos de infração e as respectivas penas[82].

Em matéria de fidelidade e disciplina partidárias, a competência estatutária dos partidos políticos deflui diretamente do texto constitucional, não podendo sofrer restrição por parte de lei ou ato normativo de hierarquia inferior, consoante iterativa jurisprudência do Excelso Pretório e do Tribunal Superior Eleitoral, como se vê no Capítulo II, 3ª parte.

Além disso, aplica-se, no ponto, o princípio constitucional dos poderes implícitos oriundo da doutrina norte-americana (McCulloch x Maryland), segundo a qual *quem quer os fins deve proporcionar os meios*, até porque, como será demonstrado adiante, não existe norma constitucional incompatível com a perda do mandato parlamentar prevista no estatuto partidário nem que corresponda à pena adequada e proporcional à infração, nas hipóteses de expulsão e desligamento voluntário.

Ante o dever constitucional de observância das normas de fidelidade e disciplina prevista na Carta de 1988, impõe-se seja dada efetividade à norma estatutária que prevê o tipo de infração e seja adequada à pena a consequente perda do mandato aplicável ao parlamentar que durante o exercício da representação política deixa voluntariamente o partido, ou dele é expulso, legítima e legalmente, ensejando que um outro político, o suplente, filiado à agremiação, recomponha o tecido partidário e parlamentar, além da respectiva legitimidade parcialmente evanescida pelo ato infrator.

5.1.4. Realidade Constitucional Brasileira, Estado de Partidos Parcial, Mandato Representativo Partidário e Fidelidade Partidária

Há muito que os constitucionalistas reconhecem a influência dos fatos da vida (sociais, políticos e econômicos) na construção da ordem jurídica, não somente quando da sua originária constituição, mas, também, ao longo da sua vigência.

No final do século XIX, Ferdinand Lassalle[83] identificou a importância dos *fatores reais de poder* que regem uma determinada sociedade como força ativa e eficaz que informa todas as leis e instituições jurídicas vigentes, determinando que não possam ser, em substância, a não ser tal como elas são, aduzindo:

---

82 É o que já consta nos estatutos dos Partido dos Trabalhadores (PT), Partido Democrático Trabalhista (PDT), Partido Trabalhista Brasileiro (PTB), Partido da Mobilização Nacional (PMN), dentre outros antes referidos.

83 LASSALLE, Ferdinand. **A Essência da Constituição**. Rio de Janeiro: Editora Liber Juris Ltda., 1988, p. 11.

"Vou esclarecer isto com um exemplo. Naturalmente, este exemplo, como vou expô-lo, não pode realmente acontecer. Muito embora este exemplo possa dar-se de outra forma, não interessa sabermos se o fato pode ou não acontecer, mas sim o que o exemplo nos possa ensinar se este chegasse a ser realidade.
Não ignoram os meus ouvintes que na Prússia somente têm força de lei os textos publicados na Coleção Legislativa. Esta Coleção imprime-se numa tipografia concessionária instalada em Berlim. Os originais das leis guardam-se nos arquivos do Estado, e, em outros arquivos, bibliotecas e depósitos, guardam-se as coleções legislativas impressas.
Vamos supor, por um momento, que um grande incêndio irrompeu e que nele queimaram-se todos os arquivos do Estado, todas as bibliotecas públicas, que o sinistro destruísse também a tipografia concessionária onde se imprimia a Coleção Legislativa e que ainda, por uma triste coincidência – estamos no terreno das suposições –, igual desastre se desse em todas as cidades do país, desaparecendo, inclusive, todas as bibliotecas particulares onde existissem coleções, de tal maneira que em toda a Prússia não fosse possível achar um único exemplar das leis do país. Suponhamos que um país, por causa de um sinistro, ficasse sem nenhuma das leis que o governavam e que por força das circunstâncias fosse necessária decretar novas leis.
Neste caso, o legislador, completamente livre, poderia fazer leis de capricho ou de acordo com seu modo próprio de pensar?"

O próprio Lassalle[84] responde à indagação com outro exemplo, consistente em que, se houvesse a pretensão de abolir a monarquia, somente porque as leis que anteriormente previam sua existência desapareceram e leis novas teriam que ser criadas, o rei responderia que as leis poderiam ter sido extintas, mas que bastaria colocar seus exércitos nas ruas e tudo estaria resolvido. Eis o seguinte excerto:

"Podem estar destruídas as leis, porém a realidade é que o exército subsiste e me obedece, acatando minhas ordens; a realidade é que os comandantes dos arsenais e quartéis põem nas ruas os canhões e as baionetas quando eu o ordenar. Assim, apoiado neste poder real, efetivo, das baionetas e dos canhões, não tolero que venham me impor posições e prerrogativas em desacordo comigo.
Como podeis ver, um rei a quem obedecem o Exército e os canhões ... é uma parte da Constituição."

A pressão da realidade social remete à necessidade do seu reconhecimento no plano constitucional, como elemento imprescindível para a concretização do Estado Democrático de Direito, exigindo muitas vezes que das normas se extraiam novos significados que atendam aos reclamos da comunidade.
Dessa forma, altera-se anterior entendimento do texto constitucional que, no âmbito desse estudo, em que se visa demonstrar que a relevância dos partidos políticos e da efetividade do seu peculiar sistema de proteção para o

---

84   *In* ob. p. cit.

saudável funcionamento da democracia implica uma verdadeira mudança na concepção da representação política lastreada no *mandato representativo* para evoluir para o *mandato representativo partidário*, passível de concretização por meio da interpretação e aplicação da Lei Maior.

Konrad Hesse[85] esclarece que a Constituição é uma ordem aberta,

> "não estando desvinculada da realidade histórica concreta do seu tempo. Todavia, ela não está condicionada, simplesmente, por essa realidade. Em caso de eventual conflito, a Constituição não deve ser considerada, necessariamente, a parte mais fraca. Ao contrário, existem pressupostos realizáveis *(realizierbare Voraussetzungen)* que, mesmo em caso de confronto, permitem assegurar a força normativa da Constituição. Somente quando esses pressupostos não puderem ser satisfeitos, dar-se-á a conversão dos problemas constitucionais, enquanto questões jurídicas *(Rechtsfragen)*, em questões de poder *(Machtfragen)*. Nesse caso, a Constituição jurídica sucumbirá em face da Constituição real. Essa constatação não justifica que se negue o significado da Constituição jurídica: o Direito Constitucional não se encontra em contradição com a natureza da Constituição. Portanto, o Direito Constitucional não está obrigado a abdicar de sua posição enquanto disciplina científica. Se a Constituição jurídica possui significado próprio em face da Constituição real, não se pode cogitar de perda de legitimidade dessa disciplina enquanto ciência jurídica. Ele não é – no sentido estrito da Sociologia ou da Ciência Política – uma ciência da realidade. Não é mera ciência normativa, tal como imaginado pelo positivismo formalista. Contém essas duas características, sendo condicionada tanto pela grande dependência que o seu objeto apresenta em relação à realidade político-social, quanto pela falta de uma garantia externa para observância das normas constitucionais."

As lições de Hesse bem demonstram que a Constituição é um organismo vivo que busca no sistema social e no ambiente circundante a sua peculiar forma de atuação, promovendo o acoplamento estrutural com vista a garantir as expectativas, não somente normativas, mas, também, e principalmente, políticas.

Colhe-se da lição de Maria Garcia[86] que:

> "De Hesse, nesse particular exame da realização da Constituição, ressaltamos o pensamento de que Lei não deve 'construirse sobre estructuras unilaterales' – isto é, se a Constituição pretende que seus princípios fundamentais mantenham sua força normativa, terá de admitir, após sopesá-lo cuidadosamente, algum elemento da estrutura contrária (...).
> El Derecho constitucional, en este sentido, no puede ser desvinculado de la actuación humana y en dicha atuación resulta 'realizado', alcanza el mismo la realidad de un orden vivido, formador y conformador de realidad histórica, pudiendo cumplir su función en la vida de la Comunidad". A vigência real não a

---

85 HESSE, Konrad. **A Força Normativa da Constituição**. Porto Alegre: Sergio Antonio Fabris Editor, 1991, p. 25-26.

86 *In* ob. cit., p. 228.

alcança, a Constituição, pelo simples fato de existir: a vontade do constituinte histórico, explica HESSE, também não pode fundamentar a vigência real da Constituição e mantê-la: "até que ponto a Constituição consegue esta vigência é mais uma questão de força normativa da sua capacidade de operar na realidade da vida histórica de forma determinante e reguladora". Este processo envolve não somente a "possibilidade de realização dos conteúdos da Constituição, ou seja, a aproximação ou conexão de seus preceitos com a situação histórica e circunstancial, conservando e desenvolvendo o que já existe no presente: "Cuando la Constituición ignora el estado de desarollo espiritual, social, político e econômico de su tiempo, se ve privada del imprescindible gérmen de fuerza vital, resultando incapaz de conseguir que se realice el estado por ella dispuesto en contradición con dícho estado de desarollo[87] (...).

Vimos, com Hesse, o caráter incompleto e aberto da Constituição: a sua "amplitude e indeterminação", envolvendo, de um lado e "com caráter vinculante, o que não deve ficar aberto" ou indeterminado: os fimdamentos da ordem da Comunidade, "princípios rectores de formación de la unidad política y de fijación de lãs tareas estatales como también las bases del conjunto del ordenamiento jurídico (...) sustraídos a la lucha constante de los grupos y tendências, criándose um núcleo estable de aquello que ya no se discute, que nos es discutible y que, por lo mismo, no precisa de mero acuerdo y nueva decisión. La Constitución pretende crear um núcleo estable de aquello que debe considerarse decidido, estabilizado y distendido. "[88]

A Constituição jurídica para manter-se viva há de estar aberta à realidade social, sendo a interpretação que lhe é adequada a via do exegeta e aplicador do Direito para promover a devida e necessária adequação.

O não-reconhecimento da validade da perda do mandato parlamentar, por ato de infidelidade ou de indisciplina partidárias, importa a ausência de consequência político-jurídica decorrente do rompimento do vínculo da filiação, única forma de prevenir e reprimir a respectiva infração, tendo em vista que a pena de expulsão (a mais grave de todas e previstas em todos os estatutos, *vide* Cap. III) ou o desligamento voluntário – possível a qualquer momento, segundo o atual posicionamento da Suprema Corte – faz com que o sistema de proteção ou de controle partidário estabelecido no art. 17, § 1º, da Constituição de 1988 não tenha nenhuma eficácia ou efetividade.

Com efeito, o sistema de proteção partidária estabelecido na Carta da República vigente, porque desprovido da única sanção eficaz e eficiente para a infidelidade, que é a perda do mandato parlamentar, afigura-se um autêntico tigre de palha, um canhão sem balas, um espantalho para os eleitores, um ingente e irreparável prejuízo para a democracia.

---

87 *In* ob. cit., p. 226.
88 *In* ob. cit., p. 226.

A realidade brasileira demonstrada pelos dados estatísticos passíveis de obtenção nos sítios do Senado e da Câmara Federal[89] e pelas pesquisas de opinião pública realizadas pelos institutos Datafolha, Brasmarket e Ibope, amplamente noticiada pela imprensa nacional, revela a necessidade de se proceder a uma releitura do § 1º, do art. 17 da CF, ante os princípios republicano e federativo para, afastando-se a incidência da norma do art. 55 da CF (disciplina a atividade parlamentar), tornarem-se efetivas a fidelidade e a disciplina partidárias, sob pena de contínuo enfraquecimento do Estado Democrático brasileiro, ou, na melhor das hipóteses, em manter o *status quo* com todas as mazelas da nossa classe política[90].

A impune conduta dos que participam do "troca-troca de partidos" se presta apenas a promover e a estimular outras tantas práticas nocivas que impregnam a vida pública brasileira, prestando-se, apenas, a promovê-las e estimulá-las, tudo a desafiar as lições encontradiças desde a clássica obra intitulada *Dos Delitos e Das Penas*, de Cesare Beccharia.

Por isso, urge que ao texto constitucional seja conferida interpretação adequada à realidade política brasileira, que exige sejam tornadas efetivas as

---

89   Nota do autor: tais dados se encontram lançados em notas de rodapé, nos Capitulo III e IV, item 2, deste estudo.

90   Nota do autor: bem por isso o deputado Severino Cavalcanti, eleito em fevereiro de 2005, presidente da Câmara dos Deputados, instituição que no quadro da Federação representa o povo, dois dias depois de eleito por seus pares, conclamou a todos ao estabelecirnento da perda do mandato parlamentar corno meio pura coarctar a infidelidade partidária, tão nefasta às instituições dernocráticas, como se vê das seguintes declarações prestadas à imprensa: "A cada dia dois mudam de legenda. BRASÍLIA- Há exatos dois dias começou na Câmara dos Deputados a "temporada 2005" de movimentação de deputados federais entre os partidos. O chamado "troca-troca" registrou de 27 de janeiro até as 17 horas de ontem 45 transferências de deputados do um partido a outro, o que significa que dois deputados trocaram de legenda a cada dia. A marca supera os primeiros 20 meses de governo Luiz Inácio Lula da Silva, quando houve uma média de duas trocas de legendas por semana. Na ocasião, o argumento das lideranças partidárias era o de que o novo governo suscitava o remanejarnento das forças políticas. O recrudescimento da infidelidade partidária nos últimos 22 dias se deu em boa parto pela disputa de governo *e* oposição pelo controle da bancada do PMDB. A principal arma usada pelos dois lados foi filiar aliados como forma de tentar atingir a maioria no embate interno. Com isso o PMDB saiu de urna bancada do 77 deputados e chegou a 94 anteontem, superando assim o PT como maior bancada da Câmara (91 deputados). Hoje, porém, peemedebistas recorreram a seus aliados nos Estados para anular a filiação de quatro deputados, o que colocou o partido corno segunda maior bancada, com 90 integrantes. O novo presidente da Câmara, Severino Cavalcanti (PP-PE), atacou o entra e sai de deputados nos partidos políticos na sua primeira entrevista coletiva. "*Se o deputado sair do partido, tem que perder o mandato. Não aceito essa imoralidade de ficar saindo de um partido para outro*", afirmou. Desde que entrou na UDN, em 1962, Severino foi da Arena, PDS, PDC, PL, PPR, PFL e PPB (hoje PP)". In jornal ATARDE, de 18.02.2005, caderno Política, p. 10.

normas (art. 17, § 1º, e, do estatuto) que dispõem sobre fidelidade partidária, com o reconhecimento da perda do mandato como consequência jurídica válida para alcançar o fim visado pelo constituinte originário: um sistema de proteção partidário eficiente e efetivo.

Pode-se concluir, com Hesse[91], que:

> "Se o direito e, sobretudo a Constituição, tem a sua eficácia condicionada pelos fatos concretos da vida, não se afigura possível que a interpretação faça deles *tabula rasa*. Ela há de contemplar essas condicionantes, correlacionando-as com as proposições normativas da Constituição. A interpretação adequada é aquela que consegue concretizar, de forma excelente, o sentido (Sinn) da proposição normativa dentro das condições reais dominantes numa determinada situação. **Em outras palavras, uma mudança das relações fáticas pode – ou deve – provocar mudanças na interpretação da Constituição. Ao mesmo tempo, o sentido da proposição jurídica estabelece o limite da interpretação e, por conseguinte, o limite de qualquer mutação normativa.**"

O certo é que existe um conjunto de normas constitucionais e infraconstitucionais que dispõem sobre fidelidade partidária, devendo estar regulamentadas, exclusivamente, nos estatutos dos partidos políticos, sob pena de a agremiação não lograr o seu registro no Tribunal Superior Eleitoral e a respectiva aquisição da capacidade eleitoral.

Neste contexto, a figura do *mandato representativo*, lastreada em ser o eleito o titular do mandato parlamentar e deter toda a liberdade no seu exercício, sem peias, nem correr o risco de ser punido de verdade, não mais atende à realidade política, social e jurídica dos brasileiros, por provocar e estimular migrações partidárias inadmissíveis e que distorcem a autenticidade do sistema representativo, como demonstrado pelos referidos dados estatísticos e pesquisas de opinião pública, restando à Suprema Corte Constitucional fazer a releitura do art. 17, § 1º, ante os dados da realidade e daqueloutras normas que são invocadas para tentar justificar o afastamento de sua aplicação e efetividade, reservando-se, no particular, a incidência da norma do art. 55 para reger a atividade, infrações e sanções parlamentares.

No Brasil, em relação ao instituto da fidelidade partidária, o que se tem é a verificação da necessidade de um ajuste entre o que Canotilho[92] denomina *"tensão entre direito constitucional e a realidade constitucional"*.

A doutrina orienta que de acordo com a realidade política há que se conciliar, ou ao menos interpretar, de maneira distinta, os preceitos constitucionais referenciados ao longo deste estudo (art. 17, § 1º da CF, e normas estatutárias), pois se deve conjugar, de maneira mais adequada, a referência

---

91   *In* ob. cit., p. 22-23.
92   CANOTILHO, J. J. Gomos. **Direito Constitucional**. Coimbra: Almedina, 1993, p. 231.

constitucional aos partidos políticos, o direito de participação política e a proibição do mandato imperativo[93].

Tal forma de interpretar-se a Constituição se impõe na medida em que não se deve perder de vista ser a Carta Magna um organismo vivo, estando, portanto, diretamente vinculada aos diversos fatores reais de poder, isto para utilizar uma expressão de Lassalle.

O que se quer dizer com isso é que o texto constitucional está sob o influxo dos diversos setores que compõem a sociedade, e esta, como não poderia deixar de ser, encontra-se em constante transformação, não podendo a Lei Maior ficar petrificada, estática, sob pena de tornar-se letra morta, apenas uma folha de papel.

É preciso ressaltar que tal concepção não significa entender a Constituição como um instrumento exageradamente aberto e sujeito às formas e tendências que a sociedade venha apresentar.

Konrad Hesse assinala a existência da denominada força normativa da Constituição. Isso significa que um mínimo de normatividade é atribuído ao texto constitucional, cuja concretização passa pelo que nomeia de *vontade* de Constituição.

No processo de interpretação constitucional é preciso ter em mente os ensinamentos de Jerzy Wróblewski e Loewenstein. O primeiro diz haver duas formas de interpretação, uma que denomina *"ideologia estática de interpretação"* e a outra denominada *"ideologia dinâmica de interpretação"*.

Desse modo, o exegeta há de conciliar estas diferentes formas de interpretação com o texto constitucional e ao que Hesse denomina força normativa da Constituição, que pode ser entendida como uma disposição para considerar como vinculantes seus conteúdos e a resolução de realizá-los, inclusive frente às resistências.

Ou seja, discute-se como conciliar a necessidade de adequação do texto constitucional à realidade social – o que garantirá a sua efetividade, ou melhor, a sua eficácia, não a transformando em uma simples folha de papel – sem colidir com a vontade originária do Poder Constituinte, com o modelo inicial proposto, o que poria em risco a Supremacia constitucional, transformando-a em letra morta.

Wróblewski[94] assim explica a *ideologia estática de interpretação* e a *ideologia dinâmica da interpretação*, in verbis:

---

93 BENÍTEZ, Octavio Salazar. **El candidato em el actual sistema de democracia representativa**. Colección Critica dei Derecho. Sección Derecho Vivo. Contares: Granada, 1999, p. 133

94 WRÓBLEWSKI, Jerzy. **Constitución y teoria general de la interpretacíon jurídica**. Cuadernos Civitas: Madrid, 2001, p. 72-76.

"Um dos tipos principais de ideologia de interpretação legal toma como valores básicos a certeza, a estabilidade e a previsibilidade. Estes valores exigem que as regras legais tenham um significado imutável, denominando esses valores de valores estáticos e a este tipo de ideologia, de ideologia estática de interpretação legal.

(...) O corolário teórico dos valores estáticos é a construção do significado de uma regra como a vontade do legislador histórico. Esta vontade é um fato psicológico e este caráter factual do significado importa nesse momento mais que qualquer explicação concreta do processo psíquico do legislador. O significado é um fato psíquico.

(...) Destes valores e da correspondente teoria do significado derivam consequências concernentes à interpretação apropriada. O significado, como fato que é, deveria ser descoberto. Aceitam-se todos os materiais que servem a esta finalidade, e os instrumentos mais altamente apreciados tradicionalmente são os trabalhos preparatórios como chave para decodificar as intenções do legislador.

(...) O segundo tipo principal de ideologia de interpretação legal considera a interpretação como atividade que adapta o direito às necessidades presentes e futuras da vida social no sentido mais amplo deste termo.

A vida social abarca as ideias concernentes à sociedade com todas as características estruturais e funcionais consideradas relevantes para o direito e sua interpretação. A vida social corresponde, em geral, ao contexto funcional das regras legais e tem em conta o atual contexto sistêmico e linguístico. Elementos especialmente relevantes da vida social são as soluções de conflitos de interesses, satisfação das aspirações e necessidades reconhecidas, expectativas de grupos diferentes e a sociedade em seu conjunto nas dimensões econômica, política, ética, cultural etc. O direito, em parte, expressa a contribuição do legislador a estas necessidades, mas, em parte, se afasta (regaza) delas. Em geral, as transformações na vida social ocorrem mais depressa que as transformações na letra da lei, sem que isto obste a que o direito suscite e antecipe algumas mudanças na vida social mesma.

À interpretação legal se exige que se adapte o direito às necessidades da vida social para fazê-lo mais adequado a ela. Esta adequação é o valor máximo da ideologia dinâmica da interpretação legal. O significado da regra legal não é, portanto, nenhum fato do passado conectado por vínculos fictícios com a vontade do legislador histórico. Se fosse assim, o direito resultaria um governo dos mortos sobre os vivos. O significado das regras legais se transforma na medida em que se transformam os contextos em que os opera.

(...) O impacto da ideologia dinâmica sobre a interpretação legal se expressa, em primeiro lugar, no papel que se atribui ao contexto funcional. Este contexto do momento da interpretação é a fonte das valorações interpretativas e determina a preferência pelas diretivas funcionais e o fim básico da interpretação, isto é, a melhor adaptação do direito às necessidades da vida social."[95]

Essa estrutura interpretativa proposta por Wróblewski conduz à constatação de que na Constituição existe o que se poderia denominar núcleo *estático* e núcleo *dinâmico*. O primeiro inerente à ideologia estática de interpretação

---

[95] Tradução livre do autor.

e, o segundo, vinculado à ideologia dinâmica de interpretação. O problema seria determinar qual seria o núcleo estático da Constituição. Para tanto se busca socorro em Karl Loewenstein[96], apontando para o mínimo irredutível da constituição:

> "1. A diferenciação entre as diversas tarefas do Estado e sua atribuição a diferentes órgãos estatais ou detentores do poder com a finalidade de evitar a sua concentração nas mãos de um único e autocrático organismo;
> 2. Um mecanismo planejado que estabeleça a cooperação dos diversos detentores do poder. Os dispositivos e as instituições, na forma de freios e contrapesos, significando, simultaneamente, uma distribuição e, ao lado, urna limitação do exercício do poder político;
> 3. Um mecanismo, planejado com anterioridade, para evitar os bloqueios respectivos entre os diferentes detentores do poder autônomo, com a finalidade de evitar que um deles, caso não se produza a cooperação exigida pela Constituição, possa resolver o impasse por seus próprios meios, isto é, submetendo o processo do poder a uma direção autoritária;
> 4. Um método, também estabelecido de antemão, para a adaptação pacífica da ordem fundamental às transformações sociais e políticas – o método racional da reforma constitucional – para evitar o recurso à ilegalidade, à força ou à revolução;
> 5. Finalmente, a lei fundamental deveria conter um reconhecimento expresso de certas esferas de autodeterminação individual – os direitos individuais e liberdades fundamentais – e sua proteção frente à intervenção de um ou todos os detentores do poder. Ao lado do princípio da distribuição e, portanto, limitação do poder, os direitos individuais e liberdades fundamentais inacessíveis ao poder político se converteram no núcleo da constituição material."

Pretende-se pôr em evidência que o conjunto de fatos políticos, sociais e econômicos que se foram acumulando ao longo dos últimos vinte anos (1985-2005), sobretudo com a consolidação e a autonomia dos partidos políticos assegurada na Constituição de 1988, fizeram com que a sociedade brasileira atingisse um nível de maturação que, consoante revelam as pesquisas de opinião do Datafolha, Brasmarket e Ibope,[97] realizadas a partir de 2002, exige mecanismo que imponha aos filiados/parlamentares o dever de observância de coerência partidária, sob pena de caracterização da infidelidade e/ou da indisciplina partidárias, com a perda do mandato eletivo.

A concepção vigente de fidelidade partidária, em que não há nenhuma consequência prática e real, no plano político-jurídico, para os parlamentares infiéis ou indisciplinados, principalmente em relação àqueles que, desenfrea-

---

96 LOEWENSTEIN, Karl. **Teoria de La Constitucion**. 2ª ed. Barcelona: Editoria Ariel, 1976, p. 153.

97 Encarte da Revista do CESOP. Opinião Pública, Campinas, Vai. IX, nº 2, Outubro, 2003, Encarte Tendências, p. 119-167.

da e inconsideradamente, migram de um partido para o outro, não atende aos reclamos da sociedade, pois cada dia mais exige dos parlamentares urna postura mais ética, responsável e fiel ao programa estatutário que fez com que as eleitores se vinculassem ao partido e votassem em um seu filiado, na perspectiva de melhores dias, inclusive da subida do índice de probidade na administração pública.

É a própria sociedade que oferece esse termômetro através das mencionadas pesquisas de opinião pública que levam à conclusão de ter chegado o momento de empreender uma nova forma de interpretar e aplicar o texto constitucional.

A dissociação entre a realidade constitucional e a Constituição jurídica é objeto de críticas de Luis Roberto Barroso[98]:

> "O malogro do constitucionalismo, no Brasil, e alhures, vem associado à falta de efetividade da Constituição, de sua incapacidade de moldar e submeter a realidade social. Naturalmente, a Constituição jurídica de um Estado é condicionada historicamente pelas circunstâncias concretas de cada época. Mas não se reduz ela à mera expressão das situações de fato existentes. A Constituição tem uma existência própria, autônoma, embora relativa, que advém de sua força normativa, pela qual ordena e conforma o contexto social e político. Existe, assim, entre a norma e a realidade, uma tensão permanente. É nesse espaço que se definem as possibilidades e os limites do Direito Constitucional."

Zélio Maia da Rocha[99] oferece exemplo muito próximo dos brasileiros, ao menos, geograficamente, como é caso da Argentina:

> "Naquele país sucederam-se os planos econômicos (foram mais de dez em apenas dois anos), e alguns dos referidos planos foram objeto de questionamentos perante as cortes daquele país, tendo havido reiteradas manifestações da Corte Suprema a favor da constitucionalidade das normas instituidoras de tais planos. A população argentina, irresignada com essa atuação de sua Corte, notadamente no que se refere ao limite de saques dos salários e levando ainda em conta suspeitas levantadas contra os seus integrantes, promoveu, de forma maciça, diversas manifestações no sentido de que os magistrados deveriam renunciar. Em face dessas manifestações contundentes, coincidentemente, dias após, aquela Corte manifestou-se pela inconstitucionalidade da limitação aos saques dos salários platinas."

Tudo isso reporta à constatação de que, embora seja o Poder Judiciário o último a dar a palavra sobre a constitucionalidade de uma norma, não é ele

---

98 BARROSO, Luis Roberto. **Interpretação e Aplicação da Constituição**. 3ª ed. São Paulo: Saraiva. 1999, p. 237-238.

99 *In* Correio Braziliense, de 05.02.2002, p. 3, artigo intitulado Construção constitucional e a Atuação do Poder Judiciário.

o único a ser sujeito ativo na interpretação do texto constitucional. O povo, titular do poder constituinte, também realiza a sua interpretação e possui mecanismos para fazer chegar o seu entendimento ao conhecimento da Suprema Corte.

Prova disso é a recente adoção, no ordenamento jurídico brasileiro, do instituto do *amicus curiae*, que se constitui em um instrumento importante para a atuação de determinados setores da sociedade em ações relativas ao controle de constitucionalidade. Por meio desse instituto é permitido aos grupos que tenham interesse no tema em debate, em sede de ação direta de inconstitucionalidade ou de constitucionalidade, ingressarem em juízo para ressaltarem aos magistrados aspectos que poderiam passar despercebidos, na medida em que estão bem mais próximos da matéria em discussão. É esta uma via alternativa de pressão social. Porém, algumas vezes, é preciso uma atitude mais ostensiva, como fizeram os nossos vizinhos argentinos, utilizando-se da imprensa para pressionar e fazer valer o verdadeiro interesse da sociedade e não o interesse de grupos políticos que detêm o poder.

Contudo, para gáudio de parte da classe política que muda de partido por motivos meramente pessoais, desprezando seus deveres éticos, cívicos e partidários, parte da doutrina constitucional ainda defende a vigência do *mandato representativo*, concebida no final do século XVIII e baseada em que o *mandato* seria do eleito, encontrando arrimo na jurisprudência do Supremo Tribunal Federal, ante sua alheação da realidade política e partidária.

O Supremo Tribunal Federal, embora reconheça a importância e indispensabilidade das agremiações políticas para o funcionamento do regime democrático e a necessidade de um sistema de proteção eficiente, tem negado validade às normas estatutárias que preveem a perda do mandato parlamentar como decorrência da pena de expulsão por ato de infidelidade, ou desligamento do quadro de filiados, sob os seguintes fundamentos:

porque a admissão da validade de tal sanção violaria a norma do art. 15 da Constituição Federal que, nos seus incisos, enumera, taxativamente, as hipóteses de perda e suspensão dos direitos políticos, e não a prevê;

porque os arts. 45 e 46 da Constituição Federal atribuem à Câmara dos Deputados e ao Senado, respectivamente, a representação do povo e dos Estados-membros e Distrito Federal;

porque, de igual forma, o art. 55 da Constituição Federal e seus incisos relacionam as hipóteses de previsão de perda do mandato parlamentar, dentre os quais não se encontra a infidelidade partidária;

5.1.5. Inaplicabilidade do art. 15 da CF à Fidelidade Partidária

"Art. 15. É vedada a cassação de direitos políticos, cuja perda ou suspensão só se dará nos casos de:
I – cancelamento da naturalização por sentença transitada em julgado;

II – incapacidade civil absoluta;
III – condenação criminal transitada em julgado, enquanto durarem seus efeitos;
IV – recusa de cumprir obrigação a todos imposta ou prestação alternativa, nos termos do art. 5º, VIII;
V – improbidade administrativa, nos termos do art. 37, § 4º."

Dar efetividade às normas do § 1º do art. 17 da CF e à norma estatutária, que prevê que a sanção de perda do mandato parlamentar por ato de infidelidade partidária não implica perda ou suspensão de direitos políticos, pois o apenado continuará gozando da sua capacidade eleitoral ativa (votar) e passiva (ser votado) na eleição seguinte, desde que preencha as condições/requisitos de elegibilidade e não incorra em nenhuma incompatibilidade, causa de inelegibilidade, ou inabilitação para o exercício do mandato eletivo. Registre se que a Lei Complementar 64/90 não prevê a perda do mandato parlamentar, por ato de infidelidade partidária, como causa de inelegibilidade.

Exemplo disso é que o Supremo Tribunal Federal, o maior intérprete das Leis, tem reconhecido a constitucionalidade das normas dos arts. 41-A e 73 e incisos I a VIII, e §§ 4ª e 5ª da Lei 9.504/97, alterados pela Lei 9.840/99 (primeira lei de iniciativa popular do País, oriunda das discussões da CNBB), que preveem, respectivamente, a cassação do registro da candidatura e do diploma do eleito, inclusive dos Chefes do Executivo, para as hipóteses em que a eleição tenha resultado da captação ilícita de sufrágio e da prática de condutas vedadas aos agentes públicos, não importando o reconhecimento e a condenação por tais práticas na perda ou na suspensão de direitos políticos, razão pela qual não ficam impedidos, na eleição seguinte, os filiados a partidos políticos, titulares da cidadania ativa e passiva, a se candidatarem no pleito.

De igual forma ocorre na hipótese de cassação do mandato previsto no art. 14, §§ 10 e 11 da CF, por fraudes, abuso do poder econômico, político e uso indevido dos meios de comunicação social, em que a condenação do agente político não suspende direitos políticos.

Neste aspecto e, no particular, em relação às normas dos arts. 41-A e 73 e incisos I a VIII, e §§ 4º e 5º da Lei 9.504/97, de índole infraconstitucional, as jurisprudências do Supremo Tribunal Federal e do Tribunal Superior Eleitoral são pacíficas em não vislumbrar qualquer vício de constitucionalidade, porque a perda do mandato daí decorrente não importa inelegibilidade, somente passível de ser estabelecida pela via da Lei Complementar (art. 14, § 9º da CF), e, em tese, a única hipótese em que o político ficaria com a cidadania (passiva) parcialmente comprometida pela suspensão do direito político de se candidatar nos posteriores certames eleitorais.

Aliás, em matéria eleitoral, a única hipótese de algum arranhão ao exercício pleno dos direitos políticos somente decorreria da aplicação da inelegibilidade, pela via da ação de investigação judicial eleitoral, de que trata a Lei Complementar 64/90, isto se a jurisprudência especializada não tivesse sepultado tal possibilidade legal ante a edição da Súmula nº 19/TSE, que cria óbices, físico e jurídico, intransponíveis à conclusão do processo em prazo inferior a 18 meses, principalmente se forem considerados o contraditório, a ampla defesa com direito ao duplo grau de jurisdição e ao recurso especial eleitoral!

Prima facie, fica excluída qualquer possibilidade de se ofender a norma do art. 15 da CF, em decorrência da aplicação da pena de cassação do mandato parlamentar pelo cometimento de ato de infidelidade previsto no estatuto partidário, ante a impossibilidade de implicar tal situação a perda ou suspensão de direitos políticos, como sói ocorrer em relação às normas dos arts. 41-A e 73 da Lei Eleitoral.

5.1.6. Inaplicabilidade dos arts. 45 e 46 da CF à Fidelidade Partidária

As normas dos arts. 45 e 46 da Constituição Federal são invocadas, outrossim, corno supostos óbices à perda do mandato parlamentar pela prática de ato de infidelidade ou de indisciplina partidária, a pretexto de ter sido atribuído à Câmara dos Deputados a representação do povo e, ao Senado, a dos Estados-membros e do Distrito Federal, como se disso defluísse ser o eleito o titular do mandato político.

O bicameralismo é uma tradição constitucional brasileira. Excetuadas, apenas, as Cartas de 1934 e 1937, todas as demais Constituições organizaram o Poder Legislativo federal em duas Casas: uma, a Câmara dos Deputados, representando o povo, e outra, o Senado, representando os Estados membros e o Distrito Federal.

Trata-se o bicameralismo de urna técnica de organização e funcionamento do Poder Legislativo, típica dos Estados federados, em que a desconcentração do poder se dá através da repartição de competências, em respeito às autonomias das unidades federativas, impondo que as "partes" (os entes) e o "todo" (o povo) tenham suas respectivas representações políticas e participem da formação de uma vontade comum à nação, no exercício das funções tipicamente legislativas.

José Afonso da Silva[100] esclarece a divisão do Poder Legislativo federal:

> "Mas a dogmática constitucional, desde a promulgação da Constituição dos EUA, recusa aceitar o unicameralismo nas federações, por entender que o Senado é câmara representativa dos Estados federados, sendo, pois, indispensável sua existência ao lado de uma câmara representativa do povo. Diz-se, em prol disso, que os 'Estados Federais apresentam uma estrutura dualista. De uma parte,

---

100 SILVA, José Afonso da. **Curso de Direito Constitucional Positivo**. 22ª ed. São Paulo: Malheiros, 2003, p. 507-508.

deve estar presente a nação, em sua unidade global, de outra parte, os Estados-membros da federação, com sua autonomia particular' (...).
No bicameralismo brasileiro, não há predominância substancial de uma câmara sobre a outra."

Michel Temer[101] anota que esse modelo de bicameralismo atende à forma de Estado Federal positivada pelo constituinte.

André Ramos Tavares[102] registra que:

"O sistema, portanto, no Brasil, é bicameral, por força da adoção do sistema federalista, e não como ocorre em outros países, nos quais o bicameralismo existente não provém da estrutura federal, mas, sim, de outras circunstâncias como a divisão histórica da Câmara dos Lordes e da Câmara dos Comuns, na Inglaterra."

Luiz Alberto David Araújo e Vidal Serrano Nunes Junior[103] acrescentam que:

"A bicameralidade, no caso brasileiro, é peculiaridade do regime federativo. É que, possuindo duas Casas Legislativas, a Câmara dos Deputados e o Senado, a primeira volta-se à representação do povo e a segunda, o Senado Federal, tem a finalidade de, cumprindo o mister federativo, dar lugar à representação das unidades federadas na formação da vontade central. Por isso, podemos afirmar que o bicameralismo brasileiro é do tipo federativo."

Convém ainda lembrar que o bicameralismo surgiu da necessidade de se encontrar um equilíbrio político, tendo em conta várias passagens da história revelarem que o unicameralismo descambou para o despotismo e revoluções, como consigna Francinira Macedo[104]:

"A divisão dual da instituição parlamentar foi entendida por H. Ferron como causação inevitável que repercutia no Parlamento, decorrente de direta implicação da dinâmica social, exprimindo 'antagonismo e antinomias do indivíduo e o Estado, da autoridade e liberdade, da tradição e progresso, da unidade e variedade, do respouso e movimento, da ordem e independência' (De la division du Pouvoir législatif en deux chambres. Paris, Felix Alcan e L. Larose & Forcel, 1885, p. 327)."

---

101 *Apud* TAVARES, André Ramos. **Curso de Direito Constitucional**. São Paulo: Saraiva, 2002, p. 794.

102 *In* ob. cit., p. 795.

103 ARAÚJO, Luiz Alberto David; NUNES JUNIOR, Vidal Serrano. **Curso do Direito Constitucional**. São Paulo: Saraiva, 2002, p. 290.

104 MOURA, Francinira Macedo de. **Direito Parlamentar**. Brasília: Livraria e Editora Brasília Jurídica Ltda., 1992, p. 81-82.

Prosseguindo em sua argumentação, afirma que a política deve exprimir através de suas instituições essas inelimináveis forças antagônicas, que 'assim são representadas e difundidas pelas instituições especiais, com poderes que protegem a cada uma delas contra as investidas de suas adversários' (op. cit. p. 330) (...).
Para A de Lapradelle, 'a experiência de câmara única revelou-se perigosa', mencionando os exemplos das Constituições Francesas de 1791 e 1793, que conduziram à tirania da Convenção. A Constituição de 1848 assim se apresentou com o propósito de evitar a fragmentação deliberante, ruindo em 1851, ao se revelar incapaz de salvar a França do golpe de Estado (*Cours de droit constitutionnel*, Paris, A. Pedone Éditeur, 1912, p. 256) (...).
Acompanhando a exposição, teremos de reconhecer que essas heterogeneidades e demais contraposições no arcabouço social receberam, modernamente, instrumentações políticas através dos partidos, e não mais às expensas do divisionismo das próprias estruturas parlamentares, embora nelas ecoem as divergências sociais, porque é propriamente nelas que foram implantadas as válvulas descompressoras do regime político, para que todas as opiniões possam ser vertidas e enfrentadas, cumprindo o papel que nelas se institucionalizaram de 'fórum de debates nacionais'. Não há ideias que não possam ser confrontadas, e não há ideias que não possam ser incorporadas pelos partidos. Com os sistemas partidários ganhando os espaços parlamentares, os conflitos sociais ganham expressão e merecem pública e pacífica avaliação pela coletividade, no contexto do processo eleitoral e nas contendas parlamentares."

A Constituição da República, nos arts. 45 e 46, apenas atribui representações políticas distintas aos órgãos que integram o Poder Legislativo federal, estabelecendo um sistema de proteção tipicamente legislativo, em que o Senado e Câmara dos Deputados exercem recíproco controle político, em razão de ter o Estado brasileiro adotado a forma federativa de governo.

O bicameralismo e a designação das representações das unidades federativas pelo Senado, e do povo, pela Câmara dos Deputados, não declaram nem reconhecem ser o eleito o titular do mandato parlamentar, sob pena de se chegar ao absurdo de entender que, em relação à Câmara Alta, o titular seriam as ficções político-jurídicas dos Estados-membros e do Distrito Federal!

Logo, os arts. 45 e 46 em nada comprometem seja conferida efetividade às normas que asseguram a fidelidade e a disciplina partidárias.

5.1.7. Inaplicabilidade do art. 55 da CF à Fidelidade Partidária

"Art. 55. Perderá o mandato o Deputado ou Senador:
I – que infringir qualquer das proibições estabelecidas no artigo anterior;
II – cujo procedimento for declarado incompatível com o decoro parlamentar;
III – que deixar de comparecer, em cada sessão legislativa, à terça parte das sessões ordinárias da casa que pertencer, salvo licença ou missão por esta autorizada;
IV – que perder ou tiver suspensos os direitos políticos;
V – quando o decretar a Justiça Eleitoral nos casos previstos nesta Constituição;
VI – que sofrer condenação criminal em sentença transitada em julgado."

A norma do art. 55, situada no Capítulo I (Poder Legislativo), do Título IV (Organização dos Poderes), trata das hipóteses de perda do mandato por macularem a *atividade parlamentar,* não podendo incidir sobre a *atividade partidária* que a precede e sem a qual não se pode obter o mandato político, pois o registro da candidatura depende da implementação de uma das condições/requisitos de elegibilidade, a *filiação,* especificamente regulamentada no art. 17, §§ 1º a 4º, do Título II (Direitos e Garantias Fundamentais), Capítulo V (Partido Político), da Lei Magna.

A atividade parlamentar não se confunde com atividade partidária. Cada uma delas tem normatividade própria, específica e adequada à proteção dos bens jurídicos por elas alcançados e a que se destinam.

A atividade parlamentar somente pode ser exercida por alguém eleito em certame, estando circunscrita ao respectivo Parlamento e às funções típicas do Poder Legislativo, submetendo-se seus integrantes à legislação pertinente, a exemplo das normas dos arts. 53, 54, 55 e 56 da CF, dos regimentos internos e leis esparsas (*v.g.* Lei nº 1.079/50 e DL 201/67).

As normas dos arts. 53 a 56, constantes da Seção V (Dos Deputados e dos Senadores), do Capítulo I (Do Poder Legislativo), do Título IV (Da Organização dos Poderes), estabelecem *garantias e disciplina parlamentares* indispensáveis à independência do exercício do mandato e ao próprio Poder que integram deputados e senadores, prescrevendo:

> "Art. 53. Os Deputados e Senadores são invioláveis, civil e penalmente, por quaisquer de suas opiniões, palavras e votos.
> § 1º Os Deputados e Senadores, desde a expedição do diploma, serão submetidos a julgamento perante o Supremo Tribunal Federal.
> § 2º Desde a expedição do diploma, os membros do Congresso Nacional não poderão ser presos, salvo em flagrante de crime inafiançável. Nesse caso, os autos serão remetidos dentro de vinte e quatro horas à Casa respectiva, para que, pelo voto da maioria de seus membros, resolva sobre a prisão.
> § 3º Recebida a denúncia contra o Senador ou Deputado, por crime ocorrido após a diplomação, o Supremo Tribunal Federal dará ciência à Casa respectiva, que, por iniciativa de partido político nela representado e pelo voto da maioria de seus membros, poderá, até a decisão final, sustar o andamento da ação.
> § 4º O pedido de sustação será apreciado pela Casa respectiva no prazo improrrogável de quarenta e cinco dias do seu recebimento pela Mesa Diretora.
> § 5º A sustação do processo suspende a prescrição, enquanto durar o mandato.
> § 6º Os Deputados e Senadores não serão obrigados a testemunhar sobre informações recebidas ou prestadas em razão do exercício do mandato, nem sobre as pessoas que lhes confiaram ou deles receberam informações.
> § 7º A incorporação às Forças Armadas de Deputados e Senadores, embora militares e ainda que em tempo de guerra, dependerá de prévia licença da Casa respectiva.
> § 8º As imunidades de Deputados ou Senadores subsistirão durante o estado de sítio, só podendo ser suspensas mediante o voto de dois terços dos membros da Casa respectiva, nos casos de atos praticados fora do recinto do Congresso Nacional, que sejam incompatíveis com a execução da medida" (NR).

O art. 53/CF garante a inviolabilidade, civil e penal, dos deputados e senadores, por quaisquer de suas opiniões, palavras e votos, estabelecendo privilégio de foro e prerrogativas institucionais e processuais necessários à atuação ética e fiel à representação política;

"Art. 54. Os Deputados e Senadores não poderão:
I – desde a expedição do diploma:
a) firmar ou manter contrato com pessoa jurídica de direito público, autarquia, empresa pública, sociedade de economia mista ou empresa concessionária de serviço público, salvo quando o contrato obedecer a cláusulas uniformes;
b) aceitar ou exercer cargo, função ou emprego remunerado, inclusive os de que sejam demissíveis *ad nutum*, nas entidades constantes da alínea anterior;
II – desde a posse:
a) ser proprietários, controladores ou diretores de empresa que goze de favor decorrente de contrato com pessoa jurídica de direito público, ou nela exercer função remunerada;
b) ocupar cargo ou função de que sejam demissíveis *ad nutum*, nas entidades referidas no inciso I, "a";
c) patrocinar causa em que seja interessada qualquer das entidades a que se refere o inciso I, "a";
d) ser titulares de mais de um cargo ou mandato público eletivo.
Art. 55. Perderá o mandato o Deputado ou Senador:
I – que infringir qualquer das proibições estabelecidas no artigo anterior;
II – cujo procedimento for declarado incompatível com o decoro parlamentar:
III – que deixar de comparecer, em cada sessão legislativa, à terça parte das sessões ordinárias da Casa a que pertencer, salvo licença ou missão por esta autorizada;
IV – que perder ou tiver suspensos os direitos políticos;
V – quando o decretar a Justiça Eleitoral, nos casos previstos nesta Constituição;
VI – que sofrer condenação criminal em sentença transitada em julgado.
§ 1º É incompatível com o decoro parlamentar, além dos casos definidos no regimento interno, o abuso das prerrogativas asseguradas a membro do Congresso Nacional ou a percepção de vantagens indevidas.
§ 2º Nos casos dos incisos I, II e VI, a perda do mandato será decidida pela Câmara dos Deputados ou pelo Senado Federal, por voto secreto e maioria absoluta, mediante provocação da respectiva Mesa ou de partido político representado no Congresso Nacional, assegurada ampla defesa.
§ 3º Nos casos previstos nos incisos III a V, a perda será declarada pela Mesa da Casa respectiva, de ofício ou mediante provocação de qualquer de seus membros, ou de partido político representado no Congresso Nacional, assegurada ampla defesa.
§ 4º A renúncia de parlamentar submetido a processo que vise ou possa levar à perda do mandato, nos termos deste artigo, terá seus efeitos suspensos até as deliberações finais de que tratam os §§ 2º e 3º".

Os arts. 54 e 55 da CF dispõem sobre *normas de fidelidade* e *disciplina* da atuação de deputados e senadores, tipificando certas condutas atentatórias ao exercício da atividade parlamentar e estabelecendo sanção específica de perda do mandato, "de modo a mantê-los incólumes para resguardo ético aos seus desempenhos que sempre permanecem suscetíveis ao acompanhamento crítico da opinião pública, que vela, assim, pelo esperado nível de respeitabilidade de seus representantes":[105]

> "Art. 56. Não perderá o mandato o Deputado ou Senador:
> I – investido no cargo de Ministro de Estado, Governador de Território, Secretário de Estado, do Distrito Federal, de Território, de Prefeitura de Capital ou chefe de missão diplomática temporária;
> II – licenciado pela respectiva Casa por motivo de doença, ou para tratar, sem remuneração, de interesse particular, desde que, neste caso, o afastamento não ultrapasse cento e vinte dias por sessão legislativa.
> § 1º O suplente será convocado nos casos de vaga, de investidura em funções previstas neste artigo ou de licença superior a cento e vinte dias.
> § 2º Ocorrendo vaga e não havendo suplente, far-se-á eleição para preenchê-la se faltarem mais de quinze meses para o término do mandato.
> § 3º Na hipótese do inciso I, o Deputado ou Senador poderá optar pela remuneração do mandato."

Já o art. 56 da CF relaciona as hipóteses excludentes da ilicitude do afastamento do parlamentar do exercício do mandato.

5.1.7.1. Sistemas de proteção ou de controle institucionais

O constituinte de 1988 associou o sistema dos freios e contrapesos (*cheks and balances*) aos princípios democrático, republicano, federativo, da separação dos poderes, da autonomia e da não intervenção, como instrumentos eficazes para a preservação do equilíbrio entre todas as instituições que formam e integram o Estado e a sociedade.

Trata-se de sistemas de controle ou de proteção institucional encontrados em todos os âmbitos, mormente nas esferas do Poder político e de peculiar importância para identificar e disciplinar, mediante distinção, os atos partidários dos atos tipicamente legislativos (elaborar leis e fiscalizar).

A Constituição Federal determina que os partidos políticos observem os preceitos que enumera, destacando no art. 17, inciso IV, o *funcionamento parlamentar de acordo com a lei*.

Constata-se que o constituinte de 1988 reconheceu a existência de dois *sistemas de proteção ou de controle*, um *partidário*[106] e outro *legislativo* ou *parlamentar*[107], respectivamente, destinados à atividade partidária e à atividade legislativa ou parlamentar, distintas entre si, embora unidas por uma conexão

---

105 MOURA. Francinira Macedo de. **Direito Parlamentar**. Brasília/DF: Livraria e Editora Brasília Jurídica, 1992, p. 99.
106 Art. 17, § 1º da CF.
107 Arts. 53 a 55 da CF.

necessária, já que não se admite candidatura avulsa, por exigir-se a prévia filiação[108].

5.1.7.1.1. Distinção entre atividade partidária e atividade parlamentar

A atividade partidária é muito mais ampla que a parlamentar, podendo ser desempenhada por filiado e até mesmo por simples adeptos. Por seus atos respondem os partidos políticos, por solidariedade passiva[109].

As regras que disciplinam a atividade parlamentar são dotadas da função primordial de impulso ou de direção política na elaboração de leis e controle dos Poderes Executivo e Judiciário (*checks and balances*), e do próprio Legislativo, exercidas por uma pluralidade de partidos, cada um detendo interesses imediatos conflitantes, carentes de satisfação. As normas atinentes à atuação dos deputados e senadores nas respectivas Casas atingem, por simetria, os deputados estaduais e vereadores.

De forma precípua, a atividade partidária visa à obtenção do Poder político por parte de um grupo social, parcela do povo que se reúne para a consecução de um ideal comum e para tanto se associa constituindo um partido, não havendo, ao menos, sob o ponto de vista imediato, conflito de interesses entre seus filiados, pois todos têm, em princípio, o mesmo objetivo, um interesse concreto a alcançar: o Poder.

Outrossim, há ainda a possibilidade de a agremiação, no exercício do poder normativo, baixar "diretriz legitimamente estabelecida", cuja expressão, *per se*, impõe tenha conteúdo material e formalmente legítimos, em consonância com a ordem constitucional, os interesses da Nação e do partido como instrumento de ação que busca alcançar o bem comum.

Os atos tipicamente legislativos, em regra, são gerais e abstratos, formados pela manifestação de vontades de órgãos distintos, dizendo-se, por isso, terem natureza complexa, se consideradas as diversas manifestações de vontade necessárias a completar o seu ciclo, enquanto os atos partidários emanam da única vontade de um órgão monocrático ou colegiado da agremiação.

Em comum, os atos partidários e os atos legislativos têm a necessidade de sistemas de proteção ou controle das respectivas atividades dos seus autores, filiados e representantes eleitos, exigindo um conjunto de normas vigentes para dispor, respectivamente, sobre normas de fidelidade e disciplina no âmbito da agremiação e para orientar a conduta ético-disciplinar compatível com o exercício do mandato eletivo na Casa Legislativa, a fim de manter a ordem e a unidade das respectivas instituições em que elas são desenvolvidas, consoante preconizam os princípios democrático, republicano e federativo.

---

108 Art. 14, § 3º, V da CF.
109 Art. 241 do Código Eleitoral.

Isto porque, enquanto os filiados, parlamentares ou não, têm deveres de fidelidade e disciplina partidárias, orientadas pelos estatutos e pelas diretrizes políticas emanadas do ideário programático, os deputados e senadores também têm deveres éticos (de fidelidade), não somente ante o mandato que exercem, mas, também, ao Poder Legislativo que integram, no qual devem atuar com liberdade nos atos tipicamente legislativos e responsabilidade na defesa da *res publica*, dos interesses do povo, o titular do poder.

O legislador ordinário, através da Lei nº 9.096/1995, também distingue *atividade partidária* e *atividade parlamentar*:

> Art. 15. *O estatuto do partido poderá estabelecer, além das medidas disciplinares básicas de caráter partidário, normas sobre penalidades, inclusive com desligamento temporário da bancada, suspensão do direito de voto nas reuniões internas ou perdas de todas as prerrogativas, cargos e funções que exerça em decorrência da representação e da proporção partidária na respectiva Casa Legislativa, ao parlamentar que se opuser, pela atitude ou pelo voto às diretrizes legitimamente estabelecidas pelos órgãos partidários.*

A leitura da norma transcrita, extraída da Lei dos Partidos Políticos, revela o reconhecimento do legislador de que o representante eleito pode sofrer gravame, no próprio âmbito da Casa Legislativa, atingindo a atividade parlamentar, com a perda de todas as prerrogativas, cargos e funções que ali exerça em decorrência da representação e da proporção partidária, na hipótese de vir a cometer ato de infidelidade partidária.

Seja *sanção* por ato de *indisciplina*, seja *consequência jurídica* decorrente da prática de ato de *infidelidade partidária*, os legisladores constitucionais e infra não as estenderam aos atos legislativos típicos, em atenção à imunidade material[110] de que trata a Constituição Federal, no que toca às opiniões, palavras e votos manifestados no exercício do mandato.

Na doutrina de Gilmar Mendes[111]:

> Com a finalidade de assegurar a liberdade do representante do povo ou do Estado-membro no Congresso Nacional, e isso como garantia da independência do próprio parlamento e da sua existência, a Constituição traça um conjunto de normas que instituem prerrogativas e proibições aos congressistas.
> Algumas dessas prerrogativas ganham o nome de **imunidade,** por tornarem o congressista excluído da incidência de certas normas gerais. A imunidade pode tornar o parlamentar insuscetível de ser punido por certos fatos (imunidade material) ou livre de certos constrangimentos previstos no ordenamento processual penal (imunidade formal).

---

110   Art. 53, *caput*.
111   *In* **Curso de Direito Constitucional**. São Paulo, 2007. p. 853.

A imunidade não é concebida para gerar um privilégio ao indivíduo que por acaso esteja no desempenho do mandato e prevenir ameaças ao funcionamento normal do Legislativo[112].
A imunidade material a que alude o caput do art. 53 da Carta expressa a inviolabilidade civil e penal dos deputados e senadores por suas opiniões, palavras e votos, neutralizando a responsabilidade do parlamentar nessas esferas.

A adoção da Fidelidade e a distinção acima apresentada evidenciam que o mandato eletivo tem por titular a agremiação em que se encontra filiado o representante, à qual deve observância do quanto se contém no estatuto e no ideário programático, e não diretamente ao eleitor, como justificam aqueles que ainda hoje defendem que o titular do mandato político é o eleito, na perspectiva do vetusto mandato representativo que vigorou por quase 200 anos no Brasil, até 4.10.2007.

O sistema de proteção ou controle do Parlamento se encontra positivado nos arts. 53 a 56 da CF, enquanto o sistema de proteção da atividade partidária, que é distinto, está previsto no art. 17, § 1º da CF.

A norma do art. 55 da CF tem caráter restritivo de direitos políticos, por gerar inelegibilidade e inabilitação para o mandato eletivo[113], sendo aplicável, exclusivamente, às infrações cometidas no exercício da atividade legislativa ou parlamentar, que em nada se confunde com a atividade partidária que a antecede, não produzindo aquele efeito que malfere o amplo exercício dos direitos políticos[114].

Se for conferida interpretação extensiva ao art. 55, que trata da atividade parlamentar para alcançar relação político-jurídica diversa, de natureza partidária, estabelecida precedentemente entre o partido político e seu filiado, estar-se-á invadindo esferas autônomas de competências constitucionais, uma exercida pelo próprio constituinte e a outra que é delegada aos partidos políticos.

O descabimento da interpretação extensiva emerge do fato de que o bem jurídico protegido no art. 55 é a instituição do Parlamento, e não do Partido Político que, com a simples expulsão ou o desligamento voluntário do seu filiado, se vê exonerado de qualquer respingo na sua imagem, em razão de má conduta de um dos seus membros, como de resto sempre aconteceu na política brasileira.

A Constituição Federal, no Título II, Capítulo V, art. 17, §§ 1º a 4º assegura aos partidos políticos autonomia para definir sua estrutura interna,

---

112 A propósito, a Questão de Ordem em Inquérito nº 1.024, *DJ* de 4.3.2005, Rel. Min. Celso de Mello, em que se enfatiza que a "garantia é inerente ao desempenho da função parlamentar, não traduzindo, por isso mesmo, qualquer privilégio de ordem pessoal" (*apud* Gilmar Mendes, *idem, ibidem*).
113 Art. 1º, incisos I a VII, da LC nº 64/1990.
114 Art. 15 da CF.

organização e funcionamento, e outorga competência para dispor, obrigatoriamente, sobre sistema peculiar e específico de proteção ou controle da atividade partidária, de modo que a consequência estatutária da qual decorre a perda do mandato parlamentar, por ato de infidelidade, ou a sanção por indisciplina partidária, há de ter aplicação e efetividade.

É pacífico o entendimento, na doutrina e na jurisprudência, de que as normas de caráter restritivo de direito, especialmente de direitos políticos, não admitem interpretação extensiva, principalmente onde o legislador constituinte faz distinções e atribui, expressamente, regramento próprio e específico, não cabendo, pois, ao intérprete inovar. É, *a contrario sensu*, aplicável o milenar brocardo latino: *ubi lex non distinguit, nec nos distinguere debemus*.

Não se pode conferir interpretação extensiva à norma restritiva de direitos políticos do art. 55 da CF – que integra o sistema normativo de proteção da atividade parlamentar – para aplicá-la a um sistema distinto, de proteção partidária prevista no art. 17, § 1° da CF, integrada por normas estatutárias que preveem a perda do mandato parlamentar do infiel e/ou do indisciplinado, expulso da agremiação, ou que se desliga voluntariamente. *Odiosa restringenda favorabilia amplianda*[115].

Antecede e é distinta a atividade partidária da atividade parlamentar, tendo cada uma delas peculiar sistema de proteção ou de controle que devem coexistir e funcionar, independentemente, a fim de conferir segurança, respectivamente, aos Partidos Políticos e ao Parlamento.

A ausência do efetivo funcionamento de um, ou de ambos, os sistemas de proteção ou de controle, partidário e parlamentar, põe em risco a *autenticidade do sistema representativo*, só havendo uma forma de preservar o fim último do Estado de Partidos parcial (o caso do Brasil), o que se dá através do reconhecimento da validade e importância da perda do mandato parlamentar como consequência pela infidelidade ou da aplicação da pena de expulsão, ambas de índole partidária, e não parlamentar, resultante da autonomia e competência outorgada às agremiações para dispor sobre normas de fidelidade e disciplina.

É a filiação partidária o vínculo político-jurídico que habilita o indivíduo ao exercício da cidadania passiva (ser votado) e a exercer um mandato eletivo, sem o qual não lhe é dado participar de eleições, majoritárias ou proporcionais, de modo que o rompimento daquele liame ao partido pelo qual o representante se elegeu faz com que este deixe o mandato que lhe foi confiado.

---

115 Restrinja-se o odioso; amplie-se o favorável. Refere-se a que, cm princípio, as disposições que restringem direitos devem ser interpretadas de forma estrita; e de forma ampla as que asseguram direitos ou conferem proteção. *In* **Prática Forense, Expressões Latinas no Fórum**. 2ª ed. São Paulo: Hemcron Editora, 1978. p. 45.

Não se há de confundir, destarte, o *sistema de proteção ou de controle qualitativo interno* de que trata o § 1º do art. 17 da CF, dirigido aos atos partidários por meio das normas que regem a Fidelidade e Disciplina partidárias, com aqueloutro previsto nos arts. 53 a 56 da CF, que se destina aos atos parlamentares ou tipicamente legislativos (elaborar leis e fiscalizar) e está abrigado pela imunidade material, civil e penal, por quaisquer de suas opiniões, palavras e votos.

5.1.8. Da filiação:[116] condição/requisito de elegibilidade

A Constituição Federal de 1988, no seu art. 14, § 3º, inciso V, dispõe:

> "Art. 14.
> § 3º São condições (leia-se requisito) de elegibilidade, na forma da lei:
> (...)
> V – a filiação partidária;"

Esta disposição, regulamentada pelo art. 18 da Lei 9.096/65, denominada Lei dos Partidos Políticos, introduziu no ordenamento jurídico brasileiro a exigência de que o cidadão, em pleno gozo dos seus direitos políticos, seja filiado a uma agremiação partidária, há pelo menos um ano da data fixada para a realização das eleições, a fim de que possa concorrer a um cargo eletivo[117].

No Direito Eleitoral brasileiro, a filiação partidária é matéria de ordem constitucional-eleitoral, no que tange à existência ou não deste vínculo político-jurídico, de natureza associativa, para satisfação de um dos requisitos de elegibilidade.

A *condição* de elegibilidade de que trata o § 3º do art. 14 da CF, não se confunde com a *condição* de que trata o Código Civil de 1916 (arts. 114/122) e 2002 (arts. 121/137), típico elemento acidental ou acessório do ato jurídico.

A *condição* do direito civil (privado) pode ser analisada sob dois aspectos legais: o suspensivo e o resolutivo. Tal denominação resulta das características que se quer empregar ao ato jurídico ao qual está aderindo e diz respeito ao momento a partir do qual se inicia ou termina a sua eficácia, subordinado a um evento futuro e incerto, diferentemente da *condição* no direito público, que, salvo expressa previsão legal, é orientada pelo princípio da legalidade.

Lato sensu, a acepção utilizada pelo Constituinte no § 3º, do art. 14 da CF, é empregada no sentido de posição, situação ocupada no plano jurídico para a aquisição e gozo de determinado direito subjetivo.

---

116 *Vide* Capítulo II, 3ª parte, itens 4, 5 e 6.
117 A Lei 9.096/95, no seu art. 20, *caput* e parágrafo único, faculta aos partidos políticos impor, por meio dos seus estatutos, prazos mais extensos de filiação como condição para a candidatura a cargos eletivos, determinando que estes não podem ser alterados em ano de eleição.

José Cretella Júnior[118] distingue as duas acepções em que a terminologia *condição* é utilizada:

> "Cuidado preliminar precisa ser tomado, no entanto, quando se fala em condição, modo e termo, porque estes elementos podem ser considerados em dois sentidos: primeiro, prescritos na lei, genericamente, como integrantes do ato administrativo. Neste caso, temos aspectos dos elementos essenciais, estabelecidos pela norma legal para todos os atos da mesma espécie; segundo, acrescentados pelos órgãos competentes aos atos intencionais indeterminados. Neste caso, temos a condição, modo e o termo como elementos acessórios ou acidentais do ato administrativo."

A terminologia – *condição* – adotada no§ 3.º, do art. 14 da CF, foi identificada por doutrinadores de tomos como de sentido distinto daquele que designa um dos elementos acidentais ou acessórios do ato jurídico, até porque, no âmbito do Direito Público, vige o princípio da legalidade, segundo o qual somente se pode fazer o que a lei permite, diferentemente do Direito Civil, em que se prestigia o princípio da autonomia privada, podendo-se fazer tudo o que a lei não proíbe.

Celso Ribeiro Bastos[119], Manoel Gonçalves Ferreira Filho[120] e José Cretella Júnior[121], nos seus comentários à norma do § 3º do art. 14 da CF, substituíram a terminologia *condição de elegibilidade* por *requisitos de elegibilidade,* tecnicamente apropriada para representar o signo almejado pelo Constituinte.

Pedro Nunes[122] registra que o termo *requisito* pode ser entendido como:

> "condição necessária para a existência legítima, ou validade de certo ato jurídico, ou contrato; exigência da lei, para a produção de efeitos de direito.
> O requisito pode ser:
> a) intrínseco, essencial ou solene quando é necessário à natureza, ou substância ou fundo do ato: a escritura pública, a capacidade e o consentimento das partes, o objeto, o valor, o preço, a causa da obrigação etc.;
> b) extrínseco ou não solene quando, sem obedecer à forma especial, é exigido apenas para prova do ato;
> c) natural, o que se presume compreendido em todo contrato;
> d) acidental, o que é próprio de determinado ato ou contrato."

---

118 CRETELLA JUNIOR, José. **Do Ato Administrativo**. São Paulo: José Bushatsky Editor, 1977, p. 57.

119 BASTOS, Celso Ribeiro. **Comentários à Constituição do Brasil**. Vol. 2. São Paulo: Saraiva, 1989, p. 584.

120 FERREIRA FILHO, Manoel Gonçalves. **Comentários à Constituição Brasileira de 1988**. Vol. I. São Paulo: Saraiva, 1990, p. 126.

121 CRETELLA JUNIOR, José. **Comentários à Constituição 1988**. Vol. II. Rio de Janeiro: Forense Universitária, 1989. p. 1099.

122 NUNES, Pedro. **Dicionário de Tecnologia Jurídica**. Vol. 2. 5ª ed. São Paulo: Livraria Freitas Bastos SA. 1961, p. 354.

Acerca da polissemia, no campo do Direito, Xavier de Albuquerque[123] diz da *condição:*

> "O próprio Espínola Filho, garimpando-a no Código Civil (incluída a antiga introdução), encontrou-a empregada em 68 dispositivos e com diferentes significados: ora em acepção técnica – de 'cláusula derivada exclusivamente da vontade dos declarantes, que subordina a eficácia ou a resolução do ato jurídico a acontecimento futuro e incerto' – ora no sentido de modo ou encargo; aqui como equivalente a estado, qualidade social, posição econômica, ali para significar circunstâncias, requisitos, formalidades, situações determinadas, acolá correspondendo a cláusulas e disposições em geral."

A adoção, no § 3º, do art. 14, da terminologia *requisitos de elegibilidade,* em substituição a *condições de elegibilidade,* decorre, portanto, de sua acepção técnica, necessária para conferir precisão e segurança indispensáveis à comunicação jurídica.

Da leitura da norma do art. 14, § 3º da CF, percebe-se que as *condições de elegibilidade* são verdadeiros *requisitos de elegibilidade,* enquadrando-se, na sua acepção estrita, como elemento **intrínseco, essencial ou solene** necessário à natureza, ou substância ou fundo do ato, sem o qual não se viabiliza a eleição de quem quer que seja, pois não se admite candidatura avulsa.

Neste sentido, pode-se detectar que, no Direito Público, a *condição* ou *requisito,* de regra, não é elemento acidental ou acessório, pois quando constitucionalmente imposta deve ser mantida durante toda a relação jurídica, sob pena do seu desfazimento, não ficando, portanto, ao alvedrio de quem quer que seja, ante a preponderância do interesse público, da observância dos princípios da legalidade e do Estado de Partidos parcial adotado pelo Constituinte de 1988.

É o que ocorre no âmbito do Direito Constitucional, quando é imposto o concurso público para a investidura nos cargos da magistratura (art. 93, I da CF) e do Ministério Público (art. 127, § 2º da CF); no Direito Tributário, no que toca à isenção fiscal (art. 176 do CTN);[124] no Direito Administrativo,

---

123 ALBUQUERQUE, Xavier de. **Textos de Direito Público**. Brasília: Brasília Jurídica, 1999, p. 945.

124 Pode a isenção ser concedida em caráter geral ou específica. Na primeira hipótese, decorre diretamente da lei. Não depende de requerimento do interessado nem de qualquer ato administrativo. Na segunda hipótese, a isenção se efetiva mediante despacho da autoridade administrativa, em requerimento do interessado com o qual comprove o preenchimento das condições e requisitos previstos em lei (CTN art. 179). (...) Parece-nos, entretanto, que esta regra somente se aplica aos casos de isenção concedida em função de condições especiais, cuja continuidade deve ser comprovada periodicamente. MACHADO, Hugo Brito. **Curso de Direito Tributário**. 19ª ed. São Paulo: Malheiros, 2001, p. 190.

a licitação é ato-condição para o contrato administrativo; no Direito Previdenciário a manutenção do benefício depende de perdurar a condição da dependência econômica exigida quando da sua aquisição. *Cessada a causa, cessa o efeito!*

A propósito, convém transcrever a doutrina de Hely Lopes Meirelles[125]:

> "Ato-condição: é todo aquele que se antepõe a outro para permitir a sua realização. O ato-condição destina-se a remover um obstáculo à prática de certas atividades públicas ou participares, para as quais se exige a satisfação prévia de determinados requisitos. Assim, o concurso é ato-condição da nomeação efetiva; a concorrência é ato condição dos contratos administrativos. Como se vê, o ato-condição é sempre um ato-meio para a realização de um ato-fim. A ausência do ato-condição invalida o ato final, e essa nulidade pode ser declarada pela própria Administração ou pelo Judiciário, porque é matéria de legalidade, indissociável da prática administrativa."

No Direito Público, informado por princípios que lhe são peculiares, a *condição/requisito* da filiação deve ser satisfeita antes da aquisição do direito, cujo gozo e exercício dependem da sua manutenção e coexistência ao longo da relação, de natureza político-jurídica, no respectivo quatriênio para o qual se deu a eleição por aquela legenda, sob pena de desfazimento.

O Direito Eleitoral é informado por princípios comuns ao Direito Público (art. 22, I da CF) e, considerando que a filiação partidária é um dos requisitos (condição) de elegibilidade, tendo em vista que sem os partidos políticos, corpos intermediários situados entre o eleito e o eleitor, não haveria como funcionar a democracia representativa, há de se reconhecer que o seu desfazimento (da filiação), seja por desligamento ("desfiliação") ou expulsão, faz desaparecer aquele pressuposto essencial e necessário à aquisição, ao gozo e exercício do direito ao mandato eletivo.

É o que se encontra consagrado no art. 14, da Lei 9.504/97, a Lei Eleitoral:

> "Art. 14. Estão sujeitos ao cancelamento do registro os candidatos que, até a data da eleição, forem expulsos do partido, em processo no qual seja assegurada a ampla defesa e sejam observadas as normas estatutárias.
> Parágrafo único. O cancelamento do registro do candidato será decretado pela Justiça Eleitoral, após solicitação do partido."

A norma acima transcrita reflete, tão somente, a técnica legislativa, em matéria eleitoral, que insere o instituto da filiação partidária no Direito Eleitoral e nas respectivas leis que o regem, a exemplo do Código Eleitoral (art. 319); Lei

---

125 MEIRELLES, Hely Lopes. **Direito Administrativo Brasileiro**. 27ª ed. São Paulo: Malheiros, 2002, p. 172.

9.096/95 (arts. 16/22); Lei 9.504/97, a Lei das Eleições (arts. 8º, 9º, 11, § 1º, III, e 14), legislação esparsa e Resoluções do Tribunal Superior Eleitoral.

Como se vê da norma do art. 14 da LE, a filiação, como *condição/requisito de elegibilidade*, não pode ser entendida como elemento acidental ou acessório para a aquisição do mandato eletivo, pois, se assim fosse entendida, seria enquadrada como condição resolutiva e, uma vez desfeito o vínculo da filiação, o parlamentar perderia automaticamente o mandato; se fosse entendida como condição suspensiva, o seu implemento se verificaria no momento em que fosse protocolizado o pedido de registro da candidatura, sendo desnecessária a sua existência e constatação quando da prolação do *decisum* que julga seu pleito, por parte do juiz da zona eleitoral.

Por tudo isso, há de ser entendida a *condição* de que trata o § 3º do art. 14 da CF, no particular, a filiação partidária, como *requisito de elegibilidade* intrínseco, essencial e solene, necessário e imprescindível pela natureza, tanto ao ato de investidura em mandato eletivo como ao seu gozo e exercício, sem a qual não seria possível se eleger. Desaparecida a *condição/requisito* da filiação ao partido pelo qual se elegeu, desaparece, também, o efeito, o exercício do mandato eletivo.

No Brasil, o mandato político não pode ser revogado; o eleito só pode vir a perdê-lo por causas anteriores à diplomação, todas elas de índole eleitoral, a exemplo de quando lhe falta alguma condição/requisito de elegibilidade (art. 14, § 3º da CF); incorre em alguma incompatibilidade (art. 14, §§ 4º a 82 da CF), inelegibilidade ou inabilitação (art. 14, § 9º da CF, c.c. art. 12 da LC 64/90), comete captação ilícita de sufrágio (41-A(LE) ou é também beneficiário de conduta vedada aos agentes públicos art. 73, incisos e §§ da LE), abuso do poder econômico ou político ou faz uso indevido dos meios de comunicação social (arts. 19 e ss. da LC 64/90).

Ultrapassadas as demandas eleitorais, o eleito pode vir a perder o mandato por causa superveniente, relativamente ao exercício do mandato parlamentar, nos termos dos arts. 53 a 56 da CF; nas hipóteses de suspensão dos direitos políticos (art. 15, incisos I a V da CF), bem assim, uma vez conferida a devida efetividade ao instituto da fidelidade, com a expulsão do parlamentar ou a sua mudança de agremiação, no curso do quatriênio para o qual foi eleito.

Resta evidenciada a existência de dois vínculos distintos: um eminentemente político entre o eleitor e o partido e outro político-jurídico entre o partido e o filiado/eleito. O primeiro é desprovido de vínculo gerador de direitos e obrigações na órbita jurídica, de maneira que a frustração das expectativas dos eleitores somente poderá ser solucionada na eleição seguinte, votando-se em diferentes partidos e/ou candidatos. O segundo estabelece a relação jurídica pela filiação e vincula o filiado ao partido, obrigando-o a cumprir seus deveres estatutários, figurando, dentre eles, o da fidelidade e disciplina partidárias.

Concomitantemente com o vínculo partidário, o parlamentar estabelece mais um vínculo político-jurídico, desta feita com a Casa Legislativa para a qual foi eleito, sem se desvincular daquele liame obrigatório que o antecede, que é a filiação partidária.

De qualquer forma, a filiação como *condição/requisito de elegibilidade* de que trata o inciso V, do § 3º, do art. 14 da CF é intrínseco, essencial e solene, por dizer respeito à natureza, ou substância ou fundo do ato de aquisição do mandato parlamentar, tendo em vista que sua ausência ou o desaparecimento no curso da legislatura implica a perda do mandato e a assunção do respectivo suplente, até porque vigente o Estado de Partidos parcial.

As hipóteses dos incisos I, II e III, do § 3º, do art. 14 da CF, obstam o gozo pleno dos direitos políticos e podem ser subsumidos na previsão constitucional de suspensão ou perda dos direitos políticos e, consequentemente, óbice ao exercício do mandato (art. 55, IV da CF); o inciso IV versa sobre domicílio eleitoral, estabelecendo o Decreto-Lei 201/67 a perda do mandato parlamentar (art. 7º, II); o inciso V, sobre a filiação, e o VI, sobre as idades mínimas para as candidaturas que, uma vez alcançadas, por óbvio, não retroagem.

A natureza de *pressuposto* ou *de requisito de elegibilidade* – distinta, pois, da condição como ato acessório ou acidental do ato jurídico – foi reconhecida, por unanimidade, pelo Supremo Tribunal Federal, na medida liminar da lavra do Ministro Moreira Alves, cujo julgamento de mérito da respectiva ADI 1465-0/DF foi relatado pelo Ministro Joaquim Barbosa.

Tudo isso demonstra ser a filiação partidária um *requisito de elegibilidade* aposto em função de ser o Brasil um Estado de Partidos parcial, em que tais agremiações políticas são indispensáveis ao funcionamento da democracia representativa, impondo a realidade constitucional emergente do quadro tático (migração/infidelidade + vontade popular de coibi--la) a superação da doutrina do *mandato representativo* com a adoção do *mandato representativo partidário*, em que a relação se estabelece entre eleitor-partido-eleito.

Não obstante tudo isso e levando em consideração que a jurisprudência da Suprema Corte Constitucional (STF) tem reconhecido a importância dos partidos políticos para o sistema representativo e para a democracia, apenas recusando validade à perda do mandato parlamentar por ato de infidelidade partidária, à consideração de não existir norma autorizadora a tanto, reafirma-se que *legem habemus*, carecendo, apenas, seja conferida efetividade à norma do § 1º, do art. 17 da CF, c.c. as integradoras normas estatutárias.

Somente para demonstrar, à exaustão, que a fidelidade partidária simplesmente carece de aplicabilidade e da efetividade decorrente da perda do mandato parlamentar, é que se passa a fazer uma perfunctória abordagem acerca da interpretação constitucional das normas pertinentes àquele especial sistema de proteção e controle.

5.1.9. Interpretação Constitucional da Fidelidade Partidária:

A norma do art. 17, § 1º (institui a Fidelidade Partidária), ante as normas dos arts. 1º, *caput* e parágrafo único; 14, § 3º, V; 15, incisos; 55, *caput* e incisos e §§ da Constituição Federal

O art. 17, § 1º da CF, assegura autonomia aos partidos políticos e ordena que, no seu exercício, disponha, no estatuto, acerca de normas de fidelidade e disciplina partidárias.

Os estatutos dos atuais 35 partidos políticos registrados no Tribunal Superior Eleitoral preveem, na totalidade, as infrações e as respectivas penas, inclusive a de expulsão, estabelecendo alguns deles, ainda, que, em caso de desligamento voluntário (migração), dar-se-á a perda do mandato parlamentar.

Infere-se daí que a norma do art. 17, § 1º (Capítulo V, do Título II), topologicamente situada entre os Direitos e Garantias Fundamentais, tem aplicação imediata (art. 5º, § 1º), estando devidamente integrada pelas normas estatutárias.

A realidade constitucional evidencia que para o cometimento de ato de infidelidade ou indisciplina partidária, inclusive em caso de desligamento voluntário (migração partidária), mesmo que seja aplicada a sanção máxima de expulsão ao infrator, sem que haja a possibilidade da perda do seu mandato parlamentar, restará afastado qualquer efeito retributivo ou preventivo inerente aos sistemas punitivos.

O parlamentar que se sente ameaçado de sofrer penalidade de índole partidária ou que simplesmente negociou o "passe" para outra agremiação simplesmente troca de partido, sem com isso sofrer, de fato, qualquer prejuízo em razão da ilicitude cometida.

A Constituição de 1988 estabeleceu dois sistemas de proteção ou de controle, decorrentes do princípio republicano *(res* publica) e do princípio federativo (separação dos poderes e *checks and balances),* um pertinente à atividade partidária (art. 17, § 1º, c.c. norma estatutária) e outro, à atividade parlamentar (art. 55).

Recusar validade à perda do mandato parlamentar por ato de infidelidade ou indisciplina partidária, sob o fundamento de que não existiria na Constituição Federal de 1988 autorização para tanto – e que os arts. 15 e 55 não relacionam aquela hipótese entre as causas de perda do mandato -, importa negar vigência e aplicação à norma do § 1º, do art. 17 da CF, devidamente integrada pelas normas estatutárias que a complementam.

Demais, como já demonstrado acima, as normas do art. 15 e 55 da CF, de natureza restritiva, não comportam interpretação extensiva para alcançar o sistema de proteção previsto, especificamente, para os partidos políticos, centrada na fidelidade e disciplina partidárias, sob pena de se tornar letra morta o dispositivo constitucional do art. 17, § 1º da CF

Dentre as formas democráticas de alteração da Lei Maior, destacam-se, na ordem jurídica pátria, as *emendas constitucionais*, processo legislativo, formal, político e difuso, em que se altera a literalidade do texto, e a atuação dos *intérpretes da Constituição*, sobretudo do Judiciário, cuja alteração da Constituição ocorre sem mudança do texto (interpretação constitucional sem redução de texto e a mutação constitucional).

A propósito, Loewenstein[126] doutrina:

> "El carácter normativo de uma constitución no deve ser tomado como um hecho dado y sobrentendido, sino que cada caso deverá ser confirmado por la práctica. Una constitución podrá ser jurídicamente válida, pero si la dinámica del proceso político no se adapta a sus normas, la constitución carece de realidad existencial. En este caso, cabe calificar a dicha constitución de nominal. Esta situación no deberá, sin embargo, ser confundida con la conocida manifestación de una práctica constitucional diferente del texto constitucional. Al principio era la palabra, pero ésta cambia su significación en cuanto toma contacto con la realidad. Las constituciones non cambian tan sólo a través de enmiendas constitucionales formales, sino que están sometidas, quizás en mayor grado, a la metamorforsis imperceptible que sufre toda norma establecida por efecto del ambiente político y de las costumbres."

Diante do caso concreto, o julgador é forçado a extrair o comando correto a ser aplicado e entre a literalidade do texto constitucional e a concretização do ato de aplicação da Constituição medeia a vontade do intérprete, balizada pelos limites jurisdicionais.

Konrad Hesse[127], percebendo a importância dos princípios para a interpretação constitucional, destaca os seguintes:

a) princípio da unidade da Constituição – as normas constitucionais podem ser interpretadas em conjunto, para evitar possíveis contradições com outras normas da própria Constituição;

b) princípio da concordância prática – intimamente ligado ao anterior, esse ditame enuncia que os bens jurídicos, constitucionalmente protegidos, devem ser coordenados com vistas à resolução dos problemas concretos;

c) princípio do critério da correção funcional – se a Constituição regula as funções estatais, bem como os agentes do Estado, o intérprete não deverá exceder as prescrições voltadas para esse sentido, a fim de evitar agressões à sua letra;

d) princípio da valoração e relevância dos pontos de vista – se a Constituição propõe criar e manter a unidade política, os pontos de vista,

---

126 *In* ob. cit., p. 218.
127 BULOS, Uadi Lammêgo. **Mutação Constitucional**. Saraiva: São Paulo, 1997, p. 115-116.

incumbidos de interpretar as suas normas, diante dos problemas jurídico-constitucionais, devem promover a manutenção de tal unidade;

e) princípio da força normativa da Constituição – a Constituição, para manter-se atualizada, dever ser interpretada no sentido de tornar sempre atuais os preceptivos, os quais devem acompanhar as condições reais dominantes numa determinada situação.

Os princípios constitucionais são mais projetores de critérios interpretativos que receptores, tendo suas ideias fundamentais caráter informador. Mas isto não significa que os *princípios* devam ser exclusivistas em relação aos demais critérios interpretativos, concluindo Celso Bastos que se deve procurar a interpretação que harmonize ao máximo a norma interpretada com os princípios aos quais se vincule, de modo a preservar a unidade do sistema.

Assim, os princípios não são meros equivalentes dos critérios interpretativos, pois ora funciona como se o objeto interpretando fosse o conjunto de regras e princípios, de forma que os princípios devem ajustar-se à norma que permitir, sem retirar o mínimo imutável, seu preenchimento de acordo com os valores que o próprio Princípio encampa e que conferem a unidade do sistema.

A discricionariedade do intérprete se acentua na eleição de um método interpretativo, que não pode ser deixado completamente em suas mãos, pois, segundo Usera[128], além da função interpretativa, os princípios, como consequência, exercem uma função diretiva e integrativa, na medida em que, controlando a interpretação, efetua o desenvolvimento hermenêutico desejado.

Bonavides[129] propugna pela interpretação constitucional, observado o seguinte procedimento:

> "a) tomar a Constituição globalmente, como um todo de que as cláusulas particulares se fazem tributárias e indissociáveis;
> b) orientando-se pelo significado e vida da finalidade conjunta e comum corporificada nas ideias e princípios essenciais da Constituição."

A função dos princípios é, preponderantemente, orientar e coordenar os diferentes dados e fatores que concorrem na interpretação constitucional. Mas não podem chegar a anular uma norma constitucional.

Os princípios atuam no processo hermenêutico selecionando os métodos, guiando o seu desenvolvimento e atribuindo significado constitucionalmente correto a um enunciado normativo, cumprindo, em suma, duas funções:

---

128 *Apud* CELSO BASTOS. Hermenêutica e Interpretação Constitucional. p. 152-153.
129 BONAVIDES, Paulo. **Curso de Direito Constitucional**. 1ª ed. São Paulo: Malheiros, 2001, p. 398-473.

"a) instrumental, pois seleciona métodos e guia do emprego de cânones constitucionais:
b) material, pois ajusta o conteúdo do interpretado e do interpretável, dos Princípios e do objeto concreto do caso específico."

A utilização do princípio deve objetivar a harmonização das normas constitucionais. Nunca a exclusão ou eliminação de quaisquer delas, nem poderá conduzir à retirada do mínimo de eficácia. O intérprete deve buscar a máxima eficácia possível da norma que interpreta, mas harmônica com as demais regras e princípios.

Pelo visto, é imprescindível conferir harmonia entre todos os dispositivos do art. 17, § 1º (institui a Fidelidade Partidária), ante as normas dos arts. 1º, *caput* e Par. único; 14, § 3º, V; 15, incisos; 55, *caput* e incisos e §§ da Constituição Federal, buscando-se a máxima efetividade daquela norma que institui a fidelidade e disciplina partidária como sistema de proteção ou de controle dos partidos políticos.

A norma do art. 1º, *caput* da CF. declara que a República Federativa do Brasil é formada pela união indissolúvel das unidades que relaciona. O seu parágrafo único declara que "Todo o poder emana do povo, que o exerce por meio de representantes eleitos ou" (...).

Estabelece a Constituição de 1988, no parágrafo único, do art. 1º, que o titular do Poder político é o povo, que o exerce por meio de representantes. Ressalta-se, aqui, que o Constituinte, na redação do parágrafo único, do art. 1º, inicialmente faz alusão à *democracia representativa,* para, em seguida, estabelecer que a democracia direta se exerce na forma que prevê ou nos termos da lei.

No art. 17 se encontra constitucionalizada a atividade dos Partidos Políticos como corpos intermediários e indispensáveis à democracia representativa, sem os quais é inviável o funcionamento do sistema; portanto, segundo a Constituição de 1988, o Brasil é um Estado de Partidos parcial.

A relevância dos Partidos Políticos para a nossa democracia fez com que a Constituição lhe outorgasse autonomia – como fez com os entes políticos – para definir sua estrutura, organização e funcionamento, tendo competência exclusiva e o dever de dispor sobre normas de fidelidade e disciplina partidárias.

A existência de um sistema de proteção partidária ou de controle é vital para os partidos políticos e, por via de consequência, da própria democracia representativa, sem os quais não se operará a institucionalização do Poder, dando ensejo à sua personalização, com risco para as liberdades públicas.

Os sistemas de proteção são inerentes aos Estados Federados, que, ao lado do princípio da separação dos Poderes Legislativo, Executivo e Judiciário, mantêm mecanismos de controle necessários ao equilíbrio entre todos eles: são os *checks and balances.*

Os Partidos Políticos, por força do § 1º, do art. 17 da CF, têm um peculiar sistema de proteção, caracterizado pela fidelidade e disciplina partidárias, cumprindo-lhe velar pela unidade e coerência institucional.

As normas do art. 1º, *caput* e parágrafo único, c.c. art. 17, *caput* e § 1º, dentre outros, envolvem o princípio democrático, o princípio republicano e o princípio federativo. Ocorre que a regra do § 1º do art. 17 da CF, integrada pelas normas estatutárias, que descrevem as infrações e as respectivas sanções, somente terá efetividade se lhe for atribuída a consequência político-jurídica da perda do mandato parlamentar, o que pode ser alcançada através de critérios da hermenêutica constitucional.

Para se alcançar o resultado pretendido – a validade da perda do mandato parlamentar em decorrência da prática de ato de infidelidade ou indisciplina partidária -, basta se aplicar os princípios de interpretação constitucional.

Pelo princípio da *supremacia das normas constitucionais*, as do art. 17, § 1º (institui a Fidelidade Partidária); arts. 1º, *caput* e par. único; 14, § 3º, V; 15, incisos; 55, *caput* e incisos e §§ da Constituição Federal, têm a mesma hierarquia e grau de importância, repelindo "todo o tipo de interpretação que venha de baixo, é dizer, repele toda a tentativa de interpretar a Constituição a partir da lei".[130]

A aplicação da norma do § 1º, do art. 17 da CF, que assegura a autonomia partidária para dispor sobre normas de fidelidade e disciplina partidária, estabelecendo um peculiar sistema de proteção partidária, não afastará as demais dos arts. 15, 45, 46 e 55 da CF, pois, em razão do *princípio da unidade,* o intérprete "é obrigado a considerar a constituição na sua globalidade e a procurar harmonizar os espaços de tensão existentes entre as normas constitucionais a concretizar. Em outras palavras, cria-se a obrigatoriedade de se ter sempre em conta a interdependência de todas normas de natureza constitucional".[131]

Maria Garcia[132] assim se pronuncia acerca do princípio da unidade da constituição:

> "Celso Bastos traz outros aportes à operação interpretativa, chamando a atenção para alguns princípios de obediência obrigatória na interpretação constitucional, especificamente o que se relaciona à unidade da Constituição, procurando o intérprete as recíprocas implicações de preceitos e princípios, até alcançar a vontade da Constituição em que haverá uma superação da simples letra da lei mediante um processo de cedência recíproca de normas e de princípios.

---

130 BASTOS, Celso Ribeiro. **Hermenêutica e Interpretação Constitucional**. 2ª ed. São Paulo: Celso Bastos Editor, 1999, p. 102.
131 BASTOS, Celso Ribeiro, *in* ob. cit., p. 102.
132 *In* ob. cit., p. 218.

É de Canotilho, por fim, que lembramos o princípio do efeito integrador, muitas vezes associado ao princípio da unidade – pelo qual, "na resolução dos problemas jurídico-constitucionais, deve dar-se primazia aos critérios ou pontos de vista que favoreçam a integração política e social e o reforço da unidade política".

Ou seja, no campo em que se está transitando, não resta outra saída ao intérprete senão reconhecer a importância da perda do mandato parlamentar para a integração político, social e da própria unidade política partidária, com repercussão em toda a ordem jurídico-constitucional.

A *máxima efetividade* impõe seja extraída da norma do § 1º, do art. 17, a maior eficácia social possível, o que, no particular, só ocorrerá se as regras de fidelidade e disciplina partidárias forem dotadas de mecanismo retributivo e preventivo, somente alcançável pela validação das normas estatutárias integradoras, das quais resulta, no caso da pena de expulsão ou de desligamento voluntário (caracteriza a infidelidade), a perda do mandato parlamentar.

Como já demonstrado, sem a consequência da perda do mandato parlamentar, não existe pena que produza, no campo da realidade, qualquer resultado útil para coibir a ilicitude da infidelidade ou indisciplina partidárias.

Pelo princípio da *harmonização, da concordância prática,* deve-se buscar "conformar as diversas normas ou valores em conflito no texto constitucional, de forma que se evite a necessidade da exclusão (sacrifício) total de um ou alguns deles. Se por acaso viesse a prevalecer a desarmonia, no fundo, estaria ocorrendo a não-aplicação de uma norma, o que, evidentemente, é de ser evitado a todo o custo. Deve-se sempre preferir que prevaleçam todas as normas, com efetividade particular de cada uma das regras em face das demais e dos princípios constitucionais".[133]

Pelo princípio da harmonização, é de se distinguir a atividade partidária e seu sistema de proteção que se concretiza por meio de normas estatutárias de fidelidade e disciplina, da atividade parlamentar que dispõe de sistema de proteção específico, regido pelas normas dos arts. 53 a 56 da CF, de forma a conferir a máxima efetividade à regra do § 1º do art. 17 da CF.

Contribui para a defesa do entendimento da perda do mandato parlamentar do infiel, com base no § 1º, do art. 17 da CF, c.c. as normas estatutárias, a regra do inciso V, § 3º, do art. 14 da CF, cuja interpretação constitucional já oferecida demonstra que o desaparecimento da filiação ao partido pelo qual se deu a eleição, no curso do quatriênio, seja por expulsão, seja por desligamento voluntário, importa a perda do mandato, tal como ocorre em relação a outras hipóteses de incidências constantes da Constituição de 1988.

---

133 BASTOS, Celso Ribeiro, *in* ob. cit., p. 106.

Acerca da necessária eficácia social da Fidelidade Partidária ora ansiada pela sociedade brasileira, pode-se concluir com Maria Garcia[134] que, ao abordar tema mais complexo, o da Desobediência Civil, conclui:

> "Em outras palavras, se houver rigor em extrair-se as consequências implícitas de todos os artigos que explicitamente a Constituição encerra, certamente será possível emprestar força a um rol de direitos não expressos. É uma questão de coragem hermenêutica – assinala – e de coerência com a aceitação dos princípios. Uma vez postos estes, há de se concluir que sejam geradores de direitos e deveres e não uma mera enunciação, de cunho teórico e filosófico."

O caráter normativo dos princípios constitucionais é matéria pacífica na doutrina e na jurisprudência, destacando Ruy Samuel Espíndola[135] que no pensamento jurídico contemporâneo existe unanimidade em se reconhecer aos princípios jurídicos o *status* conceitual e positivo de norma de direito, de norma jurídica. Para este núcleo de pensamento, os princípios têm positividade, vinculatividade, são normas, obrigam, têm eficácia positiva e negativa sobre comportamentos públicos ou privados, bem como sobre a interpretação e a aplicação de outras normas, como as regras e outros princípios derivados de princípios de generalizações mais abstratas. Reconhece-se, destarte, normatividade não só aos princípios que são expressamente contemplados no âmago da ordem jurídica, mas também aos que defluem de seu sistema, são anunciados pela doutrina e descobertos nos atos de aplicar o Direito.

Paulo Bonavides[136] acrescenta que os princípios constitucionais postos no ponto mais alto da escala normativa, eles mesmos, sendo normas, se tornam, doravante, as normas supremas do ordenamento. Servindo de pautas ou critérios por excelência para a avaliação de todos os conteúdos constitucionais [e infraconstitucionais, acrescenta-se], os princípios, desde sua constitucionalização, que é, ao mesmo passo, positivação no mais alto grau, recebem, como instância máxima, categoria constitucional, rodeada de prestígio e da hegemonia que se confere às normas inseridas na Lei das leis. Com esta relevância adicional, os princípios se convertem igualmente em *norma normarum*, ou seja, normas das normas.

Cármen Lúcia Antunes Rocha[137] põe em destaque a eficácia dos princípios constitucionais, afirmando que foram positivados para produzir efeitos e devem produzi-los, acrescentando que esses efeitos são plenos, de aplicação obrigatória e contemporânea à promulgação da Constituição. Aduzindo, ainda, que a eficácia jurídica dos princípios constitucionais dota-se de uma certeza e legitimidade maiores que outras normas da própria Lei Magna. Para

---

134 *In* ob. cit., p. 222.
135 ESPÍNDOLA, Ruy Samuel. **Conceito de Princípios Constitucionais**. São Paulo: RT, 1999, p. 55.
136 BONAVIDES, Paulo. **Curso de Direito Constitucional**. São Paulo: Malheiros, 1993, p. 260-161.
137 *Apud* ESPINDOLA, Ruy Samuel. Ob. cit., p. 137-138.

ela, os princípios constitucionais estão dotados de obrigatoriedade idêntica à de qualquer outra norma jurídica. Decorrência muito importante dessa eficácia situa-se no plano dos controles de constitucionalidade, onde os princípios funcionariam como normas-parâmetro, qualificadas com superconstitucionalidade, com rigidez constitucional superior às regras constitucionais.

O Supremo Intérprete das Leis brasileira (STF), quando do julgamento da ADI 1465, teve a oportunidade de reconhecer e conferir a devida normatividade ao *princípio constitucional da fidelidade partidária*, positivado no art. 17, § 1º, da Constituição Federal, assim se posicionando:[138]

> "O Tribunal julgou improcedente pedido de ação direta de inconstitucionalidade proposta pelo Partido da Frente Liberal- PFL contra a parte final do parágrafo único do art. 22 da Lei 9.096/95, que exige que a nova filiação a outro partido seja comunicada ao primeiro partido e ao juiz da respectiva Zona Eleitoral, para fins de cancelamento, sob pena de anulação de ambas as filiações. Salientando a existência doutrinária entre liberdade interna e externa dos partidos políticos, esta concernente à relação do Estado com o partido, e aquela traduzida como exclusão de qualquer controle quanto à 'democraticidade' interior ou ideológica de um partido, afastou-se a alegada ofensa ao princípio da autonomia partidária (CF, art. 17, § 1º). Entendeu-se que a questão relativa à dupla filiação não se insere no âmbito da citada liberdade interna, tratando-se, no caso, de ordenação normativa relativa a dois ou mais partidos, que tem como escopo evitar a interferência de normas internas de um partido em outro. Asseverou-se, ainda, que a duplicidade de filiações é vedada em face do **princípio constitucional da fidelidade partidária,** cuja inobservância ofenderia sensivelmente o sistema eleitoral. Rejeitou-se, por fim, a assertiva de que a nulidade das filiações, decorrente da dupla filiação, acrescentaria nova espécie de inelegibilidade não prevista na CF, já que a filiação é pressuposto de elegibilidade, e não de inelegibilidade, isto é, para que alguém se torne inelegível, há de ser, antes, elegível."

Enfim, a recusa de validação da perda do mandato parlamentar em razão da prática de ato de infidelidade partidária caracteriza negativa de vigência da norma do § 1º do art. 17 da CF, c.c. as normas estatutárias complementares que descrevem as infrações e estabelecem as respectivas sanções.

5.1.10. Da Validade da Norma Estatutária: da Perda do Mandato Parlamentar por Ato de Infidelidade Partidária

> *Os males da democracia se resolvem com mais democracia*
> *(Alfred Emanuel Smith)*[139].

A Constituição Federal de 1988 constitucionaliza os partidos políticos, enquadrando-se o Brasil como Estado de Partidos parcial, em que esses cor-

---

138 ADI 1465/DF, rel. Min. Joaquim Barbosa, 24.2.2005.
139 SAMPAIO, Nelson de Souza. Inconstitucionalidade de Emenda Constitucional. **Revista de Direito Público**, nº 67, p. 11-16.

pos intermediários são indispensáveis à democracia representativa e ao processo eleitoral destinado à obtenção do mandato eletivo.

A realidade constitucional brasileira e, no particular, as práticas políticas adotadas pelos nossos parlamentares, mormente em relação à migração de um partido para o outro, e o sentimento de impunidade reinante que faz desaparecer as regras de fidelidade e disciplina partidárias estabelecidas nos estatutos decorrem de que a pena máxima de expulsão jamais é aplicada – e mesmo que o fosse não teria qualquer capacidade retributiva ou preventiva da ilicitude-, pois, antes disso, ou mesmo depois, o representante se desliga e ingressa em outra agremiação, sem, de fato, sofrer qualquer prejuízo real, a evidenciar o descaso ante os compromissos partidários assumidos, voluntariamente, quando da filiação, especialmente de cumprir os deveres pertinentes ao ideário programático e às diretrizes políticas da agremiação[140].

A falta de compromisso e de sanção efetiva para a sua quebra, real e dotada de caráter retributivo e preventivo da pena de expulsão ou decorrente do desligamento voluntário, contribui para enfraquecer os partidos políticos que deixam de ser o autor e passam a ser mero ator ante o eleito, no dizer de Bobbio, invertendo a racional equação política, o que dá ensejo ao personalismo e subsequentes vícios (coronelismo, caudilhismo, caciquismo, clientelismo, fisiologismo etc.) comprometedores da autenticidade do sistema representativo e da nossa democracia.

A ampla liberdade conferida aos parlamentares pela doutrina do *mandato representativo* cede à figura do *mandato representativo partidário,* em que a liberdade do representante se situa, exclusivamente, no que tange aos atos tipicamente legislativos, acobertados que estão por uma verdadeira cláusula de irresponsabilidade geral de direito constitucional material[141] ou uma excludente de infração decorrente de atos de infidelidade pela manifestação por meio de palavras, opiniões e votos.

Contudo, os demais atos da responsabilidade do parlamentar que não se encontrem envolvidos no manto da imunidade material ou inviolabilidade, por exclusão, recaem, no âmbito do sistema de proteção partidária ou de controle previsto no § 1º do art. 17 da CF, c.c. as normas estatutárias, podendo o infrator ser punido com a pena máxima de expulsão e, por consequência,

---

140 Nota do autor: o Poder Judiciário, ainda que timidamente, reconheceu que a migração importa infração ao dever de fidelidade, validando norma estatutária que prevê sanção pecuniária ao parlamentar que, no quatriênio, deixa a agremiação pela qual foi eleito, como ocorreu com o deputado estadual de Minas Gerais, Gustavo Valadares, eleito em 2002, pelo Partido Renovador Trabalhista Brasileiro (PRTB). *In* Folha de São Paulo, de 28.04.2005, caderno Brasil, p. A11.

141 MORAES. Alexandre. **Curso de Direito Constitucional**. São Paulo: Atlas. 2002. p. 401.

perder o mandato, o mesmo ocorrendo na hipótese de desligamento voluntário, seja por simples migração, seja para se evadir da sanção partidária que esteja a lhe ameaçar[142].

---

142 Exemplo que pode ser trazido à colação ocorreu nos dois primeiros meses de 2005, quando da eleição para a presidência da Mesa Diretora da Câmara Federal, em que foram exauridas as instâncias partidárias, sagrando-se eleito o Deputado L. E. G., enquanto seu concorrente da mesma agremiação. o Deputado V. G., perdeu o certame intrapartidário por 87 x 3 votos. Noticia a imprensa nacional que, no caso, o Partido praticou a democracia intrapartidária com observância das normas estatutárias reguladoras do certame. Todavia, o perdedor, não se conformando com o resultado democraticamente obtido, lançou sua candidatura "avulsa" à presidência da Mesa Diretora, pedindo e recebendo, abertamente, o apoio das agremiações que fazem oposição ao seu Partido. No dia da eleição, em 15.02.2005, como esperado, o candidato do Partido do governo, Deputado L. E. G., concorreu com o seu colega de Partido, Deputado V. G., e com o Deputado S. C., cujo resultado foi o seguinte: L. E. G. teve 195 votos; S., 127 votos; e V., 107. No segundo turno, L. E. G. perdeu a eleição para S. C. É incontroverso que a candidatura "avulsa" do Deputado V. G., embora mantivesse sou vínculo político-jurídico com o Partido pelo qual se elegeu, o mesmo pelo qual concorreu o seu companheiro, Deputado L. E. G., contribuiu para a derrota deste e para a própria agremiação que, embora tenha a maior bancada na Câmara dos Deputados, não teve um membro sequer eleito para compor a respectiva Mesa Diretora. O Deputado V. G. cometeu ou não ato de infidelidade? Em caso positivo, como efetivamente apená-lo, em atenção ao sistema de proteção partidária previsto no art. 17, § 1º/CF, c.c. as normas estatutárias do seu Partido que preveem sua expulsão com a perda do mandato parlamentar a ser assumido por seu suplente? De logo, verifica-se que, tendo os dois candidatos, do mesmo Partido, concorrido na disputa intrapartidária, a rebeldia do derrotado em se candidatar contra o resultado democraticamente obtido intramuros, pedindo e contando com o apoio das agremiações adversárias, terminou por infligir o grave prejuízo àquela agremiação. Com isso restaram violados os princípios democráticos – democracia deve começar dentro de casa-, já que o partido promoveu a disputa interna; o da hierarquia das deliberações da agremiação, no sentido de lançar a candidatura do vitorioso, bom assim da fidelidade e disciplina partidárias, que impedem possa um membro do corpo partidário se rebelar contra o todo, ameaçando-lhe a sobrevivência e a consecução do objetivo comum, constante do estatuto e respectivo programa partidário. Dir-se-ia, à luz do *mandato representativo*, que a candidatura "avulsa" a presidente da Mesa Diretora decorreria da ampla liberdade do exercício do mandato parlamentar. Contudo, os provimentos dos cargos da Mesa Diretora se encontram localizados na auto-organização do Parlamento, não dizendo respeito propriamente com as funções tipicamente legislativas, de elaborar leis e fiscalizar os demais Poderes. Ora, situando-se a conduta do Deputado V. G. no âmbito da *atividade* partidária e não propriamente parlamentar, há de se reconhecer que ele contrariou as regras de fidelidade do seu Partido (PT) e deve ser punido. Se o órgão administrativo-jurisdicional da instância partidária re solver puni-lo com a expulsão, rompendo-se, assim, o vínculo político-jurídico da filiação, outra alternativa não há senão concluir pela perda do mandato, seja pelas regras estatutárias que preveem tais consequências jurídicas, seja pela interpretação das normas do § 1º., do art. 17/CF, c.c, com o estatuto que estabelecem sistema de proteção partidária que deve ser tornado efetivo, sob pena de negar vigência àquelas normas de índole constitucional. Neste caso específico, o PT preferiu apenar o seu filiado infiel com a suspensão das atividades partidárias!

A imperiosa necessidade da atividade partidária (partido político) estabelecida através do vinculo político-jurídico (filiação), que antecede a aquisição do mandato e o seu exercício, impõe seja mantida e respeitada, no curso do quatriênio, as normas de filiação, fidelidade e disciplina, cujo afastamento somente poderá se dar em hipóteses que venham a ser previstas expressamente em lei, pois interpretação diversa conduziria ao questionamento da própria necessidade de existência do partido político ante a sua aparente inutilidade e, por conseguinte, desnecessidade para o funcionamento da democracia brasileira.

Aliás, o Ministro Paulo Brossard[143], do Supremo Tribunal Federal e do Tribunal Superior Eleitoral, declarou:

> "Assim, os partidos continuam a ser instrumentos necessários e imprescindíveis na formação dos poderes políticos, do legislativo e do executivo, no plano federal, no estadual e no municipal. Mantendo a representação proporcional, manteve igualmente, agora de maneira implícita, a fidelidade partidária. Um partido que elege vinte deputados não pode ficar com sua representação reduzida a quinze, dez, cinco ou nenhum deputado e um partido que tenha eleito um não pode locupletar-se com os eleitos por outro partido e apresentar-se com uma representação que não é sua, de cinco, dez, quinze ou vinte deputados. Ou a escolha do candidato por um partido, o seu registro, a sua eleição, a sua diplomação, enfim, todo o processo eleitoral não vale nada e não passe de mero e grotesco simulacro."

Uma solução viável para os vícios que possam decorrer de uma possível, mas não provável, ditadura partidária (partidocracia), encontra-se em que o cidadão que porventura pretenda exercer atividade política e obter um mandato popular terá que antes sopesar não somente o estatuto e o respectivo ideário programático, mas, também, qual a postura dos seus dirigentes e lideranças, pois, se forem coerentes no cumprimento de seus deveres éticos, partidários e legais, o candidato à filiação poderá se submeter às regras do jogo democrático, no âmbito interno da agremiação, atuando de acordo coma normalidade partidária e eleitoral, sem maiores sobressaltos, ao entendimento de que sua agremiação respeitará seus direitos.

Diferentemente, o eleitor que constate que certo partido e seus dirigentes, além de terem condutas aéticas, também não respeitam o estatuto, o programa e a legislação aplicável à espécie, se, mesmo assim, optar pelo vínculo associativo, saberá que para não ser vitimado, ou se submeterá aos "donos" do partido, ou não restará outra alternativa senão desenvolver intensa atividade intrapartidária, mediante o seu fortalecimento pelo alargamento (bairros, associações de classe, municípios etc.) da sua base política, de modo a atrair o maior número e eleitores e filiá-los na mesma agremiação, transformando-

---

143 MS 2D.927-57DF/STF, em 11.10.1989.

os, assim, nos convencionais que irão eleger os futuros dirigentes partidários, afastando os maus políticos não somente do partido, mas também da vida parlamentar.

Tais alternativas podem contribuir não somente para solucionar os problemas causados pelos "donos do poder" (partidos), mas, também, para fortalecer a democracia intrapartidária que, por via de consequência, fortalece a própria democracia brasileira, ora em flagrante desenvolvimento.

Neste contexto, operando fechado no interior dos subsistemas político e jurídico, embora cognitivamente abertos em relação aos demais subsistemas sociais, confere-se segurança e estabilidade às relações subsequentes, contribuindo-se, definitivamente, para a consolidação da democracia sonhada por todos nós, sem se recorrer a subterfúgios externos, que, longe de resolver problemas, contribui para o agravamento deles.

Dir-se-ia que esta solução somente seria possível pela via de adoção do instituto da fidelidade partidária, com a perda do mandato parlamentar, exigindo dilatado lapso temporal para produzir os seus resultados.

Não é demais lembrar que os Estados Unidos da América têm uma democracia que há duzentos anos está em desenvolvimento e se oxigena a cada campanha eleitoral, com os seus dois maiores partidos esnobando força, através de coesão, coerência e unidade em cada certame, colaborando para a estabilidade do sistema a atividade jurisdicional da sua Suprema Corte que mantém a respectiva ordem jurídica, sem necessidade de o Parlamento promover constantes alterações da sua Constituição, através de emendas constitucionais.

Portanto, a atividade criadora das Cortes Constitucionais passa pela necessidade de adequação da realidade constitucional à Constituição jurídica. Justifica-se essa postura na medida em que, se se entender a Constituição como um organismo vivo que sofre os influxos diretos da realidade social, deve o texto constitucional se adequar a essa nova realidade, isto é, a que exige seja efetivada a fidelidade partidária com a perda do mandato parlamentar.

A realidade social é algo que não pode ser desvinculado do processo de aplicação do texto constitucional, sob pena deste cair no vazio.

Pode-se concluir, em resposta à indagação acerca da titularidade do mandato político, constante do título do item 6.1., deste Capítulo, que, em homenagem ao Estado Democrático de Direito, ao princípio republicano, ao princípio federativo, ao Estado de Partidos parcial, *a doutrina que ora se propugna acolhimento é a do mandato representativo partidário, que defende ser o titular do mandato parlamentar o partido político e não o eleito*, para efeito da perda do mandato em caso de quebra do dever de fidelidade e disciplina.

Reconhece-se que o parlamentar, no exercício das funções tipicamente legislativas (elaborar leis e fiscalizar), está acobertado pela inviolabilidade ou imunidade material prevista no art. 53 da CF, pelas palavras opiniões e votos, que integra o sistema de proteção ou de controle peculiar ao Parlamento (arts. 53/56 da Seção V – dos Deputados e Senadores, do Capítulo 1 – Do Poder Legislativo, do Título IV, Da Organização dos Poderes), o que afasta, neste aspecto, a perda do mandato parlamentar, mesmo quando houver contrariedade das diretrizes apostas pela agremiação, sem prejuízo do regular funcionamento do sistema de proteção ou de controle dos Partidos Políticos no que tange à típica atividade partidária (art. 17, §§ e incisos, do Capítulo V, dos Partidos Políticos, do Título II, dos Direitos e Garantias Fundamentais).

Podem ser destacados alguns mecanismos de adequação, os quais a doutrina denomina processos formais e informais de alteração do texto constitucional. Dentre os processos formais, aponta-se a revisão constitucional e a emenda constitucional; por sua vez, como processo informal de alteração do texto constitucional, pode ser apontada a mutação constitucional, através do processo de interpretação constitucional.

A questão partidária é séria demais para que se não lhe dê um tratamento igualmente sério. Ninguém é obrigado a ingressar em um partido, nem a nele permanecer; mas tendo sido investido, por intermédio do partido de sua escolha, no exercício de um mandato, seja ele qual for, não pode dele dispor como se fosse exclusivamente seu, como se se tratasse de um bem do seu patrimônio pessoal disponível como qualquer bem material.[144]

Os princípios constitucionais da liberdade, da autonomia e fidelidade partidárias passaram a ter efetividade pela via da interpretação que o Supremo Tribunal Federal conferiu às normas dos arts. 14, § 3º, V e 17, § 1º da CF, incluídas no Título II, Dos Direitos e Garantias Fundamentais, portanto, cláusulas pétreas, nos julgamentos dos mandados de segurança 26.602, 26.603 e 26.604-DF, em que foram acolhidas as duas teses propostas pelo Autor: a adoção do *mandato representativo partidário e a validação da perda do mandato em razão do cometimento de infração tipificada como ato de infidelidade* (injustificada migração) ou de indisciplina, inclusive ratificada por previsão estatutária.

A hermenêutica realizada pela Suprema Corte refletiu os valores e princípios da Carta Magna de 1988, a Constituição Cidadã, justamente porque o povo é o titular do poder, que tem nos partidos políticos o embrião da democracia, aptos a despersonalizá-los e institucionalizá-lo contra o arbítrio!

O Congresso Nacional promulgou a Emenda Constitucional nº 91/2016 e regulamentou o instituto da Fidelidade Partidária com a perda do mandato ou de cargo eletivos com a edição da Lei nº 13.165/2015, ao acrescentar o art. 22-A à Lei nº 9.096/95.

Espera-se que a Suprema Corte Constitucional siga admitindo a validade da perda do mandato parlamentar e de cargos eletivos, nas hipóteses de desligamento voluntário (troca-troca de partidos) injustificado, caracterizador de contrariedade às normas de fidelidade e disciplina partidárias, assim

---

144 Min. Paulo Brossard, STF, MS 20.927-5/DF-STF, em 11.10.1989.

também como pena, em caso de expulsão, mormente quando prevista esta sanção nos estatutos, e que a Justiça Eleitoral concretize os valores e ideais democráticos.

ANEXO

Migrações partidárias ocorridas entre janeiro de 2003 e janeiro de 2005 com sua última atualização em 12.01.2005, conforme quadro abaixo. As informações foram obtidas no *site* da Câmara de Deputados:

(por ordem de UF e Deputado)

UF	T/S/E	DEPUTADO	DO	PARA	DATA
AC	E	João Tota	PP	PL	01/10/2003
AL	T	Benedito de Lira	PTB	PPB	07/04/2003
AL	T	Rogério Teófilo	PFL	PPS	24/09/2003
AM	T	Átila Lins	PFL	PPS	31/01/2003
AM	T	Carlos Souza	PL	PP	19/05/2004
AM	T	Francisco Garcia	PFL	PPS	31/01/2003
AM	T	Francisco Garcia	PPS	PP	05/06/2003
AM	T	Lupércio Ramos	PL	PPS	01/02/2003
AP	T	Coronel Alves	PSDB	PL	31/01/2003
AP	s	Valdenor Guedes (*)	PP	PSC	24/09/2003
BA	T	Coriolano Sales	PMDB	PFL	31/01/2003
BA	T	Félix Mendonça	PTB	PFL	03/10/2003
BA	T	João Leão	PPB	PL	31/01/2003
BA	T	Jonival Lucas Junior	PMDB	PTB	31/07/2003
BA	T	Pedro Irujo	PFL	PL	25/09/2003
BA	T	Reginaldo Germano	PFL	PP	10/02/2004
CE	T	Arnon Bezerra	PSDB	PTB	17/09/2003
CE	E	Gonzaga Mota	PMDB	PSDB	02/04/2003
CE	S	Gorete Pereira	PFL	PL	23/06/2004
CE	T	Pastor Pedro Ribeiro	PL	PTB	07/01/2003
CE	T	Pastor Pedro Ribeiro	PTB	PMDB	21/08/2003
CE	T	Pinheiro Landim (*)	PMDB	S.PART.	27/01/2003
CE	T	Pinheiro Landim (*)	S.PART.	PSL	30/01/2003
CE	T	Pinheiro Landim (*)	PSL	S.PART.	05/02/2003
CE	T	Roberto Pessoa (*)	PFL	PL	29/07/2003
CE	T	Rommel Feijó (*)	PSDB	PTB	17/09/2003
DF	T	Alberto Fraga	PMDB	S.PART.	29/10/2003
DF	T	Alberto Fraga	S.PART.	PTB	05/11/2003
DF	T	Jorge Pinheiro	PMDB	PL	31/01/2003
ES	T	Feu Rosa	PSDB	S.PART.	03/07/2003

ES	T	Feu Rosa	S.PART.	PP	05/08/2003
ES	E	Jair de Oliveira	PDT	PTB	12/01/2005
ES	T	Marcus Vicente	PPB	PTB	11/03/2003
ES	T	Rose de Freitas	PSDB	PMDB	13/10/2003
GO	T	Barbosa Neto	PMDB	PSB	14/10/2003
GO	E	Enio Tatico	PSC	PL	30/01/2003
GO	E	Enio Tatico	PL	PTB	31/01/2003
GO	T	Jovair Arantes	PSDB	PTB	07/08/2003
GO	T	Sandro Mabel	PFL	PL	30/01/2003
MA	T	Costa Ferreira	PFL	PSC	10/09/2003
MA	T	Luciano Leitoa	PDT	S.PART.	22/10/2003
MA	T	Luciano Leitoa	S.PART.	PSB	22/10/2003
MA	T	Paulo Marinho	PFL	PL	29/07/2003
MA	T	Pedro Fernandes	PFL	PTB	14/01/2003
MA	T	Samey Filho	PFL	PV	31/01/2003
MA	T	Wagner Lago	PDT	PP	11/09/2003
MG	T	Aracely de Paula	PFL	PL	29/05/2003
MG	T	Cabo Júlio	PST	PSB	31/01/2003
MG	T	Cabo Júlio	PSB	PSC	11/09/2003
MG	T	Carlos Willian	PST	PSB	31/01/2003
MG	T	Carlos Willian	PSB	PSC	16/09/2003
MG	T	Dr. Francisco Gonçalves	PDT	PTB	29/01/2003
MG	T	Edmar Moreira	PPB	PL	31/01/2003
MG	T	Jaime Martins	PFL	PL	01/02/2003
MG	T	João Magalhães	PMDB	PTB	31/01/2003
MG	T	João Magalhães	PTB	PMDB	14/10/2003
MG	T	José Santana de Vasconcellos	PFL	PL	23/04/2003
MG	T	Lincoln Portela	PSL	PL	01/02/2003
MG	T	Osmânio Pereira	PSDB	S.PART.	14/07/2003
MG	T	Osmânio Pereira	S.PART.	PTB	07/08/2003
MG	T	Ronaldo Vasconcellos (*)	PL	PTB	31/01/2003
MS	T	Antonio Cruz	PMDB	PTB	23/12/2002
MS	T	Nelson Trad	PTB	PMDB	10/04/2003
MT	E	Lino Rossi	PSDB	PSB	09/07/2004
MT	E	Lino Rossi	PSB	PP	07/12/2004
MT	T	Ricarte de Freitas	PSDB	PTB	31/01/2003
MT	T	Rogério Silva (*)	PMDB	PPS	31/01/2003
PA	T	Babá	PT	S.PART.	14/12/2003
PA	T	Zequinha Marinho	PDT	PTB	23/01/2003

PA	T	Zequinha Marinho	PTB	PSC	09/09/2003
PB	s	Damião Feliciano (*)	PMDB	PP	09/07/2004
PB	s	Inaldo Leitão	PSDB	S.PART.	02/07/2003
PB	s	Inaldo Leitão	S.PART.	PL	04/08/2003
PB	T	Lúcia Braga	PTB	PMN	01/02/2003
PB	T	Lúcia Braga	PMN	PT	15/10/2003
PB	E	Marcondes Gadelha	PFL	PTB	24/07/2003
PB	T	Philemon Rodrigues	PL	PTB	27/02/2003
PB	s	Ricardo Rique	PSDB	S.PART.	30/06/2003
PB	s	Ricardo Rique	S.PART.	PL	05/08/2003
PB	T	Wellington Roberto	PTB	PL	31/01/2003
PE	T	Armando Monteiro	PMDB	PTB	14/05/2003
PE	T	Joaquim Francisco	PFL	PTB	14/05/2003
PE	T	José Chaves	PMDB	PTB	14/05/2003
PE	T	José Múcio Monteiro	PSDB	PTB	14/05/2003
PE	T	Luiz Piauhylino	PSDB	PTB	07/08/2003
PE	T	Luiz Piauhylino	PTB	S.PART.	29/10/2004
PE	T	Luiz Piauhylino	S.PART.	PDT	15/12/2004
PE	T	Raul Jungmann	PMDB	PPS	13/08/2003
PE	T	Roberto Magalhães	PSDB	PTB	14/05/2003
PE	T	Roberto Magalhães	PTB	S.PART.	06/10/2004
PE	T	Roberto Magalhães	S.PART.	PFL	29/12/2004
PI	T	B.Sá	PSDB	PPS	31/01/2003
PI	T	Ciro Nogueira	PFL	PP	13/02/2004
PI	T	Paes Landim	PFL	PTB	14/02/2004
PI	T	Promotor Afonso Gil (*)	PCdoB	PDT	08/10/2003
PR	E	Airton Roveda	PTB	PMDB	21/10/2003
PR	T	Alex Canziani	PSDB	PTB	31/01/2003
PR	T	André Zacharow	PDT	PP	03/02/2004
PR	T	Chico da Princesa	PSDB	PL	31/01/2003
PR	T	Giacobo	PPS	PL	17/06/2003
PR	T	Gustavo Fruet	PMDB	S.PART.	06/10/2004
PR	T	Odílio Balbinotti	PSDB	PMDB	31/01/2003
PR	T	Takayama	PTB	PSB	31/01/2003
PR	T	Takayama	PSB	PMDB	25/08/2003
RJ	T	Alexandre Santos	PSDB	PP	05/08/2003
RJ	T	Almerinda de Carvalho	PPB	PSB	31/01/2003
RJ	T	Almerinda de Carvalho	PSB	PMDB	25/08/2003
RJ	T	Bernardo Ariston	PSB	PMDB	27/08/2003
RJ	E	Carlos Nader	PFL	PL	03/08/2004
RJ	T	Dr. Heleno	PSDB	PP	07/08/2003
RJ	T	Edson Ezeguiel	PSB	PMDB	25/08/2003
RJ	T	Eguardo Cunha	PP	PMDB	25/08/2003

RJ	T	Eduardo Paes	PFL	S.PART.	22/05/2003
RJ	T	Eduardo Paes	S.PART.	PSDB	03/06/2003
RJ	T	Elaine Costa	PDT	PTB	31/01/2003
RJ	T	Fernando Gabeira	PT	S.PART.	27/11/2003
RJ	T	Fernando Lages	PSB	S.PART.	01/09/2003
RJ	T	Fernando Lages	S.PART.	PMDB	08/09/2003
RJ	T	Jair Bolsonaro	PPB	PTB	09/01/2003
RJ	T	João Mendes de Jesus	PDT	PSL	05/08/2003
RJ	T	Josias Quintal	PSB	PMDB	28/08/2003
RJ	T	Juíza Denise Frossard	PSDB	S.PART.	25/08/2004
RJ	T	Juíza Denise Frossard	S.PART.	PPS	10/12/2004
RJ	T	Miro Teixeira	PDT	PPS	13/04/2004
RJ	T	Nelson Bornier	PL	PSB	31/01/2003
RJ	T	Nelson Bornier	PSB	PMDB	25/08/2003
RJ	s	Paulo Rattes (*)	PST	PSB	19/03/2003
RJ	T	Reinaldo Betão	PSDC	PL	01/02/2003
RJ	T	Sandro Matos	PTB	PSB	31/01/2003
RJ	T	Sandro Matos	PSB	PMDB	27/08/2003
RJ	T	Sandro Matos	PMDB	PTB	24/09/2003
RN	T	Álvaro Dias	PMDB	PDT	11/03/2003
RN	s	Lavoisier Maia (*)	PFL	PSB	18/03/2003
RN	s	Múcio Sá (*)	PTB	PSB	04/12/2003
RO	E	Hamilton Casara	PSDB	PSB	17/12/2003
RO	E	Hamilton Casara	PSB	PL	23/12/2004
RO	T	Miguel de Souza	PFL	PL	30/01/2003
RR	T	Alceste Almeida	PL	PPS	01/02/2003
RR	T	Alceste Almeida	PL	PPS	01/02/2003
RR	T	Alceste Almeida	PPS	PMDB	24/03/2003
RR	E	Almir Sá	PP	PL	24/06/2003
RR	T	Luciano Castro	PFL	PL	14/05/2003
RR	T	Maria Helena	PST	PMDB	31/01/2003
RR	T	Maria Helena	PMDB	PPS	17/09/2003
RR	T	Pastor Frankembergen	PPB	PTB	31/12/2002
RR	T	Suely Campos	PFL	PPB	15/04/2003
RS	T	Julio Redecker	PPB	S.PART	22/04/2003
RS	T	Julio Redecker	S.PART	PSDB	07/05/2003
RS	T	Luciana Genro	PT	S.PART	14/12/2003
SC	T	Fernando Coruja	PDT	PPS	21/08/2003
SC	S	Serafim Venzon (*)	PDT	S.PART	20/02/2003
SC	S	Serafim Venzon (*)	S.PART	PSDB	23/07/2003
SE	T	Jackson Barreto	PMN	PTB	25/04/2003
SE	T	João Fontes	PT	S.PART	14/12/2003
SP	T	Amauri Gasques	PRONA	PL	18/12/2003

SP	T	Dr. Pinotti (*)	PMDB	PFL	07/10/2003
SP	T	Gilberto Nascimento	PSB	PMDB	25/08/2003
SP	T	Ildeu Araújo	PRONA	S.PART	20/11/2003
SP	T	Ildeu Araújo	S.PART	PP	09/12/2003
SP	T	Jefferson Campos	PSB	PMDB	27/08/2003
SP	T	João Hermann Neto	PPS	PDT	26/11/2004
SP	T	Milton Monti	PMDB	PL	30/01/2003
SP	T	Neuton Lima	PFL	PTB	31/01/2003
SP	T	Professor Irapuan Teixeira	PRONA	S.PART	20/11/2003
SP	T	Professor Irapuan Teixeira	S.PART	PP	09/12/2003
SP	T	Salvador Zimbaldi	PSDB	PTB	07/08/2003
SP	T	Vanderlei Assis	PRONA	S.PART	17/12/2003
SP	T	Vanderlei Assis	S.PART	PP	22/12/2003
SP	T	Vicente Cascione	PSB	PTB	31/01/2003
TO	T	Darci Coelho	PFL	PP	11/02/2004
TO	T	Homero Barreto	PFL	PTB	30/01/2003
TO	T	Maurício Rabelo (*)	PTB	PL	31/01/2003
TO	T	Pastor Amarildo	PPB	PSB	31/01/2003
TO	T	Pastor Amarildo	PSB	PSC	16/09/2003

T/S/E = titular/suplente/efetivado
(*) = deputado(a) não está no exercício do mandato

CAPÍTULO VII

DA EFETIVIDADE DO PRINCÍPIO DA FIDELIDADE PARTIDÁRIA

Preocupe-se com os meios. Os fins cuidam de si (Mahatma Gandhi).

SUMARIO: **1.** Da Efetividade do Princípio da Fidelidade Partidária: Da Perda do Mandato. **2.** Da Adoção do Mandato Representativo Partidário. **3.** Eleições Proporcionais: Aspectos Relevantes dos Julgados nos *Writs*. **4.** Eleições Majoritárias, Fidelidade Partidária e a Perda de Cargo Eletivo. **5.** Vacância de Mandato e Substituição: Suplente do Partido ou da Coligação? **5.1.** Eleições Proporcionais. **5.2.** Eleições Majoritárias **6.** Extensão da Perda do Mandato por Ato de Infidelidade Partidária.

1. DA EFETIVIDADE DO PRINCÍPIO DA FIDELIDADE PARTIDÁRIA: DA PERDA DO MANDATO

Com a publicação da obra intitulada Fidelidade Partidária[1] foram suscitadas discussões políticas e jurídicas[2] sobre a necessidade de se conferir efetividade às normas do art. 14, § 3º, inciso V, c.c. art. 17, §1º da Constituição Federal, que substanciam a regra da filiação como condição de elegibilidade e o princípio da autonomia das agremiações para a estrutura interna, organização e funcionamento, em atenção às disposições dos estatutos sobre disciplina e fidelidade partidárias.

Até então vigorava o mandato representativo concebido na França de 1789, segundo o qual o eleitor era livre para votar e o eleito prenhe de liberdade para atuar em conformidade com as suas convicções. Esse cenário muitas vezes levava o representante a defender seus próprios interesses em troca de vantagens, prebendas e sinecuras, de modo a contribuir para a crise de autenticidade do sistema representativo.

A migração maciça de parlamentares integrantes de agremiações que entraram em decadência fez com que o Partido da Frente Liberal (PFL) formulasse a Consulta de nº 1.398/DF, nos seguintes termos:

---

[1] ARAS, Augusto. **Fidelidade Partidária:** A Perda do Mandato. Rio de Janeiro: Lumens Juris, 2006.

[2] Artigos publicados no jornal A *Tarde*: "É hora de acabar o coronelismo" (16.10.2006); "Decisão do TSE representa 70% da reforma política" (30.4.2007).

Considerando a incidência do art. 108 da Lei nº 4.737/65 (Código Eleitoral), dispositivo que estabelece que a eleição dos candidatos a cargos proporcionais observa o quociente eleitoral dos diversos partidos e coligações no pleito;
i. Considerando que a filiação partidária é condição de elegibilidade prevista no texto constitucional, bem como indicativo de vetor ideológico do candidato;
ii. Considerando que o cálculo das médias decorre do resultado dos votos válidos atribuídos aos partidos e coligações.
INDAGA-SE:
– Os partidos e as coligações têm o direito de preservar a vaga obtida pelo sistema eleitoral proporcional, diante de pedido de cancelamento da filiação partidária ou transferência de legenda?

O Tribunal Superior Eleitoral, através do voto condutor do Ministro Relator Cesar Rocha, respondeu afirmativamente à Consulta, para a *eleição proporcional*, daí resultando a Resolução n. 22.526, de 27 de março de 2007[3], fundamentada em que o partido político é o titular do mandato, e não o eleito, sendo a filiação partidária condição de elegibilidade.

Baseia-se o Ministro Relator Cesar Rocha em que a identidade política do candidato deve ser extraída do seu vínculo partidário, de modo a reconhecer a inviabilidade da candidatura avulsa e, nesse sentido, reafirmar a posição de ser a agremiação política a titular do mandato, uma vez que o seu exercício conduz à ideia de função política e pública, de todo inconciliável com qualquer pretensão de cunho privado, sob pena de violação ao princípio da moralidade.

Na resposta àquela Consulta foi asseverada a possibilidade dos parlamentares migrarem licitamente para o quadro de outro partido, embora tenha por consequência a perda do mandato político, sem caráter de sanção, para resguardar a representação do partido político no Parlamento. O Ministro Cezar Peluso ressalvou ser admissível a migração, sem gravame, se houver *"alteração do ideário partidário ou for fruto de uma perseguição odiosa".*

No plano infraconstitucional, consta do voto condutor que o art. 108 do Código Eleitoral evidencia *a ineliminável dependência do mandato representativo ao Partido Político, permitindo mesmo afirmar, sem margem de erro, que os candidatos eleitos o são com os votos do Partido Político*, pois os arts. 175, § 4º e 176 do Código Eleitoral dispõem que a contagem de votos do candidato se dará em favor dos partidos políticos.

O Ministro Marco Aurélio salientou, no seu voto, que os arts. 24, 25 e 26 da Lei nº 9.096/95 descrevem as balizas por meio das quais *disciplina e fidelidade partidárias* devem ser tratadas no âmbito da agremiação, inclusive, prevendo a perda automática da função ou do cargo na respectiva Casa

---

3   Consulta nº 1.398/DF – Resolução nº 22.526: Ementa: Consulta. Eleições Proporcionais. Candidato Eleito. Cancelamento de Filiação. Transferência de Partido. Vaga. Agremiação. Resposta Afirmativa.

Legislativa para o parlamentar que imotivadamente deixar o partido, sob cuja legenda tenha sido eleito.

O Ministro Cezar Peluso, ao abordar o sistema eleitoral, sublinhou que *na democracia partidária, a representação popular não se dá sem a mediação do partido, enquanto elemento agregador e expressivo do ideário político dos cidadãos*. Aduziu que o mandato pertence ao partido político, e não ao candidato, circunstância que tem o condão de impedir *a promiscuidade partidária, fortalecer a identificação e a vinculação ideológica entre candidatos, partido e eleitorado, como substrato conceitual e realização histórica da democracia representativa*.

Concluiu o Ministro Peluso que a legitimidade da representação proporcional envolve a *relação entre o representante e o eleitor, intermediada pelo partido* e, por força do sistema eleitoral, *as vagas obtidas por intermédio do quociente partidário pertencem ao partido*, afastando a incidência do art. 55 da CF, porque a perda do mandato seria consequência da migração partidária, e não sanção resultante de ato ilícito.

O Ministro Carlos Ayres Britto fez referência à soberania popular assegurada ao voto e analisou o funcionamento parlamentar sob o viés do efetivo prejuízo para a legitimidade política pela migração injustificada de seus filiados, mormente no que tange ao esvaziamento da representação no Parlamento.

O Ministro José Delgado defendeu a tese de que entre o eleitor e o candidato envolvido pela ideologia partidária subsiste um *negócio jurídico eleitoral*, de modo a valorizar a cidadania, a representação partidária e o pluralismo político, sustentando que o elevado índice de troca de legendas implica descrédito para o funcionamento do Poder Legislativo. O Ministro Caputo Bastos ratificou as razões antes expostas por seus pares, todos respondendo afirmativamente à Consulta.

Contudo, houve o voto divergente e vencido do Ministro Marcelo Ribeiro que respondeu negativamente à Consulta, a pretexto de não existir norma constitucional permissiva da perda do mandato para aquele que migrar de partido, pois, como sanção, não atrairia princípios implícitos na Carta de 1969, nem previstos na Constituição de 1988.

Afirma-se no voto divergente que o art. 55 apresentaria rol taxativo, no qual não se incluiria a perda de mandato do parlamentar que migrar do partido sob cuja legenda fora eleito. No tocante à norma do art. 26 da Lei n. 9.096/95, acrescentou que o mandato impugnado por ato de infidelidade resultante da migração do partido dizia respeito somente ao cargo parlamentar ocupado na respectiva Casa Legislativa, *"em virtude da proporção partidária"*.

Contra a Resolução TSE 22.526, de 27 de março de 2007, foram impetrados no Supremo Tribunal Federal, respectivamente, os mandados de segurança de nºs 26.602, 26.603 e 26.604, todos do Distrito Federal, pelo Partido Popular Socialista (PPS), Partido da Social Democracia Brasileira (PSDB) e pelo Partido Democratas (DEM), tendo por relatores os Ministros Eros Grau,

Celso de Mello e Carmen Lúcia. Os julgamentos dos *writs* ocorreram simultaneamente nas sessões dos dias 3 e 4 de outubro de 2007.

O Ministro Eros Grau (Relator do MS nº 26.602-DF) indeferiu a ordem por considerar a ausência de liquidez e certeza do direito alegado pelo impetrante, pois os parlamentares alegaram a ocorrência de mudança do ideário da agremiação e de perseguições políticas internas, cuja apuração demandaria instrução probatória, inviável na via eleita.

No mérito, o Ministro Eros Grau não vislumbrou, em especial no art. 55 da Constituição Federal, a competência do Presidente da Câmara dos Deputados para declarar a vacância do mandato e convocar os suplentes, sem prévia manifestação do Plenário ou da Mesa, com observância da garantia da ampla defesa nos moldes do art. 5º, LV, da CF, ainda que não se aplicassem àqueles dispositivos.

No ponto, esclareceu que a Emenda Constitucional n. 1/69 estabelecia o princípio da fidelidade partidária, o qual foi suprimido pela Emenda Constitucional 25/85, não o tendo adotado a vigente Constituição, que, no rol taxativo de causas de perda de mandato elencadas no seu art. 55, não inseriu o desligamento partidário. Concluiu que a criação de hipótese de perda de mandato parlamentar pelo Judiciário, fazendo às vezes de Poder Constituinte derivado, afrontaria os valores fundamentais do Estado de Direito.

O Ministro Ricardo Lewandowski fundamentou-se nos princípios da segurança jurídica, da proteção da confiança, do devido processo legal, da ampla defesa e do contraditório e que, no caso, a mudança de partidos ocorrera de forma coerente com a jurisprudência até então firmada pela Corte, alertando sobre os problemas que poderiam advir da retroativa adoção do entendimento do TSE. Também entendeu não haver direito líquido e certo, diante da necessidade de dilação probatória, com observância do devido processo legal, acerca dos motivos da desfiliação.

O Ministro Joaquim Barbosa louvou-se no disposto no art. 45 da CF, afirmando que o titular do poder é o povo, em nome do qual agem os representantes. Afastou o entendimento de que a legitimidade do poder estivesse nos partidos, pois isso levaria ao alijamento do eleitor do processo de manifestação de sua vontade soberana, tendo se alinhado à divergência quanto à falta de previsão constitucional da sanção de perda de mandato e da impossibilidade de retroação do julgado ante o princípio da segurança jurídica, denegando a segurança.

Dos debates ocorridos no julgamento do mandado de segurança nº 26.602-DF, percebeu-se a necessidade de se proceder ao giro paradigmático, tendo em vista que seria contraditório aceitar-se a aplicabilidade da fidelidade partidária com a perda do mandato sob a égide do *mandato representativo* oriundo dos franceses de 1789, a qual, nos idos de dezembro de 2007, não mais atendia à nossa realidade constitucional.

Foi necessário que a Suprema Corte enveredasse por tema peculiar, em especial, afeto à Ciência Política, para acolher as doutrinas do *mandato representativo partidário* e, ao depois, no âmbito jurídico-constitucional, atribuir efetividade ao *princípio da fidelidade partidária com a perda do mandato eletivo*, ambas defendidas pelo Autor na sua tese de Doutorado em Direito Constitucional (PUC/SP) e publicada sob o título Fidelidade Partidária.

2. DA ADOÇÃO DO MANDATO REPRESENTATIVO PARTIDÁRIO

Coube ao Ministro Celso de Mello, relator do mandado de segurança nº 26.603-DF, proferir o voto condutor do acórdão (*leading case*), acolhendo a nova doutrina do mandato político nos moldes propostos e denominado pelo Autor[10] como *mandato representativo partidário* com a sua *consequência* – e, eventualmente com a natureza de sanção – de conferir *efetividade* ao *princípio da fidelidade partidária com a perda do mandato parlamentar*[4].

Para estabelecer as bases da nova doutrina constitucional, colhe-se do áudio da sessão do STF, do dia 04.10.2007, e do voto do relator do mandado de segurança nº 26.603, Ministro Celso de Mello, condutor da lavratura do acórdão, o seguinte:

> *Bastante significativo no ponto, também, Senhor Presidente, é o entendimento de Augusto Aras, Professor e Procurador Regional da República, expressa em preciosa monografia sobre o tema ora em exame, cuja leitura é altamente recomendável e na qual, rememorando, registra com especial ênfase que no presente sistema de partidos revela-se essencial o reconhecimento do dever de respeito pelos representantes eleitos aos compromissos programáticos da representação partidária, observando-se que ele registra a aprovação de um novo modelo de representação em cujo âmbito se harmoniza as relações entre o partido político, o candidato eleito, e o próprio eleitor. Diz então o ilustre autor:*
>
> 'Como o fortalecimento da democracia representativa passa pelo fortalecimento dos partidos políticos, há de se concluir que nos Estados de Partidos parcial o titular do mandato já é o partido político – e não o seu filiado eleito por sua legenda –, na perspectiva de um novo modelo denominado "mandato representativo partidário", que se apresenta como resultado da evolução dos "mandatos imperativo e representativo" oriundos, respectivamente, do "Ancien Régime" e do Estado liberal.
>
> O "mandato representativo partidário" opera a partir da conjugação de elementos comuns aos modelos precedentes ("mandatos imperativo e representativo") para fazer brotar uma nova concepção de mandato político em que este tem por titular o partido e está baseado:
>
> a) na subordinação do eleito ao estatuto e ao ideário programático do seu partido por meio do qual o obteve, a espelhar a confiança do povo na agremiação, como

---

4   ARAS, Augusto. **Fidelidade Partidária**: A Perda do Mandato Parlamentar. Rio de Janeiro: Lumen Juris, 2006.

> única realidade da técnica político-jurídica hábil a representar aqueles valores em torno dos quais se opera o "consenso social" pelo voto da maioria;
> b) na representação que o partido político recebe dos eleitores para agir em seu nome (autorização), cujo exercício há de se dar por meio dos seus filiados ante a sua qualidade de pessoa jurídica (realidade da técnica político-jurídica) que não dispõe de corpo físico para tanto. (...).
> As consequências práticas dessas ponderações podem ser visualizadas na hipótese em que um parlamentar, durante o exercício do mandato, decide sair do partido, sem motivo legítimo, enfraquecendo, com isso, a força política da agremiação na casa legislativa e no governo.
> A mudança imotivada de partido se afigura como ato abusivo que não se coaduna com a ordem democrática, tendo em vista que, além da filiação ser requisito prévio de elegibilidade, poucos são os concorrentes nas eleições proporcionais que conseguem obter votos suficientes para atender ao quociente eleitoral e se elegerem". "(grifei)".

Este é o núcleo teórico do *mandato representativo partidário*, da efetividade do princípio da *fidelidade partidária* pela *perda do mandato eletivo*, seja como consequência pelo ato imotivado de desligamento, seja como sanção, por contrariedade às normas estatutárias, ao ideário programático e às diretrizes legitimamente estabelecidas, quando disso resultar na expulsão do filiado.

Posteriormente, em 31 de março de 2011, o STF, no julgamento do mandado de segurança 30.380-DF, em que foi relator o Ministro Celso de Mello, foi reafirmada a doutrina do *mandato representativo partidário*, registrando-se ali:

> "Daí a corretíssima observação de AUGUSTO ARAS ("Fidelidade Partidária: A Perda do Mandato Parlamentar", p. 295, item n. 5.1.3, 2006, Lumen Juris), em preciosa obra na qual destaca a realidade do presente sistema de partidos e em que assinala, com extrema propriedade, o real significado, para a ordem democrática, das agremiações partidárias".[5]

3. ELEIÇÕES PROPORCIONAIS: ASPECTOS RELEVANTES DOS JULGADOS NOS *WRITS*

No *leading case*[6], o Ministro Celso de Mello reconheceu que os partidos políticos e as coligações partidárias têm o direito de preservar a vaga obtida pelo sistema eleitoral proporcional, se, não ocorrendo razão legítima que o justifique, registrar-se ou o cancelamento de filiação partidária ou a transferência para legenda diversa, do candidato eleito por outro partido[7].

As relações de recíproca dependência entre o eleitor, o partido político e o representante eleito pelo povo demonstram a essencialidade destas agre-

---

5   Boletim Informativo do STF nº 621, de 1º.04.2011.
6   MS 26.603-DF.
7   MS 26.603-DF (Boletim Informativo 482 do STF).

miações no processo de poder e na conformação do regime democrático, a importância do postulado da fidelidade e o caráter eminentemente partidário do sistema proporcional.

O caráter partidário das vagas é extraído diretamente da norma constitucional que prevê o sistema proporcional[8], vinculando o candidato e partido político, cuja relação se prolonga para além da eleição. No julgado, considerou-se que o ato de infidelidade, seja ao partido político, seja ao próprio cidadão-eleitor, mais que um desvio ético-político, representa, quando não precedido de uma justa razão, uma inadmissível ofensa ao princípio democrático e ao exercício legítimo do poder[9].

As migrações tanto causam surpresa ao corpo eleitoral quanto às agremiações partidárias de origem, privando-as da representatividade conquistada nas urnas, contribuindo por desequilibrar arbitrariamente as forças no Parlamento, em fraude à vontade popular, e afronta ao próprio sistema eleitoral proporcional, a tolher, em razão da súbita redução numérica, o exercício pleno da oposição política.

Segundo o Ministro Celso de Mello, a fidelidade partidária representa emanação direta da própria Constituição que a esse direito conferiu realidade e deu suporte legitimador, notadamente em face dos fundamentos e dos princípios estruturantes em que se apoia o Estado Democrático de Direito (CF, art. 1º, I, II e V)[10], afastando-se a incidência do art. 55, por não se tratar a perda de mandato de sanção por ato ilícito, mas, sim, mera consequência.

Reconheceu-se a inexistência de direito subjetivo autônomo ou de expectativa de direito à manutenção pessoal no mandato, como efeito sistêmico-normativo da realização histórica de desfiliação ou transferência injustificada, entendida como ato culposo incompatível com a função representativa do ideário político em cujo nome o parlamentar foi eleito. A par dessa ressalva do Ministro Celso de Mello, registra-se que, ausente quebra do dever de fidelidade partidária, perdura o direito subjetivo do eleito de garantir o seu exercício contra terceiros, inclusive ante a sua própria agremiação.

O art. 55 da CF que disciplina o exercício do mandato parlamentar não se aplica aos atos partidários, porque estranho ao sistema de controle qualitativo interno dos partidos políticos, previsto no art. 17, § 1º da CF[11].

---

8   CF, art. 45, *caput*: "A Câmara dos Deputados compõe-se de representantes do povo, eleitos, pelo sistema proporcional, em cada Estado, em cada Território e no Distrito Federal".
9   MS 26.603-DF (Boletim Informativo 482 do STF).
10 MS 26.603-DF (Boletim Informativo 482 do STF).
11 Esse tema é objeto de análise no Capítulo VI, itens 3. e 5.1.7.1, intitulados "Sistema de Proteção" e "Inaplicabilidade do art. 55 da CF à Fidelidade Partidária, Distinção entre Atividade Partidária e Atividade Parlamentar".

Em decorrência de situações excepcionais que legitimam o voluntário desligamento partidário – *v.g.* a mudança de orientação programática e a comprovada perseguição política –, assegurou-se ao parlamentar a legitimidade para instaurar procedimento judicial e resguardar o mandato legislativo, por meio do qual, em observância ao princípio do devido processo legal, será possível demonstrar a ocorrência das justificadoras da desfiliação partidária.

E afastou a alegada usurpação dos poderes do Congresso Nacional, por ser da competência do STF a guarda e a interpretação da Constituição Federal, de maneira a se buscar a máxima efetividade possível do princípio da fidelidade partidária. Em consonância com a teoria do agente estatal de fato, foi rejeitada a assertiva de que o entendimento do TSE desconstituiria todos os atos administrativos e legislativos dos quais participaram para a formação os parlamentares infiéis.

Diante da mudança paradigmática da jurisprudência da Corte Suprema ocorrida após o julgamento dos mandados de segurança[12], até então posicionada no sentido da inaplicabilidade do princípio da fidelidade partidária aos parlamentares, e atento ao princípio da segurança jurídica, reputou-se necessário estabelecer um marco temporal a delimitar o início da eficácia do pronunciamento da matéria em exame.

Na histórica sessão dos dias 03 e 04 de outubro de 2007, no julgamento do mandado de segurança nº 26.604, em que foi relatora a Ministra Carmen Lúcia, firmou-se o entendimento[13] de que o mandatário pode sair do partido, em homenagem ao direito fundamental de associação e de não ser obrigado a se manter associado[14].

Mas, se o ato de desligamento for imotivado, incidirá como decorrência lógica do sistema a perda do mandato, não se cuidando, pois, de ato ilícito sancionatório, espécie do gênero consequência, como se constata do excerto extraído da ementa do julgado no mandado de segurança nº 26.604-DF: *Fidelidade Partidária. Efeitos da desfiliação partidária pelo eleito: perda do direito de continuar a exercer o mandato eletivo. Distinção entre sanção por ilícito e sacrifício do direito por prática lícita e juridicamente consequente.*

Com efeito, a perda do mandato como consequência (gênero) da imotivada desfiliação implica sacrifício do direito pela prática de ato lícito, enquanto a sanção (espécie) resulta do cometimento de ato ilícito.

Segundo a Ministra Carmen Lúcia, as consequências da prática de ato lícito são inferidas do próprio sistema, que não concebe sua desconstrução ou desobediência ao sabor de interesses pessoais, especialmente para os que

---

12 MS 26.602, 26.603 e 26.604).
13 p. 75-76
14 Art. 5º, XX da CF.

exercem mandato ou cargo eletivo. Daí porque o cometimento lícito também gera consequências, como antes salientado, e essas não são sanções, mas indeclináveis resultantes da atuação do agente[15].

Da prática de atos lícitos – v.g. desligamento voluntário da agremiação – podem surgir limitações como consequências ao exercício de direitos, ou, do cometimento de infração ético-disciplinar pode resultar sanção e ser o filiado expulso da agremiação.

A Constituição Federal impõe a filiação partidária como condição de elegibilidade (art. 14, § 3º, inc. V[16]), preservando a nossa tradição constitucional de não admitir candidatura avulsa, mesmo porque, nesse caso, a ausência de vínculo a qualquer agremiação política obsta o reconhecimento da necessária capacidade eleitoral para a disputa das eleições.

Atentaria contra o Estado de Direito, que há de ser Estado de verdade, em contraposição ao Estado do arbítrio, imaginar-se ser mera formalidade a ligação do cidadão a um partido político, através da filiação, para viabilizar eventual candidatura, sem gerar compromisso para o exercício do mandato.

O cumprimento das condições de elegibilidade ou dos requisitos constitucionais e legais para a eleição integra e contribui para a constituição do vínculo político-jurídico entre o eleitor, o partido e o eleito, valendo o seu conteúdo como compromisso que, ao ser firmado, impõe fidelidade entre estes autores e atores da cidadania.

Diversamente restariam sem sentido ou eficácia vários dispositivos legais vigentes, a exemplo do art. 24 da Lei nº 9.096/95, segundo o qual, na Casa Legislativa, o integrante da bancada de partido *deve subordinar sua ação parlamentar aos princípios doutrinários e programáticos e às diretrizes estabelecidas pelos órgãos de direção partidários, na forma do estatuto.*

Foi com ênfase que a Ministra Carmen Lúcia, ao ler o seu voto em sessão, registrou que o sistema normativo vigente sequer admite o exercício do mandato parlamentar sem a necessária filiação partidária, pois tal situação frustraria a democracia representativa e partidária[17].

E, aqui, acrescento, por analogia extraída da praxe judiciária eleitoral, que o parlamentar que porventura vier a migrar para outra agremiação deva, nos trinta (30) dias seguintes, prazo considerado razoável pela Corte Eleitoral, filiar-se a outro partido político, sob pena de perda do mandato em favor da legenda pela qual foi eleito[18].

---

15 MS 26.604-DF.
16 Art. 14, § 3º, inciso V da CF.
17 Excerto colhido do voto da Min. Carmen Lúcia no MS 26.604-DF.
18 "4. Declaração de existência de justa causa para desfiliação do PPS, com prazo de 30 dias, contados da publicação da decisão, para que o requerente se filie a outro partido político. Aplicação analógica da hipótese de nova filiação em virtude de criação de

O Supremo Tribunal Federal modificou o entendimento então vigente, em prol da ampla liberdade do *mandato representativo*, para adotar o *mandato representativo partidário* e conferir efetividade ao princípio da *Fidelidade Partidária*, reconhecendo que a sua violação importa em perda do mandato eletivo.

Em homenagem aos princípios da segurança jurídica e da não-surpresa, conteúdos do Estado de Direito, o Excelso Pretório *modulou os efeitos dos julgados* ante a significativa mudança de paradigma e, para fixar marco temporal, considerou a sua validade, para as eleições proporcionais, a partir de 27 de março de 2007, data em que foi respondida a Consulta TSE nº 1.398/2007.

Outrossim, recomendou ao TSE regulamentar a matéria, o que ocorreu com a edição da Resolução TSE nº 22.610, de 25 de outubro de 2007, que disciplinou o processo de perda de mandato e cargo eletivos, bem como de justificação de desfiliação partidária[19].

No caso concreto dos mandados de segurança nºs 26.602-DF e 26.603-DF, todos os parlamentares se desligaram do partido de origem e migraram para outras agremiações partidárias em datas anteriores à apreciação da Consulta TSE 1.398, de 27 de março de 2007, razão pela qual, no mérito, as seguranças foram denegadas, vencidos os Ministros Carlos Britto e Marco Aurélio que a concediam como requerida.

E, no mandado de segurança nº 26.604-DF, o Tribunal, por maioria, seguindo a orientação do mandado de segurança nº 26.603-DF, concedeu parcialmente a ordem, determinando ao Presidente da Câmara dos Deputados a remessa ao TSE do pedido de declaração de vacância do mandato de deputada federal, ante o seu desligamento posterior ao termo inicial aposto para a vigência do novo entendimento[20].

4. ELEIÇÕES MAJORITÁRIAS, FIDELIDADE PARTIDÁRIA E A PERDA DE CARGO ELETIVO

Formulou-se ao TSE a Consulta n. 1.407/DF, referente à possibilidade ou não de aplicação dos julgados do STF nos referidos *writs*[21] às *eleições majoritárias* (prefeitos, governadores, presidente da República e senadores). A

---

partido novo (Consulta 755-35/DF)". (TRE-DF, PET n. 14.623/DF, Relator: OLINDO HERCULANO DE MENEZES, Data de Julgamento: 16.03.2010, Data de Publicação: DJE – Diário de Justiça Eletrônico do TRE-DF, Tomo 15, Data 25.01.2013, Página 03).

19   Art. 61 da Lei 9.096/95 (LPP), c.c. art. 23, XII da Lei 4737/65 (Código Eleitoral).
20   Boletim Informativo STF n. 482, de 10 de outubro de 2007.
21   MS 26.602-DF, 26.603-DF e 26.604-DF.

resposta foi afirmativa, por unanimidade, por meio da Resolução nº 22.600, de 17 de outubro de 2007:

> EMENTA: CONSULTA. MANDATO. CARGO MAJORITÁRIO. PARTIDO. RESPOSTA AFIRMATIVA.
> Os partidos e coligações têm o direito de preservar a vaga obtida pelo sistema eleitoral majoritário, quando houver pedido de cancelamento de: filiação ou de transferência do candidato eleito por um partido para outra legenda?"

O voto condutor do Ministro Relator Carlos Ayres Britto mencionou a natureza *sui generis* do partido político, definindo-o como pessoa jurídica de direito privado constituída por uma *pluralidade orgânica de pessoas*, cuja *habilitação processual ativa do tipo universal* é inerente ao caráter institucional das agremiações políticas, daí a sua legitimidade para cuidar de assuntos de relevância social.

Em síntese, o Ministro Ayres Britto reafirmou os fundamentos adotados nos julgados dos mandados de segurança nºs 26.603 e 26.604, com relevo para as características do regime representativo brasileiro e sua intrínseca relação com os partidos políticos, concluindo com o dever de fidelidade de quem exerce mandato eletivo para com o partido pelo qual se elegera (*ad litteris*):

> "*Dizendo as coisas por modo reverso*, **ninguém chega ao poder estatal de caráter eletivo-popular sem a formal participação de uma dada agremiação política. O que traduz a formação de um vínculo necessário entre os partidos políticos e o nosso regime representativo,** *a ponto de se poder afirmar que esse regime é antes de tudo partidário. Por isso que se fala, em todo o mundo ocidental civilizado, de democracia partidária, como ressai dos escritos de Norberto Bobbio e Maurice Duverger*".
> (g. n.).

Sustentou a licitude do desligamento partidário, ainda que sem motivação aparente[22], ressaltando que "*mandato é representação e representação é função*", daí por que, no dizer do Ministro Carlos Ayres, haveria renúncia tácita de mandato em favor da agremiação de origem, em defesa dos compromissos e valores firmados entre o eleitor, o candidato e o partido, no prélio eleitoral, pois:

> "*Nesse ritmo argumentativo, e já me encaminhando para o fecho deste voto, tenho que todos os exercentes de mandato eletivo federal (com seus equivalentes nas pessoas federadas periféricas) estão vinculados a um modelo de regime representativo que faz do povo e dos partidos políticos uma fonte de legitimação eleitoral e um locus de embocadura funcional. Tudo geminadamente como verdadeiros irmãos siameses. Donde o instituto de representatividade binária, incompatível com a tese da titularidade do mandato como um patrimônio individual ou propriedade particular*".

---

22 Art. 5º, XX da CF.

O Ministro José Delgado, naquele julgamento, salientou que a valorização pessoal do candidato em detrimento de sua legenda ocorre, em sua grande maioria, por motivação meramente eleitoreira, implicando a quebra do compromisso com o programa e, por corolário, relativiza a liberdade de organização partidária ante a natureza absoluta da fidelidade, também aplicável aos ocupantes de cargos eletivos do Poder Executivo.

Considerando a função horizontal para as eleições proporcionais e a função vertical para as eleições majoritárias, concluiu o Ministro Delgado que a inobservância do *negócio jurídico eleitoral* firmado entre eleitor, candidato e partido acarreta a perda do cargo eletivo e, em *ultima ratio*, situação de desarmonia constitucional.

Responderam afirmativamente à Consulta os Ministros Ari Pargendler, Caputo Bastos, Gerardo Grossi e Cezar Peluso, este último que ressalvou a inexistência de renúncia tácita do mandato, uma vez que o exercente do cargo eletivo, ao abandonar a legenda pela qual foi eleito, não teria a intenção de deixar o exercício da função.

O Ministro Marco Aurélio registrou que o art. 17, § 1º da CF não prevê restrições, sendo a fidelidade aplicável às eleições proporcionais e majoritárias. O candidato que concorreu sob uma legenda obteve apoio humano e *financiamento, em parte, da campanha eleitoral, via fundo partidário, inclusive o horário da propaganda eleitoral gratuita*, razão pela qual *persiste a vinculação ao partido que indicou o eleito, seja titular, vice ou suplente.*

Na esteira dos julgados do STF, nos mandados de segurança de nºs 26.602-DF, 26.603-DF e 26.604-DF, fixou-se a data de 17 de outubro de 2007 como termo inicial para vigorar a fidelidade partidária com a perda do cargo eletivo obtido pela via do mandato por eleições majoritárias, data em que o TSE baixou a Resolução TSE nº 22.610/2007[23] e respondeu à Consulta nº 1407.

Entretanto, a Corte Constitucional reconsiderou sua posição anterior e decidiu, no julgamento do ADI 5.081, de 27 de maio de 2015, ser inaplicável o instituto da Fidelidade Partidária aos eleitos pelo sistema majoritário (senadores e chefes do Executivo), o que poderia contribuir para manter o *spoils system*[24] ou *patronage system* que macula a democracia representativa brasileira, consoante será abordado no Capítulo seguinte.

---

23   Art. 13.
24   *Spoil system* referência a lógica de força no jogo político, de modo a significar, muitas vezes, *"a distribuição de cargos na administração federal aos partidários do candidato vitorioso".* (BELIEIRO JUNIOR, José Carlos. Os Partidos Políticos em Weber. *In* **Revista Espaço Acadêmico**, nº 49, junho/2005).
  "O spoils system, ou sistema dos despojos, ou patronagem, permitia que a grande maioria dos postos de trabalho na administração pública fossem distribuídos como verdadeiros despojos

O instituto da Fidelidade Partidária tem sede constitucional e integra o rol de cláusulas pétreas porque inserido no Capítulo V, dos Partidos Políticos, do Título II, que cuida dos Direitos e Garantias Fundamentais, da CF/88, daí por que se afigura questionável a restrição da efetividade da norma do art. 17, par. 1º, apenas aos eleitos pelo sistema proporcional.

Em data posterior ao julgamento da ADI 5081, em 27 de maio de 2015[25], foi editada a lei 13.165, de 29 de setembro de 2015, que acrescentou o art. 22-A à Lei dos Partidos Políticos (lei 9.096/95), legislando expressamente acerca da efetividade ou eficácia social do instituto da Fidelidade Partidária prescrevendo que *perderá o mandato o detentor de cargo eletivo que se desfiliar, sem justa causa, do partido pelo qual foi eleito*.

Cargos e mandatos eletivos são figuras inconfundíveis e a terminologia integra o arsenal técnico posto à disposição da segurança jurídica, apanágio do Estado de Direito. Os cargos de chefia do Executivo constituem os mais altos lugares da administração pública que têm especial forma de investidura política pela via eleitoral, enquanto os mandatos dizem respeito à representação perante o Legislativo.

A nova Lei reafirma a aplicabilidade do instituto da Fidelidade Partidária às eleições majoritárias[26] e proporcionais que, respectivamente, investem os chefes do Poder Executivo nos cargos eletivos e conferem mandatos aos integrantes do Poder Legislativo[27].

Há normas constitucionais e legais[28] disciplinando a perda dos mandatos políticos por ato de infidelidade partidária, em ambos os sistemas majo-

---

de guerra a membros do partido vitorioso nas eleições, criando assim um problema no financiamento de eleições nos Estados Unidos". (AZEVEDO, Gabriel Sousa Marques de. **A função social da empresa diante da legislação de doação para campanhas eleitorais: um estudo de caso comparado entre Brasil e Estados Unidos da América**. 2015. 60 f. Dissertação de Mestrado. Programa de Pós-Graduação *strictu sensu* da Faculdade de Direito Milton Campos. Nova Lima. 2015).

---

25 O STF declarou a inconstitucionalidade parcial dos arts. 10 e 13 da Resolução TSE 22.610/2007, afastando a aplicabilidade do instituto da Fidelidade Partidárias aos eleitos pelo sistema majoritário (senadores e chefes do Poder Executivo), preservando-a no que toca aos eleitos pelo sistema proporcional Deputados Federais, Estaduais, Distritais e Vereadores).

26 Art. 22-A, parágrafo único, inciso III da Lei dos Partidos Políticos (lei 9.096/95, alterada pela lei 13.165/2015).

27 O vice-presidente da República, o vice-governador de Estado e o vice-prefeito exercem mandatos e deles não se exige desincompatibilização ou renúncia para concorrerem a outros mandatos ou cargos eletivos, salvo quando ocupam os cargos de Chefia do Poder Executivo, interinamente ou por substituição dos titulares, por vacância ou morte.

28 Arts. 14, § 3º, V, c.c. 17 § 1º da CF, c.c. art. 22-A da LPP, arts. 8º, 9º, 11, §1º da LE.

ritário e proporcional, com expressa previsão normativa, sendo certo que a *teoria dos poderes implícitos*[29] consagra o postulado de que *não existem palavras inúteis na Lei* e *quem quer os fins deve propiciar os meios*, orientando o princípio hermenêutico constitucional da *máxima efetividade da norma*.

Para não dar ensanchas a alegações de inconstitucionalidade formal, a pretexto de que a sua validade dependeria da observância do processo legislativo peculiar, foi promulgada no dia 18 de fevereiro de 2016 a emenda constitucional nº 91[30], estabelecendo uma janela provisória para o desligamento partidário, a fim de acomodar a representação política formal à realidade partidária, ora premida pela Operação Lava Jato.

A EC 91[31], de 18 de fevereiro de 2016, autoriza, excepcionalmente e por período determinado, sem prejuízo do mandato, o desligamento partidário no prazo de 30 dias após a sua promulgação, estabelecendo, assim, uma janela específica para migração partidária, para os eleitos por ambos os sistemas, proporcional e majoritário[32].

Com o advento do termo final prevista para o dia 19 de março de 2016[33], verificou-se que o troca-troca partidário decorrente da janela criada pela EC 91/2016 atingiu 13% (treze por cento) dos partidos políticos no âm-

---

29   Teoria dos Poderes Implícitos. McCulloch x Maryland (USA, 1819).

30   PEC 113/2015.

31   Art. 1º. *É facultado ao detentor de mandato eletivo desligar-se do partido pelo qual foi eleito nos trinta dias seguintes à promulgação desta Emenda Constitucional, sem prejuízo do mandato, não sendo essa desfiliação considerada para fins de distribuição dos recursos do Fundo Partidário e de acesso gratuito ao tempo de rádio e televisão. Art. 2º Esta Emenda Constitucional entra em vigor na data de sua publicação.*

32   E tanto isto é verdade que a PEC 113/2015, no Senado, sofreu o *destaque* da matéria pertinente à janela partidária, recebendo o nº 113-A/2015, convertido na EC 91, de 18.2.2016. Depois disso, houve a migração de senadores, prefeitos, deputados federais, estaduais, distritais, vereadores, com termo final previsto para 19.03.2016. Demais, o conteúdo da EC 91 atende ao novo prazo de 6 (seis) meses aposto para a filiação partidária pela lei 13.165/2015.

33   "O número elevado de políticos investigados na Lava Jato não inibiu a ida de deputados para o PP, campeão de adesões, com 10 filiações e duas saídas. O PR, também da base, conseguiu 10 filiações, mas perdeu quatro deputados. O PP ganhou três deputados novos em São Paulo, entre eles o ex-presidente do Conselho de Ética Ricardo Izar, que deixa o PSD, e perdeu Jair Bolsonaro (RJ) que se filiou ao PSC, onde tem garantida legenda para concorrer a presidência da República em 2018. O PR atraiu o deputado Édio Lopes (RR), que deixou o PMDB e já foi escalado pela nova legenda para compor a comissão especial do impeachment. Na oposição, o DEM foi o que mais avançou, com seis novas filiações. O PSDB perdeu quatro deputados. O PMDB também perdeu quatro deputados, mas filiou três. Chama a atenção também o desempenho do nanico PTN, com nove adesões e duas perdas. O partido elegeu apenas quatro deputados e hoje está com a bancada de 13". (Agência O Globo. Troca-troca nos partidos atinge 13% da Câmara Federal. A Tarde, 20 de março de 2016, p. B2).

bito da Câmara dos Deputados, sendo que 68 parlamentares formalizaram a migração.

Neste momento de grave crise institucional, a abertura da "janela" com a readaptação das forças políticas em partidos afins não tem a dimensão de favorecer a adequada representação política, revelando a necessidade de se pôr termo à ditadura intrapartidária[34], a fim de se alcançar mínima estabilidade a partir da democracia interna e, em grau ascendente, até atingir as mais altas esferas do Poder político brasileiro.

Para situações posteriores a 19 de março de 2016, dotadas de continuidade e permanência, faz o constituinte derivado, na PEC 113/2015, antes aprovada na Câmara Federal sob n° 182/2007, remissão ao disposto em lei ordinária, no caso, o art. 22-A, parágrafo único, inciso III da LPP, que admite a migração 30 (trinta) dias antes do prazo para a filiação prevista para 06 (seis) meses antes das eleições, aplicáveis às eleições majoritárias e proporcionais.

É constitucional, formal e materialmente a norma do art. 22-A, acrescido pela lei 13.165/2015, disciplinando o instituto da Fidelidade Partidária nos moldes postos pelo Supremo Intérprete das Leis brasileiros, nos julgamentos dos históricos mandados de segurança, em 04.10.2007, e objeto da Resolução TSE 22.610/2007, conciliando, pois, as normas constitucionais que asseguram a filiação, como requisito ou condição de elegibilidade, e a autonomia partidária para dispor sobre as respectivas normas.

E a EC 91/2016 veio a acrescer o arcabouço constitucional legitimador da efetividade do instituto da Fidelidade Partidária, ao estabelecer a *janela partidária*, consistente em lapso temporal de 30 (trinta) dias para a migração entre legendas, porque o sistema reconhece a existência, a validade e a eficácia ou efetividade do dever de observância daquele princípio.

5. VACÂNCIA DE MANDATO E SUBSTITUIÇÃO: SUPLENTE DO PARTIDO OU DA COLIGAÇÃO?

Após o STF ter conferido efetividade à fidelidade partidária, reconhecendo a perda do mandato obtido nas eleições proporcionais e majoritárias por ato que a infrinja, surgiram muitos debates, especialmente no que tange aos eleitos somente por partidos e também por coligações.

5.1 Eleições Proporcionais

Para as eleições proporcionais, formulou-se a Consulta TSE de nº 1.423: *I. Se os DEPUTADOS FEDERAIS e ESTADUAIS que trocaram de Partido*

---

34 Capítulo VIII.

Político que os elegeram e ingressarem em outro Partido da mesma coligação, perdem os seus respectivos Mandatos Legislativos.

Coube ao Ministro Relator José Delgado ratificar o entendimento no sentido de que o titular do mandato parlamentar é o partido político, e não o eleito. A Corte, à unanimidade, respondeu afirmativamente à Consulta, por meio da Resolução TSE nº 22.563, de 1º de agosto de 2007, definindo que o parlamentar que ingressar em novo partido poderá, em tese, perder o mandato eletivo[35].

Para saber se o suplente do partido ou o da coligação substitui o eleito que perde o mandato por ato de infidelidade partidária, eis a Consulta TSE de nº 1.439:

> (...) Considerando a resposta afirmativa dada por este Tribunal à Consulta n° 1.398/DF dos Democratas, no sentido de que os partidos ou coligações têm o direito de preservar a vaga obtida pelo sistema proporcional, quando houver pedido de cancelamento de filiação ou de transferência do candidato eleito por um partido para outra legenda; Considerando que frequentemente são realizadas coligações para as eleições proporcionais e é para as referidas coligações que são distribuídas as vagas, após o cálculo do coeficiente eleitoral;
> INDAGA-SE: O candidato a cargo proporcional que, eleito, pedir transferência para outra legenda da mesma coligação pode conservar seu mandato?

Em resposta à referida Consulta adveio a Resolução TSE 22.580, de 30 de agosto de 2007, da Relatoria do Ministro Caputo Bastos:

> Consulta. Detentor. Cargo eletivo proporcional. Transferência. Partido integrante da coligação. Mandato. Perda.
> 1. A formação de coligação constitui faculdade atribuída aos partidos políticos para a disputa do pleito, conforme prevê o art. 6º, caput, da Lei n° 9.504/97, tendo a sua existência caráter temporário e restrita ao processo eleitoral.
> 2. Conforme já assentado pelo Tribunal, o mandato pertence ao partido e, em tese, estará sujeito à sua perda o parlamentar que mudar de agremiação partidária, ainda que para legenda integrante da mesma coligação pela qual foi eleito.
> Consulta respondida negativamente.

---

35 CONSULTA 1423, RESOLUÇÃO TSE 22.563, de 1º de agosto de 2007:
'CONSULTA. PARLAMENTAR QUE INGRESSA EM NOVO PARTIDO. PERDA DO MANDATO.
1. O mandato é do partido e, em tese, o parlamentar o perde ao ingressar em novo partido.
2. Consulta respondida positivamente, nos termos do voto'.
(TSE, CONSULTA n. 1.423, Resolução n. 22.563 de 01.08.2007, Relator(a) Min. JOSÉ AUGUSTO DELGADO, Publicação: DJ – Diário de justiça, Data 28.08.2007, Página 124).

O Ministro Relator Caputo Bastos ratificou o entendimento do TSE[36], no sentido de que o mandato eletivo é do partido político sob cuja legenda foi eleito o parlamentar, e que a coligação é constituída por tempo certo e determinado, tendo seu funcionamento *como um só partido no relacionamento com a Justiça Eleitoral e no trato dos interesses interpartidários (art. 6º, § 1º, da Lei n. 9.504/97)*.

Findo o período eleitoral para o qual foi constituída a coligação, esta deixa de existir, o que *não afasta a possibilidade de, em tese, ocorrer a perda do referido mandato*, ainda que o parlamentar tenha migrado para outra agremiação integrante da mesma coligação. Com essas considerações, o TSE respondeu negativamente à Consulta.

Na Consulta nº 1.509, o TSE manteve o posicionamento anterior:

CONSULTA

> 1) O entendimento legal a partir do julgamento da Consulta n. 1.398/DF e n. 1.407/DF se aplica às eleições em que os dois ou mais partidos disputam o pleito em Coligação?
> 2) Se afirmativa: dois partidos ("A" e "B") se coligaram em eleição proporcional; fixando o quociente eleitoral, foi atribuído à coligação (10 vagas); dividido o número de vagas na proporção dos votos obtidos por cada legenda ou partido, apurou-se o seguinte resultado: ("A" = 7 e "B" = 3); após a posse, já no exercício de mandato parlamentar, um integrante do partido "B" resolve mudar de partido. Pergunta-se: o Partido "B", isoladamente, pode requerer o cargo, ou a coligação subsiste após a eleição? (...)

O Ministro Relator Cezar Peluso consignou que as Consultas anteriormente apreciadas pelo TSE viabilizam a manutenção de vaga obtida pelo sistema eleitoral proporcional quando houver migração imotivada para outra agremiação e que a coligação é temporária e se desfaz ao término do processo eleitoral, prevalecendo, após sua breve existência, a supremacia individual de cada partido, consoante a seguinte resposta:

> Consulta. Indagações, Fidelidade partidária. Partidos e coligações. Direito de preservar a vaga obtida pelo sistema eleitoral proporcional. Supremacia individual de cada partido. Legitimidade do partido para pedir a decretação da perda de cargo eletivo em decorrência de desfiliação partidária sem justa causa. Precedentes.

A partir de então, pacificou-se no âmbito do TSE que, em caso de vacância por ato de infidelidade partidária, caberia ao suplente do partido, ainda que eleito em coligação, assumir a vaga em substituição àquele que perdeu o mandato[37].

---

36 Consultas 1398 e 1423.
37 "AGRAVO REGIMENTAL. PETIÇÃO. PERDA. MANDATO ELETIVO. INFIDELIDADE PARTIDÁRIA. RES.-TSE Nº 22.610/2007. ILEGITIMIDADE ATIVA AD CAUSAM. SUPLENTE. COLIGAÇÃO PARTIDÁRIA.

O Supremo Tribunal Federal, inicialmente, manteve o entendimento da Corte Eleitoral, confirmado nos julgamentos dos mandados de segurança[38], no sentido de que o substituto seria o suplente do partido político, e não da coligação, tendo deferido medida liminar em mandado de segurança[39] impetrado pelo PMDB, para que a Mesa Diretora da Câmara dos Deputados procedesse à imediata posse do primeiro suplente desse partido, no mandato de Deputado Federal, vago pela renúncia de ex-parlamentar eleito por coligação, de acordo com a ordem obtida nas eleições gerais de 2006.

Contudo, em 27.04.2011, nos julgamentos dos mandados de segurança 30.260/DF e 30.272/MG, o Supremo Tribunal Federal, pelo voto da Relatora Ministra Cármen Lúcia, alterou seu posicionamento para entender que a vaga a ser preenchida seria do suplente da coligação, e não mais do partido, o titular do mandato eletivo.

O Excelso Pretório, então, posicionou-se no sentido de que a vacância de mandato de deputado federal deveria ser suprida pela convocação dos suplentes mais votados da coligação, e não daqueles que eventualmente integrassem os partidos da coligação – temporária agremiação política –, de acordo com a ordem de suplência indicada pela Justiça Eleitoral.

Os mandados de segurança[40] versavam sobre a titularidade do mandato eletivo, se do partido do parlamentar licenciado ou da coligação partidária pela qual fora eleito. Os impetrantes, em razão de serem os primeiros su-

---

1. Inviável o agravo que não ataca todos os fundamentos da decisão impugnada, permanecendo íntegra sua conclusão. (Súmula 182/STJ).
2. Na linha da jurisprudência desta Corte, o mandato pertence ao partido, e não à coligação, razão pela qual o suplente desta não detém legitimidade ativa ad causam para integrar a lide na qualidade de litisconsorte.
3. Agravo regimental desprovido".
(TSE, Agravo Regimental em Petição nº 26864, Acórdão de 11.02.2010, Relator(a) Min. MARCELO HENRIQUES RIBEIRO DE OLIVEIRA, Publicação: DJE – Diário da Justiça Eletrônico, Tomo 47, Data 10.03.2010, Página 12).
"FEITOS DIVERSOS. Pedido de decretação de perda de cargo eletivo por desfiliação partidária sem justa causa. Vereador. Eleições 2004. Resolução n. 22.610/2007/TSE.
(...) 3. Ilegitimidade ativa. Acolhida. A *mens legis* da Resolução n. 22.610/2007 TSE é a proteção do mandato, no sentido de que este pertence ao partido, e não à Coligação. Posicionamento do STF. A ação de decretação de perda do mandato eletivo serve para garantir a fidelidade do candidato eleito à **ideologia partidária**. Legitimados, portanto, somente os suplentes do partido que foi preterido pelo candidato eleito. Extinção do processo, sem resolução do mérito, nos termos do art. 167, VI, do Código de Processo Civil".
(TRE-MG, FD n. 1242008, Relator José Antonino Baía Borges, DJE de 05.11.2008).

38 MS 26.602-DF, 26.603-DF e 26.604-DF.
39 MS 29.988 MC/DF, Relator Ministro Gilmar Mendes, j. 09.12.2010.
40 MS 30.260/DF e MS 30.272/MG, Relatora Min. Cármen Lúcia, j. 27.04.2011.

plentes dos partidos políticos aos quais estavam filiados os deputados federais licenciados, alegavam deter direito líquido e certo ao preenchimento das vagas.

No mérito[41], determinou-se que fosse mantida a sequência de sucessão estabelecida pela Justiça Eleitoral relativamente aos candidatos eleitos e aos suplentes das coligações, com base na seguinte fundamentação acolhida pela maioria dos membros da Suprema Corte:

1) as coligações seriam instituições jurídicas autônomas, distintas dos partidos que a compõem e a eles sobrepondo-se temporariamente, com previsão constitucional e com capacidade jurídica para representar o todo, inclusive judicialmente;

2) que o § 1º do art. 6º da Lei 9.504/97 equipararia essa instituição aos partidos políticos sobre ela incidindo o preceito do art. 17, § 1º e lhe atribuiria, ainda que por determinado tempo, prerrogativas e obrigações partidárias, tornando-a apta a lançar candidatos às eleições;

3) que a coligação funcionaria, até o fim das eleições, como superpartido ou superlegenda, em decorrência da união de esforços e da combinação de ideologias e de projetos que se fundiriam na campanha para potencializar a competitividade dos partidos na disputa eleitoral – especialmente dos pequenos – e, portanto, poderia ser considerada uma instituição que representaria a conjugação indissociável das agremiações para os efeitos específicos eleitorais no certame e nas consequências dessa aliança;

4) asseverou-se que o reconhecimento da coligação como uma instituição partidária, titular de direitos, com atuação autônoma no lugar de cada partido, no período de sua composição, asseguraria a harmonia das eleições proporcionais, prestigiaria a soberania popular, propiciaria a estabilidade das alianças firmadas durante a campanha eleitoral, formando quociente partidário próprio;

5) que a atuação das coligações transpõe os limites do resultado do pleito (a exemplo do reconhecimento de sua legitimidade para pedir recontagem de votos e para ajuizar ação de impugnação de mandato), a fixar o rol de eleitos e de suplentes naquele momento, conforme o cálculo dos quocientes das coligações, não se admitindo mudança na regra do jogo, no que concerne aos suplentes, de modo a desvirtuar a razão de ser das coligações;

6) que não haveria óbice para que as premissas e as soluções daqueles casos pudessem ser adotadas no tocante às coligações e a infidelidade partidária como consequência da perda de mandato eletivo, porquanto coligar-se é uma escolha que diz respeito à autonomia do partido (MS 26602/DF, DJe de 17.10.2008; MS 26603/DF, DJe de 19.12.2008 e MS 26604/DF, DJe de 3.10.2008);

---

41   MS 30.260/DF e MS 30.272/MG, Relatora Min. Cármen Lúcia, j. 27.04.2011.

7) que, embora a coligação venha a se exaurir após as eleições, os efeitos e os resultados por ela alcançados não findam com o seu termo formal, projetando-se tanto na definição da ordem de ocupação das vagas de titulares e suplentes, definidas a partir do quociente da coligação, quanto no próprio exercício dos mandatos em toda a legislatura;

8) que o princípio da segurança jurídica teria o condão de garantir e resguardar o ato da diplomação, a qualificar o candidato eleito, titular ou suplente, habilitando-o e legitimando-o para o exercício do cargo parlamentar, obtido a partir dos votos atribuídos à legenda dos partidos ou à superlegenda da coligação de partidos pelos quais tivesse concorrido;

9) que a problemática, no Brasil, concernente às coligações estaria vinculada à falta de ideologia nos partidos políticos, que se uniriam e se desligariam de acordo com as conveniências.

O Min. Gilmar Mendes votou acompanhando a Ministra Relatora Carmen Lúcia, apenas quanto ao resultado, em atenção ao princípio da confiança, mas divergiu quanto aos fundamentos, pois:

1) "*as coligações proporcionais, em vez de funcionarem como um genuíno mecanismo de estratégia racional dos partidos minoritários para alcançar o quociente eleitoral, acabam transformando esses partidos de menor expressão em 'legendas de aluguel' para os partidos politicamente dominantes. O resultado é a proliferação dos partidos criados com o único objetivo eleitoreiro de participar de coligações em apoio aos partidos majoritários, sem qualquer ideologia marcante ou conteúdo programático definido*".;

2) a coligação proporcional estaria em processo de inconstitucionalização, em decorrência da opção feita pela fidelidade partidária e "*A combinação de coligações com listas abertas no sistema proporcional tornou-se incompatível com a noção forte de mandato partidário afirmada pelo STF. O problema gerado com a dúvida sobre a ordem de suplência – se da coligação ou do partido – é uma decorrência e ao mesmo tempo uma comprovação de estar em curso um processo de inconstitucionalização do regime. (...) que se iniciou com a decisão deste Tribunal nos mandados de segurança 26.602, 26.603 e 26.604.*"

Vencido o Min. Marco Aurélio, que concedia a ordem, destacam-se como premissas do seu voto:

1) não se concebeu a legislatura a partir de revezamento nas bancadas, mormente porque, conquanto a Constituição Federal cuide do instituto da coligação, haveria uma gradação maior ao partido político, concedendo-lhe a possibilidade de definir com quem pretenderia, ou não, coligar-se, já que a coligação seria um somatório de forças para se chegar com êxito às eleições;

2) que a distribuição das cadeiras ocorre consoante votação nominal dos candidatos, cenário que respalda os partidos políticos e não mais uma coligação, de forma que não seria possível ter-se a alternância nas bancadas na Casa Legislativa em plena legislatura;

3) não haver razoabilidade em se concluir que o sistema contemplaria o afastamento do titular de um partido para assumir seu lugar um suplente de partido diverso, tendo em vista que a legislatura pressuporia estabilidade das bancadas, dos blocos parlamentares, considerados os partidos políticos.

Com a Emenda Constitucional nº 52/2006, acrescentou-se à norma do § 1º do art. 17 da CF, a seguinte expressão: *"[...] e para adotar os critérios de escolha e o regime de suas coligações eleitorais, sem obrigatoriedade de vinculação entre candidaturas em âmbito nacional, estadual, distrital ou municipal [...]"*.

O mandado de segurança, ora examinado, não cuidava da perda do mandato eletivo por ato de infidelidade partidária e, sim, de critérios de substituição ante a ordem de suplência a ser adotada, para o caso de licenciamento de deputado federal.

Todavia, estendeu-se a apreciação do caso e, desse modo, filiamo-nos à corrente de pensamento manifestada pelos Ministros Gilmar Mendes e Marco Aurélio, em prol do suplente do partido como legitimado para a substituição, e não da coligação.

A teoria dos poderes implícitos originária da Suprema Corte americana, no julgamento do caso McCulloch *versus* Maryland (1819), adotada no Brasil, defende que a Constituição Federal, ao atribuir certa função a órgão ou instituição, também lhe confere implicitamente os meios para a consecução dessa atividade, daí brotando o aforismo "quem quer os fins deve propiciar os meios".

Da leitura do art. 17, *caput* e §§ da CF exsurge que o partido político é a pessoa jurídica de direito privado, titular de capacidade de fato e de direito, e eleitoral, após registro dos seus estatutos no TSE, e tem atividade permanente, somente sofrendo restrição quanto à propaganda partidária no rádio e na televisão, no segundo semestre do ano da eleição. Formar coligação é uma mera faculdade aposta aos partidos políticos, de natureza temporária, provisória e precária.

A efetividade conferida pelo STF ao princípio da fidelidade partidária posto no § 1º do art. 17 da CF como indispensável *controle qualitativo interno* para a preservação da *coesão e unidade* do partido político, a partir de funcionamento dotado de *coerência*, somente é admissível se for observado o vínculo psicológico (*affectio societatis*) que mantém pessoas reunidas em torno de objeto (ideal) comum[42].

---

42 Aliás, tudo como amplamente discutido nos julgamentos dos mandados de segurança nºs 26.602, 26.603 e 26.604-DF.

No dizer de Jorge Marley, as ideologias são incompatíveis com as coligações proporcionais[43] [44], porque constituídas de forma circunstancial e declaradamente interessadas na obtenção de resultados que, longe de espelharem distintas correntes de opinião da sociedade a ser representadas no parlamento (Mirabeau), mais se prestam como aríetes para forçarem os governos a fazer-lhes concessões. Isso contribui para um pós-moderno sistema feudal em meio ao denominado presidencialismo de coalizão que alui o regime democrático, fomentando o aparelhamento do Estado com malferimento do princípio republicano.

A questão posta é de índole constitucional, em sede de princípios e regras, não havendo de passar pelo ordenamento jurídico legal, sob pena de contribuir para a crise de representação política, por ausência de autêntica fidelidade partidária, pois os exercentes de mandatos e cargos eletivos são reféns do fenômeno da ditadura interna, a exigir democratização.

Para as eleições majoritárias, especialmente, para os cargos eletivos (chefes do Poder Executivo), mais se exige o fortalecimento permanente dos partidos políticos com o dever de fidelidade e da necessidade de se aferir a legitimidade material do governante – daí eleições em dois turnos –, sob pena de perda do cargo[45].

Nesta esfera, a institucionalização do poder é necessidade cotidiana ante a possibilidade da personalização que conduz aos regimes totalitários, por disporem os chefes do Executivo de poderes para contratar pessoal, realizar faraônicas obras públicas e compras ou pagamentos diversos, fomentando os vícios do clientelismo e do fisiologismo que permeiam a política brasileira e se destinam à preservação das oligarquias encasteladas no poder político.

A coligação majoritária para os cargos do Poder Executivo, em tese, passa por outras concepções teóricas e práticas, na medida em que eventual liame também se estabelece em torno de programas que podem se converter em uma coalizão para o governo, como sói ocorrer em países que adotam o parlamentarismo.

O dever de fidelidade partidária para as coligações majoritárias é imprescindível, uma vez que programas de governo inerentes aos cargos eletivos

---

43 Valiosos são os argumentos desenvolvidos por Jorge Marley de Andrade, na monografia intitulada Coligações Partidárias e Representação Política no Brasil, apresentada no Curso de Pós-Graduação em Direito Constitucional Eleitoral ministrado pela Universidade de Brasília (UnB).

44 N.A. Houve coligação formada no Estado de Maranhão entre um notório partido da direita com outro de extrema esquerda!

45 Não obstante, o STF, no julgamento da ADI 5.081, em 27.05.2015, mudou o posicionamento anterior e declarou inaplicável a Fidelidade Partidária aos eleitos pelo sistema majoritário.

(Poder Executivo) devem manter sintonia com os ideais que promovem a aglutinação de pessoas em torno de um mesmo interesse comunitário, embora possa haver afinidades entre correntes ideológicas distintas.

Os parlamentares não podem apresentar projetos de lei que aumentem a despesa pública; mas os chefes do Executivo têm toda a administração pública sob seu comando, exercendo poderosa influência na sociedade, principalmente através da publicidade institucional que corrói o erário, consumindo maiores recursos públicos que os destinados à educação, à saúde e à segurança pública.

Mas as coligações não se confundem com os próprios partidos nem com as figuras da federação partidária, muito menos com a coalizão para o governo, pois aquelas são estabelecidas no período eleitoral, enquanto esta pode ou não ser decorrência daquelas.

A coligação é constituída apenas para as eleições (temporária) e não tem a importância constitucional dos partidos políticos, os embriões da democracia representativa, porque situados entre a sociedade e o Estado, com aptidão de institucionalizar o poder, despersonalizando-o, exatamente em decorrência da noção de ideologia que lastreia a fidelidade partidária, a fim de imunizar nosso regime contra as ditaduras.

Coligação não tem ideário, salvo o de eleger maior número de representantes. Se os partidos brasileiros são ordinariamente atacados a pretexto de não disporem de uma ideologia definida, imagine-se as coligações que resultam da soma de nada com coisa nenhuma, em razão da sua própria natureza temporária e de propósito específico! Muitas vezes não se distingue de uma sociedade empresarial de propósitos específicos (SPE) admitida no Direito Empresarial.

E há, ainda, a falsa premissa de que se valem alguns para enfraquecer a fidelidade partidária, alegando que a sua adoção no Brasil é inviável porque não temos partidos fortes, com olvido de que jamais se terá agremiação política forte sem fidelidade partidária que atrai o elemento valorativo ideologia!

Qual a surpresa que teria um candidato que concorre por uma coligação, uma legenda temporária e provisória com a qual não mantém nenhum vínculo político ou jurídico após a proclamação e, mais ainda, depois da posse dos eleitos?

Qual a segurança jurídica para o candidato que sabe de antemão que a aliança firmada para a campanha não superará os lindes do processo eleitoral? Qual a segurança jurídica que se espera de um quociente "partidário" próprio de uma coligação que se constitui e se decompõe com a mesma rapidez, intensidade e inconsistência; é efêmera exatamente porque é da sua natureza política e jurídica buscar coletivamente o maior número de votos em benefício de seus candidatos? E nada mais!

Quid ideologia?

Toda a democracia representativa brasileira está centrada nos partidos políticos dotados de liberdade e autonomia para definir sua estrutura interna, organização e funcionamento, enquanto a coligação é ente dotado apenas de capacidade judiciária e de natureza temporária e provisória, destinando-se a fins expressamente eleitorais, ou seja, participar do certame e eleger candidatos desta agremiação precária partícipe do certame.

Não há nenhuma garantia de que os eleitos em coligação venham a participar do governo ou mantenham os laços que porventura ensejaram a sua formação, e sequer se admite que, obrigatoriamente, integrem bancadas ou formem blocos parlamentares. Não há previsão legal de bloco parlamentar formado por coligações. Só por partidos.

A Lei dos Partidos Políticos[46] prevê a perda automática da *função ou cargo que exerça na respectiva Casa Legislativa em virtude da proporção partidária, o parlamentar que deixar o partido sob cuja legenda tenha sido eleito*. Neste contexto, o bem juridicamente protegido é o partido sob cuja legenda tenha sido eleito e não a coligação formada tão-somente para o processo eleitoral que não se confunde com o processo legislativo, nem com a própria atividade parlamentar dele decorrente[47].

Como esboçado no voto vitorioso da lavra da Ministra Relatora Carmen Lúcia, após o pleito as coligações têm legitimidade para agir e legitimidade processual para pedir a recontagem de votos e para ajuizar ação de impugnação de mandato, atos e fatos que se inserem no processo eleitoral e atraem a competência da Justiça especializada federal. Este parece ser o natural limite da legitimidade da coligação no certame eleitoral, salvo se se tratasse da figura da federação de partidos, ainda não admitida na ordem jurídica pátria.

É que, após a posse dos eleitos, suas condutas partidárias e políticas se submetem à disciplina dos estatutos dos partidos, dos regimentos internos dos parlamentos e das leis que definem infrações administrativas e ensejam o *impeachment*[48], além da legislação em geral, especialmente as normas que definem crimes e atos de improbidade administrativa, dentre outras, apartadas da apreciação da Justiça Eleitoral.

Destinada à eleição de seus candidatos, a coligação é ente coletivo temporal e circunstancial. Suas legitimidades, de agir e para o processo, restringem-se aos atos do respectivo processo eleitoral para o qual foi constituída, no que toca às relações apenas interpartidárias, e não intrapartidárias, pois as questões de natureza *interna corporis* que envolvem suas unidades se mantêm autônomas e são apreciadas caso a caso. Depois da posse dos eleitos pela coligação, desaparece o liame jurídico entre os partidos e, até mesmo, o de índole política.

---

46   Art. 26 da LPP.
47   Capítulo VI, itens 3. e 5.1.7.1, intitulados "Sistema de Proteção" e "Distinção entre Atividade Partidária e Atividade Parlamentar".
48   DL 201/67 e Lei 1079/50.

Diferentemente ocorre quando a coligação é formada com vista à federação de partidos que integram e mantêm as agremiações unidas por vínculo político-jurídico, de modo duradouro no tempo, em média, três anos[49], tudo consoante deliberação adotada na fase de escolha de candidatos em convenção, cujos atos partidários são qualificados por influenciarem o processo eleitoral.

As substituições dos exercentes de mandatos pelos suplentes das coligações somente terão legitimidade material e formal, em detrimento dos suplentes dos partidos, se e quando vier a ser aprovada proposta de emenda constitucional que admita a formação de *coligação com a subsequente federação de partidos*, sob pena de violação ao princípio da separação dos poderes[50].

Na hipótese da federação desses entes, os partidos se mantêm unidos por vínculos políticos e jurídicos decorrentes de compromissos mínimos quanto aos programas ideológicos, de governo e de atuação parlamentar, similares àqueles que se exige dos partidos políticos, ainda que por um lapso temporal certo e determinado.

No momento, não há na ordem jurídica como se admitir a existência da federação de partidos que se caracteriza por uma dinâmica peculiar, com a preservação temporal de valores comuns a todas as unidades e, em geral, com similar estrutura interna, organização e funcionamento dos partidos políticos, gerando vínculos jurídicos por prazo certo e determinado.

Mesmo que se atribuísse efeito e *nomem* de coligação ao grêmio dotado das características de uma federação de partidos e, ainda assim, ter-se-ia uma federação de partidos vestida de coligação, portanto, inconstitucional, por falta de previsão na Lei Maior.

O partido político é instituição-continente albergada no Título II – Dos Direitos e Garantias Fundamentais da Constituição Federal, no qual se encontra o Capítulo V, enquanto a coligação é mera faculdade dela decorrente, sem existência própria e temporária, inclusive destituída de autonomia e legitimidade para as questões internas à própria coligação e dos partidos que a integram (*acessorium sequitur principale*).

---

49 A PEC 352/13 altera os arts. 14, 17, 27, 29, 45 e 121 da Constituição Federal, para tornar o voto facultativo, modificar o sistema eleitoral e de coligações, dispor sobre o financiamento de campanhas eleitorais, estabelecer cláusulas de desempenho para candidatos e partidos, prazo mínimo de filiação partidária e critérios para o registro dos estatutos do partido no Tribunal Superior Eleitoral, determinar a coincidência das eleições e a proibição da reeleição para cargos do Poder Executivo, regular as competências da Justiça Eleitoral e submeter a referendo as alterações relativas ao sistema eleitoral, inclusive admite a formação de coligações em regime de federação de partidos.

50 Art. 2º da CF.

A interpretação constitucional de parte da norma do § 1º do art. 17 da CF[51] que, em razão da emenda constitucional nº 52/2006, fez acréscimo ao texto originário para liberar as coligações partidárias, afastando a obrigatoriedade do vínculo da verticalização entre as instâncias partidárias, imposta pela Resolução TSE nº 21.002/2002, não há de produzir efeitos em detrimento dos partidos políticos e em prol dos suplentes da coligação, sob pena de mácula absoluta, por malferir os limites históricos apostos aos legisladores constituintes, originário e derivado, que reconhecem o Brasil como um Estado parcial de partidos.

Os anais do Tribunal Superior Eleitoral registram que a obrigatoriedade da verticalização das coligações estabelecida pela Resolução TSE nº 21.002/2002 visou garantir o mínimo de coerência partidária e mitigar os nocivos efeitos da escandalosa migração entre agremiações (troca-troca), provocando a reação do Congresso Nacional que promulgou a emenda constitucional nº 52/2006, liberando os concertos, em todas as circunscrições eleitorais.

O STF[52], por maioria, prestigiou a coligação e a ordem dos eleitos por essa agremiação *pro tempore* e circunstancial regulada no art. 6º e ss. da Lei 9.504/97[53], c.c. art. 108 da Lei 4.737/65, decidindo em favor do aspecto quantitativo (número de votos obtido no certame), em detrimento do viés qualitativo da natureza permanente do partido político e que tem sede no art. 17, parágrafos e incisos da CF.

A estabilidade e a segurança devem orientar a atividade do partido político por constituir instrumento de auscultação da vontade popular e da obtenção da legitimidade material do Poder resultantes da associação dos eleitores a correntes de opinião e a programas de governo formando o consenso social necessário à consecução do bem comum e da realização do regime democrático e da forma republicana de governo acolhidos no frontispício da Carta Magna de 1988.

A autenticidade do sistema representativo é, por natureza, incompatível com tudo que é provisório e destituído da *affectio societatis* intrínseca

---

51 Art. 17 [...]
§1º "É assegurada aos partidos políticos autonomia para definir sua estrutura interna, organização e funcionamento *e para adotar os critérios de escolha e o regime de suas coligações eleitorais, sem obrigatoriedade de vinculação entre as candidaturas em âmbito nacional, estadual, distrital ou municipal*, devendo seus estatutos estabelecer normas de disciplina e fidelidade partidária". (Redação dada pela Emenda Constitucional nº 52, de 2006)

52 Mandados de Segurança nºs 30.260/DF e 30.272/MG, julgados em 27.04.2011.

53 Art. 6º. "É facultado aos partidos políticos, dentro da mesma circunscrição, celebrar coligações para eleição majoritária, proporcional, ou para ambas, podendo, neste último caso, formar-se mais de uma coligação para a eleição proporcional dentre os partidos que integram a coligação para o pleito majoritário".

ao vínculo associativo-partidário, sobretudo entes precários como as coligações proporcionais que em nada contribuem para o fortalecimento da democracia brasileira.

5.2. Eleições Majoritárias

Conquanto tenha o STF adotado nos julgamentos dos *writs* 26.602, 26.603, 26.604-DF, em 04.10.2007, posicionamento no sentido da aplicabilidade do instituto da Fidelidade Partidária aos eleitos pelo sistema majoritário, houve sua modificação no julgamento da ADI 5.081, em 27.05.2015, até que foi editada a lei 13.165, de 29.09.2015, restabelecendo a submissão de senadores, prefeitos, governadores de Estado e do Distrito Federal e presidente da República à perda do mandato e cargo eletivos por quebra da fidelidade partidária, ratificado pela PEC 113/2015, de cujo destaque (PEC 113-A/2015) resultou a EC 91/2016.

A Constituição de um país não se resume a uma declaração política de intenções abstratas e distantes da realidade social, mas consubstancia um conjunto de decisões fundamentais que devem ser observadas pelos cidadãos e pelo próprio Estado. Em outras palavras, o texto constitucional é a soma das forças políticas, econômicas e sociais que regem a sociedade, razão pela qual *"de nada serve o que se escreve numa folha de papel se não se ajusta à realidade, aos fatores reais e efetivos do poder"*[54].

Marcelo Serrano Souza[55] lembra que os fatores reais de poder inseridos em uma ordem constitucional se tornam expressão de direito e criam instituições jurídicas que vinculam os cidadãos e podem direcioná-los para um projeto democrático de sociedade.

Para Robert Alexy[56], em atenção ao dever geral de concretização dos direitos fundamentais, compete ao Estado zelar pela proteção dos indivíduos não só contra ingerências indevidas dos poderes públicos, mas também contra violações provenientes de terceiros, de forma a obrigar a adoção das medidas positivas para garantir a sua fruição[57].

---

54 LASSALE, Ferdinand. **O que é uma Constituição**. trad. Hiltomar Martins Oliveira. Belo Horizonte: Ed. Líder, 2002, p. 68.

55 SOUZA, Marcelo Serrano. Reforma Constitucional: uma teoria de estabilidade ou de instabilidade do projeto constitucional democrático?. In: Emilio Peluso Neder Meyer; Paulo Roberto Barbosa Ramos; Maria Fernanda Salcedo Repoles. (Org.). **Teoria Constitucional**. 25ª ed. Florianópolis: CONPEDI, 2015, v. 1, p. 108-124.

56 ALEXY, Robert. **Teoria dos Direitos Fundamentais**. Trad. Virgílio Afonso da Silva. 2ª ed. 4. tir. São Paulo: Malheiros, 2015, p. 450.

57 SARLET. Ingo Wolfgang. **A Eficácia dos Direitos Fundamentais**: uma teoria geral dos direitos fundamentais na perspectiva constitucional. 12ª ed. rev. atual. e ampl. Porto Alegre: Livraria do Advogado, 2015, p. 197.

Considerando a minirreforma eleitoral de 2015 e a promulgação da EC 91 (PEC 113/2015) que dispõem sobre Fidelidade Partidária, em homenagem ao Estado de Direito que também assegura a Memória e a Verdade, passa-se a adentrar o direito aplicado à espécie até a data do julgado na ADI 5.081, na expectativa de que nova apreciação do tema venha a ocorrer à luz de *jus novum* e de outra realidade constitucional, conferindo-se a máxima efetividade à norma do parágrafo primeiro do art. 17 da Lei Maior.

As coligações, entidades temporárias constituídas por dois ou mais partidos com a finalidade de apresentar candidatos em conjunto, seja nas eleições **majoritárias** (prefeitos, governadores, senadores e presidente da República) ou **proporcionais** (vereadores, deputados estaduais, distritais e federais), subsistem apenas no período do processo eleitoral em que formalizadas, daí a sua natureza *pro tempore*.

Quanto à incidência da Resolução TSE n. 22.610/2007 aos casos de migração imotivada de partido em relação ao mandato obtido em eleição majoritária, verifica-se que o Tribunal Superior Eleitoral assentou: *"aplica-se a disciplina prevista na Resolução-TSE nº 22.610/2007 aos casos em que suplente, no exercício de mandato eletivo, proporcional ou majoritário, mudar de partido sem justa causa"*[58].

O Tribunal Regional Eleitoral do Rio de Janeiro se posicionou no sentido de ser *"indubitável a possibilidade de decretação da perda do mandato eletivo obtido pelo sistema eleitoral majoritário em razão de infidelidade partidária, consoante consignado pelo Tribunal Superior Eleitoral em resposta à Consulta nº 1.407"*[59].

Pela amplitude da ementa que resume distintos aspectos da questão da perda do mandato nas eleições majoritárias, significativo é o posicionamento do Tribunal Regional Eleitoral do Distrito Federal, que, na esteira da Consulta 1.714 do TSE, assim decidiu a Petição n. 335-69:

> "ELEITORAL. AÇÃO DE PERDA DO MANDATO. PRELIMINARES REJEITADAS DE DECADÊNCIA, CERCEAMENTO DO DIREITO DE DEFESA, ILEGITIMIDADE ATIVA. UTILIDADE DA DEMANDA. FIDELIDADE PARTIDÁRIA. INCIDÊNCIA DA RESOLUÇÃO TSE Nº 22.610/2007 TAMBÉM PARA OS CARGOS MAJORITÁRIOS. PROCEDIMENTO DE EXPULSÃO DO PARTIDO CALCADO EM MOTIVOS GRAVES, INTENSAMENTE REPUDIADOS PELA COLETIVIDADE. DESFILIAÇÃO SEM JUSTA CAUSA. PROCEDÊNCIA DO PEDIDO.

---

58 BRASIL. Tribunal Superior Eleitoral. Consulta n. 1.714, Resolução n. 23.149 de 24.09.2009, Relator(a) Min. Felix Fischer, Publicação: DJE – Diário da Justiça Eletrônico, Data 16.10.2009, Página 26.

59 BRASIL. Tribunal Regional Eleitoral do Rio de Janeiro, Recurso Eleitoral n. 2.582, Acórdão n. 56.170 de 09.08.2011, Relator(a) Sergio Schwaitzer, DJE de 12.08.2011, Página 09.

[...] *O mandato eletivo, ainda que no sistema majoritário, não pertence ao candidato eleito, que não é detentor de parcela da soberania popular e não pode edificá-la em propriedade sua. O poder que do povo advém pelo sufrágio universal não pode ser apropriado de forma privatística. O candidato, também no sistema majoritário, precisa do partido para concorrer, pois permanece a filiação partidária como condição de elegibilidade, não sendo possível uma candidatura autônoma, sem partido. O partido opera como liame entre o candidato e o eleitor, sinalizando a este que aquele cumprirá as diretrizes programáticas da grei. Natural que haja a perda do direito ao exercício do mandato quando o eleito se afastar do compromisso assumido, deixando a sua agremiação política, abandonando a diretriz programática a que empenhou fidelidade. Isso, independentemente, de haver ou não suplente ou vice que possa ser empossado no seu lugar, até porque solução institucional sempre haverá.*

Aplica-se a disciplina da Resolução TSE nº 22.610/2007 também para os cargos majoritários. Aliás, seus artigos 10 e 13 isso indicam claramente. Esse entendimento foi expresso pelo próprio TSE na Consulta nº 1.714, em 24/09/2009.

A filiação partidária não é apenas uma condição de elegibilidade, mas também uma condição para o exercício do mandato. Porque o eleitor elege o candidato, no sistema majoritário, para honrar determinado programa, do partido a que se filiou para concorrer, é natural a perda do direito ao exercício do mandato quando o eleito se afastar do compromisso assumido, deixando a sua agremiação política, abandonando a diretriz programática a que jurou fidelidade. Isso, independentemente, de haver vice que possa ser empossado no seu lugar. [...]".

(TRE-DF, Petição n. 335-69, Acórdão n. 2.885 de 16.03.2010, Relator(a) Mário Machado Vieira Netto, Publicação: DJE – Diário de Justiça Eletrônico do TRE-DF, Data 18.03.2010, Página 1/2).

Ante a inexistência de suplente do partido de origem apto a assumir o mandato do suposto infiel, a jurisprudência[60] admite, em caráter excepcional

---

60 "AÇÃO DE PERDA DE CARGO ELETIVO POR DESFILIAÇÃO PARTIDÁRIA – VEREADORA – PRELIMINAR DE IMPOSSIBILIDADE JURÍDICA DO PEDIDO SUSCITADA PELA PETICIONADA – REJEIÇÃO – MÉRITO – AUSÊNCIA DE JUSTA CAUSA PARA FINS DO § 1º DO ART. 1º DA RESOLUÇÃO TSE 22.610/2007 – PROCEDÊNCIA DO PLEITO, NO SENTIDO DE DECRETAR A PERDA DO MANDATO – ASSUNÇÃO DO PRIMEIRO SUPLENTE DIPLOMADO DA COLIGAÇÃO EM FACE DA AUSÊNCIA DE SUPLENTE DO PARTIDO.
A investidura de cargo eletivo a ser ocupado em substituição ao mandatário infiel é tema a ser discutido como efeito da perda do mandato e não como pressuposto para a demanda. Rejeição da preliminar de impossibilidade jurídica do pedido. (...) Em face da ausência de suplente de partido, em caráter excepcional e para preenchimento da vaga, determina-se a assunção do primeiro suplente diplomado da coligação a que pertencia o partido da mandatária no pleito eleitoral respectivo. Procedência do pedido".
(TRE-RN, Petição 95.924/RN, Relator: NILO FERREIRA PINTO JUNIOR, Data de Julgamento: 31.07.2012, DJE de 02.08.2012, Página 07/08).
"*PETIÇÃO. INFIDELIDADE PARTIDÁRIA. AÇÃO DE PERDA DE CARGO ELETIVO POR DESFILIAÇÃO PARTIDÁRIA SEM JUSTA CAUSA. PRELIMINAR DE FALTA DE INTERESSE DE AGIR POR INEXISTÊNCIA DE SUPLENTE E DEVIDA INDICAÇÃO. SUPLENTE DE PARTIDO INEXISTENTE. SUPLENTE

e para preenchimento da vaga, a sua assunção pelo suplente da coligação a que pertencia a agremiação da qual se desligou o trânsfuga.

Em caso de decretação de perda de mandato por ato de infidelidade partidária, acaso inexista suplente do partido político, afigura-se admissível a aplicação do disposto nos artigos 108 e seguintes do Código Eleitoral, por meio dos quais se viabiliza a substituição do trânsfuga pelo suplente da coligação pela qual se elegeu[61].

Nas eleições majoritárias para os mandatos do Legislativo (senador) e cargos eletivos do Executivo (prefeito, governador, presidente), uma vez decretada a perda do mandato do exercente ou do chefe do Poder, mesmo que o seu substituto não seja do mesmo partido político (1º e 2º suplentes de senador, vice-prefeito, vice-governador, vice-presidente), caberá a suplência

---

DE COLIGAÇÃO PODE, EM TESE, ASSUMIR EXCEPCIONALMENTE. DEVER DE INDICAÇÃO DE QUEM DEVE ASSUMIR O CARGO INEXISTENTE. PRELIMINAR REJEITADA. PRELIMINAR DE FALTA DE INTERESSE DE AGIR POR OCUPAÇÃO DE CARGO DE SECRETÁRIO MUNICIPAL. POSSIBILIDADE DE RETORNO AO CARGO. PRELIMINAR REJEITADA. MÉRITO. GRAVE DISCRIMINAÇÃO PESSOAL CONFIGURADA. OFENSAS E AMEAÇAS DE EXPULSÃO DO PARTIDO. LOCAIS PÚBLICOS. PRESIDENTE DE COMISSSÃO PROVISÓRIA COMO AUTOR DAS OFENSAS. TESTEMUNHOS CONFIRMATÓRIOS. PERMANÊNCIA NA AGREMIAÇÃO INSUSTENTÁVEL. MANEJO DE AÇÃO DE JUSTIFICAÇÃO PRESCINDÍVEL. ALEGAÇÕES NA DEFESA. IMPROCEDÊNCIA DA DEMANDA.
1 – Não há falta de interesse de agir quando não há suplente de partido para assumir o suposto cargo vago. A jurisprudência de outros Tribunais Regionais entende que, nessa situação excepcional, pode a vaga ser preenchida por suplente de Coligação.
2 – A não indicação de quem deve assumir a possível vaga não é uma obrigação imposta pela lei, portanto, não há falta de interesse de agir quando o suplente não é indicado na inicial. Preliminar rejeitada. (...)".
(TRE–PA, Petição n. 119.541/PA, Relator: EVA DO AMARAL COELHO, Data de Julgamento: 03.05.2012, DJE de 09.05.2012, Página 2 e 3).

---

61 "PETIÇÃO DE PRESIDENTE DE CÂMARA. SUSCITAÇÃO DE DÚVIDA SOBRE QUEM DEVA ASSUMIR A VAGA DE VEREADOR EM RAZÃO DE DECRETAÇÃO DE PERDA DE MANDATO POR INFIDELIDADE PARTIDÁRIA. INEXISTÊNCIA DE SUPLENTES DO PARTIDO. EXISTÊNCIA DE SUPLENTE DA COLIGAÇÃO.
1. Em caso de inexistência de suplente do partido, mas havendo suplente da coligação pela qual fora eleito o vereador declarado infiel, deve assumir a vaga o suplente da coligação. Inteligência dos artigos 108; 109, incisos I e II, parágrafos 1º. e 2º; art. 112, incisos I e II, do Código Eleitoral.
2. Dúvida sanada".
(TRE-PI, PROC. 1 PI, Relator: OTON MÁRIO JOSÉ LUSTOSA TORRES, Data de Julgamento: 03.06.2008, Data de Publicação: DJ – Diário de justiça, Volume 6.119, Data 17.06.2008, Página 17).

ao terceiro que integrou a coligação[62], em razão da unicidade da chapa que impõe solução excepcional para colmatar a natural lacuna.

Há casos em que o vice-prefeito trocou de partido e, quando o alcaide faleceu, postulou a assunção do cargo, pois, com ele fora eleito em chapa indivisível, embora formada por partidos coligados. Seria o caso de vacância e de convocação de novas eleições ou de se proceder à eleição indireta (art. 81 da CF), pois, ao revés, estar-se-ia a contribuir para a burla do sistema político que veda a imotivada migração partidária (*nemo de improbitate sua consequitur actionem*).

Entretanto, se a migração se der por justa causa, milita em favor do vice-prefeito o direito líquido e certo de ocupar o cargo vago de prefeito. Com isso, preserva-se o sistema político cognitivamente aberto, mas operativamente fechado em prol da satisfação das expectativas políticas e normativas.

6. EXTENSÃO DA PERDA DO MANDATO POR ATO DE INFIDELIDADE PARTIDÁRIA

A violação ao princípio constitucional da Fidelidade Partidária, por imotivada migração ou por infração ética a sujeitar o filiado à expulsão, nos termos das normas estatutárias, e desde que observadas as garantias constitucionais processuais, pode acarretar a consequência (ato lícito) ou a sanção (ato ilícito ou infração) da perda de mandatos e cargos eletivos obtidos nas eleições pelos sistemas proporcional e majoritário, com eventual declaração de vacância na via administrativa ou judicial, ressalvada a hipótese de recurso à via judicial para que se efetive a posse.

A expulsão de filiado por conduta atentatória aos princípios éticos da agremiação é hipótese que impõe a perda do mandato parlamentar, em benefício do partido de origem, consoante se colhe de julgado do Tribunal Regional Eleitoral do Distrito Federal[63].

---

62 *Petição. Infidelidade partidária. Resolução TSE n. 22.610/2007. Grave discriminação pessoal. Configuração. Reconhecimento de justa causa. Improcedência.*
(...) Preliminar de falta de interesse de agir.
Inacolhe-se a prefacial pois em caso de perda de cargo de prefeito que tenha se desfiliado sem justa causa, nos termos do artigo 10 da Resolução TSE n. 22.610/2007, assumirá o vice-prefeito que com ele foi eleito em chapa única, ainda que de agremiação diversa. (...)".
(TRE-BA, Petição n. 129.290, Acórdão n. 772/2012, Rel. Juiz Maurício Kertzman Szporer, DJE de 11.07.2012).

63 *"AÇÃO DE PERDA DE MANDATO ELETIVO – CONSTITUCIONALIDADE DA RES. 22.610/07-TSE – INFIDELIDADE QUE IMPLICOU A EXPULSÃO DO PARTIDO – INCIDÊNCIA DA RES. 22.610/07-TSE – AUSÊNCIA DE VIOLAÇÃO AO DIREITO DE DEFESA – AÇÃO JULGADA PROCEDENTE.*
[...] 2. Se a simples desfiliação enseja a perda do mandato, quanto mais a violação aos princípios

No entanto, o instituto da Fidelidade Partidária envolve tão somente os atos partidários simples e qualificados e sua efetividade não alcança os atos tipicamente políticos do Poder Legislativo (editar leis e fiscalizar), nem os de governo dos chefes do Poder Executivo orientados por critérios de conveniência, oportunidade e justiça (mérito administrativo).

Disso decorre que quem se recusar a votar ou a praticar atos de governo em conformidade com a orientação do seu partido, não incorrerá em ato de infidelidade partidária, passível de perda do mandato ou do cargo eletivo, tendo em vista que a legitimidade material dos atos do Legislativo e do Executivo são extraídos da soberania popular, apurada pela via eleitoral, enquanto a dos membros do Judiciário haurem sua legitimidade material no dever de fundamentação.

É de se anotar que as normas instrumentais postas no mundo jurídico através da Resolução TSE nº 22.610/2007, especialmente os arts. 10 e 13, cuja validade foi ratificada integralmente pelo STF, nos julgamentos das ADIs 3999 e 4086, malgrado o recente julgamento da ADI 5.081, referendam a doutrina do *mandato representativo partidário* com a *fidelidade partidária e a perda do mandato e cargo eletivos*, nas eleições proporcional e majoritária.

Com a adoção da fidelidade partidária, o Autor desta obra registrou em outros estudos uma fase de transição nos sistemas partidário e eleitoral, caracterizada pela reação das oligarquias dirigentes à imposição de um mínimo de coerência ideológica e, para satisfazer o comando e os seus interesses fisiológicos, buscariam subterfúgios no seio da novel doutrina do mandato representativo partidário, mediante práticas internas ditatoriais. É o que vem ocorrendo!

éticos estabelecidos no estatuto. É cabível a aplicação da citada resolução, tendo em vista que a infidelidade partidária não se restringe à hipótese de desfiliação voluntária, mas também de expulsão. Precedente do TRE/MG.
3. É legítimo o direito de resistência do parlamentar quanto às orientações partidárias manifestamente ilegais. Contudo, a insubordinação do filiado, em especial, pela votação de projeto de lei em manifesto confronto com a orientação da agremiação, fato que ensejou a aplicação da pena de advertência no âmbito partidário, caracteriza infidelidade partidária.
4. Caracteriza infidelidade partidária a grave violação à ética partidária, consistente no envolvimento de filiado em escândalo de corrupção. No caso, verificou-se, em gravação legal de conversa travada na residência oficial do Governador, na qual o assunto era a "despesa mensal com políticos", que o Chefe da Casa Civil ficou responsável pelo repasse de quantia ao Requerido.
5. É incabível a alegação de cerceamento de defesa se as teses defensivas foram consideradas no julgamento da expulsão do filiado, sendo que os graves fatos a ele imputados foram suficientes para firmar o convencimento no sentido contrário à sua pretensão.
6. Julgou-se procedente a ação para decretar a perda do mandato".
(TRE-DF, Petição n. 105.451, Acórdão n. 4.244 de 27.09.2010, Relator(a) Josaphá Francisco dos Santos, Publicação: DJE de 29.09.2010, Página 02/03).

Para estes desvios políticos que serão abordados no Capítulo VIII é que se impõe a intervenção judicial ou a iniciativa legislativa para a superação da ditadura intrapartidária, sob pena da impossibilidade de avanço do processo democrático que há de brotar das manifestações populares extraídas das bases em direção ascendente às cúpulas, em atenção aos anseios sociais e ao bem comum, com o cumprimento dos programas de governo e auscultação das correntes de opinião.

CAPÍTULO VIII

DA DITADURA INTRAPARTIDÁRIA

> *A democracia representativa exige partidos políticos fortes para imunizá-la contra a ditadura. A democracia interna exige o cumprimento dos deveres e o respeito aos direitos e garantias dos filiados. A fidelidade insta a coerência, induz a coesão e mantém a unidade partidária em torno do ideário, programas e projetos, em prol do bem comum. O legítimo consenso e a paz social são o resultado de tudo isso.*

SUMÁRIO: **1.** Ditadura Intrapartidária. **1.1.** Institucionalização dos conflitos. **1.2.** Importância dos partidos políticos. **1.3.** O Brasil é um Estado parcial de partidos. **2.** A fidelidade partidária. **2.1.** A efetividade do princípio da fidelidade partidária. **2.2.** O novel mandato representativo partidário. **3.** Ditadura intrapartidária e meios de superação. **3.1.** Imunização contra a ditadura (intra) partidária (*partidocracia*). **3.1.1.** O fenômeno da ditadura intrapartidária no Brasil. **3.2.** Da necessidade de superação da ditadura intrapartidária. **3.2.1.** Meios jurídicos de superação da ditadura intrapartidária. **3.2.1.1.** Matérias de legalidade passíveis de apreciação judicial. **3.2.1.2.** Dos princípios democráticos. **3.2.1.2.1.** Práticas partidárias ditatoriais: formais e materiais. **3.2.1.3.** Do princípio republicano. **3.2.1.3.1.** Práticas antirrepublicanas. **3.2.1.4.** Dos princípios: federativo, da autonomia e da não intervenção. **3.2.1.4.1.** Práticas que violam o modelo federativo, a autonomia das instâncias partidárias e o princípio da não intervenção. **3.2.1.5.** Do princípio da legalidade estrita e da justa causa. **3.2.1.6.** Das garantias constitucionais processuais. **3.2.2.** Dos meios políticos de superação da ditadura intrapartidária. **4.** Da aplicabilidade e limites da fidelidade partidária. **4.1.** Sistemas institucionais de proteção ou de controles políticos. **4.2.** Atos partidários e atos legislativos: distinção. **4.3.** Atos legislativos imunes à fidelidade partidária. **5.** Da necessidade de um processo eleitoral específico para a perda do mandato ou cargo eletivo por ato de infidelidade partidária.

1. DITADURA INTRAPARTIDÁRIA

1.1. Institucionalização dos conflitos

No âmbito do poder político, a democracia grega (Século V a.C.) foi pensada com o fito de pôr termo às guerras fratricidas entre as cidades-estado, a partir do acolhimento de um regime político baseado na razão *(logos)*, capaz de justificar o exercício do poder dos governantes sobre os governados (legitimidade material), buscando soluções para os problemas da administração, da justiça e da legislação da *polis,* aferidos através da aplicação do princípio da maioria.

Em Roma, em 509 a.C., instaurou-se a República *(res publica)* situada entre a derrocada de Tarquínio, o último imperador etrusco, e a ascensão ao trono, de Otávio, em 27 a.C.. Embora alguns historiadores da idade moderna tenham confundido democracia e república, por atribuírem os mesmos valores (liberdade e igualdade), esses institutos políticos ali não se equivaliam[1].

Na República romana se aboliu a forma monárquica, substituindo o rei absoluto por dois cônsules eleitos pelo período de 1 (um) ano para o exercício das funções da realeza, militares, legislativas, religiosas e, com fundamento na igualdade e na responsabilidade pela coisa pública, foram feitas concessões ao longo dos séculos, por parte dos patrícios aos plebeus, visando pôr termo aos conflitos sociais[2].

Com a queda do império romano do Ocidente no Século V d.C, iniciou-se, na Europa, a Idade Média, embora em outros quadrantes do planeta florescessem distintas civilizações no Oriente, inclusive em Constantinopla, berço do *corpus juris civilis,* e, a partir de 620 d.C, com o surgimento do islamismo, a dinastia dos omíadas levou à península ibérica a cultura clássica e sistema jurídico próprio.

No Século XVII, os filósofos ingleses promoveram relevantes avanços nas instituições políticas, tendo John Locke pensado o parlamento como meio de dar cabo às guerras civis que dizimavam milhares de vidas e corroíam a economia, atraindo para aquela liça a discussão dos grandes temas de interesse comunitário.

---

1   ROULAND, Norbert. **Roma:** Democracia Impossível? Os Agentes do Poder na Urbe Romana. Brasília: Editora UnB, 1981. p. 395.

2   A representação do povo sob a forma de *Comício das Centúrias;* os Tribunos eram pessoas sacrossantas e invioláveis pelas imunidades do seu cargo, com direito a intervenção legal e de proteção em todos os casos que envolviam plebeus, e com direito de veto de qualquer ato de magistrado, a partir de 471 a.C. eleitos pela Assembleia das Tribos; a escolha dos *Decenvirus,* os dez magistrados incumbidos da redação de um Código de Leis – as Doze Tábuas, pelas quais as leis deixavam de ser prescrições religiosas reservadas aos privilegiados, disciplinando que as regras quanto à propriedade e à família seriam extensíveis à plebe; admitindo-se a igualdade civil, inclusive o casamento entre as duas classes: plebeus e patrícios, isto entre 451 e 445 a.C; em 367 a.C., as Leis Licinas limitavam as concessões de terras aos patrícios, concediam prazos dilatados aos devedores e previam que um dos dois cônsules seria plebeu. Em 300 a.C. uma última lei abriu aos plebeus o Colégio dos Pontífices, levando-os a tomar parte na religião patrícia. (CARVALHO, Delgado de. **História Geral:** Antiguidade. vol. I. 3ª ed. Rio de Janeiro/São Paulo: Record, p. 212-214)

Desde então, a sociedade tem buscado institucionalizar conflitos e, mesmo, o Poder político, por meio da aplicação dessa estratégia em outras áreas das relações humanas, minimizando controvérsias, de molde a promover a paz social.

Na virada do século XIX para o século XX, o liberalismo econômico encontra o seu ocaso, marcado pela constatação de que o *homem é o lobo do homem*. Surge o Estado Social, ou Estado da democracia social, em oposição ao Estado da democracia de direitos sociais preocupado com a redução das desigualdades geradas pelo capitalismo desenfreado e pelo livre mercado vigentes durante o Estado-Gendarme.

É nessa conjuntura econômica, social e política que aparecem os partidos socialistas na Alemanha (1875), na Itália (1892), na Inglaterra (1900) e na França (1905), e uma nova ordem com um novo paradigma, um gênero denominado Estado Social, cujas espécies contribuirão para formar dois blocos: o Ocidente, que se orientará pelo Estado do Bem-Estar Social (Intervencionista de Direito) e o Leste europeu e a Ásia, o Estado socialista[3].

No campo social, em 1927, na Itália, a *Carta dei Lavoro* foi editada com vista a institucionalizar os conflitos entre o capital e o trabalho, tendo o governo Vargas, em 1943, nela se inspirado para editar a nossa Consolidação das Leis do Trabalho (CLT).

Na área econômica, o Código Civil italiano de 1942 adotou a teoria da empresa, de viés corporativo e institucional, com vista a frear e controlar os embates entre os empresários e seus colaboradores[4].

As motivações políticas de Mussolini e que levaram o Direito italiano, na primeira metade do século XX, a adotar o Direito do Trabalho na perspectiva da proteção ao hipossuficiente, e a Teoria da Empresa, na sua vertente corporativista-institucional, contemporaneamente estão superadas pelos ideais democráticos que se lhe seguiram.

No Brasil, a Constituição de 1988, o Código Civil de 2002 e a legislação posterior aprimoraram os instrumentos de institucionalização dos conflitos políticos, econômicos e sociais, convertendo institutos de vieses autoritários

---

3   Não se há de confundir o Estado Social com o Estado Socialista, pois o primeiro é gênero do qual o segundo é espécie. A característica do Estado Socialista é, além da preocupação em implementar os direitos sociais (direitos positivos), a planificação da economia e a abolição da propriedade privada dos meios de produção, o que não se verifica no Estado do Bem-Estar Social instalado a partir da 1ª Grande Guerra.

4   Asquini doutrina que a empresa não constitui simplesmente uma pluralidade de pessoas, ligadas entre si por uma soma de relações individuais de trabalho com fins individuais; antes, formam um núcleo social organizado em função de um objeto comum, no qual se fundem os fins individuais do empresário e dos colaboradores singulares do melhor resultado econômico da produção. *(apud* REQUIÃO, Rubens. **Curso de Direito Comercial**. vol. 1. 27ª ed. São Paulo: Saraiva. p. 55).

em relevantes mecanismos disciplinadores das respectivas relações jurídicas, com vista à realização da dignidade da pessoa humana, valor fundante do Estado Democrático de Direito.

Ainda na esfera do Poder político, após a 2ª Grande Guerra, consolida-se o entendimento acerca da necessidade de constitucionalização dos partidos políticos, como corpos intermediários situados entre a sociedade e o Estado, indispensáveis ao funcionamento da democracia representativa.

1.2. Importância dos partidos políticos

O partido funciona como mecanismo apto a *institucionalizar o poder político mediante a sua despersonalização*[5], evitando-se a mitificação de pessoas públicas (artistas, religiosos, desportistas, locutores, salvadores da pátria, mentirosos, hipócritas, demagogos, etc.), *de modo a imunizar a democracia do risco de surgimento de novas ditaduras*, a exemplo das lideradas por Mussolini, Stalin e Hitler, sem falar dos "coronéis" do Nordeste, nos caudilhos do Sul e, agora, dos "donos" das agremiações políticas[6].

O partido político, como forma de agremiação de um grupo social, se propõe a organizar, coordenar e instrumentar a vontade popular com o fim de assumir o poder para realizar seu programa de governo[7], ou, simplesmente defender, por essa via, determinados programas comunitários, a exemplo da defesa do consumidor e da igualdade de gêneros.

A associação voluntária de pessoas, com vista a alcançar fins políticos comuns, constitui a agremiação partidária, cuja atividade deve estar protegida da influência do Estado, desde sua criação até sua extinção, amparada pelos princípios da liberdade e da autonomia partidárias.

Dos três Poderes estruturais e imanentes do Estado, dois deles, o Executivo e o Legislativo, têm os seus membros investidos nos respectivos cargos e mandatos necessariamente por meio de eleições periódicas, nas quais o povo elege os seus representantes através da participação das agre-

---

5   *In* Moisés e o Monoteísmo, Sigmund Freud apresenta sua psicanálise da cultura, levando à inferência de que a democracia e os direitos e garantias fundamentais são uma conquista da civilização ocidental, enquanto o totalitarismo seria uma manifestação incrustada em povos influenciados por certas raízes culturais. A par disso, o instintivo senso antropológico de sobrevivência induz ao totalitarismo, em que o líder concentra os poderes, legislando e decidindo, conforme sua vontade.

6   A estratégia de institucionalização dos conflitos alcançou até mesmo o futebol, pois, além de esporte e lazer, passou a ser visto como uma forma de diminuir as tensões e minimizar certos sentimentos beligerantes!

7   SILVA, José Afonso da. **Curso de Direito Constitucional Positivo**. 22ª ed. rev. e atual. São Paulo: Malheiros Editores, 2002. p. 393.

miações políticas, tendo em vista ser a filiação partidária uma das condições de elegibilidade.

O funcionamento do Estado Democrático depende, *a priori*, da existência e da ação adotada por uma agremiação, com base em ideário, programa e diretrizes legitimamente estabelecidas, dos quais devem decorrer suas plataformas e projetos políticos, submetidos à apreciação pública, a serem concretizados pelos vitoriosos do certame, havendo de corresponder à confiança do povo materializada nos votos depositados nas urnas.

O partido político se constitui como qualquer pessoa jurídica de direito privado, podendo como tal funcionar, inclusive atuando em defesa dos direitos humanos, da cidadania e do erário, desde que atenda aos requisitos necessários a fim de se legitimar para a propositura de ação civil pública e do mandado de segurança coletivo, dentre outros instrumentos de defesa do regime democrático e da ordem jurídica.

Mas somente com o registro no Tribunal Superior Eleitoral é que o partido político adquire a capacidade para participar do processo eleitoral, receber recursos do fundo partidário e ter acesso aos programas partidário e eleitoral gratuitos no rádio e na televisão, assegurando-lhe a exclusividade da sua denominação, sigla e símbolos.

1.3. O Brasil é um Estado parcial de partidos[8]

O Brasil é um Estado parcial de partidos porque constitucionaliza essas agremiações políticas no art. 17 da Carta de 1988 e seu parágrafo primeiro determina que os estatutos devem conter normas de disciplina e fidelidade partidárias e, para completar, a norma do art. 14, § 3°, inciso V impõe a prévia filiação partidária como condição/requisito de elegibilidade.

São os partidos políticos, portanto, indispensáveis ao funcionamento da democracia representativa, entes situados entre a sociedade e o Estado, não se admitindo, entre nós, a candidatura avulsa, de forma que, se alguém pretender se candidatar, deverá obrigatoriamente se filiar a uma das agremiações dotadas de capacidade eleitoral.

2. FIDELIDADE PARTIDÁRIA

2.1. A efetividade do princípio da Fidelidade Partidária

No contexto da ordem jurídica de 1988, secundada pelos escândalos políticos exacerbados pela migração partidária, o Excelso Pretório conferiu in-

---

[8] Denominam-se Estado parcial de partidos aquelas sociedades politicamente organizadas em que não se adota o sistema de partido único.

terpretação constitucional às normas do art. 14, § 3°, V, c.c. art. 17, parágrafos e incisos e lhes deu efetividade ao adequar a Carta jurídica à realidade constitucional, encerrando os questionamentos acerca da Fidelidade Partidária ao reconhecer a validade da perda do mandato como consequência da prática de ato que a contrarie, bem assim das respectivas normas procedimentais editadas pelo Tribunal Superior Eleitoral.

Foi o que ocorreu no histórico julgamento do Mandado de Segurança nº 26.603, de 4 de outubro de 2007, quando o Supremo Tribunal Federal acolheu a nova doutrina do mandato político denominada pelo Autor desta obra como *mandato representativo partidário*[9].

Mais adiante, quando do julgamento das ADis nºs 3999 e 4086, em 12.11.2008, em que se discutiu a constitucionalidade da Resolução do TSE nº 22.610, de 25 de outubro de 2007, o Supremo Tribunal Federal reconheceu a validade do procedimento destinado à respectiva apuração dos atos partidários eivados pela mácula da infidelidade.

2.2. O novel mandato representativo partidário

O novel mandato representativo partidário defendido no Brasil pelo Autor foi referendado pelo Excelso Pretório, como se constata da leitura do julgado proferido no Mandado de Segurança nº 26.603, em que foi relator o Ministro Celso de Mello, colhendo-se do áudio da sessão do dia 4.10.2007 e do voto condutor da lavratura do acórdão *(leading case)* o seguinte:

> *Bastante significativo no ponto, também, Senhor Presidente, é o entendimento de Augusto Aras, Professor e Procurador Regional da República, expressa em preciosa monografia sobre o tema ora em exame, cuja leitura é altamente recomendável e na qual, rememorando, registra com especial ênfase que no presente sistema de partidos revela-se essencial o reconhecimento do dever de respeito pelos representantes eleitos aos compromissos programáticos da representação partidária, observando-se que ele registra a aprovação de um novo modelo de representação em cujo âmbito se harmoniza as relações entre o partido político, o candidato eleito e o próprio eleitor. Diz então o ilustre autor:*
>
> *"Como o fortalecimento da democracia representativa passa pelo fortalecimento dos partidos políticos, há de se concluir que nos Estados de Partidos parcial o titular do mandato já é o partido político – e não o seu filiado eleito por sua legenda -, na perspectiva de um novo modelo denominado "mandato representativo partidário", que se apresenta como resultado da evolução dos "mandatos imperativo e representativo" oriundos, respectivamente, do "Ancien Régime" e do Estado liberal.*
>
> *O "mandato representativo partidário" opera a partir da conjugação de elementos comuns aos modelos precedentes ("mandatos imperativo e representativo") para fazer brotar uma nova concepção de mandato político em que este tem por titular o partido e está baseado:*

---

9   ARAS, Augusto. **Fidelidade Partidária**. São Paulo: Lumen Juris, 2006. p. 295-296.

a) na subordinação do eleito ao estatuto e ao ideário programático do seu partido por meio do qual o obteve, a espelhar a confiança do povo na agremiação, como única realidade da técnica político-jurídica hábil a representar aqueles valores em torno dos quais se opera o "consenso social" pelo voto da maioria;
b) na representação que o partido político recebe dos eleitores para agir em seu nome (autorização), cujo exercício há de se dar por meio dos seus filiados ante a sua qualidade de pessoa jurídica (realidade da técnica político-jurídica) que não dispõe de corpo físico para tanto. (...).
As consequências práticas dessas ponderações podem ser visualizadas na hipótese em que um parlamentar, durante o exercício do mandato, decide sair do partido, sem motivo legitimo, enfraquecendo, com isso, a força política da agremiação na casa legislativa e no governo.
A mudança imotivada de partido se afigura como ato abusivo que não se coaduna com a ordem democrática, tendo em vista que, além da filiação ser requisito prévio de elegibilidade, poucos são os concorrentes nas eleições proporcionais que conseguem obter votos suficientes para atender ao quociente eleitoral e se elegerem". (grifei)

Em apertada síntese, este é o núcleo da novel teoria do *Mandato Representativo Partidário* adotada pelo Supremo Tribunal Federal no julgamento do Mandado de Segurança nº 26.603/2007, quando foi acolhida a doutrina proposta pelo Autor[10], segundo a qual a prática de ato de infidelidade partidária tem como consequência a perda do mandato eletivo.

Na mesma sessão de julgamento, a Ministra Carmen Lúcia[11] firmou o entendimento de que o mandatário pode sair do partido, em homenagem ao direito fundamental de associação e de não ser obrigado a se manter associado[12]. Mas, se tal ato importar na perda do mandato, não se estará tratando de sanção e, sim, de consequência jurídica.

É que, da prática de atos lícitos – *v.g.* desligamento voluntário da agremiação –, podem surgir limitações ao exercício de direito, registrando-se que sequer se admite permaneça o parlamentar no exercício do mandato sem estar filiado a uma agremiação, pois essa situação frustraria a democracia representativa e, destarte, a partidária.

O ato ilícito consistente na quebra do dever de fidelidade partidária enseja a instauração de processo ético-disciplinar, cuja expulsão tem natureza sancionadora e implica a perda do mandato, nos termos do estatuto.

Com a adoção da Fidelidade Partidária, o Autor prenunciou que haveria uma fase de transição nos sistemas partidário e eleitoral, caracterizada pela reação das oligarquias dirigentes à imposição de um mínimo de coerência ideológica, de molde que, para manterem o comando e a satisfação dos seus interesses fisiológicos, buscariam subterfúgios no seio da novel doutrina do

---

10   ARAS, Augusto. **Fidelidade Partidária**. São Paulo: Lumen Juris, 2006.
11   STF, Mandado de Segurança nº 26.604. p. 75-76.
12   Art. 5º, XX da CF.

mandato representativo partidário, mediante práticas internas ditatoriais. É o que ora ainda vem ocorrendo!

Para estes desvios políticos é que se impõe a intervenção judicial ou legislativa para a superação da ditadura intrapartidária, sob pena da impossibilidade de avanço do processo democrático, cujo conteúdo material há de brotar das manifestações populares extraídas das bases em direção ascendente às cúpulas, com vista ao atendimento dos anseios sociais em prol do bem comum, com o cumprimento dos programas de governo e auscultação das correntes de opinião.

O aprimoramento do nosso regime político passa pelo fortalecimento da democracia interna, com o fito de projetar efeitos concêntricos que atinjam toda a sociedade e atraiam a ampla participação e o exercício da cidadania, até que se possa encontrar ambiência adequada para o acolhimento do sistema de listas, financiamento público de campanhas, fim das coligações e voto destituinte *(recall)*.

3. DITADURA INTRAPARTIDÁRIA E MEIOS DE SUPERAÇÃO

> *Tal como nos textos constitucionais monárquicos posteriores às contrarrevoluções legitimistas do início do século XIX baniram da sucessão ao trono os membros da família real, defensores da ordem pré-liberal ou as Constituições subsequentes às revoluções republicanas determinaram o banimento dos membros da família reinante ou a respectiva inelegibilidade para o cargo de presidente da República, verifica-se que as Constituições de certos Estados contêm também disposições proibindo a constituição ou permitindo a dissolução de partidos políticos de orientação*[13].

3.1. Imunização contra a ditadura (intra) partidária (partidocracia)

No capítulo VI, o Autor desta obra e ainda alguns doutrinadores[14] alertam para o risco da imposição de uma ditadura do partido, caso em que surgiria uma nova organização em que os partidos direcionariam integralmente a conduta dos seus filiados nas deliberações políticas, hipótese incompatível com a democracia contemporânea, porque fundada nos valores liberdade, igualdade e dignidade da pessoa humana.

---

13 OTERO, Paulo. **A Democracia Totalitária**. Cascais: Principia, 2001. p. 231.

14 DUVERGER, Maurice. **Les Partis Politiques**. Paris: Librairie Armand Colin, 1951; OTERO, Paulo. **A Democracia Totalitária**. Cascais: Principia, 2001; LEIBHOLZ, Gehard. "Representation y Identidad", *in* KURT, Lenk *et* NEUMANN, Franz. **Teoria y Sociologia Críticas de los Partidos Políticos**; BIN, Roberto *et* PITRUZZELLA, Giovanni. **Diritto Costituzionale**. Torino: G. Giappichelli Editore, 2000; BOBBIO, Norberto. **Teoria Geral da Política**: A Filosofia Política e As Lições dos Clássicos, Rio de Janeiro: Campos, 2000; MEZZAROBRA, Orides. **Introdução ao Direito Partidário Brasileiro**. Rio de Janeiro: Lumen Juris, 2004.

Este fenômeno indesejável e indesejado nas democracias não se confunde com a doutrina do partido único e da classe dirigente daí surgida e integrante da *nomenklatura,* típica do sistema eleitoral adotado pela ex-URSS.

As democracias pluralistas tratam de maneira diversa a disciplina legal da relação entre partidos políticos e seus filiados.

Na Inglaterra, por exemplo, os partidos políticos têm o poder de fiscalizar a atuação do seu parlamentar, aplicando a sanção de perda do cargo em determinadas situações, especialmente quando contrariarem as diretrizes partidárias.

Roberto Bin[15] registra que na Grã-Bretanha existem alguns parlamentares que têm a missão de controlar os outros membros do próprio partido, acerca da obediência à diretiva partidária e sua atuação no parlamento, e tal é a intensidade com que cumprem este dever que ganharam a denominação de "censores" (em italiano, *fruste;* em inglês, *whips).* Seriam autênticos corregedores partidários das bancadas.

O Brasil é um desses países que se precatou contra a constituição de partidos políticos de índole totalitária, ao outorgar ao Tribunal Superior Eleitoral a competência para exercer o *controle qualitativo externo,* mediante a verificação, nos estatutos apresentados a registro, do *resguardo à soberania popular, o regime democrático, o pluripartidarismo, os direitos fundamentais da pessoa humana*[16] e o *controle qualitativo interno,* pela via das normas de fidelidade e disciplina partidárias[17].

O fato de se adotar como regime político a democracia, cujo valor inalienável há de se projetar em todo o Estado e na sociedade civil, não exime o cientista político, o sociólogo, o economista, o jurista, de estarem atentos a certos movimentos de feições totalitárias operados nas instituições, como ora está acontecendo em muitas agremiações.

Paulo Otero[18] observa que os mecanismos de blindagem da democracia têm sido insuficientes perante a pluralidade de diversas outras manifestações totalitárias que a moderna sociedade coloca ao indivíduo e ao próprio Estado.

Na sua Democracia Totalitária, o jurista da Universidade de Lisboa, aponta certos procedimentos que, a pretexto de preservar o ambiente democrático, em verdade dissimula práticas de força que contrariam o regime político que a Carta brasileira de 1988 adotou. Ei-las:

---

15 BIN, Roberto *et al.* **Diritto Costituzionale.** Torino: G. Giappichelli Editore, 2000. p. 67.
16 Art. 17, *caput,* da CF.
17 ARAS, Augusto. **Fidelidade Partidária:** A Perda do Mandato Parlamentar. Rio de Janeiro: Lumen Juris, 2006. p. 251-281.
18 *In* **A Democracia Totalitária.** Cascais: Principia. 2001. p. 263-264.

i) Desde logo, estamos diante de instrumentos maioritariamente pensados contra a atuação totalitária de um aparelho estadual que, sem negar aí residir uma das principais fontes históricas do perigo totalitário, não concentra hoje o monopólio dos perigos totalitários da moderna sociedade: esses perigos difundiram-se ou emergem agora de outros centros da sociedade, alguns deles visando atingir o próprio Estado, circunstância esta que permite recortar, isto ao lado de um totalitarismo estadual ou tradicional, um totalitarismo não estadual;

ii) na realidade, problemas decorrentes do modelo orwelliano de sociedade ou do império incontrolável dos novos meios de telecomunicações e da afirmação da mass-media como verdadeiro centro de soberania dentro do Estado, todos eles conduzidos a possíveis manifestações de uma sociedade totalitária decorrente da degeneração do processo técnico-científico, não encontram qualquer tipo de resposta ou de blindagem, antes se observa que o próprio Estado é uma das suas vítimas: destituído algumas vezes de mecanismos de intervenção preventiva, lento na elaboração de uma reação jurídico--criminal de natureza repressiva e até ingenuamente envolvido em processos de desregulação, o Estado torna-se vulnerável, presa fácil das novas tecnologias e de um novo tipo de senhorio de grupos de interesses;

iii) por outro lado, a própria existência de zonas internas ao poder geradoras de um funcionamento degenerativo da democracia representativa, tal como sucede com a metamorfose do Estado de partidos – designadamente com a sovietização da democracia pela ditadura dos partidos políticos e o controlo partidário do Estado ou a progressiva ficção coletiva em que se assenta a representação política parlamentar -, permitem verificar a falta de sensibilidade ou de vontade do Estado em corrigir tais elementos reveladores de uma boa imitação ou de um mau disfarce de manifestações pré-totalitárias na moderna sociedade.

Na Itália dos anos 60, difundiu-se forte critica ao sistema bretão, sob o argumento de que se instauraria uma *partidocrazia* atentatória ao sistema constitucional vigente. Bobbio[19] assim respondeu à critica:

O termo "partidocracia" reflete esse estado de coisas, gostemos ou não, vale dizer, uma situação na qual quem toma as decisões em última instância não são os representantes como mandatários livres dos eleitores, mas os partidos como mandantes imperativos dos chamados representantes, aos quais dão "instruções" no sentido pejorativo que a palavra sempre teve na boca dos fautores da representação política em oposição à representação dos interesses. Falo de "partidocracia" sem qualquer malícia, dado que nesta palavra, não obstante a habitual conotação fortemente negativa, está contida uma realidade de fato incontrovertível. A soberania dos partidos é o produto da democracia de massa, onde "de massa" significa simplesmente com sufrágio universal. A democracia de massa não é propriamente a "cracia" da massa, mas é a "cracia" dos grupos mais ou menos organizados nos quais a massa, por sua natureza informe, articula-se, e, articulando-se, expressa interesses particulares.

---

19 BOBBIO, Norberto. **Teoria Geral da Política**: A Filosofia Política e As Lições dos Clássicos. Rio de Janeiro: Campos, 2000. p. 470-471.

A Corte Constitucional italiana decidiu que os partidos políticos não poderiam criar normas para destituir o parlamentar de seu mandato, na hipótese de subtrair-se de votar contra diretriz partidária:

> *a proibição do mandato imperativo importa que o parlamentar seja livre para votar segundo as determinações de seu partido, mas é também livre para se subtrair; nenhuma norma poderia legitimamente dispor que traga consequência ao cargo de parlamentar pelo fato de ter votado contra as diretivas do partido*[20]

Os riscos que a ditadura partidária oferece à democracia servem de alerta sobre a urgente necessidade de superarmos um fenômeno que o antecede, consistente no totalitarismo interno, através da observância dos princípios constitucionais que estruturam o Estado, sem perder de vista que imprescindível equilíbrio para o regime está na preservação do fiel da balança: o exercício da liberdade com responsabilidade social.

3.1.1. O fenômeno da ditadura intrapartidária no Brasil

Contudo, tem sido comum a denúncia da existência de desvio de conduta de dirigentes partidários brasileiros que, a pretexto de aplicar o princípio da Fidelidade, passam a impor a sua vontade caprichosa para a satisfação de interesses pessoais contra a legítima manifestação de filiado ou da base partidária.

O posicionamento da Suprema Corte em derredor dos princípios constitucionais que informam o Estado Democrático de Direito não tem sido suficiente para alguns pretenderem se valer do instituto da Fidelidade Partidária para fins caprichosos, mediante a submissão dos eleitos pela sigla à vontade pessoal de certos dirigentes de agremiações, descomprometidos com a necessidade de ser preservada a legitimidade material e democrática.

A República Federativa do Brasil constitui um Estado Democrático de Direito dotada de sistemas de controle[21] ou de proteção das instituições (*checks and balances*) estabelecidos pelo constituinte de 1988, como decorrência lógica e necessária das normas do art. 1º da Constituição Federal, especialmente a do parágrafo único que, textualmente, declara: *Todo o poder emana do povo que o exerce por meio de representantes eleitos, nos termos desta Constituição*.

No âmbito de aplicação do instituto da fidelidade partidária, as normas constitucionais e estatutárias que regem a Fidelidade e efetivam o *controle qualitativo interno* aplicam-se aos atos partidários – não aos tipicamente legislativos – e são passíveis de ser praticados a todo tempo, já que os partidos de-

---

20   ARAS, Augusto. *Ob. cit.*
21   Reporto-me aos sistemas de controle como sistemas de proteção, *ob. cit.*. p. 350.

vem ter atuação permanente, e, por isso mesmo, são responsáveis por condutas de simples adeptos, mesmo que não sejam filiados à agremiação[22]. Excetua-se a divulgação dos atos partidários no segundo semestre do ano das eleições, no que se refere à propaganda partidária gratuita no rádio e na televisão.

Resulta que a extensão dos atos partidários supera, em muito, os lindes dos atos tipicamente legislativos ou parlamentares que se restringem à elaboração de leis e de fiscalização dos demais Poderes, ambos dotados de sistemas de controle ou de proteção distintos e inconfundíveis, respectivamente, pelas normas do art. 17, § 1º e dos arts. 53 a 55, da Constituição Federal.

Tem-se no Brasil o Estado parcial de partidos políticos, porque estes estão regulados diretamente pela Constituição Federal como imprescindíveis embriões da nossa democracia representativa, devendo pautar-se por seus valores, princípios e objetivos, especialmente os ditos estruturantes.

3.2. Da necessidade de superação da ditadura intrapartidária

Tornado efetivo o princípio constitucional da Fidelidade Partidária adveio o malsinado fenômeno da ditadura intrapartidária a que nos referimos[23] quando da apresentação de fundamentos do direito constitucional, da ciência política, da filosofia política e da sociologia para combater o vício que ora contamina o sistema político brasileiro.

A ditadura intrapartidária há de ser superada por configurar grave mácula à legitimidade do sistema representativo e obstar o avanço da nossa democracia mediante a adoção do sistema de listas, financiamento público de campanha e o *recall* ou voto destituinte, dentre outros avanços do sistema eleitoral.

Com a consagração da Fidelidade Partidária e da perda do mandato como consequência por sua violação, surgiram, em todo o Brasil, denúncias de que os "donos dos partidos"[24], encastelados nos órgãos de cúpula dos diretórios nacionais e estaduais/distritais, passaram a destituir dirigentes ou a exigir certas condutas das instâncias da menor circunscrição partidária e

---

22   Art. 241/CE – solidariedade dos partidos por atos dos seus adeptos.
23   **Fidelidade Partidária**: A Perda do Mandato Parlamentar. p. 289-299 e 354 – Artigos publicados no jornal A *Tarde:* "É hora de acabar o coronelismo" (16.10.2006); "Decisão do TSE representa 70% da reforma política" (30.4.2007) e "Nós devemos superar a ditadura intrapartidária" (23.11.2008).
24   Expressão que designa certos dirigentes que se aproveitam do controle que mantêm sobre os órgãos de cúpula do partido político, controlando a respectiva estrutura interna, a organização e o funcionamento, para impor aos filiados e aos representantes eleitos pela sigla condutas que atentam contra a ideologia da agremiação e seus estatutos, como se fossem donos da legenda, indo, até mesmo, contra os próprios interesses da sigla na tomada de decisões locais.

eleitoral (municipal), muitas vezes atentatórias às regras partidárias ou aos interesses da própria agremiação.

Nesse contexto, a ditadura intrapartidária se revelou plenamente nas eleições municipais de 2008, o primeiro certame realizado após o reconhecimento da validade do princípio da Fidelidade Partidária, e, nas seguintes, com maior grau de dissimulação.

Foram muitos os diretórios municipais que sofreram sumária dissolução com a destituição dos seus dirigentes legitimamente eleitos pelos filiados locais, somente porque decidiram lançar candidaturas próprias aos cargos majoritários (prefeitos), resistindo à celebração de espúrias coligações impostas pelas instâncias partidárias superiores.

A imprensa noticiou que em alguns municípios, dias antes da fase destinada às convenções para a escolha de candidatos, os diretórios municipais foram desconstituídos e ali empossados afilhados dos dirigentes estaduais.

Também foram graves os escândalos, em algumas unidades federativas, de "vendas" de diretórios por parte de dirigentes das instâncias superiores a empresários que queriam se candidatar e encontravam resistência dos filiados e membros da comissão executiva local, comprometidos com os ideais que os aglutinaram em torno de uma mesma legenda.

A situação adquire tamanha gravidade que a imprensa (A Tarde), na primeira quinzena de fevereiro de 2009, noticiou que em certo município do estado da Bahia, o prefeito eleito com 85% dos votos foi cassado porque o diretório estadual dissolveu seu congênere municipal antes da eleição e, embora o candidato eleito haja concorrido por força de uma liminar e se sagrado vitorioso nas urnas, somente por não ter contado com os recibos eleitorais expedidos pelo diretório estadual fora cassado por irregularidade formal na prestação de contas!

A ditadura intrapartidária que vem sendo posta em prática na maioria das agremiações gera risco para a democracia representativa brasileira, pois, atingindo as menores células – os diretórios municipais -, suas consequências também podem ser desastrosas para a existência e o fortalecimento do grupo social, cujos membros se mantêm unidos em derredor de um sentimento comum, de um vínculo psicológico, ao qual a doutrina denomina de *affectio societatis*, nas suas múltiplas dimensões sociais, políticas, econômicas, com importantes consequências jurídicas.

Tais práticas tendem a se estender às demais comunidades e instâncias partidárias, desestimulando os cidadãos a se filiarem aos partidos ante a sensação de insegurança política ali reinante, já que não há a garantia de observância da autonomia partidária do diretório local ou estadual, nem respeito aos direitos subjetivos dos seus filiados, de forma a embaraçar e a obstar a ampla participação popular, o exercício da cidadania e, principalmente, o fortalecimento das agremiações do qual depende o estado brasileiro para manter-se hígido, interna e externamente.

O certo é que os órgãos de cúpula não podem restringir ou eliminar, sem uma justa causa, a conduta dos seus filiados em detrimento dos estatutos, do ideário programático e da ordem jurídica estabelecida pela Carta de 1988, sob pena de ser comprometido o fortalecimento da democracia representativa e intrapartidária, de modo a exigir a devida reparação e controle de legalidade intrínseca, mormente com a aferição da razoabilidade e proporcionalidade ínsita à cláusula do *due process of law*.

O exercício de qualquer parcela de Poder há de ser pautado nos princípios da razoabilidade e proporcionalidade, pois, consoante o axioma aristotélico repetido ao longo dos últimos dois milênios, a virtude está no meio (*apud* Horácio, *Epistulae*: *virtus est medium vitiorum et utrimque reductum*).

3.2.1. Meios jurídicos de superação da ditadura intrapartidária

> *A liberdade não é um meio para um fim político mais elevado; ela é em si mesma o mais elevado fim político. (Lord John Emerich Edward Dalberg Acton)*

Alguns segmentos da elite política dominante costumam repetir que a adoção do instituto da Fidelidade Partidária seria responsável pela instalação da ditadura intrapartidária, apresentando como justificativa o sofisma de que no Brasil não existem partidos políticos fortes!

Olvida-se que jamais haverá agremiação fortalecida se não houver Fidelidade Partidária à ideologia que possa envolver políticas públicas pontuais ou circunstanciais projetos de governo, podendo destinar sua atividade ao controle e fiscalização da moralidade e da probidade administrativa e a defesa do bem comum, sem que a legenda sequer esteja obrigada a ter por objetivo a tomada do poder.[25]

Isto porque é a *affectio societatis* que constitui e mantém um grupo unido em torno de um objeto comum manifestado formalmente nos estatutos, no ideário expresso em seu programa, nas diretrizes legitimamente estabelecidas e, concretamente, nas práticas adotadas na estrutura interna, organização e funcionamento do partido.

Acresça-se a isso o dever dos eleitos de cumprirem, tanto quanto possível, o projeto de governo registrado na Justiça Eleitoral pelos candidatos à

---

25 A ideologia é fenômeno psicossocial inerente ao humano em seu estar no mundo e respectivas interações que o leva à busca do Sentido da Vida, a Logoterapia (Victor Frankl). Urge sejam envidados esforços por parte dos estudiosos das disciplinas que envolvem áreas conexas às relações de poder (antropologia, história, geografia, filosofia, psicanálise, sociologia economia e ciência política), com a abordagem da ideologia também à luz da contemporânea sociedade do consumo que tem determinado o modo e forma de vida na comunidade planetária, sendo, pois, indispensável que a observemos e a conciliemos para a preservação do convívio e paz sociais.

chefia do Executivo, os compromissos de campanha e a boa gestão do mandato e da coisa pública[26].

Do contrário, a política continuará sendo, para alguns, apenas um balcão de negócios, sem que haja interesse em se pôr termo ao *círculo vicioso* segundo o qual não haveria Fidelidade Partidária com a perda do mandato ou cargo político porque não há partidos fortes, quando é certo que não haverá partidos fortes sem a efetividade do instituto da Fidelidade Partidária!

Nos países de democracia estável, a exemplo do presidencialismo dos Estados Unidos da América, a mudança de legenda é inconcebível, sobretudo porque se está diante de partidos com programas e objetivos consolidados politicamente.

Ali, a saída do cenário de certas lideranças alçadas ao mais alto cargo Executivo, a presidência da República, não altera o jogo de Poder travado entre republicanos e democratas[27]. *Mutatis mutandis*, é o que igualmente ocorre no parlamentarismo inglês dos trabalhistas e conservadores.

No Brasil, os abusos cometidos por dirigentes partidários têm implicado na ditadura intrapartidária e configuram conduta política intolerável, passível de controle, fiscalização e correção pela via judicial, com o exercício do direito de ação e a garantia da universalidade e livre acesso à jurisdição.

Aqui, apresenta-se adequado o recurso à via judicial para preservar a democracia e a autenticidade do sistema representativo, em atenção aos princípios da legalidade estrita e intrínseca, do devido processo legal e dos corolários do juiz natural, do contraditório e da ampla defesa.

3.2.1.1. Matérias de legalidade passíveis de apreciação judicial

Os partidos políticos se estruturam externamente segundo o modelo federativo em circunscrições nacional, estadual/distrital e municipal, e internamente constituem seus órgãos diretivos provisórios e permanentes.

O fenômeno da ditadura intrapartidária se manifesta nas decisões e atos partidários dos órgãos de cúpula das agremiações que detêm competências e atribuições na circunscrição nacional em relação às circunscrições estaduais/distritais e entre estas e as municipais, na tentativa de submeter as instâncias de atuação em menor área territorial às determinações das maiores, mesmo não havendo vínculo de subordinação entre umas e outras.

---

26 No Brasil, o art. 11, § 1º, IX da Lei nº 9.504/1997 obriga o registro do programa de governo, e os EUA adotam o instituto do *recall*. Os eleitores da Califórnia destituíram o antecessor do astro de Hollywood, Arnold Schwarzenegger, eleito para completar o mandato (tampão), e o prefeito de Miami-Dade foi destituído do cargo eletivo.

27 Al Gore, derrotado por George W. Bush, tentou, sem sucesso na via partidária, voltar à vida pública, através da militância de defesa do meio ambiente.

Com esse fenômeno totalitário, subverte-se a dinâmica democrática que deve funcionar de baixo para cima (ascendente), a partir da formação do consenso social emergente da soberania popular haurida da vontade do povo e indicativa das políticas públicas.

Diversamente, as classes dirigentes partidárias vêm impondo decisões arbitrárias, caprichosas e ilegais, cima para baixo, em que o povo, o titular do Poder politico deixa de ser representado e ter representante, para ser tutelado, como se fora incapaz de escolher o seu próprio destino, de modo a contrariar diretamente o princípio da dignidade da pessoa humana.

Em homenagem às garantias do contraditório e da ampla defesa, com os recursos a elas inerentes, impõe-se a simetria constitucional prevista para os órgãos do Judiciário no que toca à competência recursal, revelando o cabimento de recurso por parte do diretório municipal para o diretório estadual e deste para o diretório nacional, sem prejuízo das competências originárias das instâncias partidárias e, excepcionalmente, judiciais.

Não obstante, os diretórios das circunscrições espacialmente mais abrangentes insistem na dissolução, intervenção e na destituição de membros das executivas dos diretórios de menor amplitude (municipais em relação aos estaduais e estes ante os nacionais) sem que exista uma justa causa (princípios da legalidade estrita e intrínseca) para tanto, e sem que sejam observadas as garantias processuais do devido processo legal, do juiz natural, do contraditório e da ampla defesa.

Dirigentes de órgãos de cúpula partidária ainda teimam em fazer conchavos com outros de siglas distintas, de molde a obrigar os seus filiados e representantes eleitos a se comportarem e até mesmo votarem em conformidade com ajustes espúrios para a satisfação de seus caprichos, sem atentar para a importância das agremiações e a estabilidade da sociedade e do Estado brasileiros.

3.2.1.2. Dos princípios democráticos[28]

Certas condutas de dirigentes das cúpulas partidárias caracterizam a ditadura interna ora em voga em muitas agremiações, lesivas ao funcionamento dos partidos e em detrimento da democracia representativa, na medida em que a legitimidade material do Poder emerge da vontade do povo livremente manifestada, periodicamente, nas urnas, sem sofrer influências[29], brotando, portanto, de baixo para cima, com o fito de se obter o consenso social.

---

28   Art. 1º, *caput* e Parágrafo único, e/e arts. 14, § 3º, V e 1 7, § 1º, todos da CF.

29   Poder econômico, poder político, uso indevido dos meios de comunicação social, condutas vedadas aos agentes públicos, captação ilícita de sufrágio, corrupção, fraude, etc.

Diferentemente ocorre nos regimes totalitários, autoritários ou autocracias, em que a vontade que determina o destino dos cidadãos e das comunidades se estabelece inversamente, de cima para baixo, consistindo em imposições, com assentimento ou aceitação do povo aos comandos ditados pelo governo, mesmo que haja reação isolada de alguns.

Com a ditadura intrapartidária inverte-se a lógica da democracia representativa que, historicamente, se funda nos valores liberdade, igualdade material e, atualmente, também na dignidade da pessoa humana, dos quais emerge o sagrado direito de cada cidadão escolher o próprio destino e, via de consequência, os governantes que haverão de conduzir as políticas públicas dirigidas ao atendimento do bem comum[30].

Mezzaroba[31] registra que a *"característica marcante da Democracia intrapartidária está na formação da vontade do Partido. Ela deve ser tomada em verticalidade ascendente, jamais o inverso. Os órgãos executivos devem, obrigatoriamente, submeter-se às convenções e assembleias partidárias"*. Citando Cardenas, conclui:

> *Dentre os direitos que devem prevalecer no interior da organização partidária, destacam-se os seguintes: participação dos membros de forma direta ou por seus representantes nas convenções e nos órgãos de organização; garantia do voto aos militantes em qualquer decisão e em qualquer nível do Partido; garantia de alternações periódicas dos cargos de direção do Partido; direito da revogabilidade dos cargos; garantia de que os órgãos sempre decidam de forma colegiada; prevalência do princípio majoritário nas votações em todos os órgãos do Partido; liberdade de expressão no interior da organização; direito de abandonar o Partido a qualquer momento; direito de ampla defesa em caso de eventual aplicação de sanções internas; direito de informação sobre qualquer assunto de interesse da organização; liberdade para que o filiado possa debater suas ideias; o direito de formar correntes de opinião; transparência nas finanças e contabilidade da organização; inclusão de uma "cláusula de consciência" para os representantes para efeitos do mandato partidário*[32].

3.2.1.2.1. Práticas partidárias ditatoriais: formais e materiais

É relevante que as cúpulas partidárias mais se ocupem em cumprir os valores e princípios democráticos que simplesmente manter as aparências, cumprindo meras formalidades desprovidas de conteúdo materialmente legítimo, como proposto pelos prosélitos de doutrina política dita pós-moderna

---

30 Segundo Renato Janine Ribeiro, o bem comum é a resposta que se dá à pergunta: a quem serve a República?, in **República**. São Paulo: Editora Publifolha. p. 5.

31 MEZZAROBA, Orides. **Introdução ao Direito Partidário Brasileiro**. Rio de Janeiro: Lumen Juris, 2004. p. 182.

32 CARDENAS GARCIA, Jaime. **Crisis de Legitimidad y Democracia Interna de los Partidos Políticos**, p. 244-245; apud Mezzaroba, ob. cit .. p. 182-183.

que busca a justificativa do Poder político em uma mera democracia procedimental, dir-se-ia: democracia de direito, ditadura de fato!

Hodiernamente, na maioria das agremiações, de fato quem vem decidindo os destinos delas e, de resto, do povo que é o titular do Poder político e deveria, por isso, ser senhor do próprio destino, é o "dono do partido" que ali se encontra em decorrência das injunções impostas pelas oligarquias regionais e econômicas, impedindo a livre manifestação das diversas correntes de opinião e a alternância de ideias e de diretivas, tudo fazendo à revelia da vontade e dos autênticos interesses dos seus filiados e dos brasileiros que suportam as respectivas consequências.

É nula a norma estatutária que condiciona o livre funcionamento de diretório partidário municipal ou estadual à satisfação de condições que envolvam renúncia ou disponibilidade da liberdade, da igualdade e da dignidade da pessoa humana, ou que criem dificuldades inarredáveis para a sua constituição definitiva[33].

Com esse odioso mecanismo de preservação da situação de precariedade do diretório local é comum se formar a comissão executiva provisória de um partido que pode ser dissolvida e seus membros destituídos a qualquer tempo, até mesmo sem justa causa, com malferimento da sua natureza que deve ser permanente.

Vulneram o regime democrático, por atentar contra a liberdade, as práticas ditatoriais de dirigentes partidários que imponham atos e decisões caprichosas, unilaterais, desprovidas de motivação legítima, desarrazoadas e desproporcionais, ou que, por qualquer forma, ignorem, embaracem ou suprimam a vontade dos integrantes do colégio de filiados ao respectivo diretório local, instância na qual ocorrem os debates e devem ser resolvidas, por voto da maioria, as questões políticas e de interesse das respectivas comunidades em que atuam.

São inválidas as condições meramente potestativas[34], por suprimirem a liberdade dos filiados de exercerem seus direitos no âmbito intrapartidário. De igual forma, as que forem impostas pelos órgãos de cúpula que submetam o funcionamento autônomo da instância partidária (diretórios municipais e estaduais/regionais) à disponibilidade de recursos econômicos e financeiros,

---

33 Em 17 de dezembro de 2015, o Tribunal Superior Eleitoral editou a Resolução n. 23.465, dispondo sobre a criação, organização, fusão, incorporação e extinção de partidos políticos. O seu artigo 39 prevê que "as anotações relativas aos órgãos provisórios têm validade de 120 (cento e vinte) dias", o que, na visão de algumas legendas, inviabilizaria a candidatura em alguns dos principais municípios do Brasil pelo fato de inexistir diretório definitivamente constituído no local.

34 Condição meramente potestativa é aquela cujo implemento depende exclusivamente da vontade de uma das partes.

por caracterizar a odiosa figura da "democracia censitária"[35], extinta com a Velha República, v.g. a de ser proprietário de imóvel onde deva ter a sede ou dispor de numerário para manter jornal destinado à divulgação dos seus atos, programas e realizações políticas.

Incabíveis também as decisões e atos dos órgãos de cúpula que submetem os órgãos e instâncias partidárias constituídas nas circunscrições de menor área de abrangência (municipais e estaduais/distrital) às deliberações que afrontem o ideário, o programa e a ordem jurídica vigente.

Em especial, atentam contra os princípios democráticos as ordens dos órgãos de cúpula dirigidas às instâncias e órgãos partidários de menor abrangência territorial, em afronta ao interesse local e/ou regional, a exemplo de impor coligações ou apoio a candidaturas estranhas ou hostis a essas agremiações (diretórios municipal ou regional), em desrespeito às deliberações destes níveis partidários, menosprezando a vontade política formada nas bases e que constitui o cerne desse regime político extraído da soberania popular.

As condições e imposições abusivas das cúpulas partidárias se prestam a espúrias manipulações e suprimem a liberdade, a igualdade e a dignidade dos seus filiados, mantendo em situação precária e provisória a estrutura e a organização dos diretórios municipais, com o fito de ensejar as sumárias intervenção e dissolução dos diretórios, e a destituição de comissão executiva ou de alguns dos seus integrantes que resistirem às ordens dos "donos da agremiação", emanadas formalmente dos seus órgãos tidos por "superiores".

As agremiações são entidades que devem ter atuação permanente em todas as instâncias (municipal, estadual, distrital e nacional), salvo em relação à propaganda partidária no rádio e na televisão (isto no segundo semestre do ano da eleição), e seus filiados devem encontrar, principalmente na base local, o ambiente adequado ao exercício democrático, debatendo e discutindo as questões relevantes para sua comunidade e para a consecução dos objetivos da agremiação nas demais esferas políticas.

Nesse sentido, as discussões políticas intrapartidárias hão de se espraiar a todas as instituições do Estado e da sociedade, a partir das manifestações dos filiados aos diretórios municipais, passando pelos estaduais/distrital até alcançar, em linha ascendente, o nacional, preservando e garantindo o exer-

---

35 Para Aristóteles, a democracia apresenta-se como de quatro tipos: a primeira é designada por *democracia realmente dita*, baseada na igualdade plena, em que nenhuma das classes, seja a pobre ou a rica, é soberana. A segunda, a *democracia censitária*, na qual, para participar dela, requer-se do cidadão uma certa renda, ainda que de pouco montante, para que ele possa vir a dirigir o governo. O terceiro tipo de democracia é aquele que podemos chamar de *constitucional*, em que não se faz nenhuma exigência para que os cidadãos se integrem no processo político da *polis*, mas sempre ao abrigo de uma lei soberana e, finalmente, a quarta, aquela em que o filósofo mantém certas desconfianças, a *democracia popular*. (**Política**. Livro IV, Editora da Universidade de Brasília).

cício da cidadania e estimulando a sua cultura, das camadas populares às elites governantes, de baixo para cima, em conformidade com a democracia participativa, nos aspectos materiais e formais, acolhida pela Carta de 1988.

O princípio da dignidade da pessoa humana, por envolver a capacidade de cada indivíduo de decidir o seu próprio destino, no particular, participando da tomada das decisões políticas em todos os níveis – segundo Protágoras, o homem é o fim em si mesmo – e o pluralismo político repele qualquer tentativa de se desconsiderar as manifestações da maioria dos filiados em prol da minoria que se encontra circunstancialmente encastelada na direção dos órgãos partidários dos diretórios estaduais em relação aos municipais e daqueles ante o nacional.

Há de se propiciar a existência e a manifestação de todas as correntes de opinião no âmbito intrapartidário, ainda que vigore o princípio da maioria como critério e instrumento de legitimação das decisões democráticas. Vontades arbitrárias, inclusive resultantes de votações majoritárias, quando violadora dos princípios constitucionais, são inválidas.

Não se trataria aqui de *facções* com características excludentes, mas de correntes que proporcionem o debate e a alternância periódica nos órgãos de direção. Pelas suas próprias características, o Partido deve ser dinâmico e acompanhar permanentemente todas as transformações sociais, políticas, econômicas e jurídicas que envolvem o Estado e – por que não? – o mundo. Assim sendo, o melhor antídoto para a imobilidade da organização é o embate interno de ideias e o revezamento nos cargos de direção[36].

A experiência totalitária é relatada por Maurício Tragtenberg[37] ao abordar a atuação da agremiação política bolchevique, na revolução russa, em que A *hierarquização do mando é outro elemento estrutural do partido*.

> *Á medida em que o partido cresce, aumenta a distância entre a base e a direção. Os líderes convertem-se em personagens. Os grupos locais, que conhecem melhor que qualquer líder remoto sua situação em cada momento, são obrigados a subordinar sua interpretação direta às diretrizes das cúpulas. Como os dirigentes desconhecem os problemas locais, agem com cautela; em geral, a capacidade do líder diminui quanto mais ascende na hierarquia burocrática do partido.*
> *Quanto mais nos aproximamos do nível onde são tomadas as decisões reais, mais verificamos o caráter conservador do processo de elaboração decisória. Quanto mais burocráticos e alheios são os fatores que influenciam a decisão, tanto mais são levados em conta problemas de prestígio, e as posições alcançadas estão acima da dedicação desinteressada à revolução social.*
> *O que importa é que os membros dos partidos tendem a ser manipulados pelas cúpulas partidárias que se fecham a toda e qualquer forma de alternância no poder e à indispensável oxigenação do ambiente democrático, salvo se forem respeitados os princípios*

---

36 MEZZAROBA. 2004. p. 183.
37 **A Revolução Russa**. São Paulo: Editora Unesp, 1988. p. 128-129.

democráticos, especialmente a autoridade das deliberações das instâncias partidárias, de baixo para cima, assecuratórios do necessário equilíbrio ao funcionamento das nossas instituições sociais.

Ínsito ao regime democrático é o princípio da maioria como técnica destinada a apurar a legitimidade das deliberações de um grupo social: partidos políticos, sociedades empresariais, clubes de serviço e quaisquer outros núcleos organizados, aliás, como da índole dos princípios constitucionais estruturantes[38].

A Constituição Federal não autoriza os dirigentes partidários a promoverem arbitrárias intervenções, dissoluções e destituições e a forjarem maiorias deliberativas[39] mediante a sonegação direta de informações aos filiados ou a omissão da devida e prévia publicidade que deve anteceder as reuniões e convenções, com o dia, hora, local, quórum de deliberação e pauta dos assuntos a serem debatidos e decididos.

A higidez do regime democrático está na tensão permanente entre as forças políticas que buscam alcançar o Poder e, periodicamente, possam lograr êxito em certame eleitoral mediante os contínuos e constantes debates em todas as instâncias partidárias e em todos os âmbitos e esferas da sociedade sobre os temas de interesse público e, no particular, de cada comunidade que forma a base política (diretórios municipais e zonais, os centros acadêmicos, clubes de serviços, cooperativas, sindicatos, etc.).

Do embate entre maioria e minoria resulta o consenso social buscado na democracia representativa, cuja legitimidade material é extraída da vontade do povo (soberania popular) manifestada com o fito de implementar as políticas públicas que atendam à satisfação das suas necessidades e anseios do maior número de cidadãos.

À falta de regime político melhor que a democracia e de técnica mais segura que o princípio da maioria para a apuração da legitimidade das deliberações, resta a busca pelo aprimoramento das instituições ocidentais para harmonizar as relações humanas e, quiçá, alcançar a paz social, através da ação dos Poderes Legislativo e Executivo!

---

38   Isto não impede que injustiças sejam cometidas, a exemplo do ocorrido nos julgamentos de Sócrates e de Jesus Cristo, condenados que foram pelo voto das maiorias, sem se falar que, ocasionalmente, alguns se omitem lavando as mãos como Pilatos, sem que, com isso, sejam menos culpados! Daí a falácia do brocardo *vox populi, vox dei*, mesmo que se reconheça não existir melhor critério para aferir a legitimidade de certas decisões que eleições e concurso público! (ZAGREBELSKY, Gustavo. **La Crucifixion y La Democracia**. Tradução de Atilio Pentinalli Melacrino. Barcelona: Ariel, 1996).

39   Como se fazia na 1ª República, nas eleições a bico de pena.

Cabe às instituições contramajoritárias que integram o sistema de justiça (Ministério Público e Magistratura) atuar em defesa da ordem jurídica que sustenta o regime democrático, legitimada no dever de fundamentação[40].

Ainda no âmbito do princípio democrático, a atividade partidária, que deve ter natureza permanente, consoante previa a antiga Lei Orgânica dos Partidos Políticos (LOPP) e resulta do próprio sistema da democracia representativa, impõe o respeito ao princípio da igualdade de todos os filiados, em relação aos direitos[41] e deveres, consoante previsto no art. 4° da Lei dos Partidos Políticos.

No contexto da democracia representativa e dos princípios republicano e federativo, a autonomia partidária de que trata o § 1° do art. 17 da CF se estende a cada uma das instâncias municipal, estadual, distrital e nacional, havendo de se prestigiar e respeitar as deliberações adotadas segundo o interesse próprio e peculiar da respectiva circunscrição eleitoral, sem prejuízo da via recursal, nas hipóteses admitidas nos estatutos e na lei.

3.2.1.3. Do princípio republicano[42]

O princípio republicano impõe *igualdade* de tratamento e, por conseguinte, a *responsabilidade* de todos pela coisa pública, pois o Poder político decorre da soberania popular e a sociedade se organiza sob a observância e cumprimento dos deveres a todos impostos.

A igualdade de todos perante a coisa pública implica não somente a respectiva responsabilidade, mas, também, o direito que tem todo cidadão de influenciar a própria vida e a de sua comunidade, participando da tomada das decisões políticas e, querendo, exercer mandato popular ou ocupar cargos de natureza política.

Gomes Canotilho[43] oferece importantes lições, teóricas e práticas, para a verificação da quebra da isonomia, corolário do princípio republicano, apresentando um modelo de controle do princípio da igualdade, tomando-se por base *"as situações de fato que são objeto de comparação"*, pois o princípio da igualdade é relacional por natureza.

Dessa forma, afigura-se necessária a fixação de critérios ou medidas para avaliar se determinadas premissas fáticas merecem o mesmo tratamento jurídico-formal, expondo o constitucionalista português um rol sucessivo de perguntas para a sua aferição, tanto da situação de igualdade quanto para a de desigualdade.

---

40   Art. 93, IX da CF.

41   ADI nº 2530-9: Declaração de Inconstitucionalidade da Candidatura Nata, por violar o princípio da isonomia entre todos os filiados.

42   A Fidelidade partidária e o princípio republicano foram abordados no Capítulo VI.

43   CANOTILHO, José Joaquim Gomes. **Direito Constitucional e Teoria da Constituição**. 7ª ed. Coimbra: Almedina, 2003. p. 1295-1298.

A importância do controle do princípio da igualdade se faz por meio da incidência do princípio da proporcionalidade (em sentido amplo), sendo necessária a devida fundamentação para legitimar a sua realização.

> O controle metódico da desigualdade de tratamento terá de testar: (1) a legitimidade do fim do tratamento desigualitário; (2) a adequação e necessidade deste tratamento para prossecução do fim; (3) a proporcionalidade do tratamento desigual relativamente aos fins obtidos (ou a obter).
> Noutros termos: é o tratamento desigual adequado e exigível para alcançar determinado fim? Este fim é tão importante que possa justificar uma desigualdade de tratamento em sentido normativo?[44]

Acerca da averiguação da ocorrência de desigualdade, colhe-se da consagrada obra mencionada que a jurisprudência do Tribunal Constitucional Português, na busca da concretização do princípio da igualdade, orienta-se:

a) princípio da proibição do arbítrio, em que se condena diferenciações de tratamento *"desprovidas de justificação razoável segundo critérios objetivos"*;

b) princípio da proibição de discriminações, considerando ilegítima qualquer diferenciação entre cidadãos *"fundada sobre categorias meramente subjetivas"*;

e c) princípio da obrigação de diferenciações como forma de compensação da desigualdade de oportunidades, com a *"eliminação de desigualdades fáticas por parte dos poderes públicos"*.

Com fundamento no princípio da igualdade entre todos os filiados é que, no Brasil, o Supremo Tribunal Federal[45] reconheceu a inconstitucionalidade da norma do art. 8°, § 1º da Lei nº 9.504/1997 que garantia a quem exercesse mandato o direito/privilégio de concorrer (candidatura nata) no certame seguinte, pelo partido de origem, visando preencher e ocupar a mesma vaga, sem se submeter ao escrutínio na convenção destinada à escolha dos candidatos.

Daí a imprescindível alternância do Poder que se faz periodicamente, através de certames eleitorais, normalmente a cada quatriênio, facultando-se isonomicamente a todos os cidadãos que satisfaçam as condições/requisitos de elegibilidade o exercício da cidadania passiva (ser votado), o que constitui traço distintivo entre república e monarquia, inclusive no âmbito interno da agremiação.

3.2.1.3.1. Práticas antirrepublicanas

A ditadura intrapartidária tem se manifestado através da imposição de normas estatutárias e diretrizes estabelecidas com a finalidade de perpetuar

---

44 CANOTILHO, José Joaquim Gomes. **Direito Constitucional e Teoria da Constituição**. 7ª ed. Coimbra: Almedina, 2003, p. 1295-1298.

45 ADI nº 2530-9.

nos órgãos de cúpula os mesmos dirigentes que ali adentraram e tentam evitar, de todas as formas, a transição do Poder na esfera interna da agremiação, mediante a criação de condições obstativas a que novas lideranças ocupem os cargos partidários dos órgãos superiores.

Essas condutas abusivas, totalitárias e concentradoras são prejudiciais para as agremiações, que tendem a se engessar pela falta de novos quadros dotados da indispensável legitimidade que, em tese, haverá de estender no tempo a atuação do partido, ante o seu natural fortalecimento e representação política adequada.

A quebra da alternância nos cargos dos órgãos superiores do partido impede a formação de novas lideranças e a renovação dos quadros dirigentes, mormente de jovens; o aprimoramento das ideias que propiciam a dialética e a constante evolução da sociedade; desestimula o ingresso de novos filiados, com a consequente perda do número de votos obtidos nas urnas.

A falta de movimentação dos filiados e dirigentes partidários enrijece e estrangula a essencial participação popular no âmbito político interno e externo aos partidos, propiciando práticas nocivas (clientelismo, fisiologismo, aparelhamento da agremiação e do Estado, corrupção) que aluem a autenticidade do sistema representativo, rompendo a realidade constitucional defendida e expressa nos valores e princípios da Carta jurídica de 1988.

Aliás, de todos os cantos ecoam os brados de irresignação contra o "aparelhamento" das instituições do Estado e da sociedade civil fortemente orientado pelo clientelismo e pelo fisiologismo políticos, uma deplorável prática antirrepublicana, segregacionista e discriminatória, similar, no seu funcionamento, ao feudalismo posto em prática por Carlos Martel, no século VIII, com vista a vencer em Poitiers e Tours[46].

A observância do princípio republicano no âmbito intrapartidário revela a necessidade de preservação dos seus conteúdos (igualdade, responsabilidade e alternância no poder), sem os quais os partidos jamais serão fortes, afetando sensivelmente a sociedade e o Estado, nos aspectos políticos, econômicos e sociais.

Em um regime democrático e republicano, a capacidade de influir na implementação das políticas públicas e nos governos resulta dos votos des-

---

[46] Não à toa que uma importante agremiação brasileira, oriunda de um partido que já foi o maior da América Latina, cuidou nos últimos anos de alçar jovens lideranças aos cargos mais elevados dos seus órgãos superiores, procurando atrair diversos segmentos sociais (moças, rapazes e artistas), embora, por falta de tradição e propostas populares não se lhes possa prever a amplitude de seus quadros e de sua representação política. De qualquer forma, o parlamento deve espelhar as correntes de opinião popular, como dizia Mirabeau, *apud* BURNS, Edward McNall, traduzido por Lourival Gomes Machado, Lourdes Santos Machado e Leonel Vallendo. **História da Civilização Ocidental**. Porto Alegre: Ed. Globo, 1974.

tinados pelas bases populares aos partidos, nos certames realizados periodicamente nas eleições municipais e gerais, conferindo-lhes distintos graus de representatividade e responsabilidade.

No afã de manter o domínio e satisfazer seus interesses pessoais, os "donos dos partidos" intervêm e dissolvem os seus diretórios municipais e estaduais sem qualquer apreço ao regime democrático e à ordem jurídica, destituindo os membros titulares dos órgãos diretivos para investir nos cargos das executivas locais e estaduais seus dóceis correligionários ou forcejando a celebração de coligações até mesmo com adversários históricos, fazendo tábua rasa da vontade da base partidária que elegeu validamente seus dirigentes.

3.2.1.4. Dos princípios federativo, da autonomia e da não intervenção[47]

Dentre os princípios constitucionais estruturantes[48] encontra-se o federativo, forma de Estado adotada pelos brasileiros erigida a cláusula pétrea, acolhida desde a Constituição de 1891 que, na esteira do similar instituto americano, constatara que a concentração do poder enfeixado nas mãos de um ente político pode conduzir à tirania[49].

A desconcentração de poder entre os entes políticos; a intervenção mínima e excepcional do governo central (poderes restritos enunciados), competindo ao Estado-membro todos os demais restantes (poderes amplos remanescentes) e o equilíbrio de poderes entre o ente central e os periféricos, caracterizam a Federação cuja origem se encontra na união de coletividades públicas que renunciam à soberania, reservando-se autonomia político-constitucional.

A repartição de competências para partilha de Poder entre as unidades federativas decorre da existência de dois níveis de estatalidade dos dois polos, um central (União) e outros periféricos (demais unidades federativas), que devem funcionar autônoma e concomitantemente.

A Carta Magna tanto constitui as relações de poder na ambiência da forma federada de Estado quanto a preserva e a mantém indissolúvel pela repartição de competências que equilibra as relações políticas, daí a sua elevação a cláusula pétrea.

---

47 No Capítulo VI, encontram-se excertos doutrinários de José Afonso da Silva, Alexandre de Moraes, Raul Machado Horta e Geraldo Ataliba, Fernanda Dias Menezes de Almeida e Jean Willian Lapierre.

48 CANOTILHO, José Joaquim Gomes. **Direito Constitucional**. Almedina: Coimbra, 1993. p. 471.

49 Montesquieu advertia: *Quanto mais tem poder, mais o homem tende a dele a abusar.*

Esta repartição de competências se faz em função das autonomias das unidades da Federação e se opera além das esferas políticas e, em especial, nas fiscais, alcançando os órgãos administrativos[50], jurisdicionais[51], essenciais à justiça[52], educacional superior[53], tecnológico[54], razão pela qual similar tratamento foi conferido aos partidos políticos[55].

A autonomia conferida aos partidos políticos para definir sua estrutura interna, organização, funcionamento e instituir sistema de proteção ou controle que atue de forma eficaz e efetiva, pela via da fidelidade e disciplina partidárias, mantém-se compatível com o modelo federativo da Constituição de 1988, repartindo competências entre instâncias ou diretórios, por exercerem significativa parcela de Poder, indispensável à preservação do Estado Democrático de Direito.[56]

Mais relevante ainda é que a Constituição Federal estabelece o modelo federativo para as respectivas Unidades e aos partidos políticos pela imposição de caráter nacional, com estrutura, organização e funcionamento através de diretórios municipais, estaduais/distrital e nacionais[57], além do dever de comprovar o indispensável apoiamento em determinado número de entes federados[58], para que o Tribunal Superior Eleitoral registre os seus estatutos.

Da mesma forma que as unidades da Federação, as agremiações receberam do constituinte de 1988 a outorga da autonomia constitucional[59] da qual emergem as competências a serem respeitadas pelas demais instâncias partidárias, sob pena de violação do princípio constitucional da não intervenção[60], tudo no contexto de formação do consenso social, a partir das manifestações populares emanadas dos partidos políticos em escala ascendente.

3.2.1.4.1. Práticas que violam o modelo federativo, a autonomia das instâncias partidárias e o princípio da não intervenção

As autonomias e competências das instâncias partidárias municipais e estaduais/distritais, através dos respectivos órgãos executivos (Comissão

---

50 Art, 99, *caput* e art. 103-B, § 4°, I, CF.
51 Arts. 127, § 2º; 130-A, § 2º, I e 134, § 2º, CF.
52 Arts. 127, 131 e 133, CF.
53 Art. 207, *caput*, CF.
54 Art. 219, *caput*, CF.
55 Art. 17, CF.
56 De forma similar: Ordem dos Advogados do Brasil, a Associação Brasileira de Imprensa e o Conselho Regional de Medicina, dentre outras instituições.
57 Art, 10, §§ e incisos, e/e art. 11 da Lei nº 9.096/1995 (Lei dos Partidos Políticos).
58 Art. 7º, § 1 ºda Lei nº 9.096/1995.
59 Art. 17.
60 Arts. 34 a 36.

Executiva) vêm sendo violadas pelas ditas instâncias superiores, contrariando os princípios democrático, republicano e, principalmente, o federativo e o da não intervenção.

Os órgãos de cúpula vêm impondo suas deliberações e determinado como devem atuar as agremiações até mesmo contra os interesses da própria sigla e da comunidade local, visando cumprir conchavos e acordos que muitas vezes são nocivos aos interesses comunitários e repercutem negativamente para a população da respectiva circunscrição eleitoral, o que malfere a autonomia das instâncias municipais e estaduais.

Quando o diretório nacional determina que o diretório estadual desista de ter candidatura própria ao governo ou assim proceda em relação ao diretório municipal, no que se refere ao lançamento de candidato a prefeito, ou imponha coligação com seus históricos adversários políticos, sob pena de sua intervenção, destituição de seus membros ou mesmo dissolução, viola-se tanto a autonomia daquela instância partidária como também a vontade livre e soberana da base política formada pelos integrantes do respectivo colégio de filiados e convencionais.

Nessas hipóteses, prevalece a vontade dos "donos" das agremiações, sintomaticamente ocupantes dos órgãos de cúpula estadual e/ou nacional, movidos pela perspectiva de acordos coevos ou futuros, para a satisfação de interesses pessoais ou fisiológicos.

Em meio ao descumprimento de princípios e regras constitucionais, legais e estatutários, o caos partidário promovido pelos "donos" dos partidos somente se presta a fortalecer suas posições junto às esferas do Poder político, com vista ao "aparelhamento" das instituições e órgãos do Estado para viabilizar a divisão *dares publica* nas estatais, nos fundos de pensão e nos Ministérios e Secretarias, especialmente depois que os "mensalões" foram descobertos e amedrontaram alguns políticos.

Neste aspecto, o fenômeno da ditadura intrapartidária é corolário da malsinada cultura "patrimonialista" instaurada com as Capitanias Hereditárias, no século XVI, de modo que, desde então, o "patrimônio público vem se misturando com o patrimônio privado". Triste *Terra Brasilis*.

Estribados nos órgãos de cúpula, os "donos dos partidos" exigem incondicional lealdade dos seus acólitos por eles postos nos diretórios estaduais/distritais e municipais, como faziam os senhores feudais da Idade Média. Com isso, impede-se a democrática constituição e o funcionamento regular dos diretórios, de atuação nas circunscrições eleitorais de menor abrangência, o que somente deveria ocorrer pela eleição dos filiados das respectivas instâncias partidárias para ocuparem os cargos de representação legal.

No entanto, os filiados eleitos para a mesa diretora ou comissão executiva provisória que têm mandato com prazo certo de duração e, portanto, gozam de direito subjetivo, vêm sendo destituídos por atos e decisões arbitrárias e ilegais das instâncias que se acham "superiores", restando-lhes buscar no

Judiciário a preservação da sua autonomia na instância partidária, no âmbito da circunscrição, contra indevidas invasões e usurpações.

Esta situação esdrúxula e abusiva desestimula o cidadão de participar da atividade política e partidária que antecede a aquisição do mandato eletivo, pois é fácil perceber que todo o seu empenho, com dispêndio de energia pessoal e recursos materiais, de nada valerá se ele não se submeter aos caprichos dos "donos" da agremiação, os quais, com simples "canetada", farão uma intervenção ou dissolverão o órgão da comissão executiva local ou estadual/distrital, ou destituir dos cargos partidários.

Seguindo o modelo federativo, a Justiça Eleitoral se estrutura, se organiza e funciona de acordo com seus entes (União, Estados, Distrito Federal e Municípios), atuando em circunscrições[61]: nas eleições gerais, o País, para as eleições presidenciais; os estados, para as eleições federais (senadores e deputados federais) e estaduais (governadores e deputados estaduais); o Distrito Federal (senadores, deputados federais e distritais). Nas eleições municipais, os prefeitos e vereadores.

O indivíduo, para ser filiado a uma agremiação, deve ser eleitor inscrito na correspondente zona eleitoral do município em que tem seu domicílio eleitoral, caracterizado pelo vínculo que mantém com a respectiva comunidade local, através de negócios, propriedades, atividades profissionais e políticas – vínculo comunitário[62].

A soberania popular se manifesta a partir das comunidades locais instaladas nos territórios dos municípios, razão pela qual a atividade política dirigida à conquista do mandato parlamentar ou de cargo de provimento eletivo necessariamente se inicia mediante prévia filiação do cidadão-eleitor ao diretório municipal de um partido, a única que está assentada em uma base física, pois as demais são ficções do Estado.

Se a legenda ainda não estiver constituída na circunscrição local, cabe às demais instâncias[63] deferir a filiação, levando em consideração o domicílio eleitoral do filiado, além de constituir uma comissão executiva provisória com a finalidade específica de, em prazo razoável – a Lei nº 9.096/1995 não o estabelece[64] –, constituir o partido no município (diretório municipal),

---

61 Art. 86 do Código Eleitoral.

62 Ac. nº 18.124, de 16.11.2000, do TSE, *RJTSE*, v. 12, t. 3.

63 Não há instâncias superiores ao diretório municipal, por inexistir relação hierárquica entre as esferas partidárias ante a aplicação do princípio federativo que impõe, por simetria, o mesmo modelo e confere às agremiações as garantias da autonomia e da não intervenção (arts. 17, § 1º, 34 e 35 da CF), o que não afasta a possibilidade de revisão dos atos e decisões partidários em sede de recurso administrativo do interessado ou filiado para os diretórios estaduais e destes para o nacional.

64 O Conselho Federal da Ordem dos Advogados do Brasil, a Confederação Nacional

promovendo filiações, realizando as reuniões e convenções necessárias às eleições dos membros da comissão executiva que irá representá-lo, judicial e extrajudicialmente, bem como para a escolha de candidatos e demais atos ordinatórios da atividade partidária.

A falta de constituição do diretório municipal e a ausência de fixação de um prazo razoável para tanto podem nocivamente estender no tempo eventual comissão provisória, subtraindo a necessária estabilidade e segurança jurídica gerada pela formação do partido naquela base territorial, obstando a alternância nos respectivos cargos e desestimulando novas filiações ante a perspectiva de a agremiação se tomar uma "ação entre amigos" pela recusa de oportunidade a que todos participem do debate sobre as questões políticas de interesse da comunidade e possam, ao seu tempo, dirigir a instituição.

Se houver diretório municipal constituído, as demais instâncias partidárias não devem diretamente promover filiações, sob pena de violação da autonomia da instância partidária competente (instância local), para avaliar a idoneidade e a conveniência em acolher o pretenso associado, embora se reconheça que os diretórios estaduais e nacionais funcionam como instâncias administrativas revisoras, julgando eventuais recursos dos prejudicados, em sede de competência recursal. Nesse caso, o órgão da maior circunscrição deverá ouvir o de menor abrangência, a fim de decidir sobre a conveniência e oportunidade de deferir a pretendida filiação.

Disso decorre a necessidade de ser preservada a autonomia partidária e as competências da instância local e, eventualmente, estadual/ regional/ distrital contra o arbítrio, os abusos e as ilegalidades cometidas pelos órgãos de cúpula da agremiação, no plano nacional, sob pena de a democracia re-

---

dos Bispos do Brasil e o Movimento de Combate à Corrupção Eleitoral apresentaram à sociedade brasileira e ao Congresso Nacional o projeto de lei de iniciativa popular (Reforma Política Democrática e Eleições Limpas) levado a registro no 1º Ofício do Registro de Títulos e Documentos de Brasília sob nº 869400, propondo medidas saneadoras das eleições. Foram colhidos quase 2 milhões de assinaturas e consta do projeto sugestões apresentadas pelo Autor, especialmente, no sentido de coibir a ditadura intrapartidária, mediante o acréscimo dos §1º e a primeira parte do §2º ao art. 3º da LPP: §1º. *É assegurada a autonomia aos diretórios estaduais, distrital e municipais, no âmbito de suas circunscrições, sobre temas de interesse regional e local, ficando vedada intervenção, dissolução e destituição de seus dirigentes, sem observância do devido processo legal e sem justa causa*; §2º: *As comissões provisórias serão convertidas em diretórios no prazo de 120 (cento e vinte) dias, contados da data em que o partido fizer comunicação ao órgão competente da Justiça Eleitoral, sob pena de dissolução automática e proibição de nova instalação pelo prazo de 6 (seis) meses.* A proposta do Autor quanto ao §2º foi no sentido de que o decurso do prazo de 120 dias convolaria a comissão executiva provisória em diretório, tornando, assim, definitiva constituição da legenda na respectiva circunscrição eleitoral, de modo a coibir as ilegais e abusivas intervenções e dissoluções, bem como a destituição dos seus dirigentes.

presentativa restar vulnerada no seu elemento nuclear que é a manifestação livre e soberana da vontade dos cidadãos, no âmbito interno (partidário) e externo (eleitoral), participando da tomada das decisões políticas.

O reconhecimento da autonomia das instâncias partidárias está definido na Constituição Federal, na Constituição Estadual, na LC n. 64/90 e nas Leis nº 9.096/1995 (LPP) e nº 9.504/1997 (LE). As alterações introduzidas pela Lei nº 12.034/2009 e Lei nº 12.891/2013 corroboram a autonomia de cada instância e órgão das agremiações, referentemente aos negócios do respectivo interesse e âmbito de funcionamento, como se vê:

a) Lei dos Partidos Políticos: o art. 15-A atribui a responsabilidade, com exclusividade, ao agente que comete o ilícito: órgão partidário municipal, estadual ou nacional; o art. 28, § 4º e 6º dispõe que as despesas também devam ser assumidas pelos órgãos partidários que lhes derem causa e o diretório nacional não sofrerá o cancelamento do registro no TSE, quando a omissão no dever de prestar contas for dos órgãos municipais ou estaduais; o art. 45, § 3º estabelece a legitimidade ativa para a representação na propaganda partidária gratuita do diretório estadual ou distrital para a veiculação na respectiva circunscrição, afastando-se a interferência do diretório nacional e vice-versa;

b) Lei nº 9.504/1997: o art. 29, § 4º prevê que o órgão partidário da respectiva circunscrição eleitoral passará a responder por todas as dívidas solidariamente com o candidato.

c) Lei nº 12.891/2013: o seu art. 2º alterou o art. 3º, parágrafo único, da Lei n. 9.096/95 e assegurou "aos candidatos, partidos políticos e coligações autonomia para definir o cronograma das atividades eleitorais de campanha e executá-lo em qualquer dia e horário, observados os limites estabelecidos em lei".

Logo, não se admite que o diretório nacional intervenha, dissolva ou destitua membros dos diretórios estaduais e distritais, nem estes em relação aos municipais, salvo em sede de competência originária quando houver justa causa para tanto, devendo sempre ser observadas as garantias do devido processo legal, juiz natural, contraditório, ampla defesa e, em grau de recurso, nos casos e momentos oportunos.

3.2.1.5. Do princípio da legalidade estrita e da justa causa

Do brocardo latino *nullum crime, nulla poena, sine praevia lege* brota o princípio da legalidade estrita em matéria penal[65], extensivo ao direito administrativo punitivo, inclusive para os ilícitos partidários e eleitorais, sendo seu corolário a ideia de *justa causa* caracterizada pela existência do fato descrito pela norma como passível de consequência ou sanção.

---

65   Art. 5º, II e XXXIX, CF.

De Plácido e Silva[66] diz que *a justa causa:*

> *Exprime, em sentido amplo, toda razão que possa ser avocada, para que se justifique qualquer coisa, mostrando-se sua legitimidade ou sua procedência. É assim o motivo que possa ser alegado, porque está amparado em lei ou procede de fato justo. Mas, a rigor, segundo o sentido de justa, que significa o que convém ou que de direito, e causa, motivo, razão, origem, é necessário que o que se alega ou se avoca para mostrar a justa causa, seja realmente amparado na lei ou no Direito, ou, não contravindo a este, se funde na razão e na equidade. A justa causa, pois identifica-se como o justo impedimento, a impossibilidade comprovada, a razão jurídica, a imposição legal, a premência provada, enfim, com tudo o que possa justamente servir de motivo ou dar origem a um fato jurídico.*

O Direito Penal se vale da locução *justa causa* para designar um conjunto de fatos e provas que subsumidas à norma incriminadora, administrativa ou criminal, legitima a instauração e o desenvolvimento de um processo de natureza punitiva, exigindo-se, para o juízo de delibação, a materialidade e indícios da autoria do fato em tese ilícito.

Mirabette[67] registra que só há legitimação para agir no processo penal condenatório quando existir o *fumus bani juris* que ampare a imputação. Tem-se exigido, assim, que a inicial venha acompanhada de inquérito policial ou prova documental que a supra, ou seja, de um mínimo de prova sobre a materialidade e autoria, para que se opere o recebimento da denúncia ou da queixa, não bastando a simples versão dada pelo ofendido. E, para o juízo de condenação, exige-se prova cabal amealhada na instrução processual da existência da infração e da efetiva participação do agente no evento ilícito.

No Direito Administrativo, Kiyoshi Harada[68] apresenta a *motivação* como princípio da Administração Pública:

> *Significa que o administrador público deve expor os motivos dos atos que pratica. Ou seja, a motivação é a exposição escrita do motivo do ato administrativo, tornando transparentes as razões de fato e de direito que serviram de base a sua prática. De tal sorte, constitui-se a motivação como meio de controle da administração, por permitir o conhecimento geral e a verificação da real existência do ato, assim como de sua proporcionalidade ou razoabilidade em relação ao fim a que se destina.*
> *O motivo está nas razões de fato e de direito que fundamentam o ato administrativo. Ou seja, está nas circunstâncias ou situação de fato que indicam a necessidade ou conveniência do ato e a oportunidade de praticá-lo, assim como no dispositivo de lei que o autoriza. Desse modo, v.g. na demissão de um funcionário, o motivo do ato está na falta disciplinar cometida (situação de fato), prevista na lei estatutária de forma a*

---

66 SILVA, Plácido e. **Vocabulário Jurídico**. 28ª ed. Rio de Janeiro: Forense, p. 810-811.
67 MIRABETTE. **Código de Processo Penal Interpretado**. 8ª ed. São Paulo: Atlas, 2001, p. 188.
68 HARADA, Kiyoshi. **Dicionário de Direito Público**. São Paulo: Atlas, 1999, p. 152.

ensejar a aplicação daquela penalidade. A validade do ato se vincula a seus motivos determinantes, implicando nulidade se distorcidos, desproporcionais aos fins visados, falsos ou inexistentes.

Em linguagem kelseniana, a existência de uma norma depende de ser emanada da autoridade competente, de ter observado um procedimento legal e que tenha um "mínimo de eficácia". Disso decorre que a aplicação da norma exige uma moldura fática capaz de realizá-la, como ocorre, também, nas órbitas do Direito do Trabalho (contrato realidade e a incidência de *uma justa causa* para a sua extinção) e do Direito Tributário (fato gerador, *tatbestand* ou *fattispecie*).

Dos atos desprovidos de suporte fático e de provas, arbitrários, imotivados, desarrazoados e desproporcionais de intervenção, dissolução e destituição de mesas diretoras e de comissões executivas provisórias e de seus dirigentes das instâncias partidárias estaduais e destas em relação às locais, por parte dos órgãos de cúpula nacional, inclusive com a ameaça de expulsão de filiados e de representantes eleitos pela sigla, resultam violações aos princípios do devido processo legal substancial e da legalidade estrita, pois não se admite que alguém sofra gravame, por mera consequência ou punição, mesmo na esfera administrativa partidária, sem que haja uma justa causa previamente definida nos estatutos[69].

A qualidade de filiado gera direito subjetivo para o cidadão e, para os partidos, responsabilidade pelos atos dos seus adeptos. Neste contexto, a antiga Lei Orgânica dos Partidos Políticos (Lei nº 5.682/1971), editada pelo governo militar, cuidou, ainda que na aparência, de preservar a legitimidade política e segurança jurídica, adotando, como regra, o princípio da não intervenção, salvo a existência de uma justa causa[70].

À época do regime militar, eis a doutrina de Pinto Ferreira[71]:

> Intervenção e dissolução dos diretórios
> A Lei Orgânica dos Partidos determina três casos diferentes de manutenção da disciplina partidária, que são os dos arts. 27 e 71. O art. 27 da Lei Orgânica de 1971 trata da intervenção dos órgãos do partido nos órgãos hierarquicamente inferiores. O art. 71 da mesma Lei permite a dissolução do diretório ou a destituição da comissão executiva. São assim três casos diversos: intervenção nos diretórios, dissolução dos diretórios e destituição da comissão executiva.
> O preceito permite a intervenção de um órgão partidário no outro órgão hierarquicamente inferior tão-somente nos casos especificados. A intervenção se realizará para manter a integridade partidária; reorganizar as finanças do partido; assegurar

---

69 Art. 23, § 1º da Lei n. 9.096/1995.

70 Art. 27, *caput*.

71 FERREIRA, Pinto. **Comentários à Lei Orgânica dos Partidos Políticos**. São Paulo: Saraiva, p. 72-73.

> *a disciplina partidária; preservar as normas estatutárias, a ética partidária ou a linha político-partidária fixada pelas convenções ou diretórios nacionais ou regionais, respectivamente, conforme a medida se aplique a diretórios regionais ou municipais; normalizar a gestão financeira; garantir o direito das minorias.*
> *A intervenção é uma medida violenta, só admissível na forma da lei, do contrário será ilegal, admitindo recurso à Justiça Eleitoral, na forma do art. 121 da Constituição Federal.*
> *Tal intervenção durará enquanto não cessarem as suas causas determinantes.*

Sob a égide da Carta de 1967, com a Emenda Constitucional de 1969, outorgadas pelo governo militar, em momento que o País vivia o estado de exceção, não havia previsão constitucional acerca da liberdade e da autonomia partidárias, como se constata da menção à existência de "diretório superior"[72].

Com a promulgação da Constituição cidadã de 1988 é que os princípios da liberdade e da autonomia partidárias foram lançados no seu bojo, dotados do *status* de cláusulas pétreas[73], porque imprescindíveis para o exercício dos direitos políticos e consequente funcionamento da democracia representativa.

Também a dissolução e a destituição da comissão executiva estavam disciplinadas no art. 71 da LOPP e condicionadas à existência de uma justa causa e à observância das garantias processuais-constitucionais.

Comenta Pinto Ferreira[74] que a violação dos deveres partidários poderia ensejar dissolução "*quando a violação procede do diretório*" ou destituição "*quando a violação advém da comissão executiva*", prevendo a LOPP penalidades aos órgãos colegiados do partido em casos como violação do estatuto, do programa ou da ética partidária, ou desrespeito a qualquer deliberação regularmente adotada pela instância superior do partido ou, ainda, em casos de indisciplina partidária.

Na situação ora verificada em todo o País, a ditadura intrapartidária praticada pelos "donos dos partidos" sequer leva em conta as aparentes preocupações reveladas na antiga LOPP pelo governo militar, tudo se fazendo às escâncaras, sem receios e sem as peias do Poder Judiciário incumbido de velar pela autoridade da Constituição Federal.

José Nilo de Castro[75] defende que o princípio da legalidade intrínseca, figura jurídica intimamente relacionada com a legalidade estrita, com o conceito indeterminado da justa causa, da motivação e da proporcionalidade,

---

72 Arts. 27 e 71 da LOPP.
73 Art. 60, § 4º, IV, da CF/88.
74 FERREIRA, Pinto. **Comentários à Lei Orgânica dos Partidos Políticos**. São Paulo: Saraiva, p. 72-73.
75 CASTRO, José Nilo de. **Direito Municipal Positivo**. 6ª ed. rev. e atual. Belo Horizonte: Del Rey, 2006, p. 480.

este um valor e princípio aplicável tanto ao Direito Público como ao Direito Privado e que diz respeito ao que está inseparavelmente ligado a uma pessoa ou coisa, que lhe é inerente e peculiar[76]:

> A cassação do mandato e o ato declaratório de sua extinção podem ser apreciados pelo Judiciário, a teor do que dispõe o art. 5º, XXXV e LV da CR. Cediço, é ato político-administrativo a cassação de mandato de Prefeitos e Vereadores. Assim, porque é igualmente político, não quer significar a hipótese de que os atos desse jaez, quanto aos seus aspectos intrínsecos, juntamente com os extrínsecos, não possam ser controlados pelo Judiciário.
> A cassação de mandato eletivo é ato vinculado e, como tal, deve ser apreciado pelo Poder Judiciário, quer quanto à formalidade do procedimento de cassação, quer quanto à legalidade intrínseca dos elementos internos do ato ou fatos motivadores da medida punitiva. O problema da ilegitimidade não se exaure apenas na constatação dos aspectos formais do ato merecedor de reparos, **mas também na análise de sua legalidade pela perquirição de sua materialidade objetiva, isto é, na verificação da ocorrência do motivo, em função do qual se praticara o ato.**

O princípio da proporcionalidade se estrutura nos subprincípios da adequação, necessidade ou exigibilidade e proporcionalidade em sentido estrito, este indutor de aferição da justa medida, a partir da necessária ponderação entre meios e fins, de modo a propiciar a mensuração acerca do meio utilizado e da sua proporcionalidade ou não, referentemente aos fins a que se destina o sistema normativo.

Na lição de Canotilho[77], trata-se de pesar as desvantagens dos meios em relação às vantagens dos fins e, pela exigibilidade ou necessidade, configurada pela 'menor exigência possível', impõe-se que o poder público, no exercício das competências legislativas ou materiais, haja do modo menos oneroso para o cidadão, para alcançar o interesse público que não aquele selecionado, e que a proporcionalidade em sentido estrito predica, enquanto o subprincípio da conformidade corresponde à medida adotada para a realização do interesse público que deve ser apropriada à prossecução do fim ou fins a ele subjacentes.

Os atos partidários que importem gravame, como consequência ou sanção para os filiados, hão de ter fundamentos em fatos verdadeiros (verdade real), não se admitindo a criação artificial de motivos fantasiosos para tentar legitimar o arbítrio, como o de converter a noite em dia.

Rejeita-se, outrossim, o fazer-se tabula rasa ou ignorar a prova produzida nos autos, mormente quando submetida ao contraditório, sem que se apre-

---

76 In **Novo Dicionário Aurélio da Língua Portuguesa**. 3ª ed. rev. e atual. Curitiba, 2004, p. 1124.

77 GOMES Canotilho, José Joaquim. **Direito Constitucional**. Coimbra: Almedina, 1991, p. 386-388.

sente a devida fundamentação para o seu afastamento ou a desconsideração, pois não é dado ao julgador escolher o meio probante que pretende valorar, sob pena de contrariedade aos princípios constitucionais acima invocados, especialmente o dever de motivação e aqueles inseridos na cláusula do devido processo legal substancial e processual, passíveis, portanto, de correção na via judicial.

3.2.1.6. Das garantias constitucionais processuais

A Lei dos Partidos Políticos dispõe que "A responsabilidade por violação dos deveres partidários deve ser apurada e punida pelo competente órgão, na conformidade do que se disponha o estatuto de cada partido" e que "ao acusado é assegurado amplo direito de defesa"[78].

Sob o regime de força instalado em 1964, a extinta Lei Orgânica dos Partidos Políticos[79] garantia às agremiações partidárias não sofrerem intervenção, salvo por justa causa, mesmo assim, após lhes serem assegurados o exercício do contraditório, da ampla defesa e *quorum* qualificado, o que era um grande avanço para a época, pois prevalecia a jurisprudência do Supremo Tribunal Federal de sua aplicação apenas nos processos criminais.

Sob a égide da legislação do período militar, Pinto Ferreira[80] salientava que a intervenção em um partido político exigia o preenchimento de requisitos de ordem formal e material, com a prévia audiência do órgão partidário, de modo a lhe assegurar as garantias da ampla defesa e do contraditório e, na sequência, seria decidida a adoção da medida de força pelo voto da maioria absoluta dos membros do diretório hierarquicamente superior, sabido que a norma reguladora se orientava pela hierarquia e integrava a Lei **Orgânica** dos Partidos Políticos imposta pelo governo militar, incompatível com a vigente democracia representativa brasileira.

Nessa esteira, as sanções de dissolução de diretório ou de destituição de comissão executiva deviam observar similar procedimento, inclusive com a possibilidade de interposição de recurso contra a decisão partidária que impusesse tal coerção.

Ilegais e nocivas práticas intervencionistas e arbitrárias ora verificadas têm ocorrido de forma sumária, sem observância dos princípios do devido processo legal, do juiz natural, do contraditório e da ampla defesa.

É o que tem acontecido quando os diretórios nacionais em relação aos estaduais/regionais/distritais e estes no que toca aos municipais promovem a intervenção, a dissolução do diretório de menor abrangência territorial ou

---

78   Art. 23, *caput* e § 2º.
79   Art. 27, §§ 1º, 2º e 3º, da Lei n. 4.740/65.
80   *Ob. cit.* p. 73.

a destituição de um ou de todos os membros da mesa diretora ou da comissão executiva provisória local, mediante simples ofício dirigido ao tribunal regional, comunicando o fato e a indicação dos nomes integrantes da nova composição do quadro dirigente que passa a representar a agremiação na respectiva circunscrição.

Mais nefasto ainda é o efeito de afugentar a formação de novos quadros e a participação da juventude idealista que acredita no regime democrático e na ordem jurídica como última trincheira para alterar a situação social que condena milhões à miséria, tudo isso em detrimento da ordem democrática representativa e dos seus corpos intermediários, os partidos políticos.

Esse quadro partidário caótico capaz de afetar negativamente o funcionamento da democracia representativa, a formação de novos quadros políticos, a economia e a influenciar as políticas públicas, frustrando a institucionalização de conflitos sociais, bem como a esperança de melhores dias, enseja a divulgação, na imprensa, de declarações prestadas por narcotraficantes e milicianos que revelam a crescente criminalidade e o tráfico de drogas ante o abandono imposto às comunidades carentes pela sociedade e pelo Estado[81].

Os seus efeitos corrosivos da sociedade e do Estado produzidos pela ditadura intrapartidária têm transformado os partidos em meras ficções que se apresentam para receber fundos partidários e utilizar os horários da propaganda gratuita para divulgar mensagens demagógicas que oneram o erário anualmente com uma despesa que já supera um bilhão de reais, por meio de compensações fiscais apostas em favor das concessionárias e permissionárias das emissoras de TV e rádio.

Acrescem a isso os chamados "programas sociais" que foram absorvidos pelas carências do povo mantido em permanente servidão e submissos aos candidatos que se apropriam do patrimônio público para transmitirem uma mensagem hipócrita, porém necessária, para receberem os apoios da base decorrentes do clientelismo e da satisfação de necessidades imediatas do eleitorado, através do vício do fisiologismo que busca fortalecer os donos dos partidos na evidente tentativa de alimentar seus próprios interesses.

A perdurar a ditadura intrapartidária, melhor adotar o sistema do candidato avulso admitido nos Estados Unidos da América, com os riscos inerentes a esse tipo de candidatura[82], mas com a possibilidade sempre presente de haver resistência popular[83], por ver frustrada qualquer possibilidade de respeito aos ideais democráticos, subtraídos, contemporaneamente, pela conivência

---

81 Milícia – captação ilícita de sufrágio.

82 No eleitorado brasileiro, suscetível à influência de apresentadores de programas de auditório, vendedores de indulgência e salvadores da pátria, a candidatura avulsa pode ser uma via perigosíssima para a democracia representativa.

83 Black Blocs e rolezinhos!

de cúpulas partidárias que não estão muito distantes do *modus operandi* das *societas sceleris* denunciado na imprensa nacional.

O malefício duradouro da ditadura intrapartidária está na supressão de oportunidades para a necessária oxigenação sociopolítica, ante a hipocrisia que incorpora os anseios da sociedade e ideologias distintas ao discurso político dos mais diferentes candidatos e partidos, fazendo com que todos eles tenham mensagens similares e, muitas vezes, contraditórias ante as suas bandeiras de luta[84].

Nada há de pior que condenar crianças, jovens e trabalhadores à desesperança, mormente cidadãos que repelem os atos de guerra e o terrorismo por acreditarem na nossa democracia participativa como instrumento para se alcançar a paz social!

Urge seja superada a ditadura intrapartidária, sob pena de comprometimento do Estado Democrático, cuja imunização, no Brasil, há de ser realizada pela via das agremiações políticas, pois, com raras exceções, deixaram de existir como correntes de pensamento e nunca antes estiveram tão fisiologicamente identificadas como nos dias correntes.

3.2.2. Dos meios políticos de superação da ditadura intrapartidária

> *O maior castigo para aqueles que não se interessam por política, é que serão governados pelos que se interessam.* (Arnold Toynbee)

A evolução do *homo politicus* e da sociedade está associada às "massas" integradas pelos oprimidos e a sua sazonal liderança por indivíduos que marcaram a atuação dos homens na sua duração no tempo, em busca de superar a opressão através das transformações sociais, construindo a nossa história em ciclos nem sempre ascendentes.

Em todas as grandes civilizações há narrativas acerca da mobilização das massas oprimidas contra seus opressores, desde a Bíblia, com a evocação de Esther na Pérsia e de Moisés no Egito, passando pela revolta dos gladiadores em Roma, liderados por Spartacus, e dos gauleses, por Vercingetorix; na Inglaterra dos barões contra João Sem-Terra e de Cromwell contra a realeza dos Stuarts; a revolução norte-americana com George Washington, John Adams, Thomas Jefferson e Benjamin Franklin; a revolução francesa com

---

84 Sabe-se que, no Brasil, em eleições anteriores, partidos de esquerda fizeram coligações com agremiações de direita! Tramita no Congresso Nacional projeto do Código Florestal que anistia infratores das normas de proteção ao meio ambiente e regulariza invasões patrocinadas por grandes "grileiros" de terras, tendo o deputado relator, integrante do PCdoB, merecido elogios da Confederação Nacional da Agricultura!

Danton, Marat e Robespierre, dentre tantos levantes, até chegar aos nossos dias com a formação do Estado e da democracia modernos.

Jules Michelet[85], um dos maiores historiadores do século XIX, apresenta seus estudos sobre a revolução francesa atribuindo no povo (as massas) a qualidade de autêntico protagonista daquele movimento que pôs termo ao *ancien régime*, e não aos seus líderes, aos quais reserva o papel de respeitáveis cidadãos úteis à defesa da causa popular, na medida em que detinham certa representação social.

A respeito da grandeza e decadência do político, contemporaneamente registra Jean Baudrillard que: *"o político e o social nos parecem inseparáveis constelações gêmeas sob o signo (determinante ou não) do econômico, pelo menos desde a Revolução Francesa. Mas hoje, para nós, isso provavelmente só é verdade para o seu declínio simultâneo"*[86].

Até então, o povo (as massas) é tido como o elemento subjetivo capaz de se rebelar contra a opressão e a promover as transformações sociais em prol do bem comum, consoante evocações encontradas em todos os tempos, desde a propaganda libertária de Thomas Paine à *marselhesa* cantarolada pelos revolucionários franceses a caminho de Paris; à convocação socialista *trabalhadores, uni-vos*, dentre tantas exortações ao pretenso bom combate!

É nesse cenário liberal-burguês que a democracia e o Estado modernos se constituem e são influenciados na passagem do século XIX para o XX pela figura do Estado Social de Direito, chegando aos nossos dias adaptada aos acertos e desacertos das sociedades contemporâneas, em que o seu traço

---

85 MICHELET, Jules. **História das Revoluções**. São Paulo; Companhia das Letras, 1989.

86 *É a partir do século XVIII, e particularmente depois da Revolução, que o político se infletiu de uma maneira decisiva. Ele se encarrega de uma referência social, o social se apodera dele. No mesmo momento começa a ser representação, seu jogo é dominado pelos mecanismos representativos (o teatro segue um destino paralelo: torna-se um teatro representativo – o mesmo acontece com o espaço perspectiva: de instrumental que era no início, torna-se o lugar de inscrição de uma verdade do espaço e da representação). A cena política se torna a cena da evocação de um significado fundamental: o povo, a vontade do povo, etc. Ela não trabalha mais só sobre signos, mas sobre sentidos, de repente eis que é obrigada a significar o melhor possível esse real que ela exprime, intimada a se tornar transparente, a se mobilizar e a responder ao ideal social de uma boa representação. Mas durante muito tempo ainda haverá um equilíbrio entre a esfera própria do político e as forças que nele se refletem: o social, o histórico e o econômico. Este equilíbrio sem dúvida corresponde à idade de ouro dos sistemas representativos burgueses (a constitucionalidade: a Inglaterra do século XVIII, os Estados Unidos da América, a França das revoluções burguesas, a Europa de 1848).*
É com o pensamento marxista em seus desenvolvimentos sucessivos que se inaugura o fim do político e de sua energia própria. Nesse momento começa a hegemonia definitiva do social e do econômico e a coação, para o político, de ser o espelho, legislativo, institucional, executivo, do social. A autonomia do político é inversamente proporcional à crescente hegemonia do social.
In **À Sombra das Maiorias Silenciosas**. Brasília: Brasiliense, 2004. p. 19-20.

peculiar não é mais o amortecimento dos anseios populares pela utilização da máxima *panis et circenses*, da religião ou do ópio, mas, sim, do consumismo desenfreado e a volatização do político, sendo o social identificado pelo termo "massa".

Neste contexto é que Jean Baudrillard constata o surgimento, no século XX, do fenômeno das *massas* ou *maiorias silenciosas* e do seu especial modo de se colocar na sociedade e perante o Estado pós-moderno, decisivamente influenciado pela doutrina neoliberal e pela ideologia do consumo que sustentam as economias em todo o planeta, conduzindo os destinos políticos das comunidades que tendem a se fundir, fazendo desaparecer as nações, as fronteiras, as culturas, as línguas e as moedas tradicionais.

Para Jean Baudrillard:

> *Todos os sistemas atuais funcionam sobre essa entidade nebulosa, sobre essa substância flutuante cuja existência não é mais social, mas estatística, e cujo único modo de aparição é o da sondagem, decorrente do enfraquecimento do político de uma pura ordenação estratégica a um sistema de representação, isto é em que o sistema se perpetua sob os mesmos signos multiplicados, mas que não representam mais nada e não têm seu "equivalente" numa "realidade" ou numa substância social real: não há mais investidura política porque também não há mais referente social de definição clássica (um povo, uma classe, um proletariado, condições objetivas) para atribuir uma força a signos políticos eficazes. Simplesmente não há mais significado social para dar força a um significante político.*
> *O fato de a maioria silenciosa (ou as massas) ser um referente imaginário não quer dizer que ela não existe. Isso quer dizer que não há mais representação possível. As massas não são mais um referente porque não têm mais natureza representativa. Elas não se expressam, são sondadas. Elas não se refletem, são testadas. O referendo (e as médias são um referendo perpétuo de perguntas/respostas dirigidas) substituiu o referente político. Ora, sondagens, testes, médias são dispositivos que não dependem mais de uma dimensão representativa, mas simulativa. Eles não visam mais um referente, mas um modelo.*
> *A revolução aqui é total contra os dispositivos da socialidade clássica (de que ainda fazem parte as eleições, as instituições, as instâncias de representação, e mesmo a repressão): em tudo isso, o sentido social ainda passa de um polo ao outro, numa estrutura dialética que dá lugar a um jogo político e às contradições*[87].

É nessa ambiência que se há de combater a anomia caracterizada pela inapetência das maiorias silenciosas (as massas) para o exercício da cidadania e a tomada da consciência do seu estar no mundo, caracterizada por ser amorfa e insensível à busca da conquista do espaço público que lhe compete em prol do bem comum, mediante o enfrentamento do totalitarismo emergente da doutrina neoliberal orientada pela ideologia do consumo, na mais

---

[87] BAUDRILLARD, Jean. **À Sombra das Maiorias Silenciosas**. Brasília: Brasiliense, 2004, p. 21-22.

valia e em governos de força que impõem uniformidades para a manutenção do *establishment*[88].

A pretensa democratização da riqueza por meio do consumismo pregado através da torrente de mensagens que reconstroem lugares míticos como a ilha Utopia ou Shangri-la revela o totalitarismo crescente e corrosivo dos valores ocidentais edificados ao longo dos últimos dois mil e quinhentos anos da nossa civilização, de modo a exigir sejam preservados o pluralismo, a solidariedade e a alteridade eleitos como fundamentos e objetivos da República Federativa do Brasil[89].

Bombardeadas de estímulos, de mensagens e de testes, as massas não são mais do que um jazigo opaco, cego, como os amontoados de gases estelares que só são conhecidos através da análise do seu espectro luminoso – espectro de radiações equivalente às estatísticas e sondagens. Mais exatamente: não é mais possível se tratar de expressão ou de representação, mas somente de simulação de um social para sempre inexprimível e inexprimido. Esse é sentido do seu silêncio. Mas esse silêncio é paradoxal – não é um silêncio que fala, é um silêncio que proíbe que se fale em seu nome. E, nesse sentido, longe de ser uma forma de alienação, é uma arma absoluta. Ninguém pode dizer que representa a maioria silenciosa, e esta é a sua vingança[90].

Por conta desse estado de coisas é que se avulta a importância da lição do Lorde Acton, para quem *o poder tende a corromper; o poder absoluto corrompe de maneira absoluta,* e da máxima originariamente atribuída a Thomas Jefferson, segundo a qual *o preço da liberdade é a eterna vigilância,* na medida em que a democracia concebida como ideal, filosofia, crença ou processo passa a depender da ação política de cidadãos determinados e abnegados para, através da atividade partidária, lutar pela preservação dos sagrados valores democráticos da liberdade, igualdade e dignidade da pessoa humana.

A partir do Consenso de Washington (1982) se iniciou a corrida neoliberal pelas grandes aquisições, fusões e incorporações, com o domínio dos mercados pela altíssima concentração de capitais e a prática de preços livres, em detrimento do consumidor e da dignidade da pessoa humana, que poderá retomar o *status* de máquina mercante: o escravo pós-moderno!

Caso os cidadãos contemporâneos não defendam os ideais democráticos conquistados a duras penas com a perda de vidas e da liberdade, em breve poderá surgir um esdrúxulo governo planetário constituído sob a forma de confederação liderada por um *pool* de corporações transnacionais (cartel) que exploram a produção de combustíveis, energias, armas, bancos, alimentos,

---

88   Surgirm movimentos populares em 2013, reivindicando participação na tomada de decisões políticas (Movimento Passe Livre, Black Blocs, rolezinhos).
89   Arts. 1º e 3º da Carta de 1988.
90   BAUDRILLARD, Jean. 2004, p. 23.

serviços de saúde, remédios, transportes, educação, cimento, ferro e aço, etc., com total desprezo pela soberania popular, perdida pela indiferença das maiorias silenciosas (massas).

É no regime democrático que o valor *Liberdade* encontra a sua maior expressão e tem o seu núcleo central, cabendo a cada cidadão *per se*, e através das instituições da sociedade civil, especialmente das agremiações políticas que se destinam a imunizá-lo contra os regimes de força, lutar para preservá-la de todos os simulacros, dentre os quais, contemporaneamente, exsurge o da ditadura intrapartidária!

São graves e enormes as responsabilidades que incidem sobre cada cidadão em defesa da democracia, mormente em prol das gerações futuras e da comunidade planetária, sob pena de termos que amargar as projeções catastróficas lançadas em obras de ficção.

Na atemporal obra literária *A Revolução dos Bichos*[91][92], George Orwell dirige crítica adaptável aos sistemas econômicos e regimes políticos de esquerda, de centro e de direita, alertando sobre a necessidade de se manter permanente vigilância e controle das classes dirigentes ante a sua tendência ao abuso dos poderes em detrimento do bem comum, independentemente da origem social, econômica e política.

Na sua grande metáfora, Orwell conta como os animais oprimidos se rebelaram contra o opressor, o homem dono da granja do Solar, e como suas lideranças primitivas – os porcos – estabeleceram as normas a serem observadas para a concretização da promessa da construção de uma vida melhor para todos.

E segue Orwell[93] narrando os fatos que levam à quebra dos Sete Mandamentos, especialmente da primeira regra que abomina absolutamente

---

91 ORWELL, George. São Paulo: Companhia das Letras, 2009.

92 Embora *A Revolução dos Bichos* tenha servido à indústria cinematográfica americana como propaganda política contra o stalinismo, a metáfora orwelliana se adapta aos sistemas econômicos conhecidos, por determinarem a adoção de regimes políticos que lhes são compatíveis para a disciplina das relações de poder entre governantes e governados e a busca da respectiva legitimação material, sem a qual ruem os governos.

93 "*Surpresos, aterrorizados, uns juntos dos outros, os bichos olhavam a fila de porcos marchar lentamente ao redor do pátio. Pareceu-lhes enxergar o mundo de cabeça para baixo – a despeito do terror dos cachorros ou do hábito, arraigado após tantos anos, de nunca se queixarem, nunca criticarem, pouco importa o que sucedesse -, poderiam lançar uma palavra de protesto. Mas exatamente nesse instante, como se obedecesse a um sinal combinado, as ovelhas, em uníssono, irromperam num balido espetacular:*
"*Quatro pernas bom, duas pernas melhor! Quatro pernas bom, duas pernas melhor! Quatro pernas bom, duas pernas melhor!*"
Baliram durante cinco minutos sem cessar. E quando se calaram, fora-se a oportunidade da palavra de protesto, pois os porcos já haviam voltado para dentro de casa.

os humanos e estabelece: *qualquer coisa que ande de duas pernas é inimiga e o que tiver quatro pernas, ou tiver asas, é amigo*, sendo as demais seus corolários (não usar roupas, não dormir em camas, não beber álcool, não matar outros animais e que todos os animais seriam iguais).

Certo dia os animais presenciaram, pela janela da casa grande, uma grande discussão entre os seus líderes – os porcos – e os seus opressores, os humanos fazendeiros vizinhos. Em meio a um jogo de pôquer, trocavam experiências mercantis e consumiam uísques e charutos, em total menoscabo aos interesses coletivos que deveriam representar, percebendo-se, então, a dura realidade: a tendência à nociva conivência entre as cúpulas do Poder, as quais tudo fazem para ali permanecer, olvidando os ideais que originaram o movimento social.

E assim George Orwell, no seu *Animal Farm*, conclui com metáfora: "*as criaturas de fora olhavam de um porco para um homem, de um homem para um porco e de um porco para um homem outra vez; mas já era impossível distinguir quem era homem, quem era porco*"[94].

Por isso, no plano político, para que seja superada a ditadura intrapartidária praticada por lideranças que se entrincheiram nos diretórios nacionais e estaduais/regionais, mister se faz a efetividade dos princípios democráticos e que se garanta o exercício do pluralismo político, um dos fundamentos da República Federativa do Brasil[95], mormente no âmbito intrapartidário, mantendo-se, em todas as instâncias, interna e externa, a permanente e necessária tensão entre as forças políticas que representam o povo em face dos fatores reais do poder.

O natural funcionamento de uma democracia intrapartidária atuará como um sistema de freios e contrapesos, através do código binário situação *versus* oposição, sem prejuízo da pluralidade política interna, regulando e equilibrando a balança do Poder em todas as esferas – o diretório municipal

---

Benjamin sentiu um focinho esfregar-lhe o lombo. Era Quitéria. Seus olhos pareciam mais encobertos que nunca. Sem dizer palavras, ela o puxou delicadamente pela crina, levando-o até o fundo do grande celeiro, onde estavam escritos os Sete Mandamentos. Durante um ou dois minutos ficaram olhando a parede alcatroada com o grande letreiro branco.
"Minha vista está falhando", ela disse afinal. "Mesmo quando eu era moça, não conseguia ler o que estava escrito aí. Mas me parece agora que está meio diferente. Os Sete Mandamentos são os mesmos de sempre Benjamin?"
Pela primeira vez Benjamin consentiu em quebrar sua norma e leu para ela o que estava escrito na parede. Nada havia, agora, senão um único Mandamento que dizia:
TODOS OS BICHOS SÃO IGUAIS, MAS ALGUNS BICHOS SÃO MAIS IGUAIS QUE OUTROS!" (ORWELL, George. São Paulo: Companhia das Letras, 2009).

94 ORWELL, George. 2009. p. 106 e 112.
95 Art, 1º.V, e/e art. 17, *caput*, CF.

(a instância local), passando pelo diretório estadual até o nacional, sempre de baixo para cima, tendo em vista a titularidade do Poder centrado no regime democrático e na soberania popular, com o fito da obtenção do consenso social próprio deste regime político.

O controle político, no plano interno dos partidos, também se faz a cada certame intrapartidário destinado ao provimento dos cargos das comissões executivas municipais, estaduais e nacional e, em especial, nos permanentes debates acerca das questões políticas, econômicas e sociais (v. g. educação, saúde pública, saneamento básico, aborto, grandes obras públicas: transposição do Rio São Francisco, implantação de hidrelétricas na região Norte), eutanásia, financiamento para o pequeno produtor rural, demarcação das terras indígenas, etc.

Eventuais divergências ideológicas ou meramente formais haverão de ser dirimidas à luz dos princípios democráticos, das normas constitucionais, legais e estatutárias, do ideário programático, além das diretrizes legitimamente estabelecidas[96] para as quais se exige, como condição de validade no processo eleitoral em curso, que seja objeto de deliberação prenhe dos requisitos legais até 180 dias antes do pleito, e obtenha registro no Tribunal Superior Eleitoral antes da realização das convenções.

Através de eleições periódicas e novas filiações de eleitores sempre haverá a oportunidade de renovação dos quadros dirigentes da agremiação, no mínimo, propiciando o debate democrático e o fortalecimento dos grupos que representam correntes de opinião no âmbito interno da agremiação.

A cada biênio ocorrem eleições municipais e gerais, oportunidades em que os grupos e tendências de cada partido terão novas chances de disputarem, em convenção, as vagas, obterem o registro das candidaturas e se sagrarem vitoriosos nas urnas, promovendo-se, assim, a imprescindível alternância do Poder, corolário do princípio republicano.

Para que a necessária oxigenação ocorra, é indispensável garantir-se às instâncias partidárias, em todos os níveis, o respeito às deliberações de interesse local, da competência do respectivo diretório municipal, em observância aos princípios federativo, republicano, da autonomia partidária e da não intervenção.

Com a obrigatoriedade, a partir das eleições gerais de 2010, do registro dos programas de governo dos candidatos às chefias do Poder Executivo (Presidente, Governadores e Prefeitos)[97], mais ainda avulta a importância dos debates acerca dos temas de interesse comunitário e de que sejam respeitadas

---

96 Art. 1º da Lei nº 9.096/95, c/c art. 7º, § 1º da Lei nº 9.504/1997 e art. 8º, § 1 o da Resolução TSE nº 23.221/2010.

97 Art. 11, § 1º, IX da Lei nº 9.504/1997 com a redação dada pela Lei nº 12.034/2009.

as deliberações das bases partidárias, em homenagem à soberania popular e à representação democrática.

É que a Teoria dos Poderes Implícitos, cunhada pela doutrina constitucionalista norte-americana, de há muito consagrou as máximas: *quem quer os fins deve propiciar os meios* e a de *não existirem palavras inúteis na Lei*[98].

A nova obrigação eleitoral[99] imposta aos pretendentes ao registro das candidaturas ao Poder Executivo, sob pena do indeferimento do pedido, demonstra que os programas de governo somente serão legítimos se passarem pelo crivo democrático das respectivas instâncias partidárias constituídas e que funcionem nas respectivas circunscrições eleitorais, um ano antes do pleito.

O registro dos programas de governo apresenta conteúdo moral e pedagógico, alertando os candidatos do dever que assumem perante a comunidade de cumpri-los, abrindo-se a oportunidade para os debates e a admissão, no Brasil, da figura do *recall* ou voto destituinte, ora objeto de projeto de lei em curso no Congresso Nacional[100].

Sabe-se que uma nova cultura não se estabelece sem resistência de alguns que teimam em manter a velha prática do mandonismo, do qual o coronelismo e o caudilhismo são suas comuns manifestações[101].

É preciso, pois, que seja superada a ditadura intrapartidária, a fim de que seja restabelecida a igualdade de oportunidades que caracteriza a República, viabilizando, assim, a formação de novos quadros políticos brotados da prática democrática formada natural e espontaneamente no âmbito de grupamentos de menor dimensão social, como os grêmios escolares, sindicatos, corporações, clubes de serviço e quiçá, como no passado, da União Nacional dos Estudantes (UNE), a partir dos valores de liberdade, igualdade e dignidade da pessoa humana.

Ao serem garantidas as mesmas chances para todos, resulta a confiança de que o sucesso pessoal, profissional e político, especialmente, o fim último da existência humana (a felicidade) passa a depender da personalidade de cada cidadão e da respectiva mundividência, propiciando-se, assim, o surgimento de novas lideranças locais, regionais e nacionais, e não de laços de

---

98 *Verba cum effectu sunt accipienda* (as leis não contêm palavras inúteis). As disposições legais devem ser interpretadas de modo que não pareça haver palavras inúteis.

99 Lei n. 12.034/2009 que altera dispositivos da Lei n. 9.504/97.

100 PEC nº 4771/2010.

101 Após vinte e um anos de governo militar, a herança política resultante de um governo de força ainda se faz sentir quando se verifica que, atualmente no Brasil, em todos os grandes partidos, encontram-se nos órgãos de cúpula os descendentes e apadrinhados dos beneficiários tradicionais da máquina administrativa, ou seja, na geração presente o indivíduo ainda nasce predestinado a ser prefeito, deputado, governa¬dor, senador e até presidente da República!

consanguinidade ou qualquer outro tipo de relação que importe em odiosa discriminação do indivíduo.

O controle social praticado pela via do sistema de freios e contrapesos, em todos os níveis da sociedade e do Estado pode imunizar do abuso de poder a que tendem os indivíduos que o exercem em nome do Estado, cujas deturpações foram registradas por Lorde Acton e Montesquieu.

Ainda no que toca às relações de Poder, há de se levar em consideração, *mutatis mutandis*, a advertência do anarquista Bakunin[102]:

> Assim, sob qualquer ângulo que se esteja situado para considerar esta questão, chega-se ao mesmo resultado execrável: o governo da imensa maioria das massas populares se faz por uma minoria privilegiada. Esta minoria, porém, dizem os marxistas, compor-se-á de operários. Sim, com certeza, de antigos operários, mas que, tão logo se tornem governantes ou representantes do povo, cessarão de ser operários e por-se-ão a observar o mundo proletário de cima do Estado; não mais representarão o povo, mas a si mesmos e suas pretensões de governá-lo. Quem duvida disso não conhece a natureza humana.

É nesse universo em que o coletivo se sobrepõe ao individual, sem suprimir a cidadania, que John Rawls[103] doutrina:

> A natureza social da espécie humana é demonstrada da melhor forma quando a contrapomos com a concepção da sociedade privada. Com efeito, os seres humanos partilham os seus objetivos finais e consideram as suas instituições comuns e atividades como sendo um bem em si mesmas. Precisamos uns dos outros como associados que se empenham em formas de vida que possuem um valor próprio, e os sucessos e alegrias dos outros são necessários para o nosso próprio bem, sendo dele complementares. Essas ideias são assaz evidentes, mas exigem algum desenvolvimento.
> Assim, de acordo com Humboldt, podemos dizer que é através da comunidade social, baseada nas necessidades e potencialidades dos seus membros, que cada pessoa pode beneficiar da realização da totalidade das qualidades naturais dos outros. Chegamos, assim, à ideia de que a espécie humana forma uma comunidade cujos membros gozam das qualidades e da personalidade uns dos outros, de acordo com o que é tornado possível por instituições livres, e reconhecem o bem de cada um como um elemento de uma atividade, cujo sistema de conjunto merece o consentimento e dá prazer a todos. Esta comunidade pode também ser imaginada como sendo duradoura, pelo que, na história de uma sociedade, as contribuições conjuntas das sucessivas gerações podem ser concebidas de forma semelhante.

---

102 Bakunin to Nechayev on the role of secret revolutionary societies", Mikhail Bakunin, June 2, 1870 letter to Sergey Nechayev; Quoted *in* Daniel Guerin, *Anarchism: From Theory to Practice* (New York: Monthly Review Press, 1970), pp.25-26; *Anarchism: A Documentary History of Libertarian Jdeas Volume One: From Anarchy to Anarchism* (300CE to 1939), Robert Graharn, Black Rose Books, March 2005.

103 RAWLS, John. Uma Teoria da Justiça. Tradução de Carlos Pinto Correia. Lisboa: Editorial Presença, 1993, p. 396.

Por conta disso, se não for superado, imediatamente, o quadro da ditadura intrapartidária instalada no País, ter-se-á mais uma geração castrada do exercício da cidadania e do sagrado direito de influenciar legitimamente o próprio destino e o dos seus concidadãos.

4. DA APLICABILIDADE E LIMITES DA FIDELIDADE PARTIDÁRIA

Desde que o Supremo Tribunal Federal conferiu efetividade ao princípio da Fidelidade Partidária que se vem discutindo a sua extensão, pretendendo os dirigentes dos órgãos de cúpula extrair interpretações constitucionais que envolvam tanto os atos partidários quanto os tipicamente legislativos, daí redundando o nefasto fenômeno da ditadura intrapartidária, pois, dessa forma, submeteriam a todos, mormente aos eleitos pela agremiação à vontade arbitrária e caprichosa do "dono do partido", inclusive nas votações!

A propósito da aplicabilidade das normas constitucionais do art. 1º, *caput*, c.c. art. 14, § 3º, V e art. 17, § 1° da CF ante a situação político-partidária ora verificada, Ronald Dworkin[104]:

> Estabeleci uma distinção entre duas formas de integridade ao arrolar dois princípios: a integridade na legislação e a integridade na deliberação judicial. A primeira restringe aquilo que nossos legisladores e outros partícipes de criação do direito podem fazer corretamente ao expandir ou alterar nossas normas públicas. A segunda requer que, até onde seja possível, nossos juízes tratem nosso atual sistema de normas públicas como se este expressasse e respeitasse um conjunto coerente de princípios e, com esse fim, que interpretem essas normas de modo a descobrir normas implícitas entre e sob as normas explícitas.
> A integridade exige que as normas públicas da comunidade sejam criadas e vistas, na medida do possível, de modo a expressar um sistema único e coerente de justiça e equidade na correta proporção. Uma instituição que aceite esse ideal às vezes irá por esta razão afastar-se da estreita linha das decisões anteriores, em busca da fidelidade aos princípios concebidos como mais fundamentais a esse sistema como um todo[105].
> O princípio legislativo da integridade exige que o legislativo se empenhe em proteger, para todos, aquilo que vê como seus direitos morais e políticos, de tal modo que as normas públicas expressem um sistema coerente de justiça e equidade[106].
> O principio judiciário da integridade instrui os juízes a identificar direitos e deveres legais, até onde for possível, a partir do pressuposto de que foram todos criados por um único autor – a comunidade personificada -, expressando uma concepção coerente de justiça e equidade[107].

---

104 DWORKIN, Ronald. **Império do Direito**. São Paulo: Martins Fontes, 1999, p. 261.
105 *Idem*. p. 264.
106 *Idem*. p. 266.
107 *Idem*. p. 204-212.

Portanto, há de ser preservada a unidade, a coerência e a coesão do sistema partidário integrante do nosso sistema eleitoral, porque corolário do regime democrático e da ordem jurídica, a revelar a sua compatibilidade e aplicabilidade da Teoria da Integridade de Dworkin, para quem a concepção do Direito encontra sua razão de existir na *construção teórica que mais bem explica* ou *justifica a força estatal* que, nas democracias, é extraída da soberania popular, a partir da eleição dos parlamentares com a responsabilidade de editar as Leis e fiscalizar os demais Poderes.

Por tudo isso, os atos partidários ilegítimos praticados pelos dirigentes dos órgãos de cúpula são passíveis de apreciação judicial, no que toca à observância das normas constitucionais (princípios e regras), legais e estatutárias, afastando-se o arbítrio, fonte de reprováveis nefastos abusos.

4.1. Sistemas institucionais de proteção ou de controles políticos[108]

4.2. Atos partidários e atos legislativos: distinção

As instituições políticas modernas são relacionadas às revoluções inglesas (1624 e 1688), americana (1776) e francesa (1789), quando foram sendo moldados o Estado, a Democracia, a República, a Federação e outros mecanismos que chegam à contemporaneidade para compor o que, genericamente, se convencionou chamar de Estado Democrático de Direito.

Esses institutos, isoladamente considerados, não se manteriam sem que a eles se *ligasse* um eficiente sistema de freios e contrapesos *(cheks and balances)* formado pelos princípios da autonomia, da não intervenção, dentre outros instrumentos eficazes para a preservação do equilíbrio entre todos os entes que integram o Estado e a sociedade e constituem a República Federativa do Brasil[109].

Afiguram-se, pois, necessárias distintas formas de controle ou de proteção institucionais para preservar o equilíbrio e a integridade dos sistemas político, econômico e social, contínua e permanentemente, sob pena da hipertrofia de um deles, em prejuízo do regime democrático.

E, na esfera do Poder político, é de peculiar importância identificar e disciplinar, mediante distinção, os atos partidários (simples e *interna corporis* e os qualificados), dos atos tipicamente legislativos ou parlamentares (elaborar

---

108 No Capítulo VI, os sistemas institucionais de proteção ou controle político e a distinção entre atos partidários e atos tipicamente legislativos ou parlamentares foram amplamente examinados.

109 Não é à toa que, na atualidade, ainda se discute se a França é uma república que tende para o modelo de democracia da América do Norte! (MIDDELAAR, Luuk van. **Politicídio**. 1ª ed. São Paulo: É Realizações, 2015).

leis e fiscalizar os demais Poderes), para efeito de aplicação dos respectivos sistemas de proteção ou de controle.

O constituinte de 1988 reconheceu a existência de dois *sistemas de proteção ou de controle,* um *partidário* (qualitativos interno e externo)[110] e outro *legislativo* ou *parlamentar*[111], respectivamente, destinados à atividade partidária e à atividade legislativa ou parlamentar, distintas entre si, embora unidas por uma conexão necessária, já que não se admite candidatura avulsa, por exigir-se a prévia filiação[112].

4.3. Atos legislativos imunes à fidelidade partidária

No contexto da realidade constitucional subsumida à Carta jurídica, revela-se que o legislador constituinte distinguiu atos partidários de atos tipicamente legislativos, havendo de ser preservado o valor democrático *liberdade,* a maior conquista da civilização ocidental que autoriza o magistrado a julgar em conformidade com o seu convencimento, desde que devidamente fundamentado (princípio da persuasão racional); o chefe do executivo a escolher as políticas públicas por critérios de conveniência e oportunidade e os parlamentares de votarem leis e fiscalizar os demais Poderes, porque atos tipicamente legislativos, de acordo com a sua consciência.

À luz da imunidade constitucional material, os atos tipicamente legislativos[113] de votar leis e de fiscalizar, acerca dos quais os representantes têm ampla liberdade *e não estão submetidos ao princípio da Fidelidade,* não dispõem de aptidão para ser causa eficiente do surgimento de uma ditadura partidária e (intra) partidária capaz de subtrair do parlamentar o exercício da sua livre manifestação, de forma a desnaturar o funcionamento das Casas Legislativas, com consequente malferimento do regime democrático representativo.

Contudo, o partido que porventura adotar uma ideologia democrata-cristã poderá se opor legitimamente ao aborto, de modo que, a preservação, nos seus quadros, de um representante eleito que seja favorável à prática implicaria em uma insuperável contradição interna que repercute diretamente e em prejuízo da *affectio societatis,* o amálgama que mantém coesas as partes que integram o todo, sem o qual se desfaz o vínculo partidário[114].

---

110 Art. 17, § 1º da CF.

111 Arts. 53 a 56 da CF.

112 Art. 14, § 3º, V da CF.

113 Também denominados de atos parlamentares.

114 Um tradicional jornal francês que mantinha a tendência de esquerda e, ao ser vendido a um grupo de direita, seus jornalistas tiveram veredicto da justiça, no sentido de que eles não estariam obrigados a seguir a nova linha editorial, reconhecendo-lhes todos os direitos decorrentes da liberdade de expressão e de profissão.

Nessa hipótese, haveria o julgador de conferir interpretação lógico-sistemática capaz de manter a integridade do sistema político, mediante a aplicação da norma do art. 1º, § 1º, inciso III da Resolução TSE nº 22.610/2007 *(mudança substancial ou desvio reiterado do programa partidário)*, disciplinando o processo de perda de cargo eletivo, bem como de justificação de desfiliação partidária[115], na qual apresenta o rol de *justas causas* ensejadoras do desligamento do partido, sem gravame para aquele que foi eleito pela legenda.

Se uma maioria partidária pretender impor diretrizes que contrariem a consciência de um filiado, tem ele o direito de se desvincular do partido, seja parlamentar ou não. Daí a existência de "justa causa" para o afastamento do princípio da fidelidade.

No plano estreito dos Estados de Partido[116], do tipo totalitário, o representante (deputado) continua sendo cidadão livre com todo direito de, no interior do Partido, articular e defender as suas convicções políticas. Assim, à medida que exerce a sua influência no interior do Partido, passando a colaborar na formação da vontade majoritária da organização, ele deve acatar e comprometer-se em defender as diretrizes aprovadas, por uma questão ética e democrática. Desta forma, no Estado de Partidos o representante se torna apenas porta-voz do Partido; seu discurso, seu voto e, consequentemente, sua participação nas deliberações legislativas ficam totalmente vinculados aos interesses do Partido ao qual pertence[117].

Contudo, em um autêntico ambiente democrático, seria desejável que a sociedade evoluísse o suficiente para que o povo, tomando consciência da sua titularidade no Poder político, exercesse a cidadania em todas as suas dimensões, participando ampla e intensamente dos debates internos sobre as questões de interesse da agremiação e da comunidade (o bem comum).

Assim, ficariam os representantes eleitos adstritos à transmissão, aos parlamentos, da vontade partidária extraída do consenso interno, sem que, por isso, viesse a sofrer prejuízo no exercício da sua liberdade de manifestar opiniões, palavras e votos. Mas, contrariando a vontade da base, poderia sofrer a reprovação política, seja na esfera partidária, pela negativa, por parte

---

115 Art. 1º. (...) § 1º. "Considera-se justa causa: I - incorporação ou fusão do partido; II – criação de novo partido; III – mudança substancial ou desvio reiterado do programa partidário; IV – grave discriminação pessoal. (...)".

116 O Brasil é um Estado parcial de partidos.

117 LEIBHOLZ, Gehard. "Representation y Identidad", *In* KURT, Lenk *et* NEUMANN, Franz. **Teoria y Sociologia Críticas de los Partidos Politicos**, *apud* MEZZAROBA, *in ob. cit.* p. 181.

dos convencionais, da legenda para candidatura futura[118], seja pelos eleitores, nas urnas.

Daí emerge cristalino o entendimento de que a adoção do instituto da Fidelidade Partidária não implica uma *partidocracia*, nem autoriza a ditadura intrapartidária, até porque a *sua incidência se restringe à atividade e aos atos partidários simples*, distinto dos *atos partidários qualificados* por influenciarem o processo eleitoral e, como tal, passam pelo crivo da Justiça especializada, com o fito de conferir-lhes eficácia[119], sendo, ainda, inconfundíveis com os *atos tipicamente legislativos*.

Registra-se que os riscos da ditadura (intra) partidária são afastados pelo rigor dos princípios democrático, republicano, federativo, da separação de poderes, dos freios e contrapesos e da não intervenção acolhidos na ordem jurídica do Estado brasileiro.

Dessa forma, a democracia interna, alicerçada principalmente no respeito à autonomia[120] das agremiações, em todas as instâncias, mormente dos diretórios municipais e regionais, imunizaria o nosso regime político contra o totalitarismo em que, contemporaneamente, estão investidos os "donos dos partidos", subtraindo a titularidade do Poder que é do povo[121] e maculando a autenticidade do sistema representativo[122].

5. DA NECESSIDADE DE UM PROCESSO ELEITORAL ESPECÍFICO PARA A PERDA DO MANDATO OU CARGO ELETIVO POR ATO DE INFIDELIDADE PARTIDÁRIA

No momento em que os partidos políticos constituem o elo entre a sociedade e o Estado, cuja ideologia defendida por uma agremiação é de conhecimento prévio da comunidade, afigura-se cristalino que na eleição, mais que eleger as pessoas que irão governar, o eleitorado define como deve ser conduzido o governo e quais as políticas públicas a serem implementadas na sua comunidade[123], influenciando o seu próprio destino, tudo no contexto do princípio da dignidade humana, um dos fundamentos da República Federativa do Brasil.

---

118 A candidatura nata é inconstitucional (STF, ADI n. 2530-0).

119 A exemplo da escolha de candidaturas em convenção, formação de coligações, homonímia, cumprimento da cota de 30% para as candidaturas de mulheres, prestação de contas, dentre outros.

120 Art. 17, § 1º da CF.

121 Art. 1 º, *caput* e parágrafo único, e/e art. 14, *caput* da CF.

122 Art. 1º, *caput* da Lei nº 9.096/1995.

123 Art. 11, § 1º, inciso IX da Lei nº 9.504/1997

Sob a égide da Carta de 67, com a Emenda Constitucional nº 1/1969, foi editada a Lei nº 5.682/1971, definindo a estrutura, organização e funcionamento dos partidos políticos, aos quais foi atribuída a natureza de pessoa jurídica de direito público interno. Por isso foi aquele diploma legal denominado de Lei Orgânica dos Partidos Políticos (LOPP).

Tratava-se de uma legislação partidária imposta pelo governo militar na qual os atos partidários eram considerados atos de autoridade passíveis de impugnação pela via do mandado de segurança, competindo sua apreciação e julgamento à Justiça Eleitoral. Não se cogitava, então, da competência da Justiça comum estadual para adentrar a seara dos atos partidários, tendo em vista que o sistema partidário necessariamente integra o sistema eleitoral brasileiro.

A Assembleia Nacional Constituinte formada para elaborar a Constituição Federal de 1988 cuidou de constitucionalizar os partidos políticos[124], libertando-os (princípio da liberdade partidária) do jugo do Estado, referentemente à sua criação, fusão, incorporação e extinção, conferindo-lhes, ainda, a natureza de pessoa jurídica de direito privado, com similar constituição mediante registro na respectiva serventia extrajudicial[125].

Outorgou-se também a autonomia constitucional para as agremiações definirem sua estrutura interna, organização e funcionamento, devendo conter normas de disciplina e fidelidade partidárias[126].

Estabeleceu o constituinte originário que a aquisição de capacidade eleitoral para participar das eleições e gozar de suas prerrogativas depende de registro dos estatutos partidários no Tribunal Superior Eleitoral que tem competência, em sede de *controle qualitativo externo,* de verificar terem sido resguardados a soberania nacional, o regime democrático, o pluripartidarismo, os direitos fundamentais da pessoa humana e observados o caráter nacional, a proibição de recebimento de recursos financeiros de entidade ou governo estrangeiros ou de subordinação a estes, prestação de contas à justiça eleitoral e funcionamento parlamentar de acordo com a lei.

Integram a ordem jurídica os princípios da liberdade e autonomia partidárias que defluem diretamente da Constituição Federal e não admitem restrição infraconstitucional, até porque o Capítulo V do Título II integra o rol das cláusulas pétreas necessárias à efetividade dos princípios democrático, republicano, federativo e, em última análise, do próprio exercício dos direitos fundamentais que deles resultam, bem como as respectivas garantias.

---

124   O Brasil é um Estado parcial de partidos.
125   Art. 17, *caput,* da CF.
126   Art.17, § 1º, da CF.

Para vencer os vícios do totalitarismo que viceja internamente na maioria das agremiações políticas, o Poder Legislativo já editou a lei 13.165/2015 e a emenda constitucional 91/2016.

Com solução legislativa da abertura imediata de uma "janela temporal"[127], 30 (trinta) dias após a promulgação da EC 91/2016, a classe política pôde se reorganizar no interior da agremiação que lhe aprouvesse. E, ao depois, nos termos do art. 22-A da LPP, abrir-se-á, a cada ano eleitoral, similar oportunidade nos 30 dias que antecedem os seis meses do dia da votação[128].

Doravante, basta que o Tribunal Superior Eleitoral e o Supremo Tribunal Federal enfrentem a crucial questão da ditadura e lhe deem o tratamento devido à luz do Estado Democrático de Direito, como ocorreu no julgamento da Fidelidade Partidária.

Urge seja superada a ditadura intrapartidária ora imperante no nosso sistema político, mormente pela via do Poder Judiciário Eleitoral, pois, sem o respeito aos direitos políticos e subjetivos, à autonomia e à competência das instâncias partidárias que devem ser garantidas contra interferências dos órgãos de cúpula, mormente quando não haja uma justa causa e sem que sejam observados os princípios constitucionais do devido processo legal, juiz natural, contraditório e a ampla defesa, a Nação corre o risco da estagnação política, mantendo um regime de privilégios que repugna a nossa República Federativa e o Estado Democrático de Direito.

Enfim, quando o Poder Judiciário Eleitoral ou o Supremo Tribunal Federal puserem termo à ditadura intrapartidária, o Brasil poderá conhecer a eficácia do lema progressista cunhado por Alfredo Emanuel Smith: *Todos os males da Democracia se podem curar com mais democracia!*

O Supremo Tribunal Federal recomendou ao Tribunal Superior Eleitoral que fossem expedidas instruções[129], até a edição de Lei[130] dispondo acerca do processo e do procedimento pertinentes às ações eleitorais adequados para a aplicabilidade da norma do art. 17 da Constituição Federal, conferindo, assim, efetividade ou eficácia social ao instituto da Fidelidade Partidária, cujo rito será objeto de análise no Capítulo IX.

---

127 Foi a solução adotada em França, no período imediatamente anterior à eleição presidencial de Nicolas Sarkozy.

128 A Lei 13.165/2015 acrescentou o art. 22-A ao texto da Lei 9.096/95 (... *mudança de partido efetuada durante o período de trinta dias que antecede o prazo de filiação exigido em lei para concorrer à eleição, majoritária ou proporcional, ao término do mandato vigente*).

129 Resolução TSE nº 22.610/2007.

130 A Lei nº 13.165/2015 estabeleceu regras gerais sobre as hipóteses de justa causa para a perda do mandato e do cargo eletivos, por ato de infidelidade partidária, e para legitimar o desligamento partidário sem gravame, mas não dispôs sobre o rito das pertinentes ações eleitorais que permanecem disciplinadas pela Resolução TSE nº 22.610/2007 e pela construção pretoriana do TSE.

CAPÍTULO IX

DAS AÇÕES DA FIDELIDADE PARTIDÁRIA

Na democracia, o rigor processual deve preservar a lisura e a normalidade das eleições como garantia dos direitos das minorias, da autenticidade do sistema representativo e da legitimidade material do poder, contra todas as formas de abuso. (Roque Aras)

SUMÁRIO. **1.** Legislação de regência. **2.** Conceito e natureza da ação; **2.1.** Jurisdição e Competência; **2.2.** Do sistema e processo eleitorais; **2.3.** Da Competência da Justiça Eleitoral; **2.3.1.** Fases do processo eleitoral. **3.** Das ações da fidelidade partidária; **3.1.** Da ação de decretação da perda do mandato ou cargo por ato de infidelidade partidária: **3.1.1.** Da Competência (Resolução TSE nº 22.610/2007); **3.1.2.** Pressupostos processuais: subjetivos e objetivos; **3.1.3.** Condições da Ação; **3.1.3.1.** Legitimidade das partes; **3.1.3.1.1.** Legitimidade ativa sucessiva e concorrente; **3.1.3.1.2.** Legitimidade passiva e litisconsórcio; **3.1.3.2.** Interesse processual; **3.1.3.3.** Possibilidade jurídica do pedido. **3.1.4.** Das Justas Causas para o desligamento partidário: **3.1.4.1.** Incorporação ou fusão de partido; **3.1.4.2.** Criação de partido; **3.1.4.3.** Mudança substancial ou desvio reiterado do programa partidário; 3.1.4.3.1. Mudança substancial; **3.1.4.3.2.** Do Desvio Reiterado do Programa Partidário; **3.1.4.4.** Grave discriminação política pessoal; **3.1.4.5.** Da Janela Partidária; **3.1.5.** Decadência; **3.1.6.** Da Sentença e sua eficácia; **3.1.7.** Dos Recursos. **3.2.** Da Ação de Justificação de desligamento (desfiliação) partidário: **3.2.1.** Da Natureza jurídica; **3.2.2.** Da Legitimidade ativa; **3.2.3.** Da Legitimidade passiva e litisconsórcio; **3.2.4.** Do Interesse de agir; **3.2.5.** Da Decadência. **4.** Do Mandado de Segurança para apreciar atos partidários. **4.1.** Da Competência da Justiça Eleitoral. **4.2.** Do Cabimento do Mandado de Segurança.

1. LEGISLAÇÃO DE REGÊNCIA

O Supremo Tribunal Federal[1] recomendou ao Tribunal Superior Eleitoral[2-3] que disciplinasse o processo de perda de mandato eletivo, bem

---

1 Julgados dos mandados de segurança nºs. 26.602-DF, 26.603-DF e 26.604-DF, nas sessões dos dias 03 e 04 de outubro de 2007.
2 Art. 23 – "Compete, ainda, privativamente, ao Tribunal Superior:
(...) XVIII – tomar quaisquer outras providências que julgar convenientes à execução da legislação eleitoral".
3 Art. 61. "O Tribunal Superior Eleitoral expedirá instruções para a fiel execução desta Lei".

assim de justificação de desfiliação partidária, para atribuir efetividade à norma do art. 17, § 1º da Constituição Federal[4], o que ocorreu por meio da Resolução n. 22.610, de 25 de outubro de 2007.

Quem exerce mandato político cumpre o dever de fidelidade quando sua atuação for condizente com as normas estatutárias, as diretrizes e o ideário programático do partido, fortalecendo a ideia de democracia representativa e, em *ultima ratio*, de alinhamento dos eleitos à vontade popular manifestada através do sufrágio universal.

A fundamentabilidade advém da prevalência dos direitos do homem em todos os graus do sistema jurídico, inclusive perante o legislador. Um interesse é fundamental se sua violação ou não satisfação significar a negação ou lesão grave do direito ou, ainda, acertar-lhe o núcleo da autonomia[5].

Para Luís Roberto Barroso[6], os princípios apresentam uma identidade ideológica e ética em relação ao sistema jurídico e *"seu conteúdo aberto permite a atuação integrativa e construtiva do intérprete, capacitando-o a produzir a melhor solução para o caso concreto, assim realizando o ideal de justiça".*

O princípio da Fidelidade Partidária funciona no partido político em uma relação dialética entre os direitos e os deveres dos filiados exercidos coerentemente com a ideologia que os orientam a partir de uma doutrina divulgada na sua atividade permanente e, em especial, ao eleitor com vista às eleições.

José Cretella Junior afirma que a fidelidade detém cunho ético, uma vez que a ideia de devoção voluntária remonta ao íntimo do próprio filiado. Ao citar Manoel Gonçalves Ferreira Filho, aquele publicista preleciona ser o instituto da fidelidade partidária *a consagração consciente, completa e prática do membro do partido, levando-o a agir de tal modo que a entidade consiga atingir os fins políticos, a que se propõe, do melhor modo possível*[7].

---

4 Art. 17. "É livre a criação, fusão, incorporação e extinção de partidos políticos, resguardados a soberania nacional, o regime democrático, o pluripartidarismo, os direitos fundamentais da pessoa humana e observados os seguintes preceitos:
(...) § 1º É assegurada aos partidos políticos autonomia para definir sua estrutura interna, organização e funcionamento e para adotar os critérios de escolha e o regime de suas coligações eleitorais, sem obrigatoriedade de vinculação entre as candidaturas em âmbito nacional, estadual, distrital ou municipal, devendo seus estatutos estabelecer normas de disciplina e fidelidade partidária".

5 ALEXY, Robert. **Constitucionalismo Discursivo**. Tradução de Luís Afonso Heck. 4ª ed. rev. Porto Alegre: Livraria do Advogado, 2015, p. 48.

6 BARROSO, Luís Roberto. **Curso de Direito Constitucional Contemporâneo**. 5ª ed. São Paulo: Saraiva, 2015, p. 244.

7 CRETELLA JUNIOR, José. **Comentários à Constituição Brasileira de 1988**: art. 5º LXVIII ao art. 17. 3ª ed. v. II. Rio de Janeiro: Forense Universitária, 1994, p. 1129-1130.

Diante das inúmeras e imotivadas trocas de legendas ocorridas ao longo dos quatriênios que antecederam 04 de outubro de 2007, foi e continua sendo considerado o instituto da fidelidade partidária como instrumento idôneo para salvaguardar a autenticidade do sistema representativo e do regime democrático.

A decretação da perda de mandato eletivo por infidelidade partidária ou, inversamente, a declaração de justa causa (justificação) para o desligamento, tem a finalidade de preservar o ambiente do Poder constituído por ocasião do sufrágio universal, por meio do voto, considerando a opção do eleitor no que se refere ao ideário apresentado pela agremiação política.

A fidelidade partidária é mais que preceito ético na política. No âmbito constitucional engendra relevante princípio dotado de força normativa e efetividade a ser observada na ordem jurídica. Na esfera sócio-política, configura instituição que imuniza a sociedade contra as ditaduras pela despersonalização do poder, sendo concebida como mecanismo de frenagem e, por conseguinte, de proteção do regime democrático.

É pela associação do eleito e do eleitor à ideologia e aos programas da agremiação que se observa o vínculo psicológico (*affectio societatis*), mantendo o grupo unido em torno de um ideal comum, de modo a contribuir para a formação do consenso social, através das manifestações da majoritária vontade popular, com respeito, outrossim, às correntes minoritárias de opinião.

No tocante aos direitos à organização e ao procedimento, Robert Alexy[8] aponta a existência de uma conexão entre os direitos fundamentais e o procedimento democrático, sobretudo porque, ainda que de forma indireta, o cidadão participa da formação da vontade estatal na legislação por intermédio de seu voto:

> "*O direito a uma competência é, como já foi salientado, um direito do status positivo, não do status ativo. Seu objeto é uma prestação normativa do Estado. Mas essa prestação normativa consiste em inserir juridicamente o indivíduo em uma situação para exercer a competência de votar, que pertence ao status ativo.*
> *A distinção entre o direito a uma regulação, por meio de legislação ordinária, da competência para votar, dirigido ao legislador, e a própria competência para votar torna especialmente clara a conexão entre direitos fundamentais e procedimento democrático. Em virtude da competência para votar, o titular dessa competência é, ainda que de forma indireta, um participante na legislação*".

A legitimidade material que se espera em uma autêntica democracia representativa emerge de que seus valores (liberdade, igualdade e dignidade da pessoa humana) sejam exercidos por seus titulares, os cidadãos-eleitores, e estejam assegurados pela legitimidade formal ou legalidade resultante da

---

8   ALEXY, Robert. **Teoria dos Direitos Fundamentais**. Trad. Virgílio Afonso da Silva. 2ª ed. 4ª tir. São Paulo: Malheiros, 2015, p. 498.

observância dos ritos e formas destinados a conferir segurança ao processo eleitoral.

A fim de que o voto apurado seja o resultado do consenso social, é preciso respeito intransigente às regras que disciplinam o certame, desde a formação do colégio de votantes, passando pela atividade partidária permanente e pelos meios de comunicação social, até a proclamação e diplomação dos eleitos.

Considerando a relação entre representação e mandato como instrumento de viabilização do ideário republicano, sobretudo no âmbito da democracia representativa, Geraldo Ataliba[9] ressalta a importância do livre acesso às informações para a construção de uma consciência cívica por parte dos eleitores:

> "... a própria conceituação do consentimento popular – que tem base no contrato social desenvolvido pela ciência política europeia, ou na teoria e prática dos compacts norte-americanos – só encontra cabal aperfeiçoamento com a configuração do mandato como instituto jurídico. Daí a importância da observação de Durkheim no sentido de que o poder não é um simples fato material, mas profundamente ligado às ideias, crenças e representações coletivas. Isto mostra que o adequado funcionamento do instituto depende da compenetração dos mandatários, da consciência cívica dos mandantes e do livre debate de ideias e informações".

Malgrado a Resolução TSE n. 22.610/2007 tenha sido impugnada nas ADI's nºs 3.999-DF e 4.086-DF, o Supremo Tribunal Federal, à época, declarou sua constitucionalidade para assegurar a observância do princípio da Fidelidade Partidária e os instrumentos processuais que a dotam de efetividade, em caráter transitório, até ulterior regulação da matéria por lei específica a ser editada pelo Congresso Nacional[10].

Ainda que não conste expressamente no bojo da Lei Maior a consequência da perda de mandato eletivo por infidelidade partidária, o STF se valeu da hermenêutica constitucional para inferi-la como decorrência lógica do sistema, atribuindo a máxima efetividade ou eficiência às normas constitucionais dos arts. 14, § 3º, V e 17, § 1º da CF, sem embargo de haver previsão escrita nos estatutos partidários da pena de expulsão com a perda do mandato eletivo, em caso de infração ético-disciplinar.

A fidelidade partidária foi erigida ao nível de princípio de regência no que tange à relação entre o filiado, a agremiação e o eleito, até porque *a uma*

---

9 ATALIBA, Geraldo. **República e Constituição**. 3ª ed. atualizada por Rosolea Miranda Folgosi. São Paulo: Malheiros, 2011, p. 92.

10 Nos termos das decisões do STF nos Mandados de Segurança nºs. 26.602-DF, 26.603-DF e 26.604-DF. Ao tempo da conclusão dessa obra, o Congresso Nacional ainda não votou a Reforma Política na parte em que se discute a Fidelidade Partidária.

norma constitucional deve ser atribuído o sentido que maior eficácia lhe conceda[11], sendo de aplicabilidade imediata por envolver direitos fundamentais[12].

Não obstante, a Procuradoria Geral da República, em dezembro de 2013, ajuizou a ADI nº. 5.081, julgada em 27.05.2015, questionando a constitucionalidade dos arts. 10 e 13 da Resolução TSE n. 22.610/2007, na parte em que dispõem sobre a aplicabilidade da Fidelidade Partidária às eleições *"sob o sistema majoritário efetivamente arquitetado pelo constituinte, (...) válido para os eleitos pelo sistema proporcional"*, tendo a Suprema Corte modificado seu posicionamento anterior e julgado procedente o pedido.

O Ministro Gilmar Mendes, na linha do novo entendimento da Suprema Corte, proferiu voto condutor de julgado no sentido de que o princípio da fidelidade partidária *não se aplica aos cargos do sistema majoritário de eleição, sendo prescindível o pronunciamento da Justiça Eleitoral reconhecendo a existência de justa causa para migração*[13].

Desde então, o instituto da Fidelidade Partidária, com a perda do mandato parlamentar, passou a ter aplicabilidade apenas para os eleitos pelo sistema proporcional (deputados federais, estaduais, distritais e vereadores)[14].

2. CONCEITO E NATUREZA DA AÇÃO

A ação é um direito constitucionalmente assegurado a todos para exigir do Estado a tutela jurisdicional de natureza subjetiva, pública, abstrata e genérica, consistindo em garantia fundamental porque *a lei não excluirá da apreciação do Poder Judiciário lesão ou ameaça a direito*[15].

A ação de decretação de perda de mandato eletivo por infidelidade partidária é o *nomem juris*[16] por meio do qual a praxe designa o instrumento

---

11 MORAES, Alexandre de. **Direito Constitucional**. 21ª ed. São Paulo: Saraiva, 2007, p. 10.

12 ARAÚJO, Luiz Alberto David; NUNES JÚNIOR, Vidal Serrano. **Curso de Direito Constitucional**. 14ª ed. São Paulo: Saraiva, 2010, p. 107.

13 BRASIL. **Tribunal Superior Eleitoral**. Agravo de Instrumento nº 270584, Decisão monocrática de 29.10.2015, Relator(a): Min. Gilmar Ferreira Mendes, Publicação: DJE – Diário de justiça eletrônico – 17.11.2015 – Página 52-53. Disponível em: <http://www.tse.jus.br/jurisprudencia/@@monocraticas-search?url=&q=fidelidade+partid%C3%A1ria+compet%C3%AAncia&as_epq=&as_oq=&as_eq=&numero_decisao=&relator=&data_inicial=&data_final=&tipo_doc=dtdec>. Acesso em: 21 jan. 2016.

14 Este tema poderá ser reapreciado pelo Supremo Tribunal Federal, caso seja aprovado o Projeto de Lei Complementar nº 455/2009, que regula a fidelidade partidária, inclusive estendendo sua aplicação aos eleitos pelo sistema majoritário (chefes do Poder Executivo e senadores).

15 Art. 5º, XXXV da CF.

16 N.A. A teoria processual da substanciação, prevista no art. 282, III, do CPC, identifica a natureza da ação a partir dos seus elementos, quais sejam: as partes, a causa de pedir e o

processual adequado para o legitimado reivindicar judicialmente o mandato eletivo do infiel ao partido de origem e ao seu ideário programático.

A natureza jurídica da ação é constitutiva negativa, pois a prestação jurisdicional que acolhe o pedido desconstitui a relação jurídica até então existente entre o exercente do mandato, a agremiação pela qual foi eleito e o Estado (Legislativo e Executivo), cujo efeito natural ou secundário é o afastamento para que o suplente ou o vice passe a exercer o mandato ou ocupe cargo eletivo, em caso de sua aplicação às eleições majoritárias.

Alexandre Assunção e Silva alerta para o efeito secundário da sentença quando o Tribunal Eleitoral determina ao Poder Legislativo que emposse o suplente ou o vice, por ser o partido o titular do mandato e que a representação popular deve ser resguardada, conforme o *entendimento do STF de que a desfiliação sem justa causa é uma condição resolutiva do mandato*[17].

2.1. Jurisdição e Competência

A lição clássica de Carnelluti[18] conceitua a jurisdição como *"uma função de busca da justa composição da lide"* com o viés de função estatal para solução processual dos conflitos que lhe são postos à apreciação, dando a cada cida-

---

pedido, independentemente do *nomem juris* que se lhe atribua. Luiz Guilherme Marinoni e Daniel Mitidiero doutrinam que *"o direito brasileiro positivou a teoria da substanciação da causa de pedir, para a qual interessa a descrição do contexto fático em que se encontram envolvidas"*. (In Código de Processo Civil. São Paulo: Editora Revista dos Tribunais, 2008, p. 297). O Superior Tribunal de Justiça assim decidiu: "PROCESSUAL CIVIL. CAUSA DE PEDIR. CONTEÚDO. LIMITES. QUALIFICAÇÃO JURÍDICA DOS FATOS NARRADOS NA PETIÇÃO INICIAL. JULGAMENTO EXTRA PETITA. INEXISTÊNCIA.
– *O processo civil brasileiro é regido pela teoria da substanciação, de modo que a causa de pedir constitui-se não pela relação jurídica afirmada pelo autor, mas pelo fato ou complexo de fatos que fundamentam a pretensão que se entende por resistida. A alteração desses fatos representa, portanto, mudança na própria ação proposta.*
– *O juiz pode decidir a causa baseando-se em outro dispositivo legal que não o invocado pela parte, mas não lhe é dado escolher, dos fatos provados, qual deve ser o fundamento de sua decisão, se o fato eleito for diferente daquele alegado pela parte, como fundamento de sua pretensão.*
– *Inexiste julgamento extra petita quando se empresta qualificação jurídica diversa aos fatos narrados pelo requerente. Precedentes.*
Recurso especial parcialmente conhecido e nessa parte desprovido".
(BRASIL. Superior Tribunal de Justiça. REsp 1043163/SP, Rel. Ministra NANCY ANDRIGHI, TERCEIRA TURMA, julgado em 01.06.2010, DJe 28.06.2010).

17   SILVA, Alexandre Assunção e. **Infidelidade Partidária**: direito material e processo. Belo Horizonte: Del Rey, 2014, p. 107.

18   *Apud* CÂMARA, Alexandre Freitas. **Lições de Direito Processual Civil**. 17ª ed. Rio de Janeiro: Lumen Juris, 2008, p. 66.

dão o que é seu segundo o seu direito objeto. É curial que esta definição se dirija ao processo contencioso.

A jurisdição é o poder conferido ao Estado, como ente soberano, para aplicar o direito objetivo como solução aos conflitos sociais e, dessa forma, limitar a autotutela por parte do jurisdicionado, resguardando a ordem e a pessoa humana, inclusive pelo seu caráter de imodificabilidade por qualquer outro poder constitucional, desde que tenha se operado a coisa julgada[19].

Ada Pellegrini Grinover[20] conceitua jurisdição como *poder, função e atividade*:

> *"Como poder, é manifestação do poder estatal, conceituado como capacidade de decidir imperativamente e impor decisões. Como função, expressa o encargo que têm os órgãos estatais de promover a pacificação de conflitos interindividuais, mediante a realização do direito justo e através do processo. E como atividade ela é o complexo de atos do juiz no processo, exercendo o poder e cumprindo a função que a lei lhe comete. O poder, a função e a atividade somente transparecem legitimamente através do processo devidamente estruturado (devido processo legal)".*

Já a competência é o limite da jurisdição segundo os critérios estabelecidos pela própria lei, vale dizer, trata-se de *repartição da jurisdição entre os diversos órgãos encarregados da prestação jurisdicional*, em evidente coerência com o *imperativo da divisão de trabalho*, mesmo porque *a jurisdição é o poder de julgar* in genere *ao passo que a competência é a aptidão para julgar in concreto*[21].

---

19 *"O Estado, como garantidor da paz social, avocou para si a solução monopolizada dos conflitos intersubjetivos pela transgressão à ordem jurídica, limitando o âmbito da autotutela. Em consequência, dotou um de seus Poderes, o Judiciário, da atribuição de solucionar os referidos conflitos mediante a aplicação do direito objetivo, abstratamente concebido, ao caso concreto. A supremacia dessa solução revelou-se pelo fato incontestável de a mesma provir da autoridade estatal, cuja palavra, além de coativa, torna-se a última manifestação do Estado soberano acerca da contenda, de tal sorte que os jurisdicionados devem-na respeito absoluto, porque haurida de um trabalho de reconstituição dos antecedentes do litígio, com a participação dos interessados, cercados, isonomicamente, das mais comezinhas garantias. Essa função denomina-se jurisdicional e tem o caráter tutelar da ordem e da pessoa, distinguindo-se das demais soluções do Estado pela sua imodificabilidade por qualquer outro poder, em face de adquirir o que se denomina em sede anglo-saxônica "final enforcing power", consubstanciado na "coisa julgada".* (FUX, Luiz. **Curso de Direito Processual Civil**: processo de conhecimento. vol. I. 4ª ed. Rio de Janeiro: Forense, 2008, p. 53-54).

20 GRINOVER, Ada Pellegrini; CINTRA, Antônio Carlos de Araújo; DINAMARCO, Cândido Rangel. **Teoria Geral do Processo**. 25ª ed. rev. e atual. São Paulo: Malheiros, 2009, p. 147.

21 FUX, Luiz. **Curso de Direito Processual Civil**: processo de conhecimento. vol. I. 4ª ed. Rio de Janeiro: Forense, 2008, p. 104.

2.2. Do sistema e processo eleitorais

No momento em que os partidos políticos constituem o elo entre a sociedade e o Estado, cuja ideologia defendida por uma agremiação é, em tese, de conhecimento prévio da comunidade, afigura-se que, na eleição, mais que eleger as pessoas que irão governar, o eleitorado define como deve ser conduzido o governo e quais as políticas públicas a serem implementadas na sua comunidade[22], influenciando o próprio destino, tudo no contexto do princípio da dignidade da pessoa humana, um dos fundamentos da República Federativa do Brasil.

Sob a égide da Carta de 67, com a Emenda Constitucional nº 1/1969, foi editada a Lei nº 5.682/1971 que definia a estrutura, organização e funcionamento dos partidos políticos, aos quais foi atribuída a natureza de pessoa jurídica de direito público interno.

Por isso foi aquele diploma legal denominado de Lei Orgânica dos Partidos Políticos (LOPP), como ocorre com as Leis Orgânicas da Magistratura e do Ministério Público da União.

Tratava-se de uma legislação partidária imposta pelo governo militar na qual os atos partidários eram considerados atos de autoridade passíveis de impugnação pela via do mandado de segurança, competindo sua apreciação e julgamento à Justiça Eleitoral.

Não se cogitava da competência da Justiça comum estadual para adentrar a seara dos atos partidários, tendo em vista que na democracia representativa brasileira o sistema partidário integrava e continua a integrar o sistema eleitoral. Cabia à Justiça federal especial eleitoral dirimir os conflitos partidários, em todas as suas dimensões.

No período do governo militar, toda a atividade partidária tinha registro nos tribunais regionais eleitorais (diretórios municipais, regionais, estaduais ou distrital), exceto o diretório nacional que, na condição de órgão de cúpula, relacionava-se com o outro órgão de cúpula do Poder Judiciário, o Tribunal Superior Eleitoral.

Eram equiparados os dirigentes das agremiações às autoridades públicas aptas à prática de atos de autoridade passíveis de impugnação pela via do mandado de segurança e seus incidentes, inclusive da suspensão de liminar.

Para obstar a submissão dos partidos políticos aos governos é que o constituinte de 1988 assegurou a natureza jurídica de direito privado às agremiações políticas e os princípios da liberdade e autonomia partidárias, consoante previstos nas normas do art. 17, *caput* e § 1º, integrantes o Capítulo V – Dos Partidos Políticos e do Título II que versam Direitos e Garantias Fundamentais.

---

22   Art. 11, § 1º inciso IX da Lei nº 9.504/1997.

Neste aspecto, em sede de *controle qualitativo externo*, reservou-se ao TSE a competência para verificar terem sido resguardados a soberania nacional, o regime democrático, o pluripartidarismo, os direitos fundamentais da pessoa humana, observados o caráter nacional, a proibição de recebimento de recursos financeiros de entidade ou governo estrangeiros ou de subordinação a estes, prestação de contas à justiça eleitoral e funcionamento parlamentar de acordo com a lei.

Satisfeitos esses requisitos, compete ao TSE proceder aos registros dos estatutos partidários que conferem capacidade eleitoral à agremiação, habilitando-a a participar de certame eleitoral, receber verbas do fundo partidário, participar das propagandas partidária e eleitoral gratuitas no rádio e na televisão e ter a exclusividade da sua denominação, sigla e símbolos[23], bem assim arquivar os atos partidários pertinentes ao diretório nacional.

Em sede de *controle qualitativo interno*, a ordem jurídica vigente outorgou autonomia constitucional às agremiações para definirem sua estrutura interna, organização e funcionamento, devendo conter normas de disciplina e fidelidade partidárias[24].

Com isso, os partidos políticos deixaram de *registrar* os atos nos tribunais eleitorais que passaram simplesmente a *arquivar* os documentos relevantes à representação legal das agremiações e os demais de interesse do processo eleitoral no âmbito da sua competência originária.

Quanto às mesas diretoras e comissões executivas provisórias municipais, estas passaram a se relacionar com os juízos eleitorais, referentemente à remessa periódica das listas de filiação na segunda semana dos meses de abril e outubro[25], bem assim no que toca aos atos partidários qualificados por dizerem respeito às eleições municipais.

Promulgada a Carta de 88, os partidos políticos[26] foram constitucionalizados, libertando-os (princípio da liberdade partidária) do jugo do Estado, no que toca à sua criação, fusão, incorporação e extinção, conferindo-lhes, ainda, a natureza de pessoa jurídica de direito privado, com similar constituição mediante registro na respectiva serventia extrajudicial[27].

Estão positivados, em sede constitucional, os princípios da liberdade e autonomia partidárias e, por isso, não admitem restrição infraconstitucional de espécie alguma, necessárias à efetividade dos princípios democrático, re-

---

23   Lei 9.096/95, arts. 1º a 7º.
24   Art. 17, § 1º, da CF.
25   Art. 19 da Lei 9.096/95 e art. 4º da Resolução TSE n. 23.117, de 20 de agosto de 2009.
26   O Brasil é um Estado parcial de partidos.
27   Art. 17, *caput*, da CF.

publicano, federativo e, em última análise, do próprio exercício dos direitos fundamentais que deles resultam, bem como as respectivas garantias.

Após 5 (cinco) de outubro de 1988 muito se discutiu acerca da competência da Justiça Eleitoral para apreciar e decidir eventuais conflitos partidários, à consideração de que os partidos passaram a ser pessoas jurídicas de direito privado e, como tal, a competência deveria ser da Justiça comum estadual.

Isso ainda contribui para a controvérsia acerca das competências da Justiça comum estadual e da Justiça federal especializada eleitoral: uma, para os atos partidários simples; as outras, para os denominados atos partidários qualificados e propriamente eleitorais, respectivamente, por influenciarem o processo eleitoral ou dele diretamente fazerem parte.

A natureza jurídica privada conferida aos partidos políticos pela Carta de 1988 e toda a perplexidade decorrente dessa inovação implicou a alteração do § 1º do art. 1º da então vigente Lei do Mandado de Segurança (1.533/1951) que foi revogada pela Lei nº 9.259/1996, para suprimir a expressa previsão de cabimento do *writ* aos atos atribuídos aos órgãos partidários.

A compreensão da nova ordem jurídica impôs a formação de uma jurisprudência construtiva para extrair da capacidade eleitoral conferida pelo TSE aos partidos políticos o reconhecimento da sua relevante função pública, indispensável à democracia representativa, embora constituída como pessoa jurídica de direito privado.

Sob a ordem constitucional vigente, a partir das eleições de 1992 os atos partidários que interessem ao processo eleitoral passaram a ser conhecidos e decididos pela Justiça eleitoral e a nova Lei do Mandado de Segurança (12.016/2009) admitiu expressamente o cabimento do *writ* tanto individual quanto coletivo impetrados pela agremiação.

Outrossim, admite a Lei do Mandado de Segurança que os atos dos dirigentes partidários possam ser impugnados pela via mandamental e é reconhecida legitimidade ativa dos partidos para formular pedido de suspensão de segurança.

Embora a atividade partidária deva ser permanente, na prática, sua atuação vem sendo relegada para ter início em abril do ano das eleições, às vésperas do período eleitoral iniciado em julho[28] e findo 15 dias depois da diplomação dos eleitos.

---

28 Conforme a Lei n. 13.165/2015, a escolha dos candidatos pelos partidos e a deliberação sobre coligações devem ocorrer entre os dias 20 de julho e 5 de agosto do ano da realização da eleição. Caso as convenções para a escolha de candidatos não indiquem o número máximo de postulantes previstos em lei, as vagas remanescentes devem ser preenchidas em até 30 dias antes do pleito, e não mais 60 dias, como era na legislação anterior. Disponível em: <http://www.tse.jus.br/imprensa/noticias-tse/2015/Outubro/reforma-eleitoral-2015-prazo-para-filiacao-partidaria-termina-seis-meses-antes-das-eleicoes>. Acesso em: 19 jan. 2016.

O calendário eleitoral, neste aspecto, pode induzir à equivocada impressão de que a atividade partidária seria irrelevante para o funcionamento da democracia representativa e para o processo eleitoral, quando a sua natureza permanente exige atividade contínua!

O processo eleitoral é corolário do sistema eleitoral adotado pelo Estado e compreende um conjunto de técnicas que se presta a organizar o eleitorado e designar a forma como serão eleitos os representantes dos cidadãos, o modo com o que os votos se materializarão em mandatos eletivos, através do sufrágio universal, e como matéria afeta aos direitos políticos positivos.

É a identificação da prática de atos partidários simples, qualificados e propriamente eleitorais que definirá a competência da Justiça eleitoral. A jurisprudência dominante se mantém no sentido de que, depois de proclamados e empossados os eleitos, atos e fatos do mandato somente atraem a competência eleitoral se envolver a prática de ato de infidelidade partidária.

Contudo, o Autor desta obra ressalva[29] a competência da Justiça eleitoral para todos os atos partidários, simples e qualificados, salvo os de natureza *interna corporis*, portanto, inconfundíveis com os atos legislativos ou parlamentares e, mesmo, de governo, passível de conhecimento pela Justiça comum competente.

O imbricamento dos sistemas eleitoral e partidário está em que o primeiro se relaciona com a estrutura partidária e, o segundo, à organização e ao funcionamento da democracia representativa brasileira que se realiza necessariamente pela via dos partidos.

Ao comentar a Carta portuguesa, Canotilho apresenta o sistema eleitoral como reserva da Constituição, posto não ter o legislador a liberdade de conformação, por integrar os princípios fundamentais. A isso, pode-se acrescentar que a Constituição brasileira de 1988, no seu Título II, também compreende os sistemas eleitoral, majoritário e proporcional, e o partidário, este orientado pelo pluripartidarismo ínsito ao pluralismo político elevado a objetivo da República Federativa do Brasil, envoltos no conjunto de valores que permeiam os direitos e garantias fundamentais[30].

---

29   ARAS, Augusto. **Fidelidade e Ditadura** (intra) partidárias. Bauru-SP: Edipro, 2010.

30   "*Princípio democrático e sistema partidário.*
Ao aludir-se, atrás, à teoria pluralista da democracia, concluiu-se que ela não correspondia a uma teoria democrática, mas sim a uma teoria principal ou tendencialmente elitista de democracia. Todavia, não se pode confundir um modelo teórico – a teoria pluralista – com pluralismo, no sentido de pluralismo de expressão, de formações sociais e organizações políticas partidárias. Neste aspecto, o pluralismo é um elemento constitutivo do princípio democrático e da própria ordem constitucional (cfr. arts. 2º 10º/2 e 51º), a ponto de constituir um limite material de revisão (art. 288º/i). Nisto vai implícita também uma opção fundamental que teve presente os debates de mais de um século acerca dos sistemas eleitorais e dos sistemas partidários: de um lado, os apologetas do sistema majoritário, conducente, em via de princípio, ao

2.3. Da Competência da Justiça Eleitoral

A competência da Justiça Eleitoral se estabelece a partir do conceito de processo eleitoral que envolve, tradicionalmente, todos os atos que compõem os sistemas eleitoral e partidário.

Registra-se a evolução da doutrina especializada a respeito da formação do conceito de processo eleitoral e que suscita discussão, mitigada entre a promulgação da Carta de 1988 e a adoção da Fidelidade Partidária em 04 de outubro de 2007, acerca da existência de um Direito Partidário apartado do Direito Eleitoral, ambos dotados de autonomia didática e científica.

Do cotejo entre os sistemas eleitoral e partidário, pode-se concluir que, no Brasil, o Direito Partidário é espécie do gênero Direito Eleitoral, por manter uma conexão intrínseca e necessária, teleologicamente voltada ao atendimento do pluripartidarismo como corolário do pluralismo – e da representação política –, um dos objetivos da República Federativa do Brasil constituída em Estado Democrático de Direito[31].

Fávila Ribeiro doutrina que o processo eleitoral propriamente dito apresenta um conjunto de atos que *compreende desde a organização e distribuição*

---

dualismo partidário; do outro, os adeptos do sistema proporcional, considerando mais conforme com o princípio democrático. A Constituição, ao consagrar o princípio proporcional como elemento caracterizador da ordem constitucional, parece ter apontado para a inadmissibilidade da marginalização de quaisquer forças partidárias (cfr. porém, art. 46º/4). O pluralismo partidário foi encarado na sua mais profunda expressão". (In **Direito Constitucional e Teoria da Constituição.** 7ª edição. Coimbra: Almedina, 2003, p. 1295-1298).

"Como decorrência direta do pluripartidarismo, tem-se a liberdade partidária, isto é, a possibilidade de criação de partidos políticos, desde que respeitadas as linhas fundamentais da sociedade, estabelecidas no texto constitucional. Assim, pode-se criar um partido que consagre qualquer ideologia, desde que ela não vise ao fim do regime democrático ou ao menoscabo dos direitos fundamentais, por exemplo. Tal previsão está contida no art. 17 de nosso atual Documento Político." (LULA, Carlos Eduardo de Oliveira. **Direito Eleitoral.** Leme – SP: Editora Imperium, 2008, p. 99-100).

"Decorrem os princípios do pluripartidarismo e da liberdade partidária do fundamento constitucional do pluralismo político e do objetivo fundamental de construção de uma sociedade livre, justa e solidária, estudados no tópico anterior, bem como do direito fundamental à liberdade de associação, consagrado no inciso XVII do artigo 5º da Constituição Federal, segundo o qual "é plena a liberdade de associação para fins lícitos, vedada a de caráter paramilitar". (BARREIROS NETO, Jaime. **Fidelidade Partidária.** 1ª ed. Salvador: Juspodivm, 2009, p. 189).

---

31 Avulta ser o Brasil um Estado parcial de partidos ante a constitucionalização dessas agremiações políticas. *Mutatis mutandis*, é o que ocorre em relação ao Direito Financeiro do qual o Direito Tributário é tido na doutrina clássica como sub-ramo ou espécie daqueloutro. (Baleeiro, Aliomar. **Iniciação da Ciência das Finanças.** 14ª ed. rev. e atual. Rio de Janeiro: Forense, 1984, p. 33).

das mesas receptoras de votos, a realização e apuração de eleições, até o reconhecimento e diplomação dos eleitos[32].

Por sua vez, Tito Costa defende que, em linhas gerais, a terminologia processo eleitoral identifica um complexo de atos que se referem à realização das eleições. Esse atos alcançam não só a escolha dos candidatos em convenções partidárias, mas avançam até a sua eleição e diplomação. Ao longo dessa trajetória, ficam todos esses atos *sob a tutela da Justiça Eleitoral, que tem sua competência exaurida com a diplomação dos candidatos*[33].

Joel Cândido entende que o processo eleitoral deva ser dividido em três fases sucessivas: *preparatória, votação/totalização e diplomação*. Na fase de preparação estão incluídas convenções partidárias, registro dos candidatos e medidas preliminares à votação e apuração[34].

Para José Jairo Gomes, no direito eleitoral, o termo processo tem duplo sentido: um amplo e outro restrito. No sentido amplo, processo eleitoral se refere à complexa relação estabelecida entre candidatos, partidos políticos, coligações, Justiça Eleitoral, Ministério Público e cidadãos, tudo para assegurar o exercício da cidadania por meio do sufrágio e a lisura na escolha dos ocupantes de cargos públicos eletivos.

De outro lado, no sentido estrito, a expressão processo eleitoral referencia a veiculação de pedido específico entre partes bem definidas. Nesse caso, pode se apresentar em sua feição clássica, em que presentes autor, réu e juiz, ou ainda em relação linear composta apenas por requerente e órgão judicial, a exemplo do pedido de registro de candidatura[35].

O sítio eletrônico do Tribunal Superior Eleitoral registra no seu glossário que o Processo Eleitoral consiste num conjunto de atos abrangendo a preparação e a realização das eleições, incluindo a apuração dos votos e a diplomação dos eleitos[36].

No sistema eleitoral, partidos políticos, fidelidade partidária, processo eleitoral e democracia representativa mantêm conexão necessária entre si, consoante julgado do Ministro Paulo Brossard, do Supremo Tribunal Federal[37]:

---

32 RIBEIRO, Fávila. **Direito Eleitoral**. 4ª ed. Rio de Janeiro: Forense, 1996, p. 14.

33 COSTA, Tito. **Recursos em Matéria Eleitoral**. São Paulo: RT, 1992, p. 23-24, nota 12.

34 CANDIDO, Joel José. **Direito Eleitoral Brasileiro**. Bauru-SP: Edipro, 2002, p. 121.

35 GOMES, José Jairo. **Direito Eleitoral**. 5ª ed. Belo Horizonte: Del Rey, 2010.

36 Alistamento eleitoral/Diplomação/Eleição. Referência: "Processo eleitoral". In: Brasil. **Tribunal Superior Eleitoral**. Thesaurus. 6ª ed. rev. e ampl. Brasília: Secretaria de Documentação e Informação, 2006. p. 196.

37 MS nº 20.927-57/DF, em 11.10.1989.

> *"Assim, os partidos continuam a ser instrumentos necessários e imprescindíveis na formação dos poderes políticos, do legislativo e do executivo, no plano federal, no estadual e no municipal. Mantendo a representação proporcional, manteve igualmente, agora, de maneira implícita, a fidelidade partidária. Um partido que elege vinte deputados não pode ficar com a representação reduzida a quinze, dez, cinco ou nenhum deputado e um partido que tenha eleito um não pode locupletar-se com os eleitos por outro partido e apresentar-se com uma representação que não é sua, de cinco, dez, quinze ou vinte deputados. Ou a escolha do candidato por um partido, o seu registro, a sua eleição, enfim, todo o processo eleitoral não vale nada e não passa de mero e grotesco simulacro".*

O Tribunal Superior Eleitoral, reafirmando o conteúdo material dos atos que envolvem o conceito *stricto sensu* de *processo eleitoral* e, por isso mesmo, integram matéria eleitoral (direito material eleitoral) não conheceu da Consulta nº 1.352, sob o fundamento de que a indagação remeteria a resposta sobre rito eleitoral (direito processual eleitoral)[38].

2.3.1. Fases do processo eleitoral

Filiamo-nos ao entendimento de ser o processo eleitoral um conjunto de atos encadeados entre si e dirigidos à auscultação da soberania popular, realizado em três fases:

a. Da preparação:

a.1. O alistamento eleitoral se destina à formação do colégio eleitoral, contribuindo decisivamente para a estrutura, organização e funcionamento do aparato estatal, administrativo e judicial, posto para a realização de todo o certame eleitoral. Esta fase perdura durante todos os anos, suspendendo-se cento e cinquenta dias anteriores à data da eleição[39].

É nesta fase que o indivíduo se qualifica aos 16 (dezesseis) anos como cidadão em sentido estrito, adquirindo capacidade eleitoral ativa (votar) e, após os 18 (dezoito) anos também passiva (ser votado), respectivamente,

---

[38] Por seis votos a um, os ministros do TSE deixaram de responder à Consulta. O ministro Carlos Ayres Britto foi o único a divergir do ministro relator, Gerardo Grossi. No voto divergente, o ministro Carlos Ayres Britto argumentou que a expressão "matéria eleitoral", contida no inciso XII do art. 23 do Código Eleitoral (que prevê as Consultas ao Tribunal), abrange tanto o direito eleitoral material como o direito eleitoral processual, "entendimento que se reforça na medida em que ação de impugnação de mandato eletivo, tema central da consulta, é instituto de matriz constitucional". Excerto colhido do sítio eletrônico do TSE:< http://agencia.tse.jus.br/sadAdmAgencia/noticiaSearch.do?acao=get&id=14944>. Acesso em 18 dez. 2015.

[39] Art. 91, *caput* da Lei nº 9.504/1997.

para o exercício da atividade política pela via do apoiamento[40] e, através da filiação, da atuação partidária formal[41].

E os pedidos de inscrição e transferência eleitorais poderão ser impugnados pelos interessados, cabendo recursos, além dos processos e procedimentos de cancelamento, exclusão e de revisão eleitorais;

a.2. O registro das candidaturas se inicia com o período eleitoral, em 20 de julho do ano eleitoral, com a realização das convenções partidárias para a escolha de candidatos, até o julgamento dos pedidos protocolados na Justiça especializada pelos partidos, coligações e, eventualmente, de forma direta, pelos candidatos.

No aspecto ritual, esta fase é conduzida por um processo administrativo linear em que o interessado apresenta o pedido de registro da candidatura, podendo o legitimado ajuizar a ação de impugnação (AIRC), de índole judicial, visando afastar a presunção de elegibilidade de que goza o cidadão.

a.3. A propaganda eleitoral, em geral, inicia-se em 16 de agosto, e a gratuita, em rádio e televisão, em 26 de agosto. Para que o candidato possa realizar a propaganda eleitoral em geral, exceto no rádio e na TV, basta a sua escolha em convenção e que o pedido de registro da candidatura esteja protocolado até 5 (cinco) de agosto, ou diretamente, 48 (quarenta e oito) horas depois da publicação de edital de candidaturas requeridas.

Tem o candidato o direito subjetivo ao exercício da propaganda eleitoral, independentemente do momento em que vier a ser deferido o pleito, correndo por sua conta e risco os efeitos de eventual negativa da Justiça Eleitoral, ainda que isso possa somente ocorrer antes ou depois da eleição ou da diplomação, ou após a posse e no último ano do quatriênio, com a respectiva cassação do registro, do diploma ou do mandato.

Para os incidentes dessa fase existem processos administrativos e judiciais específicos, que vão desde o exercício do poder de polícia com exclusividade pela Justiça especializada, salvo no âmbito das Casas Legislativas,

---

[40] O apoiamento é o ato político pelo qual o cidadão-eleitor manifesta o seu apoio à constituição de uma agremiação, sem que, com isso, tenha o dever de se filiar à pessoa jurídica de direito privado que busca, por esta via, obter o registro no TSE e, assim, participar de eleições, defender seu nome, usufruindo cotas do fundo partidário e do tempo de propaganda gratuita no rádio e na TV, durante os horários partidário e eleitoral. Com a norma do art. 7º, § 1º da Resolução TSE 23.465/2015, o ato de apoiamento passou a ter conteúdo jurídico, ainda que de constitucionalidade duvidosa, na medida em que houve de restrição no seu exercício, pois não mais se admite que filiado a outro partido venha a compor a lista de subscritores necessária para a formação de nova agremiação, obstando a sua criação, cuja atividade é inerente à liberdade partidária (art. 17, *caput* da CF) e viabiliza a respectiva migração, sem consequências ou sanções.

[41] Art. 16 da Lei nº 9.096/1995 (LPP).

da competência da Mesa Diretora, até a representação (típica ação) visando apenar os infratores da legislação.

b. Da votação e da apuração:

Caracteriza-se pela coleta e apuração dos votos a ser realizada no primeiro e no último domingos de outubro do ano eleitoral. Esta fase dispõe dos meios processuais das reclamações, representações, impugnações e respectivos recursos eleitorais;

c. Da diplomação:

É a fase em que a Justiça Eleitoral certifica a situação político-jurídica dos eleitos e seus suplentes, habilitando-os para a posse nos mandatos e cargos para os quais foram eleitos.

Em até três dias contados do ato solene poderão os legitimados ajuizar o recurso (ação) contra a expedição do diploma (RCDE) e, em até quinze dias após, poderá ser ajuizada a ação de impugnação de mandato eletivo (AIME).

Ressalte-se que, até a diplomação, os legitimados poderão ajuizar ação de investigação judicial eleitoral (AIJE) para apuração de vícios na arrecadação e gastos de campanha, sem prejuízo do manejo, no curso do período eleitoral (processo eleitoral em sentido estrito), das representações (ações) por captação ilícita de sufrágio, por condutas vedadas aos agentes públicos e a ação de investigação judicial eleitoral por abuso do poder econômico, político, do uso indevido dos meios de comunicação social, e da ação rescisória, até cento e vinte dias contados do trânsito em julgado do *decisum* que declarar a inelegibilidade[42].

Estão submetidos à competência da Justiça Eleitoral os atos que integram o processo eleitoral:

i) os atos partidários simples praticados cotidianamente pelas agremiações políticas, ressalvados os de natureza *interna corporis*;

ii) qualificados por influenciarem o processo eleitoral e

iii) os eleitorais propriamente ditos (pedido de registro de candidaturas, ação de impugnação ao pedido de registro da candidatura, ação de investigação judicial eleitoral, ação de impugnação de mandato eletivo, etc.).

Os atos do processo eleitoral têm por autores pessoas físicas ou jurídicas, de direito privado ou de direito público, e são praticados entre as fases iniciadas com o alistamento e findadas com a fase da diplomação dos eleitos. Atos e fatos políticos posteriores e estranhos ao processo eleitoral *stricto sensu* superam os lindes da competência da Justiça eleitoral e são passíveis de conhecimento pela Justiça estadual ou federal comuns.

---

42 Art. 262 do Código Eleitoral, art. 14, §§ 10 e 11 da CF, Art. 30-A da Lei 9.504/97, art. 41-A da Lei 9.504/97, art. 73 e ss da Lei 9.504/97, art. 19 e ss. da LC 64/90, art. 22, I, j da Lei 4737/65.

Estão excluídos da apreciação da Justiça Eleitoral os atos praticados por agentes públicos no exercício de mandatos (senadores, deputados e vereadores) e cargos eletivos (presidente, governador e prefeito), a exemplo do *impeachment* para os crimes de responsabilidade, aos vícios formais do processo legislativo e às políticas públicas[43].

3. DAS AÇÕES DA FIDELIDADE PARTIDÁRIA

3.1. Da Ação de Decretação da Perda do Mandato ou Cargo por Ato de Infidelidade Partidária

3.1.1. Da competência (Resolução TSE 22.610/2007)[44]

A competência, como limite e parcela de jurisdição, integra o rol de *pressupostos subjetivo-processuais que devem ser analisados antes de qualquer outro*[45] e a Justiça Eleitoral, federal especializada, atrai para a sua jurisdição os atos e fases que compõem todo o processo eleitoral, em sua extensão e profundidade.

A Resolução TSE n. 22.610/2007[46], equiparada à lei ordinária federal, para fins recursais, faz expressa remissão ao art. 121, § 4º, da Constituição[47], que recepciona parte do Código Eleitoral dispondo sobre a competência e organização judiciária eleitoral como lei Complementar.

---

43   Decreto-Lei nº 201/1967, Lei nº 1.079/1949, CF, arts. 59 e ss; Lei nº 8.429/1992.

44   "O TRIBUNAL SUPERIOR ELEITORAL, no uso das atribuições que lhe confere o art. 23, XVIII, do Código Eleitoral, e na observância do que decidiu o Supremo Tribunal Federal nos Mandados de Segurança nº 26.602, 26.603 e 26.604, resolve disciplinar o processo de perda de cargo eletivo, bem como de justificação de desfiliação partidária, nos termos seguintes: [...]".

45   FUX, Luiz. **Curso de Direito Processual Civil**: processo de conhecimento. Vol. I. 4ª ed. Rio de Janeiro: Forense, 2008, p. 420.

46   Art. 11. "São irrecorríveis as decisões interlocutórias do Relator, as quais poderão ser revistas no julgamento final, de cujo acórdão cabe o recurso previsto no art. 121, § 4º, da Constituição da República".

47   Art. 121. "Lei complementar disporá sobre a organização e competência dos tribunais, dos juízes de direito e das juntas eleitorais.
§ 4º – Das decisões dos Tribunais Regionais Eleitorais somente caberá recurso quando:
I – forem proferidas contra disposição expressa desta Constituição ou de lei;
II – ocorrer divergência na interpretação de lei entre dois ou mais tribunais eleitorais;
III – versarem sobre inelegibilidade ou expedição de diplomas nas eleições federais ou estaduais;
IV – anularem diplomas ou decretarem a perda de mandatos eletivos federais ou estaduais;
V – denegarem "habeas-corpus", mandado de segurança, "habeas-data" ou mandado de injunção".

Para conhecer e julgar as ações e seus recursos cuja causa de pedir verse infidelidade partidária, o TSE, no art. 2º da Resolução, fixa as competências dos Tribunais Regionais e do Tribunal Superior Eleitoral, olvidando o município como unidade federativa e a existência de juízos eleitorais nas circunscrições locais, com competência para o respectivo processo eleitoral[48].

Nos termos da Resolução do TSE, quando a causa versar mandatos eletivos municipais (prefeitos e vereadores), a competência para decidi-la é do tribunal regional eleitoral. A norma do art. 2º deixa de conferir ao Município tratamento próprio das unidades da Federação (art. 18, 25 e 29 da CF), subtraindo a competência dos juízos eleitorais (art. 86 do CE, c.c. art. 121 da CF).

Ao dispor sobre regras de competência para a apreciação da ação de decretação de perda do mandato eletivo por ato de infidelidade partidária, bem assim do cabimento dos recursos, o art. 2º da Resolução do TSE seguiu o vetusto modelo vigente ao tempo da Carta de 1967, com a EC nº 1/69, quando era controvertida a natureza político-jurídica dos municípios no Brasil[49].

Os entes federativos são aqueles sediados na Constituição, enquanto a coletividade territorial, em regra, caracteriza-se por ser mera delegação de competência. Significativa parte da doutrina distinguia ente federativo (União, estados e distrito federal) da mera coletividade territorial da qual fazia parte o município, tomando-se como parâmetro analítico o grau de estabilidade de determinadas comunidades, como subdivisões administrativas dos Estados-membros.

Na Constituição Federal de 1988, os municípios integram a República Federativa do Brasil[50], são dotados de autonomia político-administra-

---

48 Art. 86 do Código Eleitoral.

49 CASTRO, José Nilo de. **Direito Municipal Positivo**. 5ª ed. Belo Horizonte: Del Rey, 2001, p. 57-58; SILVA, José Afonso da. **Curso de Direito Constitucional Positivo**. 28ª ed. São Paulo: Malheiros, 2007, p. 474-475; SILVA, José Afonso da. Ibidem, p. 640; MEIRELLES, Hely Lopes. **Direito Municipal Brasileiro**. 10ª ed. São Paulo: Malheiros, 1998, p. 42; MEIRELLES, Hely Lopes. Ibidem, p. 122; BASTOS, Celso Ribeiro. **Curso de Direito Constitucional**. 11ª ed. São Paulo: Saraiva, 1989, p. 276; COSTA, Nelson Nery. **Curso de Direito Municipal Brasileiro**. 2ª ed. Rio de Janeiro: Forense, 2000, p. 52; MORAES, Alexandre de. **Direito Constitucional**. 23ª ed. São Paulo: Atlas, 2008, p. 276; BONAVIDES, Paulo. **Curso de Direito Constitucional**. 6ª ed. São Paulo: Malheiros, 1996, p. 314.

50 Art. 1º "A República Federativa do Brasil, formada pela união indissolúvel dos Estados e Municípios e do Distrito Federal, constitui-se em Estado Democrático de Direito e tem como fundamentos: [...]".

tiva[51][52], além de desempenhar funções administrativas nos estritos limites de sua competência material.

Pinto Ferreira registra que *fica assim finalizada a polêmica doutrinária sobre a natureza do Município, que não era entendido como entidade federativa pela sua omissão no texto do art. 1º da emenda Constitucional n. 1/69*[53].

Superada a questão de ser ou não entidade federativa, o município é pessoa jurídica de direito público interno, com autonomia assegurada pela capacidade de autogoverno e de administração própria, de modo que está incluído na própria estrutura do regime federativo[54].

O STF não vislumbrou a arguida inconstitucionalidade formal da Resolução TSE nº 22.610/2007, tendo rejeitado as ADIs 3.999-DF e 4.086-DF. Naqueles julgamentos, contudo, não se discutiu a questão pertinente ao ente constitucional Município e a redução da sua autonomia e do Estado, ambos integrantes da Federação, e distinguidos por lei Complementar por serem sedes de precisas e delimitadas circunscrições eleitorais[55].

Mesmo que a ação direta de inconstitucionalidade tenha causa de pedir aberta, *não foram apreciadas duas relevantes questões que envolvem conteúdos materiais pertinentes às autonomias das unidades Federativas (Município e Estado – arts. 1º, 18, 25 e 29 da CF)*, integrantes da organização político-administrativa da República Federativa do Brasil, a fim de que seja conferida interpretação conforme a Constituição à norma do art. 2º daquela Resolução.

O Excelso Pretório admite o conhecimento das ações de inconstitucionalidade com reabertura da fiscalização abstrata por motivos de conteúdo, conforme entendimento firmado na ADI 2182-DF, em que foi relatora para a lavratura do acórdão a Ministra Carmen Lúcia (RTJ 218/60).

---

51   Art. 18. "A organização político-administrativa da República Federativa do Brasil compreende a União, os Estados, o Distrito Federal e os Municípios, todos autônomos, nos termos desta Constituição".

52   *Entenda-se por "organização político-administrativa" (art. 18) o conjunto de poderes, órgãos e entes integrados na unidade constitucional, possuídos de funções (normas) que regulam a competência, relações hierárquicas, situações jurídicas, formas de atuação e de controle do exercício de atividades administrativas.* (FRANCO SOBRINHO, Manoel de Oliveira. **Comentários à Constituição**. Vol. 2. Rio de Janeiro: Freitas Bastos, 1991, p. 340).

53   *O Município é uma unidade federativa na nova Constituição Federal (art. 1º), que lhe conferiu autonomia, competência e discriminação de rendas. Fica assim finalizada a polêmica doutrinária sobre a natureza do Município, que não era entendido como entidade federativa pela sua omissão no texto do art. 1º da emenda Constitucional n. 1/69.* (FERREIRA, Pinto. **Curso de Direito Constitucional**. 5ª ed. rev. ampl. e atual. São Paulo: Saraiva, 1991, p. 306).

54   Art. 29 da CF.

55   Art. 121 da CF, c.c. art. 86 do CE.

Infere-se, pois, que os princípios estruturantes são impositivos para o próprio Estado e a sociedade, dos quais os partidos políticos atuam como intermediários e embriões da democracia representativa.

Sob a égide da Constituição-cidadã de 1988, o instituto da Fidelidade Partidária passou por uma autêntica transvaloração de sentidos e foi acolhido pela Assembleia Nacional Constituinte para fortalecer a democracia representativa de partidos, que, observando o modelo federativo, devem ter caráter nacional[56].

Disso resulta que os partidos devem ter estrutura, organização e funcionamento nas unidades Federadas, através dos diretórios nacionais, estaduais, distritais e municipais, estando desobrigados da verticalização[57].

Por força de norma recepcionada pela Carta de 1988 com o *status* de lei Complementar, *nas eleições presidenciais a circunscrição será o País;* **nas eleições federais e estaduais, o estado; e, nas municipais, o respectivo município**[58] (g. n.).

Observa-se aí o princípio federativo impondo-se em toda a legislação eleitoral posterior, exceto na norma do art. 2º da Resolução que subverte o sistema político-eleitoral decorrente da Carta de 1988 e restaura uma fatia normativa do período militar que ignorava o Município como unidade da Federação.

Mesmo sob a égide da Lei Orgânica dos Partidos Políticos[59], no que se refere ao processo de decretação da perda do mandato parlamentar por ato de infidelidade partidária, o regime militar preservou a competência dos juízes eleitorais para o arquivamento das diretrizes legitimamente estabelecidas pelos órgãos de direção partidária municipal, em relação aos vereadores (art. 73, § 1º, III), embora tenha atribuído aos tribunais regionais a competência para a decretação da perda do mandato dos edis (art. 78, II)!

Atribuir-se, após a Carta de 1988, competência aos tribunais regionais eleitorais para julgar as ações de decretação de perda do mandato por infidelidade partidária de prefeitos e vereadores implica violação aos princípios federativo e do juiz natural, em razão de existirem juízes eleitorais com competência para apreciar os assuntos pertinentes a todo o processo eleitoral municipal, extensivo às causas envolvendo a fidelidade partidária.

Similares razões demonstram a invalidade da norma que restringe as competências dos tribunais regionais aos mandatos dos deputados estaduais e governadores, como se lhes não coubessem, administrativamente, arquivar os atos partidários dos diretórios estaduais e, em sede jurisdicional, de com-

---

56   Art. 17, I da CF.
57   EC 52/2006.
58   Art. 86 do Código Eleitoral.
59   Lei 5682/1971 e suas alterações.

petência originária, decidir também os pedidos do registro das candidaturas de deputados federais e senadores, seus incidentes, inclusive a propaganda eleitoral.

A norma do art. 2º reafirma a competência do TSE para as eleições presidenciais, mas atrai para si e alarga, sem Lei e violando normas constitucionais[60], a competência originária do TSE para julgar as ações de deputados federais e senadores, contribuindo para o emperramento da Corte Superior que atende administrativamente e, em sede recursal, ordinária e especial, a todas as unidades da Federação.

Embora reconhecida a constitucionalidade formal da Resolução TSE nº 22.610/2007[61], o STF não apreciou outro ponto relevante para a fixação da competência, consistente em que não caberia à Justiça Eleitoral, por meio de resolução, ato administrativo normativo, ainda que de caráter geral e abstrato e, por isso, equiparado à Lei, estabelecer normas processuais para fins recursais, *distintas daquelas que integram o ordenamento jurídico-processual*.[62]

Do voto do Ministro Celso de Mello, constata-se que o STF rejeitou a arguição de inconstitucionalidade à luz da norma processual positivada no art. 3º da Lei das Inelegibilidades e repetida na Resolução TSE nº 22.610/2007, na parte que estabelece o rito da ação de decretação de perda do mandato eletivo por infidelidade partidária ou para a ação de justificação de desfiliação partidária[63].

Em matéria de competência eleitoral, o art. 18 da CF, c.c. o art. 86 do Código Eleitoral, recepcionado com o *status* de lei Complementar, não comportava[64] inovação legislativa por parte do TSE, quando editou a aludida Resolução, sob pena de arrastamento da mácula ante a usurpação de função típica do Poder Legislativo[65].

Como se verifica da leitura do art. 2º, foram alteradas as competências eleitorais para as ações de decretação da perda do mandato por infidelidade partidária e para ação de justificação de desfiliação partidária, tendo sido subtraídas as competências dos juízos eleitorais para as causas envolvendo prefeitos e vereadores e dos tribunais regionais eleitorais referentemente aos deputados federais e senadores, contrariando as normas processuais consti-

---

60 Art. 18 da CF, c.c. art. 86 e art. 22, I, *a* da Lei 4737/65 (nesta parte, Lei Complementar); do art. 5º, LIII e XXXVII e art. 121 da CF.
61 Nos julgamentos das ADIs 3.999-DF e 4.086-DF.
62 Arts. 257 e ss. do Código Eleitoral; art. 3º e 22 da LC 64/90 e art. 96 da Lei 9.504/97, inclusive, subsidiariamente, aplicáveis as normas do CPC.
63 ADI 3.999-DF, p. 111.
64 Art. 121 da Constituição Federal.
65 Art. 2º da CF.

tucionais que se relacionam diretamente com os arts. 5º, XXXVII, c.c. LIII, 18 e 121 da CF[66].

O Código Eleitoral[67] estabelece as competências e a própria organização judiciária eleitoral, vinculando o sistema recursal. Assim, as regras do art. 257 e ss., especialmente as do art. 276, I e II seguem a natureza, daí por que também não poderiam ser afastadas pela Resolução, por contrariar a Lei posta, sob pena de violação das normas dos arts. 5º, II, LIV e 22, I da Lei Maior.

A sistemática geral dos recursos eleitorais também foi subvertida em detrimento do juiz natural, do devido processo legal e dos seus corolários contraditório, ampla defesa e recursos que lhe são inerentes, da instrumentalidade das formas e da segurança jurídica que sustenta o Estado de Direito.

A Resolução TSE n. 22.610/2007, ato normativo com força de lei em sentido material, dispõe que as ações que versem atos de infidelidade partidária devem ser propostas *perante a Justiça Eleitoral*[68].

Nessa esteira, a Justiça federal especializada eleitoral é competente para apreciar e decretar a perda do mandato eletivo do infiel ou declarar a existência de justa causa para o desligamento da agremiação, como consequência ou sanção[69].

Está pacificada na jurisprudência que a migração imotivada ou com justa causa de um filiado que exerce mandato eletivo para os quadros de agremiação estranha àquela pela qual se elegeu, *ainda que ocorra após o período eleitoral*, atrai a competência da Justiça Eleitoral para preservar a legitimidade do pleito e a vontade do eleitor.

No que tange à competência dos órgãos da Justiça eleitoral para conhecer e decidir acerca das ações envolvendo a fidelidade partidária, a Resolução estabeleceu ser o Tribunal Superior Eleitoral *competente para processar e julgar pedido relativo a mandato federal; nos demais casos, é competente o tribunal eleitoral do respectivo estado* (art. 2º), inclusive no caso de prefeitos e de vereadores.

---

66 N.A. Tudo faz crer que no açodamento de editar a Resolução TSE nº 22.610/2007, foram adotados os procedimentos para o registro dos atos partidários e julgamento dos atos de infidelidade vigentes no regime militar (arts. 72 a 88 da lei 5682/1971 – LOPP), olvidando-se a não recepção, pela nova ordem jurídica instalada com a Carta de 1988, das normas de competência fixadas naquela lei partidária imposta nos anos de chumbo.

67 Arts. 22, 29 e 35, c.c. art. 86.

68 Art. 1º "O partido político interessado pode pedir, perante a Justiça Eleitoral, a decretação da perda de cargo eletivo em decorrência de desfiliação partidária sem justa causa".

69 BRASIL. **Tribunal Superior Eleitoral**. Agravo Regimental em Ação Cautelar nº 3233, Acórdão de 31/03/2009, Relator(a) Min. ARNALDO VERSIANI LEITE SOARES, Publicação: DJE – Diário da Justiça Eletrônico, Data 29.04.2009, Página 62. Disponível em: <http://www.tse.jus.br/jurisprudencia/inteiro-teor>. Acesso em 19.02.2014.

Ocorre que o Código Eleitoral[70] estabelece as competências do Tribunal Superior Eleitoral e, dentre elas, não se encontra a de julgar as ações que envolvam atos de infidelidade partidária de senadores e deputados federais, a revelar a vedada repristinação, porque não prevista em Lei, da norma do § 2º do art. 76 e 78, II da lei 5682/1971 (LOPP)[71] vigente ao tempo da Carta de 67/69, editada pelo regime militar.

3.1.2. Pressupostos processuais: subjetivos e objetivos

Os pressupostos da relação processual apresentam-se como *requisitos de admissibilidade do provimento jurisdicional*[72], de maneira que merecem destaque os sujeitos e o objeto do processo.

No viés subjetivo, a análise recai sobre os sujeitos do processo: o juiz e as partes. Em primeiro plano, há de se ressaltar que o juiz, na condição de agente do Estado, é o sujeito imparcial da relação processual que não possui interesse jurídico na demanda, mas exerce a condução em consonância com as normas processuais.

Antônio Carlos de Araújo Cintra, Ada Pellegrini Grinover e Cândido Rangel Dinamarco[73] lecionam que *investido de autoridade para dirimir a lide, o juiz se coloca super et inter partes*, bem assim que *sua superior virtude, exigida legalmente e cercada de cuidados constitucionais destinados a resguardá-la, é a imparcialidade*.

Além disso, a jurisdição há de ser prestada por um juiz competente, de acordo com as normas constitucionais e legais. Luiz Fux[74] doutrina que *a competência somente é atribuída para determinada causa à luz dos critérios estabelecidos na lei*, razão pela qual considera que a lei é o *"estatuto" da competência*.

---

70 Arts. 22, 23 e 86 do CE.

71 Art. 76 (...)
§2º. "Quando se tratar de Senador ou Deputado Federal, mesmo que a diretriz descumprida seja do Diretório ou da Convenção Regional, somente o Diretório Nacional pode representar ao Tribunal Superior Eleitoral, depois de decidir sobre procedência do pedido, devidamente instruído, que lhe encaminhar o Diretório Regional.
Art. 78. O processo e julgamento da representação do partido político para a decretação da perda do mandato do parlamentar que tiver praticado ato de infidelidade partidária, caberá:
I – ao Tribunal Superior Eleitoral, se a representação for dirigida contra Senador ou Deputado Federal";

72 CINTRA, Antônio Carlos de Araújo; GRINOVER, Ada Pellegrini; DINAMARCO, Cândido Rangel. **Teoria Geral do Processo**. 25ª ed. São Paulo: Malheiros, 2009, p. 309.

73 *Ibidem*, p. 315.

74 FUX, Luiz. **Curso de Direito Processual Civil**: processo de conhecimento. 4ª ed. Vol. I. Rio de Janeiro: Forense, 2008, p. 105.

Por outro lado, em atenção aos princípios da dualidade, da igualdade das partes e do contraditório, são definidos autor e réu de uma demanda[75]. Em síntese, a parte autora *pede a atuação da jurisdição em face de alguém, dirigindo-se primariamente ao Estado, mas o que pretende é produzir uma consequência jurídica na esfera de outrem, considerado parte passiva*[76].

A seu turno, a capacidade de direito é a aptidão em assumir direitos e obrigações na ordem jurídica, consoante o disposto nos arts. 2º e 3º do Código Civil[77], ou seja, a *capacidade de exercício ou de fato*[78]. Já a capacidade processual se refere à capacidade de estar em juízo, à luz do disposto no art. 7º do Código de Processo Civil[79], reproduzido na redação do art. 70 do Novo Código de Processo Civil. Nesse ponto, José Miguel Garcia Medina[80] elucida que a capacidade processual *é a aptidão para praticar atos processuais independentemente de assistência e representação, pessoalmente, ou por outras pessoas apontadas pela lei*.

Para postular em juízo, é preciso ter capacidade postulatória, sendo a sua dispensa hipótese excepcional no ordenamento jurídico pátrio, a exemplo do *jus postulandi* no âmbito da Justiça do Trabalho, em causas que não ultrapassem 20 (vinte) salários mínimos nos juizados especiais cíveis e nos incidentes da fase da votação e apuração eleitorais.

Nos demais casos, inclusive a ação de decretação de perda de mandato eletivo por infidelidade partidária, é vedado à parte deduzir pretensão em juízo sem a prévia constituição de advogado, por se tratar de processo contencioso e não mero processo ou procedimento administrativo.

Por sua vez, os pressupostos processuais objetivos se referem ao objeto vindicado pelo autor em face do réu. O objeto da relação processual é primário quando se trata do bem da vida, ou seja, o próprio objeto dos interesses em

---

75 CINTRA, Antônio Carlos de Araújo; GRINOVER, Ada Pellegrini; DINAMARCO, Cândido Rangel. **Teoria Geral do Processo**. 25ª ed. São Paulo: Malheiros, 2009, p. 316.

76 FUX, Luiz. **Curso de Direito Processual Civil**: processo de conhecimento. 4ª ed. Vol. I. Rio de Janeiro: Forense, 2008, p. 257.

77 Art. 2º "A personalidade civil da pessoa começa do nascimento com vida; mas a lei põe a salvo, desde a concepção, os direitos do nascituro.
Art. 3º São absolutamente incapazes de exercer pessoalmente os atos da vida civil os menores de 16 (dezesseis) anos".

78 NERY JUNIOR, Nelson. NERY, Rosa Maria de Andrade. **Código de Processo Civil Comentado**. 11 ed. São Paulo: Revista dos Tribunais, 2010, p. 200.

79 Art. 7º do CPC: "Toda pessoa que se acha no exercício dos seus direitos tem capacidade para estar em juízo".

80 MEDINA, José Miguel Garcia. **Código de Processo Civil Comentado**. São Paulo: Revista dos Tribunais, 2011, p. 45.

conflito. Já o objeto processual secundário é a própria jurisdição em forma de tutela que deve ser prestada pelo Estado por meio de atos decisórios[81].

Os pressupostos objetivos podem, ainda, ser intrínsecos ou extrínsecos. Estar-se-á diante de pressuposto objetivo intrínseco quando o requisito avaliado se referir à instauração do processo (existência) ou, ainda, ao seu desenvolvimento válido e regular (validade), de tudo a revelar que, em verdade, trata-se de submissão às normas processuais.

O processo pressupõe o preenchimento de pressupostos objetivos extrínsecos, vale dizer, impõe-se que inexista qualquer óbice externo ao ajuizamento da ação, a exemplo da perempção, coisa julgada, litispendência, convenção de arbitragem, prescrição e decadência.

3.1.3. Condições da Ação

O direito de agir em juízo exige o cumprimento de determinados requisitos mínimos para que o demandante obtenha uma resposta adequada e completa do Poder Judiciário acerca do pedido posto à sua apreciação.

Esses requisitos, também conhecidos como condições da ação, são a possibilidade jurídica do pedido, a legitimidade das partes e o interesse processual, todos previstos no art. 267, VI do CPC, devendo ser aferidos de plano pelo magistrado.

Apesar de o Novo CPC não mencionar expressamente o termo condições da ação, há previsão no sentido de que o juiz não resolverá o mérito quando verificar ausência de legitimidade ou de interesse processual[82].

Em relação à antiga impossibilidade jurídica do pedido, há de se ressaltar que a sua essência permanece na novel legislação processual, sobretudo na redação do art. 330, § 1º da Lei 13.105/2015[83].

---

81 CINTRA, Antônio Carlos de Araújo; GRINOVER, Ada Pellegrini; DINAMARCO, Cândido Rangel. **Teoria Geral do Processo**. 25ª ed. São Paulo: Malheiros, 2009, p. 308.
82 Arts. 17, 330, II e III e 485, VI da lei n. 13.105/2015.
83 Art. 330. "A petição inicial será indeferida quando:
I – for inepta;
II – a parte for manifestamente ilegítima;
III – o autor carecer de interesse processual;
IV – não atendidas as prescrições dos arts. 106 e 321.
§ 1º Considera-se inepta a petição inicial quando:
I – lhe faltar pedido ou causa de pedir;
II – o pedido for indeterminado, ressalvadas as hipóteses legais em que se permite o pedido genérico;
III – da narração dos fatos não decorrer logicamente a conclusão;
IV – contiver pedidos incompatíveis entre si".

Ausentes quaisquer destes requisitos, o processo será extinto sem resolução do mérito, na medida em que o *direito instrumental ao meio* não detém as condições mínimas para efeito de conhecimento do direito material pelo poder judicante[84].

3.1.3.1. Legitimidade das partes

O estabelecimento do contraditório entre as partes legítimas para figurarem em determinada relação jurídica é relevante, porquanto autor e réu são destinatários naturais de eventual sentença de mérito e se submetem aos respectivos efeitos da coisa julgada.

A legitimidade ativa para agir (*legitimatio ad causam*) é condição da ação de quem é titular do direito material e, para protegê-lo de violação, provoca a máquina judiciária para alcançar provimento jurisdicional que o preserve, enquanto a legitimidade passiva para a causa incide sobre aquele *em face de quem aquela pretensão é deduzida (is contra quem res in iudicium deducitur)*[85].

3.1.3.1.1. Legitimidade ativa sucessiva e concorrente

A legitimidade ativa para ajuizar a ação de decretação de perda de mandato eletivo é do partido de origem do suposto infiel, por meio do presidente do respectivo diretório ou comissão provisória[86].

Os diretórios nacionais e regionais dos partidos também detêm legitimidade para reivindicar o mandato municipal perante o Poder Judiciário, porém o diretório municipal não está legitimado a propor referida ação no tocante a mandato estadual ou federal[87], tendo em vista que a estrutura, organização

---

[84] Nesse sentido, Luiz Fux destaca que "*as condições da ação consistentes na legitimidade das partes, no interesse de agir e na possibilidade jurídica do pedido são analisadas in abstracto (vera sint exposita). (...) Em verdade, 'ter direito é condição de procedência'. Assim, o direito de agir é um direito instrumental ao meio e não ao fim, que é a justiça*". (FUX, Luiz. **Curso de Direito Processual Civil**. vol. I. 4ª ed. Rio de Janeiro: Forense, 2008, p. 166-167).

[85] CINTRA, Antônio Carlos de Araújo; DINAMARCO, Cândido Rangel; GRINOVER, Ada Pellegrini. **Teoria Geral do Processo**. 25ª ed. rev. e atual. São Paulo: Malheiros, 2009, p. 316.

[86] Art. 1º – "O partido político interessado pode pedir, perante a Justiça Eleitoral, a decretação da perda de cargo eletivo em decorrência de desfiliação partidária sem justa causa.
(...) § 2º – Quando o partido político não formular o pedido dentro de 30 (trinta) dias da desfiliação, pode fazê-lo, em nome próprio, nos 30 (trinta) subsequentes, quem tenha interesse jurídico ou o Ministério Público eleitoral".

[87] SILVA, Alexandre Assunção e. **Infidelidade Partidária**: direito material e processo. Belo Horizonte: Del Rey, 2014, p. 114-115.

e funcionamento dos partidos observa o princípio federativo, apesar de, nos assuntos de seu peculiar interesse, serem as instâncias autônomas, inclusive no tocante à responsabilidade por seu atos[88].

A legitimidade do partido de origem para a propositura da ação foi definida pelo STF[89], nos julgados em que restou assentado o entendimento de que o mandato eletivo tem por titular a agremiação, e não o eleito, em alusão à necessidade de fortalecimento da democracia representativa e partidária.

Ante a possibilidade de inércia do partido em reivindicar o mandato de que é titular e, reconhecendo o TSE que a existência de expectativa de direito dos suplentes e vices, por omissão, podem se converter em direito subjetivo e que subjaz interesse público primário à questão da Fidelidade, cuidou de dispor, ao editar a Resolução nº 22.610/2007, acerca da legitimidade sucessiva[90].

Se o partido de origem permanecer inerte por mais de 30 (trinta) dias a contar do desligamento da agremiação, poderão propor a ação os demais legitimados: o suplente e o vice[91] e o Ministério Público Eleitoral. Trata-se de legitimidade sucessiva para propor a ação de decretação de perda de mandato eletivo por infidelidade partidária.

Quanto aos suplentes do trânsfuga, consoante o mais recente entendimento do Tribunal Superior Eleitoral[92], apenas o primeiro suplente[93] teria o direito de ação, a ser exercido no prazo decadencial de 30 (trinta) dias, uma

---

88 Art. 17, § 1º da CF, c.c. art. 15-A da Lei nº 9.096/95.

89 Nos julgamentos dos mandados de segurança 26.602-DF, 26.603-DF e 26.604-DF.

90 O art. 2º da Resolução TSE n. 22.610/2007 prevê a legitimidade *ad causam* sucessiva para o Ministério Público e para quem tenha interesse jurídico propor a ação de decretação de perda de cargo eletivo por ato de infidelidade partidária. (BRASIL. **Tribunal Superior Eleitoral**, Respe 28.958/GO, Rel. Min. Felix Fischer, DJE 15.12.2008).

91 Vice-Presidente, Vice-Governador e o Vice-Prefeito.

92 AGRAVO REGIMENTAL. AÇÃO DE PERDA DE CARGO ELETIVO. DESFILIAÇÃO PARTIDÁRIA. ILEGITIMIDADE DO AGRAVANTE. TERCEIRO SUPLENTE. DESPROVIMENTO.
1. Nas ações por infidelidade partidária, tão somente o primeiro suplente do partido detém legitimidade para pleitear a perda do cargo eletivo de parlamentar infiel à agremiação pela qual foi eleito, visto que a legitimidade ativa do suplente fica condicionada à possibilidade de sucessão imediata.
2. Agravo regimental desprovido.
BRASIL. Tribunal Superior Eleitoral. PET n. 177.391/RS, Rel. Min. Laurita Hilário Vaz, Publicação: DJE – Diário da Justiça Eletrônico, Data 26.08.2013. Disponível em: <http://www.tse.jus.br/jurisprudencia/inteiro-teor>. Acesso em 19.02.2014.

93 Inicialmente, a jurisprudência se firmou, desde 2007, no sentido de que o suplente seria do partido político, por ser esta agremiação titular do mandato eletivo. Porém, após o julgamento do mandado de segurança nº 30.260/DF e 30.272/DF, em 27.04.2011, o STF modificou o seu entendimento, passando a ser convocado o eleito pela coligação (Vide Capítulo VII).

vez que a eventual perda de mandato do infiel condiciona a legitimidade ativa à possibilidade de sucessão imediata, posse e exercício.

O Tribunal Superior Eleitoral[94] decidiu que o suplente do partido "*tem interesse jurídico na demanda, já que a decretação da infidelidade partidária acarretaria a alteração da lista de suplência, com a mudança de posição do requerente*", razão pela qual não apenas o suplente imediato teria interesse na propositura da demanda, mas, sucessivamente, aqueles que integram o rol dos mais votados.

A par de reconhecer a Resolução do TSE[95] a legitimidade de *quem tenha interesse jurídico* e não haver Lei restritiva da legitimidade do segundo suplente e dos que lhe sucedem para a propositura da ação, a doutrina processual admite a formação do litisconsórcio sucessivo. *Legem habemus*.

A Lei do Mandado de Segurança, tanto a antiga de nº 1.533/51, quanto a vigente lei nº 12.016/2009, reconhecem a legitimidade ativa para a impetração, dos interessados em ordem sucessiva (litisconsórcio sucessivo)[96] e, *mutatis mutandis*, igualmente prevê a Lei de Locações de nº 8.245/91, referentemente à relação de direito processual que se estabelece entre locador e sublocatário[97].

É possível reconhecer legitimidade ativa a qualquer esfera da agremiação, seja nacional, estadual ou municipal, o que consubstancia a legitimidade concorrente[98] em ações de fidelidade partidária.

Nos idos de 1992[99], o Tribunal Superior Eleitoral procedeu à revisão da sua jurisprudência e, pelo voto condutor do Ministro Relator Sepúlveda Pertence, declarou-se a inconstitucionalidade da norma do art. 263 do Código Eleitoral, que dispunha constituir prejulgados para os demais casos os julgamentos de um mesmo pleito eleitoral e, no bojo do julgado.

---

94 BRASIL. **Tribunal Superior Eleitoral**. Recurso Especial Eleitoral n. 28.958/GO, Decisão Monocrática de 09.12.2008, Relator(a) Min. FELIX FISCHER, Publicação: DJE – Diário da Justiça Eletrônico, Data 15.12.2008, Página 12/14.

95 Art. 1º (...) § 2º – "Quando o partido político não formular o pedido dentro de 30 (trinta) dias da desfiliação, pode fazê-lo, em nome próprio, nos 30 (trinta) subsequentes, quem tenha interesse jurídico ou o Ministério Público eleitoral".

96 Art. 1º, § 2º, da Lei nº 1.533/1951, e art. 1º, § 3º, da Lei nº 12.016/2009.

97 Art. 71, parágrafo único, da Lei nº 8.245/91.

98 "(...) *Entende-se que, em matéria de fidelidade partidária, a legitimidade ativa é também concorrente, podendo ser exercida por qualquer das esferas da agremiação partidária, seja por seu diretório municipal (quando se tratar de mandato municipal); seja por seu diretório estadual (quando se tratar de mandato estadual ou municipal); seja por seu diretório nacional (quando se tratar de mandato federal, estadual ou municipal)*". (BRASIL. **Tribunal Superior Eleitoral**, Consulta n. 1.720, Resolução n. 23.148, Relator Ministro Fernando Gonçalves, DJE de 16.10.2009).

99 BRASIL. **Tribunal Superior Eleitoral**. Recurso nº 9936, Classe 4ª, Ac. nº 12.501, de 14.9.1992, Nova Friburgo/RJ.

Nesse julgado de Nova Friburgo/RJ, consagrou-se o entendimento acerca da legitimidade ativa dos diretórios municipais para recorrerem ao Tribunal Superior Eleitoral em defesa do interesse da instância partidária dita de menor abrangência territorial, independentemente da prévia aquiescência ou ratificação dos diretórios estaduais ou regionais, no contexto do peculiar interesse local imposto pelo princípio federativo, alterando-se, assim, a então vigente jurisprudência, em prol da ampla autonomia da agremiação local.

Contudo, o Tribunal Superior Eleitoral[100] refluiu e passou a negar legitimidade ativa à instância partidária municipal para a interposição do recurso especial que não tenha relação direta com as eleições locais, negando acesso à jurisdição e à obtenção da completa, adequada e devida prestação jurisdicional, sem ratificação da instância estadual ou nacional, em contrariedade à cláusula do devido processo legal e seus corolários e da autonomia dos partidos que, na sua base, devem ser a fonte da qual promana da soberania popular[101].

Esse pressuposto recursal repristinado recentemente pela jurisprudência do Tribunal Superior Eleitoral, consistente na necessidade de ratificação do recurso especial, para o seu conhecimento e julgamento, propicia o cometimento de atos partidários arbitrários, caprichosos e ilícitos por parte de dirigentes das instâncias partidárias de maior abrangência territorial (diretórios nacionais e estaduais ante os diretórios municipais), fomentando as nocivas práticas caracterizadoras da ditadura intrapartidária, descritas no Capítulo VIII desta obra.

O reconhecimento da legitimidade sucessiva e concorrente tem especial relevo no processo eleitoral em todos os seus aspectos, por coarctar tentativas de burla ao sistema.

Através de espúrios conchavos entre partido, trânsfuga e o primeiro suplente, a eventual inércia poderia frustrar os demais legitimados na conversão da justa expectativa em direito subjetivo ao exercício do mandato ou ocupação de cargo eletivo, no curso do quatriênio.

---

100 "AGRAVO REGIMENTAL. RECURSO ESPECIAL. REGISTRO DE CANDIDATURA. ELEIÇÕES 2012. PREFEITO. PARTIDO COLIGADO. ILEGITIMIDADE PARA RECORRER ISOLADAMENTE. [...] 2. O partido agravante não é parte legítima para figurar na presente relação processual, pois, atuando no pleito de forma coligada, não poderia apresentar impugnação ao pedido de registro de candidatura isoladamente, bem como recorrer, a teor dos arts. 6º da Lei 9.504/97 e 7º da Res.-TSE 23.373/2011". (BRASIL. **Tribunal Superior Eleitoral**. AgR-REspe nº 10827/BA, Rel. Min. Nancy Andrighi, DJE de 17.12.2012. Disponível em: <http://www.tse.jus.br>. Acesso em: 14 fev. 2016).

101 Art. 5º, LIV e LV, 17, § 1º da CF.

Tais ajustes prejudicam o interesse público imprescindível ao funcionamento da democracia representativa, de forma que urge venha o TSE a se debruçar sobre estes aspectos corriqueiros na vida partidária e da atividade parlamentar, a fim de firmar posicionamento adequado à realidade constitucional eleitoral.

Preserva-se a legitimidade concorrente do suplente do partido do qual se desligou o trânsfuga para a propositura da ação de decretação da perda do mandato por ato de infidelidade, salvo se a disputa ocorrer por meio de coligação, quando o convocado deverá ser o mais votado nesta agremiação de existência temporária constituída para o momento e propósitos específicos do período eleitoral, em razão do novo posicionamento do STF[102], não obstante as ressalvas lançadas no Capítulo VII.

Apesar desse posicionamento do STF, que atribui prevalência às coligações em desfavor dos partidos políticos, sobretudo em matéria de vacância excepcional (quebra do dever de fidelidade partidária), há tribunais regionais eleitorais – v.g. Estado de São Paulo[103] – que divergem, mantendo o enten-

---

102 "MANDADO DE SEGURANÇA PREVENTIVO. CONSTITUCIONAL. SUPLENTES DE DEPUTADO FEDERAL. ORDEM DE SUBSTITUIÇÃO FIXADA SEGUNDO A ORDEM DA COLIGAÇÃO. REJEIÇÃO DAS PRELIMINARES DE ILEGITIMIDADE ATIVA E DE PERDA DO OBJETO DA AÇÃO. AUSÊNCIA DE DIREITO LÍQUIDO E CERTO. SEGURANÇA DENEGADA.
(...) 7. A sistemática estabelecida no ordenamento jurídico eleitoral para o preenchimento dos cargos disputados no sistema de eleições proporcionais é declarada no momento da diplomação, quando são ordenados os candidatos eleitos e a ordem de sucessão pelos candidatos suplentes. A mudança dessa ordem atenta contra o ato jurídico perfeito e desvirtua o sentido e a razão de ser das coligações.
8. Ao se coligarem, os partidos políticos aquiescem com a possibilidade de distribuição e rodízio no exercício do poder buscado em conjunto no processo eleitoral.
9. Segurança denegada".
(BRASIL. **Supremo Tribunal Federal**, MS 30.260/DF, Relator: Min. CÁRMEN LÚCIA, Data de Julgamento: 27.04.2011, Tribunal Pleno, Data de Publicação: DJe-166 DIVULG 29.08.2011 PUBLIC 30.08.2011).

103 "AGRAVO REGIMENTAL. AÇÃO DE PERDA DE CARGO ELETIVO POR DESFILIAÇÃO PARTIDÁRIA. 1º SUPLENTE DA COLIGAÇÃO. ILEGITIMIDADE ATIVA. VACÂNCIA EXCEPCIONAL. PARTIDO POLÍTICO. DETENTOR DO MANDATO. ORDEM DE SUPLENTES DA PRÓPRIA AGREMIAÇÃO PARTIDÁRIA. DECISÃO MANTIDA POR SEUS PRÓPRIOS FUNDAMENTOS. – TRATA-SE DE AGRAVO REGIMENTAL INTERPOSTO PELA 1ª SUPLENTE DA COLIGAÇÃO NOVO CAMINHO – DEM/PMDB/PP EM FACE DA R. DECISÃO DE FLS. 23/24, QUE JULGOU EXTINTA A AÇÃO DE PERDA DE CARGO ELETIVO POR DESFILIAÇÃO PARTIDÁRIA SEM RESOLUÇÃO DO MÉRITO, NOS TERMOS DO ART. 267, VI, DO CÓDIGO DE PROCESSO CIVIL, ANTE A AUSÊNCIA DE INTERESSE PROCESSUAL E LEGITIMIDADE. – A VAGA DECORRENTE DE LICENÇA, RENÚNCIA ETC. (VACÂNCIA NORMAL) DEVE SER OCUPADA PELO 1º SUPLENTE DA COLIGAÇÃO PARTIDÁRIA,

dimento no sentido de que, sendo a vacância decorrente de violação à fidelidade partidária, a vaga deve ser ocupada por suplente do partido e não da coligação[104].

No polo ativo da ação é de se admitir a existência de formação do litisconsórcio facultativo do suplente ou do vice, do partido ou da coligação, pelo qual concorreu no certame e, na falta de substituto, recorrer-se-á à ordem de suplência de uma ou de outra agremiação; na última das hipóteses, proceder-se-á ao recálculo dos quocientes eleitoral e partidário.

Para assegurar ao trânsfuga a manutenção do exercício do mandato, sem consequência ou sanção pelo desligamento, tem se tornado comum a existência de acordo político entre ele e a respectiva agremiação (partido ou coligação), formalizado por escrito, autorizando o desfazimento do vínculo político-jurídico.

Ajustes privados entre exercente de mandato e o partido ou coligação pelo qual foi eleito não afastam a legitimidade ativa do suplente ou do vice para vindicar a vaga do infiel, pois a matéria é de ordem pública e não admite transação, muito menos pode ser excluída a sua validade da apreciação judicial, salvo nas hipóteses de justa causa relacionadas no art. 1º, §§ 1º e 3º da Resolução TSE nº 22.610/2007.

Alguns parlamentares, para não perderem seus mandatos, migram para nova agremiação e, logo em seguida, passam a terceiro partido. Tal tentativa de burla ao sistema político resta evidente e vem sendo divulgada pela imprensa. Trata-se de ato inexistente e que não produz efeito, tal como os atos nulos em geral, razão pela qual o partido de origem ou coligação preserva a sua legitimidade ativa para reclamar o mandato de que é titular (vide item 5.2 deste capítulo – Das Justas causas para o desligamento partidário: Criação de partido).

EM OBSERVÂNCIA A CLASSIFICAÇÃO FINAL DO PLEITO. – A VAGA DECORRENTE DA DECRETAÇÃO DA PERDA DO CARGO ELETIVO DE MANDATÁRIO INFIEL (VACÂNCIA EXCEPCIONAL) DEVE SER PREENCHIDA COM BASE NA ORDEM DE SUPLENTES DO PRÓPRIO PARTIDO POLÍTICO AO QUAL PERTENCIA O PARLAMENTAR RENUNCIANTE. PRECEDENTES STF E TRE/SP. AGRAVO NÃO PROVIDO".
(BRASIL. **Tribunal Regional Eleitoral de São Paulo**. AGREG: 45.834/SP, Relator: DIVA PRESTES MARCONDES MALERBI, Data de Julgamento: 23.01.2014, Data de Publicação: DJESP – Diário da Justiça Eletrônico do TRE-SP, Data 30.01.2014. Disponível em: <http://www.tse.jus.br/jurisprudencia/inteiro-teor>. Acesso em 19.02.2014.

---

104 Por falta de caráter vinculante, a autoridade do julgado da Corte Regional somente pode ser desconstituída em grau de recurso de índole extraordinária propriamente dita (STF) ou especial (TSE). Demais, *de lege ferenda*, o fim das coligações proporcionais restabelecerá o entendimento originário de que a vaga é do partido político, entidade permanente e imprescindível à democracia representativa.

Outra tentativa de burla ao sistema ocorre quando o parlamentar permanece por tempo superior ao trintídio sem filiação e, ao depois, vincula-se a outro ou a um novo partido. Tão logo vindicado o mandato pelo partido de origem ou pela coligação pela qual foi eleito, tenta retornar às suas hostes com o fito de afastar a consequência da injustificada migração. Nesse caso, a perda do prazo de 30 dias para a nova filiação obsta o retorno ao *statu quo ante*, implicando a perda do mandato por ausência de justa causa[105].

A natureza circunstancial, provisória e precária, mormente porque destituída de ideologia, obsta a que o eleito pretenda se filiar a uma coligação, por impossibilidade jurídica. Daí a *contradictio in adjecto* em se recorrer à ordem dos eleitos pela coligação proporcional para efeito de convocação de suplente.

A legitimidade ativa para vindicar o mandato do suplente partícipe do certame pela via da coligação continua sendo do candidato, do partido ao qual se encontra filiado e do Ministério Público.

Carece de legitimidade *ad causam* a coligação para vindicar o mandato do suplente, porque ente provisório formado para o específico certame, tendo por finalidade eleger o maior número possível de candidatos dos partidos que se unem para tanto. Outrossim, ao ente provisório falta o interesse processual, por lhe faltar o binômio necessidade e utilidade do respectivo provimento jurisdicional.

A existência de amplas discussões no âmbito da Reforma Política[106], ainda em curso no Congresso Nacional, versando o fim das coligações proporcionais, em decorrência das lesões provocadas à autenticidade da representação política, revelam o quanto o ente *ad hoc* vai de encontro e alui a democracia representativa brasileira.[107]

Por isso é que a Carta de 88 constitucionaliza o partido político e lhe confere estabilidades política e social, institucionalizando as relações de Poder, de molde a imunizar a democracia contra o personalismo que conduz às ditaduras.

O Ministério Público Eleitoral integra o rol de legitimados para propor a ação, com o dever de velar pelo regime democrático e da ordem jurídica que o sustenta[108], cujo Estatuto do Ministério Público da União[109] dispõe ser

---

105 N.A. É o que se infere do julgado no voto da Ministra Carmen Lúcia no Mandado de Segurança nº 26.604-DF.

106 Proposta de Emenda Constitucional n. 40/2011.

107 Eis mais um motivo que reforça o acerto do STF e do TSE quando reconheceram que a ordem a ser observada devesse ser a dos filiados ao partido, e não a dos eleitos pela coligação.

108 Art. 127 da CF.

109 Art. 72. "Compete ao Ministério Público Federal exercer, no que couber, junto à Justiça Eleitoral, as funções do Ministério Público, atuando em todas as fases e instâncias do processo eleitoral".

obrigatória sua participação em todos os atos e fases do processo eleitoral[110], estando legitimado para a defesa do interesse público. Até mesmo o regime militar garantiu a participação do *parquet em todos os termos do processo, para fiscalizar a fiel aplicação da lei, podendo inclusive interpor recurso*[111].

3.1.3.1.2. Legitimidade passiva e litisconsórcio

A legitimidade para integrar o polo passivo da ação de fidelidade é do trânsfuga e do partido para o qual ele migrou[112], sob pena de se ter que chamar à lide a coligação envolta em toda a sua precariedade e provisoriedade fadada a desaparecer com a conclusão do processo eleitoral para o qual fora constituída.

Submetida ao termo *dies certus an certus quando*, a coligação proporcional não pode ser estendida no tempo, sobretudo por embaraçar a marcha processual e procrastinar os julgamentos dos feitos ante a necessidade da sua participação na relação processual. Na prática, finda a votação e apuração rapidamente realizadas eletronicamente[113], e proclamados os eleitos, uma vez

---

110 Resolução TSE n. 22.610/2007, art. 1º, § 2º.
111 Art. 86 da Lei 5682/1971 (LOPP).
112 Resolução TSE n. 22.610/2007, art. 4º.
113 Na votação eletrônica, a recontagem era figura inócua, tendo em vista que o STF declarara a inconstitucionalidade do art. 5º da Lei 12.034/2009 na ADI 4543, afastando a exigência de voto impresso a ser depositado na caixa coletora destinada a preservá-lo, a partir das eleições de 2014, sob o fundamento do risco de quebra do sigilo. Antes disso, o voto impresso fora experimentalmente adotado no certame de 1998, em várias Capitais brasileiras e as urnas foram submetidas à inspeção do TSE, não tendo sido encontrados vícios, nem denúncias de quebra do sigilo. Em 2002 foi editada a Lei 10.408 estabelecendo o voto impresso nas eleições municipais de 2004. Porém, o Congresso Nacional foi convencido de que haveria a possibilidade de atrasos na votação e apuração das eleições gerais em razão do suposto risco da ocorrência de defeitos na impressão dos votos, vindo à lume a sua revogação por força do art. 2º da Lei 10.740/2003. A PEC 113/2015, em curso no Senado, oriunda da PEC 182/2007 aprovada na Câmara Federal, restaura o voto impresso a partir das eleições gerais de 2018 e, ao mesmo tempo, assegura o sigilo e viabiliza a recontagem. Por sua vez, o PLC 75/2015 deu origem à Lei 13.165/2015 e também instituiu a obrigatoriedade do voto impresso, mesmo com o veto presidencial que fora derrubado pelo Congresso Nacional. Não obstante a resistência do *establishment* ao voto impresso, o que implica na instalação das caixas coletoras acopladas às urnas eletrônicas, em todo o Brasil (Bahia, Maranhão e Alagoas) houve denúncias de fraudes nas urnas eletrônicas divulgadas em prestigiados jornais e revistas semanais. Nos Estados Unidos da América, a quase totalidade dos Estados mantém a urna eletrônica com caixa coletora de votos. Na Venezuela, o presidente Nicolás Maduro foi eleito presidente com 50,75% contra 48,97% dirigidos a Henrique Capriles e, como as urnas eletrônicas eram dotadas de sistema para a recontagem, a comunidade internacional reconheceu a vitória chavista. Em França, na eleição de Sarkozy, os cidadãos parisienses

superados os 15 dias seguintes apostos para a propositura da AIME, desaparece a coligação.

A par disso, as coligações proporcionais são permeadas por graves dissensões internas atrativas, *per se*, de múltiplos conflitos, a depender do número de partidos que dela participem e do grau de animosidade entre seus representantes legais e candidatos que compõem a lista dos mais votados.

As dificuldades geradas pela pluralidade de partidos que compõem a coligação, muitas vezes formada por dezenas deles, por si sós, demonstram os motivos legitimadores do necessário prestígio da convocação dos suplentes dos partidos e da legitimação ativa e passiva destas siglas registradas no TSE, e não daqueles entes circunstancias, temporários, provisórios e precários!

O litisconsórcio processual se apresenta como fenômeno indicativo de pluralidade de sujeitos em uma lide, seja no polo ativo ou passivo. Dentre as suas modalidades encontra-se o litisconsórcio necessário, figura atrativa de todos os sujeitos vinculados por uma mesma situação fática e que poderão sofrer os efeitos de eventual sentença que lhe cause gravame. A ausência de sua formação poderá acarretar ao processo vício insanável ou, ainda, a sentença, de forma anômala, será ineficaz[114].

A formação do litisconsórcio se justifica pela tensão entre o máximo resultado e o mínimo esforço, ao agasalho do princípio da economia processual, de modo que a sentença eventualmente proferida disporá acerca da situação jurídica de todas as partes envolvidas, sem que haja risco de decisões contrárias sobre a mesma realidade fática em processos separados.

---

recusaram a urna eletrônica sem caixa coletora e o Paraguai rejeitou a urna brasileira por falta de caixa coletora. A imprensa internacional noticiou que a Índia, a maior democracia da Terra, formadora e fornecedora de alta tecnologia em informática, teve suas urnas eletrônicas passíveis de invasão por mera telefonia celular experimentada por um estudante e, mais recentemente, um passageiro de importante companhia aérea americana, com um laptop, invadiu o sistema de navegação da aeronave, provocando pequeno desvio para a comprovação da fragilidade dos sistemas.

114 Ada Pellegrini Grinover destaca que "*o litisconsórcio é um fenômeno de pluralidade de pessoas, em um só ou em ambos os polos conflitantes da relação jurídica processual (isto é, ele constitui fenômeno de pluralidade de sujeitos parciais principais do processo). A disciplina legal do litisconsórcio apresenta dois aspectos principais: o primeiro diz respeito à sua constituição, à sua admissibilidade e até à sua eventual necessidade (CPP, art. 48; CPC, arts. 46 e 47); o segundo é atinente às relações entre os litisconsortes, uma vez constituído o litisconsórcio (CPP, art. 580; CPC, arts. 48 e 49). Há casos de litisconsórcio necessário, ou seja, indispensável sob pena de nulidade do processo e da sentença, ou mesmo de total ineficácia desta*".
(CINTRA, Antônio Carlos de Araújo; GRINOVER, Ada Pellegrini Grinover; DINAMARCO, Cândido Rangel. **Teoria Geral do Processo**. 25ª ed. rev. e atual. São Paulo: Malheiros Editores, 2009, p. 316-317).

Luiz Fux considera que a sentença, no litisconsórcio, deve ser *formalmente una e materialmente dúplice dispondo o juiz, em simultaneus processus, sobre a situação jurídica de todas as partes litisconsorciadas*[115].

O litisconsórcio passivo, de índole necessária, encontra-se previsto na Resolução TSE n. 22.610/2007, ao dispor que *o mandatário que se desfiliou e o eventual partido em que esteja inscrito serão citados para responder no prazo de 5 (cinco) dias, contados do ato da citação*[116].

Questão bastante discutida nos tribunais eleitorais é a formação tempestiva do litisconsórcio passivo necessário, quando da propositura da ação de perda de mandato, pois, se somente for ajuizada contra o suposto infiel, sem o chamamento à lide para se defender, do partido para o qual migrou, tem-se entendido operada a decadência e extinto o processo com resolução do mérito[117][118][119].

---

115 "*Litisconsórcio é o fenômeno jurídico consistente na pluralidade de partes na relação processual. (...) O litisconsórcio é informado, primeiramente, pelo princípio da economia processual que visa a conferir às partes do processo um máximo de resultado com um mínimo de esforço, por isso que enfeixando várias relações no seu bojo, a sentença proferida num processo em que há a formação do litisconsórcio dispõe um unum et idem judex acerca de várias pretensões.*
(...) *A facultatividade sofre exceção nos casos em que se impõe a indispensabilidade do litisconsórcio. Nessas hipóteses "somente uma pluralidade de pessoas é legitimada a agir em juízo", fenômeno que se apresenta como excepcional e assim deve ser interpretado. Essa modalidade de litisconsórcio denomina-se compulsório, obrigatório ou necessário, razão pela qual não pode ser desmembrado. A sentença no litisconsórcio necessário deve ser formalmente una e materialmente dúplice, dispondo o juiz, em* simultaneus processus, *sobre a situação jurídica de todas as partes litisconsorciadas*".
(FUX, Luiz. **Curso de Direito Processual Civil**: Processo de Conhecimento. 4ª ed. v. I. Rio de Janeiro: Editora Forense, 2008, p. 261-262).

116 Art. 4º da Resolução TSE nº 22.610/2007.

117 Art. 269, II do CPC.

118 "*Agravo regimental. Petição. Infidelidade partidária. Propositura da demanda contra o mandatário supostamente infiel. Não inclusão do litisconsorte passivo necessário. Decadência. Extinção. Impossibilidade de emenda quando já esgotado o prazo decadencial. Desprovimento.
1. Deve ser mantida decisão que extingue ação de decretação de perda de cargo eletivo por decadência, haja vista que, após esgotamento do prazo decadencial, não mais se revela possível a inclusão de litisconsorte passivo necessário. Caso em que, à época da propositura da demanda, o mandatário já estava filiado a novo partido político;
2. Agravo a que se nega provimento*".
(BRASIL. **Tribunal Regional Eleitoral da Bahia**. PET n. 132.228, Acórdão n. 288, Relatora Juíza Mônica Neves Aguiar da Silva, Publicação: DJE – Diário da Justiça Eletrônico, Data 26.04.2012. Disponível em: <http://www.tse.jus.br/jurisprudencia/inteiro-teor>. Acesso em 18.02.2014).

119 "*Ação de perda de cargo eletivo por desfiliação partidária. Vereador. Alegação de infidelidade partidária. Migração partidária. Ação proposta sem a prévia cautela, por parte do autor, de verificar a situação partidária do réu, por meio da emissão de certidão de filiação partidária.*

Há de se levar em consideração que o excessivo rigor formal do entendimento firmado acerca da decadência por ausência de tempestiva citação, em 30 (trinta) dias, do litisconsorte passivo necessário para integrar a lide se desenvolveu pela casuística ditada pela valoração do grau de diligência do autor da ação.

Em muitas oportunidades o prazo de 30 (trinta) dias é exíguo para a propositura da ação por parte do suplente, do vice, e do Ministério Público eleitoral que sequer tomam conhecimento da migração partidária, motivada ou não.

Após a edição da Lei 12.891/2013, que acrescentou o inciso V à redação do art. 22 da lei 9.096/95, desapareceu a obrigatoriedade do filiado que se desliga fazer comunicação ao partido[120], criando, assim, óbice intransponível aos interessados defenderem seus direitos ante a repercussão política e jurídica do fato.

Com isso, a Justiça eleitoral há de mitigar a aplicação do litisconsórcio passivo necessário na ação, haja vista a aplicabilidade do brocardo latino *ad impossibilita nemo tenetur*, sem embargo da regra geral da invalidade de se exigir condições físicas ou juridicamente impossíveis[121].

Como se pudesse antever a edição da Lei n. 12.891, de 11 de dezembro de 2013, o relator da Petição n. 138.990/2012[122], o Juiz Cássio José Barbosa

---

Não inclusão do partido de ingresso no polo passivo. Demonstração, pelo réu, de que a informação da nova filiação já se encontrava disponibilizada à consulta pública no site do TSE. Exigibilidade de seu conhecimento por terceiros. Necessidade de formação do litisconsórcio passivo. Decurso do prazo de propositura da ação. Impossibilidade de regularização do polo passivo. Consumação da decadência do direito potestativo de reivindicar o mandato. Extinção do processo com resolução do mérito".
BRASIL. **Tribunal Regional Eleitoral de Minas Gerais**, PET n. 45.287, Rel. Virgílio de Almeida Barreto, Publicação: DJE – Diário da Justiça Eletrônico, Data 03.02.2014. Disponível em: <http://www.tse.jus.br/jurisprudencia/inteiro-teor>. Acesso em 18.02.2014.

120   Art. 22, V da LPP.
121   Art. 129, c.c art. 199, I do Código Civil.
122   *"Agravo regimental. Insurgência contra decisão monocrática. Ação de perda de cargo eletivo. Infidelidade partidária. Litisconsórcio passivo necessário. Prazo decadencial. Art. 47, parágrafo único do CPC. Princípio da instrumentalidade das formas. Possibilidade de regularização. Manutenção do decisum. Desprovimento. Nega-se provimento a agravo regimental, mantendo-se a decisão que rejeitou a preliminar de decadência e oportunizou ao autor promover a citação do litisconsorte passivo necessário, conforme expressamente determina o art. 47, parágrafo único do CPC, quando afastada a hipótese de inércia do acionante, pois, apesar de defeituosa, a ação foi ajuizada tempestivamente".*
BRASIL. **Tribunal Regional Eleitoral da Bahia**, PET n. 138.990, Acórdão n. 132, Relator Juiz Cássio José Barbosa Miranda, Publicação: DJE – Diário da Justiça Eletrônico, Data 23.03.2012. Disponível em: <http://www.tse.jus.br/jurisprudencia/inteiro-teor>. Acesso em 18.02.2014.

Miranda decidiu que, mesmo não formado tempestivamente o litisconsórcio passivo necessário, a ação protocolada no prazo de 30 (trinta) dias atrai a incidência do artigo 47, parágrafo único, do CPC, de forma a possibilitar ao demandante promover a citação do litisconsorte passivo necessário.

O Tribunal Superior Eleitoral[123] já interpretou o alcance dos artigos 1º, § 2º, e 4º, ambos da Resolução TSE n. 22.610/2007, quanto aos efeitos de nova filiação promovida após o esgotamento do prazo decadencial de trinta dias e decidiu que apenas subsiste a necessidade de formação do litisconsórcio passivo necessário em relação à nova legenda se a nova filiação ocorrer dentro de 30 (trinta) dias do desligamento do partido de origem.

Em julgado mais recente, o Tribunal Superior Eleitoral[124] assentou que, em ações de fidelidade partidária, o partido para o qual migrou o mandatário

---

123 "RECURSO ESPECIAL. AÇÃO DE PERDA DE MANDATO ELETIVO POR DESFILIAÇÃO PARTIDÁRIA. FORMAÇÃO DO LITISCONSÓRCIO PASSIVO. PRAZO. CITAÇÃO. PARTIDO. INTERPRETAÇÃO. ART. 1º, § 2º, E ART. 4º DA RESOLUÇÃO 22.610/2007. PROVIMENTO.
1. Só há formação do litisconsórcio passivo necessário entre o candidato eleito e o partido ao qual se filiou se a filiação ocorrer dentro do prazo de trinta dias, previsto no art. 1º, § 2º, da Res.-TSE 22.610/2007.
2. Interpretação que afasta a possibilidade de o mandatário tido por infiel se beneficiar com nova filiação consumada somente após o prazo decadencial, afastando-se o controle da Justiça Eleitoral sobre a justa causa para a desfiliação partidária.
3. Recurso especial provido.
BRASIL. **Tribunal Superior Eleitoral**. Recurso Especial Eleitoral n. 16.887, Acórdão de 11.09.2012, Relator(a) Min. FÁTIMA NANCY ANDRIGHI, Publicação: DJE – Diário de justiça eletrônico, Tomo 193, Data 05.10.2012, Página 15. Disponível em: <http://www.tse.jus.br/jurisprudencia/inteiro-teor>. Acesso em 18.02.2014.

124 "Entendo que razão jurídica assiste ao Agravante ao refutar o fundamento da decisão que negou seguimento ao recurso especial, notadamente quanto ao tema alusivo à interpretação dada ao art. 4º da Resolução-TSE nº 22.610/2007, no tocante à necessidade ou (não) da citação do partido político para o qual migrou o detentor de mandato eletivo, na qualidade de litisconsorte passivo necessário, de maneira que a decisão agravada restou devidamente infirmada.
Demais disso, esta Corte, em recente julgado, interpretando o art. 4º da Resolução-TSE nº 22.610/2007, adotou o entendimento de que o partido político para o qual migrou o detentor de mandato eletivo não seria citado na qualidade de litisconsorte passivo necessário, mas a sua intervenção no processo se daria na condição de assistente simples, nos termos do art. 50 do Código de Processo Civil. Cito o precedente:
"LITISCONSÓRCIO NECESSÁRIO – FIDELIDADE PARTIDÁRIA – NOVA LEGENDA. O partido para o qual migrou o parlamentar não é litisconsorte necessário, presente a ação formalizada tendo em conta a infidelidade partidária. Inteligência dos artigos 47 e 50 do Código de Processo Civil" .
(ED-AgR-Rp nº 1698-52/CE, Rel. designado Min. Marco Aurélio, DJe de 24/4/2014). (...).
BRASIL. **Tribunal Superior Eleitoral**, REspe n. 23.517, Decisão monocrática de 14/11/2014, Relator(a): Min. Luiz Fux, Publicação: DJE – Diário de justiça eletrônico – 25.11.2014 – Página 75-77.

não é litisconsorte passivo necessário, mas apenas pode ocupar a posição de assistente simples, se manifestar interesse.

Haveria burla ao sistema se bastasse que o infiel se mantivesse inerte esperando o transcurso do trintídio para realizar novo ato associativo e, assim, surgiria óbice intransponível por falta de conhecimento acerca do termo inicial, ao controle judicial da existência de justa causa e ao exercício do direito dos suplentes e vices de vindicarem o mandato ante o desligamento partidário.

Quando houver o ajuizamento tempestivo da ação há de se conferir a oportunidade do demandante promover a citação do litisconsorte passivo necessário, em atenção ao princípio da instrumentalidade das formas e da economia processual e à específica norma do art. 47, parágrafo único do CPC que disciplina a formação do litisconsórcio, sobretudo após 11 de dezembro de 2013, data da edição da Lei 12.891.

No âmbito da lei n. 13.105/2015 (Novo CPC), o art. 115, parágrafo único, dispõe que *nos casos de litisconsórcio passivo necessário, o juiz determinará ao autor que requeira a citação de todos que devam ser litisconsortes, dentro do prazo que assinar, sob pena de extinção do processo.*

Se for introduzida na ordem jurídica a federação de partidos, seria o caso de se ter esta singular agremiação como litisconsorte passivo necessário a ser necessariamente citada para integrar a lide, ante o seu interesse legítimo de preservar nas suas hostes durante o prazo de sua vigência, o mandato do eleito para a respectiva legislatura, ou provê-la com o seu suplente.

3.1.3.2. Interesse processual

Sabe-se que o interesse processual ou de agir compreende a adequação da via processual eleita, a utilidade e a necessidade do pretendido provimento jurisdicional.

A ação de decretação de perda de mandato se mostra adequada à consecução dos objetivos maiores da Constituição Federal, em especial o princípio da fidelidade partidária, assim como há previsão em ato normativo equiparado à Lei, a Resolução TSE n. 22.610/2007.

A utilidade é aferida do exame do objeto da ação dirigida à proteção do regime democrático, da promoção da autenticidade do sistema representativo emergente das eleições, da preservação do cenário político construído sob a égide do sufrágio universal contra eventual subversão e para assegurar o direito subjetivo dos suplentes e vices de assumirem mandatos e cargos eletivos que, antes, eram meras expectativas de direito.

A necessidade do provimento jurisdicional é demonstrada pela ausência de outro meio menos gravoso à consecução do fim almejado, não existindo outro meio processual de se obter a decretação de perda de mandato eletivo por ato de infidelidade partidária.

A inexistência de suplente filiado ao partido de origem não pode, por si só, esvaziar o interesse de agir na propositura da ação e levar à extinção sem resolução do mérito, na medida em que, o Código Eleitoral[125] prevê a possibilidade de recalcular o quociente eleitoral[126] a fim de se obter novo resultado que preencha a vaga porventura existente, sem embargo do interesse processual do *parquet* em defesa do interesse público subjacente ao instituto da Fidelidade Partidária.

Na suplência da coligação, o critério definidor da convocação é a classificação pelo número de votos obtidos pelos candidatos. Considerando que nesta data há 35 (trinta e cinco) partidos registrados no TSE, dos quais 8 (oito) deles sem representação política na Câmara Federal, na hipótese de a coligação ter concorrido com um (1) candidato trânsfuga, não havendo suplente, restaria o recálculo do quociente eleitoral para o preenchimento da vaga.

O término da legislatura para a qual foi eleito o infiel faz desaparecer o interesse de agir do demandante por causa superveniente, em razão do perecimento do objeto da ação que é a perda do mandato como consequência jurídica para o imotivado ou sem justa causa desligamento partidário[127].

---

125 Lei nº 4737/1965.

126 Art. 106. Determina-se o quociente eleitoral dividindo-se o número de votos válidos apurados pelo de lugares a preencher em cada circunscrição eleitoral, desprezada a fração se igual ou inferior a meio, equivalente a um, se superior.
Art. 107 – Determina-se para cada Partido ou coligação o quociente partidário, dividindo-se pelo quociente eleitoral o número de votos válidos dados sob a mesma legenda ou coligação de legendas, desprezada a fração. (Redação dada pela Lei nº 7.454, de 30.12.1985)
Art. 108. Estarão eleitos, entre os candidatos registrados por um partido ou coligação que tenham obtido votos em número igual ou superior a 10% (dez por cento) do quociente eleitoral, tantos quantos o respectivo quociente partidário indicar, na ordem da votação nominal que cada um tenha recebido. (Redação dada pela Lei nº 13.165, de 2015).
Parágrafo único. Os lugares não preenchidos em razão da exigência de votação nominal mínima a que se refere o **caput** serão distribuídos de acordo com as regras do art. 109. (Incluído pela Lei nº 13.165, de 2015).
 Ao conceder parcialmente liminar nos autos da ADI 5.420, o Min. Rel. Dias Toffoli suspendeu a eficácia da expressão "número de lugares definido para o partido pelo cálculo do quociente partidário do artigo 107", constante do inciso I do artigo 109 do Código Eleitoral (Lei 4.737/1965), mantendo, nesta parte, o critério de cálculo vigente antes da edição da Lei 13.165/2015. Segundo o Relator, com a mudança na legislação, o partido ou coligação que primeiro obtiver a maior média e, consequentemente, obtiver a primeira vaga remanescente, acabará por obter todas as vagas seguintes, enquanto possuir candidato que atenda à exigência de votação nominal mínima (pelo menos 10% do quociente eleitoral). Disponível em: < http://www.stf.jus.br/portal/cms/verNoticiaDetalhe.asp?idConteudo=305583>. Acesso em: 22 jan. 2016.

127 *"AÇÃO DE PERDA DE CARGO ELETIVO POR DESFILIAÇÃO PARTIDÁRIA. VEREADOR. EMBARGOS DE DECLARAÇÃO. ALEGADA OMISSÃO. PERDA DO OBJETO. EMBARGOS DE DECLARAÇÃO PREJUDICADOS.*

3.1.3.3. Possibilidade jurídica do pedido

A possibilidade jurídica do pedido é a existência de previsão na ordem jurídica para o pedido formulado pelo demandante, bastando que haja dispositivo legal ou com força de lei para que o pleito seja cabível e possa ser apreciado pelo Poder Judiciário, o que não se confunde com a possibilidade jurídica da demanda pela causa de pedir[128].

O princípio da inafastabilidade da jurisdição[129] e seus corolários direito de ação e de obtenção à prestação jurisdicional devida, tempestiva, adequada e completa são garantias constitucionais que encontram a sua mais elevada regulamentação no Código de Processo Civil e legislação esparsa que estabelecem ritos distintos para o atendimento do comércio jurídico.

Por força do art. 23, IX do Código Eleitoral, recepcionado como lei complementar pela Constituição Federal de 1988[130], o STF, nos julgamentos de mandados de segurança[131] recomendou ao TSE disciplinasse a perda dos mandatos e cargos eletivos por ato de infidelidade partidária, daí resultando a Resolução TSE n. 22.610/2007.

No exercício do direito constitucional de ação, em todos os seus desdobramentos, em tese, é assegurado ao suplente e ao vice provocarem a máquina judiciária a fim de assumir mandato ou cargo eletivo vago em decorrência da prática de ato de infidelidade, mediante a obtenção de provimento jurisdicional.

No âmbito da possibilidade jurídica da demanda, que envolve tanto o pedido quanto a causa de pedir, se o demandante da decretação da perda do mandato apresentar como causa de pedir remota a prática de atos ou fatos enquadrados nas hipóteses de justa causa[132], deve-se extinguir o processo sem resolução do mérito, nos termos do art. 267, VI do CPC. Se a lide for resistida, a justa causa passa a ser questão que envolve o próprio mérito da demanda e, como tal, há de ser decidida.

---

1. *Ocorre a perda de objeto de recurso que trata de ação de decretação de perda de mandato eletivo, após o término da legislatura.*
2. *Embargos de declaração prejudicados, em vista da impossibilidade de obtenção de provimento judicial eficaz".*
Brasil. **Tribunal Superior Eleitoral**. Agravo de Instrumento n. 20.556/RJ, Rel. Min. Luciana Lóssio, Publicação: DJE – Diário de justiça eletrônico, Data 09.05.2013. Disponível em: <http://www.tse.jus.br/jurisprudencia/inteiro-teor>. Acesso em 18.02.2014.

---

128 DINAMARCO, Cândido Rangel. **Fundamentos do Direito Processual Civil**. 6ª ed. São Paulo: Malheiros. 2010.
129 Art. 5º, XXXV da CF.
130 Art. 121 da CF.
131 MS 26.602-DF, 26.603-DF e 26.604-DF.
132 Art. 1º, § 1º da Resolução TSE nº 22.610/2007;

Tribunais Eleitorais chegaram a defender que a ação de decretação de perda do mandato por infidelidade partidária estaria adstrita à voluntariedade ou à existência de justa causa para o ato de desligamento da agremiação, a pretexto de que a Resolução TSE nº. 22.610/2007 somente nestas hipóteses admitiria o seu cabimento, rejeitando-a quando a quebra do vínculo resultasse da pena de expulsão[133].

Ocorre que o filiado que exerce mandato e sofre a pena de expulsão por ato de infidelidade partidária é automaticamente desligado do partido político e, sem vínculo político-jurídico, não pode exercer mandato.

A filiação é condição de elegibilidade que deve preceder a candidatura e o eleito deve manter vínculo político-jurídico durante a legislatura, sob pena de, indireta e reflexamente, admitir-se ser o partido político desnecessário à democracia representativa e o Brasil não ser um Estado parcial de partidos!

O necessário vínculo partidário antes e durante a legislatura é entendimento acolhido pelo STF, especialmente pela Ministra Carmen Lúcia, relatora do mandado de segurança nº 26.604-DF.

Consoante o Autor desta obra defendeu em Capítulo anterior, por analogia, é admissível que o exercente de mandato justificadamente desligado do partido de origem tenha 30 (trinta) dias de prazo para proceder à nova filiação, sob pena de perdê-lo.

Embora sejam conhecidos no Brasil alguns parlamentares atuando, por muitos meses, sem partidos, nas Casas Legislativas, inclusive prefeitos ocupando o Executivo local, em afronta ao sistema que veda candidatura avulsa[134], em tal situação estariam eles representando *diretamente* o povo sem a imprescindível institucionalização do poder realizada por intermédio da agremiação política.

O filiado exercente de mandato que for sancionado com a pena de expulsão do partido poderá questionar a sua legalidade e legitimidade na via judicial, mormente se lhe for atribuído o cometimento de ato de infidelidade partidária, provando justa causa que engendre *grave discriminação pessoal*. Porém, se a expulsão for mantida, não tem o apenado como manter o man-

---

133 O Tribunal Regional Eleitoral de Santa Catarina acolheu a preliminar de impossibilidade jurídica do pedido e extinguiu a ação fundamentado em que *a infidelidade, decorrente da desfiliação partidária, exige um ato voluntário do detentor do mandato eletivo, razão pela qual é juridicamente impossível o pedido de perda do cargo daquele que foi expulso dos quadros da agremiação partidária*.
Brasil. **Tribunal Regional Eleitoral de Santa Catarina**. Petição n. 826-68, Acórdão 26.416, Rel. Juíza Bárbara Lebarbenchon, Publicação: PSESS – Publicado em Sessão, Data 12.03.2012. Disponível em: <http://www.tse.jus.br/jurisprudencia/inteiro-teor>. Acesso em 18.02.2014.

134 Art. 14, § 3º, V da CF.

dato obtido através do partido de origem, cabendo ao seu suplente assumir a respectiva vaga.

O Novo CPC (lei 13.105/2015), com vigência a partir de março de 2016, não mais menciona a possibilidade jurídica do pedido na categoria Condição da Ação, omitindo da sua referência no art. 485, VI.

Todavia, a sua exigibilidade é decorrência do sistema processual, pois a falta de possibilidade jurídica do pedido perdura – e da demanda, esta olvidada no texto do CPC de 1973 e, agora, ambos pelo Novo CPC (lei 13.105/2015) -, não se admitindo ação eleitoral para cassar registro, diploma ou mandato que tenha por causa de pedir ou por objeto fato estranho ao processo eleitoral, destituído da teleológica aquisição de mandato ou cargo eletivo, mormente se isto for arguido desde a inicial e possa ser conhecido *prima facie*.

Ante as suas peculiaridades, o processo eleitoral guarda laivos do sistema de *actio*, em que suas ações são típicas para satisfazer a pretensão de direito material contida no âmbito de cada fase processual específica.

Há de se preservar a condição de ação da possibilidade jurídica da demanda, pela causa de pedir e pelo pedido, sob pena de subversão do rito posto para as eleições, dotado de rígido calendário que, informado pelos princípios da preclusão e da celeridade, põe termo ao processo eleitoral, a fim de conferir segurança jurídica ao certame (meio) e ao seu resultado, proclamação dos eleitos.

São corolários do Estado Democrático de Direito a *memória*, a *verdade e a segurança jurídica* encontradas na estabilização dos conflitos eleitorais que poderiam atentar contra a governabilidade e a própria democracia representativa.

Ao findar-se o processo eleitoral, cessa a competência da Justiça especializada federal em matéria eleitoral, e os incidentes ocorridos no exercício do mandato ou no da ocupação de cargo eletivo são dirimidos pela justiça comum ordinária.

3.1.4. Das Justas Causas para o desligamento partidário

Cuidou o TSE de seguir a recomendação do STF também descrevendo as hipóteses de justa causa para o ato de desligamento do mandatário, sem a perda do mandato[135], para as eleições pelo sistema proporcional e majoritário.

---

135 Resolução TSE n. 22.610/2007: Art. 1º – "O partido político interessado pode pedir, perante a Justiça Eleitoral, a decretação da perda de cargo eletivo em decorrência de desfiliação partidária sem justa causa.
§ 1º – Considera-se justa causa:
I) incorporação ou fusão do partido;
II) criação de novo partido;

III) mudança substancial ou desvio reiterado do programa partidário;
IV) grave discriminação pessoal".

Os dois primeiros incisos do § 1º do art. 1º da Resolução TSE nº 22.610/2007 preveem como hipóteses de justa causa a *incorporação ou fusão do partido* (I) e a *criação de novo partido* (II); o terceiro e o quarto incisos dizem respeito à *mudança substancial ou desvio reiterado do programa partidário* (III) e a *grave discriminação pessoal* (IV).

Em 27 de maio de 2015, o STF, ao julgar a ADI 5.081, declarou a inconstitucionalidade parcial dos arts. 10 e 13 da Resolução TSE 22.610/2007, afastando o dever de observância das normas de fidelidade partidárias aos eleitos pelo sistema majoritário (senadores e chefes do Poder Executivo), preservando-o para os eleitos pelo sistema proporcional (Deputados Federais, Estaduais, Distritais e Vereadores).

Em 29 de setembro de 2015 foi editada a lei 13.165 que acrescentou o art. 22-A à Lei dos Partidos Políticos (lei 9.096/95), positivando a efetividade ou eficácia social do instituto da Fidelidade Partidária prescrevendo que *perderá o mandato o detentor de cargo eletivo que se desfiliar, sem justa causa, do partido pelo qual foi eleito.*

O legislador infraconstitucional evidencia que a aplicabilidade do instituto da Fidelidade Partidária alcança tanto as eleições proporcionais que conferem mandatos aos integrantes do Poder Legislativo quanto às eleições majoritárias que investem os chefes do Poder Executivo nos cargos eletivos.

Temos normas constitucionais dos art. 14, § 3º, V, c.c. 17 § 1º da CF e da LPP, art. 22-A, disciplinando a perda dos mandatos políticos por ato de infidelidade partidária, em ambos os sistemas proporcional e majoritário, sendo certo que a *teoria dos poderes implícitos*[136] consagra o postulado de que *não existem palavras inúteis na Lei* e *quem quer os fins deve propiciar os meios.*

Similar à norma do art. 1º, § 1º da Resolução TSE 22.610/2007, a Lei ordinária nº 13.165/2015 acrescentou o art. 22-A à lei 9.096/95 (LPP)[137], estabelecendo rol taxativo das hipóteses de justa causa para dar azo à perda do mandato ou cargo eletivo.

Entretanto, não consta do art. 22-A da LPP a hipótese de incorporação, fusão e criação de novo partido para justa causa para a migração destituída de consequência ou sanção, levando à suposição de que estas hipóteses de justa causa para a migração teriam desaparecido.

---

136 Teoria dos Poderes Implícitos. McCulloch x Maryland (USA, 1819).

137 Art. 22-A. (...).
   Parágrafo único. Consideram-se justa causa para a desfiliação partidária somente as seguintes hipóteses:
   I – *mudança substancial ou desvio reiterado do programa partidário;*
   II – *grave discriminação política pessoal; e*
   III – *mudança de partido efetuada durante o período de trinta dias que antecede o prazo de filiação exigido em lei para concorrer à eleição, majoritária ou proporcional, ao término do mandato vigente.*

Compreende-se ter o legislador ordinário da lei 13.165/2015 olvidado essa situação, tendo em vista a efetividade dos princípios constitucionais da *liberdade* e da *autonomia* partidárias sustentarem a migração para uma nova legenda – sem a perda do mandato ou cargo eletivo – não admitindo qualquer óbice à sua efetividade por norma infraconstitucional, até por envolver cláusula pétrea[138].

De qualquer forma, o Ministro Luiz Roberto Barroso, do Supremo Tribunal Federal, em 9 de novembro de 2015, concedeu liminar em ação direta de inconstitucionalidade[139] para restabelecer o prazo de 30 trinta dias para que os detentores de mandato eletivo se filiem aos novos partidos registrados no Tribunal Superior Eleitoral.

O conhecimento e julgamento da ação baseada na incorporação, fusão e criação de novo partido podem ocorrer com a verificação, de plano, dos requisitos objetivos extraídos dos respectivos estatutos.

A mudança substancial ou desvio reiterado do programa partidário e a grave discriminação pessoal podem exigir cognição de fundo dependente de instrução processual, porque, muitas vezes, as práticas são dissimuladas na busca de legitimação formal para se alcançar fins espúrios.

A Resolução TSE nº 22.610/2007 disciplina a perda do mandato eletivo por ato de infidelidade partidária e, considerando que os suplentes têm mera expectativa de direito, estes se submetem, em geral, à legislação de regência partidária e eleitoral, inclusive no que toca às normas de disciplina e fidelidade partidárias.

Eximidos se encontram os suplentes e vices, apenas, de perder mandatos ou cargos eletivos, porque, nestas condições, não os têm; mas nada impede que vindo a tê-los, sejam alcançados pelas referidas normas[140].

---

138 Art. 17, *caput* e § 1º, c.c. art. 60, § 4º, IV da CF.

139 ADI 5398. "*O ministro Luís Roberto Barroso, do Supremo Tribunal Federal, concedeu liminar na Ação Direta de Inconstitucionalidade (ADI) 5398 para restabelecer o prazo integral de 30 dias para que detentores de mandatos eletivos se filiem aos novos partidos registrados no Tribunal Superior Eleitoral (TSE) imediatamente antes da entrada em vigor da Lei 13.165/2015. [...] Para o relator, como a lei não estabelece disposições transitórias para as situações jurídicas pendentes, a possibilidade de sua aplicação aos partidos cujo prazo de 30 dias para filiações ainda estava em curso "constitui uma indevida retroatividade da lei, para alcançar direitos constituídos de acordo com a disciplina normativa anterior". Na decisão liminar, o ministro considerou presente também o requisito do perigo na demora. "Ao não incluir no rol de 'justas causas' a criação de novo partido, o artigo 22-A da lei inviabiliza a imediata migração de parlamentares eleitos às agremiações recém fundadas", explica. "Com isso, impede que estes partidos obtenham representatividade, acesso proporcional ao fundo partidário e ao tempo de TV e rádio*".
Disponível em: <http://www.stf.jus.br/portal/cms/verNoticiaDetalhe.asp?id Conteudo =303621>. Acesso em: 14 fev. 2016.

140 "*... nos casos em que o suplente assume o exercício do mandato em razão de licença, há o dever de fidelidade ao partido pelo qual se disputou as eleições. Em tais hipóteses, os suplentes*

No caso de migração partidária com justa causa, o mandato eletivo será preservado se, e somente se, o representante comprovar fato impeditivo, modificativo ou extintivo do direito do demandante na ação de decretação de perda de mandato, ou demonstrar fato constitutivo de seu direito, na ação declaratória de justificação.

Há entendimento de que as justas causas são somente aquelas que envolvem o direito material constante de rol tido por expresso e taxativo (*numerus clausus*) nos incisos I a IV do § 1º do art. 1º da Resolução TSE nº 22.610/2007.

É de se ponderar não ser estranho à ciência do direito a discussão acerca da natureza das normas que relacionam hipóteses de incidência, exigindo investigação acerca de serem exemplificativas ou taxativas, a partir da natureza de cada dispositivo legal, se se enquadram como normas de direito público ou de direito privado.

Mesmo no direito privado informado pelo princípio da legalidade como cláusula constitucional da liberdade, também se encontram normas de ordem pública e de índole dispositivas, estas passíveis de serem afastadas pela autonomia privada, respeitados os bons costumes e a moral, sem se falar nas normas de conteúdo indeterminado, aberto ou dotadas de vagueza.

No campo do direito privado, nas matérias disciplinadas por normas de ordem pública, nem por isso se pode tê-las como exaustivas, como exemplificativamente se pode encontrar na doutrina e na jurisprudência[141].

No direito público, do qual é ramo o direito eleitoral, a abertura semântica da norma do § 1º do art. 1º da Resolução TSE nº 22.610/2007 e a realidade política impõem, pela própria natureza, o caráter meramente exemplificativo das justas causas para o desligamento partidário, sem que se confunda, também aqui, legalidade, discrição e arbítrio.

3.1.4.1. Incorporação ou fusão de partido

A incorporação se dá quando uma agremiação partidária, mediante deliberação por maioria de votos do órgão nacional de deliberação (convenção ou assembleia), adota o estatuto e programa de outra agremiação.

A fusão é o fenômeno em que dois ou mais partidos políticos, mediante deliberação dos seus órgãos nacionais, unem-se sob um novo estatuto, distinto daquele que fora originariamente adotado e, para ter validade, também há de ser registrado no TSE.

---

ostentam a condição de mandatários, de modo que eventual infidelidade partidária não mais se restringe a esfera interna corporis". (TSE, Petição n. 2.979, Acórdão de 02.02.2010, Relator Min. FELIX FISCHER, DJE de 26.02.2010, Página 218).

---

141 Lei 11.101/2005, art. 94, III.

Com isso, a fusão criará uma nova pessoa jurídica de direito privado, um novo partido regrado por um novo estatuto, acarretando a extinção das pessoas jurídicas fundidas que terão os seus respectivos registros cancelados junto ao TSE e ao Registro Civil, valendo o mesmo para os seus estatutos.

A incorporação e fusão constituem justas causas para que o exercente de mandato possa migrar para outro partido, consoante o entendimento sufragado no âmbito do Tribunal Superior Eleitoral[142].

Para caracterizar a justa causa há que se levar em conta o transcurso de prazo razoável entre a fusão de partidos e o ato de desligamento da agremiação de origem, ou o pedido de justificação de desfiliação do mandatário, não reconhecendo o Tribunal Superior Eleitoral[143] a sua existência se o trânsfuga deixar fluir considerável lapso temporal para a migração.

Em ambas as situações, incorporação ou fusão, poderá o eleito se desligar sem a perda do mandato, consoante previsão expressa na Resolução TSE n. 22.610/2007.

3.1.4.2. Criação de partido

Considera-se justa causa para a troca de partido a criação de uma nova agremiação, sem que se corra o risco de perda do mandato eletivo. Aqui, entram em aparente colisão os princípios da liberdade e da fidelidade partidárias. Contudo, o permissivo ora examinado é compatível com a Carta

---

142 "CONSULTA. DEPUTADO FEDERAL. PARTIDO POLÍTICO. FUSÃO. CONFIGURAÇÃO. JUSTA CAUSA. DESFILIAÇÃO.
1. *A criação de partido político somente se aperfeiçoa com a obtenção do registro do respectivo estatuto no TSE. Precedente.*
2. *Considera-se justa causa para a desfiliação partidária a fusão de partido político, ainda que recém-criado, nos termos da Resolução-TSE nº 22.610/2007.*
3. *Consulta respondida positivamente".*
BRASIL. **Tribunal Superior Eleitoral**. Consulta n. 76.919, Acórdão de 13.10.2011, Relator(a) Min. Gilson Langaro Dipp, Publicação: DJE – Diário da Justiça Eletrônico, Tomo 217, Data 18.11.2011. Disponível em: <http://www.tse.jus.br/jurisprudencia/inteiro-teor>. Acesso em 18.02.2014.

143 "RECURSO ORDINÁRIO. FIDELIDADE PARTIDÁRIA. INEXISTÊNCIA DE JUSTA CAUSA. FATO OCORRIDO HÁ MAIS DE DEZ MESES. RECURSO PROVIDO.
1. *Para o reconhecimento das hipóteses previstas na Resolução 22.610/2006-TSE deve haver um prazo razoável entre o fato e o pedido de reconhecimento da justa causa.*
2. *Fusão partidária ocorrida há mais de dez meses do pedido de declaração de justa causa impossibilita seu deferimento por não configurar prazo razoável.*
3. *Recurso provido".*
BRASIL. **Tribunal Superior Eleitoral**. Recurso Ordinário n. 2.352, Acórdão de 22.10.2009, Relator(a) Min. Enrique Ricardo Lewandowski, Publicação: DJE – Diário da Justiça Eletrônico, Data 18.11.2009. Disponível em: <http://www.tse.jus.br/jurisprudencia/inteiro-teor>. Acesso em 18.02.2014.

Republicana e preserva o regime democrático, na medida em que a liberdade há de prevalecer sobre a fidelidade dela consequente.

A democracia participativa brasileira tem como um dos seus objetivos o pluralismo político[144], o que viabiliza a coexistência de partidos políticos divergentes ideologicamente, além de outras instituições[145] que contribuem para a tomada das decisões políticas no País.

A liberdade partidária constitui natural desdobramento do pluripartidarismo, dispondo sobre a criação, fusão, incorporação e extinção de partidos políticos, observados os limites impostos pela própria Constituição Federal, dentre os quais a proibição de veiculação de ideologia atentatória ao regime democrático e aos direitos fundamentais[146].

Na sociedade pluralista é imprescindível a livre coexistência de pensamentos, concepções políticas e, por conseguinte, de agremiações partidárias vinculadas às mais diversas ideologias, cabendo ao Estado respeitá-las, em homenagem à pluralidade precursora da efetiva liberdade, daí a majestade do sistema proporcional, nas suas múltiplas dimensões.

Gilmar Ferreira Mendes, Paulo Gustavo Gonet Branco e Inocêncio Mártires Coelho apresentam o magistério de Kaufmann[147]:

> *"Embora a Constituição brasileira, assim como tantas outras, utilize a expressão pluralismo agregando-lhe o adjetivo político, fato que à primeira vista poderia sugerir tratar--se de um princípio que se refere apenas a preferências políticas e/ou ideológicas, em verdade a sua abrangência é muito maior, significando pluralismo na 'polis', ou seja, um direito fundamental 'à diferença' em todos os âmbitos e expressões da convivência humana – tanto nas escolhas de natureza política quanto nas de caráter religioso, econômico, social e cultural, entre outras -, um valor fundamental, portanto, cuja essência Arthur Kaufmann logrou traduzir em frase de rara felicidade: "não só, mas também".*

---

144 Art. 1º "A República Federativa do Brasil, formada pela união indissolúvel dos Estados e Municípios e do Distrito Federal, constitui-se em Estado Democrático de Direito e tem como fundamentos:
[...] V – o pluralismo político.
Parágrafo único. Todo o poder emana do povo, que o exerce por meio de representantes eleitos ou diretamente, nos termos desta Constituição".

145 Sindicatos, associações de classe, clubes de serviços, dentre outras.

146 *"Como decorrência direta do pluripartidarismo, tem-se a liberdade partidária, isto é, a possibilidade de criação de partidos políticos, desde que respeitadas as linhas fundamentais da sociedade, estabelecidas no texto constitucional. Assim, pode-se criar um partido que consagre qualquer ideologia, desde que ela não vise ao fim do regime democrático ou ao menoscabo dos direitos fundamentais, por exemplo. Tal previsão está contida no art. 17 de nosso atual Documento Político".* (LULA, Carlos Eduardo de Oliveira. **Direito Eleitoral**. Leme – SP: Editora Imperium, 2008, p. 99/100).

147 MENDES, Gilmar Ferreira, COELHO, Inocêncio Mártires, BRANCO, Paulo Gustavo Gonet. **Curso de Direito Constitucional**. São Paulo: Saraiva, 2007, p. 146.

Quanto ao prazo de migração para o novo partido, o Tribunal Superior Eleitoral respondeu à Consulta n. 755-35/DF[148], reconhecendo que ao desligamento partidário decorrente dessa justa causa deve-se aplicar, por analogia, o disposto no art. 9º, § 4º, da Lei n. 9.096/95[149], sendo o prazo razoável de 30 (trinta) dias, a contar do registro dos estatutos do novo partido no TSE e a nova filiação[150].

---

148 (...) *Para o reconhecimento da justa causa para desfiliação partidária, deve haver um prazo razoável entre o fato e o pedido de reconhecimento, de modo a evitar um quadro de insegurança jurídica, por meio do qual se chancelaria a troca de partido a qualquer tempo. (...) Desse modo, para aqueles que contribuíram para a criação do novo partido, é razoável aplicar analogicamente o prazo de 30 dias, previsto no art. 9º, § 4º, da Lei 9.096/95, a contar da data do registro do estatuto pelo TSE.*
Assim, o prazo razoável para a filiação no novo partido é de 30 dias contados do registro do estatuto partidário pelo TSE.
Brasil. **Tribunal Superior Eleitoral**. Consulta n. 755-35/DF, Acórdão de 02.06.2011, Relator(a) Min. FÁTIMA NANCY ANDRIGHI, Publicação: DJE – Diário da Justiça Eletrônico, Data 01.08.2011, Página 231. Disponível em: <http://www.tse.jus.br/jurisprudencia/inteiro-teor>. Acesso em 18.02.2014.

149 Art. 9º "Feita a constituição e designação, referidas no § 3º do artigo anterior, os dirigentes nacionais promoverão o registro do estatuto do partido junto ao Tribunal Superior Eleitoral, através de requerimento acompanhado de:
I – exemplar autenticado do inteiro teor do programa e do estatuto partidários, inscritos no Registro Civil;
II – certidão do registro civil da pessoa jurídica, a que se refere o § 2º do artigo anterior;
III – certidões dos cartórios eleitorais que comprovem ter o partido obtido o apoiamento mínimo de eleitores a que se refere o § 1º do art. 7º.
§ 1º A prova do apoiamento mínimo de eleitores é feita por meio de suas assinaturas, com menção ao número do respectivo título eleitoral, em listas organizadas para cada Zona, sendo a veracidade das respectivas assinaturas e o número dos títulos atestados pelo Escrivão Eleitoral.
§ 2º O Escrivão Eleitoral dá imediato recibo de cada lista que lhe for apresentada e, no prazo de quinze dias, lavra o seu atestado, devolvendo-a ao interessado.
§ 3º Protocolado o pedido de registro no Tribunal Superior Eleitoral, o processo respectivo, no prazo de quarenta e oito horas, é distribuído a um Relator, que, ouvida a Procuradoria-Geral, em dez dias, determina, em igual prazo, diligências para sanar eventuais falhas do processo.
§ 4º Se não houver diligências a determinar, ou após o seu atendimento, o Tribunal Superior Eleitoral registra o estatuto do partido, no prazo de trinta dias".

150 *"PETIÇÃO. PARTIDO ECOLÓGICO NACIONAL (PEN). DESFILIAÇÃO PARTIDÁRIA. JUSTA CAUSA. CRIAÇÃO DE NOVO PARTIDO POLÍTICO. ART. 1º, § 1º, II, DA RESOLUÇÃO TSE 22.610/2007. PRAZO. PRECEDENTE. INDEFERIMENTO.*
1. O Tribunal Superior Eleitoral, ao responder a Consulta 755-35/DF, estabeleceu o prazo máximo de trinta dias contados do deferimento do registro do estatuto partidário para que os detentores de mandato eletivo filiem-se à nova agremiação, em observância à hipótese de justa causa disposta no art. 1º, § 1º, II, da Res.-TSE 22.610/2007.

A jurisprudência pátria, em recentes julgados[151], sinaliza para o reconhecimento de justa causa para a desfiliação partidária quando a migração do eleito se der para partido recém-criado, ainda que o mandatário não tenha formalizado qualquer tipo de apoio para a formação da nova agremiação.

Com referência à migração para o novo partido, a Justiça Eleitoral, em sede de ponderação de valores, optou por reconhecer maior relevância à liberdade partidária e, por consequência, acolheu a hipótese descrita no inciso II do § 1º do art. 1º da Resolução TSE nº 22.610/2007, como justa causa para a desfiliação do eleito.

(...) 3. *Pedido indeferido*". (BRASIL. **Tribunal Superior Eleitoral**. Petição 19.877/DF, Rel. Min. João Otávio de Noronha, DJE de 12.02.2014).
"Ação de perda de cargo eletivo. Deputado federal. Desfiliação partidária. Justa causa. Criação de novo partido.
(...) 2. O art. 1º, § 1º, II, da Res.-TSE nº 22.610 expressamente prevê a criação de partido novo como justa causa para a migração do detentor de mandato eletivo.
3. A desfiliação de deputado federal com a consequente filiação a partido recém-criado, dentro do prazo de trinta dias contados do registro do estatuto da nova agremiação no TSE, caracteriza justa causa para a mudança de legenda. Ação julgada improcedente". (BRASIL. **Tribunal Superior Eleitoral**. Petição n. 167.691/RO, Rel. Min. Henrique Neves da Silva, DJE de 17.02.2014).

151 "*AÇÃO DE PERDA DE CARGO ELETIVO POR DESFILIAÇÃO PARTIDÁRIA. RESOLUÇÃO TSE 22.610/07. VEREADOR ELEITO EM 2012. DEMANDA PROPOSTA PELO ÓRGÃO DIRETIVO REGIONAL. LEGITIMIDADE ATIVA. DECADÊNCIA AFASTADA. CRIAÇÃO DE NOVO PARTIDO. FILIAÇÃO OCORRIDA DENTRO DOS TRINTA DIAS CONTADOS DO DEFERIMENTO DO REGISTRO PELO TSE DA NOVA AGREMIAÇÃO. JUSTIFICANTE NÃO CONDICIONADA À PARTICIPAÇÃO DO MANDATÁRIO NA FORMAÇÃO DO PARTIDO PARA O QUAL MIGROU. JUSTA CAUSA OBJETIVAMENTE CONFIGURADA. IMPROCEDÊNCIA DO PEDIDO.*
[...] II) A migração do mandatário para partido político recém criado configura hipótese objetiva de justa causa, prevista no art. 1º, § 1º, II, da Res.-TSE 22.610/2007 e não é condicionada a sua participação na formação da nova sigla. Na etapa de constituição de uma legenda, sequer é possível a filiação, motivo pelo qual prematuro e desarrazoado seria, nessa ocasião, o desligamento do representante da agremiação que o elegeu. Desnecessário e irrelevante, portanto, perquirir se o requerido concedeu ou não o seu apoio ao novo partido durante o seu processo de formação.
III) Conforme Consulta nº 775-35 respondida pelo TSE, e precedentes do TRE-RJ, considera-se razoável o prazo de 30 dias, a contar do registro do Estatuto Partidário pela Corte Superior, para a filiação à nova legenda, sem que o mandatário desertor seja tido por infiel, o que restou demonstrado na espécie.
IV) Justa causa objetivamente configurada, a ensejar a improcedência do pedido".
(BRASIL. **Tribunal Regional Eleitoral do Rio de Janeiro**. PETIÇÃO n. 3.752, Acórdão de 15.04.2015, Relator(a) ANDRE RICARDO CRUZ FONTES, Publicação: DJERJ – Diário da Justiça Eletrônico do TRE-RJ, Tomo 085, Data 29.04.2015, Página 25/27).

O Tribunal Superior Eleitoral há muito vem julgando com base no princípio geral de direito, ora reconhecido como integrante do rol dos princípios constitucionais implícitos[152], segundo o qual a ninguém é dado se beneficiar da própria torpeza (*nemo de improbitate sua consequitur actionem*) [153]. O Estado de Direito[154] impõe o estado da *verdade* ínsito à sua natureza por repelir o arbítrio.

Situação inusitada na política brasileira surgiu quando, a pretexto de migrar para novo partido e, assim, preservar o mandato eletivo sem risco da sua perda por ato de infidelidade, alguns políticos utilizaram o permissivo como trampolim para outra agremiação antes existente. Houve até mesmo quem confessasse à imprensa sua ignomínia!

Se fosse admitida a migração para o novo partido como ardil para se chegar a terceira agremiação, estar-se-ia coonestando e fomentando a violação à ordem jurídica e à moralidade que se exige, sobretudo, de quem pretenda exercer mandato eletivo.

Legítima, pois, a ação de decretação da perda do mandato eletivo proposta pelo partido de origem para reaver o mandato de que é titular, em razão da inexistência do ato nulo pela mácula do vício original.

Conclui-se que as justas causas dos incisos I e II do § 1º do art. 1º da Resolução TSE 22.610/2007 podem ser conhecidas e decididas em conformidade com os elementos objetivos encontrados nos registros do TSE, salvo as insidiosas tentativas de burla levadas a cabo por formas suscetíveis de encobrir o engodo.

3.1.4.3. Mudança substancial ou desvio reiterado do programa partidário

3.1.4.3.1. Mudança substancial

Consta do preâmbulo da Constituição de 1988 e do seu art. 1º que a *República Federativa do Brasil* é constituída em *Estado Democrático de Direito*. O constituinte originário fez expressa opção pelo regime político democrático na sua vertente participativa que conjuga elementos da democracia indireta

---

152 Art. 5º, §2º da CF.

153 O TSE obstou a candidatura de quem deu causa à anulação do pleito, mesmo não havendo norma escrita na Constituição Federal, nem na legislação ordinária prevendo tal hipótese: *Consulta. Registro de candidatura. Indeferimento. Renovação de eleição. Participação. Candidato que deu causa à nulidade do pleito. 1. O candidato que dá causa à nulidade da eleição majoritária, por estar inelegível, não pode participar da renovação do pleito.* (BRASIL. **Tribunal Superior Eleitoral**. Consulta n. 1.733, Resolução n. 23.256 de 27.04.2010, Relator(a) Min. Arnaldo Versiani Leite Soares, Publicação: DJE – Diário da Justiça Eletrônico, Data 10.08.2010, Página 39).

154 Art. 1º, *caput* da CF.

ou representativa política com a democracia diretamente exercida, nos termos da lei, associados a distintas formas de participação encontradas no bojo da Carta republicana.

O povo brasileiro, através dos seus representantes eleitos, em Assembleia Nacional Constituinte, fez explícita opção por uma ideologia de Estado, de índole democrática participativa e submeteu a si e à sociedade aos seus princípios estruturantes (democracia, república, separação dos poderes, federação, direitos e garantias fundamentais).

O Estado brasileiro tem os partidos como instrumentos para institucionalizar o poder, como forma de imunizar o regime democrático contra a personalização que conduz aos regimes totalitários. Os membros do Poder Legislativo e do Poder Executivo são eleitos, periodicamente, em certames que preservem a legitimidade material do poder político emanado da soberania popular, como resultado do consenso social.

O Brasil, ao optar pelo Estado parcial de partidos, impôs como condição de elegibilidade a filiação a uma agremiação com estatuto previamente registrado no Tribunal Superior Eleitoral, ao qual compete realizar o *controle qualitativo externo* que consiste na verificação formal das normas que resguardam a democracia, cujos requisitos a serem preenchidos constam do art. 17, *caput*, e incisos I a IV da CF.

Para o pleno funcionamento da democracia representativa cuidou o constituinte originário de estabelecer outro sistema de proteção, o *controle qualitativo interno*, atribuído ao próprio partido, ao outorgar-lhe *liberdade* para sua criação, fusão, incorporação e extinção e *autonomia* para a sua estrutura interna, organização, funcionamento e dispor, soberanamente, sobre normas de disciplina e fidelidade.

Reserva-se aos partidos disporem nos seus estatutos acerca dos conteúdos ideológicos compatíveis com a democracia participativa que orienta as relações entre o Estado e a sociedade, sendo o seu programa a Constituição interna da agremiação que rege todo o seu funcionamento.

Limita-se o art. 22-A da LPP a conferir expressa efetividade ao instituto da Fidelidade Partidária, reconhecendo-lhe aplicabilidade aos eleitos pelos sistemas majoritário e proporcional.

José Carlos Cardoso[155] diz que *os partidos políticos brasileiros não elaboram seus estatutos baseando-se nas ideologias que professam e apresentam estatutos extremamente parecidos.*

Por isso, muitos lamentam haver certa identidade entre as dezenas de estatutos partidários registrados no TSE, como se todos fossem iguais e, com isso, restassem destituídos de legitimidade e utilidade, quando, em verdade, cada um pode escolher o ideário democrático com o qual mais se

---

155 CARDOSO, José Carlos. **Fidelidade Partidária**. Rio de Janeiro: Lumen Juris, 1997, p. 74.

identifique, dentre a plêiade de possibilidades existente no âmago do regime democrático[156].

A democracia constitui a ideologia do Estado brasileiro – em sua defesa se admite excepcionalmente até a pena de morte – e disso resulta que esse fenômeno humano de matriz psicossocial, não mais se sustenta à luz das clássicas doutrinas, e, contemporaneamente, esse amálgama das instituições sociopolíticas exige em países seculares (laicos) que esforços sejam envidados no sentido dos estudos destinados a compreender e a preservar valores e princípios inerentes à formação cultural do nosso povo, sem prejuízo do devir histórico.

O sistema de partidos deve ser concebido como importante meio de manutenção do próprio sistema político[157], apesar da instalada crise de legitimação por que passam algumas agremiações, sobretudo por não acompanharem "as transformações que ocorrem no mundo político, social e econômico".

Não se admite o registro de estatuto no TSE que preveja condições censitárias, exclusividade de gênero e hegemonia racial para o lançamento de candidaturas, ou qualquer forma que atente contra a dignidade da pessoa humana, muito menos ter por bandeira, lema ou propósito instituir no Brasil regime político de natureza totalitária, a exemplo da constituição de um Estado teológico, ainda que de forma dissimulada.

Neste contexto há de ser interpretada a norma do inciso III do § 1º do art. 1º da Resolução TSE nº 22.610/2007, dotada de dois núcleos: a *mudança substancial do programa partidário* e o *desvio reiterado* desse mesmo *programa partidário*.

Colhe-se do julgamento do mandado de segurança n. 26.603/DF que o Supremo Tribunal Federal entende ser o voto popular destinado ao partido político e à sua ideologia, e não ao candidato, ainda que eleito, como indivíduo isolado.

Para efeito de candidatura e eleição com vista a obter mandato político, o cidadão deve estar filiado a uma agremiação, agindo com coerência ante a ideologia e o respectivo programa adotados pela sigla.

A admissibilidade da *mudança substancial do programa partidário*, sem prejuízo para a agremiação e seus filiados, decorre do princípio constitucional da liberdade partidária que afasta o controle ideológico ou de conteúdo do

---

156 Mesmo na Índia, a maior democracia do planeta, não há grandes diferenças ideológicas entre os partidos. O que distingue o principal partido de oposição, BJP, do Partido do Congresso, é que este reza pela cartilha do secularismo, enquanto o primeiro é visto como aliado de organizações nacionalistas hindus radicais. A única exceção é o partido comunista da Índia, com uma visão tradicional de esquerda, contra a abertura da economia e as privatizações". (COSTA, Florência. **Os Indianos**. São Paulo: Contexto, 2012, p. 205-206).

157 BARACHO, José Alfredo de Oliveira. Teoria Geral dos Partidos Políticos. In HORTA, José Luiz Borges. **Direito e Política**: ensaios selecionados. 1ª ed. Florianópolis: Conpedi, 2015, p. 37.

Estado, salvo no que se refere às absolutas balizas do art. 17, *caput* e incisos I a IV[158] passíveis de controle e fiscalização pela Justiça Eleitoral, porque impositivas da democracia participativa.

A concepção de fidelidade partidária pressupõe a existência de estatuto partidário dotado de ideário e programa, de diretrizes legitimamente estabelecidas para a adequação aos fatos novos porventura surgidos com adaptações às conjunturas sociais, políticas e econômicas, periódicas e circunstanciais, e aos projetos de governo que observem essas posições ontológicas.

O partido deve ter permanente atividade que respeite o regime democrático e promova os meios de realizar o seu ideário, apresentando no seu cotidiano mínima coerência que oriente a conduta dos seus dirigentes e filiados, com a ressalva daquelas alterações do cenário político que exijam certa capacidade adaptativa.

Se o partido mudar substancialmente o programa partidário, formalmente, por alteração dos seus estatutos no TSE, ou, simplesmente, proceder contrariamente ao ideário vigente à época da filiação ou com vista ao processo eleitoral, abre-se em favor do filiado-eleito a faculdade de migrar para outra agremiação, sob o manto da justa causa e, portanto, sem a perda do mandato eletivo.

Entende-se por mudança substancial aquela que atinge e subverte a própria natureza ou sistema de ideais em que se sustenta a agremiação, a exemplo do que ocorreria se o partido cristão resolvesse defender o ateísmo, corrompendo a ideia-força que constitui a sua razão de existir.

Agir com tal propósito, mediante alteração formal ou não do estatuto, altera a natureza do ato fundante da agremiação caracterizando a mudança substancial do programa partidário e da justa causa permissiva do desligamento da agremiação sem a perda do mandato.

No entanto, as expressões *mudança substancial* e *desvio reiterado* apresentam muitas vezes algumas dificuldades para a sua constatação ante a existência de práticas dissimuladas para escamotear a verdade e, assim, alcançar fins ilegítimos. Nessas situações, cabe ao aplicador do direito examinar as peculiaridades do caso concreto e extrair o conteúdo normativo aplicável à espécie.

Na prática, observa-se a ausência de efetividade dos programas partidários, ideológica e filosoficamente coerentes com a expectativa popular sobre o exercício dos mandatos, contribuindo para a crescente crise de autenticidade e de representação da classe política.

---

158 Lei 9.096/95: Art. 14. "Observadas as disposições constitucionais e as desta Lei, o partido é livre para fixar, em seu programa, seus objetivos políticos e para estabelecer, em seu estatuto, a sua estrutura interna, organização e funcionamento".

José Alfredo de Oliveira Baracho[159] advertia, na década de 1980, que a multiplicidade de partidos "*nem sempre estimula conflitos programáticos definidos*" e, em regra, serve como mero instrumento de "*conservação de lideranças políticas existentes*", o que levaria à fragmentação das forças partidárias.

Esse cenário nefasto e contributivo da crise de autenticidade da representação política se mantém, pois ora existem 35 (trinta e cinco) partidos registrados no TSE, salvo se for restabelecida a cláusula de barreira ou de desempenho prevista no art. 13 da LPP, reconhecida inconstitucional, por vício formal pelo STF[160], nada impedindo que, sanada tal mácula, o tema seja objeto de nova propositura legislativa, no âmbito do Congresso Nacional.

A influência dos veículos de comunicação de massa empenhados em formar a opinião pública favorável ou desfavorável a certos e determinados grupos políticos, formar ou fortalecer mercados, e garantir o *establishment*, malferem o próprio regime democrático, na medida em que forjam vontades, em vez de servir à divulgação daquelas manifestações brotadas espontânea e genuinamente do povo.

Trata-se a soberania popular de uma ilusão? Estar-se-ia diante de aporia resultante da atuação da mídia como quarto ou o primeiro poder[161]?

Para Chomsky[162], caberia ao Estado defender os interesses da sociedade contra as práticas predatórias de grandes corporações econômicas que atentam contra a liberdade de iniciativa e de concorrência em prejuízo dos mercados e conduz o povo, através dos meios de comunicação de massa, à formação de novos e nefastos hábitos, em detrimento de culturas, bons costumes e bem-estar social!

A democracia almejada preserva a liberdade que promove a busca de realização da justiça e lega à comunidade planetária harmonia e paz sociais, sendo um dos objetivos fundamentais da República Federativa do Brasil *construir uma sociedade livre, justa e solidária!*[163]

Ainda assim, não se pode olvidar a conjuntura política brasileira que, malgrado apresente intensa fragmentação partidária, carece de contornos

---

159   BARACHO, José Alfredo de Oliveira. Teoria Geral dos Partidos Políticos. In HORTA, José Luiz Borges. **Direito e Política**: ensaios selecionados. 1ª ed. Florianópolis: Conpedi, 2015, p. 44.

160   ADI 1351.

161   AMORIM, Paulo Henrique. **O Quarto Poder**. 1ª ed. São Paulo: Hedra, 2015.

162   Em célebres frases, Noam Chomsky afirma que "*a imprensa pode causar mais danos que a bomba atômica. E deixar cicatrizes no cérebro*", bem como "*os intelectuais têm condições de denunciar as mentiras dos governos e de analisar suas ações, suas causas e suas intenções escondidas. É responsabilidade dos intelectuais dizer a verdade e denunciar as mentiras*". Disponível em: <http://kdfrases.com/autor/noam-chomsky>. Acesso em 20 jan. 2016.

163   Art. 3º, I da CF/88.

claramente definidos, em especial no que tange aos programas apresentados no pleito eleitoral.

Para Maria D'Alva Kinzo[164], não há diferenças estruturais entre os partidos, mas apenas uma espécie de gradação ou variação entre os seus programas. E pode acrescentar o Autor desta obra: observa-se formalmente a norma do art. 17 da CF para fins de registro no TSE, todavia a prática dos partidos continua centrada no clientelismo e no fisiologismo que corrói a democracia representativa, em fluxos e refluxos cujas inovações se fazem, de vez em quando, com a mudança das formas, para que tudo continue igual[165]!

Há de se afastar a interpretação que somente reconheça ser o partido político infiel se, diante de verificação formal do seu programa e de suas diretrizes constituídas, for constatada por meio de registro ter havido modificação nos cadastros eleitorais. O que importa, aqui, é a averiguação e constatação de modificação substancial que fragiliza o amálgama que mantém as partes (os filiados) ligadas (*affectio societatis*) ao todo (o partido político).

3.1.4.3.2. Do Desvio Reiterado Do Programa Partidário

A agremiação política que se desviar reiteradamente do programa partidário para atender a fins pessoais, eleitoreiros ou em prol de terceiros, em prejuízo do cumprimento dos seus deveres, mormente do seu ideário, e dos direitos dos seus filiados, poderá atrair sanções eleitorais, administrativas, civis e penais a serem aplicadas na esfera de cada instância: municipal, estadual, distrital ou nacional.

O ato ou fato ilícito ou infracional por afronta às normas estatutárias implicará a responsabilidade tanto do partido político isoladamente considerado como pessoa jurídica dotada de capacidade eleitoral, ainda que tenha formado coligação, quanto dos seus dirigentes.

As leis 12.034/2009, 12.891/2013 e 13.165/2015, denominadas minirreformas eleitorais, expressamente cuidaram de reafirmar a autonomia das instâncias partidárias, definindo o âmbito da responsabilidade de cada diretório ou comissão executiva provisória, e de seus dirigentes[166].

O desvio reiterado do programa partidário há de ser apurado e punido a partir da averiguação da rotina da agremiação partidária e das práticas adotadas por seus dirigentes no seu funcionamento, com o fito de comprovar a falta cometida pela agremiação caracterizadora da justa causa que legitima o desligamento do eleito sem a perda do mandato.

---

164 KINZO, Maria D'Alva. **Partidos, Eleições e Democracia no Brasil Pós-1985**. Revista Brasileira de Ciências Sociais, Volume 19, n. 54, fevereiro/2004, p. 31-32.

165 LAMPEDUSA, Giuseppe Tomasi de. **Il Gattopardo**. Milano: Feltrinelli, 1999, 254 p.

166 Art. 241, parágrafo único, da Lei nº 4.737/1965, art. 15-A da Lei nº 9.096/95.

O desvio reiterado ocorre através de acordos e conchavos políticos celebrados antes ou depois das eleições, inclusive durante a legislatura, quando dirigentes partidários desprezam os compromissos ideológicos que vinculam política e juridicamente a agremiação a seus filiados, contrariando até mesmo os compromissos de campanha, em troca de vantagens pessoais, prebendas e sinecuras por apoios e votos nas Casas Legislativas.

Ganha relevo o compromisso firmado entre eleitor, partido e candidato durante todo o tempo da existência do vínculo político-partidário, ante a permanência da atividade das agremiações e, especialmente, com vista ao pleito eleitoral, ocasião em que o ideário e os preceitos do programa do partido se apresentam como promessas concretas e passíveis de execução no curso do mandato em disputa.

A filiação a um partido envolve direitos e deveres que não ficam adstritos à relação bilateral entre agremiação e filiado. O voto do eleitor denota não apenas a escolha de um candidato para exercer um mandato, como também a adesão a toda uma ideologia propalada como linha de pensamento político a ser obedecida pelo partido e por seus seguidores[167].

Para a verificação formal das práticas que promovem o desvio reiterado do programa partidário, há de se levar em conta, em cotejo com o estatuto, dois momentos: a filiação, para o eleito; a eleição, para o eleitor. A ideologia e a doutrina política são aceitas pelo candidato no momento de sua filiação, ao tempo em que o são pelo eleitor à época do prélio eleitoral.

No mandato representativo partidário, as consequências da infidelidade são distintas, pois, o mandato é do partido e o eleito deve se submeter ao estatuto e ao programa, a fim de manter a confiança do povo na agremiação e nos valores por ela defendidos, daí por que o vínculo político-jurídico pode ser apreciado tanto na instância partidária competente quanto na via judicial, quando desbordar da legalidade.

A crise de autenticidade da representação que malfere a soberania popular e a legitimidade material do poder no regime democrático é provocada pelo mau funcionamento do conjunto das agremiações que se afasta da vontade das bases que hão de formar o consenso social.

Quando a instabilidade atinge o partido ao qual está filiado o candidato, o conflito tem natureza política e nesta esfera há de ser solucionado mediante distintas formas de manifestação (liberdades de expressão e de associação), a exemplo do adepto votar em outro partido e candidatos distintos, protestar em reuniões, convenções e até mesmo em praça pública, podendo o filiado pedir o desligamento da agremiação.

---

167 BARREIROS NETO, Jaime. **Fidelidade Partidária**. 1ª ed. Salvador: Juspodivm, 2009, p. 214.

Decorre do sistema político brasileiro a inviolabilidade ou imunidade material compatível com o mandato representativo partidário assecuratório da liberdade do eleito de manifestar opiniões, palavras e votos, nos atos tipicamente parlamentares ou legislativos (elaborar leis e fiscalizar)[168], ressalvados os atos partidários típicos e os qualificados por influírem no processo eleitoral que se submetem ao *controle qualitativo interno* pela via do instituto da Fidelidade.

Não se exige o rigor formal da alteração do estatuto para a comprovação do desvio reiterado de programa partidário. Para evitar a burla ao princípio da Fidelidade Partidária, a contrariedade da cláusula do compromisso pode ser verificada por meio das práticas da agremiação que afrontam o próprio estatuto e o seu ideário.

A jurisprudência pátria registra casos em que o filiado se manteve fiel aos ideais lançados no programa e em manifestos de campanha, enquanto o partido procedeu contrariamente à sua própria razão de ser. Com isso, a Justiça eleitoral decidiu fundamentada em que a vontade popular demonstrada nas eleições deve se sobrepor às alterações realizadas no âmbito do partido[169].

Os partidos políticos mantêm um núcleo ideológico geralmente previsto nos estatutos e nos programas de ação com o qual o cidadão se identifica e confia o seu voto e atuação associativa. Ambos se vinculam política e juridicamente e se a agremiação muda substancialmente seu programa ou dele se desvia reiteradamente, o filiado eleito pode obter autorização para migrar de partido; se for o inverso, a agremiação preservará o mandato que conquistou ante a vaga decorrente da perda por ato de infidelidade do seu filiado-eleito.

Por vezes a agremiação modifica sua postura diante de temas polêmicos, de grande relevância para a sociedade brasileira, a exemplo da descriminalização do aborto ou da redução da maioridade penal e, em outras oportunidades, no que toca a temas comunitários locais, *v.g.* posição de filiados sobre projetos de leis versando políticas públicas, lei de diretrizes orçamentárias.

A liberdade de expressão e seus corolários convicções políticas, filosóficas e de crença religiosa do candidato eleito sob as bases ideológicas definidas pelo partido e difundidas ao eleitorado são linhas de pensamento a serem mantidas durante o mandato[170].

---

168 Art. 53 da CF.

169 BRASIL. **Tribunal Regional Eleitoral do Ceará**. Expediente Sem Classificação n. 11.636, Acórdão n. 11.636 de 06.05.2008, Relator Juiz Tarcísio Brilhante de Holanda, Publicação: DJE – Diário de justiça eletrônico, Volume 92, Data 19.05.2008, Página 219. Disponível em: <http://www.tse.jus.br/jurisprudencia/inteiro-teor>. Acesso em 17.02.2014.

170 Art. 5º, VIII da CF: *"ninguém será privado de direitos por motivo de crença religiosa ou de convicção filosófica ou política, salvo se as invocar para eximir-se de obrigação legal a todos imposta e recusar-se a cumprir prestação alternativa, fixada em lei"*.

O filiado, eleito ou não, que aceitou, sem ressalvas, a nova postura adotada pela agremiação ou exerceu função de liderança na alteração da sua doutrina não poderá alegar em seu próprio benefício ato caracterizador de mudança substancial do programa partidário (*turpitudinem suam allegans non auditur*).

A justa causa prevista no inciso III do § 1º do artigo 1º da Resolução TSE n. 22.610/2007 reside na discordância do filiado com as *novas* diretrizes impostas pelo partido, fenômeno comum nas instituições formadas por atos associativos, aliás, como acontece no direito privado, quando o cotista diverge da modificação do contrato social e exerce o seu direito de retirada ou recesso (art. 1.077 do Código Civil).

A isolada modificação de posicionamento do partido quanto à matéria polêmica, nos limites do próprio partido, não configura justa causa para a desfiliação partidária[171], como ocorreu no caso em que deputado federal espírita votou contra a orientação do seu partido em favor do aborto e não sofreu sanção interna partidária (art. 5º, IV, VI, VIII, IX e XX da CF), nem repercussão externa, pois migrou para outra agremiação sem a perda do mandato (art. 53 da CF).

A liberdade de pensamento do filiado, inclusive do eleito, não pode ser restringida ou anulada por dirigentes partidários, a pretexto de concretizar o princípio da Fidelidade ou, em razão de interesses pessoais, ou, mesmo, para atender à base aliada.

A vontade do partido político é formada coletivamente como resultante do consenso social obtido primariamente no âmbito interno das instâncias municipal e estadual/distrital até a nacional, sempre de baixo para cima, vinculando a todos na prática dos atos partidários.

Cabe às lideranças nacionais, regionais e locais convencer as bases do acerto de suas opções políticas, e não impor sua vontade caprichosa e arbitrária, de cima para baixo, como vem ocorrendo desde que foi tornada efetiva a fidelidade partidária com a perda do mandato (2007), ocasionando a malsinada ditadura interna, ora carente de superação pelas vias legislativa e judicial.

---

171 "PETIÇÃO. ELEIÇÕES 2006. AÇÃO DE PERDA DE CARGO ELETIVO POR DESFILIAÇÃO PARTIDÁRIA SEM JUSTA CAUSA. DEPUTADO FEDERAL. PROCEDÊNCIA.
(...) 8. *A mudança substancial do programa partidário também não foi evidenciada, porquanto a alteração de posicionamento do partido em relação a matéria polêmica dentro da própria agremiação não constitui, isoladamente, justa causa para desfiliação partidária.*
9. *Pedido julgado procedente*".
BRASIL. **Tribunal Superior Eleitoral**. Petição n. 3.019, Acórdão de 25.08.2010, Relator(a) Min. ALDIR GUIMARÃES PASSARINHO JUNIOR, Publicação: DJE – Diário da Justiça Eletrônico, Data 13.09.2010, Página 62. Disponível em: <http://www.tse.jus.br/jurisprudencia/inteiro-teor>. Acesso em 18.02.2014.

É infensa à fidelidade partidária no Brasil apenas a atividade parlamentar ou legislativa (elaborar leis e fiscalizar) em que o eleito, exercente do mandato, estará acobertado pela imunidade material ou inviolabilidade por suas opiniões, palavras e votos.

Muito se tem discutido acerca da movimentação partidária no período pré-eleitoral e mesmo após, por meio de coligações e alianças para o governo, com ocupação de cargos e funções, dentre outras vantagens, sinecuras e prebendas, em razão da alternância da composição política local. É a realidade fática a ser apurada que demonstrará a justa causa para o desligamento ou se o caso versa situação própria do dinâmico processo democrático.

O Tribunal Superior Eleitoral tem julgado no sentido de que a transmutação de oposição para situação e vice-versa não configura hipótese de mudança substancial do programa partidário a caracterizar justa causa, sob o fundamento de que o apoio a um partido político se revela condizente com determinada conjuntura social e histórica, não sendo de se esperar posturas de situação ou de oposição eternas a certo governo[172].

O princípio republicano assegura alternância do governo e a modificação de posicionamento é fato natural, inclusive compatível com o processo democrático e com a evolução da própria sociedade[173].

Neste aspecto, a liberdade e a autonomia das instâncias partidárias foram ratificadas pela emenda constitucional nº 52/2006 permissiva de coligações sem obrigatoriedade com o vínculo mantido nas instâncias de cúpula, desfazendo o fenômeno da verticalização[174].

A alteração há de se basear em acontecimento relevante ou em justificativa plausível, como a mudança da conjuntura política em dado momento histórico, até porque, ao longo da atividade partidária e durante a campanha eleitoral, o partido divulgou ao eleitorado e submeteu seus filiados à defesa de causas singulares, de forma a desenvolver um projeto comum aos seus aliados políticos.

Se uma agremiação for densa – como são o partido democrata e o partido republicano dos Estados Unidos da América – não há que se falar em engessamento da agremiação, por um período indefinido, ante a necessidade de

---

172 BRASIL. **Tribunal Superior Eleitoral**. Petição n. 2.759/DF, Relator(a) Min. Arnaldo Versiani Leite Soares, Publicação: DJE – Diário de justiça eletrônico, Data 24.04.2009, Página 28. Disponível em: <http://www.tse.jus.br/jurisprudencia/inteiro-teor>. Acesso em 13.03.2013.

173 Parodiando Montaigne e Ruy, Arnaldo Jabor repetiu que *"Só os loucos não mudam de opinião, mas devemos no mínimo suspeitar quando ela muda de um dia para o outro"*. Disponível em: <http://www.youtube.com/wacht?v=DleWPclxFO0>. Acesso em: 18 jan. 2016.

174 Art. 3º da Resolução TSE n. 23.221/2010: *"é assegurada aos partidos políticos autonomia para adotar os critérios de escolha e o regime de suas coligações eleitorais, sem obrigatoriedade de vinculação entre as candidaturas em âmbito nacional, estadual ou distrital"*.

observância do fluxo do desenvolvimento da sociedade. Em cada legislatura deve subsistir o compromisso firmado entre eleitor-partido-eleito.

As divergências porventura existentes entre partido e filiado não podem ser tidas simplesmente como próprias do jogo político, sem a adoção de uma postura minimamente ética e ideológica das agremiações.

O princípio da fidelidade partidária seria norma constitucional sem eficácia social se a agremiação não tivesse a obrigação de cumprir os compromissos assumidos com o eleitor e seus próprios filiados. Os deveres do partido político devem ser considerados tão relevantes quanto os deveres dos seus filiados e, principalmente, do eleito por sua legenda, assim também os direitos de que são titulares.

Há casos em que razões históricas e políticas podem determinar a adesão de um partido ao governo e vice-versa, sendo a nova situação considerada justa causa para o desligamento da agremiação, sem qualquer consequência, a exemplo do que aconteceu com o eleito vice-prefeito, cujo partido passou a integrar o bloco da oposição ao prefeito eleito em chapa única. No caso, o partido de origem operou mudanças substanciais no que tange ao direcionamento político na municipalidade, inclusive substituindo o então presidente do diretório municipal por líder de ideais distintos[175].

A imposição de novo posicionamento político, diametralmente oposto ao assumido em campanha perante o eleitor, subverte a vontade popular depositada nas urnas e, por conseguinte, atinge o próprio regime democrático, extensível às propostas de campanha descumpridas ou modificadas, sem razoabilidade e proporcionalidade.

A alternância política entre situação e oposição ocorrida após o pleito e no decorrer do mandato, em contrariedade ao programa partidário e aos compromissos de campanha, é circunstância concreta que autoriza a migração do exercente do mandato. Embora divergente da nova postura da agremiação, a conduta do filiado nada mais representa que a fidelidade ao pacto originário firmado com o eleitor.

A relação político-jurídica entre filiado e partido político está centrada na ideologia formalizada nos estatutos e que integra o seu programa, devendo orientar toda a atividade política destes autores e atores sociais, cuja violação configura vício de legalidade passível de apreciação pelo Poder Judiciário, isto quando não envolver matéria *interna corporis*.

---

175 BRASIL. **Tribunal Regional Eleitoral da Bahia**. Petição n. 176.576, Acórdão n. 1.030/2012, Relator(a) Juiz Saulo Casali Bahia, Publicação: DJE – Diário de justiça eletrônico, Data 20.07.2012. Disponível em: <http://www.tse.jus.br/jurisprudencia/inteiro-teor>. Acesso em 18.02.2014.

3.1.4.4. Grave discriminação política pessoal

A *grave discriminação pessoal* prevista no art. 1º, §1º, IV da Resolução TSE 22.610/2007 abrangia as mais variadas teses defensivas em uma ação de decretação de perda de mandato eletivo. Sua abertura semântica e o subjetivismo da expressão "grave discriminação pessoal" evocava resignificações ante a singularidade inerente ao indivíduo, à sua personalidade, à sua condição humana, como ser único no universo.

A filiação estabelece entre o cidadão e o partido a condição política que assegura a ambos, reciprocamente, o gozo de direitos e deveres dirigidos à produção de efeitos na órbita jurídico-eleitoral. Atos ou fatos de conotação política que atinjam direitos e deveres dos filiados e das agremiações no exercício de sua atividade partidária e no processo eleitoral podem caracterizar justa causa para o desligamento da agremiação, como sanção ou mera consequência.

Nessa espécie de justa causa, eventualmente o aplicador do direito terá que colmatar lacunas, preenchendo o conceito aberto da *grave discriminação pessoal*, ante as distintas mundividências dos filiados e eleitos que podem encarnar pessoas de alto grau de sensibilidade pessoal e moral, passíveis de sofrer lesões emocionais profundas, com repercussões patrimoniais, em razão de críticas assimiláveis pela maioria na disputa partidária.

Outras pessoas podem sentir-se discriminadas pessoalmente por manifestações do partido, através dos seus dirigentes e lideranças que, expressa ou implicitamente, ataquem sua honra objetiva (difamação) e subjetiva (injúria) atingindo o bom nome e a imagem do cidadão, indispensáveis à aprovação do eleitorado.

Em outras situações, atos ou fatos imputáveis ao partido, através dos seus dirigentes, podem implicar em menoscabo e desprestígio para o filiado em grave discriminação pessoal. É o que ocorre em casos de imotivada destituição de cargo ocupado no diretório local, recusa na cessão de tempo igualitário nas propagandas partidárias, gratuita e eleitoral, no rádio e na televisão, dentre outras condutas atentatórias à isonomia entre todos os filiados.

Rotineiramente ocorre nos diretórios municipais que o filiado que constituiu o partido local, arcou com as despesas da sua manutenção, enfrentou seus adversários com risco da própria integridade física e da sobrevivência dos seus familiares, vê-se, abruptamente e sem justa causa, destituído do cargo que ocupava na agremiação, sendo substituído por seu histórico inimigo político, a esse tempo, também pessoal, por ato de mera comunicação feita pelo diretório estadual ao Tribunal Regional Eleitoral, o mesmo ocorrendo em casos de dissolução e de intervenção!

A grave discriminação pessoal, mesmo envolvendo forte carga subjetiva, capaz de causar danos morais e materiais ao filiado, para caracterizar justa causa do desligamento há de projetar efeitos políticos partidários, internos e externos, causando-lhe prejuízos no exercício da cidadania ativa e passiva, sem embargo de muitas vezes deter forte carga jurídica por malferir direito subjetivo.

Com o acréscimo do art. 22-A, parágrafo único, inciso II da LPP, a hipótese de justa causa passou a ser grave discriminação *política* pessoal. Com isso, deu-se conteúdo preciso à justa causa ensejadora do desligamento sem a perda do mandato, afastando-se as subjetividades que vinham emperrando a formação de seguro posicionamento da jurisprudência eleitoral que, muitas vezes, se deparava com disputas personalíssimas dissimuladas em questões político-partidárias.

As condutas levadas a cabo pelos partidos que se enquadrem como violadoras dos princípios democrático, republicano, federativo, do sistema de freios e contrapesos, em detrimento dos seus conteúdos, bem assim das garantias processuais constitucionais podem caracterizar justa causa para o desligamento, em especial, quando politicamente discriminatória e em prejuízo à pessoa do filiado. Atos e fatos que caracterizam grave discriminação pessoal também foram abordados no Capítulo VIII – Da Ditadura intrapartidária.

Outrossim, a conduta do filiado que violar normas estatutárias, programáticas, as diretrizes legitimamente estabelecidas e macular a boa imagem da agremiação pode ensejar a sua expulsão com a perda do mandato ante o subsequente desfazimento do vínculo partidário (desfiliação), a exemplo do condenado por crime de estupro ou contra o patrimônio público.

A eventual resistência interna a futura pretensão de concorrer à prefeitura ou a intenção de viabilizar essa candidatura por outra sigla não caracteriza justa causa para a desfiliação partidária, pois a disputa e a divergência internas fazem parte da vida partidária[176].

Medidas genéricas e abstratas adotadas pelos partidos e que possam alcançar, indistintamente, determinado número de filiados também não se prestam, *prima facie*, a caracterizar a justa causa, por falta da indispensável personalização do ato discriminatório.

A instauração de procedimento administrativo para apurar possível infração disciplinar do filiado não implica, em regra e por si só, grave discriminação pessoal, por se tratar de meio investigativo legítimo a serviço da democracia e da disciplina dos partidos políticos[177].

---

176 BRASIL. **Tribunal Superior Eleitoral**. Agravo Regimental em Recurso Ordinário n. 5178312, Acórdão de 11.11.2010, Relator(a) Min. Marcelo Henriques Ribeiro de Oliveira, Publicação: DJE – Diário de justiça eletrônico, Data 01.02.2011. Disponível em: <http://www.tse.jus.br/jurisprudencia/inteiro-teor>. Acesso em 18.02.2014.

177 BRASIL. **Tribunal Superior Eleitoral**. Petição n. 3.019, Acórdão de 25.08.2010, Relator(a) Min. Aldir Guimarães Passarinho Junior, Publicação: DJE – Diário da Justiça Eletrônico, Data 13.09.2010. Disponível em: <http://www.tse.jus.br/jurisprudencia/inteiro-teor>. Acesso em 18.02.2014.

A cobrança de débito das contribuições associativas foi afastada como justa causa para o desligamento solicitado pelo filiado, assentando o Tribunal Regional Eleitoral de Minas Gerais[178] seu descabimento, porque, embora possa representar ameaça de expulsão, afigura-se viável a submissão de filiado a processo administrativo ou judicial previsto em norma estatutária.

A dinâmica eleitoral pode revelar que a abertura de procedimento investigativo destituído de mínimos elementos indiciários de autoria e materialidade de ilícito tem por escopo fragilizar eventual candidatura, até mesmo esvaziando-a, de forma a configurar abuso de direito passível de atrair a aplicação das penas da Lei.

É o que tem ocorrido com procedimentos administrativos de expulsão sumária, sem observância das garantias fundamentais do contraditório e da ampla defesa, a justificar o ato de desligamento, por justa causa, mantendo-se o mandato do exercente[179].

---

178 *"Petição. Suplente de Vereador. Pedido de decretação de perda de cargo eletivo por infidelidade partidária em face de Vereador.*
(...) Mérito. Defesa alicerçada na alegação de ocorrência de grave discriminação pessoal e desvio reiterado do programa partidário como causas para a desfiliação. Ameaça de expulsão pelo inadimplemento de contribuições partidárias mensais. Notificação extrajudicial em que o Diretório Regional do partido cobrava o pagamento das contribuições. A ameaça de submissão do filiado a processos administrativos ou judiciais, em razão de descumprimento das normas partidárias pelo próprio filiado, não caracteriza grave discriminação pessoal, correspondendo a legítima prerrogativa que detém a agremiação para fazer valer as suas regras. Precedente do TSE.
(...) Hipóteses previstas nos incisos III e IV do art. 1º, § 1º, da Resolução nº 22.610/2007/TSE. Não identificação. Ausência de justa causa para a desfiliação. Procedência do pedido".
BRASIL. **Tribunal Regional Eleitoral de Minas Gerais**. Petição n. 116.448, Acórdão de 05.07.2012, Relator(a) Antônio Carlos Cruvinel, Publicação: DJEMG – Diário de Justiça Eletrônico – TREMG, Data 13.07.2012. Disponível em: <http://www.tse.jus.br/jurisprudencia/inteiro-teor>. Acesso em 18.02.2014.

179 *"Pedido de decretação de perda de mandato eletivo por infidelidade partidária.*
Demonstrada a grave discriminação pessoal infligida ao requerido, consubstanciada em fatos que justificaram sua retirada da agremiação, a qual deliberou expulsá-lo sumariamente. Prova documental evidenciando o descumprimento de direito e garantia fundamental estabelecido no inciso LV do art. 5º da Constituição Federal, ao negar ao requerido o direito ao contraditório e à ampla defesa.
Legítima a justa causa para o desligamento do requerido a falta de observância do regular procedimento de expulsão, revelada a discriminação sofrida pelo mandatário.
Circunstâncias que caracterizam a excludente de infidelidade partidária prevista no inciso IV do §1º do art. 1º da Resolução TSE n. 22.610/2007.
Improcedência".
BRASIL. **Tribunal Regional Eleitoral do Rio Grande do Sul**. Petição n. 33.290, Acórdão de 24.04.2012, Relator(a) Jorge Alberto Zugno, Publicação: DEJERS – Diário de Justiça Eletrônico do TRE-RS, Tomo 71, Data 30.04.2012. Disponível em: <http://www.tse.jus.br/jurisprudencia/inteiro-teor>. Acesso em 18.02.2014.

Como dito alhures, a discriminação há de ser grave politicamente e direcionada especificamente a certa pessoa, no caso o filiado ou eleito, sob pena de não se configurar tratamento diferenciado e desigual entre filiados de uma mesma agremiação[180].

A arguição de justa causa decorrente da falta de avisos ou convites dirigidos ao filiado para as reuniões partidárias exige prova de que o exercente do mandato não teve meios legais ou estatutários para acessar a informação com o direito de participar da tomada das decisões do órgão partidário. A alegação isolada de ausência de convite não enseja, *per se*, o reconhecimento da justa causa para o desligamento do mandatário, se por outro meio poderia ter tido conhecimento do conclave[181].

A novel Lei n. 13.165/2015 também alterou a redação do art. 365-A do Código Eleitoral que passou a ter a seguinte redação: "*a prova testemunhal singular, quando exclusiva, não será aceita nos processos que possam levar à perda do mandato*", a revelar que a comprovação da quebra do dever de fidelidade partidária não se satisfaz com declarações unilaterais de testemunhas.

---

180 "REQUERIMENTO. PERDA MANDATO ELETIVO. DESFILIAÇÃO PARTIDÁRIA. DEFESA. PRELIMINAR DE EXTINÇÃO DO PROCESSO SEM RESOLUÇÃO DO MÉRITO POR FALTA DE INTERESSE DE AGIR. REJEIÇÃO. MÉRITO. RECHAÇADA A PREJUDICIAL DE DECADÊNCIA. NÃO COMPROVAÇÃO DA GRAVE DISCRIMINAÇÃO PESSOAL. AUSÊNCIA DE ESPECIFICAÇÃO DAS MUDANÇAS OCORRIDAS NO PROGRAMA PARTIDÁRIO. PROCEDÊNCIA DO PEDIDO.
[...] *Perseguições genéricas não configuram grave discriminação pessoal tendo em vista que para configurar a justa causa prevista no art. 1º, § 1º, IV, da Resolução TSE n.º 22.610/2007, além de pessoal, a discriminação deve ser grave.*
[...] *Impõe-se a decretação da perda do mandato eletivo quando o mandatário não comprova a justa causa alegada. Inteligência do art. 8º, da Resolução TSE n.º 22.610/2007*".
BRASIL. **Tribunal Regional Eleitoral de Goiás.** Diversos n. 1.769, Acórdão n. 5.787 de 28.08.2008, Relator(a) Renan de Vasconcelos Neves, Publicação: DJE – Diário de Justiça Eletrônico, Data 05.09.2008. Disponível em: <http://www.tse.jus.br/jurisprudencia/inteiro-teor>. Acesso em 18.02.2014.

181 "AÇÃO DE PERDA DE CARGO ELETIVO POR DESFILIAÇÃO PARTIDÁRIA SEM JUSTA CAUSA. PRELIMINAR DE ILEGITIMIDADE PASSIVA DOS SUPLENTES – ACOLHIMENTO – PRELIMINAR DE DECADÊNCIA POR AUSÊNCIA DE PEDIDO DE CITAÇÃO DE LITISCONSORTE – REJEIÇÃO – DIVERGÊNCIA POLÍTICO-PARTIDÁRIA – AUSÊNCIA DE JUSTA CAUSA – PROCEDÊNCIA DO PEDIDO.
(...) *A ausência de convites para as reuniões partidárias não justifica a desfiliação, eis que é dever do filiado se manter atualizado sobre as atividades da agremiação.* (...)".
BRASIL. **Tribunal Regional Eleitoral do Rio Grande do Norte.** Petição n. 84.585, Acórdão n. 14.385/2012, Relator(a) Jailsom Leandro de Sousa, Publicação: DJE – Diário de Justiça Eletrônico, Data 06.08.2012, Página 05/07. Disponível em: <http://www.tse.jus.br/jurisprudencia/inteiro-teor>. Acesso em 18.02.2014.

As questões *interna corporis* são insusceptíveis de apreciação judicial, razão pela qual mera divergência política intramuros, sobretudo com o objetivo de buscar posição política que lhe seja mais favorável no seio partidário, não tem o condão, por si só, de justificar o ato de desligamento do filiado[182].

A fidelidade partidária é princípio constitucional a ser efetivado como dever comum a todos na relação tripartite eleitor-partido-eleito, cuja violação atrai a perda do mandato como consequência ou sanção por ato infracional partidário, ora onerando o partido, ora o filiado-eleito.

Esta equação jurídico-eleitoral resulta da hermenêutica constitucional de que se valeu o STF nos julgamentos dos mandados de segurança nºs 26.602-DF, 26.603-DF e 26.604-DF, além de estar prevista na Resolução TSE n. 22.610/2007 e, agora, no novel art. 22-A da Lei n. 9.096/95, para conferir efetividade às normas do art. 14, § 3º, inciso V, c.c. art. 17, § 1º da CE.

3.1.4.5. Da Janela Partidária

A minirreforma eleitoral de 2015 dispôs sobre a janela partidária, assim entendida como o lapso temporal situado entre os 30 (trinta) dias anteriores ao prazo de 06 (seis) meses de filiação[183] [184].

Aventou-se a hipótese de inconstitucionalidade formal da norma do inciso III, do parágrafo único do art. 22-A da lei 9.096/95 que a instituiu a

---

182 "AGRAVO REGIMENTAL. AÇÃO DECLARATÓRIA DE JUSTA CAUSA PARA DESFILIAÇÃO PARTIDÁRIA. GRAVE DISCRIMINAÇÃO PESSOAL NO PROCESSO DE ESCOLHA DE REPRESENTANTE PARTIDÁRIO. MATÉRIA INTERNA CORPORIS. INCOMPETÊNCIA DA JUSTIÇA ELEITORAL. MERA DIVERGÊNCIA INTRAPARTIDÁRIA. NÃO CONFIGURAÇÃO. DESPROVIMENTO.
1. *De acordo com a jurisprudência do TSE, não compete à Justiça Eleitoral apreciar matéria relativa à dissidência interna dos partidos políticos na eleição de seus dirigentes. Precedentes.*
2. *Na espécie, a alegada ausência de debate no processo de escolha do novo presidente estadual do partido agravado revela a existência de mera disputa intrapartidária entre filiados, tendo por objetivo o alcance de posição política mais elevada dentro da agremiação, circunstância que não constitui justa causa para a desfiliação do agravante. Precedente.*
3. *Agravo regimental não provido".*
BRASIL. **Tribunal Superior Eleitoral**. Petição n. 4.459/MA, Relator(a) Min. José de Castro Meira, Publicação: DJE – Diário da Justiça Eletrônico, Data 25.06.2013. Disponível em: <http://www.tse.jus.br/jurisprudencia/inteiro-teor>. Acesso em 18.02.2014.

183 Art. 22-A, parágrafo único, inciso III da LPP.

184 A nova redação do art. 8º da Lei Eleitoral (alterado pela lei 13.165/2015) estabelece o prazo da realização das convenções para escolha de candidatos no ano das eleições e o art. 9º da Lei Eleitoral (lei 9.504/97), acrescido pelo art. 2º da mesma minirreforma, reduz de 01 (um) ano para 06 (seis) meses o prazo de filiação partidária antes das eleições, como condição de elegibilidade de que trata o art. 14, § 3º, V da CE.

janela partidária, a pretexto de que a sua validade dependeria da observância do processo legislativo peculiar, tendo sido promulgada a emenda constitucional nº 91, de 18 de fevereiro de 2016, oriunda da Câmara Federal (PEC 182/2007) e, do Senado (PEC 113-A/2015).

No plano constitucional, autorizou-se o desligamento partidário, sem prejuízo para o mandato, no prazo de 30 dias após a sua promulgação, com a fixação de uma janela excepcional, por período determinado e as PECs, apresentam remissão ao disposto em lei ordinária (art. 22-A, parágrafo único, inciso III da LPP) que admite a migração nos 30 (trinta) dias que antecedem o prazo para a filiação previsto para 06 (seis) meses antes das eleições[185].

Com a janela partidária e a aplicabilidade do instituto da Fidelidade aos membros dos Poderes Legislativo e Executivo, parece estar concluída uma importantíssima e necessária etapa para o fortalecimento dos partidos políticos no Brasil, sendo de mister a completude do sistema através da aprovação do projeto de emenda constitucional que estabelece a cláusula de barreira ou desempenho.

3.1.5. Decadência

A doutrina reconhece o decurso do tempo como fato jurídico ordinário ou natural[186] que interfere nas mais diversas relações sociais, visando conferir segurança jurídica, de modo que o nascimento, o exercício e a extinção do direito estão atrelados a um marco temporal determinado.

O brocardo latino *dormientibus non succurrit jus* sintetiza o tempo e suas repercussões no comércio jurídico, incidindo especialmente no instituto da decadência que pode ser definido como uma espécie de perda efetiva de um direito, em razão da inércia do seu titular, por tempo previsto em lei ou ajustado entre as partes, cuja disciplina é encontrada nos arts. 207 e ss. do Código Civil[187].

O partido de origem pode propor a ação de decretação de perda de mandato eletivo por infidelidade partidária no prazo de 30 (trinta) dias a contar da desfiliação, prevendo o artigo 1º, § 2º, da Resolução TSE n. 22.610/2007

---

185 Capítulo VII, item 4. Eleições Majoritárias, Fidelidade Partidária e a Perda de Cargo Eletivo.

186 GAGLIANO, Pablo Stolze; PAMPLONA FILHO, Rodolfo. **Novo Curso de Direito Civil**: Parte Geral. 10ª ed. rev. e atual. v. I. São Paulo: Saraiva, 2008, p. 453.

187 Art. 207. "Salvo disposição legal em contrário, não se aplicam à decadência as normas que impedem, suspendem ou interrompem a prescrição.
Art. 208. Aplica-se à decadência o disposto nos arts. 195 e 198, inciso I.
Art. 209. É nula a renúncia à decadência fixada em lei.
Art. 210. Deve o juiz, de ofício, conhecer da decadência, quando estabelecida por lei.
Art. 211. Se a decadência for convencional, a parte a quem aproveita pode alegá-la em qualquer grau de jurisdição, mas o juiz não pode suprir a alegação".

o prazo sucessivo de mais 30 (trinta) dias para os demais legitimados, ante a inércia da agremiação[188], ambos de natureza decadencial[189].

A partir do desligamento do exercente de mandato infiel, conta-se o prazo decadencial de 30 (trinta) dias para que o partido de origem ingresse com a demanda na Justiça Eleitoral.

Em relação ao suplente e ao Ministério Público, conferiu-se o prazo de trinta dias sucessivos àquele concedido ao partido de origem, os quais somente poderão requerer a decretação da perda de cargo eletivo após o transcurso do prazo de trinta dias do partido político, se este permanecer inerte[190].

Mas, diante da postulação do 1º suplente ou vice, nada impede que os demais interessados ingressem na lide, ao menos, na qualidade de assistentes, pois têm interesse jurídico no resultado da demanda.

Na hipótese de vacância no curso da legislatura, caso o 1º suplente tenha migrado para outro partido sem justa causa, a ação poderá ser proposta contra ele pelos legitimados concorrentes (2º, 3º, 4º suplente) no trintídio, cujo termo inicial é a data da posse do 1º suplente[191].

Malgrado não se admita a interrupção ou suspensão na contagem do prazo decadencial para a propositura da ação de decretação de perda de man-

---

188 Art. 1º – "O partido político interessado pode pedir, perante a Justiça Eleitoral, a decretação da perda de cargo eletivo em decorrência de desfiliação partidária sem justa causa.
(...) § 2º – Quando o partido político não formular o pedido dentro de 30 (trinta) dias da desfiliação, pode fazê-lo, em nome próprio, nos 30 (trinta) subsequentes, quem tenha interesse jurídico ou o Ministério Público eleitoral".

189 *"Consulta. Procedimentos. Resolução-TSE nº 22.610/2007.*
Pedido. Decretação. Perda. Cargo eletivo. Desfiliação partidária. Prazo. Inobservância. Decadência. Declaração. Justa causa. Âmbito. Partidário. Impossibilidade. Competência. Justiça Eleitoral. Prazos. Regulamentação. Ausência.
- São decadenciais os prazos previstos no § 2º do art. 1º da Resolução nº 22.610/2007".
BRASIL. **Tribunal Superior Eleitoral**. Consulta n. 1.503, Resolução n. 22.907 de 19.08.2008, Relator(a) Min. MARCELO HENRIQUES RIBEIRO DE OLIVEIRA, Publicação: DJE – Diário da Justiça Eletrônico, Data 10.12.2009, Página 12. Disponível em: <http://www.tse.jus.br/jurisprudencia/inteiro-teor>. Acesso em 18.02.2014.

190 BRASIL. **Tribunal Superior Eleitoral**. Agravo Regimental em Petição n. 2.974, Acórdão de 23.02.2010, Relator(a) Min. MARCELO HENRIQUES RIBEIRO DE OLIVEIRA, Publicação: DJE – Diário da Justiça Eletrônico, Tomo 61, Data 30.03.2010, Página 18. Disponível em: <http://www.tse.jus.br/jurisprudencia/inteiro-teor>. Acesso em 18.02.2014.

191 *"... a contagem do prazo de 30 (trinta) dias que a agremiação partidária possui para ajuizar o pedido de decretação de perda de mandato por infidelidade partidária (art. 1º, § 2º da Res.-TSE 22.610/2007) inicia-se com posse para substituição do mandatário".*
BRASIL. **Tribunal Superior Eleitoral**. Petição n. 2.979, Acórdão de 02.02.2010, Relator(a) Min. FELIX FISCHER, DJE de 26.02.2010, Página 218. Disponível em: <http://www.tse.jus.br/jurisprudencia/inteiro-teor>. Acesso em 18.02.2014.

dato eletivo, a regra[192] não é absoluta, comportando interpretação que lhe dê utilidade referentemente ao termo *ad quem*, por versar a prática de ato processual, ou seja, o ajuizamento da ação, e não do exercício de direito material.

A jurisprudência se firmou no sentido de admitir a prorrogação do prazo decadencial para o primeiro dia útil seguinte quando recair em dia de sábado, domingo ou feriado[193][194][195].

Ante a inércia do partido de origem do mandatário infiel, o Ministério Público detém legitimidade para propor a ação de decretação de perda de mandato eletivo por infidelidade partidária, sendo necessário delimitar o termo *a quo* para fins de contagem do prazo decadencial para o ingresso da demanda na Justiça Eleitoral.

A legitimidade do Ministério Público eleitoral para atuar em todas as fases do processo eleitoral tem sua matriz no art. 127 da CF que o atribui velar pelo regime democrático e pela ordem jurídica que o sustenta, bem assim

---

192   Art. 1º, § 2º, da Resolução TSE n. 22.610/2007.

193   Art. 184 do CPC: "Salvo disposição em contrário, computar-se-ão os prazos, excluindo o dia do começo e incluindo o do vencimento.
§ 1º Considera-se prorrogado o prazo até o primeiro dia útil se o vencimento cair em feriado ou em dia em que:
I – for determinado o fechamento do fórum;
II – o expediente forense for encerrado antes da hora normal.
Art. 224 do Novo CPC: "Salvo disposição em contrário, os prazos serão contados excluindo o dia do começo e incluindo o dia do vencimento.
§ 1º-Os dias do começo e do vencimento do prazo serão protraídos para o primeiro dia útil seguinte, se coincidirem com dia em que o expediente forense for encerrado antes ou iniciado depois da hora normal ou houver indisponibilidade da comunicação eletrônica".

194   BRASIL. **Tribunal Superior Eleitoral**, Agravo Regimental em Ação Cautelar n. 48.052, Acórdão de 01.08.2012, Relator(a) Min. HENRIQUE NEVES DA SILVA, Publicação: DJE – Diário de justiça eletrônico, Tomo 161, Data 22.08.2012, Página 117. Disponível em: <http://www.tse.jus.br/jurisprudencia/inteiro-teor>. Acesso em 18.02.2014.

195   *"Agravo regimental. Ação de decretação de perda de cargo eletivo. Infidelidade partidária. Ajuizamento da ação. Prazo decadencial. Termo ad quem em dia não útil. Aplicação do art. 184, § 1º do CPC. Prorrogação. Provimento.*
Dá-se provimento a agravo regimental interposto em face de decisão monocrática que, indeferindo liminarmente a petição inicial, reconheceu a decadência e extinguiu o processo com resolução de mérito, tendo em vista que o termo ad quem caiu em dia não útil, sendo, por conseguinte, nos termos do art. 184, § 1º do CPC, aplicado subsidiariamente, prorrogado para o primeiro dia útil seguinte".
BRASIL. **Tribunal Regional Eleitoral da Bahia**. Petição n. 178.045, Acórdão n. 250, Relator Juiz Cássio José Barbosa Miranda, Publicação: DJE – Diário da Justiça Eletrônico, Data 26.04.2012. Disponível em: <http://www.tse.jus.br/jurisprudencia/inteiro-teor>. Acesso em 18.02.2014.

no art. 1º da lei Complementar n. 75/93 (Estatuto do Ministério Público da União)[196].

A atuação ministerial se revela imprescindível à defesa do Estado de Direito e às instituições democráticas[197], legitimando-o para a defesa do instituto da Fidelidade Partidária, corolário dos partidos e da democracia representativa. Afinal, o candidato eleito que migra para outra agremiação, sem justa causa, viola o quadro político legitimamente constituído pela via do sufrágio universal.

Na vigência do art. 22 da Lei dos Partidos Políticos, o termo inicial para a aferição da decadência era a comunicação de desfiliação feita pelo filiado ao partido de origem e, imediatamente após, à Justiça Eleitoral.

Com o advento da Lei n. 12.891, de 11 de dezembro de 2013[198], alterou-se a redação originária da norma do art. 22 da LPP, desaparecendo o dever de comunicação do desligamento, tendo sido extinta figura da duplicidade de vínculo partidário, valendo a última lista de filiados fornecida pela agremiação à Justiça eleitoral, no tempo e modo devidos.

Sem previsão legal expressa, cabe à jurisprudência fixar o termo *a quo* para a propositura da ação, sabido que não corre prescrição, nem decadência, sem que se tenha conhecimento do ato a ser impugnado ou, ao menos, haja prescrição legal que estabeleça o marco para a sua fluência, a partir de certo dado objetivo.

Tem-se que a decadência somente se opera e extingue a ação de cujo direito já não mais subsiste. A norma do art. 189, do Código Civil dispõe que *violado o direito, nasce para o titular a pretensão, a qual se extingue, pela prescrição, nos prazos a que aludem os arts. 205 e 206. Este preceito introduz o princípio da actio nata e alcança os prazos prescricionais e decadenciais que fluem a partir da ciência do titular do direito violado.*

---

[196] Art. 1º da LC 75/93: "*O Ministério Público da União, organizado por esta lei Complementar, é instituição permanente, essencial à função jurisdicional do Estado, incumbindo-lhe a defesa da ordem jurídica, do regime democrático, dos interesses sociais e dos interesses individuais indisponíveis*".

[197] Art. 6º da LC 75/93: "*Compete ao Ministério Público da União:*
[...] *XIV – promover outras ações necessárias ao exercício de suas funções institucionais, em defesa da ordem jurídica, do regime democrático e dos interesses sociais e individuais indisponíveis, especialmente quanto:*
a) ao Estado de Direito e às instituições democráticas".

[198] Art. 22. "*O cancelamento imediato da filiação partidária verifica-se nos casos de:*
(...) *V – filiação a outro partido, desde que a pessoa comunique o fato ao juiz da respectiva Zona Eleitoral. (Incluído pela Lei nº 12.891, de 2013)*
Parágrafo único. Havendo coexistência de filiações partidárias, prevalecerá a mais recente, devendo a Justiça Eleitoral determinar o cancelamento das demais". (Redação dada pela Lei nº 12.891, de 2013)

Desse modo, não há que se falar em prescrição ou decadência de ação que sequer nasceu no mundo jurídico. Essa é a doutrina de Washington Monteiro de Barros[199], segundo o qual, enquanto não nasce a ação, não pode ela prescrever é o princípio da actio nata (actione non nata non praescribitur).

Yussef Said Cahali[200] apresenta três condições para que se verifiquem a prescrição e a decadência: a ação nascida (actio nata), a inércia não interrompida do titular do direito e o lapso temporal previsto para a hipótese. Prossegue o civilista ensinando que o dies a quo é revelado em simultaneidade ao direito de ação:

> "A ação nasce, portanto, no momento em que se torna necessária para a defesa do direito violado – é desse momento, em que o titular pode se utilizar da ação, que começa a correr o prazo da prescrição. Portanto, o prazo é contado da data em que a ação poderia ser proposta. O dies a quo da prescrição surge em simultaneidade com o direito de ação".

Em que pese a prerrogativa ministerial de *requisitar informações e documentos a entidades privadas*[201], o ato de desligamento ou desfiliação, não raras vezes, permanece em sigilo, nos limites intrapartidários e restrito aos interessados – cidadão e dirigente –, em decorrência de prévio ajuste político ou falta de interesse do partido na divulgação ante o receio da perda do mandato por migração sem justa causa.

A redação originária do art. 22 da LPP previa que o requerimento de desfiliação enviado ao partido político, por sua natureza unilateral, não era meio idôneo para certificar, com a necessária segurança jurídica, a data de desligamento do infiel, a fim de viabilizar a propositura da ação de perda de cargo eletivo.

Algumas Cortes Regionais assentaram o entendimento de que, em atenção à segurança jurídica, o trintídio do Ministério Público para ingressar com a ação de perda de mandato eletivo teria início com a comunicação do desligamento à Justiça Eleitoral e que, sem ciência externa do ato, o *parquet* ficaria impossibilitado de exercer a sua legítima atividade institucional[202].

---

199 MONTEIRO, Washington de Barros; PINTO, Ana Cristina de Barros Monteiro França. **Curso de direito civil 1**: parte geral. 42ª ed. São Paulo: Saraiva, 2009, p. 365.

200 CAHALI, Yussef Said. **Prescrição e decadência**. 2. tir. São Paulo: Revista dos tribunais, 2008, p. 35-36.

201 Art. 8º – "Para o exercício de suas atribuições, o Ministério Público da União poderá, nos procedimentos de sua competência:
(...) IV – requisitar informações e documentos a entidades privadas".

202 BRASIL. **Tribunal Regional Eleitoral da Bahia**. Petição n. 168.175, Acórdão n. 666, Relator Juiz Saulo Casali Bahia, Publicação: DJE – Diário da Justiça Eletrônico, Data 19.06.2012. Disponível em: <http://www.tse.jus.br/jurisprudencia/inteiro-teor>. Acesso em 18.02.2014.

Outros Tribunais Regionais[203] [204] se posicionaram no sentido de que a data de desfiliação é determinada com base no art. 21, parágrafo único, da Lei n. 9.096/95, que dispõe: "*decorridos dois dias da data da entrega da comunicação, o vínculo torna-se extinto, para todos os efeitos*". Daí a inferência de que o prazo para a propositura da ação começaria a correr dois dias após a realização deste ato, e não da comunicação feita à Justiça Eleitoral.

Os critérios anteriormente adotados se encontram em xeque após a edição da Lei 12.891/2013, assim como a própria eficácia da Resolução TSE n. 22.610/2007, na parte que reconhece a legitimidade subsidiária do Ministério Público para a propositura da ação que não pode ser obstada por ausência de forma destinada à ciência dos interessados em apurar a validade do desligamento partidário.

O exercente de mandato ou cargo eletivo não pode, segundo entendimento do STF, permanecer indefinidamente sem partido[205] e, com base na *analogia juris* propõe-se a fixação do prazo de 30 (trinta) dias para a celebração do novo vínculo político-partidário, sob pena de perda do mandato.

---

203 "*PETIÇÃO. DESFILIAÇÃO PARTIDÁRIA IMOTIVADA. PRELIMINARES REJEITADAS. INEXISTÊNCIA DE JUSTA CAUSA. PROCEDÊNCIA DO PEDIDO.*
I. Esta Corte já esposou entendimento de que a contagem do prazo decadencial para a propositura de ações desta natureza deve iniciar-se não da data da entrega da comunicação de desfiliação a respectiva zona eleitoral, mas sim da data em que se tem por extinto o vínculo partidário do detentor do mandato eletivo tido por infiel, ou seja, dois dias após a entrega da já mencionada comunicação".
BRASIL. **Tribunal Regional Eleitoral do Rio de Janeiro**. Petição n. 7.945, Relator Juiz Sérgio Schwaitzer, Publicação: DJE – Diário da Justiça Eletrônico, Tomo 136, Data 09.07.2012, Página 82/89. Disponível em: <http://www.tse.jus.br/jurisprudencia/inteiro-teor>. Acesso em 18.02.2014.

204 "*AÇÃO DE PERDA DE CARGO ELETIVO POR DESFILIAÇÃO PARTIDÁRIA – VEREADOR – PRELIMINARES DE INTEMPESTIVIDADE E DE LEGITIMIDADE ATIVA – REJEIÇÃO – AUSÊNCIA DE JUSTA CAUSA – NÃO INCIDÊNCIA DO § 1º DO ART. 1º DA RESOLUÇÃO TSE N.º 22.610/2007 – PROCEDÊNCIA DO PEDIDO.*
1. Para efeito de configuração do dies a quo para o ajuizamento de ação de perda de cargo eletivo por desfiliação sem justa causa (Resolução TSE nº 22.610/2007), a desfiliação partidária é ato cujo aperfeiçoamento exige dupla comunicação do filiado: ao diretório municipal do partido e ao juízo eleitoral competente. Efetiva-se, conforme entendimento pacificado nesta Corte, dois dias após a comunicação dirigida à Zona Eleitoral, de acordo com o disposto no art. 21, parágrafo único, da Lei n.º 0.096/95, iniciando-se a partir daí a contagem do prazo de 30 (trinta) dias para ajuizamento, pelo partido, da ação e, igualmente, do prazo de 30 (trinta) dias subsequentes para fazê-lo quem tenha interesse jurídico e o Ministério Público Eleitoral".
BRASIL. **Tribunal Regional Eleitoral do Rio Grande do Norte**. Petição n. 90.216, Relator Juiz Ricardo Procópio Bandeira de Melo, Publicação: DJE – Diário da Justiça Eletrônico, Data 31.07.2012, Página 05/07. Disponível em: <http://www.tse.jus.br/jurisprudencia/inteiro-teor>. Acesso em 18.02.2014.

205 Mandados de Segurança nºs 26.602-DF, 26.603-DF e 26.604-DF.

Ocorre que a lei nova impôs a obrigação do filiado de comunicar o novo vínculo partidário à Justiça eleitoral, a fim de que se extinga o vínculo entre o partido político e seu filiado, nos termos do art. 22, V da Lei n. 9.096/95, acrescentado pela Lei n. 12.891, de 11 de dezembro de 2013, que dispõe:

> Art. 22. O cancelamento imediato da filiação partidária verifica-se nos casos de:
> (...) V – filiação a outro partido, desde que a pessoa comunique o fato ao juiz da respectiva Zona Eleitoral.

Também a Lei 12.891/2013 deu nova redação ao parágrafo único do art. 22 da Lei n. 9.096/95, que passou a prever: *"havendo coexistência de filiações partidárias, prevalecerá a mais recente, devendo a Justiça Eleitoral determinar o cancelamento das demais"*, fazendo desaparecer o fenômeno da duplicidade de filiações e sua consequência eleitoral que era o cancelamento de todos os vínculos do eleitor, bem assim o crime eleitoral do art. 320 do Código Eleitoral.

Com a edição da Lei 12.891/2013 e para não se obstar, inconstitucional e ilegalmente, a atuação ministerial, há de se considerar a fluência do prazo decadencial de 30 (trinta) dias, a contar da data da comunicação feita à Justiça eleitoral do novo vínculo partidário, competindo ao TSE baixar a instrução para disciplinar a forma por meio da qual os interessados terão ciência do ato de desligamento a fim de verificar a fluência do prazo decadencial para a propositura da ação.

Se o filiado à nova agremiação não comunicar o vínculo à Justiça eleitoral, o prazo não correrá (*actio nata*), ressalvando-se a sua fluência para o primeiro dia útil após as segundas semanas dos meses de abril e outubro de cada ano apostos para a apresentação das listas de filiação partidárias, quando estarão disponíveis a todos os interessados.

Somente a partir daí é que o *parquet*, a Justiça eleitoral e, eventualmente, o próprio partido de origem, terão conhecimento da movimentação partidária à vista da lista de filiação a ser apresentada naqueles períodos por todas as agremiações.

Estas as soluções propostas para a fixação do termo inicial do prazo decadencial.

3.1.6. Da Sentença e sua eficácia

Em regra, os recursos eleitorais não terão efeito suspensivo e a execução de qualquer acórdão será feita imediatamente, através de comunicação por ofício, telegrama, ou, em casos especiais, a critério do presidente do Tribunal, através de cópia do acórdão[206].

---

206 Art. 257 do Código Eleitoral.

O acórdão proferido pelo tribunal terá execução imediata, considerando que o chefe do Poder Legislativo será comunicado para que, em 10 (dez) dias, efetive a posse do suplente ou do vice do trânsfuga, consoante posicionamento do Tribunal Superior Eleitoral [207] [208].

3.1.7. Dos recursos

A Resolução TSE n. 22.610/2007[209] dispõe sobre o cabimento dos recursos, observada a competência do tribunal eleitoral da unidade da federação para julgar a ação de decretação da perda do mandato político, sem se atentar para a existência dos Municípios e, parcialmente, em relação ao Estado, quanto às suas autonomias e competências constitucionais.

A transgressão às normas constitucionais e legais[210] que estabelecem a organização judiciária e as competências eleitorais não poderia ser afastada ante a sua repercussão na disciplina dos recursos e seus efeitos.

Apesar disso, há decisões do TSE que violam as normas do art. 276, I e II do Código Eleitoral, por negativa da sua vigência, na medida em que vem sendo atribuído efeito de recurso especial ao apelo que tem natureza ordinária e vice-versa, em prejuízo dos jurisdicionados.

Com pretensa base na Resolução *sub examine*, o TSE conferiu tratamento diferenciado entre os exercentes de mandatos municipais e estaduais, já que aos primeiros só se admite o recurso especial[211], de índole extraordinária, ainda que percam seus mandatos, em cuja via estreita não se conhece de fatos

---

207 Art. 10. "Julgando procedente o pedido, o tribunal decretará a perda do cargo, comunicando a decisão ao presidente do órgão legislativo competente para que empose, conforme o caso, o suplente ou o vice, no prazo de 10 (dez) dias". (Resolução TSE nº 22.610/2007).

208 "*Agravo regimental. Ação cautelar. Fidelidade partidária. Concessão de efeito suspensivo até o trânsito em julgado do recurso especial. Impossibilidade. Justa causa. (...)*
1. *Primo ictu oculi, a jurisprudência colacionada pelo requerente, concedendo efeito suspensivo a acórdão regional na ação de impugnação de mandato, não guarda similitude fática em relação ao caso concreto, que cuida de ação de perda de mandato eletivo por infidelidade partidária. Assim, não há falar na igualdade de tratamento.*
2. *A execução imediata das decisões proferidas em processo de perda de cargo eletivo por infidelidade partidária segue texto normativo expresso (art. 10 da Res.-TSE nº 22.610/2007)".*
BRASIL. **Tribunal Superior Eleitoral**, Agravo Regimental em Ação Cautelar n. 2.686, Acórdão de 09.09.2008, Relator(a) Min. FELIX FISCHER, Publicação: DJE – Diário da Justiça Eletrônico, Data 29.09.2008, Página 83/84. Disponível em: <http://www.tse.jus.br/jurisprudencia/inteiro-teor>. Acesso em 18.02.2014.

209 Art. 11. "São irrecorríveis as decisões interlocutórias do Relator, as quais poderão ser revistas no julgamento final, de cujo acórdão cabe o recurso previsto no art. 121, § 4º, da Constituição da República".

210 Art. 121 da CF, c.c. 22, I e II, art. 29, I e II, e art. 35 e incisos do CE.

211 "*Tratando-se de mandato eletivo municipal, é cabível a interposição de recurso especial, no qual não é possível o reexame de provas*". (BRASIL. **Tribunal Superior Eleitoral**, AgRg-AC nº 2516, Relator Ministro Marcelo Ribeiro, DJ de 12.9.2008).

e provas, pois se dirige à preservação da unidade do direito federal, enquanto os últimos poderão se utilizar do recurso ordinário[212] e, assim, rediscutir matéria de fato, revolvendo provas, com vista ao rejulgamento da causa.

No tocante aos mandatos federais (deputados federais e senadores), a competência tida por originária do TSE para julgamento das ações de infidelidade partidária importa em instância única e suprime o duplo grau de jurisdição a que teriam direito, se fosse observada a norma do art. 86 do Código Eleitoral. O julgado que decreta a perda do mandato de deputados federais e senadores, neste aspecto, somente poderá ser impugnado pela via do angusto recurso extraordinário[213].

Com a sistemática ora adotada pelo TSE, o vereador e o prefeito municipal têm grandes dificuldades para acessarem a via recursal, pois, não cabendo recurso ordinário, resta-lhes apenas o recurso especial, de natureza extraordinária, manejado da gravosa decisão de perda do mandato, enquanto os julgados das Cortes Regionais em que se discuta mandato estadual de deputado e governador desafiam recurso ordinário.

Mesmo não havendo previsão expressa na Resolução, são cabíveis embargos de declaração[214], inclusive com pedido de efeito modificativo, em face de acórdão que decreta a perda de mandato eletivo por infidelidade partidária.

Salvo as competências atribuídas em demasia aos tribunais regionais eleitorais para julgar vereadores e prefeitos, em detrimento dos juízos eleitorais que têm sede nos municípios, e as que foram suprimidas daquelas Cortes para deputados federais e senadores, e a alteração da natureza dos recursos cabíveis dos julgados que decretam a perda do mandato, passíveis de correção pela via da interpretação conforme a Constituição, afigura-se aplicável às ações que envolvem a fidelidade partidária o rito processual previsto na Resolução.

As demais normas processuais da Resolução estão conformes a Constituição e com a sistemática posta em vigor por Lei[215], como decorrência natural da garantia do direito de ação, público, subjetivo, genérico, abstrato e independente da existência do próprio direito material controvertido e da obtenção da devida, adequada e completa prestação jurisdição[216].

---

212 "*Recurso ordinário*. Pedido de perda de cargo eletivo. Infidelidade partidária. 1. Assumindo o **cargo de deputado estadual** e estando o interessado, à época, filiado a partido político, o **processo eleitoral em que se discuta eventual infidelidade partidária** haverá de ser integrado pelo respectivo partido político, sob pena de nulidade". (BRASIL, **Tribunal Superior Eleitoral**, RO nº 2204, Relator Ministro Arnaldo Versiani, DJ de 20.09.2010). (grifos).

213 SILVA, Alexandre Assunção e. **Infidelidade Partidária**: direito material e processo. Belo Horizonte: Del Rey, 2014, p. 147.

214 Art. 275 do Código Eleitoral.

215 CE, LC 64/90, LE, LPP, CPC, CPP, PAF.

216 ADI 3.999/DF, Relator Ministro Joaquim Barbosa: "*Ao reconhecer aos partidos políticos o direito de postular o respeito ao princípio da fidelidade partidária perante o Judiciário, decisão*

Nesta linha de raciocínio em busca de coerência, coesão e unidade do sistema[217], se houver a decretação da perda do mandato, o recurso da decisão dos juízos e dos tribunais regionais será ordinário para o TSE, assegurando-se, dessa forma, o duplo grau de jurisdição inerente à instância ordinária[218 219].

E caberá o recurso especial para o TSE[220] quando for julgada improcedente a ação ou extinto o processo sem resolução do mérito, desde que o aresto seja proferido contra disposição expressa da Constituição ou Lei (alínea *a*) ou com base em divergência jurisprudencial entre dois ou mais tribunais eleitorais (alínea *b*).

Na esteira da Resolução TSE nº 22.610/2007, também para os mandatos eletivos estaduais (deputados estaduais e governadores), a competência para julgar a causa é dos tribunais regionais eleitorais e do acórdão que decretar a perda do mandato caberá recurso ordinário para o TSE[221]; na hipótese de ser julgada improcedente a ação, poderá ser interposto o recurso especial.

---

na qual, é importante relembrar, eu fiquei vencido, esta Corte, interpretando a Constituição, não lhes negou um meio processual para assegurar concretamente as consequências advindas de eventual desrespeito ao princípio então reconhecido. É nesse sentido que leio as palavras lançadas pelo Ministro Celso de Mello, de que compete ao TSE dispor sobre a matéria durante o silêncio – eloquente, talvez – do Legislativo.

Vale dizer, de pouco adiantaria a Corte reconhecer um dever- fidelidade partidária – e não reconhecer a existência de um mecanismo ou de um instrumento legal para assegurá-lo. A inexistência do mecanismo leva a quadro de exceção, que se crê ser temporário.

É nesse quadro excepcional, de carência de meio para garantia de um direito constitucional, marcado pela transitoriedade, que interpreto a adequação da resolução impugnada ao art. 21, IX do Código Eleitoral, este interpretado conforme a Constituição. O poder normativo do Tribunal Superior Eleitoral se submete, por óbvio, à Constituição. (...)

A demarcação do âmbito de atividade do Legislativo, contudo, deve ser sensível às situações extraordinárias, marcadas pela necessidade de proteção de um direito que emana da própria Constituição. A atividade normativa do TSE recebe seu amparo da extraordinária circunstância de o Supremo Tribunal Federal ter reconhecido a fidelidade partidária como requisito para permanência em cargo eletivo e a ausência expressa de mecanismo destinado a assegurá-lo. (p. 116-117).

217 Teoria Estruturalista da Linguagem.
218 Art. 5º, LV da CF.
219 276, II do Código Eleitoral.
220 Art. 276, I do Código Eleitoral.
221 BRASIL. **Tribunal Superior Eleitoral**, Recurso Ordinário nº 1497, Acórdão de 20.11.2008, Relator(a) Min. EROS ROBERTO GRAU, Publicação: DJE – Diário da Justiça Eletrônico, Data 02.12.2008, Página 21/22. Disponível em: <http://www.tse.jus.br/jurisprudencia/inteiro-teor>. Acesso em 18.02.2014.

Em relação aos mandatos federais (deputados federais, senadores e presidente da República), o TSE[222] reconheceu ser sua competência julgar, em sede de instância única, a ação, cabendo dos seus acórdãos os recursos internos e o recurso extraordinário para o STF, olvidando-se o princípio de que o juízo eleitoral competente para o registro da candidatura deveria sê-lo para o seu desfazimento, extensível à perda do mandato por ato de infidelidade partidária.

3.2. Da Ação de Justificação de desfiliação partidária

O Supremo Tribunal Federal, nos julgamentos dos mandados de segurança[223], ressalvou a possibilidade de o trânsfuga justificar os motivos do abandono da agremiação de origem e do ingresso em outro partido, sem a perda do mandato, ante o reconhecimento da existência de abusos e desvios ocorridos nas hostes partidárias.

Colhe-se do referido áudio da sessão do STF de julgamento, especialmente dos votos dos Ministros Celso de Mello e Carmen Lúcia, a recomendação de que o TSE baixasse instrução para regulamentar a matéria da perda do mandato por ato de infidelidade partidária. Naquela oportunidade fez-se alusão ao procedimento de justificação judicial, como se se tratasse da medida do art. 861 do CPC, de natureza controversa[224].

---

222 Disponível em: <http://www.tse.jus.br/partidos/fidelidade-partidaria>. Acesso em: 21 jan. 2016.

223 Mandados de Segurança nºs 26.602-DF, 26.603-DF e 26.604-DF, julgados na sessão do STF dos dias 3 e 4 de outubro de 2007.

224 Para o clássico Ovídio A. Baptista da Silva, a ação de justificação, portanto, é constitutiva e, ao contrário das cautelares, tem escasso elemento mandamental. O que se pretende com ela é essencialmente *constituir* prova de fato ou relação jurídica. Observa-se que ela vai além da simples asseguração de prova. Todavia, nunca chegará ao ponto em que, necessariamente, há de chegar a ação declaratória de relação jurídica. Constituir a *prova da existência* de alguma relação jurídica não é o mesmo que *declarar-lhe* a existência (Pontes de Miranda, comentários, 295). A justificação jamais poderá substituir a ação declaratória da existência da relação jurídica que fora justificada (Sérgio Fadel, *Código de Processo Civil comentado 2009*), sendo, neste sentido, inidônea para provar a filiação, de modo a dispensar-se a ação declaratória de paternidade ou maternidade legítima, ou a investigatória de filiação natural (Alexandre de Paula, *Código de Processo Civil anotado*, III/611). Pelo processo de justificação, prova-se a existência da relação jurídica, porém, o juiz não a declara existente em sua sentença, de modo que sempre será possível a produção de prova em contrário (De Plácido e Silva, *Comentários ao Código de Processo Civil*, IV, 326; Pontes de Miranda, *Comentários*, 299). Dá-se com a sentença proferida na ação de justificação o mesmo que se dá com a força probante de algum documento ou instrumento público. O pai que comparece a cartório e declara a paternidade, para fins de lavratura de registro de nascimento, constitui prova de paternidade. Isto, todavia, não impede que, em demanda declaratória subseqüente, se declare a nulidade ou a ineficácia do registro e nem evita que se impugne o reconhecimento. A relação jurídica

A dinâmica política e o processo eleitoral que lhe serve de instrumento levou o TSE, ao editar a Resolução TSE n. 22.610/2007, a prever dois remédios processuais para atribuir efetividade ao princípio da fidelidade partidária: um em que o partido de origem prejudicado com o desligamento imotivado vindica o mandato obtido sob sua legenda para a posse do seu suplente, e outro, em que o exercente do mandato, para prevenir ou remediar, busca provimento jurisdicional que certifique haver justa causa[225] para o seu desligamento ou desfiliação, preservando o mandato, sem o risco, pois, de perdê-lo[226].

3.2.1. Da Natureza Jurídica

A regulamentação do TSE admitiu duas vertentes: a primeira, a do art. 1º, *caput*, dirige-se à denominada ação de decretação da perda de mandato eletivo por infidelidade partidária, de natureza desconstitutiva[227] do mandato do trânsfuga, tendo como efeito natural ou secundário a ocupação da vaga pelo suplente ou vice; a segunda, com o *nomem juris* de ação de justificação de desfiliação, faculta ao exercente de mandato que pretenda se desligar da agremiação obter do Poder Judiciário a declaração de justa causa, a fim

---

que se prova existente na ação de justificação, apenas foi apreciada pelo juiz em sua pura existencialidade, sem qualquer pronunciamento judicial capaz de torná-la indiscutível em processo subseqüente, conforme o art. 467. Há, contudo, uma particularidade decisiva para a compreensão adequada da natureza jurídica e alcance da ação de justificação. Enquanto na demanda de asseguração de prova, tomada *ad perpetuam rei memoriam*, o juízo cautelar apenas colhe os elementos da prova a ser futuramente produzida, sem avaliá-la em sua existência, *como prova*, o fato ou a relação jurídica objeto da ação de justificação são dados como existentes em virtude da sentença, de tal modo que o juiz da demanda subseqüente, onde tal fato ou relação jurídica se incluam *como prova*, não poderá discutir-lhe a existência senão em virtude de prova contrária adequadamente produzida. A valoração quanto à existência do fato e da relação jurídica já fora objeto da ação preventiva (em sentido contrário, todavia, Sérgio Fadel, ob. cit., 296; Theodoro Junior, *comentários, 339*). In **Comentários ao Código de Processo Civil**, arts. 796-889. Volume XI. 2ª ed. Porto Alegre: Letras Jurídicas, 1986. p. 548-549.

225 As hipóteses de justa causa e a janela partidária aplicáveis à ação de decretação de perda do mandato ou cargo eletivos, antes examinadas, também justificam o desligamento pela via da ação examinada neste item.

226 Art. 1º. "O partido político interessado pode pedir, perante a Justiça Eleitoral, a decretação da perda de cargo eletivo em decorrência de desfiliação partidária sem justa causa e § 3º O mandatário que se desfiliou ou pretenda desfiliar-se pode pedir a declaração da existência de justa causa, fazendo citar o partido, na forma desta Resolução".

227 "*A Resolução indica aqueles legitimados para adentrarem o campo jurisdicional e reclamarem a declaração, em decisão constitutiva negativa, de perda do cargo*". (ADI 3.999-DF, Ministro Marco Aurélio, p. 147).

de não perder o mandato, podendo fazê-lo antes ou depois de consumada a migração.

O processo de justificação de desfiliação partidária detém natureza eminentemente declaratória. A pretensão deduzida na petição inicial é a declaração judicial que reconheça a incidência de uma das hipóteses previstas no rol taxativo do art. 1º, § 1º, da Res. TSE n. 22.610/2007 e que justificam o ato de desligamento do exercente do mandato.

De regra, as ações declaratórias têm natureza dúplice, pois veiculam pretensão de direito material que, ao mesmo tempo, aproveita ao autor e ao réu, de modo que as posições dos sujeitos processuais se confundem em decorrência da identidade do bem jurídico pretendido[228].

A natureza dúplice das ações de justificação de desfiliação e de decretação de perda de mandato eletivo emerge do fato de que se o partido perder a ação estará demonstrada a justa causa que favorece a migração do exercente do mandato para outro partido; se este perder a ação estará inversamente demonstrada a ausência de justa causa e a consequente vacância do mandato ou cargo eletivo por infidelidade, como efeito natural da sentença. A simples resistência pode implicar a satisfação da pretensão inversa!

Ambas as ações devem observar o mesmo rito, no que couber, consoante decidiu o Tribunal Superior Eleitoral[229], assentando que o processo regido pela Res. TSE n. 22.610/2007 *"tem caráter dúplice porque, uma vez julgada improcedente a ação, pelo reconhecimento da justa causa, atestada estará a regularidade da migração partidária"*.

Nada impede que o demandado resista à pretensão do demandante e, com isso, se vitorioso, já terá atendido a sua pretensão de direito material, e, a depender do caso, poderá formular pedido contraposto na contestação[230]

---

228 Na ótica do doutrinador Fredie Didier Jr.: "As *ações dúplices são as ações (pretensões de direito material) em que a condição dos litigantes é a mesma, não se podendo falar em autor e réu, pois ambos assumem concomitantemente as duas posições. Esta situação decorre da pretensão deduzida em juízo. A discussão judicial propiciará o bem da vida a uma das partes, independentemente de suas posições processuais. A simples defesa do réu implica exercício de pretensão; não formula pedido o réu, pois a sua pretensão já se encontra inserida no objeto do processo com a formulação do autor. É como uma luta de cabo de guerra: a defesa de uma equipe já é, ao mesmo tempo, também o seu ataque. São exemplos: a) as ações declaratórias; b) as ações divisórias; c) as ações de acertamento, como a prestação de contas e oferta de alimentos"*. (**Curso de Direito Processual Civil**. 11ª ed. v. 1. Salvador: Juspodivm, 2009, p. 210).

229 Brasil. **Tribunal Superior Eleitoral**. Agravo Regimental em Petição n. 2.778, Acórdão de 23.04.2009, Relator(a) Min. MARCELO HENRIQUES RIBEIRO DE OLIVEIRA, Publicação: DJE – Diário da Justiça Eletrônico, Volume -, Tomo -, Data 21.05.2009, Página 16/17. Disponível em: <http://www.tse.jus.br/jurisprudencia/inteiro-teor>. Acesso em 18.02.2014.

230 A possibilidade de formulação de pedido contraposto nas ações eleitorais em que se discuta captação ilícita de sufrágio, condutas vedadas aos agentes públicos, uso indevido

vindo a obter prestação inversa àquela apresentada na inicial, aliás, como ocorre nas ações possessórias (art. 922 do CPC) e nas ações renovatórias de locação comercial (art. 72 da lei 8.245/91).

Quando o partido pedir a desconstituição da perda do mandato e o réu postular a declaração de existência de uma justa causa para a sua migração exsurge a conexão pela causa de pedir e pedido, impositiva da reunião das ações para que sejam julgadas simultaneamente, a fim de evitar decisões conflitantes, em desprestígio ao Judiciário.

É pertinente trazer à baila a natureza da ação de desfiliação pelo exercente do mandato que, preventivamente, busca se acautelar, obtendo uma declaração judicial de justa causa, com vista a trocar de agremiação. Por outro lado, há a possibilidade do exercente de mandato pleitear a certificação da justa causa sem a intenção de abandonar o partido. Na primeira hipótese, tem-se a justificação com natureza cautelar[231] e, na segunda, como procedimento de jurisdição voluntária, administrativa ou graciosa, com os seus consectários [232].

O remédio processual previsto na primeira parte do § 3º do art. 1º da Resolução TSE nº 22.610/2007, ora tem feição da medida cautelar de jus-

---

dos meios de comunicação social, corrupção eleitoral, abuso de poder e de arrecadação e gastos de campanha, transporte e alimentação de eleitores que impliquem nas cassações do registro de candidatura, do diploma e dos mandatos, contribuiria para proteger a probidade administrativa, a moralidade para o exercício do mandato, a normalidade e legitimidade das eleições contra a influência do poder econômico e o abuso de autoridade, conferindo celeridade aos julgamentos dos processos eleitorais e realizando o ideal de justiça. Na prática, o candidato derrotado e detentor da segunda maior votação ajuíza sucessivas ações eleitorais contra o vitorioso que se limita à defesa e, quando sucumbente, resta o sentimento de que todos cometeram as mesmas ilegalidades, mas somente o eleito, ou seja, o que obteve maior votação, é cassado pela Justiça Eleitoral. Uma ação autônoma porventura movida pelo primeiro colocado contra o segundo poderia ser extinta por carência de ação, por falta de interesse de agir, atraindo, ainda, a equivocada percepção de que a sua propositura resultaria do receio de perder o mandato, com inferência de uma suposta confissão!

---

231 A justificação do art. 861 do CPC é *"procedimento probatório em que a atividade do juiz consiste na aquisição de uma prova, como na medida cautelar de justificação (CPC, arts. 861 a 866), que se destina apenas a conservar a prova de um fato sem correlação imediata com qualquer pretensão de direito material".* (Leonardo Grego, in Jurisdição Voluntário Moderna, p. 28, *apud* Cássio Scarpinella Bueno. **Curso Sistematizado de Direito Processual Civil.** Vol. 4. 2ª ed. rev. atual. e ampl. São Paulo: Saraiva, 2010, p. 320).

232 *"Trata-se de medida que, não obstante a sua localização no Livro III do Código de Processo Civil, não tem natureza verdadeiramente cautelar. É medida que melhor se afina ao que o próprio Código de Processo Civil chama de 'procedimentos especiais de jurisdição voluntária".* (BUENO, Cássio Scarpinella. **Curso Sistematizado de Direito Processual Civil.** Vol. 4. 2ª ed. rev. atual. e ampl. São Paulo: Saraiva, 2010, p. 320).

tificação dos arts. 861 a 866 do CPC[233], ora de procedimentos de jurisdição voluntária em que a autoridade judiciária intervém para administrar certos interesses relevantes para o direito, enquanto a ação de justificação prevista na segunda parte daquela norma desafia processo contencioso.

A diferença está em que, no procedimento do Código de Processo Civil de 1973, a autoridade judiciária se reserva a analisar os aspectos formais da prova a ser produzida posteriormente em outro juízo, e o processo de justificação da Resolução TSE n. 22.610/2007 conduz o julgador a fazer a devida, adequada e completa prestação jurisdicional de fundo, declarando a existência ou a inexistência de justa causa para a desfiliação partidária.

3.2.2. Da Legitimidade ativa

A legitimidade ativa para a propositura da ação de desfiliação será do exercente do mandato que pretenda se desligar e, assim, age preventivamente, ou daquele que se desligou e pretende justificar o ato de desligamento para não sofrer consequência ou a sanção de perda do mandato.

Admite-se a formação do litisconsórcio ativo ou a assistência simples do novo partido interessado em preservar o mandato exercido pelo recente filiado às suas hostes, ante o seu interesse jurídico nas repercussões políticas decorrentes de mais um quadro em defesa de suas bandeiras com o fortalecimento de bancada na Casa Legislativa.

3.2.3. Da Legitimidade passiva e do litisconsórcio

No polo passivo da demanda deverá figurar o partido de origem, não havendo de se falar em litisconsórcio, nem assistência, pois a sentença proferida na ação de justificação de desfiliação partidária repercute apenas na esfera jurídica do partido pelo qual se elegeu o trânsfuga e do qual se desligou.

---

233 Art. 861. "Quem pretender justificar a existência de algum fato ou relação jurídica, seja para simples documento e sem caráter contencioso, seja para servir de prova em processo regular, exporá, em petição circunstanciada, a sua intenção.
Art. 862. Salvo nos casos expressos em lei, é essencial a citação dos interessados.
Parágrafo único. Se o interessado não puder ser citado pessoalmente, intervirá no processo o Ministério Público.
Art. 863. A justificação consistirá na inquirição de testemunhas sobre os fatos alegados, sendo facultado ao requerente juntar documentos.
Art. 864. Ao interessado é lícito contraditar as testemunhas, reinquiri-las e manifestar-se sobre os documentos, dos quais terá vista em cartório por 24 (vinte e quatro) horas.
Art. 865. No processo de justificação não se admite defesa nem recurso.
Art. 866. A justificação será afinal julgada por sentença e os autos serão entregues ao requerente independentemente de traslado, decorridas 48 (quarenta e oito) horas da decisão.
Parágrafo único. O juiz não se pronunciará sobre o mérito da prova, limitando-se a verificar se foram observadas as formalidades legais".

3.2.4. Do Interesse processual

O demandante há de demonstrar a necessidade e a utilidade do provimento jurisdicional perseguido e a via processual deve ser adequada à satisfação da sua pretensão.

Pode ajuizar a ação de desfiliação o suplente ou o vice que migrar, indicando, na causa de pedir, o interesse em obter a declaração de justa causa, tanto para a hipótese de vacância, convolando a sua expectativa em direito subjetivo, como também e, principalmente, para esclarecer ao eleitorado as circunstâncias de sua mudança de legenda e, assim, preservar a sua imagem pública.

O interesse jurídico para fins penais tem peculiar tratamento, superando os lindes da jurisdição cível em geral, pois alcança o interesse econômico e moral, consoante vem decidindo o STF, a exemplo das ações que envolvem verbas do Sistema Único de Saúde[234].

O exercício de atividade eleitoral exige boa reputação, imagem e bom nome que convença o eleitor, capte votos e preserve a fidúcia inerente a todo e qualquer tipo de mandato, impondo ao filiado, candidato ou eleito o dever permanente de prestar contas dos seus atos da vida pública e também da vida privada. É pacífico o entendimento doutrinário e jurisprudencial de que ao homem público devem ser relativizados certos rigores da crítica que se mantêm nos lindes devidos[235].

---

[234] *"A competência penal, uma vez presente o interesse da União, justifica a competência da Justiça Federal (art. 109, IV, CF/88) não se restringindo ao aspecto econômico, podendo justificá-la questões de ordem moral. In casu, assume peculiar relevância o papel da União na manutenção e na fiscalização dos recursos do FUNDEF, por isso o seu interesse moral (político-social) em assegurar sua adequada destinação, o que atrai a competência da Justiça Federal, em caráter excepcional, para julgar os crimes praticados em detrimento dessas verbas e a atribuição do Ministério Público Federal para investigar os fatos e propor eventual ação penal".*
BRASIL. **Supremo Tribunal Federal**, ACO 1109, Relator(a): Min. ELLEN GRACIE, Relator(a) p/ Acórdão: Min. LUIZ FUX (art. 38, IV, b, do RISTF), Tribunal Pleno, julgado em 05.10.2011, ACÓRDÃO ELETRÔNICO DJe-047 DIVULG 06.03.2012 PUBLIC 07.03.2012.

[235] "REPRESENTAÇÃO. PROPAGANDA ELEITORAL. HORÁRIO GRATUITO. PEDIDO DE RESPOSTA. ATUAÇÃO POLÍTICA DE CANDIDATO. CRÍTICA. POSSIBILIDADE. OFENSA. AFIRMAÇÃO SABIDAMENTE INVERÍDICA. NÃO COMPROVAÇÃO.
Além da apresentação de ideias e propostas, a exploração de aspectos supostamente negativos da atuação política de determinado candidato também é legítima na propaganda eleitoral gratuita, inclusive porque a crítica é salutar à democracia e é necessária para formação do convencimento do eleitor.
Ainda que questione a aptidão de candidato para o exercício do cargo postulado, a propaganda eleitoral que não resvala para a ofensa nem divulga afirmação sabidamente inverídica configura mera crítica política e não revela, portanto, os requisitos para a concessão de direito de resposta. Recurso a que se nega provimento".

O legítimo interesse moral do filiado, que não exerce mandato, de justificar a ação de desfiliação decorre da necessidade de manter-se em nível de igualdade com os seus concorrentes, internos e externos à agremiação, pois as sucessivas e imotivadas migrações podem lhe atribuir uma imagem pejorativa de trânsfuga oportunista, interesseiro, vendilhão do templo, dentre outros adjetivos nefastos na vida pública.

Carece de interesse de agir o exercente de mandato que declare apenas pretender a declaração de justa causa para esclarecer o seu eleitorado, mas, sem a intenção de migrar para outro partido.

Além disso, o TSE decidiu que o suplente e o vice que migram, enquanto nesta condição, não teriam interesse processual no ajuizamento da ação de desfiliação partidária, por terem mera expectativa de direito, e não direito subjetivo a defender[236]!

Com as ressalvas expostas pelo Autor desta obra, em prol da legitimidade e do interesse processual do suplente e do vice, há leis que protegem os detentores de mera expectativa de direito, como acontece com os nascituros e, em especial, àqueles que necessitam preservar a própria expectativa ante o risco de óbice ao surgimento do direito subjetivo, por ato ilegítimo de terceiro.

3.2.5. Da Decadência

Não há referência na Resolução acerca do prazo decadencial para a ação de justificação de desfiliação. Sabe-se que as ações meramente declaratórias são imprescritíveis, embora não lhe dispense da verificação da existência do

---

BRASIL. **Tribunal Superior Eleitoral**, Recurso em Representação n. 297.710, Acórdão de 29.09.2010, Relator(a) Min. JOELSON COSTA DIAS, Publicação: PSESS – Publicado em Sessão, Data 29.09.2010.

236 "AGRAVO REGIMENTAL. REPRESENTAÇÃO. FIDELIDADE PARTIDÁRIA. SUPLENTE. MATÉRIA INTERNA CORPORIS. NÃO-PREENCHIMENTO DAS HIPÓTESES DE CABIMENTO. NÃO-PROVIMENTO.
1. *A mudança de agremiação partidária de filiados que não exercem mandato eletivo constitui matéria interna corporis e escapa ao julgamento da Justiça Eleitoral, não configurando hipótese de cabimento de representação perante o c. Tribunal Superior Eleitoral.*
2. *A Resolução-TSE nº 22.610/2007, que disciplina o processo de perda do mandato eletivo, bem como de justificação de desfiliação partidária, não é aplicável, uma vez que os suplentes não exercem mandato eletivo. Sua diplomação constitui "mera formalidade anterior e essencial a possibilitar à posse interina ou definitiva no cargo na hipótese de licença do titular ou vacância permanente", sem, contudo, conferir as prerrogativas e os deveres que se impõem aos parlamentares no exercício do mandato eletivo. Mutatis mutandis: STF, AgR-Inq nº 2453/MS, Rel. Min. Ricardo Lewandowski, j. 17.5.2007.*
3. *Agravo regimental não provido".*
BRASIL. **Tribunal Superior Eleitoral**, Agravo Regimental em Representação nº 1399, Acórdão de 19.02.2009, Relator(a) Min. FELIX FISCHER, Publicação: DJE – Diário da Justiça Eletrônico, Data 18.03.2009, Página 69.

interesse de agir (necessidade-utilidade), pois não se admite a movimentação da máquina judiciária por mero capricho de quem quer que seja.

A natureza declaratória da ação de justificação de desfiliação partidária não afasta a decadência do próprio direito posto em disputa pelo exercente do mandato ante o partido de origem e de terceiros.

A decadência é instituto que se opera pelo decurso do tempo e pela inércia do titular do direito material de exigir a sua observância e, no caso específico, para a ação de justificação há o prazo de 60 (sessenta) dias, por *analogia juris*, a contar da desfiliação, para que seja vindicado, sob pena de perecimento da pretensão de direito material.

Consumada a decadência desaparece, nos termos do art. 1º, § 2º da Resolução, o próprio direito do exercente do mandato de postular a declaração de justa causa para o seu desligamento partidário, independentemente de, posteriormente, surgir o interesse processual em obter a certificação do direito, em tese, para se justificar perante o eleitorado, pois, embora politicamente possa ter repercussão, do ponto de vista jurídico o direito se exauriu ante a inércia do titular que deixou transcorrer *in albis* o prazo.

Alexandre Assunção e Silva[237] adverte que, em atenção à necessidade e à utilidade do provimento jurisdicional, o prazo decadencial para a propositura da ação declaratória de justa causa é de 60 (sessenta) dias a contar do ato de desligamento do autor, mormente porque o direito do partido de origem, do terceiro interessado e do Ministério Público de reivindicar o mandato perante o Judiciário é alcançado pela decadência.

4. DO MANDADO DE SEGURANÇA PARA APRECIAR[238] ATOS PARTIDÁRIOS

4.1 Da Competência da Justiça Eleitoral

Após 5 de outubro de 1988 muito se discutiu acerca da competência da Justiça Eleitoral para apreciar e decidir eventuais conflitos partidários, à

---

237 Nessa ótica, Alexandre Assunção e Silva esclarece que "(...) *o interesse processual termina limitando o prazo para a propositura da ação declaratória de justa causa. Como a ação que visa decretar a perda do mandato só pode ser oferecida até o prazo máximo de 60 dias da data de desfiliação – nos primeiros 30 dias pelo partido de origem, e nos 30 dias seguintes pelos demais legitimados – após esse prazo o mandatário não tem mais o risco de perder o mandato sob a alegação de infidelidade partidária. Como consequência, ele não terá mais interesse processual em requerer em juízo a declaração da existência de justa causa para a desfiliação*". (SILVA, Alexandre Assunção e. **Infidelidade Partidária**: direito material e processo. Belo Horizonte: Del Rey, 2014, p. 132).

238 Exceto os atos que envolvam típica matéria de economia interna das agremiações, insusceptíveis de apreciação judicial. No recentíssimo julgamento da Consulta TSE nº 1.673, em 24.3.2009, que versou sobre as "prévias partidárias", a Corte não conheceu da primeira indagação fundamentada em que eventual resultado do certame interno não afastaria a eficácia da norma do art. 8° da Lei nº 9.096/1995 (Lei dos Partidos Políticos).

consideração de que essas agremiações passaram a ter natureza de pessoa jurídica de direito privado e, como tal, a competência deveria ser da Justiça comum estadual.

Desde então, o fato de certos atos partidários dos diretórios municipais e estaduais deixarem de ser registrados, como impôs o governo militar[239], e passarem a ser meramente arquivados nos Tribunais Regionais Eleitorais, contribuiu para a perplexidade da nova situação jurídica das agremiações.

Ao Tribunal Superior Eleitoral restou a competência para o registro dos estatutos partidários para efeito de aquisição da capacidade eleitoral e o arquivamento dos atos dos diretórios nacionais.

Criou-se, assim, a impressão equivocada de que a atividade partidária seria menos relevante para o funcionamento da nossa democracia representativa e do próprio processo eleitoral.

No cotidiano, a vida partidária tem sido relegada ao *período eleitoral* que, atualmente, se inicia no dia 20 de julho do ano da eleição com a escolha dos candidatos em convenção, terminando com a diplomação dos eleitos. Esta fase se estende por mais uma quinzena para o ajuizamento da ação constitucional de impugnação do mandato eletivo e da ação de investigação judicial eleitoral para apuração de ilícitos na arrecadação e gastos de campanha[240].

Considerou-se, então, que os dirigentes das agremiações não mais praticavam atos de autoridade, tendo sido alterada a redação do § 1º do art. 1º da então vigente Lei nº 1.533/1951 (Lei do Mandado de Segurança) pela Lei nº 9.259 de 9 de janeiro de 1996, restando suprimida a expressa previsão de cabimento do *writ* aos atos atribuídos aos órgãos partidários.

Firmou o TSE o entendimento de que apenas competiria à Justiça Eleitoral o conhecimento e julgamento de mandado de segurança impetrado contra ato de autoridade indicada no art. 22, I, "e", do Código Eleitoral. No caso julgado[241], não se admitiu a competência da Justiça Eleitoral para julgar

---

239 Lei nº 5.682/1971, a antiga Lei Orgânica dos Partidos Políticos (LOPP).

240 Art. 30-A. *Qualquer partido político ou coligação poderá representar à Justiça Eleitoral, no prazo de 15 (quinze) dias da diplomação, relatando fatos e indicando provas, e pedir a abertura de investigação judicial para apurar condutas em desacordo com as normas desta Lei, relativas à arrecadação e gastos de recursos. § 1º Na apuração de que trata este artigo, aplicar-se-á o procedimento previsto no art. 22 da Lei Complementar nº 64, de 18 de maio de 1990, no que couber.*
§ 2º. Comprovados captação ou gastos ilícitos de recursos, para fins eleitorais, será negado diploma ao candidato, ou cassado, se já houver sido outorgado.
§ 3º O prazo de recurso contra decisões proferidas em representações propostas com base neste artigo será de 3 (três) dias, a contar da data da publicação do julgamento no Diário Oficial.

241 "AGRAVO REGIMENTAL. MANDADO DE SEGURANÇA. PRESIDENTE. COMISSÃO EXECUTIVA ESTADUAL. DESTITUIÇÃO. DIRETÓRIO NACIONAL. INCOMPETÊNCIA DA JUSTIÇA ELEITORAL. 1. *A Justiça Eleitoral só é competente para conhecer de mandado de segurança em matéria eleitoral relativa a atos das*

ato de presidente de diretório nacional que destituiu presidente de comissão executiva estadual.

Pouco tempo depois foi editada a Lei nº 12.016, de 7.8.2009 – nova Lei do Mandado de Segurança – que admite tanto a impetração do *mandamus* individual quanto do coletivo para impugnar atos partidários, exceto os de natureza *interna corporis*, bem assim confere legitimidade processual para o pedido de suspensão de liminar.

Em matéria que tenha reflexo direto no processo eleitoral (atos partidários qualificados), reconhece o Tribunal Superior Eleitoral tanto a competência da Justiça especializada quanto o cabimento do *writ* em face de ato ilegal ou abusivo de órgão partidário[242], bem assim para ações que versem fidelidade partidária.

A competência da Justiça Eleitoral para o julgamento dos atos partidários foi declarada e reconhecida pela Suprema Corte nos julgamentos do Mandado de Segurança nº 26.603[243] e das ADI nºs 3999 e 4086, quando foi

---

autoridades indicadas na letra e do inciso I do art. 22 do Código Eleitoral e, excepcionalmente, de órgãos de partidos políticos, quando possam afetar direitos estritamente ligados a condições de elegibilidade. 2. Foge da competência desta Corte especializada o julgamento de mandado de segurança contra ato de presidente de diretório nacional que destituiu presidente de comissão executiva estadual. 3. Agravo regimental desprovido".
BRASIL. **Tribunal Superior Eleitoral**. AgR 3890 BA, Relator: MARCELO HENRIQUES RIBEIRO DE OLIVEIRA, Data de Julgamento: 05.03.2009, Data de Publicação: DJE – Diário da Justiça Eletrônico, Data 07.04.2009, Página 26. Disponível em: <http://www.tse.jus.br>. Acesso em: 28 jan. 2016.

242 *"Trata-se de mandado de segurança, com pedido de medida liminar, proposto por Ercio Braga com o intuito de suspender ato do Diretório Nacional do Partido Trabalhista Cristão (PTC) que teria deliberado pelo indeferimento de sua pré-candidatura à Presidência da República. (...) Inicialmente, reconheço o cabimento do mandado de segurança e a competência desta Corte para análise do feito. Nos termos do art. 10, § 1º, da Lei 12.016/2009, é cabível a impetração de mandado de segurança contra ato dos órgãos de partidos políticos no exercício de atribuições do poder público. No caso, a ação volta-se contra o suposto indeferimento da participação do impetrante em convenção partidária, o que atinge seu status de filiado. Com efeito, embora a causa de pedir desta ação constitua, a princípio, matéria interna corporis, reconhece-se o cabimento da segurança, pois a suposta coação influi diretamente no processo eleitoral em curso".*
BRASIL. **Tribunal Superior Eleitoral**. Mandado de Segurança 162954 DF, Relator: Min. ALDIR GUIMARÃES PASSARINHO JUNIOR, Data de Julgamento: 06.07.2010, Data de Publicação: DJE – Diário da Justiça Eletrônico, Data 04.08.2010, Página 75-76. Disponível em: <http://www.tse.jus.br>. Acesso em: 28 jan. 2016.

243 *"(...) o Tribunal Superior Eleitoral, no exercício da competência normativa que lhe é atribuída pelo ordenamento positivo, pode, validamente, editar resolução destinada a disciplinar o procedimento de justificação, instaurável perante órgão competente da Justiça Eleitoral, em ordem a estruturar, de modo formal, as fases rituais desse mesmo procedimento, valendo-se, para tanto, se assim o entender pertinente, e para colmatar a lacuna normativa existente, da 'analogia legis', mediante aplicação, no que couber, das normas inscritas nos arts. 3º a 7° da*

reconhecida a validade da Resolução TSE nº 22.610/2007 destinada a disciplinar os processos administrativos de ação de perda do mandato por ato de infidelidade e justificação de desfiliação[244] partidária, reconhecendo as respectivas competências para apreciação e julgamento, em matéria de natureza intrapartidária, que em nada interfere em processo eleitoral.

O legislador, ao outorgar competência ao Tribunal Superior para responder às consultas e baixar resoluções para o fiel cumprimento da *legislação partidária e eleitoral*[245], também reconhece a relevante natureza da prestação jurisdicional a ser oferecida pela Justiça especializada.

Subverteria a ordem jurídica supor que eventuais conflitos partidários envolvendo a validade de norma estatutária registrada pelo Tribunal Superior Eleitoral, em sede de controle qualitativo externo[246], pudessem ser declarados de nenhum efeito por um juiz monocrático com atuação em 1º grau de jurisdição da Justiça comum, a pretexto de se tratar de lide de natureza não eleitoral, quando o ato impugnado é obviamente dirigido à aquisição e manutenção da capacidade eleitoral, com vista à participação em certame regular e investir-se em mandato político (*Cui licet quod est plus, licet utique quod est minus*).

Em favor da competência exclusiva da Justiça Eleitoral para o julgamento dos atos partidários milita a sua especialização haurida desde a década de 1930[247], a celeridade e economia processuais decorrentes dos ritos que lhe são próprios e a cultura ali instalada há mais de 70 anos, qualificando juízes, membros do ministério público, advogados e serventuários a bem servir ao processo democrático brasileiro.

Somente a Justiça Eleitoral confere, em sua extensão, a efetividade preconizada pela Constituição Federal[248], ao assegurar a todos, no âmbito judicial e administrativo, a razoável duração do processo e os meios que garantam a celeridade da sua tramitação.

Lei Complementar nº 64190. Com esse procedimento de justificação, assegura-se, ao partido político e ao parlamentar que dele se desliga voluntariamente, a possibilidade de demonstrar, com ampla dilação probatória, perante a própria Justiça Eleitoral, e com pleno respeito ao direito de defesa (CF, art. 5º, inciso L V), a ocorrência, ou não, de situações excepcionais legitimadoras do desligamento partidário do parlamentar eleito (Consulta TSE nº 1.398/DF), para que se possa, se e quando for o caso, submeter, ao Presidente da Casa legislativa, o requerimento de preservação da vaga obtida nas eleições proporcionais" (Cf MS nº 26.603/DF).

---

244 Desligamento.
245 Art. 23, IX e XII do CE e art. 61 da Lei nº 9.096/1995, c/ç Resolução TSE nº 19.406/1995.
246 Art. 17, § 2º da CF, e/e art. 7º da LPP e art. 7º da Resolução TSE nº 19.406/1995.
247 O Decreto nº 21.07611932 pôs em vigor o primeiro Código Eleitoral brasileiro.
248 Art. 5º, LXXVIII.

Os fatos políticos – nestes envolvidos os atos partidários e os eleitorais – e econômicos têm dinâmica própria, e se comparados à elaboração das leis e à sua aplicação, pode-se dizer que aqueles se movem à velocidade da luz, enquanto estes ...!

Na ordem jurídica vigente, a importância dos partidos políticos e a sua imprescindibilidade para o funcionamento da nossa democracia representativa impõem que os atos partidários[249] e eleitorais estejam submetidos ao controle de legalidade da célere Justiça Especializada, sob pena de incorrer-se em uma *contradictio in terminis*.

É que, para realizar o regime democrático, a ordem jurídica se vale de um peculiar e indissociável sistema jurídico, partidário e eleitoral em que é inadmissível separar-se um do outro, o efeito da causa!

De tudo isso se conclui a necessidade de se reconhecer a competência da Justiça especializada para todo e qualquer ato partidário, simples ou qualificado por integrar o processo eleitoral, em razão da importância dos partidos políticos para o regular funcionamento da democracia e a preservação da autenticidade da representação popular, reservando-se à Justiça comum a competência para dirimir eventuais conflitos de interesses envolvendo atos tipicamente legislativos.

4.2. Do Cabimento do Mandado de Segurança

Depois da promulgação da Constituição Federal de 1988 e a partir das eleições municipais de 1992, o TSE[250] passou a admitir a competência da Justiça eleitoral para a impetração contra atos partidários qualificados, por influenciarem no processo eleitoral em curso, e que as agremiações estariam legitimadas para o pedido de suspensão de segurança, em razão da sua imprescindibilidade para o funcionamento da democracia representativa brasileira.

Soma-se a isso a novel natureza de pessoa jurídica de direito privado atribuída aos partidos políticos, cuja criação, fusão, incorporação e extinção não mais se submetem à disciplina imposta pelo Estado (liberdade) e a mudança de paradigma, no sentido de que, sob a égide da Carta de 1988 vige o princípio da Fidelidade Partidária, em que *o titular do mandato político é o Partido*, e não mais o representante eleito, passando a viger a *doutrina do mandato representativo partidário* (autonomia)[251].

---

249 Exceto os de natureza *interna corporis*.
250 MC nº 59, de 9.91996 e SS nº 34, de 26.10.2002.
251 No MS nº 26.603/DF, foi reconhecido pela Suprema Corte, no voto do Ministro Celso de Mello, que o Brasil é um Estado parcial de partidos e que as agremiações partidárias são corpos intermediários situados entre a sociedade e o Estado, verdadeiros embriões da democracia representativa, sendo, por isso mesmo, o titular do mandato político,

Porém, a jurisprudência ainda mantém os *atos partidários simples*, emanados da atividade partidária, que é de índole permanente, na competência da Justiça comum estadual, o que tem merecido questionamentos por falta de especialização na matéria eleitoral e de celeridade processual, sendo o sistema de recursos propício à procrastinação dos feitos e incompatível com os mandatos que têm prazo certo de duração, tudo a prejudicar a utilidade da prestação jurisdicional de fundo.[252]

A Lei nº 12.016/2009 equipara os dirigentes dos partidos políticos a autoridade pública, indigitada coatora, para figurar no rol dos legitimados passivos para responder pela prática de atos ilegais ou abusivos[253], reconhecendo-lhes, ainda, a legitimidade ativa para impetrar o *writ* em defesa de direito próprio, de seus filiados, inclusive direitos coletivos e individuais homogêneos[254].

No que for compatível, aplicam-se ao processo eleitoral as demais normas pertinentes ao mandado de segurança, como meio processual útil, necessário e adequado a coarctar ilegalidade ou abuso de poder, mormente em sede de violação ao princípio da Fidelidade Partidária, no prazo decadencial de 120 dias, para os atos comissivos.

---

evidenciada está a necessidade de ser revista a jurisprudência, para efeito de se resgatar a competência da Justiça Eleitoral para o conhecimento e julgamento dos conflitos envolvendo os atos partidários, ainda que não interfiram no processo eleitoral em curso.

252 Por omissão do Estado-juiz, tem-se violado a cláusula da inafastabilidade da jurisdição, do direito de ação e da obtenção da devida, adequada e completa prestação jurisdicional em razoável duração de tempo (art. 5º, XXX, LIV, LV e LXXVIII da CF).
253 Art. 1º, § 1º.
254 Art. 21.

CAPÍTULO X

CONCLUSÕES

1. A Democracia (*demo* + *kratein*) é o *governo do povo, pelo povo e para o povo*. A Constituição Federal de 1988 adotou, como regime político, a Democracia participativa (art. 1º, *caput* e parágrafo único da CF), em que o povo é o titular do Poder político, cuja legitimidade material se encontra na vontade popular livremente manifestada, periodicamente, nas urnas (Democracia representativa), por meio de mandatários, ou, diretamente, através do plebiscito, referendo, iniciativa popular e dos *writs*;

2. No atual estágio da nossa civilização, o acolhimento de um regime político centrado, exclusivamente, na Democracia direta afigura-se inviável, dada a grande complexidade da sociedade pós-moderna, valendo-se as sociedades ocidentais mais avançadas da Democracia representativa para suprir a ausência de mecanismos hábeis ao exercício do Poder político, na sua modalidade genuína;

3. O exercício da Democracia representativa pressupõe a existência de corpos intermediários, os partidos políticos, situados entre o eleitor e o eleito. Este mantém vínculo político-jurídico com os partidos políticos, através da filiação prévia como requisito ou condição de elegibilidade. É por meio das agremiações partidárias que se realiza a institucionalização do Poder político, mediante sua despersonalização que obsta o surgimento das ditaduras (Hitler, Mussolini, Vargas);

4. No gênero mandato político, a doutrina reconhece as espécies: mandato imperativo e mandato representativo. O primeiro, nas suas origens, remetia ao *Ancien Régime*, em que o vínculo entre o representante/eleito e o representado/eleitor era direto, com a possibilidade de revogação do mandato caso o mandatário não cumprisse as Cartas de Atribuições, que continham todas as ordens e recomendações dos grupos de interesses ali representados. A segunda espécie surgiu com o Estado Liberal, inspirado no ideal libertário, em que se reconhece a existência de duplicidade de manifestações de vontades, uma, a do colégio eleitoral que escolhe o seu representante e, a outra, que confere ao eleito/representante ampla liberdade para manifestar palavras, opiniões e votos de acordo com suas convicções, isto é, como bem lhe aprouver, chegando tal concepção até os nossos dias;

5. A figura do mandato representativo, ainda acolhida, tem causado graves distorções no sistema representativo, maculando a legitimidade do Poder político, estando a merecer uma releitura, em busca da adoção de um novo modelo coerente com as necessidades da sociedade pós-moderna;

6. Para o exercício da Democracia representativa e do Poder político, o Estado adota os sistemas, eleitoral e partidário, destinados a formalizar (estrutura, organização e funcionamento) a participação do cidadão-eleitor no processo de escolha dos seus representantes (mandatários) a serem eleitos periodicamente (princípio republicano) e garantir-lhe a autenticidade (verdade eleitoral) da vontade popular (soberania popular) manifestada nas urnas, por meio de voto secreto, sem influências ou abusos do poder econômico e/ou do poder político;

7. A Democracia participativa detém forte carga representativa, embora conte com a atuação direta do povo, que dispõe de alguns mecanismos hábeis para tanto. O constituinte de 1988 adotou o pluripartidarismo como consequência de ter erigido como um dos fundamentos da República Federativa do Brasil o pluralismo político (art. 1º, V, c.c. art. 17, *caput);*

8. Quanto aos sistemas eleitorais, a ordem jurídica adota o majoritário e o proporcional. Este, no Brasil, é de lista aberta, em que o eleitor, embora possa votar somente na legenda partidária, também se lhe faculta votar no candidato que lhe aprouver, ou seja, para que o eleitor vote validamente, está obrigado a escolher, a *priori,* um partido político, pois não se contempla candidatura avulsa, já que a filiação partidária é condição/requisito de elegibilidade (art. 14, § 3º, V), razão pela qual não se pode votar somente no candidato;

9. A Democracia brasileira tem se ressentido da falta de certa estabilidade política, dentre outros motivos, causada pela constante e impune migração partidária ocorrida nos parlamentos, alterando a representação originariamente fixada quando da eleição, com graves repercussões e comprometimento da legitimidade do processo legislativo de que participa por força do mandato popular, modificando, com isso, a formação da bancada e influenciando na governabilidade do País, bem assim na distribuição do tempo no horário gratuito do rádio e da televisão e do fundo partidário;

10. A Constituição Federal assegura aos partidos políticos autonomia para definir sua estrutura interna, organização e funcionamento, *devendo seus estatutos estabelecer normas de fidelidade* e disciplina partidárias (art. 17, § 1º). Dos 35 partidos registrados no TSE, todos têm normas descrevendo infrações e prevendo sanções, inclusive de expulsão. Alguns deles estabelecerem, também, a perda do mandato parlamentar para a hipótese de infidelidade resultante do desligamento voluntário da agremiação, durante o respectivo mandato;

11. As normas estatutárias que regulamentam os partidos políticos somente se submetem à matriz constitucional (art. 17, § 1º da CF), não admitindo contrariedade por parte do legislador infraconstitucional, pois defluem diretamente da Constituição. Tem-se que aquela norma se enquadra na classificação oferecida pela doutrina especializada: *norma com eficácia relativa complementável de princípio institutivo*;

12. A Constituição de 1967, com a Emenda de 69 (EC 11/78), no § 5º do art. 152, previa a sanção da perda do mandato parlamentar, por ato de infidelidade partidária ou por quem deixasse (voluntariamente) a agremiação, salvo para participar como fundador da constituição de novo partido. Esta regra vigorou até a edição da Emenda Constitucional 25/85, quando foi revogada;

13. A doutrina e a jurisprudência vigentes até meados da primeira década do Século XXI, não admitiam a perda do mandato político por ato de infidelidade partidária com base nos seguintes argumentos: a) as hipóteses de perda do mandato parlamentar se encontram taxativamente previstas no art. 55 da Constituição Federal; b) podendo decorrer, ainda, dos efeitos da suspensão e perda dos direitos políticos relacionados no art. 15 da Lei Maior, em cujos dispositivos não há previsão para a perda do mandato por quebra da fidelidade partidária e c) que os arts. 45 e 46 da CF estabelecem que a Câmara Federal representa o povo, e o Senado, os Estados e o Distrito Federal;

14. Os fundamentos apresentados pelo Autor em prol da efetividade do instituto da Fidelidade se encontram no Capítulo VI.

14.1. O art. 15 da CF trata da suspensão e da perda dos direitos políticos. O ordenamento jurídico prevê a cassação do registro ou do diploma (arts. 41-A e 73, incisos e §§ da Lei 9.504/97) e o próprio mandato (art. 14, §§ 10 e 11 da CF), sem que isto importe a suspensão ou a perda dos direitos políticos. Por isso, a perda do mandato parlamentar em decorrência de prática de ato de infidelidade partidária, consoante previsão estatutária, não implicaria a supressão da cidadania, ativa e passiva;

14.2. Quanto à inaplicabilidade do art. 55 da CF, como suposto óbice à perda do mandato parlamentar por ato de infidelidade partidária, registra-se que no art. 17 se encontra constitucionalizada a atividade dos Partidos Políticos como corpos intermediários e indispensáveis à democracia representativa, sem os quais é inviável o funcionamento do sistema, portanto, segundo a Constituição de 1988, o Brasil é um Estado de Partidos parcial;

14.3. A Constituição de 1988 estabeleceu dois sistemas de proteção ou de controle, decorrentes do princípio republicano (*res* publica) e do princípio federativo (separação dos poderes e *checks and balances*), um pertinente à atividade partidária (art. 17, § 1º, c.c. norma estatutária) e outro, à atividade parlamentar (art. 55);

14.4. Os Partidos Políticos, por força do art. 17, *caput* e do seu § 1º da CF, têm peculiar sistema de proteção ou de controle: um, de caráter qualitativo externo, atribuído ao Tribunal Superior Eleitoral para realizar, quando do exame do pedido de registro do estatuto, a verificação de terem sido resguardados a soberania nacional, o regime democrático, o pluripartidarismo e os direitos fundamentais da pessoa humana e, outro, de natureza qualitativa interna, caracterizado pela imposição de normas de fidelidade e disciplina partidárias, a ser regulada e executada pelas agremiações e que se dirigem a velar pela coesão, unidade e coerência institucional;

14.5. A *atividade partidária é distinta da atividade parlamentar.* A primeira está disciplinada no art. 17, § 1º, e nas normas estatutárias que descrevem as infrações e preveem as respectivas sanções; a segunda encontra-se delineada no art. 55, ambas da Carta de 1988. Cada uma tem normatividade própria, específica e adequada à proteção dos bens jurídicos por elas alcançados e a que se destinam, não podendo, pois, ser confundidas;

14.6. A atividade parlamentar somente pode ser exercida por alguém eleito em certame, estando circunscrita ao respectivo Parlamento e às funções típicas do Poder Legislativo, submetendo-se seus integrantes à legislação pertinente, a exemplo das normas dos arts. 53, 54, 55 e 56 da CF, dos regimentos internos e leis esparsas (*v.g.* Lei 1.079/50 e DL 201/67);

14.7. Basta a leitura da norma do inciso IV do art. 17 da CF, para se constatar, *a priori*, que o constituinte de 1988 reconheceu a existência de dois sistemas de proteção ou de controle, um partidário (§ 1º, art. 17 da CF) e outro parlamentar (art. 55 da CF), respectivamente destinados à atividade partidária e à atividade parlamentar, distintas entre si, embora unidas por uma conexão necessária, já que não se admite candidatura avulsa, por exigir-se a prévia filiação (art. 14, § 3º, V da CF);

14.8. A atividade partidária é muito mais ampla que a atividade parlamentar, podendo ser desempenhada por filiado e até mesmo por simples adeptos. Por seus atos respondem os partidos políticos, por solidariedade passiva (art. 241 do Código Eleitoral);

14.9. De forma precípua, a atividade partidária visa à obtenção do Poder político por parte de um grupo social, parcela do povo que se reúne em torno de um ideal comum e, para tanto, se associa constituindo um partido, não havendo, ao menos sob o ponto de vista imediato, conflito de interesses entre seus filiados, pois todos têm, em princípio, o mesmo objetivo, interesse concreto – alcançar o Poder. Diferentemente, os atos tipicamente legislativos, em regra, são gerais e abstratos, formados pela manifestação de vontades de órgãos distintos, dizendo-se, por isso, terem natureza complexa, se consideradas as diversas manifestações de vontade necessárias a completar o seu ciclo, enquanto os atos partidários emanam da única vontade de um órgão monocrático ou colegiado da agremiação;

14.10. As atividades partidárias e parlamentares têm em comum a necessidade de sistemas de controle dos atos dos seus membros, exigindo um conjunto de normas que disponham sobre fidelidade e disciplina, a fim de manter a ordem e a unidade das instituições em que elas são desenvolvidas, consoante preconizam os princípios republicano e federativo;

14.11. Enquanto os filiados, parlamentares ou não, têm deveres de fidelidade e disciplina partidárias, orientadas pelas diretrizes políticas emanadas do ideário programático, os deputados e senadores também têm deveres éticos (de fidelidade), não somente ante a agremiação, mas, também, ao Poder Legislativo que integra, no qual deve atuar com liberdade nos atos tipicamente legislativos e responsabilidade na defesa da *res publica,* dos interesses do povo, o titular do poder;

15. O não-reconhecimento da validade da perda do mandato parlamentar, como consequência da pena de expulsão ou do desligamento voluntário (migração) e, por conseguinte, da inaplicabilidade de normas estatutárias constantes dos estatutos partidários que descrevem as infrações e preveem as punições para os atos de infidelidade importa a negativa de vigência da norma do § 1º, do art. 17 da CF. que assegura o princípio da autonomia partidária para dispor acerca da matéria;

16. A simples aplicação da pena máxima de expulsão do partido, por si só, não dispõe de caráter preventivo e retributivo dos sistemas punitivos, pois o parlamentar ameaçado de sofrê-la, antes de responder ao processo disciplinar, ou mesmo depois, simplesmente se transfere para outra agremiação sem sofrer punição real, ou ser afligido por qualquer sanção que, de fato, alcance o sentido teleológico;

17. A filiação partidária foi erigida pelo constituinte de 1988 a requisito ou condição de elegibilidade (art. 14, § 3º, V da CF), sem a qual não se admite candidatura no País. Se alguém se associa (filia) ou se mantém associado, está obrigado ao cumprimento dos deveres e pode gozar de direitos - (art. 15, II, III e 4º, da LPP), submetendo-se, inclusive, às normas de fidelidade e disciplina partidárias, enquanto houver o vínculo partidário;

18. A filiação é um requisito ou condição de elegibilidade, de natureza substancial, essencial e solene - diferentemente da condição, elemento acidental ou acessório do ato jurídico, típico de direito privado -, que deve preexistir à candidatura e se manter durante todo o mandato para o qual se dá a eleição. Com a expulsão ou desligamento voluntário (migração partidária), desaparece aquele requisito essencial que enseja a sua aquisição e exercício, transmitindo-se, de imediato, o mandato, ao suplente, integrante da agremiação pela qual concorreu no certame;

19. As normas dos arts. 15 e 55 da CF têm natureza restritiva, não comportando interpretação extensiva para alcançar o sistema de proteção peculiar, previsto especificamente para os partidos políticos, centrados na fidelidade e disciplina partidárias;

20. No que se refere aos atos tipicamente legislativos (elaborar leis e fiscalizar), reconhece-se que o parlamentar, no exercício do mandato, está acobertado pelo manto da imunidade material ou inviolabilidade (art. 53 da CF), que, contudo, não alcança os atos partidários. De igual modo, o juiz tem ampla liberdade para decidir, fundamentadamente (princípio da livre convicção motivada), e o chefe do Executivo para governar, em conformidade com critérios de conveniência e oportunidade (mérito administrativo);

21. É imprescindível conferir harmonia ao dispositivo do art. 17, § 1º (institui a Fidelidade Partidária) ante as normas dos arts. 1º, *caput* e parágrafo único: 14, § 3º, V; 15, incisos: 55, *caput* e incisos e §§, da Constituição Federal, buscando-se a máxima efetividade daquela regra que institui a fidelidade, como sistema de proteção ou de controle dos partidos;

22. A realidade constitucional evidencia que a sanção máxima de expulsão por ato de infidelidade ou indisciplina partidária, inclusive o desligamento voluntário (migração partidária), não produz quaisquer efeitos retributivo ou preventivo inerentes aos sistemas punitivos. Urge, pois, que se adapte a Constituição jurídica à realidade vivenciada;

23. Os arts. 45 e 46 da CF enunciam mecanismo de controle recíproco, do Estado Federado, em que se atribui ao Senado a representação dos Estados-membros e do Distrito Federal e, à Câmara dos Deputados, a do povo;

24. A norma do art. 17, § 1º (Capítulo V. do Título II), topologicamente situada entre os Direitos e Garantias Fundamentais, tem aplicação imediata (art. 5º, § 1º), estando devidamente integrada pelas normas estatutárias;

25. Para se validar a perda do mandato parlamentar em decorrência da prática de ato de infidelidade ou indisciplina partidária, basta se aplicar os princípios de interpretação constitucional, observando-se os da supremacia, da unidade, da máxima efetividade e da harmonização das normas examinadas ao longo deste estudo;

26. Propôs o Autor a releitura do instituto da representação e do seu veículo mandato político, para efeito de buscar um novo modelo adequado à pós-modernidade, ao qual atribuiu a nomenclatura de *mandato representativo partidário*, baseado na tríplice relação eleitor-partido-eleito, em que o parlamentar só é livre para os atos tipicamente legislativos (elaborar leis e fiscalizar), fican-

do os atos de índole partidária submetidos aos estatutos, ideário, programa e diretrizes legitimamente estabelecidas, tendo em vista que no Estado Parcial de Partidos (o Brasil) o titular do mandato parlamentar não é o eleito e, sim, a agremiação pela qual se elegeu, porque a ela filiado, conferindo-se, destarte, efetividade ou eficácia social ao princípio constitucional da Fidelidade Partidária. Posteriormente, na esteira dos julgados do STF que acolheu suas doutrinas, o Autor reafirmou sua aplicabilidade também aos eleitos pelo sistema majoritário (Capitulo VII);

27. Defendeu que o requisito de elegibilidade da filiação partidária é vínculo político-jurídico, de natureza substancial, essencial e solene, impositiva e permanente, havendo de perdurar durante o mandato para o qual fora eleito, pois o seu rompimento, seja pela expulsão, seja pelo desligamento voluntário (migração), caracteriza ato de infidelidade capaz de ensejar a perda do mandato parlamentar;

28. E que a validade da norma constitucional do § 1º do art. 17, em toda a sua extensão, e da regra estatutária que prevê a perda do mandato ou do cargo eletivos pela prática de ato de infidelidade e/ou de indisciplina partidárias, respeitados o devido processo legal, o contraditório e a ampla defesa, por se tratar, a primeira, de norma com eficácia relativa complementável de caráter institutivo, emanada expressa e diretamente da Constituição Federal, é o veio de onde brota o princípio da fidelidade partidária;

29. O Tribunal Superior Eleitoral, através do voto condutor do Ministro Relator Cesar Rocha, editou a Resolução n. 22.526, de 27 de março de 2007, fundamentada em que o partido político é o titular do mandato obtido na eleição proporcional, e não o eleito, sendo a filiação partidária condição de elegibilidade;

30. Contra a Resolução TSE 22.526, de 27 de março de 2007, foram impetrados no Supremo Tribunal Federal, respectivamente, os mandados de segurança de nºs 26.602, 26.603 e 26.604, todos do Distrito Federal;

31. O Supremo Tribunal Federal, no julgamento do Mandado de Segurança nº 26.603, ao acolher uma nova doutrina para o mandato político, definida e intitulada pelo Autor como *mandato representativo partidário*, também reconheceu *a validade da perda do mandato por ato de infidelidade partidária*, conferindo interpretação às normas do art. 14, § 3º, V, c.c. art. 17, § 1º da CF, suprindo a lacuna deixada pelo Legislativo, somente colmatada em 29.09.2015, com a edição da lei 13.165, e na emenda constitucional nº 91/2016;

32. As relações de recíproca dependência entre o eleitor, o partido político e o representante eleito pelo povo demonstram a essencialidade destas agremiações no processo de poder e na conformação do regime democrático, a

importância do postulado da fidelidade e o caráter eminentemente partidário do sistema proporcional;

33. Formulou-se ao TSE a Consulta n. 1.407/DF, referente à possibilidade ou não de aplicação dos julgados do STF nos referidos *writs* às *eleições majoritárias* (prefeitos, governadores, presidente da República e senadores). A resposta foi afirmativa, por unanimidade, por meio da Resolução nº 22.600, de 17 de outubro de 2007;

34. Entretanto, a Corte Constitucional reconsiderou sua posição anterior e decidiu, no julgamento do ADI 5.081, de 27 de maio de 2015, ser inaplicável o instituto da Fidelidade Partidária aos eleitos pelo sistema majoritário (senadores e chefes do Executivo);

35. Em 29 de setembro de 2015 foi editada a lei 13.165 que acrescentou o art. 22-A à Lei dos Partidos Políticos (lei 9.096/95), portanto, em data posterior ao julgamento da ADI 5081, de 27 de maio de 2015. A minirreforma legislou expressamente acerca da efetividade ou eficácia social do instituto da Fidelidade Partidária prescrevendo que *perderá o mandato o detentor de cargo eletivo que se desfiliar, sem justa causa, do partido pelo qual foi eleito*;

36. A nova Lei reafirma a aplicabilidade do instituto da Fidelidade Partidária às *eleições majoritárias e proporcionais* que, respectivamente, investem os chefes do Poder Executivo nos cargos eletivos e conferem mandatos aos integrantes do Poder Legislativo;

37. Em caso de vacância por ato de infidelidade partidária, cabe ao suplente do partido, ainda que eleito em coligação, assumir a vaga em substituição àquele que perdeu o mandato;

38. Nas eleições majoritárias para os mandatos do Legislativo (senador) e cargos eletivos do Executivo (prefeito, governador, presidente), uma vez decretada a perda do mandato do exercente/detentor ou do chefe do Poder, mesmo que o seu substituto não seja do mesmo partido político (1º e 2º suplentes de senador, vice-prefeito, vice-governador, vice-presidente), caberá a suplência ao terceiro que integrou a coligação, em razão da unicidade da chapa que impõe solução excepcional para colmatar a natural lacuna;

39. Enquanto o partido político é permanente, a coligação é constituída apenas para as eleições (temporária) e não tem a importância constitucional dos partidos políticos, os embriões da democracia representativa, porque situados entre a sociedade e o Estado, com aptidão de institucionalizar o poder, despersonalizando-o, exatamente em decorrência da noção de ideologia que lastreia a fidelidade partidária, a fim de imunizar regime da soberania popular contra as ditaduras;

40. A democracia representativa brasileira está centrada nos partidos políticos dotados de liberdade e autonomia para definir sua estrutura interna, organização e funcionamento, enquanto a coligação é ente dotado apenas de capacidade judiciária e de natureza temporária e provisória, destinando-se a fins expressamente eleitorais, ou seja, participar do certame e eleger candidatos desta agremiação precária partícipe do certame;

41. Com a adoção da fidelidade partidária, o Autor desta obra registrou em outros estudos uma fase de transição nos sistemas partidário e eleitoral, caracterizada pela reação das oligarquias dirigentes à imposição de um mínimo de coerência ideológica e, para satisfazer o comando e os seus interesses fisiológicos, buscariam subterfúgios no seio da novel doutrina do mandato representativo partidário, mediante práticas internas ditatoriais. É o que vem ocorrendo nestes dias ...;

42. O Autor havia previsto a possibilidade da instauração de uma ditadura interna (intrapartidária), a ser superada pelas vias legislativa e judicial - Fidelidade Partidária: A Perda do Mandato Parlamentar (Lumens Juris, 2006) e Fidelidade e Ditadura (Intra) Partidárias (Edipro, 2010);

43. Os riscos de uma ditadura intrapartidária foram parcialmente apreciados pelo Excelso Pretório ao reconhecer a competência do Tribunal Superior Eleitoral para disciplinar o processo de perda do mandato por ato de infidelidade partidária e a justificação de desligamento partidário (ADI nºs 3999 e 4086 ambas julgadas em 12.11.2008);

44. O reconhecimento dos males da ditadura intrapartidária conduziu o Executivo a remeter ao Legislativo, no dia 10 de fevereiro de 2009, a denominada Reforma Política fatiada, consistente em 7 (sete) projetos isolados de leis, envolvendo temas como o da fidelidade partidária, adoção do sistema de listas fechadas, financiamento público de campanha, fim das coligações proporcionais, captação ilícita de sufrágio, inelegibilidade por ficha suja e cláusula de barreira;

45. Destes relevantes temas, do projeto denominado Ficha Limpa brotou a Lei Complementar nº 135/2010, sem embargo da minirreforma eleitoral ter sido levada a cabo através da Lei nº 12.034/2009, não logrando disciplinar aqueloutras questões tão caras à democracia brasileira. Somente na seguinte minirreforma de 2015, com a edição da lei 13.165, é que a Fidelidade Partidária foi regulamentada em lei ordinária, acrescentando o art. 22-A à LPP, ratificada pela emenda constitucional nº 91/2016, remanescendo o rito de suas ações na Resolução TSE nº 22.610/2007;

46. Enquanto não for superada a nefasta figura da ditadura intrapartidária, provavelmente os parlamentares não se disporão a votar e a Nação rejeitará o sistema de listas fechadas, pois sabem, de antemão, que os primeiros a fazerem parte da relação de candidatos serão os "donos dos partidos", o seu cônjuge, irmãos, filhos, parentes e correligionários, preterindo-se quadros valorosos e legítimos, inclusive jovens idealistas que serão alijados das candidaturas, apesar do êxito político de qualquer agremiação depender da constante renovação das suas lideranças;

47. A Fidelidade Partidária e a perda do mandato por ato que a infrinja estancou as espúrias negociações fisiológicas e clientelistas estimuladoras do troca-troca partidário. Todavia, sua adoção deu ensejo ao fenômeno da ditadura intrapartidária, através dos integrantes dos órgãos de cúpula, dando azo a práticas nocivas, ora carentes de superação;

48. A evolução da sociedade é tarefa árdua e tem exigido muitos sacrifícios para a preservação dos milenares valores da liberdade e da igualdade cunhados no período helênico e atualmente acrescidos do fundamento constitucional da dignidade humana, a demonstrar que se fosse diferente teríamos o regime denominado *politeia*, e não a nossa sempre e tantas vezes profanada democracia;

49. A agremiação política é fundamental para o funcionamento da democracia participativa instalada com a Carta de 1988, consubstanciando o embrião da democracia representativa, sem as quais o nosso regime democrático se frustra por ausência de instituição capaz de despersonalizar o Poder, de molde a coibir o surgimento dos mitos e "salvadores da pátria", o germe das ditaduras;

50. Na esfera política, o regime democrático impõe limites à atuação dos órgãos de cúpula, pois há direitos fundamentais apostos em favor da preservação da soberania popular, no particular, da vontade da base partidária (filiados/povo), a serem observados em todos os âmbitos do Estado e da sociedade;

51. No cerne das agremiações políticas está assegurada a ampla discussão interna (intrapartidária) acerca dos temas de interesse direto do próprio partido, a exemplo da eleição periódica dos membros das mesas diretoras e comissões executivas, observado o princípio da maioria votante dos filiados/convencionais, passando por assuntos de economia interna, a exemplo de deflagrar ou não uma campanha em prol do desarmamento, até alcançar os temas comunitários que lhe são conexos e se imbricam com a edição de leis e a fiscalização dos demais Poderes e instituições;

52. Na ordem jurídica, assegura-se a autonomia das agremiações, inclusive das instâncias e órgãos partidários das circunscrições de menor abrangência territorial (diretórios municipais e estaduais) contra as deliberações dos órgãos de cúpula que contrariem normas constitucionais (princípios democrático, republicano, separação dos poderes, federativo, freios e contrapesos, da não intervenção e da legalidade estrita, devido processo legal, juiz natural,

contraditório, ampla defesa e dever de fundamentação), legais e estatutárias (mormente o seu ideário programático), bem assim que nenhuma lesão a direito seja excluída da apreciação judicial;

53. O instituto da Fidelidade Partidária envolve tão somente os atos partidários simples e qualificados. Sua efetividade não alcança os atos legislativos típicos, como editar leis e fiscalizar os demais Poderes, daí por que o parlamentar ou o ocupante de cargo eletivo, respectivamente, que se recusar a votar ou praticar atos de governo em conformidade com a orientação do seu partido, não incorrerá em ato de infidelidade partidária, passível de perda do mandato ou do cargo eletivo;

54. A mudança de paradigma do mandato político, ocorrida quando do julgamento do MS nº 26.603/STF, em que foi reconhecida a efetividade das normas do art. 1º, *caput* e parágrafo único, c/c arts. 14, § 3°, V e 17, § 1° da CF, e acolhido o instituto da Fidelidade Partidária, revela não se sustentar a resistência manifestada após a promulgação da Carta de 1988, segundo a qual a competência da Justiça Eleitoral se restringiria à impugnação dos *atos partidários qualificados* por interferirem no processo eleitoral em curso, deixando-se para a Justiça estadual/distrital comum solucionar os demais conflitos de interesses decorrentes de *atos partidários simples;*

55. Neste contexto, espera-se que os eminentes julgadores dos tribunais superiores reflitam acerca do tema da competência da Justiça Eleitoral, a fim de que as questões que envolvam o Direito Partidário e Eleitoral sejam conhecidas e decididas pela Justiça especializada, notoriamente célere e comprometida com a realização da democracia representativa;

56. Há reação ao instituto da Fidelidade Partidária, mas *o novo sempre vem*, e o avanço da nossa democracia representativa, mediante a adoção do sistema de listas, financiamento público de campanha, fim das coligações proporcionais e o *recall* ou voto destituinte, depende da superação da ditadura intrapartidária.

57. Os filiados e os parlamentares eleitos pela sigla, sem prejuízo dos meios políticos, também dispõem de meios judiciais para a superação da ditadura intrapartidária, porque lesiva ao regime democrático e aos seus direitos subjetivos, distinguindo-se os atos legislativos típicos (editar leis e fiscalizar, praticados pelos filiados/eleitos pela sigla) dos atos partidários que envolvem o exame da sua legalidade, pela via judicial, inclusive porque alguns destes interferem diretamente no processo eleitoral, salvo os de natureza *interna corporis*, que são insusceptíveis de apreciação judicial;

58. O Supremo Tribunal Federal recomendou ao Tribunal Superior Eleitoral que disciplinasse o processo de perda de mandato eletivo, bem assim de justificação de desfiliação partidária, para atribuir efetividade à norma do art. 17,

§ 1º da Constituição Federal, o que ocorreu por meio da Resolução n. 22.610, de 25 de outubro de 2007;

59. A ação de decretação de perda de mandato eletivo por infidelidade partidária, de natureza constitutiva negativa, é o *nomem juris* por meio do qual a praxe designa o instrumento processual adequado para o legitimado reivindicar judicialmente o mandato eletivo do infiel ao partido de origem e ao seu ideário programático;

60. Nos termos da Resolução do TSE, quando a causa versar mandato federal, a competência originária é do Tribunal Superior Eleitoral, ao passo que, para o restante (estadual e municipal), a competência para decidi-la é dos tribunais regionais eleitorais. A norma do art. 2º, inconstitucionalmente, deixa de conferir ao Município tratamento próprio das unidades da Federação (art. 18, 25 e 29 da CF), subtraindo a competência dos juízos eleitorais (art. 86 do CE, c.c. art. 121 da CF);

61. Atribuir-se, após a Carta de 1988, competência aos tribunais regionais eleitorais para julgar as ações de decretação de perda do mandato por infidelidade partidária de prefeitos e vereadores implica violação aos princípios federativo e do juiz natural, em razão de existirem juízos eleitorais com competência para apreciar os assuntos pertinentes a todo o processo eleitoral municipal, extensivo às causas envolvendo a fidelidade partidária;

62. No âmbito da ação de decretação da perda de mandato ou cargo eletivos por ato de infidelidade partidária, a legitimidade ativa é do partido de origem do suposto infiel, por meio do presidente do respectivo diretório ou comissão provisória. Os diretórios nacionais e regionais dos partidos também detêm legitimidade para reivindicar o mandato municipal perante o Poder Judiciário; porém o diretório municipal não está legitimado a propor referida ação no tocante a mandato estadual ou federal;

63. Se o partido de origem permanecer inerte por mais de 30 (trinta) dias a contar do desligamento da agremiação, poderão propor a ação os demais legitimados: o suplente, o vice e o Ministério Público Eleitoral. Trata-se de legitimidade sucessiva para propor a ação de decretação de perda de mandato eletivo por infidelidade partidária;

64. A legitimidade para integrar o polo passivo da ação de decretação da perda de mandato ou cargo eletivos por ato de infidelidade partidária é do trânsfuga e do partido para o qual ele migrou, em possível formação de litisconsórcio passivo;

65. De acordo com entendimento mais recente, o Tribunal Superior Eleitoral assentou que, em ações de fidelidade partidária, o partido para o qual migrou o mandatário não é litisconsorte passivo necessário, mas apenas pode ocupar a posição de assistente simples, se manifestar interesse;

66. No tocante ao interesse processual, a ação de decretação de perda de mandato se mostra adequada à consecução dos objetivos maiores da Constituição Federal, em especial o princípio da fidelidade partidária, assim como o seu rito está previsto em ato normativo equiparado à Lei, a Resolução TSE n. 22.610/2007, e as hipóteses de justa causa para a desfiliação estão dispostas na lei 13.165/2015;

67. O término da legislatura para a qual foi eleito o infiel faz desaparecer o interesse de agir do demandante por causa superveniente, em razão do perecimento do objeto da ação que é a perda do mandato como consequência jurídica para o ato imotivado ou sem justa causa para desligamento partidário;

68. O Novo CPC (lei 13.105/2015), com vigência a partir de 18 de março de 2016, não mais menciona a possibilidade jurídica do pedido na categoria Condição da Ação, omitindo da sua referência no art. 485, VI. Todavia, a sua exigibilidade é decorrência do sistema processual, pois a falta de possibilidade jurídica do pedido perdura - e da demanda, esta olvidada no texto do CPC de 1973 e, agora, ambos pelo Novo CPC (lei 13.105/2015) -, não se admitindo ação eleitoral para cassar registro, diploma ou mandato que tenha por causa de pedir ou por objeto fato estranho ao processo eleitoral, destituído da teleológica aquisição de mandato ou cargo eletivo, mormente se isto for arguido desde a inicial e possa ser conhecido *prima facie;*

69. Em sede de mérito das ações de fidelidade, os dois primeiros incisos do § 1º do art. 1º da Resolução TSE nº 22.610/2007 preveem como hipóteses de justa causa a *incorporação ou fusão do partido* (I) e a *criação de novo partido* (II); o terceiro e o quarto incisos dizem respeito à *mudança substancial ou desvio reiterado do programa partidário* (III) e a *grave discriminação pessoal* (IV). Em 29 de setembro de 2015, data posterior ao julgamento da ADI 5081, em 27 de maio de 2015, foi editada a lei 13.165 que acrescentou o art. 22-A à Lei dos Partidos Políticos (lei 9.096/95), ratificando a efetividade ou eficácia social do instituto da Fidelidade Partidária ao prescrever que *perderá o mandato o detentor de cargo eletivo que se desfiliar, sem justa causa, do partido pelo qual foi eleito;*

70. A incorporação se dá quando uma agremiação partidária, mediante deliberação por maioria de votos do órgão nacional de deliberação (convenção ou assembleia), adota o estatuto e programa de outra agremiação. Já a fusão é o fenômeno em que dois ou mais partidos políticos, mediante deliberação dos seus órgãos nacionais, unem-se sob um novo estatuto, distinto daquele que fora originariamente adotado e, para ter validade, também há de ser registrado no TSE. Registre-se que essa justa causa só é reconhecida se o ato de desligamento ou a sua justificação ocorrer em prazo razoável, já delimitado em 30 (trinta) dias pelo TSE;

71. Considera-se justa causa para a troca de partido a criação de uma (nova) agremiação, ainda que o trânsfuga não tenha participado efetivamente de sua fundação, sem que se corra o risco de perda do mandato eletivo. Quanto ao prazo de migração para o novo partido, o Tribunal Superior Eleitoral respondeu à Consulta n. 755-35/DF, reconhecendo que ao desligamento partidário decorrente dessa justa causa deve-se aplicar, por analogia, o disposto no art. 9º, § 4º, da Lei n. 9.096/95, sendo o prazo razoável de 30 (trinta) dias, a contar do registro dos estatutos do novo partido no TSE e a nova filiação;

72. A concepção de fidelidade partidária pressupõe a existência de estatuto partidário dotado de ideário e programa, de diretrizes legitimamente estabelecidas para a adequação aos fatos novos porventura surgidos com adaptações às conjunturas sociais, políticas e econômicas, periódicas e circunstanciais, e aos projetos de governo que observem essas posições ontológicas;

73. Nesse sentido, se o partido mudar substancialmente ou descumprir reiteradamente o programa partidário, formalmente, por alteração dos seus estatutos no TSE, ou, simplesmente, proceder contrariamente ao ideário vigente à época da filiação ou com vista ao processo eleitoral, abre-se em favor do filiado-eleito a faculdade de migrar para outra agremiação, sob o manto da justa causa e, portanto, sem a perda do mandato eletivo, consoante o disposto no art. 22-A, parágrafo único, I, da lei 9.096/95, c.c. art. 1º, § 1º, III, da Resolução TSE n. 22.610/2007;

74. A relação político-jurídica entre filiado e partido político está centrada na ideologia formalizada nos estatutos e que integra o seu programa, devendo orientar toda a atividade política destes autores e atores sociais, cuja violação configura vício de legalidade passível de apreciação pelo Poder Judiciário;

75. Com o acréscimo do art. 22-A, parágrafo único, inciso II da LPP, a hipótese de justa causa passou a ser grave discriminação *política* pessoal. Com isso, deu-se conteúdo preciso à justa causa ensejadora do desligamento sem a perda do mandato, afastando-se as subjetividades que vinham emperrando a formação de seguro posicionamento da jurisprudência eleitoral que, muitas vezes, se deparava com disputas personalíssimas dissimuladas em questões político-partidárias. A discriminação há de ser grave politicamente e direcionada especificamente a certa pessoa, no caso o filiado ou eleito, sob pena de não se configurar tratamento diferenciado e desigual entre filiados de uma mesma agremiação;

76. Ainda, a minirreforma eleitoral de 2015 dispôs sobre a janela partidária, assim entendida como o lapso temporal situado entre os 30 (trinta) dias anteriores ao prazo de 06 (seis) meses de filiação. E a emenda constitucional nº 91/2016 ratificou a possibilidade excepcional e por período determinado, de migração partidária sem prejuízo do mandato;

77. Em relação à decadência, o partido de origem pode propor a ação de decretação de perda de mandato ou cargo eletivos por ato de infidelidade partidária no prazo de 30 (trinta) dias a contar da desfiliação, prevendo o artigo 1º, § 2º, da Resolução TSE n. 22.610/2007 o prazo sucessivo de mais 30 (trinta) dias para os demais legitimados, ante a inércia da agremiação, ambos de natureza decadencial;

78. O acórdão proferido pelo tribunal terá execução imediata, considerando que o chefe do Poder Legislativo será comunicado para que, em 10 (dez) dias, efetive a posse do suplente ou do vice do trânsfuga, consoante posicionamento do Tribunal Superior Eleitoral;

79. O TSE conferiu tratamento diferenciado entre os exercentes ou detentores de mandatos municipais e estaduais, já que aos primeiros só se admite o recurso especial, de índole extraordinária, ainda que percam seus mandatos, em cuja via estreita não se conhece de fatos e provas (Sumula 7/STJ), pois se dirige à preservação da unidade do direito federal, enquanto os últimos poderão se utilizar do recurso ordinário e, assim, rediscutir matéria de fato, revolvendo provas, com vista ao rejulgamento da causa;

80. No tocante aos mandatos federais (deputados federais e senadores), a competência tida por originária do TSE para julgamento das ações de infidelidade partidária importa em instância única e suprime o duplo grau de jurisdição a que teriam direito, se fosse observada a norma do art. 86 do Código Eleitoral. O julgado que decreta a perda do mandato de deputados federais e senadores, neste aspecto, somente poderá ser impugnado por meio do angusto recurso extraordinário;

81. O Supremo Tribunal Federal, nos julgamentos do mandado de segurança nº 26.603-DF, ressalvou a possibilidade de o trânsfuga justificar os motivos do abandono da agremiação de origem e do ingresso em outro partido, sem a perda do mandato, ante o reconhecimento da existência de abusos e desvios ocorridos nas hostes partidárias;

82. A ação de justificação de desfiliação partidária detém natureza eminentemente declaratória, cuja pretensão deduzida na petição inicial é a declaração judicial que reconheça a incidência de uma das hipóteses de justa causa para a desfiliação partidária;

83. A natureza dúplice das ações de justificação de desfiliação e de decretação de perda de mandato eletivo emerge do fato de que se o partido perder a ação estará demonstrada a justa causa que favorece a migração do exercente do mandato para outro partido; se este perder a ação estará inversamente demonstrada a ausência de justa causa e a consequente vacância do mandato ou cargo eletivo por infidelidade, como efeito natural da sentença;

84. A legitimidade ativa para a propositura da ação de desfiliação será do exercente do mandato que pretenda se desligar e, assim, age preventivamente, ou daquele que se desligou e pretende justificar o ato de desligamento para não sofrer consequência ou a sanção de perda do mandato. No polo passivo da demanda deverá figurar o partido de origem, não havendo de se falar em litisconsórcio, nem assistência, pois a sentença proferida na ação de justificação de desfiliação partidária repercute apenas na esfera jurídica do partido pelo qual se elegeu o trânsfuga e do qual se desligou;

85. Não há referência na Resolução do TSE acerca do prazo decadencial para a ação de justificação de desfiliação, daí porque o prazo decadencial para a propositura da ação declaratória de justa causa pode ser definido como de 60 (sessenta) dias a contar do ato de desligamento do autor da ação, mormente porque o direito do partido de origem, do terceiro interessado e do Ministério Público de reivindicar o mandato perante o Judiciário já estaria alcançado pela decadência;

86. Em matéria que tenha reflexo direto no processo eleitoral (atos partidários qualificados), reconhece o Tribunal Superior Eleitoral tanto a competência da Justiça federal especializada quanto o cabimento do mandado de segurança em face de ato ilegal ou abusivo de órgão partidário;

87. A Lei nº 12.016/2009 equipara os dirigentes dos partidos políticos a autoridade pública, indigitada coatora, para figurar no rol dos legitimados passivos para responder pela prática de atos ilegais ou abusivos, reconhecendo-lhes, ainda, a legitimidade ativa para impetrar o *writ* em defesa de direito próprio, de seus filiados, inclusive direitos coletivos e individuais homogêneos;

88. Os regimes totalitários têm sido a regra em todos os tempos, sendo a *democracia* uma conquista da civilização ocidental que, no dizer de Winston Churchill *é a pior de todas as formas imagináveis de governo, com exceção de todas as demais que já se experimentaram*. Para os riscos de uma *partidocracia* resultante da perda do mandato ou cargo eletivo em decorrência da prática de ato de infidelidade partidária, invoca-se o lema atribuído ao político progressista Alfred Emanuel Smith, para quem *Os males da democracia se resolvem* com *mais democracia!*

REFERÊNCIAS BIBLIOGRÁFICAS

ABELLÁN, Angel Manuel. **Temas Clave de la Constitucion Española**: el estatuto de los parlamentarios y los derechos fundamentales. Madrid: Editorial Tecnos, 1992.

ACQUAVIVA, Marcus Cláudio. **Nova lei dos partidos políticos anotada**. 1ª ed. São Paulo: Jurídica Brasileira, 1996.

AKEL, Hamilton Elliot. **O poder judicial e a criação da norma individual**. São Paulo: Saraiva, 1995.

ALBUQUERQUE, Xavier de. **Textos de Direito Público**. Brasília: Brasília Jurídica, 1999.

ALCOVER, Pilar Giménez. **El Derecho em la Teoria de Sociedad de Niklas Luhmann**. Barcelona: José Maria Bosch Editor S.A., 1993.

ALCUBILLA. Enrique Arnaldo. **El régimen electoral de España**. Madrid: Boletin Oficial Del Estado; Centro de Estudios Políticos y Constitucionales, 1999.

ALEXY, Robert. **Teoria dos Direitos Fundamentais**. Trad. Virgílio Afonso da Silva. 2ª ed. 4. tir. São Paulo: Malheiros, 2015.

_____. **Constitucionalismo Discursivo**. Tradução de Luís Afonso Heck. 4ª ed. rev. Porto Alegre: Livraria do Advogado, 2015.

_____. **El concepto y la validez dei derecho**. 1ª ed. Barcelona: Gedisa Editorial, 1994.

ALMEIDA, Fernanda Dias Menezes de. **Competências na Constituição de 1988**. São Paulo: Atlas, 1991.

ALMOYNA, Julio Martinez. **Dicionário de espanhol português**. Portugal: Porto Editora, 1988.

ALVES, José Carlos Moreira. **Direito Romano**. Vol. I. 11ª ed. Rio de Janeiro: Forense, 1998, p. 368.

_____. **Direito Romano**. Vol. II. 6ª ed. Rio de Janeiro: Forense, 1998.

AMORIM, Paulo Henrique. **O Quarto Poder**. 1ª ed. São Paulo: Hedra, 2015.

ANDRADE, Christiano José de. **Hermenêutica jurídica no Brasil**. São Paulo: Revista dos Tribunais, 1991.

ANTONIO, José Antonio Alonso de; ANTONIO, Ángel Luiz Alonso de. **Derecho Parlamentario**. Barcelona: J. M. Bosch Editor, 2000.

APARICIO, Miguel Ángel. **La Descentralización y el Federalismo**: nuevos modelos de autonomia política (España, Bélgica, Canadá, Italia y Reino Unido). 1ª ed. Barcelona: Cedecs Editorial, 1999.

ARAÚJO, Luiz Alberto David; NUNES JÚNIOR, Vidal Serrano. **Curso de Direito Constitucional**. 14ª ed. São Paulo: Saraiva, 2010.

ARNAU, Juan Andrés Muñoz. **Los límites de los derechos fundamentales en el Derecho Constitucional español**. Elcano (Navarra): Aranzadi, 1998.

ARNAUD, André-Jean e DULCE, Maria José Fariñas. **Introdução à análise sociológica dos sistemas jurídicos**. Rio de Janeiro: Renovar, 2000.

ARRUDA, João. **Do regime democrático**. 2ª ed. Brasília: Câmara dos Deputados, 1982.

ASOREY, Rubén O. et. al. **Protección Constitucional de los Contribuyentes**. Barcelona: F. Lapatza. Educa Ediciones de la Universidad Católica Argentina, 2000.

ATALIBA, Geraldo. **República e Constituição**. 3ª ed. atualizada por Rosolea Miranda Folgosi. São Paulo: Malheiros, 2011.

AZAMBUJA, Darcy. **Teoria Geral do Estado**. 44ª ed. São paulo: Globo, 2003.

AZEVEDO, Gabriel Sousa Marques de. **A função social da empresa diante da legislação de doação para campanhas eleitorais:** um estudo de caso comparado entre Brasil e Estados Unidos da América. 2015. 60 f. Dissertação de Mestrado. Programa de Pós-Graduação *strictu sensu* da Faculdade de Direito Milton Campos. Nova Lima. 2015.

BANDEIRA DE MELLO, Celso Antônio. **Revista de Direito Constitucional e ciência política** (publicação semestral do instituto de Direito Constitucional). Ano III, nº 4, Janeiro/Junho-85. Rio de Janeiro: Forense, 1985.

BAPTISTA, Filipe Alberto da Boa. **Regime jurídico das candidaturas**. L. ed. Lisboa: Cosmos, 1997.

BAQUER, L. Martín-Retortillo; DE OTTO Y PARDO, I. **Derechos fundamentales y Constitución**. Madrid: Civitas, 1988.

BARACHO, José Alfredo de Oliveira. Teoria Geral dos Partidos Políticos. In HORTA, José Luiz Borges. **Direito e Política**: ensaios selecionados. 1ª ed. Florianópolis: Conpedi, 2015.

BARBEITAS, André Terrigno. **O sigilo bancário e a necessidade da ponderação dos interesses**. São Paulo: Malheiros, 2003.

BARCELLOS, Ana Paula de. **A eficácia jurídica dos princípios constitucionais:** o princípio da dignidade da pessoa humana. Rio de Janeiro: Renovar, 2002.

BARILE, Paolo; CHELI, Enzo e GRASSI, Stefano. **Instituzioni di diritto pubblico**. 8ª ed. Pandova: Cedam, 1998.

BARREIRA, Irlys Alencar Firmo. **Chuva de papéis**: ritos e símbolos de campanhas eleitorais no Brasil. Rio de Janeiro: Relume Dumará, 1998.

BARREIROS NETO, Jaime. **Fidelidade Partidária**. 1ª ed. Salvador: Juspodivm, 2009.

BARRETTO, Lauro. **As pesquisas de opinião pública no processo eleitoral brasileiro**. Rio de Janeiro: Lumen Juris, 1997.

_____. **Escrúpulo e poder**: o abuso de poder nas eleições brasileiras. 1ª ed. São Paulo: Edipro, 1995.

BARROSO, Luís Roberto. **Curso de Direito Constitucional Contemporâneo**. 5ª ed. São Paulo: Saraiva, 2015.

_____. **Interpretação e aplicação da Constituição**. 3ª ed. São Paulo: Saraiva, 1999.

BARTOLOMÉ, Plácido Fernández-Viagas. **El juez natural de los parlamentarios**. Madrid, Espanha: Civitas, 2000.

BASTOS, Celso Ribeiro. **Dicionário de Direito Constitucional**. São Paulo: Saraiva, 1994.

_____. **Emendas à Constituição de 1988**. São Paulo: Saraiva, 1996.

_____. **A Constituição de 1988 e seus problemas**. São Paulo: LTr, 1997.

_____. **Hermenêutica e Interpretação Constitucional**. São Paulo: Celso Bastos Editor, 1999.

BASTOS, Celso Ribeiro; TAVARES, André Ramos. **As tendências do Direito Público**: no limiar de um novo milênio. São Paulo: Saraiva, 2000.

BASTOS, Celso Ribeiro; MARTINS, Ives Gandra. **Comentários à Constituição do Brasil**. 22 vol. São Paulo: Saraiva, 1989.

BAUDRILLARD, Jean. **À Sombra das Maiorias Silenciosas**. Brasília: Brasiliense, 2004.

BELIEIRO JUNIOR, José Carlos. Os Partidos Políticos em Weber. In **Revista Espaço Acadêmico**, nº 49, junho/2005.

BENEVIDES, Maria Victoria; VANNUCHI, Paulo e KERCHE, Fábio (organizadores). **Reforma política e cidadania**. 1ª ed. São Paulo: Instituto Cidadania e Editora Fundação Perseu Abramo, 2003.

BENÍTEZ. Octavio Salazar. **El candidato en el actual sistema de democracia representativa**. Granada: Gamares, 1999.

BINENBOJM, Gustavo. **A nova jurisdição constitucional brasileira**: legitimidade democrática e instrumentos de realização. Rio de Janeiro: Renovar, 2001.

BISPO SOBRINHO, José. **Comentários à lei orgânica dos partidos políticos.** Brasília: Brasília Jurídica, 1996.

BITTAR FILHO, Carlos Alberto. **Theoria da imprevisão dos poderes do juiz.** São Paulo: Editora Revista dos Tribunais, 1994.

BOBBIO, Norberto. **O filosofo e a política:** antologia. 1ª ed. Rio de Janeiro: Contraponto, 2003.

_____. **Teoria geral da política:** a filosofia política e as lições dos clássicos. Rio de Janeiro: Campus, 2000.

BOBBIO, Norberto; MATTEUCCI, Nicola; PASOUINO, Gianfranco. **Dicionário de política.** 2ª ed. Brasília: Editora Universidade de Brasília, 1986.

BOCHENEK, Antonio César. **Competência cível da Justiça Federal e dos Juizados federais.** São Paulo: Revista dos Tribunais, 2004.

BONAVIDES, Paulo. **Curso de Direito Constitucional.** 4ª ed. São Paulo: Malheiros, 1993.

_____. **Do país constitucional ao país neocolonial:** a derrubada da Constituição e a recolonizarão pelo golpe de Estado institucional. São Paulo: Malheiros, 1999.

_____. **Reflexões Política e Direito.** 3ª ed. rev. e ampl. São Paulo: Malheiros, 1998.

_____. **Política e Constituição:** os caminhos da democracia. Rio de Janeiro: Forense, 1985.

BRAGA, Hilda Soares. **Sistemas eleitorais do Brasil.** Brasília: Senado Federal, 1990.

BRASIL, Joaquim Francisco Assis. **A democracia representativa na República.** Brasília: Conselho Editorial do Senado Federal, 1998.

BRINGAS, Enrique Sánchez. **Derecho Constitucional.** 7ª ed. México: Editorial Porrúa, 2002.

BRITO, José Henrique S. **Introdução à Fundamentação da Metafísica dos Costumes.** Cidade do Porto, Portugal: Contraponto, 1994.

BUECHELE, Paulo Arminio Tavares. **O princípio da proporcionalidade e a interpretação da constituição.** Rio de Janeiro: Renovar, 1999.

BUENO, Cássio Scarpinella. **Curso Sistematizado de Direito Processual Civil.** Vol. 4. 2ª ed. rev. atual. e ampl. São Paulo: Saraiva, 2010.

BULOS, Uadi Lamêgo. **Elementos de Direito Constitucional.** Salvador: Nova Alvorada Edições, 1996.

_____. **Manual de interpretação constitucional.** São Paulo: Saraiva: 1997.

BURGOA O., Ignácio. **Diccionario de Derecho Constitucional, garantias y amparo.** 6ª ed. Mexico: Editorial Porrúa, 2000.

CAETANO, Marcello. **Manual de ciência política e Direito Constitucional**. 6ª ed. Coimbra: Livraria Almedina, 1996.

CAHALI, Yussef Said. **Prescrição e decadência**. 2. tir. São Paulo: Revista dos tribunais, 2008.

CALLEJÓN, Maria Luisa Balaguer. **Interpretación de la constitución y ordenamiento jurídico**. Madrid: Editorial Tecnos, 1997.

CÂMARA, Alexandre Freitas. **Lições de Direito Processual Civil**. 17ª ed. Rio de Janeiro: Lumen Juris, 2008.

CAMPANHOLE, Hilton Lobo; CAMPANHOLE, Adriano. **Constituições do Brasil**. 9ª ed. São Paulo: Atlas, 1987.

CAMPILONGO, Celso Fernandes. **Política, sistema jurídico e decisão judicial**. São Paulo: Max Limonad, 2002.

_____. **Direito e democracia**. 2ª ed. São Paulo: Max Limonad, 2000.

CAMPOS, German J. Bidart. **El orden socioeconomico en la Constitucion**. Buenos Aires: Ediar, 1999.

CANARIS, Claus-Wilhelm. **Pensamento sistemático e conceito de sistema na ciência do Direito**. 2ª ed. Lisboa: Fundação Caloustre Gulbenkian, 1996.

CÂNDIDO, António. **Condições científicas do direito de sufrágio**: lista múltipla e voto uninominal. Vol. I. Coimbra: Coimbra Editora. 1998.

CÂNDIDO, Joel José. **Direito eleitoral brasileiro**. 7ª ed. São Paulo: Edipro, 1998.

CANOTILHO, José Joaquim Gomes. **Direito Constitucional**. 7ª ed. Coimbra: Livraria Almedina, 2003.

CANOTILHO, José Joaquim Gomes; MOREIRA, Vital. **Constituição da República Portuguesa**: lei do Tribunal Constitucional. 5ª ed. Coimbra: Coimbra Editora, 1998.

CARDOSO, José Carlos. **Fidelidade Partidária**. Rio de Janeiro: Lumen Juris, 1997.

CARRAZA, Roque Antonio. **Curso de direito constitucional tributário**. 9ª ed. São Paulo: Malheiros, 1997.

CARVALHO, Paulo de Barros. **Curso de Direito Tributário**. 6ª ed. São Paulo: Saraiva, 1993.

CASTRO, José Nilo de. **Direito Municipal Positivo**. 6ª ed. rev. e atual. Belo Horizonte: Del Rey, 2006.

CAVAROZZI, Marcelo; MEDINA, Juan Manuel Abal. **El assedio a la política**: los partidos latinoamericanos en la era neoliberal. 1ª ed. Buenos Aires: Homo Sapiens Ediciones, 2002.

CHACON, Vamireh. **Parlamento e parlamentarismo**: o Congresso Nacional na História do Brasil. Brasília: Câmara dos Deputados, 1982.

CHALITA, Gabriel. **O poder**. 2ª ed. rev. São Paulo: Saraiva, 1999, p. 106.

CINTRA, Antônio Carlos de Araújo; GRINOVER, Ada Pellegrini; DINAMARCO, Cândido Rangel. **Teoria Geral do Processo**. 25ª ed. São Paulo: Malheiros, 2009.

CITADINI, Antonio Roque. **Código eleitoral: anotado e comentado**. 2ª ed. São Paulo: Max Limonard, 1985.

CLÈVE, Clemerson Merlin. **Fidelidade Partidária**: estudo de caso. Curitiba: Juruá, 2001.

COELHO, Furtado Marcos Vinicius. **Direito Eleitoral e Processo Eleitoral**. 1ª edição. Rio de Janeiro. Renovar, 2008, 558p.

COELHO, Inocêncio Mártires. **Interpretação constitucional**. Porto Alegre: Sergio Antonio Fabris Editor, 1997.

CONDE, Enrique Álvarez. **Curso de Derecho Constitucional**. 3ª ed. V. 1. Madrid: Editorial Tecnos, 1999.

CORRÊA, Oscar Dias. **A Constituição de 1988**: contribuição crítica. 1ª ed. Rio de Janeiro: Forense Universitária, 1991.

_____. **O sistema político-econômico do futuro**: o societarismo. Rio de Janeiro: Forense Universitária, 1994.

CORSI, Giancarlo e outros. **Glosaria sobre la teoría Social de Niklas Luhmann**. 1ª ed. México: Universidad Iberoamericana, Iteso e Anthropos Editorial del Hombre, 1996.

CORTÊS, Jorge; ALMEIDA, Vasco Duarte de. **Estudos vários de Direito Eleitoral**. Lisboa: Aafdl, 1996.

COSTA, Adriano Soares da. **Inabilitação para mandato eletivo**: aspectos eleitorais. Belo Horizonte: Nova Alvorada e Edições Ciência Jurídica, 1998.

COSTA, Antonio Candido Ribeiro da. **Princípios e questões de philosophia política**: lista múltipla e voto uninominal. Vol. II. Coimbra: Coimbra Imprensa da Universidade, 1881.

COSTA, Elias Ferreira da. **Direito Eleitoral**: legislação-doutrina jurisprudência. 2ª ed. Rio de Janeiro: Forense, 1994.

COSTA, Tito. **Recursos em Matéria Eleitoral**. São Paulo: RT, 1992.

CRESPIGNY, Anthony de e CRONIN, Jeremy. **Ideologias políticas**. 2ª ed. Brasília: Editora UnB, 1999.

CRETELLA JUNIOR, José. **Comentários à Constituição Brasileira de 1988**: art. 5º LXVIII ao art. 17. 3ª ed. v. II. Rio de Janeiro: Forense Universitária, 1994.

_____. **Do ato administrativo**. 2ª ed. São Paulo: José Bushatsky Editor, 1977.

CRISAFULLI, Vezio. **Lezioni di Diritto Costituzionale**: introduzione al diritto costítuzionale italiano I. 2ª ed. Padova: Cedam, 1970.

CRUZ, Flávio da; JUNIOR, Adauto Viccari; GLOCK, José Osvaldo; HERZMANN, Nélio; TREMEL, Rosângela. **Lei de responsabilidade fiscal comentada**. São Paulo: Atlas, 2000.

CUNHA, Luiz Nogueira da Cunha. **Direitos políticos, representatividade, capacidade eleitoral e inelegibilidades**. São Paulo: Editora Juarez de Oliveira, 2004.

CUSTÓDIO, Antonio Joaquim Ferreira. **Constituição Federal interpretada pelo STF**. 1ª ed. São Paulo: Editora Oliveira Mendes, 1997.

DANTAS, David Diniz. **Interpretação constitucional no pós-positivismo**: teoria e casos práticos. São Paulo: Wvc Editora, 2004.

DIÁZ REVORIO, Francisco Javier. **La constitución como orden abierta**. Madrid: Ciencias Jurídicas, 1997.

DIDIER JR, Fredie. **Curso de Direito Processual Civil**. 11ª ed. v. 1. Salvador: Juspodivm, 2009.

DINAMARCO, Cândido Rangel. **Fundamentos do Direito Processual Civil**. 6ª ed. São Paulo: Malheiros. 2010.

DINIZ, Maria Helena. **Norma constitucional e seus efeitos**. São Paulo: Editora Saraiva, 1989.

DOMÍNGUEZ, Francisco Camaño. **El derecho de sufragio pasivo**: prontuario de jurisprudencia constitucional 1981-1999. Navarra: Aranzadi editorial, 2000.

DROMI, Roberto. **Nuevo Estado Nuevo Derecho** - Constítuición para todos consolídacíón de las leyes códigos de la Solidaridad. Buenos Aires: Ciudad Argentina Editorial de Ciência y Cultura, 1999.

DUARTE, Maria Luísa. **A teoria dos poderes implícitos e a delimitação de competências entre a União Europeia e os Estados-Membros**. Lisboa: Lex, 1997.

DUEÑAS, José de Jesús Covarrubias. **Derecho Constitucional Electoral** 2ª ed. México: Porrúa, 2002.

DUVERGER, Maurice. **Los partidos políticos**. 18ª ed. México: Fondo de Cultura Económica, 2002.

DWORKIN, Ronald. **Império do Direito**. São Paulo: Martins Fontes, 1999.

ECO, Umberto. **Interpretação e superinterpretação**. 1ª ed. São Paulo: Martins Fontes, 2001.

_____. **Como se faz uma tese**. 18ª ed. São Paulo: Perspectiva, 2002.

ENTERRÍA, Garcia de. **La Constitución como norma y el tribunel Constitucional**. Madrid: Civitas, 1981.

FERRARA, Francesco. **Ensaio sobre a teoria da interpretação das leis**: interpretação e aplicação das leis. 3ª ed. Coimbra: Armênio Amado - Editor, 1978.

FERRARI, Regina Maria Macedo Nery. **Efeitos da declaração de inconstitucionalidade**. 5ª ed. rev. atual. e ampl. São Paulo: RT.

FERRAZ JR., Tercio Sampaio. **Interpretação e estudos da Constituição de 1988**. São Paulo: Atlas, 1990.

FERREIRA FILHO, Manoel Gonçalves. **A democracia no Limiar do século XXI**. São Paulo: Saraiva, 2001.

FERREIRA FILHO, Manoel Gonçalves. **Comentários à Constituição brasileira de 1988**. vol. 1. São Paulo: Editora Saraiva, 1990.

FERREIRA FILHO, Manoel Gonçalves. **O parlamentarismo**. São Paulo: Saraiva, 1993.

FERREIRA FILHO, Manoel Gonçalves. **Direito Constitucional Comparado**: I - o poder constituinte. São Paulo: Editora da Universidade de São Paulo, 1974.

FERREIRA, Pinto. **Código eleitoral comentado**. 2ª ed. atual. e ampl. São Paulo: Saraiva, 1990.

FERREIRA, Manoel Rodrigues. **A evolução do sistema eleitoral brasileiro**. Brasília: Senado Federal; Conselho Eleitoral, 2001.

FIOCCA, Demian; GRAU, Eros Roberto. **Debate sobre a Constituição de 1988**. São Paulo: Paz e Terra, 2001.

FIUZA, Ricardo Arnaldo Malheiros. **Direito Constitucional Comparado**. 3ª ed. Belo Horizonte: Del Rey, 1997.

FRANCO SOBRINHO, Manoel de Oliveira. **Comentários à Constituição**. Vol. 2. Rio de Janeiro: Freitas Bastos, 1991.

FREITAS, Vladimir Passos de. **Corregedorias do Poder Judiciário**. São Paulo: Revista dos Tribunais, 2003.

FUX, Luiz. **Curso de Direito Processual Civil**: processo de conhecimento. vol. I. 4ª ed. Rio de Janeiro: Forense, 2008.

GAGLIANO, Pablo Stolze; PAMPLONA FILHO, Rodolfo. **Novo Curso de Direito Civil**: Parte Geral. 10ª ed. rev. e atual. v. I. São Paulo: Saraiva, 2008.

GARCÍA. Eloy. **Immunidad Parlamentaria y Estados de Partidos**. Madrid: Editorial Tecnos, 1989.

GARCIA, Célia. **Psicologia jurídica**: operadores do simbólico. Belo Horizonte: Del Rey, 2004.

_____. **Psicanálise, política, lógica**. 1ª ed. São Paulo: Editora Escuta, 1993.

GARCIA, Maria. **Limites da Ciência**: a dignidade da pessoa humana a ética da responsabilidade. São Paulo: RT, 2004.

_____. **Desobediência Civil**: direito fundamental. 2ª ed. ver. atual. e ampl. São Paulo: RT, 2004.

GIL, José de Jesus Martinez. **Los grupos de presion y los partidos políticos en Mexico**. 1ª ed. México: Porrúa, 1992.

GIORGI, Raffaele de. **Direito, democracia e risco: vínculos com o futuro**. Porto Alegre: Sergio Antonio Febris Editor, 1998.

Gomes Teixeira, João Carlos. **Ética e Política**. Jornal A Tarde, 20.10.2004

GOMES, José Jairo. **Direito Eleitoral**. 5ª ed. Belo Horizonte: Del Rey, 2010.

GRAU, Eros Roberto. **Ensaio e discurso sobre a interpretação/aplicação do direito**. São Paulo: Malheiros, 2002.

_____. **O direito posto e o direito pressuposto**. São Paulo: Malheiros Editores, 1996.

GRAU, Eros Roberto; FILHO, Willis Santiago Guerra. **Direito Constitucional**. São Paulo: Malheiros, 2001.

GRAU, Eros Roberto; CUNHA, Sérgio Sérvulo (coordenadores). **Estudo de Direito Constitucional**: em Homenagem a José Afonso da Silva. São Paulo: Malheiros, 2003.

GUERRA FILHO, Willis Santiago. **Autopoiese do direito na sociedade pós-moderna**: introdução a uma teoria social sistêmica. Porto Alegre: Livraria do Advogado Editora, 1997.

_____. **Processo constitucional e direitos fundamentais**. 2ª ed. São Paulo: Celso Bastos Editor, 2001.

HÀBERLE, Peter. **Hermenêutica constitucional**. Porto Alegre: Sergio Antonio Fabris Editor, 1997.

HABERMAS, Jürgen. **Direito e democracia entre facticidade e validade**. Vol. I. Rio de Janeiro: Tempo Brasileiro, 1997.

_____. **Direito e democracia entre facticidade e validade**. Vol. II. Rio de Janeiro: Tempo Brasileiro, 1997.

HARADA, Kiyoshi. **Dicionário de Direito Público**. São Paulo: Atlas, 1999.

HEREDIA, Beatriz; TEIXEIRA, Carla; BARREIRA, Irlys. **Como fazem eleições no Brasil**: estudos antropológicos. Rio de Janeiro: Relume Dumará, 2002.

HERNÁNDEZ, María Dei Pilar; GALINDO, Anastasio Cortés e CÁRDENAS, Carlos C. **Código electoral del Distrito Federal concordado**. México: Porrúa e Universidad Nacional Autônoma de México, 2001.

HESSE, Konrad. **Derecho constitucional y derecho privado**. Madrid: Editorial Civitas, 1995.

_____. **Escritos de derecho constitucional**. Madrid: Centro de Estudios Constitucionales, 1983.

HOUAISS, Antonio; AMARAL, Roberto. **Variações em torno do conceito de democracia**. Brasília: Centro gráfico do Senado Federal, 1992.

HOUAISS, Antônio. **Dicionário Houaiss da língua portuguesa**. 11ª ed. Rio de Janeiro: Objetiva, 2001.

IBEAS, J. Javier Santamaría. **Los valores superiores en la Jurisprudencia del Tribunal Constitucional**: Libertad, justicia, igualdad y pluralismo político. Madrid: Universidade de Burgos. Dykinson., 1997.

IOCOHAMA, Celso Hiroshi. **A obrigatoriedade imediata das leis ordinárias federais**: uma perspectiva crítica sobre o vigor das leis no memento de sua publicação. São Paulo: Editora de Direito Ltda., 1997.

JUNIOR, José Armando S. M. **Limites materiais implícitos da reforma constitucional baiana**. Salvador: Ziraldo Menezes, 2000.

KELSEN, Hans. **Teoria pura do Direito**. 6ª ed. São Paulo: Martins Fontes, 1998.

_____. **A democracia**. São Paulo: Martins Fontes, 1993.

KINZO, Maria D'Alva. **Partidos, Eleições e Democracia no Brasil Pós-1985**. Revista Brasileira de Ciências Sociais, Volume 19, n. 54, fevereiro/2004.

KOOGAN, Abrahão; HOUAISS, Antonio. **Enciclopédia e dicionário ilustrado**. Rio de Janeiro: Edições Delta, 1998,.

LABARDINI, Rodrigo. **La magia del intérprete: extradición en la suprema corte de justicia de Estados Unidos, el caso Álvarez Macháin**. México: Editorial Porrúa, 2000.

LAMPEDUSA, Giuseppe Tomasi de. **Il Gattopardo**. Milano: Feltrinelli, 1999.

LANCHESTER, Fulco. **Finanziamento della politica e corruzione**. Milano: Dott. A. Giuffrè Editore, 2000.

LASSALE, Ferdinand. **O que é uma Constituição**. trad. Hiltomar Martins Oliveira. Belo Horizonte: Ed. Líder, 2002.

_____. **A Essência da Constituição**. 2ª ed. Rio de Janeiro: Liber Juris, 1988.

LAVIÉ, Humberto Ouiroga. **Derecho Constitucional**. 1ª ed. Buenos Aires: Depalma, 1987.

LEITÃO, Míriam. História do Futuro: O Horizonte do Brasil no Século XXI. 1ª ed. Rio de Janeiro: Intrínseca. 2015, 480p.

LEITE, Flarnarion Tavares. Os nervos do poder: uma visão cibernética do direito. São Paulo: Max Lirnonad, 2001.

LOEWENSTEIN, Karl. **Teoria de la Constitución**. Barcelona: Edit. Ariel, 1976.

LIJPHART, Arend. **Sistemas Electorales y Sistemas de Partidos**: Un estudio de veintisiete democracias 1945-1990. Madrid: Centro de Estudios Políticos y Constitucionales, 1995.

LIMA, Eduardo Martins de. **Sistemas multipartidários e eleitorais brasileiros em perspectiva comparada**. São Paulo: Annablume e Belo Horizonte: Fumec, 2004.

LOPEZ, Luiz Roberto. **Uma História do Brasil**: República. 2ª ed. São Paulo: Contexto, 2001.

LUHMANN, Niklas. **Introducción a la teoria de Sistemas**. 1ª ed. México: Universidad Iberoamericano, Iteso e Anthopos Editorial del Hombre, 1996.

_____. **Procedimenti Giuridici e Legittimazione Sociale**. Milano: Dott. A. Giufrre Editore, 1995.

_____. **As Nove Teoria dos Sistemas**. Organizado por Clarissa Eckert Baeta Neves e Eva Machado Barbosa Sarnias. Porto Alegre: Editora da Universidade do Rio Grande do Sul e Goethe Instituto Cultural BrasileiroAlemão, 1997.

LULA, Carlos Eduardo de Oliveira. **Direito Eleitoral**. Leme – SP: Editora Imperium, 2008.

MACHADO, Hugo de Brito. **Curso de Direito Tributário**. 19ª ed. São Paulo: Malheiros, 2001.

MAIA JÚNIOR, Mairan Gonçalves. **A representação no negócio jurídico**. 2ª ed. São Paulo: Revista dos Tribunais, 2004.

MALBERG, R Carré de. **Teoría general dei estado**. 2ª ed. México: Facultad de Derecho/UNAM e Fundo Cultura Económica, 2001.

MALUF, Sahid. **Direito Constitucional**. 13ª ed. São Paulo: Sugestões Literárias, 1981.

MARINHO, Josaphat. **Direito, sociedade e estado**. Salvador: Memorial das Letras, 1998.

MARMOR, Andrei. **Direito e interpretação**. São Paulo: Martins Fontes, 2000.

MARTINES, Temistocle. **Diritto Costituzionale**. 10ª ed. Milano: Giuffre Editore, 2000.

MARTÍNEZ, Miguel Ángel Alegre. **El derecho a la propia imagen**: temas claves de la Constituición Española. Madrid: Editorial Tecnos, 1992.

MATOS, Varela de. **Conflito de direitos fundamentais em Direito Constitucional e conflito de direitos em Direito Civil**. Lisboa: Almeida e Leilão Ld, 1998.

MATURANA, Humberto e VARELA, Francisco J. **De Máquinas y Seres Vivos**: Autopoiese - A Organização do Vivo. 3ª ed. Porto Alegre: ArtMed, 1997.

MEDINA, José Miguel Garcia. **Código de Processo Civil Comentado**. São Paulo: Revista dos Tribunais, 2011.

MEIRELLES, Hely Lopes. **Direito Administrativo brasileiro**. 27ª ed. São Paulo: Malheiros, 2002.

MEIRELLES, José Horácio Teixeira. **Curso de Direito Constítucional**. Rio de Janeiro: Forense, 1995.

MELLO, Celso Antonio Bandeira de. (organizador). **Direito administrativo e constitucional**: estudos em homenagem a Geraldo Ataliba 2ª ed. São Paulo: Malheiros Editores Ltda., 1997.

MENDES, Antonio Carlos. **Introdução à Teoria das Inelegibilidades**. São Paulo: Malheiros, 1994.

MENDES, Aluisio Gonçalves de Castro. **Competência cível da Justiça Federal**. São Paulo: Saraiva, 1998.

MENDES, Gilmar Ferreira; COELHO, Inocêncio Mártires; BRANCO, Paulo Gustavo Gonet. **Hermenêutica constitucional e direitos fundamentais**. Brasília: Brasília Jurídica. 2000.

_____. **Curso de Direito Constitucional**. São Paulo: Saraiva, 2007.

MENDES, Gilmar Ferreira. **Controle de constitucionalidade: aspectos jurídicos e políticos**. Saraiva: São Paulo, 1990.

MENDÉZ, José Ignácio Navarro. **Partidos políticos y democracia interna**. Madrid: Centro de Estudios Políticos y Constitucionales, 1999.

MENEGUELLO, Rachel. **Partidos e governos no Brasil Contemporâneo (1985- 1997)**. São Paulo: Paz e Terra, 1998.

MERCHÁN, José Fernando Merino: COROMINA, María Pérez-Ugena; SANTOS, José Manuel Vera. **Lecciones de Derecho Constitucional**. 1ª ed. Madrid: Editorial Tecnos, 1997.

MERCURIO, Vincenzo e SCOLARO, Sereno. **Il servizio elettorale: manuale per l'operatore**. Repubblica di San Marino: Maggioli, 2000.

MEZZAROBA, Orides. **Introdução ao Direito Partidário Brasileiro**. Rio de Janeiro: Lumen Juris, 2004.

MICHELET, Jules. **História das Revoluções**. São Paulo; Companhia das Letras, 1989.

MIDDELAAR, Luuk van. **Politicídio**. 1ª ed. São Paulo: É Realizações, 2015.

MIRABETTE. **Código de Processo Penal Interpretado**. 8ª ed. São Paulo: Atlas, 2001.

MIRANDA, Jorge. **Constituições de diversos países**. 3ª ed. Lisboa: Imprensa Nacional-Casa da Moeda, 1986.

_____. **Teoria do Estado e da Constituição**. 1ª ed. Rio de Janeiro: Forense, 2002.

_____. **Leis eleitorais para os parlamentos dos países da União Europeia**. Lisboa: Imprensa Nacional-Casa da Moeda, 1998.

_____. **Estudos de Direito Eleitoral**. Lisboa: Lex Edições Jurídicas, 1995.

_____. **Manual de Direito Constitucional**: preliminares. O Estado e os sistemas constitucionais. Vol. I. 7ª ed. Portugal, 2003.

MIRANDA, Pontes de. **Democracia, liberdade, igualdade**. Campinas: Bookseller, 2002.

MONTEIRO, Washington de Barros; PINTO, Ana Cristina de Barros Monteiro França. **Curso de direito civil 1**: parte geral. 42ª ed. São Paulo: Saraiva, 2009.

MORAES, Alexandre de. **Direito Constitucional**. 21ª ed. São Paulo: Saraiva, 2007.

MORALES, Angel Garrorena. **Representación política, elecciones generales y procesos de confianza em la España actual**. Madrid: Instituto de Estudios Economicos, 1994.

MORBIDELLI, Janice Helena Ferreri. **Um novo pacto federativo para o Brasil**. São Paulo: Celso Bastos Editor: Instituto Brasileiro de Direito Constitucional, 1999.

MOREIRA, José Carlos Barbosa (coordenador). **Estudos de direito processual em memória de Luiz Machado Guimarães**. 1ª ed. Rio de Janeiro: Forense, 1997.

MORO, Sergio Fernando. **Desenvolvimento e efetivação judicial das normas constitucionais**. São Paulo: Max Limonad, 2001.

MOTTA, Rodrigo Patto Sá. **Introdução à história dos partidos políticos brasileiros**. Belo Horizonte: UFMG, 1999.

MOURA, Francinira Macedo de. **Direito Parlamentar**. Brasília: Ed. Brasília Jurídica, 1992.

NERY JUNIOR, Nelson; NERY, Rosa Maria de Andrade. **Código de Processo Civil Comentado**. 11 ed. São Paulo: Revista dos Tribunais, 2010.

NETO, Guilherme Fernandes. **Direito da comunicação social**. São Paulo: Revista dos Tribunais, 2004.

NICOLAU, Jairo Marconi. **Sistemas eleitorais**. 1ª ed. Rio de Janeiro: Fundação Getúlio Vargas, 1999..

_____. **História do voto no Brasil**. Rio de Janeiro: Jorge Zahar Editor, 2002.

NIESS, Pedro Henrique Távora. **Direitos Políticos: Condições de Elegibilidade e Inelegibilidades**. São Paulo: Saraiva, 1994.

NOGUEIRA, Ruy Barbosa. **Curso de Direito Tributário**. 9ª ed. São Paulo: Saraiva, 1989.

NOGUEIRA, José da Cunha. **Manual prático de Direito Eleitoral**. 4ª ed. Rio de Janeiro: Forense, 1992.

NUNES, Pedro. **Dicionário de tecnologia jurídica**. 5ª ed. Volume II. Rio de Janeiro: Livraria Freitas Bastos, 1961.

OLIVEIRA, Juarez de (organização). **Código eleitoral**: Lei nº 4.737,de 15 de julho de 1965; Lei Orgânica dos partidos políticos: Lei nº 5.682, de 21 de julho de 1971, legislação correlata. *7ª ed.*, São Paulo: Saraiva, 1990.

ORTEGA, Juan Luis Rascón.; BENITEZ, Octavio Salazar; ZAMORA, Miguel Agudo. **Lecciones de teoría general y de Derecho Constitucional**. Madrid: Ediciones del Labirinto, 1999.

OTERO, Paulo. **A Democracia Totalitária**. Cascais: Principia, 2001.

PARLAGRECO, Carla. **Dizionario Portoghese-Italiano, Italiano-Portoghese**. São Paulo: Martins Fontes Editora, 1990.

PEIXINHO, Manoel Messias; GUERRA, Isabella Franco e FILHO, Firly Nascimento. **Os princípios da Constituição de 1988**. Rio de Janeiro: Lumen Juris, 2001.

PEREIRA, Caio Mário da Silva. **Instituições de Direito Civil**: Contratos. vol. III. 15ª ed. rev. e atual. por Regis Fichtner. Rio de Janeiro: Forense, 2011.

PIMENTA, Paulo Roberto Lyrio. **Eficácia e aplicabilidade das normas constitucionais programáticas**. Salvador: Max Limonad, 1999.

PINHEIRO FILHO, Israel. **Voto distrital misto**: proporcional personalizado. Brasília: Câmara dos Deputados, 1992.

PINSKY, Jaime e PINSKY, Carla Bassanezi (organização). **História da cidadania**. São Paulo: Contexto, 2003.

PINTO, Djalma. **Direito Eleitoral**: improbidade administrativa e responsabilidade fiscal. São Paulo: Atlas, 2003.

PITRUZZELA, Giovanni e BIN, Roberto. **Diritto Costituzionale**. Torino: G. Giappichelli Editore, 2000.

PORTO, Walter Costa. **O voto no Brasil**. 2ª ed. rev. Rio de Janeiro: Topbooks, 2002.

_____. **Dicionário do voto**. Brasília: Universidade de Brasília, 2000.

QUEIROZ, Ari Ferreira de. **Direito Eleitoral**. 4ª ed. Goiânia: Jurídica Iepc, 1998.

RABELLO FILHO, Benjamin Alves Rabello. **Partidos políticos no Brasil:** doutrina e legislação. Belo Horizonte: Del Rey, 2001.

RAMIREZ, Felipe Tena. **Derecho Constitucional Mexicano.** 34ª ed. México: Porrúa, 2001.

RAWLS, John. **Uma Teoria da Justiça.** Tradução de Carlos Pinto Correia. Lisboa: Editorial Presença, 1993.

RIBEIRO, Fávila. **A Constituição e a realidade brasileira.** 1ª ed. Rio de Janeiro: Biblioteca Jurídica Freitas Bastos, 1990.

_____. **Direito Eleitoral.** 4ª ed. rev. e ampl. Rio de janeiro: Forense, 1996.

_____. **Pressupostos constitucionais do Direito Eleitoral:** no caminho da sociedade participativa. Porto Alegre: Sérgio Antônio Fabris Editor, 1990.

ROCHA, Sílvio Luís Ferreira da. **Coleção temas de Direito Administrativo: terceiro setor.** São Paulo: Malheiros, 2003.

ROJAS, Miguel Limón. **Algunas consideraciones sobre interpretación constituciona in La interpretación constitucional.** México: Instituto de Investigaciones Jurídicas, 1975.

ROMANO, Santi. **Princípios de Direito Constitucional Geral.** la ed. São Paulo: RT, 1977.

ROYO, Javier Pérez. **Curso de Derecho Constitucional.** 12ª ed. Madrid: Marcial Pons, 2010.

_____. **Las fuentes del derecho.** 4ª ed. Madrid: Editorial Tecnos, 1998.

ROTHENBURG, Walter Claudius. **Princípios Constitucionais.** Porto Alegre: Sérgio Antônio Fabris Editor, 1999.

ROULAND, Norbert. **Roma:** Democracia Impossível? Os Agentes do Poder na Urbe Romana. Brasília: Editora UnB, 1981.

RUBIO, Ricardo Medina. **La función constitucional de las comisiones parlamentarias de investigación.** Madrid: Editorial Civitas, 1994.

RUIPÉREZ, Javier. **Constitución y autodeterminación.** Madrid: Editorial Tecnos, 1995.

SALDANHA, Nelson. **Pequeno dicionário da teoria do direito e filosofia política.** Porto Alegre: Sergio Antonio Fabris Editor, 1987.

_____. **Poder Constituinte.** São Paulo: RT, 1986.

SALVEMINI, Gaetano. **Per la riforma elettorale.** Napoli: Alfredo Guida Editore, 2000.

SAMPAIO, Nelson de Sousa. **O processo legislativo.** 2ª ed. Belo Horizonte: Del Rey, 1996.

SAMPAIO, Consuelo Novais. **Partidos políticos da Bahia na primeira República:** uma política da acomodação. Salvador: EDUFBA, 1999.

SANT'ANNA, Alayde Avelar Freire. **A radicalização do Direito**. Porto Alegre: Sergio Antonio Fabris Ed., 2004.

SANTOS, Emane Fidelis dos. **Novíssimos perfis do processo civil brasileiro**. Belo Horizonte: Del Rey, 1999.

SARAMAGO, José. **Ensaio sobre a lucidez**. São Paulo: Companhia das Letras, 2004.

SARLET. Ingo Wolfgang. **A Eficácia dos Direitos Fundamentais**: uma teoria geral dos direitos fundamentais na perspectiva constitucional. 12ª ed. rev. atual. e ampl. Porto Alegre: Livraria do Advogado, 2015.

SARTORI, Giovanni. **Engenharia constitucional**: como mudam as Constituições. Brasília: Editora UnB, 1996, p. 230.

SEILER, Daniel-Louis. **Os partidos políticos**. Brasília: Imprensa Oficial do Estado e UnB, 2000.

SERNA, Luís Escobar de la. **La cláusula de conciencia**. Madrid: Editorial Universitas, 1997.

_____. **Sociedad, información y constitucíon**. 2ª ed. Madrid: Editorial Universitas, 1999.

SILVA, Alexandre Assunção e. **Infidelidade Partidária**: direito material e processo. Belo Horizonte: Del Rey, 2014.

SILVA, José Afonso da. **Aplicabilidades das normas constitucionais**. 2ª ed. rev. e atual. São Paulo: Revista dos Tribunais, 1992.

_____. **Curso de Direito Constitucional positivo**. 22ª ed. São Paulo: Malheiros, 2002.

SILVA, Joana Lins e. **Fundamentos da norma tributária**. São Paulo: Max Limonad, 2001.

SILVA, De Plácido e. **Vocabulário jurídico**. Vol 1. 6ª ed. Rio de Janeiro: Forense, 1980.

SILVEIRA, Paulo Fernando. **Freios e contrapesos**: checks and balances. Belo Horizonte: Del Rey, 1999.

SIRVENT, José F Chofre. **Significado y función de las leyes orgánicas**. Madrid: Editorial Tecnos, 1994.

SOBRINHO, José Bispo. **Comentários à lei orgânica dos partidos políticos**. Brasília: Brasília Jurídica, 1995.

SOSPEDRA, Manuel Martínez. **Introducción a los partidos políticos**. 1ª ed. Barcelona: Ariel Derecho, 1996.

SOUSA, Luciane Moessa de. **Normas constitucionais não-regulamentadas**: instrumentos Processuais. 8 vol. São Paulo: Editora Revista dos Tribunais, 2004.

SOUZA, Aurélio Mota de Souza. **Segurança jurídica e jurisprudência**: um enfoque filosófico-jurídico. São Paulo: LTr, 1996.

SOUZA, Carlos Fernando Mathias. **Direito Autoral**, 1ª ed. Brasília: Editora Brasília Jurídica, 1998.

_____. **Breve Passeio pela História do Direito, passando pelos tributos**. Brasília, 1997, Centro de Estudos Judiciários do CJF.

SOUZA. Francisco Belisário Soares de. **Sistema eleitoral**. Brasília: Senado Federal, 1979.

SOUZA, Marcelo Serrano. Reforma Constitucional: uma teoria de estabilidade ou de instabilidade do projeto constitucional democrático?. In: Emilio Peluso Neder Meyer; Paulo Roberto Barbosa Ramos; Maria Fernanda Salcedo Repoles. (Org.). **Teoria Constitucional**. 25ª ed. Florianópolis: CONPEDI, 2015, v. 1, p. 108-124.

_____. **O acesso à informação como pressuposto da cidadania no Estado Democrático de Direito**. Aracaju, PPGD-UFS, 2015.

SUNDFELD, Carlos Ari. **Fundamentos de direito público**. 4ª ed. rev. atual. e ampl. São Paulo: Malheiros, 1999.

STUDIO, Biblioteca. **Il futuro della Costituzione**. A cura di Gustavo Zagrebelsky Pier Paolo Portinaro Jorg Luther. *Einaudi*. 1996.

TAVARES, André Ramos. **Tribunal e jurisdiçêo constitucional**. São Paulo: Celso Bastos Editor, 1998.

TAVARES, André Ramos e ROTHENBURG, Walter Claudius (organizadores). **Arguição de descumprimento de preceito fundamental**: análises à luz da Lei nº. 9.882/99. São Paulo: Atlas, 2001.

TAVARES, André Ramos e ROTHENBURG, Walter Claudius (organizadores). **Aspectos atuais do controle de constitucionalidade no Brasil**. Rio de Janeiro: Forense, 2003.

TAVARES, André Ramos. **Curso de direito constitucional**. São Paulo: Saraiva, 2002.

TERÁN, Jesús Alfredo Dosamantes. **Diccionario de Derecho Electoral**. México: Porrúa, 2000.

TOCQUEVILLE, Aléxis de. **A democracia na América**: leis e costumes. Livro 1. São Paulo: Martins Fontes, 1998.

TOMAMES, Laura y Ramón. **Introducción a la Constitución Española**. Octava edición. Madrid: Alianza Editorial, 1997.

TOMASETTI JR., Alcides (coordenador). **Compêndio de hermenêutica jurídica**. São Paulo: Saraiva, 1984.

TORRES, David e LONGO, Moacir. **Reformas para desenvolver o Brasil**. 1ª ed. São Paulo: Nobel, 2003.

TORRES, Ricardo Lobo. **Sistemas constitucionais tributários**. Vol. II. 1ª ed. Rio de Janeiro: Forense, 1986.

URIAS MARTINEZ, Joaquim P. **La cuestion interna de Inconstitucionalidad**. Madrid: Ciências Jurídicas, McGraw-Hill, 1996.

VALDÉS, Roberto L. Blanco. **Los partidos políticos**. Madrid: Editorial Tecnos, 1997.

VANOSSI, Jorge R. **Revista de Direito Constitucional e ciência política** (publicação semestral do instituto de Direito Constitucional). Rio de Janeiro: Forense, 1983.

VASCONCELOS, Maria José Esteves de. **Pensamento sistêmico**: o novo paradigma da ciência. 2ª ed. São Paulo: Papiros, 2002.

VELLOSO, Carlos Mário da Silva e ROCHA, Cármen Lúcia Antunes (coordenadores). **Direito eleitoral**. Belo Horizonte: Del Rey, 1996.

VIADEL, Antonio Colomer: GONZÁLEZ, José Luis López. **Practicas de Derecho Constitucional**. Valencia: Tirant lo Blanch, 1992.

VIEIRA, Alberto. **Região Autônoma da Madeira**: A Autonomia. XX Aniversário. Breves Notas Históricas. Governo Regional de Ilha da Madeira.

VIEIRA, Padre Antonio. **Sermão do mandato**. Brasília: Editora Universidade de Brasília e São Paulo: Imprensa Oficial do Estado, 2000.

WATSON, Adam. **A evolução da sociedade internacional**: uma análise histórica comparativa. Brasília: UnB, 2004, p. 475.

WRÓBLEWSKI, Jerzy. **Constitución y teoria general de la interpretación jurídica**. Madrid: Cuadernos Civitas, 2001.

ZAGREBELSKY, Gustavo. **La Crucifixion y La Democracia**. Tradução de Atilio Pentinalli Melacrino. Barcelona: Ariel, 1996.

CONSTITUIÇÃO DA REPÚBLICA FEDERATIVA DO BRASIL DE 1988

PREÂMBULO

Nós, representantes do povo brasileiro, reunidos em Assembléia Nacional Constituinte para instituir um Estado Democrático, destinado a assegurar o exercício dos direitos sociais e individuais, a liberdade, a segurança, o bem-estar, o desenvolvimento, a igualdade e a justiça como valores supremos de uma sociedade fraterna, pluralista e sem preconceitos, fundada na harmonia social e comprometida, na ordem interna e internacional, com a solução pacífica das controvérsias, promulgamos, sob a proteção de Deus, a seguinte CONSTITUIÇÃO DA REPÚBLICA FEDERATIVA DO BRASIL.

TÍTULO I
Dos Princípios Fundamentais

Art. 1º A República Federativa do Brasil, formada pela união indissolúvel dos Estados e Municípios e do Distrito Federal, constitui-se em Estado Democrático de Direito e tem como fundamentos:

I – a soberania;
II – a cidadania
III – a dignidade da pessoa humana;
IV – os valores sociais do trabalho e da livre iniciativa;
V – o pluralismo político.

Parágrafo único. Todo o poder emana do povo, que o exerce por meio de representantes eleitos ou diretamente, nos termos desta Constituição.

Art. 2º São Poderes da União, independentes e harmônicos entre si, o Legislativo, o Executivo e o Judiciário.

Art. 3º Constituem objetivos fundamentais da República Federativa do Brasil:

I – construir uma sociedade livre, justa e solidária;
II – garantir o desenvolvimento nacional;
III – erradicar a pobreza e a marginalização e reduzir as desigualdades sociais e regionais;
IV – promover o bem de todos, sem preconceitos de origem, raça, sexo, cor, idade e quaisquer outras formas de discriminação.

Art. 4º A República Federativa do Brasil rege-se nas suas relações internacionais pelos seguintes princípios:
I – independência nacional;
II – prevalência dos direitos humanos;
III – autodeterminação dos povos;
IV – não-intervenção;
V – igualdade entre os Estados;
VI – defesa da paz;
VII – solução pacífica dos conflitos;
VIII – repúdio ao terrorismo e ao racismo;
IX – cooperação entre os povos para o progresso da humanidade;
X – concessão de asilo político.
Parágrafo único. A República Federativa do Brasil buscará a integração econômica, política, social e cultural dos povos da América Latina, visando à formação de uma comunidade latino-americana de nações.

TÍTULO II
Dos Direitos e Garantias Fundamentais

CAPÍTULO I
DOS DIREITOS E DEVERES INDIVIDUAIS E COLETIVOS

Art. 5º Todos são iguais perante a lei, sem distinção de qualquer natureza, garantindo-se aos brasileiros e aos estrangeiros residentes no País a inviolabilidade do direito à vida, à liberdade, à igualdade, à segurança e à propriedade, nos termos seguintes:
I – homens e mulheres são iguais em direitos e obrigações, nos termos desta Constituição;
II – ninguém será obrigado a fazer ou deixar de fazer alguma coisa senão em virtude de lei;
III – ninguém será submetido a tortura nem a tratamento desumano ou degradante;
IV – é livre a manifestação do pensamento, sendo vedado o anonimato;
V – é assegurado o direito de resposta, proporcional ao agravo, além da indenização por dano material, moral ou à imagem;
VI – é inviolável a liberdade de consciência e de crença, sendo assegurado o livre exercício dos cultos religiosos e garantida, na forma da lei, a proteção aos locais de culto e a suas liturgias;
VII – é assegurada, nos termos da lei, a prestação de assistência religiosa nas entidades civis e militares de internação coletiva;
VIII – ninguém será privado de direitos por motivo de crença religiosa ou de convicção filosófica ou política, salvo se as invocar para eximir-se de

obrigação legal a todos imposta e recusar-se a cumprir prestação alternativa, fixada em lei;

IX – é livre a expressão da atividade intelectual, artística, científica e de comunicação, independentemente de censura ou licença;

X – são invioláveis a intimidade, a vida privada, a honra e a imagem das pessoas, assegurado o direito a indenização pelo dano material ou moral decorrente de sua violação;

XI – a casa é asilo inviolável do indivíduo, ninguém nela podendo penetrar sem consentimento do morador, salvo em caso de flagrante delito ou desastre, ou para prestar socorro, ou, durante o dia, por determinação judicial;

XII – é inviolável o sigilo da correspondência e das comunicações telegráficas, de dados e das comunicações telefônicas, salvo, no último caso, por ordem judicial, nas hipóteses e na forma que a lei estabelecer para fins de investigação criminal ou instrução processual penal;

XIII – é livre o exercício de qualquer trabalho, ofício ou profissão, atendidas as qualificações profissionais que a lei estabelecer;

XIV – é assegurado a todos o acesso à informação e resguardado o sigilo da fonte, quando necessário ao exercício profissional;

XV – é livre a locomoção no território nacional em tempo de paz, podendo qualquer pessoa, nos termos da lei, nele entrar, permanecer ou dele sair com seus bens;

XVI – todos podem reunir-se pacificamente, sem armas, em locais abertos ao público, independentemente de autorização, desde que não frustrem outra reunião anteriormente convocada para o mesmo local, sendo apenas exigido prévio aviso à autoridade competente;

XVII – é plena a liberdade de associação para fins lícitos, vedada a de caráter paramilitar;

XVIII – a criação de associações e, na forma da lei, a de cooperativas independem de autorização, sendo vedada a interferência estatal em seu funcionamento;

XIX – as associações só poderão ser compulsoriamente dissolvidas ou ter suas atividades suspensas por decisão judicial, exigindo-se, no primeiro caso, o trânsito em julgado;

XX – ninguém poderá ser compelido a associar-se ou a permanecer associado;

XXI – as entidades associativas, quando expressamente autorizadas, têm legitimidade para representar seus filiados judicial ou extrajudicialmente;

XXII – é garantido o direito de propriedade;

XXIII – a propriedade atenderá a sua função social;

XXIV – a lei estabelecerá o procedimento para desapropriação por necessidade ou utilidade pública, ou por interesse social, mediante justa e prévia indenização em dinheiro, ressalvados os casos previstos nesta Constituição;

XXV – no caso de iminente perigo público, a autoridade competente poderá usar de propriedade particular, assegurada ao proprietário indenização ulterior, se houver dano;

XXVI – a pequena propriedade rural, assim definida em lei, desde que trabalhada pela família, não será objeto de penhora para pagamento de débitos decorrentes de sua atividade produtiva, dispondo a lei sobre os meios de financiar o seu desenvolvimento;

XXVII – aos autores pertence o direito exclusivo de utilização, publicação ou reprodução de suas obras, transmissível aos herdeiros pelo tempo que a lei fixar;

XXVIII – são assegurados, nos termos da lei:

a) a proteção às participações individuais em obras coletivas e à reprodução da imagem e voz humanas, inclusive nas atividades desportivas;

b) o direito de fiscalização do aproveitamento econômico das obras que criarem ou de que participarem aos criadores, aos intérpretes e às respectivas representações sindicais e associativas;

XXIX – a lei assegurará aos autores de inventos industriais privilégio temporário para sua utilização, bem como proteção às criações industriais, à propriedade das marcas, aos nomes de empresas e a outros signos distintivos, tendo em vista o interesse social e o desenvolvimento tecnológico e econômico do País;

XXX – é garantido o direito de herança;

XXXI – a sucessão de bens de estrangeiros situados no País será regulada pela lei brasileira em benefício do cônjuge ou dos filhos brasileiros, sempre que não lhes seja mais favorável a lei pessoal do «de cujus»;

XXXII – o Estado promoverá, na forma da lei, a defesa do consumidor;

XXXIII – todos têm direito a receber dos órgãos públicos informações de seu interesse particular, ou de interesse coletivo ou geral, que serão prestadas no prazo da lei, sob pena de responsabilidade, ressalvadas aquelas cujo sigilo seja imprescindível à segurança da sociedade e do Estado;

XXXIV – são a todos assegurados, independentemente do pagamento de taxas:

a) o direito de petição aos Poderes Públicos em defesa de direitos ou contra ilegalidade ou abuso de poder;

b) a obtenção de certidões em repartições públicas, para defesa de direitos e esclarecimento de situações de interesse pessoal;

XXXV – a lei não excluirá da apreciação do Poder Judiciário lesão ou ameaça a direito;

XXXVI – a lei não prejudicará o direito adquirido, o ato jurídico perfeito e a coisa julgada;

XXXVII – não haverá juízo ou tribunal de exceção;

XXXVIII – é reconhecida a instituição do júri, com a organização que lhe der a lei, assegurados:

a) a plenitude de defesa;

b) o sigilo das votações;

c) a soberania dos veredictos;

d) a competência para o julgamento dos crimes dolosos contra a vida;

XXXIX – não há crime sem lei anterior que o defina, nem pena sem prévia cominação legal;

XL – a lei penal não retroagirá, salvo para beneficiar o réu;

XLI – a lei punirá qualquer discriminação atentatória dos direitos e liberdades fundamentais;

XLII – a prática do racismo constitui crime inafiançável e imprescritível, sujeito à pena de reclusão, nos termos da lei;

XLIII – a lei considerará crimes inafiançáveis e insuscetíveis de graça ou anistia a prática da tortura , o tráfico ilícito de entorpecentes e drogas afins, o terrorismo e os definidos como crimes hediondos, por eles respondendo os mandantes, os executores e os que, podendo evitá-los, se omitirem; (Regulamento)

XLIV – constitui crime inafiançável e imprescritível a ação de grupos armados, civis ou militares, contra a ordem constitucional e o Estado Democrático;

XLV – nenhuma pena passará da pessoa do condenado, podendo a obrigação de reparar o dano e a decretação do perdimento de bens ser, nos termos da lei, estendidas aos sucessores e contra eles executadas, até o limite do valor do patrimônio transferido;

XLVI – a lei regulará a individualização da pena e adotará, entre outras, as seguintes:

a) privação ou restrição da liberdade;

b) perda de bens;

c) multa;

d) prestação social alternativa;

e) suspensão ou interdição de direitos;

XLVII – não haverá penas:

a) de morte, salvo em caso de guerra declarada, nos termos do art. 84, XIX;

b) de caráter perpétuo;

c) de trabalhos forçados;

d) de banimento;

e) cruéis;

XLVIII – a pena será cumprida em estabelecimentos distintos, de acordo com a natureza do delito, a idade e o sexo do apenado;

XLIX – é assegurado aos presos o respeito à integridade física e moral;

L – às presidiárias serão asseguradas condições para que possam permanecer com seus filhos durante o período de amamentação;

LI – nenhum brasileiro será extraditado, salvo o naturalizado, em caso de crime comum, praticado antes da naturalização, ou de comprovado envolvimento em tráfico ilícito de entorpecentes e drogas afins, na forma da lei;

LII – não será concedida extradição de estrangeiro por crime político ou de opinião;

LIII – ninguém será processado nem sentenciado senão pela autoridade competente;

LIV – ninguém será privado da liberdade ou de seus bens sem o devido processo legal;

LV – aos litigantes, em processo judicial ou administrativo, e aos acusados em geral são assegurados o contraditório e ampla defesa, com os meios e recursos a ela inerentes;

LVI – são inadmissíveis, no processo, as provas obtidas por meios ilícitos;

LVII – ninguém será considerado culpado até o trânsito em julgado de sentença penal condenatória;

LVIII – o civilmente identificado não será submetido a identificação criminal, salvo nas hipóteses previstas em lei; (Regulamento).

LIX – será admitida ação privada nos crimes de ação pública, se esta não for intentada no prazo legal;

LX – a lei só poderá restringir a publicidade dos atos processuais quando a defesa da intimidade ou o interesse social o exigirem;

LXI – ninguém será preso senão em flagrante delito ou por ordem escrita e fundamentada de autoridade judiciária competente, salvo nos casos de transgressão militar ou crime propriamente militar, definidos em lei;

LXII – a prisão de qualquer pessoa e o local onde se encontre serão comunicados imediatamente ao juiz competente e à família do preso ou à pessoa por ele indicada;

LXIII – o preso será informado de seus direitos, entre os quais o de permanecer calado, sendo-lhe assegurada a assistência da família e de advogado;

LXIV – o preso tem direito à identificação dos responsáveis por sua prisão ou por seu interrogatório policial;

LXV – a prisão ilegal será imediatamente relaxada pela autoridade judiciária;

LXVI – ninguém será levado à prisão ou nela mantido, quando a lei admitir a liberdade provisória, com ou sem fiança;

LXVII – não haverá prisão civil por dívida, salvo a do responsável pelo inadimplemento voluntário e inescusável de obrigação alimentícia e a do depositário infiel;

LXVIII – conceder-se-á *habeas corpus* sempre que alguém sofrer ou se achar ameaçado de sofrer violência ou coação em sua liberdade de locomoção, por ilegalidade ou abuso de poder;

LXIX – conceder-se-á mandado de segurança para proteger direito líquido e certo, não amparado por *habeas corpus* ou *habeas data*, quando o responsável pela ilegalidade ou abuso de poder for autoridade pública ou agente de pessoa jurídica no exercício de atribuições do Poder Público;

LXX – o mandado de segurança coletivo pode ser impetrado por:

a) partido político com representação no Congresso Nacional;

b) organização sindical, entidade de classe ou associação legalmente constituída e em funcionamento há pelo menos um ano, em defesa dos interesses de seus membros ou associados;

LXXI – conceder-se-á mandado de injunção sempre que a falta de norma regulamentadora torne inviável o exercício dos direitos e liberdades constitucionais e das prerrogativas inerentes à nacionalidade, à soberania e à cidadania;

LXXII – conceder-se-á *habeas data:*

a) para assegurar o conhecimento de informações relativas à pessoa do impetrante, constantes de registros ou bancos de dados de entidades governamentais ou de caráter público;

b) para a retificação de dados, quando não se prefira fazê-lo por processo sigiloso, judicial ou administrativo;

LXXIII – qualquer cidadão é parte legítima para propor ação popular que vise a anular ato lesivo ao patrimônio público ou de entidade de que o Estado participe, à moralidade administrativa, ao meio ambiente e ao patrimônio histórico e cultural, ficando o autor, salvo comprovada má-fé, isento de custas judiciais e do ônus da sucumbência;

LXXIV – o Estado prestará assistência jurídica integral e gratuita aos que comprovarem insuficiência de recursos;

LXXV – o Estado indenizará o condenado por erro judiciário, assim como o que ficar preso além do tempo fixado na sentença;

LXXVI – são gratuitos para os reconhecidamente pobres, na forma da lei:

a) o registro civil de nascimento;

b) a certidão de óbito;

LXXVII – são gratuitas as ações de *habeas corpus* e *habeas data*, e, na forma da lei, os atos necessários ao exercício da cidadania.

LXXVIII a todos, no âmbito judicial e administrativo, são assegurados a razoável duração do processo e os meios que garantam a celeridade de sua tramitação. (Incluído pela Emenda Constitucional nº 45, de 2004)

§ 1º As normas definidoras dos direitos e garantias fundamentais têm aplicação imediata.

§ 2º Os direitos e garantias expressos nesta Constituição não excluem outros decorrentes do regime e dos princípios por ela adotados, ou dos tratados internacionais em que a República Federativa do Brasil seja parte.

§ 3º Os tratados e convenções internacionais sobre direitos humanos que forem aprovados, em cada Casa do Congresso Nacional, em dois turnos, por três quintos dos votos dos respectivos membros, serão equivalentes às emendas constitucionais. (Incluído pela Emenda Constitucional nº 45, de 2004) (Atos aprovados na forma deste parágrafo)

§ 4º O Brasil se submete à jurisdição de Tribunal Penal Internacional a cuja criação tenha manifestado adesão. (Incluído pela Emenda Constitucional nº 45, de 2004)

CAPÍTULO III
DA NACIONALIDADE

Art. 12. São brasileiros:

I – natos:

a) os nascidos na República Federativa do Brasil, ainda que de pais estrangeiros, desde que estes não estejam a serviço de seu país;

b) os nascidos no estrangeiro, de pai brasileiro ou mãe brasileira, desde que qualquer deles esteja a serviço da República Federativa do Brasil;

c) os nascidos no estrangeiro de pai brasileiro ou de mãe brasileira, desde que sejam registrados em repartição brasileira competente ou venham a residir na República Federativa do Brasil e optem, em qualquer tempo, depois de atingida a maioridade, pela nacionalidade brasileira; (Redação dada pela Emenda Constitucional nº 54, de 2007)

II – naturalizados:

a) os que, na forma da lei, adquiram a nacionalidade brasileira, exigidas aos originários de países de língua portuguesa apenas residência por um ano ininterrupto e idoneidade moral;

b) os estrangeiros de qualquer nacionalidade, residentes na República Federativa do Brasil há mais de quinze anos ininterruptos e sem condenação penal, desde que requeiram a nacionalidade brasileira. (Redação dada pela Emenda Constitucional de Revisão nº 3, de 1994)

§ 1º Aos portugueses com residência permanente no País, se houver reciprocidade em favor de brasileiros, serão atribuídos os direitos inerentes ao brasileiro, salvo os casos previstos nesta Constituição. (Redação dada pela Emenda Constitucional de Revisão nº 3, de 1994)

§ 2º A lei não poderá estabelecer distinção entre brasileiros natos e naturalizados, salvo nos casos previstos nesta Constituição.

§ 3º São privativos de brasileiro nato os cargos:

I – de Presidente e Vice-Presidente da República;

II – de Presidente da Câmara dos Deputados;

III – de Presidente do Senado Federal;

IV – de Ministro do Supremo Tribunal Federal;

V – da carreira diplomática;

VI – de oficial das Forças Armadas.

VII – de Ministro de Estado da Defesa (Incluído pela Emenda Constitucional nº 23, de 1999)

§ 4º – Será declarada a perda da nacionalidade do brasileiro que:

I – tiver cancelada sua naturalização, por sentença judicial, em virtude de atividade nociva ao interesse nacional;

II – adquirir outra nacionalidade, salvo nos casos: (Redação dada pela Emenda Constitucional de Revisão nº 3, de 1994)

a) de reconhecimento de nacionalidade originária pela lei estrangeira; (Incluído pela Emenda Constitucional de Revisão nº 3, de 1994)

b) de imposição de naturalização, pela norma estrangeira, ao brasileiro residente em estado estrangeiro, como condição para permanência em seu território ou para o exercício de direitos civis; (Incluído pela Emenda Constitucional de Revisão nº 3, de 1994)

Art. 13. A língua portuguesa é o idioma oficial da República Federativa do Brasil.

§ 1º São símbolos da República Federativa do Brasil a bandeira, o hino, as armas e o selo nacionais.

§ 2º Os Estados, o Distrito Federal e os Municípios poderão ter símbolos próprios.

CAPÍTULO IV
DOS DIREITOS POLÍTICOS

Art. 14. A soberania popular será exercida pelo sufrágio universal e pelo voto direto e secreto, com valor igual para todos, e, nos termos da lei, mediante:

I – plebiscito;

II – referendo;

III – iniciativa popular.

§ 1º O alistamento eleitoral e o voto são:

I – obrigatórios para os maiores de dezoito anos;

II – facultativos para:

a) os analfabetos;

b) os maiores de setenta anos;

c) os maiores de dezesseis e menores de dezoito anos.

§ 2º Não podem alistar-se como eleitores os estrangeiros e, durante o período do serviço militar obrigatório, os conscritos.

§ 3º São condições de elegibilidade, na forma da lei:

I – a nacionalidade brasileira;

II – o pleno exercício dos direitos políticos;

III – o alistamento eleitoral;

IV – o domicílio eleitoral na circunscrição;

V – a filiação partidária; Regulamento

VI – a idade mínima de:

a) trinta e cinco anos para Presidente e Vice-Presidente da República e Senador;

b) trinta anos para Governador e Vice-Governador de Estado e do Distrito Federal;

c) vinte e um anos para Deputado Federal, Deputado Estadual ou Distrital, Prefeito, Vice-Prefeito e juiz de paz;

d) dezoito anos para Vereador.

§ 4º São inelegíveis os inalistáveis e os analfabetos.

§ 5º O Presidente da República, os Governadores de Estado e do Distrito Federal, os Prefeitos e quem os houver sucedido, ou substituído no curso dos mandatos poderão ser reeleitos para um único período subseqüente. (Redação dada pela Emenda Constitucional nº 16, de 1997)

§ 6º Para concorrerem a outros cargos, o Presidente da República, os Governadores de Estado e do Distrito Federal e os Prefeitos devem renunciar aos respectivos mandatos até seis meses antes do pleito.

§ 7º São inelegíveis, no território de jurisdição do titular, o cônjuge e os parentes consangüíneos ou afins, até o segundo grau ou por adoção, do Presidente da República, de Governador de Estado ou Território, do Distrito Federal, de Prefeito ou de quem os haja substituído dentro dos seis meses anteriores ao pleito, salvo se já titular de mandato eletivo e candidato à reeleição.

§ 8º O militar alistável é elegível, atendidas as seguintes condições:

I – se contar menos de dez anos de serviço, deverá afastar-se da atividade;

II – se contar mais de dez anos de serviço, será agregado pela autoridade superior e, se eleito, passará automaticamente, no ato da diplomação, para a inatividade.

§ 9º Lei complementar estabelecerá outros casos de inelegibilidade e os prazos de sua cessação, a fim de proteger a probidade administrativa, a moralidade para exercício de mandato considerada vida pregressa do candidato, e a normalidade e legitimidade das eleições contra a influência do poder econômico ou o abuso do exercício de função, cargo ou emprego na administração direta ou indireta. (Redação dada pela Emenda Constitucional de Revisão nº 4, de 1994)

§ 10. O mandato eletivo poderá ser impugnado ante a Justiça Eleitoral no prazo de quinze dias contados da diplomação, instruída a ação com provas de abuso do poder econômico, corrupção ou fraude.

§ 11. A ação de impugnação de mandato tramitará em segredo de justiça, respondendo o autor, na forma da lei, se temerária ou de manifesta má-fé.

Art. 15. É vedada a cassação de direitos políticos, cuja perda ou suspensão só se dará nos casos de:

I – cancelamento da naturalização por sentença transitada em julgado;

II – incapacidade civil absoluta;

III – condenação criminal transitada em julgado, enquanto durarem seus efeitos;

IV – recusa de cumprir obrigação a todos imposta ou prestação alternativa, nos termos do art. 5º, VIII;
V – improbidade administrativa, nos termos do art. 37, § 4º.
Art. 16. A lei que alterar o processo eleitoral entrará em vigor na data de sua publicação, não se aplicando à eleição que ocorra até um ano da data de sua vigência. (Redação dada pela Emenda Constitucional nº 4, de 1993)

CAPÍTULO V
DOS PARTIDOS POLÍTICOS

Art. 17. É livre a criação, fusão, incorporação e extinção de partidos políticos, resguardados a soberania nacional, o regime democrático, o pluripartidarismo, os direitos fundamentais da pessoa humana e observados os seguintes preceitos: Regulamento
I – caráter nacional;
II – proibição de recebimento de recursos financeiros de entidade ou governo estrangeiros ou de subordinação a estes;
III – prestação de contas à Justiça Eleitoral;
IV – funcionamento parlamentar de acordo com a lei.
§ 1º É assegurada aos partidos políticos autonomia para definir sua estrutura interna, organização e funcionamento e para adotar os critérios de escolha e o regime de suas coligações eleitorais, sem obrigatoriedade de vinculação entre as candidaturas em âmbito nacional, estadual, distrital ou municipal, devendo seus estatutos estabelecer normas de disciplina e fidelidade partidária. (Redação dada pela Emenda Constitucional nº 52, de 2006)
§ 2º Os partidos políticos, após adquirirem personalidade jurídica, na forma da lei civil, registrarão seus estatutos no Tribunal Superior Eleitoral.
§ 3º Os partidos políticos têm direito a recursos do fundo partidário e acesso gratuito ao rádio e à televisão, na forma da lei.
§ 4º É vedada a utilização pelos partidos políticos de organização paramilitar.

TÍTULO IV
DA ORGANIZAÇÃO DOS PODERES
(Redação dada pela Emenda Constitucional nº 80, de 2014)

CAPÍTULO I
DO PODER LEGISLATIVO

SEÇÃO I
DO CONGRESSO NACIONAL
Art. 44. O Poder Legislativo é exercido pelo Congresso Nacional, que se compõe da Câmara dos Deputados e do Senado Federal.

Parágrafo único. Cada legislatura terá a duração de quatro anos.

Art. 45. A Câmara dos Deputados compõe-se de representantes do povo, eleitos, pelo sistema proporcional, em cada Estado, em cada Território e no Distrito Federal.

§ 1º O número total de Deputados, bem como a representação por Estado e pelo Distrito Federal, será estabelecido por lei complementar, proporcionalmente à população, procedendo-se aos ajustes necessários, no ano anterior às eleições, para que nenhuma daquelas unidades da Federação tenha menos de oito ou mais de setenta Deputados.

§ 2º Cada Território elegerá quatro Deputados.

Art. 46. O Senado Federal compõe-se de representantes dos Estados e do Distrito Federal, eleitos segundo o princípio majoritário.

§ 1º Cada Estado e o Distrito Federal elegerão três Senadores, com mandato de oito anos.

§ 2º A representação de cada Estado e do Distrito Federal será renovada de quatro em quatro anos, alternadamente, por um e dois terços.

§ 3º Cada Senador será eleito com dois suplentes.

Art. 47. Salvo disposição constitucional em contrário, as deliberações de cada Casa e de suas Comissões serão tomadas por maioria dos votos, presente a maioria absoluta de seus membros.

Seção V
DOS DEPUTADOS E DOS SENADORES

Art. 53. Os Deputados e Senadores são invioláveis, civil e penalmente, por quaisquer de suas opiniões, palavras e votos. (Redação dada pela Emenda Constitucional nº 35, de 2001)

§ 1º Os Deputados e Senadores, desde a expedição do diploma, serão submetidos a julgamento perante o Supremo Tribunal Federal. (Redação dada pela Emenda Constitucional nº 35, de 2001)

§ 2º Desde a expedição do diploma, os membros do Congresso Nacional não poderão ser presos, salvo em flagrante de crime inafiançável. Nesse caso, os autos serão remetidos dentro de vinte e quatro horas à Casa respectiva, para que, pelo voto da maioria de seus membros, resolva sobre a prisão. (Redação dada pela Emenda Constitucional nº 35, de 2001)

§ 3º Recebida a denúncia contra o Senador ou Deputado, por crime ocorrido após a diplomação, o Supremo Tribunal Federal dará ciência à Casa respectiva, que, por iniciativa de partido político nela representado e pelo voto da maioria de seus membros, poderá, até a decisão final, sustar o andamento da ação. (Redação dada pela Emenda Constitucional nº 35, de 2001)

§ 4º O pedido de sustação será apreciado pela Casa respectiva no prazo improrrogável de quarenta e cinco dias do seu recebimento pela Mesa Diretora. (Redação dada pela Emenda Constitucional nº 35, de 2001)

§ 5º A sustação do processo suspende a prescrição, enquanto durar o mandato. (Redação dada pela Emenda Constitucional nº 35, de 2001)

§ 6º Os Deputados e Senadores não serão obrigados a testemunhar sobre informações recebidas ou prestadas em razão do exercício do mandato, nem sobre as pessoas que lhes confiaram ou deles receberam informações. (Redação dada pela Emenda Constitucional nº 35, de 2001)

§ 7º A incorporação às Forças Armadas de Deputados e Senadores, embora militares e ainda que em tempo de guerra, dependerá de prévia licença da Casa respectiva. (Redação dada pela Emenda Constitucional nº 35, de 2001)

§ 8º As imunidades de Deputados ou Senadores subsistirão durante o estado de sítio, só podendo ser suspensas mediante o voto de dois terços dos membros da Casa respectiva, nos casos de atos praticados fora do recinto do Congresso Nacional, que sejam incompatíveis com a execução da medida. (Incluído pela Emenda Constitucional nº 35, de 2001)

Art. 54. Os Deputados e Senadores não poderão:

I – desde a expedição do diploma:

a) firmar ou manter contrato com pessoa jurídica de direito público, autarquia, empresa pública, sociedade de economia mista ou empresa concessionária de serviço público, salvo quando o contrato obedecer a cláusulas uniformes;

b) aceitar ou exercer cargo, função ou emprego remunerado, inclusive os de que sejam demissíveis «ad nutum», nas entidades constantes da alínea anterior;

II – desde a posse:

a) ser proprietários, controladores ou diretores de empresa que goze de favor decorrente de contrato com pessoa jurídica de direito público, ou nela exercer função remunerada;

b) ocupar cargo ou função de que sejam demissíveis «ad nutum», nas entidades referidas no inciso I, «a»;

c) patrocinar causa em que seja interessada qualquer das entidades a que se refere o inciso I, «a»;

d) ser titulares de mais de um cargo ou mandato público eletivo.

Art. 55. Perderá o mandato o Deputado ou Senador:

I – que infringir qualquer das proibições estabelecidas no artigo anterior;

II – cujo procedimento for declarado incompatível com o decoro parlamentar;

III – que deixar de comparecer, em cada sessão legislativa, à terça parte das sessões ordinárias da Casa a que pertencer, salvo licença ou missão por esta autorizada;

IV – que perder ou tiver suspensos os direitos políticos;

V – quando o decretar a Justiça Eleitoral, nos casos previstos nesta Constituição;

VI – que sofrer condenação criminal em sentença transitada em julgado.

§ 1º – É incompatível com o decoro parlamentar, além dos casos definidos no regimento interno, o abuso das prerrogativas asseguradas a membro do Congresso Nacional ou a percepção de vantagens indevidas.

§ 2º Nos casos dos incisos I, II e VI, a perda do mandato será decidida pela Câmara dos Deputados ou pelo Senado Federal, por maioria absoluta, mediante provocação da respectiva Mesa ou de partido político representado no Congresso Nacional, assegurada ampla defesa. (Redação dada pela Emenda Constitucional nº 76, de 2013)

§ 3º – Nos casos previstos nos incisos III a V, a perda será declarada pela Mesa da Casa respectiva, de ofício ou mediante provocação de qualquer de seus membros, ou de partido político representado no Congresso Nacional, assegurada ampla defesa.

§ 4º A renúncia de parlamentar submetido a processo que vise ou possa levar à perda do mandato, nos termos deste artigo, terá seus efeitos suspensos até as deliberações finais de que tratam os §§ 2º e 3º. (Incluído pela Emenda Constitucional de Revisão nº 6, de 1994)

Art. 56. Não perderá o mandato o Deputado ou Senador:

I – investido no cargo de Ministro de Estado, Governador de Território, Secretário de Estado, do Distrito Federal, de Território, de Prefeitura de Capital ou chefe de missão diplomática temporária;

II – licenciado pela respectiva Casa por motivo de doença, ou para tratar, sem remuneração, de interesse particular, desde que, neste caso, o afastamento não ultrapasse cento e vinte dias por sessão legislativa.

§ 1º O suplente será convocado nos casos de vaga, de investidura em funções previstas neste artigo ou de licença superior a cento e vinte dias.

§ 2º Ocorrendo vaga e não havendo suplente, far-se-á eleição para preenchê-la se faltarem mais de quinze meses para o término do mandato.

§ 3º Na hipótese do inciso I, o Deputado ou Senador poderá optar pela remuneração do mandato.

EMENDA CONSTITUCIONAL Nº 91, DE 18 DE FEVEREIRO DE 2016

Altera a Constituição Federal para estabelecer a possibilidade, excepcional e em período determinado, de desfiliação partidária, sem prejuízo do mandato.

As Mesas da Câmara dos Deputados e do Senado Federal, nos termos do § 3º do art. 60 da Constituição Federal, promulgam a seguinte Emenda ao texto constitucional:

Art. 1º É facultado ao detentor de mandato eletivo desligar-se do partido pelo qual foi eleito nos trinta dias seguintes à promulgação desta Emenda Constitucional, sem prejuízo do mandato, não sendo essa desfiliação considerada para fins de distribuição dos recursos do Fundo Partidário e de acesso gratuito ao tempo de rádio e televisão.

Art. 2º Esta Emenda Constitucional entra em vigor na data de sua publicação.

Brasília, em 18 de fevereiro de 2016.

LEI Nº 9.096, DE 19 DE SETEMBRO DE 1995

Dispõe sobre partidos políticos, regulamenta os arts. 17 e 14, § 3º, inciso V, da Constituição Federal.

O VICE-PRESIDENTE DA REPÚBLICA no exercício do cargo de PRESIDENTE DA REPÚBLICA Faço saber que o Congresso Nacional decreta e eu sanciono a seguinte Lei:

TÍTULO I
Disposições Preliminares

Art. 1º O partido político, pessoa jurídica de direito privado, destina-se a assegurar, no interesse do regime democrático, a autenticidade do sistema representativo e a defender os direitos fundamentais definidos na Constituição Federal.

Art. 2º É livre a criação, fusão, incorporação e extinção de partidos políticos cujos programas respeitem a soberania nacional, o regime democrático, o pluripartidarismo e os direitos fundamentais da pessoa humana.

Art. 3º É assegurada, ao partido político, autonomia para definir sua estrutura interna, organização e funcionamento.

Parágrafo único. É assegurada aos candidatos, partidos políticos e coligações autonomia para definir o cronograma das atividades eleitorais de campanha e executá-lo em qualquer dia e horário, observados os limites estabelecidos em lei. (Incluído pela Lei nº 12.891, de 2013)

Art. 4º Os filiados de um partido político têm iguais direitos e deveres.

Art. 5º A ação do partido tem caráter nacional e é exercida de acordo com seu estatuto e programa, sem subordinação a entidades ou governos estrangeiros.

Art. 6º É vedado ao partido político ministrar instrução militar ou paramilitar, utilizar-se de organização da mesma natureza e adotar uniforme para seus membros.

Art. 7º O partido político, após adquirir personalidade jurídica na forma da lei civil, registra seu estatuto no Tribunal Superior Eleitoral.

~~§ 1º Só é admitido o registro do estatuto de partido político que tenha caráter nacional, considerando-se como tal aquele que comprove o apoiamento de eleitores correspondente a, pelo menos, meio por cento dos votos dados na última eleição geral para a Câmara dos Deputados, não computados os votos em branco e os nulos, distribuídos por um terço, ou mais, dos Estados, com um mínimo de um décimo por cento do eleitorado que haja votado em cada um deles.~~

~~§ 1º Só é admitido o registro do estatuto de partido político que tenha caráter nacional, considerando-se como tal aquele que comprove o apoiamento de eleitores não filiados a partido político, correspondente a, pelo menos, 0,5% (cinco décimos por cento) dos votos dados na última eleição geral para a Câmara dos Deputados, não computados os votos em branco e os nulos, distribuídos por 1/3 (um terço), ou mais, dos Estados, com um mínimo de 0,1% (um décimo por cento) do eleitorado que haja votado em cada um deles. (Redação dada pela Lei nº 13.107, de 2015)~~

§ 1º Só é admitido o registro do estatuto de partido político que tenha caráter nacional, considerando-se como tal aquele que comprove, no período de dois anos, o apoiamento de eleitores não filiados a partido político, correspondente a, pelo menos, 0,5% (cinco décimos por cento) dos votos dados na última eleição geral para a Câmara dos Deputados, não computados os votos em branco e os nulos, distribuídos por um terço, ou mais, dos Estados, com um mínimo de 0,1% (um décimo por cento) do eleitorado que haja votado em cada um deles. (Redação dada pela Lei nº 13.165, de 2015)

§ 2º Só o partido que tenha registrado seu estatuto no Tribunal Superior Eleitoral pode participar do processo eleitoral, receber recursos do Fundo Partidário e ter acesso gratuito ao rádio e à televisão, nos termos fixados nesta Lei.

§ 3º Somente o registro do estatuto do partido no Tribunal Superior Eleitoral assegura a exclusividade da sua denominação, sigla e símbolos, vedada a utilização, por outros partidos, de variações que venham a induzir a erro ou confusão.

TÍTULO II
Da Organização e Funcionamento dos Partidos Políticos

CAPÍTULO I
Da Criação e do Registro dos Partidos Políticos

Art. 8º O requerimento do registro de partido político, dirigido ao cartório competente do Registro Civil das Pessoas Jurídicas, da Capital Federal, deve ser subscrito pelos seus fundadores, em número nunca inferior a cento e um, com domicílio eleitoral em, no mínimo, um terço dos Estados, e será acompanhado de:

I – cópia autêntica da ata da reunião de fundação do partido;

II – exemplares do Diário Oficial que publicou, no seu inteiro teor, o programa e o estatuto;

III – relação de todos os fundadores com o nome completo, naturalidade, número do título eleitoral com a Zona, Seção, Município e Estado, profissão e endereço da residência.

§ 1º O requerimento indicará o nome e função dos dirigentes provisórios e o endereço da sede do partido na Capital Federal.

§ 2º Satisfeitas as exigências deste artigo, o Oficial do Registro Civil efetua o registro no livro correspondente, expedindo certidão de inteiro teor.

§ 3º Adquirida a personalidade jurídica na forma deste artigo, o partido promove a obtenção do apoiamento mínimo de eleitores a que se refere o § 1º do art. 7º e realiza os atos necessários para a constituição definitiva de seus órgãos e designação dos dirigentes, na forma do seu estatuto.

Art. 9º Feita a constituição e designação, referidas no § 3º do artigo anterior, os dirigentes nacionais promoverão o registro do estatuto do partido junto ao Tribunal Superior Eleitoral, através de requerimento acompanhado de:

I – exemplar autenticado do inteiro teor do programa e do estatuto partidários, inscritos no Registro Civil;

II – certidão do registro civil da pessoa jurídica, a que se refere o § 2º do artigo anterior;

III – certidões dos cartórios eleitorais que comprovem ter o partido obtido o apoiamento mínimo de eleitores a que se refere o § 1º do art. 7º.

§ 1º A prova do apoiamento mínimo de eleitores é feita por meio de suas assinaturas, com menção ao número do respectivo título eleitoral, em listas organizadas para cada Zona, sendo a veracidade das respectivas assinaturas e o número dos títulos atestados pelo Escrivão Eleitoral.

§ 2º O Escrivão Eleitoral dá imediato recibo de cada lista que lhe for apresentada e, no prazo de quinze dias, lavra o seu atestado, devolvendo-a ao interessado.

§ 3º Protocolado o pedido de registro no Tribunal Superior Eleitoral, o processo respectivo, no prazo de quarenta e oito horas, é distribuído a um Relator, que, ouvida a Procuradoria-Geral, em dez dias, determina, em igual prazo, diligências para sanar eventuais falhas do processo.

§ 4º Se não houver diligências a determinar, ou após o seu atendimento, o Tribunal Superior Eleitoral registra o estatuto do partido, no prazo de trinta dias.

Art. 10. As alterações programáticas ou estatutárias, após registradas no Ofício Civil competente, devem ser encaminhadas, para o mesmo fim, ao Tribunal Superior Eleitoral.

Parágrafo único. O Partido comunica à Justiça Eleitoral a constituição de seus órgãos de direção e os nomes dos respectivos integrantes, bem como as alterações que forem promovidas, para anotação: (Incluído pela Lei nº 9.259, de 1996)

I – no Tribunal Superior Eleitoral, dos integrantes dos órgãos de âmbito nacional; (Incluído pela Lei nº 9.259, de 1996)

II – nos Tribunais Regionais Eleitorais, dos integrantes dos órgãos de âmbito estadual, municipal ou zonal. (Incluído pela Lei nº 9.259, de 1996)

Art. 11. O partido com registro no Tribunal Superior Eleitoral pode credenciar, respectivamente:

I – delegados perante o Juiz Eleitoral;
II – delegados perante o Tribunal Regional Eleitoral;
III – delegados perante o Tribunal Superior Eleitoral.

Parágrafo único. Os delegados credenciados pelo órgão de direção nacional representam o partido perante quaisquer Tribunais ou Juízes Eleitorais; os credenciados pelos órgãos estaduais, somente perante o Tribunal Regional Eleitoral e os Juízes Eleitorais do respectivo Estado, do Distrito Federal ou Território Federal; e os credenciados pelo órgão municipal, perante o Juiz Eleitoral da respectiva jurisdição.

CAPÍTULO II
Do Funcionamento Parlamentar

Art. 12. O partido político funciona, nas Casas Legislativas, por intermédio de uma bancada, que deve constituir suas lideranças de acordo com o estatuto do partido, as disposições regimentais das respectivas Casas e as normas desta Lei.

Art. 13. Tem direito a funcionamento parlamentar, em todas as Casas Legislativas para as quais tenha elegido representante, o partido que, em cada eleição para a Câmara dos Deputados obtenha o apoio de, no mínimo, cinco por cento dos votos apurados, não computados os brancos e os nulos, distribuídos em, pelo menos, um terço dos Estados, com um mínimo de dois por cento do total de cada um deles. (Vide Adins nºs 1.351-3 e 1.354-8)

CAPÍTULO III
Do Programa e do Estatuto

Art. 14. Observadas as disposições constitucionais e as desta Lei, o partido é livre para fixar, em seu programa, seus objetivos políticos e para estabelecer, em seu estatuto, a sua estrutura interna, organização e funcionamento.

Art. 15. O Estatuto do partido deve conter, entre outras, normas sobre:

I – nome, denominação abreviada e o estabelecimento da sede na Capital Federal;
II – filiação e desligamento de seus membros;
III – direitos e deveres dos filiados;

IV – modo como se organiza e administra, com a definição de sua estrutura geral e identificação, composição e competências dos órgãos partidários nos níveis municipal, estadual e nacional, duração dos mandatos e processo de eleição dos seus membros;

V – fidelidade e disciplina partidárias, processo para apuração das infrações e aplicação das penalidades, assegurado amplo direito de defesa;

VI – condições e forma de escolha de seus candidatos a cargos e funções eletivas;

VII – finanças e contabilidade, estabelecendo, inclusive, normas que os habilitem a apurar as quantias que os seus candidatos possam despender com a própria eleição, que fixem os limites das contribuições dos filiados e definam as diversas fontes de receita do partido, além daquelas previstas nesta Lei;

VIII – critérios de distribuição dos recursos do Fundo Partidário entre os órgãos de nível municipal, estadual e nacional que compõem o partido;

IX – procedimento de reforma do programa e do estatuto.

Art. 15-A. A responsabilidade, inclusive civil, cabe exclusivamente ao órgão partidário municipal, estadual ou nacional que tiver dado causa ao não cumprimento da obrigação, à violação de direito, a dano a outrem ou a qualquer ato ilícito, excluída a solidariedade de outros órgãos de direção partidária. (Incluído pela Lei nº 11.694, de 2008)

Art. 15-A. A responsabilidade, inclusive civil e trabalhista, cabe exclusivamente ao órgão partidário municipal, estadual ou nacional que tiver dado causa ao não cumprimento da obrigação, à violação de direito, a dano a outrem ou a qualquer ato ilícito, excluída a solidariedade de outros órgãos de direção partidária. (Redação dada pela Lei nº 12.034, de 2009)

Parágrafo único. O órgão nacional do partido político, quando responsável, somente poderá ser demandado judicialmente na circunscrição especial judiciária da sua sede, inclusive nas ações de natureza cível ou trabalhista. (Incluído pela Lei nº 12.891, de 2013)

CAPÍTULO IV
Da Filiação Partidária

Art. 16. Só pode filiar-se a partido o eleitor que estiver no pleno gozo de seus direitos políticos.

Art. 17. Considera-se deferida, para todos os efeitos, a filiação partidária, com o atendimento das regras estatutárias do partido.

Parágrafo único. Deferida a filiação do eleitor, será entregue comprovante ao interessado, no modelo adotado pelo partido.

Art. 18. Para concorrer a cargo eletivo, o eleitor deverá estar filiado ao respectivo partido pelo menos um ano antes da data fixada para as eleições, majoritárias ou proporcionais. (Revogado pela Lei nº 13.165, de 2015)

~~Art. 19. Na primeira semana dos meses de maio e dezembro de cada ano, o partido envia, aos Juízes Eleitorais, para arquivamento, publicação e cumprimento dos prazos de filiação partidária para efeito de candidatura a cargos eletivos, a relação dos nomes de todos os seus filiados, da qual constará o número dos títulos eleitorais e das seções em que são inscritos.~~

Art. 19. Na segunda semana dos meses de abril e outubro de cada ano, o partido, por seus órgãos de direção municipais, regionais ou nacional, deverá remeter, aos juízes eleitorais, para arquivamento, publicação e cumprimento dos prazos de filiação partidária para efeito de candidatura a cargos eletivos, a relação dos nomes de todos os seus filiados, da qual constará a data de filiação, o número dos títulos eleitorais e das seções em que estão inscritos. (Redação dada pela Lei nº 9.504, de 30.9.1997)

§ 1º Se a relação não é remetida nos prazos mencionados neste artigo, permanece inalterada a filiação de todos os eleitores, constante da relação remetida anteriormente.

§ 2º Os prejudicados por desídia ou má-fé poderão requerer, diretamente à Justiça Eleitoral, a observância do que prescreve o caput deste artigo.

§ 3º Os órgãos de direção nacional dos partidos políticos terão pleno acesso às informações de seus filiados constantes do cadastro eleitoral. (Incluído pela Lei nº 12.034, de 2009)

Art. 20. É facultado ao partido político estabelecer, em seu estatuto, prazos de filiação partidária superiores aos previstos nesta Lei, com vistas a candidatura a cargos eletivos.

Parágrafo único. Os prazos de filiação partidária, fixados no estatuto do partido, com vistas a candidatura a cargos eletivos, não podem ser alterados no ano da eleição.

Art. 21. Para desligar-se do partido, o filiado faz comunicação escrita ao órgão de direção municipal e ao Juiz Eleitoral da Zona em que for inscrito.

Parágrafo único. Decorridos dois dias da data da entrega da comunicação, o vínculo torna-se extinto, para todos os efeitos.

Art. 22. O cancelamento imediato da filiação partidária verifica-se nos casos de:

I – morte;
II – perda dos direitos políticos;
III – expulsão;
IV – outras formas previstas no estatuto, com comunicação obrigatória ao atingido no prazo de quarenta e oito horas da decisão.
V – filiação a outro partido, desde que a pessoa comunique o fato ao juiz da respectiva Zona Eleitoral. (Incluído pela Lei nº 12.891, de 2013)

~~Parágrafo único. Quem se filia a outro partido deve fazer comunicação ao partido e ao juiz de sua respectiva Zona Eleitoral, para cancelar sua filiação; se não o fizer no dia imediato ao da nova filiação, fica~~

~~configurada dupla filiação, sendo ambas consideradas nulas para todos os efeitos.~~

Parágrafo único. Havendo coexistência de filiações partidárias, prevalecerá a mais recente, devendo a Justiça Eleitoral determinar o cancelamento das demais. (Redação dada pela Lei nº 12.891, de 2013)

Art. 22-A. Perderá o mandato o detentor de cargo eletivo que se desfiliar, sem justa causa, do partido pelo qual foi eleito. (Incluído pela Lei nº 13.165, de 2015)

Parágrafo único. Consideram-se justa causa para a desfiliação partidária somente as seguintes hipóteses: (Incluído pela Lei nº 13.165, de 2015)

I – mudança substancial ou desvio reiterado do programa partidário; (Incluído pela Lei nº 13.165, de 2015)

II – grave discriminação política pessoal; e (Incluído pela Lei nº 13.165, de 2015)

III – mudança de partido efetuada durante o período de trinta dias que antecede o prazo de filiação exigido em lei para concorrer à eleição, majoritária ou proporcional, ao término do mandato vigente. (Incluído pela Lei nº 13.165, de 2015)

CAPÍTULO V
Da Fidelidade e da Disciplina Partidárias

Art. 23. A responsabilidade por violação dos deveres partidários deve ser apurada e punida pelo competente órgão, na conformidade do que disponha o estatuto de cada partido.

§ 1º Filiado algum pode sofrer medida disciplinar ou punição por conduta que não esteja tipificada no estatuto do partido político.

§ 2º Ao acusado é assegurado amplo direito de defesa.

Art. 24. Na Casa Legislativa, o integrante da bancada de partido deve subordinar sua ação parlamentar aos princípios doutrinários e programáticos e às diretrizes estabelecidas pelos órgãos de direção partidários, na forma do estatuto.

Art. 25. O estatuto do partido poderá estabelecer, além das medidas disciplinares básicas de caráter partidário, normas sobre penalidades, inclusive com desligamento temporário da bancada, suspensão do direito de voto nas reuniões internas ou perda de todas as prerrogativas, cargos e funções que exerça em decorrência da representação e da proporção partidária, na respectiva Casa Legislativa, ao parlamentar que se opuser, pela atitude ou pelo voto, às diretrizes legitimamente estabelecidas pelos órgãos partidários.

Art. 26. Perde automaticamente a função ou cargo que exerça, na respectiva Casa Legislativa, em virtude da proporção partidária, o parlamentar que deixar o partido sob cuja legenda tenha sido eleito.

CAPÍTULO VI
Da Fusão, Incorporação e Extinção dos Partidos Políticos

Art. 27. Fica cancelado, junto ao Ofício Civil e ao Tribunal Superior Eleitoral, o registro do partido que, na forma de seu estatuto, se dissolva, se incorpore ou venha a se fundir a outro.

Art. 28. O Tribunal Superior Eleitoral, após trânsito em julgado de decisão, determina o cancelamento do registro civil e do estatuto do partido contra o qual fique provado:

I – ter recebido ou estar recebendo recursos financeiros de procedência estrangeira;

II – estar subordinado a entidade ou governo estrangeiros;

III – não ter prestado, nos termos desta Lei, as devidas contas à Justiça Eleitoral;

IV – que mantém organização paramilitar.

§ 1º A decisão judicial a que se refere este artigo deve ser precedida de processo regular, que assegure ampla defesa.

§ 2º O processo de cancelamento é iniciado pelo Tribunal à vista de denúncia de qualquer eleitor, de representante de partido, ou de representação do Procurador-Geral Eleitoral.

§ 3º O partido político, em nível nacional, não sofrerá a suspensão das cotas do Fundo Partidário, nem qualquer outra punição como conseqüência de atos praticados por órgãos regionais ou municipais. (Incluído pela Lei nº 9.693, de 1998)

§ 4º Despesas realizadas por órgãos partidários municipais ou estaduais ou por candidatos majoritários nas respectivas circunscrições devem ser assumidas e pagas exclusivamente pela esfera partidária correspondente, salvo acordo expresso com órgão de outra esfera partidária. (Incluído pela Lei nº 12.034, de 2009)

§ 5º Em caso de não pagamento, as despesas não poderão ser cobradas judicialmente dos órgãos superiores dos partidos políticos, recaindo eventual penhora exclusivamente sobre o órgão partidário que contraiu a dívida executada. (Incluído pela Lei nº 12.034, de 2009)

§ 6º O disposto no inciso III do caput refere-se apenas aos órgãos nacionais dos partidos políticos que deixarem de prestar contas ao Tribunal Superior Eleitoral, não ocorrendo o cancelamento do registro civil e do estatuto do partido quando a omissão for dos órgãos partidários regionais ou municipais. (Incluído pela Lei nº 12.034, de 2009)

Art. 29. Por decisão de seus órgãos nacionais de deliberação, dois ou mais partidos poderão fundir-se num só ou incorporar-se um ao outro.

§ 1º No primeiro caso, observar-se-ão as seguintes normas:

I – os órgãos de direção dos partidos elaborarão projetos comuns de estatuto e programa;

II – os órgãos nacionais de deliberação dos partidos em processo de fusão votarão em reunião conjunta, por maioria absoluta, os projetos, e elegerão o órgão de direção nacional que promoverá o registro do novo partido.

§ 2º No caso de incorporação, observada a lei civil, caberá ao partido incorporando deliberar por maioria absoluta de votos, em seu órgão nacional de deliberação, sobre a adoção do estatuto e do programa de outra agremiação.

§ 3º Adotados o estatuto e o programa do partido incorporador, realizar-se-á, em reunião conjunta dos órgãos nacionais de deliberação, a eleição do novo órgão de direção nacional.

§ 4º Na hipótese de fusão, a existência legal do novo partido tem início com o registro, no Ofício Civil competente da Capital Federal, do estatuto e do programa, cujo requerimento deve ser acompanhado das atas das decisões dos órgãos competentes.

§ 5º No caso de incorporação, o instrumento respectivo deve ser levado ao Ofício Civil competente, que deve, então, cancelar o registro do partido incorporado a outro.

~~§ 6º Havendo fusão ou incorporação de partidos, os votos obtidos por eles, na última eleição geral para a Câmara dos Deputados, devem ser somados para efeito do funcionamento parlamentar, nos termos do art. 13, da distribuição dos recursos do Fundo Partidário e do acesso gratuito ao rádio e à televisão.~~

~~§ 6º Havendo fusão ou incorporação, devem ser somados exclusivamente os votos dos partidos fundidos ou incorporados obtidos na última eleição geral para a Câmara dos Deputados, para efeito da distribuição dos recursos do Fundo Partidário e do acesso gratuito ao rádio e à televisão. (Redação dada pela Lei nº 12.875, de 2013) (Vide ADI-5105)~~

§ 6º No caso de incorporação, o instrumento respectivo deve ser levado ao Ofício Civil competente, que deve, então, cancelar o registro do partido incorporado a outro. (Redação dada pela Lei nº 13.107, de 2015)

~~§ 7º O novo estatuto ou instrumento de incorporação deve ser levado a registro e averbado, respectivamente, no Ofício Civil e no Tribunal Superior Eleitoral.~~

§ 7º Havendo fusão ou incorporação, devem ser somados exclusivamente os votos dos partidos fundidos ou incorporados obtidos na última eleição geral para a Câmara dos Deputados, para efeito da distribuição dos recursos do Fundo Partidário e do acesso gratuito ao rádio e à televisão. (Redação dada pela Lei nº 13.107, de 2015)

§ 8º O novo estatuto ou instrumento de incorporação deve ser levado a registro e averbado, respectivamente, no Ofício Civil e no Tribunal Superior Eleitoral. (Incluído pela Lei nº 13.107, de 2015)

§ 9º Somente será admitida a fusão ou incorporação de partidos políticos que hajam obtido o registro definitivo do Tribunal Superior Eleitoral há, pelo menos, 5 (cinco) anos. (Incluído pela Lei nº 13.107, de 2015)

TÍTULO III
Das Finanças e Contabilidade dos Partidos

CAPÍTULO I
Da Prestação de Contas

Art. 30. O partido político, através de seus órgãos nacionais, regionais e municipais, deve manter escrituração contábil, de forma a permitir o conhecimento da origem de suas receitas e a destinação de suas despesas.

Art. 31. É vedado ao partido receber, direta ou indiretamente, sob qualquer forma ou pretexto, contribuição ou auxílio pecuniário ou estimável em dinheiro, inclusive através de publicidade de qualquer espécie, procedente de:

I – entidade ou governo estrangeiros;

II – autoridade ou órgãos públicos, ressalvadas as dotações referidas no art. 38;

III – autarquias, empresas públicas ou concessionárias de serviços públicos, sociedades de economia mista e fundações instituídas em virtude de lei e para cujos recursos concorram órgãos ou entidades governamentais;

IV – entidade de classe ou sindical.

Art. 32. O partido está obrigado a enviar, anualmente, à Justiça Eleitoral, o balanço contábil do exercício findo, até o dia 30 de abril do ano seguinte.

§ 1º O balanço contábil do órgão nacional será enviado ao Tribunal Superior Eleitoral, o dos órgãos estaduais aos Tribunais Regionais Eleitorais e o dos órgãos municipais aos Juízes Eleitorais.

§ 2º A Justiça Eleitoral determina, imediatamente, a publicação dos balanços na imprensa oficial, e, onde ela não exista, procede à afixação dos mesmos no Cartório Eleitoral.

§ 3º No ano em que ocorrem eleições, o partido deve enviar balancetes mensais à Justiça Eleitoral, durante os quatro meses anteriores e os dois meses posteriores ao pleito. (Revogado pela Lei nº 13.165, de 2015)

§ 3º (Revogado). (Redação dada pela Lei nº 13.165, de 2015)

§ 4º Os órgãos partidários municipais que não hajam movimentado recursos financeiros ou arrecadado bens estimáveis em dinheiro ficam desobrigados de prestar contas à Justiça Eleitoral, exigindo-se do responsável partidário, no prazo estipulado no **caput**, a apresentação de declaração da ausência de movimentação de recursos nesse período. (Incluído pela Lei nº 13.165, de 2015)

§ 5º A desaprovação da prestação de contas do partido não ensejará sanção alguma que o impeça de participar do pleito eleitoral. (Incluído pela Lei nº 13.165, de 2015)

Art. 33. Os balanços devem conter, entre outros, os seguintes itens:

I – discriminação dos valores e destinação dos recursos oriundos do fundo partidário;

II – origem e valor das contribuições e doações;

III – despesas de caráter eleitoral, com a especificação e comprovação dos gastos com programas no rádio e televisão, comitês, propaganda, publicações, comícios, e demais atividades de campanha;

IV – discriminação detalhada das receitas e despesas.

~~Art. 34. A Justiça Eleitoral exerce a fiscalização sobre a escrituração contábil e a prestação de contas do partido e das despesas de campanha eleitoral, devendo atestar se elas refletem adequadamente a real movimentação financeira, os dispêndios e recursos aplicados nas campanhas eleitorais, exigindo a observação das seguintes normas:~~

~~I – obrigatoriedade de constituição de comitês e designação de dirigentes partidários específicos, para movimentar recursos financeiros nas campanhas eleitorais;~~

~~II – caracterização da responsabilidade dos dirigentes do partido e comitês, inclusive do tesoureiro, que responderão, civil e criminalmente, por quaisquer irregularidades;~~

~~III – escrituração contábil, com documentação que comprove a entrada e saída de dinheiro ou de bens recebidos e aplicados;~~

~~IV – obrigatoriedade de ser conservada pelo partido a documentação comprobatória de suas prestações de contas, por prazo não inferior a cinco anos;~~

~~V – obrigatoriedade de prestação de contas, pelo partido político, seus comitês e candidatos, no encerramento da campanha eleitoral, com o recolhimento imediato à tesouraria do partido dos saldos financeiros eventualmente apurados.~~

~~Parágrafo único. Para efetuar os exames necessários ao atendimento do disposto no caput, a Justiça Eleitoral pode requisitar técnicos do Tribunal de Contas da União ou dos Estados, pelo tempo que for necessário.~~

§ 1º A fiscalização de que trata o **caput** tem por escopo identificar a origem das receitas e a destinação das despesas com as atividades partidárias e eleitorais, mediante o exame formal dos documentos contábeis e fiscais apresentados pelos partidos políticos, comitês e candidatos, sendo vedada a análise das atividades político-partidárias ou qualquer interferência em sua autonomia. (Incluído pela Lei nº 12.891, de 2013)

Art. 34. A Justiça Eleitoral exerce a fiscalização sobre a prestação de contas do partido e das despesas de campanha eleitoral, devendo atestar se elas refletem adequadamente a real movimentação financeira, os dispêndios e os recursos aplicados nas campanhas eleitorais, exigindo a observação das seguintes normas: (Redação dada pela Lei nº 13.165, de 2015)

I – obrigatoriedade de designação de dirigentes partidários específicos para movimentar recursos financeiros nas campanhas eleitorais; (Redação dada pela Lei nº 13.165, de 2015)

II – (revogado); (Redação dada pela Lei nº 13.165, de 2015)

III – relatório financeiro, com documentação que comprove a entrada e saída de dinheiro ou de bens recebidos e aplicados; (Redação dada pela Lei nº 13.165, de 2015)

IV – obrigatoriedade de ser conservada pelo partido, por prazo não inferior a cinco anos, a documentação comprobatória de suas prestações de contas; (Redação dada pela Lei nº 13.165, de 2015)

V – obrigatoriedade de prestação de contas pelo partido político e por seus candidatos no encerramento da campanha eleitoral, com o recolhimento imediato à tesouraria do partido dos saldos financeiros eventualmente apurados. (Redação dada pela Lei nº 13.165, de 2015)

§ 1º A fiscalização de que trata o **caput** tem por escopo identificar a origem das receitas e a destinação das despesas com as atividades partidárias e eleitorais, mediante o exame formal dos documentos fiscais apresentados pelos partidos políticos e candidatos, sendo vedada a análise das atividades político-partidárias ou qualquer interferência em sua autonomia. (Redação dada pela Lei nº 13.165, de 2015)

§ 2º Para efetuar os exames necessários ao atendimento do disposto no **caput**, a Justiça Eleitoral pode requisitar técnicos do Tribunal de Contas da União ou dos Estados, pelo tempo que for necessário. (Incluído pela Lei nº 12.891, de 2013)

Art. 35. O Tribunal Superior Eleitoral e os Tribunais Regionais Eleitorais, à vista de denúncia fundamentada de filiado ou delegado de partido, de representação do Procurador-Geral ou Regional ou de iniciativa do Corregedor, determinarão o exame da escrituração do partido e a apuração de qualquer ato que viole as prescrições legais ou estatutárias a que, em matéria financeira, aquele ou seus filiados estejam sujeitos, podendo, inclusive, determinar a quebra de sigilo bancário das contas dos partidos para o esclarecimento ou apuração de fatos vinculados à denúncia.

Parágrafo único. O partido pode examinar, na Justiça Eleitoral, as prestações de contas mensais ou anuais dos demais partidos, quinze dias após a publicação dos balanços financeiros, aberto o prazo de cinco dias para impugná-las, podendo, ainda, relatar fatos, indicar provas e pedir abertura de investigação para apurar qualquer ato que viole as prescrições legais ou estatutárias a que, em matéria financeira, os partidos e seus filiados estejam sujeitos.

Art. 36. Constatada a violação de normas legais ou estatutárias, ficará o partido sujeito às seguintes sanções:

I – no caso de recursos de origem não mencionada ou esclarecida, fica suspenso o recebimento das quotas do fundo partidário até que o esclarecimento seja aceito pela Justiça Eleitoral;

II – no caso de recebimento de recursos mencionados no art. 31, fica suspensa a participação no fundo partidário por um ano;

III – no caso de recebimento de doações cujo valor ultrapasse os limites previstos no art. 39, § 4º, fica suspensa por dois anos a participação no fundo partidário e será aplicada ao partido multa correspondente ao valor que exceder aos limites fixados.

~~Art. 37. A falta de prestação de contas ou sua desaprovação total ou parcial, implica a suspensão de novas quotas do fundo partidário e sujeita os responsáveis às penas da lei, cabíveis na espécie, aplicado também o disposto no art. 28.~~

~~Parágrafo único. A Justiça Eleitoral pode determinar diligências necessárias à complementação de informações ou ao saneamento de irregularidades encontradas nas contas dos órgãos de direção partidária ou de candidatos.~~

Art. 37. A falta de prestação de contas ou sua desaprovação total ou parcial implica a suspensão de novas cotas do Fundo Partidário e sujeita os responsáveis ás penas da lei. (Redação dada pela Lei nº 9.693, de 1998)

Art. 37. A desaprovação das contas do partido implicará exclusivamente a sanção de devolução da importância apontada como irregular, acrescida de multa de até 20% (vinte por cento). (Redação dada pela Lei nº 13.165, de 2015)

§ 1º. A Justiça Eleitoral pode determinar diligências necessárias à complementação de informações ou ao saneamento de irregularidades encontradas nas contas dos órgãos de direção partidária ou de candidatos. (Parágrafo renumerado pela Lei nº 9.693, de 1998)

~~§ 2º A sanção a que se refere o caput será aplicada exclusivamente à esfera partidária responsável pela irregularidade. (Incluído pela Lei nº 9.693, de 1998)~~

§ 3º A sanção de suspensão do repasse de novas quotas do Fundo Partidário, por desaprovação total ou parcial da prestação de contas de partido, deverá ser aplicada de forma proporcional e razoável, pelo período de 1 (um) mês a 12 (doze) meses, ou por meio do desconto, do valor a ser repassado, da importância apontada como irregular, não podendo ser aplicada a sanção de suspensão, caso a prestação de contas não seja julgada, pelo juízo ou tribunal competente, após 5 (cinco) anos de sua apresentação. (Incluído pela Lei nº 12.034, de 2009)

§ 2º A sanção a que se refere o **caput** será aplicada exclusivamente à esfera partidária responsável pela irregularidade, não suspendendo o registro ou a anotação de seus órgãos de direção partidária nem tornando devedores ou inadimplentes os respectivos responsáveis partidários. (Redação dada pela Lei nº 13.165, de 2015)

§ 3º A sanção a que se refere o **caput** deverá ser aplicada de forma proporcional e razoável, pelo período de um a doze meses, e o pagamento deverá ser feito por meio de desconto nos futuros repasses de cotas do Fundo Partidário, desde que a prestação de contas seja julgada, pelo juízo ou tribunal competente, em até cinco anos de sua apresentação. (Redação dada pela Lei nº 13.165, de 2015)

§ 4º Da decisão que desaprovar total ou parcialmente a prestação de contas dos órgãos partidários caberá recurso para os Tribunais Regionais Eleitorais ou para o Tribunal Superior Eleitoral, conforme o caso, o qual deverá ser recebido com efeito suspensivo. (Incluído pela Lei nº 12.034, de 2009)

§ 5º As prestações de contas desaprovadas pelos Tribunais Regionais e pelo Tribunal Superior poderão ser revistas para fins de aplicação proporcional da sanção aplicada, mediante requerimento ofertado nos autos da prestação de contas. (Incluído pela Lei nº 12.034, de 2009)

§ 6º O exame da prestação de contas dos órgãos partidários tem caráter jurisdicional. (Incluído pela Lei nº 12.034, de 2009)

§ 7º (VETADO). (Incluído pela Lei nº 12.891, de 2013)

§ 8º (VETADO). (Incluído pela Lei nº 12.891, de 2013)

§ 9º O desconto no repasse de cotas resultante da aplicação da sanção a que se refere o **caput** será suspenso durante o segundo semestre do ano em que se realizarem as eleições. (Incluído pela Lei nº 13.165, de 2015)

§ 10. Os gastos com passagens aéreas serão comprovados mediante apresentação de fatura ou duplicata emitida por agência de viagem, quando for o caso, desde que informados os beneficiários, as datas e os itinerários, vedada a exigência de apresentação de qualquer outro documento para esse fim. (Incluído pela Lei nº 13.165, de 2015)

§ 11. Os órgãos partidários poderão apresentar documentos hábeis para esclarecer questionamentos da Justiça Eleitoral ou para sanear irregularidades a qualquer tempo, enquanto não transitada em julgado a decisão que julgar a prestação de contas. (Incluído pela Lei nº 13.165, de 2015)

§ 12. Erros formais ou materiais que no conjunto da prestação de contas não comprometam o conhecimento da origem das receitas e a destinação das despesas não acarretarão a desaprovação das contas. (Incluído pela Lei nº 13.165, de 2015)

§ 13. A responsabilização pessoal civil e criminal dos dirigentes partidários decorrente da desaprovação das contas partidárias e de atos ilícitos atribuídos ao partido político somente ocorrerá se verificada irregularidade grave e insanável resultante de conduta dolosa que importe enriquecimento ilícito e lesão ao patrimônio do partido. (Incluído pela Lei nº 13.165, de 2015)

§ 14. O instituto ou fundação de pesquisa e de doutrinação e educação política não será atingido pela sanção aplicada ao partido político em caso de desaprovação de suas contas, exceto se tiver diretamente dado causa à reprovação. (Incluído pela Lei nº 13.165, de 2015)

Art. 37-A. A falta de prestação de contas implicará a suspensão de novas cotas do Fundo Partidário enquanto perdurar a inadimplência e sujeitará os responsáveis às penas da lei. (Incluído pela Lei nº 13.165, de 2015)

CAPÍTULO II
Do Fundo Partidário

Art. 38. O Fundo Especial de Assistência Financeira aos Partidos Políticos (Fundo Partidário) é constituído por:

I – multas e penalidades pecuniárias aplicadas nos termos do Código Eleitoral e leis conexas;

II – recursos financeiros que lhe forem destinados por lei, em caráter permanente ou eventual;

III – doações de pessoa física ou jurídica, efetuadas por intermédio de depósitos bancários diretamente na conta do Fundo Partidário;

IV – dotações orçamentárias da União em valor nunca inferior, cada ano, ao número de eleitores inscritos em 31 de dezembro do ano anterior ao da proposta orçamentária, multiplicados por trinta e cinco centavos de real, em valores de agosto de 1995.

§ 1º (VETADO)

§ 2º (VETADO)

Art. 39. Ressalvado o disposto no art. 31, o partido político pode receber doações de pessoas físicas e jurídicas para constituição de seus fundos.

§ 1º As doações de que trata este artigo podem ser feitas diretamente aos órgãos de direção nacional, estadual e municipal, que remeterão, à Justiça Eleitoral e aos órgãos hierarquicamente superiores do partido, o demonstrativo de seu recebimento e respectiva destinação, juntamente com o balanço contábil.

§ 2º Outras doações, quaisquer que sejam, devem ser lançadas na contabilidade do partido, definidos seus valores em moeda corrente.

~~§ 3º As doações em recursos financeiros devem ser, obrigatoriamente, efetuadas por cheque cruzado em nome do partido político ou por depósito bancário diretamente na conta do partido político.~~

§ 3º As doações de recursos financeiros somente poderão ser efetuadas na conta do partido político por meio de: (Redação dada pela Lei nº 13.165, de 2015)

I – cheques cruzados e nominais ou transferência eletrônica de depósitos; (Incluído pela Lei nº 13.165, de 2015)

II – depósitos em espécie devidamente identificados; (Incluído pela Lei nº 13.165, de 2015)

III – mecanismo disponível em sítio do partido na internet que permita inclusive o uso de cartão de crédito ou de débito e que atenda aos seguintes requisitos: (Incluído pela Lei nº 13.165, de 2015)

a) identificação do doador; (Incluído pela Lei nº 13.165, de 2015)

b) emissão obrigatória de recibo eleitoral para cada doação realizada. (Incluído pela Lei nº 13.165, de 2015)

§ 4º O valor das doações feitas a partido político, por pessoa jurídica, limita-se à importância máxima calculada sobre o total das dotações previstas no inciso IV do artigo anterior, corrigida até o mês em que se efetuar a doação, obedecidos os seguintes percentuais: (Revogado pela Lei nº 9.504, de 1997)

I – para órgãos de direção nacional: até dois décimos por cento; (Revogado pela Lei nº 9.504, de 1997)

II – para órgãos de direção regional e municipal: até dois centésimos por cento. (Revogado pela Lei nº 9.504, de 1997)

§ 5º Em ano eleitoral, os partidos políticos poderão aplicar ou distribuir pelas diversas eleições os recursos financeiros recebidos de pessoas físicas e jurídicas, observando-se o disposto no § 1º do art. 23, no art. 24 e no § 1º do art. 81 da Lei nº 9.504, de 30 de setembro de 1997, e os critérios definidos pelos respectivos órgãos de direção e pelas normas estatutárias. (Incluído pela Lei nº 12.034, de 2009)

Art. 40. A previsão orçamentária de recursos para o Fundo Partidário deve ser consignada, no Anexo do Poder Judiciário, ao Tribunal Superior Eleitoral.

§ 1º O Tesouro Nacional depositará, mensalmente, os duodécimos no Banco do Brasil, em conta especial à disposição do Tribunal Superior Eleitoral.

§ 2º Na mesma conta especial serão depositadas as quantias arrecadadas pela aplicação de multas e outras penalidades pecuniárias, previstas na Legislação Eleitoral.

Art. 41. O Tribunal Superior Eleitoral, dentro de cinco dias, a contar da data do depósito a que se refere o § 1º do artigo anterior, fará a respectiva distribuição aos órgãos nacionais dos partidos, obedecendo aos seguintes critérios: (Vide Adins nºs 1.351-3 e 1.354-8)

I – um por cento do total do Fundo Partidário será destacado para entrega, em partes iguais, a todos os partidos que tenham seus estatutos registrados no Tribunal Superior Eleitoral; (Vide Adins nºs 1.351-3 e 1.354-8)

II – noventa e nove por cento do total do Fundo Partidário serão distribuídos aos partidos que tenham preenchido as condições do art. 13, na proporção dos votos obtidos na última eleição geral para a Câmara dos Deputados. (Vide Adins nºs 1.351-3 e 1.354-8)

Art. 41-A. 5% (cinco por cento) do total do Fundo Partidário serão destacados para entrega, em partes iguais, a todos os partidos que tenham seus estatutos registrados no Tribunal Superior Eleitoral e 95% (noventa e cinco por cento) do total do Fundo Partidário serão distribuídos a eles na proporção dos votos obtidos na última eleição geral para a Câmara dos Deputados. (Incluído pela Lei nº 11.459, de 2007)

Art. 41-A. Do total do Fundo Partidário: (Redação dada pela Lei nº 12.875, de 2013) (Vide ADI-5105)

I – 5% (cinco por cento) serão destacados para entrega, em partes iguais, a todos os partidos que tenham seus estatutos registrados no Tribunal Superior Eleitoral; e (Incluído pela Lei nº 12.875, de 2013) (Vide ADI-5105)

I – 5% (cinco por cento) serão destacados para entrega, em partes iguais, a todos os partidos que atendam aos requisitos constitucionais de acesso aos recursos do Fundo Partidário; e (Redação dada pela Lei nº 13.165, de 2015)

II – 95% (noventa e cinco por cento) serão distribuídos aos partidos na proporção dos votos obtidos na última eleição geral para a Câmara dos Deputados. (Incluído pela Lei nº 12.875, de 2013) (Vide ADI-5105)

~~Parágrafo único. Para efeito do disposto no inciso II, serão desconsideradas as mudanças de filiação partidária, em quaisquer hipóteses, ressalvado o disposto no § 6º do art. 29. (Incluído pela Lei nº 12.875, de 2013) (Vide ADI-5105)~~

Parágrafo único. Para efeito do disposto no inciso II, serão desconsideradas as mudanças de filiação partidária em quaisquer hipóteses. (Redação dada pela Lei nº 13.107, de 2015)

Art. 42. Em caso de cancelamento ou caducidade do órgão de direção nacional do partido, reverterá ao Fundo Partidário a quota que a este caberia.

Art. 43. Os depósitos e movimentações dos recursos oriundos do Fundo Partidário serão feitos em estabelecimentos bancários controlados pelo Poder Público Federal, pelo Poder Público Estadual ou, inexistindo estes, no banco escolhido pelo órgão diretivo do partido.

Art. 44. Os recursos oriundos do Fundo Partidário serão aplicados:

~~I – na manutenção das sedes e serviços do partido, permitido o pagamento de pessoal, a qualquer título, este último até o limite máximo de vinte por cento do total recebido;~~

~~I – na manutenção das sedes e serviços do partido, permitido o pagamento de pessoal, a qualquer título, observado neste último caso o limite máximo de 50% (cinquenta por cento) do total recebido; (Redação dada pela Lei nº 12.034, de 2009)~~

I – na manutenção das sedes e serviços do partido, permitido o pagamento de pessoal, a qualquer título, observado, do total recebido, os seguintes limites: (Redação dada pela Lei nº 13.165, de 2015)

a) 50% (cinquenta por cento) para o órgão nacional; (Incluído pela Lei nº 13.165, de 2015)

b) 60% (sessenta por cento) para cada órgão estadual e municipal; (Incluído pela Lei nº 13.165, de 2015)

II – na propaganda doutrinária e política;

III – no alistamento e campanhas eleitorais;

IV – na criação e manutenção de instituto ou fundação de pesquisa e de doutrinação e educação política, sendo esta aplicação de, no mínimo, vinte por cento do total recebido.

~~V – na criação e manutenção de programas de promoção e difusão da participação política das mulheres conforme percentual que será fixado pelo órgão nacional de direção partidária, observado o mínimo de 5% (cinco por cento) do total. (Incluído pela Lei nº 12.034, de 2009)~~

V – na criação e manutenção de programas de promoção e difusão da participação política das mulheres, criados e mantidos pela secretaria da mulher do respectivo partido político ou, inexistindo a secretaria, pelo instituto ou fundação de pesquisa e de doutrinação e educação política de que trata o inciso IV, conforme percentual que será fixado pelo órgão nacional de direção partidária, observado o mínimo de 5% (cinco por cento) do total; (Redação dada pela Lei nº 13.165, de 2015)

VI – no pagamento de mensalidades, anuidades e congêneres devidos a organismos partidários internacionais que se destinem ao apoio à pesquisa, ao estudo e à doutrinação política, aos quais seja o partido político regularmente filiado; (Incluído pela Lei nº 13.165, de 2015)

VII – no pagamento de despesas com alimentação, incluindo restaurantes e lanchonetes. (Incluído pela Lei nº 13.165, de 2015)

§ 1º Na prestação de contas dos órgãos de direção partidária de qualquer nível devem ser discriminadas as despesas realizadas com recursos do Fundo Partidário, de modo a permitir o controle da Justiça Eleitoral sobre o cumprimento do disposto nos incisos I e IV deste artigo.

§ 2º A Justiça Eleitoral pode, a qualquer tempo, investigar sobre a aplicação de recursos oriundos do Fundo Partidário.

~~§ 3º Os recursos de que trata este artigo não estão sujeitos ao regime da Lei nº 8.666, de 21 de junho de 1993. (Incluído pela Lei nº 9.504, de 1997)~~

§ 3º Os recursos de que trata este artigo não estão sujeitos ao regime da Lei no 8.666, de 21 de junho de 1993, tendo os partidos políticos autonomia para contratar e realizar despesas. (Redação dada pela Lei nº 12.891, de 2013)

§ 4º Não se incluem no cômputo do percentual previsto no inciso I deste artigo encargos e tributos de qualquer natureza. (Incluído pela Lei nº 12.034, de 2009)

§ 5º O partido que não cumprir o disposto no inciso V do caput deste artigo deverá, no ano subsequente, acrescer o percentual de 2,5% (dois inteiros e cinco décimos por cento) do Fundo Partidário para essa destinação, ficando impedido de utilizá-lo para finalidade diversa. (Incluído pela Lei nº 12.034, de 2009)

§ 5º O partido político que não cumprir o disposto no inciso V do **caput** deverá transferir o saldo para conta específica, sendo vedada sua aplicação para finalidade diversa, de modo que o saldo remanescente deverá ser aplicado dentro do exercício financeiro subsequente, sob pena de acréscimo de 12,5% (doze inteiros e cinco décimos por cento) do valor previsto no inciso V do **caput**, a ser aplicado na mesma finalidade. (Redação dada pela Lei nº 13.165, de 2015)

§ 5º-A. A critério das agremiações partidárias, os recursos a que se refere o inciso V poderão ser acumulados em diferentes exercícios financeiros, mantidos em contas bancárias específicas, para utilização futura em campanhas eleitorais de candidatas do partido. (Incluído pela Lei nº 13.165, de 2015)

§ 6º No exercício financeiro em que a fundação ou instituto de pesquisa não despender a totalidade dos recursos que lhe forem assinalados, a eventual sobra poderá ser revertida para outras atividades partidárias, conforme previstas no **caput** deste artigo. (Incluído pela Lei nº 12.891, de 2013)

§ 7º A critério da secretaria da mulher ou, inexistindo a secretaria, a critério da fundação de pesquisa e de doutrinação e educação política, os recursos a que se refere o inciso V do **caput** poderão ser acumulados em diferentes exercícios financeiros, mantidos em contas bancárias específicas, para utilização futura em campanhas eleitorais de candidatas do partido, não se aplicando, neste caso, o disposto no § 5º. (Incluído pela Lei nº 13.165, de 2015)

TÍTULO IV
Do Acesso Gratuito ao Rádio e à Televisão

Art. 45. A propaganda partidária gratuita, gravada ou ao vivo, efetuada mediante transmissão por rádio e televisão será realizada entre as dezenove horas e trinta minutos e as vinte e duas horas para, com exclusividade:

I – difundir os programas partidários;

II – transmitir mensagens aos filiados sobre a execução do programa partidário, dos eventos com este relacionados e das atividades congressuais do partido;

III – divulgar a posição do partido em relação a temas político-comunitários.

~~IV – promover e difundir a participação política feminina, dedicando às mulheres o tempo que será fixado pelo órgão nacional de direção partidária, observado o mínimo de 10% (dez por cento). (Incluído pela Lei nº 12.034, de 2009)~~

IV – promover e difundir a participação política feminina, dedicando às mulheres o tempo que será fixado pelo órgão nacional de direção partidária, observado o mínimo de 10% (dez por cento) do programa e das inserções a que se refere o art. 49. (Redação dada pela Lei nº 13.165, de 2015)

§ 1º Fica vedada, nos programas de que trata este Título:

I – a participação de pessoa filiada a partido que não o responsável pelo programa;

II – a divulgação de propaganda de candidatos a cargos eletivos e a defesa de interesses pessoais ou de outros partidos;

III – a utilização de imagens ou cenas incorretas ou incompletas, efeitos ou quaisquer outros recursos que distorçam ou falseiem os fatos ou a sua comunicação.

~~§ 2º O Tribunal Superior Eleitoral, julgando procedente representação de partido, cassará o direito de transmissão a que faria jus, no semestre seguinte, do partido que contrariar o disposto neste artigo.~~

§ 2º O partido que contrariar o disposto neste artigo será punido: (Redação dada pela Lei nº 12.034, de 2009)

I – quando a infração ocorrer nas transmissões em bloco, com a cassação do direito de transmissão no semestre seguinte; (Incluído pela Lei nº 12.034, de 2009)

II – quando a infração ocorrer nas transmissões em inserções, com a cassação de tempo equivalente a 5 (cinco) vezes ao da inserção ilícita, no semestre seguinte. (Incluído pela Lei nº 12.034, de 2009)

§ 3º A propaganda partidária, no rádio e na televisão, fica restrita aos horários gratuitos disciplinados nesta Lei, com proibição de propaganda paga.

§ 3º A representação, que somente poderá ser oferecida por partido político, será julgada pelo Tribunal Superior Eleitoral quando se tratar de programa em bloco ou inserções nacionais e pelos Tribunais Regionais Eleitorais quando se tratar de programas em bloco ou inserções transmitidos nos Estados correspondentes. (Redação dada pela Lei nº 12.034, de 2009)

§ 4º O prazo para o oferecimento da representação encerra-se no último dia do semestre em que for veiculado o programa impugnado, ou se este tiver sido transmitido nos últimos 30 (trinta) dias desse período, até o 15º (décimo quinto) dia do semestre seguinte. (Incluído pela Lei nº 12.034, de 2009)

§ 5º Das decisões dos Tribunais Regionais Eleitorais que julgarem procedente representação, cassando o direito de transmissão de propaganda partidária, caberá recurso para o Tribunal Superior Eleitoral, que será recebido com efeito suspensivo. (Incluído pela Lei nº 12.034, de 2009)

§ 6º A propaganda partidária, no rádio e na televisão, fica restrita aos horários gratuitos disciplinados nesta Lei, com proibição de propaganda paga. (Incluído pela Lei nº 12.034, de 2009)

Art. 46. As emissoras de rádio e de televisão ficam obrigadas a realizar, para os partidos políticos, na forma desta Lei, transmissões gratuitas em âmbito nacional e estadual, por iniciativa e sob a responsabilidade dos respectivos órgãos de direção.

§ 1º As transmissões serão em bloco, em cadeia nacional ou estadual, e em inserções de trinta segundos e um minuto, no intervalo da programação normal das emissoras.

§ 2º A formação das cadeias, tanto nacional quanto estaduais, será autorizada pelo Tribunal Superior Eleitoral, que fará a necessária requisição dos horários às emissoras de rádio e de televisão, mediante requerimento dos órgãos nacionais dos partidos, com antecedência mínima de quinze dias.

§ 3º No requerimento a que se refere o parágrafo anterior, o órgão partidário solicitará conjuntamente a fixação das datas de formação das cadeias, nacional e estaduais.

§ 4º O Tribunal Superior Eleitoral, independentemente do âmbito nacional ou estadual da transmissão, havendo coincidência de data, dará prioridade ao partido que apresentou o requerimento em primeiro lugar.

~~§ 5º As fitas magnéticas com as gravações dos programas em bloco ou em inserções serão entregues às emissoras com a antecedência mínima de doze horas da transmissão.~~

§ 5º O material de áudio e vídeo com os programas em bloco ou as inserções será entregue às emissoras com antecedência mínima de 12 (doze) horas da transmissão, podendo as inserções de rádio ser enviadas por meio de correspondência eletrônica. (Redação dada pela Lei nº 12.891, de 2013)

§ 6º As inserções a serem feitas na programação das emissoras serão determinadas:

I – pelo Tribunal Superior Eleitoral, quando solicitadas por órgão de direção nacional de partido;

II – pelo Tribunal Regional Eleitoral, quando solicitadas por órgão de direção estadual de partido.

§ 7º Em cada rede somente serão autorizadas até dez inserções de trinta segundos ou cinco de um minuto por dia.

§ 8º É vedada a veiculação de inserções idênticas no mesmo intervalo de programação, exceto se o número de inserções de que dispuser o partido exceder os intervalos disponíveis, sendo vedada a transmissão em sequência para o mesmo partido político. (Incluído pela Lei nº 12.891, de 2013)

Art. 47. Para agilizar os procedimentos, condições especiais podem ser pactuadas diretamente entre as emissoras de rádio e de televisão e os órgãos de direção do partido, obedecidos os limites estabelecidos nesta Lei, dando-se conhecimento ao Tribunal Eleitoral da respectiva jurisdição.

Art. 48. O partido registrado no Tribunal Superior Eleitoral que não atenda ao disposto no art. 13 tem assegurada a realização de um programa em cadeia nacional, em cada semestre, com a duração de dois minutos. (Vide Adins nºs 1.351-3 e 1.354-8)

~~Art. 49. O partido que atenda ao disposto no art. 13 tem assegurado: (Vide Adins nºs 1.351-3 e 1.354-8)~~

~~I – a realização de um programa, em cadeia nacional e de um programa, em cadeia estadual em cada semestre, com a duração de vinte minutos cada;~~

~~II – a utilização do tempo total de quarenta minutos, por semestre, para inserções de trinta segundos ou um minuto, nas redes nacionais, e de igual tempo nas emissoras estaduais.~~

Art. 49. Os partidos com pelo menos um representante em qualquer das Casas do Congresso Nacional têm assegurados os seguintes direitos relacionados à propaganda partidária: (Redação dada pela Lei nº 13.165, de 2015)

I – a realização de um programa a cada semestre, em cadeia nacional, com duração de: (Redação dada pela Lei nº 13.165, de 2015)

a) cinco minutos cada, para os partidos que tenham eleito até quatro Deputados Federais; (Incluído pela Lei nº 13.165, de 2015)

b) dez minutos cada, para os partidos que tenham eleito cinco ou mais Deputados Federais; (Incluído pela Lei nº 13.165, de 2015)

II – a utilização, por semestre, para inserções de trinta segundos ou um minuto, nas redes nacionais, e de igual tempo nas emissoras estaduais, do tempo total de: (Redação dada pela Lei nº 13.165, de 2015)

a) dez minutos, para os partidos que tenham eleito até nove Deputados Federais; (Incluído pela Lei nº 13.165, de 2015)

b) vinte minutos, para os partidos que tenham eleito dez ou mais deputados federais. (Incluído pela Lei nº 13.165, de 2015)

Parágrafo único. A critério do órgão partidário nacional, as inserções em redes nacionais referidas no inciso II do **caput** deste artigo poderão veicular conteúdo regionalizado, comunicando-se previamente o Tribunal Superior Eleitoral. (Incluído pela Lei nº 13.165, de 2015)

TÍTULO V
Disposições Gerais

Art. 50. (VETADO)

Art. 51. É assegurado ao partido político com estatuto registrado no Tribunal Superior Eleitoral o direito à utilização gratuita de escolas públicas ou Casas Legislativas para a realização de suas reuniões ou convenções, responsabilizando-se pelos danos porventura causados com a realização do evento.

Art. 52. (VETADO)

Parágrafo único. As emissoras de rádio e televisão terão direito a compensação fiscal pela cedência do horário gratuito previsto nesta Lei. (Regulamento) (Regulamento)

Art. 53. A fundação ou instituto de direito privado, criado por partido político, destinado ao estudo e pesquisa, à doutrinação e à educação política, rege-se pelas normas da lei civil e tem autonomia para contratar com instituições públicas e privadas, prestar serviços e manter estabelecimentos de acordo com suas finalidades, podendo, ainda, manter intercâmbio com instituições não nacionais.

Art. 54. Para fins de aplicação das normas estabelecidas nesta Lei, consideram-se como equivalentes a Estados e Municípios o Distrito Federal e os Territórios e respectivas divisões político-administrativas.

TÍTULO VI
Disposições Finais e Transitórias

Art. 55. O partido político que, nos termos da legislação anterior, tenha registro definitivo, fica dispensado da condição estabelecida no § 1º do art. 7º, e deve providenciar a adaptação de seu estatuto às disposições desta Lei, no prazo de seis meses da data de sua publicação.

§ 1º A alteração estatutária com a finalidade prevista neste artigo pode ser realizada pelo partido político em reunião do órgão nacional máximo, especialmente convocado na forma dos estatutos, com antecedência mínima de trinta dias e ampla divulgação, entre seus órgãos e filiados, do projeto do estatuto.

§ 2º Aplicam-se as disposições deste artigo ao partido que, na data da publicação desta Lei:

I – tenha completado seu processo de organização nos termos da legislação anterior e requerido o registro definitivo;

II – tenha seu pedido de registro sub judice, desde que sobrevenha decisão favorável do órgão judiciário competente;

III – tenha requerido registro de seus estatutos junto ao Tribunal Superior Eleitoral, após o devido registro como entidade civil.

Art. 56. No período entre a data da publicação desta Lei e o início da próxima legislatura, será observado o seguinte: (Vide Adins nºs 1.351-3 e 1.354-8) (Revogado pela Lei nº 13.165, de 2015)

I – fica assegurado o direito ao funcionamento parlamentar na Câmara dos Deputados ao partido que tenha elegido e mantenha filiados, no mínimo, três representantes de diferentes Estados; (Revogado pela Lei nº 13.165, de 2015)

II – a Mesa Diretora da Câmara dos Deputados disporá sobre o funcionamento da representação partidária conferida, nesse período, ao partido que possua representação eleita ou filiada em número inferior ao disposto no inciso anterior; (Revogado pela Lei nº 13.165, de 2015)

III – ao partido que preencher as condições do inciso I é assegurada a realização anual de um programa, em cadeia nacional, com a duração de dez minutos; (Revogado pela Lei nº 13.165, de 2015)

IV – ao partido com representante na Câmara dos Deputados desde o início da Sessão Legislativa de 1995, fica assegurada a realização de um programa em cadeia nacional em cada semestre, com a duração de cinco minutos, não cumulativos com o tempo previsto no inciso III; (Revogado pela Lei nº 13.165, de 2015)

V – vinte e nove por cento do Fundo Partidário será destacado para distribuição a todos os partidos com estatutos registrados no Tribunal Superior Eleitoral, na proporção da representação parlamentar filiada no início da Sessão Legislativa de 1995. (Revogado pela Lei nº 11.459, de 2007)

Art. 57. No período entre o início da próxima Legislatura e a proclamação dos resultados da segunda eleição geral subseqüente para a Câmara dos Deputados, será observado o seguinte: (Vide Adins nºs 1.351-3 e 1.354-8) (Revogado pela Lei nº 13.165, de 2015)

I – direito a funcionamento parlamentar ao partido com registro definitivo de seus estatutos no Tribunal Superior Eleitoral até a data da publicação desta Lei que, a partir de sua fundação tenha concorrido ou venha a concorrer às eleições gerais para a Câmara dos Deputados, elegendo representante em duas eleições consecutivas: (Revogado pela Lei nº 13.165, de 2015)

~~a) na Câmara dos Deputados, toda vez que eleger representante em, no mínimo, cinco Estados e obtiver um por cento dos votos apurados no País, não computados os brancos e os nulos;~~ (Revogado pela Lei nº 13.165, de 2015)

~~b) nas Assembléias Legislativas e nas Câmaras de Vereadores, toda vez que, atendida a exigência do inciso anterior, eleger representante para a respectiva Casa e obtiver um total de um por cento dos votos apurados na Circunscrição, não computados os brancos e os nulos;~~ (Revogado pela Lei nº 13.165, de 2015)

~~II - vinte e nove por cento do Fundo Partidário será destacado para distribuição, aos Partidos que cumpram o disposto no art. 13 ou no inciso anterior, na proporção dos votos obtidos na última eleição geral para a Câmara dos Deputados; (Vide Adins nºs 1.351-3 e 1.354-8)~~ (Revogado pela Lei nº 11.459, de 2007)

~~III - é assegurada, aos Partidos a que se refere o inciso I, observadas, no que couber, as disposições do Título IV:~~ (Revogado pela Lei nº 13.165, de 2015)

~~a) a realização de um programa, em cadeia nacional, com duração de dez minutos por semestre;~~ (Revogado pela Lei nº 13.165, de 2015)

~~b) a utilização do tempo total de vinte minutos por semestre em inserções de trinta segundos ou um minuto, nas redes nacionais e de igual tempo nas emissoras dos Estados onde hajam atendido ao disposto no inciso I, b.~~ (Revogado pela Lei nº 13.165, de 2015)

Art. 58. A requerimento de partido, o Juiz Eleitoral devolverá as fichas de filiação partidária existentes no cartório da respectiva Zona, devendo ser organizada a primeira relação de filiados, nos termos do art. 19, obedecidas as normas estatutárias.

Parágrafo único. Para efeito de candidatura a cargo eletivo será considerada como primeira filiação a constante das listas de que trata este artigo.

Art. 59. O art. 16 da Lei nº 3.071, de 1º de janeiro de 1916 (Código Civil), passa a vigorar com a seguinte redação:

"Art.16. ....

III - os partidos políticos.

....

§ 3º Os partidos políticos reger-se-ão pelo disposto, no que lhes for aplicável, nos arts. 17 a 22 deste Código e em lei específica."

Art. 60. Os artigos a seguir enumerados da Lei nº 6.015, de 31 de dezembro de 1973, passam a vigorar a seguinte redação:

«Art. 114. ....

III - os atos constitutivos e os estatutos dos partidos políticos.

....

Art. 120. O registro das sociedades, fundações e partidos políticos consistirá na declaração, feita em livro, pelo oficial, do número de ordem, da data da apresentação e da espécie do ato constitutivo, com as seguintes indicações:

....
Parágrafo único. Para o registro dos partidos políticos, serão obedecidos, além dos requisitos deste artigo, os estabelecidos em lei específica.»

Art. 61. O Tribunal Superior Eleitoral expedirá instruções para a fiel execução desta Lei.

Art. 62. Esta Lei entra em vigor na data de sua publicação.

Art. 63. Ficam revogadas a Lei nº 5.682, de 21 de julho de 1971, e respectivas alterações; a Lei nº 6.341, de 5 de julho de 1976; a Lei nº 6.817, de 5 de setembro de 1980; a Lei nº 6.957, de 23 de novembro de 1981; o art. 16 da Lei nº 6.996, de 7 de junho de 1982; a Lei nº 7.307, de 9 de abril de 1985, e a Lei nº 7.514, de 9 de julho de 1986.

Brasília, 19 de setembro de 1995; 174º da Independência e 107º da República.

MARCO ANTONIO DE OLIVEIRA MACIEL
Nelson A. Jobim

LEI Nº 9.504, DE 30 DE SETEMBRO DE 1997

Texto compilado Mensagem de veto (Vide Decreto nº 7.791, de 2012)	Estabelece normas para as eleições.

O VICE PRESIDENTE DA REPÚBLICA no exercício do cargo de PRESIDENTE DA REPÚBLICA Faço saber que o Congresso Nacional decreta e eu sanciono a seguinte Lei:

Disposições Gerais

Art. 1º As eleições para Presidente e Vice-Presidente da República, Governador e Vice-Governador de Estado e do Distrito Federal, Prefeito e Vice-Prefeito, Senador, Deputado Federal, Deputado Estadual, Deputado Distrital e Vereador dar-se-ão, em todo o País, no primeiro domingo de outubro do ano respectivo.

Parágrafo único. Serão realizadas simultaneamente as eleições:

I – para Presidente e Vice-Presidente da República, Governador e Vice-Governador de Estado e do Distrito Federal, Senador, Deputado Federal, Deputado Estadual e Deputado Distrital;

II – para Prefeito, Vice-Prefeito e Vereador.

Art. 2º Será considerado eleito o candidato a Presidente ou a Governador que obtiver a maioria absoluta de votos, não computados os em branco e os nulos.

§ 1º Se nenhum candidato alcançar maioria absoluta na primeira votação, far-se-á nova eleição no último domingo de outubro, concorrendo os dois candidatos mais votados, e considerando-se eleito o que obtiver a maioria dos votos válidos.

§ 2º Se, antes de realizado o segundo turno, ocorrer morte, desistência ou impedimento legal de candidato, convocar-se-á, dentre os remanescentes, o de maior votação.

§ 3º Se, na hipótese dos parágrafos anteriores, remanescer em segundo lugar mais de um candidato com a mesma votação, qualificar-se-á o mais idoso.

§ 4º A eleição do Presidente importará a do candidato a Vice-Presidente com ele registrado, o mesmo se aplicando à eleição de Governador.

Art. 3º Será considerado eleito Prefeito o candidato que obtiver a maioria dos votos, não computados os em branco e os nulos.

§ 1º A eleição do Prefeito importará a do candidato a Vice-Prefeito com ele registrado.

§ 2º Nos Municípios com mais de duzentos mil eleitores, aplicar-se-ão as regras estabelecidas nos §§ 1º a 3º do artigo anterior.

Art 4º Poderá participar das eleições o partido que, até um ano antes do pleito, tenha registrado seu estatuto no Tribunal Superior Eleitoral, conforme o disposto em lei, e tenha, até a data da convenção, órgão de direção constituído na circunscrição, de acordo com o respectivo estatuto.

Art. 5º Nas eleições proporcionais, contam-se como válidos apenas os votos dados a candidatos regularmente inscritos e às legendas partidárias.

Das Coligações

Art. 6º É facultado aos partidos políticos, dentro da mesma circunscrição, celebrar coligações para eleição majoritária, proporcional, ou para ambas, podendo, neste último caso, formar-se mais de uma coligação para a eleição proporcional dentre os partidos que integram a coligação para o pleito majoritário.

§ 1º A coligação terá denominação própria, que poderá ser a junção de todas as siglas dos partidos que a integram, sendo a ela atribuídas as prerrogativas e obrigações de partido político no que se refere ao processo eleitoral, e devendo funcionar como um só partido no relacionamento com a Justiça Eleitoral e no trato dos interesses interpartidários.

§ 1º-A. A denominação da coligação não poderá coincidir, incluir ou fazer referência a nome ou número de candidato, nem conter pedido de voto para partido político. (Incluído pela Lei nº 12.034, de 2009)

§ 2º Na propaganda para eleição majoritária, a coligação usará, obrigatoriamente, sob sua denominação, as legendas de todos os partidos que a integram; na propaganda para eleição proporcional, cada partido usará apenas sua legenda sob o nome da coligação.

§ 3º Na formação de coligações, devem ser observadas, ainda, as seguintes normas:

I – na chapa da coligação, podem inscrever-se candidatos filiados a qualquer partido político dela integrante;

II – o pedido de registro dos candidatos deve ser subscrito pelos presidentes dos partidos coligados, por seus delegados, pela maioria dos membros dos respectivos órgãos executivos de direção ou por representante da coligação, na forma do inciso III;

III – os partidos integrantes da coligação devem designar um representante, que terá atribuições equivalentes às de presidente de partido político, no trato dos interesses e na representação da coligação, no que se refere ao processo eleitoral;

IV – a coligação será representada perante a Justiça Eleitoral pela pessoa designada na forma do inciso III ou por delegados indicados pelos partidos que a compõem, podendo nomear até:

a) três delegados perante o Juízo Eleitoral;
b) quatro delegados perante o Tribunal Regional Eleitoral;
c) cinco delegados perante o Tribunal Superior Eleitoral.

§ 4º O partido político coligado somente possui legitimidade para atuar de forma isolada no processo eleitoral quando questionar a validade da própria coligação, durante o período compreendido entre a data da convenção e o termo final do prazo para a impugnação do registro de candidatos. (Incluído pela Lei nº 12.034, de 2009)

§ 5º A responsabilidade pelo pagamento de multas decorrentes de propaganda eleitoral é solidária entre os candidatos e os respectivos partidos, não alcançando outros partidos mesmo quando integrantes de uma mesma coligação. (Incluído pela Lei nº 12.891, de 2013)

Das Convenções para a Escolha de Candidatos

Art. 7º As normas para a escolha e substituição dos candidatos e para a formação de coligações serão estabelecidas no estatuto do partido, observadas as disposições desta Lei.

§ 1º Em caso de omissão do estatuto, caberá ao órgão de direção nacional do partido estabelecer as normas a que se refere este artigo, publicando-as no Diário Oficial da União até cento e oitenta dias antes das eleições.

§ 2º Se a convenção partidária de nível inferior se opuser, na deliberação sobre coligações, às diretrizes legitimamente estabelecidas pela convenção nacional, os órgãos superiores do partido poderão, nos termos do respectivo estatuto, anular a deliberação e os atos dela decorrentes.

§ 2º Se a convenção partidária de nível inferior se opuser, na deliberação sobre coligações, às diretrizes legitimamente estabelecidas pelo órgão de direção nacional, nos termos do respectivo estatuto, poderá esse órgão anular a deliberação e os atos dela decorrentes. (Redação dada pela Lei nº 12.034, de 2009)

§ 3º Se, da anulação de que trata o parágrafo anterior, surgir necessidade de registro de novos candidatos, observar-se-ão, para os respectivos requerimentos, os prazos constantes dos §§ 1º e 3º do art. 13.

§ 3º As anulações de deliberações dos atos decorrentes de convenção partidária, na condição acima estabelecida, deverão ser comunicadas à Justiça Eleitoral no prazo de 30 (trinta) dias após a data limite para o registro de candidatos. (Redação dada pela Lei nº 12.034, de 2009)

§ 4º Se, da anulação, decorrer a necessidade de escolha de novos candidatos, o pedido de registro deverá ser apresentado à Justiça Eleitoral nos 10 (dez) dias seguintes à deliberação, observado o disposto no art. 13. (Incluído pela Lei nº 12.034, de 2009)

~~Art. 8º A escolha dos candidatos pelos partidos e a deliberação sobre coligações deverão ser feitas no período de 10 a 30 de junho do ano em que se realizarem as eleições, lavrando-se a respectiva ata em livro aberto e rubricado pela Justiça Eleitoral.~~

~~Art. 8º A escolha dos candidatos pelos partidos e a deliberação sobre coligações deverão ser feitas no período de 12 a 30 de junho do ano em que se realizarem as eleições, lavrando-se a respectiva ata em livro aberto, rubricado pela Justiça Eleitoral, publicada em 24 (vinte e quatro) horas em qualquer meio de comunicação. (Redação dada pela Lei nº 12.891, de 2013)~~

Art. 8º A escolha dos candidatos pelos partidos e a deliberação sobre coligações deverão ser feitas no período de 20 de julho a 5 de agosto do ano em que se realizarem as eleições, lavrando-se a respectiva ata em livro aberto, rubricado pela Justiça Eleitoral, publicada em vinte e quatro horas em qualquer meio de comunicação. (Redação dada pela Lei nº 13.165, de 2015)

§ 1º Aos detentores de mandato de Deputado Federal, Estadual ou Distrital, ou de Vereador, e aos que tenham exercido esses cargos em qualquer período da legislatura que estiver em curso, é assegurado o registro de candidatura para o mesmo cargo pelo partido a que estejam filiados. (Vide ADIN – 2.530-9)

§ 2º Para a realização das convenções de escolha de candidatos, os partidos políticos poderão usar gratuitamente prédios públicos, responsabilizando-se por danos causados com a realização do evento.

~~Art. 9º Para concorrer às eleições, o candidato deverá possuir domicílio eleitoral na respectiva circunscrição pelo prazo de, pelo menos, um ano antes do pleito e estar com a filiação deferida pelo partido no mesmo prazo.~~

Art. 9º Para concorrer às eleições, o candidato deverá possuir domicílio eleitoral na respectiva circunscrição pelo prazo de, pelo menos, um ano antes do pleito, e estar com a filiação deferida pelo partido no mínimo seis meses antes da data da eleição. (Redação dada pela Lei nº 13.165, de 2015)

Parágrafo único. Havendo fusão ou incorporação de partidos após o prazo estipulado no *caput*, será considerada, para efeito de filiação partidária, a data de filiação do candidato ao partido de origem.

Do Registro de Candidatos

~~Art. 10. Cada partido poderá registrar candidatos para a Câmara dos Deputados, Câmara Legislativa, Assembléias Legislativas e Câmaras Municipais, até cento e cinqüenta por cento do número de lugares a preencher.~~

~~§ 1º No caso de coligação para as eleições proporcionais, independentemente do número de partidos que a integrem, poderão ser registrados candidatos até o dobro do número de lugares a preencher.~~ (Revogado pela Lei nº 13.165, de 2015)

~~§ 2º Nas unidades da Federação em que o número de lugares a preencher para a Câmara dos Deputados não exceder de vinte, cada partido poderá registrar candidatos a Deputado Federal e a Deputado Estadual ou Distrital até o dobro das respectivas vagas; havendo coligação, estes números poderão ser acrescidos de até mais cinqüenta por cento.~~ (Revogado pela Lei nº 13.165, de 2015)

~~§ 3º Do número de vagas resultante das regras previstas neste artigo, cada partido ou coligação deverá reservar o mínimo de trinta por cento e o máximo de setenta por cento para candidaturas de cada sexo.~~

Art. 10. Cada partido ou coligação poderá registrar candidatos para a Câmara dos Deputados, a Câmara Legislativa, as Assembleias Legislativas e as Câmaras Municipais no total de até 150% (cento e cinquenta por cento) do número de lugares a preencher, salvo: (Redação dada pela Lei nº 13.165, de 2015)

I – nas unidades da Federação em que o número de lugares a preencher para a Câmara dos Deputados não exceder a doze, nas quais cada partido ou coligação poderá registrar candidatos a Deputado Federal e a Deputado Estadual ou Distrital no total de até 200% (duzentos por cento) das respectivas vagas; (Incluído pela Lei nº 13.165, de 2015)

II – nos Municípios de até cem mil eleitores, nos quais cada coligação poderá registrar candidatos no total de até 200% (duzentos por cento) do número de lugares a preencher. (Incluído pela Lei nº 13.165, de 2015)

§ 1º (Revogado). (Redação dada pela Lei nº 13.165, de 2015)

§ 2º (Revogado). (Redação dada pela Lei nº 13.165, de 2015)

§ 3º Do número de vagas resultante das regras previstas neste artigo, cada partido ou coligação preencherá o mínimo de 30% (trinta por cento) e o máximo de 70% (setenta por cento) para candidaturas de cada sexo. (Redação dada pela Lei nº 12.034, de 2009)

§ 4º Em todos os cálculos, será sempre desprezada a fração, se inferior a meio, e igualada a um, se igual ou superior.

~~§ 5º No caso de as convenções para a escolha de candidatos não indicarem o número máximo de candidatos previsto no *caput* e nos §§ 1º e 2º deste artigo, os órgãos de direção dos partidos respectivos poderão preencher as vagas remanescentes até sessenta dias antes do pleito.~~

§ 5º No caso de as convenções para a escolha de candidatos não indicarem o número máximo de candidatos previsto no **caput**, os órgãos de direção dos partidos respectivos poderão preencher as vagas remanescentes até trinta dias antes do pleito. (Redação dada pela Lei nº 13.165, de 2015)

~~Art. 11. Os partidos e coligações solicitarão à Justiça Eleitoral o registro de seus candidatos até as dezenove horas do dia 5 de julho do ano em que se realizarem as eleições.~~

Art. 11. Os partidos e coligações solicitarão à Justiça Eleitoral o registro de seus candidatos até as dezenove horas do dia 15 de agosto do ano em que se realizarem as eleições. (Redação dada pela Lei nº 13.165, de 2015)

§ 1º O pedido de registro deve ser instruído com os seguintes documentos:

I – cópia da ata a que se refere o art. 8º;
II – autorização do candidato, por escrito;
III – prova de filiação partidária;
IV – declaração de bens, assinada pelo candidato;
V – cópia do título eleitoral ou certidão, fornecida pelo cartório eleitoral, de que o candidato é eleitor na circunscrição ou requereu sua inscrição ou transferência de domicílio no prazo previsto no art. 9º;
VI – certidão de quitação eleitoral;
VII – certidões criminais fornecidas pelos órgãos de distribuição da Justiça Eleitoral, Federal e Estadual;
VIII – fotografia do candidato, nas dimensões estabelecidas em instrução da Justiça Eleitoral, para efeito do disposto no § 1º do art. 59.
IX – propostas defendidas pelo candidato a Prefeito, a Governador de Estado e a Presidente da República. (Incluído pela Lei nº 12.034, de 2009)

~~§ 2º A idade mínima constitucionalmente estabelecida como condição de elegibilidade é verificada tendo por referência a data da posse.~~

§ 2º A idade mínima constitucionalmente estabelecida como condição de elegibilidade é verificada tendo por referência a data da posse, salvo quando fixada em dezoito anos, hipótese em que será aferida na data-limite para o pedido de registro. (Redação dada pela Lei nº 13.165, de 2015)

§ 3º Caso entenda necessário, o Juiz abrirá prazo de setenta e duas horas para diligências.

~~§ 4º Na hipótese de o partido ou coligação não requerer o registro de seus candidatos, estes poderão fazê-lo perante a Justiça Eleitoral nas quarenta e oito horas seguintes ao encerramento do prazo previsto no *caput* deste artigo.~~

§ 4º Na hipótese de o partido ou coligação não requerer o registro de seus candidatos, estes poderão fazê-lo perante a Justiça Eleitoral, observado o prazo máximo de quarenta e oito horas seguintes à publicação da lista dos candidatos pela Justiça Eleitoral. (Redação dada pela Lei nº 12.034, de 2009)

§ 5º Até a data a que se refere este artigo, os Tribunais e Conselhos de Contas deverão tornar disponíveis à Justiça Eleitoral relação dos que tiveram suas contas relativas ao exercício de cargos ou funções públicas rejeitadas por irregularidade insanável e por decisão irrecorrível do órgão competente, ressalvados os casos em que a questão estiver sendo submetida à apreciação do Poder Judiciário, ou que haja sentença judicial favorável ao interessado.

§ 6º A Justiça Eleitoral possibilitará aos interessados acesso aos documentos apresentados para os fins do disposto no § 1º. (Incluído pela Lei nº 12.034, de 2009)

§ 7º A certidão de quitação eleitoral abrangerá exclusivamente a plenitude do gozo dos direitos políticos, o regular exercício do voto, o atendimento a convocações da Justiça Eleitoral para auxiliar os trabalhos relativos ao pleito, a inexistência de multas aplicadas, em caráter definitivo, pela Justiça Eleitoral e não remitidas, e a apresentação de contas de campanha eleitoral. (Incluído pela Lei nº 12.034, de 2009)

§ 8º Para fins de expedição da certidão de que trata o § 7º, considerar-se-ão quites aqueles que: (Incluído pela Lei nº 12.034, de 2009)

I – condenados ao pagamento de multa, tenham, até a data da formalização do seu pedido de registro de candidatura, comprovado o pagamento ou o parcelamento da dívida regularmente cumprido; (Incluído pela Lei nº 12.034, de 2009)

II – pagarem a multa que lhes couber individualmente, excluindo-se qualquer modalidade de responsabilidade solidária, mesmo quando imposta concomitantemente com outros candidatos e em razão do mesmo fato. (Incluído pela Lei nº 12.034, de 2009)

III – o parcelamento das multas eleitorais é direito do cidadão, seja ele eleitor ou candidato, e dos partidos políticos, podendo ser parceladas em até 60 (sessenta) meses, desde que não ultrapasse o limite de 10% (dez por cento) de sua renda. (Incluído pela Lei nº 12.891, de 2013)

§ 9º A Justiça Eleitoral enviará aos partidos políticos, na respectiva circunscrição, até o dia 5 de junho do ano da eleição, a relação de todos os devedores de multa eleitoral, a qual embasará a expedição das certidões de quitação eleitoral. (Incluído pela Lei nº 12.034, de 2009)

§ 10. As condições de elegibilidade e as causas de inelegibilidade devem ser aferidas no momento da formalização do pedido de registro da candidatura, ressalvadas as alterações, fáticas ou jurídicas, supervenientes ao registro que afastem a inelegibilidade. (Incluído pela Lei nº 12.034, de 2009)

§ 11. A Justiça Eleitoral observará, no parcelamento a que se refere o § 8º deste artigo, as regras de parcelamento previstas na legislação tributária federal. (Incluído pela Lei nº 12.034, de 2009)

§ 12. (VETADO) (Incluído pela Lei nº 12.034, de 2009)

§ 13. Fica dispensada a apresentação pelo partido, coligação ou candidato de documentos produzidos a partir de informações detidas pela Justiça Eleitoral, entre eles os indicados nos incisos III, V e VI do § 1º deste artigo. (Incluído pela Lei nº 12.891, de 2013)

Art. 12. O candidato às eleições proporcionais indicará, no pedido de registro, além de seu nome completo, as variações nominais com que deseja ser registrado, até o máximo de três opções, que poderão ser o prenome, sobrenome, cognome, nome abreviado, apelido ou nome pelo qual é mais conhecido, desde que não se estabeleça dúvida quanto à sua identidade, não atente contra o pudor e não seja ridículo ou irreverente, mencionando em que ordem de preferência deseja registrar-se.

§ 1º Verificada a ocorrência de homonímia, a Justiça Eleitoral procederá atendendo ao seguinte:

I – havendo dúvida, poderá exigir do candidato prova de que é conhecido por dada opção de nome, indicada no pedido de registro;

II – ao candidato que, na data máxima prevista para o registro, esteja exercendo mandato eletivo ou o tenha exercido nos últimos quatro anos, ou que nesse mesmo prazo se tenha candidatado com um dos nomes que indicou, será deferido o seu uso no registro, ficando outros candidatos impedidos de fazer propaganda com esse mesmo nome;

III – ao candidato que, pela sua vida política, social ou profissional, seja identificado por um dado nome que tenha indicado, será deferido o registro com esse nome, observado o disposto na parte final do inciso anterior;

IV – tratando-se de candidatos cuja homonímia não se resolva pelas regras dos dois incisos anteriores, a Justiça Eleitoral deverá notificá-los para que, em dois dias, cheguem a acordo sobre os respectivos nomes a serem usados;

V – não havendo acordo no caso do inciso anterior, a Justiça Eleitoral registrará cada candidato com o nome e sobrenome constantes do pedido de registro, observada a ordem de preferência ali definida.

§ 2º A Justiça Eleitoral poderá exigir do candidato prova de que é conhecido por determinada opção de nome por ele indicado, quando seu uso puder confundir o eleitor.

§ 3º A Justiça Eleitoral indeferirá todo pedido de variação de nome coincidente com nome de candidato a eleição majoritária, salvo para candidato que esteja exercendo mandato eletivo ou o tenha exercido nos últimos quatro anos, ou que, nesse mesmo prazo, tenha concorrido em eleição com o nome coincidente.

§ 4º Ao decidir sobre os pedidos de registro, a Justiça Eleitoral publicará as variações de nome deferidas aos candidatos.

§ 5º A Justiça Eleitoral organizará e publicará, até trinta dias antes da eleição, as seguintes relações, para uso na votação e apuração:

I – a primeira, ordenada por partidos, com a lista dos respectivos candidatos em ordem numérica, com as três variações de nome correspondentes a cada um, na ordem escolhida pelo candidato;

II – a segunda, com o índice onomástico e organizada em ordem alfabética, nela constando o nome completo de cada candidato e cada variação de nome, também em ordem alfabética, seguidos da respectiva legenda e número.

Art. 13. É facultado ao partido ou coligação substituir candidato que for considerado inelegível, renunciar ou falecer após o termo final do prazo do registro ou, ainda, tiver seu registro indeferido ou cancelado.

§ 1º A escolha do substituto far-se-á na forma estabelecida no estatuto do partido a que pertencer o substituído, e o registro deverá ser requerido até dez dias contados do fato ou da decisão judicial que deu origem à substituição.

§ 1º A escolha do substituto far-se-á na forma estabelecida no estatuto do partido a que pertencer o substituído, e o registro deverá ser requerido até 10 (dez) dias contados do fato ou da notificação do partido da decisão judicial que deu origem à substituição. (Redação dada pela Lei nº 12.034, de 2009)

§ 2º Nas eleições majoritárias, se o candidato for de coligação, a substituição deverá fazer-se por decisão da maioria absoluta dos órgãos executivos de direção dos partidos coligados, podendo o substituto ser filiado a qualquer partido dela integrante, desde que o partido ao qual pertencia o substituído renuncie ao direito de preferência.

§ 3º Nas eleições proporcionais, a substituição só se efetivará se o novo pedido for apresentado até sessenta dias antes do pleito.

§ 3º Tanto nas eleições majoritárias como nas proporcionais, a substituição só se efetivará se o novo pedido for apresentado até 20 (vinte) dias antes do pleito, exceto em caso de falecimento de candidato, quando a substituição poderá ser efetivada após esse prazo. (Redação dada pela Lei nº 12.891, de 2013)

Art. 14. Estão sujeitos ao cancelamento do registro os candidatos que, até a data da eleição, forem expulsos do partido, em processo no qual seja assegurada ampla defesa e sejam observadas as normas estatutárias.

Parágrafo único. O cancelamento do registro do candidato será decretado pela Justiça Eleitoral, após solicitação do partido.

Art. 15. A identificação numérica dos candidatos se dará mediante a observação dos seguintes critérios:

I – os candidatos aos cargos majoritários concorrerão com o número identificador do partido ao qual estiverem filiados;

II – os candidatos à Câmara dos Deputados concorrerão com o número do partido ao qual estiverem filiados, acrescido de dois algarismos à direita;

III – os candidatos às Assembléias Legislativas e à Câmara Distrital concorrerão com o número do partido ao qual estiverem filiados acrescido de três algarismos à direita;

IV – o Tribunal Superior Eleitoral baixará resolução sobre a numeração dos candidatos concorrentes às eleições municipais.

§ 1º Aos partidos fica assegurado o direito de manter os números atribuídos à sua legenda na eleição anterior, e aos candidatos, nesta hipótese, o direito de manter os números que lhes foram atribuídos na eleição anterior para o mesmo cargo.

§ 2º Aos candidatos a que se refere o § 1º do art. 8º, é permitido requerer novo número ao órgão de direção de seu partido, independentemente do sorteio a que se refere o § 2º do art. 100 da Lei nº 4.737, de 15 de julho de 1965 – Código Eleitoral.

§ 3º Os candidatos de coligações, nas eleições majoritárias, serão registrados com o número de legenda do respectivo partido e, nas eleições proporcionais, com o número de legenda do respectivo partido acrescido do número que lhes couber, observado o disposto no parágrafo anterior.

~~Art. 16. Até quarenta e cinco dias antes da data das eleições, os Tribunais Regionais Eleitorais enviarão ao Tribunal Superior Eleitoral, para fins de centralização e divulgação de dados, a relação dos candidatos às eleições majoritárias e proporcionais, da qual constará obrigatoriamente a referência ao sexo e ao cargo a que concorrem.~~

~~§ 1º Até a data prevista no caput, todos os pedidos de registro de candidatos, inclusive os impugnados, e os respectivos recursos, devem estar julgados em todas as instâncias, e publicadas as decisões a eles relativas. (Incluído pela Lei nº 12.034, de 2009)~~

Art. 16. Até vinte dias antes da data das eleições, os Tribunais Regionais Eleitorais enviarão ao Tribunal Superior Eleitoral, para fins de centralização e divulgação de dados, a relação dos candidatos às eleições majoritárias e proporcionais, da qual constará obrigatoriamente a referência ao sexo e ao cargo a que concorrem. (Redação dada pela Lei nº 13.165, de 2015)

§ 1º Até a data prevista no **caput**, todos os pedidos de registro de candidatos, inclusive os impugnados e os respectivos recursos, devem estar julgados pelas instâncias ordinárias, e publicadas as decisões a eles relativas. (Redação dada pela Lei nº 13.165, de 2015)

§ 2º Os processos de registro de candidaturas terão prioridade sobre quaisquer outros, devendo a Justiça Eleitoral adotar as providências necessárias para o cumprimento do prazo previsto no § 1º, inclusive com a realização de sessões extraordinárias e a convocação dos juízes suplentes pelos Tribunais, sem prejuízo da eventual aplicação do disposto no art. 97 e de representação ao Conselho Nacional de Justiça. (Incluído pela Lei nº 12.034, de 2009)

Art. 16-A. O candidato cujo registro esteja sub judice poderá efetuar todos os atos relativos à campanha eleitoral, inclusive utilizar o horário eleitoral gratuito no rádio e na televisão e ter seu nome mantido na urna eletrônica enquanto estiver sob essa condição, ficando a validade dos votos a ele atribuídos condicionada ao deferimento de seu registro por instância superior. (Incluído pela Lei nº 12.034, de 2009)

Parágrafo único. O cômputo, para o respectivo partido ou coligação, dos votos atribuídos ao candidato cujo registro esteja sub judice no dia da eleição fica condicionado ao deferimento do registro do candidato. (Incluído pela Lei nº 12.034, de 2009)

Art. 16-B. O disposto no art. 16-A quanto ao direito de participar da campanha eleitoral, inclusive utilizar o horário eleitoral gratuito, aplica-se igualmente ao candidato cujo pedido de registro tenha sido protocolado no prazo legal e ainda não tenha sido apreciado pela Justiça Eleitoral. (Incluído pela Lei nº 12.891, de 2013)

Da Arrecadação e da Aplicação de Recursos nas Campanhas Eleitorais

Art. 17. As despesas da campanha eleitoral serão realizadas sob a responsabilidade dos partidos, ou de seus candidatos, e financiadas na forma desta Lei.

Art. 17-A. A cada eleição caberá à lei, observadas as peculiaridades locais, fixar até o dia 10 de junho de cada ano eleitoral o limite dos gastos de campanha para os cargos em disputa; não sendo editada lei até a data estabelecida, caberá a cada partido político fixar o limite de gastos, comunicando à Justiça Eleitoral, que dará a essas informações ampla publicidade. (Redação dada pela Lei nº 11.300, de 2006) (Revogado pela Lei nº 13.165, de 2015)

Art. 18. Juntamente com o pedido de registro de seus candidatos, os partidos e coligações comunicarão à Justiça Eleitoral os valores máximos de gastos que farão por candidatura em cada eleição em que concorrerem.

Art. 18. No pedido de registro de seus candidatos, os partidos e coligações comunicarão aos respectivos Tribunais Eleitorais os valores máximos de gastos que farão por cargo eletivo em cada eleição a que concorrerem, observados os limites estabelecidos, nos termos do art. 17-A desta Lei. (Redação dada pela Lei nº 11.300, de 2006)

§ 1º Tratando-se de coligação, cada partido que a integra fixará o valor máximo de gastos de que trata este artigo. (Revogado pela Lei nº 13.165, de 2015)

§ 2º Gastar recursos além dos valores declarados nos termos deste artigo sujeita o responsável ao pagamento de multa no valor de cinco a dez vezes a quantia em excesso. (Revogado pela Lei nº 13.165, de 2015)

Art. 18. Os limites de gastos de campanha, em cada eleição, são os definidos pelo Tribunal Superior Eleitoral com base nos parâmetros definidos em lei. (Redação dada pela Lei nº 13.165, de 2015)

§ 1º (Revogado). (Redação dada pela Lei nº 13.165, de 2015)

§ 2º (Revogado). (Redação dada pela Lei nº 13.165, de 2015)

Art. 18-A. Serão contabilizadas nos limites de gastos de cada campanha as despesas efetuadas pelos candidatos e as efetuadas pelos partidos que puderem ser individualizadas. (Incluído pela Lei nº 13.165, de 2015)

Art. 18-B. O descumprimento dos limites de gastos fixados para cada campanha acarretará o pagamento de multa em valor equivalente a 100% (cem por cento) da quantia que ultrapassar o limite estabelecido, sem prejuízo da apuração da ocorrência de abuso do poder econômico. (Incluído pela Lei nº 13.165, de 2015)

~~Art. 19. Até dez dias úteis após a escolha de seus candidatos em convenção, o partido constituirá comitês financeiros, com a finalidade de arrecadar recursos e aplicá-los nas campanhas eleitorais.~~ (Revogado pela Lei nº 13.165, de 2015)

~~§ 1º Os comitês devem ser constituídos para cada uma das eleições para as quais o partido apresente candidato próprio, podendo haver reunião, num único comitê, das atribuições relativas às eleições de uma dada circunscrição.~~ (Revogado pela Lei nº 13.165, de 2015)

~~§ 2º Na eleição presidencial é obrigatória a criação de comitê nacional e facultativa a de comitês nos Estados e no Distrito Federal.~~ (Revogado pela Lei nº 13.165, de 2015)

~~§ 3º Os comitês financeiros serão registrados, até cinco dias após sua constituição, nos órgãos da Justiça Eleitoral aos quais compete fazer o registro dos candidatos.~~ (Revogado pela Lei nº 13.165, de 2015)

~~Art. 20. O candidato a cargo eletivo fará, diretamente ou por intermédio de pessoa por ele designada, a administração financeira de sua campanha, usando recursos repassados pelo comitê, inclusive os relativos à cota do Fundo Partidário, recursos próprios ou doações de pessoas físicas ou jurídicas, na forma estabelecida nesta Lei.~~

Art. 20. O candidato a cargo eletivo fará, diretamente ou por intermédio de pessoa por ele designada, a administração financeira de sua campanha usando recursos repassados pelo partido, inclusive os relativos à cota do Fundo Partidário, recursos próprios ou doações de pessoas físicas, na forma estabelecida nesta Lei. (Redação dada pela Lei nº 13.165, de 2015)

~~Art. 21. O candidato é o único responsável pela veracidade das informações financeiras e contábeis de sua campanha, devendo assinar a respectiva prestação de contas sozinho ou, se for o caso, em conjunto com a pessoa que tenha designado para essa tarefa.~~

Art. 21. O candidato é solidariamente responsável com a pessoa indicada na forma do art. 20 desta Lei pela veracidade das informações financeiras e contábeis de sua campanha, devendo ambos assinar a respectiva prestação de contas. (Redação dada pela Lei nº 11.300, de 2006)

Art. 22. É obrigatório para o partido e para os candidatos abrir conta bancária específica para registrar todo o movimento financeiro da campanha.

~~§ 1º Os bancos são obrigados a acatar o pedido de abertura de conta de qualquer partido ou candidato escolhido em convenção, destinada à movimentação financeira da campanha, sendo-lhes vedado condicioná-la a depósito mínimo.~~

~~§ 1º Os bancos são obrigados a acatar, em até 3 (três) dias, o pedido de abertura de conta de qualquer comitê financeiro ou candidato escolhido em convenção, sendo-lhes vedado condicioná-la à depósito mínimo e à cobran-~~

~~ça de taxas e/ou outras despesas de manutenção. (Redação dada pela Lei nº 12.034, de 2009)~~

§ 1º Os bancos são obrigados a: (Redação dada pela Lei nº 12.891, de 2013)

~~I – acatar, em até 3 (três) dias, o pedido de abertura de conta de qualquer comitê financeiro ou candidato escolhido em convenção, sendo-lhes vedado condicioná-la a depósito mínimo e a cobrança de taxas ou a outras despesas de manutenção; (Incluído pela Lei nº 12.891, de 2013)~~

I – acatar, em até três dias, o pedido de abertura de conta de qualquer candidato escolhido em convenção, sendo-lhes vedado condicioná-la a depósito mínimo e à cobrança de taxas ou de outras despesas de manutenção; (Redação dada pela Lei nº 13.165, de 2015)

II – identificar, nos extratos bancários das contas correntes a que se refere o **caput**, o CPF ou o CNPJ do doador. (Incluído pela Lei nº 12.891, de 2013)

III – encerrar a conta bancária no final do ano da eleição, transferindo a totalidade do saldo existente para a conta bancária do órgão de direção indicado pelo partido, na forma prevista no art. 31, e informar o fato à Justiça Eleitoral. (Incluído pela Lei nº 13.165, de 2015)

~~§ 2º O disposto neste artigo não se aplica aos casos de candidatura para Prefeito e Vereador em Municípios onde não haja agência bancária, bem como aos casos de candidatura para Vereador em Municípios com menos de vinte mil eleitores.~~

§ 2º O disposto neste artigo não se aplica aos casos de candidatura para Prefeito e Vereador em Municípios onde não haja agência bancária ou posto de atendimento bancário. (Redação dada pela Lei nº 13.165, de 2015)

§ 3º O uso de recursos financeiros para pagamentos de gastos eleitorais que não provenham da conta específica de que trata o **caput** deste artigo implicará a desaprovação da prestação de contas do partido ou candidato; comprovado abuso de poder econômico, será cancelado o registro da candidatura ou cassado o diploma, se já houver sido outorgado. (Incluído pela Lei nº 11.300, de 2006)

§ 4º Rejeitadas as contas, a Justiça Eleitoral remeterá cópia de todo o processo ao Ministério Público Eleitoral para os fins previstos no art. 22 da Lei Complementar nº 64, de 18 de maio de 1990. (Incluído pela Lei nº 11.300, de 2006)

~~Art. 22-A. Candidatos e Comitês Financeiros estão obrigados à inscrição no Cadastro Nacional da Pessoa Jurídica – CNPJ. (Incluído pela Lei nº 12.034, de 2009)~~

Art. 22-A. Os candidatos estão obrigados à inscrição no Cadastro Nacional da Pessoa Jurídica – CNPJ. (Redação dada pela Lei nº 13.165, de 2015)

§ 1º Após o recebimento do pedido de registro da candidatura, a Justiça Eleitoral deverá fornecer em até 3 (três) dias úteis, o número de registro de CNPJ. (Incluído pela Lei nº 12.034, de 2009)

~~§ 2º Cumprido o disposto no § 1º deste artigo e no § 1º do art. 22, ficam os candidatos e comitês financeiros autorizados a promover a arrecadação de recursos financeiros e a realizar as despesas necessárias à campanha eleitoral. (Incluído pela Lei nº 12.034, de 2009)~~

§ 2º Cumprido o disposto no § 1º deste artigo e no § 1º do art. 22, ficam os candidatos autorizados a promover a arrecadação de recursos financeiros e a realizar as despesas necessárias à campanha eleitoral. (Redação dada pela Lei nº 13.165, de 2015)

~~Art. 23. A partir do registro dos comitês financeiros, pessoas físicas poderão fazer doações em dinheiro ou estimáveis em dinheiro para campanhas eleitorais, obedecido o disposto nesta Lei.~~

Art. 23. Pessoas físicas poderão fazer doações em dinheiro ou estimáveis em dinheiro para campanhas eleitorais, obedecido o disposto nesta Lei. (Redação dada pela Lei nº 12.034, de 2009)

~~§ 1º As doações e contribuições de que trata este artigo ficam limitadas:~~

~~I – no caso de pessoa física, a dez por cento dos rendimentos brutos auferidos no ano anterior à eleição;~~ (Revogado pela Lei nº 13.165, de 2015)

~~II – no caso em que o candidato utilize recursos próprios, ao valor máximo de gastos estabelecido pelo seu partido, na forma desta Lei.~~ (Revogado pela Lei nº 13.165, de 2015)

§ 1º As doações e contribuições de que trata este artigo ficam limitadas a 10% (dez por cento) dos rendimentos brutos auferidos pelo doador no ano anterior à eleição. (Redação dada pela Lei nº 13.165, de 2015)

I – (revogado); (Redação dada pela Lei nº 13.165, de 2015)

II – (revogado). (Redação dada pela Lei nº 13.165, de 2015)

§ 1º-A O candidato poderá usar recursos próprios em sua campanha até o limite de gastos estabelecido nesta Lei para o cargo ao qual concorre. (Incluído pela Lei nº 13.165, de 2015)

§ 2º Toda doação a candidato específico ou a partido deverá fazer-se mediante recibo, em formulário impresso, segundo modelo constante do Anexo.

§ 2º Toda doação a candidato específico ou a partido deverá ser feita mediante recibo, em formulário impresso ou em formulário eletrônico, no caso de doação via internet, em que constem os dados do modelo constante do Anexo, dispensada a assinatura do doador. (Redação dada pela Lei nº 12.034, de 2009)

§ 2º As doações estimáveis em dinheiro a candidato específico, comitê ou partido deverão ser feitas mediante recibo, assinado pelo doador, exceto na hipótese prevista no § 6º do art. 28. (Redação dada pela Lei nº 12.891, de 2013)

§ 3º A doação de quantia acima dos limites fixados neste artigo sujeita o infrator ao pagamento de multa no valor de cinco a dez vezes a quantia em excesso.

~~§ 4º Doações feitas diretamente nas contas de partidos e candidatos deverão ser efetuadas por meio de cheques cruzados e nominais.~~

§ 4º As doações de recursos financeiros somente poderão ser efetuadas na conta mencionada no art. 22 desta Lei por meio de: (Redação dada pela Lei nº 11.300, de 2006)

I – cheques cruzados e nominais ou transferência eletrônica de depósitos; (Incluído pela Lei nº 11.300, de 2006)

II – depósitos em espécie devidamente identificados até o limite fixado no inciso I do § 1º deste artigo. (Incluído pela Lei nº 11.300, de 2006)

III – mecanismo disponível em sítio do candidato, partido ou coligação na internet, permitindo inclusive o uso de cartão de crédito, e que deverá atender aos seguintes requisitos: (Incluído pela Lei nº 12.034, de 2009)

a) identificação do doador; (Incluído pela Lei nº 12.034, de 2009)

b) emissão obrigatória de recibo eleitoral para cada doação realizada. (Incluído pela Lei nº 12.034, de 2009)

§ 5º Ficam vedadas quaisquer doações em dinheiro, bem como de troféus, prêmios, ajudas de qualquer espécie feitas por candidato, entre o registro e a eleição, a pessoas físicas ou jurídicas. (Incluído pela Lei nº 11.300, de 2006)

§ 6º Na hipótese de doações realizadas por meio da internet, as fraudes ou erros cometidos pelo doador sem conhecimento dos candidatos, partidos ou coligações não ensejarão a responsabilidade destes nem a rejeição de suas contas eleitorais. (Incluído pela Lei nº 12.034, de 2009)

~~§ 7º O limite previsto no inciso I do § 1º não se aplica a doações estimáveis em dinheiro relativas à utilização de bens móveis ou imóveis de propriedade do doador, desde que o valor da doação não ultrapasse R$ 50.000,00 (cinquenta mil reais). (Incluído pela Lei nº 12.034, de 2009)~~

§ 7º O limite previsto no § 1º não se aplica a doações estimáveis em dinheiro relativas à utilização de bens móveis ou imóveis de propriedade do doador, desde que o valor estimado não ultrapasse R$ 80.000,00 (oitenta mil reais). (Redação dada pela Lei nº 13.165, de 2015)

Art. 24. É vedado, a partido e candidato, receber direta ou indiretamente doação em dinheiro ou estimável em dinheiro, inclusive por meio de publicidade de qualquer espécie, procedente de:

I – entidade ou governo estrangeiro;

II – órgão da administração pública direta e indireta ou fundação mantida com recursos provenientes do Poder Público;

III – concessionário ou permissionário de serviço público;

IV – entidade de direito privado que receba, na condição de beneficiária, contribuição compulsória em virtude de disposição legal;

V – entidade de utilidade pública;

VI – entidade de classe ou sindical;

VII – pessoa jurídica sem fins lucrativos que receba recursos do exterior.

VIII – entidades beneficentes e religiosas; (Incluído pela Lei nº 11.300, de 2006)

~~IX – entidades esportivas que recebam recursos públicos; (Incluído pela Lei nº 11.300, de 2006)~~

IX – entidades esportivas; (Redação dada pela Lei nº 12.034, de 2009)

X – organizações não-governamentais que recebam recursos públicos; (Incluído pela Lei nº 11.300, de 2006)

XI – organizações da sociedade civil de interesse público. (Incluído pela Lei nº 11.300, de 2006)

XII – (VETADO). (Incluído pela Lei nº 13.165, de 2015)

~~Parágrafo único. Não se incluem nas vedações de que trata este artigo as cooperativas cujos cooperados não sejam concessionários ou permissionários de serviços públicos, desde que não estejam sendo beneficiadas com recursos públicos, observado o disposto no art. 81. (Incluído pela Lei nº 12.034, de 2009)~~

§ 1º Não se incluem nas vedações de que trata este artigo as cooperativas cujos cooperados não sejam concessionários ou permissionários de serviços públicos, desde que não estejam sendo beneficiadas com recursos públicos, observado o disposto no art. 81. (Redação dada pela Lei nº 13.165, de 2015)

§ 2º (VETADO). (Incluído pela Lei nº 13.165, de 2015)

§ 3º (VETADO). (Incluído pela Lei nº 13.165, de 2015)

§ 4º O partido ou candidato que receber recursos provenientes de fontes vedadas ou de origem não identificada deverá proceder à devolução dos valores recebidos ou, não sendo possível a identificação da fonte, transferi-los para a conta única do Tesouro Nacional. (Incluído pela Lei nº 13.165, de 2015)

Art. 24-A. (VETADO). (Incluído pela Lei nº 13.165, de 2015)

Art. 24-B. (VETADO). (Incluído pela Lei nº 13.165, de 2015)

Art. 24-C. O limite de doação previsto no § 1º do art. 23 será apurado anualmente pelo Tribunal Superior Eleitoral e pela Secretaria da Receita Federal do Brasil. (Incluído pela Lei nº 13.165, de 2015)

§ 1º O Tribunal Superior Eleitoral deverá consolidar as informações sobre as doações registradas até 31 de dezembro do exercício financeiro a ser apurado, considerando: (Incluído pela Lei nº 13.165, de 2015)

I – as prestações de contas anuais dos partidos políticos, entregues à Justiça Eleitoral até 30 de abril do ano subsequente ao da apuração, nos termos do art. 32 da Lei nº 9.096, de 19 de setembro de 1995; (Incluído pela Lei nº 13.165, de 2015)

II – as prestações de contas dos candidatos às eleições ordinárias ou suplementares que tenham ocorrido no exercício financeiro a ser apurado. (Incluído pela Lei nº 13.165, de 2015)

§ 2º O Tribunal Superior Eleitoral, após a consolidação das informações sobre os valores doados e apurados, encaminhá-las-á à Secretaria da Receita Federal do Brasil até 30 de maio do ano seguinte ao da apuração. (Incluído pela Lei nº 13.165, de 2015)

§ 3º A Secretaria da Receita Federal do Brasil fará o cruzamento dos valores doados com os rendimentos da pessoa física e, apurando indício de excesso, comunicará o fato, até 30 de julho do ano seguinte ao da apuração, ao Ministério Público Eleitoral, que poderá, até o final do exercício financeiro, apresentar representação com vistas à aplicação da penalidade prevista no art. 23 e de outras sanções que julgar cabíveis. (Incluído pela Lei nº 13.165, de 2015)

Art 25. O partido que descumprir as normas referentes à arrecadação e aplicação de recursos fixadas nesta Lei perderá o direito ao recebimento da quota do Fundo Partidário do ano seguinte, sem prejuízo de responderem os candidatos beneficiados por abuso do poder econômico.

Parágrafo único. A sanção de suspensão do repasse de novas quotas do Fundo Partidário, por desaprovação total ou parcial da prestação de contas do candidato, deverá ser aplicada de forma proporcional e razoável, pelo período de 1 (um) mês a 12 (doze) meses, ou por meio do desconto, do valor a ser repassado, na importância apontada como irregular, não podendo ser aplicada a sanção de suspensão, caso a prestação de contas não seja julgada, pelo juízo ou tribunal competente, após 5 (cinco) anos de sua apresentação. (Incluído pela Lei nº 12.034, de 2009)

~~Art 26. São considerados gastos eleitorais, sujeitos a registro e aos limites fixados nesta Lei, dentre outros:~~

Art. 26. São considerados gastos eleitorais, sujeitos a registro e aos limites fixados nesta Lei: (Redação dada pela Lei nº 11.300, de 2006)

~~I – confecção de material impresso de qualquer natureza e tamanho;~~

I – confecção de material impresso de qualquer natureza e tamanho, observado o disposto no § 3º do art. 38 desta Lei; (Redação dada pela Lei nº 12.891, de 2013)

II – propaganda e publicidade direta ou indireta, por qualquer meio de divulgação, destinada a conquistar votos;

III – aluguel de locais para a promoção de atos de campanha eleitoral;

~~IV – despesas com transporte ou deslocamento de pessoal a serviço das candidaturas;~~

IV – despesas com transporte ou deslocamento de candidato e de pessoal a serviço das candidaturas; (Redação dada pela Lei nº 11.300, de 2006)

V – correspondência e despesas postais;

VI – despesas de instalação, organização e funcionamento de Comitês e serviços necessários às eleições;

VII – remuneração ou gratificação de qualquer espécie a pessoal que preste serviços às candidaturas ou aos comitês eleitorais;

VIII – montagem e operação de carros de som, de propaganda e assemelhados;

~~IX – produção ou patrocínio de espetáculos ou eventos promocionais de candidatura;~~

IX – a realização de comícios ou eventos destinados à promoção de candidatura; (Redação dada pela Lei nº 11.300, de 2006)

X – produção de programas de rádio, televisão ou vídeo, inclusive os destinados à propaganda gratuita;

~~XI – pagamento de cachê de artistas ou animadores de eventos relacionados a campanha eleitoral;~~ (Revogado pela Lei nº 11.300, de 2006)

XII – realização de pesquisas ou testes pré-eleitorais;

~~XIII – confecção, aquisição e distribuição de camisetas, chaveiros e outros brindes de campanha;~~ (Revogado pela Lei nº 11.300, de 2006)

~~XIV – aluguel de bens particulares para veiculação, por qualquer meio, de propaganda eleitoral;~~

XIV -(revogado); (Redação dada pela Lei nº 12.891, de 2013)

XV – custos com a criação e inclusão de sítios na Internet;

XVI – multas aplicadas aos partidos ou candidatos por infração do disposto na legislação eleitoral.

XVII – produção de **jingles**, vinhetas e **slogans** para propaganda eleitoral. (Incluído pela Lei nº 11.300, de 2006)

Parágrafo único. São estabelecidos os seguintes limites com relação ao total do gasto da campanha: (Incluído pela Lei nº 12.891, de 2013)

I – alimentação do pessoal que presta serviços às candidaturas ou aos comitês eleitorais: 10% (dez por cento); (Incluído pela Lei nº 12.891, de 2013)

II – aluguel de veículos automotores: 20% (vinte por cento). (Incluído pela Lei nº 12.891, de 2013)

Art. 27. Qualquer eleitor poderá realizar gastos, em apoio a candidato de sua preferência, até a quantia equivalente a um mil UFIR, não sujeitos a contabilização, desde que não reembolsados.

Da Prestação de Contas

Art. 28. A prestação de contas será feita:

I – no caso dos candidatos às eleições majoritárias, na forma disciplinada pela Justiça Eleitoral;

II – no caso dos candidatos às eleições proporcionais, de acordo com os modelos constantes do Anexo desta Lei.

~~§ 1º As prestações de contas dos candidatos às eleições majoritárias serão feitas por intermédio do comitê financeiro, devendo ser acompanhadas dos extratos das contas bancárias referentes à movimentação dos recursos financeiros usados na campanha e da relação dos cheques recebidos, com a indicação dos respectivos números, valores e emitentes.~~

~~§ 2º As prestações de contas dos candidatos às eleições proporcionais serão feitas pelo comitê financeiro ou pelo próprio candidato.~~

§ 1º As prestações de contas dos candidatos às eleições majoritárias serão feitas pelo próprio candidato, devendo ser acompanhadas dos extratos das contas bancárias referentes à movimentação dos recursos financeiros usados na campanha e da relação dos cheques recebidos, com a indicação dos respectivos números, valores e emitentes. (Redação dada pela Lei nº 13.165, de 2015)

§ 2º As prestações de contas dos candidatos às eleições proporcionais serão feitas pelo próprio candidato. (Redação dada pela Lei nº 13.165, de 2015)

§ 3º As contribuições, doações e as receitas de que trata esta Lei serão convertidas em UFIR, pelo valor desta no mês em que ocorrerem.

~~§ 4º Os partidos políticos, as coligações e os candidatos são obrigados, durante a campanha eleitoral, a divulgar, pela rede mundial de computadores (internet), nos dias 6 de agosto e 6 de setembro, relatório discriminando os recursos em dinheiro ou estimáveis em dinheiro que tenham recebido para financiamento da campanha eleitoral, e os gastos que realizarem, em sítio criado pela Justiça Eleitoral para esse fim, exigindo-se a indicação dos nomes dos doadores e os respectivos valores doados somente na prestação de contas final de que tratam os incisos III e IV do art. 29 desta Lei. (Incluído pela Lei nº 11.300, de 2006)~~

§ 4º Os partidos políticos, as coligações e os candidatos são obrigados, durante a campanha eleitoral, a divulgar, pela rede mundial de computadores (internet), nos dias 8 de agosto e 8 de setembro, relatório discriminando os recursos em dinheiro ou estimáveis em dinheiro que tenham recebido para financiamento da campanha eleitoral e os gastos que realizarem, em sítio criado pela Justiça Eleitoral para esse fim, exigindo-se a indicação dos nomes dos doadores e os respectivos valores doados somente na prestação de contas final de que tratam os incisos III e IV do art. 29 desta Lei. (Redação dada pela Lei nº 12.891, de 2013)

§ 4º Os partidos políticos, as coligações e os candidatos são obrigados, durante as campanhas eleitorais, a divulgar em sítio criado pela Justiça Eleitoral para esse fim na rede mundial de computadores (internet): (Redação dada pela Lei nº 13.165, de 2015)

I – os recursos em dinheiro recebidos para financiamento de sua campanha eleitoral, em até 72 (setenta e duas) horas de seu recebimento; (Incluído pela Lei nº 13.165, de 2015)

II – no dia 15 de setembro, relatório discriminando as transferências do Fundo Partidário, os recursos em dinheiro e os estimáveis em dinheiro recebidos, bem como os gastos realizados. (Incluído pela Lei nº 13.165, de 2015)

§ 5º (VETADO). (Incluído pela Lei nº 12.891, de 2013)

§ 6º Ficam também dispensadas de comprovação na prestação de contas: (Incluído pela Lei nº 12.891, de 2013)

I – a cessão de bens móveis, limitada ao valor de R$ 4.000,00 (quatro mil reais) por pessoa cedente; (Incluído pela Lei nº 12.891, de 2013)

~~II – doações estimáveis em dinheiro entre candidatos, partidos ou comitês financeiros, decorrentes do uso comum tanto de sedes quanto de materiais de propaganda eleitoral, cujo gasto deverá ser registrado na prestação de contas do responsável pelo pagamento da despesa. (Incluído pela Lei nº 12.891, de 2013)~~

II – doações estimáveis em dinheiro entre candidatos ou partidos, decorrentes do uso comum tanto de sedes quanto de materiais de propaganda eleitoral, cujo gasto deverá ser registrado na prestação de contas do responsável pelo pagamento da despesa. (Redação dada pela Lei nº 13.165, de 2015)

§ 7º As informações sobre os recursos recebidos a que se refere o § 4º deverão ser divulgadas com a indicação dos nomes, do CPF ou CNPJ dos doadores e dos respectivos valores doados. (Incluído pela Lei nº 13.165, de 2015)

§ 8º Os gastos com passagens aéreas efetuados nas campanhas eleitorais serão comprovados mediante a apresentação de fatura ou duplicata emitida por agência de viagem, quando for o caso, desde que informados os beneficiários, as datas e os itinerários, vedada a exigência de apresentação de qualquer outro documento para esse fim. (Incluído pela Lei nº 13.165, de 2015)

§ 9º A Justiça Eleitoral adotará sistema simplificado de prestação de contas para candidatos que apresentarem movimentação financeira correspondente a, no máximo, R$ 20.000,00 (vinte mil reais), atualizados monetariamente, a cada eleição, pelo Índice Nacional de Preços ao Consumidor – INPC da Fundação Instituto Brasileiro de Geografia e Estatística – IBGE ou por índice que o substituir. (Incluído pela Lei nº 13.165, de 2015)

§ 10. O sistema simplificado referido no § 9º deverá conter, pelo menos: (Incluído pela Lei nº 13.165, de 2015)

I – identificação das doações recebidas, com os nomes, o CPF ou CNPJ dos doadores e os respectivos valores recebidos; (Incluído pela Lei nº 13.165, de 2015)

II – identificação das despesas realizadas, com os nomes e o CPF ou CNPJ dos fornecedores de material e dos prestadores dos serviços realizados; (Incluído pela Lei nº 13.165, de 2015)

III – registro das eventuais sobras ou dívidas de campanha. (Incluído pela Lei nº 13.165, de 2015)

§ 11. Nas eleições para Prefeito e Vereador de Municípios com menos de cinquenta mil eleitores, a prestação de contas será feita sempre pelo sistema simplificado a que se referem os §§ 9º e 10. (Incluído pela Lei nº 13.165, de 2015)

§ 12. Os valores transferidos pelos partidos políticos oriundos de doações serão registrados na prestação de contas dos candidatos como transferência dos partidos e, na prestação de contas dos partidos, como transferência aos candidatos, sem individualização dos doadores. (Incluído pela Lei nº 13.165, de 2015)

Art. 29. Ao receber as prestações de contas e demais informações dos candidatos às eleições majoritárias e dos candidatos às eleições proporcionais que optarem por prestar contas por seu intermédio, os comitês deverão:

I – verificar se os valores declarados pelo candidato à eleição majoritária como tendo sido recebidos por intermédio do comitê conferem com seus

~~próprios registros financeiros e contábeis;~~ (Revogado pela Lei nº 13.165, de 2015)

~~II – resumir as informações contidas nas prestações de contas, de forma a apresentar demonstrativo consolidado das campanhas dos candidatos;~~

I – (revogado); (Redação dada pela Lei nº 13.165, de 2015)

II – resumir as informações contidas na prestação de contas, de forma a apresentar demonstrativo consolidado das campanhas; (Redação dada pela Lei nº 13.165, de 2015)

III – encaminhar à Justiça Eleitoral, até o trigésimo dia posterior à realização das eleições, o conjunto das prestações de contas dos candidatos e do próprio comitê, na forma do artigo anterior, ressalvada a hipótese do inciso seguinte;

~~IV – havendo segundo turno, encaminhar a prestação de contas dos candidatos que o disputem, referente aos dois turnos, até o trigésimo dia posterior a sua realização.~~

IV – havendo segundo turno, encaminhar a prestação de contas, referente aos 2 (dois) turnos, até o vigésimo dia posterior à sua realização. (Redação dada pela Lei nº 13.165, de 2015)

~~§ 1º Os candidatos às eleições proporcionais que optarem pela prestação de contas diretamente à Justiça Eleitoral observarão o mesmo prazo do inciso III do caput.~~ (Revogado pela Lei nº 13.165, de 2015)

§ 1º (Revogado). (Redação dada pela Lei nº 13.165, de 2015)

§ 2º A inobservância do prazo para encaminhamento das prestações de contas impede a diplomação dos eleitos, enquanto perdurar.

§ 3º Eventuais débitos de campanha não quitados até a data de apresentação da prestação de contas poderão ser assumidos pelo partido político, por decisão do seu órgão nacional de direção partidária. (Incluído pela Lei nº 12.034, de 2009)

§ 4º No caso do disposto no § 3º, o órgão partidário da respectiva circunscrição eleitoral passará a responder por todas as dívidas solidariamente com o candidato, hipótese em que a existência do débito não poderá ser considerada como causa para a rejeição das contas. (Incluído pela Lei nº 12.034, de 2009)

~~Art. 30. Examinando a prestação de contas e conhecendo-a, a Justiça Eleitoral decidirá sobre a sua regularidade.~~

Art. 30. A Justiça Eleitoral verificará a regularidade das contas de campanha, decidindo: (Redação dada pela Lei nº 12.034, de 2009)

I – pela aprovação, quando estiverem regulares; (Incluído pela Lei nº 12.034, de 2009)

II – pela aprovação com ressalvas, quando verificadas falhas que não lhes comprometam a regularidade; (Incluído pela Lei nº 12.034, de 2009)

III – pela desaprovação, quando verificadas falhas que lhes comprometam a regularidade; (Incluído pela Lei nº 12.034, de 2009)

IV – pela não prestação, quando não apresentadas as contas após a notificação emitida pela Justiça Eleitoral, na qual constará a obrigação expressa de prestar as suas contas, no prazo de setenta e duas horas. (Incluído pela Lei nº 12.034, de 2009)

§ 1º A decisão que julgar as contas de todos os candidatos, eleitos ou não, será publicada em sessão, até oito dias antes da diplomação.

§ 1º A decisão que julgar as contas dos candidatos eleitos será publicada em sessão até 8 (oito) dias antes da diplomação. (Redação dada pela Lei nº 11.300, de 2006)

§ 1º A decisão que julgar as contas dos candidatos eleitos será publicada em sessão até três dias antes da diplomação. (Redação dada pela Lei nº 13.165, de 2015)

§ 2º Erros formais e materiais corrigidos não autorizam a rejeição das contas e a cominação de sanção a candidato ou partido.

§ 2º-A. Erros formais ou materiais irrelevantes no conjunto da prestação de contas, que não comprometam o seu resultado, não acarretarão a rejeição das contas. (Incluído pela Lei nº 12.034, de 2009)

§ 3º Para efetuar os exames de que trata este artigo, a Justiça Eleitoral poderá requisitar técnicos do Tribunal de Contas da União, dos Estados, do Distrito Federal ou dos Municípios, pelo tempo que for necessário.

§ 4º Havendo indício de irregularidade na prestação de contas, a Justiça Eleitoral poderá requisitar diretamente do candidato ou do comitê financeiro as informações adicionais necessárias, bem como determinar diligências para a complementação dos dados ou o saneamento das falhas.

§ 5º Da decisão que julgar as contas prestadas pelos candidatos e comitês financeiros caberá recurso ao órgão superior da Justiça Eleitoral, no prazo de 3 (três) dias, a contar da publicação no Diário Oficial. (Incluído pela Lei nº 12.034, de 2009)

§ 4º Havendo indício de irregularidade na prestação de contas, a Justiça Eleitoral poderá requisitar do candidato as informações adicionais necessárias, bem como determinar diligências para a complementação dos dados ou o saneamento das falhas. (Redação dada pela Lei nº 13.165, de 2015)

§ 5º Da decisão que julgar as contas prestadas pelos candidatos caberá recurso ao órgão superior da Justiça Eleitoral, no prazo de 3 (três) dias, a contar da publicação no Diário Oficial. (Redação dada pela Lei nº 13.165, de 2015)

§ 6º No mesmo prazo previsto no § 5º, caberá recurso especial para o Tribunal Superior Eleitoral, nas hipóteses previstas nos incisos I e II do § 4º do art. 121 da Constituição Federal. (Incluído pela Lei nº 12.034, de 2009)

§ 7º O disposto neste artigo aplica-se aos processos judiciais pendentes. (Incluído pela Lei nº 12.034, de 2009)

Art. 30-A. Qualquer partido político ou coligação poderá representar à Justiça Eleitoral relatando fatos e indicando provas e pedir a abertura de in-

~~vestigação judicial para apurar condutas em desacordo com as normas desta Lei, relativas à arrecadação e gastos de recursos. (Incluído pela Lei nº 11.300, de 2006)~~

Art. 30-A. Qualquer partido político ou coligação poderá representar à Justiça Eleitoral, no prazo de 15 (quinze) dias da diplomação, relatando fatos e indicando provas, e pedir a abertura de investigação judicial para apurar condutas em desacordo com as normas desta Lei, relativas à arrecadação e gastos de recursos. (Redação dada pela Lei nº 12.034, de 2009)

§ 1º Na apuração de que trata este artigo, aplicar-se-á o procedimento previsto no art. 22 da Lei Complementar nº 64, de 18 de maio de 1990, no que couber. (Incluído pela Lei nº 11.300, de 2006)

§ 2º Comprovados captação ou gastos ilícitos de recursos, para fins eleitorais, será negado diploma ao candidato, ou cassado, se já houver sido outorgado. (Incluído pela Lei nº 11.300, de 2006)

§ 3º O prazo de recurso contra decisões proferidas em representações propostas com base neste artigo será de 3 (três) dias, a contar da data da publicação do julgamento no Diário Oficial. (Incluído pela Lei nº 12.034, de 2009)

~~Art. 31. Se, ao final da campanha, ocorrer sobra de recursos financeiros, esta deve ser declarada na prestação de contas e, após julgados todos os recursos, transferida ao partido ou coligação, neste caso para divisão entre os partidos que a compõem. Parágrafo único. As sobras de recursos financeiros de campanha serão utilizadas pelos partidos políticos, de forma integral e exclusiva, na criação e manutenção de instituto ou fundação de pesquisa e de doutrinação e educação política.~~

~~Art. 31. Se, ao final da campanha, ocorrer sobra de recursos financeiros, esta deve ser declarada na prestação de contas e, após julgados todos os recursos, transferida ao órgão do partido na circunscrição do pleito ou à coligação, neste caso, para divisão entre os partidos que a compõem. (Redação dada pela Lei nº 12.034, de 2009)~~

Art. 31. Se, ao final da campanha, ocorrer sobra de recursos financeiros, esta deve ser declarada na prestação de contas e, após julgados todos os recursos, transferida ao partido, obedecendo aos seguintes critérios: (Redação dada pela Lei nº 12.891, de 2013)

I – no caso de candidato a Prefeito, Vice-Prefeito e Vereador, esses recursos deverão ser transferidos para o órgão diretivo municipal do partido na cidade onde ocorreu a eleição, o qual será responsável exclusivo pela identificação desses recursos, sua utilização, contabilização e respectiva prestação de contas perante o juízo eleitoral correspondente; (Incluído pela Lei nº 12.891, de 2013)

II – no caso de candidato a Governador, Vice-Governador, Senador, Deputado Federal e Deputado Estadual ou Distrital, esses recursos deverão ser transferidos para o órgão diretivo regional do partido no Estado onde ocorreu a eleição ou no Distrito Federal, se for o caso, o qual será responsável exclusivo pela identificação desses recursos, sua utilização, contabilização e respectiva prestação de contas perante o Tribunal Regional Eleitoral correspondente; (Incluído pela Lei nº 12.891, de 2013)

III – no caso de candidato a Presidente e Vice-Presidente da República, esses recursos deverão ser transferidos para o órgão diretivo nacional do partido, o qual será responsável exclusivo pela identificação desses recursos, sua utilização, contabilização e respectiva prestação de contas perante o Tribunal Superior Eleitoral; (Incluído pela Lei nº 12.891, de 2013)

IV – o órgão diretivo nacional do partido não poderá ser responsabilizado nem penalizado pelo descumprimento do disposto neste artigo por parte dos órgãos diretivos municipais e regionais. (Incluído pela Lei nº 12.891, de 2013)

Parágrafo único. As sobras de recursos financeiros de campanha serão utilizadas pelos partidos políticos, devendo tais valores ser declarados em suas prestações de contas perante a Justiça Eleitoral, com a identificação dos candidatos. (Redação dada pela Lei nº 12.034, de 2009)

Art. 32. Até cento e oitenta dias após a diplomação, os candidatos ou partidos conservarão a documentação concernente a suas contas.

Parágrafo único. Estando pendente de julgamento qualquer processo judicial relativo às contas, a documentação a elas concernente deverá ser conservada até a decisão final.

Das Pesquisas e Testes Pré-Eleitorais

Art. 33. As entidades e empresas que realizarem pesquisas de opinião pública relativas às eleições ou aos candidatos, para conhecimento público, são obrigadas, para cada pesquisa, a registrar, junto à Justiça Eleitoral, até cinco dias antes da divulgação, as seguintes informações:

I – quem contratou a pesquisa;

II – valor e origem dos recursos despendidos no trabalho;

III – metodologia e período de realização da pesquisa;

IV – plano amostral e ponderação quanto a sexo, idade, grau de instrução, nível econômico e área física de realização do trabalho, intervalo de confiança e margem de erro;

IV – plano amostral e ponderação quanto a sexo, idade, grau de instrução, nível econômico e área física de realização do trabalho a ser executado, intervalo de confiança e margem de erro; (Redação dada pela Lei nº 12.891, de 2013)

V – sistema interno de controle e verificação, conferência e fiscalização da coleta de dados e do trabalho de campo;

VI – questionário completo aplicado ou a ser aplicado;

VII – o nome de quem pagou pela realização do trabalho.

VII – nome de quem pagou pela realização do trabalho e cópia da respectiva nota fiscal. (Redação dada pela Lei nº 12.891, de 2013)

§ 1º As informações relativas às pesquisas serão registradas nos órgãos da Justiça Eleitoral aos quais compete fazer o registro dos candidatos.

~~§ 2º A Justiça Eleitoral afixará imediatamente, no local de costume, aviso comunicando o registro das informações a que se refere este artigo, colocando-as à disposição dos partidos ou coligações com candidatos ao pleito, os quais a elas terão livre acesso pelo prazo de trinta dias.~~

§ 2º A Justiça Eleitoral afixará no prazo de vinte e quatro horas, no local de costume, bem como divulgará em seu sítio na internet, aviso comunicando o registro das informações a que se refere este artigo, colocando-as à disposição dos partidos ou coligações com candidatos ao pleito, os quais a elas terão livre acesso pelo prazo de 30 (trinta) dias. (Redação dada pela Lei nº 12.034, de 2009)

§ 3º A divulgação de pesquisa sem o prévio registro das informações de que trata este artigo sujeita os responsáveis a multa no valor de cinqüenta mil a cem mil UFIR.

§ 4º A divulgação de pesquisa fraudulenta constitui crime, punível com detenção de seis meses a um ano e multa no valor de cinqüenta mil a cem mil UFIR.

§ 5º É vedada, no período de campanha eleitoral, a realização de enquetes relacionadas ao processo eleitoral. (Incluído pela Lei nº 12.891, de 2013)

Art. 34. (VETADO)

§ 1º Mediante requerimento à Justiça Eleitoral, os partidos poderão ter acesso ao sistema interno de controle, verificação e fiscalização da coleta de dados das entidades que divulgaram pesquisas de opinião relativas às eleições, incluídos os referentes à identificação dos entrevistadores e, por meio de escolha livre e aleatória de planilhas individuais, mapas ou equivalentes, confrontar e conferir os dados publicados, preservada a identidade dos respondentes.

§ 2º O não-cumprimento do disposto neste artigo ou qualquer ato que vise a retardar, impedir ou dificultar a ação fiscalizadora dos partidos constitui crime, punível com detenção, de seis meses a um ano, com a alternativa de prestação de serviços à comunidade pelo mesmo prazo, e multa no valor de dez mil a vinte mil UFIR.

§ 3º A comprovação de irregularidade nos dados publicados sujeita os responsáveis às penas mencionadas no parágrafo anterior, sem prejuízo da obrigatoriedade da veiculação dos dados corretos no mesmo espaço, local, horário, página, caracteres e outros elementos de destaque, de acordo com o veículo usado.

Art. 35. Pelos crimes definidos nos arts. 33, § 4º e 34, §§ 2º e 3º, podem ser responsabilizados penalmente os representantes legais da empresa ou entidade de pesquisa e do órgão veiculador.

~~Art. 35-A. É vedada a divulgação de pesquisas eleitorais por qualquer meio de comunicação, a partir do décimo quinto dia anterior até as 18 (de-~~

~~zoito) horas do dia do pleito. (Incluído pela Lei nº 11.300, de 2006)~~ (Vide ADIN 3.741-2)

Da Propaganda Eleitoral em Geral

~~Art. 36. A propaganda eleitoral somente é permitida após o dia 5 de julho do ano da eleição.~~

Art. 36. A propaganda eleitoral somente é permitida após o dia 15 de agosto do ano da eleição. (Redação dada pela Lei nº 13.165, de 2015)

§ 1º Ao postulante a candidatura a cargo eletivo é permitida a realização, na quinzena anterior à escolha pelo partido, de propaganda intrapartidária com vista à indicação de seu nome, vedado o uso de rádio, televisão e *outdoor*.

§ 2º No segundo semestre do ano da eleição, não será veiculada a propaganda partidária gratuita prevista em lei nem permitido qualquer tipo de propaganda política paga no rádio e na televisão.

~~§ 3º A violação do disposto neste artigo sujeitará o responsável pela divulgação da propaganda e, quando comprovado seu prévio conhecimento, o beneficiário, à multa no valor de vinte mil a cinqüenta mil UFIR ou equivalente ao custo da propaganda, se este for maior.~~

§ 3º A violação do disposto neste artigo sujeitará o responsável pela divulgação da propaganda e, quando comprovado o seu prévio conhecimento, o beneficiário à multa no valor de R$ 5.000,00 (cinco mil reais) a R$ 25.000,00 (vinte e cinco mil reais), ou ao equivalente ao custo da propaganda, se este for maior. (Redação dada pela Lei nº 12.034, de 2009)

~~§ 4º Na propaganda dos candidatos a cargo majoritário, deverão constar, também, o nome dos candidatos a vice ou a suplentes de Senador, de modo claro e legível, em tamanho não inferior a 10% (dez por cento) do nome do titular. (Incluído pela Lei nº 12.034, de 2009)~~

§ 4º Na propaganda dos candidatos a cargo majoritário deverão constar, também, os nomes dos candidatos a vice ou a suplentes de senador, de modo claro e legível, em tamanho não inferior a 30% (trinta por cento) do nome do titular. (Redação dada pela Lei nº 13.165, de 2015)

§ 5º A comprovação do cumprimento das determinações da Justiça Eleitoral relacionadas a propaganda realizada em desconformidade com o disposto nesta Lei poderá ser apresentada no Tribunal Superior Eleitoral, no caso de candidatos a Presidente e Vice-Presidente da República, nas sedes dos respectivos Tribunais Regionais Eleitorais, no caso de candidatos a Governador, Vice-Governador, Deputado Federal, Senador da República, Deputados Estadual e Distrital, e, no Juízo Eleitoral, na hipótese de candidato a Prefeito, Vice-Prefeito e Vereador. (Incluído pela Lei nº 12.034, de 2009)

~~Art. 36-A. Não será considerada propaganda eleitoral antecipada: (Incluído pela Lei nº 12.034, de 2009)~~

~~I – a participação de filiados a partidos políticos ou de pré-candidatos em entrevistas, programas, encontros ou debates no rádio, na televisão e na~~

~~internet, inclusive com a exposição de plataformas e projetos políticos, desde que não haja pedido de votos, observado pelas emissoras de rádio e de televisão o dever de conferir tratamento isonômico; (Incluído pela Lei nº 12.034, de 2009)~~

~~II – a realização de encontros, seminários ou congressos, em ambiente fechado e a expensas dos partidos políticos, para tratar da organização dos processos eleitorais, planos de governos ou alianças partidárias visando às eleições; (Incluído pela Lei nº 12.034, de 2009)~~

III – a realização de prévias partidárias e sua divulgação pelos instrumentos de comunicação intrapartidária; ou (Incluído pela Lei nº 12.034, de 2009)

IV – a divulgação de atos de parlamentares e debates legislativos, desde que não se mencione a possível candidatura, ou se faça pedido de votos ou de apoio eleitoral. (Incluído pela Lei nº 12.034, de 2009)

Art. 36-A. Não serão consideradas propaganda antecipada e poderão ter cobertura dos meios de comunicação social, inclusive via internet: (Redação dada pela Lei nº 12.891, de 2013)

Art. 36-A. Não configuram propaganda eleitoral antecipada, desde que não envolvam pedido explícito de voto, a menção à pretensa candidatura, a exaltação das qualidades pessoais dos pré-candidatos e os seguintes atos, que poderão ter cobertura dos meios de comunicação social, inclusive via internet: (Redação dada pela Lei nº 13.165, de 2015)

I – a participação de filiados a partidos políticos ou de pré-candidatos em entrevistas, programas, encontros ou debates no rádio, na televisão e na internet, inclusive com a exposição de plataformas e projetos políticos, observado pelas emissoras de rádio e de televisão o dever de conferir tratamento isonômico; (Redação dada pela Lei nº 12.891, de 2013)

II – a realização de encontros, seminários ou congressos, em ambiente fechado e a expensas dos partidos políticos, para tratar da organização dos processos eleitorais, discussão de políticas públicas, planos de governo ou alianças partidárias visando às eleições, podendo tais atividades ser divulgadas pelos instrumentos de comunicação intrapartidária; (Redação dada pela Lei nº 12.891, de 2013)

~~III – a realização de prévias partidárias e sua divulgação pelos instrumentos de comunicação intrapartidária e pelas redes sociais; (Redação dada pela Lei nº 12.891, de 2013)~~

III – a realização de prévias partidárias e a respectiva distribuição de material informativo, a divulgação dos nomes dos filiados que participarão da disputa e a realização de debates entre os pré-candidatos; (Redação dada pela Lei nº 13.165, de 2015)

IV – a divulgação de atos de parlamentares e debates legislativos, desde que não se faça pedido de votos; (Redação dada pela Lei nº 12.891, de 2013)

V – a manifestação e o posicionamento pessoal sobre questões políticas nas redes sociais. (Incluído pela Lei nº 12.891, de 2013)

Parágrafo único. É vedada a transmissão ao vivo por emissoras de rádio e de televisão das prévias partidárias. (Incluído pela Lei nº 12.891, de 2013)

V – a divulgação de posicionamento pessoal sobre questões políticas, inclusive nas redes sociais; (Redação dada pela Lei nº 13.165, de 2015)

VI – a realização, a expensas de partido político, de reuniões de iniciativa da sociedade civil, de veículo ou meio de comunicação ou do próprio partido, em qualquer localidade, para divulgar ideias, objetivos e propostas partidárias. (Incluído pela Lei nº 13.165, de 2015)

§ 1º É vedada a transmissão ao vivo por emissoras de rádio e de televisão das prévias partidárias, sem prejuízo da cobertura dos meios de comunicação social. (Incluído pela Lei nº 13.165, de 2015)

§ 2º Nas hipóteses dos incisos I a VI do **caput**, são permitidos o pedido de apoio político e a divulgação da pré-candidatura, das ações políticas desenvolvidas e das que se pretende desenvolver. (Incluído pela Lei nº 13.165, de 2015)

§ 3º O disposto no § 2º não se aplica aos profissionais de comunicação social no exercício da profissão. (Incluído pela Lei nº 13.165, de 2015)

Art. 36-B. Será considerada propaganda eleitoral antecipada a convocação, por parte do Presidente da República, dos Presidentes da Câmara dos Deputados, do Senado Federal e do Supremo Tribunal Federal, de redes de radiodifusão para divulgação de atos que denotem propaganda política ou ataques a partidos políticos e seus filiados ou instituições. (Incluído pela Lei nº 12.891, de 2013)

Parágrafo único. Nos casos permitidos de convocação das redes de radiodifusão, é vedada a utilização de símbolos ou imagens, exceto aqueles previstos no § 1º do art. 13 da Constituição Federal. (Incluído pela Lei nº 12.891, de 2013)

~~Art. 37. Nos bens cujo uso dependa de cessão ou permissão do Poder Público, ou que a ele pertençam, e nos de uso comum, é vedada a pichação, inscrição a tinta e a veiculação de propaganda, ressalvada a fixação de placas, estandartes, faixas e assemelhados nos postes de iluminação pública, viadutos, passarelas e pontes, desde que não lhes cause dano, dificulte ou impeça o seu uso e o bom andamento do tráfego.~~

~~§ 1º A pichação, a inscrição a tinta ou a veiculação de propaganda em desacordo com o disposto neste artigo sujeitam o responsável à restauração do bem e a multa no valor de cinco mil a quinze mil UFIR.~~

~~Art. 37. Nos bens cujo uso dependa de cessão ou permissão do Poder Público, ou que a ele pertençam, e nos de uso comum, inclusive postes de iluminação pública e sinalização de tráfego, viadutos, passarelas, pontes, paradas de ônibus e outros equipamentos urbanos, é vedada a veiculação de propaganda de qualquer natureza, inclusive pichação, inscrição a tinta, fixação de placas, estandartes, faixas e assemelhados. (Redação dada pela Lei nº 11.300, de 2006)~~

Art. 37. Nos bens cujo uso dependa de cessão ou permissão do Poder Público, ou que a ele pertençam, e nos de uso comum, inclusive postes de iluminação pública e sinalização de tráfego, viadutos, passarelas, pontes, paradas de ônibus e outros equipamentos urbanos, é vedada a veiculação de propaganda de qualquer natureza, inclusive pichação, inscrição a tinta, fixação de placas, estandartes, faixas, cavaletes e assemelhados. (Redação dada pela Lei nº 12.891, de 2013)

Art. 37. Nos bens cujo uso dependa de cessão ou permissão do poder público, ou que a ele pertençam, e nos bens de uso comum, inclusive postes de iluminação pública, sinalização de tráfego, viadutos, passarelas, pontes, paradas de ônibus e outros equipamentos urbanos, é vedada a veiculação de propaganda de qualquer natureza, inclusive pichação, inscrição a tinta e exposição de placas, estandartes, faixas, cavaletes, bonecos e assemelhados. (Redação dada pela Lei nº 13.165, de 2015)

§ 1º A veiculação de propaganda em desacordo com o disposto no **caput** deste artigo sujeita o responsável, após a notificação e comprovação, à restauração do bem e, caso não cumprida no prazo, a multa no valor de R$ 2.000,00 (dois mil reais) a R$ 8.000,00 (oito mil reais). (Redação dada pela Lei nº 11.300, de 2006)

§ 2º Em bens particulares, independe da obtenção de licença municipal e de autorização da Justiça Eleitoral, a veiculação de propaganda eleitoral por meio da fixação de faixas, placas, cartazes, pinturas ou inscrições.

§ 2º Em bens particulares, independe de obtenção de licença municipal e de autorização da Justiça Eleitoral a veiculação de propaganda eleitoral por meio da fixação de faixas, placas, cartazes, pinturas ou inscrições, desde que não excedam a 4m² (quatro metros quadrados) e que não contrariem a legislação eleitoral, sujeitando-se o infrator às penalidades previstas no § 1º. (Redação dada pela Lei nº 12.034, de 2009)

§ 2º Em bens particulares, independe de obtenção de licença municipal e de autorização da Justiça Eleitoral a veiculação de propaganda eleitoral, desde que seja feita em adesivo ou papel, não exceda a 0,5 m² (meio metro quadrado) e não contrarie a legislação eleitoral, sujeitando-se o infrator às penalidades previstas no § 1º. (Redação dada pela Lei nº 13.165, de 2015)

§ 3º Nas dependências do Poder Legislativo, a veiculação de propaganda eleitoral fica a critério da Mesa Diretora.

§ 4º Bens de uso comum, para fins eleitorais, são os assim definidos pela Lei nº 10.406, de 10 de janeiro de 2002 – Código Civil e também aqueles a que a população em geral tem acesso, tais como cinemas, clubes, lojas, centros comerciais, templos, ginásios, estádios, ainda que de propriedade privada. (Incluído pela Lei nº 12.034, de 2009)

§ 5º Nas árvores e nos jardins localizados em áreas públicas, bem como em muros, cercas e tapumes divisórios, não é permitida a colocação de propaganda eleitoral de qualquer natureza, mesmo que não lhes cause dano. (Incluído pela Lei nº 12.034, de 2009)

~~§ 6º É permitida a colocação de cavaletes, bonecos, cartazes, mesas para distribuição de material de campanha e bandeiras ao longo das vias públicas, desde que móveis e que não dificultem o bom andamento do trânsito de pessoas e veículos. (Incluído pela Lei nº 12.034, de 2009)~~

§ 6º É permitida a colocação de mesas para distribuição de material de campanha e a utilização de bandeiras ao longo das vias públicas, desde que móveis e que não dificultem o bom andamento do trânsito de pessoas e veículos. (Redação dada pela Lei nº 12.891, de 2013)

§ 7º A mobilidade referida no § 6º estará caracterizada com a colocação e a retirada dos meios de propaganda entre as seis horas e as vinte e duas horas. (Incluído pela Lei nº 12.034, de 2009)

§ 8º A veiculação de propaganda eleitoral em bens particulares deve ser espontânea e gratuita, sendo vedado qualquer tipo de pagamento em troca de espaço para esta finalidade. (Incluído pela Lei nº 12.034, de 2009)

~~Art. 38. Independe da obtenção de licença municipal e de autorização da Justiça Eleitoral a veiculação de propaganda eleitoral pela distribuição de folhetos, volantes e outros impressos, os quais devem ser editados sob a responsabilidade do partido, coligação ou candidato.~~

Art. 38. Independe da obtenção de licença municipal e de autorização da Justiça Eleitoral a veiculação de propaganda eleitoral pela distribuição de folhetos, adesivos, volantes e outros impressos, os quais devem ser editados sob a responsabilidade do partido, coligação ou candidato. (Redação dada pela Lei nº 12.891, de 2013)

§ 1º Todo material impresso de campanha eleitoral deverá conter o número de inscrição no Cadastro Nacional da Pessoa Jurídica – CNPJ ou o número de inscrição no Cadastro de Pessoas Físicas – CPF do responsável pela confecção, bem como de quem a contratou, e a respectiva tiragem. (Incluído pela Lei nº 12.034, de 2009)

§ 2º Quando o material impresso veicular propaganda conjunta de diversos candidatos, os gastos relativos a cada um deles deverão constar na respectiva prestação de contas, ou apenas naquela relativa ao que houver arcado com os custos. (Incluído pela Lei nº 12.034, de 2009)

§ 3º Os adesivos de que trata o **caput** deste artigo poderão ter a dimensão máxima de 50 (cinquenta) centímetros por 40 (quarenta) centímetros. (Incluído pela Lei nº 12.891, de 2013)

§ 4º É proibido colar propaganda eleitoral em veículos, exceto adesivos microperfurados até a extensão total do para-brisa traseiro e, em outras posições, adesivos até a dimensão máxima fixada no § 3º. (Incluído pela Lei nº 12.891, de 2013)

Art. 39. A realização de qualquer ato de propaganda partidária ou eleitoral, em recinto aberto ou fechado, não depende de licença da polícia.

§ 1º O candidato, partido ou coligação promotora do ato fará a devida comunicação à autoridade policial em, no mínimo, vinte e quatro horas antes de sua realização, a fim de que esta lhe garanta, segundo a prioridade do aviso, o direito contra quem tencione usar o local no mesmo dia e horário.

§ 2º A autoridade policial tomará as providências necessárias à garantia da realização do ato e ao funcionamento do tráfego e dos serviços públicos que o evento possa afetar.

§ 3º O funcionamento de alto-falantes ou amplificadores de som, ressalvada a hipótese contemplada no parágrafo seguinte, somente é permitido entre as oito e as vinte e duas horas, sendo vedados a instalação e o uso daqueles equipamentos em distância inferior a duzentos metros:

I – das sedes dos Poderes Executivo e Legislativo da União, dos Estados, do Distrito Federal e dos Municípios, das sedes dos Tribunais Judiciais, e dos quartéis e outros estabelecimentos militares;

II – dos hospitais e casas de saúde;

III – das escolas, bibliotecas públicas, igrejas e teatros, quando em funcionamento.

~~§ 4º A realização de comícios é permitida no horário compreendido entre as oito e as vinte e quatro horas.~~

~~§ 4º A realização de comícios e a utilização de aparelhagem de sonorização fixa são permitidas no horário compreendido entre as 8 (oito) e as 24 (vinte e quatro) horas. (Redação dada pela Lei nº 11.300, de 2006)~~

§ 4º A realização de comícios e a utilização de aparelhagens de sonorização fixas são permitidas no horário compreendido entre as 8 (oito) e as 24 (vinte e quatro) horas, com exceção do comício de encerramento da campanha, que poderá ser prorrogado por mais 2 (duas) horas. (Redação dada pela Lei nº 12.891, de 2013)

§ 5º Constituem crimes, no dia da eleição, puníveis com detenção, de seis meses a um ano, com a alternativa de prestação de serviços à comunidade pelo mesmo período, e multa no valor de cinco mil a quinze mil UFIR:

I – o uso de alto-falantes e amplificadores de som ou a promoção de comício ou carreata;

~~II – a distribuição de material de propaganda política, inclusive volantes e outros impressos, ou a prática de aliciamento, coação ou manifestação tendentes a influir na vontade do eleitor.~~

II – a arregimentação de eleitor ou a propaganda de boca de urna; (Redação dada pela Lei nº 11.300, de 2006)

~~III – a divulgação de qualquer espécie de propaganda de partidos políticos ou de seus candidatos, mediante publicações, cartazes, camisas, bonés, broches ou dísticos em vestuário. (Incluído pela Lei nº 11.300, de 2006)~~

III – a divulgação de qualquer espécie de propaganda de partidos políticos ou de seus candidatos. (Redação dada pela Lei nº 12.034, de 2009)

§ 6º É vedada na campanha eleitoral a confecção, utilização, distribuição por comitê, candidato, ou com a sua autorização, de camisetas, chaveiros, bonés, canetas, brindes, cestas básicas ou quaisquer outros bens ou materiais que possam proporcionar vantagem ao eleitor. (Incluído pela Lei nº 11.300, de 2006)

§ 7º É proibida a realização de *showmício* e de evento assemelhado para promoção de candidatos, bem como a apresentação, remunerada ou não, de artistas com a finalidade de animar comício e reunião eleitoral. (Incluído pela Lei nº 11.300, de 2006)

§ 8º É vedada a propaganda eleitoral mediante ~~outdoors~~, sujeitando-se a empresa responsável, os partidos, coligações e candidatos à imediata retirada da propaganda irregular e ao pagamento de multa no valor de 5.000 (cinco mil) a 15.000 (quinze mil) UFIRs. (Incluído pela Lei nº 11.300, de 2006)

§ 8º É vedada a propaganda eleitoral mediante **outdoors**, inclusive eletrônicos, sujeitando-se a empresa responsável, os partidos, as coligações e os candidatos à imediata retirada da propaganda irregular e ao pagamento de multa no valor de R$ 5.000,00 (cinco mil reais) a R$ 15.000,00 (quinze mil reais). Redação dada pela Lei nº 12.891, de 2013)

§ 9º Até as vinte e duas horas do dia que antecede a eleição, serão permitidos distribuição de material gráfico, caminhada, carreata, passeata ou carro de som que transite pela cidade divulgando jingles ou mensagens de candidatos. (Incluído pela Lei nº 12.034, de 2009)

§ 9º-A. Considera-se carro de som, além do previsto no § 12, qualquer veículo, motorizado ou não, ou ainda tracionado por animais, que transite divulgando **jingles** ou mensagens de candidatos. (Incluído pela Lei nº 13.165, de 2015)

§ 10. Fica vedada a utilização de trios elétricos em campanhas eleitorais, exceto para a sonorização de comícios. (Incluído pela Lei nº 12.034, de 2009)

§ 11. É permitida a circulação de carros de som e minitrios como meio de propaganda eleitoral, desde que observado o limite de 80 (oitenta) decibéis de nível de pressão sonora, medido a 7 (sete) metros de distância do veículo, e respeitadas as vedações previstas no § 3º deste artigo. (Incluído pela Lei nº 12.891, de 2013)

§ 12. Para efeitos desta Lei, considera-se: (Incluído pela Lei nº 12.891, de 2013)

I – carro de som: veículo automotor que usa equipamento de som com potência nominal de amplificação de, no máximo, 10.000 (dez mil) watts; (Incluído pela Lei nº 12.891, de 2013)

II – minitrio: veículo automotor que usa equipamento de som com potência nominal de amplificação maior que 10.000 (dez mil) watts e até 20.000 (vinte mil) watts; (Incluído pela Lei nº 12.891, de 2013)

III – trio elétrico: veículo automotor que usa equipamento de som com potência nominal de amplificação maior que 20.000 (vinte mil) watts. (Incluído pela Lei nº 12.891, de 2013)

Art. 39-A. É permitida, no dia das eleições, a manifestação individual e silenciosa da preferência do eleitor por partido político, coligação ou candidato, revelada exclusivamente pelo uso de bandeiras, broches, dísticos e adesivos. (Incluído pela Lei nº 12.034, de 2009)

§ 1º É vedada, no dia do pleito, até o término do horário de votação, a aglomeração de pessoas portando vestuário padronizado, bem como os instrumentos de propaganda referidos no caput, de modo a caracterizar manifestação coletiva, com ou sem utilização de veículos. (Incluído pela Lei nº 12.034, de 2009)

§ 2º No recinto das seções eleitorais e juntas apuradoras, é proibido aos servidores da Justiça Eleitoral, aos mesários e aos escrutinadores o uso de vestuário ou objeto que contenha qualquer propaganda de partido político, de coligação ou de candidato. (Incluído pela Lei nº 12.034, de 2009)

§ 3º Aos fiscais partidários, nos trabalhos de votação, só é permitido que, em seus crachás, constem o nome e a sigla do partido político ou coligação a que sirvam, vedada a padronização do vestuário. (Incluído pela Lei nº 12.034, de 2009)

§ 4º No dia do pleito, serão afixadas cópias deste artigo em lugares visíveis nas partes interna e externa das seções eleitorais. (Incluído pela Lei nº 12.034, de 2009)

Art. 40. O uso, na propaganda eleitoral, de símbolos, frases ou imagens, associadas ou semelhantes às empregadas por órgão de governo, empresa pública ou sociedade de economia mista constitui crime, punível com detenção, de seis meses a um ano, com a alternativa de prestação de serviços à comunidade pelo mesmo período, e multa no valor de dez mil a vinte mil UFIR.

Art. 40-A. (VETADO) (Redação dada pela Lei nº 11.300, de 2006)

Art. 40-B. A representação relativa à propaganda irregular deve ser instruída com prova da autoria ou do prévio conhecimento do beneficiário, caso este não seja por ela responsável. (Incluído pela Lei nº 12.034, de 2009)

Parágrafo único. A responsabilidade do candidato estará demonstrada se este, intimado da existência da propaganda irregular, não providenciar, no prazo de quarenta e oito horas, sua retirada ou regularização e, ainda, se as circunstâncias e as peculiaridades do caso específico revelarem a impossibilidade de o beneficiário não ter tido conhecimento da propaganda. (Incluído pela Lei nº 12.034, de 2009)

~~Art. 41. A propaganda exercida nos termos da legislação eleitoral não poderá ser objeto de multa nem cerceada sob alegação do exercício do poder de polícia.~~

Art. 41. A propaganda exercida nos termos da legislação eleitoral não poderá ser objeto de multa nem cerceada sob alegação do exercício do poder de polícia ou de violação de postura municipal, casos em que se deve proceder na forma prevista no art. 40. (Redação dada pela Lei nº 12.034, de 2009)

§ 1º O poder de polícia sobre a propaganda eleitoral será exercido pelos juízes eleitorais e pelos juízes designados pelos Tribunais Regionais Eleitorais. (Incluído pela Lei nº 12.034, de 2009)

§ 2º O poder de polícia se restringe às providências necessárias para inibir práticas ilegais, vedada a censura prévia sobre o teor dos programas a serem exibidos na televisão, no rádio ou na internet. (Incluído pela Lei nº 12.034, de 2009)

Art. 41-A. Ressalvado o disposto no art. 26 e seus incisos, constitui captação de sufrágio, vedada por esta Lei, o candidato doar, oferecer, prometer, ou entregar, ao eleitor, com o fim de obter-lhe o voto, bem ou vantagem pessoal de qualquer natureza, inclusive emprego ou função pública, desde o registro da candidatura até o dia da eleição, inclusive, sob pena de multa de mil a cinqüenta mil Ufir, e cassação do registro ou do diploma, observado o procedimento previsto no art. 22 da Lei Complementar nº 64, de 18 de maio de 1990. (Incluído pela Lei nº 9.840, de 1999)

§ 1º Para a caracterização da conduta ilícita, é desnecessário o pedido explícito de votos, bastando a evidência do dolo, consistente no especial fim de agir. (Incluído pela Lei nº 12.034, de 2009)

§ 2º As sanções previstas no caput aplicam-se contra quem praticar atos de violência ou grave ameaça a pessoa, com o fim de obter-lhe o voto. (Incluído pela Lei nº 12.034, de 2009)

§ 3º A representação contra as condutas vedadas no caput poderá ser ajuizada até a data da diplomação. (Incluído pela Lei nº 12.034, de 2009)

§ 4º O prazo de recurso contra decisões proferidas com base neste artigo será de 3 (três) dias, a contar da data da publicação do julgamento no Diário Oficial. (Incluído pela Lei nº 12.034, de 2009)

Da Propaganda Eleitoral mediante *outdoors*

Art. 42. A propaganda por meio de *outdoors* somente é permitida após a realização de sorteio pela Justiça Eleitoral. (Revogado pela Lei nº 11.300, de 2006)

§ 1º As empresas de publicidade deverão relacionar os pontos disponíveis para a veiculação de propaganda eleitoral em quantidade não inferior à metade do total dos espaços existentes no território municipal. (Revogado pela Lei nº 11.300, de 2006)

§ 2º Os locais destinados à propaganda eleitoral deverão ser assim distribuídos: (Revogado pela Lei nº 11.300, de 2006)

I – trinta por cento, entre os partidos e coligações que tenham candidato a Presidente da República; (Revogado pela Lei nº 11.300, de 2006)

II – trinta por cento, entre os partidos e coligações que tenham candidato a Governador e a Senador; (Revogado pela Lei nº 11.300, de 2006)

III - quarenta por cento, entre os partidos e coligações que tenham candidatos a Deputado Federal, Estadual ou Distrital; (Revogado pela Lei nº 11.300, de 2006)

IV - nas eleições municipais, metade entre os partidos e coligações que tenham candidato a Prefeito e metade entre os que tenham candidato a Vereador. (Revogado pela Lei nº 11.300, de 2006)

§ 3º Os locais a que se refere o parágrafo anterior deverão dividir-se em grupos eqüitativos de pontos com maior e menor impacto visual, tantos quantos forem os partidos e coligações concorrentes, para serem sorteados e usados durante a propaganda eleitoral. (Revogado pela Lei nº 11.300, de 2006)

§ 4º A relação dos locais com a indicação dos grupos mencionados no parágrafo anterior deverá ser entregue pelas empresas de publicidade aos Juízes Eleitorais, nos Municípios, e ao Tribunal Regional Eleitoral, nas Capitais, até o dia 25 de junho do ano da eleição. (Revogado pela Lei nº 11.300, de 2006)

§ 5º Os Tribunais Regionais Eleitorais encaminharão à publicação, na imprensa oficial, até o dia 8 de julho, a relação de partidos e coligações que requereram registro de candidatos, devendo o sorteio a que se refere o *caput* ser realizado até o dia 10 de julho. (Revogado pela Lei nº 11.300, de 2006)

§ 6º Para efeito do sorteio, equipara-se a coligação a um partido, qualquer que seja o número de partidos que a integrem. (Revogado pela Lei nº 11.300, de 2006)

§ 7º Após o sorteio, os partidos e coligações deverão comunicar às empresas, por escrito, como usarão os *outdoors* de cada grupo dos mencionados no § 3º, com especificação de tempo e quantidade. (Revogado pela Lei nº 11.300, de 2006)

§ 8º Os *outdoors* não usados deverão ser redistribuídos entre os demais concorrentes interessados, fazendo-se novo sorteio, se necessário, a cada renovação. (Revogado pela Lei nº 11.300, de 2006)

§ 9º Os partidos e coligações distribuirão, entre seus candidatos, os espaços que lhes couberem. (Revogado pela Lei nº 11.300, de 2006)

§ 10. O preço para a veiculação da propaganda eleitoral de que trata este artigo não poderá ser superior ao cobrado normalmente para a publicidade comercial. (Revogado pela Lei nº 11.300, de 2006)

§ 11. A violação do disposto neste artigo sujeita a empresa responsável, os partidos, coligações ou candidatos, à imediata retirada da propaganda irregular e ao pagamento de multa no valor de cinco mil a quinze mil UFIR. (Revogado pela Lei nº 11.300, de 2006)

Da Propaganda Eleitoral na Imprensa

Art. 43. É permitida, até o dia das eleições, a divulgação paga, na imprensa escrita, de propaganda eleitoral, no espaço máximo, por edição, para cada candidato, partido ou coligação, de um oitavo de página de jornal padrão e um quarto de página de revista ou tablóide.

~~Parágrafo único. A inobservância dos limites estabelecidos neste artigo sujeita os responsáveis pelos veículos de divulgação e os partidos, coligações ou candidatos beneficiados, a multa no valor de mil a dez mil UFIR ou equivalente ao da divulgação da propaganda paga, se este for maior.~~
~~Art. 43. É permitida, até a antevéspera das eleições, a divulgação paga, na imprensa escrita, de propaganda eleitoral, no espaço máximo, por edição, para cada candidato, partido ou coligação, de um oitavo de página de jornal padrão e um quarto de página de revista ou tablóide. (Redação dada pela Lei nº 11.300, de 2006)~~
~~Parágrafo único. A inobservância do disposto neste artigo sujeita os responsáveis pelos veículos de divulgação e os partidos, coligações ou candidatos beneficiados a multa no valor de R$ 1.000,00 (mil reais) a R$ 10.000,00 (dez mil reais) ou equivalente ao da divulgação da propaganda paga, se este for maior. (Redação dada pela Lei nº 11.300, de 2006)~~

Art. 43. São permitidas, até a antevéspera das eleições, a divulgação paga, na imprensa escrita, e a reprodução na internet do jornal impresso, de até 10 (dez) anúncios de propaganda eleitoral, por veículo, em datas diversas, para cada candidato, no espaço máximo, por edição, de 1/8 (um oitavo) de página de jornal padrão e de 1/4 (um quarto) de página de revista ou tabloide. (Redação dada pela Lei nº 12.034, de 2009)

§ 1º Deverá constar do anúncio, de forma visível, o valor pago pela inserção. (Incluído pela Lei nº 12.034, de 2009)

§ 2º A inobservância do disposto neste artigo sujeita os responsáveis pelos veículos de divulgação e os partidos, coligações ou candidatos beneficiados a multa no valor de R$ 1.000,00 (mil reais) a R$ 10.000,00 (dez mil reais) ou equivalente ao da divulgação da propaganda paga, se este for maior. (Renumerado do parágrafo único pela Lei nº 12.034, de 2009)

Da Propaganda Eleitoral no Rádio e na Televisão

Art. 44. A propaganda eleitoral no rádio e na televisão restringe-se ao horário gratuito definido nesta Lei, vedada a veiculação de propaganda paga.

§ 1º A propaganda eleitoral gratuita na televisão deverá utilizar a Linguagem Brasileira de Sinais – LIBRAS ou o recurso de legenda, que deverão constar obrigatoriamente do material entregue às emissoras. (Incluído pela Lei nº 12.034, de 2009)

§ 2º No horário reservado para a propaganda eleitoral, não se permitirá utilização comercial ou propaganda realizada com a intenção, ainda que disfarçada ou subliminar, de promover marca ou produto. (Incluído pela Lei nº 12.034, de 2009)

§ 3º Será punida, nos termos do § 1º do art. 37, a emissora que, não autorizada a funcionar pelo poder competente, veicular propaganda eleitoral. (Incluído pela Lei nº 12.034, de 2009)

~~Art. 45. A partir de 1º de julho do ano da eleição, é vedado às emissoras de rádio e televisão, em sua programação normal e noticiário.~~
Art. 45. Encerrado o prazo para a realização das convenções no ano das eleições, é vedado às emissoras de rádio e televisão, em sua programação normal e em seu noticiário: (Redação dada pela Lei nº 13.165, de 2015)

I – transmitir, ainda que sob a forma de entrevista jornalística, imagens de realização de pesquisa ou qualquer outro tipo de consulta popular de natureza eleitoral em que seja possível identificar o entrevistado ou em que haja manipulação de dados;

II – usar trucagem, montagem ou outro recurso de áudio ou vídeo que, de qualquer forma, degradem ou ridicularizem candidato, partido ou coligação, ou produzir ou veicular programa com esse efeito;

III – veicular propaganda política ou difundir opinião favorável ou contrária a candidato, partido, coligação, a seus órgãos ou representantes;

IV – dar tratamento privilegiado a candidato, partido ou coligação;

V – veicular ou divulgar filmes, novelas, minisséries ou qualquer outro programa com alusão ou crítica a candidato ou partido político, mesmo que dissimuladamente, exceto programas jornalísticos ou debates políticos;

VI – divulgar nome de programa que se refira a candidato escolhido em convenção, ainda quando preexistente, inclusive se coincidente com o nome do candidato ou com a variação nominal por ele adotada. Sendo o nome do programa o mesmo que o do candidato, fica proibida a sua divulgação, sob pena de cancelamento do respectivo registro.

~~§ 1º A partir de 1º de agosto do ano da eleição, é vedado ainda às emissoras transmitir programa apresentado ou comentado por candidato escolhido em convenção.~~

~~§ 1º A partir do resultado da convenção, é vedado, ainda, às emissoras transmitir programa apresentado ou comentado por candidato escolhido em convenção. (Redação dada pela Lei nº 11.300, de 2006)~~

§ 1º A partir de 30 de junho do ano da eleição, é vedado, ainda, às emissoras transmitir programa apresentado ou comentado por pré-candidato, sob pena, no caso de sua escolha na convenção partidária, de imposição da multa prevista no § 2º e de cancelamento do registro da candidatura do beneficiário. (Redação dada pela Lei nº 13.165, de 2015)

§ 2º Sem prejuízo do disposto no parágrafo único do art. 55, a inobservância do disposto neste artigo sujeita a emissora ao pagamento de multa no valor de vinte mil a cem mil UFIR, duplicada em caso de reincidência.

~~§ 3º As disposições deste artigo aplicam-se aos sítios mantidos pelas empresas de comunicação social na Internet e demais redes destinadas à prestação de serviços de telecomunicações de valor adicionado.~~ (Revogado pela Lei nº 12.034, de 2009)

§ 4º Entende-se por trucagem todo e qualquer efeito realizado em áudio ou vídeo que degradar ou ridicularizar candidato, partido político ou coligação, ou que desvirtuar a realidade e beneficiar ou prejudicar qualquer candidato, partido político ou coligação. (Incluído pela Lei nº 12.034, de 2009)

§ 5º Entende-se por montagem toda e qualquer junção de registros de áudio ou vídeo que degradar ou ridicularizar candidato, partido político ou coligação, ou que desvirtuar a realidade e beneficiar ou prejudicar qualquer candidato, partido político ou coligação. (Incluído pela Lei nº 12.034, de 2009)

§ 6º É permitido ao partido político utilizar na propaganda eleitoral de seus candidatos em âmbito regional, inclusive no horário eleitoral gratuito, a imagem e a voz de candidato ou militante de partido político que integre a sua coligação em âmbito nacional. (Incluído pela Lei nº 12.034, de 2009)

~~Art. 46. Independentemente da veiculação de propaganda eleitoral gratuita no horário definido nesta Lei, é facultada a transmissão, por emissora de rádio ou televisão, de debates sobre as eleições majoritária ou proporcional, sendo assegurada a participação de candidatos dos partidos com representação na Câmara dos Deputados, e facultada a dos demais, observado o seguinte:~~

Art. 46. Independentemente da veiculação de propaganda eleitoral gratuita no horário definido nesta Lei, é facultada a transmissão por emissora de rádio ou televisão de debates sobre as eleições majoritária ou proporcional, sendo assegurada a participação de candidatos dos partidos com representação superior a nove Deputados, e facultada a dos demais, observado o seguinte: (Redação dada pela Lei nº 13.165, de 2015)

I – nas eleições majoritárias, a apresentação dos debates poderá ser feita:

a) em conjunto, estando presentes todos os candidatos a um mesmo cargo eletivo;

b) em grupos, estando presentes, no mínimo, três candidatos;

II – nas eleições proporcionais, os debates deverão ser organizados de modo que assegurem a presença de número equivalente de candidatos de todos os partidos e coligações a um mesmo cargo eletivo, podendo desdobrar-se em mais de um dia;

III – os debates deverão ser parte de programação previamente estabelecida e divulgada pela emissora, fazendo-se mediante sorteio a escolha do dia e da ordem de fala de cada candidato, salvo se celebrado acordo em outro sentido entre os partidos e coligações interessados.

§ 1º Será admitida a realização de debate sem a presença de candidato de algum partido, desde que o veículo de comunicação responsável comprove havê-lo convidado com a antecedência mínima de setenta e duas horas da realização do debate.

§ 2º É vedada a presença de um mesmo candidato a eleição proporcional em mais de um debate da mesma emissora.

§ 3º O descumprimento do disposto neste artigo sujeita a empresa infratora às penalidades previstas no art. 56.

§ 4º O debate será realizado segundo as regras estabelecidas em acordo celebrado entre os partidos políticos e a pessoa jurídica interessada na realização do evento, dando-se ciência à Justiça Eleitoral. (Incluído pela Lei nº 12.034, de 2009)

~~§ 5º Para os debates que se realizarem no primeiro turno das eleições, serão consideradas aprovadas as regras que obtiverem a concordância de pelo menos 2/3 (dois terços) dos candidatos aptos no caso de eleição majoritária, e de pelo menos 2/3 (dois terços) dos partidos ou coligações com candidatos aptos, no caso de eleição proporcional. (Incluído pela Lei nº 12.034, de 2009)~~

§ 5º Para os debates que se realizarem no primeiro turno das eleições, serão consideradas aprovadas as regras, inclusive as que definam o número de participantes, que obtiverem a concordância de pelo menos 2/3 (dois terços) dos candidatos aptos, no caso de eleição majoritária, e de pelo menos 2/3 (dois terços) dos partidos ou coligações com candidatos aptos, no caso de eleição proporcional. (Redação dada pela Lei nº 13.165, de 2015)

~~Art. 47. As emissoras de rádio e de televisão e os canais de televisão por assinatura mencionados no art. 57 reservarão, nos quarenta e cinco dias anteriores à antevéspera das eleições, horário destinado à divulgação, em rede, da propaganda eleitoral gratuita, na forma estabelecida neste artigo.~~

Art. 47. As emissoras de rádio e de televisão e os canais de televisão por assinatura mencionados no art. 57 reservarão, nos trinta e cinco dias anteriores à antevéspera das eleições, horário destinado à divulgação, em rede, da propaganda eleitoral gratuita, na forma estabelecida neste artigo. (Redação dada pela Lei nº 13.165, de 2015)

§ 1º A propaganda será feita:

I – na eleição para Presidente da República, às terças e quintas-feiras e aos sábados:

~~a) das sete horas às sete horas e vinte e cinco minutos e das doze horas às doze horas e vinte e cinco minutos, no rádio;~~

~~b) das treze horas às treze horas e vinte e cinco minutos e das vinte horas e trinta minutos às vinte horas e cinqüenta e cinco minutos, na televisão;~~

a) das sete horas às sete horas e doze minutos e trinta segundos e das doze horas às doze horas e doze minutos e trinta segundos, no rádio; (Redação dada pela Lei nº 13.165, de 2015)

b) das treze horas às treze horas e doze minutos e trinta segundos e das vinte horas e trinta minutos às vinte horas e quarenta e dois minutos e trinta segundos, na televisão; (Redação dada pela Lei nº 13.165, de 2015)

II – nas eleições para Deputado Federal, às terças e quintas-feiras e aos sábados:

~~a) das sete horas e vinte e cinco minutos às sete horas e cinqüenta minutos e das doze horas e vinte e cinco minutos às doze horas e cinqüenta minutos, no rádio;~~

~~b) das treze horas e vinte e cinco minutos às treze horas e cinqüenta minutos e das vinte horas e cinqüenta e cinco minutos às vinte e uma horas e vinte minutos, na televisão;~~

a) das sete horas e doze minutos e trinta segundos às sete horas e vinte e cinco minutos e das doze horas e doze minutos e trinta segundos às doze horas e vinte e cinco minutos, no rádio; (Redação dada pela Lei nº 13.165, de 2015)

b) das treze horas e doze minutos e trinta segundos às treze horas e vinte e cinco minutos e das vinte horas e quarenta e dois minutos e trinta segundos às vinte horas e cinquenta e cinco minutos, na televisão; (Redação dada pela Lei nº 13.165, de 2015)

~~III – nas eleições para Governador de Estado e do Distrito Federal, às segundas, quartas e sextas-feiras:~~

~~a) das sete horas às sete horas e vinte minutos e das doze horas às doze horas e vinte minutos, no rádio;~~

~~a) das sete horas às sete horas e vinte minutos e das doze horas às doze horas e vinte minutos, no rádio, nos anos em que a renovação do Senado Federal se der por 1/3 (um terço); (Redação dada pela Lei nº 12.034, de 2009)~~

~~b) das treze horas às treze horas e vinte minutos e das vinte horas e trinta minutos às vinte horas e cinqüenta minutos, na televisão;~~

~~b) das treze horas às treze horas e vinte minutos e das vinte horas e trinta minutos às vinte horas e cinquenta minutos, na televisão, nos anos em que a renovação do Senado Federal se der por 1/3 (um terço); (Redação dada pela Lei nº 12.034, de 2009)~~

~~c) das sete horas às sete horas e dezoito minutos e das doze horas às doze horas e dezoito minutos, no rádio, nos anos em que a renovação do Senado Federal se der por 2/3 (dois terços); (Incluído pela Lei nº 12.034, de 2009)~~

~~d) das treze horas às treze horas e dezoito minutos e das vinte horas e trinta minutos às vinte horas e quarenta e oito minutos, na televisão, nos anos em que a renovação do Senado Federal se der por 2/3 (dois terços); (Incluído pela Lei nº 12.034, de 2009)~~

III – nas eleições para Senador, às segundas, quartas e sextas-feiras: (Redação dada pela Lei nº 13.165, de 2015)

a) das sete horas às sete horas e cinco minutos e das doze horas às doze horas e cinco minutos, no rádio, nos anos em que a renovação do Senado Federal se der por um terço; (Redação dada pela Lei nº 13.165, de 2015)

b) das treze horas às treze horas e cinco minutos e das vinte horas e trinta minutos às vinte horas e trinta e cinco minutos, na televisão, nos anos em que a renovação do Senado Federal se der por um terço; (Redação dada pela Lei nº 13.165, de 2015)

c) das sete horas às sete horas e sete minutos e das doze horas às doze horas e sete minutos, no rádio, nos anos em que a renovação do Senado Federal se der por dois terços; (Redação dada pela Lei nº 13.165, de 2015)

d) das treze horas às treze horas e sete minutos e das vinte horas e trinta minutos às vinte horas e trinta e sete minutos, na televisão, nos anos em que a renovação do Senado Federal se der por dois terços; (Redação dada pela Lei nº 13.165, de 2015)

IV – nas eleições para Deputado Estadual e Deputado Distrital, às segundas, quartas e sextas-feiras:

~~a) das sete horas e vinte minutos às sete horas e quarenta minutos e das doze horas e vinte minutos às doze horas e quarenta minutos, no rádio;~~

~~a) das sete horas e vinte minutos às sete horas e quarenta minutos e das doze horas e vinte minutos às doze horas e quarenta minutos, no rádio, nos anos em que a renovação do Senado Federal se der por 1/3 (um terço); (Redação dada pela Lei nº 12.034, de 2009)~~

~~b) das treze horas e vinte minutos às treze horas e quarenta minutos e das vinte horas e cinqüenta minutos às vinte e uma horas e dez minutos, na televisão;~~

~~b) das treze horas e vinte minutos às treze horas e quarenta minutos e das vinte horas e cinqüenta minutos às vinte e uma horas e dez minutos, na televisão, nos anos em que a renovação do Senado Federal se der por 1/3 (um terço); (Redação dada pela Lei nº 12.034, de 2009)~~

~~c) das sete horas e dezoito minutos às sete horas e trinta e cinco minutos e das doze horas e dezoito minutos às doze horas e trinta e cinco minutos, no rádio, nos anos em que a renovação do Senado Federal se der por 2/3 (dois terços); (Incluído pela Lei nº 12.034, de 2009)~~

~~d) das treze horas e dezoito minutos às treze horas e trinta e cinco minutos e das vinte horas e quarenta e oito minutos às vinte e uma horas e cinco minutos, na televisão, nos anos em que a renovação do Senado Federal se der por 2/3 (dois terços); (Incluído pela Lei nº 12.034, de 2009)~~

a) das sete horas e cinco minutos às sete horas e quinze minutos e das doze horas e cinco minutos às doze horas e quinze minutos, no rádio, nos anos em que a renovação do Senado Federal se der por um terço; (Redação dada pela Lei nº 13.165, de 2015)

b) das treze horas e cinco minutos às treze horas e quinze minutos e das vinte horas e trinta e cinco minutos às vinte horas e quarenta e cinco minutos, na televisão, nos anos em que a renovação do Senado Federal se der por um terço; (Redação dada pela Lei nº 13.165, de 2015)

c) das sete horas e sete minutos às sete horas e dezesseis minutos e das doze horas e sete minutos às doze horas e dezesseis minutos, no rádio, nos anos em que a renovação do Senado Federal se der por dois terços; (Redação dada pela Lei nº 13.165, de 2015)

d) das treze horas e sete minutos às treze horas e dezesseis minutos e das vinte horas e trinta e sete minutos às vinte horas e quarenta e seis minutos, na televisão, nos anos em que a renovação do Senado Federal se der por dois terços; (Redação dada pela Lei nº 13.165, de 2015)

~~V – na eleição para Senador, às segundas, quartas e sextas-feiras:~~

~~a) das sete horas e quarenta minutos às sete horas e cinqüenta minutos e das doze horas e quarenta minutos às doze horas e cinqüenta minutos, no rádio;~~

~~a) das sete horas e quarenta minutos às sete horas e cinquenta minutos e das doze horas e quarenta minutos às doze horas e cinquenta minutos, no rádio, nos anos em que a renovação do Senado Federal se der por 1/3 (um terço); (Redação dada pela Lei nº 12.034, de 2009)~~

~~b) das treze horas e quarenta minutos às treze horas e cinqüenta minutos e das vinte e uma horas e dez minutos às vinte e uma horas e vinte minutos, na televisão;~~

~~b) das treze horas e quarenta minutos às treze horas e cinquenta minutos e das vinte e uma horas e dez minutos às vinte e uma horas e vinte minutos, na televisão, nos anos em que a renovação do Senado Federal se der por 1/3 (um terço); (Redação dada pela Lei nº 12.034, de 2009)~~

~~c) das sete horas e trinta e cinco minutos às sete horas e cinquenta minutos e das doze horas e trinta e cinco minutos às doze horas e cinquenta minutos, no rádio, nos anos em que a renovação do Senado Federal se der por 2/3 (dois terços); (Incluído pela Lei nº 12.034, de 2009)~~

~~d) das treze horas e trinta e cinco minutos às treze horas e cinquenta minutos e das vinte e uma horas e cinco minutos às vinte e uma horas e vinte minutos, na televisão, nos anos em que a renovação do Senado Federal se der por 2/3 (dois terços); (Incluído pela Lei nº 12.034, de 2009)~~

V – na eleição para Governador de Estado e do Distrito Federal, às segundas, quartas e sextas-feiras: (Redação dada pela Lei nº 13.165, de 2015)

a) das sete horas e quinze minutos às sete horas e vinte e cinco minutos e das doze horas e quinze minutos às doze horas e vinte e cinco minutos, no rádio, nos anos em que a renovação do Senado Federal se der por um terço; (Redação dada pela Lei nº 13.165, de 2015)

b) das treze horas e quinze minutos às treze horas e vinte e cinco minutos e das vinte horas e quarenta e cinco minutos às vinte horas e cinquenta e cinco minutos, na televisão, nos anos em que a renovação do Senado Federal se der por um terço; (Redação dada pela Lei nº 13.165, de 2015)

c) das sete horas e dezesseis minutos às sete horas e vinte e cinco minutos e das doze horas e dezesseis minutos às doze horas e vinte e cinco minutos, no rádio, nos anos em que a renovação do Senado Federal se der por dois terços; (Redação dada pela Lei nº 13.165, de 2015)

d) das treze horas e dezesseis minutos às treze horas e vinte e cinco minutos e das vinte horas e quarenta e seis minutos às vinte horas e cinquenta e cinco minutos, na televisão, nos anos em que a renovação do Senado Federal se der por dois terços; (Redação dada pela Lei nº 13.165, de 2015)

~~VI – nas eleições para Prefeito e Vice-Prefeito, às segundas, quartas e sextas-feiras:~~

~~a) das sete horas às sete horas e trinta minutos e das doze horas às doze horas e trinta minutos, no rádio;~~

~~b) das treze horas às treze horas e trinta minutos e das vinte horas e trinta minutos às vinte e uma horas, na televisão;~~

VI – nas eleições para Prefeito, de segunda a sábado: (Redação dada pela Lei nº 13.165, de 2015)

a) das sete horas às sete horas e dez minutos e das doze horas às doze horas e dez minutos, no rádio; (Redação dada pela Lei nº 13.165, de 2015)

b) das treze horas às treze horas e dez minutos e das vinte horas e trinta minutos às vinte horas e quarenta minutos, na televisão; (Redação dada pela Lei nº 13.165, de 2015)

~~VII – nas eleições para Vereador, às terças e quintas-feiras e aos sábados, nos mesmos horários previstos no inciso anterior.~~

VII – ainda nas eleições para Prefeito, e também nas de Vereador, mediante inserções de trinta e sessenta segundos, no rádio e na televisão, totalizando setenta minutos diários, de segunda-feira a domingo, distribuídas ao longo da programação veiculada entre as cinco e as vinte e quatro horas, na proporção de 60% (sessenta por cento) para Prefeito e 40% (quarenta por cento) para Vereador. (Redação dada pela Lei nº 13.165, de 2015)

§ 1º-A Somente serão exibidas as inserções de televisão a que se refere o inciso VII do § 1º nos Municípios em que houver estação geradora de serviços de radiodifusão de sons e imagens. (Incluído pela Lei nº 13.165, de 2015)

~~§ 2º Os horários reservados à propaganda de cada eleição, nos termos do parágrafo anterior, serão distribuídos entre todos os partidos e coligações que tenham candidato e representação na Câmara dos Deputados, observados os seguintes critérios:~~

~~I – um terço, igualitariamente;~~

~~II – dois terços, proporcionalmente ao número de representantes na Câmara dos Deputados, considerado, no caso de coligação, o resultado da soma do número de representantes de todos os partidos que a integram.~~

I – 2/3 (dois terços) distribuídos proporcionalmente ao número de representantes na Câmara dos Deputados, considerado, no caso de coligação, o resultado da soma do número de representantes de todos os partidos que a integram; (Redação dada pela Lei nº 12.875, de 2013) (Vide ADI-5105)

II – do restante, 1/3 (um terço) distribuído igualitariamente e 2/3 (dois terços) proporcionalmente ao número de representantes eleitos no pleito imediatamente anterior para a Câmara dos Deputados, considerado, no caso de coligação, o resultado da soma do número de representantes de todos os partidos que a integram. (Redação dada pela Lei nº 12.875, de 2013) (Vide ADI-5105)

§ 2º Os horários reservados à propaganda de cada eleição, nos termos do § 1º, serão distribuídos entre todos os partidos e coligações que tenham candidato, observados os seguintes critérios: (Redação dada pela Lei nº 12.875, de 2013) (Vide ADI-5105)

I – 90% (noventa por cento) distribuídos proporcionalmente ao número de representantes na Câmara dos Deputados, considerados, no caso de coligação para eleições majoritárias, o resultado da soma do número de representantes dos seis maiores partidos que a integrem e, nos casos de coligações para eleições proporcionais, o resultado da soma do número de representantes de todos os partidos que a integrem; (Redação dada pela Lei nº 13.165, de 2015)

II – 10% (dez por cento) distribuídos igualitariamente. (Redação dada pela Lei nº 13.165, de 2015)

§ 3º Para efeito do disposto neste artigo, a representação de cada partido na Câmara dos Deputados será a existente na data de início da legislatura que estiver em curso.

§ 3º Para efeito do disposto neste artigo, a representação de cada partido na Câmara dos Deputados é a resultante da eleição. (Redação dada pela Lei nº 11.300, de 2006)

§ 4º O número de representantes de partido que tenha resultado de fusão ou a que se tenha incorporado outro corresponderá à soma dos representantes que os partidos de origem possuíam na data mencionada no parágrafo anterior.

§ 5º Se o candidato a Presidente ou a Governador deixar de concorrer, em qualquer etapa do pleito, e não havendo a substituição prevista no art. 13 desta Lei, far-se-á nova distribuição do tempo entre os candidatos remanescentes.

§ 6º Aos partidos e coligações que, após a aplicação dos critérios de distribuição referidos no *caput*, obtiverem direito a parcela do horário eleitoral inferior a trinta segundos, será assegurado o direito de acumulá-lo para uso em tempo equivalente.

§ 7º Para efeito do disposto no § 2º, serão desconsideradas as mudanças de filiação partidária, em quaisquer hipóteses, ressalvado o disposto no § 6º do art. 29 da Lei nº 9.096, de 19 de setembro de 1995. (Incluído pela Lei nº 12.875, de 2013) (Vide ADI-5105)

§ 7º Para efeito do disposto no § 2º, serão desconsideradas as mudanças de filiação partidária em quaisquer hipóteses. (Redação dada pela Lei nº 13.107, de 2015)

§ 8º As mídias com as gravações da propaganda eleitoral no rádio e na televisão serão entregues às emissoras, inclusive nos sábados, domingos e feriados, com a antecedência mínima: (Incluído pela Lei nº 12.891, de 2013)

I – de 6 (seis) horas do horário previsto para o início da transmissão, no caso dos programas em rede; (Incluído pela Lei nº 12.891, de 2013)

II – de 12 (doze) horas do horário previsto para o início da transmissão, no caso das inserções. (Incluído pela Lei nº 12.891, de 2013)

§ 9º As emissoras de rádio sob responsabilidade do Senado Federal e da Câmara dos Deputados instaladas em localidades fora do Distrito Federal são dispensadas da veiculação da propaganda eleitoral gratuita dos pleitos referidos nos incisos II a VI do § 1º. (Incluído pela Lei nº 13.165, de 2015)

Art. 48. Nas eleições para Prefeitos e Vereadores, nos Municípios em que não haja emissora de televisão, os órgãos regionais de direção da maioria

~~dos partidos participantes do pleito poderão requerer à Justiça Eleitoral que reserve dez por cento do tempo destinado à propaganda eleitoral gratuita para divulgação em rede da propaganda dos candidatos desses Municípios, pelas emissoras geradoras que os atingem.~~

Art. 48. Nas eleições para Prefeitos e Vereadores, nos Municípios em que não haja emissora de rádio e televisão, a Justiça Eleitoral garantirá aos Partidos Políticos participantes do pleito a veiculação de propaganda eleitoral gratuita nas localidades aptas à realização de segundo turno de eleições e nas quais seja operacionalmente viável realizar a retransmissão. (Redação dada pela Lei nº 12.034, de 2009)

~~§ 1º A Justiça Eleitoral regulamentará o disposto neste artigo, dividindo o tempo entre os candidatos dos Municípios vizinhos, de forma que o número máximo de Municípios a serem atendidos seja igual ao de emissoras geradoras disponíveis.~~

~~§ 1º A Justiça Eleitoral regulamentará o disposto neste artigo, de forma que o número máximo de Municípios a serem atendidos seja igual ao de emissoras geradoras disponíveis. (Redação dada pela Lei nº 12.034, de 2009)~~ (Revogado pela Lei nº 13.165, de 2015)

~~§ 2º O disposto neste artigo aplica-se às emissoras de rádio, nas mesmas condições.~~ (Revogado pela Lei nº 13.165, de 2015)

Art. 49. Se houver segundo turno, as emissoras de rádio e televisão reservarão, a partir de quarenta e oito horas da proclamação dos resultados do primeiro turno e até a antevéspera da eleição, horário destinado à divulgação da propaganda eleitoral gratuita, dividido em dois períodos diários de vinte minutos para cada eleição, iniciando-se às sete e às doze horas, no rádio, e às treze e às vinte horas e trinta minutos, na televisão.

§ 1º Em circunscrição onde houver segundo turno para Presidente e Governador, o horário reservado à propaganda deste iniciar-se-á imediatamente após o término do horário reservado ao primeiro.

§ 2º O tempo de cada período diário será dividido igualitariamente entre os candidatos.

Art. 50. A Justiça Eleitoral efetuará sorteio para a escolha da ordem de veiculação da propaganda de cada partido ou coligação no primeiro dia do horário eleitoral gratuito; a cada dia que se seguir, a propaganda veiculada por último, na véspera, será a primeira, apresentando-se as demais na ordem do sorteio.

~~Art. 51. Durante os períodos previstos nos arts. 47 e 49, as emissoras de rádio e televisão e os canais por assinatura mencionados no art. 57 reservarão, ainda, trinta minutos diários para a propaganda eleitoral gratuita, a serem usados em inserções de até sessenta segundos, a critério do respectivo partido ou coligação, assinadas obrigatoriamente pelo partido ou coligação, e distribuídas, ao longo da programação veiculada entre as oito e as vinte e quatro horas, nos termos do § 2º do art. 47, obedecido o seguinte:~~

Art. 51. Durante os períodos previstos nos arts. 47 e 49, as emissoras de rádio e televisão e os canais por assinatura mencionados no art. 57 reservarão, ainda, setenta minutos diários para a propaganda eleitoral gratuita, a serem usados em inserções de trinta e sessenta segundos, a critério do respectivo partido ou coligação, assinadas obrigatoriamente pelo partido ou coligação, e distribuídas, ao longo da programação veiculada entre as cinco e as vinte quatro horas, nos termos do § 2º do art. 47, obedecido o seguinte: (Redação dada pela Lei nº 13.165, de 2015)

I – o tempo será dividido em partes iguais para a utilização nas campanhas dos candidatos às eleições majoritárias e proporcionais, bem como de suas legendas partidárias ou das que componham a coligação, quando for o caso;

II – destinação exclusiva do tempo para a campanha dos candidatos a Prefeito e Vice-Prefeito, no caso de eleições municipais; (Revogado pela Lei nº 13.165, de 2015)

III – a distribuição levará em conta os blocos de audiência entre as oito e as doze horas, as doze e as dezoito horas, as dezoito e as vinte e uma horas, as vinte e uma e as vinte e quatro horas;

II – (revogado); (Redação dada pela Lei nº 13.165, de 2015)

III – a distribuição levará em conta os blocos de audiência entre as cinco e as onze horas, as onze e as dezoito horas, e as dezoito e as vinte e quatro horas; (Redação dada pela Lei nº 13.165, de 2015)

IV – na veiculação das inserções é vedada a utilização de gravações externas, montagens ou trucagens, computação gráfica, desenhos animados e efeitos especiais, e a veiculação de mensagens que possam degradar ou ridicularizar candidato, partido ou coligação.

IV – na veiculação das inserções, é vedada a divulgação de mensagens que possam degradar ou ridicularizar candidato, partido ou coligação, aplicando-se-lhes, ainda, todas as demais regras aplicadas ao horário de propaganda eleitoral, previstas no art. 47. (Redação dada pela Lei nº 12.891, de 2013)

Parágrafo único. É vedada a veiculação de inserções idênticas no mesmo intervalo de programação, exceto se o número de inserções de que dispuser o partido exceder os intervalos disponíveis, sendo vedada a transmissão em sequência para o mesmo partido político. (Incluído pela Lei nº 12.891, de 2013)

Art. 52. A partir do dia 8 de julho do ano da eleição, a Justiça Eleitoral convocará os partidos e a representação das emissoras de televisão para elaborarem plano de mídia, nos termos do artigo anterior, para o uso da parcela do horário eleitoral gratuito a que tenham direito, garantida a todos participação nos horários de maior e menor audiência.

Art. 52. A partir do dia 15 de agosto do ano da eleição, a Justiça Eleitoral convocará os partidos e a representação das emissoras de televisão para elaborarem plano de mídia, nos termos do art. 51, para o uso da parcela do horário eleitoral gratuito a que tenham direito, garantida a todos participação nos horários de maior e menor audiência. (Redação dada pela Lei nº 13.165, de 2015)

Art. 53. Não serão admitidos cortes instantâneos ou qualquer tipo de censura prévia nos programas eleitorais gratuitos.

§ 1º É vedada a veiculação de propaganda que possa degradar ou ridicularizar candidatos, sujeitando-se o partido ou coligação infratores à perda do direito à veiculação de propaganda no horário eleitoral gratuito do dia seguinte.

§ 2º Sem prejuízo do disposto no parágrafo anterior, a requerimento de partido, coligação ou candidato, a Justiça Eleitoral impedirá a reapresentação de propaganda ofensiva à honra de candidato, à moral e aos bons costumes.

~~Art. 53-A. É vedado aos partidos políticos e às coligações incluir no horário destinado aos candidatos às eleições proporcionais propaganda das candidaturas a eleições majoritárias, ou vice-versa, ressalvada a utilização, durante a exibição do programa, de legendas com referência aos candidatos majoritários, ou, ao fundo, de cartazes ou fotografias desses candidatos. (Incluído pela Lei nº 12.034, de 2009)~~

Art. 53-A. É vedado aos partidos políticos e às coligações incluir no horário destinado aos candidatos às eleições proporcionais propaganda das candidaturas a eleições majoritárias ou vice-versa, ressalvada a utilização, durante a exibição do programa, de legendas com referência aos candidatos majoritários ou, ao fundo, de cartazes ou fotografias desses candidatos, ficando autorizada a menção ao nome e ao número de qualquer candidato do partido ou da coligação. (Redação dada pela Lei nº 12.891, de 2013)

§ 1º É facultada a inserção de depoimento de candidatos a eleições proporcionais no horário da propaganda das candidaturas majoritárias e vice-versa, registrados sob o mesmo partido ou coligação, desde que o depoimento consista exclusivamente em pedido de voto ao candidato que cedeu o tempo. (Incluído pela Lei nº 12.034, de 2009)

§ 2º Fica vedada a utilização da propaganda de candidaturas proporcionais como propaganda de candidaturas majoritárias e vice-versa. (Incluído pela Lei nº 12.034, de 2009)

§ 3º O partido político ou a coligação que não observar a regra contida neste artigo perderá, em seu horário de propaganda gratuita, tempo equivalente no horário reservado à propaganda da eleição disputada pelo candidato beneficiado. (Incluído pela Lei nº 12.034, de 2009)

~~Art. 54. Dos programas de rádio e televisão destinados à propaganda eleitoral gratuita de cada partido ou coligação poderá participar, em apoio aos candidatos desta ou daquele, qualquer cidadão não filiado a outra agremiação partidária ou a partido integrante de outra coligação, sendo vedada a participação de qualquer pessoa mediante remuneração.~~

~~Parágrafo único. No segundo turno das eleições não será permitida, nos programas de que trata este artigo, a participação de filiados a partidos que tenham formalizado o apoio a outros candidatos.~~

Art. 54. Nos programas e inserções de rádio e televisão destinados à propaganda eleitoral gratuita de cada partido ou coligação só poderão aparecer, em gravações internas e externas, observado o disposto no § 2º, candidatos, caracteres com propostas, fotos, **jingles**, clipes com música ou vinhetas, inclusive de passagem, com indicação do número do candidato ou do partido, bem como seus apoiadores, inclusive os candidatos de que trata o § 1º do art. 53-A, que poderão dispor de até 25% (vinte e cinco por cento) do tempo de cada programa ou inserção, sendo vedadas montagens, trucagens, computação gráfica, desenhos animados e efeitos especiais. (Redação dada pela Lei nº 13.165, de 2015)

§ 1º No segundo turno das eleições não será permitida, nos programas de que trata este artigo, a participação de filiados a partidos que tenham formalizado o apoio a outros candidatos. (Redação dada pela Lei nº 13.165, de 2015)

§ 2º Será permitida a veiculação de entrevistas com o candidato e de cenas externas nas quais ele, pessoalmente, exponha: (Incluído pela Lei nº 13.165, de 2015)

I – realizações de governo ou da administração pública; (Incluído pela Lei nº 13.165, de 2015)

II – falhas administrativas e deficiências verificadas em obras e serviços públicos em geral; (Incluído pela Lei nº 13.165, de 2015)

III – atos parlamentares e debates legislativos. (Incluído pela Lei nº 13.165, de 2015)

Art. 55. Na propaganda eleitoral no horário gratuito, são aplicáveis ao partido, coligação ou candidato as vedações indicadas nos incisos I e II do art. 45.

~~Parágrafo único. A inobservância do disposto neste artigo sujeita o partido ou coligação à perda de tempo equivalente ao dobro do usado na prática do ilícito, no período do horário gratuito subseqüente, dobrada a cada reincidência, devendo, no mesmo período, exibir-se a informação de que a não-veiculação do programa resulta de infração da lei eleitoral.~~

Parágrafo único. A inobservância do disposto neste artigo sujeita o partido ou coligação à perda de tempo equivalente ao dobro do usado na prática do ilícito, no período do horário gratuito subsequente, dobrada a cada reincidência, devendo o tempo correspondente ser veiculado após o programa dos demais candidatos com a informação de que a não veiculação do programa resulta de infração da lei eleitoral. (Redação dada pela Lei nº 12.891, de 2013)

Art. 56. A requerimento de partido, coligação ou candidato, a Justiça Eleitoral poderá determinar a suspensão, por vinte e quatro horas, da programação normal de emissora que deixar de cumprir as disposições desta Lei sobre propaganda.

~~§ 1º No período de suspensão a que se refere este artigo, a emissora transmitirá a cada quinze minutos a informação de que se encontra fora do ar por ter desobedecido à lei eleitoral.~~

§ 1º No período de suspensão a que se refere este artigo, a Justiça Eleitoral veiculará mensagem de orientação ao eleitor, intercalada, a cada 15 (quinze) minutos. (Redação dada pela Lei nº 12.891, de 2013)

§ 2º Em cada reiteração de conduta, o período de suspensão será duplicado.

Art. 57. As disposições desta Lei aplicam-se às emissoras de televisão que operam em VHF e UHF e os canais de televisão por assinatura sob a responsabilidade do Senado Federal, da Câmara dos Deputados, das Assembléias Legislativas, da Câmara Legislativa do Distrito Federal ou das Câmaras Municipais.

~~Art. 57-A. É permitida a propaganda eleitoral na internet, nos termos desta Lei, após o dia 5 de julho do ano da eleição. (Incluído pela Lei nº 12.034, de 2009)~~

Art. 57-A. É permitida a propaganda eleitoral na internet, nos termos desta Lei, após o dia 15 de agosto do ano da eleição. (Redação dada pela Lei nº 13.165, de 2015)

Art. 57-B. A propaganda eleitoral na internet poderá ser realizada nas seguintes formas: (Incluído pela Lei nº 12.034, de 2009) (Vide Lei nº 12.034, de 2009)

I – em sítio do candidato, com endereço eletrônico comunicado à Justiça Eleitoral e hospedado, direta ou indiretamente, em provedor de serviço de internet estabelecido no País; (Incluído pela Lei nº 12.034, de 2009)

II – em sítio do partido ou da coligação, com endereço eletrônico comunicado à Justiça Eleitoral e hospedado, direta ou indiretamente, em provedor de serviço de internet estabelecido no País; (Incluído pela Lei nº 12.034, de 2009)

III – por meio de mensagem eletrônica para endereços cadastrados gratuitamente pelo candidato, partido ou coligação; (Incluído pela Lei nº 12.034, de 2009)

IV – por meio de blogs, redes sociais, sítios de mensagens instantâneas e assemelhados, cujo conteúdo seja gerado ou editado por candidatos, partidos ou coligações ou de iniciativa de qualquer pessoa natural. (Incluído pela Lei nº 12.034, de 2009)

Art. 57-C. Na internet, é vedada a veiculação de qualquer tipo de propaganda eleitoral paga. (Incluído pela Lei nº 12.034, de 2009)

§ 1º É vedada, ainda que gratuitamente, a veiculação de propaganda eleitoral na internet, em sítios: (Incluído pela Lei nº 12.034, de 2009)

I – de pessoas jurídicas, com ou sem fins lucrativos; (Incluído pela Lei nº 12.034, de 2009)

II – oficiais ou hospedados por órgãos ou entidades da administração pública direta ou indireta da União, dos Estados, do Distrito Federal e dos Municípios. (Incluído pela Lei nº 12.034, de 2009)

§ 2º A violação do disposto neste artigo sujeita o responsável pela divulgação da propaganda e, quando comprovado seu prévio conhecimento, o beneficiário à multa no valor de R$ 5.000,00 (cinco mil reais) a R$ 30.000,00 (trinta mil reais). (Incluído pela Lei nº 12.034, de 2009)

Art. 57-D. É livre a manifestação do pensamento, vedado o anonimato durante a campanha eleitoral, por meio da rede mundial de computadores – internet, assegurado o direito de resposta, nos termos das alíneas *a*, *b* e *c* do inciso IV do § 3º do art. 58 e do 58-A, e por outros meios de comunicação interpessoal mediante mensagem eletrônica. (Incluído pela Lei nº 12.034, de 2009)

§ 1º (VETADO) (Incluído pela Lei nº 12.034, de 2009)

§ 2º A violação do disposto neste artigo sujeitará o responsável pela divulgação da propaganda e, quando comprovado seu prévio conhecimento, o beneficiário à multa no valor de R$ 5.000,00 (cinco mil reais) a R$ 30.000,00 (trinta mil reais). (Incluído pela Lei nº 12.034, de 2009)

§ 3º Sem prejuízo das sanções civis e criminais aplicáveis ao responsável, a Justiça Eleitoral poderá determinar, por solicitação do ofendido, a retirada de publicações que contenham agressões ou ataques a candidatos em sítios da internet, inclusive redes sociais. (Incluído pela Lei nº 12.891, de 2013)

Art. 57-E. São vedadas às pessoas relacionadas no art. 24 a utilização, doação ou cessão de cadastro eletrônico de seus clientes, em favor de candidatos, partidos ou coligações. (Incluído pela Lei nº 12.034, de 2009)

§ 1º É proibida a venda de cadastro de endereços eletrônicos. (Incluído pela Lei nº 12.034, de 2009)

§ 2º A violação do disposto neste artigo sujeita o responsável pela divulgação da propaganda e, quando comprovado seu prévio conhecimento, o beneficiário à multa no valor de R$ 5.000,00 (cinco mil reais) a R$ 30.000,00 (trinta mil reais). (Incluído pela Lei nº 12.034, de 2009)

Art. 57-F. Aplicam-se ao provedor de conteúdo e de serviços multimídia que hospeda a divulgação da propaganda eleitoral de candidato, de partido ou de coligação as penalidades previstas nesta Lei, se, no prazo determinado pela Justiça Eleitoral, contado a partir da notificação de decisão sobre a existência de propaganda irregular, não tomar providências para a cessação dessa divulgação. (Incluído pela Lei nº 12.034, de 2009)

Parágrafo único. O provedor de conteúdo ou de serviços multimídia só será considerado responsável pela divulgação da propaganda se a publicação do material for comprovadamente de seu prévio conhecimento. (Incluído pela Lei nº 12.034, de 2009)

Art. 57-G. As mensagens eletrônicas enviadas por candidato, partido ou coligação, por qualquer meio, deverão dispor de mecanismo que permita seu descadastramento pelo destinatário, obrigado o remetente a providenciá--lo no prazo de quarenta e oito horas. (Incluído pela Lei nº 12.034, de 2009)

Parágrafo único. Mensagens eletrônicas enviadas após o término do prazo previsto no caput sujeitam os responsáveis ao pagamento de multa no valor de R$ 100,00 (cem reais), por mensagem. (Incluído pela Lei nº 12.034, de 2009)

Art. 57-H. Sem prejuízo das demais sanções legais cabíveis, será punido, com multa de R$ 5.000,00 (cinco mil reais) a R$ 30.000,00 (trinta mil reais), quem realizar propaganda eleitoral na internet, atribuindo indevidamente sua autoria a terceiro, inclusive a candidato, partido ou coligação. (Incluído pela Lei nº 12.034, de 2009)

§ 1º Constitui crime a contratação direta ou indireta de grupo de pessoas com a finalidade específica de emitir mensagens ou comentários na internet para ofender a honra ou denegrir a imagem de candidato, partido ou coligação, punível com detenção de 2 (dois) a 4 (quatro) anos e multa de R$ 15.000,00 (quinze mil reais) a R$ 50.000,00 (cinquenta mil reais). (Incluído pela Lei nº 12.891, de 2013)

§ 2º Igualmente incorrem em crime, punível com detenção de 6 (seis) meses a 1 (um) ano, com alternativa de prestação de serviços à comunidade pelo mesmo período, e multa de R$ 5.000,00 (cinco mil reais) a R$ 30.000,00 (trinta mil reais), as pessoas contratadas na forma do § 1º. (Incluído pela Lei nº 12.891, de 2013)

Art. 57-I. A requerimento de candidato, partido ou coligação, observado o rito previsto no art. 96, a Justiça Eleitoral poderá determinar a suspensão, por vinte e quatro horas, do acesso a todo conteúdo informativo dos sítios da internet que deixarem de cumprir as disposições desta Lei. (Incluído pela Lei nº 12.034, de 2009)

§ 1º A cada reiteração de conduta, será duplicado o período de suspensão. (Incluído pela Lei nº 12.034, de 2009)

§ 2º No período de suspensão a que se refere este artigo, a empresa informará, a todos os usuários que tentarem acessar seus serviços, que se encontra temporariamente inoperante por desobediência à legislação eleitoral. (Incluído pela Lei nº 12.034, de 2009)

Do Direito de Resposta

Art. 58. A partir da escolha de candidatos em convenção, é assegurado o direito de resposta a candidato, partido ou coligação atingidos, ainda que de forma indireta, por conceito, imagem ou afirmação caluniosa, difamatória, injuriosa ou sabidamente inverídica, difundidos por qualquer veículo de comunicação social.

§ 1º O ofendido, ou seu representante legal, poderá pedir o exercício do direito de resposta à Justiça Eleitoral nos seguintes prazos, contados a partir da veiculação da ofensa:

I – vinte e quatro horas, quando se tratar do horário eleitoral gratuito;

II – quarenta e oito horas, quando se tratar da programação normal das emissoras de rádio e televisão;

III – setenta e duas horas, quando se tratar de órgão da imprensa escrita.

IV – a qualquer tempo, quando se tratar de conteúdo que esteja sendo divulgado na internet, ou em 72 (setenta e duas) horas, após a sua retirada. (Incluído pela Lei nº 13.165, de 2015)

§ 2º Recebido o pedido, a Justiça Eleitoral notificará imediatamente o ofensor para que se defenda em vinte e quatro horas, devendo a decisão ser prolatada no prazo máximo de setenta e duas horas da data da formulação do pedido.

§ 3º Observar-se-ão, ainda, as seguintes regras no caso de pedido de resposta relativo a ofensa veiculada:

I – em órgão da imprensa escrita:

a) o pedido deverá ser instruído com um exemplar da publicação e o texto para resposta;

b) deferido o pedido, a divulgação da resposta dar-se-á no mesmo veículo, espaço, local, página, tamanho, caracteres e outros elementos de realce usados na ofensa, em até quarenta e oito horas após a decisão ou, tratando-se de veículo com periodicidade de circulação maior que quarenta e oito horas, na primeira vez em que circular;

c) por solicitação do ofendido, a divulgação da resposta será feita no mesmo dia da semana em que a ofensa foi divulgada, ainda que fora do prazo de quarenta e oito horas;

d) se a ofensa for produzida em dia e hora que inviabilizem sua reparação dentro dos prazos estabelecidos nas alíneas anteriores, a Justiça Eleitoral determinará a imediata divulgação da resposta;

e) o ofensor deverá comprovar nos autos o cumprimento da decisão, mediante dados sobre a regular distribuição dos exemplares, a quantidade impressa e o raio de abrangência na distribuição;

II – em programação normal das emissoras de rádio e de televisão:

a) a Justiça Eleitoral, à vista do pedido, deverá notificar imediatamente o responsável pela emissora que realizou o programa para que entregue em vinte e quatro horas, sob as penas do art. 347 da Lei nº 4.737, de 15 de julho de 1965 – Código Eleitoral, cópia da fita da transmissão, que será devolvida após a decisão;

b) o responsável pela emissora, ao ser notificado pela Justiça Eleitoral ou informado pelo reclamante ou representante, por cópia protocolada do pedido de resposta, preservará a gravação até a decisão final do processo;

c) deferido o pedido, a resposta será dada em até quarenta e oito horas após a decisão, em tempo igual ao da ofensa, porém nunca inferior a um minuto;

III – no horário eleitoral gratuito:

a) o ofendido usará, para a resposta, tempo igual ao da ofensa, nunca inferior, porém, a um minuto;

b) a resposta será veiculada no horário destinado ao partido ou coligação responsável pela ofensa, devendo necessariamente dirigir-se aos fatos nela veiculados;

c) se o tempo reservado ao partido ou coligação responsável pela ofensa for inferior a um minuto, a resposta será levada ao ar tantas vezes quantas sejam necessárias para a sua complementação;

d) deferido o pedido para resposta, a emissora geradora e o partido ou coligação atingidos deverão ser notificados imediatamente da decisão, na qual deverão estar indicados quais os períodos, diurno ou noturno, para a veiculação da resposta, que deverá ter lugar no início do programa do partido ou coligação;

e) o meio magnético com a resposta deverá ser entregue à emissora geradora, até trinta e seis horas após a ciência da decisão, para veiculação no programa subseqüente do partido ou coligação em cujo horário se praticou a ofensa;

f) se o ofendido for candidato, partido ou coligação que tenha usado o tempo concedido sem responder aos fatos veiculados na ofensa, terá subtraído tempo idêntico do respectivo programa eleitoral; tratando-se de terceiros, ficarão sujeitos à suspensão de igual tempo em eventuais novos pedidos de resposta e à multa no valor de duas mil a cinco mil UFIR.

IV – em propaganda eleitoral na internet: (Incluído pela Lei nº 12.034, de 2009)

a) deferido o pedido, a divulgação da resposta dar-se-á no mesmo veículo, espaço, local, horário, página eletrônica, tamanho, caracteres e outros elementos de realce usados na ofensa, em até quarenta e oito horas após a entrega da mídia física com a resposta do ofendido; (Incluído pela Lei nº 12.034, de 2009)

b) a resposta ficará disponível para acesso pelos usuários do serviço de internet por tempo não inferior ao dobro em que esteve disponível a mensagem considerada ofensiva; (Incluído pela Lei nº 12.034, de 2009)

c) os custos de veiculação da resposta correrão por conta do responsável pela propaganda original. (Incluído pela Lei nº 12.034, de 2009)

§ 4º Se a ofensa ocorrer em dia e hora que inviabilizem sua reparação dentro dos prazos estabelecidos nos parágrafos anteriores, a resposta será divulgada nos horários que a Justiça Eleitoral determinar, ainda que nas quarenta e oito horas anteriores ao pleito, em termos e forma previamente aprovados, de modo a não ensejar tréplica.

§ 5º Da decisão sobre o exercício do direito de resposta cabe recurso às instâncias superiores, em vinte e quatro horas da data de sua publicação em cartório ou sessão, assegurado ao recorrido oferecer contra-razões em igual prazo, a contar da sua notificação.

§ 6º A Justiça Eleitoral deve proferir suas decisões no prazo máximo de vinte e quatro horas, observando-se o disposto nas alíneas *d* e *e* do inciso III do § 3º para a restituição do tempo em caso de provimento de recurso.

§ 7º A inobservância do prazo previsto no parágrafo anterior sujeita a autoridade judiciária às penas previstas no art. 345 da Lei nº 4.737, de 15 de julho de 1965 – Código Eleitoral.

§ 8º O não-cumprimento integral ou em parte da decisão que conceder a resposta sujeitará o infrator ao pagamento de multa no valor de cinco mil a quinze mil UFIR, duplicada em caso de reiteração de conduta, sem prejuízo do disposto no art. 347 da Lei nº 4.737, de 15 de julho de 1965 – Código Eleitoral.

§ 9º Caso a decisão de que trata o § 2º não seja prolatada em 72 (setenta e duas) horas da data da formulação do pedido, a Justiça Eleitoral, de ofício, providenciará a alocação de Juiz auxiliar. (Incluído pela Lei nº 12.891, de 2013)

Art. 58-A. Os pedidos de direito de resposta e as representações por propaganda eleitoral irregular em rádio, televisão e internet tramitarão preferencialmente em relação aos demais processos em curso na Justiça Eleitoral. (Incluído pela Lei nº 12.034, de 2009)

Do Sistema Eletrônico de Votação e da Totalização dos Votos

Art. 59. A votação e a totalização dos votos serão feitas por sistema eletrônico, podendo o Tribunal Superior Eleitoral autorizar, em caráter excepcional, a aplicação das regras fixadas nos arts. 83 a 89.

§ 1º A votação eletrônica será feita no número do candidato ou da legenda partidária, devendo o nome e fotografia do candidato e o nome do partido ou a legenda partidária aparecer no painel da urna eletrônica, com a expressão designadora do cargo disputado no masculino ou feminino, conforme o caso.

§ 2º Na votação para as eleições proporcionais, serão computados para a legenda partidária os votos em que não seja possível a identificação do candidato, desde que o número identificador do partido seja digitado de forma correta.

~~§ 3º A urna eletrônica exibirá para o eleitor, primeiramente, os painéis referentes às eleições proporcionais e, em seguida, os referentes às eleições majoritárias.~~

§ 3º A urna eletrônica exibirá para o eleitor os painéis na seguinte ordem: (Redação dada pela Lei nº 12.976, de 2014)

I – para as eleições de que trata o inciso I do parágrafo único do art. 1º, Deputado Federal, Deputado Estadual ou Distrital, Senador, Governador e Vice-Governador de Estado ou do Distrito Federal, Presidente e Vice-Presidente da República; (Incluído pela Lei nº 12.976, de 2014)

II – para as eleições de que trata o inciso II do parágrafo único do art. 1º, Vereador, Prefeito e Vice-Prefeito. (Incluído pela Lei nº 12.976, de 2014)

~~§ 4º A urna eletrônica disporá de mecanismo que permita a impressão do voto, sua conferência visual e depósito automático, sem contato manual, em local previamente lacrado, após conferência pelo eleitor. (Incluído pela Lei nº 10.408, de 2002)~~

§ 4º A urna eletrônica disporá de recursos que, mediante assinatura digital, permitam o registro digital de cada voto e a identificação da urna em que foi registrado, resguardado o anonimato do eleitor. (Redação dada pela Lei nº 10.740, de 2003)

§ 5º Se, ao conferir o voto impresso, o eleitor não concordar com os dados nele registrados, poderá cancelá-lo e repetir a votação pelo sistema eletrônico. Caso reitere a discordância entre os dados da tela da urna eletrônica e o voto impresso, seu voto será colhido em separado e apurado na forma que for regulamentada pelo Tribunal Superior Eleitoral, observado, no que couber, o disposto no art. 82 desta Lei. (Incluído pela Lei nº 10.408, de 2002)

§ 5º Caberá à Justiça Eleitoral definir a chave de segurança e a identificação da urna eletrônica de que trata o § 4º. (Redação dada pela Lei nº 10.740, de 2003)

§ 6º Na véspera do dia da votação, o juiz eleitoral, em audiência pública, sorteará três por cento das urnas de cada zona eleitoral, respeitado o limite mínimo de três urnas por Município, que deverão ter seus votos impressos contados e conferidos com os resultados apresentados pelo respectivo boletim de urna. (Incluído pela Lei nº 10.408, de 2002)

§ 6º Ao final da eleição, a urna eletrônica procederá à assinatura digital do arquivo de votos, com aplicação do registro de horário e do arquivo do boletim de urna, de maneira a impedir a substituição de votos e a alteração dos registros dos termos de início e término da votação. (Redação dada pela Lei nº 10.740, de 2003)

§ 7º A diferença entre o resultado apresentado no boletim de urna e o da contagem dos votos impressos será resolvida pelo juiz eleitoral, que também decidirá sobre a conferência de outras urnas. (Incluído pela Lei nº 10.408, de 2002)

§ 7º O Tribunal Superior Eleitoral colocará à disposição dos eleitores urnas eletrônicas destinadas a treinamento. (Redação dada pela Lei nº 10.740, de 2003)

§ 8º O Tribunal Superior Eleitoral colocará à disposição dos eleitores urnas eletrônicas destinadas a treinamento. (Incluído pela Lei nº 10.408, de 2002)

Art. 59-A. (VETADO). (Incluído pela Lei nº 13.165, de 2015)

Art. 59-A. No processo de votação eletrônica, a urna imprimirá o registro de cada voto, que será depositado, de forma automática e sem contato manual do eleitor, em local previamente lacrado. (Promulgação)

Parágrafo único. O processo de votação não será concluído até que o eleitor confirme a correspondência entre o teor de seu voto e o registro impresso e exibido pela urna eletrônica. (Promulgação)

Art. 60. No sistema eletrônico de votação considerar-se-á voto de legenda quando o eleitor assinalar o número do partido no momento de votar para determinado cargo e somente para este será computado.

Art 61. A urna eletrônica contabilizará cada voto, assegurando-lhe o sigilo e inviolabilidade, garantida aos partidos políticos, coligações e candidatos ampla fiscalização.

Art. 61A. Os tribunais eleitorais somente proclamarão o resultado das eleições depois de procedida a conferência a que se referem os §§ 6º e 7º do

~~art. 59. (Incluído pela Lei nº 10.408, de 2002)~~ (Revogada pela Lei nº 10.740, de 2003)

Art. 62. Nas Seções em que for adotada a urna eletrônica, somente poderão votar eleitores cujos nomes estiverem nas respectivas folhas de votação, não se aplicando a ressalva a que se refere o art. 148, § 1º Lei nº 4.737, de 15 de julho de 1965 – Código Eleitoral.

Parágrafo único. O Tribunal Superior Eleitoral disciplinará a hipótese de falha na urna eletrônica que prejudique o regular processo de votação.

Das Mesas Receptoras

Art. 63. Qualquer partido pode reclamar ao Juiz Eleitoral, no prazo de cinco dias, da nomeação da Mesa Receptora, devendo a decisão ser proferida em 48 horas.

§ 1º Da decisão do Juiz Eleitoral caberá recurso para o Tribunal Regional, interposto dentro de três dias, devendo ser resolvido em igual prazo.

§ 2º Não podem ser nomeados presidentes e mesários os menores de dezoito anos.

Art. 64. É vedada a participação de parentes em qualquer grau ou de servidores da mesma repartição pública ou empresa privada na mesma Mesa, Turma ou Junta Eleitoral.

Da Fiscalização das Eleições

Art. 65. A escolha de fiscais e delegados, pelos partidos ou coligações, não poderá recair em menor de dezoito anos ou em quem, por nomeação do Juiz Eleitoral, já faça parte de Mesa Receptora.

§ 1º O fiscal poderá ser nomeado para fiscalizar mais de uma Seção Eleitoral, no mesmo local de votação.

§ 2º As credenciais de fiscais e delegados serão expedidas, exclusivamente, pelos partidos ou coligações.

§ 3º Para efeito do disposto no parágrafo anterior, o presidente do partido ou o representante da coligação deverá registrar na Justiça Eleitoral o nome das pessoas autorizadas a expedir as credenciais dos fiscais e delegados.

§ 4º Para o acompanhamento dos trabalhos de votação, só será permitido o credenciamento de, no máximo, 2 (dois) fiscais de cada partido ou coligação por seção eleitoral. (Incluído pela Lei nº 12.891, de 2013)

~~Art. 66. Os partidos e coligações poderão fiscalizar todas as fases do processo de votação e apuração das eleições, inclusive o preenchimento dos boletins de urna e o processamento eletrônico da totalização dos resultados, sendo-lhes garantido o conhecimento antecipado dos programas de computador a serem usados.~~

Art. 66. Os partidos e coligações poderão fiscalizar todas as fases do processo de votação e apuração das eleições e o processamento eletrônico da totalização dos resultados. (Redação dada pela Lei nº 10.408, de 2002)

§ 1º No prazo de cinco dias, a contar do conhecimento dos programas de computador a que se refere este artigo, o partido ou coligação poderá apresentar impugnação fundamentada à Justiça Eleitoral.

§ 1º Todos os programas de computador de propriedade do Tribunal Superior Eleitoral, desenvolvidos por si ou sob encomenda, utilizados nas urnas eletrônicas para o processo de votação e apuração, serão apresentados para análise dos partidos e coligações, na forma de programas-fonte e programas-executáveis, inclusive os sistemas aplicativo e de segurança e as bibliotecas especiais, sendo que as chaves eletrônicas privadas e senhas eletrônicas de acesso se manterão no sigilo da Justiça Eleitoral. (Redação dada pela Lei nº 10.408, de 2002)

§ 1º Todos os programas de computador de propriedade do Tribunal Superior Eleitoral, desenvolvidos por ele ou sob sua encomenda, utilizados nas urnas eletrônicas para os processos de votação, apuração e totalização, poderão ter suas fases de especificação e de desenvolvimento acompanhadas por técnicos indicados pelos partidos políticos, Ordem dos Advogados do Brasil e Ministério Público, até seis meses antes das eleições. (Redação dada pela Lei nº 10.740, de 2003)

~~§ 2º Os partidos concorrentes ao pleito poderão constituir sistema próprio de fiscalização, apuração e totalização dos resultados, contratando, inclusive, empresas de auditoria de sistemas, que, credenciadas junto à Justiça Eleitoral, receberão, previamente, os programas de computador e, simultaneamente, os mesmos dados alimentadores do sistema oficial de apuração e totalização.~~

~~§ 2º A compilação dos programas das urnas eletrônicas, referidos no § 1º, será feita em sessão pública, com prévia convocação dos fiscais dos partidos e coligações, após o que serão lacradas cópias dos programas-fonte e dos programas compilados. (Redação dada pela Lei nº 10.408, de 2002)~~

§ 2º Uma vez concluídos os programas a que se refere o § 1º, serão eles apresentados, para análise, aos representantes credenciados dos partidos políticos e coligações, até vinte dias antes das eleições, nas dependências do Tribunal Superior Eleitoral, na forma de programas-fonte e de programas executáveis, inclusive os sistemas aplicativo e de segurança e as bibliotecas especiais, sendo que as chaves eletrônicas privadas e senhas eletrônicas de acesso manter-se-ão no sigilo da Justiça Eleitoral. Após a apresentação e conferência, serão lacradas cópias dos programas-fonte e dos programas compilados. (Redação dada pela Lei nº 10.740, de 2003)

~~§ 3º No prazo de cinco dias, a contar da sessão referida no § 2º, o partido ou coligação poderá apresentar impugnação fundamentada à Justiça Eleitoral. (Incluído pela Lei nº 10.408, de 2002)~~

§ 3º No prazo de cinco dias a contar da data da apresentação referida no § 2º, o partido político e a coligação poderão apresentar impugnação fundamentada à Justiça Eleitoral. (Redação dada pela Lei nº 10.740, de 2003)

~~§ 4º Havendo necessidade de modificação dos programas, a sessão referida no § 3º realizar-se-á, novamente, para este efeito. (Incluído pela Lei nº 10.408, de 2002)~~

§ 4º Havendo a necessidade de qualquer alteração nos programas, após a apresentação de que trata o § 3º, dar-se-á conhecimento do fato aos representantes dos partidos políticos e das coligações, para que sejam novamente analisados e lacrados. (Redação dada pela Lei nº 10.740, de 2003)

§ 5º A carga ou preparação das urnas eletrônicas será feita em sessão pública, com prévia convocação dos fiscais dos partidos e coligações para a assistirem e procederem aos atos de fiscalização, inclusive para verificarem se os programas carregados nas urnas são idênticos aos que foram lacrados na sessão referida no § 2º deste artigo, após o que as urnas serão lacradas. (Incluído pela Lei nº 10.408, de 2002)

§ 6º No dia da eleição, será realizada, por amostragem, auditoria de verificação do funcionamento das urnas eletrônicas, através de votação paralela, na presença dos fiscais dos partidos e coligações, nos moldes fixados em resolução do Tribunal Superior Eleitoral. (Incluído pela Lei nº 10.408, de 2002)

§ 7º Os partidos concorrentes ao pleito poderão constituir sistema próprio de fiscalização, apuração e totalização dos resultados contratando, inclusive, empresas de auditoria de sistemas, que, credenciadas junto à Justiça Eleitoral, receberão, previamente, os programas de computador e os mesmos dados alimentadores do sistema oficial de apuração e totalização. (Incluído pela Lei nº 10.408, de 2002)

Art. 67. Os órgãos encarregados do processamento eletrônico de dados são obrigados a fornecer aos partidos ou coligações, no momento da entrega ao Juiz Encarregado, cópias dos dados do processamento parcial de cada dia, contidos em meio magnético.

Art. 68. O boletim de urna, segundo modelo aprovado pelo Tribunal Superior Eleitoral, conterá os nomes e os números dos candidatos nela votados.

§ 1º O Presidente da Mesa Receptora é obrigado a entregar cópia do boletim de urna aos partidos e coligações concorrentes ao pleito cujos representantes o requeiram até uma hora após a expedição.

§ 2º O descumprimento do disposto no parágrafo anterior constitui crime, punível com detenção, de um a três meses, com a alternativa de prestação de serviço à comunidade pelo mesmo período, e multa no valor de um mil a cinco mil UFIR.

Art. 69. A impugnação não recebida pela Junta Eleitoral pode ser apresentada diretamente ao Tribunal Regional Eleitoral, em quarenta e oito horas, acompanhada de declaração de duas testemunhas.

Parágrafo único. O Tribunal decidirá sobre o recebimento em quarenta e oito horas, publicando o acórdão na própria sessão de julgamento e transmitindo imediatamente à Junta, via telex, fax ou qualquer outro meio eletrônico, o inteiro teor da decisão e da impugnação.

Art. 70. O Presidente de Junta Eleitoral que deixar de receber ou de mencionar em ata os protestos recebidos, ou ainda, impedir o exercício de fiscalização, pelos partidos ou coligações, deverá ser imediatamente afastado, além de responder pelos crimes previstos na Lei nº 4.737, de 15 de julho de 1965 – Código Eleitoral.

Art. 71. Cumpre aos partidos e coligações, por seus fiscais e delegados devidamente credenciados, e aos candidatos, proceder à instrução dos recursos interpostos contra a apuração, juntando, para tanto, cópia do boletim relativo à urna impugnada.

Parágrafo único. Na hipótese de surgirem obstáculos à obtenção do boletim, caberá ao recorrente requerer, mediante a indicação dos dados necessários, que o órgão da Justiça Eleitoral perante o qual foi interposto o recurso o instrua, anexando o respectivo boletim de urna.

Art. 72. Constituem crimes, puníveis com reclusão, de cinco a dez anos:

I – obter acesso a sistema de tratamento automático de dados usado pelo serviço eleitoral, a fim de alterar a apuração ou a contagem de votos;

II – desenvolver ou introduzir comando, instrução, ou programa de computador capaz de destruir, apagar, eliminar, alterar, gravar ou transmitir dado, instrução ou programa ou provocar qualquer outro resultado diverso do esperado em sistema de tratamento automático de dados usados pelo serviço eleitoral;

III – causar, propositadamente, dano físico ao equipamento usado na votação ou na totalização de votos ou a suas partes.

Das Condutas Vedadas aos Agentes Públicos em Campanhas Eleitorais

Art. 73. São proibidas aos agentes públicos, servidores ou não, as seguintes condutas tendentes a afetar a igualdade de oportunidades entre candidatos nos pleitos eleitorais:

I – ceder ou usar, em benefício de candidato, partido político ou coligação, bens móveis ou imóveis pertencentes à administração direta ou indireta da União, dos Estados, do Distrito Federal, dos Territórios e dos Municípios, ressalvada a realização de convenção partidária;

II – usar materiais ou serviços, custeados pelos Governos ou Casas Legislativas, que excedam as prerrogativas consignadas nos regimentos e normas dos órgãos que integram;

III – ceder servidor público ou empregado da administração direta ou indireta federal, estadual ou municipal do Poder Executivo, ou usar de seus serviços, para comitês de campanha eleitoral de candidato, partido político ou coligação, durante o horário de expediente normal, salvo se o servidor ou empregado estiver licenciado;

IV – fazer ou permitir uso promocional em favor de candidato, partido político ou coligação, de distribuição gratuita de bens e serviços de caráter social custeados ou subvencionados pelo Poder Público;

V – nomear, contratar ou de qualquer forma admitir, demitir sem justa causa, suprimir ou readaptar vantagens ou por outros meios dificultar ou impedir o exercício funcional e, ainda, *ex officio*, remover, transferir ou exonerar servidor público, na circunscrição do pleito, nos três meses que o antecedem e até a posse dos eleitos, sob pena de nulidade de pleno direito, ressalvados:

 a) a nomeação ou exoneração de cargos em comissão e designação ou dispensa de funções de confiança;

 b) a nomeação para cargos do Poder Judiciário, do Ministério Público, dos Tribunais ou Conselhos de Contas e dos órgãos da Presidência da República;

 c) a nomeação dos aprovados em concursos públicos homologados até o início daquele prazo;

 d) a nomeação ou contratação necessária à instalação ou ao funcionamento inadiável de serviços públicos essenciais, com prévia e expressa autorização do Chefe do Poder Executivo;

 e) a transferência ou remoção *ex officio* de militares, policiais civis e de agentes penitenciários;

VI – nos três meses que antecedem o pleito:

 a) realizar transferência voluntária de recursos da União aos Estados e Municípios, e dos Estados aos Municípios, sob pena de nulidade de pleno direito, ressalvados os recursos destinados a cumprir obrigação formal preexistente para execução de obra ou serviço em andamento e com cronograma prefixado, e os destinados a atender situações de emergência e de calamidade pública;

 b) com exceção da propaganda de produtos e serviços que tenham concorrência no mercado, autorizar publicidade institucional dos atos, programas, obras, serviços e campanhas dos órgãos públicos federais, estaduais ou municipais, ou das respectivas entidades da administração indireta, salvo em caso de grave e urgente necessidade pública, assim reconhecida pela Justiça Eleitoral;

 c) fazer pronunciamento em cadeia de rádio e televisão, fora do horário eleitoral gratuito, salvo quando, a critério da Justiça Eleitoral, tratar-se de matéria urgente, relevante e característica das funções de governo;

~~VII – realizar, em ano de eleição, antes do prazo fixado no inciso anterior, despesas com publicidade dos órgãos públicos federais, estaduais ou municipais, ou das respectivas entidades da administração indireta, que excedam a média dos gastos nos três últimos anos que antecedem o pleito ou do último ano imediatamente anterior à eleição.~~

VII – realizar, no primeiro semestre do ano de eleição, despesas com publicidade dos órgãos públicos federais, estaduais ou municipais, ou das respectivas entidades da administração indireta, que excedam a média dos gastos no primeiro semestre dos três últimos anos que antecedem o pleito; (Redação dada pela Lei nº 13.165, de 2015)

 VIII – fazer, na circunscrição do pleito, revisão geral da remuneração dos servidores públicos que exceda a recomposição da perda de seu poder aquisitivo ao longo do ano da eleição, a partir do início do prazo estabelecido no art. 7º desta Lei e até a posse dos eleitos.

§ 1º Reputa-se agente público, para os efeitos deste artigo, quem exerce, ainda que transitoriamente ou sem remuneração, por eleição, nomeação, designação, contratação ou qualquer outra forma de investidura ou vínculo, mandato, cargo, emprego ou função nos órgãos ou entidades da administração pública direta, indireta, ou fundacional.

§ 2º A vedação do inciso I do *caput* não se aplica ao uso, em campanha, de transporte oficial pelo Presidente da República, obedecido o disposto no art. 76, nem ao uso, em campanha, pelos candidatos a reeleição de Presidente e Vice-Presidente da República, Governador e Vice-Governador de Estado e do Distrito Federal, Prefeito e Vice-Prefeito, de suas residências oficiais para realização de contatos, encontros e reuniões pertinentes à própria campanha, desde que não tenham caráter de ato público.

§ 3º As vedações do inciso VI do *caput*, alíneas b e c, aplicam-se apenas aos agentes públicos das esferas administrativas cujos cargos estejam em disputa na eleição.

§ 4º O descumprimento do disposto neste artigo acarretará a suspensão imediata da conduta vedada, quando for o caso, e sujeitará os responsáveis a multa no valor de cinco a cem mil UFIR.

§ 5º No caso de descumprimento do inciso VI do *caput*, sem prejuízo do disposto no parágrafo anterior, o agente público responsável, caso seja candidato, ficará sujeito à cassação do registro.

§ 5º Nos casos de descumprimento do disposto nos incisos I, II, III, IV e VI do *caput*, sem prejuízo do disposto no parágrafo anterior, o candidato beneficiado, agente público ou não, ficará sujeito à cassação do registro ou do diploma. (Redação dada pela Lei nº 9.840, de 1999)

§ 5º Nos casos de descumprimento do disposto nos incisos do caput e no § 10, sem prejuízo do disposto no § 4º, o candidato beneficiado, agente público ou não, ficará sujeito à cassação do registro ou do diploma. (Redação dada pela Lei nº 12.034, de 2009)

§ 6º As multas de que trata este artigo serão duplicadas a cada reincidência.

§ 7º As condutas enumeradas no *caput* caracterizam, ainda, atos de improbidade administrativa, a que se refere o art. 11, inciso I, da Lei nº 8.429, de 2 de junho de 1992, e sujeitam-se às disposições daquele diploma legal, em especial às cominações do art. 12, inciso III.

§ 8º Aplicam-se as sanções do § 4º aos agentes públicos responsáveis pelas condutas vedadas e aos partidos, coligações e candidatos que delas se beneficiarem.

§ 9º Na distribuição dos recursos do Fundo Partidário (Lei nº 9.096, de 19 de setembro de 1995) oriundos da aplicação do disposto no § 4º, deverão ser excluídos os partidos beneficiados pelos atos que originaram as multas.

§ 10. No ano em que se realizar eleição, fica proibida a distribuição gratuita de bens, valores ou benefícios por parte da Administração Pública, exceto nos casos de calamidade pública, de estado de emergência ou de programas sociais autorizados em lei e já em execução orçamentária no exercício anterior, casos em que o Ministério Público poderá promover o acompanhamento de sua execução financeira e administrativa. (Incluído pela Lei nº 11.300, de 2006)

§ 11. Nos anos eleitorais, os programas sociais de que trata o § 10 não poderão ser executados por entidade nominalmente vinculada a candidato ou por esse mantida. (Incluído pela Lei nº 12.034, de 2009)

§ 12. A representação contra a não observância do disposto neste artigo observará o rito do art. 22 da Lei Complementar nº 64, de 18 de maio de 1990, e poderá ser ajuizada até a data da diplomação. (Incluído pela Lei nº 12.034, de 2009)

§ 13. O prazo de recurso contra decisões proferidas com base neste artigo será de 3 (três) dias, a contar da data da publicação do julgamento no Diário Oficial. (Incluído pela Lei nº 12.034, de 2009)

~~Art. 74. Configura abuso de autoridade, para os fins do disposto no art. 22 da Lei Complementar nº 64, de 18 de maio de 1990, a infringência do disposto no § 1º do art. 37 da Constituição Federal, ficando o responsável, se candidato, sujeito ao cancelamento do registro de sua candidatura.~~

Art. 74. Configura abuso de autoridade, para os fins do disposto no art. 22 da Lei Complementar nº 64, de 18 de maio de 1990, a infringência do disposto no § 1º do art. 37 da Constituição Federal, ficando o responsável, se candidato, sujeito ao cancelamento do registro ou do diploma. (Redação dada pela Lei nº 12.034, de 2009)

Art. 75. Nos três meses que antecederem as eleições, na realização de inaugurações é vedada a contratação de shows artísticos pagos com recursos públicos.

Parágrafo único. Nos casos de descumprimento do disposto neste artigo, sem prejuízo da suspensão imediata da conduta, o candidato beneficiado, agente público ou não, ficará sujeito à cassação do registro ou do diploma. (Incluído pela Lei nº 12.034, de 2009)

Art. 76. O ressarcimento das despesas com o uso de transporte oficial pelo Presidente da República e sua comitiva em campanha eleitoral será de responsabilidade do partido político ou coligação a que esteja vinculado.

§ 1º O ressarcimento de que trata este artigo terá por base o tipo de transporte usado e a respectiva tarifa de mercado cobrada no trecho correspondente, ressalvado o uso do avião presidencial, cujo ressarcimento corresponderá ao aluguel de uma aeronave de propulsão a jato do tipo táxi aéreo.

§ 2º No prazo de dez dias úteis da realização do pleito, em primeiro turno, ou segundo, se houver, o órgão competente de controle interno procederá *ex officio* à cobrança dos valores devidos nos termos dos parágrafos anteriores.

§ 3º A falta do ressarcimento, no prazo estipulado, implicará a comunicação do fato ao Ministério Público Eleitoral, pelo órgão de controle interno.

§ 4º Recebida a denúncia do Ministério Público, a Justiça Eleitoral apreciará o feito no prazo de trinta dias, aplicando aos infratores pena de multa correspondente ao dobro das despesas, duplicada a cada reiteração de conduta.

~~Art. 77. É proibido aos candidatos a cargos do Poder Executivo participar, nos três meses que precedem o pleito, de inaugurações de obras públicas.~~

Art. 77. É proibido a qualquer candidato comparecer, nos 3 (três) meses que precedem o pleito, a inaugurações de obras públicas. (Redação dada pela Lei nº 12.034, de 2009)

~~Parágrafo único. A inobservância do disposto neste artigo sujeita o infrator à cassação do registro.~~

Parágrafo único. A inobservância do disposto neste artigo sujeita o infrator à cassação do registro ou do diploma. (Redação dada pela Lei nº 12.034, de 2009)

Art. 78. A aplicação das sanções cominadas no art. 73, §§ 4º e 5º, dar-se-á sem prejuízo de outras de caráter constitucional, administrativo ou disciplinar fixadas pelas demais leis vigentes.

Disposições Transitórias

Art. 79. O financiamento das campanhas eleitorais com recursos públicos será disciplinada em lei específica.

Art. 80. Nas eleições a serem realizadas no ano de 1998, cada partido ou coligação deverá reservar, para candidatos de cada sexo, no mínimo, vinte e cinco por cento e, no máximo, setenta e cinco por cento do número de candidaturas que puder registrar.

~~Art. 81. As doações e contribuições de pessoas jurídicas para campanhas eleitorais poderão ser feitas a partir do registro dos comitês financeiros dos partidos ou coligações.~~ (Revogado pela Lei nº 13.165, de 2015)

~~§ 1º As doações e contribuições de que trata este artigo ficam limitadas a dois por cento do faturamento bruto do ano anterior à eleição.~~ (Revogado pela Lei nº 13.165, de 2015)

~~§ 2º A doação de quantia acima do limite fixado neste artigo sujeita a pessoa jurídica ao pagamento de multa no valor de cinco a dez vezes a quantia em excesso.~~ (Revogado pela Lei nº 13.165, de 2015)

~~§ 3º Sem prejuízo do disposto no parágrafo anterior, a pessoa jurídica que ultrapassar o limite fixado no § 1º estará sujeita à proibição de participar de licitações públicas e de celebrar contratos com o Poder Público pelo período de cinco anos, por determinação da Justiça Eleitoral, em processo no qual seja assegurada ampla defesa.~~ (Revogado pela Lei nº 13.165, de 2015)

~~§ 4º As representações propostas objetivando a aplicação das sanções previstas nos §§ 2º e 3º observarão o rito previsto no art. 22 da Lei~~

~~Complementar nº 64, de 18 de maio de 1990, e o prazo de recurso contra as decisões proferidas com base neste artigo será de 3 (três) dias, a contar da data da publicação do julgamento no Diário Oficial. (Incluído pela Lei nº 12.034, de 2009)~~ (Revogado pela Lei nº 13.165, de 2015)

Art. 82. Nas Seções Eleitorais em que não for usado o sistema eletrônico de votação e totalização de votos, serão aplicadas as regras definidas nos arts. 83 a 89 desta Lei e as pertinentes da Lei 4.737, de 15 de julho de 1965 – Código Eleitoral.

Art. 83. As cédulas oficiais serão confeccionadas pela Justiça Eleitoral, que as imprimirá com exclusividade para distribuição às Mesas Receptoras, sendo sua impressão feita em papel opaco, com tinta preta e em tipos uniformes de letras e números, identificando o gênero na denominação dos cargos em disputa.

§ 1º Haverá duas cédulas distintas, uma para as eleições majoritárias e outra para as proporcionais, a serem confeccionadas segundo modelos determinados pela Justiça Eleitoral.

§ 2º Os candidatos à eleição majoritária serão identificados pelo nome indicado no pedido de registro e pela sigla adotada pelo partido a que pertencem e deverão figurar na ordem determinada por sorteio.

§ 3º Para as eleições realizadas pelo sistema proporcional, a cédula terá espaços para que o eleitor escreva o nome ou o número do candidato escolhido, ou a sigla ou o número do partido de sua preferência.

§ 4º No prazo de quinze dias após a realização do sorteio a que se refere o § 2º, os Tribunais Regionais Eleitorais divulgarão o modelo da cédula completa com os nomes dos candidatos majoritários na ordem já definida.

§ 5° Às eleições em segundo turno aplica-se o disposto no § 2º, devendo o sorteio verificar-se até quarenta e oito horas após a proclamação do resultado do primeiro turno e a divulgação do modelo da cédula nas vinte e quatro horas seguintes.

Art. 84. No momento da votação, o eleitor dirigir-se-á à cabina duas vezes, sendo a primeira para o preenchimento da cédula destinada às eleições proporcionais, de cor branca, e a segunda para o preenchimento da cédula destinada às eleições majoritárias, de cor amarela.

Parágrafo único. A Justiça Eleitoral fixará o tempo de votação e o número de eleitores por seção, para garantir o pleno exercício do direito de voto.

Art. 85. Em caso de dúvida na apuração de votos dados a homônimos, prevalecerá o número sobre o nome do candidato.

Art. 86. No sistema de votação convencional considerar-se-á voto de legenda quando o eleitor assinalar o número do partido no local exato reservado para o cargo respectivo e somente para este será computado.

Art. 87. Na apuração, será garantido aos fiscais e delegados dos partidos e coligações o direito de observar diretamente, a distância não superior a um metro da mesa, a abertura da urna, a abertura e a contagem das cédulas e o preenchimento do boletim .

§ 1º O não-atendimento ao disposto no *caput* enseja a impugnação do resultado da urna, desde que apresentada antes da divulgação do boletim.

§ 2º Ao final da transcrição dos resultados apurados no boletim, o Presidente da Junta Eleitoral é obrigado a entregar cópia deste aos partidos e coligações concorrentes ao pleito cujos representantes o requeiram até uma hora após sua expedição.

§ 3º Para os fins do disposto no parágrafo anterior, cada partido ou coligação poderá credenciar até três fiscais perante a Junta Eleitoral, funcionando um de cada vez.

§ 4º O descumprimento de qualquer das disposições deste artigo constitui crime, punível com detenção de um a três meses, com a alternativa de prestação de serviços à comunidade pelo mesmo período e multa, no valor de um mil a cinco mil UFIR.

§ 5º O rascunho ou qualquer outro tipo de anotação fora dos boletins de urna, usados no momento da apuração dos votos, não poderão servir de prova posterior perante a Junta apuradora ou totalizadora.

§ 6º O boletim mencionado no § 2º deverá conter o nome e o número dos candidatos nas primeiras colunas, que precederão aquelas onde serão designados os votos e o partido ou coligação.

Art. 88. O Juiz Presidente da Junta Eleitoral é obrigado a recontar a urna, quando:

I – o boletim apresentar resultado não-coincidente com o número de votantes ou discrepante dos dados obtidos no momento da apuração;

II – ficar evidenciada a atribuição de votos a candidatos inexistentes, o não-fechamento da contabilidade da urna ou a apresentação de totais de votos nulos, brancos ou válidos destoantes da média geral das demais Seções do mesmo Município, Zona Eleitoral.

Art. 89. Será permitido o uso de instrumentos que auxiliem o eleitor analfabeto a votar, não sendo a Justiça Eleitoral obrigada a fornecê-los.

Disposições Finais

Art. 90. Aos crimes definidos nesta Lei, aplica-se o disposto nos arts. 287 e 355 a 364 da Lei nº 4.737, de 15 de julho de 1965 – Código Eleitoral.

§ 1º Para os efeitos desta Lei, respondem penalmente pelos partidos e coligações os seus representantes legais.

§ 2º Nos casos de reincidência, as penas pecuniárias previstas nesta Lei aplicam-se em dobro.

Art. 90-A. (VETADO) (Incluído pela Lei nº 11.300, de 2006)

Art. 91. Nenhum requerimento de inscrição eleitoral ou de transferência será recebido dentro dos cento e cinqüenta dias anteriores à data da eleição.

Parágrafo único. A retenção de título eleitoral ou do comprovante de alistamento eleitoral constitui crime, punível com detenção, de um a três meses, com a alternativa de prestação de serviços à comunidade por igual período, e multa no valor de cinco mil a dez mil UFIR.

Art. 91-A. No momento da votação, além da exibição do respectivo título, o eleitor deverá apresentar documento de identificação com fotografia. (Incluído pela Lei nº 12.034, de 2009)

Parágrafo único. Fica vedado portar aparelho de telefonia celular, máquinas fotográficas e filmadoras, dentro da cabina de votação. (Incluído pela Lei nº 12.034, de 2009)

Art. 92. O Tribunal Superior Eleitoral, ao conduzir o processamento dos títulos eleitorais, determinará de ofício a revisão ou correição das Zonas Eleitorais sempre que:

I – o total de transferências de eleitores ocorridas no ano em curso seja dez por cento superior ao do ano anterior;

II – o eleitorado for superior ao dobro da população entre dez e quinze anos, somada à de idade superior a setenta anos do território daquele Município;

III – o eleitorado for superior a sessenta e cinco por cento da população projetada para aquele ano pelo Instituto Brasileiro de Geografia e Estatística – IBGE.

~~Art. 93. O Tribunal Superior Eleitoral poderá requisitar, das emissoras de rádio e televisão, no período compreendido entre 31 de julho e o dia do pleito, até dez minutos diários, contínuos ou não, que poderão ser somados e usados em dias espaçados, para a divulgação de seus comunicados, boletins e instruções ao eleitorado.~~

Art. 93-A. O Tribunal Superior Eleitoral (TSE), no período compreendido entre 1º de março e 30 de junho dos anos eleitorais, em tempo igual ao disposto no art. 93 desta Lei, poderá promover propaganda institucional, em rádio e televisão, destinada a incentivar a igualdade de gênero e a participação feminina na política. (Incluído pela Lei nº 12.891, de 2013)

Art. 93. O Tribunal Superior Eleitoral poderá, nos anos eleitorais, requisitar das emissoras de rádio e televisão, no período de um mês antes do início da propaganda eleitoral a que se refere o art. 36 e nos três dias anteriores à data do pleito, até dez minutos diários, contínuos ou não, que poderão ser somados e usados em dias espaçados, para a divulgação de comunicados, boletins e instruções ao eleitorado. (Redação dada pela Lei nº 13.165, de 2015)

Art. 93-A. O Tribunal Superior Eleitoral, no período compreendido entre 1º de abril e 30 de julho dos anos eleitorais, promoverá, em até cinco minutos diários, contínuos ou não, requisitados às emissoras de rádio e televisão, propaganda institucional, em rádio e televisão, destinada a incentivar a participação feminina na política, bem como a esclarecer os cidadãos sobre as regras e o funcionamento do sistema eleitoral brasileiro. (Redação dada pela Lei nº 13.165, de 2015)

Art. 94. Os feitos eleitorais, no período entre o registro das candidaturas até cinco dias após a realização do segundo turno das eleições, terão prioridade para a participação do Ministério Público e dos Juízes de todas as

Justiças e instâncias, ressalvados os processos de *habeas corpus* e mandado de segurança.

§ 1º É defeso às autoridades mencionadas neste artigo deixar de cumprir qualquer prazo desta Lei, em razão do exercício das funções regulares.

§ 2º O descumprimento do disposto neste artigo constitui crime de responsabilidade e será objeto de anotação funcional para efeito de promoção na carreira.

§ 3º Além das polícias judiciárias, os órgãos da receita federal, estadual e municipal, os tribunais e órgãos de contas auxiliarão a Justiça Eleitoral na apuração dos delitos eleitorais, com prioridade sobre suas atribuições regulares.

§ 4º Os advogados dos candidatos ou dos partidos e coligações serão notificados para os feitos de que trata esta Lei com antecedência mínima de vinte e quatro horas, ainda que por fax, telex ou telegrama.

§ 5º Nos Tribunais Eleitorais, os advogados dos candidatos ou dos partidos e coligações serão intimados para os feitos que não versem sobre a cassação do registro ou do diploma de que trata esta Lei por meio da publicação de edital eletrônico publicado na página do respectivo Tribunal na internet, iniciando-se a contagem do prazo no dia seguinte ao da divulgação. (Incluído pela Lei nº 13.165, de 2015)

Art. 94-A. Os órgãos e entidades da Administração Pública direta e indireta poderão, quando solicitados, em casos específicos e de forma motivada, pelos Tribunais Eleitorais: (Incluído pela Lei nº 11.300, de 2006)

I – fornecer informações na área de sua competência; (Incluído pela Lei nº 11.300, de 2006)

II – ceder funcionários no período de 3 (três) meses antes a 3 (três) meses depois de cada eleição. (Incluído pela Lei nº 11.300, de 2006)

Art. 94-B. (VETADO) (Incluído pela Lei nº 11.300, de 2006)

Art. 95. Ao Juiz Eleitoral que seja parte em ações judiciais que envolvam determinado candidato é defeso exercer suas funções em processo eleitoral no qual o mesmo candidato seja interessado.

Art. 96. Salvo disposições específicas em contrário desta Lei, as reclamações ou representações relativas ao seu descumprimento podem ser feitas por qualquer partido político, coligação ou candidato, e devem dirigir-se:

I – aos Juízes Eleitorais, nas eleições municipais;

II – aos Tribunais Regionais Eleitorais, nas eleições federais, estaduais e distritais;

III – ao Tribunal Superior Eleitoral, na eleição presidencial.

§ 1º As reclamações e representações devem relatar fatos, indicando provas, indícios e circunstâncias.

§ 2º Nas eleições municipais, quando a circunscrição abranger mais de uma Zona Eleitoral, o Tribunal Regional designará um Juiz para apreciar as reclamações ou representações.

§ 3º Os Tribunais Eleitorais designarão três juízes auxiliares para a apreciação das reclamações ou representações que lhes forem dirigidas.

§ 4º Os recursos contra as decisões dos juízes auxiliares serão julgados pelo Plenário do Tribunal.

§ 5º Recebida a reclamação ou representação, a Justiça Eleitoral notificará imediatamente o reclamado ou representado para, querendo, apresentar defesa em quarenta e oito horas.

§ 6º ~~Tratando-se de reclamação ou representação contra candidato, a notificação poderá ser feita ao partido ou coligação a que pertença.~~ (Revogado pela Lei nº 9.840, de 1999)

§ 7º Transcorrido o prazo previsto no § 5º, apresentada ou não a defesa, o órgão competente da Justiça Eleitoral decidirá e fará publicar a decisão em vinte e quatro horas.

§ 8º Quando cabível recurso contra a decisão, este deverá ser apresentado no prazo de vinte e quatro horas da publicação da decisão em cartório ou sessão, assegurado ao recorrido o oferecimento de contra-razões, em igual prazo, a contar da sua notificação.

§ 9º Os Tribunais julgarão o recurso no prazo de quarenta e oito horas.

§ 10. Não sendo o feito julgado nos prazos fixados, o pedido pode ser dirigido ao órgão superior, devendo a decisão ocorrer de acordo com o rito definido neste artigo.

§ 11. As sanções aplicadas a candidato em razão do descumprimento de disposições desta Lei não se estendem ao respectivo partido, mesmo na hipótese de esse ter se beneficiado da conduta, salvo quando comprovada a sua participação. (Incluído pela Lei nº 13.165, de 2015)

Art. 96-A. Durante o período eleitoral, as intimações via fac-símile encaminhadas pela Justiça Eleitoral a candidato deverão ser exclusivamente realizadas na linha telefônica por ele previamente cadastrada, por ocasião do preenchimento do requerimento de registro de candidatura. (Incluído pela Lei nº 12.034, de 2009)

Parágrafo único. O prazo de cumprimento da determinação prevista no caput é de quarenta e oito horas, a contar do recebimento do fac-símile. (Incluído pela Lei nº 12.034, de 2009)

Art. 96-B. Serão reunidas para julgamento comum as ações eleitorais propostas por partes diversas sobre o mesmo fato, sendo competente para apreciá-las o juiz ou relator que tiver recebido a primeira. (Incluído pela Lei nº 13.165, de 2015)

§ 1º O ajuizamento de ação eleitoral por candidato ou partido político não impede ação do Ministério Público no mesmo sentido. (Incluído pela Lei nº 13.165, de 2015)

§ 2º Se proposta ação sobre o mesmo fato apreciado em outra cuja decisão ainda não transitou em julgado, será ela apensada ao processo anterior na instância em que ele se encontrar, figurando a parte como litisconsorte no feito principal. (Incluído pela Lei nº 13.165, de 2015)

§ 3º Se proposta ação sobre o mesmo fato apreciado em outra cuja decisão já tenha transitado em julgado, não será ela conhecida pelo juiz, ressalvada a apresentação de outras ou novas provas. (Incluído pela Lei nº 13.165, de 2015)

Art. 97. Poderá o candidato, partido ou coligação representar ao Tribunal Regional Eleitoral contra o Juiz Eleitoral que descumprir as disposições desta Lei ou der causa ao seu descumprimento, inclusive quanto aos prazos processuais; neste caso, ouvido o representado em vinte e quatro horas, o Tribunal ordenará a observância do procedimento que explicitar, sob pena de incorrer o Juiz em desobediência.

~~Parágrafo único. No caso do descumprimento das disposições desta Lei por Tribunal Regional Eleitoral, a representação poderá ser feita ao Tribunal Superior Eleitoral, observado o disposto neste artigo.~~

§ 1º É obrigatório, para os membros dos Tribunais Eleitorais e do Ministério Público, fiscalizar o cumprimento desta Lei pelos juízes e promotores eleitorais das instâncias inferiores, determinando, quando for o caso, a abertura de procedimento disciplinar para apuração de eventuais irregularidades que verificarem. (Incluído pela Lei nº 12.034, de 2009)

§ 2º No caso de descumprimento das disposições desta Lei por Tribunal Regional Eleitoral, a representação poderá ser feita ao Tribunal Superior Eleitoral, observado o disposto neste artigo. (Renumerado do parágrafo único pela Lei nº 12.034, de 2009)

Art. 97-A. Nos termos do inciso LXXVIII do art. 5º da Constituição Federal, considera-se duração razoável do processo que possa resultar em perda de mandato eletivo o período máximo de 1 (um) ano, contado da sua apresentação à Justiça Eleitoral. (Incluído pela Lei nº 12.034, de 2009)

§ 1º A duração do processo de que trata o caput abrange a tramitação em todas as instâncias da Justiça Eleitoral. (Incluído pela Lei nº 12.034, de 2009)

§ 2º Vencido o prazo de que trata o caput, será aplicável o disposto no art. 97, sem prejuízo de representação ao Conselho Nacional de Justiça. (Incluído pela Lei nº 12.034, de 2009)

Art. 98. Os eleitores nomeados para compor as Mesas Receptoras ou Juntas Eleitorais e os requisitados para auxiliar seus trabalhos serão dispensados do serviço, mediante declaração expedida pela Justiça Eleitoral, sem prejuízo do salário, vencimento ou qualquer outra vantagem, pelo dobro dos dias de convocação.

Art. 99. As emissoras de rádio e televisão terão direito a compensação fiscal pela cedência do horário gratuito previsto nesta Lei. Regulamento Regulamento Regulamento

§ 1º O direito à compensação fiscal das emissoras de rádio e televisão previsto no parágrafo único do art. 52 da Lei nº 9.096, de 19 de setembro de

1995, e neste artigo, pela cedência do horário gratuito destinado à divulgação das propagandas partidárias e eleitoral, estende-se à veiculação de propaganda gratuita de plebiscitos e referendos de que dispõe o art. 8° da Lei n° 9.709, de 18 de novembro de 1998, mantido também, a esse efeito, o entendimento de que: (Incluído pela Lei nº 12.034, de 2009)

I – (VETADO); (Incluído pela Lei nº 12.034, de 2009)

~~II – o valor apurado na forma do inciso I poderá ser deduzido do lucro líquido para efeito de determinação do lucro real, na apuração do Imposto sobre a Renda da Pessoa Jurídica – IRPJ, inclusive da base de cálculo dos recolhimentos mensais previstos na legislação fiscal (art. 2º da Lei nº 9.430, de 27 de dezembro de 1996), bem como da base de cálculo do lucro presumido. (Incluído pela Lei nº 12.034, de 2009)~~

II – a compensação fiscal consiste na apuração do valor correspondente a 0,8 (oito décimos) do resultado da multiplicação de 100% (cem por cento) ou de 25% (vinte e cinco por cento) do tempo, respectivamente, das inserções e das transmissões em bloco, pelo preço do espaço comercializável comprovadamente vigente, assim considerado aquele divulgado pelas emissoras de rádio e televisão por intermédio de tabela pública de preços de veiculação de publicidade, atendidas as disposições regulamentares e as condições de que trata o § 2°-A; (Redação dada pela Lei nº 12.350, de 2010)

III – o valor apurado na forma do inciso II poderá ser deduzido do lucro líquido para efeito de determinação do lucro real, na apuração do Imposto sobre a Renda da Pessoa Jurídica (IRPJ), inclusive da base de cálculo dos recolhimentos mensais previstos na legislação fiscal (art. 2° da Lei n° 9.430, de 27 de dezembro de 1996), bem como da base de cálculo do lucro presumido. (Incluído pela Lei nº 12.350, de 2010)

§ 2° (VETADO) (Incluído pela Lei nº 12.034, de 2009)

§ 2°-A. A aplicação das tabelas públicas de preços de veiculação de publicidade, para fins de compensação fiscal, deverá atender ao seguinte: (Incluído pela Lei nº 12.350, de 2010)

I – deverá ser apurada mensalmente a variação percentual entre a soma dos preços efetivamente praticados, assim considerados os valores devidos às emissoras de rádio e televisão pelas veiculações comerciais locais, e o correspondente a 0,8 (oito décimos) da soma dos respectivos preços constantes da tabela pública de veiculação de publicidade; (Incluído pela Lei nº 12.350, de 2010)

II – a variação percentual apurada no inciso I deverá ser deduzida dos preços constantes da tabela pública a que se refere o inciso II do § 1°. (Incluído pela Lei nº 12.350, de 2010)

~~§ 3° No caso de microempresas e empresas de pequeno porte optantes pelo Regime Especial Unificado de Arrecadação de Tributos e Contribuições (Simples Nacional), o valor integral da compensação fiscal apurado na forma do inciso I do § 1° será deduzido da base de cálculo de imposto e contri-~~

~~buições federais devidos pela emissora, seguindo os critérios definidos pelo Comitê Gestor do Simples Nacional – CGSN. (Incluído pela Lei nº 12.034, de 2009)~~

§ 3º No caso de microempresas e empresas de pequeno porte optantes pelo Regime Especial Unificado de Arrecadação de Tributos e Contribuições (Simples Nacional), o valor integral da compensação fiscal apurado na forma do inciso II do § 1º será deduzido da base de cálculo de imposto e contribuições federais devidos pela emissora, seguindo os critérios definidos pelo Comitê Gestor do Simples Nacional (CGSN). (Redação dada pela Lei nº 12.350, de 2010)

~~Art. 100. A contratação de pessoal para prestação de serviços nas campanhas eleitorais não gera vínculo empregatício com o candidato ou partido contratantes.~~

Art. 100. A contratação de pessoal para prestação de serviços nas campanhas eleitorais não gera vínculo empregatício com o candidato ou partido contratantes, aplicando-se à pessoa física contratada o disposto na alínea h do inciso V do art. 12 da Lei nº 8.212, de 24 de julho de 1991. (Redação dada pela Lei nº 13.165, de 2015)

Parágrafo único. Não se aplica aos partidos políticos, para fins da contratação de que trata o **caput**, o disposto no parágrafo único do art. 15 da Lei nº 8.212, de 24 de julho de 1991. (Incluído pela Lei nº 13.165, de 2015)

Art. 100-A. A contratação direta ou terceirizada de pessoal para prestação de serviços referentes a atividades de militância e mobilização de rua nas campanhas eleitorais observará os seguintes limites, impostos a cada candidato: (Incluído pela Lei nº 12.891, de 2013)

I – em Municípios com até 30.000 (trinta mil) eleitores, não excederá a 1% (um por cento) do eleitorado; (Incluído pela Lei nº 12.891, de 2013)

II – nos demais Municípios e no Distrito Federal, corresponderá ao número máximo apurado no inciso I, acrescido de 1 (uma) contratação para cada 1.000 (mil) eleitores que exceder o número de 30.000 (trinta mil). (Incluído pela Lei nº 12.891, de 2013)

§ 1º As contratações observarão ainda os seguintes limites nas candidaturas aos cargos a: (Incluído pela Lei nº 12.891, de 2013)

I – Presidente da República e Senador: em cada Estado, o número estabelecido para o Município com o maior número de eleitores; (Incluído pela Lei nº 12.891, de 2013)

II – Governador de Estado e do Distrito Federal: no Estado, o dobro do limite estabelecido para o Município com o maior número de eleitores, e, no Distrito Federal, o dobro do número alcançado no inciso II do **caput**; (Incluído pela Lei nº 12.891, de 2013)

III – Deputado Federal: na circunscrição, 70% (setenta por cento) do limite estabelecido para o Município com o maior número de eleitores, e, no Distrito Federal, esse mesmo percentual aplicado sobre o limite calculado na forma do inciso II do **caput**, considerado o eleitorado da maior região administrativa; (Incluído pela Lei nº 12.891, de 2013)

IV – Deputado Estadual ou Distrital: na circunscrição, 50% (cinquenta por cento) do limite estabelecido para Deputados Federais; (Incluído pela Lei nº 12.891, de 2013)

V – Prefeito: nos limites previstos nos incisos I e II do **caput**; (Incluído pela Lei nº 12.891, de 2013)

VI – Vereador: 50% (cinquenta por cento) dos limites previstos nos incisos I e II do **caput**, até o máximo de 80% (oitenta por cento) do limite estabelecido para Deputados Estaduais. (Incluído pela Lei nº 12.891, de 2013)

§ 2º Nos cálculos previstos nos incisos I e II do **caput** e no § 1º, a fração será desprezada, se inferior a 0,5 (meio), e igualada a 1 (um), se igual ou superior. (Incluído pela Lei nº 12.891, de 2013)

§ 3º A contratação de pessoal por candidatos a Vice-Presidente, Vice-Governador, Suplente de Senador e Vice-Prefeito é, para todos os efeitos, contabilizada como contratação pelo titular, e a contratação por partidos fica vinculada aos limites impostos aos seus candidatos. (Incluído pela Lei nº 12.891, de 2013)

§ 4º Na prestação de contas a que estão sujeitos na forma desta Lei, os candidatos são obrigados a discriminar nominalmente as pessoas contratadas, com indicação de seus respectivos números de inscrição no Cadastro de Pessoas Físicas (CPF). (Incluído pela Lei nº 12.891, de 2013) (Revogado pela Lei nº 13.165, de 2015)

§ 5º O descumprimento dos limites previstos nesta Lei sujeitará o candidato às penas previstas no art. 299 da Lei nº 4.737, de 15 de julho de 1965. (Incluído pela Lei nº 12.891, de 2013)

§ 6º São excluídos dos limites fixados por esta Lei a militância não remunerada, pessoal contratado para apoio administrativo e operacional, fiscais e delegados credenciados para trabalhar nas eleições e os advogados dos candidatos ou dos partidos e coligações. (Incluído pela Lei nº 12.891, de 2013)

Art. 101. (VETADO)

Art. 102. O parágrafo único do art. 145 da Lei nº 4.737, de 15 de julho de 1965 – Código Eleitoral passa a vigorar acrescido do seguinte inciso IX:

"Art. 145..

Parágrafo único..

IX - os policiais militares em serviço."

Art. 103. O art. 19, *caput*, da Lei nº 9.096, de 19 de setembro de 1995 – Lei dos Partidos, passa a vigorar com a seguinte redação:

"Art. 19. Na segunda semana dos meses de abril e outubro de cada ano, o partido, por seus órgãos de direção municipais, regionais ou nacional, deverá remeter, aos juízes eleitorais, para arquivamento, publicação e cumprimento dos prazos de filiação partidária para efeito de candidatura a cargos eletivos, a relação dos nomes de todos os seus filiados, da qual constará a data de filiação, o número dos títulos eleitorais e das seções em que estão inscritos.

....

"

Art. 104. O art. 44 da Lei nº 9.096, de 19 de setembro de 1995, passa a vigorar acrescido do seguinte § 3º:

"Art. 44..

....

§ 3º Os recursos de que trata este artigo não estão sujeitos ao regime da Lei nº 8.666, de 21 de junho de 1993.»

~~Art. 105. Até o dia 5 de março do ano da eleição, o Tribunal Superior Eleitoral expedirá todas as instruções necessárias à execução desta Lei, ouvidos previamente, em audiência pública, os delegados dos partidos participantes do pleito.~~

Art. 105. Até o dia 5 de março do ano da eleição, o Tribunal Superior Eleitoral, atendendo ao caráter regulamentar e sem restringir direitos ou estabelecer sanções distintas das previstas nesta Lei, poderá expedir todas as instruções necessárias para sua fiel execução, ouvidos, previamente, em audiência pública, os delegados ou representantes dos partidos políticos. (Redação dada pela Lei nº 12.034, de 2009)

§ 1º O Tribunal Superior Eleitoral publicará o código orçamentário para o recolhimento das multas eleitorais ao Fundo Partidário, mediante documento de arrecadação correspondente.

§ 2º Havendo substituição da UFIR por outro índice oficial, o Tribunal Superior Eleitoral procederá à alteração dos valores estabelecidos nesta Lei pelo novo índice.

§ 3º Serão aplicáveis ao pleito eleitoral imediatamente seguinte apenas as resoluções publicadas até a data referida no caput. (Incluído pela Lei nº 12.034, de 2009)

Art. 105-A. Em matéria eleitoral, não são aplicáveis os procedimentos previstos na Lei nº 7.347, de 24 de julho de 1985. (Incluído pela Lei nº 12.034, de 2009)

Art. 106. Esta Lei entra em vigor na data de sua publicação.

Art. 107. Revogam-se os arts. 92, 246, 247, 250, 322, 328, 329, 333 e o parágrafo único do art. 106 da Lei nº 4.737, de 15 de julho de 1965 – Código Eleitoral; o § 4º do art. 39 da Lei nº 9.096, de 19 de setembro de 1995; o § 2º do art. 50 e o § 1º do art. 64 da Lei nº 9.100, de 29 de setembro de 1995; e o § 2º do art. 7º do Decreto-Lei nº 201, de 27 de fevereiro de 1967.

Brasília, 30 de setembro de 1997; 176º da Independência e 109º da República.

MARCO ANTONIO DE OLIVEIRA MACIEL

Iris Rezende

Impressão e acabamento:

Grupo **SmartPrinter**
Soluções em impressão